AutoCAD 2015

AutoCAD 2015

초판 인쇄일 2014년 8월 14일
초판 발행일 2014년 8월 22일

지은이 이진천
발행인 박정모
등록번호 제9-295호
발행처 도서출판 혜지원
주소 (130-844) 서울시 동대문구 천호대로 81길 23
전화 02)2212-1227 팩스 02)2247-1227
홈페이지 www.hyejiwon.co.kr

기획 · 진행 엄진영
디자인 김보라
영업마케팅 김남권, 황대일, 서지영
ISBN 978-89-8379-829-9
정가 32,000원

Copyright © 2014 by 이진천 All rights reserved.

No Part of this book may be reproduced or transmitted in any form, by any means without the prior written permission on the publisher.

이 책은 저작권법에 의해 보호를 받는 저작물이므로 어떠한 형태의 무단 전재나 복제도 금합니다.
본문 중에 인용한 제품명은 각 개발사의 등록상표이며, 특허법과 저작권법 등에 의해 보호를 받고 있습니다.

이 도서의 국립중앙도서관 출판시도서목록(CIP)은 서지정보유통지원시스템 홈페이지(http://seoji.nl.go.kr)와 국가자료공동목록시스템 (http://www.nl.go.kr/kolisnet)에서 이용하실 수 있습니다.(CIP제어번호 : CIP2014022218)

AutoCAD 2015

혜지원

머리말

CAD는 도면을 그리는 도구이지만 단순한 2차원 도면을 그리는 도구라는 개념을 벗어난 지 오래되었습니다. AutoCAD도 단순히 도면을 그리는 도구에서 출발하여 수많은 버전업을 거치면서 3차원 설계, 인터넷 기능의 강화, 클라우드 기반의 렌더링 및 모바일 기능의 지원 등 그래픽 도구로서 다양한 기능을 보유하고 있습니다.

단순히 2차원 도면 작업만 하는 사람 입장에게는 귀찮을 정도로 많은 기능이지만 사용자마다 적용하는 분야와 용도가 다르기 때문에 이러한 수요를 충족시키기 위한 측면에서는 필요한 기능입니다. 새로운 기능을 사용하든, 그렇지 않든 꾸준히 새로운 기능이 개발되고 있습니다. BIM(Building Information Modeling)을 비롯하여 3차원 작업이 대세가 되어가면서 3차원 기능이 강화되고 있고 모바일 인프라와 클라우드 기반 기술의 발달에 따라 AutoCAD 360과 같은 클라우드 기반의 기능이 추가되었습니다. 또 레이저 스캐너 기술의 발달에 따라 포인트 클라우드 기능이 강화되고 있습니다. 이처럼 기술 개발의 흐름에 맞춰 꾸준히 새로운 기술을 선보이고 있습니다.

이 책은 AutoCAD 2015를 학습하기 위한 기본서로 실제 도면을 작도하면서 명령어를 학습하는 방법으로 구성했습니다. 예를 들어, 식탁의 모서리를 매끄럽게 하면서 모깎기(FILLET) 명령을 학습하고 가스레인지를 작도하면서 배열(ARRAY)을 학습합니다. 실제 우리 주변에 있는 사물을 따라 하기 형식으로 작도하면서 자연스럽게 명령어를 학습할 수 있도록 하였습니다. 2차원 도면은 물론 3차원 모델의 다양한 예제 도면을 이용하여 실습을 통해 명령어를 학습하도록 하였습니다. CAD 학습의 지름길은 '많은 도면을 그려보는 것'입니다. 한 번이라도 더 그려본 사람이 빨리 익힐 수 있습니다. 특히, AutoCAD를 처음 접하는 독자는 약간 이해가 되지 않더라도 따라서 해보기 바랍니다. 반복적으로 하다 보면 어느새 이해가 되고 도면을 그릴 수 있게 됩니다.

이 책이 AutoCAD를 처음 접하는 초보자들에게는 AutoCAD를 익히는데 기초를 다지는 길잡이가 되었으면 하고, 기존 AutoCAD 사용자에게는 새로운 기능을 익히는데 보탬이 되었으면 합니다. 이 책이 나올 수 있게 도움을 준 혜지원의 박정모 사장님과 임직원에게 감사의 뜻을 전하며, 소프트웨어 개발에 여념이 없는 가운데 열심히 도와준 ㈜디씨에스 임직원들에게 감사드립니다. 나와 아내를 있게 한 양가 부모님과 글 쓰는 내 옆에서 뜨개질하며 따뜻한 커피를 제공해 준 아내, 언제나 든든한 두 아들에게도 감사의 뜻을 전합니다.

2014년 7월 무덥던 어느 날

저자 **이진천**

이 책을 보는 법

09; 문과 창 그리기

AutoCAD 2015

문과 창은 어느 건축 도면에나 들어가는 요소입니다. 평면도와 측면도의 문과 창을 작도하겠습니다. 다른 종류의 문이나 창은 약간씩 모양이나 크기는 다르지만 작도하는 방법이나 패턴은 동일합니다.

1 외여닫이 문

다음 그림과 같은 외여닫이 문을 작도하겠습니다. 크기는 폭이 '800'과 '900'인 문을 작도하도록 하겠습니다. 도면층 명칭은 '전구'로 합니다.

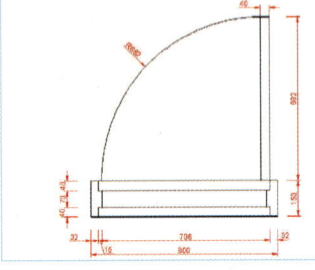

01 먼저 도면의 범위를 지정합니다. {명령:}에서 'LIMITS'를 입력
{모형 공간 한계 재설정: 왼쪽 아래 구석 지정 또는 [켜기(ON)
서 '0,0' 또는   를 누릅니다.
{오른쪽 위 구석 지정 〈420.0000,297.0000〉:}에서 '2000

{명령:}에서 'ZOOM' 또는 'Z'를 입력합니다.

234

● AutoCAD 2015의 수많은 기능 중 핵심적인 내용을 뽑아 따라하기를 통해 초·중급 이상의 실력을 발휘할 수 있게 하였습니다.

● **참고**
추가적으로 알아 두어야 할 내용들을 정리했습니다.

Part 08 3차원 객체의 모델링 및 편집

{NURBS 표면에서 점을 선택합니다.}에서 편집하고자 하는 정점을 지정합니다. 편집을 위한 장치(GIZMO) 도구 아이콘이 나타납니다.
{장치를 이동하여 점 위치 변경 또는 [기준점(B)/변위(D)/명령 취소(U)/종료(X)]〈종료〉:}에서 편집하고자 하는 축(수직 축)을 클릭하여 위쪽으로 끌고 갑니다.
{** 이동 **}
{이동점 지정 또는 [기준점(B)/복사(C)/명령 취소(U)/종료(X)]:}
{수치 거리를 요구함, 두 번째 점, 또는 옵션 키워드.}
Note_수직 축으로 맞추면 해당하는 축이 금색으로 변하고 해당 축 방향으로 길게 가이드 선이 표시됩니다.

참고 편집 막대 그립(맞물림)
표면 CV 편집을 위한 편집 막대에는 다음의 세 가지 그립이 있습니다.
(1) 이동: 축의 가운데 있는 사각형으로 표면의 이동을 위한 그립입니다.
(2) 크기: 끝 부분에 원형의 점으로 표면의 크기를 조정하기 위한 그립입니다.
(3) 확장: 역삼각형 모양으로 표면의 이동을 접선 방향으로 할 것인지, 점을 이동할 것인지를 지정합니다. 역삼각형 모양을 한 번 클릭할 때마다 점 이동과 접선 방향이 바뀝니다.

11 {장치를 이동하여 점 위치 변경 또는 [기준점(B)/변위(D)/명령 취소(U)/종료(X)]〈종료〉:}에서   또는   를 눌러 종료합니다. 다음 그림과 같이 표면이 편집됩니다.

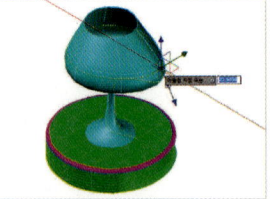

옵션 설명
{장치를 이동하여 점 위치 변경 또는 [기준점(B)/변위(D)/명령 취소(U)/종료(X)]〈종료〉:}
(1) 기준점(B) : 다음 편집 점을 지정합니다.
(2) 변위(D) : 명령 프롬프트에서 입력한 좌표 값을 사용하여 CV의 상대적 거리 및 방향을 지정합니다.
(3) 명령 취소(U) : CV 편집 막대를 종료하지 않고 작업을 취소합니다.
(4) 종료(X) : 프롬프트를 취소하고 CV 편집 막대로 돌아와 CV 추가 및 편집을 계속합니다.

738

● **따라하기**
단계별 상세한 설명을 통해 예제의 진행 순서를 파악할 수 있습니다.

● **옵션 설명**
부가적으로 설명이 필요한 옵션에 대해서는 자세히 설명했습니다.

예제 실습

UCS의 이해

이번 실습은 사용자 좌표계인 UCS를 이해하기 위한 예제입니다. 다음과 같은 객체를 작성해보면서 UCS에 대해 이해하도록 합시다. 각 면에 원통을 작도하기 위해 UCS를 바꾸는 과정을 잘 이해하기 바랍니다.

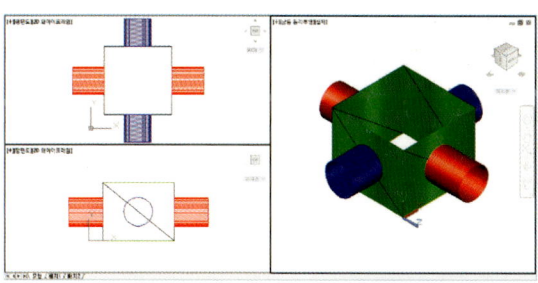

01 뷰포트를 3개로 나누도록 하겠습니다. 명령어 'VPORTS'를 입력하거나 '시각화' 탭의 '모형 뷰포트' 패널에서 을 클릭합니다. 다음과 같은 대화상자가 표시됩니다. '표준 뷰포트(V)' 목록에서 '셋: 오른쪽'을 선택합니다.

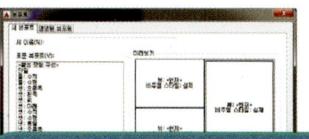

예제 실습
실습 도면과 똑같이 만들어 보면서 실력을 향상시킬 수 있습니다.

SPECIAL PAGE | Autodesk 360

클라우드 서비스는 각 단말 컴퓨터에서 관리하던 기존의 방식과 달리 네트워크 시스템을 통해 컴퓨팅 자원을 클라우드 서버에 저장하여 개별 컴퓨터에 할당하는 서비스입니다. Autodesk 360은 이 클라우드 시스템의 서비스 브랜드입니다. Autodesk의 클라우드 서비스인 Autodesk 360에 대해 알아보겠습니다.

1. Autodesk 360이란?

Autodesk 360은 도면과 기타 문서를 저장, 검색, 구성 및 공유하는데 사용할 수 있는 온라인 서버 세트입니다. Autodesk 360 서버에 우리가 작업한 데이터(도면)를 업로드하여 언제 어디에서나 접근할 수 있는 시스템입니다. 또, 시간이 많이 소요되는 렌더링 작업을 클라우드 서버에 수행할 수 있습니다.

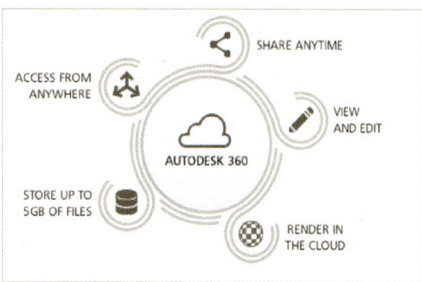

Autodesk 360 클라우드 컴퓨팅 개념도

Autodesk 360의 특징을 살펴보면 다음과 같습니다.

(1) 안전한 도면 백업
별도의 유지보수가 필요없는 안전한 네트워크 서버인 Autodesk 360 계정에 저장하여 도면을 백업할 수 있습니다.

(2) 자동 온라인 업데이트
온라인 업데이트 기능을 이용하여 각 로컬에서 변경된 도면을 온라인 계정의 파일도 자동으로 업데이트되도록 선택할 수 있습니다. '동기화' 옵션을 사용하면 AutoCAD에서 도면을 저장할 때 Autodesk 360 계정의 사본도 자동으로 업데이트됩니다.

SPECIAL PAGE
앞에서 다루었던 핵심 과정을 재정리하거나 부가적으로 알아 두면 좋을 고급 내용들을 설명했습니다.

Gallery

조감도

투시도라고도 표현하며 구조물이 발주자나 설계자의 의도에 부합하는 형상으로 완성될 수 있을 것인지를 이미지화하는 작업으로 주변 환경과의 조화 여부, 기타 환경 영향 평가 등의 데이터로 활용될 수 있습니다. 이는 건축된 이후에 수정이 어려운 구조물의 특성상 반드시 필요한 절차라고 할 수 있습니다. 또 관광안내도, 아파트 안내 책자 등에 실리는 이미지 조감도와 같이 건축물에 대한 홍보 기능도 중요한 목적 중 하나라 할 수 있습니다.

최근에는 3차원 렌더링 및 가상현실(VR) 기술과 같이 컴퓨터그래픽(CG) 기술을 활용하여 다양한 실사 표현과 시뮬레이션 기능을 가미하여 다양한 형태로 표현하고 있습니다.

2차원 도면

X, Y로 이루어진 2차원 도면입니다. 제도판의 수작업에 의한 도면 작성과 마찬가지로 설계자가 보는 시점에 따라 평면도, 정면도, 측면도(좌/우), 밑면도, 배면도(후면도) 등을 작도할 수 있습니다.

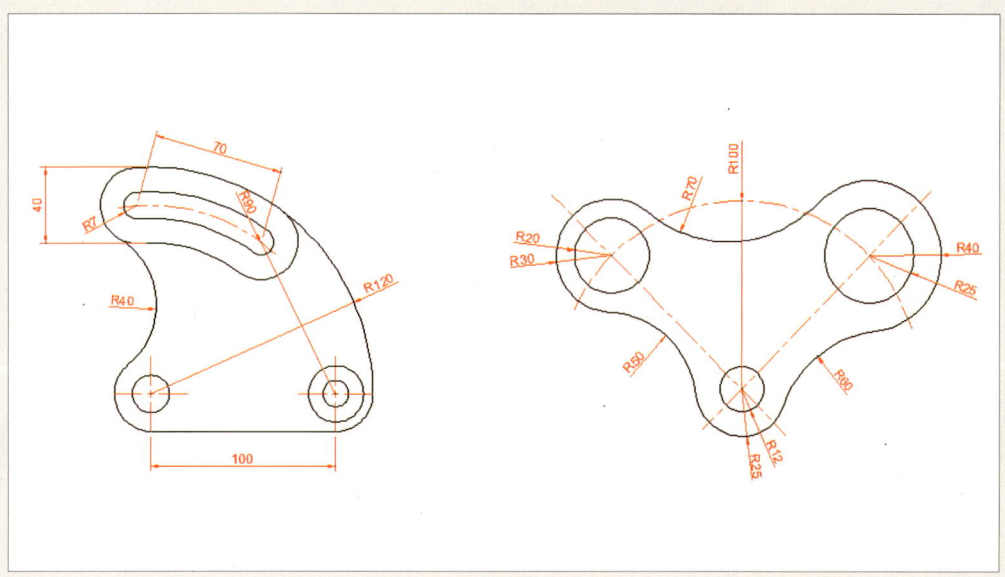

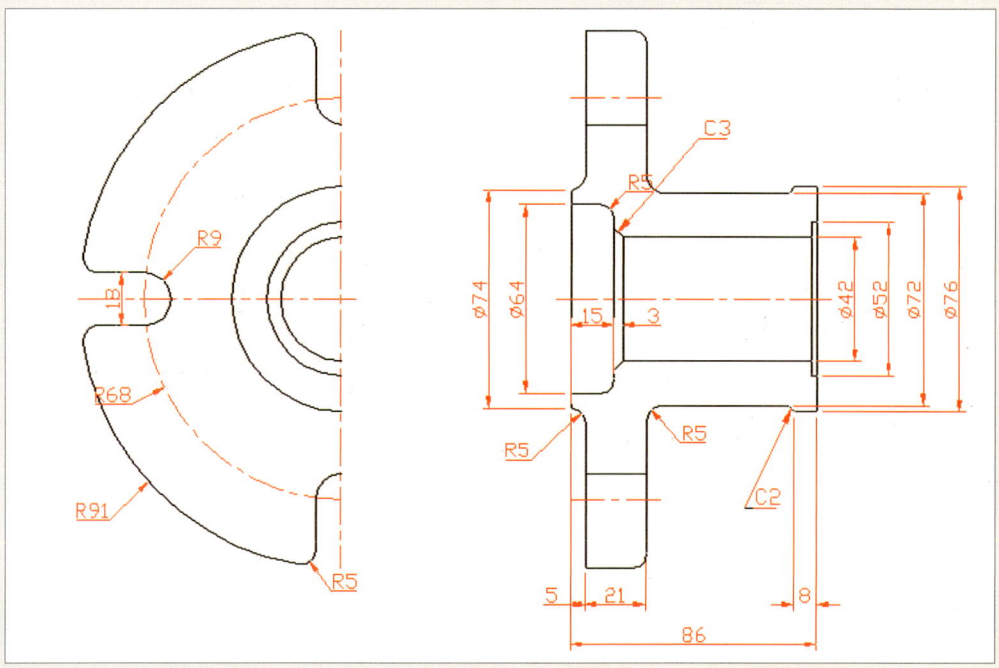

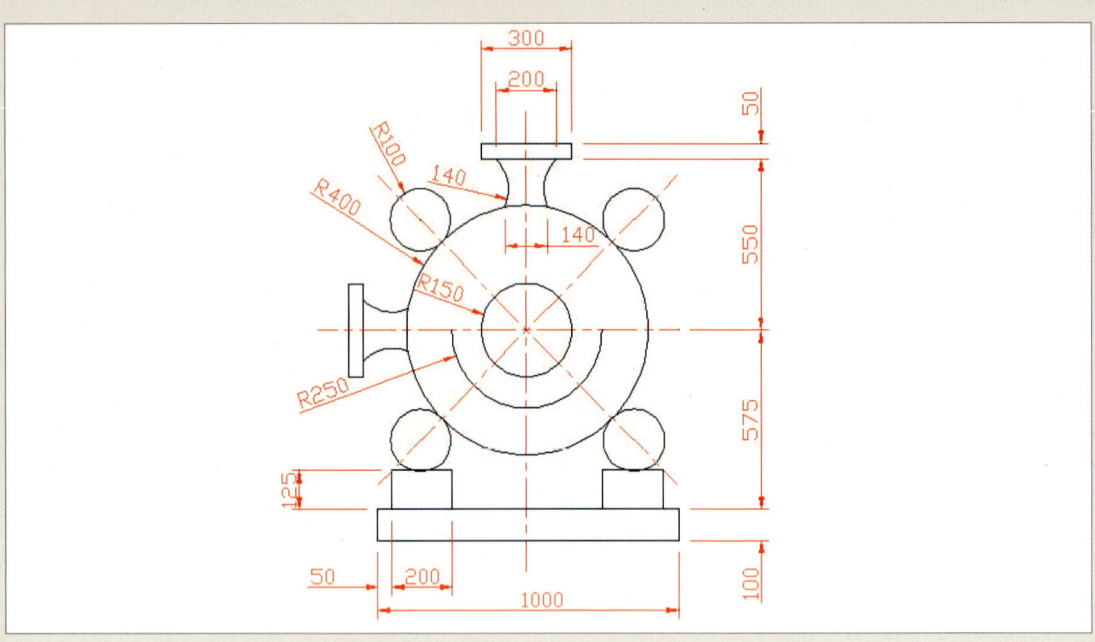
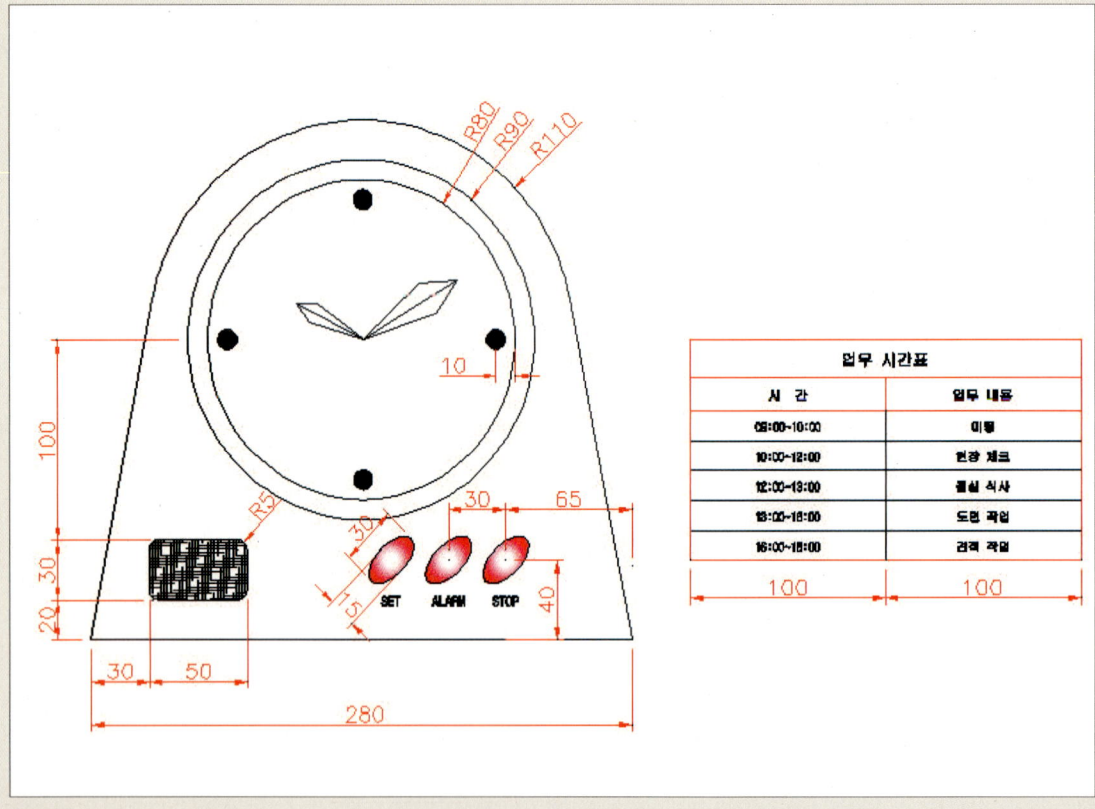

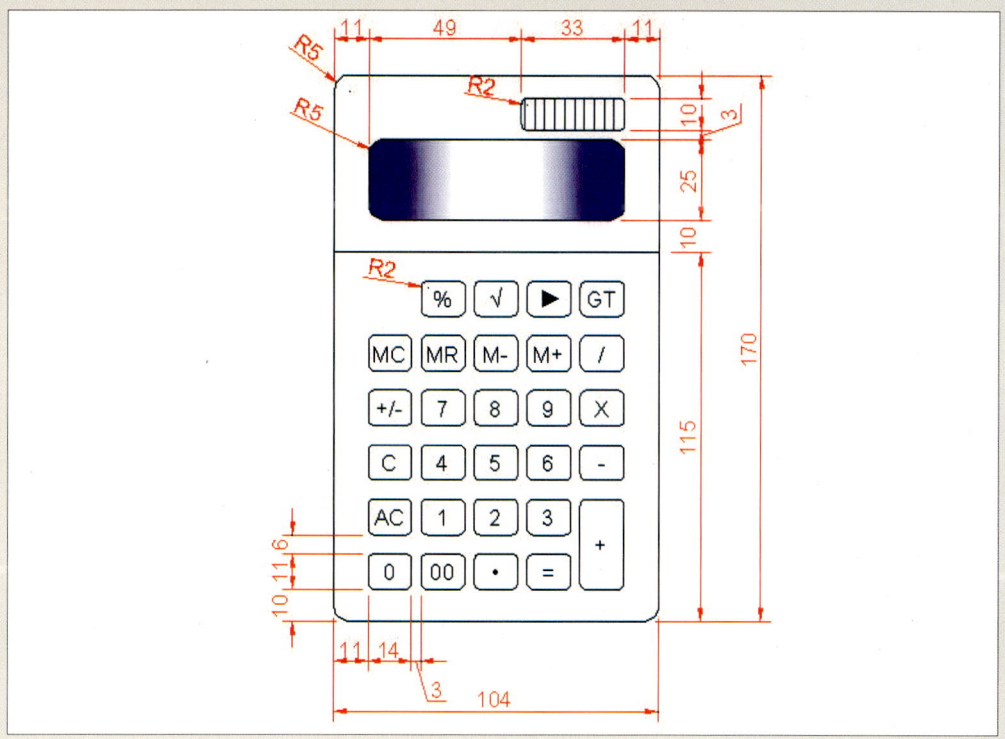
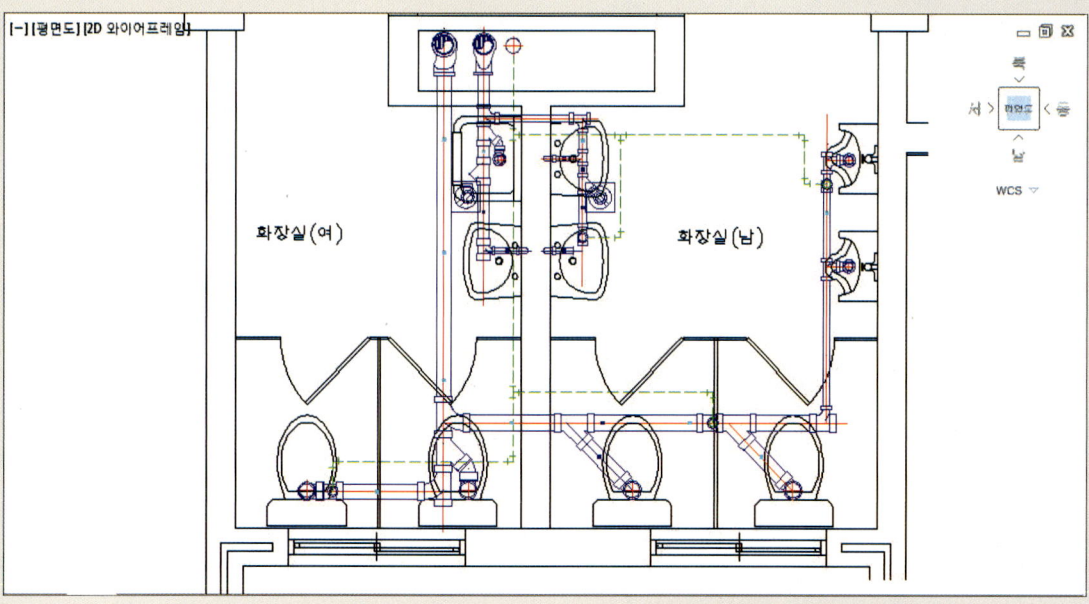

아이소메트릭 도면

도면의 이해를 돕기 위한 표현 방법의 하나인 아이소메트릭 도면(등각투영도)은 인간의 시각으로 볼 수 있는 3차원(X축, Y축, Z축)의 입체를 2차원의 공간에 표현한 것입니다. 표현하는 방법은 입체 공간의 Z값을 표현 공간(종이 또는 스크린)의 수직 방향으로 맞추고 X축과 Z축이 120도로 만나도록 선을 그어 표현합니다.

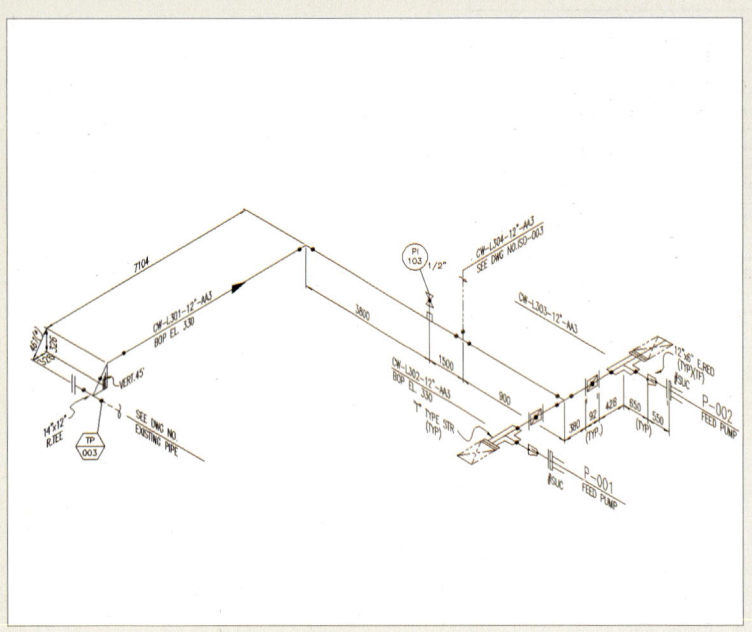

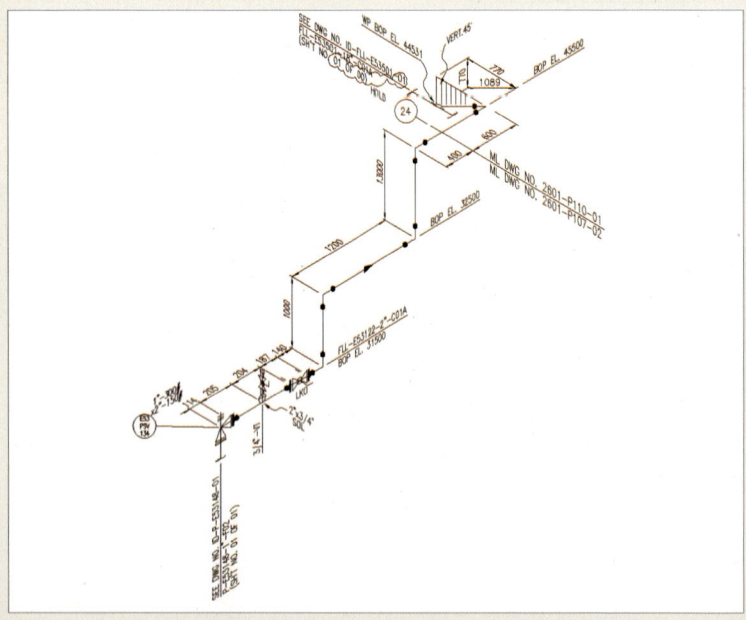

CAD 시험도면

전산응용건축제도 기능사, 배관 기능사 실기시험에는 CAD 문제가 출제됩니다. 건축제도기능사의 경우는 평면도를 보고 단면도와 입면도를 작도합니다. 배관 기능사 시험의 CAD 문제는 아이소메트릭 도면을 보고 평면도 및 정면도를 작도하는 문제가 출제됩니다.

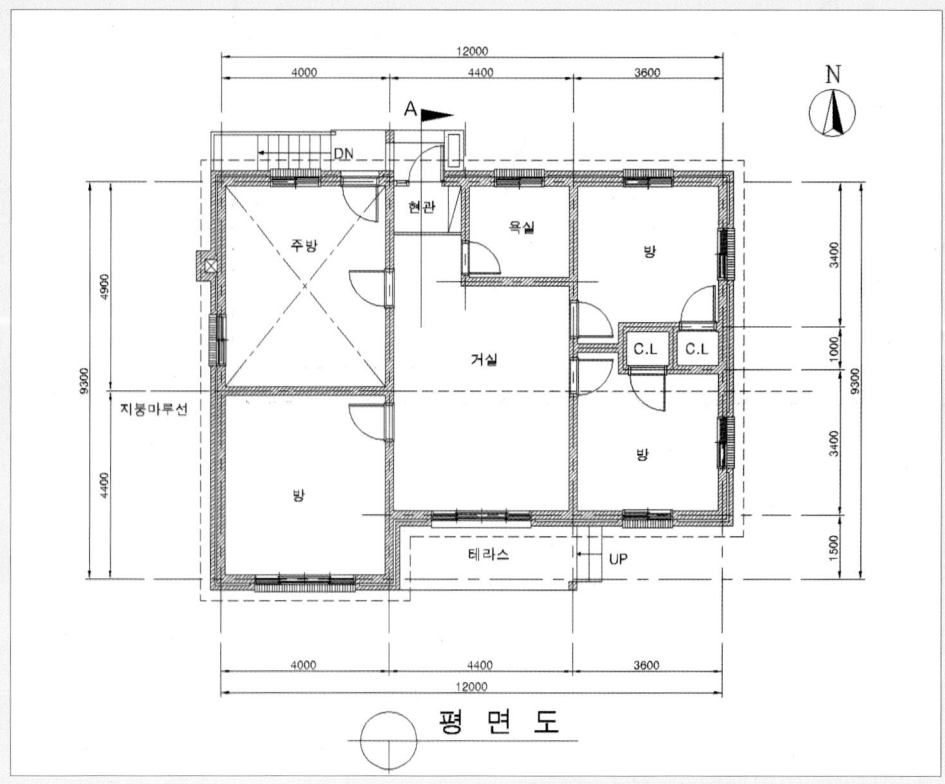

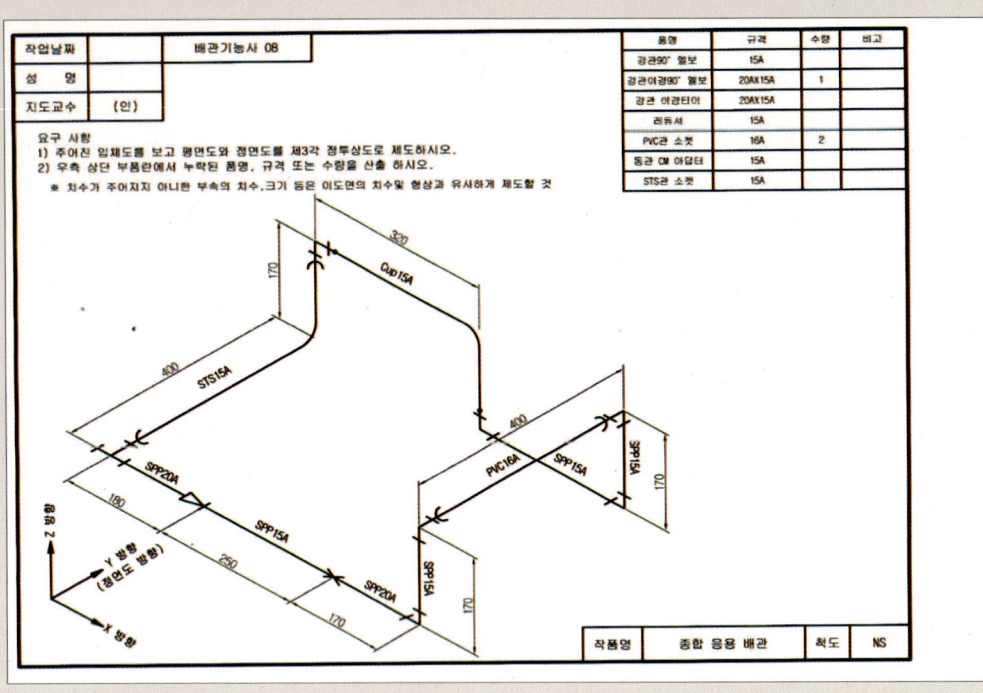

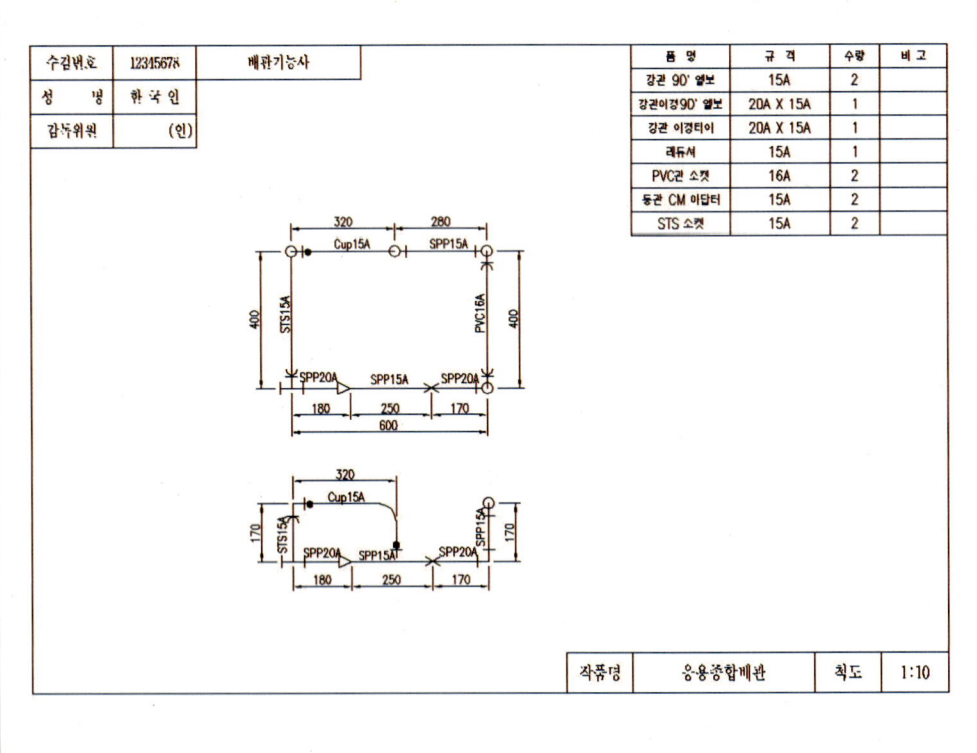

3차원 도면

3차원 도면은 현실감 있는 표현이 가능하여 설계자의 생각이나 의도를 전달하기 쉽습니다. 작성된 이후에도 간섭 체크, 물량 산출, 공장 제작, 시설 관리 등 활용도가 높습니다. 따라서 갈수록 3차원 도면에 대한 수요가 많아지고 있습니다.

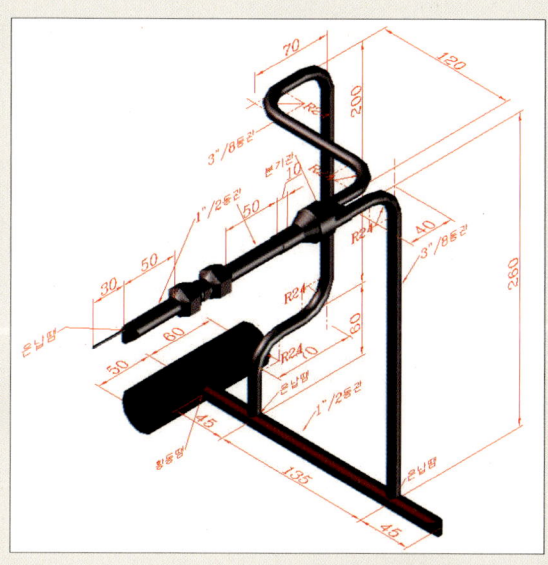

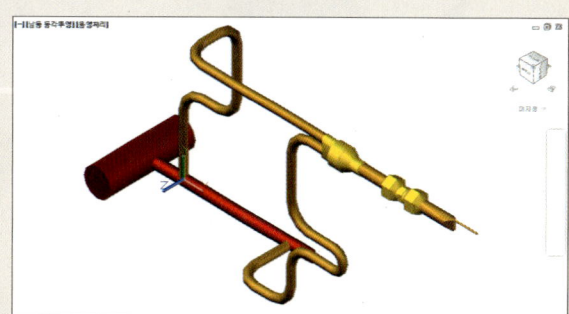

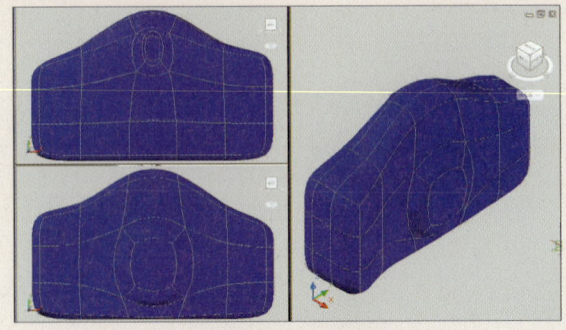

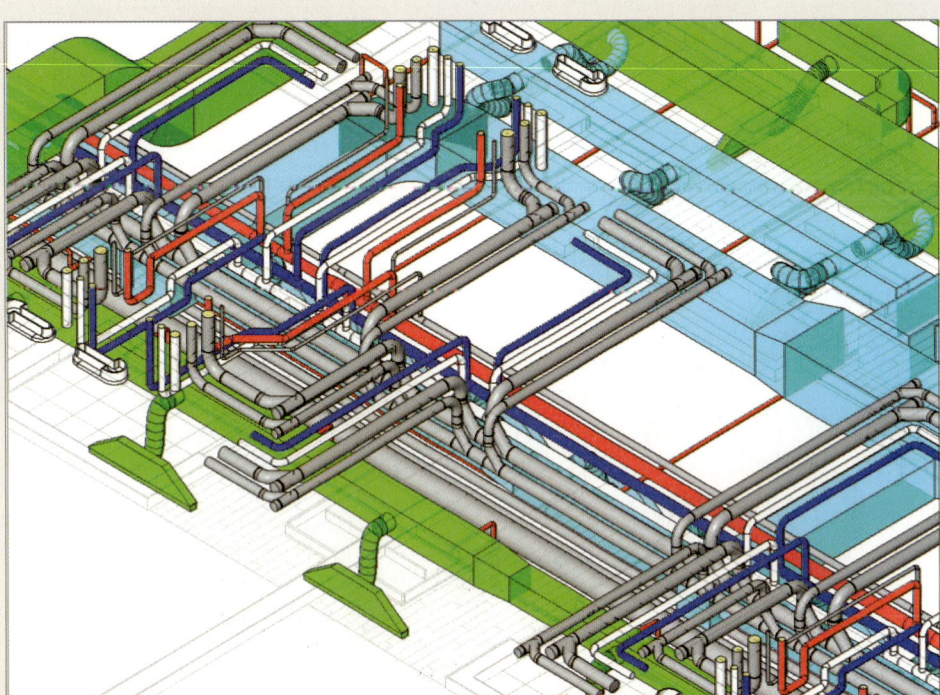

배치에 의한 표현

일반적으로 3차원 객체의 작성은 모형 공간에서 모델링을 한 후 표현할 때는 배치 공간에 배치합니다. 정면도, 평면도, 등각투영도 등 한 공간에 다양한 뷰를 표현함으로써 도면의 해독을 용이하게 합니다.

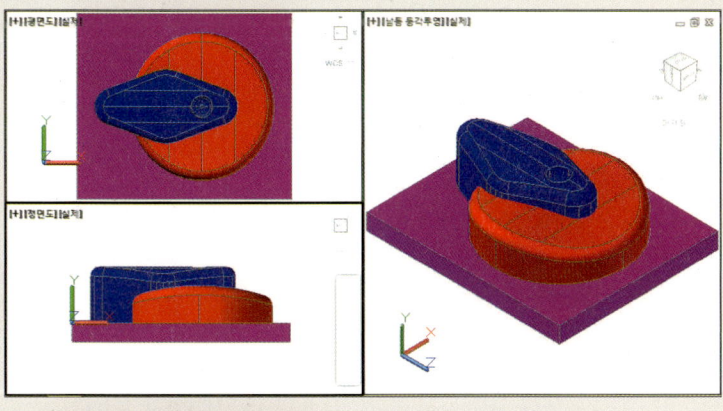

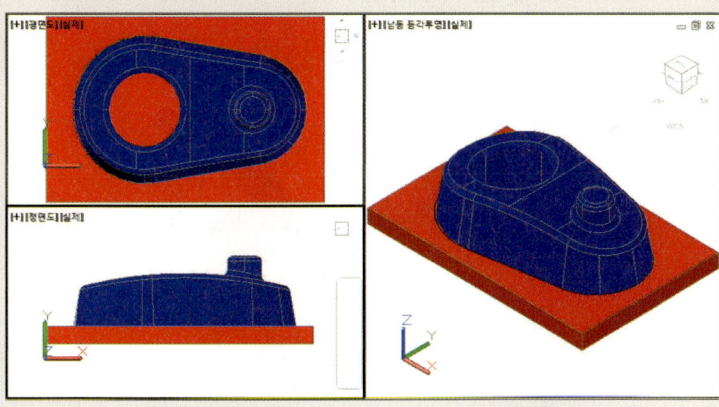

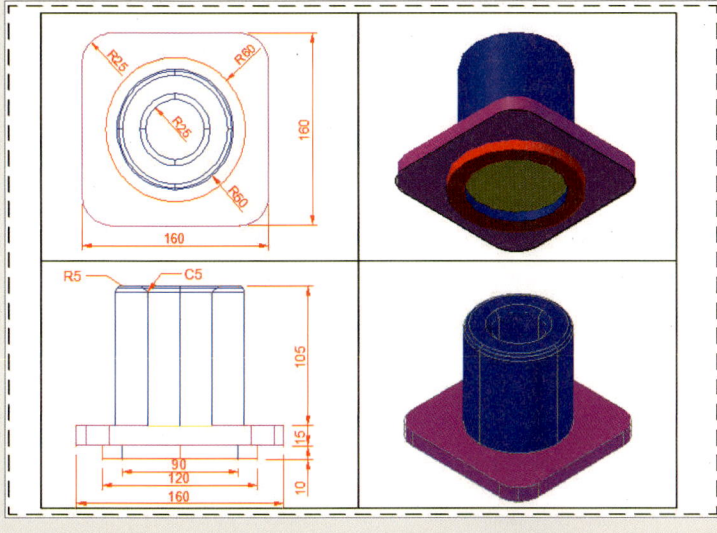

3차원 비주얼스타일

3차원으로 작성된 객체에 대해 어떤 비주얼스타일로 표현하느냐에 따라 다양한 느낌을 표현할 수 있습니다. AutoCAD는 기본적인 비주얼스타일을 제공하기도 하지만 사용자가 비주얼스타일을 정의할 수도 있습니다.

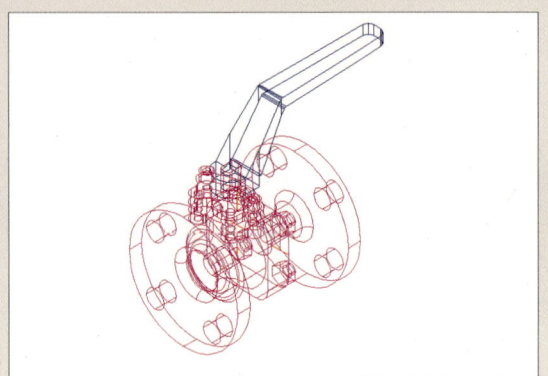
3D 와이어프레임

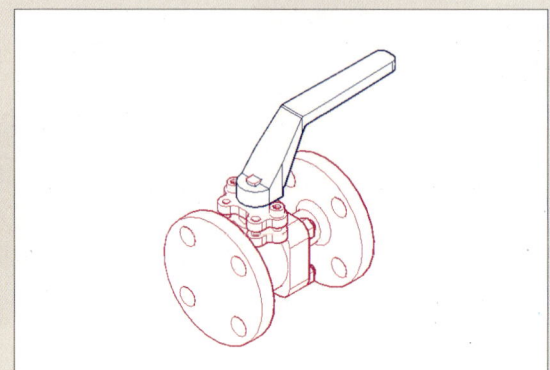
3D 숨김

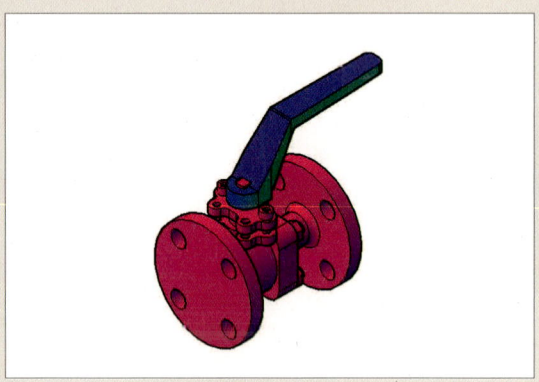
개념

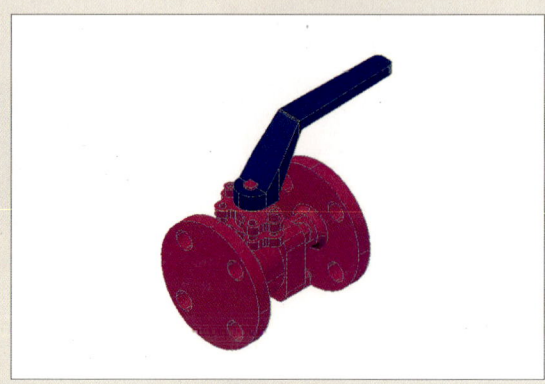
실제

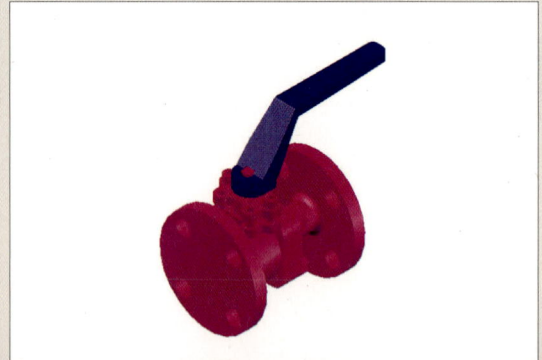
음영처리

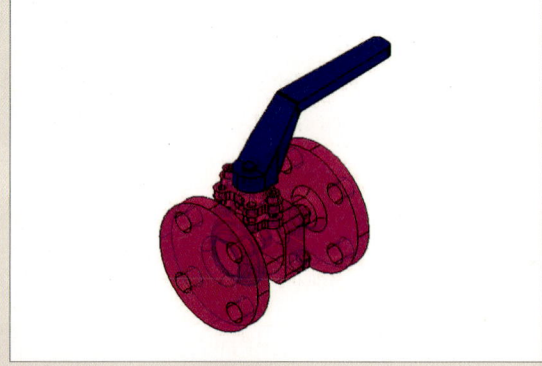
X-레이

스케치

회색음영처리

렌더링

3차원 객체는 재료와 조명을 정의하여 렌더링이 가능합니다. 개인용 컴퓨터에서 단독으로 렌더링도 가능하지만 클라우드 서비스인 Autodesk 360을 통해 렌더링이 가능합니다.

목차

PART1
CAD 작업을 위한 준비

01; AutoCAD의 설치 및 작업 환경
1	CAD란?	32
2	AutoCAD는?	32
3	AutoCAD 2015의 새로운 기능	33

02; 설치 및 실행
1	AutoCAD 2015의 설치	40
2	AutoCAD 2015의 실행 및 활성화	43
3	AutoCAD 2015의 화면 구성	47
4	자신만의 화면으로 바꾸기	56

03; 조작 방법 및 조작 용어
1	마우스의 조작	65
2	조작 용어와 표시 방법	66
3	AutoCAD 명령의 실행	68

PART2
객체의 작성 및 편집을 위한 기초지식

04; 선과 원의 작성과 화면 조작
1	선과 원을 작도해보며 명령 맛보기	72
2	정해진 크기의 사각형과 원 그리기	76
3	화면을 조작하는 줌(ZOOM)과 초점 이동(PAN)	84
4	좌표의 이해와 좌표 지정	89

5	다양한 좌표 지정 방법으로 사각형 그리기	95
★ SPECIAL PAGE >>	AutoCAD 명령의 흐름과 조작법	98
6	객체의 복사와 지우기	100

05; 그리기 도구와 객체의 선택

1	모눈을 제어하고 커서의 이동을 제어하는 그리드(GRID)와 스냅(SNAP)	107
2	수직과 수평으로 제어하는 직교(ORTHO) 모드	112
3	특정 각도를 추적하는 극좌표 추적(Polar Tracking)	115
4	객체의 특정 점을 찾는 객체 스냅(OSNAP)과 객체 스냅 추적(OTRACK)	118
5	작도 영역에서 명령어를 표시하고 입력하는 동적 입력(DYN)	131
6	선 두께 표시를 관리하는 선가중치(LWT)	134
7	객체의 투명도를 조절하는 투명도 표시/숨기기(TPY)	136
8	객체의 특성을 빠르게 표시하고 수정하는 빠른 특성(QP)	138
9	중복된 객체의 선택을 쉽게 하는 선택 순환(SC)	142
10	치수의 연관성을 감시하는 주석 감시(AM)	145

06; 객체의 선택

1	선택 상자에 의한 개별 선택	149
2	사각형의 범위를 지정해 선택하는 윈도우(W)와 크로싱(C)	151
3	키워드 입력이 필요하지 않은 BOX	153
4	다각형으로 지정하는 '윈도우 폴리곤(WP)'과 '크로싱 폴리곤(CP)'	154
5	객체 전체를 선택하는 'ALL'과 선택에서 제외시키는 'R'	155
6	울타리에 걸친 객체를 선택하는 'F'	156
7	올가미 선택	156
8	직전에 선택했던 객체를 선택하는 '이전(P)'과 마지막에 생성된 객체를 선택하는 '최후(L)'	157
9	기타 선택 옵션	157
10	조건을 부여해 선택하는 신속 선택(QSELECT)	158
11	유사한 객체를 선택하는 유사 선택	159
★ SPECIAL PAGE >>	선택과 관련된 환경 설정	162

PART3

객체의 작성 및 편집

07. 객체의 작성과 편집을 위한 기초 명령

1	극좌표 추적에 의한 마름모꼴 작성	168
2	직사각형(RECTANG) 명령에 의한 사각형 작도	170
3	원의 일부인 호(ARC)의 작도	174
4	기준선을 중심으로 대칭 복사하는 대칭(MIRROR)	180
5	다각형을 작도하는 다각형(POLYGON)	183
6	폴리선(PLOYLINE)으로 작도하는 클립	185
7	축척에 맞춰 도면틀을 작성하는 MVSETUP	191
8	일정한 간격으로 복사하는 간격 띄우기(OFFSET)	193
9	복합 객체의 분해(EXPLODE)	196
10	길면 자르고(TRIM) 짧으면 연장(EXTEND)하기	198
11	문자 스타일 및 문자의 작성	201

08. 도면 열기와 저장

1	새로운 도면의 시작	213
2	기존 도면의 열기	218
3	도면의 저장과 닫기	221
4	도면의 내보내기와 가져오기	224
★ SPECIAL PAGE >>	내보내기 및 가져오기 파일 형식	227

PART4

건물 내부 사물 그리기

09. 문과 창 그리기

1	외여닫이 문	232
2	쌍여닫이 문	241
3	세 짝 미서기창	246
4	두 짝 미서기창	256
★ SPECIAL PAGE >>	블록의 활용	265

10; 가구 및 주방 시설 그리기

1	식탁과 의자	271
2	소파	283
3	침대	291
4	가스레인지	295
5	싱크대	308
★ SPECIAL PAGE >> 객체의 특성		318

11; 화장실 그리기

1	욕조	326
2	세면기와 대변기	332

12; 도면 정보를 표시하는 치수 기입

1	치수 관련 용어 및 기호	347
2	치수 스타일(유형)의 설정(DIMSTYLE)	349
3	연관 치수 및 주석 감시	364
4	수평 또는 수직 길이를 기입하는 선형 치수(DIMLINEAR)	367
5	대각선 길이는 정렬 치수(DIMALIGNED)	369
6	호의 길이를 기입하는 호 길이(DIMARC)	369
7	좌표를 기입하는 세로 좌표(DIMORDINATE)	370
8	반지름의 치수를 기입하는 반지름(DIMRADIUS)	371
9	꺾어진 형태의 반지름을 표시하는 꺾어진 반지름(DIMJOGGED)	372
10	원의 너비를 기입하는 지름(DIMDIAMETER)	373
11	각도를 기입하는 각도(DIMANGULAR)	373
12	기준선으로부터 차례로 기입하는 기준선(DIMBASELINE)	374
13	연속으로 기입하는 연속 치수(DIMCONTINUE)	376
14	신속하게 기입할 수 있는 신속 치수(QDIM)	378
15	치수선 사이의 간격을 조정하는 치수 간격(DIMSPACE)	381
16	교차하는 치수, 치수 보조선을 끊는 치수 끊기(DIMBREAK)	382
17	원이나 호의 중심을 표시하는 중심 표식(DIMCENTER)	383
18	꺾기 선을 추가 또는 제거하는 꺾어진 선형(DIMJOGLINE)	385
19	작성된 치수 표현을 수정하는 치수 편집(DIMEDIT)	386

20	치수 문자의 위치를 변경하는 치수 문자 편집(DIMTEDIT)	387
21	지시선(인출선)의 작성(LEADER)	388
22	다중 지시선(MLEADER)	393
23	다중 지시선 편집(MLEADEREDIT)	394
24	다중 지시선 정렬(MLEADERALIGN)	395
25	지시선 수집(MLEADERCOLLECT)	396

PART5

주변 구조물 및 조경용 심볼 그리기

13. 주변 구조물 그리기

1	직선 계단	400
2	엘리베이터	409
3	운동기구	416

★ SPECIAL PAGE >> Autodesk 360 — 421

14. 조경 심볼 그리기

1	낙락장송	433
2	소나무	440
3	파고라	444

★ SPECIAL PAGE >> 점과 점을 이용한 명령 — 453

PART6

평면도 그리기

15. 아파트 평면도

1	환경 설정	461
2	중심선(그리드) 그리기	462
3	벽체 그리기	463
4	건구(문과 창호) 그리기	474

5	가구 등 심볼 배치	481
6	베란다	483
7	엘리베이터와 계단 그리기	485
8	대칭 복사	490
9	치수 기입 및 도면 정리	491
★ SPECIAL PAGE >>	도면의 표현(주석 축척 및 출력)	496

PART7 설비도면 그리기

16. 위생배관 도면

1	환경 설정	521
2	위생기기 배치	533
3	입관 및 바닥 배수구	534
4	배관 그리기	536
5	조인트 그리기	540
6	마무리 작업	545
★ SPECIAL PAGE >>	정보의 조회와 유틸리티 기능	550

17. 공조 덕트 평면도

1	환경 설정	563
2	급기 덕트 작도	563
3	환기 덕트 작도	572
4	부속류 및 문자 작성	576

18. 동작 및 데이터 관리를 위한 도구

1	도면의 문자 데이터를 관리하는 필드(FIELD)	579
2	일정한 작업 패턴을 녹화하는 동작 레코더(ACTRECORD)	585
3	자원의 유효 활용을 위한 디자인센터(ADCENTER)	593
4	콘텐츠 관리를 위한 도구 팔레트(TOOLPALETTES)	597

PART8

3차원 객체의 모델링 및 편집

19; 3차원 작업을 위한 기초

1	2차원과 3차원의 차이	604
2	3차원 객체의 종류	607
3	3차원을 위한 작업공간	610
4	3차원 좌표계와 좌표지정 방법	611
5	오른손 법칙의 이해	613
6	UCS 아이콘의 이해	614
7	UCS 및 UCS 관리자	616
8	3차원 객체의 편집을 용이하게 하는 장치(GIZMO) 도구	619
9	UCS를 쉽게 정의할 수 있는 동적 UCS(DUCS)	621
10	각도와 높이를 지정하는 관측점 사전 설정(DDVPOINT)	623
11	뷰를 작성하고 편집하는 뷰 관리자(VIEW)	624
12	평면 뷰로 지정하는 평면(PLAN)	627
13	3차원 뷰를 자유롭게 제어하는 3D 궤도(3DORBIT)	628
14	여러 창으로 나누어 볼 수 있는 뷰포트(VPORTS)	631
15	모델을 다양하게 표현하는 비주얼 스타일	636

20; 솔리드(SOLID)의 기본 명령어

1	솔리드 기본 객체 작성	651
2	벽체 모양의 폴리솔리드(POLYSOLID)	657
3	돌출시켜 솔리드 객체로 만드는 돌출(EXTRUDE)	660
4	경계 영역을 누르거나 당기는 눌러 당기기(PRESSPULL)	663
5	2차원 객체를 회전시켜 3차원 객체로 만드는 회전(REVOLVE)	667
6	둘 이상의 객체 세트를 조합해 3차원 객체를 작성하는 로프트(LOFT)	668
7	경로를 따라 입체 형상을 만드는 스윕(SWEEP)	672

21; 솔리드(SOLID) 모델링

| 1 | 소파 | 674 |
| 2 | 문 | 683 |

22; 솔리드 객체의 편집 및 조작

1	솔리드의 연산	690
2	객체를 자르는 슬라이스(SLICE)	692
3	곡면을 두께가 있는 솔리드로 바꾸는 굵게 하기(THICKEN)	694
4	모서리 모깎기(FILLETEDGE)	695
5	모서리 모따기(CHAMFEREDGE)	697
6	단면의 작성(SECTION)	699
7	편집 장치(기즈모)의 조작	706

23; 표면(Surface)의 작성 및 편집

1	3차원의 폴리선을 작성하는 3D 폴리선(3DPOLY)	711
2	두 방향의 곡선 사이에 표면을 작성하는 네트워크 표면(SURFNETWORK)	713
3	평편한 표면을 작성하는 평면 표면(PLANESURFACE)	717
4	작성된 표면을 이용한 조작	718
5	표면의 편집	723
6	표면의 모양을 자유롭게 조작하는 정점	730

24; 표면(SURFACE) 및 메쉬(MESH) 모델링

1	물 주전자	738
2	메쉬(Mesh)를 이용한 모델링	745
3	축을 중심으로 회전체를 만드는 회전 곡면(REVSURF)	757
4	방향 벡터를 따라 메쉬를 작성하는 방향 벡터 곡면(TABSURF)	760
5	두 객체 사이에 메쉬를 작성하는 직선 보간 곡면(RULESURF)	761
6	4개의 객체로 만드는 모서리 곡면(EDGESURF)	763
7	부드러운 메쉬 만들기(SMOOTH)	764
8	각진 부분의 추가 및 제거(CREASE)	770
9	메쉬의 편집	773
10	다른 모델 타입으로의 변환(CONVERT)	780
11	카메라 모델링	783

PART 9 모델의 표현

25. 모델 뷰의 표현

1. 배치(LAYOUT)의 작성 — 796
2. 기준 뷰 작성(VIEWBASE) — 797
3. 투영 뷰 작성(VIEWPROJ) — 799
4. 단면 뷰 작성(VIEWSECTION) — 802
5. 상세 뷰 작성(VIEWDETAIL) — 809
6. 뷰 환경 설정 — 812
7. 뷰 편집(VIEWEDIT) — 816
8. 뷰 업데이트(VIEWUPDATE) — 817

26. 객체의 장식과 동적 관측

1. 재료의 정의와 적용 — 820
2. 광원의 설정 — 828
3. 지리적 위치 및 일영 — 839
4. 카메라 설정 — 844
5. 보행 시선(3DWALK) 및 조감 뷰(3DFLY) — 849
6. 동적으로 관찰하는 애니메이션 — 854
7. 렌더링 — 858

Index — 869

PART1

CAD 작업을 위한 준비

CAD(Computer Aided Design/Draft)는 도면을 작성하는 도구입니다. 이 책은 도면을 작도하면서 AutoCAD 기능을 익힐 수 있도록 구성하였습니다. 이번 파트는 실제 도면 작성에 앞서 준비하는 단계입니다. 우리가 사용하는 CAD는 어떤 소프트웨어이며 학습하게 될 AutoCAD는 어떤 특징이 있는지 살펴보고, 사용을 위해 설치와 실행 방법, 화면 구성 등에 대해 알아보도록 하겠습니다.

AutoCAD 2015

01; AutoCAD의 설치 및 작업 환경

02; 설치 및 실행

03; 조작 방법 및 조작 용어

01; AutoCAD의 설치 및 작업 환경

AutoCAD 2015

이 장에서는 본격적인 AutoCAD를 학습하기에 앞서 CAD에 대한 개요와 설치 방법과 실행 방법에 대해 알아보겠습니다.

1　CAD란?

이공계 학생뿐 아니라 일반인들도 '캐드(CAD)'라는 단어를 알고 있는 사람들이 많습니다. 정확히 정의를 내리지는 못하더라도 '도면을 그리는 소프트웨어' 또는 '그림을 그리는 소프트웨어'라는 정도는 알고 있습니다. 그만큼 CAD가 우리 생활에 밀접하게 다가오고 있다는 것을 알 수 있습니다. CAD에 대해 정의를 해보도록 하겠습니다.

캐드(CAD)는 'Computer Aided Design/Drafting'의 우리말로 쉽게 풀어서 표현하면 '전산 응용 설계(디자인) 또는 제도'입니다. 즉, 컴퓨터를 활용한 설계 및 설계관련 작업입니다. 좀 더 구체적으로 설명하면 **'실제 또는 가상의 대상물에 대해 도면을 작성하고, 설계 대상에 대한 가상 공간의 구현 및 시뮬레이션 등을 컴퓨터의 자동화된 수단으로 실시하는 제반 설계 업무'**를 말합니다.

CAD는 좁은 의미에서는 '단순히 도면을 작성하는 도구'이지만 넓은 의미로 정의하면 '도면 작성뿐 아니라 기획 또는 계획한 내용을 도면으로 표현하고, 완성된 상황을 가상으로 구현하여 시뮬레이션하는 설계 업무 전반을 관리하는 도구'라고 할 수 있습니다.

2　AutoCAD는?

오토캐드(AutoCAD)는 미국의 오토데스크(Autodesk)사에서 개발한 개인용 컴퓨터(PC) 설계 소프트웨어입니다. 우리나라는 물론 미국을 비롯한 전 세계 개인용 컴퓨터 CAD 시장에서 가장 많은 사용자를 확보하고 있습니다. 특히, 우리나라에서는 압도적인 시장 지배력을 확보하고 있습니다. 우리나라에서 CAD의 대명사는 오토데스크(Autodesk)사의 '오토캐드(AutoCAD)'라고 해도 과언이 아닐 것입니다. 세계 각국의 언어로 번역되어 모든 국가에서 판매될 정도로 세계적으로도 시장을 확보하고 있는 CAD 소프트웨어입니다.

AutoCAD는 특정한 분야에 한정되지 않고 사용할 수 있는 범용 CAD입니다. 즉, 건축, 토목, 기계, 전자 등 어느 분야에서도 사용할 수 있는 설계용 소프트웨어입니다. 하지만 이러한 범용성이 특정 업무만을 수행하는 사람에게는 바람직한 것이 아닙니다. 이를 보완하기 위해 전문 분야에 맞춰 개발된 제품이 있습니다.

여기에 AutoCAD를 기본으로 하여 ARX, LISP과 같은 프로그래밍 언어를 이용하여 특정 업무에 맞춰 개발된 제품이 많습니다. 국내에서는 건축기계설비 설계를 위한 꼬메(CO-ME), 소방설비설계를 위한 파이어(Fire) 등이 대표적입니다. 이런 제품들은 AutoCAD를 기본으로 하여 실무에서 사용자들의 요구에 맞춰 기능을 추가하거나 개량합니다. 또, 특정 업무 흐름을 자동화하여 작업의 효율을 높이고 있습니다.

AutoCAD는 많은 오랜 기간 버전업을 거쳐 현재 AutoCAD 2015까지 발표되었습니다. 2000년대 이전에는 2~3년 주기로 새 제품이 출시되었으나 2000년이후부터 현재까지 매년 신제품을 출시하고 있습니다.

3. AutoCAD 2015의 새로운 기능

AutoCAD 2015의 새로워진 기능에 대해 알아보겠습니다.

(1) 어두운 회색 톤의 화면

AutoCAD 2015를 펼치면 화면이 전체적으로 어두운 회색 톤으로 바뀐 것을 알 수 있습니다. 이는 작도 영역에서 도면 작업에 집중을 돕기 위한 것입니다. '옵션(OPTIONS)' 기능을 이용하여 사용자가 밝은 톤으로 설정할 수 있습니다.

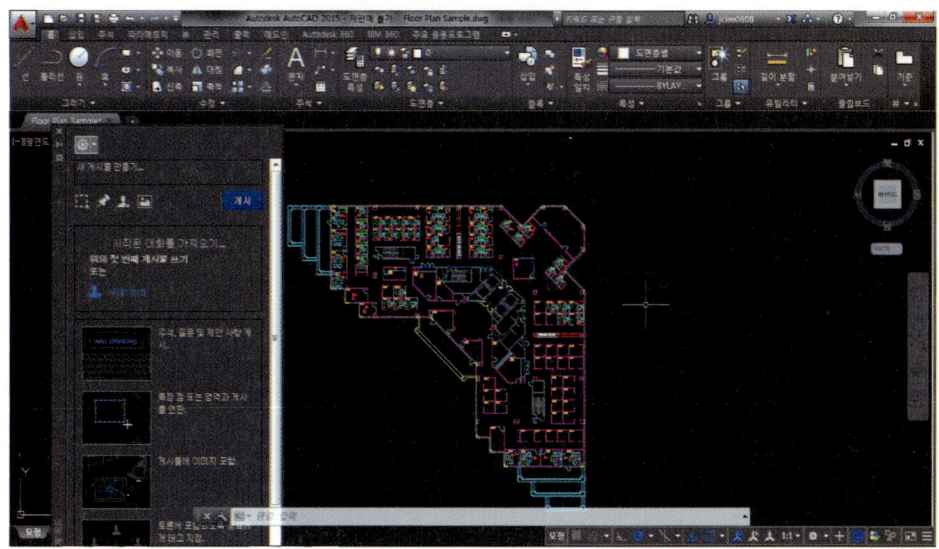

(2) '작성'과 '알아보기' 프레임

AutoCAD 2015의 초기 화면에 보면 하단에 '작성'과 '알아보기' 프레임이 나타납니다.

'작성' 프레임은 도면의 신규 작성이나 열기, 최근에 작업했던 도면의 미리 보기 이미지를 표시합니다. 도면 작업은 이 프레임을 통해 시작합니다.

'작성' 프레임 화면

'알아보기' 프레임은 새로워진 사항의 동영상, 도움말의 접근, 각종 작업을 위한 팁, 온라인 리소스 등 학습 및 도면 작업을 위한 콘텐츠가 배치되어 있습니다.

'알아보기' 프레임 화면

(3) 워크스페이스

기존의 '클래식' 워크스페이스가 사라졌습니다. 하지만 툴바나 풀다운 메뉴 기능은 기존대로 CUI 명령을 이용하여 클래식 워크스페이스를 작성할 수 있습니다.

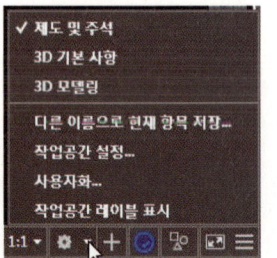
워크 스페이스 목록

(4) 상태 바

AutoCAD 2015 상태 바의 디자인은 새롭게 바뀌었습니다. 윈도우 오른쪽 하단에 배치되었습니다. 아이소메트릭 도면 작성을 위한 컨트롤 버튼이 추가되었습니다.

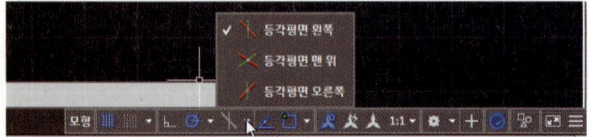
상태 바

(5) 갤러리 컨트롤

리본 컨트롤에서 블록을 삽입하고자 할 때 블록을 미리 보기 형식으로 표시합니다. 또, 문자 스타일, 치수 스타일, 표 스타일 등 각종 스타일의 미리 보기가 추가되어 직관적으로 스타일을 관리할 수 있습니다.

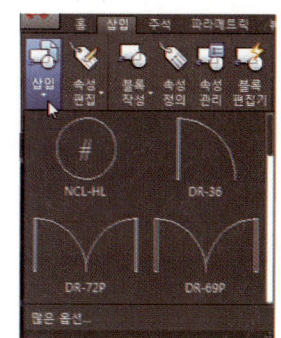

블록 삽입의 미리보기 갤러리

(6) 모델공간의 뷰포트

모델공간 뷰포트는 보다 간단히 조작할 수 있게 되었습니다. 뷰포트 경계를 마우스 드래그에 의해 크기를 바꿀 수 있고 경계의 상하좌우에 있는 [+] 아이콘을 이용하여 새로운 뷰포트를 생성할 수 있습니다.

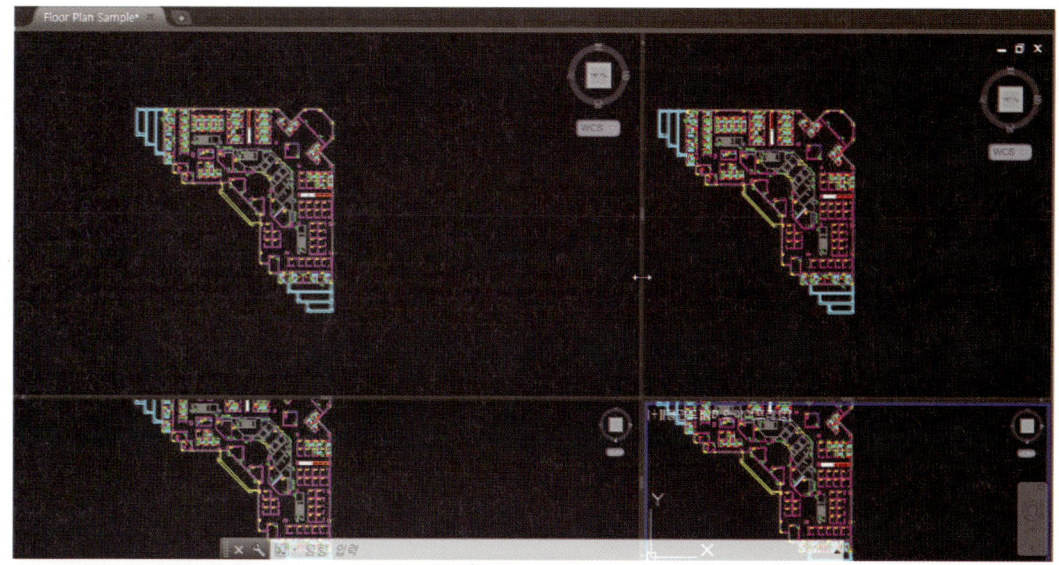

보다 간편해진 뷰포트

(7) 그래픽 성능

그래픽 성능(GRAPHICSCONFIG) 명령에 의해 하드웨어 가속, 해당 시스템의 그래픽 카드로 낼 수 있는 효과, 소프트웨어 성능 설정 등을 제어합니다.

'부드러운 선 표시'를 체크하면 2D 와이어프레임에 표시되는 비스듬한 선이나 모깎기 호 등의 거친 표현을 부드럽게 표현합니다.

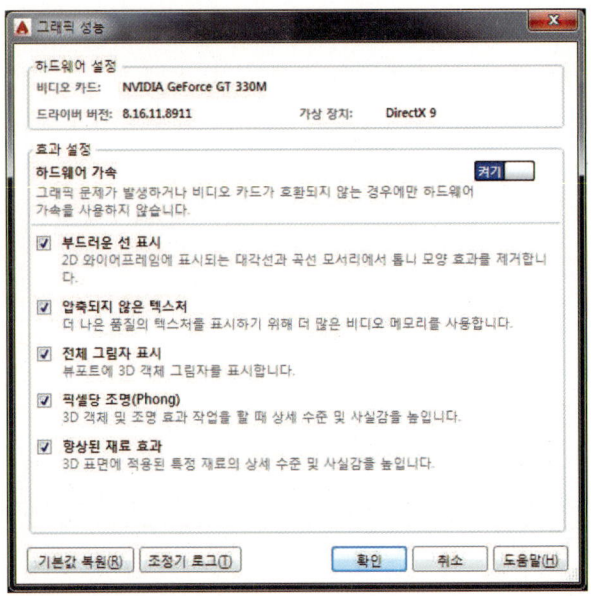
그래픽 설정 대화상자

(8) 객체 선택 향상

그래픽 피드백 제공 : 객체를 선택할 때 크로싱 선택이나 창 선택으로 범위를 지정하면 선택될 객체가 하이라이트 되면서 미리 확인할 수 있습니다.

올가미 선택 추가 : 객체를 선택할 때 한 점을 클릭한 후 마우스를 누른 채로 움직이면 해당 범위의 객체가 선택되는 객체 선택 방법이 추가되었습니다.

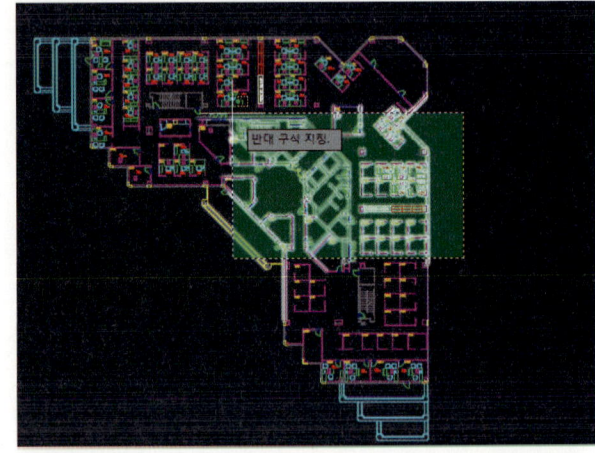
그래픽 설정 대화상자

(9) 명령 실행 상태 미리 보기 기능

자르기(TRIM), 연장(EXTEND), 끊기(BREAK), 간격 띄우기(OFFSET), 모깎기(FILLET), 모따기(CHAMFER) 명령어를 실행 시에 명령의 실행에 따라 결과 값을 미리 보여줍니다. 다음 그림의 경우 현재 선택한 선이 연장될 경우의 모습을 미리 보여줌으로써 오류를 방지할 수 있습니다.

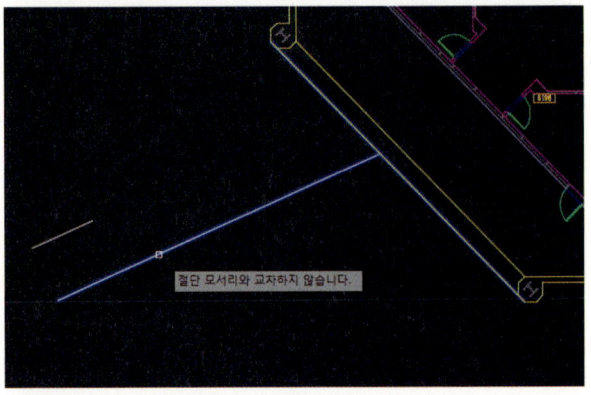
연장 명령 시 미리 보기 기능

(10) 다중 문자 기능의 향상

글머리 기호 삽입 : 문자 편집기에서 문자를 입력할 때 '.', ')', '>', '}', ']' 등의 특정 문자에 이어 [Space bar] 또는 [Tab] 키를 붙여 작성하게 되면 자동적으로 개조식 표현 또는 번호가 붙은 리스트가 작성됩니다.

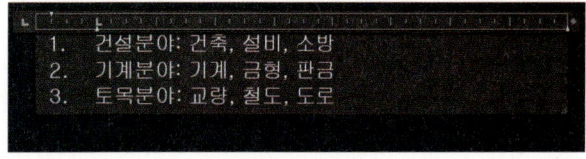

분수 표현이 용이 : 분수 표현이 자동으로 인식되고 대각선, 수평선의 교체가 용이해졌습니다. 다음과 같이 분수를 표현하기 위한 메뉴가 나타나 대각선 표현과 수평선을 선택할 수 있습니다.

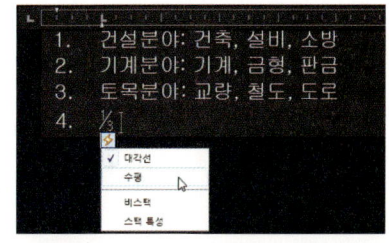

문자 정렬 기능 향상 : 문자 정렬(TEXTALIGN) 명령으로 여러 개의 다중 문자를 정렬할 수 있습니다. 다음과 같이 다중 문자를 선택하여 정렬하고자 하는 위치를 지정하면 지정한 위치에 정렬됩니다.

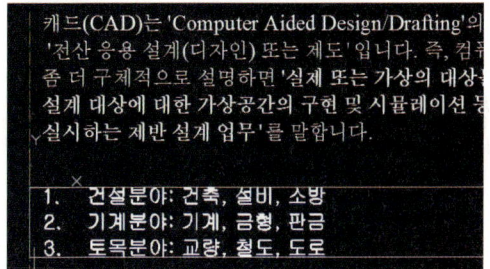

(11) 폴리선 편집

원호를 작도할 때 [Ctrl] 키를 누르면 폴리선의 원호를 역방향으로 작성할 수 있습니다.
폴리선의 원호 세그먼트를 분해하지 않고 모깎기(FILLET)가 가능해졌습니다.

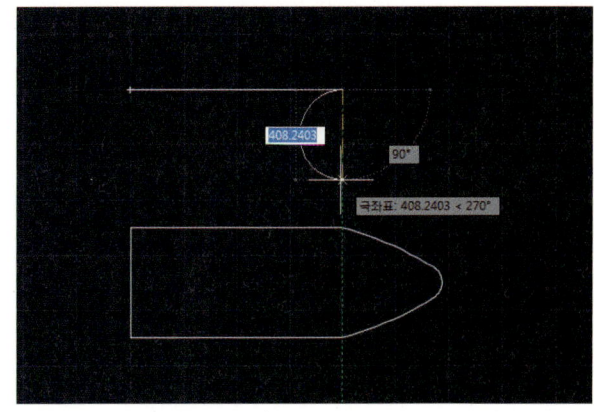

(12) 치수 기입 시 치수보조선에 대한 객체 스냅 제외

치수를 기입할 위치 지정 시, 주변에 치수보조선이 있더라도 치수보조선의 객체 스냅은 제외하고 객체만 치수 기입 합니다. 또, 치수가 기입될 두 점 사이에 파선으로 보조선을 표시합니다.

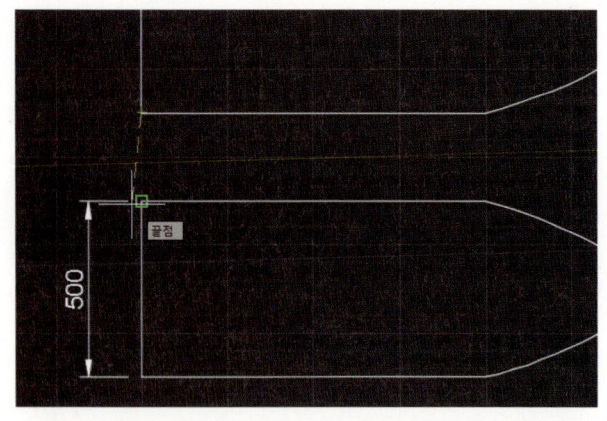

(13) 지리적 위치

도면에서 지리적 위치를 지정할 때 지도를 통해 지정하고 필요한 부분을 선택하여 캡쳐할 수 있습니다.

(14) 포인트 클라우드 기능

AutoCAD 2015 설치 시에 Autodesk ReCap을 함께 설치할 수 있습니다. Autodesk ReCap에서 출력된 포인트 클라우드 파일(*.rcp)과 포인트 클라우드 스캔 파일(*.rcs)을 부착(ATTACH)할 수 있도록 되었습니다. 포인트 클라우드 스캔 파일(*.rcs)은 UCS 명령의 객체(OB) 옵션을 이용하여 포인트로 구성된 면에 대해 수직으로 사용자 좌표를 설정할 수 있습니다.

부착된 도면에 배치된 포인트 클라우드 데이터는 각종 표현을 할 수 있습니다. 강도, 고도, 분류 등의 옵션을 이용할 수 있습니다. 이러한 표현은 색상 맵핑 설정으로 변경할 수 있습니다.

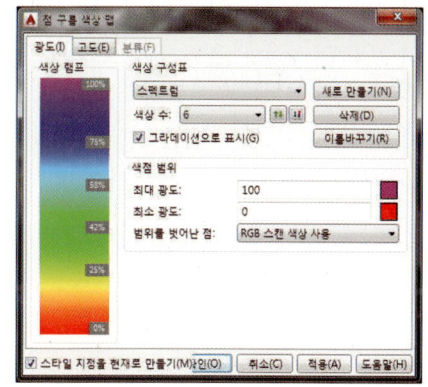

(15) 설계 피드

설계 피드는 Autodesk360을 통한 협업 기능입니다. AutoCAD 2015에서는 네트워크 환경이 끊어진 환경이나 로컬 컴퓨터에서 저장된 도면이라도 Autodesk 360에 업로드한 설계 피드의 데이터를 갖고 있습니다. 도면 엑세스 권한을 갖고 네트워크가 끊어진 환경에서도 설계 피드를 운용할 수 있습니다.

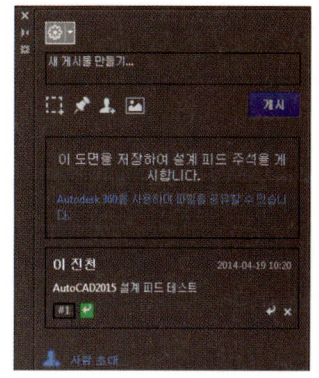

설계 피드 팔레트

(16) BIM360과 연계

AutoCAD 2015에서는 BIM360 Glue와 협업이 가능하도록 BIM360 플러그인이 인스톨되었습니다. BIM360 Glue를 사용하고 있는 프로젝트팀과 AutoCAD 모델을 공유하거나 간섭의 결과를 표시할 툴에 간단히 엑세스할 수 있습니다.

> **참고** BIM360 Glue
>
> BIM360 Glue는 클라우드 기반의 협업 기능과 모바일 접근성으로 프로젝트 팀원들 사이에 장소에 구애받지 않고 디자인을 검토하고 조정(코디네이션)에 참여할 수 있게 합니다. 여러 프로젝트 설계 및 건설팀은 클릭 한번으로 실시간 최신 프로젝트 모델을 검토하고 공정간 간섭을 관리할 수 있어 프로젝트 비용과 시간을 절약할 수 있게 합니다.

02; 설치 및 실행

이번 장에서는 AutoCAD의 작업을 위해 AutoCAD를 설치하고 실행해보도록 하겠습니다. 설치한 후 실행하는 방법과 실행 후 초기 화면에 대해 알아보겠습니다.

> **참고** AutoCAD 2015 무료 체험판 다운로드
>
> Autodesk사의 홈페이지를 방문하여 AutoCAD 2015 무료 체험판을 다운로드하여 사용하실 수 있습니다.
> 무료 체험판은 30일 한정이며 30일이 경과하면 정식으로 구매해서 인증을 받아 사용해야 합니다.
> 다운로드는 Autodesk 홈페이지의 AutoCAD 2015 소개 사이트에서 다운로드할 수 있습니다.
> 또는 다음의 URL을 입력하면 다운로드 사이트에 직접 연결됩니다.
> http://www.autodesk.co.kr/products/autocad/free-trial

1 AutoCAD 2015의 설치

지금부터 AutoCAD 2015의 설치에 대해서 알아보도록 하겠습니다. 다른 소프트웨어의 설치와 큰 차이는 없습니다. 설치 마법사의 설명 및 지시에 따라 하나씩 조작하면 됩니다. 지금부터 설치 화면을 하나씩 살펴보도록 하겠습니다.

(1) 설치 초기 화면

설치를 시작하면 다음과 같은 화면이 나타납니다.
[배치 작성], [도구 및 유틸리티 설치], [설치] 메뉴가 있습니다. [설치]를 클릭합니다.

> **[TIP]**
> ① 배치 작성 : 미리 작성된 배치(LAYOUT)를 설치합니다.
> ② 도구 및 유틸리티 설치 : 네트워크 라이센스 또는 관리 도구를 설치합니다.
> ③ 설치 : AutoCAD 2015 제품을 설치합니다.

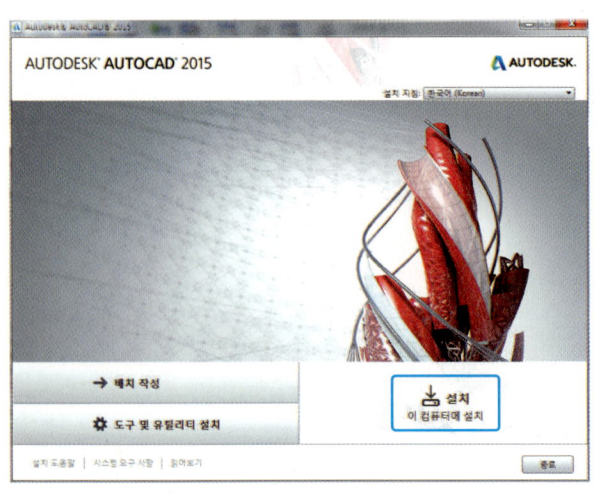

설치 초기 화면

(2) 라이센스 계약서 수락

Autodesk사의 소프트웨어 라이센스와 관련된 계약서 양식입니다. '국가 또는 지역'에서 'Korea South'를 선택하고 라이센스 계약서 내용을 확인한 후 동의하면 '동의함'을 선택하고 [다음]을 클릭합니다.

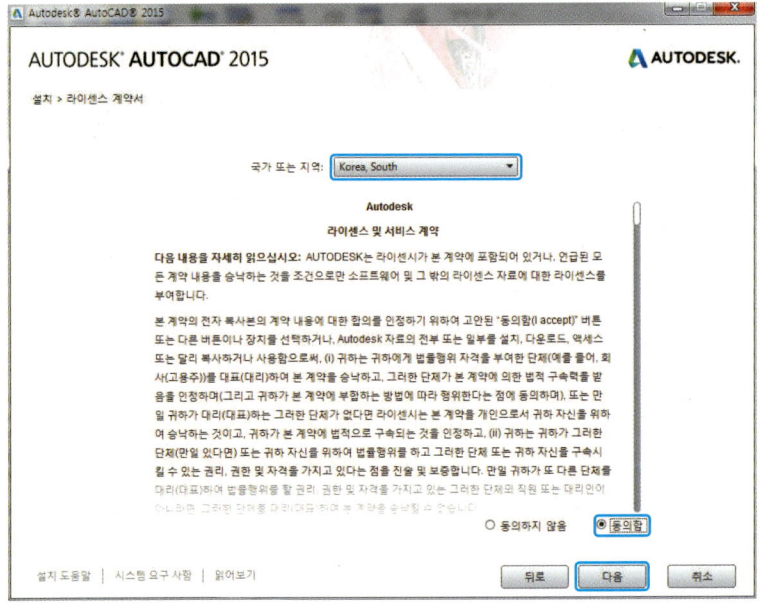

라이센스 계약서 화면

(3) 제품 정보

제품에 대한 정보를 입력하는 화면입니다. '제품 언어'를 '한국어'로 선택하고 '라이선스 유형'은 '독립 실행형' 또는 '네트워크' 중 선택합니다. 일련번호와 제품 키를 확인하여 기입합니다. 트라이얼 버전을 사용하는 미구입자라면 '일련 번호(E)'에 '000-00000000'을 입력합니다. [다음]을 클릭합니다.

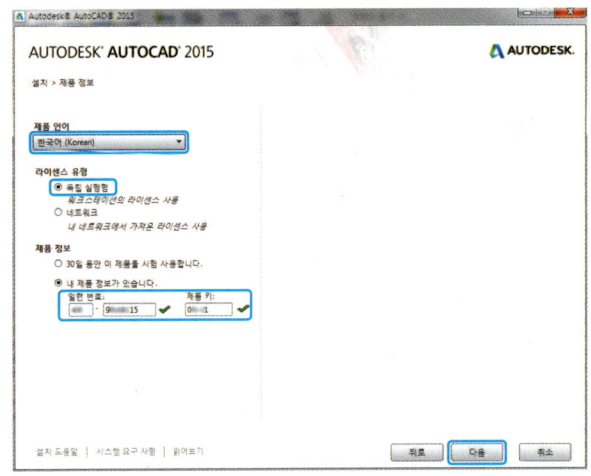

제품 정보 입력 화면

(4) 설치 구성

설치를 위한 기본 정보를 표시하고 설치할 제품을 선택합니다. 기본 제품인 'AutoCAD 2015'를 선택하고 레이저 스캔과 사진을 3D모델로 생성하는 'ReCap'과 클라우드 기반 서비스 'Autodesk 360'의 설치여부를 선택합니다. 설치 경로를 지정한 후 [설치]를 클릭합니다.

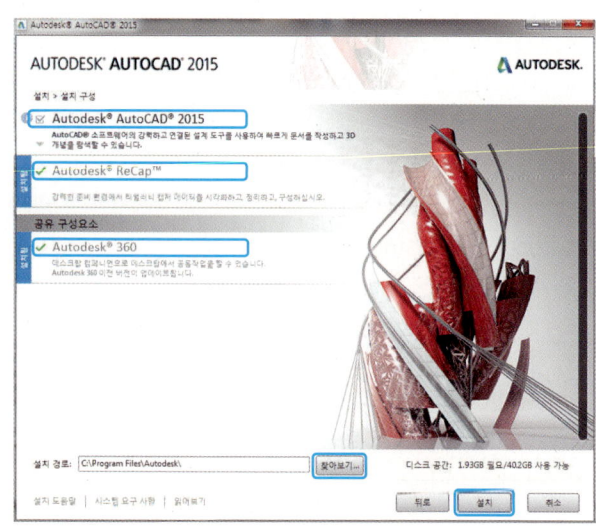
설치 제품 및 경로 지정 화면

(5) 설치 실행

설치 마법사가 설치 작업을 실행하는 화면이 나타납니다. 설치가 진행되면서 진행 막대가 진행 정도를 표시합니다.

설치 실행 화면

(6) 설치 완료

설치가 완료되면 설치 완료 화면이 표시됩니다. 'AutoCAD 2015 읽어보기를 봅니다.'를 체크한 후 '마침(F)'을 클릭합니다.

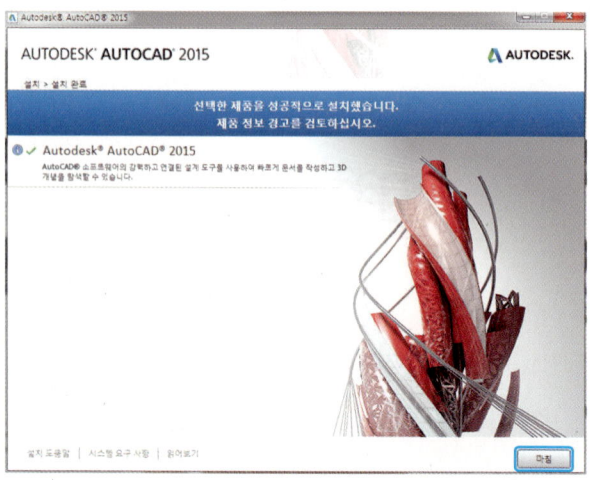
설치 완료 화면

2   AutoCAD 2015의 실행 및 활성화

정상적으로 설치되면 AutoCAD 2015를 실행할 수 있는 환경이 됩니다. 이제 AutoCAD 2015를 시작해보도록 하겠습니다.

01 바탕 화면에서 AutoCAD 2015 아이콘을 더블클릭합니다.

AutoCAD 2015 바탕화면 아이콘

또는 시작 메뉴에서 [AutoCAD 2015 - 한국어(Korean)]를 클릭하여 프로그램을 실행합니다.

AutoCAD 2015 실행 메뉴

02 설치 후 최초로 실행하게 되면 다음과 같이 개인 정보보호 정책 고지 화면이 표시됩니다. 내용을 확인하고 사각 박스에 체크(∨)한 후에 [동의함]을 클릭합니다.

개인 정보 보호 정책 고지 화면

| Part 01 CAD 작업을 위한 준비

> **참고** 기존 AutoCAD가 설치되어 있는 경우
>
> AutoCAD 2015 이전 버전(예 : AutoCAD 2013)이 설치되어 있거나 AutoCAD의 버티컬 제품(예 : AutoCAD MEP 등)이 설치되어 있는 경우, AutoCAD 2015를 실행하게 되면 다음 그림과 같이 설정된 환경이나 파일을 마이그레이션할 것인지 묻습니다. 마이그레이션하려면 해당 항목을 체크하고 [확인]을 누릅니다. 무시하려면 [취소]를 누릅니다.
>
> Note_마이그레이션은 이전 버전을 사용하면서 설정했던 환경을 그대로 계승하는 작업입니다.
>
> 마이그레이션을 종료하면 종료 화면이 나타납니다.

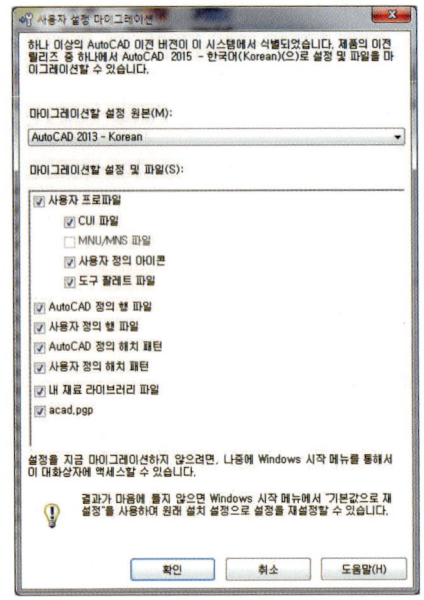

AutoCAD 2015 이전 버전의 마이그레이션 화면

03 다음과 같은 라이센스 화면이 나타납니다.
[활성화(A)]는 정품 AutoCAD를 구매했을 경우, 오토데스크(Autodesk)사에서 발행하는 활성화 코드를 발급받아 입력하는 메뉴이고, [시도(T)]는 30일간 무료로 사용할 수 있는 체험판을 실행하는 메뉴입니다. 제품 활성화 코드를 한 번 입력하고 난 이후에는 이 화면은 표시되지 않습니다.
[활성화(A)]를 클릭합니다.

| 02 ; 설치 및 실행

04 제품 활성화 대화상자에서 제품 정보를 확인한 후 '지금 연결 및 활성화(권장)'를 선택한 후 [다음]을 클릭합니다.

Note_ 이미 활성화 코드를 받은 경우라면 'Autodesk에서 받은 활성화 코드가 있음'을 클릭합니다.

05 제품 일련 번호를 입력합니다. [다음>>]을 클릭합니다.

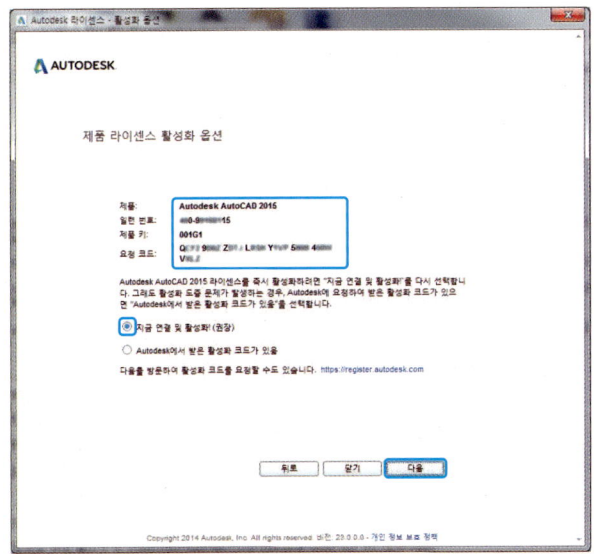

제품 라이센스 활성화 옵션

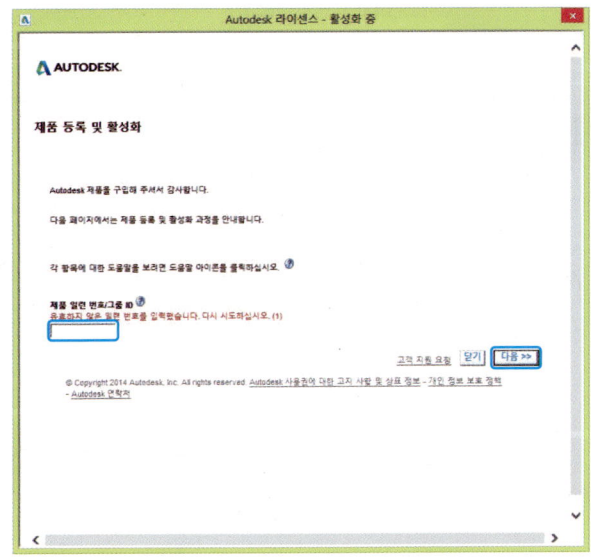

제품 등록 및 활성화 화면

06 정식으로 등록되어 활성화되면 다음과 같은 '활성화 완료' 화면이 나타납니다. [마침]을 눌러 종료합니다.

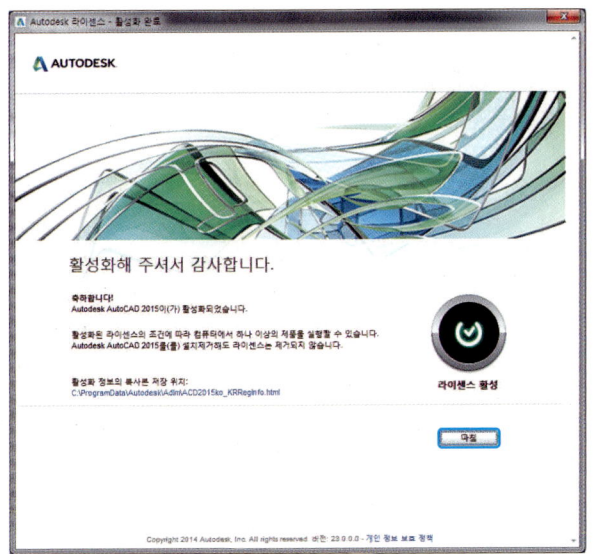

활성화 완료 화면

045

07 제품을 활성화하여 실행하든 트라이얼(체험) 버전을 실행하든 제품을 실행하면 다음과 같은 초기 화면이 나타납니다.

AutoCAD 2015 초기 화면

08 [시작하기]를 클릭하면 다음과 같이 작도 화면이 나타납니다.

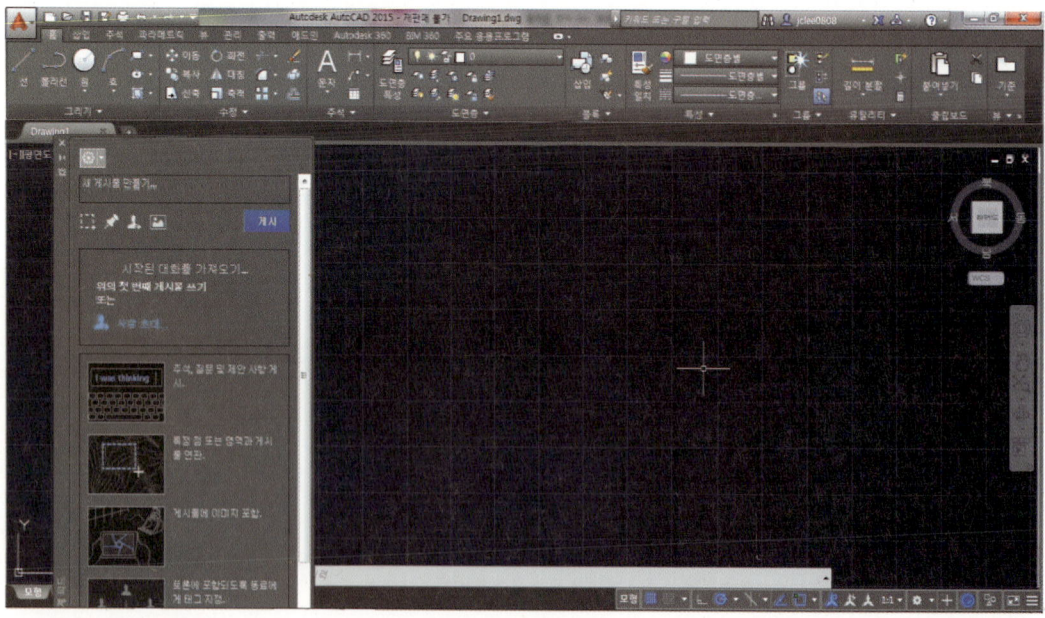

AutoCAD 2015 작도 화면

3 AutoCAD 2015의 화면 구성

AutoCAD 2015 화면에 대해 알아보도록 하겠습니다. AutoCAD 2015를 실행하면 가장 먼저 '작성' 프레임의 '새 탭' 화면이 나타납니다.

01. '작성' 프레임 화면

이 화면에서 새로운 도면을 시작하거나 기존 도면을 열 수 있습니다.

❶ 시작하기 : 새로운 도면을 시작합니다. 하단의 템플릿 리스트를 통해 템플릿을 지정하여 시작할 수 있습니다.

❷ 파일 열기 : 기존에 작업했던 파일을 열어 도면 작업을 진행합니다.

❸ 시트 세트 열기 : 하나의 묶음으로 만들어진 시트 세트를 엽니다.

❹ 온라인으로 추가 템플릿 얻기 : 온라인(웹)을 통해 템플릿을 가져옵니다.

❺ 샘플 도면 탐색 : AutoCAD가 제공하는 샘플 도면을 엽니다.

❻ 최근 문서 : 최근 작업한 문서가 미리 보기 형식으로 나열되고 작업하고자 하는 도면을 클릭하여 시작합니다. 압정 버튼을 클릭하여 고정시킬 수 있습니다.

❼ 연결 : 클라우드 기반의 Autodesk 360과 연결합니다.

02. '알아보기' 프레임

'알아보기'는 AutoCAD 학습관련 콘텐츠를 제공하는 화면입니다.

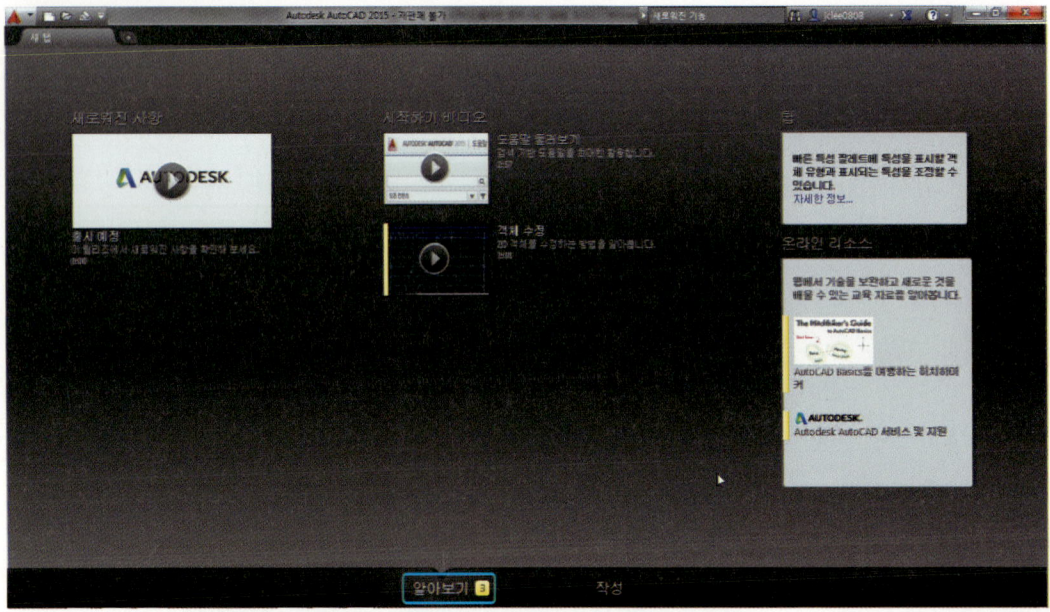

❶ **새로워진 사항** : AutoCAD 2015에서 새로워진 내용을 소개합니다.

❷ **시작하기 비디오** : 도움말 둘러보기, 객체 수정 등 동영상의 학습 콘텐츠를 제공합니다.

❸ **팁** : AutoCAD 학습을 위한 다양한 팁을 제공합니다.

❹ **온라인 리소스** : 온라인에서 학습 콘텐츠 및 Autodesk사의 서비스 및 지원 사이트에 접근할 수 있습니다.

03. 도면 작성 화면

'작성' 프레임 화면에서 '시작하기'의 '그리기 시작'을 클릭합니다. 다음과 같은 화면이 나타납니다.

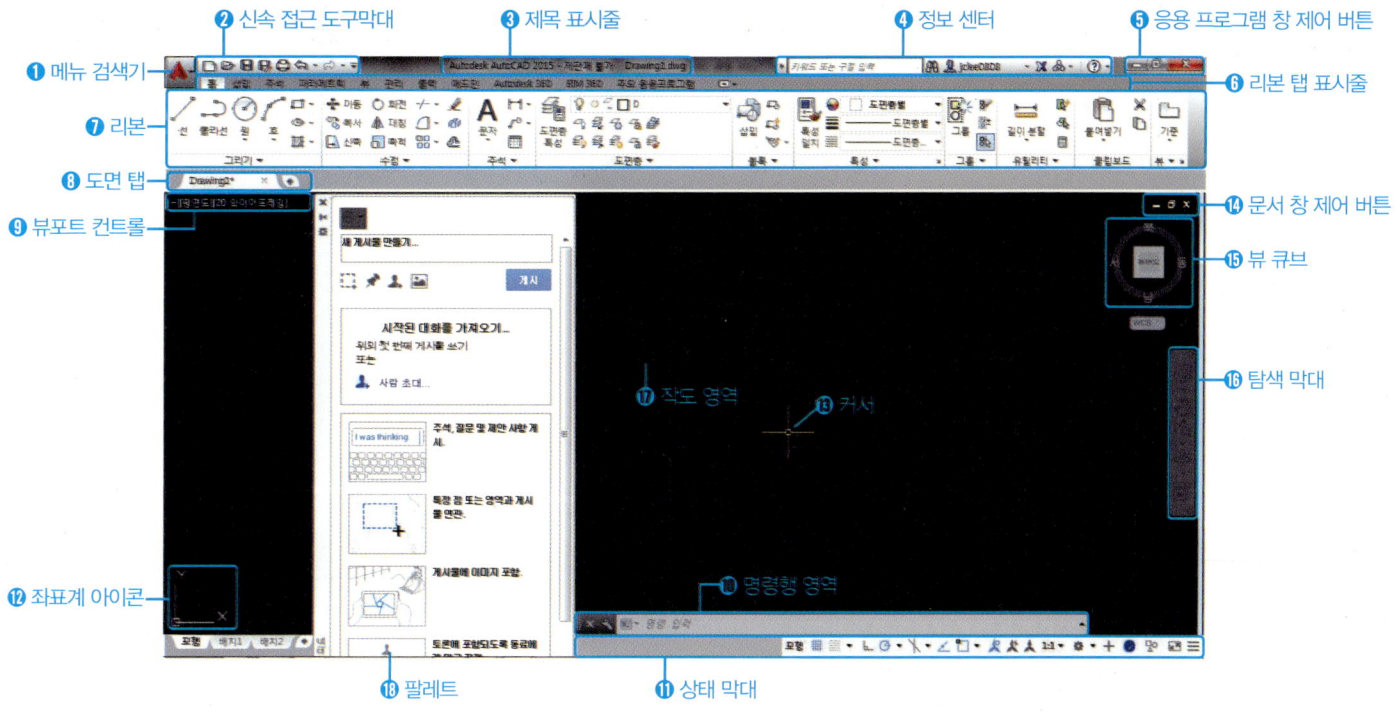

(1) 메뉴 검색기

메뉴 및 메뉴 동작을 실시간으로 검색할 때 사용합니다. 검색 키워드 입력 창은 메뉴 검색기 위쪽에 있습니다. 검색 결과에는 메뉴 명령, 기본 툴팁, 명령 프롬프트 문자열 또는 태그가 포함될 수 있습니다.

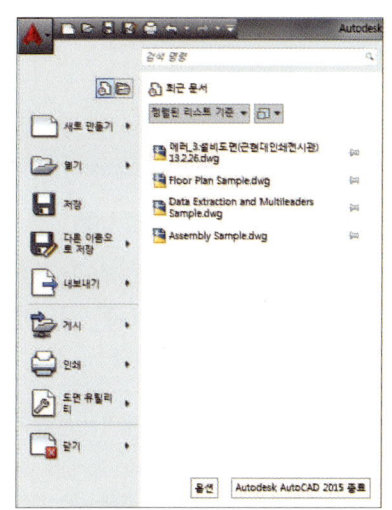

메뉴 검색기를 눌렀을 때의 화면

(2) 신속 접근 도구막대

자주 사용(접근)하는 명령의 아이콘을 등록하여 한 번의 클릭으로 해당 명령을 실행할 수 있습니다. 도면 작업의 신속성을 위해 유용한 도구입니다. 사용자가 필요에 의해 등록 또는 제거할 수 있습니다.

신속 접근 도구막대

(3) 제목 표시줄

응용 프로그램 이름(AutoCAD 2015)과 현재 작업중인 도면의 명칭을 표시합니다.

(4) 정보 센터

도면 작업에 필요한 콘텐츠(예 : 도움말, 새로운 기능, 웹 위치, 지정된 파일)를 키워드를 통해 검색하거나 파일 또는 위치를 검색할 수 있습니다. 간단한 키워드의 입력으로 쉽게 정보에 접근할 수 있습니다. 현재 작업중인 사용자의 로그인 ID(예 : jclee0808)를 표시합니다.

정보 센터 도구막대

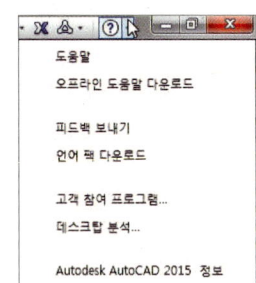

물음표 옆의 드롭다운 리스트를 펼치면 다음과 같이 도움말, 피드백 보내기, 언어 팩 다운로드에 접근할 수 있고 하단에는 'Autodesk AutoCAD 2015 정보'가 나타납니다. 이 정보에는 라이센스의 정보가 있고 활성화 버튼이 있습니다. 30일간 트라이얼 버전을 사용하는 사용자는 이 버튼을 클릭하여 활성화할 수 있습니다.

(5) 응용 프로그램 창 제어 버튼

윈도우(Windows) 계열의 모든 응용 프로그램에 있는 제어 버튼으로 응용 프로그램의 최소화, 최대화, 화면 복원, 종료를 할 수 있는 버튼의 집합입니다.

참고 | 응용 프로그램 창 제어 버튼의 기능

응용 프로그램(AutoCAD 2015)을 사용하다가 창을 최소화 및 최대화 또는 종료할 때 쉽게 접근할 수 있는 버튼입니다. 여기에서 간단히 창 제어 버튼에 대해 살펴보기로 하겠습니다. 이 기능은 AutoCAD 2015에 한정하지 않고 동일한 버튼이 있는 다른 응용 프로그램도 같은 기능을 수행합니다.

- **최소화 버튼(▬)** : 최소화 버튼을 누르면 현재 사용하고 있는 응용 프로그램(AutoCAD 2015)이 화면에서 사라지면서 윈도우 하단의 작업 표시줄로 이동합니다.
- **최대화 버튼(□)** : 최대화 버튼은 최소화 버튼이나 화면 복원 버튼으로 줄어든 화면을 AutoCAD 화면에 가득히 채워 표시합니다. 최대화 버튼 대신 화면 복원 버튼이 나타납니다.

- **화면 복원 버튼(　)** : 화면 복원 버튼을 누르면 이전의 크기로 복원됩니다. 이 상태에서는 마우스를 이용해 창의 크기를 자유롭게 변경할 수 있습니다. 다른 응용 프로그램에서 객체를 복사하거나 다른 응용 프로그램으로 객체를 복사할 때 유용하게 사용할 수 있습니다.
- **닫기 버튼(　)** : 현재 펼쳐진 응용 프로그램(AutoCAD 2015)을 종료합니다. 작업 내용이 변경된 경우는 저장할 것인지 묻습니다. 저장 여부를 결정하여 [예(Y)] 또는 [아니오(N)] 버튼을 클릭합니다. AutoCAD 2015작업을 계속하고자 할 경우는 [취소] 버튼을 클릭합니다.

(6) 리본 탭 표시줄

리본 탭은 리본에서 리본 패널의 표시와 순서를 제어합니다. 즉, 리본을 구성하는 레이블(탭)이 표시되는 창입니다. 탭의 항목 및 레이블은 사용자의 편의에 따라 자유롭게 구성할 수 있습니다.

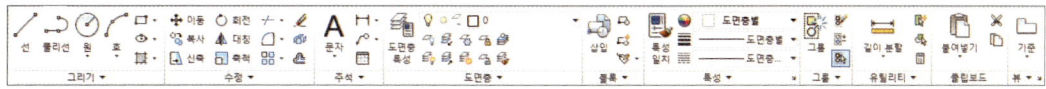

탭 메뉴

(7) 리본

명령 아이콘 컨트롤로 구성된 패널을 표시하는 인터페이스 요소로 응용프로그램 윈도우에 가로 또는 세로로 고정할 수 있습니다. 리본은 탭으로 구성되며 각 탭에는 레이블이 지정된 '패널'이 있으며, 이러한 패널에는 명령을 실행하는 컨트롤의 아이콘이 배치되어 있습니다. 이 컨트롤들은 명령의 실행을 이해하기 쉽고 빠르게 접근할 수 있는 도구입니다.

컨트롤로 구성된 리본 패널

> **참고** **툴팁과 툴팁 도움말**
>
> **툴팁(Tool Tip)** : 리본의 제어 버튼 또는 도구막대의 아이콘 위에 커서를 갖다 대고 조금 기다리면 해당 제어버튼 및 아이콘에 대한 명령의 명칭이 표시되는데 이것이 툴팁입니다. 툴팁은 툴의 명칭뿐 아니라 상세한 설명이 표시됩니다. 필요에 따라서는 이미지도 표시합니다.
>
> 툴팁의 예
>
> **툴팁 도움말** : 툴팁이 표시된 상태에서 조금 더 기다리면 다음 그림과 같은 툴팁 도움말이 표시됩니다.
>
>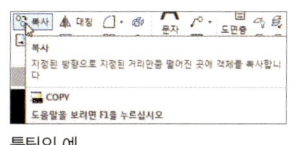
>
> 툴팁 도움말의 예

(8) 도면 탭

현재 열려있는 도면을 한 눈에 볼 수 있는 탭입니다. 탭을 클릭하면 작업하고자 하는 도면이 전환됩니다.

도면 탭의 예

(9) 뷰포트 컨트롤

뷰를 분할하여 뷰포트를 작성하거나 표시하고자 하는 뷰를 선택할 수 있으며 비주얼 스타일을 바꿀 수 있습니다.

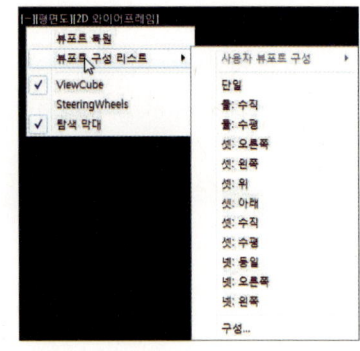
뷰포트 구성 리스트의 예

(10) 명령행 영역

명령을 실행할 때 사용자에 대한 조작 지시, 옵션의 표시, 오류 내용 표시 등의 메시지를 표시하는 공간입니다. 설치를 하게 되면 기본적으로 화면 하단에 위치하는데 사용자가 임의의 위치로 이동할 수 있습니다. 사용자가 입력한 키보드 정보나 마우스 조작 정보를 표시하기도 합니다. 오른쪽에 있는 스크롤 바를 이용해 과거의 메시지 이력을 볼 수 있습니다.

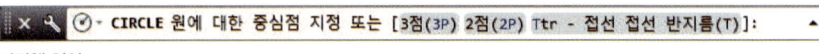
명령행 영역

> **참고** 텍스트 윈도우를 펼치는 'F2'
>
> 키보드 상단에 있는 기능키 F2를 누르면 텍스트 윈도우가 표시되어 지금까지 명령행에 표시된 이력을 볼 수 있습니다. F2를 한 번 누를 때마다 표시와 비표시가 전환됩니다. 또는 '뷰' 탭의 '윈도우' 패널에서 '사용자 인터페이스' 드롭다운 리스트를 펼쳐 '문자 윈도우'를 체크합니다.
>
>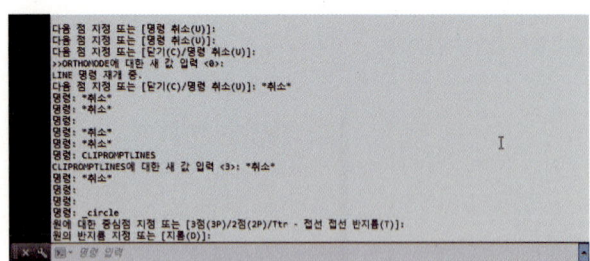
> 문자 윈도우의 예

(11) 상태 막대

상태 막대는 현재 AutoCAD의 상태를 표시하는 영역으로 도면 환경에 영향을 주는 도구, 도면 도구 및 커서 위치가 표시됩니다. 표시되는 도구는 상태막대의 맨 오른쪽 버튼인 사용자화 메뉴를 통해 표시할 도구를 선택할 수 있습니다. 상태막대에 표시되는 도구는 현재 작업 공간 및 현재 표시된 탭(모형 탭 또는 배치 탭)에 따라 달라질 수 있습니다.

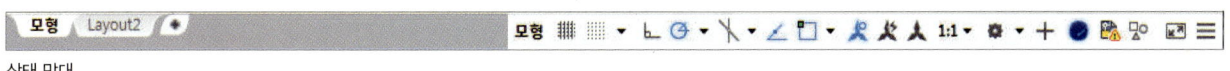

상태 막대

(12) 좌표계 아이콘

왼쪽 하단에 있는 화살표로 좌표를 표시하는 좌표계 아이콘입니다. 좌표계는 월드 좌표계인 'WCS'와 사용자 좌표계인 'UCS'가 있습니다. 월드 좌표계(WCS)는 고정된 좌표계로 변경할 수 없는 좌표계입니다. 사용자 좌표계(UCS)는 사용자가 지정 또는 회전 등 변경할 수 있는 좌표계로 주로 3차원 객체 작성 및 편집에 유용하게 사용됩니다.

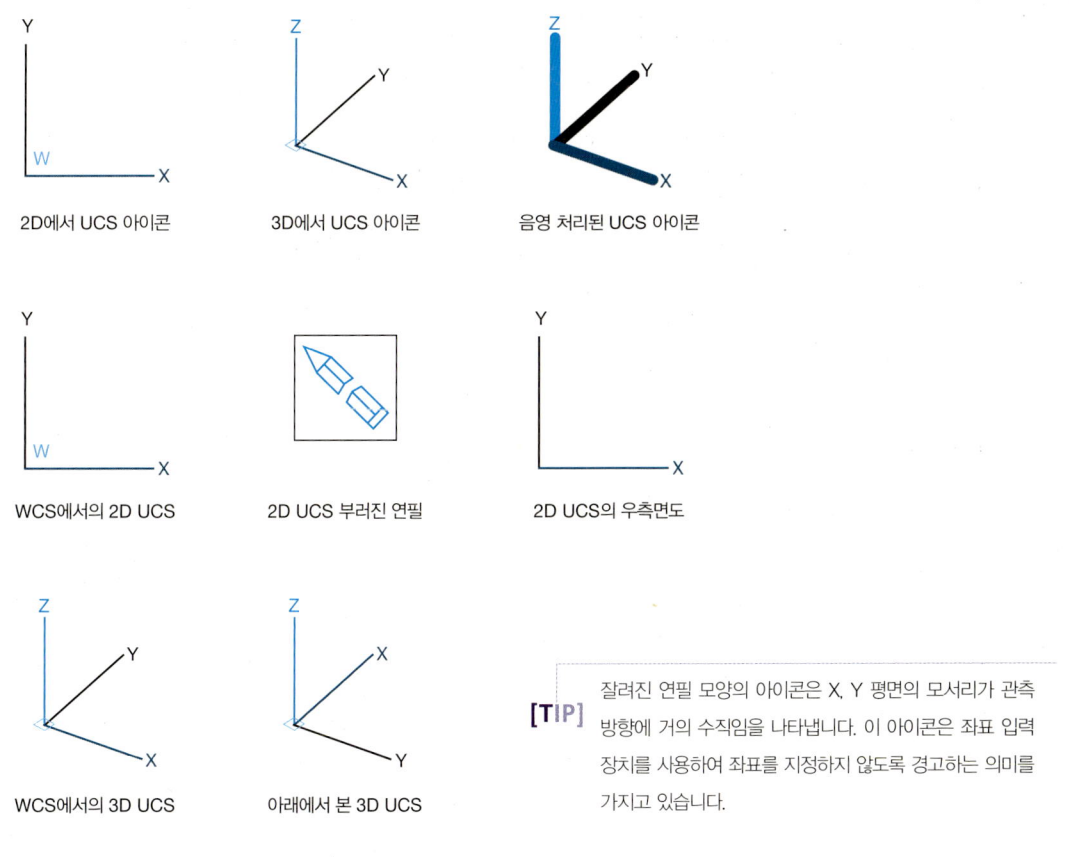

[TIP] 잘려진 연필 모양의 아이콘은 X, Y 평면의 모서리가 관측 방향에 거의 수직임을 나타냅니다. 이 아이콘은 좌표 입력 장치를 사용하여 좌표를 지정하지 않도록 경고하는 의미를 가지고 있습니다.

여러 가지 종류의 아이콘

(13) 커서

커서는 마우스와 같은 좌표 지시기의 이동에 의해 좌표의 위치를 표시해 주는 십자 모양의 좌표 표식기입니다. 십자선의 크기는 [메뉴 탐색기 ▲]-[옵션]-[화면 표시]-[십자선 크기(Z)]에서 조정할 수 있습니다.

(14) 문서 창 제어 버튼

작업중인 문서(도면)의 최소화, 최대화, 화면 복원, 종료를 할 수 있는 버튼의 집합입니다. '응용 프로그램 창 제어 버튼'과 같은 기능을 하지만 제어 대상은 응용 프로그램이 아니라 문서(도면)라는 것입니다. 즉, 도면 창의 최소화, 최대화, 화면 복원, 종료를 제어하는 버튼입니다.

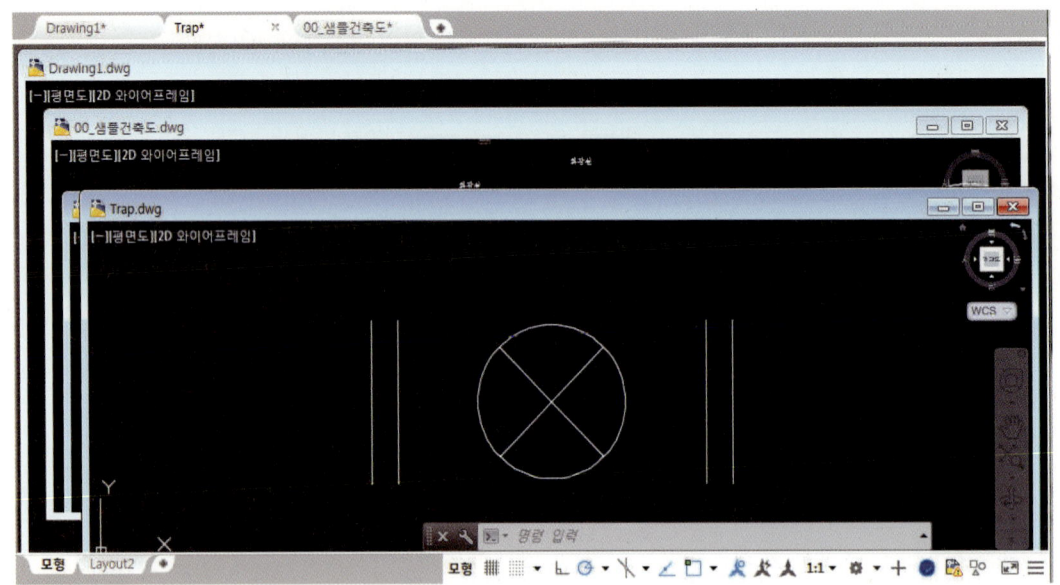

화면 복원 버튼을 클릭한 경우 계단식 창의 예

(15) 뷰 큐브

뷰 큐브는 객체를 관측하고자 하는 위치를 직육면체의 아이콘 위치를 지정하여 뷰를 표시합니다. 주로 3차원 도면 작업에 유용합니다.

(16) 탐색 막대

스티어링 휠, 초점이동, 줌, 궤도, 쇼 모션 등 뷰를 제어하는 막대입니다.

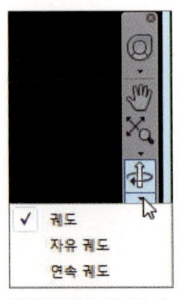

뷰 큐브

탐색 막대의 궤도의 예

(17) 작도 영역

실제 도면 작업이 이루어지는 공간입니다. 제도 용지로 이해하면 됩니다. 모든 CAD 작업은 이 공간에 객체를 작성하고 편집하며 작성된 객체를 출력하기 위한 작업입니다.

배경 색상은 사용자가 지정할 수 있는데 [메뉴 탐색기 ▲]-[옵션]-[화면 표시]-[색상(C)]에서 지정할 수 있습니다. 옵션에 대한 자세한 내용은 뒤에서 다루도록 하겠습니다.

작도 영역

(18) 팔레트

설계 피드 팔레트, 도구 팔레트가 있습니다. 설계 피드 팔레트는 태그를 지정한 도면과 도면의 주석을 보고하거나 공유할 수 있습니다. 도구 팔레트는 도형(블록)이나 명령어를 모아놓은 팔레트입니다. 특성 팔레트는 객체의 특성을 표시하는 팔레트입니다.

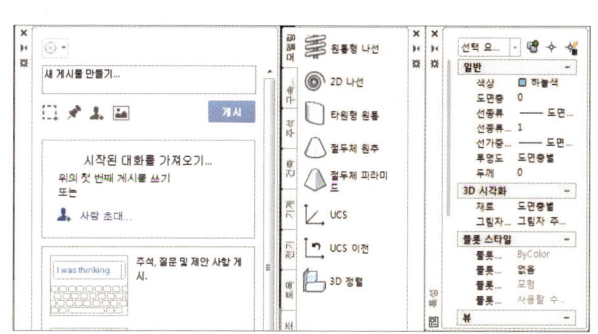

설계 피드 팔레트, 도구 팔레트, 특성 팔레트

(19) 도구막대

명령 하나하나를 실행하기 위한 작은 그림을 '명령 아이콘'이라고 합니다. 이 명령 아이콘을 기능별로 분류하여 하나의 막대(바)로 묶어 놓은 것을 '도구막대(Toolbar)'라고 합니다. 도구막대도 사용자의 편의에 의해 켜거나 끌 수 있습니다.

AutoCAD 2015에서는 초기화면에 도구막대가 표시되지 않습니다. 이전 버전의 도구막대에 익숙한 사용자라면 다음 단원의 '자신만의 화면으로 바꾸기'를 참고하여 도구막대를 켜거나 끄기를 합니다. 사용자의 필요에 따라 자주 사용하는 명령만을 모아서 새로운 도구막대를 만들 수도 있습니다.

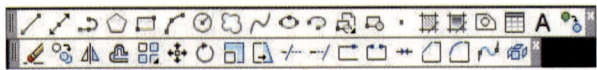
그리기 및 수정 도구막대의 예

4 자신만의 화면으로 바꾸기

어떤 소프트웨어든 사용자의 취향에 따라 사용하는 패턴이 다릅니다. 명령을 실행할 때 단축키를 이용하는 방법, 도구막대의 아이콘을 클릭하는 방법, 리본 메뉴를 이용하는 방법 등 다양합니다. 사용하지 않는 메뉴는 화면에서 제거하고 자신의 사용 패턴에 맞게 화면을 구성할 수 있습니다. 화면 구성을 변경하는 방법에 대해 학습하겠습니다.

01. 메뉴막대의 제어

01 AutoCAD 2015에서는 초기 화면에 메뉴막대가 나타나지 않습니다. 메뉴막대를 표시하고자 한다면 '신속 접근 도구막대'의 우측의 역삼각형 아이콘(▼)을 클릭합니다. 다음 그림과 같이 신속 접근 도구막대 사용자화 메뉴가 펼쳐집니다. 이때, '메뉴 막대 표시'를 클릭합니다.

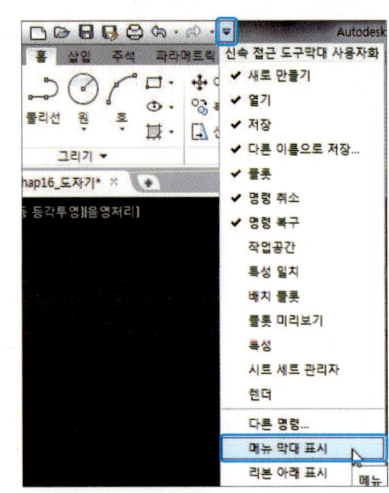

02 다음 그림과 같이 리본 탭 표시줄 상단에 메뉴막대가 나타납니다.

메뉴막대

02. 도구막대의 제어

도구막대는 다음과 같은 방법으로 표시합니다.

01 앞에서 설명한 '메뉴막대의 제어'를 참고하여 메뉴막대를 펼칩니다.

02 메뉴막대에서 [도구(T)]-[도구막대]-[ACAD]를 클릭하면 다음 그림과 같이 도구막대 목록이 표시됩니다. 이때, 표시하고자 하는 도구막대를 클릭합니다. 예를 들어, [그리기] 도구막대를 표시하고자 한다면 항목에서 [그리기]를 체크합니다.

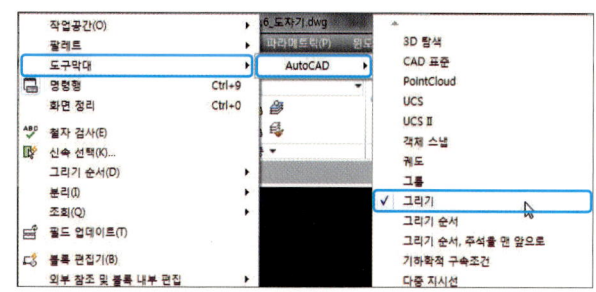

도구막대 목록에서 선택하고자 하는 항목 선택

03 화면에 하나 이상의 도구막대가 있다면 도구막대의 아이콘(어느 아이콘이라도 무관함)에 마우스를 대고 오른쪽 버튼을 누르면 도구막대 목록이 표시됩니다. 이때, 표시하고자 하는 도구막대 이름을 클릭합니다.

Note_ AutoCAD에서 제공되는 도구막대가 모두 표시됩니다. 체크(∨)된 항목은 이미 화면에 표시된 도구막대입니다.

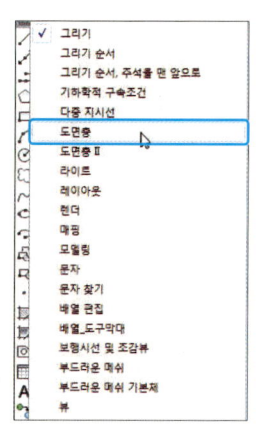

도구막대 목록에서 선택하고자 하는 항목 선택

04 도구막대가 표시되면 배치하고자 하는 위치로 끌고 갑니다. 끌고 가는 방법은 도구막대 왼쪽의 검정색 부분에 마우스 왼쪽 버튼을 누른 채 원하는 위치로 끌고 갑니다.

03. 명령행 영역의 제어

명령행 영역은 사용자에 의해 표시를 제어할 수 있습니다.

01 [뷰] 탭-[팔레트] 패널의 'COMMANDLINE'을 클릭하거나 Ctrl 키를 누른 채로 9 키를 누릅니다. 또는 명령행 창 앞에 있는 아이콘을 클릭합니다. 다음과 같은 대화상자가 나타납니다.

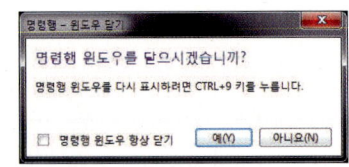

명령행 영역 닫기 대화상자

02 이때, [예(Y)]를 누르면 명령행 영역이 사라집니다.
숨겨진 명령행 영역을 다시 표시하려면 명령행 표시 명령인 'COMMANDLINE'를 입력하거나 Ctrl 키를 누른 채로 9 키를 누릅니다.

03 명령행 영역의 설정 아이콘( )을 클릭하면 다음과 같은 메뉴가 나타납니다.

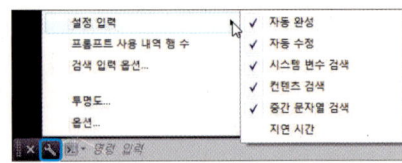

명령행 영역 설정 메뉴

- **설정 입력** : 명령어의 자동완성 및 수정, 시스템 변수 및 콘텐츠 검색 등의 여부를 설정합니다.
- **프롬프트 사용내역 행 수** : 프롬프트의 사용 내역을 표시할 행 수를 설정합니다.
- **검색 입력 옵션** : 자동 완성, 자동 수정 등 검색 입력을 위한 환경을 설정합니다.

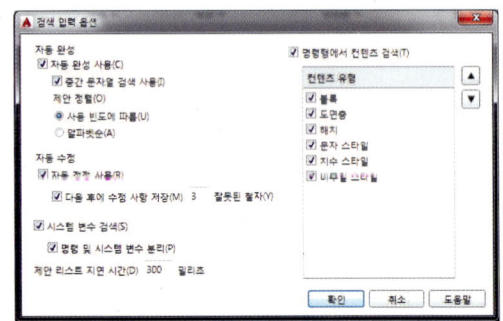

- **투명도** : 명령행 영역의 투명도를 지정합니다.
- **옵션** : 화면 표시를 위한 옵션 대화상자를 통해 화면의 색상, 해상도, 커서의 크기 등을 설정합니다.

04. 리본 메뉴의 제어

화면 상단에 있는 리본 메뉴는 사용하기에 따라서는 편리하게 쉽게 접근할 수 있지만 화면에서 차지하는 면적이 넓어 작도 영역을 차지하는 단점이 있습니다. 리본 메뉴의 표시는 다양한 설정이 가능합니다.

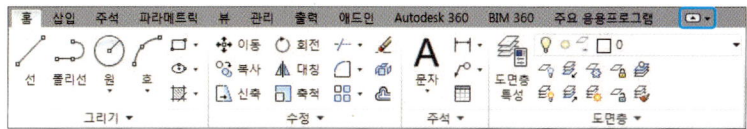

01 탭 메뉴 옆에 있는 작은 삼각형(▲)을 클릭합니다. 다음 그림과 같이 패널과 패널의 대표 아이콘만 표시됩니다.

02 다시 한 번 삼각형(▲)을 클릭합니다. 다음 그림과 같이 탭 메뉴와 패널 명칭만 표시되고 아이콘은 사라집니다.

03 다시 한 번 삼각형(▲)을 클릭합니다. 다음과 같이 탭 메뉴만 남습니다.

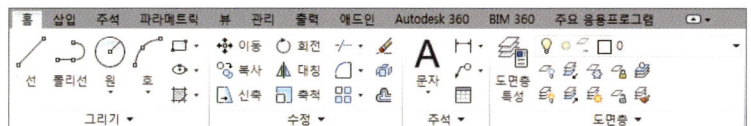

04 다시 한 번 삼각형(▲)을 클릭하면 원래 상태인 모든 메뉴 아이콘이 표시됩니다.

05 오른쪽에 있는 역삼각형(▼) 아이콘을 클릭하면 다음과 같은 메뉴가 나타납니다. 이 메뉴의 선택에 의해서도 리본 메뉴(탭, 패널, 버튼 아이콘)를 제어할 수 있습니다.

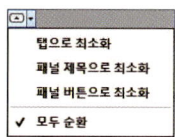

05. 팔레트의 제어

팔레트는 AutoCAD의 강력한 인터페이스 도구 중 하나입니다. 화면에 윈도우 형식으로 표시되며 최소화 또는 투명하게 제어할 수 있습니다. 또, 사용자의 필요에 의해 자유롭게 배치하고 표시할 수 있습니다. AutoCAD는 많은 팔레트를 제공하는데 대표적인 팔레트를 중심으로 살펴보도록 하겠습니다. 팔레트는 [뷰] 탭 - [팔레트] 패널에서 표시하고자 하는 팔레트를 선택하여 표시합니다.

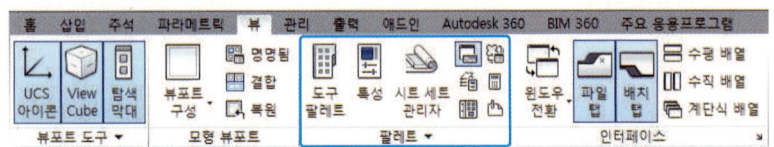

(1) 특성 팔레트

현재 도면의 특성 및 선택된 객체의 특성(도면층, 색상, 선 종류, 선 가중치 및 형상 특성) 등을 표시합니다. 객체에 따라서는 제한된 값도 있지만 각 특성 값을 편집할 수 있습니다. 즉, 특성 팔레트를 통해 선의 색상이나 굵기, 선의 길이나 원의 반지름을 바꿀 수 있습니다.

특성 팔레트를 표시하려면 [뷰] 탭 - [팔레트] 패널에서 '특성 팔레트' 아이콘을 클릭하거나 Ctrl + 1 키를 입력합니다. 또, 객체를 더블클릭하면 특성 팔레트가 표시됩니다.

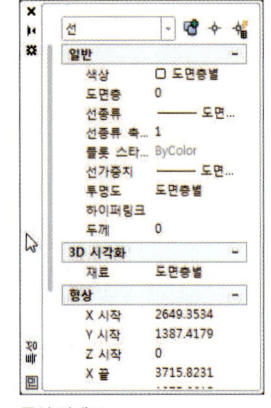

특성 팔레트

(2) 도구 팔레트

자주 사용되는 명령이나 콘텐츠(블록, 외부 참조, 해치 패턴 등)를 등록하여 사용할 수 있습니다. 등록된 콘텐츠는 '드래그' 또는 '드래그 앤 드롭(Drag & Drop)'에 의해 간단히 삽입할 수 있습니다. 도형을 등록하여 끌어다 삽입할 수 있으며 명령 아이콘을 등록하여 명령을 실행할 수 있습니다.

도구 팔레트를 표시하려면 [뷰] 탭 - [팔레트] 패널에서 '도구 팔레트' 아이콘을 클릭하거나 Ctrl + 3 키를 입력합니다.

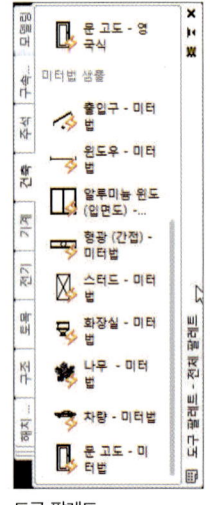

도구 팔레트

화면의 왼쪽 하단의 UCS 아이콘, 오른쪽 상단의 뷰큐브, 중간에 탐색 도구를 표시/
비표시를 제어할 수 있습니다.
[뷰] 탭 - [뷰포트 도구] 패널의 'UCS 아이콘', '뷰 큐브', '탐색 도구'를 클릭하면 표시
되고, 다시 한 번 클릭하면 표시되지 않습니다.

뷰포트 도구의 표시/비표시 제어 메뉴

다음은 '탐색막대'를 끈 상태입니다. 뷰 큐브 아래쪽의 탐색막대가 사라진 것을 알 수 있습니다.

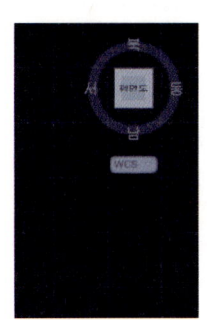

07. 화면 색상 변경하기

화면 색상은 눈의 피로도를 고려한다거나 객체의 색상 표현을 선명하게 하거나 사용자의 취향에 맞춰
자유롭게 변경할 수 있습니다. 간단히 화면 색상을 변경하는 방법에 대해 알아보겠습니다.

01 작도 영역의 빈 공간에 마우스를 대고 오른쪽 버튼을 클릭합니다. 다음과 같이 바로
가기 메뉴가 나타납니다.

바로가기 메뉴

02 바로가기 메뉴에서 최하단에 있는 '옵션(O)'을 클릭합니다. 또는 [메뉴 탐색기 ▲]를 눌러 하단의 [옵션]을 선택합니다. 다음과 같은 옵션 대화상자가 나타납니다. 대화상자에서 '화면표시' 탭을 선택합니다.

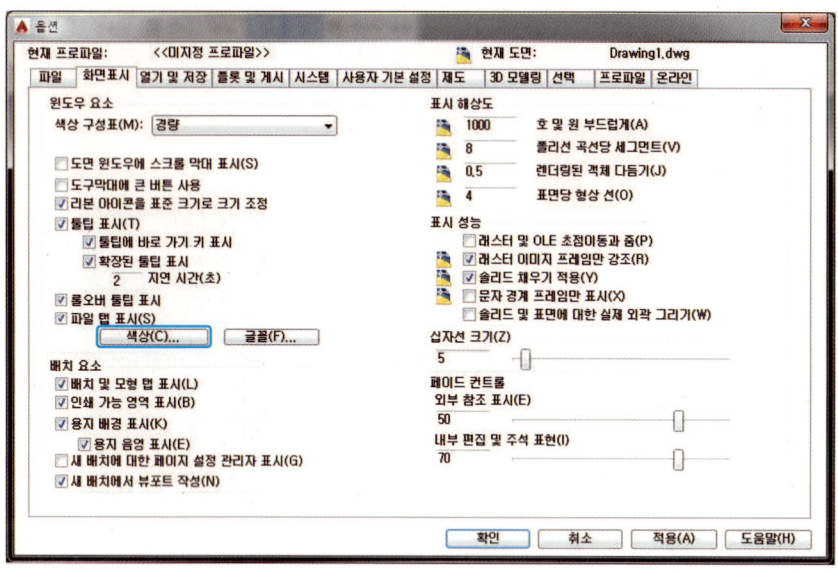

화면표시 탭 대화상자

03 [색상(C)] 버튼을 클릭합니다. 다음과 같이 화면 색상을 설정하는 대화상자가 나타납니다. '균일한 배경'의 '색상(C)'을 '흰색'으로 설정합니다.

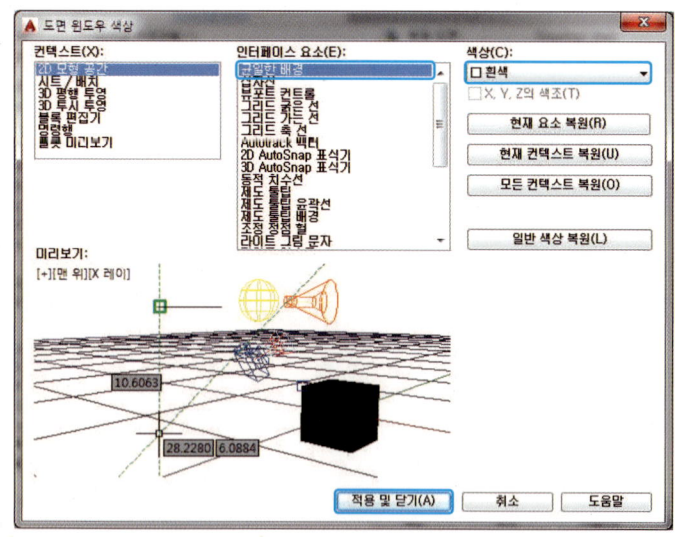

도면 윈도우 색상 설정 대화상자

04 [적용 및 닫기(A)]를 눌러 종료하면 다음과 같이 화면 배경의 색상이 흰색으로 변경됩니다.

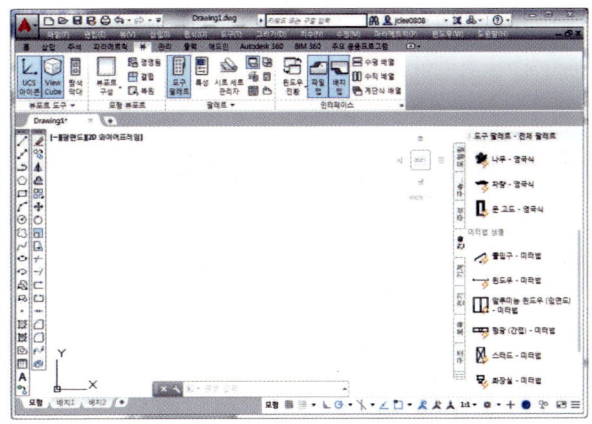

08. 화면 정리

화면에 리본 메뉴, 도구막대 팔레트 등이 펼쳐져 있으면 도면을 작도할 수 있는 공간이 좁아집니다. 이때 화면을 정리하여 작도 영역을 넓게 활용할 수 있습니다.

화면 하단의 상태막대에서 화면 정리 버튼(▣)을 클릭합니다. 또는 Ctrl + 0 키를 누릅니다. 다음과 같이 화면이 정리됩니다.

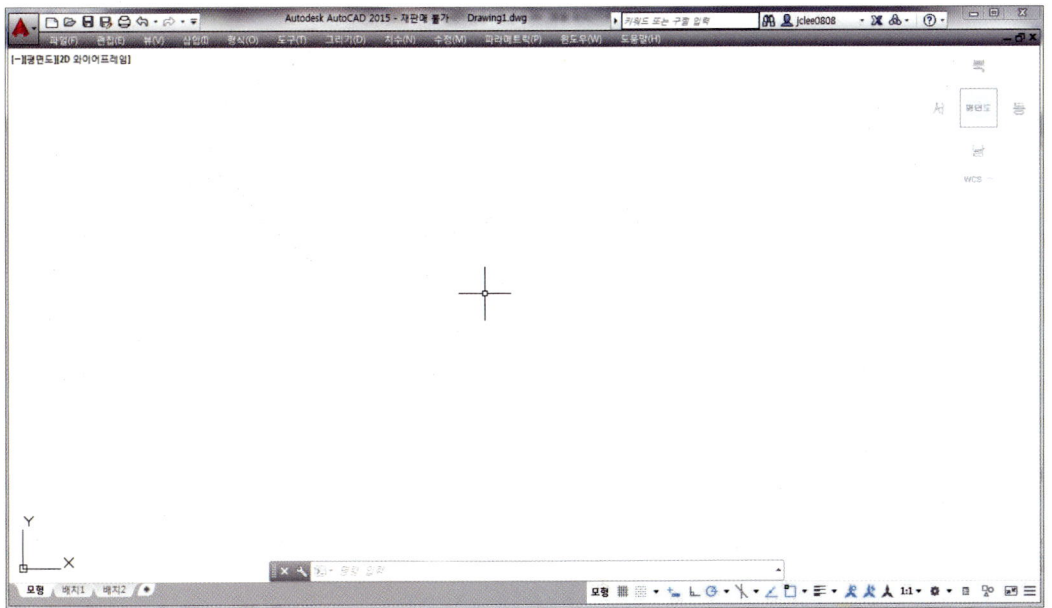

다시 화면 하단의 상태막대에서 화면 정리 버튼( )을 클릭합니다. 또는 Ctrl + 0 키를 누릅니다. 다음과 같이 화면이 복귀됩니다.

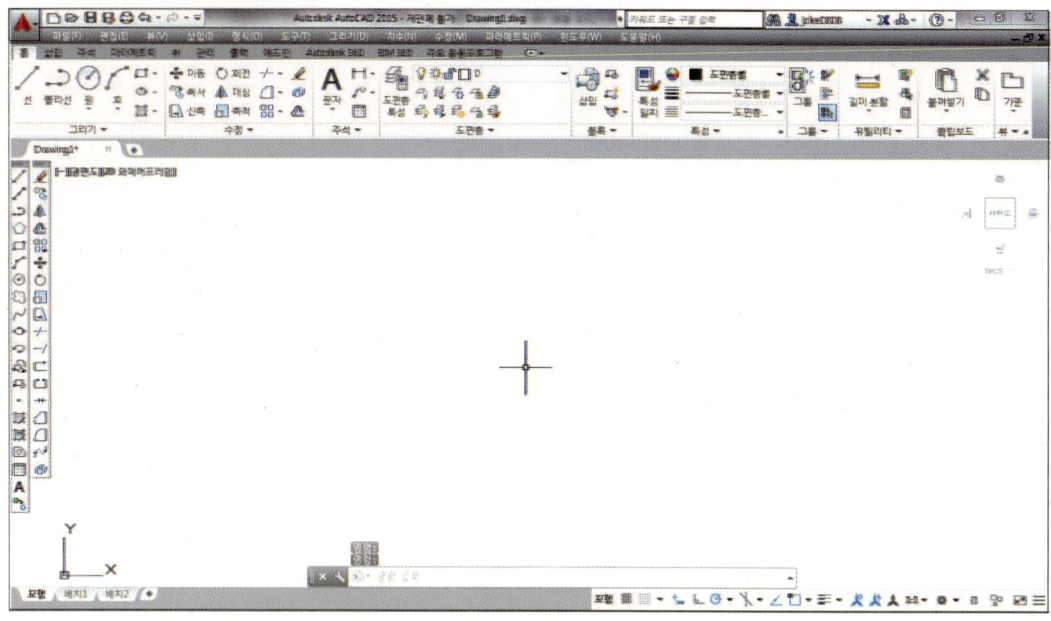

09. 상태막대의 사용자화

화면 하단의 상태막대에 표시되는 컨트롤 아이콘의 표시를 제어합니다.

다시 화면 하단의 상태막대에서 사용자화 버튼(≡)을 클릭하면 다음과 같이 상태막대 컨트롤 목록이 표시됩니다. 표시하고자 하는 항목에 체크(∨)합니다. 체크되어 있는 항목은 현재 상태막대에 표시되어 있는 컨트롤입니다.

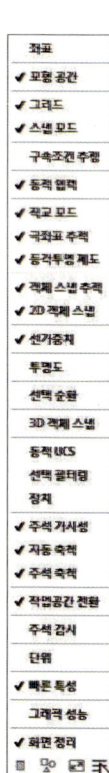

. # 03; 조작 방법 및 조작 용어

AutoCAD 2015

AutoCAD를 사용하는 목적이 도면을 효율적으로 작성하는 것입니다. 이 책에서는 AutoCAD의 기능을 익히는데 초점을 맞추고 있습니다. 도면 작성 작업의 대부분은 마우스의 조작, 키보드의 조작입니다. 본격적인 AutoCAD의 조작에 앞서 마우스의 조작 방법 및 용어에 대해 알아보고 명령어 실행 방법에 대해 알아보겠습니다.

1 마우스의 조작

마우스는 컴퓨터를 사용하면서 가장 일반적으로 사용하는 입력 도구이며, AutoCAD를 조작할 때도 마우스 없이는 작업을 수행할 수 없을 정도로 필수적인 도구입니다. 마우스의 용도 및 조작 방법에 대해 알아보도록 하겠습니다.

01. 마우스의 용도

- **명령 아이콘(컨트롤)의 선택** : 명령 실행을 위해 리본 또는 도구막대에 있는 아이콘(컨트롤)을 선택합니다.
- **바로가기 메뉴의 표시 및 지정** : 마우스 오른쪽 버튼의 조작으로 바로가기 메뉴를 표시합니다.
- **대화상자의 항목 선택 및 슬라이드 바 조정** : 대화상자에서 각종 버튼의 선택, 슬라이드 바의 조정과 제시되는 목록에서 필요한 항목을 선택합니다.
- **좌표의 지정** : 작도 영역에서 마우스에 의해 좌표 또는 방향을 지정합니다.
- **줌 및 초점 이동** : 화면의 표시를 제어하기 위해 줌의 확대 및 축소, 초점 이동을 합니다.
- **객체의 선택** : 복사, 회전, 지우기 등 편집을 위해 객체를 선택합니다.

02. 마우스의 버튼 조작

AutoCAD 도면 작업에서 가장 많이 사용하는 것이 마우스입니다. 좌표의 지정, 객체 및 옵션의 선택, 메뉴 항목의 선택 등 마우스를 이용하여 다양한 작업을 수행합니다. 여기에서는 휠마우스의 기능에 대해 알아보도록 하겠습니다.

- **왼쪽 버튼** : 버튼 클릭으로 명령 아이콘의 지시, 좌표를 지정하거나 특정 객체를 선택합니다.
- **휠** : 화면 조정에 많이 사용합니다. 줌(Zoom) 기능으로 휠을 돌려서 원하는 화면으로 확대하거나 축소합니다. 또, 휠을 눌러 이동하면 화면의 초점을 자유자재로 이동할 수 있습니다.
- **오른쪽 버튼** : 버튼을 눌러 바로가기 메뉴를 표시합니다. 또는 환경 설정에 의해 Enter 기능을 수행하기도 합니다.

2 조작 용어와 표시 방법

AutoCAD로 도면을 작성하는 과정에는 다양한 조작이 이루어집니다. 키보드 조작에서부터 마우스 조작, 마우스 조작에서도 다양한 동작을 통해 도면을 작성해 나갑니다. 이번에는 이 책에서 표기하는 메시지의 설명, 자주 사용하는 조작 용어와 조작 방법에 대해 설명하도록 하겠습니다.

01. 클릭
마우스의 왼쪽 버튼을 가볍게 한 번 누르는 동작을 말합니다. 명령을 실행하고자 할 때의 명령 아이콘 선택, 마우스에 의해 좌표를 지정하고자 할 때, 객체의 편집을 위해 객체를 선택할 때, 대화상자에서 버튼의 선택 등에 사용됩니다.

02. 더블 클릭
마우스의 왼쪽 버튼을 연속해서 두 번 누르는 동작을 말합니다. 재빠르게 두 번 눌러야 합니다. 예를 들어, 커서를 객체 위에 두고 더블클릭하면 객체의 특성 대화상자가 표시됩니다.

03. 드래그(Drag)
마우스 왼쪽 버튼을 누른 채로 원하는 위치로 끌고 가는 것을 말합니다. 맞물림(그립)으로 이동이나 회전 등을 할 때 많이 쓰입니다.

04. 드래그 앤 드롭(Drag & Drop)

마우스 왼쪽 버튼을 누른 채로 원하는 위치로 끌고 가서 왼쪽 버튼을 놓는 것을 말합니다. 예를 들어, 도구 팔레트의 블록을 작도 영역으로 끌어올 때 사용합니다.

05. AutoCAD 메시지

{첫 번째 점 지정:}과 같이 {…}안에 표시되는 메시지는 명령을 실행했을 때 명령행에 표시되는 메시지를 나타냅니다. 이때 나타나는 메시지에 따라 다음과 같이 조작합니다.

- **좌표의 지정** : {첫 번째 점 지정:}과 같이 좌표를 묻는 메시지에서는 '100,100'과 같이 키보드에서 직접 좌표를 입력할 수도 있으며, 마우스를 이동하여 지정하고자 하는 위치에서 마우스 왼쪽 버튼을 누릅니다(클릭).
- **객체의 선택** : 객체를 복사하거나 지우는 명령과 같이 편집 명령을 실행하면 {객체 선택:}과 같이 객체를 선택하라는 메시지가 표시되면서 작은 사각형(선택 상자)이 나타납니다. 이때는 선택하고자 하는 객체를 선택하고 선택이 끝나면 Enter를 누릅니다.

06. 사용자의 키보드 입력

'300,300'과 같이 따옴표로 표시된 내용은 사용자가 키보드를 통해 입력하는 숫자나 문자를 나타냅니다. 키보드에서 입력할 때는 따옴표(' ')는 입력하지 않습니다. 따옴표('…') 안에 있는 숫자 또는 문자만 입력합니다.

07. 바로가기 메뉴

마우스 오른쪽 버튼을 눌러 표시되는 메뉴를 말합니다. 다음 그림과 같은 메뉴가 표시됩니다. 이때 나열된 항목에서 하나를 선택하여 실행합니다.

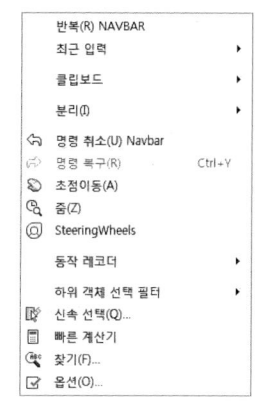

바로가기 메뉴

08. 명령 실행 표시 방법 및 형식

명령 : LINE(단축키 : L)   아이콘 버튼 : ✏

- **LINE(단축키 : L)** : 해당 명령의 영문 명령어와 단축키이며, 키보드에서 직접 입력하여 명령을 실행할 수 있습니다.
- **아이콘 버튼** : 리본의 패널 또는 도구막대의 아이콘을 나타냅니다. 해당 이미지의 아이콘을 클릭하여 실행합니다.

3. AutoCAD 명령의 실행

도면 작업을 위해 작도 및 편집 명령을 실행해야 합니다. 이 AutoCAD 명령을 실행하기 위해 AutoCAD는 몇 가지의 방법을 제공하고 있습니다. 여기에서는 도면을 작도하기 위한 명령 실행 방법에 대해 알아보겠습니다. 제시하는 방법 중에서 사용자 여러분에게 맞는 방법을 선택하여 실행하기 바랍니다.

01. 키보드에서 명령어 및 단축키 입력

명령행에서 원하는 명령어 또는 단축 명령어를 키보드를 통해 입력하여 명령을 실행시킬 수 있습니다. 예를 들어, 선을 작도하고자 할 경우는 'LINE' 또는 'L'을 입력하여 명령을 실행합니다. 여기에서 'LINE'은 실제 명령어의 명칭(철자)이며 'L'은 단축 명령어입니다. 단축 명령어는 단어의 수가 한 글자 또는 두 글자로 짧습니다. 이 단축 명령어는 사용자가 임의로 지정할 수도 있습니다.

단축키의 지정 방법은 '사용하기 편리한 환경 구축과 관리 도구'를 참조합니다. 이 책에서는 명령어 명칭 및 단축 명령어를 같이 표기하도록 하겠습니다.

명령행에서 명령어 직접 입력

02. 도구막대에서 명령 아이콘 선택하기

명령을 실행하는 간단한 방법으로 도구막대에서 해당 명령의 버튼을 선택하는 방법입니다. 화면에 나타난 도구막대에서 선분, 다각형 등의 아이콘을 클릭하면 바로 명령이 실행됩니다. 선분의 경우, 그리기 도구막대의 선분 아이콘(/)을 클릭합니다.

도구막대에서 명령 아이콘 선택

03. 메뉴 검색기에서 검색

화면 상단의 메뉴 검색기(▲)에서 실행하고자 하는 명령(예: line)을 검색하여 검색된 목록에서 해당 명령을 선택합니다. 다음 그림의 경우는 검색 필드에 'LINE'을 입력하여 검색된 목록에서 '선(L)'을 선택한 경우입니다.

메뉴 검색기에서 검색하여 실행

04. 리본의 패널에서 선택

리본 메뉴에서 해당 패널의 명령 컨트롤(아이콘)을 선택하여 실행합니다. 선 명령의 경우, '그리기' 패널에서 '선 /'을 선택하여 실행합니다.

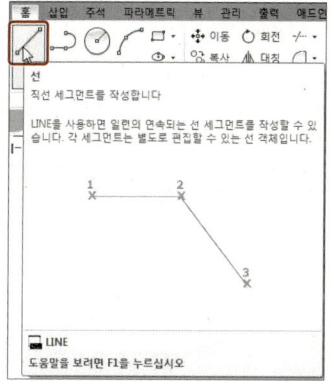

리본의 패널에서 선택하여 실행

05. 도구 팔레트에서 선택

도구 팔레트의 실행하고자 하는 명령어 그룹 탭에서 해당 컨트롤(아이콘)을 선택하여 실행합니다. 선 명령의 경우, '그리기' 탭의 '선' 명령 컨트롤(아이콘)을 선택하여 실행합니다.

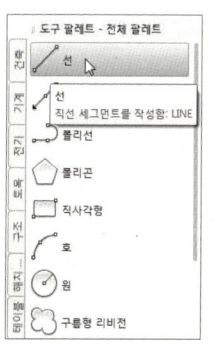

도구 팔레트에서 선택하여 실행

06. 바로가기 메뉴에서 선택

마우스 오른쪽 버튼을 클릭하면 최근 입력한 명령 및 사용 메뉴가 표시되는 바로 가기 메뉴가 나타납니다. 실행하고자 하는 메뉴를 선택합니다. 이 기능은 이전에 사용했던 명령을 반복 사용하거나 취소할 때 유용합니다. '줌(ZOOM)'이나 '초점 이동(PAN)'과 같이 화면을 조작 명령, 객체 선택과 관련된 명령이 있습니다.

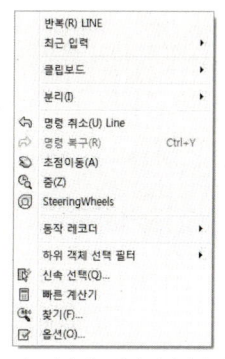

바로가기 메뉴에서 선택하여 실행

07. 동일 명령의 반복 및 명령 중지

실행했던 명령을 다시 한 번 실행하고자 할 때는 [Enter] 또는 [Space bar]를 누릅니다. 즉, 선 명령을 실행하고 나서 다시 '선' 명령을 실행하고자 할 경우는 [Enter] 또는 [Space bar]를 누르면 됩니다.
또, 실행 중인 명령을 중지하고자 할 때는 [Esc] 키를 누릅니다. 즉, 조작 중에 입력을 잘못했다거나 다시 하고자 할 때는 언제든지 [Esc] 키를 누르도록 합니다.

[TIP] AutoCAD에서 명령을 실행하려면 명령행이 '명령:' 상태에서 조작하는 것이 기본입니다. 따라서 명령 사용 중간에 잘못된 조작이나 원하지 않는 결과가 나타나면 취소를 해야 합니다. 이때 [Esc] 키를 누릅니다. [Esc] 키를 누르면 '명령:' 상태가 됩니다.
명령행에 조작 메시지 또는 오류 메시지가 있을 때 이 '명령:' 상태로 만드는 기능을 하는 것이 [Esc] 키입니다. 반드시 [Esc] 키를 눌러 '명령:' 상태로 만들도록 합시다.

PART2
객체의 작성 및 편집을 위한 기초지식

이번 파트에서는 기본적인 도형의 작성 및 편집 작업을 하겠습니다. 처음에는 이해되지 않는 부분이 있더라도 그대로 따라서 작도해보기 바랍니다. 따라 하면서 도면을 작도하다 보면 자연스럽게 이해될 수 있습니다.

AutoCAD 2015

04; 선과 원의 작성과 화면 조작

05; 그리기 도구와 객체의 선택

06; 객체의 선택

04; 선과 원의 작성과 화면 조작

AutoCAD 2015

앞에서의 학습으로 AutoCAD에서 도면 작성을 위한 준비가 끝났습니다. 이제는 실제로 명령을 조작하는 학습에 들어가겠습니다. 가장 기본이 되는 객체인 선과 원을 작도해보고 화면의 확대 및 축소, 초점을 이동하는 등 화면을 조작하는 방법에 대해 알아보겠습니다. 마지막으로 좌표와 좌표의 지정에 대해 알아보겠습니다.

1. 선과 원을 작도해보며 명령 맛보기

이제는 실제로 AutoCAD 명령으로 객체를 직접 작성해보면서 AutoCAD 명령을 익혀보겠습니다. 먼저, 가장 기본적인 객체인 선을 작도해보겠습니다.

01. 선(LINE) 명령

01 명령어 'LINE' 또는 단축키 'L'을 입력하거나 '홈' 탭의 '그리기' 패널에서 / 를 클릭합니다. 하단의 명령행 영역에 {첫 번째 점 지정:}라는 메시지가 표시됩니다.
{첫 번째 점 지정:}에서 마우스를 움직여 한 점을 찍습니다. 지정할 위치는 아무 곳이라도 좋습니다. 맛보기로 그려보는 것이므로 임의의 위치를 지정합니다.

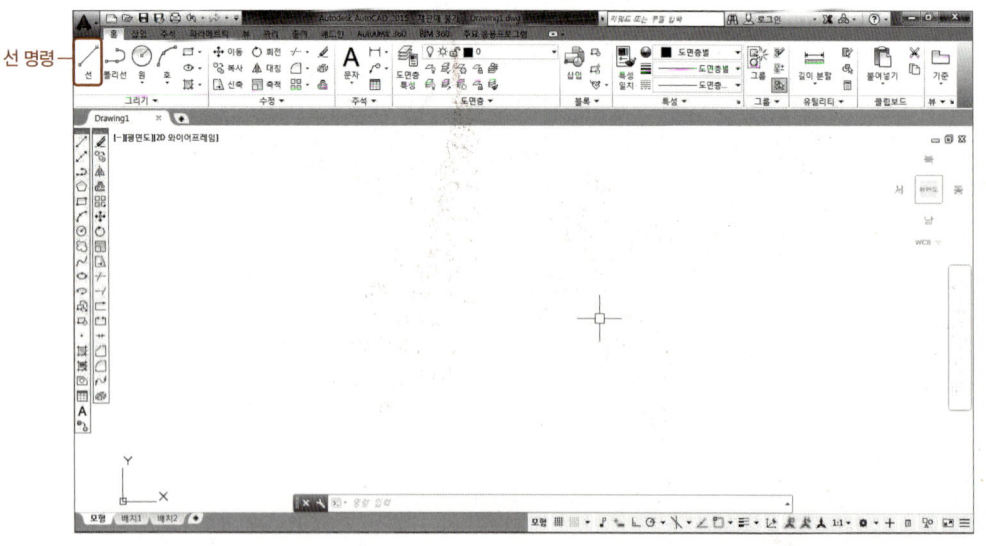

선 명령

[TIP] 초기 설정에서는 작도 영역과 명령어 영역에 {첫 번째 점 지정:} 이라는 메시지가 표시됩니다. 이는 하단에 있는 상태막대의 그리기 도구에 '동적 입력(DYN) ┼ ' 이 켜져(ON) 있을 경우입니다. 동적 입력이 꺼져(OFF) 있을 경우는 메시지가 작도 영역에는 표시되지 않고 명령행에만 표시됩니다.

02 {다음 점 지정 또는 [명령 취소(U)]:}에서 마우스를 움직여 다시 임의의 점을 지정합니다. 그러면, 다음 그림과 같이 첫 번째 점과 두 번째 점을 잇는 선이 작도됩니다.

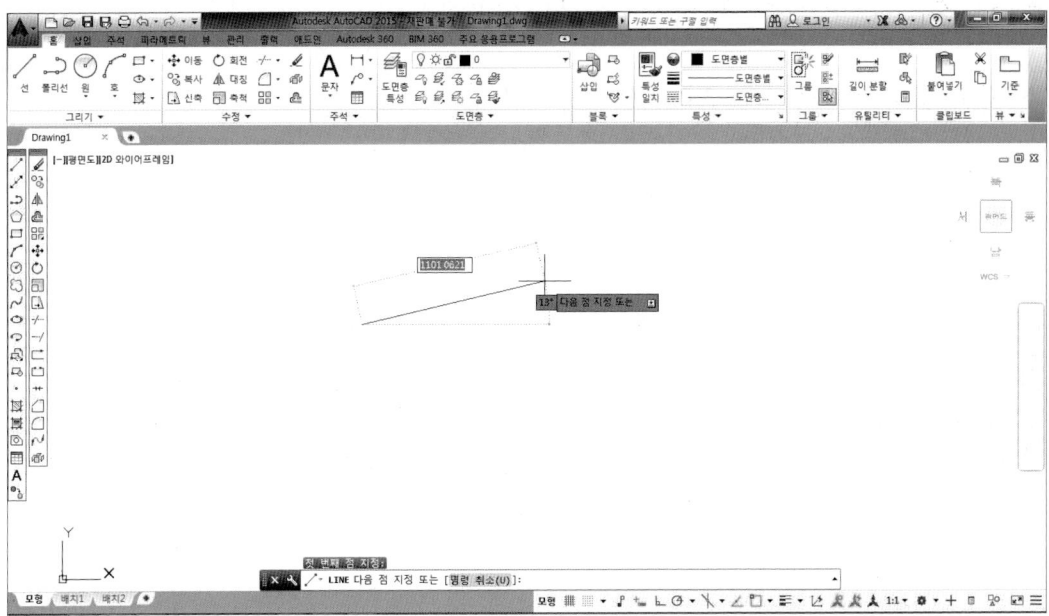

03 {다음 점 지정 또는 [명령 취소(U)]:}에서 다시 임의의 점을 지정합니다. 그러면 두 번째 점과 세 번째 찍은 점을 잇는 선이 작도됩니다.

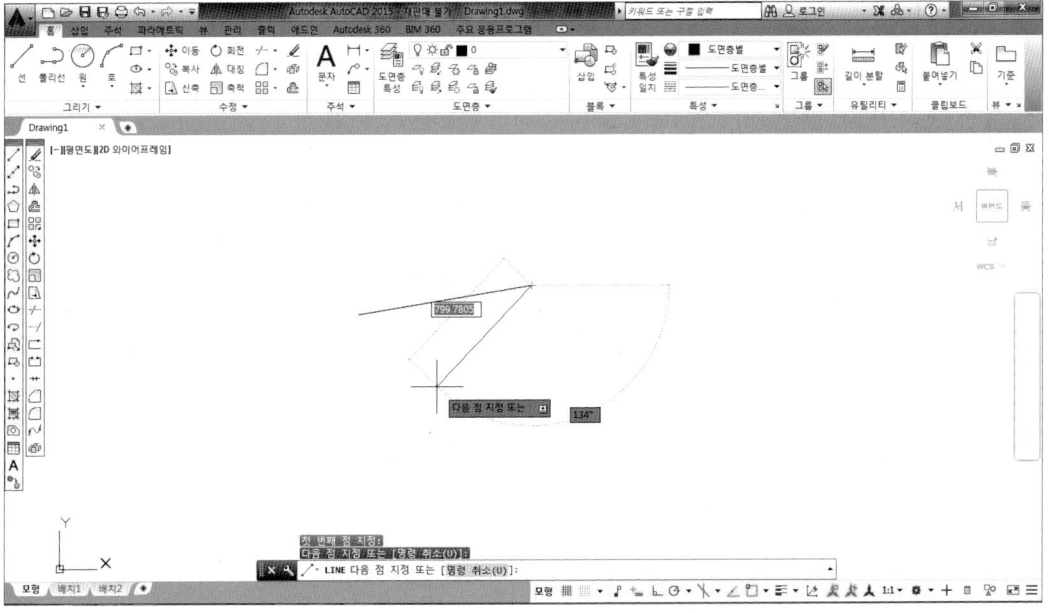

04 {다음 점 지정 또는 [닫기(C)/명령 취소(U)]:}에서 키보드에서 'C'를 입력하고 Enter 를 누릅니다. 그러면, 다음 그림과 같이 선이 이어지면서 삼각형이 작도됩니다.

Note_ 여기에서 입력한 옵션 'C'는 'Close'의 의미로 처음 시작한 점과 마지막 점을 연결하여 폐쇄된 공간을 만드는 키워드입니다.

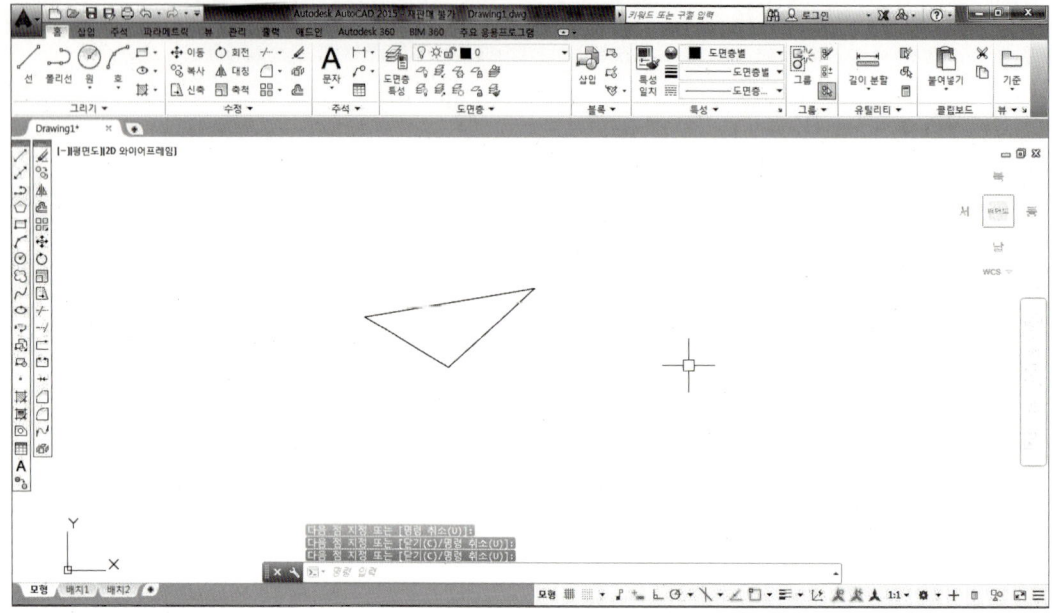

삼각형이 작도되었습니까? AutoCAD에서 도면 작업은 이러한 작업(명령의 사용)의 반복입니다. 명령의 종류에 따라 표시하는 메시지가 다르고 사용자가 작도하고자 하는 도형의 위치나 크기에 따라 지정 위치나 숫자를 달리하면서 작도하는 것입니다.

02. 원(CIRCLE) 명령

05 이제는 원을 작성해보겠습니다.

명령어 'CIRCLE' 또는 단축키 'C'를 입력하거나 '홈' 탭의 '그리기' 패널 또는 도구막대에서 ⊘를 클릭합니다.

{원에 대한 중심점 지정 또는 [3점(3P)/2점(2P)/Ttr - 접선 접선 반지름(T)]:}에서 원의 중심점을 지정합니다. 작성하고자 하는 원의 중심 위치를 임의로 지정합니다.

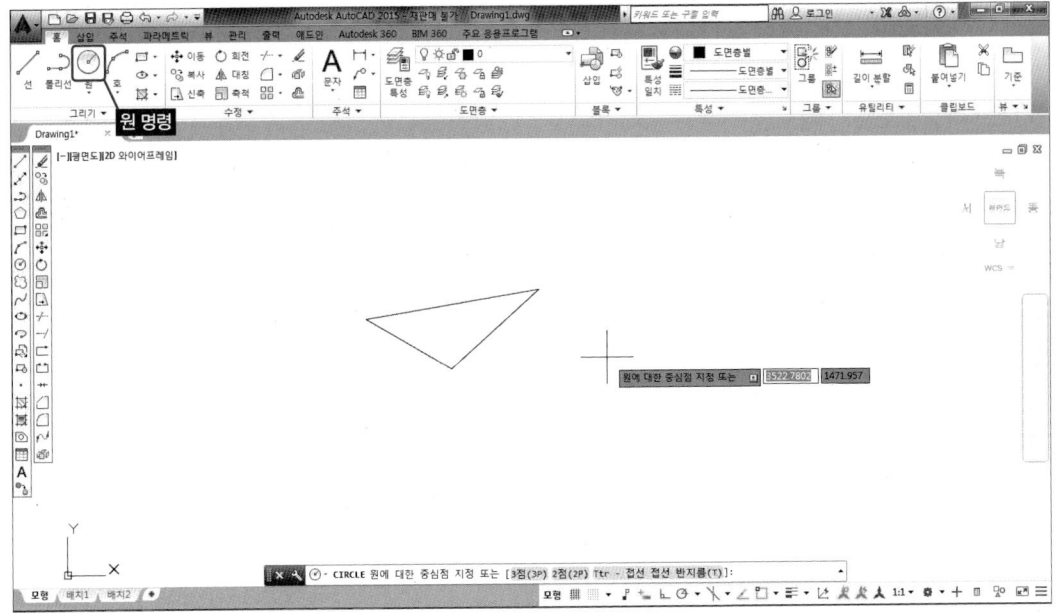

06 마우스를 움직이면 다음 그림과 같이 지정한 점을 중심으로 원이 나타납니다.
{원의 반지름 지정 또는 [지름(D)]:}에서 작성하고자 하는 원의 크기에 해당하는 위치에 점을 지정합니다. 지정한 점의 위치가 중심점으로부터 반지름에 해당되는 점이 됩니다.

Note_{원의 반지름 지정 또는 [지름(D)]:}에서 마우스로 지정하지 않고 반지름 값을 숫자를 입력하여 지정할 수 있습니다.

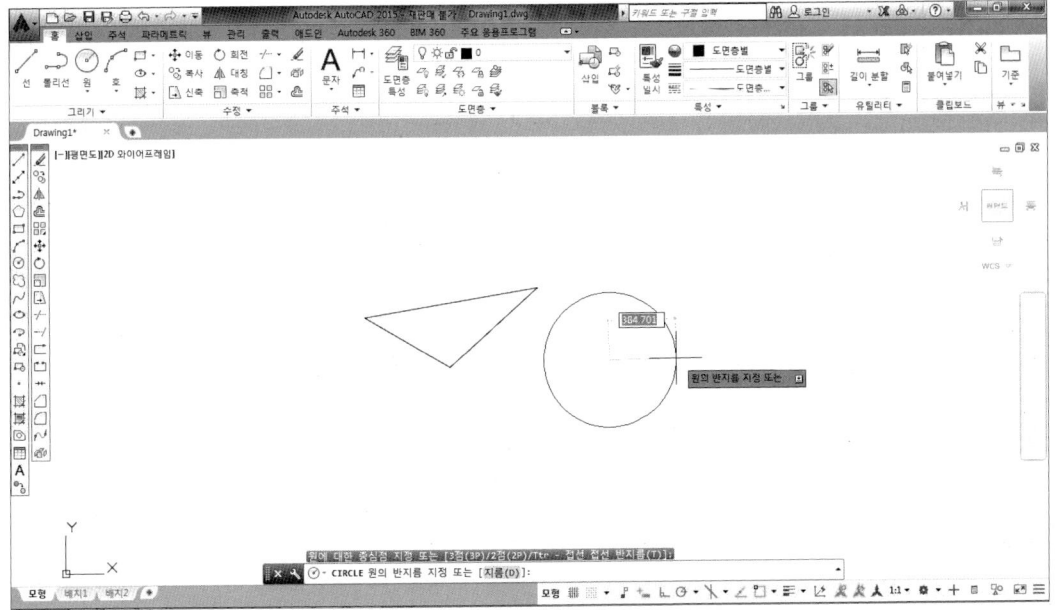

07 다음 그림과 같이 지정한 중심점과 반지름 위치에 원이 작성됩니다.

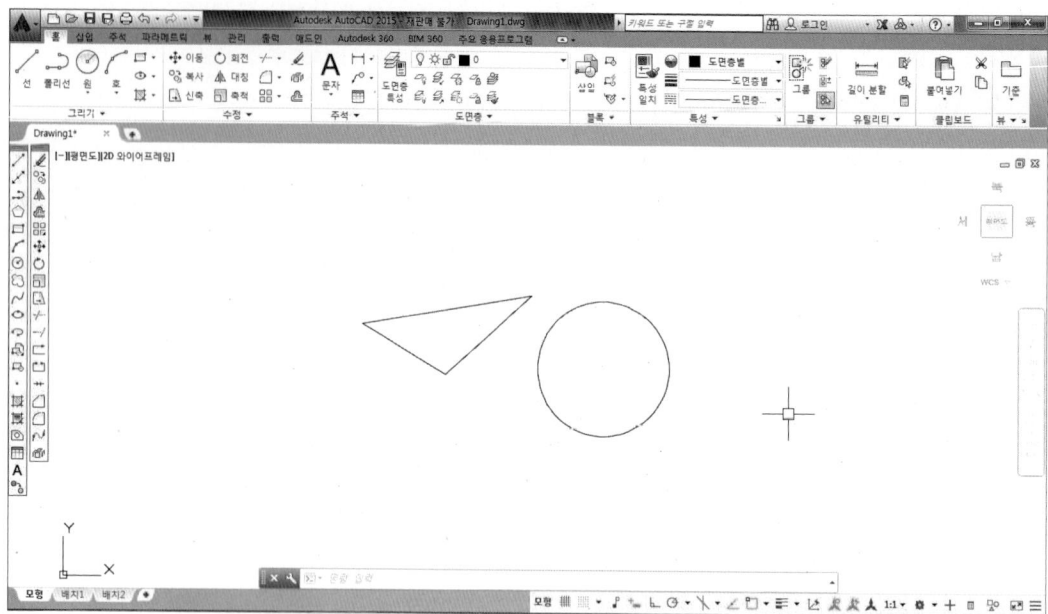

지금까지 AutoCAD 명령을 맛보기 위해 '선' 명령과 '원' 명령을 실행해서 삼각형과 원을 작도했습니다. 조작해보면서 느꼈겠지만 CAD는 이렇게 조작한 결과가 화면에 그림으로 나타나기 때문에 재미있게 학습할 수 있습니다.

2 정해진 크기의 사각형과 원 그리기

앞에서 명령 맛보기로 선과 원을 작성해 보았는데 AutoCAD의 조작을 맛보는 정도였습니다. 다음 그림과 같이 이번에는 정해진 공간 내에 사각형을 작도하고 그 안에 원을 작도해보겠습니다. 이 도면을 작성하기 앞서 도면의 작업 공간을 정의하는 '도면 한계(LIMITS)' 명령을 알아보겠습니다.

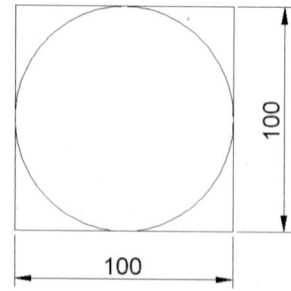

01. 도면 한계(LIMITS)

01 먼저 도면의 범위를 지정합니다. A4 용지의 작업 공간을 지정하도록 하겠습니다.
{명령:}에서 'LIMITS'를 입력합니다.
{모형 공간 한계 재설정: 왼쪽 아래 구석 지정 또는 [켜기(ON)/끄기(OFF)] <0.0000,0.0000>:}에서 '0,0' 또는 Enter 를 누릅니다. 왼쪽 아래 구석을 (0,0)으로 설정하는 것입니다.
{오른쪽 위 구석 지정 <420.0000,297.0000>:}에서 '297,210'(A4 용지의 경우)를 입력합니다. 화면에서는 아무 변화를 느낄 수 없습니다.

【도면 한계(LIMITS)】

도면 작업을 위한 경계(범위)를 설정하며 그 한계 검사 기능을 제어합니다. 우리가 작성하고자 하는 대상물(건축물, 기계 부품, 특정 지역 등)의 크기에 맞춰 작업 공간을 정해야 합니다. 이렇게 도면의 한계를 정하는 것이 '도면 한계(LIMITS)' 명령입니다. 도면의 한계는 왼쪽 아래의 점과 오른쪽 위의 점을 대각선으로 지정하여 도면의 범위를 지정합니다.

명령 : LIMITS   아이콘 버튼 : 🔲

명령 흐름 : 왼쪽 아래 점(Lower Left Corner)과 오른쪽 위 점(Upper Right Corner)을 지정합니다.

오른쪽 위(297, 210)

왼쪽 아래(0, 0)

옵션 설명

{왼쪽 아래 구석 지정 또는 [켜기(ON)/끄기(OFF)] <0.0000,0.0000>:}

(1) 켜기(ON) : 한계 검사 기능을 켭니다. 도면의 경계를 넘어선 위치를 지정하거나 선택하면 '**외부 한계' 또는 '**Outside limits'라는 메시지를 표시하며 지정 또는 선택할 수 없도록 제한합니다. 즉, 도면 한계(LIMITS) 명령으로 지정한 범위 내에서만 도면을 작성할 수 있습니다.

(2) 끄기(OFF) : 한계 검사 기능을 끕니다. 도면의 경계를 넘어서더라도 좌표의 지정과 선택을 할 수 있습니다. 즉, 도면 한계(LIMITS) 명령으로 지정한 범위 밖에서도 도면을 작성할 수 있습니다.

02. 줌(ZOOM)

02 줌 명령으로 지정한 작업 공간 전체를 펼칩니다.

{명령:}에서 'ZOOM' 또는 'Z'를 입력합니다.

{윈도우 구석을 지정, 축척 비율 (nX 또는 nXP)을 입력 또는 [전체(A)/중심(C)/동적(D)/범위(E)/이전(P)/축척(S)/윈도우(W)/객체(O)] <실시간>:}에서 전체 'A'를 입력합니다.

또는 화면 오른쪽의 탐색막대에서 아이콘을 클릭합니다.

화면에는 이렇다 할 변화를 느낄 수 없지만 도면의 작성 범위를 A4(297×210)으로 설정하고 화면을 펼쳐 객체를 작도할 수 있는 환경이 되었습니다.

> **[TIP]** 도면 한계(LIMITS) 명령으로 작도할 도면 공간을 설정한 후, 반드시 줌(ZOOM) 명령으로 전체(A) 화면이 펼쳐지도록 해야 합니다. 그렇게 하지 않으면 지정된 도면 범위와 현재 표시된 범위가 일치하지 않아 작도된 객체가 보이지 않을 수 있습니다. 즉, 객체를 작성했다 하더라도 현재 표시된 화면에는 나타나지 않을 수 있기 때문에 줌(ZOOM) 명령으로 도면 전체를 펼쳐주어야 합니다.

03. 선(LINE)

03 선 명령을 실행합니다. 명령어 'LINE' 또는 단축키 'L'을 입력하거나 '홈' 탭의 '그리기' 패널 또는 도구막대에서 아이콘을 클릭합니다.

{첫 번째 점 지정:}에서 '50,50'을 입력합니다.

{다음 점 지정 또는 [명령 취소(U)]:}에서 '#150,50'을 입력합니다. 다음 그림과 같이 (50,50)과 (150,50)을 잇는 선이 작도됩니다.

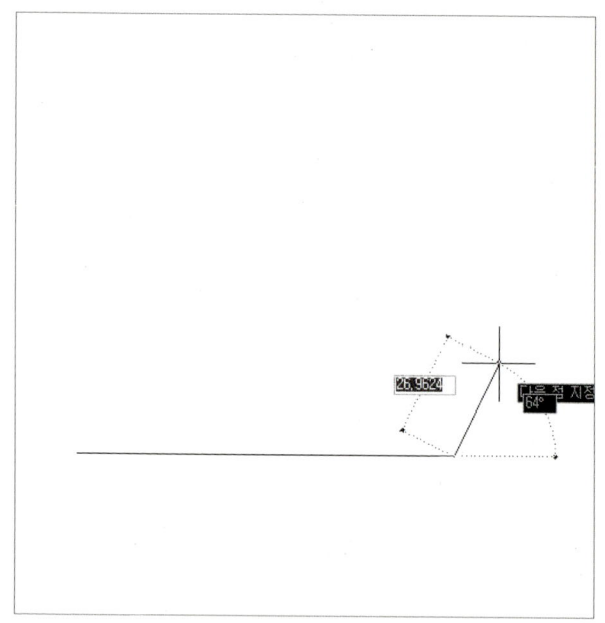

> **참고** 숫자 앞에 늘어가는 '#'의 의미는?
>
> AutoCAD의 좌표 지정 방법에는 크게 절대좌표와 상대좌표가 있습니다. 절대좌표는 고정된 좌표이고, 상대좌표는 어느 기준점을 기준으로 한 상대적 좌표입니다.
> '동적 입력(DYN)'가 ON인 상태(하단 상태 영역의 + 아이콘)에서 절대좌표를 입력할 때는 좌표 앞에 '#'을 붙여야 합니다. '#50,50'에서 '#'은 에서 절대좌표를 의미합니다. 그러나 첫 번째 점은 '#'을 입력하지 않아도 (0,0)이 기준이기 때문에 절대좌표와 상대좌표가 동일하므로 생략해도 됩니다. '동적 입력(DYN)'이 꺼진 상태에서는 '#'을 입력하면 {점 또는 옵션 키워드를 요구함.}이라는 오류 메시지가 표시됩니다.
> 상대좌표를 입력할 때는 좌표 앞에 '@'를 붙여야 합니다. '@50,50'와 같이 입력합니다. 좌표에 대해서는 '좌표계 및 좌표 지정방법'에서 자세히 다루도록 하겠습니다. 일단은 따라서 입력하십시오.

04 {다음 점 지정 또는 [명령 취소(U)]:}에서 '#150,150'을 입력합니다. 다음 그림과 같이 작도됩니다.

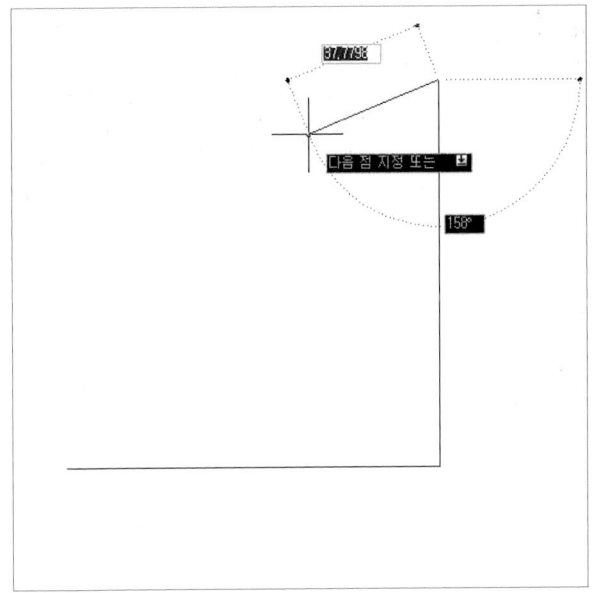

05 {다음 점 지정 또는 [닫기(C)/명령 취소(U)]:}에서 '#50,150'을 입력합니다.

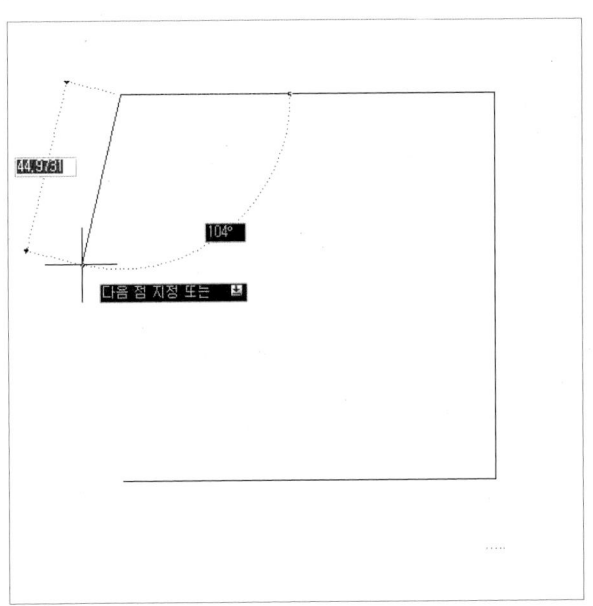

06 다음 점 지정 또는 [닫기(C)/명령 취소(U)]:}에서 'C'를 입력합니다.

> **참고** 　**명령어의 옵션에 대해**
>
> 메시지 중에서 {다음 점 지정 또는 [닫기(C)/명령 취소(U)]:}와 같이 대괄호 […] 사이의 항목은 옵션을 의미합니다. 즉, 선택 사항입니다. 명령을 실행하는 과정에서 다양한 작도 방법이나 동작이 있는데 그 중에서 하나를 선택할 수 있도록 제공합니다. 선택할 수 있는 항목을 '/'로 분리하여 표시합니다.
>
> 괄호 안의 영문자를 입력하면 옵션이 선택됩니다. 예를 들어, {다음 점 지정 또는 [닫기(C)/명령 취소(U)]:}의 경우는 '닫기'와 '명령 취소'가 있는데 'C'를 입력하면 '닫기'가 선택됩니다. 대소문자는 구별하지 않습니다.
>
> '동적 입력(DYN)'이 켜진 상태에서 옵션을 선택할 때는 아래쪽 화살표(↓)를 누르면 옵션 툴팁이 표시됩니다. 이때, 옵션 툴팁의 목록에서 원하는 옵션을 마우스로 지정하면 됩니다.
>
>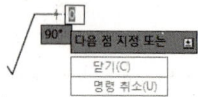

다음 그림과 같이 첫 번째 지정한 점을 연결하면서 사각형이 작도됩니다.

【선(LINE)】

두 점을 잇는 선을 작도합니다.

명령 : LINE(단축키 : L)   아이콘 버튼 : ╱

명령 흐름 : 선을 연결한 점을 차례로 지정해 나갑니다.

{첫 번째 점 지정:} 좌표를 지정합니다.
{다음 점 지정 또는 [명령 취소(U)]:} 좌표를 지정하거나 명령을 취소(C)합니다.
{다음 점 지정 또는 [닫기(C)/명령 취소(U)]:}

옵션 설명

{다음 점 지정 또는 [닫기(C)/명령 취소(U)]:}

(1) 닫기(C) : 첫 번째 점(시작점)에 연결하여 닫힌 도형을 작성합니다.
(2) 명령 취소(U) : 지정한 좌표를 한 단계 이전 좌표로 되돌립니다. 좌표 지정이 잘못되어 수정하고자 할 경우 'U' 옵션을 사용하여 직전에 지정했던 점을 취소합니다. 반복해서 'U'를 입력하면 최초로 지정한 점까지 되돌아갑니다.
(3) 선 명령을 종료한 후 종료한 지점(좌표)을 다시 지정하려면 [Enter] 또는 [Space bar]를 누르면 선 명령이 종료됩니다.

04. 원(CIRCLE)

07 원 명령을 실행합니다. 명령어 'CIRCLE' 또는 단축키 'C'를 입력하거나 '홈' 탭의 '그리기' 패널 또는 도구막대에서 ⊙을 클릭합니다.

여기에서는 중심점 (100,100)에서 반지름이 '50'인 원을 작도하겠습니다.

{원에 대한 중심점 지정 또는 [3점(3P)/2점(2P)/Ttr – 접선 접선 반지름(T)]:}에서 '100,100'을 입력한 후 [Enter]를 누릅니다.

{원의 반지름 지정 또는 [지름(D)] <50.0000>:}에서 반지름 '50'을 입력합니다. 다음 그림과 같이 사각형에 가득 찬 원이 작도됩니다.

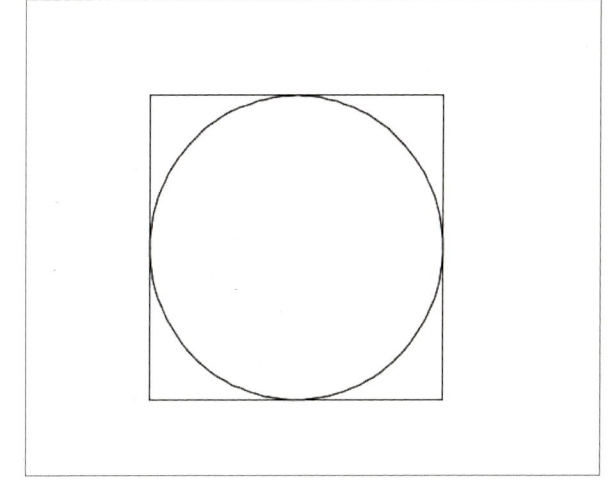

【원(CIRCLE)】

다양한 옵션을 이용하여 원을 작도합니다.

명령 : CIRCLE(단축키 : C)   아이콘 버튼 : ⊙

명령 흐름: 원의 중심과 반지름 또는 지름을 지정합니다. 두 점 또는 세 점을 지정하여 원을 작도할 수 있고, 접선과 접선을 연결하면서 지정된 반지름으로 원을 작도할 수 있습니다.

옵션 설명

앞에서는 중심점과 반지름 의해 원을 작도했습니다. 옵션을 지정하여 원을 작도하는 방법을 알아보도록 하겠습니다.

(1) **2P** : 두 점을 지정하여 원을 작도합니다.

① 원 명령을 실행합니다. {원에 대한 중심점 지정 또는 [3점(3P)/2점(2P)/Ttr - 접선 접선 반지름(T)]:}에서 '2P'를 입력한 후 Enter 를 누릅니다.
{원 지름의 첫 번째 끝점을 지정:}에서 '#150,50'을 입력합니다.

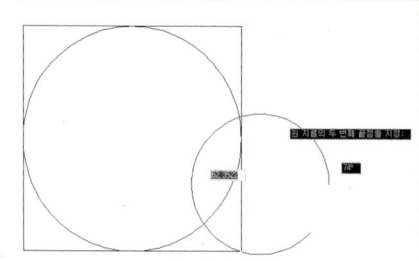

② {원 지름의 두 번째 끝점을 지정:}에서 '#150,150'을 입력합니다.
다음 그림과 같이 좌표 (150,50)과 (150,150)을 지름으로 하는 원이 작도됩니다.

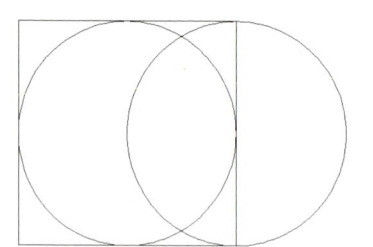

(2) **3P** : 세 점을 지나는 원을 작도합니다.

① {원에 대한 중심점 지정 또는 [3점(3P)/2점(2P)/Ttr - 접선 접선 반지름(T)]:}에서 '3P'를 입력한 후 Enter 를 누릅니다.
{원 위의 첫 번째 점 지정:}에서 '#50,50'을 입력한 후 Enter 를 누릅니다.

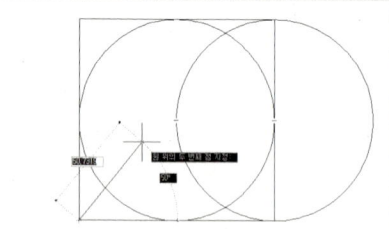

② {원 위의 두 번째 점 지정:}에서 '#100,100'을 입력한 후 Enter 를 누릅니다.

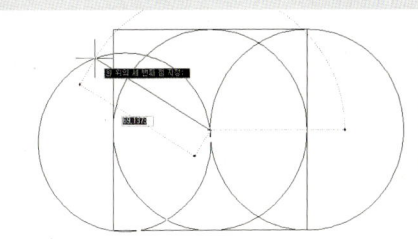

③ {원 위의 세 번째 점 지정:}에서 '#50,150'을 입력한 후 Enter 를 누릅니다. 다음 그림과 같이 지정한 세 점을 지나는 원이 작도됩니다.

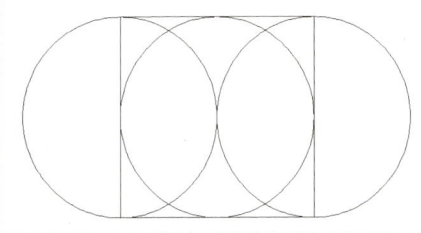

(3) 접선, 접선, 반지름(T) : 두 객체의 접선과 반지름을 지정하여 원을 작도합니다.

① {원에 대한 중심점 지정 또는 [3점(3P)/2점(2P)/Ttr – 접선 접선 반지름(T)]:}에서 옵션 'T'를 입력하면 {원의 첫 번째 접점에 대한 객체 위의 점 지정:}이 표시됩니다. 선 객체에 마우스 포인터를 올려 '접점 ⊙' 마크가 나타나면 클릭합니다.

② {원의 두 번째 접점에 대한 객체 위의 점 지정:}에서 커서를 원 위에 맞추고 '접점 ⊙' 마크가 나타나면 클릭합니다.

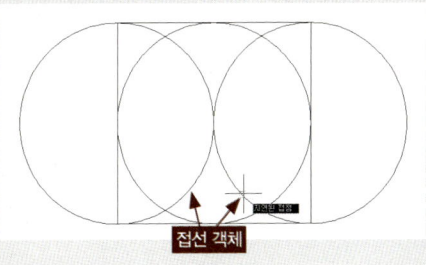

③ {원의 반지름 지정 〈50.0000〉:}에서 '20'를 입력한 후 Enter 를 누릅니다. 다음 그림과 같이 지정한 두 원의 접선을 지나는 반지름 '20'인 원이 작도됩니다.

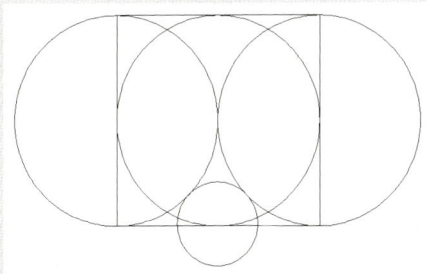

> **참고** 명령의 취소 또는 재실행
>
> **(1) 명령을 취소하려면**
> 명령 실행 도중에 취소를 하려면 [Esc] 키를 누릅니다. 새로운 명령을 실행하기 위해서는 반드시 명령행이 {명령:}인 상태에서 실행해야 합니다. 따라서, 명령행의 상태가 {명령:}이 아니면 [Esc] 키를 눌러 {명령:}인 상태로 만든 후 명령을 실행합니다.
>
> **(2) 반복해서 실행하고자 할 때는**
> 한 번 실행한 명령을 반복해서 실행하고자 할 경우는 [Enter] 또는 [Space bar]를 누릅니다. 즉, 원을 한 번 작도한 후, 다시 원을 작도하고자 할 때는 [Enter] 또는 [Space bar]를 누르면 됩니다.
>
> **(3) 작도된 도형을 선택하여 동일한 객체를 작도하고자 할 때는**
> 도면에 객체가 작도되어 있는 경우에 동일한 객체를 작도하고자 할 때는 '선택된 항목 추가(ADDSELECTED) ' 명령을 이용합니다. 예를 들어, 도면에 원이 그려져 있는 경우, 크기가 다른 원을 작도하고자 할 때 '선택된 항목 추가(ADDSELECTED) ' 명령을 실행합니다.
> {객체 선택:}에서 원 객체를 선택합니다. 그러면 다음과 같이 원 명령이 실행됩니다.
> {원에 대한 중심점 지정 또는 [3점(3P)/2점(2P)/Ttr – 접선 접선 반지름(T)]:}에서 원에 대한 중심점을 지정합니다. 즉, 선택한 객체를 작도할 수 있는 명령이 실행됩니다.

3 화면을 조작하는 줌(ZOOM)과 초점 이동(PAN)

CAD 작업은 단순히 객체를 작성하고 편집하는 작업에 그치지 않습니다. 작성된 객체를 자세히 살펴보기 위해 확대를 하기도 하고 축소를 하기도 합니다. 이번에는 특정 부분을 확대나 축소하는 줌(ZOOM) 명령과 초점의 이동(PAN) 등 화면 조작 명령에 대해 알아보겠습니다. 자주 사용하는 옵션을 중심으로 알아보겠습니다.

【줌(ZOOM)과 초점 이동(PAN)】
화면의 확대, 축소 및 초점을 이동합니다.

명령 : ZOOM(단축키 : Z), PAN
아이콘 버튼 :
명령 흐름 : 다양한 옵션을 이용하여 화면을 조작합니다.

---

01 윈도우(W) : 두 점으로 지정한 범위를 확대합니다.
탐색도구 또는 '뷰(V)' 도구막대에서 을 클릭합니다. 또는, 'ZOOM' 또는 단축키 'Z'를 입력합니다.
{윈도우 구석을 지정, 축척 비율 (nX 또는 nXP)을 입력, 또는 [전체(A)/중심(C)/동적(D)/범위(E)/이전(P)/축척(S)/윈도우(W)/객체(O)] <실시간>:}에서 'W'를 입력합니다.
{첫 번째 구석을 지정:} 확대하고자 하는 범위의 첫 번째 점을 지정합니다.

{반대 구석 지정:} 확대하고자 하는 범위의 반대 구석의 한 점을 지정합니다.

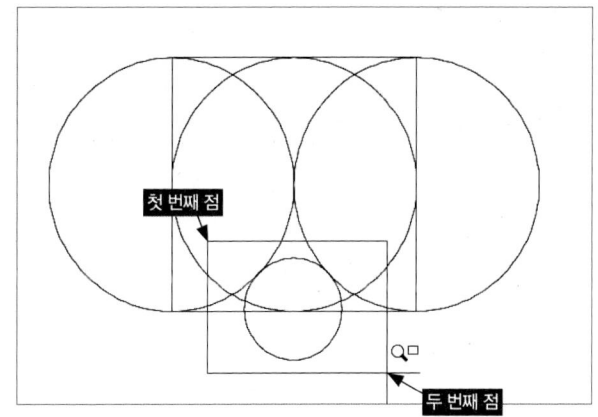

다음 그림과 같이 지정한 두 점(첫 번째 점과 두 번째 점) 사이의 범위가 확대됩니다.

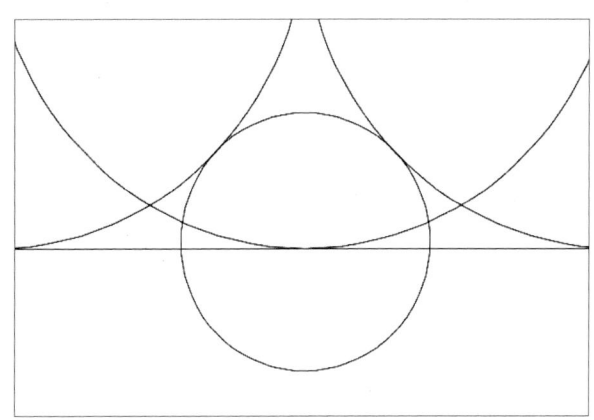

02 **이전(P)** : 이전 화면으로 복원합니다.
탐색도구 또는 '뷰(V)' 도구막대에서 을 클릭합니다.
또는 명령어 'ZOOM' 또는 단축키 'Z'를 입력합니다.
{윈도우 구석을 지정, 축척 비율 (nX 또는 nXP)을 입력, 또는 [전체(A)/중심(C)/동적(D)/범위(E)/이전(P)/축척(S)/윈도우(W)/객체(O)] 〈실시간〉:}에서 'P'를 입력한 후 [Enter] 또는 [Space bar]를 누르면 이전 화면 범위로 되돌아갑니다.

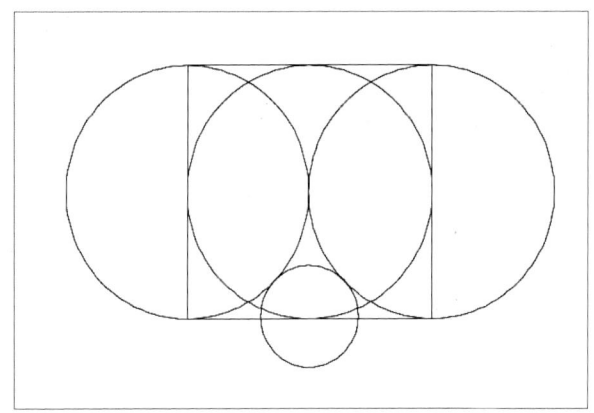

03 **범위(E)** : 작도된 모든 객체를 화면에서 표시할 수 있는 최대 크기로 확대됩니다.
탐색도구 또는 '뷰(V)' 도구막대에서 을 클릭합니다.
또는 명령어 'ZOOM' 또는 단축키 'Z'를 입력합니다.

{윈도우 구석을 지정, 축척 비율 (nX 또는 nXP)을 입력 또는 [전체(A)/중심(C)/동적(D)/범위(E)/이전(P)/축척(S)/윈도우(W)/객체(O)] <실시간>:}에서 'E'를 입력한 후 Enter 또는 Space bar 를 클릭하면 작도된 객체가 화면 가득히 확대되어 표시됩니다.

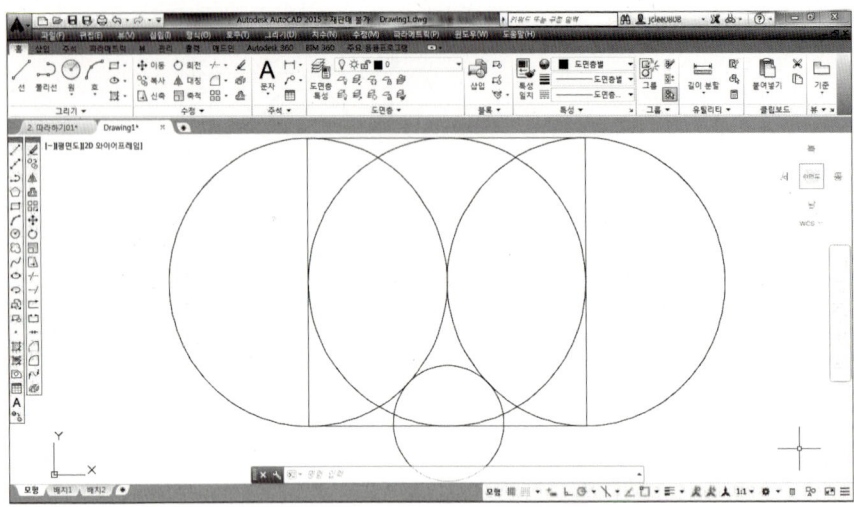

04 **전체(A)** : 도면 한계의 범위까지 모두 표시합니다.

탐색도구 또는 '뷰(V)' 도구막대에서 을 클릭합니다. 또는 명령어 'ZOOM' 또는 단축키 'Z'를 입력합니다.

{윈도우 구석을 지정, 축척 비율 (nX 또는 nXP)을 입력 또는 [전체(A)/중심(C)/동적(D)/범위(E)/이전(P)/축척(S)/윈도우(W)/객체(O)] <실시간>:}에서 'A'를 입력합니다. 도면의 범위 전체가 펼쳐집니다.

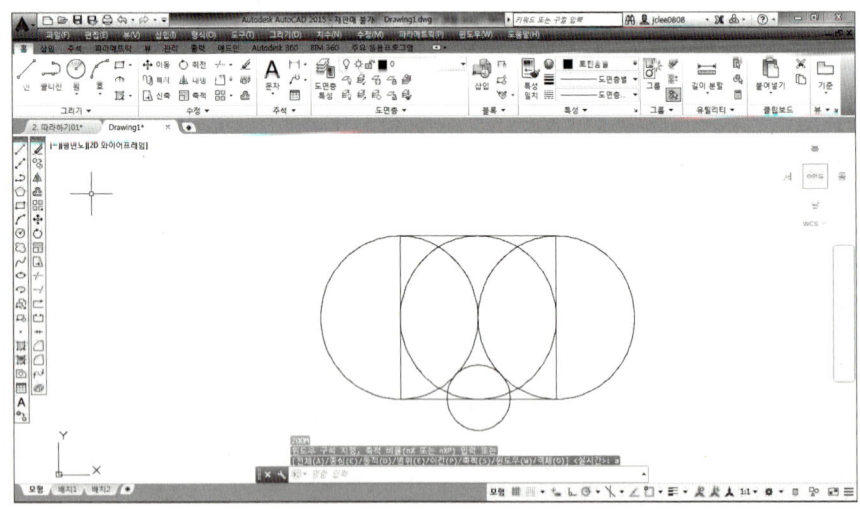

Note_ 작성된 객체가 도면 한계(LIMITS)를 벗어나서 작도된 경우는 도면 한계의 범위를 벗어난 객체를 모두 표시합니다.

| 04 ; 선과 원의 작성과 화면 조작 |

> **참고** '전체(A)'와 '범위(E)'의 차이점
>
> '전체(A)'와 '범위(E)'의 가장 큰 차이는 '도면 한계(LIMIT)'입니다. '전체(A)'는 도면 한계를 표시하는 것이고, '범위(E)'는 도면 한계와 관계없이 객체만을 화면 가득히 표시하는 것입니다.
>
> 단, 작성된 객체가 도면의 한계를 넘어선 경우는 전체(A)와 범위(E)가 동일한 화면을 표시하게 됩니다. 왜냐하면, 전체(A)는 도면 한계를 벗어난 위치에 작도된 객체가 있는 경우라도 도면 한계를 벗어난 범위까지 표시해주기 때문입니다.

05 객체(O) : 하나 이상의 선택된 객체를 화면 가득히 표시합니다.

탐색도구 또는 '뷰(V)' 도구막대에서 을 클릭합니다. 또는, 명령어 'ZOOM'이나 단축키 'Z'를 입력합니다.

{윈도우 구석을 지정, 축척 비율 (nX 또는 nXP)을 입력 또는 [전체(A)/중심(C)/동적(D)/범위(E)/이전(P)/축척(S)/윈도우(W)/객체(O)] <실시간>:}에서 'O'를 입력합니다.

{객체 선택:} 다음 그림과 같이 마우스로 가운데 원 객체를 선택합니다.

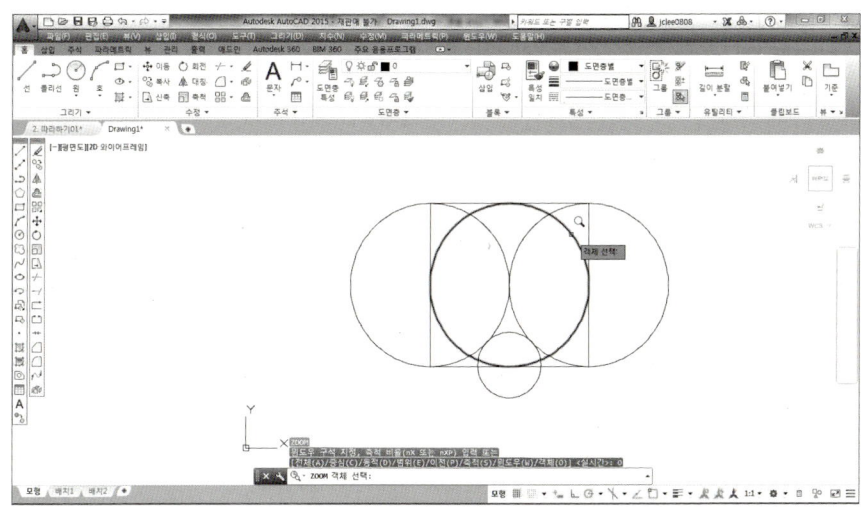

{객체 선택:}에서 Enter 또는 Space bar 를 눌러 객체 선택을 종료합니다. 다음 그림과 같이 선택한 객체(원)를 화면 가득 확대하여 표시합니다.

| Part 02 객체의 작성 및 편집을 위한 기초지식 |

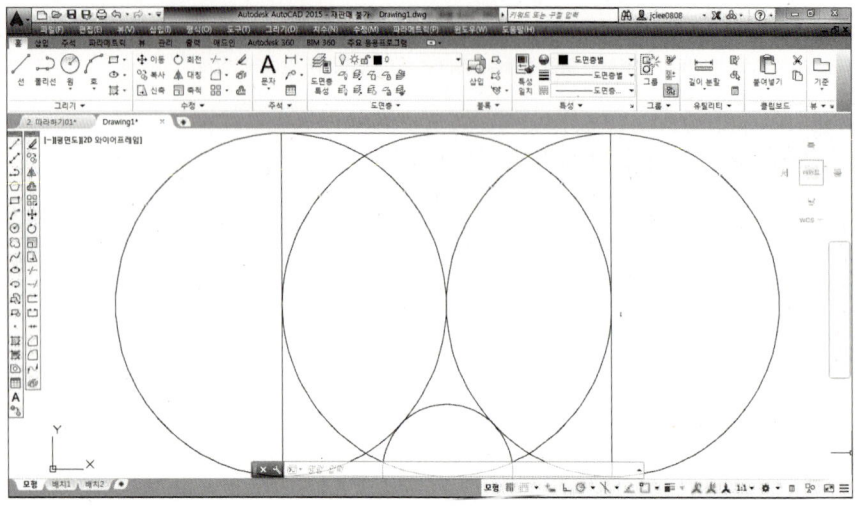

06 실시간 줌(W) 🔍 : 마우스의 드래그에 의해 화면을 확대/축소합니다.

탐색 도구에서 🔍을 클릭합니다. 또는, 명령어 'ZOOM'이나 단축키 'Z'를 입력합니다.
{윈도우 구석을 지정, 축척 비율 (nX 또는 nXP)을 입력 또는 [전체(A)/중심(C)/동적(D)/범위(E)/이전(P)/축척(S)/윈도우(W)/객체(O)] <실시간>:}에서 Enter 를 누릅니다.
다음 화면과 같이 '+'와 '-' 표시가 붙은 돋보기가 나타납니다.

이때 '-' 방향으로 드래그(마우스 왼쪽 버튼을 누른 채로 끌어당김)하면 축소되고, '+' 방향으로 드래그하면 화면이 확대됩니다.

왼쪽 버튼을 놓고 오른쪽 버튼을 누르면 바로가기 메뉴가 나타납니다. 바로가기 메뉴에서 원하는 화면 조작(예: 줌 윈도우, 줌 범위 등)을 선택해 화면을 조정할 수 있습니다. 종료하려면 바로가기 메뉴에서 '나가기'를 선택하거나 Esc 를 누릅니다.

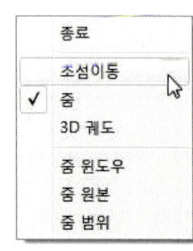

07 초점 이동(PAN) ✋ : 화면의 초점을 이동합니다.
탐색도구에서 ✋을 클릭합니다. 또는 명령어 'PAN' 또는 단축키 'P'를 입력합니다. 다음 화면과 같이 손바닥 마크가 나타납니다.

이때 초점을 이동하고자 하는 방향으로 드래그(마우스 왼쪽 버튼을 누른 채로 끌고 감)하면 손바닥으로 도면을 밀듯이 초점이 이동됩니다. 특정 방향에 한정하지 않고 자유롭게 이동할 수 있습니다.

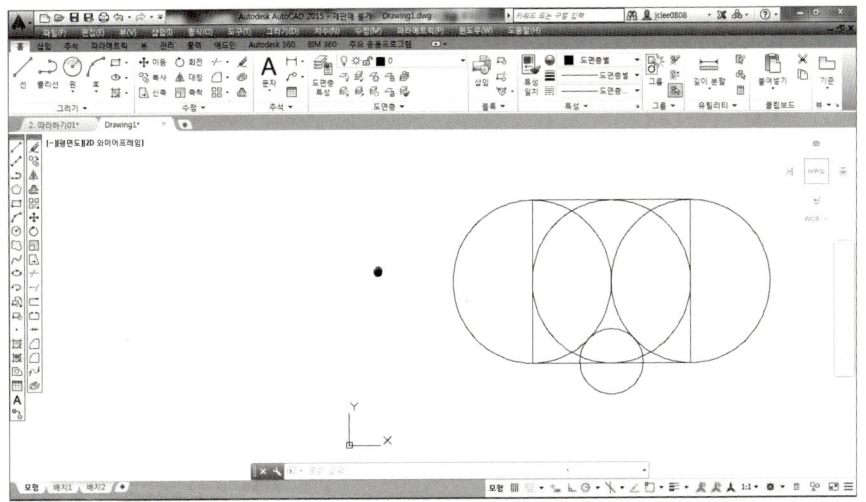

종료하려면 Enter 나 Esc 키를 누르면 됩니다. 또, 실시간 줌에서와 같이 마우스 오른쪽 버튼을 눌러 바로가기 메뉴에서 '나가기'를 클릭합니다.

[TIP] '초점 이동(PAN)' 명령은 별도로 명령어를 실행시키지 않고 마우스의 가운데 있는 휠을 누르면서 마우스를 움직이면 초점 이동 명령이 실행됩니다

4   좌표의 이해와 좌표 지정

도면을 작성할 때는 수많은 좌표를 지정하게 됩니다. 도면 작성은 좌표 지정의 연속입니다. 이번에는 좌표에 대한 이해와 지정하는 방법에 대해 알아보도록 하겠습니다.

01. 좌표계의 종류

AutoCAD는 크게 두 가지의 좌표계가 있습니다.

(1) 표준 좌표계(WCS)

AutoCAD의 시작과 함께 기본적으로 설정된 좌표계입니다. 원점(O,O)이 항상 고정된 좌표계인 'WCS(표준 좌표계: World Coordinate System)'는 2차원 뷰에서는 X축이 수평이고, Y축이 수직이

며, 원점은 X축과 Y 축의 교차점(0,0)입니다. AutoCAD를 시작하여 새 도면을 설정하면 기본적으로 'WCS'로 설정됩니다. 2차원 작업은 이 표준 좌표계(WCS)만을 이용합니다.

(2) 사용자 좌표계(UCS)

사용자가 정의할 수 있으며 필요에 따라 원점을 자유롭게 이동할 수 있는 좌표계인 'UCS(사용자 좌표계: User Coordinate System)'는 원점과 XY 평면의 위치와 방향을 사용자가 임의로 정의하는 좌표계입니다. 이 좌표계는 주로 3차원 작업 시에 사용자가 필요에 의해 지정하거나 이동, 회전 등 다양하게 조작할 수 있습니다. 사용자 좌표계(UCS)에 대해서는 3차원 학습에서 자세히 설명하도록 하겠습니다.

WCS든, UCS든 초기 상태에서는 동일한 값입니다. 좌표는 다음 그림과 같이 (X,Y,Z) 세 개의 축으로 이루어져 있습니다. 2차원 작업에서는 (X,Y) 두 개의 축만을 사용합니다.

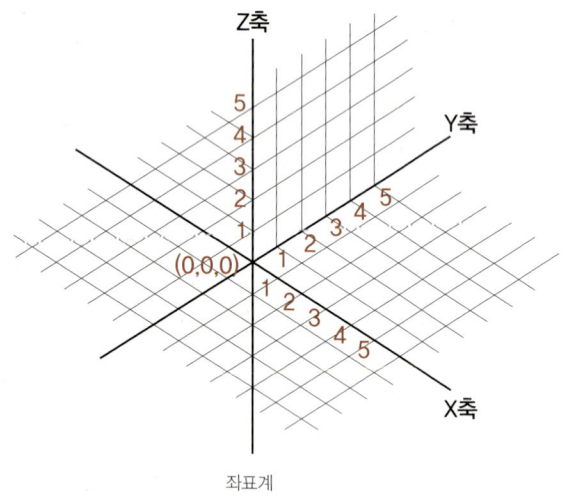

좌표계

02. 좌표 지정 방법

좌표를 지정하는 방법은 여러 가지가 있는데 여기에서는 2차원 작업에서 필요한 대표적인 좌표 지정 방법 세 가지(절대좌표 지정, 상대좌표 지정, 상대 극좌표 지정)와 포인팅 디바이스, 최후 좌표 지정 방법에 대해 살펴보겠습니다.

(1) 절대좌표 지정

'절대좌표'는 단어 의미대로 절대적인 좌표, 즉 절대적으로 고정된 좌표입니다. X축과 Y축의 교차점인 원점(0,0)을 기준으로 합니다. 점의 정확한 좌표 X 및 Y 값을 알 수 있는 경우에 절대좌표를 지정합니다. 원점을 기준점으로 하여 (X,Y,Z) 값으로 좌표의 위치를 표현하며 원점은 (0,0,0)으로 고정되어 있습니다. Z 값을 생략하여 (X,Y)만으로 입력하기도 합니다.

입력 형식은 쉼표로 구분하여 'X,Y,Z' 또는 '#X,Y,Z' 값을 입력합니다. 절대좌표 값의 계산은 초등학교 때 배웠던 모눈 종이의 칸을 세는 것과 같습니다.

다음 그림은 절대좌표 (10, 10)에서 시작하여 한 변의 길이가 '40'인 정사각형입니다. P1, P2, P3, P4의 절대좌표는?

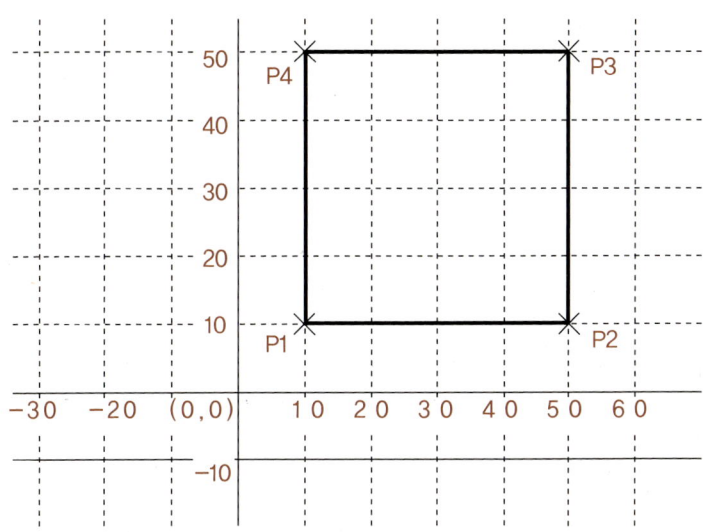

가로(X), 세로(Y) 방향의 좌표(모눈) 값을 그대로 읽으면 됩니다.

구 분	절대좌표	비 고
P1	(10, 10)	X = 10, Y = 10
P2	(50, 10)	X = 50, Y = 10
P3	(50, 50)	X = 50, Y = 50
P4	(10, 50)	X = 10, Y = 50
P1	(10,10)	원래 좌표인 (10, 10)으로 연결

> **참고** 동적 입력(DYN)의 켜기(ON)와 끄기(OFF)
>
> AutoCAD에서 '동적 입력(DYN)' 시스템이 도입되기 이전까지는 절대좌표는 'X, Y, Z' 형식으로 입력했으나 '동적 입력(DYN)' 시스템이 도입된 AutoCAD 2006 버전부터는 '동적 입력(DYN)' 모드가 켜진(ON) 경우는 절대좌표에는 '#'을 앞에 붙여 '#X,Y,Z'의 형식으로 입력합니다.
>
> '동적 입력(DYN)'의 설정 상태를 확인하려면 화면 하단의 그리기 도구에 있는 동적 입력(DYN) 버튼의 상태(ON/OFF 여부)를 확인하면 됩니다.

> **참고** 절대좌표를 확인하는 'ID'
>
> 특정한 점에 대한 좌표를 알고 싶을 때는 명령어 'ID'를 입력합니다.
> {점 지정:}에서 확인하고자 하는 좌표를 지정합니다. 다음과 같이 (X, Y, Z) 값을 표시합니다.
> {X = 173.7526   Y = 61.5586   Z = 0.0000}

(2) 상대좌표 지정

상대좌표는 현재 점(또는 마지막으로 입력된 점)을 기준으로 X, Y방향으로 얼마만큼 떨어져 있는가(변위량)를 표현한 좌표입니다. 즉, 기준점으로부터 상대적인 좌표입니다. 어떤 기준점(또는 현재 점)이 있고 그 기준점으로부터 변화량을 알 수 있는 경우에 상대좌표를 이용하여 지정합니다.

입력 형식은 앞에 '@' 기호를 붙이고 (X,Y,Z)의 변위 값을 입력합니다. 즉, '@X,Y,Z'의 형식으로 입력합니다. 상대좌표는 동일한 값이라도 기준 점(현재 점)이 어니냐에 따라 다르게 나타납니다. 예를 들어, (@3,4,0)으로 좌표를 지정한 경우는 기준점이 (0,0,0)인 점과 기준점이 (1,1,0)인 점은 서로 다른 좌표가 됩니다. 즉, 기준점이 어느 점이냐에 따라 좌표가 결정됩니다.

다음 그림은 절대좌표 (10, 10)에서 시작하여 한 변의 길이가 '40'인 정사각형입니다. P1, P2, P3, P4의 상대좌표는?

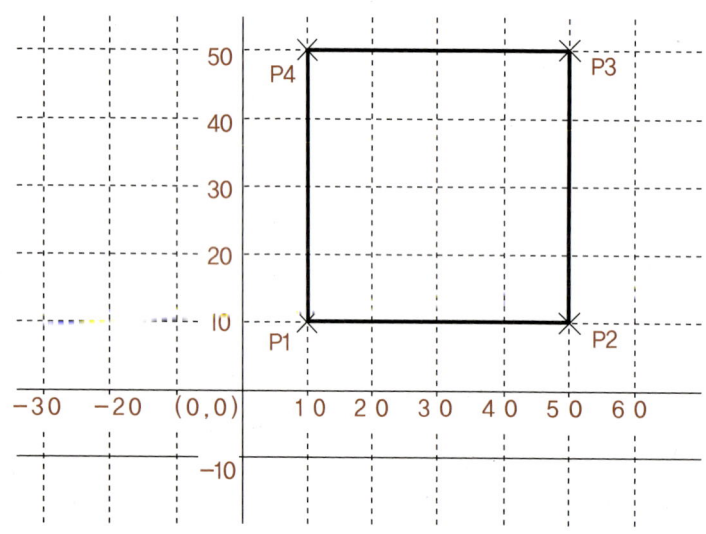

현재 위치로부터 X축과 Y축으로 얼마만큼 이동했는지를 계산합니다.

구 분	상대좌표	비 고
P1	(10, 10)	절대좌표(X = 10, Y = 10)
P2	(@40, 0)	P1으로부터 X축으로 40, Y축으로 10
P3	(@0, 40)	P2로부터 X축으로 0, Y축으로 40
P4	(@-40, 0)	P3으로부터 X축으로 -40, Y축으로 0
P1	(@0, -40)	P4로부터 X축으로 0, Y축으로 -40

(3) 상대 극좌표 지정

상대 극좌표는 현재 점(마지막으로 입력된 점)을 기준으로 지정 각도와 거리에 위치하는지(변위량)를 표현한 좌표입니다. 상대좌표와 마찬가지로 이전 점(현재 점)과 관련하여 각도와 거리를 알 수 있는 경우는 상대 극좌표를 사용합니다.

입력 형식은 앞에 '@'를 붙이고 '거리〈각도' 값을 입력합니다. 즉, '@거리〈각도' 형식입니다. '동적 입력(DYN)'이 켜진 경우(ON)는 기본적으로 상대 극좌표 상태이므로 '@'를 생략해도 됩니다. 상대좌표와 마찬가지로 동일한 값을 지정했다 하더라도 기준 점(현재 점)이 어디냐에 따라 다른 위치를 지정하게 됩니다.

> **참고** 각도의 표현
>
> AutoCAD에서 각도의 표현은 기본적으로 3시 방향을 0°로 하여 반시계 방향으로 진행합니다. 그래서 12시 방향은 90°, 9시 방향은 180°, 6시 방향은 270°에 해당됩니다. 사용자가 기준 방향이나 방향을 바꿀 수도 있으나 기본적으로 바꾸지 않는 것이 좋습니다.

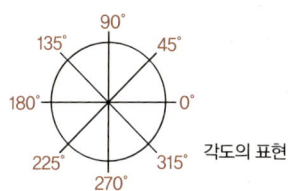

각도의 표현

다음 그림은 절대좌표 (10, 10)에서 시작하여 한 변의 길이가 '40'인 정사각형입니다. P1, P2, P3, P4의 상대 극좌표는?

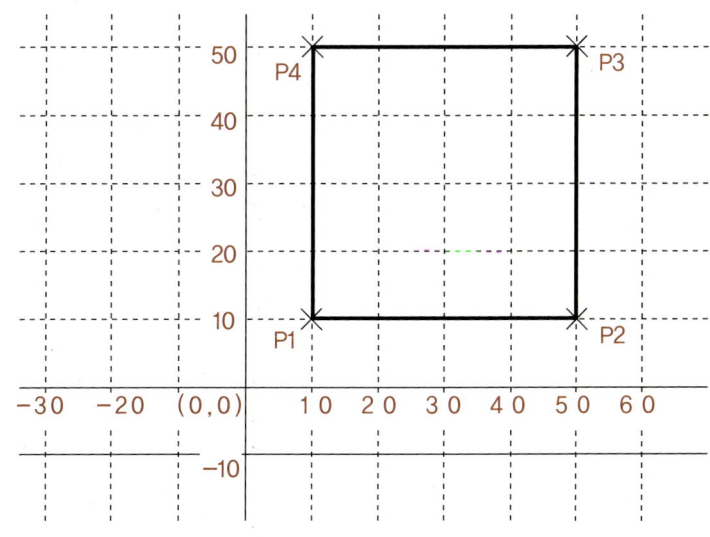

현재 위치로부터 어느 각도로 얼마만큼 이동했는지를 계산합니다.

구 분	상대좌표	비 고
P1	(10, 10)	절대좌표(X = 10, Y = 10)
P2	(@40 < 0)	P1으로부터 0도 방향으로 40만큼 이동
P3	(@40 < 90)	P2로부터 90도 방향으로 40만큼 이동
P4	(@40 < 180)	P3으로부터 180도 방향으로 40만큼 이동
P1	(@40 < 270)	P4로부터 270도 방향으로 40만큼 이동

(4) 포인팅 디바이스(Pointing device)에 의한 지정

마우스, 디지타이저의 퍽이나 스타일러스 펜 등으로 특정 위치를 지정하는 방법입니다. 우리가 가장 많이 사용하는 것은 마우스입니다. 빈 공간의 좌표를 지정할 수도 있지만 객체의 특정한 위치(객체 스냅 : 끝점, 중간점, 중심점, 교차점 등)를 지정할 수도 있습니다.

> **참고** **객체 스냅(OSNAP)이란?**
>
> 객체 스냅(Object Snap)은 객체의 특정한 좌표를 찾는 기능입니다. 예를 들어, 선의 끝점이나 중간점, 원의 중심점이나 사분점, 선과 선이 만나는 교차점, 수직으로 만나는 수직점 등을 말합니다. 선분의 끝점에 원을 그리고자 할 때는 객체 스냅 기능을 이용하여 선의 끝점을 지정해야 합니다. 객체 스냅에 대한 자세한 내용은 '객체 스냅' 단원에서 자세히 다루도록 하겠습니다.

(5) 최후 좌표의 지정

마지막에 지정했던 좌표를 다시 지정하고자 할 때는 '@'를 입력합니다. 단, AutoCAD를 처음 실행하여 초기 화면에서 '@'를 입력하면 원점 좌표(0, 0, 0)를 지정합니다.

01 좌표 (100,100)과 (300,100)을 잇는 선을 작도합니다. 선 명령을 실행합니다. 명령어 'LINE' 또는 단축키 'L'을 입력하거나, '홈' 탭의 '그리기' 패널 또는 도구막대에서 ✎을 클릭합니다.
{첫 번째 점 지정:}에서 '100,100'을 입력합니다.
{다음 점 지정 또는 [명령 취소(U)]:}가 표시되면 '#300,100'을 입력한 후 Enter 를 누릅니다. 다음 그림과 같이 좌표 (100,100)과 (300,100)을 잇는 길이가 '200'인 선이 작도됩니다.
{다음 점 지정 또는 [명령 취소(U)]:}에서 Enter 또는 Space bar 를 눌러 명령을 종료합니다.

02 마지막 좌표(300,100)를 중심점으로 하여 반지름이 '50'인 원을 작도합니다.

명령어 'CIRCLE' 또는 단축키 'C'를 입력하거나, '홈' 탭의 '그리기' 패널 또는 도구막대에서 ⊙을 클릭합니다.
{원에 대한 중심점 지정 또는 [3점(3P)/2점(2P)/Ttr – 접선 접선 반지름(T)]:}에서 마지막(최후) 좌표를 지정하기 위해 '@'를 입력합니다.
{원의 반지름 지정 또는 [지름(D)] 〈2.5000〉:}에서 원의 반지름 '50'을 입력합니다.
다음 그림과 같이 좌표 (300,100)에 반지름 '50'인 원이 작도됩니다.

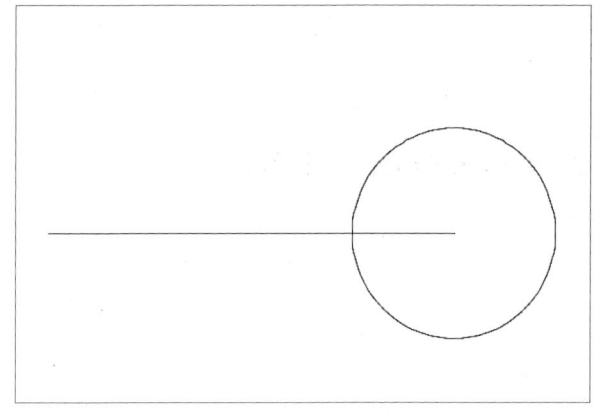

5 다양한 좌표 지정 방법으로 사각형 그리기

앞에서 학습한 좌표 지정 방법으로 다음과 같은 도형을 그려보도록 하겠습니다. 왼쪽 하단의 기준점을 (50,50)으로 하여 한 변의 길이가 '50'인 사각형입니다.

01 먼저 도면의 범위를 지정합니다. A4 용지의 작업 공간을 지정하겠습니다.
{명령:}에서 'LIMITS'를 입력합니다. {모형 공간 한계 재설정: 왼쪽 아래 구석 지정 또는 [켜기(ON)/끄기(OFF)] 〈0.0000,0.0000〉:}에서 '0,0' 또는 Enter 를 누릅니다. 즉, 왼쪽 아래 구석을 (0,0)으로 설정하는 것입니다.
{오른쪽 위 구석 지정 〈420.0000,297.0000〉:}에서 '297,210'(A4 용지의 경우)를 입력합니다.

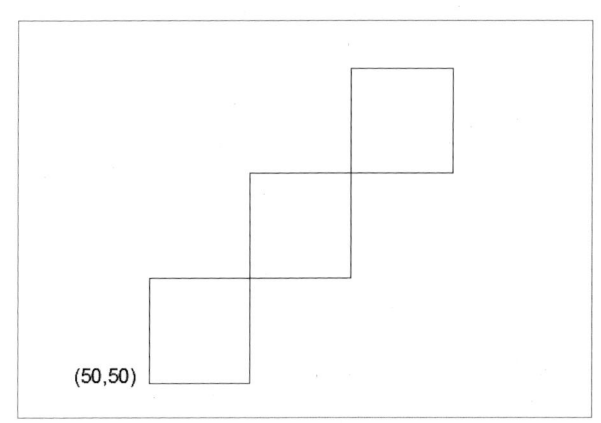

02 줌 명령으로 지정한 작업 공간 전체를 펼칩니다.
{명령:}에서 'ZOOM' 또는 'Z'를 입력합니다.
{윈도우 구석을 지정, 축척 비율 (nX 또는 nXP)을 입력 또는 [전체(A)/중심(C)/동적(D)/범위(E)/이전(P)/축척(S)/윈도우(W)/객체(O)] 〈실시간〉:}에서 전체 'A'를 입력합니다. 또는 탐색 도구에서 '줌 전체' 아이콘인 🔍을 클릭합니다.

화면에는 이렇다 할 변화를 느낄 수 없지만 도면의 작성 범위를 A4(297×210)으로 설정하고, 화면을 펼쳐 객체를 작도할 수 있는 환경이 되었습니다.

01. 절대좌표에 의한 사각형 작도

03 선 명령을 실행합니다. 명령어 'LINE' 또는 단축키 'L'을 입력하거나 '홈' 탭의 '그리기' 패널 또는 도구막대에서 ✎을 클릭합니다.

{첫 번째 점 지정:}에서 '50,50'을 입력합니다. (#50,50'을 입력해도 같은 결과)

{다음 점 지정 또는 [명령 취소(U)]:}에서 '#100,50'을 입력합니다.

{다음 점 지정 또는 [명령 취소(U)]:}에서 '#100,100'을 입력합니다.

{다음 점 지정 또는 [닫기(C)/명령 취소(U)]:}에서 '#50,100'을 입력합니다.

{다음 점 지정 또는 [닫기(C)/명령 취소(U)]:}에서 'C'를 입력합니다.

다음 그림과 같이 (50,50)에서 시작하여 한 변의 길이가 '50'인 사각형이 작도됩니다.

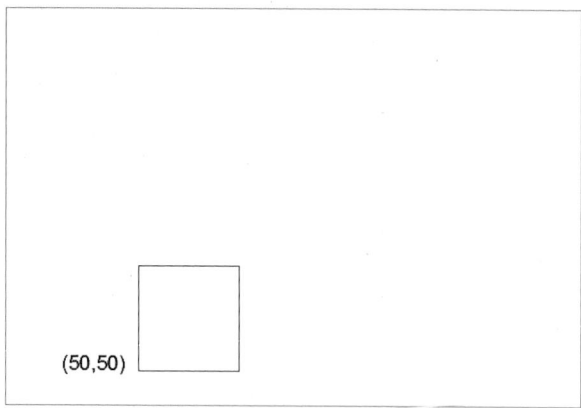

02. 상대좌표에 의한 사각형 작도

04 Enter 또는 Space bar 를 눌러 선 명령을 재실행합니다.

{첫 번째 점 지정:}에서 '100,100'을 입력합니다. (#100,100'을 입력해도 같은 결과가 됨)

작도된 사각형의 오른쪽 위의 좌표가 (100,100)입니다.

{다음 점 지정 또는 [명령 취소(U)]:}에서 '@50,0'을 입력합니다.

{다음 점 지정 또는 [명령 취소(U)]:}에서 '@0,50'을 입력합니다.

{다음 점 지정 또는 [닫기(C)/명령 취소(U)]:}에서 '@-50,0'을 입력합니다.

{다음 점 지정 또는 [닫기(C)/명령 취소(U)]:}에서 'C'를 입력합니다.

다음 그림과 같이 (100,100)에서 시작하여 한 변의 길이가 '50'인 사각형이 작도됩니다.

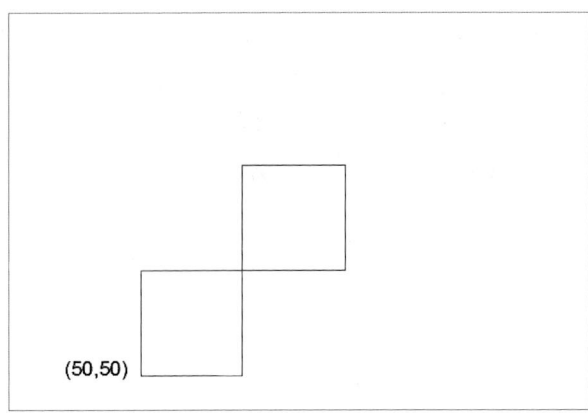

03. 상대 극좌표에 의한 사각형 작도

05 [Enter] 또는 [Space bar]를 눌러 선 명령을 재실행합니다.

{첫 번째 점 지정:}에서 '150,150'을 입력합니다(#150,150'을 입력해도 같은 결과).

작도된 두 번째 사각형의 오른쪽 위의 좌표가 (150,150)입니다.

{다음 점 지정 또는 [명령 취소(U)]:}에서 '@50<0'을 입력합니다.

{다음 점 지정 또는 [명령 취소(U)]:}에서 '@50<90'을 입력합니다.

{다음 점 지정 또는 [닫기(C)/명령 취소(U)]:}에서 '@50<180'을 입력합니다.

{다음 점 지정 또는 [닫기(C)/명령 취소(U)]:}에서 'C'를 입력합니다.

다음 그림과 같이 (150,150)에서 시작하여 한 변의 길이가 '50'인 사각형이 작도됩니다.

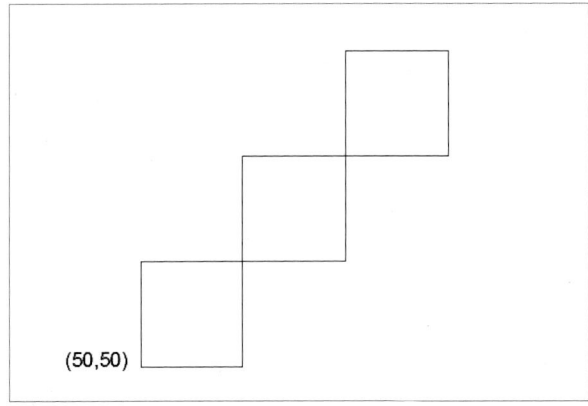

SPECIAL PAGE | AutoCAD 명령의 흐름과 조작법

1. AutoCAD 명령의 흐름

어떤 학습이든 '흐름을 파악하는 것'이 중요합니다. AutoCAD를 학습하기 위해서는 명령의 흐름을 잘 이해해야 합니다. 이 흐름을 파악하고 나면 어떤 명령어도 쉽게 접근할 수 있습니다. 여기에서는 앞에서 실습한 '원(CIRCLE)' 명령의 두 점(2P) 옵션을 통해서 명령어 흐름을 살펴보겠습니다.

1〉 사용자(설계자)가 AutoCAD에 원을 작도하겠다는 명령을 내립니다.

{명령:} 상태에서 명령어 'CIRCLE' 또는 단축키 'C'를 입력하거나, '홈' 탭의 '그리기' 패널 또는 도구막대에서 ⊙을 클릭합니다.

2〉 그러면 AutoCAD는 원을 그리기 위해 중심점을 지정하든가, 다른 작도 방법을 위한 옵션을 선택하라고 메시지를 표시합니다.

{원에 대한 중심점 지정 또는 [3점(3P)/2점(2P)/Ttr - 접선 접선 반지름(T)]:}

3〉 여기에서는 2개의 점으로 원을 작도하는 것으로 가정하고 옵션 '2P'를 입력합니다.

'2P'

4〉 그러면 AutoCAD는 첫 번째 점을 찍으라는 메시지를 표시합니다.

{원 지름의 첫 번째 끝점을 지정:}

5〉 사용자는 이에 대해 마우스로 좌표를 지정하든가, 키보드를 통해 좌표 값을 입력합니다.

'#150,50'

6〉 첫 번째 점을 정상적으로 입력하면, AutoCAD는 다시 두 번째 점을 지정하라는 메시지를 표시합니다.

{원 지름의 두 번째 끝점을 지정:}

7〉 사용자는 이에 대해 다시 두 번째 점을 지정합니다.

'#150,150'

이렇게 한 결과 (150, 50)과 (150, 150)을 지나는 원을 작도하게 됩니다.

2. AutoCAD 메시지 및 조작 방법

이처럼 AutoCAD의 명령은 사용자(설계자)와 AutoCAD 사이의 대화로 이루어집니다. 사용자가 AutoCAD에 명령을 내리고 AutoCAD는 그 명령에 대해 필요한 점이나 객체의 선택을 요구합니다. 다시 사용자는 AutoCAD의 요구에 따라 응답을 해나가는 형식입니다. 단, 명령어의 성격에 따라 필요로 하는 객체를 선택하거나 좌표를 요구하기도 하고 대화상자에서 항목을 선택하거나 값의 입력을 요구하는 경우가 있을 뿐입니다.

표시되는 메시지를 구분하는 방법 및 의미에 대해 알아보겠습니다. AutoCAD를 학습하는데 있어 중요한 개념이므로 다시 한 번 정리하도록 하겠습니다.

(1) 명령어 'CIRCLE' 또는 단축키 'C'를 입력하거나 '홈' 탭의 '그리기' 패널 또는 도구막대에서 ⊙을 클릭합니다.

(2) {원에 대한 중심점 지정 또는 [3점(3P)/2점(2P)/Ttr - 접선 접선 반지름(T)]:}라는 메시지가 표시됩니다.

- '원에 대한 중심점 지정'은 중심점을 지정하라는 의미입니다. 따라서, 이 상태에서 좌표를 지정하면 원의 중심점을 지정하게 되는 것입니다.
- [3점(3P)/2점(2P)/Ttr - 접선 접선 반지름(T)]은 옵션을 나타낸 것입니다. 즉, 선택 항목입니다. 원을 작도하는데 있어서 여러 방법이 있는데 그 작도 방법을 선택하라는 것입니다. 선택하는 방법은 괄호 안의 문자를 입력합니다. 예를 들어, 두 점에 의한 원을 작도하고 싶다면 '2P'를 입력합니다.

(3) 중심점을 지정하고 나면 {원의 반지름 지정 또는 [지름(D)] 〈55.0000〉:}과 같은 메시지가 표시됩니다.

- 이때 〈 〉 안의 숫자는 디폴트(기본) 값입니다. 즉, 기존에 가지고 있는 값으로 사용자가 이전 작업에서 입력한 값이나 AutoCAD가 초기에 가지고 있는 값입니다. 이때, 이전 값(디폴트 값)과 동일한 값을 입력하려면 새롭게 입력할 필요가 없이 Enter 또는 Space bar 를 누릅니다.

{원에 대한 중심점 지정 또는 [3점(3P)/2점(2P)/Ttr - 접선 접선 반지름(T)]:}
　　지시 메시지　　　　　　　　선택할 수 있는 옵션 항목

{원의 반지름 지정 또는 [지름(D)] 〈55.0000〉:}
　　　　　　　　　　　옵션　　기본(디폴트)값

6 객체의 복사와 지우기

똑같은 객체가 필요하거나 유사한 객체를 편집할 때는 복사하여 사용합니다. 또, 불필요한 객체가 있을 때는 지울 경우가 있습니다. 이번에는 객체의 복사와 지우기 명령에 대해 학습하겠습니다.

다음과 같은 도형을 작도하겠습니다. 여기에서는 복사 명령을 학습하기 위해 원을 하나 작도한 후 복사 명령으로 원을 복사하여 배치하겠습니다. 직사각형의 크기는 '200×100' 크기이며 원의 반지름은 '30'입니다.

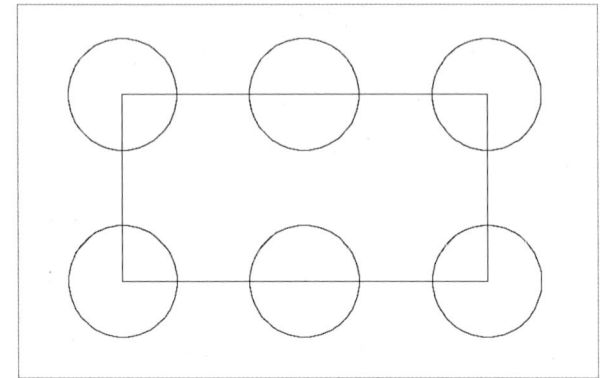

01 앞에서 학습한 선(LINE) 명령으로 기준점 (100,100)에서 가로 '200', 세로 '100'인 직사각형을 작도합니다.

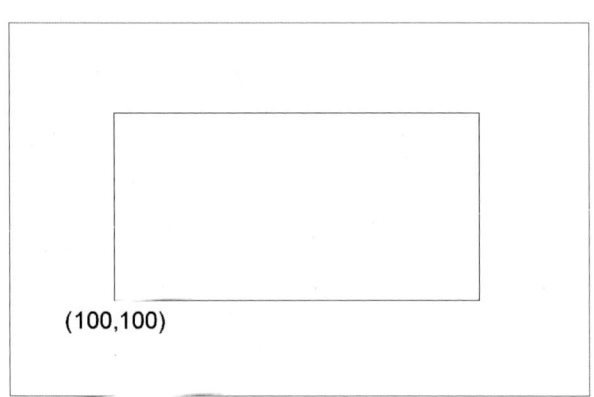

02 원을 작도합니다. 명령어 'CIRCLE' 또는 단축키 'C'를 입력하거나 '홈' 탭의 '그리기' 패널에서 ⊙를 클릭합니다.
{원에 대한 중심점 지정 또는 [3점(3P)/2점(2P)/Ttr - 접선 접선 반지름(T)]:}라는 메시지가 표시되면 다음 그림과 같이 끝점을 지정합니다.

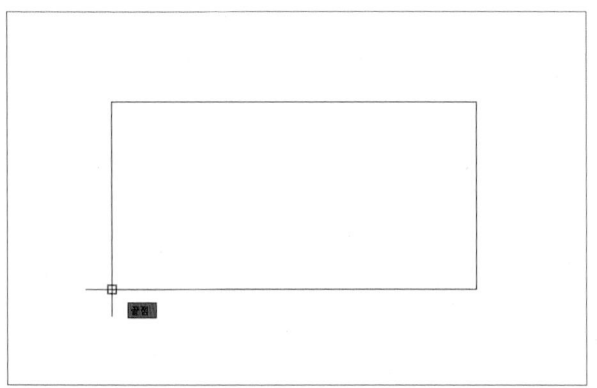

{원의 반지름 지정 또는 [지름(D)] <30.0000>:}에서 반지름 값 '30'을 입력합니다. 다음 그림과 같이 모서리에 반지름이 30인 원이 작도됩니다.

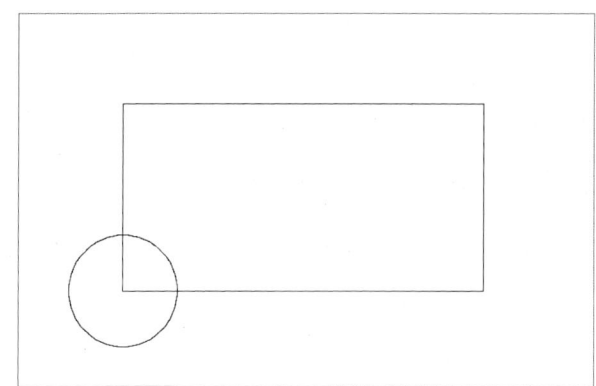

03 명령어 'COPY' 또는 단축키 'CP'를 입력하거나 '홈' 탭의 '수정' 패널에서 ❖를 클릭합니다.
{객체 선택: }에서 선택상자(□)를 이용하여 원을 선택합니다. {1개를 찾음}
{객체 선택:}에서 Enter 또는 Space bar 를 누릅니다. 객체의 선택을 마치려면 Enter 또는 Space bar 를 누릅니다.
{기본점 지정 또는 [변위(D)/모드(O)] <변위>:}에서 사각형의 끝점을 지정합니다.

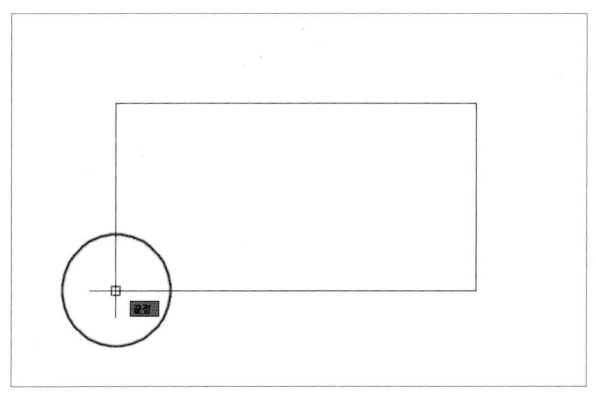

{두 번째 점 지정 또는 [배열(A)] <첫 번째 점을 변위로 사용>:}에서 선의 중간점을 지정합니다.

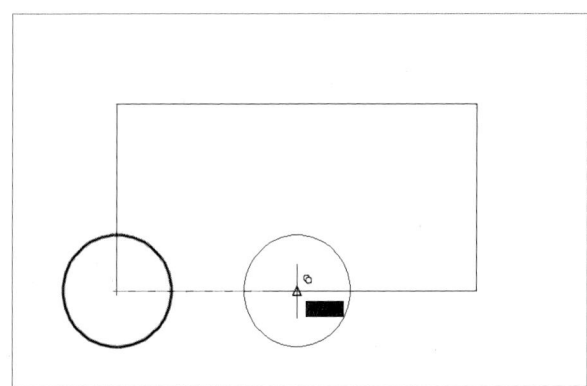

다음 그림과 같이 지정한 점에 원이 복사됩니다.
{두 번째 점 지정 또는 [배열(A)/종료(E)/명령 취소(U)] 〈종료〉:}에서 다음 그림과 같이 끝점을 지정합니다.

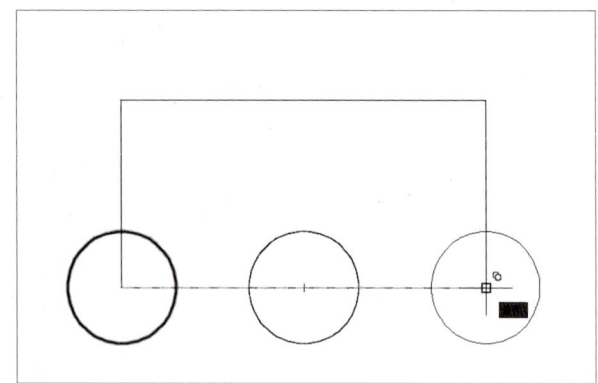

{두 번째 점 지정 또는 [배열(A)/종료(E)/명령 취소(U)] 〈종료〉:}라는 메시지가 반복됩니다. 계속해서 복사하고자 하는 위치를 지정합니다. 다음 그림과 같이 복사됩니다.

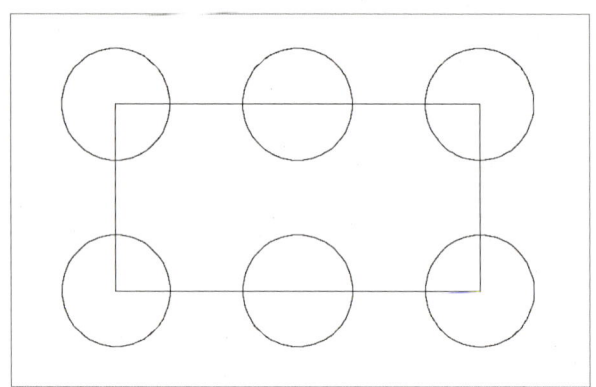

【복사(COPY)】

선택한 객체를 복사합니다.

명령 : COPY(단축키 ; CO, CP)　　　　　　　　　아이콘 버튼 :

명령 흐름 : 복사할 객체를 선택한 후 기준점과 복사 지점을 지정합니다.

{객체 선택: } 복사하고자 하는 객체를 선택합니다.
{기본점 지정 또는 [변위(D)/모드(O)] 〈변위〉:} 복사 기준점을 지정합니다.
{두 번째 점 지정 또는 [배열(A)/종료(E)/명령 취소(U)] 〈종료〉:} 복사 위치를 지정합니다.

옵션 설명

(1) {기본점 지정 또는 [변위(D)/모드(O)] 〈변위〉:}

- 변위(D) : 복사할 위치를 상대좌표 값을 입력하여 지정합니다. 즉, 변화하는 양을 입력하는 것으로 선택한 객체로부터 상대적으로 얼마 떨어진 위치로 복사할 것인가를 지정합니다.
- 모드(O) : 복사 수량을 하나만 복사하는 '단일(S)'로 할 것인지, 반복해서 여러 개를 복사하는 '다중(M)'으로 할 것인지 지정합니다.

(2) {두 번째 점 지정 또는 [배열(A)/종료(E)/명령 취소(U)] <종료>:}
- 배열(A) : 선택한 객체를 배열합니다.
- 종료(E) : 복사를 종료합니다.
- 명령 취소(U) : 복사한 동작을 취소합니다. 즉, 객체 복사를 취소합니다.

04 지우기(ERASE) 명령을 실행합니다.
명령어 'ERASE' 또는 단축키 'E'를 입력하거나 '홈' 탭의 '수정' 패널에서 ✏를 클릭합니다.
{객체 선택: }에서 선택상자(□)를 이용하여 원을 선택합니다. {1개를 찾음}
{객체 선택: }에서 다음과 같이 객체를 선택합니다. {1개를 찾음, 총 2개}

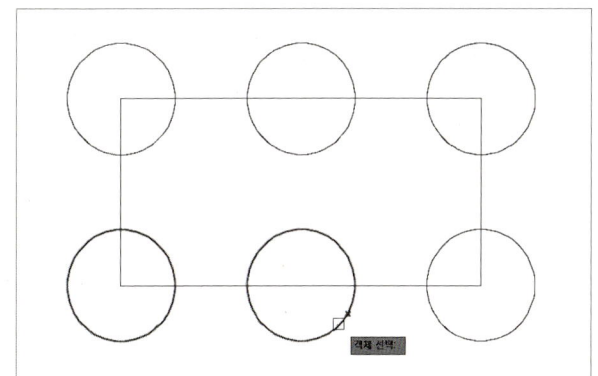

{객체 선택:}에서 [Enter] 또는 [Space bar]를 누릅니다.
다음 그림과 같이 선택한 객체가 지워집니다.

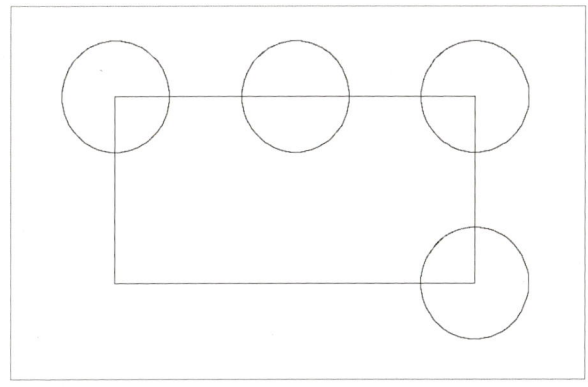

참고 : 객체를 잘못 지웠을 때
지우지 말아야 할 객체를 의도치 않게 지웠을 경우에는 두 가지 방법으로 되살립니다. 되살리는 기능인 '아차(OOPS)'와 실행한 명령을 취소하는 '명령 취소(UNDO)'가 있습니다.

① 지운 객체를 되살리는 '아차(OOPS)'
지운 객체를 되살리는 명령입니다.
지우기 명령으로 객체를 지운 후 'OOPS'를 입력합니다. 다음 그림과 같이 지워졌던 객체가 되살아납니다.

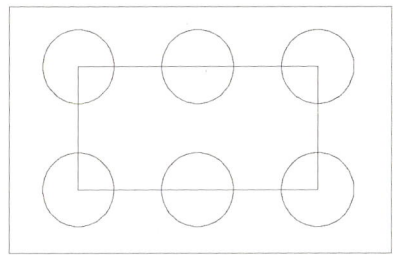

② 명령을 취소하는 '명령 취소(UNDO, U)'
실행했던 명령을 취소합니다.
지우기 명령으로 객체를 지운 후 'U'를 입력하거나 신속접근 도구막대에서 ⟲를 클릭합니다. 실행했던 명령이 취소됩니다. 즉, 지우기 명령이 취소되어 지워졌던 객체가 원상 복구됩니다.
'명령 취소(U)'를 취소하는 명령은 '명령 복구(REDO)'입니다. 즉, '명령 취소(U)'를 실행한 후 다시 실행했던 명령을 복구시키고자 할 때는 'REDO'를 입력하거나 신속접근 도구막대에서 ⟳을 클릭합니다.

【지우기(ERASE)】

선택한 객체를 지웁니다.

명령 : ERASE(단축키 : E)   아이콘 버튼 : ✎

명령 흐름 : 지우고자 하는 객체를 선택한 후 [Enter]를 누르면 선택한 객체가 지워집니다.

{객체 선택:} 지우고자 하는 객체를 선택합니다.
지우고자 하는 객체의 선택이 끝나면 [Enter] 또는 [Space bar]를 누릅니다.

---

05 객체를 이동하겠습니다. 지우기(ERASE) 명령으로 다음과 같이 위쪽에 원 3개만을 남깁니다.

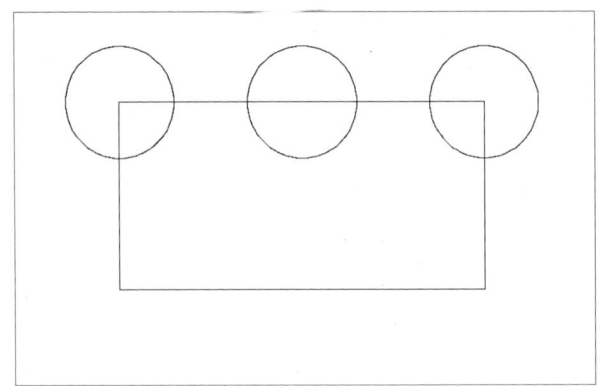

06 이동(MOVE) 명령을 실행합니다.

명령어 'MOVE' 또는 단축키 'M'을 입력하거나 '홈' 탭의 '수정' 패널에서 ✥를 클릭합니다.

{객체 선택:}에서 선택상자(ㅁ)를 이용하여 원을 선택합니다. {1개를 찾음}

{객체 선택:}에서 두 번째 원을 선택합니다. {1개를 찾음, 총 2개}

{객체 선택:}에서 세 번째 원을 선택합니다. {1개를 찾음, 총 3개}

{객체 선택:}에서 [Enter] 또는 [Space bar]를 눌러 선택을 종료합니다.

{기준점 지정 또는 [변위(D)] 〈변위〉:}에서 다음 그림과 같이 사각형의 왼쪽 위의 끝점을 지정합니다.

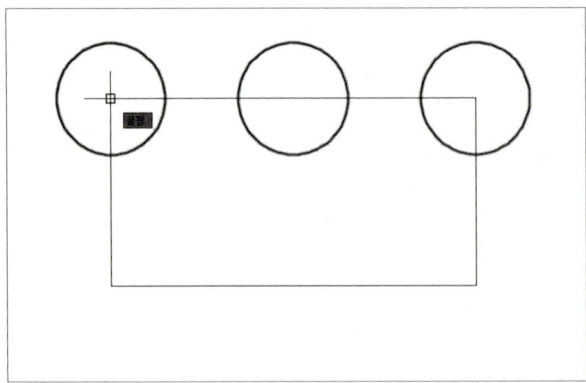

{두 번째 점 지정 또는 〈첫 번째 점을 변위로 사용〉:}에서 이동하고자 하는 점을 지정합니다.

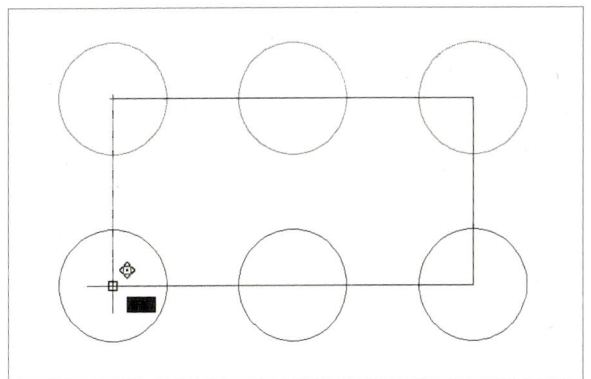

다음 그림과 같이 선택한 객체가 지정한 위치에 이동합니다.

【이동(MOVE)】

선택한 객체를 이동합니다.

명령 : MOVE(단축키 : M)　　　　　　　　　　아이콘 버튼 : ✥

명령 흐름 : 이동할 객체를 선택한 후 기준점과 이동 지점을 지정합니다.

{객체 선택:} 이동하고자 하는 객체를 선택합니다.
{기준점 지정 또는 [변위(D)] 〈변위〉:} 이동의 기준이 되는 점을 지정합니다.
{두 번째 점 지정 또는 〈첫 번째 점을 변위로 사용〉:} 이동 위치를 지정합니다.

옵션 설명

(1) {기본점 지정 또는 [변위(D)] 〈변위〉:}
- 변위(D) : 복사할 위치를 상대좌표 값으로 입력하여 지정합니다. 즉, 변화하는 양을 입력하는 것으로 선택한 객체로부터 상대적으로 얼마 떨어진 위치로 복사할 것인가를 지정합니다.

(2) {두 번째 점 지정 또는 〈첫 번째 점을 변위로 사용〉:}
- 첫 번째 점을 변위로 사용 : 첫 번째 점의 좌표가 (100,100)일 경우, 현재 위치로부터 (100,100)만큼 이동한 위치 (200,200)로 이동됩니다. 즉, 현재의 좌표 값만큼 이동됩니다.

05; 그리기 도구와 객체의 선택

AutoCAD 2015

이번 장에서는 도면작업을 효율적으로 수행하기 위한 도구인 그리기 도구와 객체의 선택 방법에 대해 알아보겠습니다. 그리기 도구 중에서 주로 2차원 도면 작업에 유용한 도구를 중심으로 학습하겠습니다.

참고 그리기 도구

그리기 도구는 '제도 도구', '도면 도구'로도 표현합니다. AutoCAD는 도면을 효율적으로 작도하기 위해 다양한 환경을 제공하고 있습니다. 예를 들어 도면에 모눈을 표시한다든가, 커서를 특정 방향이나 각도로 제한하거나 객체의 선택을 용이하게 하거나 객체의 특성을 빠르게 표시하고 수정할 수 있게 하는 등 도면 작성을 편리하게 위한 기능입니다.

표시되는 도구는 상태막대의 맨 오른쪽 버튼인 사용자화 메뉴를 통해 표시할 도구를 선택할 수 있습니다. 상태 영역의 가장 오른쪽에 있는 사용자화 버튼(≡)을 클릭하면 다음과 같은 도구 목록이 표시됩니다.

```
  좌표
✓ 모형 공간
✓ 그리드
✓ 스냅 모드
  구속조건 추정
✓ 동적 입력
✓ 직교 모드
✓ 극좌표 추적
✓ 등각투영 제도
✓ 객체 스냅 추적
✓ 2D 객체 스냅
✓ 선가중치
  투명도
  선택 순환
  3D 객체 스냅
  동적 UCS
  선택 필터링
  장치
✓ 주석 가시성
✓ 자동 축척
✓ 주석 축척
✓ 작업공간 전환
  주석 감시
  단위
✓ 빠른 특성
  그래픽 성능
✓ 화면 정리
```

표시하고자 하는 도구 이름을 클릭하면 도구가 표시됩니다.

1 모눈을 제어하고 커서의 이동을 제어하는 그리드(GRID)와 스냅(SNAP)

도면에 개략적인 위치나 방향을 알 수 있게 하기 위해 작도 영역에 일정 간격의 모눈을 표시할 수 있습니다. 이 모눈을 통해 도면의 구도나 배치를 효율적으로 조정할 수 있습니다. 또, 커서(마우스)의 이동도 일정한 간격으로 제어하여 도면작업의 효율화를 꾀할 수 있습니다.

01. 도면 그리드(모눈) 및 스냅 설정 대화상자

그리드와 스냅을 설정하기 위해 설정 대화상자를 엽니다. 마우스를 하단의 그리기 도구에 있는 '스냅 ▦' 왼쪽의 역삼각형(▼) 버튼을 클릭하면 다음과 같이 '스냅 설정..'이 나타납니다.

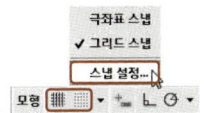

'스냅 설정'을 클릭하면 다음과 같은 대화상자가 표시됩니다.

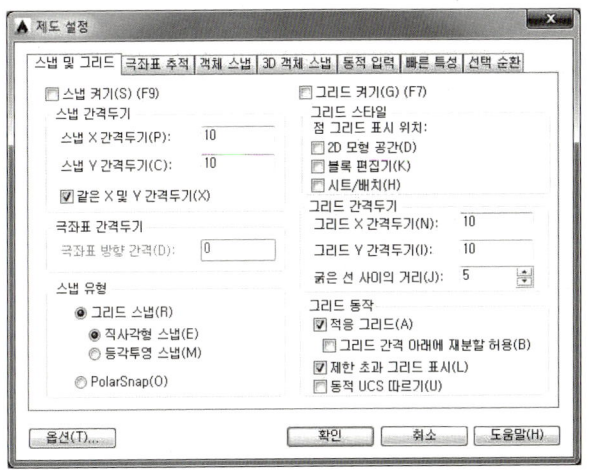

스냅 및 그리드 설정 대화상자

02. 스냅 설정 알아보기

스냅은 커서(마우스)가 움직이는 단위(간격)를 설정하고 이를 켜고/끄기로 제어합니다.

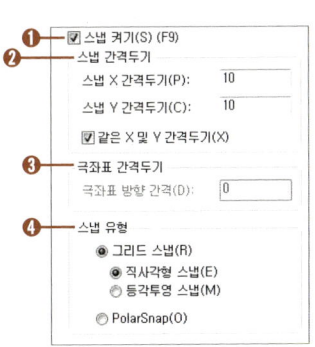

❶ **스냅 켜기(S) (F9)** : 체크를 하면 스냅을 켭니다. 기능키 F9는 단축키이며 한 번 누를 때마다 ON/OFF가 전환됩니다.

❷ **스냅 간격 두기** : 스냅의 X축 방향과 Y축 방향의 간격을 지정합니다. '같은 X 및 Y 간격 두기(X)'는 하나의 축에 값을 입력하면 X, Y 모두 동일한 간격으로 설정합니다.

❸ **극좌표 간격 두기** : '극좌표 스냅(O)'을 켰을 때 활성화되며, 극좌표의 간격을 지정합니다.

❹ **스냅 유형** : 모눈 스냅과 극좌표 스냅을 지정합니다. 모눈 스냅은 직사각형과 등각투영 스냅을 선택할 수 있습니다.

PolarSnap(O)는 극좌표 스냅으로 스냅 모드에서 극좌표 추적 기능을 켜서 점을 지정하면 시작 극좌표 추적 점을 기준으로 [극좌표 추적] 탭에 설정된 극좌표 정렬 각도에 따라 커서가 스냅됩니다.

03. 그리드 설정 알아보기

그리드는 작도 영역에 표시되는 일정 간격의 점 또는 선을 말합니다. 백지의 도면 위에 모눈을 펼쳐놓은 것과 같아 도면 작업 시 거리를 쉽게 측정하거나 작도하는데 편리한 좌표의 가상선을 표시합니다. 도면 작업을 진행하는 동안 화면에는 작은 점이나 선이 표시되지만 출력 시 도면에는 출력되지 않습니다.

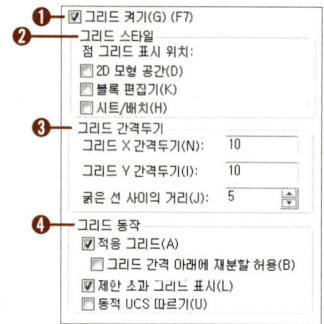

❶ **그리드 켜기(G) (F7)** : 체크를 하면 그리드(모눈)가 화면에 표시됩니다. 기능키 F7은 단축키이며 한 번 누를 때마다 ON/OFF가 전환됩니다.

❷ **그리드 스타일** : 그리드의 스타일을 설정합니다. 다음과 같은 종류의 그리드 표시 여부를 지정합니다. 선택하지 않으면 선으로 표시합니다.
- **2D 모형 공간(D)** : 2D 모형 공간에 대해 그리드 스타일을 점 그리드로 설정합니다.
- **블록 편집기(K)** : 블록 편집기에 대해 그리드 스타일을 점 그리드로 설정합니다.
- **시트/배치(H)** : 시트 및 배치에 대해 그리드 스타일을 점 그리드로 설정합니다.

❸ **그리드 간격 두기** : '그리드 X 간격두기(N)'와 '그리드 Y 간격두기(I)'는 X 방향과 Y 방향으로의 간격을 지정합니다. '굵은 선 사이의 거리(J)'는 보조 그리드 선 대비 주요 그리드 선의 빈도(간격)를 지정합니다.

❹ **그리드 동작** : 2D 와이어프레임을 제외한 뷰 스타일로 설정될 경우 표시되는 그리드 선의 모양을 조정하는 것으로 다음과 같은 종류가 있습니다.
- **적용 그리드(A)** : 줌이 축소되면 그리드의 밀도를 제한합니다.
- **그리드 간격 아래에 재분할 허용(B)** : 체크하면 줌이 확대될 때, 간격이 조밀한 그리드 선을 생성합니다. 이러한 그리드 선의 빈도는 주요 그리드 선의 빈도에 따라 결정됩니다.
- **제한 초과 그리드 표시(L)** : 체크하면 '도면 한계(LIMITS)'를 넘어서도 그리드를 표시합니다.
- **동적 UCS 따르기(U)** : 체크하면 동적 UCS의 XY 평면을 따르도록 그리드 평면을 변경합니다.

예제 실습

다음의 따라 하기 실습을 통해 스냅과 그리드를 이해하기 바랍니다. 다음 그림과 같은 십자 모양을 작도하겠습니다.

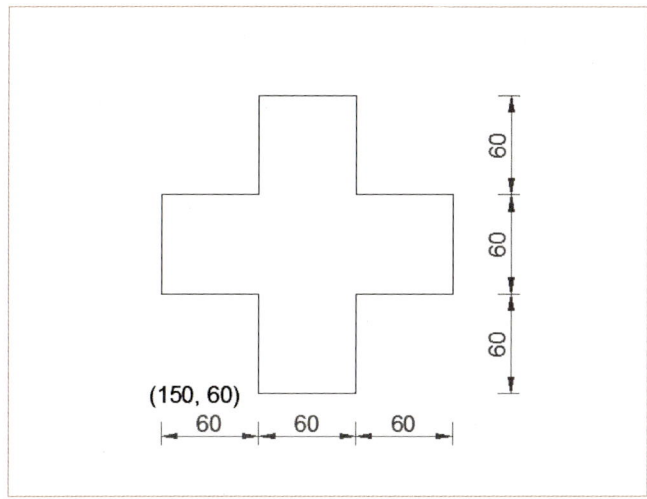

01 도면의 한계를 정하고 화면 전체를 펼칩니다.

{명령:}에서 'LIMITS'를 입력한 후 Enter 를 누릅니다.
{모형 공간 한계 재설정: 왼쪽 아래 구석 지정 또는 [켜기(ON)/끄기(OFF)] <0.0000,0.0000>:}에서 Enter Space bar 를 누릅니다.
{오른쪽 위 구석 지정 <420.0000,297.0000>:}에서 '420,297'를 입력한 후 Enter 를 누릅니다.
(A3 용지의 경우, < >안의 값이 '420.0000, 297.0000'인 경우는 Enter 를 누릅니다.)

명령 : ZOOM 또는 🔍
{윈도우 구석을 지정, 축척 비율 (nX 또는 nXP)을 입력, 또는 [전체(A)/중심(C)/동적(D)/범위(E)/이전(P)/축척(S)/윈도우(W)/객체(O)] <실시간>:}에서 'A'를 입력합니다.

02 마우스를 하단의 그리기 도구에 있는 '스냅 ▦' 왼쪽의 역삼각형(▼) 버튼을 클릭하여 '스냅 설정..'을 클릭합니다. 스냅과 그리드의 X, Y 간격을 '30'으로 설정하도록 하겠습니다. 대화상자에서 다음 그림과 같이 설정합니다. '스냅 켜기'와 '그리드 켜기'를 체크하고 '스냅 X, Y 간격두기'를 '30', '그리드 X, Y 간격두기'를 '30'으로 설정한 후 [확인]을 클릭합니다.

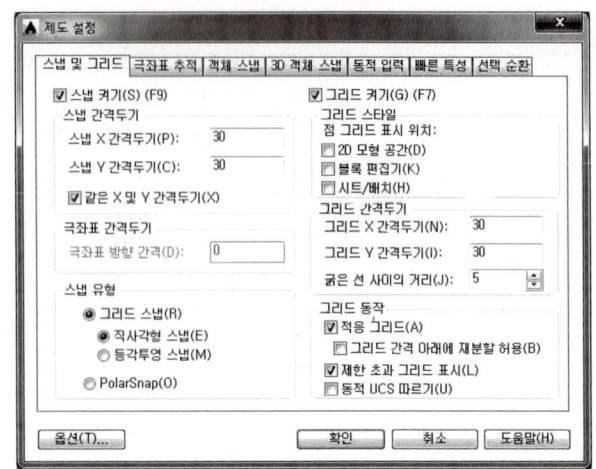

[TIP] '스냅(SNAP)'과 '모눈(GRID)'은 동일한 값으로 설정하는 것이 작업하는데 편리합니다. 모눈의 점을 따라 마우스가 움직이면 좌표를 읽거나 추적하기 쉽기 때문입니다.

설정하는 값은 '10'단위로 설정해도 무방하지만 그만큼 모눈이 많이지고 이동할 때 카운트도 많이 해야 하기 때문에 '30'으로 설정했습니다. 여기에서는 한 칸의 간격이 '60'이므로 '60'으로 설정하면 더욱 간단히 지정할 수 있습니다. 간격의 설정은 사용자가 작업 도면에 맞게 설정합니다.

03 작도 영역에 간격이 '30'인 그리드(모눈) 선이 나타납니다. 그리고 마우스를 움직여 보면 '30' 간격으로 표시된 점을 따라 끊어지듯 움직입니다.

> **참고** 그리드 표시를 점으로 하려면
> 그리드(모눈) 표시를 선이 아닌 점으로 표시하고자 할 때는 '스냅 및 그리드' 설정 대화상자의 '그리드 스타일'에서 '2D 모형 공간'에 체크를 하면 점 그리드가 표시됩니다.

04 '선(LINE)' 명령을 실행합니다. 명령어 'LINE' 또는 단축키 'L'을 입력하거나 '홈' 탭의 '그리기' 패널 또는 '그리기' 도구막대에서 /를 클릭합니다.
{첫 번째 점 지정:}에서 '150, 60'을 입력합니다.
{다음 점 지정 또는 [명령 취소(U)]:}에서 0도 방향(3시 방향)으로 모눈의 두 칸(한 칸이 '30'이므로 '60'이면 두 칸)만큼 진행하여 클릭합니다. 다음 그림과 같이 선이 작도됩니다.

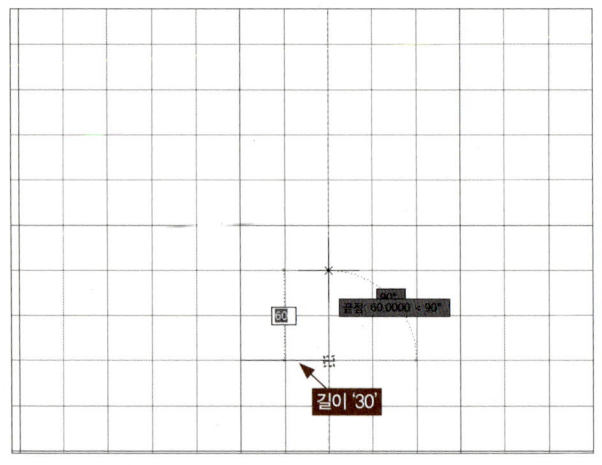

05 {다음 점 지정 또는 [명령 취소(U)]:}에서 90도 방향(12시)으로 두 칸을 진행하여 클릭합니다. {다음 점 지정 또는 [닫기(C)/명령 취소(U)]:}에서 0도 방향(3시)으로 두 칸을 진행하여 클릭합니다. 다음 그림과 같이 선이 작도됩니다.

[TIP] 객체 옆에 나타나는 작은 아이콘은 구속조건 아이콘입니다. 그리기 도구에서 '구속조건 추정'이 켜져(ON)있으면 다음 그림과 같이 구속조건 아이콘이 표시됩니다. 구속조건 추정에 대한 내용은 뒤에서 학습하겠습니다.

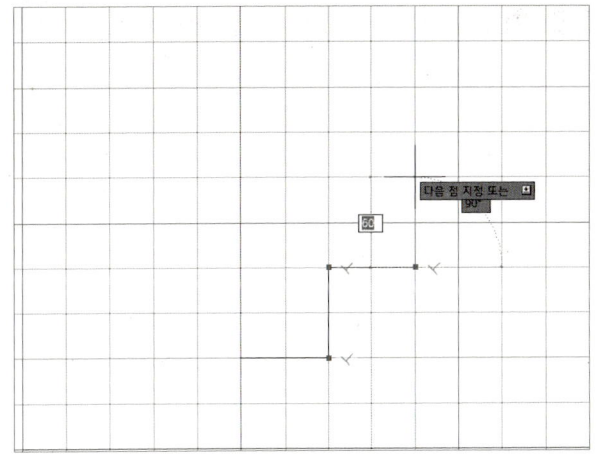

06 {다음 점 지정 또는 [닫기(C)/명령 취소(U)]:}에서도 차례로 두 칸씩 지정하여 십자 모양을 완성합니다. 다음 그림과 같이 십자 모양이 작도됩니다. 다음 그림은 이해를 돕기 위해 그리드 선을 표시하지 않은 경우(OFF)입니다.

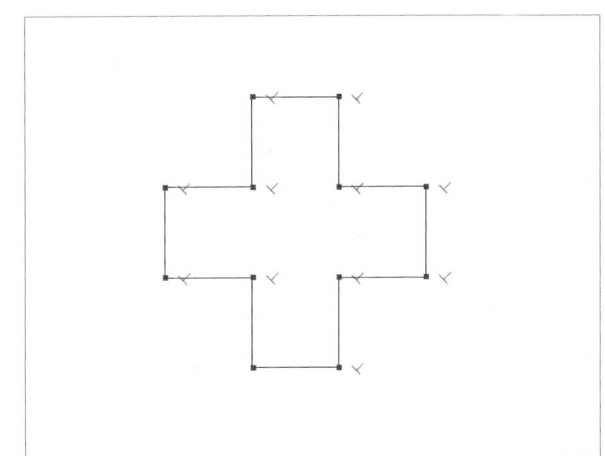

참고 구속조건 추정 아이콘 표시를 끄려면

도면 작성 시, 구속조건 추정 아이콘을 켜고 작업하면 구속조건 추정 아이콘이 나타납니다. 이때, 이 아이콘 표시를 끄려면 구속조건 아이콘에 마우스를 대고 오른쪽 버튼을 클릭하여 바로가기 메뉴를 펼칩니다. 바로가기 메뉴에서 '모든 구속조건 숨기기'를 클릭합니다. 선택한 구속조건 추정 아이콘 하나만 표시하지 않으려면 '숨기기'를 클릭합니다.

다음 그림과 같이 구속조건 추정 아이콘이 사라집니다.

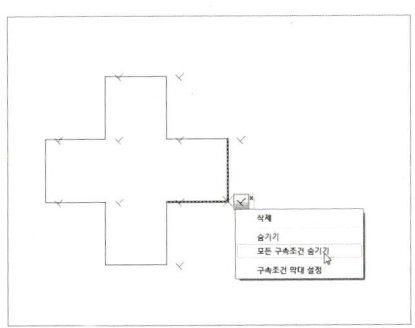
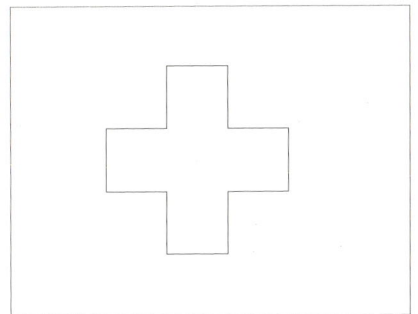

2 수직과 수평으로 제어하는 직교(ORTHO) 모드

직교 모드는 마우스 포인터(커서)의 이동을 수평 또는 수직으로만 제한합니다. 직교 모드를 켠(ON) 상태에서 커서를 이동하면 고무줄(러버 밴드) 선이 수평축이나 수직축 중 커서에 가까운 쪽을 따라 이동합니다.

그리기 도구에서 '직교 ㄴ'를 클릭하면 켜집니다. 다시 한 번 클릭하면 꺼집니다. 또, 기능키 [F8]로 켜거나 끌 수도 있습니다.

직교 모드를 켜고(ON), 선 명령(LINE)을 실행하여 첫 번째 점을 찍고 난 후 {다음 점 지정 또는 [명령 취소(U)]:}에서 마우스를 움직여보면 다음 그림과 같이 커서는 위쪽에 있지만 선은 수평으로만 움직입니다. 즉, 직교(수직, 수평) 방향으로만 움직입니다.

직교 모드가 켜져 있는 상태에서는 직접 거리를 입력하여 지정된 길이의 수평선이나 수직선을 작도하거나 객체를 지정된 거리만큼 수직 또는 수평으로 이동할 때 편리합니다.

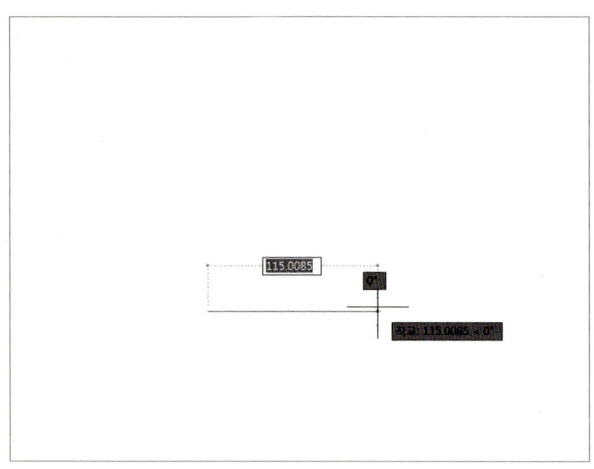

직교 모드가 켜진 경우

예제 실습

다음의 예제 실습을 통해 직교 모드에 대해 이해하도록 합니다. 직교 모드를 이용해 기준점 (50,50) 에서 다음 그림과 같은 계단을 작도해보겠습니다.

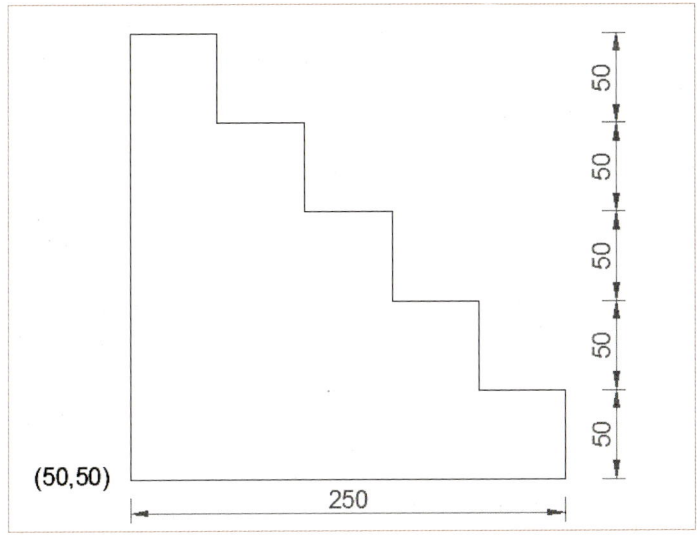

01 한계(LIMITS) 명령으로 도면의 한계를 정하고 화면 전체를 펼칩니다. 도면의 크기는 A3 용지인 420×297로 설정합니다.

02 '스냅 모드'와 '그리드 모드'를 끕니다.(OFF) 기능키 F8 을 누르거나 상태막대에서 '직교 ㄴ'를 눌러 직교 모드를 켭니다.

03 선(LINE) 명령을 실행합니다.
{첫 번째 점 지정:}에서 '50,50'을 입력합니다.
{다음 점 지정 또는 [명령 취소(U)]:}에서 다음 그림과 같이 커서를 X축 방향(0도 방향)으로 맞춘 후 '250'을 입력합니다.

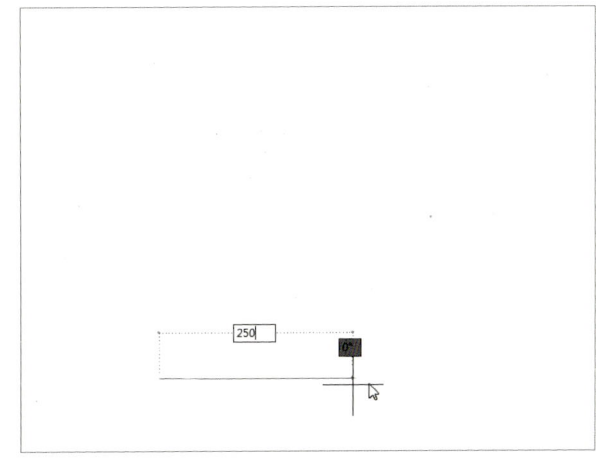

04 X축(0도) 방향으로 길이가 '250'인 선이 작도됩니다. {다음 점 지정 또는 [명령 취소(U)]:}에서 Y축(90도 방향)으로 맞춘 후 '50'을 입력합니다.
{다음 점 지정 또는 [닫기(C)/명령 취소(U)]:}에서 −X축(180도 방향) 방향으로 맞춘 후 '50'을 입력합니다. 다음 그림과 같이 작도됩니다.

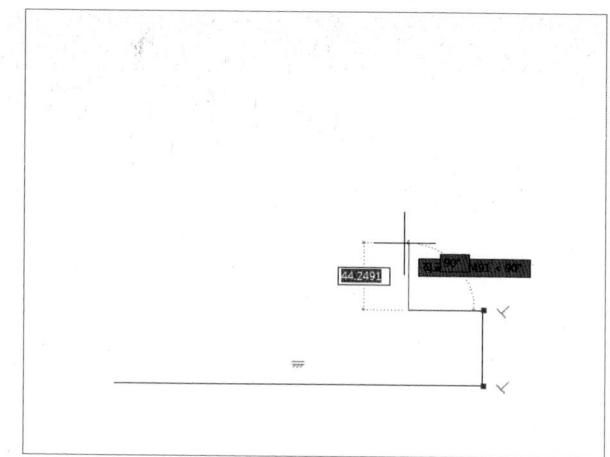

05 {다음 점 지정 또는 [닫기(C)/명령 취소(U)]:}에서 Y축(90도 방향)으로 맞춘 후 '50'을 입력합니다. {다음 점 지정 또는 [닫기(C)/명령 취소(U)]:}에서 −X축의 방향(180도 방향)으로 맞춘 후 '50'을 입력합니다. 동일한 방법으로 다음 그림과 같이 차례로 계단을 작도합니다.

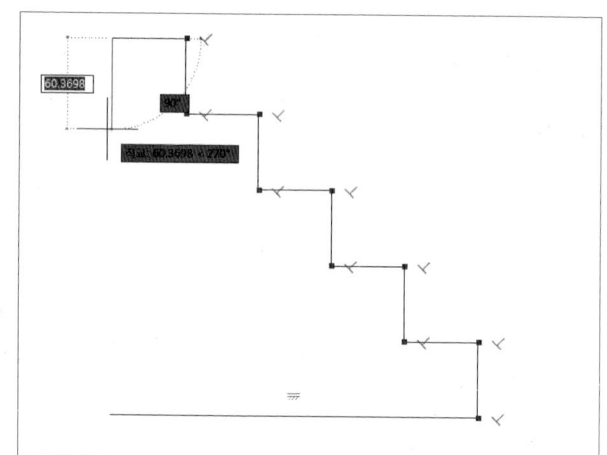

06 {다음 점 지정 또는 [닫기(C)/명령 취소(U)]:}에서 닫힌 도형으로 하기 위해 'C'를 입력합니다. 다음 그림과 같이 수직, 수평 길이가 '50'인 계단이 완성됩니다.

이 좌표 지정 방법은 각도와 길이로 지정하는 '상대 극좌표' 지정에 해당됩니다.

[TIP] '직교 ⌐' 모드와 '극좌표 추적하기 ⊙'는 동시에 켤 수 없습니다. 직교 모드를 켜면 극좌표 추적하기는 꺼집니다. 반대로 극좌표 추적하기를 켜면 직교 모드는 꺼집니다.

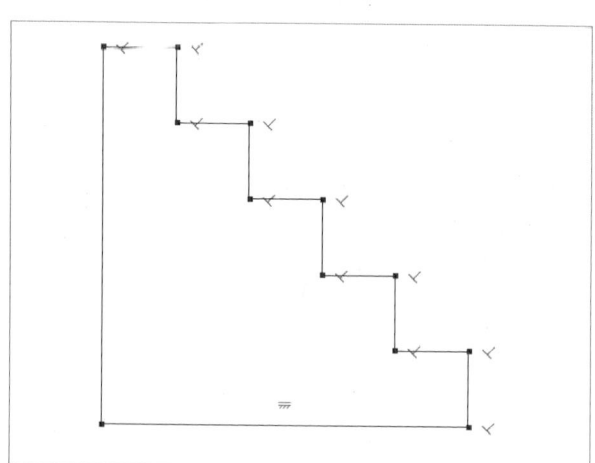

직교 모드에 의해 완성된 계단

3 특정 각도를 추적하는 극좌표 추적(Polar Tracking)

직교 모드는 수직, 수평으로 제어하는데 반해 극좌표 추적은 길이와 각도(방향)를 지정해 지정한 각도선상의 좌표나 길이를 지정할 수 있는 기능입니다. 좌표 지정 방법에서 학습한 극좌표(거리<각도)를 추적하는 기능입니다. 극좌표 추적 기능을 이용해 마름모꼴을 작도해보겠습니다.

01. 극좌표 추적의 설정

극좌표 각도 증분을 따라 추적하거나 사용자가 각도를 지정할 수 있습니다. 각도의 설정은 다음과 같습니다. 마우스를 '극좌표 추적하기 ⊙' 옆의 역삼각형(▼)에 맞추고 클릭하면 다음과 같은 메뉴가 나타납니다. 이때, 설정하고자 하는 각도가 목록(90, 60, 45, 30, 22.5, 18, 15, 10, 5도)에 있으면 해당 각도를 선택하여 클릭합니다.

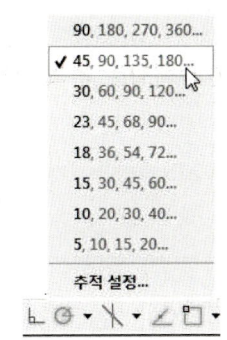

해당 각도가 없을 경우에는 '추적 설정…'을 클릭합니다. 다음과 같이 제도 설정값의 '극좌표 추적하기' 대화상자가 표시됩니다.

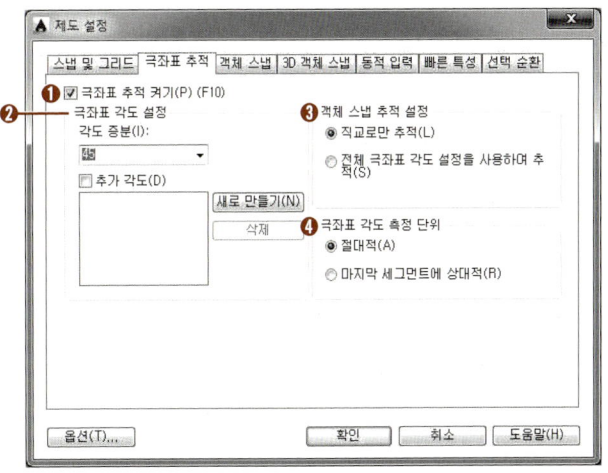

극좌표 추적 제도 설정 대화상자

❶ 극좌표 추적 켜기(P)(F10)

극좌표 추적을 켜거나 끕니다. 체크(☑)하면 극좌표 추적하기가 켜집니다. 기능 키 F10 은 극좌표 추적하기의 켜고/끄기를 위한 단축 키입니다.

❷ 극좌표 각도 설정

'증분 각도(I)'를 지정합니다. 예를 들어, 30도를 지정하면 0, 30, 60, 90, 120, 150, 180, 210, 240, 270, 300, 330도로 30도 간격으로 추적합니다.

> **참고** 새로운 각도의 추가
> '추가 각도(D)'는 극좌표 추적에 사용할 수 있는 각도를 목록에 추가하는 기능입니다. 예를 들어, 12도 단위로 추적하고자 한다면 '추가 각도(D)'를 체크(☑)한 후 [새로 만들기(N)]을 눌러 '12'를 추가합니다.

❸ 객체 스냅 추적 설정

객체 스냅 추적이 켜져 있을 때 획득한 객체 스냅 점을 위해 직교(수평/수직) 객체 스냅 추적 경로만을 표시할 것인지, 객체 스냅 점에서 극좌표 할당 각도를 따라 추적할 것인지 설정합니다.

❹ 극좌표 각도 측정 단위

각도의 측정 기준을 사용자 좌표계(UCS)인지, 마지막으로 작성한 세그먼트에 상대적인지를 지정합니다.

02. 극좌표 추적 따라 하기

극좌표 추적 기능을 이용하여 한 변의 길이가 '100'인 마름모꼴을 작도해보겠습니다. 먼저, 앞에서 학습한 방법으로 극좌표 추적 설정에서 각도 증분을 '45'로 설정합니다. 도면 범위 설정은 앞에서 학습한 설정 방법으로 설정합니다.

01 '선(LINE)' 명령을 실행합니다. 명령어 'LINE' 또는 단축키 'L'을 입력하거나 '홈' 탭의 '그리기' 패널 또는 '그리기' 도구막대에서 ✎를 클릭합니다.
{첫 번째 점 지정:}에서 시작 점 '150,100'을 입력합니다.

02 {다음 점 지정 또는 [명령 취소(U)]:}에서 커서를 천천히 시계방향으로 돌립니다. 커서를 돌리다가 설정한 극좌표 각도(45도) 가까이 접근하면 다음 그림과 같이 추적선(점선으로 표시됨)과 툴팁이 표시됩니다. 이 툴팁에는 극좌표(각도와 길이)가 표시됩니다. 45도가 추적된 상태에서 길이 '100'을 입력합니다.

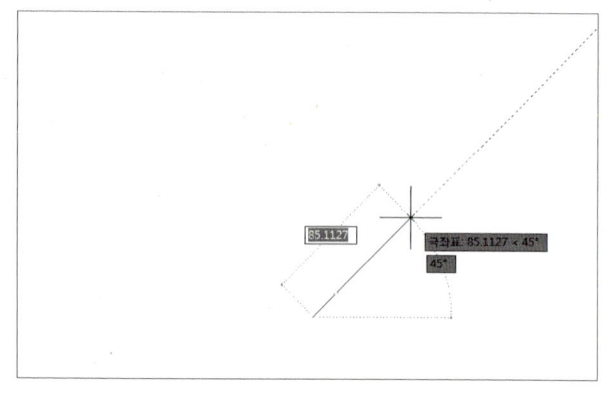

03 다음 그림과 같이 45도 방향으로 길이가 '100'인 선이 작도됩니다. {다음 점 지정 또는 [명령 취소(U)]:}에서 다시 135도 방향으로 커서를 이동하여 135도 추적선이 나타나면 '100'을 입력합니다.

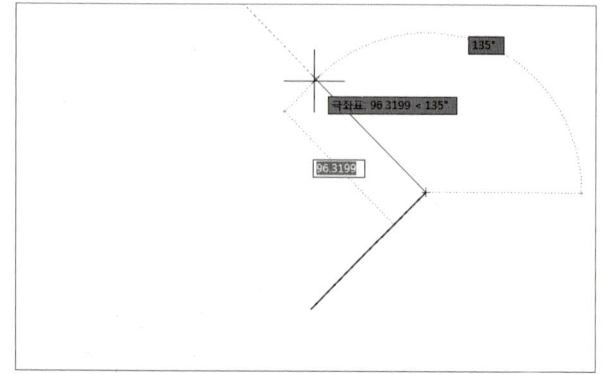

04 다음 그림과 같이 135도 방향으로 길이가 '100'인 선이 작도됩니다.

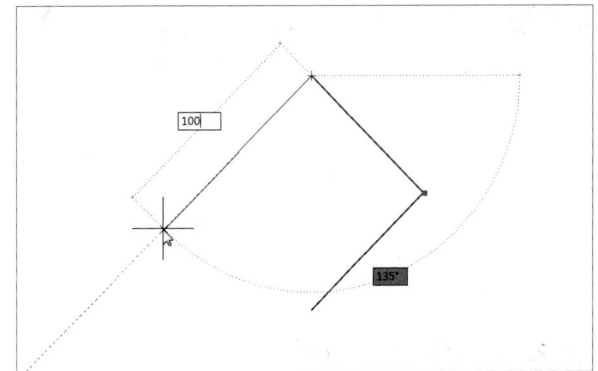

05 {다음 점 지정 또는 [닫기(C)/명령 취소(U)]:}에서 마우스를 225도 방향으로 추적하여 길이 '100'을 입력합니다. 다음 그림과 같이 작도됩니다.

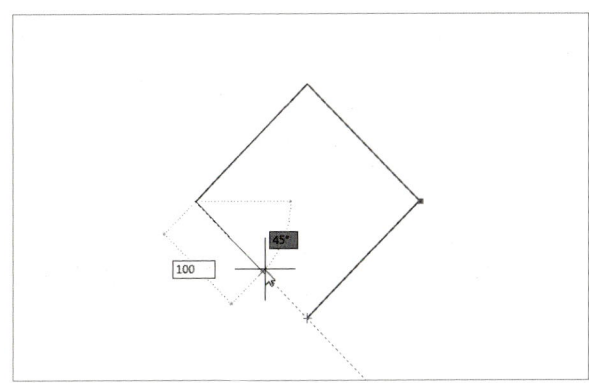

06 {다음 점 지정 또는 [닫기(C)/명령 취소(U)]:}에서 각도를 맞추고 '100'을 입력하거나 닫기 'C'를 입력합니다. 다음 그림과 같이 도형이 닫히면서 마름모꼴이 완성됩니다.

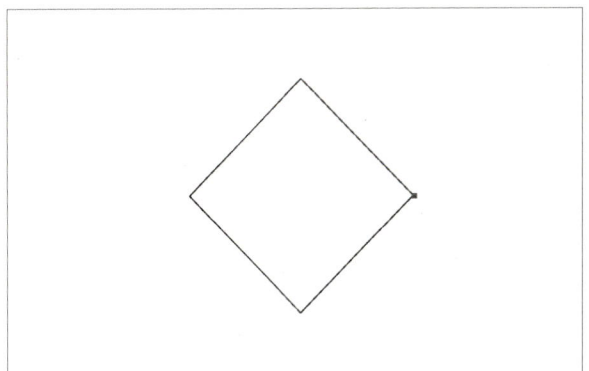

[TIP] '직교' 모드와 '극좌표 추적하기 ⊙'는 동시에 켤 수 없습니다. 극좌표 추적을 켜면 직교 모드는 꺼집니다.

4 객체의 특정 점을 찾는 객체 스냅(OSNAP)과 객체 스냅 추적(OTRACK)

도면 작업 중에 좌표를 지정할 때 빈 공간에 좌표를 지정하는 경우는 극히 드뭅니다. 특정 객체의 특정한 점(끝점, 중간점, 교차점, 중심점 등)을 지정하거나 객체에서 일정 간격만큼 떨어진 거리에 있는 좌표를 지정하는 경우가 많습니다. 이번에는 작성된 객체에서 특정 좌표를 찾는 방법(OSNAP)과 이 특정 좌표를 추적하는 방법(OTRACK)에 대해서 알아보겠습니다.

01. 객체 스냅(OSNAP)이란?

도면 작업을 하다 보면 수 없이 많은 객체를 작도하고 좌표를 지정하게 됩니다. 그 중에서 빈 공간에 좌표를 지정하기보다는 작도된 객체의 특정한 점을 지정하는 경우가 많습니다. 예를 들어, 원의 중심점, 선분의 끝점, 원의 접선, 두 객체의 교차점 등과 같이 작도된 객체의 특정한 좌표를 찾아 객체를 연결하거나 편집을 하는 경우가 많이 발생합니다. 그러나 사람의 손으로 마우스를 조작하여 아무리 정확하게 지정한다고 해도 정확한 점을 지정할 수는 없습니다. 이런 경우 객체 스냅(OSNAP)을 이용하면 쉽게 객체의 특정한 점을 찾을 수 있습니다.

객체 스냅(OSNAP)은 객체(선, 폴리선, 원, 호 등)의 특정한 점(중간점, 끝점, 중심점, 교차점 등)을 찾아주는 기능을 말합니다.

02. 객체 스냅 이해하기

객체 스냅이 무엇인지 파악하기 위해 다음과 같은 도형을 객체 스냅 기능을 이용하여 작도해보면서 이해하도록 하겠습니다. 그대로 따라서 해보기 바랍니다.

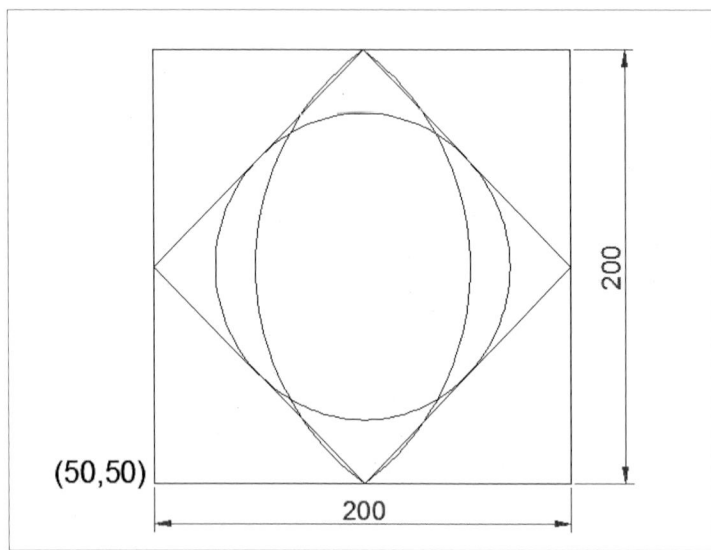

01 도면의 '한계(LIMITS)'를 정하고 화면 전체(ZOOM)를 펼칩니다. 조작 방법은 여러 번 반복했기 때문에 생략하겠습니다. 그리기 도구의 '구속조건 추론', '스냅', '그리드'를 끕니다.

02 그리기 도구에서 '객체 스냅 □' 옆의 역삼각형(▼)에 맞추고 클릭합니다. 다음 그림과 같이 객체 스냅 목록이 나타나면 '끝점', '중간점', '중심점', '사분점', '교차점'을 클릭합니다. 이 작업은 사용하고자 하는 객체 스냅을 설정하는 작업입니다. 그리고 '객체 스냅 □'을 켭니다(ON).

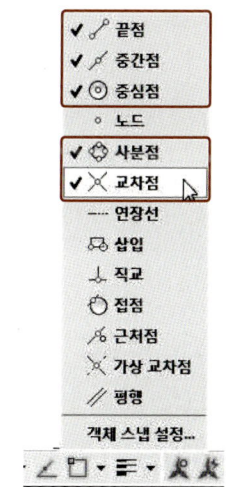

[TIP] 객체 스냅이 켜져 있는지, 꺼져 있는지는 아이콘의 색상을 통해 알 수 있습니다. 아이콘의 아이콘이 회색인 경우는 꺼진 상태이며, 아이콘이 하늘색 □이면 켜진 상태입니다. 아이콘을 한 번 누를 때마다 켜고 끄기가 전환됩니다.

03 직사각형 명령으로 사각형을 작도합니다. 명령어 'RECTANG' 또는 단축키 'REC'를 입력하거나 '홈' 탭의 '그리기' 패널 또는 도구막대에서 □을 클릭합니다.
{첫 번째 구석점 지정 또는 [모따기(C)/고도(E)/모깎기(F)/두께(T)/폭(W)]:}에서 '50,50'을 입력합니다.
{다른 구석점 지정 또는 [영역(A)/치수(D)/회전(R)]:}에서 상대좌표 '@200,200'을 입력합니다. 다음과 같은 사각형이 작도됩니다.

04 선 명령으로 마름모꼴을 작도합니다.
명령어 'LINE' 또는 단축키 'L'을 입력하거나 입력하거나 '홈' 탭의 '그리기' 패널 또는 도구막대에서 ╱을 클릭합니다. 이때 객체 스냅 '중간점 ╱'을 이용하여 꼭지점을 지정합니다.
{첫 번째 점 지정:}에서 왼쪽 수직선에 마우스를 대면 다음 그림과 같이 삼각형 마크와 함께 툴팁 '중간점'이 표시됩니다. 이때 클릭합니다.

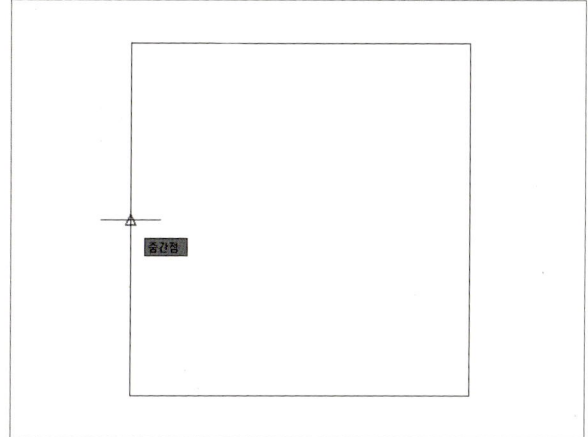

{다음 점 지정 또는 [명령 취소(U)]:}에서 아래쪽 선에 가져가면 역시 객체 스냅 '중간점'이 표시됩니다. 이때 클릭합니다.

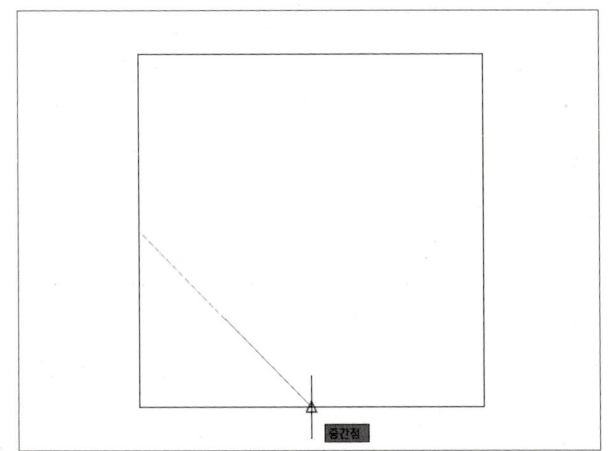

{다음 점 지정 또는 [명령 취소(U)]:}에서 오른쪽 수직선의 중간점을 지정합니다.
{다음 점 지정 또는 [닫기(C)/명령 취소(U)]:}에서 위쪽 수평선의 중간점을 지정합니다.
{다음 점 지정 또는 [닫기(C)/명령 취소(U)]:}에서 'C'를 입력하여 마름모꼴을 완성합니다.

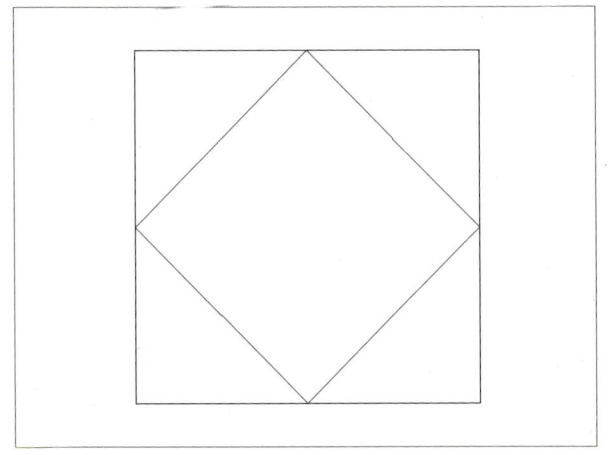

> **참고** **객체 스냅 종류를 표시하는 마크**
>
> 객체 스냅을 이용하여 특정한 점을 찾고자 할 때에 객체 스냅의 종류를 지정한 후 객체의 근처로 가져가면 해당 객체 스냅의 종류에 따라 마크가 표시됩니다. 사분점은 마름모, 끝점은 사각형, 중간점은 삼각형, 중심점은 원 등으로 표시됩니다. 사용자는 이 마크를 보고 원하는 객체 스냅을 찾았는지 여부를 확인할 수 있습니다.

05 원 명령의 '2P' 옵션을 이용하여 마름모꼴에 꽉 찬 원을 작도합니다. 명령어 'CIRCLE' 또는 단축키 'C'을 입력하거나 '홈' 탭의 '그리기' 패널 또는 '그리기' 도구막대에서 ⊙를 클릭합니다.
{원에 대한 중심점 지정 또는 [3점(3P)/2점(2P)/Ttr - 접선 접선 반지름(T)]:}에서 '2P'를 입력합니다.
{원 지름의 첫 번째 끝점을 지정:}에서 마름모꼴의 한 변에 가져가면 다음과 같이 '중간점' 객체 스냅이 나타납니다. 이때 클릭합니다.

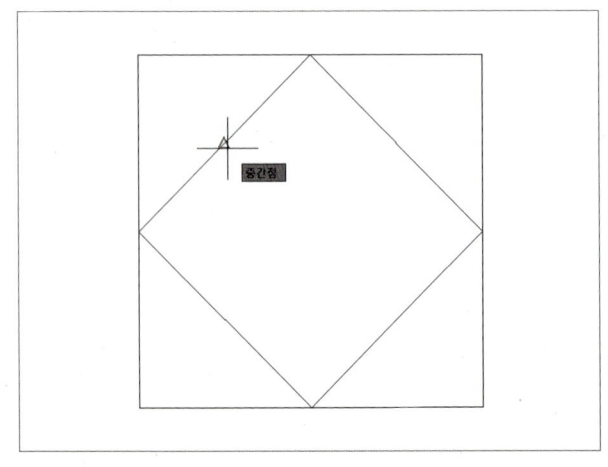

{원 지름의 두 번째 끝점을 지정:}에서 다음과 같이 커서를 반대편 객체에 가져가면 '중간점' 객체 스냅이 나타납니다. 이때 클릭합니다.

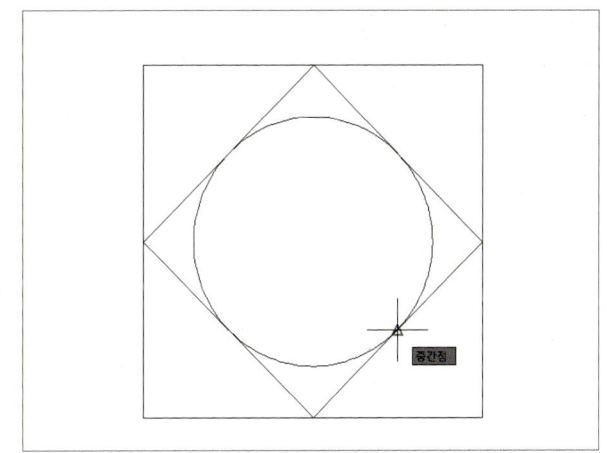

06 호 명령으로 호를 작도합니다. 명령어 'ARC' 또는 단축키 'A'을 입력하거나 '홈' 탭의 '그리기' 패널 또는 도구막대에서 ⌒를 클릭합니다.
{호의 시작점 지정 또는 [중심(C)]:}에서 다음 그림과 같이 마우스를 마름모꼴의 위쪽 끝에 가져가면 사각형 마크와 함께 객체 스냅 '끝점'이 나타납니다. 이때 클릭합니다.

[TIP] 객체 스냅이 중복될 경우가 있습니다. 앞의 경우는 끝점 외에도 선의 교차점으로 객체 스냅을 잡을 수도 있습니다. 어느 스냅을 사용해도 동일한 점입니다.

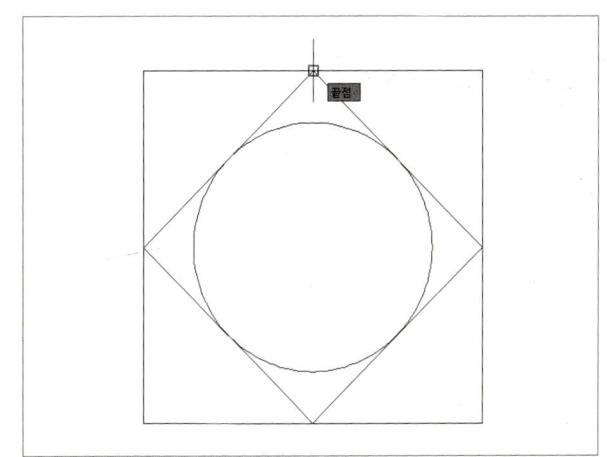

{호의 두 번째 점 또는 [중심(C)/끝(E)] 지정:}에서 끝점을 지정하기 위해 'E'를 입력합니다.
{호의 끝점 지정:}에서 객체 스냅 끝점을 이용하여 마름모꼴의 아래쪽 끝점을 지정합니다.
{호의 중심점 지정 또는 [각도(A)/방향(D)/반지름(R)]:}에서 원의 중심을 기준으로 0도 위치(3시 방향)에 커서를 가까이 가져가면 다음 그림과 같이 다시 마름모가 표시됩니다. 이때 클릭합니다. 객체 스냅 '사분점'이 지정됩니다.

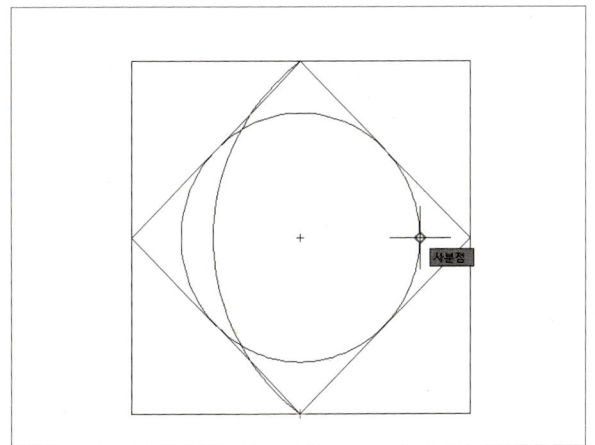

07 동일한 방법으로 오른쪽의 호를 작도합니다. 이때 주의해야 할 점은 호의 시작점은 마름모꼴의 아래 꼭지점, 호의 끝점은 마름모꼴의 위쪽 꼭지점을 지정합니다. 다음 그림과 같이 작도됩니다.

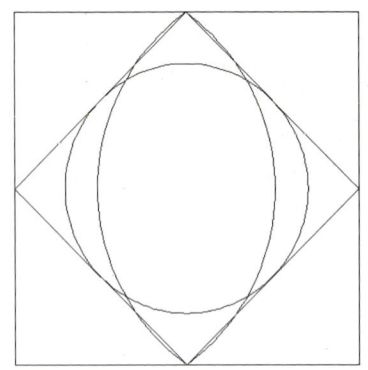

03. 객체 스냅 사용 방법

AutoCAD는 다음과 같은 종류의 객체 스냅 사용 방법을 제공하고 있습니다. 제공되는 방법 중에서 사용자가 쉽고 효율적인 방법을 선택하여 사용하면 됩니다.

(1) '객체 스냅' 도구막대의 해당 아이콘 지정에 의한 사용법

객체 스냅 도구막대를 펼쳐놓고 구하고자 하는 점(객체 스냅)을 해당 객체 스냅 아이콘을 찾아 클릭하여 지정하는 방법입니다.

객체 스냅 도구막대

예를 들어, 명령(LINE, CIRCLE 등) 실행 중에 {첫 번째 점 지정:} 또는 {원 지름의 첫 번째 끝점을 지정:}과 같이 점을 요구하는 메시지에서 도구막대의 원하는 객체 스냅 아이콘을 클릭합니다. 끝점을 찾고자 한다면 객체 스냅 도구막대에서 '끝점 🖉'을 클릭한 후 선 근처로 가져가면 끝점을 찾아줍니다.

(2) [Shift] 또는 [Ctrl] + 마우스 오른쪽 버튼

객체 스냅이 필요로 한 시점에서 [Shift] 키 또는 [Ctrl] 키를 누른 채로 마우스 오른쪽 버튼을 눌러 표시되는 객체 스냅의 항목에서 해당 객체 스냅을 선택하여 클릭합니다. 앞에서 작성한 도면에서 안쪽 원과 마름모꼴이 만나는 선을 잇는다고 가정해 보겠습니다.

01 선(LINE) 명령을 실행하면 {첫 번째 점 지정:}이라는 메시지가 표시됩니다. 이때, [Shift] 또는 [Ctrl] 키를 누른 채 마우스 오른쪽 버튼을 누릅니다. 그러면 다음 그림과 같은 객체 스냅 목록이 표시된 바로

가기 메뉴가 표시됩니다. 이때, 찾고자 하는 객체 스냅을 선택하여 클릭합니다. 여기에서는 '교차점 ✕'을 선택하겠습니다.

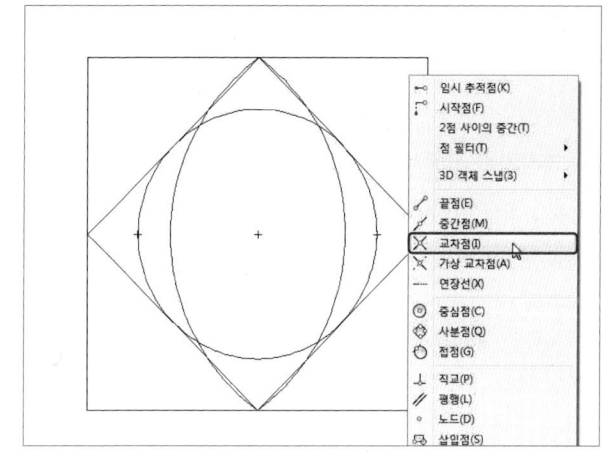

02 찾고자 하는 교차점 근처로 마우스 커서를 이동하면 'X' 마크와 함께 '교차점'이라는 툴팁 문자가 표시됩니다. 이때, 클릭하면 정확히 교차점이 지정됩니다.

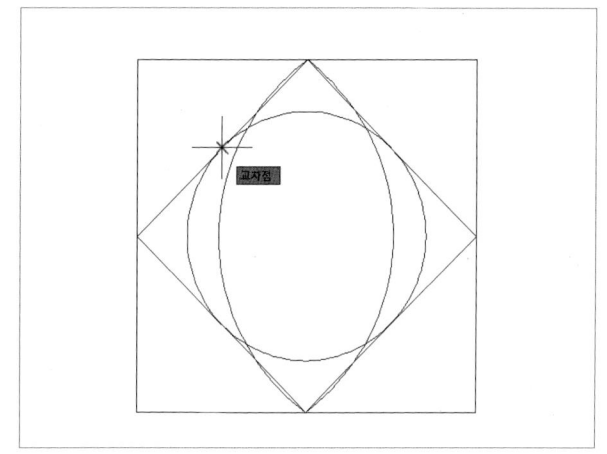

03 {다음 점 지정 또는 [명령 취소(U)]:}에서 앞에서의 조작 방법과 동일하게 [Shift] 또는 [Ctrl] 키를 누른 채 마우스 오른쪽 버튼을 눌러 표시된 객체 스냅 목록 중 찾고자 하는 객체 스냅 종류를 선택하여 작업을 진행합니다.

(3) 미리 설정하기

앞의 따라하기 실습에서 실행한 방법입니다. 도면 작업을 하다 보면 자주 사용하는 객체 스냅 점이 있습니다. 자주 사용하는 객체 스냅을 필요할 때마다 도구막대의 아이콘을 클릭하거나 [Shift] 키 또는 [Ctrl] 키와 마우스 오른쪽 버튼을 눌러 선택하면 번거롭고 작업 효율도 떨어집니다. 이럴 경우는 객체 스냅을 미리 설정해놓고 사용합니다. 객체 스냅을 미리 설정해 놓으면 객체 근처에 커서를 가져가면 자동으로 설정된 객체 스냅을 찾을 수 있습니다.

사용에 편리함을 더하기 위해 사용자가 필요한 객체 스냅을 설정하는 방법은 두 가지가 있는데 다음과 같습니다.

01 그리기 도구에서 바로 설정

그리기 도구의 객체 스냅 아이콘(▭)옆의 역삼각형(▼)에 맞추고 클릭하여 표시되는 객체 스냅 목록에서 설정하고자 하는 객체 스냅을 선택합니다. 아이콘에 사각형 테두리가 있으면 해당 객체 스냅이 켜진 상태입니다.

02 설정 대화상자에서 지정

도구막대의 '객체 스냅 설정값 ▭.'을 누르거나 그리기 도구에서 '객체 스냅 ▭' 옆의 역삼각형(▼)에 맞추고 클릭합니다. 목록에서 '객체 스냅 설정…'을 클릭합니다. 다음과 같은 제도 설정의 '객체 스냅' 대화상자가 표시됩니다. 여기에서 설정하고자 하는 객체 스냅을 체크한 후 [확인] 버튼을 클릭합니다.

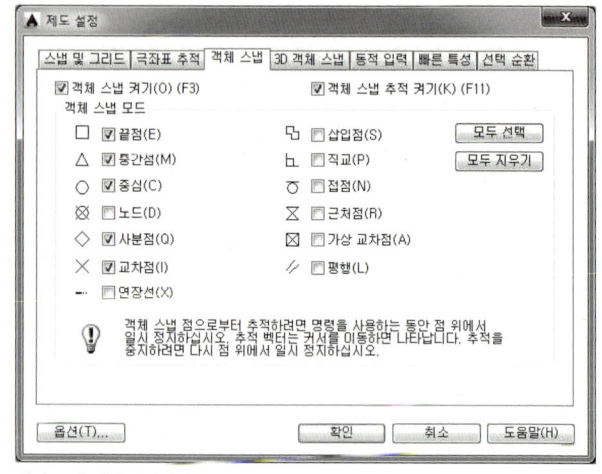

객체 스냅 설정 대화상자

[TIP] 단순한 생각으로는 모든 종류의 객체 스냅을 설정해놓으면 점들을 쉽게 찾을 수 있을 것 같이 느껴집니다. 그러나, 모든 객체 스냅을 설정해 놓으면 복잡한 도면이나 객체가 중복된 곳에서는 원하지도 않은 점이 지정되는 경우가 있습니다. 따라서 설정할 때는 자주 사용하는 객체 스냅만 체크하도록 해야 합니다. 필자의 경험으로 많이 사용하는 객체 스냅은 끝점(END), 중간점(MID), 중심점(CEN), 사분점(QUA), 교차점(INT)입니다. 둘 이상의 옵션을 선택하면 선택된 스냅 모드가 적용되어 조준창 상자의 중심에 가장 근접한 점을 반환합니다. Tab 키를 눌러 옵션 사이를 순환할 수 있습니다.

> **참고** 객체 스냅의 효율적 사용법
>
> 객체 스냅을 효율적으로 사용하려면 자주 사용하는 대표적인 객체 스냅(OSNAP)을 미리 설정해놓은 다음 가끔 사용하는 객체 스냅은 도구막대나 Ctrl, Shift 키와 마우스 오른쪽 버튼(바로가기 메뉴)을 눌러 목록에서 선택하여 사용하는 것이 편리합니다. 즉, 자주 사용하는 끝점, 교차점, 중간점, 중심점, 사분점 등은 미리 설정해놓고 가끔 사용하는 직교점, 접점, 삽입점 등은 필요할 때 도구막대에서 해당 아이콘을 클릭하여 사용합니다.

04. 객체 스냅의 종류

AutoCAD에서 제공하는 여러 종류의 객체 스냅에 대해 알아보겠습니다. 도구막대의 순서대로 설명하겠습니다.

객체 스냅 도구막대

(1) TRAcking(임시 추적점)

한 점으로부터 일정한 거리만큼 떨어진 좌표를 지정하거나 한 좌표로부터 지정한 방향으로 추적하여 추적선 상에 위치한 점을 찾습니다. 예를 들어, 다음 그림에서 마름모꼴의 오른쪽 꼭지점으로부터 X축으로 '50', Y축으로 '50'만큼 떨어진 위치에 반지름이 '25'인 원을 그리고자 할 때 사용합니다.

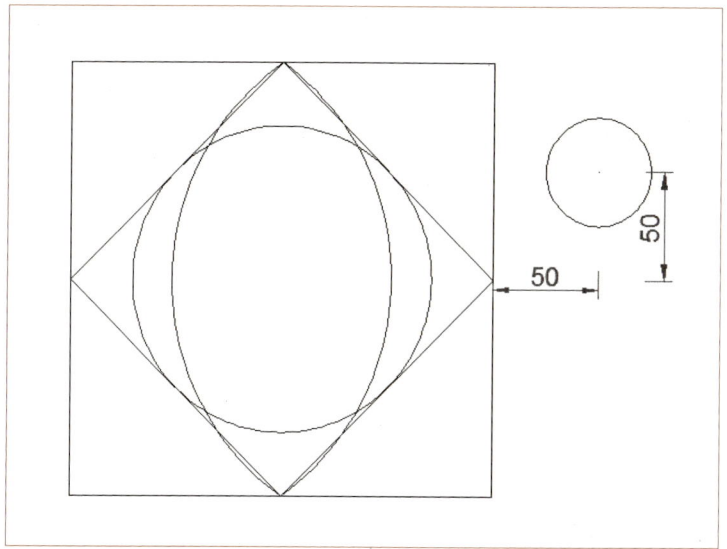

01 '원(CIRCLE)' 명령을 실행합니다.
{원에 대한 중심점 지정 또는 [3점(3P)/2점(2P)/Ttr - 접선 접선 반지름(T)]:}에서 '임시 추적점'을 클릭합니다.
{_tt 임시 OTRACK 점 지정:}에서 마우스 커서를 마름모꼴의 오른쪽 꼭지점에 댄 후 X축 방향으로 맞춘 후 추적선이 켜진 상태에서 '50'을 입력합니다.

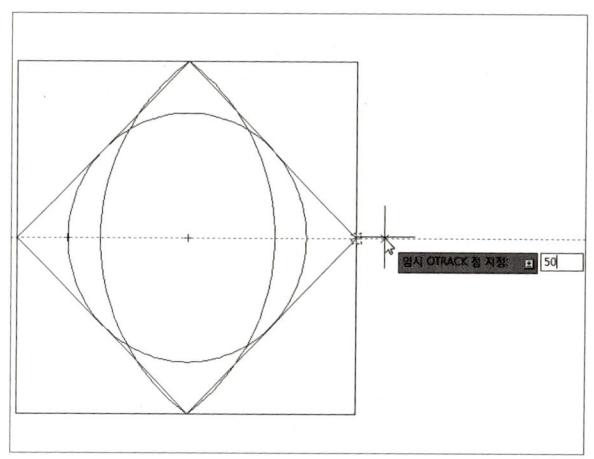

02 그러면 임시 추적점인 작은 '+' 마크가 표시됩니다. 다시 Y축 방향으로 맞추어 추적선이 나타나면 '50'을 입력합니다.

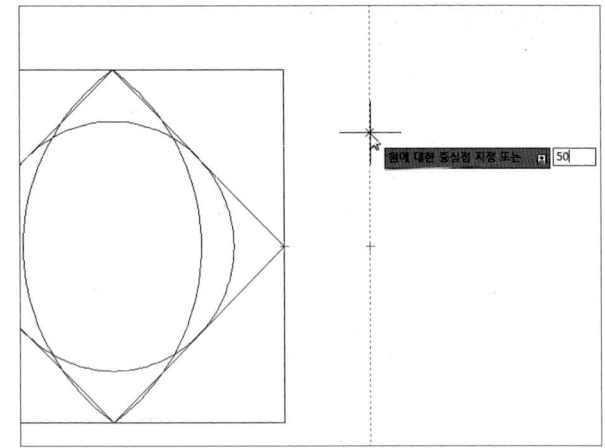

03 {원의 반지름 지정 또는 [지름(D)]:}에서 반지름 '25'를 입력합니다. 다음 그림과 같이 지정한 위치에 반지름 '25'인 원이 작도됩니다.

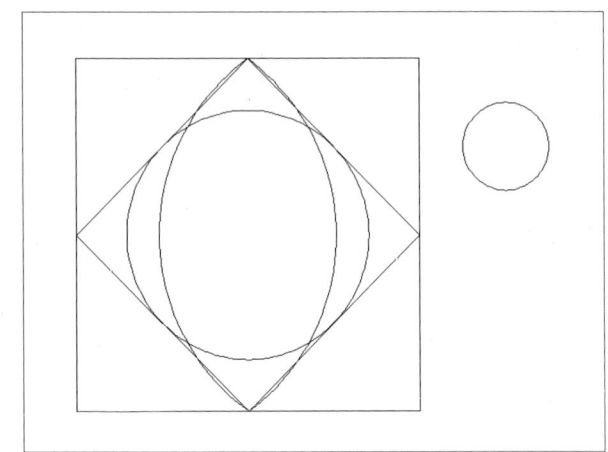

(2) FROM(시작점)

새로운 좌표를 지정하기 위한 기준으로 임시로 참조하는 점을 지정합니다. 예를 들어, 앞의 도면에서 마름모꼴의 오른쪽 꼭지점으로부터 X축으로 '50', Y축으로 '-50' 위치에 반지름이 '25'인 원을 작도하고자 할 때 사용합니다.

01 '원(CIRCLE)' 명령을 실행합니다.
{원에 대한 중심점 지정 또는 [3점(3P)/2점(2P)/Ttr - 접선 접선 반지름(T)]:}에서 객체 스냅 '시작점'을 클릭합니다.
{_from 기준점:}에서 객체 스냅 '교차점'을 클릭한 후 {_int <-}에서 교차점을 지정합니다.

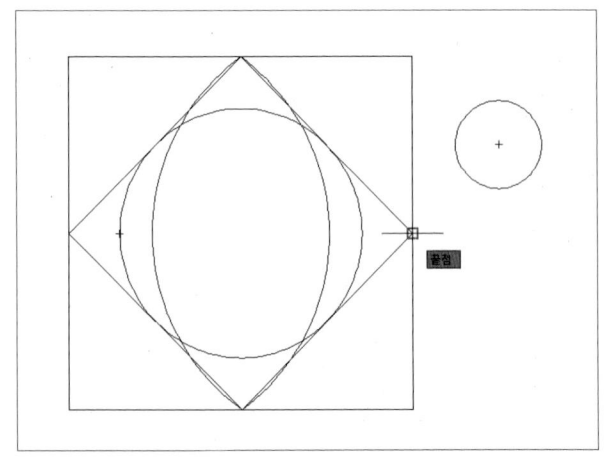

02 {〈간격 띄우기〉:}에서 지정하고자 하는 띄우기 간격 '@50,-50'을 지정합니다. 그러면, 다음 그림과 같이 지정한 교차점으로부터 상대좌표로 X축으로 '50', Y축으로 '-50'만큼 떨어진 위치에 원의 중심점이 지정됩니다.

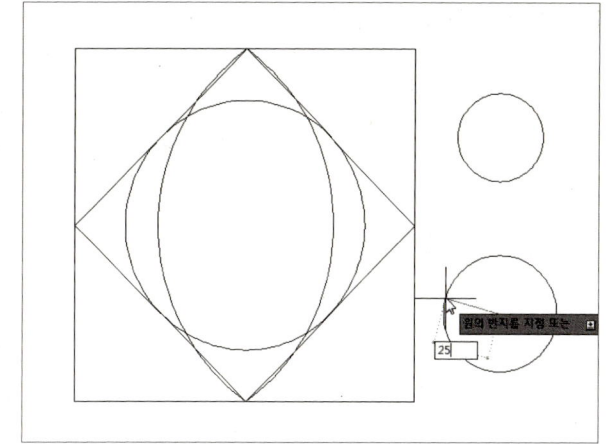

03 {원의 반지름 지정 또는 [지름(D)] 〈25.0000〉:}에서 반지름 값 '25'를 입력합니다. 다음 그림과 같이 특정 좌표로부터 일정 간격만큼 떨어진 위치에 원을 작도합니다.

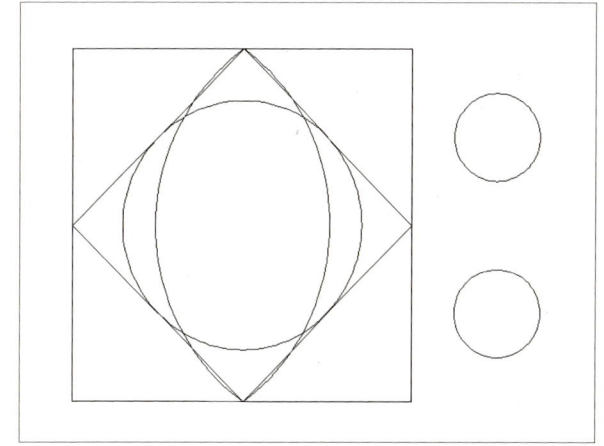

(3) ENDpoint(끝점)

호, 타원형 호, 선, 여러 줄, 폴리선 세그먼트, 스플라인, 영역 또는 3차원 객체의 가장 가까운 끝점을 찾습니다. 선의 경우 중간점을 기준으로 마우스의 커서가 위치한 가까운 끝점을 찾습니다.

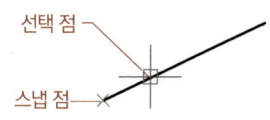

(4) MIDpoint(중간점)

호, 타원, 타원형 호, 선, 여러 줄, 폴리선 세그먼트, 영역, 솔리드, 스플라인 또는 구성선의 중간점을 찾습니다.

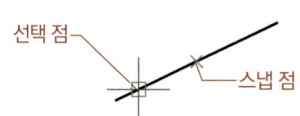

(5) INTersection(교차점) ✕

호, 원, 타원, 타원형 호, 선, 여러 줄, 폴리선, 광선, 영역, 스플라인 또는 구성선의 교차점을 찾습니다.

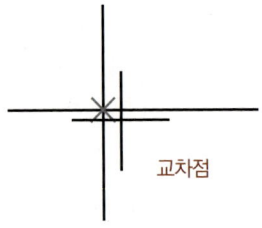

(6) APParent Intersection(가상 교차점) ✕

실제는 교차하지 않는 객체이지만 연장선상의 교차점이나 시각적인 3D 상의 교차점을 찾습니다.

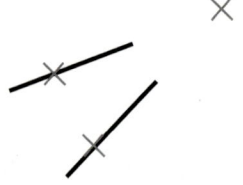

(7) EXTend(연장점) ---

객체가 존재하지는 않지만 선택한 객체의 연장선상의 한 점을 추적하여 찾습니다.

(8) CENter(중심점) ⊙

원, 호, 타원 또는 타원형 호의 중심점을 찾습니다.

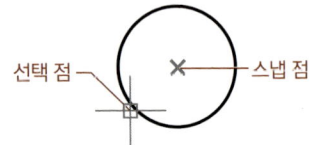

(9) QUAdrant(사분점) ◇

원, 호, 타원의 가장 가까운 사분점(0°, 90°, 180°, 270°)을 찾습니다. 마우스 커서의 위치에서 가장 가까운 사분점을 찾습니다.

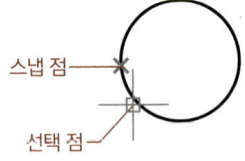

(10) TANgent(접선점) ⟳

원, 호, 스프라인, 타원 또는 스플라인의 접점을 찾습니다.

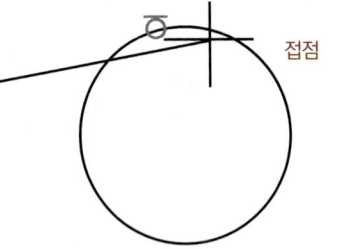

(11) PERpendicular(직교점) ⊥

호, 원, 타원, 타원형 호, 선, 다중선, 폴리선, 광선, 영역, 솔리드, 스플라인 또는 구성선에 수직으로 만나는 점을 찾습니다.

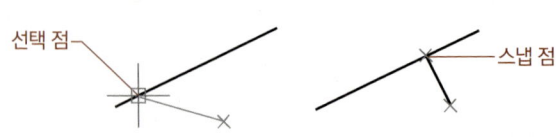

(12) PARallel(평행점) ∥

선, 폴리선, 광선 또는 구성선을 다른 선형 객체와 평행선상의 한 점을 찾아줍니다.

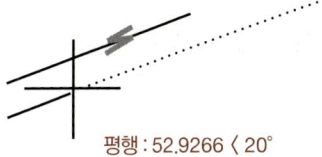

(13) INSert(삽입점)

블록, 문자, 속성의 삽입점을 찾습니다. 문자의 경우는 문자의 원점을 찾습니다.

(14) NODe(노드)

점 객체, 치수 정의점 또는 치수 문자 원점을 찾습니다.

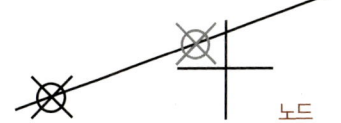

(15) NEArest(근접점)

호, 원, 타원, 타원형 호, 선, 여러 줄, 점, 폴리선, 광선, 스플라인 또는 구성선에서 커서와 가장 가까운 점을 찾습니다.

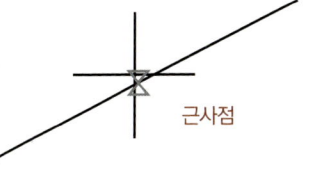

(16) 두 점의 사이의 중간 점(M2P)

두 점을 지정해 두 점 사이의 중간에 위치한 점을 찾습니다.

(17) NONE(스냅하지 않음)

일반적으로 설정된 객체 스냅을 사용하지 않고자 할 경우에는 현재 설정된 객체 스냅을 무효화합니다.

(18) OSNAP(객체 스냅 설정)

자주 사용되는 객체 스냅을 미리 지정해 놓고 좌표를 지정할 때 설정된 스냅을 자동으로 신속하게 찾아줍니다. 필요한 객체 스냅을 미리 지정해 놓고 사용하면 점을 찾을 때마다 한 번씩 지정하는 번거로움을 피할 수 있습니다. 자세한 내용은 객체 스냅 사용법의 '미리 지정하기'를 참조합니다.

05. 객체 스냅 추적(OTRACK)

객체 스냅 추적(스냅 참조선 표시)을 사용하여 객체 스냅 점을 기준으로 정렬 경로를 따라 추적할 수 있습니다. 획득한 점에는 작은 더하기(플러스) 기호 '+'가 표시되며 한 번에 최대 7개의 추적 점을 획득할 수 있습니다.

객체 스냅 추적은 객체 스냅과 함께 작동합니다. 따라서 객체의 스냅 점에서 추적하려면 객체 스냅이 켜져 있어야 합니다. 다음 그림과 같이 가운데 원의 사분점과 오른쪽 원의 사분점이 만나는 위치에 반지름이 '15'인 원을 작도해보겠습니다(중심선은 설명을 위한 선이므로 작도하지 않습니다).

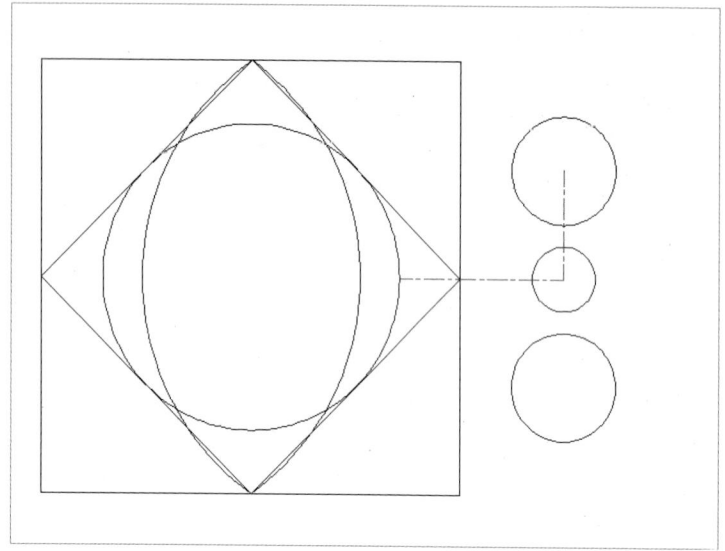

<u>01</u> 먼저, 하단 상태막대의 그리기 도구에서 '스냅참조선 표시 ∠' 버튼을 누르거나 F11 키를 눌러 객체 스냅 추적을 켭니다. 객체 스냅에서 '중심점 ⊙'과 '사분점 ◇'이 켜져 있는 것을 확인하고 '객체 스냅 □'을 켭니다.

<u>02</u> '원(CIRCLE) ⊙' 명령을 실행합니다.
{원에 대한 중심점 지정 또는 [3점(3P)/2점(2P)/Ttr - 접선 접선 반지름(T)]:}에서 마우스를 가운데 원의 오른쪽 사분점 근처에 대고 수평 방향으로 맞추면 다음 그림과 같이 접선으로 추적선이 표시됩니다.

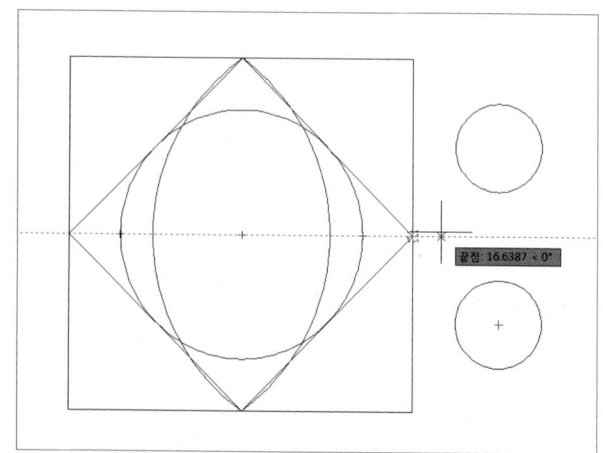

03 추적선을 확인하고 마우스를 오른쪽 원의 중심점에 가까이 가면 수직 방향으로 맞추면 추적선이 나타납니다. 다음 그림과 같이 수평선과 수직선의 교차점에 작은 '+' 마크가 표시됩니다. 이때 클릭하면 두 추적선의 교차점이 지정됩니다.

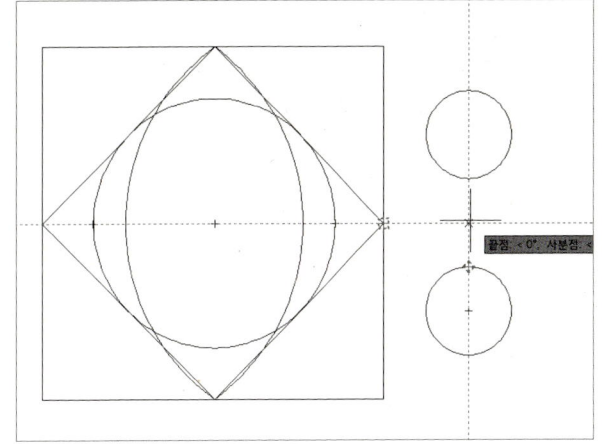

04 {반지름 지정 또는 [지름(D)] <25.0000>:}에서 반지름 '15'를 입력합니다. 결과적으로 가운데 원의 사분점과 오른쪽 원의 중심점이 만나는 교차점에 반지름이 '15'인 원이 작도됩니다. 이렇게 보조선을 작도하지 않고 객체 스냅 추적을 이용하여 좌표를 지정할 수 있습니다.

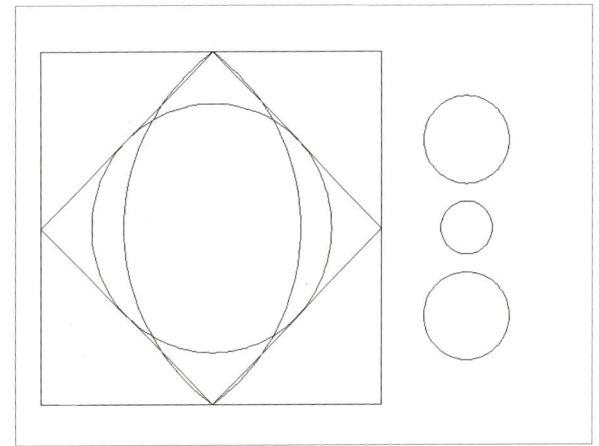

5 작도 영역에서 명령어를 표시하고 입력하는 동적 입력(DYN)

AutoCAD 2006 버전부터 기존의 명령행 창과 함께 작도 영역에서도 명령 입력, 옵션 선택, 메시지 표시를 할 수 있는 '동적 입력(DYN)' 방법이 추가되었습니다. 이번에는 동적 입력 방법과 관련 표시 내용에 대해 알아보겠습니다.

01. 동적 입력 알아보기

동적 입력은 커서 주변에 명령 인터페이스를 제공하여 도면 영역에 주의를 집중할 수 있도록 도와줍니다. 동적 입력을 켜면 커서의 이동에 따라 동적으로 업데이트되는 정보를 표시하는 툴팁(Tool Tip)이 커서 주변에 나타납니다. 또, 명령을 실행하면 AutoCAD의 메시지가 화면에 툴팁 형식으로 제공됩니다.

예를 들어, 선 명령을 실행했을 때 동적 입력 화면과 정적 입력 화면을 비교해보도록 합시다. 동적 입력은 다음 그림과 같이 작도 영역에 툴팁 메시지가 표시됩니다.

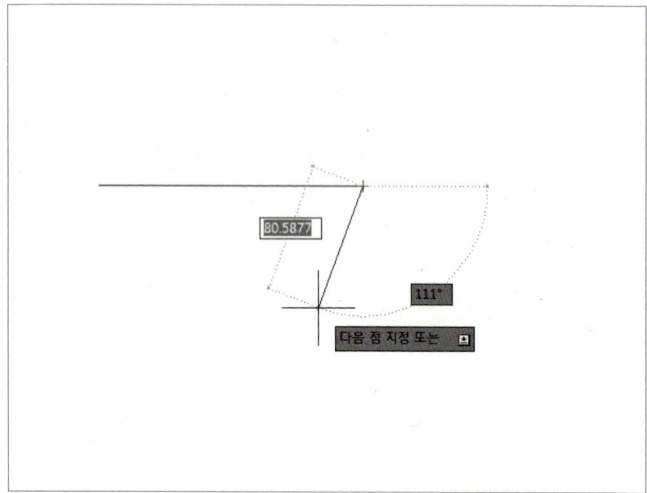

동적 입력(DYN)이 켜진 경우

정적 입력 방법(동적 입력이 꺼져있을 경우)은 다음 그림과 같이 툴팁 메시지가 표시되지 않고 명령행 영역에서만 메시지 표시와 데이터 입력을 수행합니다.

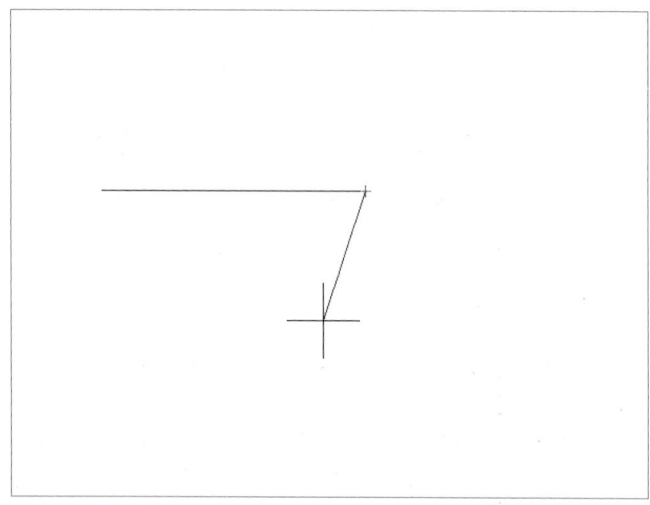

동적 입력(DYN)이 꺼진 경우

> **참고** 동적 입력과 정적 입력에서의 좌표 지정의 차이
>
> 동적 입력과 정적 입력에 따라 좌표 지정에 차이가 있습니다. '동적 입력(DYN)'이 켜진 상태에서 좌표를 지정할 때 절대좌표의 경우는 반드시 앞에 '#'을 입력해야 합니다. 동적 입력에서 절대좌표 (100,100)을 지정할 때는 '#100,100'의 형식으로 지정합니다. 정적 입력에서는 '#'이 필요하지 않습니다. 정적 입력에서 절대좌표 (100, 100)은 '100,100'의 형식으로 지정합니다.

동적 입력의 경우는 다음과 같이 조작합니다.

(1) 좌표의 지정 또는 값의 입력

동적 입력이 켜지면 작도 영역에서 좌표나 데이터 값을 입력할 수 있습니다. 선 명령의 경우, 두 번째 점 또는 거리를 입력하라는 명령 프롬프트가 나타날 때 치수와 함께 거리 값과 각도 값의 툴팁을 표시합니다. 커서를 움직이면 치수 툴팁의 값이 변경됩니다. 명령행 대신 화면의 툴팁을 통해 값을 입력할 수 있습니다.

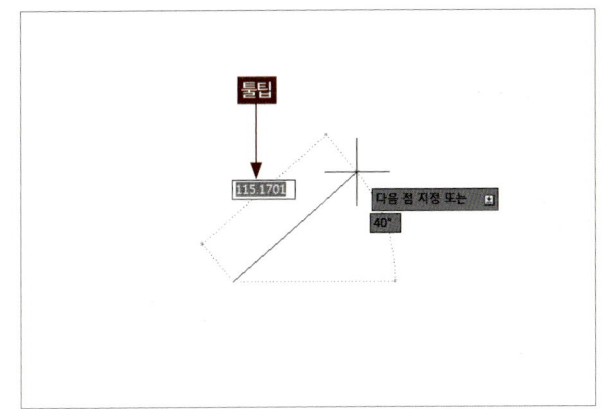

(2) 옵션의 선택

아래 화살표(↓)를 누르면 다음 그림과 같이 해당 메시지에 부속된 옵션이 표시됩니다. 옵션이 표시되면 아래 화살표(↓) 또는 마우스를 이용하여 선택하고자 하는 옵션을 선택합니다. 다음은 원을 작도하는 명령의 경우로 세 가지 옵션(3점(3P)/2점(2P)/Ttr - 접선 접선 반지름(T))이 화면에 표시됩니다.

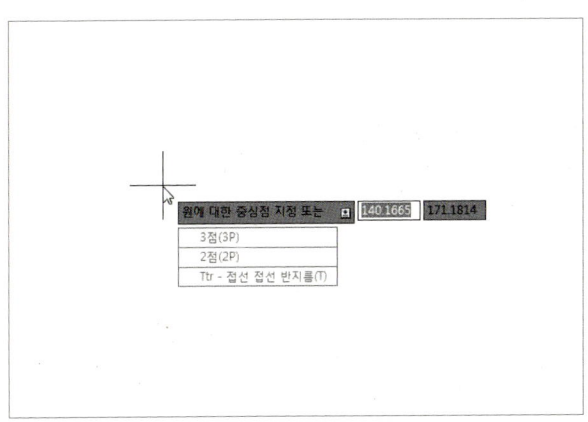

동적 입력에서 옵션의 표시 및 선택

02. 동적 입력 화면 표시

동적 입력이 활성화된 경우, 좌표의 지정 및 마우스의 이동에 따라 화면에 표시되는 정보는 다음 그림과 같습니다.

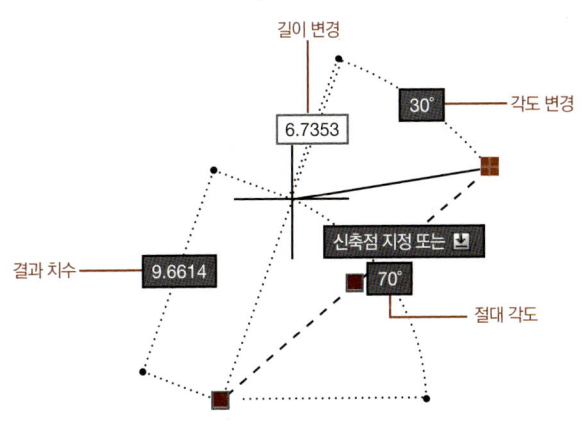

6 선 두께 표시를 관리하는 선가중치(LWT)

도면은 수 많은 객체의 집합(데이터베이스)입니다. 이 많은 객체는 객체의 용도 및 성격에 따라 두께를 달리하여 사용합니다. 이번에는 두께를 표현하는 선가중치의 가시성을 제어하는 버튼 '선가중치 ☰'에 대해 알아보겠습니다. 선가중치에 대한 내용은 뒤쪽의 '객체의 특성'에서 다시 한 번 설명하겠습니다.

01. 선가중치란?

좋은 도면이란 도면을 읽는 사람이 해독하기 쉬운 도면을 말합니다. 도면을 해독하기 쉽게 하는 방법 중 하나가 선의 용도에 따라 굵기를 달리하는 것입니다. 즉, 중심선이나 치수선 및 치수 보조선은 가늘게, 외형선 등은 두껍게 표시합니다. 이를 제어하는 것이 선가중치입니다.

그리기 도구의 '선가중치 ☰'는 실제 작도된 선의 가중치(굵기)를 화면에 표시할 것인지, 표시하지 않을 것인지를 제어하는 버튼입니다. 즉, '선가중치 ☰' 버튼을 켜면 화면에 실제 굵기로 표시되고, 끄면 선 가중치가 다른 객체라 하더라도 동일한 선 가중치(굵기)로 표시됩니다.

02. 선가중치의 설정

다음과 같은 방법으로 선가중치의 환경을 설정합니다. 상태막대의 그리기 도구 중 '선가중치 ☰' 옆의 역삼각형(▼)에 맞추고 클릭합니다. 다음과 같은 상태에서 '설정(S)'을 클릭합니다.

다음과 같은 선가중치 설정 대화상자가 표시됩니다.

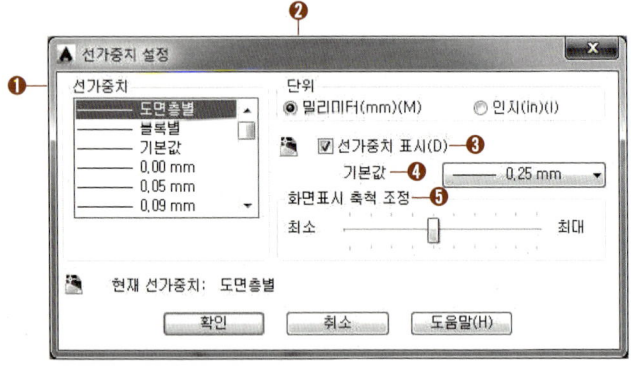

선가중치 설정 대화상자

❶ **선가중치** : 목록에서 선가중치(두께)를 선택합니다.

❷ **단위** : 단위를 밀리미터(M)와 인치(I) 중 선택합니다.

❸ **선가중치 표시(D)** : 화면에서 선가중치를 표시할 것인지 체크합니다. 즉, 선가중치 값에 의해 화면에서 표시되는 굵기를 달리하여 표시합니다.

❹ **기본값** : 선가중치의 기본 값을 얼마로 설정할 것인가를 목록에서 선택합니다.

❺ **화면표시 축척 조정** : 모형 공간에서 선가중치는 픽셀로 표시됩니다. 선가중치는 출력되는 실제 단위 값에 비례하는 픽셀 폭을 사용하여 표시됩니다. 고해상도의 모니터를 사용할 경우, 선가중치 표시 축척을 조정하여 여러 선가중치 폭을 더 잘 표시할 수 있습니다.

03. 선가중치의 지정

01 도면 작업 중에 선가중치를 설정하려면 다음 그림과 같이 '홈' 탭의 '특성' 패널의 '선가중치' 목록에서 사용하고자 하는 가중치를 선택합니다.

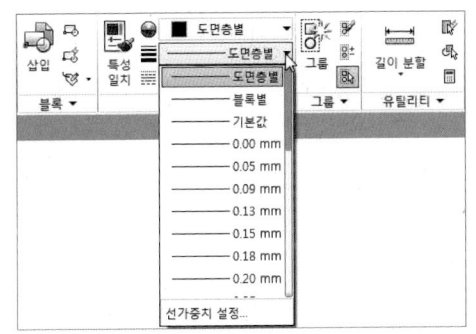

'홈' 탭의 '특성' 패널의 선가중치 목록

02 다음과 같이 반지름이 '80'인 원을 작도합니다. 단, 작도할 때 왼쪽 원은 선 가중치를 '0.0'으로 설정하고, 오른쪽 원은 선 가중치를 '0.4'로 설정하여 작도합니다. 선 가중치를 가시화하지 않은 상태(OFF)에서는 다음 그림과 같이 선 가중치와 관계없이 동일한 굵기로 표현됩니다.

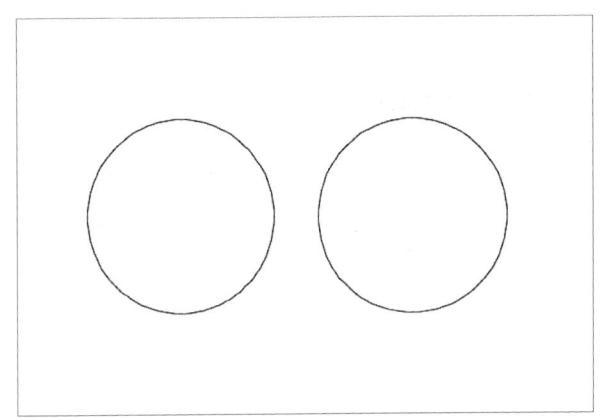

03 상태막대의 그리기 도구 중에 '선가중치(LWT) ≣ '을 눌러서 선 가중치를 가시화(ON)합니다.
다음 그림과 같이 선 가중치 '0.4'로 작도한 원의 선 굵기가 두껍게 표시됩니다.

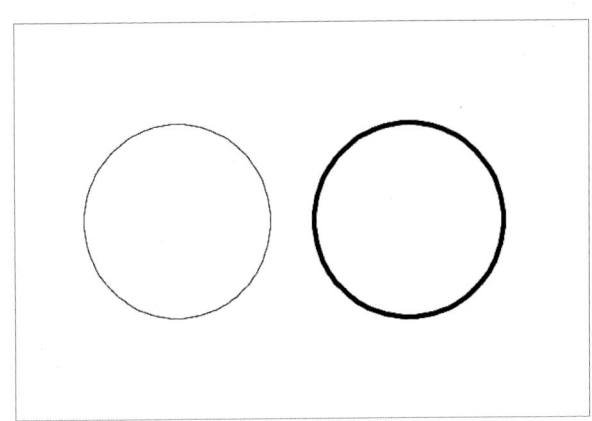

7 객체의 투명도를 조절하는 투명도 표시/숨기기(TPY)

도면에서 객체의 강약을 표현하고자 할 때 투명도에 의해서 조정할 수 있습니다. AutoCAD에서는 모든 객체의 투명도를 지정할 수 있습니다. '투명도 표시/숨기기'는 설정된 투명도를 적용할 것인지, 적용하지 않을 것인지 지정합니다.

01. 투명도란?

건물 설계에 있어서 설비도면을 작도할 때는 백그라운드가 되는 건축골조 도면은 희미하게 표시하고 그 위에 배관이나 덕트는 진하게 표현합니다. 건축도면은 백그라운드 도면이고 메인이 되는 도면은 설비(배관, 덕트) 도면입니다. 이럴 때 메인이 아닌 객체(백그라운드 도면)는 희미하게 표현하고 메인 객체를 진하게 표현합니다. 이렇게 객체의 강약을 표현하는 것이 투명도입니다.

02. 투명도 이해하기

다음의 따라 하기 실습을 통해 투명도에 대해 이해합시다.

01 A3(420×297)크기의 '도면 한계(LIMITS)'를 정하고 줌(ZOOM) 기능으로 화면 전체를 펼칩니다.

02 '원(CIRCLE) ⊙' 명령을 실행하여 반지름이 '100'인 원을 작도합니다.

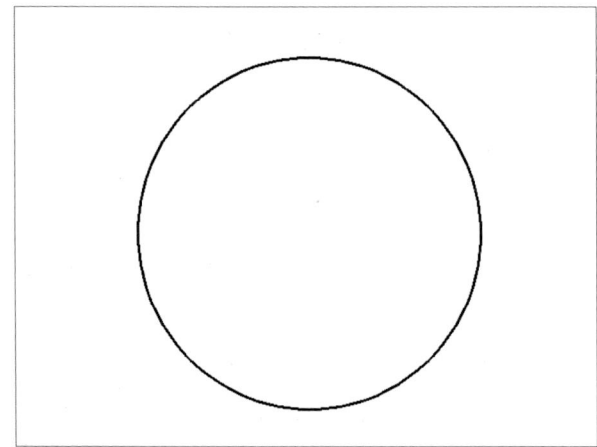

03 '선(LINE) ✏️' 명령을 실행하여 객체 스냅(OSNAP) 기능을 이용하여 원의 '사분점 ◈'을 잇는 마름모를 작도합니다.

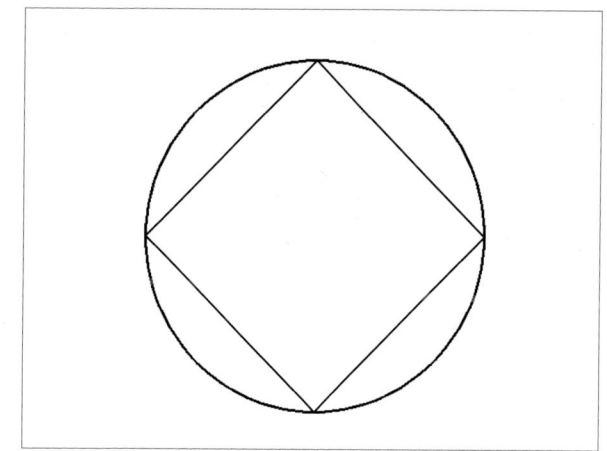

04 '원(CIRCLE) ⊙' 명령의 '2P' 옵션을 이용하여 다음과 같이 마름모꼴에 꽉 찬 원을 작도합니다.

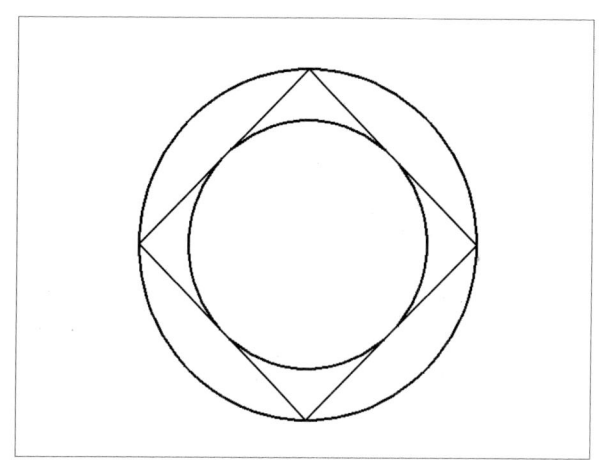

05 객체의 투명도를 바꿔보도록 하겠습니다. 마우스를 이용하여 마름모의 네 선분을 차례로 선택합니다. 그러면 다음 그림과 같이 네 개의 선이 하이라이트(점선)으로 바뀌면서 각 끝점과 중간점에 파란색 사각표시가 나타납니다.

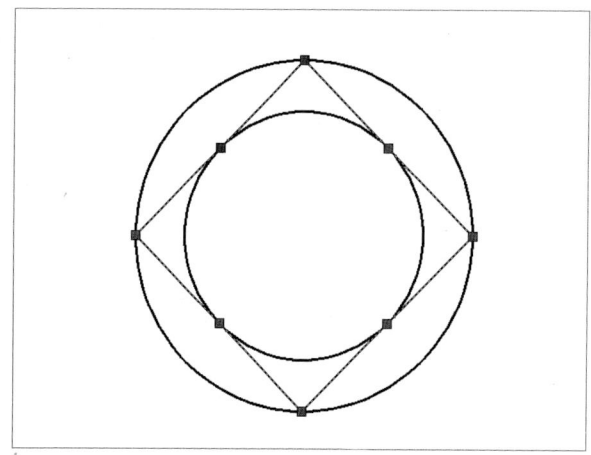

06 이때 '홈' 탭의 '특성' 패널에 있는 투명도 슬라이드 바를 움직여 '70'으로 설정합니다. 또는 오른쪽의 숫자를 직접 입력합니다.

07 투명도 설정이 끝났으면 [Esc] 키를 누릅니다. 다음 그림과 같이 선택한 객체(마름모의 선분)가 희미하게 표시됩니다.

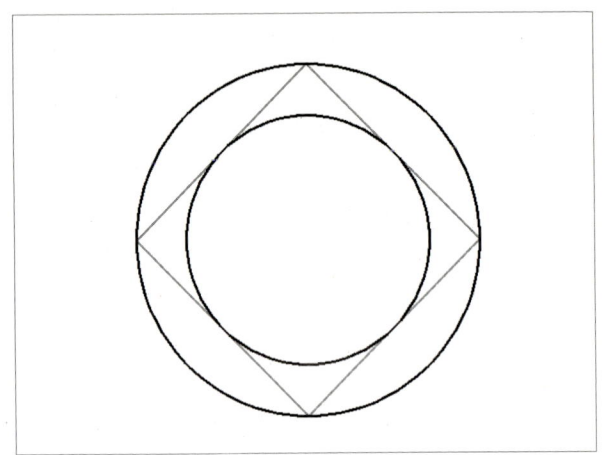

[TIP] 동일한 방법으로 작업을 수행했는데 투명도가 바뀌지 않는 경우는 그리기 도구의 '투명도 '가 켜지지 않아서 발생한 현상입니다. 그리기 도구의 투명도를 켜면 설정한 투명도 값으로 표시합니다.

03. 투명도 값

투명도를 설정하는 값은 다음과 같습니다.

ByLayer	투명도 값이 도면층에 의해 결정됩니다.
ByBlock	투명도 값이 블록에 의해 결정됩니다.
0	완전 불투명(투명하지 않음)
1-90	백분율로 정의된 투명도 값

8. 객체의 특성을 빠르게 표시하고 수정하는 빠른 특성(QP)

도면에서 작성되는 객체는 많은 특성을 가지고 있습니다. 이 특성은 도면층, 색상, 선 종류, 선가중치, 투명도와 같은 일반적인 특성과 좌표나 길이, 반지름과 같은 형상 특성이 있습니다. 특성에 대한 자세한 내용은 '객체 특성'에서 다루도록 하겠습니다. '빠른 특성(QP)'은 이러한 객체의 특성을 실시간으로 표시하고 변경할 수 있는 기능입니다.

01. 빠른 특성이란?

빠른 특성은 사용자가 객체를 선택하면 선택된 객체의 특성을 표시해주고 변경할 수 있는 패널을 표시해줍니다. 빠른 특성 패널에는 객체 유형별로 특성이 표시되므로 원하는 특성을 찾아 접근하기가 쉽습니다. 빠른 특성 패널을 사용하여 선택한 객체 또는 선택한 모든 객체의 특성을 편집할 수 있습니다. 객체 유형별로 빠른 특성 패널의 내용을 사용자화할 수도 있습니다.

그리기 도구의 '빠른 특성 ▣'은 빠른 특성 패널을 표시할 것인지, 표시하지 않을 것인지를 제어하는 버튼입니다. 즉, '빠른 특성 ▣' 버튼을 켜면 빠른 특성 패널을 표시하고, 끄면 패널을 표시하지 않습니다.

02. 빠른 특성 이해하기(표시 및 변경)

따라 하기 실습을 통해 빠른 특성에 대해 이해하도록 합시다.

01 상태막대의 그리기 도구 중에서 '빠른 특성(QP) ▣'을 켭니다.

02 '원(CIRCLE)'과 '선(LINE)' 명령으로 앞의 투명도에서 실습했던 도형을 작도합니다.

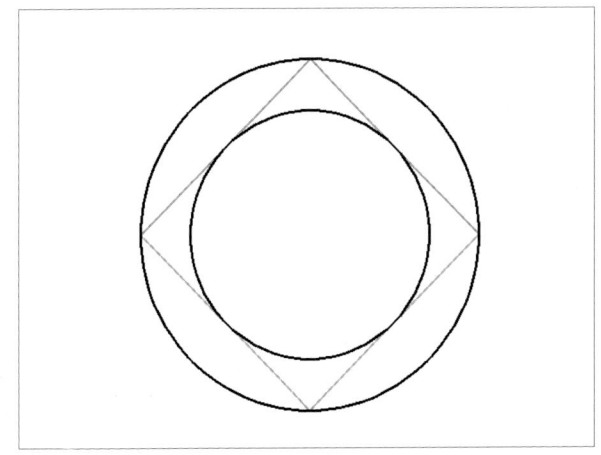

03 안쪽 원을 선택합니다. 그러면, 다음 그림과 같이 빠른 특성 패널이 나타납니다. 이 특성 패널은 선택한 객체(원)가 가지고 있는 특성을 표시해줍니다.

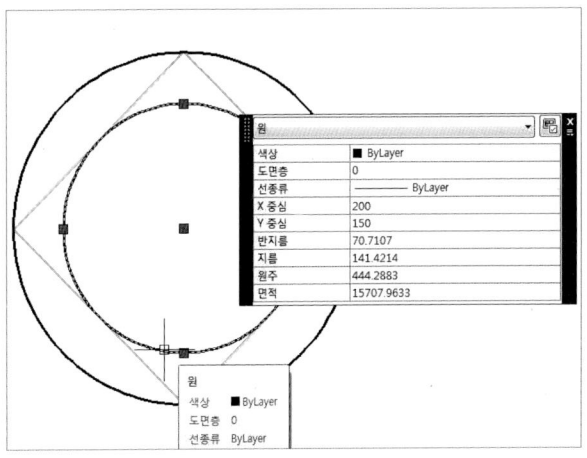

04 특성을 수정해보겠습니다. 여기에서는 반지름 값을 수정해보겠습니다. 패널에서 '반지름' 항목에서 반지름 값 '50'을 입력합니다.

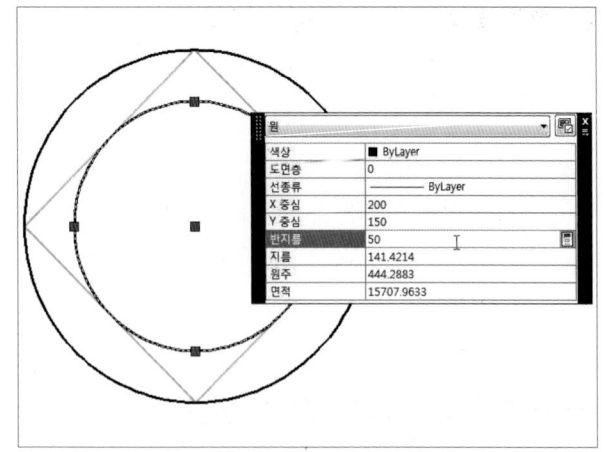

05 다음 그림과 같이 반지름 크기가 바뀝니다. 원이 선택되어 있는 상태에서 안쪽의 마름모를 구성하는 선 객체를 차례로 선택합니다. 그러면, 패널 상단에 '전체(5)'로 바뀝니다.

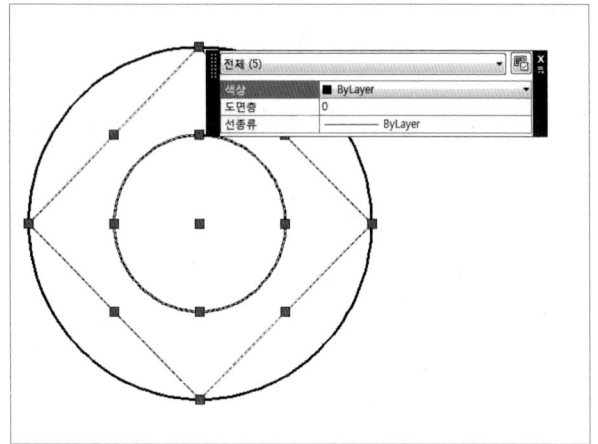

06 패널의 '색상' 항목에서 '빨간색'을 선택합니다. 원과 선 객체의 색상이 빨간색으로 바뀝니다.

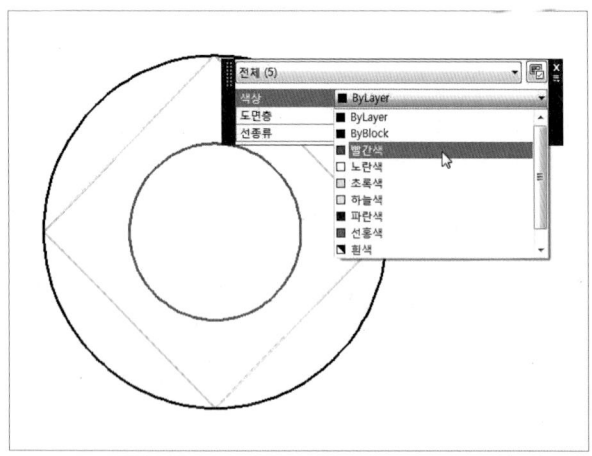

07 Esc 키를 눌러 선택을 해제합니다. 빠른 특성 패널이 사라지면서 선택되었던 객체는 빨간색으로 바뀝니다.

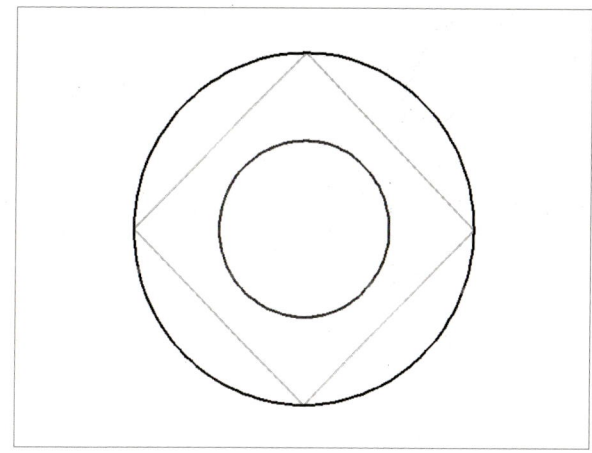

> **참고** 빠른 특성 패널의 표시 내용
>
> 빠른 특성 패널은 선택 객체의 수와 특성에 따라 실시간으로 바뀝니다. 대표적으로 표시되는 항목은 객체 종류, 도면층, 색상, 선 종류, 선 가중치와 같은 공통적인 특성과 선의 양 끝점과 길이, 원의 중심점, 반지름, 지름 등 객체의 지오메트리 특성이 표시됩니다.
>
> (1) 객체명 : 객체의 종류 이름(선, 원, 폴리선 등)이 표시됩니다. 여러 종류의 객체가 선택된 경우는 '전체(5)'와 같이 표시됩니다. 괄호 안의 5는 선택된 객체가 5개라는 의미입니다. 선택된 객체가 동일한 종류인 경우는 객체 종류가 표시됩니다. 예를 들어, 원을 2개 선택한 경우는 '원'으로 표시됩니다. 객체의 종류가 다르면 선택된 객체의 수를 표시합니다.
> (2) 색상 : 선택된 객체가 한 개인 경우는 해당 객체의 색상을 표시합니다. 선택된 객체의 색상이 두 가지 이상인 경우, 선택된 객체들의 색상이 동일하면 해당 색상을 표시하고 색상이 각각 다르면 '*다양함*'으로 표시됩니다.
> (3) 기타 : 다른 항목도 색상과 동일하게 선택된 객체들의 특성이 동일하면 해당 특성을 표시하고, 서로 특성이 다르면 '*다양함*'으로 표시됩니다.

03. 빠른 특성의 설정

다음과 같은 방법으로 빠른 특성의 환경을 설정합니다. 상태막대의 그리기 도구 중 '빠른 특성 ▥'에 마우스를 대고 오른쪽 버튼을 누르면 다음과 같이 나타납니다. 이때, '설정(S)'을 클릭합니다.

다음과 같은 빠른 특성 설정 대화상자가 표시됩니다.

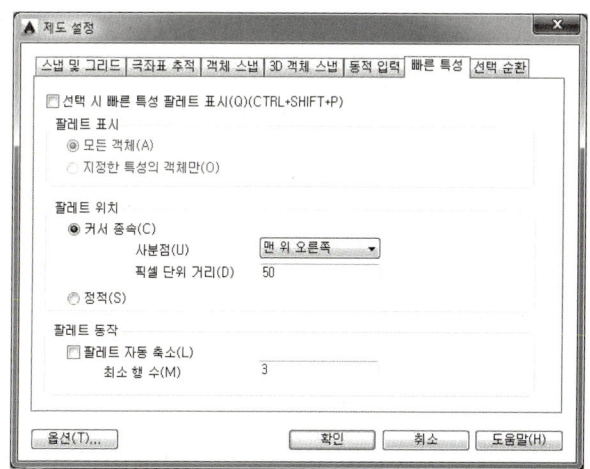

(1) 선택 시 빠른 특성 팔레트 표시(Q)(Ctrl + Shift + P)
객체 유형에 따라 빠른 특성 패널의 표시를 켜거나 끕니다. 체크를 하면 빠른 특성 패널을 표시합니다.

(2) 팔레트 표시

빠른 특성 패널을 표시하는 객체의 범위를 설정합니다. 즉, 모든 객체에 대해 빠른 특성 패널을 표시할 것인지, 미리 지정된 객체에 한해서 표시할 것인지 설정합니다.

(3) 팔레트 위치

패널의 위치를 설정합니다.

① **커서 종속(C)** : 선택한 객체에 상대적인 위치에 빠른 특성 패널이 표시됩니다.

- 사분점(U) : 특성 패널을 표시할 상대적인 위치를 지정합니다. 맨 위 오른쪽, 맨 위 왼쪽, 맨 아래 오른쪽 또는 맨 아래 왼쪽 중에서 하나를 선택할 수 있습니다.
- 거리(D) : 0부터 400까지의 범위에서 정수 값으로 위치 모드에서 커서를 선택할 경우 거리를 설정합니다.

② **정적(S)** : 패널 위치를 수동으로 재배치하지 않는 한 동일한 위치에 표시됩니다.

(4) 팔레트 동작

① **팔레트 자동 축소(L)** : 유휴 상태에서 빠른 특성 패널에 지정한 수의 특성만 표시합니다
② **최소 행 수(M)** : 1부터 30까지의 정수 값으로 축소 유휴 상태에서 빠른 특성 패널에 표시할 기본 특성 수를 설정합니다.

9 중복된 객체의 선택을 쉽게 하는 선택 순환(SC)

복잡한 도면을 작성하다 보면 중복된 객체를 작성할 경우가 종종 발생합니다. 중복된 객체를 편집(수정)하기 위해 선택을 해야 하는데 원하지 않은 객체가 선택될 수 있습니다. 이렇게 중복된 객체를 선택히는데 있어 손쉽게 선택할 수 있도록 객체의 '선택 순환(Selection Cycling)' 기능을 제공합니다.

01. 선택 순환이란?

선택 순환이란 중복된 객체를 선택할 때 편리성을 제공하는 기능으로 중복된 객체 목록을 표시하고 목록에서 원하는 객체를 선택하게 하는 기능입니다. 편집 기능(복사, 이동, 삭제 등)을 실행하면 {객체 선택:}이라는 메시지가 표시되면서 선택을 위한 작은 사각형(선택 상자)가 나타납니다. 여러 객체가 중복된 부분에서 선택 상자로 하나를 선택하면 다음과 같이 선택 상자 범위에 있는 객체 목록이 표시됩니다. 이때, 표시된 목록 중에서 편집하고자 한 객체를 선택합니다.

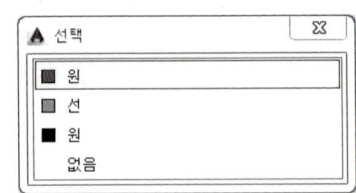

02. 선택 순환 이해하기

다음의 따라 하기 실습을 통해 선택 순환에 대해 이해하도록 합시다.

> **참고** **선택 순환 아이콘이 보이지 않을 경우**
> 그리기 도구에 선택 순환 아이콘( )이 표시되지 않았을 경우에는 상태 영역 가장 오른쪽에 있는 사용자화 버튼(≡)을 클릭합니다. 목록에서 '선택 순환'을 체크합니다.

01 앞에서 작성한 도면을 이용하여 실습하겠습니다.

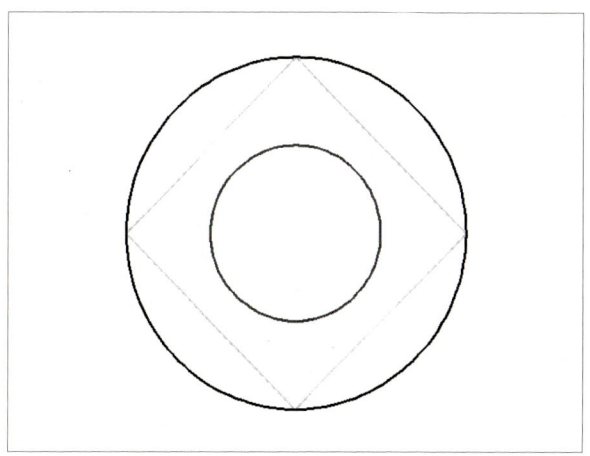

02 그리기 도구의 '선택 순환 ' 버튼을 클릭하여 선택 순환 기능을 켭니다.(ON) 번거로움을 피하기 위해 '빠른 특성 '을 끕니다.

03 바깥쪽의 원의 크기를 줄여보도록 하겠습니다. 마우스 커서를 원과 선이 만나는 부분으로 가져가서 클릭합니다. 선택 순환 대화상자가 나타납니다. 이때 마우스를 이용하여 '원'을 선택합니다.

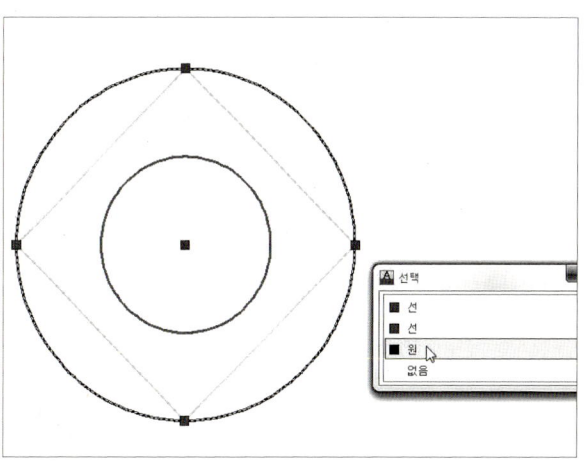

> **[TIP]** '선택 순환'은 중복된 객체를 쉽게 선택할 수 있도록 하는 기능입니다. 이때, 중복된 중복된 객체의 구분을 쉽게 하기 위해 객체의 색상과 객체의 종류(원, 선, 호 등)를 표시하기 때문에 쉽게 찾을 수 있습니다. 또, 마우스를 해당 객체의 항목에 가져가면 객체가 하이라이트 되기 때문에 쉽게 구별할 수 있습니다.

04 이때 그립(맞물림 : 원의 사분점에 있는 파란색 점)을 움직여 원의 크기를 조정합니다.

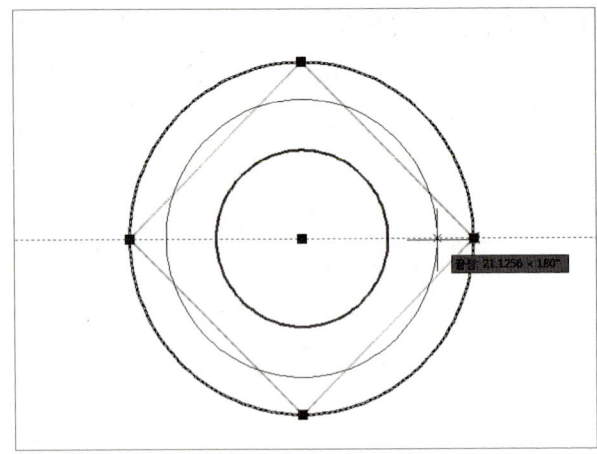

03. 선택 순환 설정

그리기 도구의 '선택 순환 '에 마우스를 대고 오른쪽 버튼을 누릅니다. 메뉴에서 '선택 순환 설정…' 을 클릭합니다.

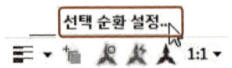

다음과 같은 대화상자가 나타납니다.

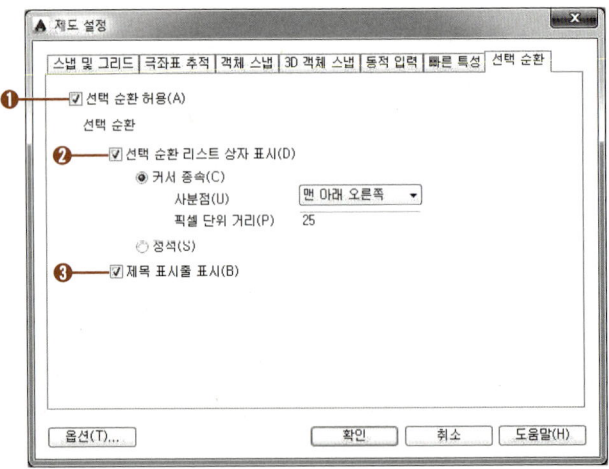

❶ **선택 순환 허용(A)** : 선택 순환 기능을 켜거나 끕니다.
❷ **선택 순환 리스트 상자 표시(D)** : 선택 순환 리스트(목록) 상자를 표시를 제어합니다.
  • 커서 종속(C) : 커서를 기준으로 목록(리스트) 상자를 이동합니다.
  • 사분점(U) : 목록 상자를 배치할 커서 사분점을 지정합니다.
  • 픽셀 단위 거리(P) : 커서와 목록 상자 사이의 거리를 지정합니다.
  • 정적(S) : 목록 상자는 커서와 함께 이동하지 않으며 일정한 위치에 고정됩니다. 목록 상자 위치를 변경하려면 상자를 클릭하여 드래그합니다.
❸ **제목 표시줄 표시(B)** : 제목 표시줄의 표시여부를 제어합니다.

> **참고** 선택 순환을 사용하지 않고 객체를 순환하여 선택하기
>
> 중복된 객체군에서 원하는 객체를 선택하고자 할 때, 선택 순환 기능을 이용하지 않고 객체를 선택하려면 다음과 같은 방법으로 선택합니다.
>
> (1) {객체 선택:}에서 커서를 선택하고자 하는 객체 근처로 가져간 후 [Shift] 또는 [Space bar]를 누른 채 클릭합니다.
> (2) 한 번 클릭할 때마다 커서 근처의 객체가 차례로 하이라이트(점선)됩니다.
> (3) 원하는 객체가 하이라이트되면 [Enter] 키를 눌러 객체를 선택합니다.

10 치수의 연관성을 감시하는 주석 감시(AM)

주석 감시는 AutoCAD 2013에서 새로 추가된 기능으로 치수의 연관성을 감시하는 기능입니다. 현 단계에서는 치수 기입에 대해 학습하지 않았기 때문에 개념만 이해하기 바랍니다.

01. 주석 감시란?

AutoCAD에서 치수를 기입하게 되면 측정한 객체와 치수가 연관시키거나 연관을 끊을 수 있습니다. 연관 치수는 측정되는 기하학적 객체의 변경에 따라 자동으로 조정되는 것을 말합니다. 예를 들어, 원을 작성한 후 원의 반지름 치수를 기입한 경우, 연관 치수는 원의 크기가 변경되면 치수도 자동으로 변경됩니다. 그러나 연관이 해제된 경우는 원의 크기의 변화와 관계없이 처음 작성된 치수로 고정되어 있습니다. 주석 감시는 이 연관성 여부를 감시하는 기능입니다. '주석 감시(AM)' 기능이 켜져 있으면 연관이 해제된 치수에 대해 '느낌표(!)'를 표시합니다.

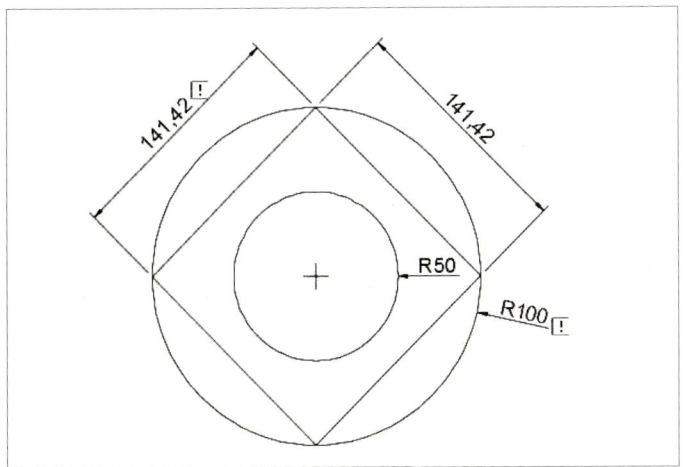

위의 그림에서 연관된 치수는 느낌표(!)가 표시되지 않고 느낌표가 붙은 치수는 연관이 해제된 치수입니다.

02. 주석 감시 이해하기

샘플 도면으로 주석 감시에 대해 이해하도록 합시다.

01 부록으로 제공되는 'Part2_주석감시.dwg' 파일을 엽니다. 다음과 같은 도면이 펼쳐집니다. (혜지원 출판사 홈페이지 'www.hyejiwon.co.kr' 자료실에서 다운받을 수 있습니다.)

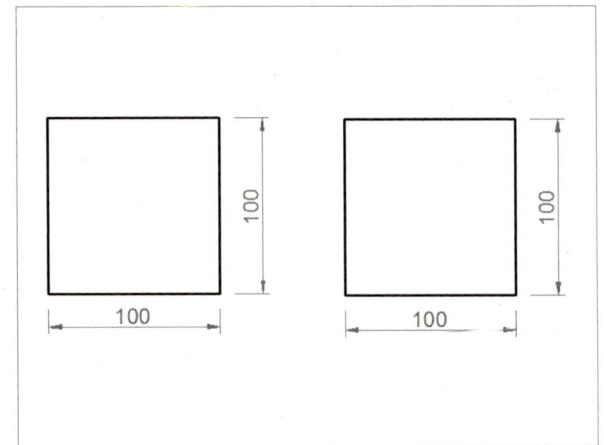

02 그리기 도구의 '주석감시 +' 버튼을 클릭하여 주석 감시 기능을 켭니다.(ON) 주석 감시 기능을 켜면 다음 그림과 같이 연관이 해제된 치수에 대해 느낌표를 표시합니다.

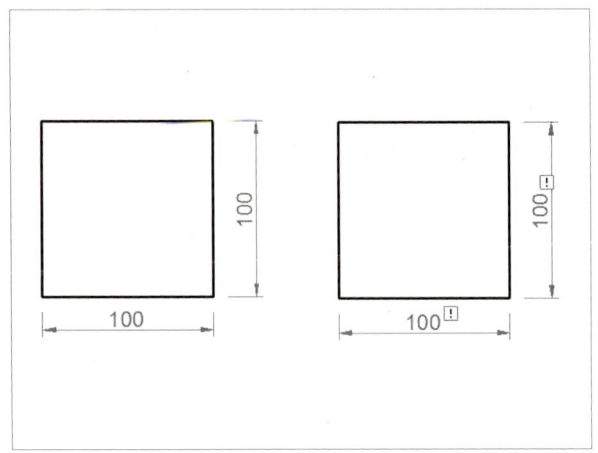

03 연관성 여부를 확인하기 위해 사각형의 크기를 바꿔 보도록 하겠습니다. 왼쪽 사각형을 클릭하면 다음 그림과 같이 그립(맞물림)이 나타납니다. 위쪽 수평선 가운데 그립을 클릭하여 위쪽으로 끌고 갑니다. 또는 연장 길이(예 : 20)를 직접 입력해도 됩니다.

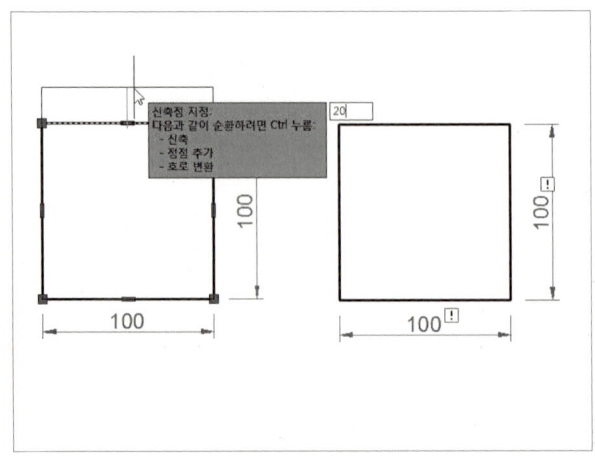

다음 그림과 같이 객체의 연장과 동시에 치수(길이)도 동적으로 바뀝니다. 즉, 객체와 치수가 연관되어 있다는 것을 알 수 있습니다.

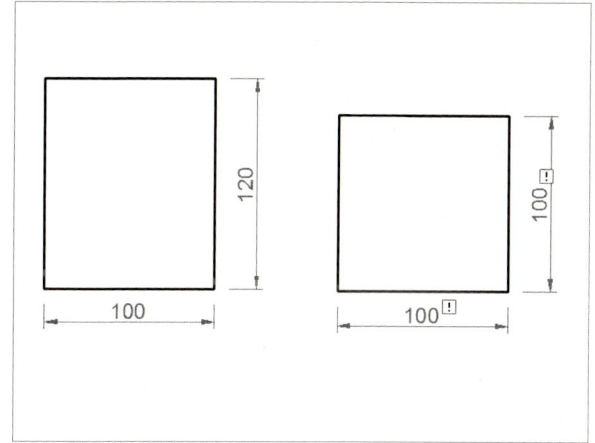

04 다음은 동일한 방법으로 오른쪽의 사각형을 변경해보겠습니다. 다음 그림과 같이 연관이 해제되어 있는 경우는 객체와 치수가 연관성이 없어 객체가 변경되어도 치수는 변함이 없습니다.

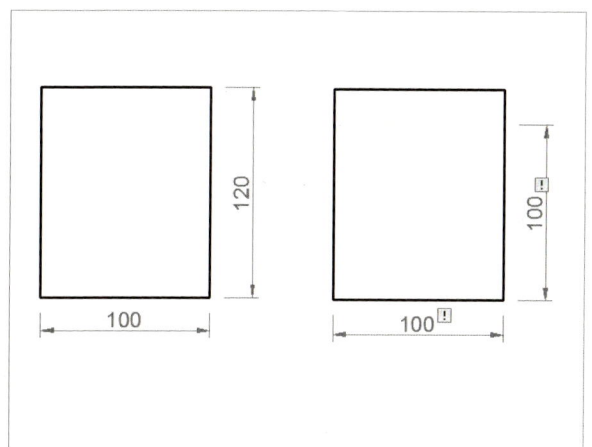

> **참고** **치수의 재연관 및 연관해제**
>
> 연관이 해제된 객체는 '재연관(DIMREASSOCIATE)' 기능을 이용하여 객체와 치수를 연관시킬 수 있습니다. 반대로 연관된 치수를 해제하려면 '연관 해제(DIMDISASSOCIATE)' 기능을 이용하여 해제합니다.

예제 도면 1

다음과 같은 도면을 작도합니다. 파선(점선)은 작도하지 않습니다. 객체 스냅 추적을 이용하여 가운데 사각형을 작도합니다.

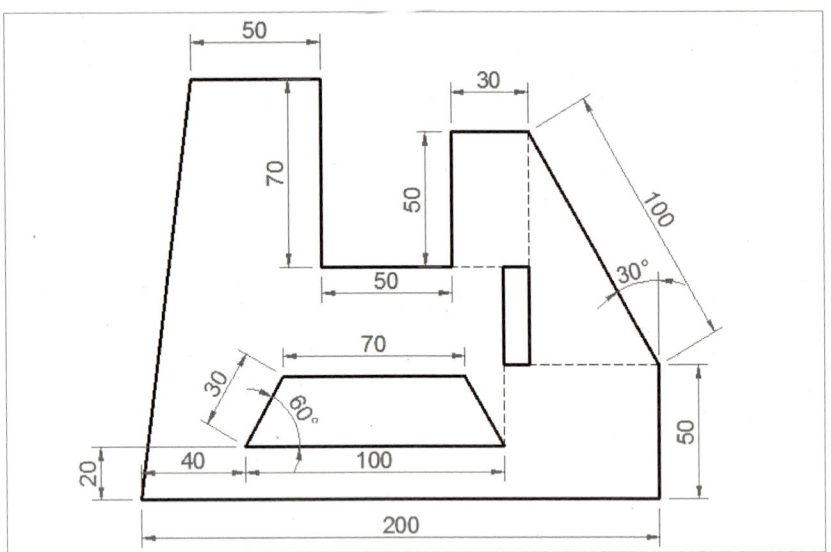

예제 도면 2

다음과 같은 도면을 작도합니다.

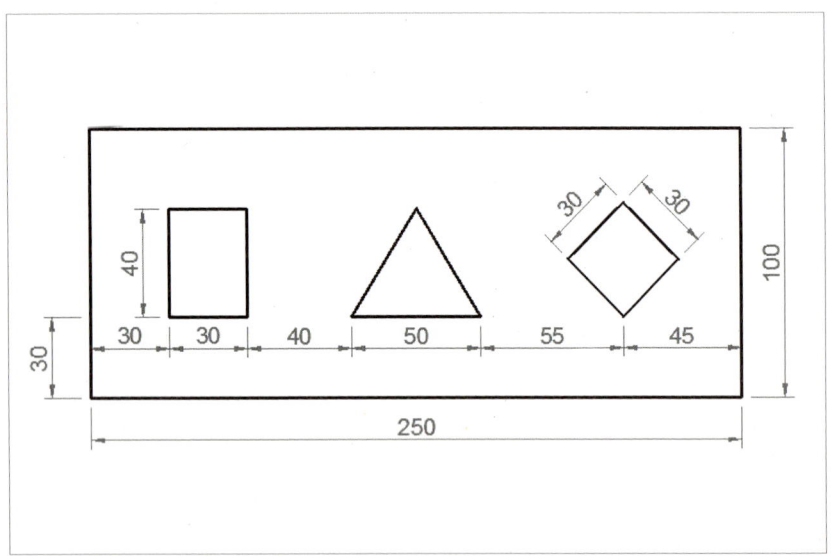

06; 객체의 선택

이번 장에서는 객체 선택 방법에 대해 학습하겠습니다. 복사, 이동, 지우기, 회전 등 객체를 편집하기 위해서는 대상 객체를 선택해야 합니다. AutoCAD는 다양한 객체 선택 방법을 제공하고 있습니다. 여기에서 설명하는 선택은 복사, 삭제, 이동, 회전 등의 편집 명령을 실행할 경우 {객체 선택:}이라는 메시지가 표시되었을 때 조작(객체를 선택)하는 방법입니다.

'열기(OPEN)' 명령으로 예제 파일 중 'Part2_객체의 선택(문).dwg' 파일을 엽니다. 다음과 같은 도면이 펼쳐집니다. (예제 파일은 혜지원 출판사 홈페이지 'www.hyejiwon.co.kr' 자료실에서 다운받을 수 있습니다.)

1 선택 상자에 의한 개별 선택

선택 상자(Pick Box)를 이용하여 객체를 하나씩 선택하는 방법입니다.

01 '복사(COPY)' 명령을 실행합니다. 명령어 'COPY' 또는 단축키 'CP'를 입력하거나 '홈' 탭의 '수정' 패널 또는 '수정' 도구막대에서 ❀을 클릭합니다.

{객체 선택:}에서 선택상자를 이용하여 가장 가운데 원을 하나 선택합니다. 객체가 선택되면 선택된 객체가 점선(하이라이트)으로 표시되고 {1개를 찾음}이라는 메시지가 표시됩니다.

{객체 선택:}에서 가운데에서 두 번째 원을 선택합니다. {1개를 찾음, 총 2}라는 메시지와 함께 선택된 객체가 하이라이트됩니다.

{객체 선택:}이라는 메시지가 표시됩니다. 이때, 선택을 종료하려면 [Enter] 또는 [Space bar]를 누릅니다.

{기본점 지정 또는 [변위(D)/모드(O)] 〈변위(D)〉:}에서 객체 스냅 '끝점'을 이용하여 문의 왼쪽 하단의 끝점을 지정합니다.

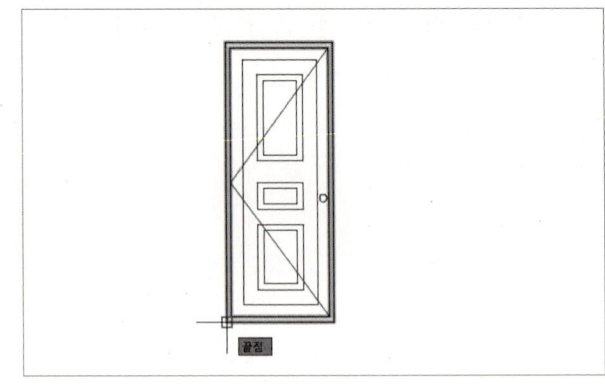

Note_ 객체 선택이 끝나면 {객체 선택:}이라는 메시지에서 반드시 [Enter] 또는 [Space bar]를 눌러 객체 선택이 끝났다는 것을 AutoCAD에 알려주어야 합니다.

02 {두 번째 점 지정 또는 [배열(A)]〈첫 번째 점을 변위로 사용〉:}에서 복사하고자 하는 임의의 점을 지정합니다.

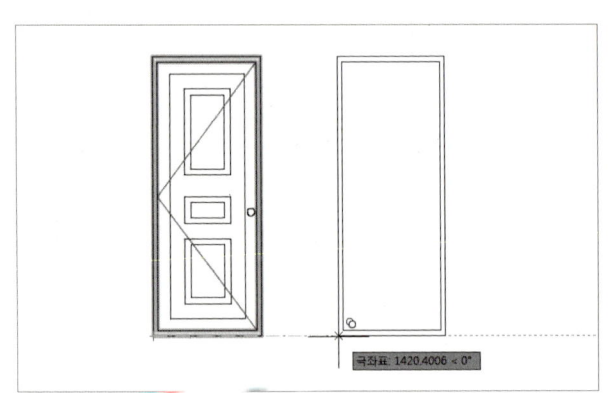

03 {두 번째 점 지정 또는 [배열(A)/종료(E)/명령 취소(U)] 〈종료〉:}에서 [Enter] 또는 [Space bar]를 눌러 종료합니다. 다음과 같이 객체가 복사됩니다.

이와 같이 객체를 하나씩 선택할 때는 선택상자를 이용하여 선택합니다.

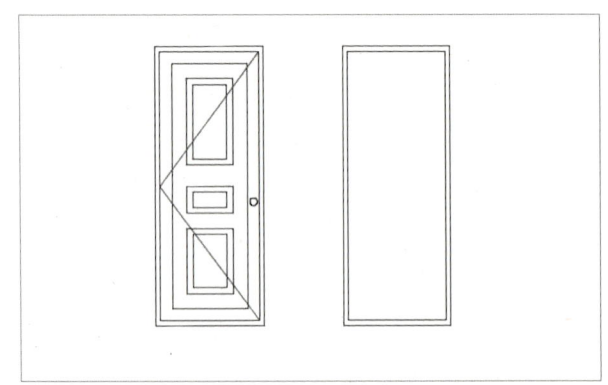

2 사각형의 범위를 지정해 선택하는 윈도우(W)와 크로싱(C)

객체를 선택할 때 사각형으로 범위를 지정해 지정 범위의 내부와 범위 경계선에 걸쳐있는 객체를 선택하는 방법입니다. 앞의 실습에 이어서 진행하겠습니다.

01. 범위 안의 객체만을 선택하는 윈도우(Window)

지정한 두 점이 만드는 사각형 범위 안에 완전히 포함된 객체만 선택합니다.

01 '복사(COPY)' 명령을 실행합니다. 명령어 'COPY' 또는 단축키 'CP'를 입력하거나 '홈' 탭의 '수정' 패널 또는 '수정' 도구막대에서 ❀을 클릭합니다.
{객체 선택}에서 윈도우 선택을 하고자 할 때는 'W'를 입력합니다. 그러면 {첫 번째 구석을 지정:}이라는 메시지가 표시됩니다. 여기에서 다음 그림과 같이 빈 공간의 한 점을 지정하고 {반대 구석 지정:}에서 선택하고자 하는 범위의 반대편 구석을 지정합니다. {24개를 찾음}이라는 메시지가 표시됩니다.

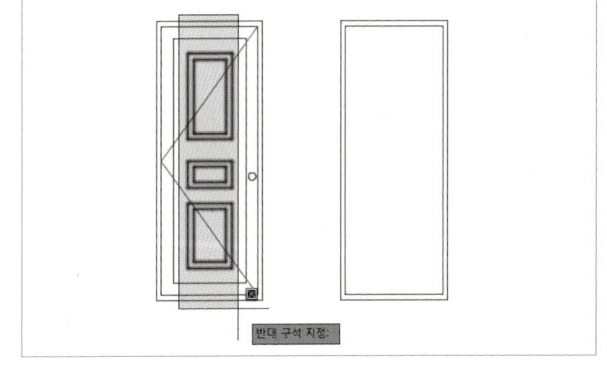

02 {객체 선택}에서 [Enter] 또는 [Space bar]를 눌러 선택을 종료합니다. 다음 그림과 같이 지정한 범위 안에 완전히 포함된 객체만 선택되어 하이라이트됩니다.
{기본점 지정 또는 [변위(D)/모드(O)] ⟨변위(D)⟩:}에서 객체 스냅 '끝점 ▱'을 이용하여 왼쪽 문의 아래쪽 끝점을 지정합니다.

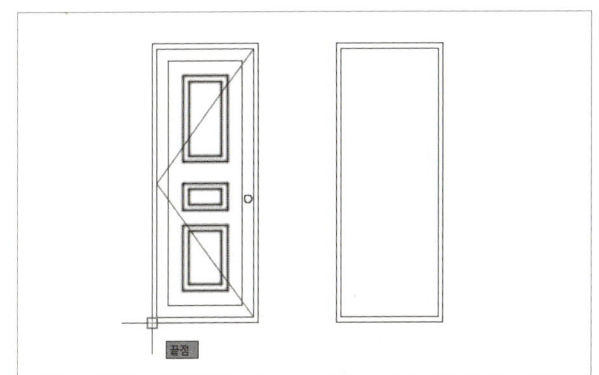

03 {두 번째 점 지정 또는 [배열(A)]⟨첫 번째 점을 변위로 사용⟩:}에서 객체 스냅 '끝점 ▱'을 이용하여 오른쪽 문의 아래쪽 끝점을 지정합니다.
{두 번째 점 지정 또는 [배열(A)/종료(E)/명령취소(U)] ⟨종료⟩:}에서 [Enter] 또는 [Space bar]를 눌러 종료합니다. 다음 그림과 같이 범위 안에 있는 객체가 복사됩니다.

02. 걸쳐있는 객체까지 선택하는 크로싱(Crossing)

윈도우(W)와는 달리 사각형 범위 안의 객체는 물론 범위를 지정하는 경계에 걸쳐있는 객체까지 선택됩니다.

04 '복사(COPY)' 명령을 실행합니다.
{객체 선택}에서 크로싱의 맨 앞글자 'C'를 입력합니다. 그러면 {첫 번째 구석을 지정:}이라는 메시지가 표시됩니다. 여기에서 빈 공간의 한 점을 지정하고 {반대 구석 지정:}에서 다음 그림과 같이 범위의 반대 구석을 지정합니다. {3개를 찾음}이라는 메시지가 표시됩니다.

{객체 선택}에서 Enter 또는 Space bar 를 눌러 선택을 종료합니다. 범위의 경계선에 걸쳐있는 3개의 객체가 선택됩니다.

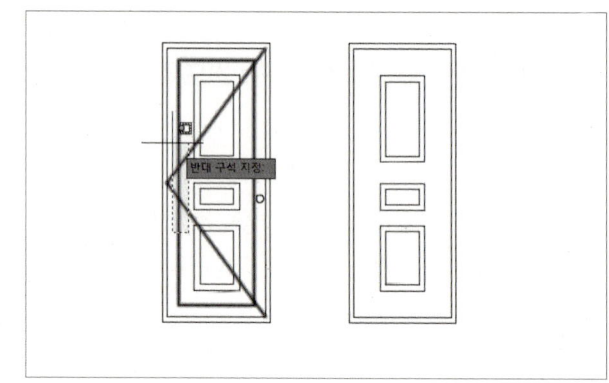

05 {기본점 지정 또는 [변위(D)/모드(O)] <변위(D)>:}에서 객체 스냅 '끝점'을 이용하여 문의 왼쪽 아래 끝을 지정합니다.
{두 번째 점 지정 또는 [배열(A)]<첫 번째 점을 변위로 사용>:}에서 객체 스냅 '끝점'을 이용하여 복사할 문의 왼쪽 아래 끝점을 지정합니다.
{두 번째 점 지정 또는 [배열(A)/종료(E)/명령취소(U)] <종료>:}에서 Enter 또는 Space bar 를 눌러 종료합니다. 다음 그림과 같이 선택된 객체가 복사됩니다.

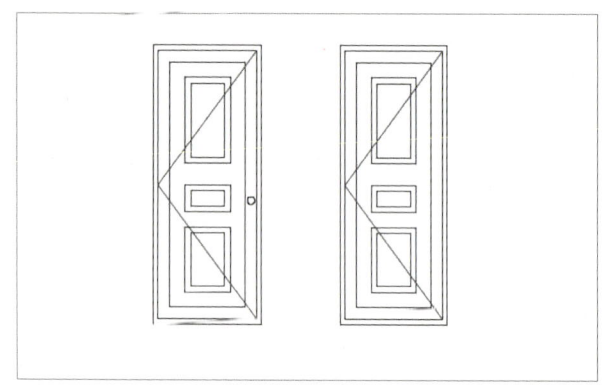

[TIP] 눈치가 빠른 독자는 알아 차렸겠지만 범위를 선택할 때 '윈도우(W)'와 '크로싱(C)'의 선택 방법에 따라 선택 범위를 표시하는 색상이 다릅니다. 즉, 윈도우(W)는 연파란색, 크로싱(C)은 연초록색으로 범위가 표시됩니다. 또 하나 다른 점은 윈도우 선택은 실선으로 표시되고, 크로싱 선택은 점선으로 표시됩니다. 선택 색상은 사용자가 환경 설정을 통해 바꿀 수 있습니다. 자세한 내용은 <Special Page>의 '선택과 관련된 환경 설정'을 참조하기 바랍니다.

3 키워드 입력이 필요하지 않은 BOX

윈도우나 크로싱의 선택은 {객체 선택:}에서 'W' 또는 'C'라는 키워드를 입력했습니다. 그러나 BOX 옵션은 지정 방향에 따라 윈도우와 크로싱이 결정됩니다.
첫 번째 점을 왼쪽, 두 번째 점을 오른쪽 방향으로 지정하면 '윈도우(W)' 선택이 되고, 반대로 오른쪽에서 왼쪽으로 지정하면 '크로싱(C)' 선택이 됩니다.

01. 왼쪽에서 오른쪽으로 지정한 경우(W)

01 '복사(COPY) ' 명령을 실행합니다.
{객체 선택:}에서 지정하고자 하는 범위에서 오른쪽의 한 점을 지정합니다. {반대 구석 지정:}에서 다음 그림과 같이 범위의 왼쪽 한 점을 지정합니다. {22개를 찾음}이라는 메시지가 표시됩니다. 지정한 범위에 들어온 객체와 걸쳐있는 객체가 선택됩니다.
{객체 선택:}에서 Enter를 눌러 선택을 종료합니다.

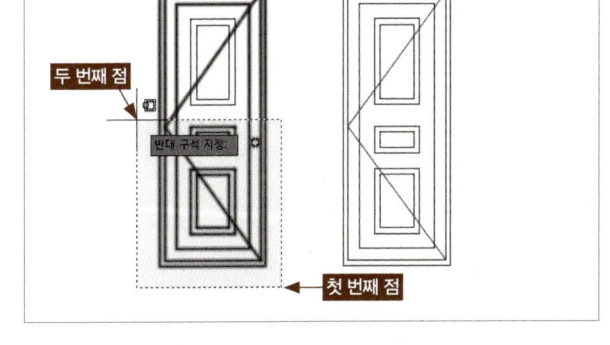

02 {기본점 지정 또는 [변위(D)/모드(O)] <변위(D)>:}에서 객체 스냅 '끝점 '을 이용하여 문의 왼쪽 아래 끝을 지정합니다.
{두 번째 점 지정 또는 [배열(A)]<첫 번째 점을 변위로 사용>:}에서 복사하고자 하는 위치를 지정합니다.
{두 번째 점 지정 또는 [배열(A)/종료(E)/명령취소(U)] <종료>:}에서 Enter 또는 Space bar를 눌러 종료합니다. 다음 그림과 같이 선택된 객체가 복사됩니다.

02. 오른쪽에서 왼쪽으로 지정한 경우(C)

03 다시 '복사(COPY)' 명령을 실행합니다.
{객체 선택:}에서 다음 그림과 같이 지정하고자 하는 범위의 왼쪽 한 점을 지정합니다. {반대 구석 지정:}에서 다음 그림과 같이 선택하고자 하는 객체가 범위 안에 들어오도록 오른쪽 한 점을 지정합니다. {8개를 찾음}이라는 메

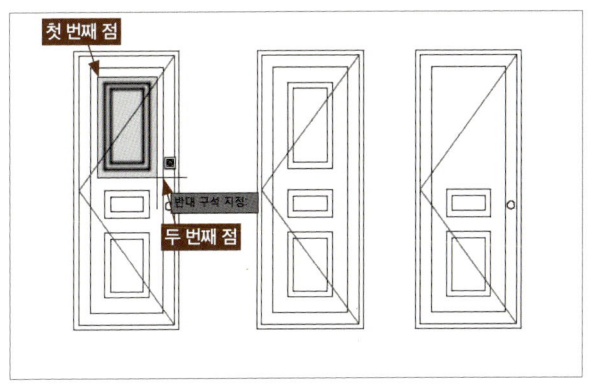

시지가 표시됩니다. {객체 선택:}에서 [Enter] 또는 [Space bar]를 눌러 선택을 종료합니다.

04 {기본점 지정 또는 [변위(D)/모드(O)] <변위(D)>:}에서 객체 스냅 '끝점'을 이용하여 문의 왼쪽 아래 끝을 지정합니다.
{두 번째 점 지정 또는 [배열(A)]<첫 번째 점을 변위로 사용>:}에서 객체 스냅 '끝점'을 이용하여 복사하고자 하는 문의 왼쪽 아래 끝을 지정합니다.
{두 번째 점 지정 또는 [배열(A)/종료(E)/명령취소(U)] <종료>:}에서 [Enter] 또는 [Space bar]를 눌러 종료합니다. 다음 그림과 같이 선택된 객체가 복사됩니다.

이처럼 왼쪽에서 오른쪽으로 지정하면 완전히 감싸진 객체만 선택되는 윈도우(W), 오른쪽에서 왼쪽으로 지정하면 걸친 객체까지 선택되는 크로싱(C) 선택이 됩니다.

4 다각형으로 지정하는 '윈도우 폴리곤(WP)'과 '크로싱 폴리곤(CP)'

'윈도우(W)'와 '크로싱(C)'은 두 점으로 만들어진 사각형의 범위 외에는 지정할 수 없었습니다. 그러나 '윈도우 폴리곤(WP)'과 '크로싱 폴리곤(CP)'은 지정하는 점의 수에 제한이 없어 다양하고 복잡한 다각형의 범위를 지정할 수 있습니다.
'윈도우 폴리곤(WP)'은 다각형 안에 완전히 포함된 객체만 선택하고, '크로싱 폴리곤(CP)'은 완전히 포함된 객체와 걸쳐있는 객체까지 선택됩니다.

01 편집 명령(복사, 이동 등)을 실행합니다. {객체 선택:}에서 'WP' 또는 'CP'를 입력한 후 범위의 각 점을 지정합니다. 다음 그림과 같이 다각형으로 지정할 수 있습니다.

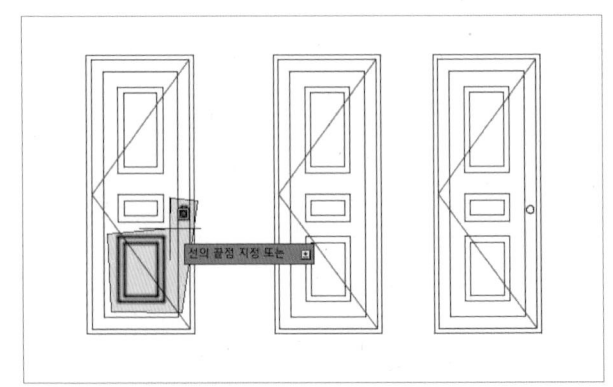

5 객체 전체를 선택하는 'ALL'과 선택에서 제외시키는 'R'

객체 전체를 선택하는 방법도 있으며 선택된 객체에서 제외시키는 방법도 있습니다.

01. 전체를 선택하는 전체(ALL)

01 편집 명령(복사, 이동, 지우기 등)을 실행합니다. {객체 선택:}에서 도면에 있는 객체 전체를 선택하기 위해 'ALL'을 입력합니다. 다음 그림과 같이 객체가 모두 선택됩니다.

참고 단축키 및 아이콘 버튼에 의한 모든 객체 선택

객체를 모두 선택하려면 Ctrl 키를 누른 채 'A'를 누르면 모든 객체가 선택됩니다. 또는 '홈' 탭의 '유틸리티' 패널의 아이콘을 클릭하면 모든 객체가 선택됩니다.

02. 선택된 객체를 제외시키는 제거(Remove)

제거(Remove)는 선택된 객체 집합에서 제외시키는 기능입니다.

02 {객체 선택:}에서 선택된 선택 집합에서 제외시키려면 'R'을 입력합니다. 그러면 {객체 제거:}라는 메시지가 표시됩니다. 여기에서 제외하고자 하는 객체를 선택 상자 또는 범위로 지정하여 선택합니다. 하단의 원 객체 두 개를 차례로 선택합니다. 그림과 같이 선택한 객체가 선택 집합에서 제외되어 실선으로 바뀝니다.

Note_ {객체 제거:}에서 선택상자 외에 윈도우(W), 크로싱(C), 윈도우 폴리곤(WP), 크로싱 폴리곤(CP) 등 선택할 때와 같은 옵션을 이용하여 제거할 수 있습니다.

참고 Shift 키를 이용하여 선택된 객체를 제거하는 방법

선택된 객체를 제거할 때는 'Remove' 옵션 외에 Shift 키를 누르면서 객체를 선택하면 선택군으로부터 제거됩니다.

6 울타리에 걸친 객체를 선택하는 'F'

울타리를 치는 것처럼 선을 그어 그 선에 걸친 객체를 선택하는 방법입니다.

01 편집 명령(복사, 이동, 지우기 등)을 실행합니다.
{객체 선택:}에서 'F'를 입력합니다.
{첫 번째 울타리 점 지정:}에서 울타리의 시작점을 지정합니다.
{다음 울타리 점 지정 또는 [명령취소(U)]:}에서 울타리의 두 번째 점을 지정합니다.
{다음 울타리 점 지정 또는 [명령취소(U)]:}에서 차례로 지정합니다. 울타리 지정을 종료하려면 Enter 또는 Space bar 를 누릅니다.

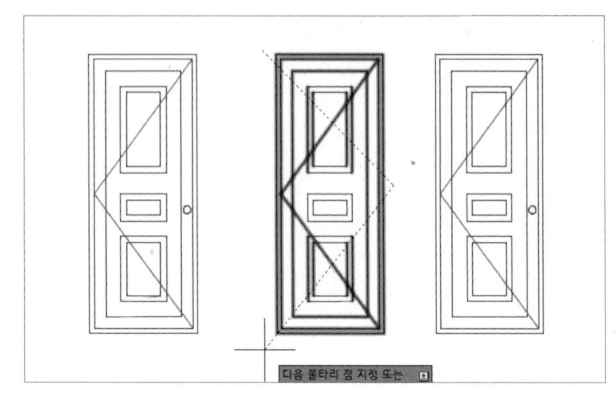

02 다음 그림과 같이 울타리 선에 걸친 객체가 선택됩니다.

7 올가미 선택

AutoCAD 2015에서 추가된 선택 방법입니다. 지정하고자 하는 범위를 그물을 치듯 범위를 지정하여 객체를 선택합니다.

01 편집 명령(복사, 이동, 지우기 등)을 실행합니다.
{객체 선택:}에서 임의의 한 점을 지정한 후 마우스 왼쪽을 누른 채로 범위를 지정합니다.
{걸치기(C) 올가미 - 스페이스 바를 눌러 옵션 순환 22개를 찾음}

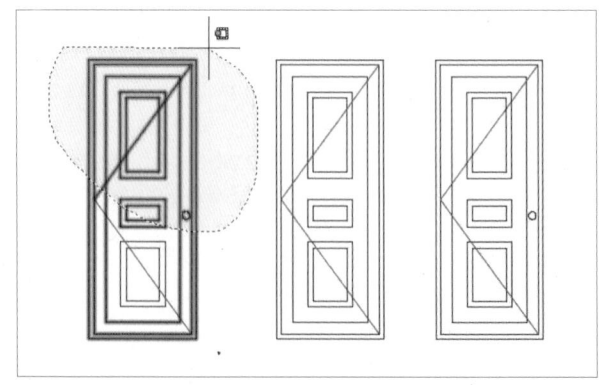

[TIP] 올가미 선택 중에 (Space bar)를 누르면 선택 옵션이 전환됩니다. 윈도우(W), 크로싱(C), 울타리(F) 옵션이 번갈아 가며 순환합니다.

02 다음과 같이 올가미 범위의 객체가 선택됩니다.

8 직전에 선택했던 객체를 선택하는 '이전(P)'과 마지막에 생성된 객체를 선택하는 '최후(L)'

객체를 한 번이라도 선택하여 작업을 한 후 다시 그 객체 집합을 선택하려면 {객체 선택:}에서 'P'를 입력합니다. 예를 들어, 한 번 복사한 객체 집합을 다시 선택해서 어떤 작업을 하고자 할 때 유용합니다. 도면에서 가장 마지막 생성된 객체를 선택하려면 {객체 선택:}에서 'L'을 입력합니다. 예를 들어, 원을 그린 후 그 원을 선택하여 어떤 작업을 하고자 할 때 'L'을 입력하면 마지막에 작도한 원이 선택됩니다.

9 기타 선택 옵션

많이 사용하는 옵션은 아니지만 AutoCAD에서 제공하는 몇 가지 옵션을 살펴보면 오로지 하나만을 선택하고자 할 때는 'SI(Single)', 여러 개를 선택하고자 할 때는 'M(Multiple)', 선택 세트에 추가하고자 할 때는 'A(Add)', 그룹화한 객체를 선택할 때는 'G(Group)'을 사용합니다. 3차원의 복합 솔리드나 정점, 모서리 및 3D 솔리드의 면의 일부인 원래 개별 형식을 선택할 수 있는 하위 객체 'SU'가 있습니다.
또, 선택한 객체의 선택을 취소하고자 할 때는 취소의 'U'를 입력합니다.

10 조건을 부여해 선택하는 신속 선택(QSELECT)

보통 편집을 할 때 편집 명령(복사, 삭제, 이동, 회전 등)을 실행한 후 {객체 선택:}에서 객체를 선택하는 것이 일반적인 방법입니다. 그러나 객체를 조건(색상이나 형상의 크기 등)을 지정해 객체를 먼저 선택한 후 편집 명령으로 편집할 수 있습니다. '신속 선택(QSELECT)'은 객체를 선택하는 방법 중 선택할 조건을 지정하여 객체를 선택하는 방법입니다.

명령 : QSELECT　　　　　　　　　　　　　메뉴 아이콘 :

01 신속 선택 명령을 실행합니다. 명령어 'QSELECT'를 입력하거나 '홈' 탭의 '유틸리티' 패널에서 을 클릭합니다.
다음의 대화상자가 나타납니다. 대화상자에서 선택하고자 하는 조건을 지정합니다.

신속 선택 대화상자

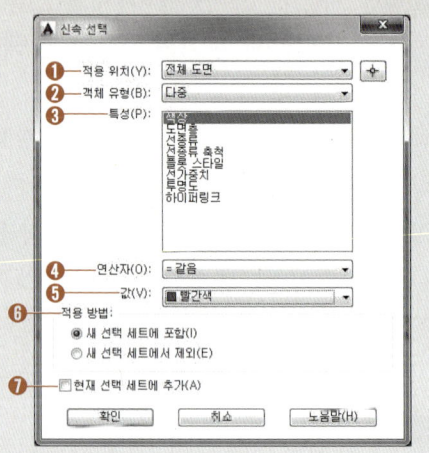

❶ **적용 위치(Y)** : 적용 범위를 도면 전체로 할 것인지, 현재 선택된 객체로 한정할 것인지 선택합니다.

❷ **객체 유형(B)** : 객체의 종류(선분, 원, 호, 문자 또는 반경, 길이 등)를 선택합니다. '다중'은 모든 객체의 종류를 지정합니다.

❸ **특성(P)** : 객체의 특성이 나열되고 찾고자 하는 특성을 지정합니다. 선택된 객체에 따라 해당 객체의 특성이 나열됩니다. 여러 종류의 객체가 선택된 경우는 공통된 특성만 나열됩니다.

❹ **연산자(O)** : 특성에 대한 조건식을 지정합니다. 종류와 기능은 다음과 같습니다.
　1) ＝　같음　　　　 2) ◇　같지 않음
　3) ＞　보다 큼　　　4) ＜　보다 작음

❺ **값(V)** : 특성의 종류에 따라 값을 입력하거나 목록 상자에서 선택합니다(예 : 특성에서 '색상'을 선택했다면 색상의 종류가 나열되어 선택할 수 있고, 특성에서 '길이'를 선택했다면 길이 값을 입력합니다).

❻ **적용 방법** : 적용 방법으로 새로운 선택 세트에 포함할 것인가, 제외할 것인가를 지정합니다.

❼ **현재 선택 세트에 추가(A)** : 신속 선택을 여러 번 사용해 선택 세트에 누적시킬 것인가를 지정합니다.

02 대화상자에서 '객체 유형(B)'을 '다중' '특성(P)'을 '색상', '연산자(O)'를 '= 같음', '값(Y)'을 '빨간색'으로 지정합니다. [확인] 버튼을 클릭하면 다음 그림과 같이 지정한 조건에 맞는 객체만 선택됩니다. 파란색 사각형(맞물림 : 그립)으로 표시되는 부분이 선택된 객체입니다.

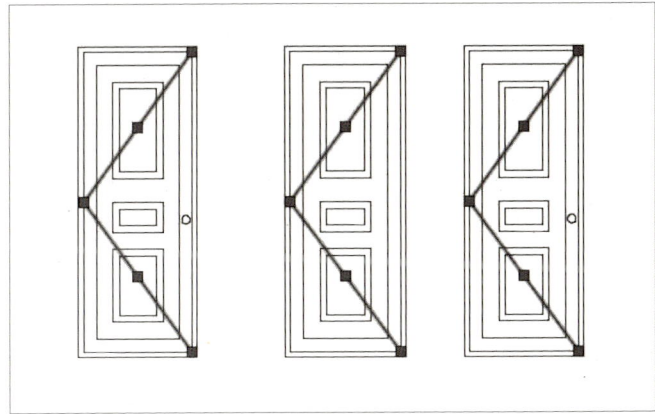

이렇게 선택된 객체를 이용하여 편집(복사, 이동, 삭제, 회전 등)을 수행합니다.

> **참고** **그립(맞물림)이란?**
>
> '그립(Grip)'이란 어떠한 명령도 실행하지 않은 시점에서 객체를 선택하게 되면 선택된 객체에 표시되는 작은 사각형이나 삼각형을 말합니다. 즉, {명령:} 상태에서 객체를 선택하면 그립이 나타납니다. 우리말로 '맞물림'으로 표현합니다. 선택된 객체가 그립으로 표시된 후 편집 명령을 실행해 편집을 하거나 마우스로 끌고 가 이동 또는 늘리기를 할 수 있습니다.

11 유사한 객체를 선택하는 유사 선택

하나의 객체를 선택한 후 이 객체와 유사한 객체를 선택합니다. 예를 들어, 원을 선택한 후 다른 모든 원을 선택할 수 있습니다. 색상, 블록 이름 등의 지정된 객체 특성을 기반으로 같은 유형의 유사 객체를 선택합니다.

명령 : SELECTSIMILAR   바로가기 메뉴의 '유사 선택(T)'

01 유사 선택 명령을 실행합니다. 명령어 'SELECTSIMILAR'를 입력합니다.
{객체 선택 또는 [설정(SE)]:}에서 문의 외곽 직사각형 객체를 선택합니다. {1개를 찾음}

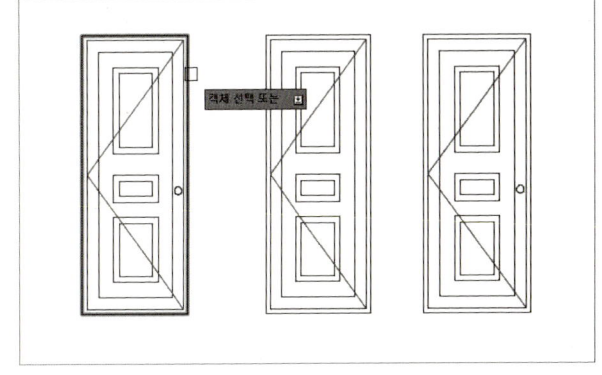

02 {객체 선택 또는 [설정(SE)]:}에서 Enter 또는 Space bar 를 눌러 종료합니다. 다음 그림과 같이 선택한 객체와 유사한 객체(직사각형)가 모두 선택됩니다.

03 Esc 키를 눌러 선택을 해제합니다. 이번에는 바로가기 메뉴를 통해 선택하겠습니다. 선 객체를 신택한 후 마우스 오른쪽 버튼을 클릭합니다. 다음과 같은 바로가기 메뉴가 나타나면 '유사 선택(T)'을 선택합니다.

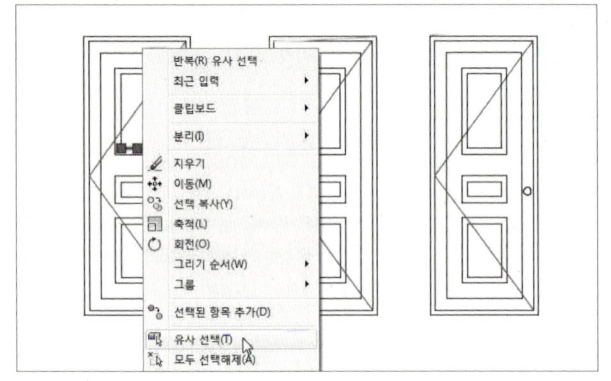

04 다음 그림과 같이 선 객체가 선택됩니다. 직사각형 명령으로 작성된 직사각형은 객체 유형이 폴리선이므로 유사 객체로 선택되지 않습니다.

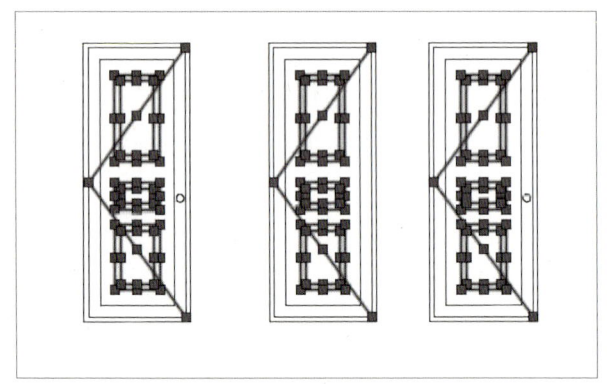

옵션 설명

{객체 선택 또는 [설정(SE)]:}에서 'SE'를 입력하면 다음과 같은 유사 선택 설정 대화상자가 나타납니다.

유사 기준 : 유사한 객체를 선택하기 위한 조건을 설정합니다.

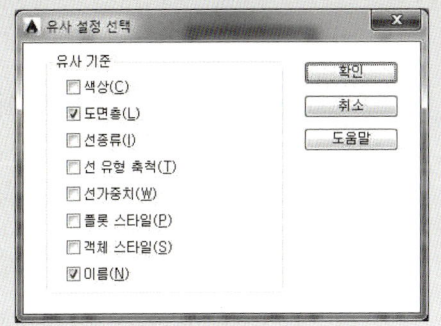

❶ **색상(C)** : 색상이 일치하는 객체를 유사한 것으로 간주합니다.
❷ **도면층(L)** : 일치하는 도면층의 객체를 유사한 것으로 간주합니다.
❸ **선 종류(I)** : 선 종류가 일치하는 객체를 유사한 것으로 간주합니다.
❹ **선 종류 축척(T)** : 선 종류 축척이 일치하는 객체를 유사한 것으로 간주합니다.
❺ **선가중치(W)** : 선가중치가 일치하는 객체를 유사한 것으로 간주합니다.
❻ **플롯 스타일(P)** : 플롯 스타일이 일치하는 객체를 유사한 것으로 간주합니다.
❼ **객체 스타일(S)** : 스타일(문자 스타일, 치수 스타일, 테이블 스타일)이 일치하는 객체를 유사한 것으로 간주합니다.
❽ **이름(N)** : 이름이 일치하는 참조 객체(블록, 외부 참조, 이미지)를 유사한 것으로 간주합니다.

SPECIAL PAGE | 선택과 관련된 환경 설정

객체 선택과 관련된 환경 설정에 대해 알아보도록 하겠습니다. 이 환경은 객체를 선택할 때의 선택 상자의 크기, 범위를 지정할 때 색상, 그립(맞물림)의 크기 및 색상 등 객체 선택과 관련된 환경을 설정합니다.

명령어 'DDSELECT'를 입력하거나 '메뉴 탐색기 ▲' 하단에 있는 [옵션]을 클릭합니다. 또는 작도 영역에서 마우스 오른쪽 버튼을 눌러 바로가기 메뉴에서 제일 하단에 있는 '옵션(O)'을 클릭합니다. 옵션 대화상자에서 '선택' 탭을 선택합니다. 다음과 같은 대화상자가 나타납니다.

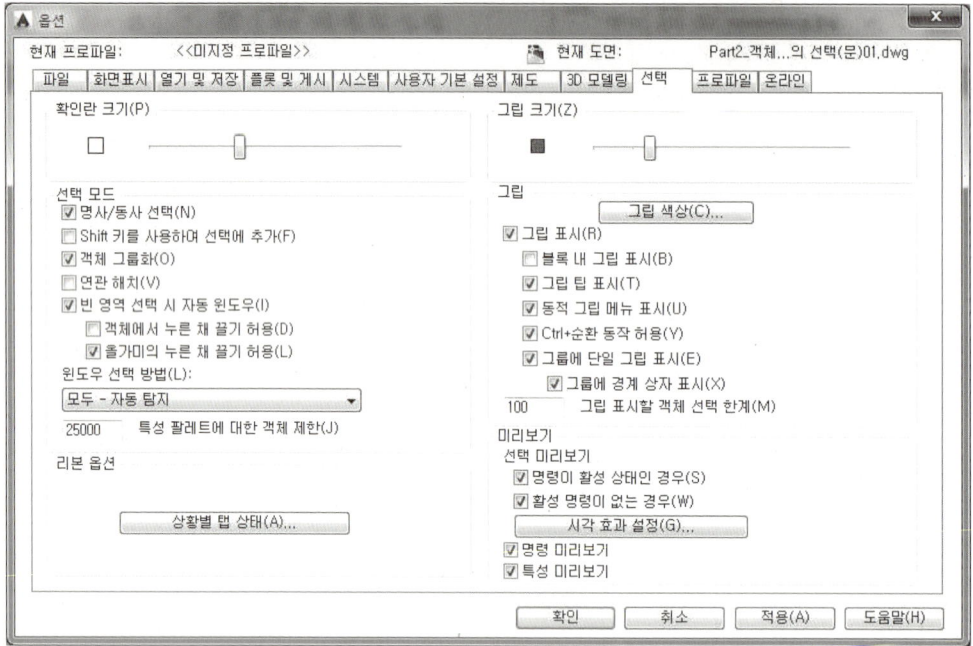

(1) 확인란 크기(P) : 확인란(선택 상자)의 크기를 조절합니다. 선택 상자는 편집 명령에서 객체를 선택하기 위해 나타나는 사각형 상자를 말합니다. 너무 작게 설정하면 선택하는데 불편하고, 너무 크게 설정하면 범위가 커서 원하지 않는 객체를 선택할 수 있으므로 적당한 크기(중간에서 약간 앞쪽 값)로 설정해야 합니다. 슬라이드 바를 움직여 조절합니다. 시스템 변수 'PICKBOX'에 저장됩니다.

(2) 선택 모드 : 객체의 선택 방법을 지정하는데 이들 설정은 여러 방식으로 조합할 수 있습니다.

① 명사/동사 선택(N) : 객체를 선택한 다음 편집이나 조회 명령을 사용할 수 있도록 합니다. 체크를 하면, 객체를 먼저 선택한 후 명령(복사, 이동, 배열, 회전, 지우기 등)을 실행할 수 있게 합니다. 예를 들어, 이 항목을 체크하지 않으면 원을 선택한 후 Delete 키를 눌러도 지워지지 않습니다. 시스템 변수 'PICKFIRST' 값에 영향을 줍니다.

② Shift 키를 사용하여 선택에 추가(S) : 체크를 하면 기존 선택된 객체에 새로운 객체를 추가할 때 Shift 키를 누르면서 선택해야 합니다. 시스템 변수 'PICKADD' 값에 영향을 줍니다.

[TIP] 객체를 선택했을 때 한 개를 선택하고 추가로 다른 객체를 선택하면 이전 선택된 객체가 선택에서 제외(실선으로 바뀜)되어 가장 최근 선택한 객체 그룹만 선택된 경우는 이 항목이 체크되어 발생하는 현상입니다. 이때는 이 항목의 체크를 없애든가, Shift 키를 누르면서 객체를 선택하면 복수의 객체를 선택할 수 있습니다. 기본적으로 이 항목은 체크를 하지 않는 것이 좋습니다.

③ 객체 그룹화(O) : 객체 선택 시 그룹화된 객체를 하나로 취급할 것인가에 대한 켜기/끄기를 제어합니다. 이 항목은 기본적으로 체크합니다.

④ 연관 해치(V) : 해치된 객체에 대해 해치 무늬와 경계선을 하나로 취급할 것인가에 대한 켜기/끄기를 제어합니다.

⑤ 빈 영역 선택 시 자동 윈도우(I) : 객체 선택 메시지 {객체 선택:}가 표시되면 자동으로 선택 윈도우를 그립니다. 이 항목은 기본적으로 체크합니다.

⑥ 객체에서 누른 채 끌기 허용(D) : 이 옵션을 선택하면 한쪽 구석에서 클릭하고 마우스 버튼을 누른 채 반대 모서리로 끌고 가서 마우스에서 손을 놓아 선택 윈도우를 그립니다. 이 항목은 체크를 하지 않는 것이 좋습니다. 시스템 변수 'PICKADD' 값에 영향을 줍니다.

⑦ 올가미의 누른 채 끌기 허용(L) : 올가미 방법으로 객체를 선택할 때 드래그의 허용여부를 지정합니다.

⑧ 윈도우 선택 방법 : 윈도우 창을 통해 선택하는 방법을 리스트에서 선택합니다.

- 클릭과 클릭 : 두 번의 클릭으로 선택 범위를 지정합니다. 즉, 시작 위치의 클릭과 범위를 지정하는 두 번째 점 클릭으로 지정합니다.
- 클릭과 드래그 : 윈도우 클릭과 드래그에 의해 선택을 지정합니다. 첫 번째 점을 클릭한 후 드래그하여 버튼을 놓으면 두 점 사이의 범위가 선택됩니다.
- 모두-자동 탐색 : 위의 두 가지 방법 모두를 적용합니다.

⑨ 특성 팔레트의 객체 제한(J) : 특성 팔레트에서 한 번에 변경할 수 있는 객체 수의 한계를 지정합니다.

(3) 리본 옵션
리본 상황별 탭의 표시를 위한 객체 선택 설정을 지정할 수 있는 대화상자가 나타납니다.

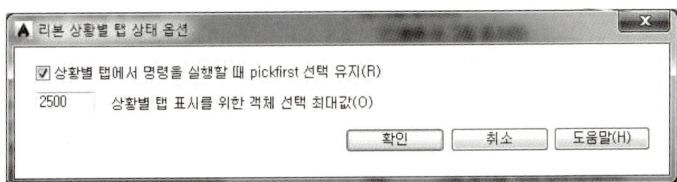

(4) 그립 크기(Z) : 그립(맞물림)의 크기를 조절합니다. 슬라이드 바를 움직여 조절합니다. 시스템 변수 'GRIPSIZE'의 값에 영향을 줍니다.

(5) 그립 : 선택 객체에 대한 표식(GRIP)에 대한 환경을 설정합니다.

① 그립 색상(C) : 다음의 대화상자를 통해 그립의 색상을 설정합니다.

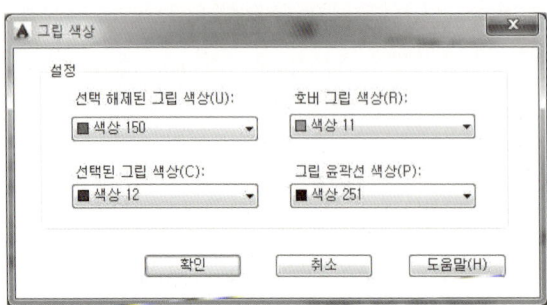

② 그립 표시(R) : 선택한 객체에서 그립의 표시를 조정합니다. 그립을 선택하고 바로 가기 메뉴를 사용하여 그립이 있는 객체를 편집할 수 있습니다. 도면에 그립을 표시하면 성능이 현저하게 떨어집니다. 성능을 최적화하려면 이 옵션을 선택하지 말아야 합니다.

③ 블록내 그립 표시(B) : 블록 객체에 대한 그립의 표시 여부를 지정합니다.

④ 그립 팁 표시(T) : 그립 팁을 지원하는 사용자 객체의 그립 주변을 커서가 맴돌면 그립 특정 팁을 표시합니다.

⑤ 동적 그립 메뉴 표시(U) : 다기능 그립 위에 마우스를 놓을 때 동적 메뉴 표시를 조정합니다.

⑥ Ctrl + 순환동작 허용(L) : 다기능 그립의 Ctrl + 순환 동작을 허용합니다.

⑦ 그룹에 단일 그립 표시(E) : 그룹 객체에 대해 단일 그립의 표시 여부를 지정합니다.

⑧ 그립 표시할 객체 선택 한계(M) : 지정한 수보다 많은 객체가 선택되면 그립 표시를 억제합니다. 유효한 범위는 1에서 32,767까지입니다. 기본 설정 값은 '100'입니다.

(6) 미리보기 : 선택 상자(확인란) 커서를 객체 위로 움직였을 때 객체의 강조 표시 여부를 지정합니다. 명령이 기동되었을 때 강조 표시와 명령이 기동되지 않았을 때도 강조 표시 여부를 지정합니다.

① 선택 미리보기 : 객체의 선택 여부를 미리 보고자 하는 옵션을 지정합니다.

② 시각 효과 설정(G) : 다음과 같은 대화상자를 통해 객체를 선택할 때 시각 효과를 지정합니다.

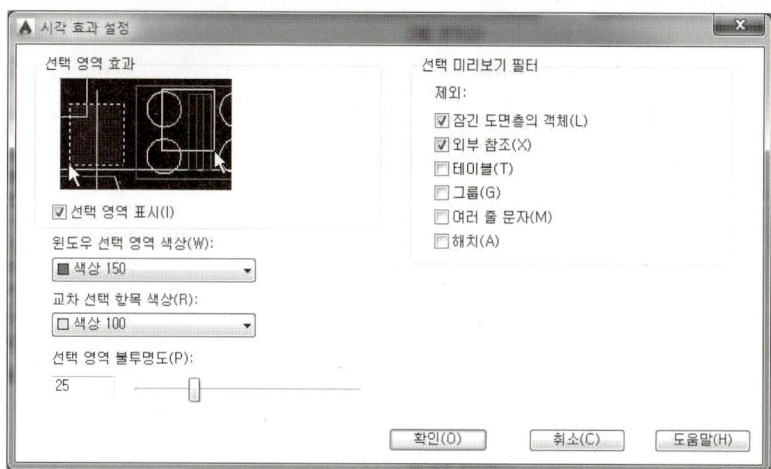
시각 효과 설정 대화상자

PART3
객체의 작성 및 편집

앞 단원에서 학습한 내용을 토대로 다양한 AutoCAD 명령을 익히며
객체(도면)를 작도하는 실습을 하겠습니다.

07; 객체의 작성과 편집을 위한 기초 명령

08; 도면 열기와 저장

07; 객체의 작성과 편집을 위한 기초 명령

AutoCAD 2015

도면 작업은 객체의 작성과 편집의 반복입니다. 앞에서 학습한 선(LINE)과 복사(COPY) 명령과 함께 객체의 작성과 편집을 위한 기초 명령을 중심으로 알아보겠습니다.

다음과 같은 도면을 작도하겠습니다.

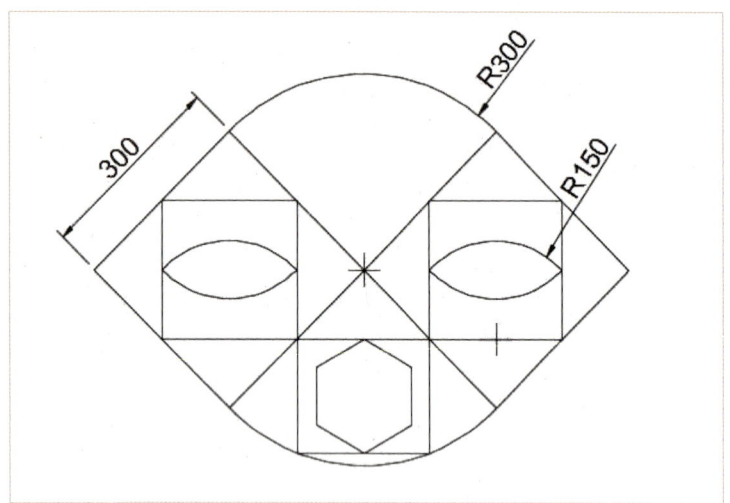

1 극좌표 추적에 의한 마름모꼴 작성

한 변의 길이가 '300'인 마름모꼴을 작도하겠습니다. 선 명령으로 사각형을 작도하여 45도 회전하는 방법도 있지만 여기에서는 앞에서 학습한 '극좌표 추적하기(POLAR)' 기능을 이용하여 마름모꼴을 작도하겠습니다.

01 '도면 한계(LIMITS)' 명령으로 작업할 공간을 만들겠습니다. 여기에서는 1:5 크기의 A4(297× 210)용지를 사용하는 것으로 하겠습니다.

{명령:}에서 'LIMITS'를 입력합니다.
{왼쪽 아래 구석 지정 또는 [켜기(ON)/끄기(OFF)] <0.0000,0.0000>:}에서 Enter 또는 Space bar 를 누릅니다.
{오른쪽 위 구석 지정 <420.0000,297.0000>:}에서 '1485,1050'(297×5, 210×5)을 입력합니다.
{명령:}에서 'ZOOM' 또는 'Z'를 입력합니다.
{윈도우 구석을 지정, 축척 비율 (nX 또는 nXP)을 입력, 또는 [전체(A)/중심(C)/동적(D)/범위(E)/이전(P)/축척(S)/윈도우(W)/객체(O)] <실시간>:}에서 'A'를 입력합니다.

02 극좌표 추적의 각도를 설정합니다. 화면 하단의 그리기 도구에서 '극좌표 추적 ⊙'의 옆의 역삼각형(▼)에 마우스를 맞추고 클릭합니다. 다음 그림과 같이 각도 목록이 나타납니다. 목록에서 '45'를 체크합니다.

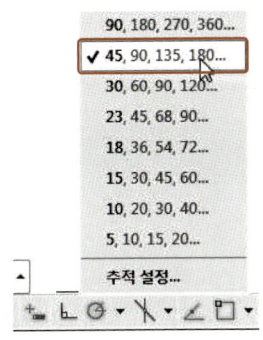

03 앞에서 학습한 방법으로 선(LINE) 명령으로 마름모꼴을 작도합니다. 극좌표를 따라 길이가 '300'인 마름모꼴을 작도합니다.

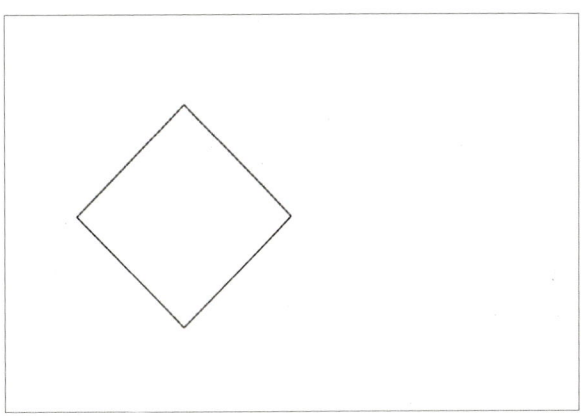

2 직사각형(RECTANG) 명령에 의한 사각형 작도

직사각형(RECTANGLE) 명령을 이용하여 사각형을 작도합니다. 다양한 옵션을 이용하여 사각형을 작도할 수 있습니다.

04 직사각형 명령을 실행합니다. 명령어 'RECTANG' 또는 단축키 'REC'를 입력하거나 '홈' 탭의 '그리기' 패널 또는 도구막대에서 ▯을 클릭합니다.
{첫 번째 구석점 지정 또는 [모따기(C)/고도(E)/모깎기(F)/두께(T)/폭(W)]:}에서 다음 그림과 같이 객체 스냅 '중간점 ✐'을 이용하여 마름모꼴의 중간점을 지정합니다.

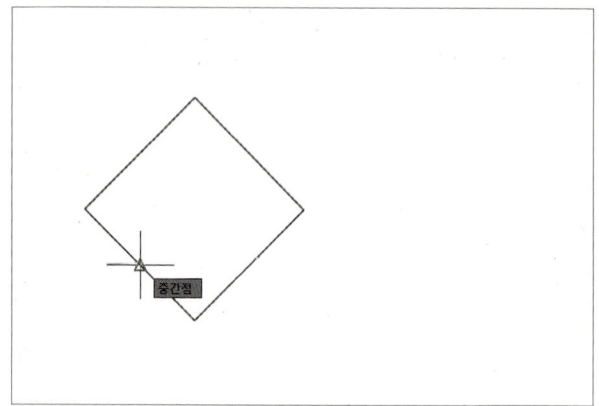

05 {다른 구석점 지정 또는 [영역(A)/치수(D)/회전(R)]:}에서 다음 그림과 같이 객체 스냅 '중간점 ✐'을 이용하여 반대편 마름모꼴의 중간점을 지정합니다.

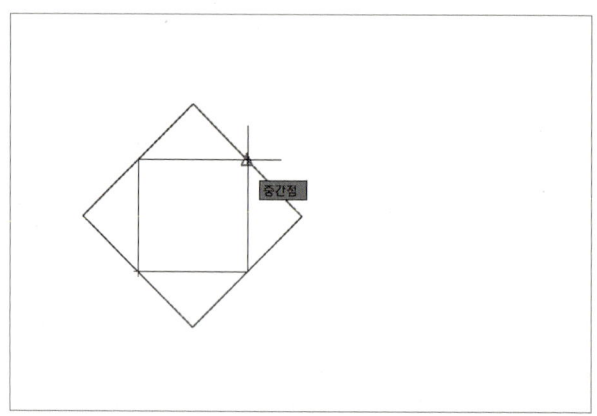

06 다음 그림과 같이 사각형이 작도됩니다.

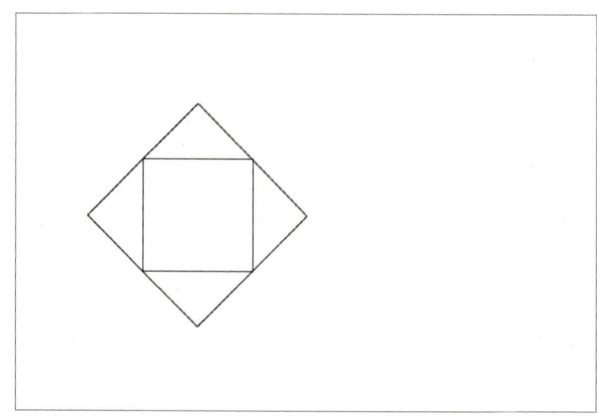

【직사각형(RECTANGLE)】

직사각형을 작도합니다. 옵션을 이용하여 다양한 방법과 모양으로 작도할 수 있습니다. 작도된 선은 폴리선(하나의 연결된 선)의 성격을 갖습니다.

명령 : RECTANG(단축키 : REC)

명령 흐름 : 다양한 옵션으로 직사각형을 작도합니다.

아이콘 버튼 : ▢

01. 두 꼭지점 지정에 의한 사각형

대각선의 두 꼭지점을 지정하여 사각형을 작도합니다.

명령어 'RECTANG' 또는 단축키 'REC'를 입력하거나 리본의 '그리기' 패널 또는 도구막대에서 ▢을 클릭합니다.

{첫 번째 구석점 지정 또는 [모따기(C)/고도(E)/모깎기(F)/두께(T)/폭(W)]:}에서 한 쪽 모서리 좌표 '100,100'을 입력합니다.

{다른 구석점 지정 또는 [영역(A)/치수(D)/회전(R)]:}에서 반대편 꼭지점 좌표로 상대좌표 '@150,100'을 입력합니다.

다음 그림과 같이 (100,100) 위치에 한 변의 길이가 '150', 높이가 '100'인 직사각형을 작도합니다.

02. 모따기 및 모깎기 처리된 사각형

각 모서리가 모따기 또는 모깎기된 사각형을 작도합니다.

직사각형 명령을 실행합니다.

{첫 번째 구석점 지정 또는 [모따기(C)/고도(E)/모깎기(F)/두께(T)/폭(W)]:}에서 모따기 옵션 'C'를 입력합니다.

{직사각형의 첫 번째 모따기 거리 지정 〈30.0000〉:}에서 '30'을 입력합니다.

{직사각형의 두 번째 모따기 거리 지정 〈30.0000〉:}에서 '30'을 입력합니다.

{첫 번째 구석점 지정 또는 [모따기(C)/고도(E)/모깎기(F)/두께(T)/폭(W)]:}에서 한쪽 모서리 위치 '100,100'을 입력합니다.

{다른 구석점 지정 또는 [영역(A)/치수(D)/회전(R)]:}에서 상대좌표 '@150,100'을 입력합니다. 다음 그림과 같이 왼쪽 모서리 좌표가 (100,100) 위치에서 변의 길이가 '150'과 '100'으로 각 모서리가 '30'씩 모따기 된 사각형이 작도됩니다.

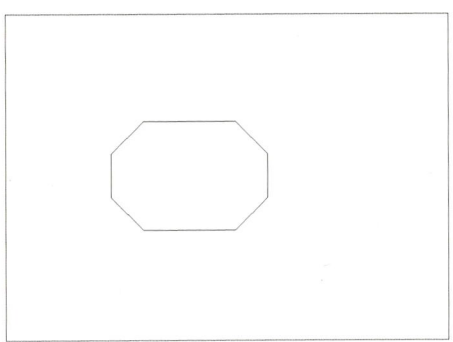

Enter 또는 Space bar를 눌러 직사각형 명령을 다시 시작합니다.

02 {첫 번째 구석점 지정 또는 [모따기(C)/고도(E)/모깎기(F)/두께(T)/폭(W)]:}에서 모깎기 옵션 'F'를 입력합니다.
{직사각형의 모깎기 반지름 지정 <30.0000>:}에서 반지름 값 '30'을 입력합니다.
{첫 번째 구석점 지정 또는 [모따기(C)/고도(E)/모깎기(F)/두께(T)/폭(W)]:}에서 한쪽 모서리 위치 '300,100'을 입력합니다.
{다른 구석점 지정 또는 [영역(A)/치수(D)/회전(R)]:}에서 상대좌표 '@100,100'을 입력합니다.
다음 그림과 같이 (300,100)에 한 변의 길이가 '100'인 정사각형의 각 모서리가 반시름 '30'씩 모깎기 된 사각형이 작도됩니다.

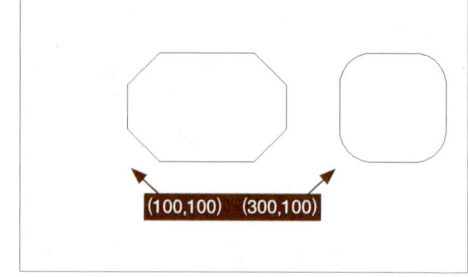

3. 기울어진 사각형과 지정 면적의 사각형
회전 각도를 지정하여 각도가 있는 기울어진 사각형을 작도할 수 있으며, 지정된 면적으로 직사각형을 작도할 수 있습니다.

01 직사각형 명령을 실행합니다.
{첫 번째 구석점 지정 또는 [모따기(C)/고도(E)/모깎기(F)/두께(T)/폭(W)]:}에서 한쪽 모서리 좌표 '100,100'을 입력합니다.
{다른 구석점 지정 또는 [영역(A)/치수(D)/회전(R)]:}에서 회전 'R'을 입력합니다.
{회전 각도 지정 또는 [선택점(P)] <0>:}에서 회전 각도 '45'를 지정합니다.
{다른 구석점 지정 또는 [영역(A)/치수(D)/회전(R)]:}에서 상대좌표 '100,200'을 입력합니다. 다음 그림과 같이 45노로 비스듬한 직사각형이 작도됩니다.

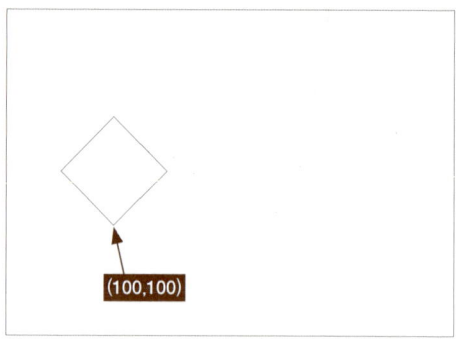

02 Enter 또는 Space bar를 눌러 직사각형 명령을 재실행합니다.
{첫 번째 구석점 지정 또는 [모따기(C)/고도(E)/모깎기(F)/두께(T)/폭(W)]:}에서 좌표 '250,100'을 입력합니다.
{다른 구석점 지정 또는 [영역(A)/치수(D)/회전(R)]:}에서 영역 옵션 'A'를 입력합니다. {현재 단위에 직사각형 영역 입력 <100.0000>:}에서 직사각형의 면적 '10000'을 입력합니다.
{[길이(L)/폭(W)] <길이(L)>를 기준으로 직사각형 치수 계산:}에서 길이 값을 지정하는 'L'을 입력합니다.

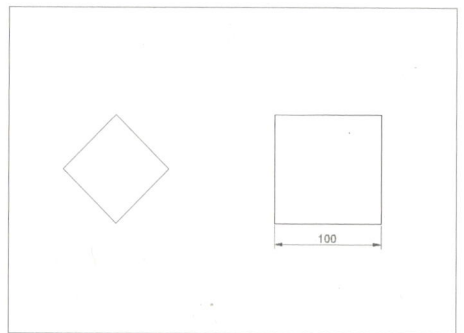

{직사각형 길이 입력 〈10.0000〉:}에서 '100'을 입력합니다. 이렇게 하면 다음 그림과 같이 길이 '100'을 가지면서 영역의 면적이 '10000'인 사각형을 작도합니다.

옵션 설명

(1) {첫 번째 구석점 지정 또는 [모따기(C)/고도(E)/모깎기(F)/두께(T)/폭(W)]:}

- 고도(E) : 바닥에서의 높이를 나타내는 고도를 지정하여 사각형을 작도합니다. 주로 3차원 작업에 유용하게 쓰입니다.
- 두께(T) : 3차원의 값인 두께를 입력하여 작도합니다. 3차원 작업에서 유용하게 쓰입니다. 다음 그림은 높이 '200'을 가진 직사각형(150×100)을 작도한 경우입니다.

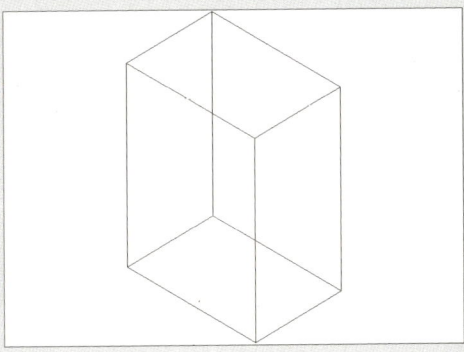

- 폭(W) : 선의 너비를 지정하여 작도합니다. 다음 그림은 너비가 '10'인 직사각형(150×100)인 사각형입니다.

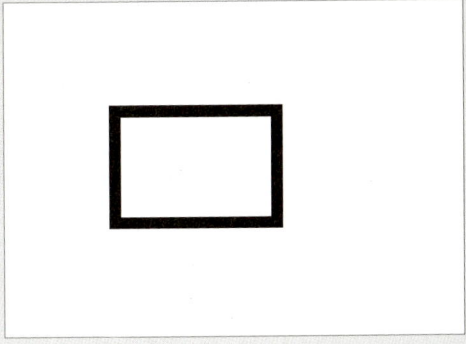

(2) {다른 구석점 지정 또는 [영역(A)/치수(D)/회전(R)]:}

- 치수(D) : 길이와 폭 값을 지정하여 사각형을 작도합니다.

{직사각형의 길이 지정 〈300.0000〉:}에서 길이 '200'을 입력합니다.

{직사각형의 폭 지정 〈200.0000〉:}에서 폭 '300'을 입력합니다.

{다른 구석점 지정 또는 [영역(A)/치수(D)/회전(R)]:}에서 좌표를 지정하면 지정한 길이 '200'과 폭 '300'인 사각형을 작도합니다.

3 원의 일부인 호(ARC)의 작도

이번에는 사각형 내부의 호를 작도하도록 하겠습니다. 호는 원의 일부로 다양한 옵션으로 작도할 수 있습니다.

07 호 명령을 실행합니다. 명령어 'ARC' 또는 단축키 'A'를 입력하거나, '홈' 탭의 '그리기' 패널 또는 도구막대에서 🖉을 클릭합니다.
{호의 시작점 또는 [중심(C)] 지정:}에서 다음 그림과 같이 객체 스냅 '중간점 🖉'을 이용하여 사각형의 오른쪽 선의 중간점을 지정합니다.

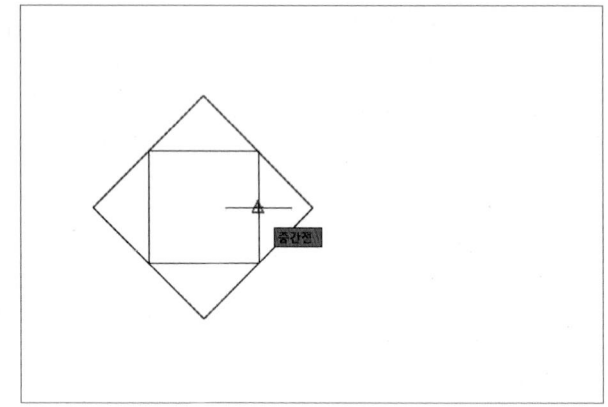

08 {호의 두 번째 점 또는 [중심(C)/끝(E)] 지정:}에서 끝점을 지정하기 위해 'E'를 입력합니다.
{호의 끝점 지정:}에서 다음 그림과 같이 객체 스냅 '중간점 🖉'을 이용하여 사각형의 왼쪽 선의 중간점을 지정합니다.

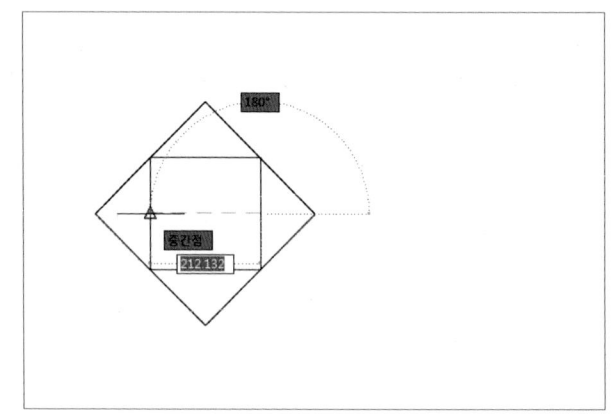

09 {호의 중심점 지정 또는 [각도(A)/방향(D)/반지름(R)]:}에서 다음 그림과 같이 객체 스냅 '중간점 🖉'을 이용하여 사각형의 아래쪽 선의 중간점을 지정합니다.

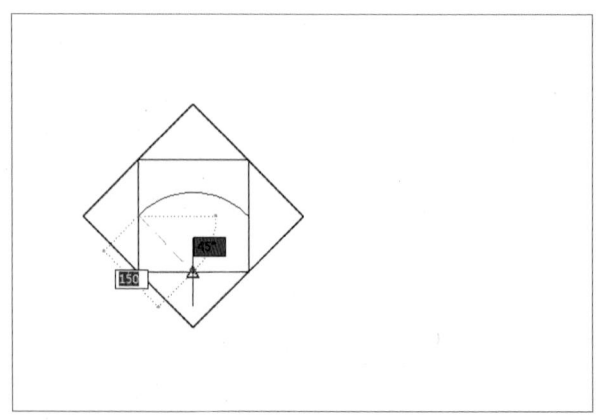

> **참고** | **시작점과 끝점의 지정 및 각도와의 관계**
>
> 호는 반시계 방향(각도의 측정 방향)으로 작도되기 때문에 오른쪽이 시작점이 되고 왼쪽이 끝점이 됩니다. AutoCAD의 각도는 3시 방향을 기준으로 반시계 방향으로 진행됩니다. 호를 작도할 때 이 각도의 진행 방향을 고려하여 점을 지정해야 합니다.

10 다음 그림과 같이 호가 작도됩니다.

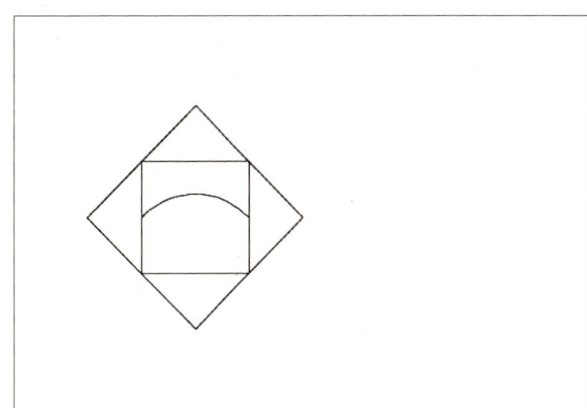

11 동일한 방법으로 아래쪽 호를 작도합니다. 이번에는 아래쪽 호이므로 왼쪽을 먼저 지정하고 오른쪽을 나중에 지정합니다. 다음 그림과 같이 아래쪽 호가 작도됩니다.

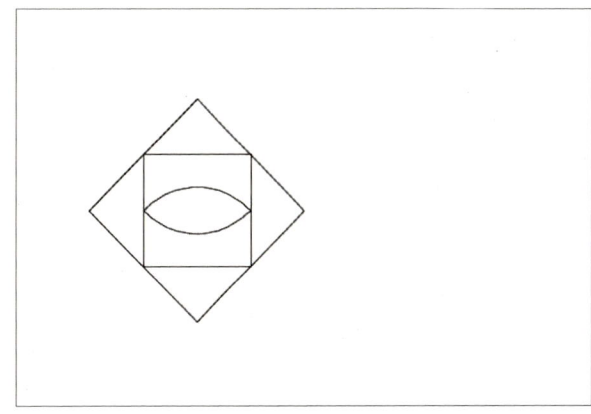

【호(ARC)】
원의 일부분인 호를 작도합니다. 옵션을 이용하여 다양한 방법으로 호를 작도할 수 있습니다.

명령 : ARC(단축키 : A)   아이콘 버튼 :

명령 흐름: 시작점, 끝점, 중심점, 반지름, 현의 길이 등 호를 작도할 수 있는 환경에 따라 다양한 옵션을 지정하여 호를 작도합니다.

앞에서는 시작점, 끝점, 중심점을 지정하여 호를 작도했습니다. 이번에는 시작점, 중심점을 지정하고 호를 이루는 사이 각도를 입력하여 호를 작도해보겠습니다.

(1) 이해를 돕기 위해 다음과 같이 한 변의 길이가 '100'인 정사각형을 작도하겠습니다. 정사각형의 작도 방법은 앞에서 학습한 명령을 참조합니다.

호 명령을 실행합니다. 명령어 'ARC' 또는 단축키 'A'를 입력하거나 '홈' 탭의 '그리기' 패널 또는 도구막대에서 을 클릭합니다.

{호의 시작점 또는 [중심(C)] 지정:}에서 객체 스냅 '끝점 '을 이용하여 끝점을 지정합니다. 지정한 점이 호의 시작점이 됩니다.

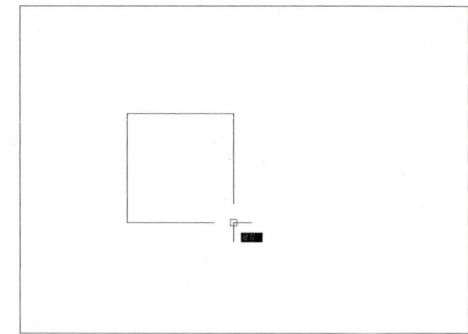

(2) {호의 두 번째 점 또는 [중심(C)/끝(E)] 지정:}에서 중심 옵션 'C'를 입력합니다. {호의 중심점 지정:}에서 객체 스냅 '끝점 '을 이용하여 끝점을 지정합니다. 지정한 점이 호의 중심점이 됩니다.

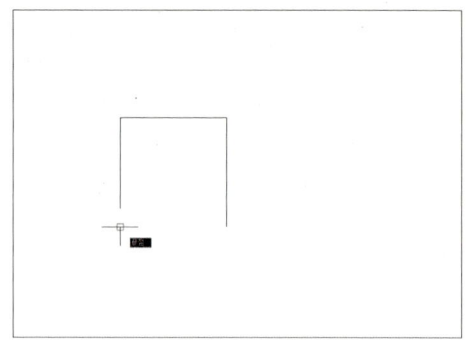

(3) {호의 끝점 지정 또는 [각도(A)/현의 길이(L)]:}에서 각도 옵션 'A'를 입력합니다.

{사이각 지정:}에서 사이각 '90'을 입력합니다.

다음 그림과 같이 지정한 시작점과 중심점으로 한 사이각이 '90도'인 호를 작도합니다.

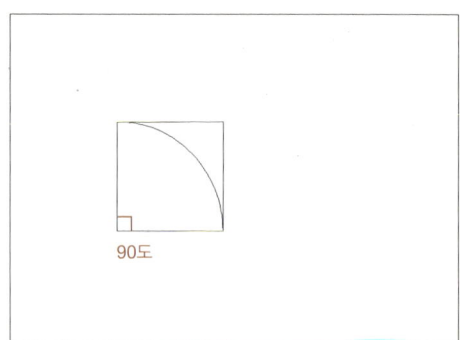

참고 **호를 원으로 변경**

원의 일부인 호를 완전한 형태의 원으로 만들려면 '결합(JOIN)' 명령을 이용해 원으로 바꿀 수 있습니다. 자세한 내용은 '결합(JOIN)' 명령을 참조합니다.

옵션 설명

호를 그리는 방법은 여러 가지가 있습니다. 또, 같은 방법이라 하더라도 점의 지정 순서가 다르기도 합니다. 예를 들어, 시작점→끝점→중심점으로 지정하는 방법도 있고 중심점→시작점→끝점으로 지정하는 방법도 있습니다. 호를 그리는 여러 가지 방법과 순서를 이해한 후, 호를 그리고자 하는 객체의 조건과 환경을 고려하여 사용자가 사용하기 편리한 방법을 선택하도록 합니다.

{중심점 지정 또는 [각도(A)/방향(D)/반지름(R)]:}

(1) **방향(D)** : 지정한 시작점과 끝점에서 지정된 방향으로 호 접선을 작도합니다.

{호의 시작점 또는 [중심(C)] 지정:}에서 시작점을 지정합니다.
{호의 두 번째 점 또는 [중심(C)/끝(E)] 지정:}에서 'E'를 지정합니다.
{호의 끝점 지정:}에서 호의 끝점을 지정합니다.
{호의 중심점 지정 또는 [각도(A)/방향(D)/반지름(R)]:} 에서 방향 옵션인 'D'를 지정합니다. {호의 시작점에 대해 접선 방향을 지정:}에서 방향을 지정합니다.

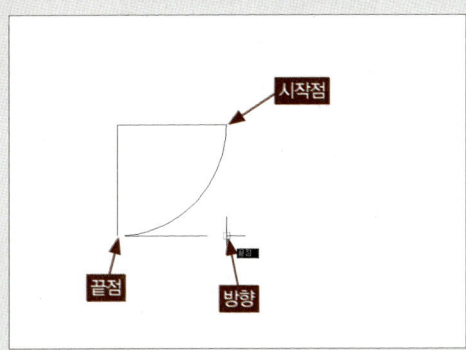

(2) **반지름(R)** : 작도하고자 하는 반지름 값을 알고 있을 때 유용하며, 시작점과 끝점을 기준으로 주어진 반지름의 호를 작도합니다.

(3) **현의 길이(L)** : 시작점 및 중심점이 있고 현의 길이를 알거나 일정한 현의 길이로 호를 작도하고자 할 때 유용합니다.
{호의 시작점 또는 [중심(C)] 지정:}에서 호의 시작점을 지정합니다.
{호의 두 번째 점 또는 [중심(C)/끝(E)] 지정:}에서 중심 옵션인 'C'를 입력합니다.
{호의 중심점 지정:}에서 호의 중심점을 지정합니다.
{호의 끝점 지정 또는 [각도(A)/현의 길이(L)]:}에서 현의 길이 옵션인 'L'을 입력합니다. {현의 길이 지정:}에서 현의 길이 '200'을 지정합니다.

> **참고** **호의 옵션 컨트롤(아이콘)**
>
> 앞에서 설명했듯이 AutoCAD는 호를 그리는 다양한 방법을 제공하고 있습니다. 이 다양한 방법을 옵션을 하나씩 선택해서 그릴 수도 있지만 하나의 컨트롤(아이콘)을 지정해 옵션 문자를 입력하지 않고 진행할 수도 있습니다.
>
> 이 컨트롤은 리본의 '그리기' 패널의 '호' 컨트롤을 보면 작은 역삼각형이 보입니다. 이것을 '플라이아웃'이라고 합니다. 이 플라이아웃을 누르면 호를 작도하는 다양한 방법의 컨트롤(아이콘)이 나타납니다. 이때, 사용자가 작도하고자 하는 방법에 해당하는 컨트롤을 선택하면 됩니다. 제공되는 방법과 컨트롤은 그림과 같이 11가지 가 있습니다.
>
> 옵션 컨트롤을 선택하게 되면 하나씩 옵션을 입력하지 않아도 옵션을 선택한 것과 같은 방법으로 호를 작도할 수 있습니다. 즉, 옵션을 선택하는 절차가 생략되므로 효율적인 작업이 될 수 있는 것입니다.

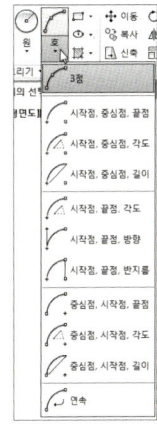

호의 옵션 컨트롤

12 복사 명령을 실행합니다. 명령어 'COPY' 또는 단축키 'CP'를 입력하거나, '홈' 탭의 '수정' 패널 또는 도구막대에서 ଞ을 클릭합니다.
{객체 선택:}에서 복사할 객체를 감싸기 위해 빈 공간을 클릭합니다.
{반대 구석 지정:}에서 다음 그림과 같이 객체가 감싸질 수 있도록 반대편 구석을 지정합니다. {7개를 찾음}
{객체 선택:}에서 Enter 또는 Space bar 를 눌러 선택을 종료합니다.

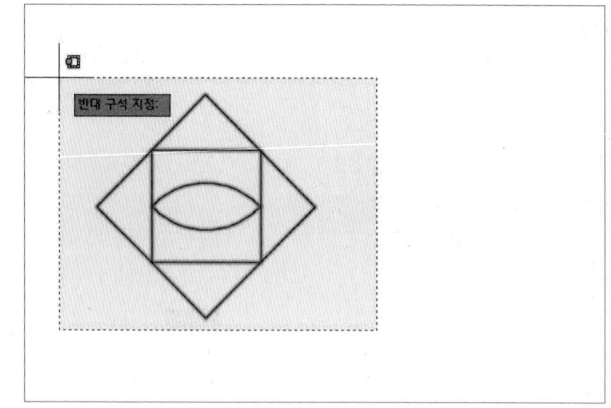

13 {현재 설정: 복사 모드 = 다중(M)}
{기본점 지정 또는 [변위(D)/모드(O)] <변위(D)>:}에서 객체 스냅 '끝점 ✐' 또는 '교차점 ✕'을 이용하여 복사 기준점을 지정합니다.

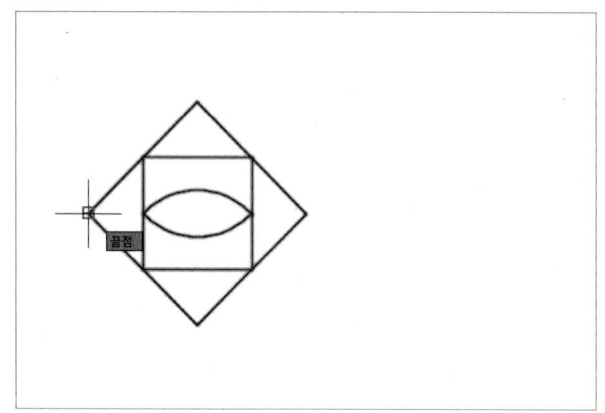

14 {두 번째 점 지정 또는 [배열(A)] <첫 번째 점을 변위로 사용>:}에서 객체 스냅 '끝점 ✐' 또는 '교차점 ✕'을 이용하여 복사할 기준점을 지정합니다.

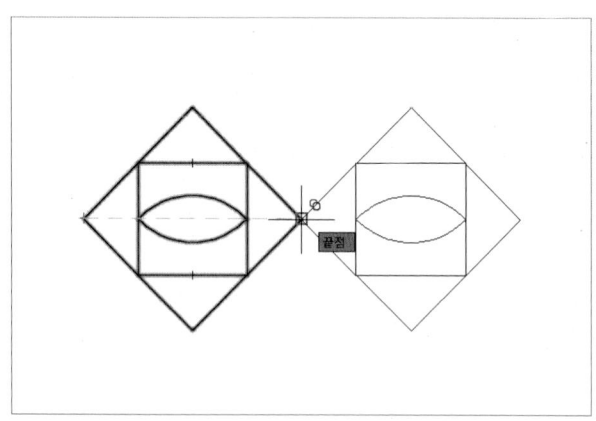

15 {두 번째 점 지정 또는 [배열(A)/종료(E)/명령 취소(U)] <종료>:}에서 Enter 또는 Space bar를 눌러 복사를 종료합니다. 다음 그림과 같이 객체가 복사됩니다.

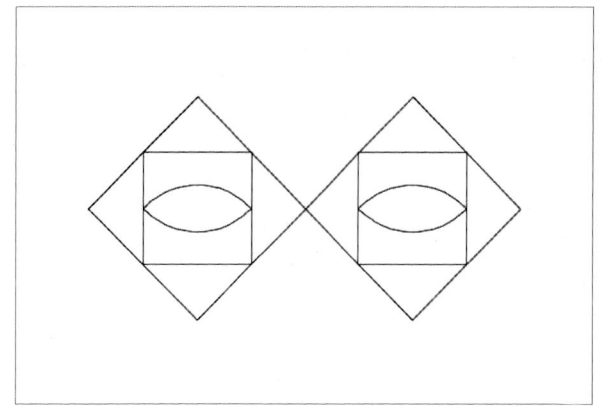

16 위쪽의 호를 작도합니다. 호 명령을 실행합니다. 명령어 'ARC' 또는 단축키 'A'를 입력하거나, '홈' 탭의 '그리기' 패널 또는 도구막대에서 ⌒을 클릭합니다.
{호의 시작점 또는 [중심(C)] 지정:}에서 다음 그림과 같이 객체 스냅 '끝점 ✦'을 이용하여 오른쪽 마름모꼴의 위쪽 꼭지점을 지정합니다.

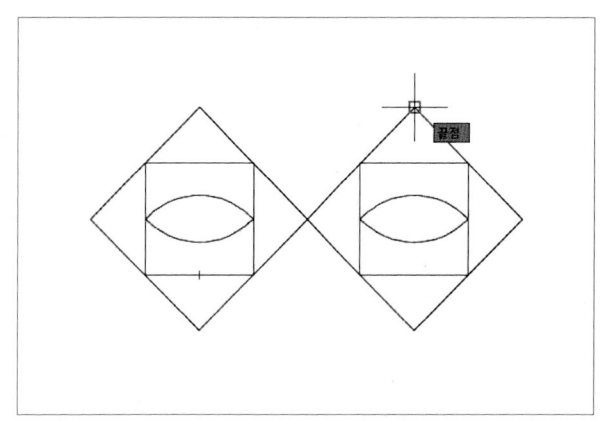

17 {호의 두 번째 점 또는 [중심(C)/끝(E)] 지정:}에서 끝점을 지정하는 옵션 'E'를 입력합니다.
{호의 끝점 지정:}에서 객체 스냅 '끝점 ✦'을 이용하여 왼쪽 마름모꼴의 위쪽 끝점을 지정합니다.

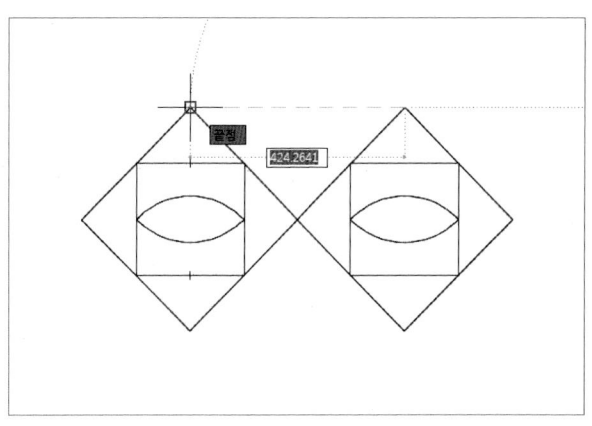

18 {호의 중심점 지정 또는 [각도(A)/방향(D)/반지름(R)]:}에서 반지름을 지정하는 옵션 'R'을 입력합니다. {호의 반지름 지정:}에서 반지름 값 '300'을 지정합니다. 다음 그림과 같이 반지름 '300'인 호가 작도됩니다.

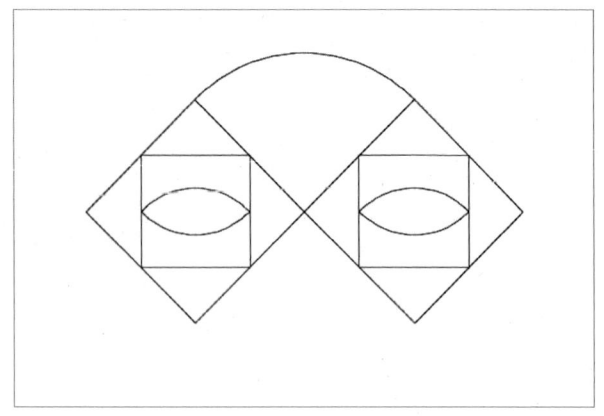

4 기준선을 중심으로 대칭 복사하는 대칭(MIRROR)

이번에는 '대칭(MIRROR)' 명령을 이용하여 위쪽의 호를 대칭 복사하겠습니다.

19 대칭 명령을 실행합니다. 명령어 'MIRROR' 또는 단축키 'MI'를 입력하거나, '홈' 탭의 '수정' 패널 또는 도구 막대에서 ▲을 클릭합니다.
{객체 선택:}에서 다음 그림과 같이 선택상자로 호를 선택합니다. {1개를 찾음}
{객체 선택:}에서 Enter 또는 Space bar 를 눌러 선택을 종료합니다.

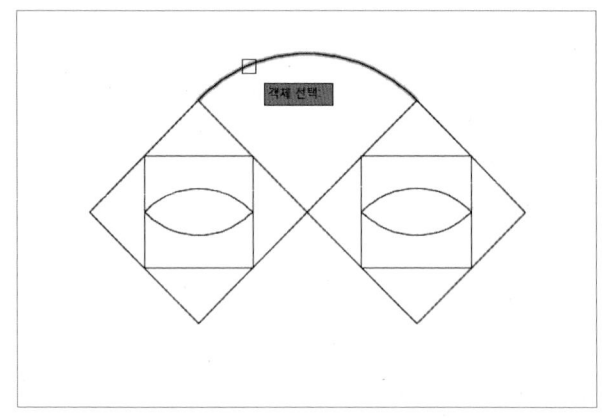

20 {대칭선의 첫 번째 점 지정:}에서 객체 스냅 '끝점 ✐'을 이용하여 왼쪽 마름모꼴의 끝점을 지정합니다. {대칭선의 두 번째 점 지정:}에서 다음 그림과 같이 객체 스냅 '끝점 ✐'을 이용하여 오른쪽 마름모꼴의 끝점을 지정합니다.

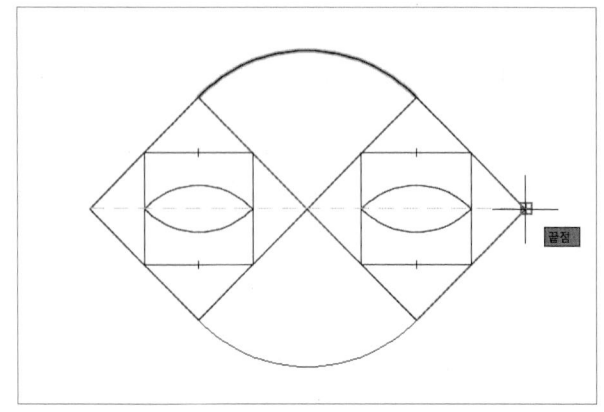

21 {원본 객체를 지우시겠습니까? [예(Y)/아니오(N)] ⟨N⟩:}에서 'N'을 입력하거나 Enter 또는 Space bar 를 눌러 디폴트 값(N)을 채용합니다. 다음 그림과 같이 위쪽의 호가 양쪽 대칭점을 기준으로 대칭 복사됩니다.

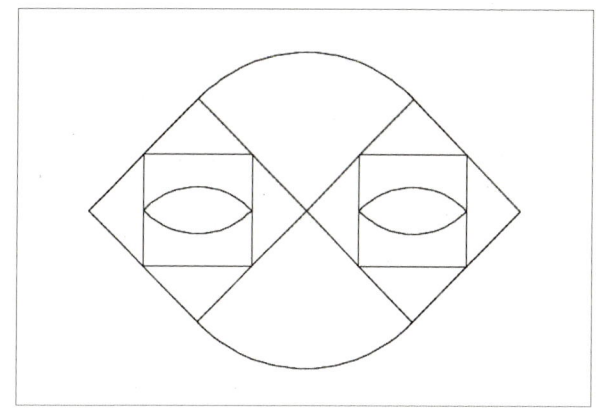

【대칭(MIRROR)】

기준면(두 점으로 만드는 기준선)을 기준으로 대칭되는 객체를 작성합니다. 상 · 하 또는 좌 · 우 대칭인 객체를 작성할 때 유용하게 쓰입니다.

명령 : MIRROR(단축키 : MI)　　　　　　　　　　　아이콘 버튼 : ⚞

명령 흐름 : 대칭할 객체를 선택한 후 대칭면을 지정(두 점)하여 원본 객체를 지울 것인가 묻습니다.

옵션 설명

{원본 객체를 지우시겠습니까? [예(Y)/아니오(N)] ⟨N⟩:}

- **예(Y)** : 선택된 객체(원본 객체)를 지우고 대칭으로 복사합니다. 위의 예에서 'Y'를 입력하면 다음 그림과 같이 원본 객체가 지워지면서 대칭으로 복사됩니다.

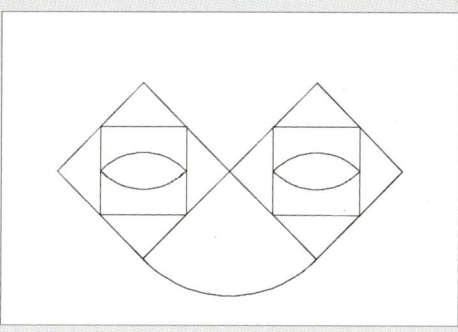

22 아래쪽의 사각형을 작도합니다. 직사각형 명령을 실행합니다. {첫 번째 구석점 지정 또는 [모따기(C)/고도(E)/모깎기(F)/두께(T)/폭(W)]:}에서 다음 그림과 같이 객체 스냅 '교차점 ✕' 또는 '끝점 ▱'을 이용하여 왼쪽 마름모꼴과 사각형이 교차하는 점을 지정합니다.

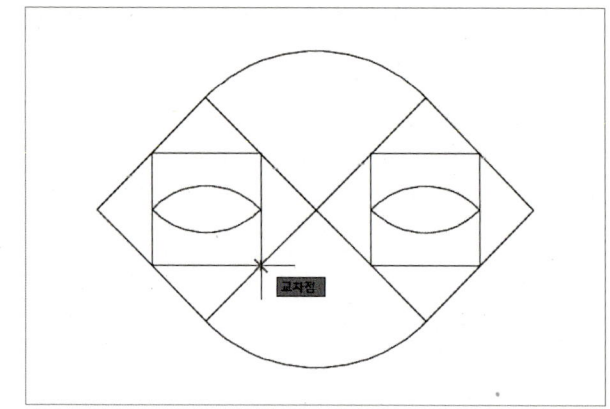

23 {다른 구석점 지정 또는 [영역(A)/치수(D)/회전(R)]:}에서 객체 스냅 추적을 이용하여 왼쪽 사각형과 호의 교차점, 오른쪽 사각형 끝점과 호의 교차점을 추적하여 다음 그림과 같이 지정합니다.

[TIP] 객체 스냅 추적은 설정한 객체 스냅을 추적하여 점을 찾아줍니다. 화면 하단에 있는 그리기 도구의 '객체 스냅 추적 ∠'이 켜져(ON) 있어야 합니다. 앞 단원의 '객체 스냅 추적하기'를 참조합니다.

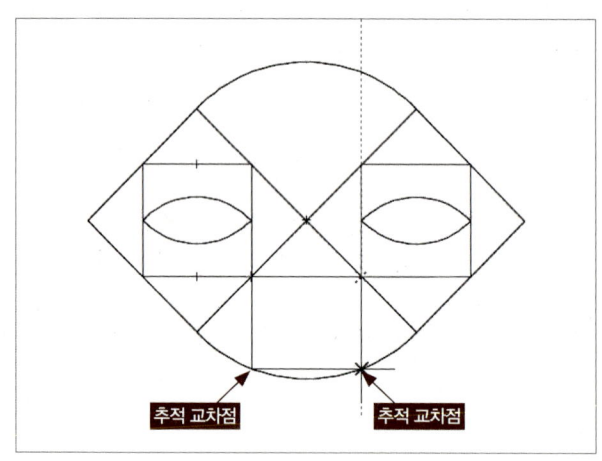

다음 그림과 같이 작도됩니다.

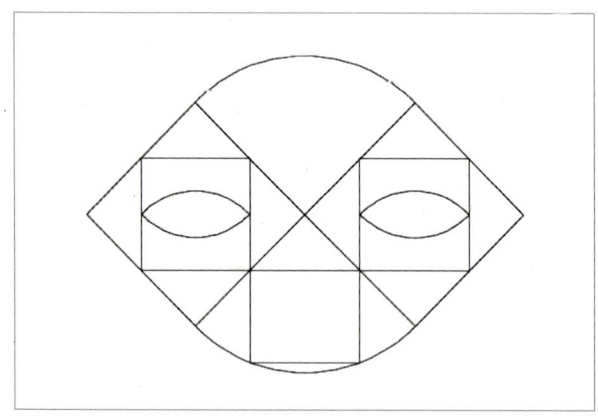

5 다각형을 작도하는 다각형(POLYGON)

다각형을 작도하는 '다각형(POLYGON)' 명령으로 육각형을 작도합니다.

24 다각형 명령을 실행합니다. 명령어 'POLYGON' 또는 단축키 'POL'을 입력하거나 '홈' 탭의 '그리기' 패널 또는 도구막대에서 ⬡을 클릭합니다.
{면의 수 입력 <4>:}에서 다각형 면의 수 '6'을 입력합니다.
{다각형의 중심을 지정 또는 [모서리(E)]:}에서 객체 스냅 추적하기를 이용하여 사각형의 가로와 세로 양쪽 중간점을 추적하여 다음 그림과 같이 중심을 지정합니다.

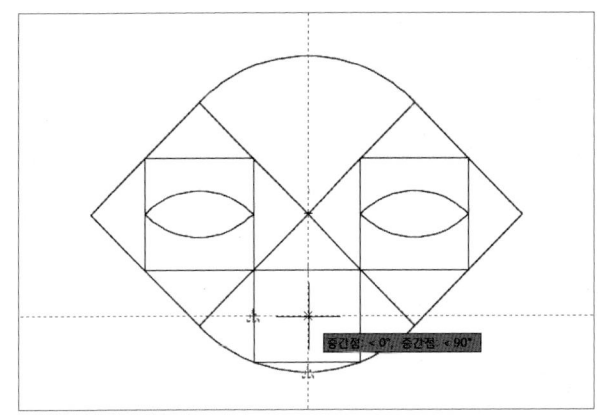

25 {옵션을 입력 [원에 내접(I)/원에 외접(C)] <I>:}에서 내접 'I'를 입력합니다.
{원의 반지름 지정:}에서 다음 그림과 같이 객체 스냅 '중간점 '을 이용하여 사각형 가로선의 중간점을 지정합니다.

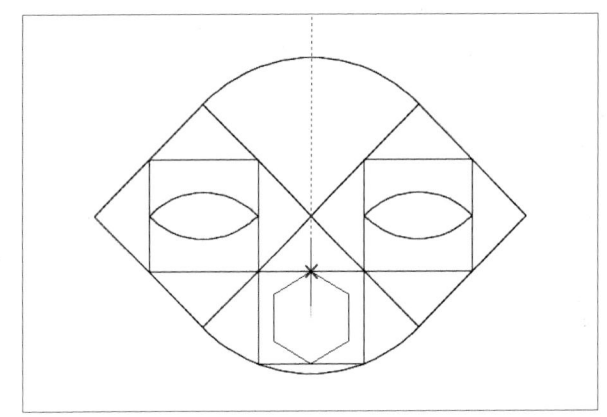

다음 그림과 같이 도면이 완성됩니다.

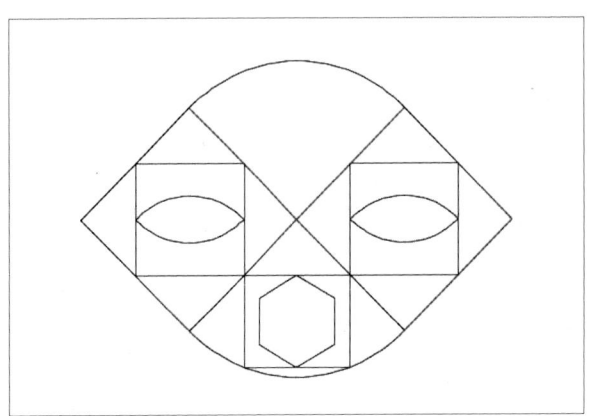

【다각형(POLYGON)】

3각형부터 1024각형까지 다각형을 작도합니다. 작도된 선은 폴리선의 성격을 갖습니다.

명령 : POLYGON(단축키 : POL)　　　　　　　　　　　　　　　아이콘 버튼 : ⌂

명령 흐름 : 작도할 다각형의 변의 수를 지정한 후 중심점과 원의 내외접 여부를 지정한 후 원의 크기를 지정합니다. 한 변의 길이를 지정하여 작도할 수도 있습니다.

앞의 실습에서는 원의 중심과 반지름으로 다각형을 작도하였으므로 이번에는 모서리의 크기를 지정하여 8각형을 작도해보겠습니다.

(1) 다각형(POLYGON) 명령을 실행합니다.

　{면의 수 입력 〈6〉:}에서 '8'을 입력합니다.

　{다각형의 중심을 지정 또는 [모서리(E)]:}에서 모서리 옵션 'E'를 지정합니다.

　{모서리의 첫 번째 끝점 지정:}에서 첫 번째 끝점을 지정합니다.

　{모서리의 두 번째 끝점 지정:}에서 다음 그림과 같이 모서리의 크기가 되는 위치를 지정합니다.

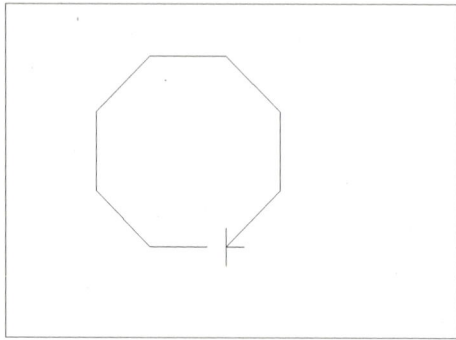

(2) 다음 그림과 같이 첫 번째 점과 두 번째 점의 길이를 한 변으로 하는 8각형이 작도됩니다.

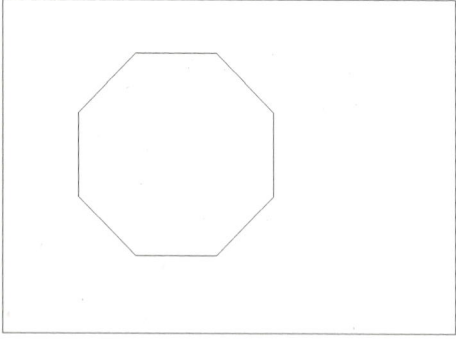

옵션 설명

{옵션을 입력 [원에 내접(I)/원에 외접(C)] <I>:}

- 원의 외접(C) : 원에 외접(원의 바깥쪽)하는 다각형을 작도합니다. 다음 그림은 원에 외접하는 5각형의 예입니다.

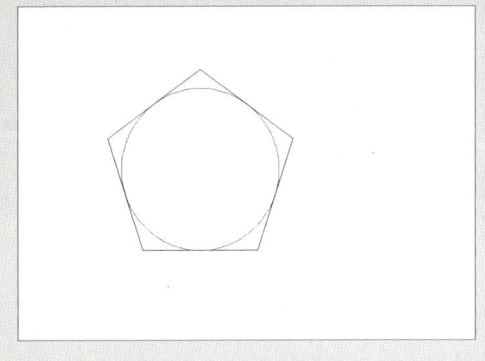

참고 다각형의 편집

다각형은 폴리선의 성격을 가지고 있기 때문에 각 면 객체가 하나의 객체로 이루어져 있습니다. 따라서, 다각형의 일부 선을 편집(삭제, 색상 변경 등)하려면 '분해(EXPLODE)' 명령을 이용해 분해한 후 편집해야 합니다.

6 폴리선(PLOYLINE)으로 작도하는 클립

다음과 같은 클립을 폴리선으로 작도해보도록 하겠습니다.

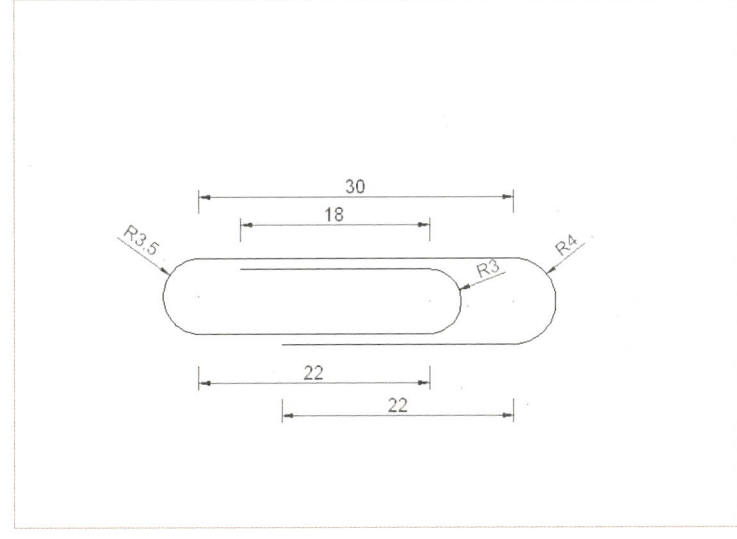

01 명령어 'PLINE' 또는 단축키 'PL'을 입력하거나 '홈' 탭의 '그리기' 패널 또는 도구막대에서 을 클릭합니다.
{시작점 지정:}에서 시작점 '100,100'을 입력합니다.
{현재의 선 폭은 0.0000임. 다음점 지정 또는 [호(A)/반폭(H)/길이(L)/명령 취소(U)/폭(W)]:}에서 상태 영역에 있는 그리기 도구막대의 '직교 ㄴ'를 클릭하거나 기능키 [F8]을 눌러 직교모드를 켭니다. 마우스 커서를 X축 방향(0도 방향)으로 맞춘 후 '22'를 입력합니다. 다음 그림과 같이 선이 작도됩니다.

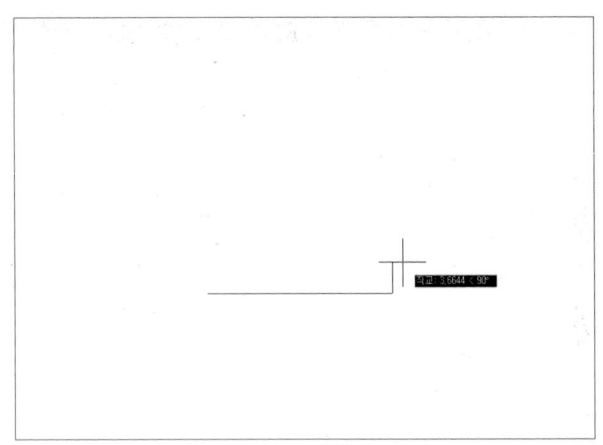

02 {다음점 지정 또는 [호(A)/닫기(C)/반폭(H)/길이(L)/명령 취소(U)/폭(W)]:}에서 호를 작도하기 위해 'A'를 입력합니다.
{호의 끝점 지정 또는 [각도(A)/중심(CE)/닫기(CL)/방향(D)/반폭(H)/선(L)/반지름(R)/두 번째 점(S)/명령 취소(U)/폭(W)]:}에서 마우스 커서를 Y축 방향(90도 방향)으로 맞춘 후 '8'을 입력합니다. 다음 그림과 같이 지름이 '8'인 호가 작도됩니다.

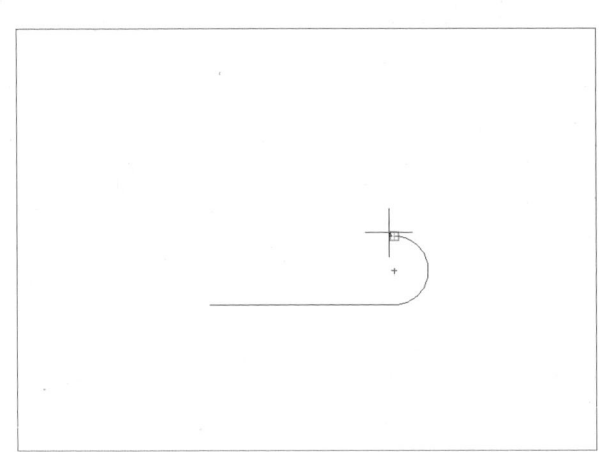

03 {호의 끝점 지정 또는 [각도(A)/중심(CE)/닫기(CL)/방향(D)/반폭(H)/선(L)/반지름(R)/두 번째 점(S)/명령 취소(U)/폭(W)]:}에서 다시 선을 작도하기 위해서 옵션 'L'을 입력합니다.
{다음점 지정 또는 [호(A)/닫기(C)/반폭(H)/길이(L)/명령 취소(U)/폭(W)]:}에서 −X축 방향(180도 방향)으로 맞춘 후 '30'을 입력합니다. 다음 그림과 같이 작도됩니다.

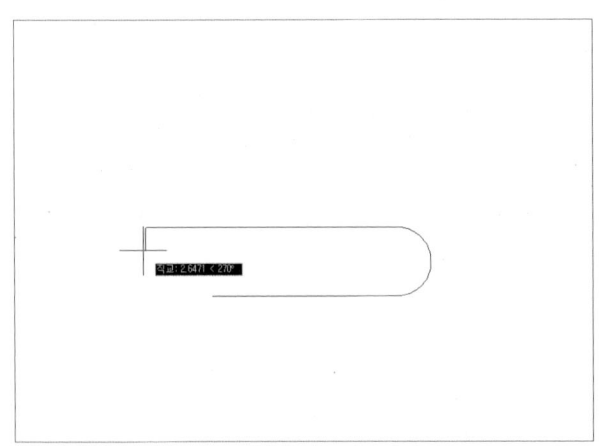

04 {다음점 지정 또는 [호(A)/닫기(C)/반폭(H)/길이(L)/명령 취소(U)/폭(W)]:}에서 다시 호를 작도하기 위해 'A'를 입력합니다.
{호의 끝점 지정 또는 [각도(A)/중심(CE)/닫기(CL)/방향(D)/반폭(H)/선(L)/반지름(R)/두 번째 점(S)/명령 취소(U)/폭(W)]:}에서 -Y축 방향(270도 방향)으로 맞춘 후 '7'을 입력합니다. 다음 그림과 같이 지름이 '7'인 호가 작도됩니다.

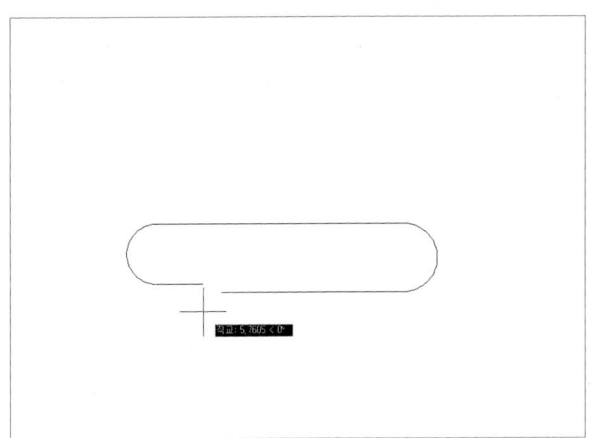

05 {호의 끝점 지정 또는 [각도(A)/중심(CE)/닫기(CL)/방향(D)/반폭(H)/선(L)/반지름(R)/두 번째 점(S)/명령 취소(U)/폭(W)]:}에서 다시 'L'을 입력합니다.
{다음점 지정 또는 [호(A)/닫기(C)/반폭(H)/길이(L)/명령 취소(U)/폭(W)]:}에서 X축 방향(0도 방향)으로 맞춘 후 '22'를 입력합니다. 다음 그림과 같이 작도됩니다.

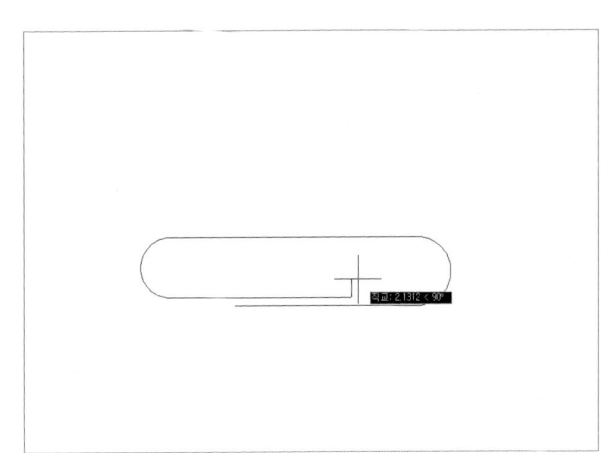

06 {다음점 지정 또는 [호(A)/닫기(C)/반폭(H)/길이(L)/명령 취소(U)/폭(W)]:}에서 다시 호를 작도하기 위해 'A'를 입력합니다.
{호의 끝점 지정 또는 [각도(A)/중심(CE)/닫기(CL)/방향(D)/반폭(H)/선(L)/반지름(R)/두 번째 점(S)/명령 취소(U)/폭(W)]:}에서 Y축 방향(90도 방향)으로 맞춘 후 '6'을 입력합니다. 다음 그림과 같이 지름이 '6'인 호가 작도됩니다.

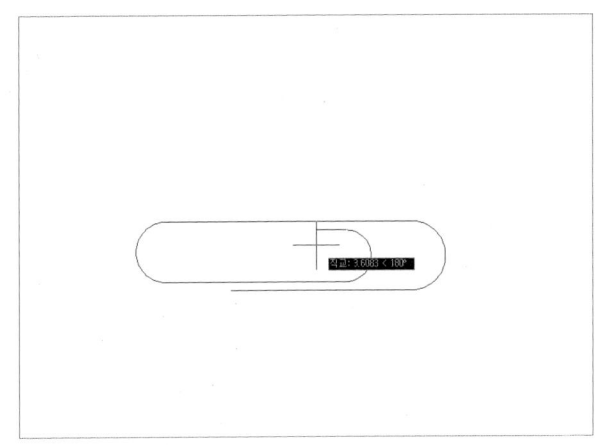

07 {호의 끝점 지정 또는 [각도(A)/중심(CE)/닫기(CL)/방향(D)/반폭(H)/선(L)/반지름(R)/두 번째 점(S)/명령 취소(U)/폭(W)]:}에서 다시 'L'을 입력합니다.
{다음점 지정 또는 [호(A)/닫기(C)/반폭(H)/길이(L)/명령 취소(U)/폭(W)]:}에서 −X축 방향(180도 방향)으로 맞춘 후 '18'을 입력합니다.
{다음점 지정 또는 [호(A)/닫기(C)/반폭(H)/길이(L)/명령 취소(U)/폭(W)]:}에서 Enter 또는 Space bar 를 눌러 명령을 종료합니다. 다음 그림과 같이 선과 호로 이루어진 클립이 완성되었습니다.

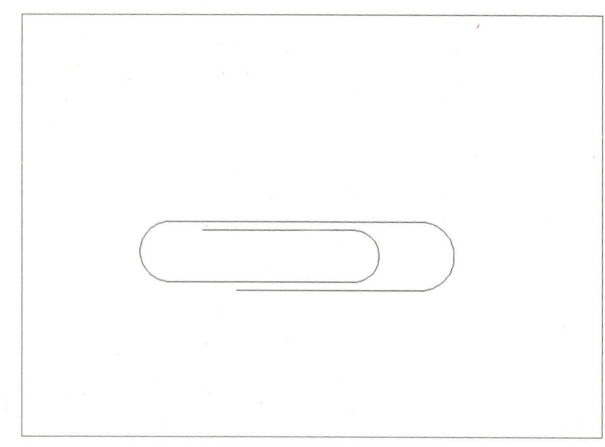

08 폴리선은 이렇게 선과 호로 이루어진 객체이지만 전 객체가 하나의 객체로 묶여져 있습니다. 즉, 선 따로 호 따로 분리된 객체가 아니라 선과 호가 모두 이어진 객체라는 것입니다. 이를 확인하려면 마우스 커서를 조금 전에 작성한 클립 위로 가져가 봅니다. 다음 그림과 같이 클립 전체가 굵은 선으로 바뀝니다.

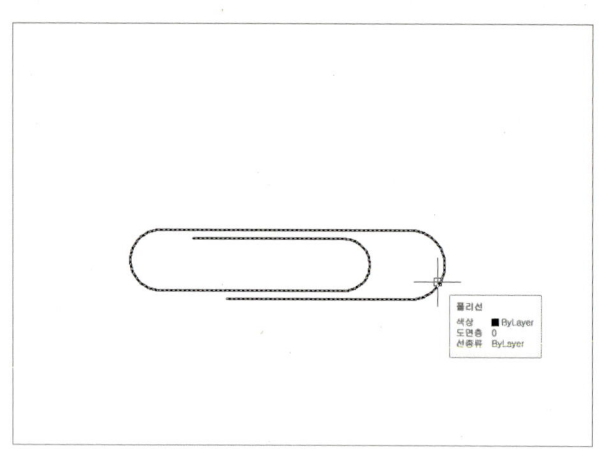

참고 폴리선의 편집

폴리선은 여러 객체가 모여 하나의 객체를 만들기 때문에 편집(수정) 방법이 다른 개별 객체와는 다릅니다. 폴리선을 수정하기 위해서는 두 가지 방법이 있는데, 첫 번째는 폴리선 객체 성격을 유지하면서 편집하기 위해서는 '폴리선 편집(PEDIT)' 명령을 이용해야 하고, 개별적으로 분해하여 편집하려면 '분해(EXPLODE)' 명령을 이용해 낱개로 분해한 후 편집해야 합니다.

【폴리선(PLINE)】

폴리선은 여러 개의 선이나 호가 하나의 객체 형식으로 모인 세그먼트의 연결 객체입니다.

명령 : PLINE(단축키 : PL)   아이콘 버튼 : ⌒

명령 흐름: 점을 지정하여 폴리선을 작도하기도 하고 다양한 옵션을 지정하여 선의 너비의 조정, 호 등을 작도합니다.

폴리선(PLINE)의 옵션

폴리선 옵션은 하나의 옵션 아래에 또 하나의 옵션(하위 옵션)이 있습니다. 따라서, 각 옵션별로 구분하여 설명하도록 하겠습니다.

(1) 선을 작도할 때 옵션

{다음점 지정 또는 [호(A)/닫기(C)/반폭(H)/길이(L)/명령취소(U)/폭(W)]:}

- **호(A)** : 호를 작도할 수 있는 모드로 전환하며, 호와 관련된 옵션 항목을 표시합니다.
- **닫기(C)** : 현 위치로부터 폴리선의 시작점에 이르는 선분을 작도하여 닫힌 다각형을 형성합니다.
- **반폭(H)** : 폭을 지정하는 것은 '폭(W)'과 같으나 중심으로부터 가장자리에 이르는 반쪽 폭을 지정합니다. 이 옵션을 선택하면 다음과 같은 메시지가 표시됩니다.
  {시작 반-폭 지정 〈현재값〉:}
  {끝 반-폭 지정 〈현재값〉:}
- **길이(L)** : 이 옵션을 선택한 후 길이를 지정하면 이전의 선분의 각도와 같은 방향으로 입력한 길이만큼 선분을 작도합니다. 이전 객체가 호인 경우 그 호에 접한 선을 작도합니다.
- **취소(U)** : 가장 최근에 추가된 객체를 취소합니다. 한 점만 남을 때까지 계속해서 취소할 수 있습니다. 마지막으로 남은 객체가 호인 경우 호 모드로 전환합니다.
- **폭(W)** : 폴리선의 넓이 값을 제어합니다. 값이 0이면 디스플레이 배율과 관계없이 볼 수 있는 최소한의 폭이 됩니다. 0보다 큰 값을 갖는 경우 시스템 변수 'FILLMODE'에 의해 속 채움을 켜고 끕니다.

(2) 호를 작도할 때

{호의 끝점 지정 또는 [각도(A)/중심(CE)/닫기(CL)/방향(D)/반폭(H)/선(L)/반지름(R)/두번째 점(S)/명령취소(U)/폭(W)]:}

- **각도(A)** : 호를 작도하기 위한 내부 각을 지정합니다. 기본적으로 양수를 입력하면 반시계 방향으로 작도되며, 음수를 입력하면 시계 방향으로 작도됩니다.
- **중심(CE)** : 호의 중심점을 지정합니다. 선택 시 '닫기(CL)'와 구분하기 위하여 'CE' 두 개의 문자를 입력하므로 유의해야 합니다.
- **닫기(CL)** : 선분 모드의 '닫기(C)' 옵션과 비슷하지만 직선 대신 호로 닫게 됩니다. 선택 시 '중심(CE)'와 구분하기 위해 'CL' 두 개의 문자를 입력하므로 유의해야 합니다.
- **방향(D)** : 호의 분명한 시작 방향을 명시하여 호를 작도합니다.
  {호의 시작점에 대해 접선 방향을 지정:} (호가 작도될 방향을 입력합니다.)
  {호의 끝점 지정:} (호가 작도될 끝점을 입력합니다.)
- **선(L)** : 선을 작도하기 위한 모드로 전환합니다.
- **반지름(R)** : 호의 반경을 지정할 수 있게 합니다.
  {호의 반지름 지정:} (호의 반경)
  {호의 끝점 지정 또는 [각도(A)]:} (원의 내부 각 또는 끝점 지시)
- **두번째 점(S)** : 세 점을 지나는 호를 그릴 수 있도록 합니다.
  {호 위의 두번째 점 지정:} (두 번째 점)
  {호의 끝점 지정:} (세 번째 점)

예제 실습

다음과 같은 도면 윤곽과 표제란을 작도하겠습니다. 용지는 A3용지(420×297)로 안쪽으로 10mm 간격의 직사각형 테두리를 작성합니다. 이 도면 윤곽과 표제란은 전산응용건축제도기능사 및 배관기능사 CAD 문제에서 필수적으로 작도해야 합니다.

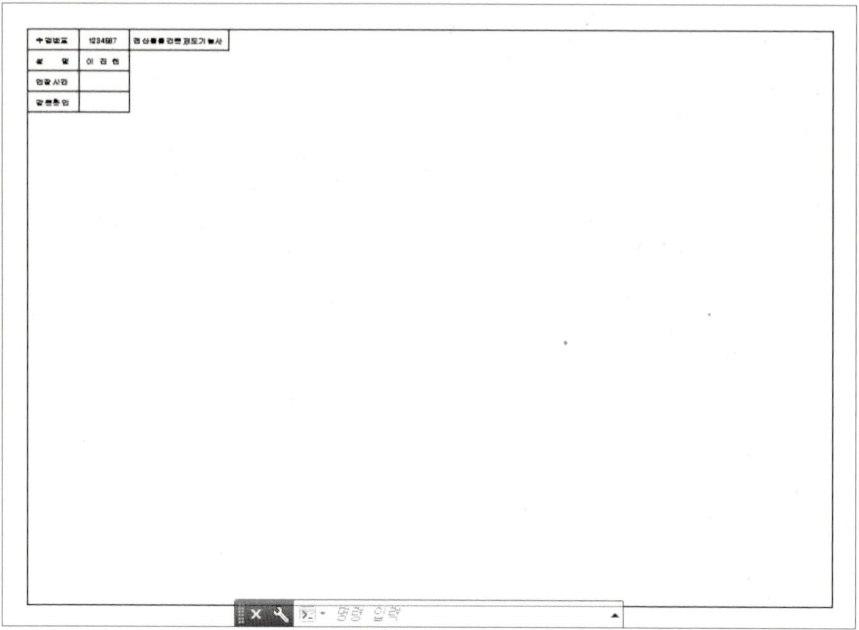

표제란의 크기는 다음과 같습니다. 문자의 높이는 3mm로 하고 글꼴은 '굴림체'로 작성합니다.

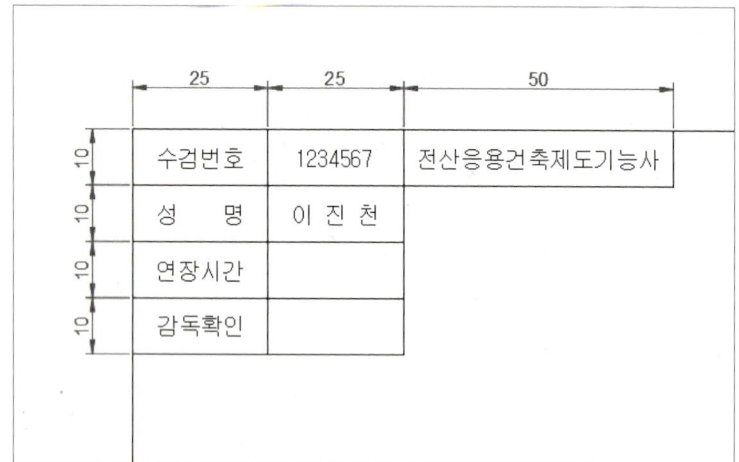

7 축척에 맞춰 도면틀을 작성하는 MVSETUP

앞에서 도면의 한계를 설정하는 '도면 한계(LIMITS)'를 학습했습니다만 이번에는 축척을 지정하고 용지 크기를 지정하여 도면틀을 작성하는 명령에 대해 학습하겠습니다.

'배치(Layout)'를 사용할 경우는 전체 배치에 맞는 단일 배치 뷰포트를 작성하거나 배치에 여러 개의 배치 뷰포트를 작성할 수 있습니다. 아직 배치에 대해 다루지 않은 단계이므로 '도면틀 작성'으로 이해하시기 바랍니다.

01 명령어 'MVSETUP'을 입력합니다.
{도면 공간을 사용 가능하게 합니까?[아니오(N)/예(Y)]〈Y〉:}에서 'N'을 입력합니다. 도면 공간(배치)의 사용 여부를 묻는 것입니다. 도면 공간을 사용하려면 'Y'를 입력합니다. 아직까지 배치에 대해 학습하지 않았으므로 'N'를 입력하고 넘어갑니다.
{단위 유형 입력[과학(S)/십진(D)/공학(E)/건축(A)/미터법(M)]:}에서 미터법인 'M'을 입력합니다. 사용할 단위를 지정합니다.
다음 그림과 같이 'AutoCAD 문자 윈도우' 화면으로 바뀌면서 스케일(축척) 비율이 표시됩니다.

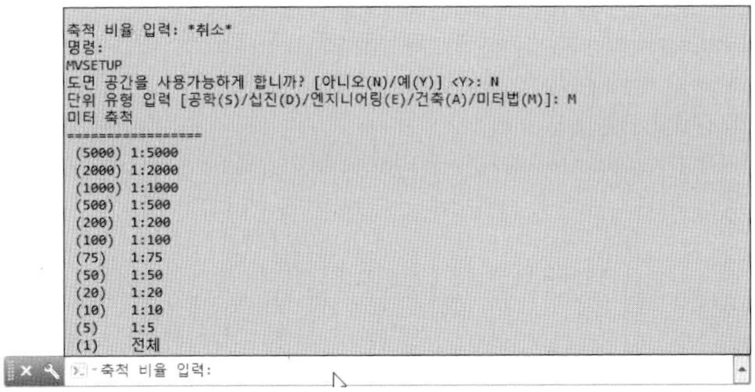

{축척 비율 입력:} 이때 '1'(축척비율을 입력합니다. 1:50인 경우는 '50'의 경우)을 입력합니다.
{용지 폭 입력:}에서 '420'(A3 용지의 경우의 폭)을 입력합니다.
{용지 높이 입력:}에서 '299'(A4 용지의 경우의 높이)을 입력합니다.
다음 그림과 같이 축척(1:1)과 용지 크기(A3 용지)가 설정되어 외곽 테두리가 작성됩니다.

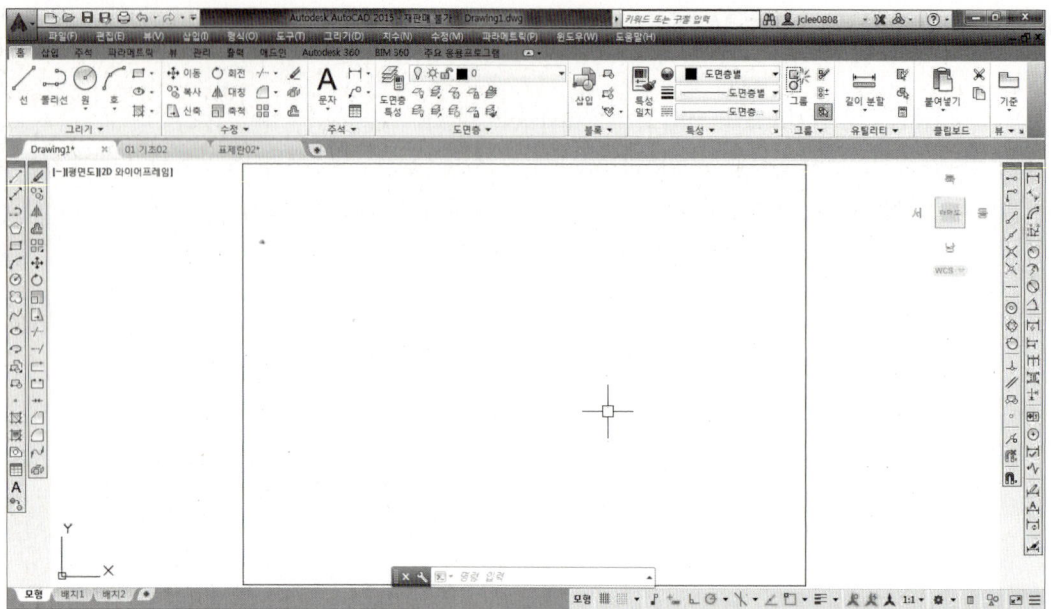

MVSETUP의 실행 결과 화면

> **참고** 모형 공간과 도면(배치) 공간
>
> AutoCAD는 모형 공간과 도면(배치) 공간을 제공하고 있습니다. 기본적으로 모형 공간에서 객체를 작성하여 도면(배치) 공간에서 출력하도록 되어 있습니다. 동일한 도면을 스케일을 달리하여 출력하거나 여러 방향에서 본 도면을 출력하고자 할 때 유용하게 사용됩니다. 그러나 2차원 도면에서 지정된 하나의 축척(스케일)만으로 출력하고자 할 때는 모형 공간에서 바로 출력해도 문제없습니다. 사용자가 2차원 도면의 경우는 대부분 모형 공간에서 객체를 작성하여 모형 공간에서 출력하고 있습니다.
> 모형 공간과 도면 공간의 구분은 작도영역의 하단에 있는 탭의 선택으로 지정합니다. AutoCAD를 기동하면 기본적으로 모형 공간이 설정됩니다.

【도면틀 작성(MVSETUP)】

도면 축척과 용지의 폭과 높이를 입력하여 외곽 틀(직사각형)을 작성합니다. 축척과 용지 크기를 입력하면 용지 크기에 축척 배율을 곱해서 범위를 설정하고 테두리를 작성해주기 때문에 (용지 크기×스케일)의 계산을 하지 않고 테두리를 자동으로 작성하므로 편리하게 사용할 수 있습니다.

명령 : MVSETUP

명령 흐름 : 단위, 축척, 용지 크기를 지정하면 축척과 용지 크기에 맞춰 도면틀이 작성됩니다.

{도면 공간을 사용 가능하게 합니까?[아니오(N)/예(Y)]〈Y〉:} 도면 공간(배치 공간)의 사용여부를 지정합니다.
{단위 유형 입력[과학(S)/십진(D)/공학(E)/건축(A)/미터법(M)]:} 사용하고자 하는 단위를 지정합니다.
{축척 비율 입력:} 도면의 축척 비율을 입력합니다.
{용지 폭 입력:} 용지의 폭 너비를 입력합니다.
{용지 높이 입력:} 용지의 높이를 입력합니다.

8 일정한 간격으로 복사하는 간격 띄우기(OFFSET)

도면 테두리를 작성합니다. 현재 작성된 도면틀을 안쪽으로 10mm만큼 띄웁니다.

02 간격 띄우기(OFFSET) 명령을 실행합니다. 명령어 'OFFSET' 또는 'O'를 입력하거나 '홈' 탭의 '수정' 패널 또는 도구막대에서 을 클릭합니다.
{현재 설정: 원본 지우기=아니오 도면층=원본 OFFSETGAPTYPE=0}
{간격띄우기 거리 지정 또는 [통과점(T)/지우기(E)/도면층(L)] <통과점>:}에서 띄울 간격 '10'을 입력합니다.
{간격띄우기할 객체 선택 또는 [종료(E)/명령 취소(U)] <종료>:}에서 테두리 선을 선택합니다.
{간격띄우기할 면의 점 지정 또는 [종료(E)/다중(M)/명령 취소(U)] <종료>:}에서 직사각형 안쪽의 임의의 점을 지정합니다.
{간격띄우기할 객체 선택 또는 [종료(E)/명령 취소(U)] <종료>:}에서 Enter 또는 Space bar 를 눌러 종료합니다. 다음 그림과 같이 선택한 직사각형 테두리가 안쪽으로 10mm만큼 복사됩니다.

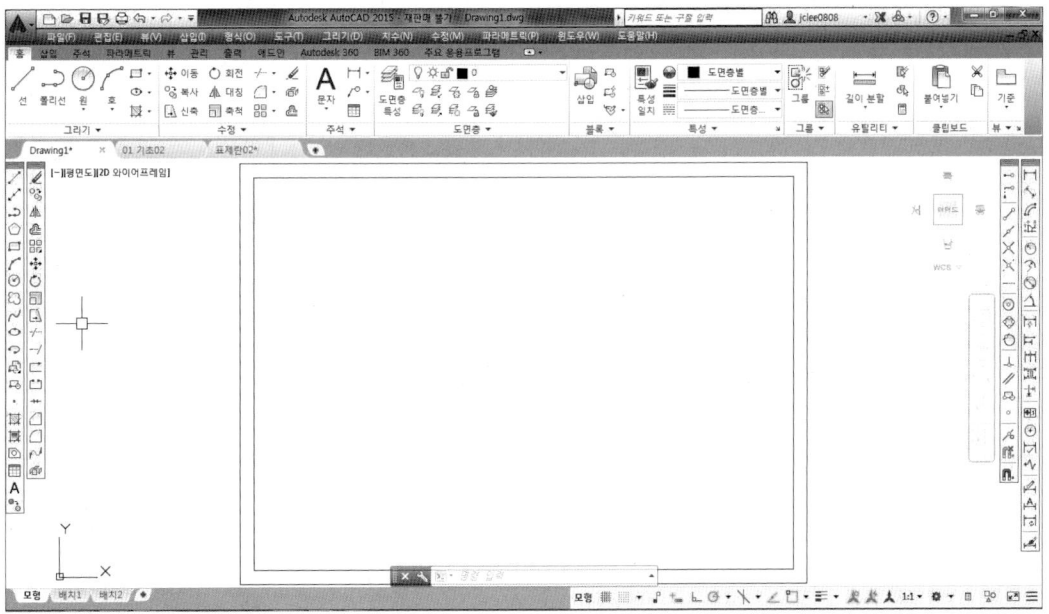

【간격 띄우기(OFFSET)】
선택한 객체를 지정한 간격만큼 복사합니다.

명령 : OFFSET(단축키 : O)   아이콘 버튼 :

명령 흐름 : 띄울 간격을 지정한 후 띄울 객체와 방향을 지정합니다.

{간격띄우기 거리 지정 또는 [통과점(T)/지우기(E)/도면층(L)] ⟨통과점⟩:} 띄울 간격을 지정합니다.
{간격띄우기할 객체 선택 또는 [종료(E)/명령 취소(U)] ⟨종료⟩:} 띄울 객체를 선택합니다.
{간격띄우기할 면의 점 지정 또는 [종료(E)/다중(M)/명령 취소(U)] ⟨종료⟩:} 띄울 방향을 지정합니다.

옵션 설명

(1) {간격띄우기 거리 지정 또는 [통과점(T)/지우기(E)/도면층(L)] ⟨통과점⟩:}

- **통과점(T)** : 간격을 지정하는 대신 통과할 점을 지정하여 선택한 객체가 그 점으로 복사됩니다.
- **지우기(E)** : 원본 객체를 간격 띄우기를 한 후 지웁니다. {원본 객체를 간격 띄우기 한 후 지우시겠습니까? [예(Y)/아니오(N)]⟨N⟩:}에서 'Y'를 지정하면 원본 객체가 지워집니다.
- **도면층(L)** : 간격 띄우기 객체를 현재 도면층으로 할 것인지, 원본 객체의 도면층을 따를 것인지 결정합니다. {간격 띄우기 객체의 도면층 옵션 입력 [현재(C)/원본(S)] ⟨원본⟩:}에서 결정합니다. '원본'은 원래 객체가 가지고 있는 도면층을 그대로 복사하는 것이고, '현재'는 현재의 도면층으로 설정하여 복사하는 것입니다.

(2) {간격띄우기할 면의 점 지정 또는 [종료(E)/다중(M)/명령 취소(U)] ⟨종료⟩:}

- **종료(E)** : 간격 띄우기를 종료합니다.
- **다중(M)** : 선택한 객체를 여러 개 반복해서 간격을 띄우고자 할 때 지정합니다.
- **명령 취소(U)** : 직전의 간격 띄우기를 취소합니다.

> **참고** 띄우기 할 거리를 정확히 알 수 없을 때
>
> 도면 작업을 하면서 '간격 띄우기(OFFSET)' 명령을 많이 사용하게 됩니다. 명령을 실행하게 되면 맨 처음 표시되는 메시지 {간격띄우기 거리 지정 또는 [통과점(T)/지우기(E)/도면층(L)] ⟨20.0000⟩:}에서 띄우기할 거리를 정확히 알 수 없을 때는 다음의 두 가지 방법이 있습니다. 다음의 도면을 예로 들어 실행해보겠습니다.

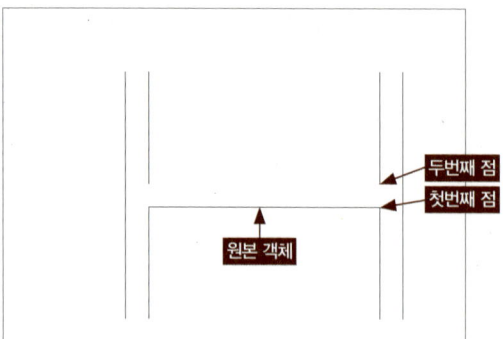

(1) 두 점을 지정하여 거리를 측정하는 방법

'간격 띄우기(OFFSET)' 명령을 실행합니다.
{간격띄우기 거리 지정 또는 [통과점(T)/지우기(E)/도면층(L)] <통과점>:}에서 객체 스냅 '끝점'을 이용하여 그림의 첫 번째 점을 지정합니다. {두 번째 점을 지정:}에서 객체 스냅 '끝점'을 이용하여 두 번째 점을 지정합니다. 이때 지정한 두 점의 거리가 간격 띄우기 거리가 됩니다.
{간격띄우기할 객체 선택 또는 [종료(E)/명령취소(U)] <종료>:}에서 간격 띄우기 할 원본 객체(아래쪽 선)를 선택합니다.
{간격띄우기할 면의 점 지정 또는 [종료(E)/다중(M)/명령취소(U)] <나가기>:}에서 위쪽 방향을 지정합니다.
{간격띄우기할 객체 선택 또는 [종료(E)/명령취소(U)] <종료>:}에서 Enter 또는 Space bar 를 눌러 종료합니다.

(2) 통과점(T) 옵션을 선택하여 간격 띄우기

'간격 띄우기(OFFSET)' 명령을 실행합니다.
{간격띄우기 거리 지정 또는 [통과점(T)/지우기(E)/도면층(L)] <통과점>:}에서 통과점 옵션 'T'를 입력합니다.
{간격띄우기할 객체 선택 또는 [종료(E)/명령취소(U)] <종료>:}에서 원본 객체(아래쪽 선)를 선택합니다.
{통과점 지정 또는 [종료(E)/다중(M)/명령취소(U)] <종료>:}에서 객체 스냅 '끝점'을 이용하여 위 그림의 두 번째 점을 지정합니다. 그러면 선택한 원본 객체가 지정한 통과점으로 복사됩니다.
{간격띄우기할 객체 선택 또는 [종료(E)/명령취소(U)] <종료>:}에서 Enter 또는 Space bar 를 눌러 간격 띄우기 명령을 종료합니다.

두 방법 모두 다음과 그림과 같은 결과를 얻을 수 있습니다.

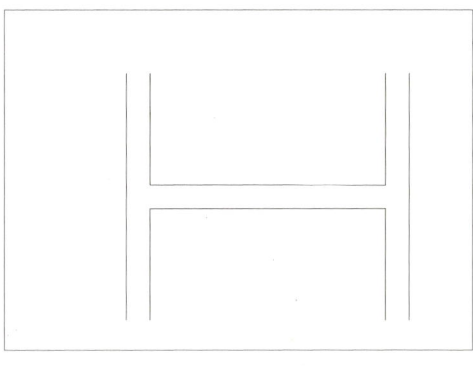

03 지우기(ERASE) 명령으로 바깥쪽 테두리 선을 지웁니다. 바깥쪽 테두리 선은 용지의 외곽을 나타내는 선이기 때문에 지우도록 하겠습니다.

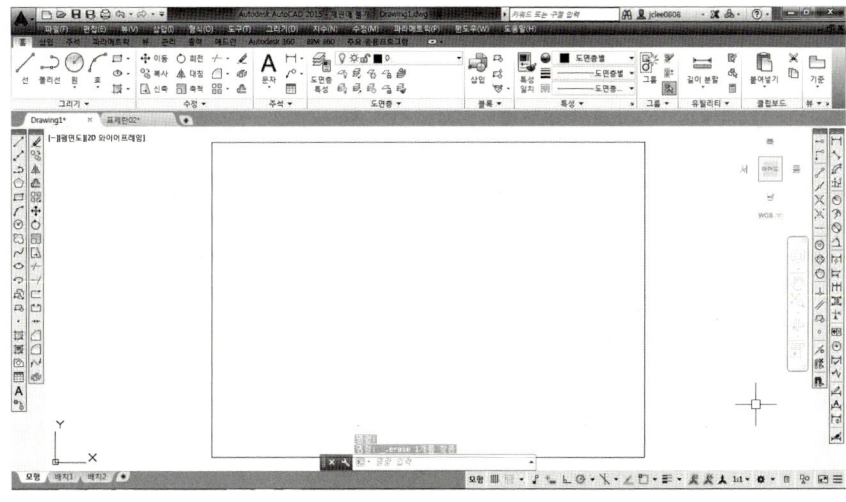

9 복합 객체의 분해(EXPLODE)

폴리선이나 블록 등은 여러 객체가 하나의 요소로 이루어진 복합 객체입니다. 테두리 선도 폴리선으로 네 개의 선분이 하나로 연결된 복합 객체입니다. 표제란의 표를 만들기 위해 각각의 선분으로 분해해야 합니다.

04 분해 명령을 실행합니다. 명령어 'EXPLODE' 또는 'X'를 입력하거나 '홈' 탭의 '수정' 패널 또는 '수정' 도구막대에서 을 클릭합니다.
{객체 선택:}에서 테두리를 선택합니다. {1개를 찾음}
{객체 선택:}에서 Enter 또는 Space bar 를 눌러 종료합니다.
화면상의 변화는 없습니다만 객체를 클릭해보면 각각 하나의 선분으로 선택되어 분해되었다는 것을 알 수 있습니다.

【분해(EXPLODE)】
선택한 복합 객체를 분해하여 낱개의 객체로 만듭니다.

명령 : EXPLODE(단축키 : X)   아이콘 버튼 :
명령 흐름 : 분해할 객체를 선택하면 분해됩니다.

{객체 선택:} 분해하고자 하는 객체를 선택합니다.
더 이상 분해될 수 없는 단일 객체(선, 호 등)를 선택하면 {1은(는) 분해될 수 없습니다.}라는 메시지가 표시됩니다.

---

05 표를 만들기 위해 간격 띄우기(OFFSET) 명령으로 간격을 띄웁니다.

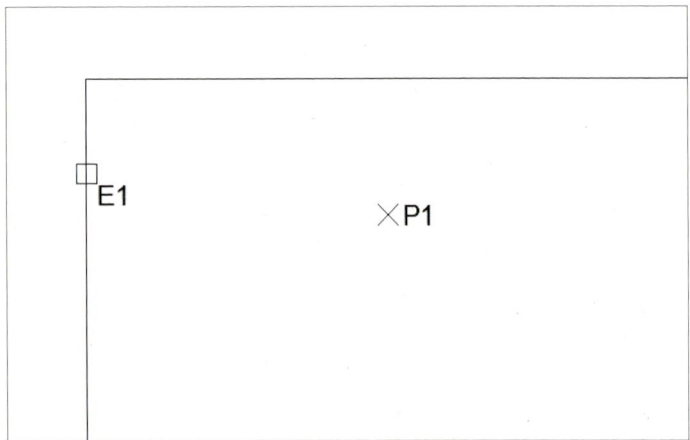

명령어 'OFFSET' 또는 'O'를 입력하거나 ⌂을 클릭합니다.
{간격띄우기 거리 지정 또는 [통과점(T)/지우기(E)/도면층(L)] <통과점>:}에서 '25'를 입력합니다.
{간격띄우기할 객체 선택 또는 [종료(E)/명령취소(U)] <종료>:}에서 세로 선 객체 E1을 선택합니다.
{간격띄우기할 면의 점 지정 또는 [종료(E)/다중(M)/명령취소(U)] <나가기>:}에서 P1방향(오른쪽 방향)을 지정합니다.
{간격띄우기할 객체 선택 또는 [종료(E)/명령취소(U)] <종료>:}에서 직전에 띄우기 한 세로 선을 선택합니다.
{간격띄우기할 면의 점 지정 또는 [종료(E)/다중(M)/명령취소(U)] <나가기>:}에서 오른쪽 방향을 지정합니다. {간격띄우기할 객체 선택 또는 [종료(E)/명령취소(U)] <종료>:}에서 Enter로 종료합니다.
Enter 또는 Space bar로 간격 띄우기 명령을 재실행합니다.
{간격띄우기 거리 지정 또는 [통과점(T)/지우기(E)/도면층(L)] <통과점>:}에서 '50'을 입력합니다.
{간격띄우기할 객체 선택 또는 [종료(E)/명령취소(U)] <종료>:}에서 직전에 띄우기 한 세로 선을 선택합니다.
{간격띄우기할 면의 점 지정 또는 [종료(E)/다중(M)/명령취소(U)] <나가기>:}에서 오른쪽 방향을 지정합니다.
{간격띄우기할 객체 선택 또는 [종료(E)/명령취소(U)] <종료>:}에서 Enter를 눌러 종료합니다. 다음과 같이 간격이 띄워집니다.

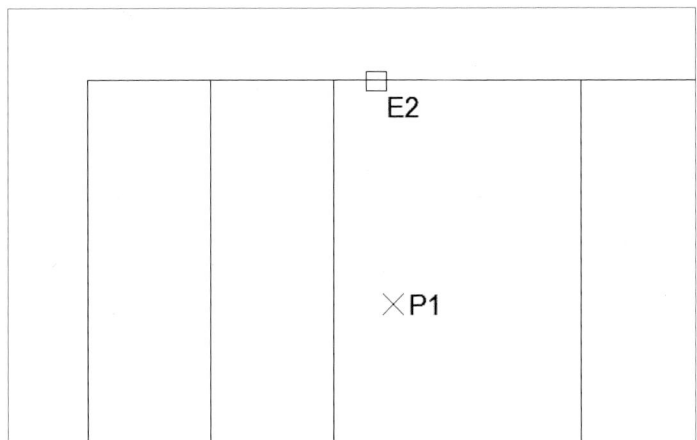

06 Enter 또는 Space bar로 간격 띄우기 명령을 재실행합니다.
{간격띄우기 거리 지정 또는 [통과점(T)/지우기(E)/도면층(L)] <통과점>:}에서 '10'을 입력합니다.
{간격띄우기할 객체 선택 또는 [종료(E)/명령취소(U)] <종료>:}에서 가로선 E2를 선택합니다.
{간격띄우기할 면의 점 지정 또는 [종료(E)/다중(M)/명령취소(U)] <나가기>:}에서 P1(아래쪽 방향)을 지정합니다.

{간격띄우기할 객체 선택 또는 [종료(E)/명령취소(U)] <종료>:}에서 직전에 띄우기 한 가로선을 선택합니다.
{간격띄우기할 면의 점 지정 또는 [종료(E)/다중(M)/명령취소(U)] <나가기>:}에서 아래쪽 방향을 지정합니다.

동일한 작업을 두 번 더 반복하여 네 칸을 만듭니다.
{간격띄우기할 객체 선택 또는 [종료(E)/명령취소(U)] <종료>:}에서 Enter 를 눌러 종료합니다. 다음과 같이 간격이 띄워집니다.

			×P2
			×P1

10   길면 자르고(TRIM) 짧으면 연장(EXTEND)하기

특정 객체를 경계로 길면 자르고, 짧을 경우 연장합니다.

07 자르기(TRIM) 명령으로 자투리 부분을 절단하여 표제란의 표를 완성합니다.
명령어 'TRIM' 또는 'TR'을 입력하거나 '홈' 탭의 '수정' 패널 또는 도구막대에서 ⊁을 클릭합니다.
{현재 설정: 투영=UCS 모서리=없음}{절단 모서리 선택 ... }
{객체 선택 또는 <모두 선택>:}에서 Enter 를 눌러 모든 객체를 모서리로 선택합니다.
{자를 객체 선택 또는 Shift 키를 누른 채 선택하여 연장 또는 [울타리(F)/걸치기(C)/프로젝트(P)/모서리(E)/지우기(R)/명령취소(U)]:}에서 P1을 지정합니다.
{반대 구석 지정:}에서 P2를 지정합니다. 두 점 사이의 객체가 선택되어 잘립니다.

{자를 객체 선택 또는 Shift 키를 누른 채 선택하여 연장 또는 [울타리(F)/걸치기(C)/프로젝트(P)/모서리(E)/지우개(R)/명령취소(U)]:}에서 다음과 같이 선택하여 절단합니다.

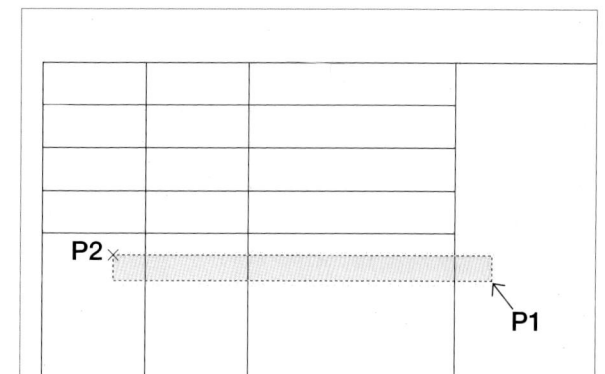

{자를 객체 선택 또는 Shift 키를 누른 채 선택하여 연장 또는 [울타리(F)/걸치기(C)/프로젝트(P)/모서리(E)/지우개(R)/명령취소(U)]:}에서 다음과 같이 크로싱(걸치기) 방법으로 선택하여 절단합니다.

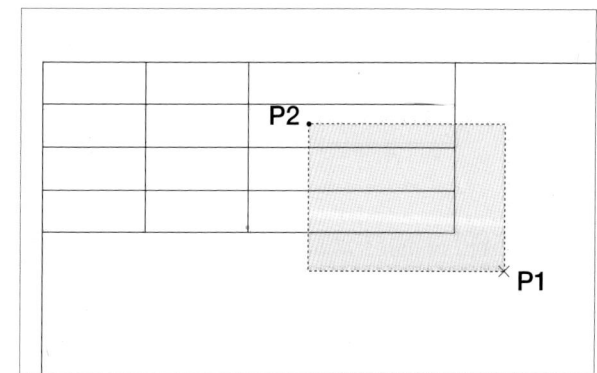

{자를 객체 선택 또는 Shift 키를 누른 채 선택하여 연장 또는 [울타리(F)/걸치기(C)/프로젝트(P)/모서리(E)/지우개(R)/명령취소(U)]:}에서 [Enter]로 종료합니다. 다음과 같이 표가 완성됩니다.

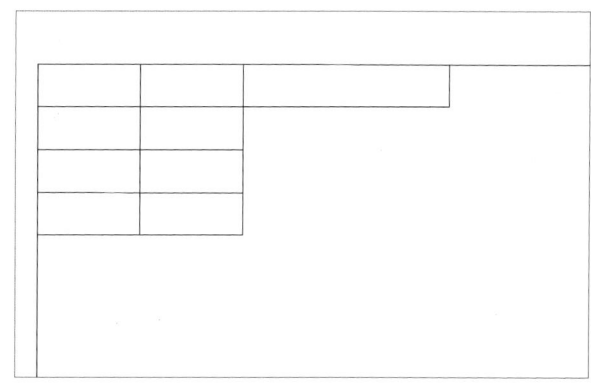

【자르기(TRIM)와 연장(EXTEND)】

선택한 모서리를 경계로 선택한 객체를 자르고 연장합니다.

명령 : TRIM(단축키 : TR)   아이콘 버튼 : ⊁

명령 : EXTEND(단축키 : EX)   아이콘 버튼 : ⊸

명령 흐름 : 자르거나 연장할 경계 모서리를 선택한 후 자르거나 연장할 객체를 선택합니다.

{절단 모서리 선택 ... 객체 선택 또는 〈모두 선택〉:} 자르거나 연장할 경계 모서리가 되는 객체를 선택합니다.
{자를 객체 선택 또는 Shift 키를 누른 채 선택하여 연장 또는 [울타리(F)/걸치기(C)/프로젝트(P)/모서리(E)/지우기(R)/명령취소(U)]:} 자르거나 연장할 객체를 선택합니다.

> **참고 자르기와 연장에서의 [Shift] 키**
>
> 자르기와 연장 명령은 밀접한 관계가 있습니다. '자르기' 명령 중에 [Shift] 키를 누르면서 객체를 선택하면 연장되고, '연장' 명령 중에는 [Shift] 키를 누르면서 객체를 선택하면 자르기가 실행됩니다.

옵션 설명

{자를 객체 선택 또는 Shift 키를 누른 채 선택하여 연장 또는 [울타리(F)/걸치기(C)/프로젝트(P)/모서리(E)/지우기(R)/명령취소(U)]:}

- **울타리(F)** : 객체 선택 방법의 '울타리(F)' 기능으로 울타리 선에 교차하는 모든 객체를 선택합니다.
- **걸치기(C)** : 객체 선택 방법의 '크로싱(C)' 기능으로 두 점의 범위를 지정하여 걸치거나 포함된 객체를 선택합니다.
- **프로젝트(P)** : 객체를 자르거나 연장할 때 사용하는 투영 방법을 지정합니다. 3차원 공간에서만 교차하는 객체를 자르는 [없음(N)], 현재 UCS의 XY 평면에 투영을 지정하여 3차원 공간에서 교차하지 않는 객체를 자르는 [UCS(U)], 현재 뷰 방향을 따라 투영하도록 지정합니다. 이 명령은 현재 뷰의 경계와 교차하는 객체를 자릅니다. [뷰(V)]
- **모서리(E)** : 자르기와 연장은 기본적으로 경계선을 기준으로 자르거나 연장합니다. 그러나 '모서리(E)' 옵션을 이용하여 '모서리(E)'를 지정하면 실제 경계선과 교차하지 않더라도 연장 선상에 있으면 자르기가 가능합니다. 교차하는 객체만을 자르려면 '연장 안함(N)'으로 설정합니다.

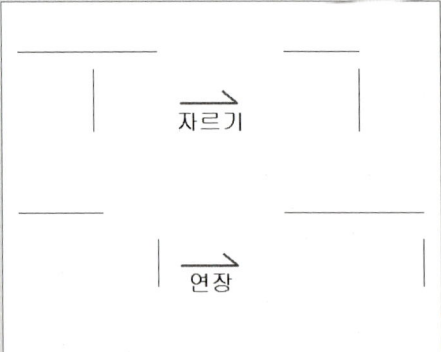

'모서리(E)' 옵션에서 '연장 안함(N)'으로 설정해 놓으면 경계선이 교차하지 않기 때문에 자르기나 연장이 되지 않습니다. 그러나 '연장(E)'으로 설정하면 위의 그림과 같이 경계선이 교차되지 않더라도 경계선의 연장 선상에서 연장이나 자르기를 합니다.

- **지우기(R)** : 자르기에만 있는 옵션으로 선택한 객체를 지웁니다. 이 옵션은 자르기 명령을 종료하지 않고 객체를 삭제할 때 편리한 방법입니다.
- **명령 취소(U)** : 자르거나 연장을 실행한 후 이전 단계로 되돌립니다.

11 ▮ 문자 스타일 및 문자의 작성

표제란에 사용할 문자 스타일을 정의하고 문자를 표기합니다.

08 명령어 'STYLE' 또는 단축키 'ST'를 입력하거나 '홈' 탭의 '주석' 패널 또는 '스타일' 도구막대에서 ▲을 클릭합니다.

문자 스타일 대화상자가 나타나면 [새로 만들기(N)]을 클릭합니다. 스타일 이름을 '표제란'으로 입력한 후 [확인]을 클릭합니다.

Note_ 스타일 이름은 사용자가 임의로 지정할 수 있으나 가능한 이해하기 쉬운 이름으로 지정합니다.
여기에서는 표제란에 사용할 문자이므로 '표제란'이라는 이름으로 지정하겠습니다.

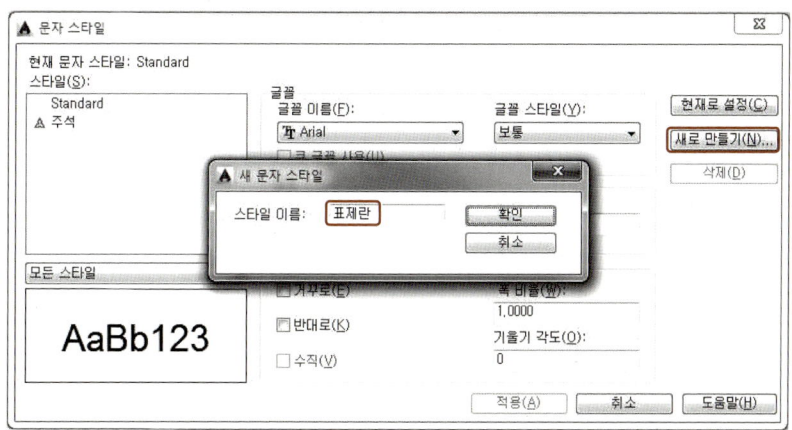

글꼴 이름(F)에 '굴림체', 높이(T)를 '3'으로 설정한 후 [적용(A)]를 클릭한 후 [닫기(C)]를 클릭합니다.

[TIP] 여기에서 높이(T)를 '0'으로 설정해도 됩니다. '0'으로 설정하면 문자를 기입할 때마다 높이를 지정하도록 합니다. 따라서, 고정된 높이를 지정하려면 높이(T) 값을 지정하고, 문자를 기입하면서 문자높이를 지정하고자 한다면 높이(T) 값을 '0'으로 설정합니다.

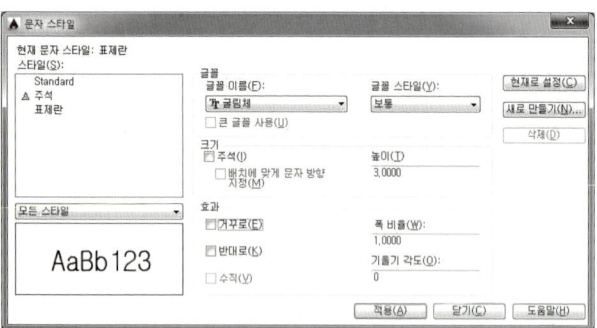

【문자 스타일(STYLE)】

문자 작성을 위한 글꼴, 높이, 효과를 설정합니다.

명령 : STYLE(단축키 : ST)   아이콘 버튼 : A

명령 흐름 : 대화상자에서 문자 작성 환경을 설정합니다.

(1) **스타일(S)** : 문사 스타일 명칭이 나열되고 사용하고자 하는 스타일 이름을 지정합니다. 문자의 길이는 최대 255자까지 가능하며 문자, 숫자, 특수 문자($,_,- 등)를 사용할 수 있습니다. AutoCAD를 시작하면 'STANDARD'가 기본 스타일로 자동 설정합니다. 스타일 명칭 앞에 있는 ▲ 마크는 스타일이 주석임을 나타냅니다.

(2) **스타일 목록 필터** : 스타일 목록에 모든 스타일이 표시될지 또는 사용 중인 스타일만 표시될지 여부를 지정합니다.

(3) **미리 보기** : 설정한 문자를 미리 보여줍니다.

(4) **글꼴** : 스타일에 해당하는 글꼴(폰트) 파일을 지정합니다. AutoCAD에서 글꼴은 자체 컴파일된 셰이프 파일(SHX)과 트루타입(TTF) 글꼴을 사용할 수 있습니다.

  ① 글꼴 이름(F) : 현재 사용 가능한 글꼴이 표시됩니다. 목록 상자의 버튼을 눌러 선택합니다.

  ② 글꼴 스타일(Y) : '큰 글꼴 사용(U)'을 체크하면 각 글꼴에 큰 글꼴을 선택할 수 있습니다. 여기에서 사용하고자 하는 큰 글꼴을 지정합니다.

(5) 크기 : 문자의 크기(높이)를 지정합니다.

① 주석(I) : 문자가 주석임을 지정합니다.

② 높이(T) : 문자의 높이를 지정합니다. 여기에서 높이를 지정하면 '단일 행 문자(TEXT)'나 치수 문자의 높이가 고정됩니다.

> Note_ 단일 행 문자(TEXT)'나 치수 기입에서 치수 문자의 높이를 유동적으로 하려면 치수 스타일에서 글꼴 높이 값을 지정하지 않아야 합니다.

(6) 효과(Effects) : 문자 기입을 위한 각종 옵션을 선택합니다.

① 거꾸로(E) : 문자가 뒤집혀 쓰여집니다.

② 반대로(K) : 문자를 뒤로 씁니다.

③ 수직(V) : 문자를 세로로 씁니다.

④ 폭(W) : 문자의 가로, 세로의 비율을 지정합니다. 예를 들어 '2'를 입력하면 가로 방향의 크기가 세로 방향 크기의 2배로 기입됩니다.

⑤ 기울기 각도(O) : 문자의 기울기를 지정합니다.

(7) 현재로 설정(C) : 선택한 스타일을 현재 스타일로 설정합니다.

(8) 새로 만들기(N) : 새로운 스타일을 작성합니다.

(9) 삭제(D) : 기존 스타일을 삭제합니다.

---

09 여러 줄 문자(MTEXT) 기능을 이용하여 표제란에 문자를 기입합니다.

명령어 'MTEXT' 또는 'MT'를 입력하거나 '홈' 탭의 '주석' 패널 또는 '문자' 도구막대에서 **A**을 클릭합니다.

{현재 문자 스타일: "표제란" 문자 높이: 3 주석: 아니오}

{첫 번째 구석 지정:}에서 작성하고자 하는 문자 범위의 위쪽 교차점을 지정합니다.

{반대 구석 지정 또는 [높이(H)/자리맞추기(J)/선 간격두기(L)/회전(R)/스타일(S)/폭(W)/열(C)]:}에서 다음 그림과 같이 문자 범위의 반대 구석을 지정합니다.

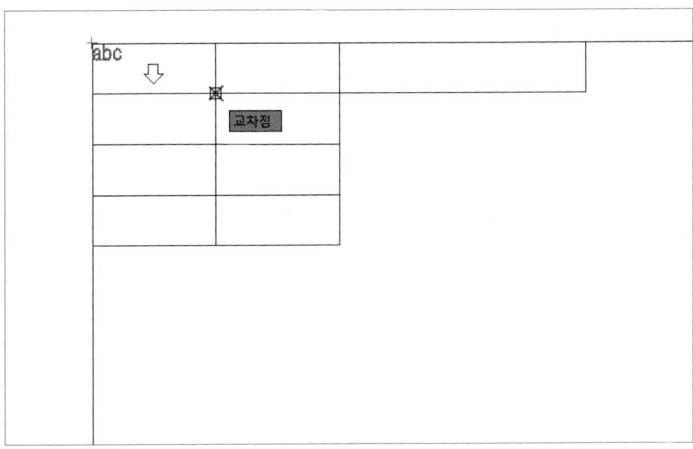

'문자 편집기' 탭의 '단락' 패널에서 '자리맞추기' 드롭다운 리스트를 펼쳐 '중간 중심 MC'를 클릭합니다.

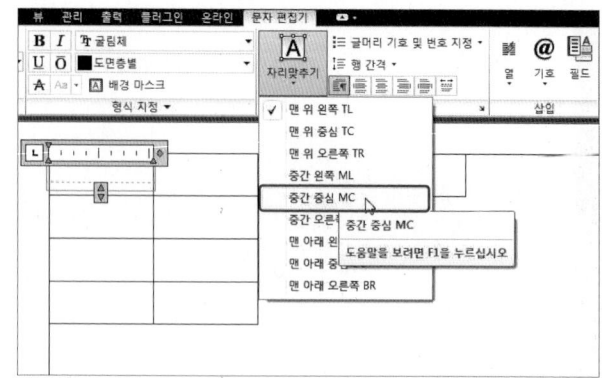

문자 '수검번호'를 입력한 후 '닫기' 패널의 'X문자 편집기 닫기'를 클릭합니다.

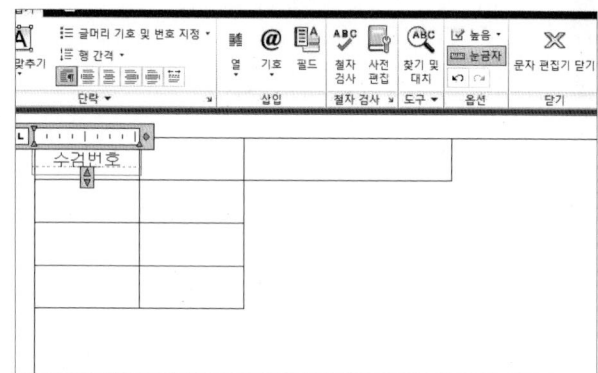

다음과 같이 직사각형 정중앙에 문자(수검번호)가 작성됩니다.

Note_ 여러 줄 문자(MTEXT) 외에도 단일행 문자(TEXT) 명령을 이용하여 작성할 수도 있습니다.

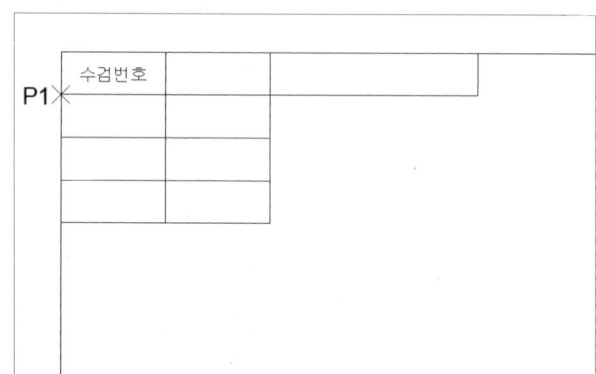

【여러 줄 문자(MTEXT)와 단일 행 문자(TEXT)】

여러 줄 또는 한 줄의 문자를 작성합니다.

1. 여러 줄 문자

명령 : MTEXT(단축키: MT,T) 메뉴 아이콘 : **A**

명령 흐름 : 작성 범위를 지정한 후 문자를 입력합니다.

{첫 번째 구석 지정:} 문자를 작성할 범위의 시작점을 지정합니다.

{반대 구석 지정 또는 [높이(H)/자리맞추기(J)/선 간격두기(L)/회전(R)/스타일(S)/폭(W)/열(C)]:} 문자 작성을 위한 범위의 반대 구석을 지정합니다.

지정한 범위 내에 문자를 작성합니다.

문자 편집기 리본 및 눈금자

1. 문자 편집기 리본

문자 편집기 리본은 여러 줄 문자의 스타일, 형식, 단락, 삽입, 철자 검사, 도구, 옵션 닫기의 패널로 구성되어 문자작성을 위한 다양한 환경을 설정할 수 있습니다.

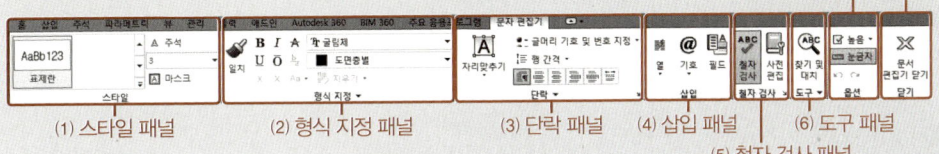

(1) 스타일 패널 (2) 형식 지정 패널 (3) 단락 패널 (4) 삽입 패널 (5) 철자 검사 패널 (6) 도구 패널 (7) 옵션 패널 (8) 문자 편집기 닫기

(1) 스타일 패널

① 문자 스타일 : 여러 줄 문자의 스타일을 적용합니다. 기존 여러 줄 문자 객체에 새로운 스타일이 적용되면 글꼴, 높이 및 굵기 등 문자 속성에 대한 문자 형식이 재지정됩니다.

② 문자 높이 : 새로운 문자의 문자 높이를 도면 단위로 설정하거나 선택한 문자의 높이를 변경합니다. 여러 줄 문자 객체는 다양한 높이의 문자를 포함할 수 있습니다.

③ 주석 : 문자의 주석을 켜거나 끕니다.

(2) 형식 지정 패널

① 일치 : 선택한 문자의 형식을 여러 줄 문자 편집기의 다른 문자에도 동일한 형식으로 적용합니다.

② 굵게 : 새로운 문자 또는 선택한 문자에 대해 굵은 활자체 형식을 켜거나 끕니다. 이 옵션은 트루타입 글꼴을 사용하는 문자에만 사용할 수 있습니다.

③ 기울임 꼴 : 새로운 문자 또는 선택한 문자에 대해 기울임 꼴 형식을 켜거나 끕니다. 이 옵션은 트루타입 글꼴을 사용하는 문자에만 사용할 수 있습니다.

④ 밑줄 : 새로운 문자 또는 선택한 문자에 밑줄을 긋습니다.

⑤ 윗줄 : 새로운 문자 또는 선택한 문자에 윗줄을 긋습니다.

⑥ 글꼴 : 새로운 문자의 글꼴을 지정하거나 선택한 문자의 글꼴을 변경합니다. 트루타입 글꼴은 글꼴 그룹 이름으로 나타납니다. AutoCAD에서 컴파일된 쉐이프 (SHX) 글꼴은 해당 글꼴이 저장된 파일의 이름으로 나타납니다.

[TIP] 문자 글꼴을 지정할 때, 트루타입 글꼴의 경우 '@'가 붙은 글꼴을 지정하면 가로로 누운 문자가 표기됩니다. 다음 그림의 위쪽 문자(주식회사 디씨에스)는 '@궁서체'로 지정한 글꼴이며, 아래쪽 문자(이진천)는 '궁서체'로 지정한 경우입니다.

⑦ **색상** : 새로운 문자의 색상을 지정하거나 선택한 문자의 색상을 변경합니다. 해당 문자가 위치한 도면층에 연관된 색상(BYLAYER) 또는 해당 문자가 포함된 블록의 색상(BYBLOCK)을 문자에 지정할 수 있습니다. 색상 리스트에 있는 색상 중 하나를 선택하거나 기타를 클릭하여 색상 선택 대화상자를 열 수도 있습니다.

⑧ **배경 마스크** : 문자 뒤에 불투명한 배경을 넣습니다.

⑨ **기울기 각도** : 문자가 앞으로 또는 뒤로 기울어진 정도를 결정합니다. 각도는 90도를 기준으로 기울어진 각도를 표현합니다. −85~85 사이의 값을 입력하면 문자 기울기가 만들어집니다. 양수의 기울기 각도는 문자를 오른쪽으로 기울어집니다. 음수의 기울기 각도는 문자를 왼쪽으로 기울어집니다.

⑩ **추적** : 선택한 문자 사이의 간격을 줄이거나 늘립니다. 1.0 설정은 일반 간격입니다. 1.0 이상을 설정하면 간격을 늘리고 1.0 이하로 설정하면 간격을 줄입니다.

⑪ **폭 비율** : 선택한 문자의 폭을 늘리거나 줄입니다. 1.0은 이 글꼴에서 일반 너비를 표시합니다. 너비를 늘리거나(예를 들어, 너비 계수 2.0을 사용하여 너비를 두 배로 늘임) 너비를 줄일(예를 들어, 너비 계수 0.5를 사용하여 너비를 반으로 줄임) 수 있습니다.

(3) 단락 패널

① **자리 맞추기** : 문자의 위치를 설정합니다. 다음과 같이 펼쳐지는 목록에서 선택합니다. 문자 정렬에 대한 자세한 내용은 '단일행 문자(TEXT)'의 옵션 설명을 참조합니다.

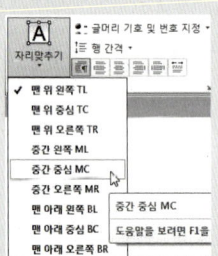

② **글 머리 기호 및 번호 지정** : 글머리의 기호, 번호, 알파벳 등의 표식을 제어합니다.

③ **행 간격** : 행 사이의 간격을 지정합니다.

④ **좌우 정렬** : 문장을 왼쪽, 중심, 오른쪽으로 정렬합니다.

⑤ **단락 기호** : 단락의 들여쓰기 및 단락 첫 행의 들여쓰기를 설정합니다. 탭의 위치를 지정하고, 들여 쓰기, 단락 정렬, 단락 간격 및 단락 행 간격을 조정합니다. 다음의 단락 대화상자에서 설정합니다.

⑥ **자리 맞추기 및 분산** : 한 줄의 글자의 자리를 맞추거나 분산시킵니다.

(4) 삽입 패널

① **열 없음** : 정적 열 및 동적 열의 세 가지 열 옵션을 제공하는 열 플라이아웃 메뉴를 표시합니다. '열 설정'을 클릭하면 다음과 같은 대화상자가 나타납니다.

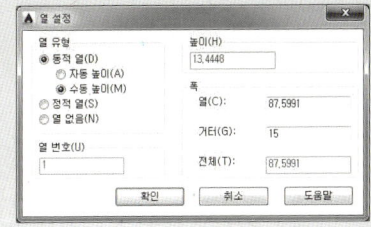

② **기호** : °(도) ²(제곱) ³(입방) Ω(오메가) 등 특수문자나 기호, 끊기지 않는 빈 칸을 커서 위치에 삽입합니다. 기호를 수동으로 삽입할 수도 있습니다. 다음 그림과 같이 펼쳐지는 목록에서 선택합니다.

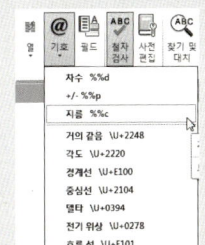

③ **필드 삽입** : 다음과 같이 필드 삽입 대화상자가 나타납니다. 문자에 삽입할 필드(공식, 날짜, 작성자 등)를 선택할 수 있습니다. 대화상자를 닫을 때 필드의 현재 값이 문자에 표시됩니다.

(5) 철자 검사 패널

① **철자 검사** : 도면에 문자를 입력할 때 모든 문자의 철자를 검사할 수 있습니다. 또한 사용된 특정 언어 사전을 지정하고 다중 사용자 철자 검사 사전을 사용자화하고 관리할 수 있습니다.

② **사전 편집** : 철자 검사를 위한 사전을 편집합니다. 다른 언어의 철자를 검사하기 위해 다른 주 사전으로 변경할 수 있습니다. 또한 원하는 수만큼 사용자 사전을 작성하여 필요에 따라 전환할 수 있습니다.

③ **철자 검사 설정** : 대화상자를 통해 철자 검사를 위한 문자의 환경을 설정합니다.

(6) 도구 패널

① **찾기 및 대치** : 문자열을 검색하거나 문자열을 대치(치환)합니다.

② **문자 가져오기** : 파일 선택 대화상자를 통해 ASCII 또는 RTF 형식의 파일을 선택하여 외부 문자를 가져옵니다. 가져온 문자는 원래의 문자 형식 및 스타일 특성을 유지하지만 편집기에서 편집하고 형식을 지정할 수 있습니다. 문자의 파일 크기는 32KB로 제한됩니다.

④ **Auto Caps** : 키보드의 Caps Lock 기능으로 입력 또는 가져오는 문자 중 모든 영문자를 대문자로 표현합니다.

(7) 옵션 패널

① **눈금자** : 눈금자 표시 여부를 제어합니다.

② **명령 취소** : 여러 줄 문자 편집기에서 문자 내용이나 문자 형식의 변경 등과 같은 작업을 취소합니다. Ctrl + Z 를 사용할 수도 있습니다.

③ **명령복구** : 문자 내용이나 문자 형식 변경 등의 여러 줄 문자 편집기에서의 작업을 복구합니다. Ctrl + Y 를 사용할 수도 있습니다.

(8) 문자 편집기 닫기
문자 작성 및 편집을 종료합니다. 변경 사항을 저장하지 않고 여러 줄 문자 편집기를 닫으려면 Esc 를 누릅니다.

2. 눈금자

눈금자 및 각 부위의 명칭은 다음과 같습니다. 기능이나 사용방법은 일반적인 문자 편집기(Word Processor)와 동일합니다.

참고 스택 문자의 작성

분수나 공차 표기와 같이 한 줄에 두 문자를 겹쳐서 기입하고자 할 때는 특수 문자를 사용하여 표기합니다. 다음과 같이 구분됩니다.

- 슬래시(/) : 문자를 수직으로 스택하며 수평선으로 구분됩니다.
- 샵(#) : 문자를 대각선으로 스택하며 대각선으로 구분됩니다.
- 캐럿(^) : 공차 스택을 작성하며 수직으로 스택되고 선에 의해 구분되지 않습니다.

(1) 다음과 같이 '2/3'을 입력하고 Enter 를 누르면

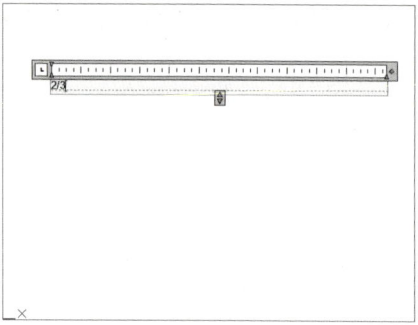

(2) AutoStack 특성 대화상자가 나타납니다. 이때, AutoStack 사용 여부를 지정하고 설정하고자 하는 스택 방식을 선택한 후 [확인]을 누릅니다.

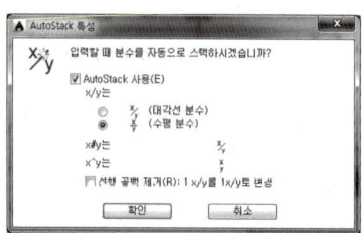

(3) 다음과 같은 문자를 입력하면 다음 그림과 같은 스택 문자가 작성됩니다.

2/3 Enter
+05^-0.5 Enter 100.0 Enter
2#3 Enter

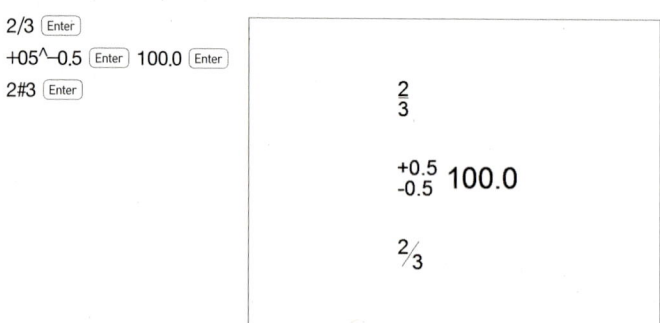

> **참고** 여러 줄 문자의 수정
>
> 이미 작성된 여러 줄 문자를 수정할 때는 '특성(PROPERTIES)' 또는 '문자 편집(DDEDIT)' 명령으로 수정할 수 있습니다. 더 간편한 방법은 여러 줄 문자에 마우스 커서를 대고 더블클릭하면 문자 편집기가 표시되어 수정할 수 있습니다. 여러 줄 문자의 수정 화면은 여러 줄 문자의 작성 화면과 동일한 편집기가 표시됩니다.

2. 단일 행 문자

명령 : TEXT(단축키: DT)   메뉴 아이콘 : **AI**

명령 흐름 : 작성 위치를 지정한 후 문자를 입력합니다.

{문자의 시작점 지정 또는 [자리맞추기(J)/스타일(S)]:} 문자의 작성 위치를 지정합니다.

문자를 입력합니다. [Enter]를 하면 다음 행으로 넘어갑니다. 종료하려면 [Enter]를 두 번 누릅니다.

옵션 설명

{문자의 시작점 지정 또는 [자리맞추기(J)/스타일(S)]:}

(1) 자리 맞추기(J) : 문자의 위치를 조정합니다. 여러 줄 문자의 자리 맞추기와 동일합니다.

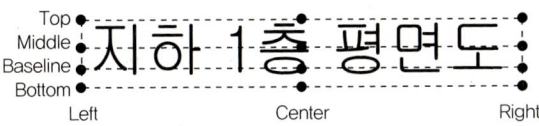

① 정렬(Align) : 두 점 사이에 문자를 정렬합니다.
② 맞춤(Fit) : 두 점 사이에 문자를 정렬하고 높이를 지정합니다.
③ 중심(Center) : 지정한 점을 중심으로 문자를 수평 중심에 정렬합니다.
④ 중간(Middle) : 지정한 점을 기준으로 문자를 중앙으로 조절하여 정렬합니다.
⑤ 오른쪽(Right) : 지정한 점을 기준으로 문자를 오른쪽에 정렬합니다.
⑥ TL(Top Left) : 문자의 상단 좌측을 기준으로 정렬합니다.
⑦ TC(Top Center) : 문자의 상단 중앙을 기준으로 정렬합니다.
⑧ TR(Top Right) : 문자의 상단 우측을 기준으로 정렬합니다.
⑨ ML(Middle Left) : 문자의 중앙 좌측을 기준으로 정렬합니다.
⑩ MC(Middle Center) : 문자의 수평, 수직 중심점을 기준으로 정렬합니다.
⑪ MR(Middle Right) : 문자의 중앙 우측을 기준으로 정렬합니다.
⑫ BL(Bottom Left) : 문자의 하단 좌측을 기준으로 정렬합니다.
⑬ BC(Bottom Center) : 문자의 하단 중앙을 기준으로 정렬합니다.
⑭ BR(Bottom Right) : 문자의 하단 우측을 기준으로 정렬합니다.

(2) 스타일(S) : 글꼴을 지정하는 스타일을 지정합니다. 스타일은 '문자 스타일(STYLE)' 명령에서 작성한 스타일 이름을 지정합니다.

> **참고** 특수 문자의 입력
>
> '여러 줄 문자(MTEXT)'의 경우는 특수 문자를 선택하는 기능이 있으나 '단일행 문자(TEXT)'에서 특수 문자를 기입하기 위해서는 다음과 같이 특수 문자를 제어하는 제어문자인 이중 퍼센트 부호(%%)와 함께 특수 문자 정보를 입력해야 합니다.

제어 문자	유니코드 문자열	결과
%%d	\U+00B0	각도 기호(°)
%%p	\U+00B1	공차 기호(±)
%%c	\U+2205	지름 기호(∅)
%%u		밑줄 글자
%%o		윗줄 글자
%%%		% 기호

다음 문자 기호를 삽입하려면 확장된 문자 형식 도구막대에서 기호를 클릭하거나 해당 유니코드 문자열을 입력합니다. 문자 기호 및 유니코드 문자열로 삽입됩니다.

이름	기호	유니코드 문자열
거의 같음	≈	\U+2248
각도	∠	\U+2220
경계선	℔	\U+E100
중심선	₵	\U+2104
증분	Δ	\U+0394
전기 위상	φ	\U+0278
흐름 선	℉	\U+E101
항등	≡	\U+2261
시작 길이	℗	\U+E200
기준 선	M	\U+E102
같지 않음	≠	\U+2260
옴	Ω	\U+2126
오메가	Ω	\U+03A9
판/특성 선	℞	\U+214A
아래 첨자 2	2	\U+2082
제곱	2	\U+00B2
세제곱	3	\U+00B3

10 복사(COPY) 명령으로 작성한 문자를 복사합니다.

명령어 'COPY' 또는 'CO'를 입력하거나 '수정' 패널 또는 도구막대에서 ✤을 클릭합니다.

{객체 선택: }에서 문자(수검번호)를 선택합니다. {선택1개를 찾음}

{객체 선택: }에서 Enter로 선택을 종료합니다.

{기본점 지정 또는 [변위(D)/모드(O)] 〈변위(D)〉: }에서 기준점(P1)을 지정합니다.

{두 번째 점 지정 또는 [배열(A)]〈첫 번째 점을 변위로 사용〉: }에서 아래 칸의 교차점을 지정합니다.

{두 번째 점 지정 또는 [배열(A)/종료(E)/명령취소(U)] 〈나가기〉: }에서 그 다음 아래 칸의 교차점을 지정합니다. 반복해서 점을 지정하여 다음과 같이 문자를 복사합니다.

수검번호	수검번호	
수검번호	수검번호	
수검번호		
수검번호		

11 문자 편집(DDEDIT) 기능으로 문자를 수정합니다.

'DDEDIT'를 입력하거나 수정하고자 하는 문자를 더블클릭합니다. 다음과 같이 문자가 편집 모드로 바뀝니다. 이때 수정하고자 하는 문자(예 : 성명)를 입력합니다.

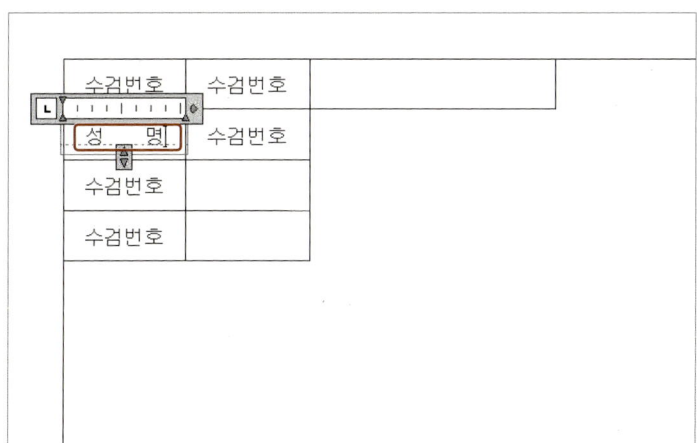

이와 같은 방법으로 나머지 문자도 수정합니다. 다음과 같이 수정합니다.

수검번호	1234567
성 명	이 진 천
연장시간	
감독확인	

12 여러 줄 문자(MTEXT) 또는 단일 행 문자(TEXT) 명령을 이용하여 다음과 같이 윗줄의 세 번째 칸에 '전산응용건축제도기능사'를 기입합니다. 다음과 같이 표제란이 완성됩니다.

수검번호	1234567	전산응용건축제도기능사
성 명	이 진 천	
연장시간		
감독확인		

08; 도면 열기와 저장

AutoCAD 2015

파일을 새롭게 시작하여 열고, 저장하는 기능은 모든 소프트웨어에 있는 기능입니다. 이번 장에서는 도면 데이터를 관리하는 파일 관리에 대해 살펴보겠습니다. 초기 화면에서 조작하는 방법과 도면 작업 영역에서 시작하는 방법이 있습니다.

1 새로운 도면의 시작

도면 작성을 시작하는 방법은 빈 공간에서 객체를 그려나가는 방법과 특정 양식(템플릿)이 작성된 상태에서 시작하는 방법이 있습니다.

01. 새로운 도면 - 초기 화면

AutoCAD를 실행한 후 다음과 같은 초기 화면에서 새로운 도면을 시작하는 방법입니다.

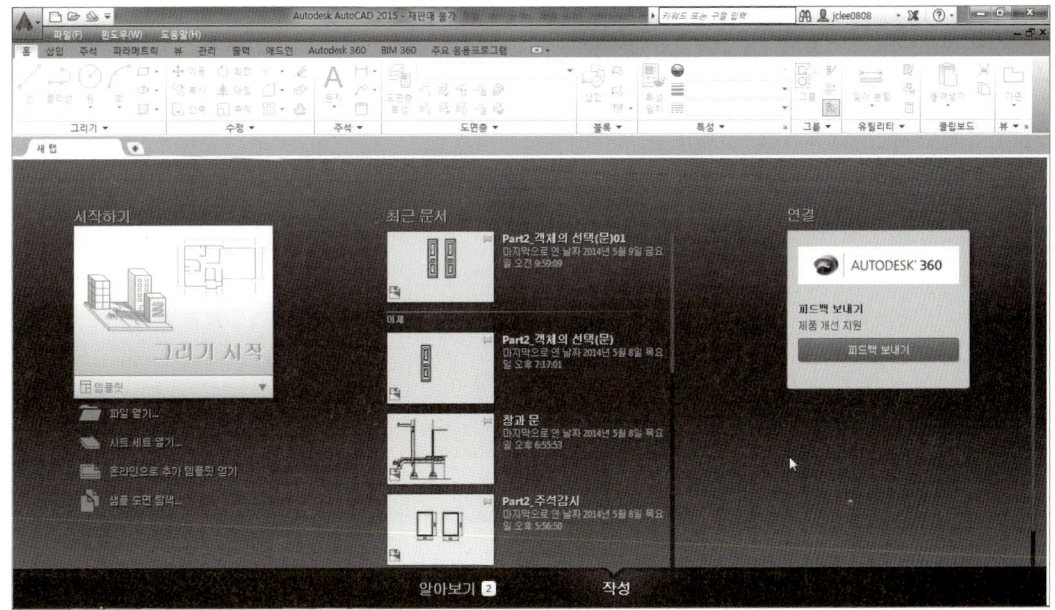

AutoCAD 초기 화면

01 '시작하기'의 '그리기 시작' 아래쪽에 있는 '템플릿' 옆의 드롭다운 목록(역삼각형▼)을 펼칩니다. 다음과 같은 템플릿 파일 목록이 나타납니다.

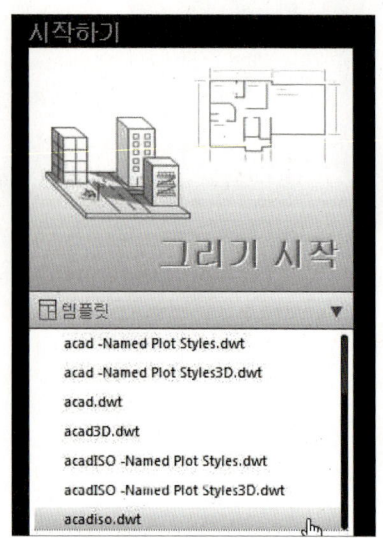

> **참고** 템플릿 파일이란?
>
> 템플릿(Templat)의 사전적 의미는 '형틀, 형판'입니다. AutoCAD의 템플릿도 이와 같은 개념으로 도면의 작성 환경(각종 설정 값)이 담겨있는 표준 도면입니다. 즉, 도면 작성을 위한 도면층, 선 종류, 글자체, 블록을 비롯하여 기본 표제란과 같이 사용자가 도면 작성에 필요한 기본 환경 및 양식이 저장되어 있는 표준 도면입니다.
> 파일 형식은 '*.dwt'입니다. 이 템플릿 파일은 AutoCAD에서 기본적으로 제공하는 파일도 있고, 사용자가 필요에 의해 자신의 작업 환경에 맞는 환경을 설정하여 템플릿 파일 형식으로 만들 수도 있습니다.
> 도면을 시작해서 도면의 크기와 단위를 설정하고 도면층이나 그리기 도구에서 설정할 작업을 미리 설정하여 표제란과 같이 항상 사용하는 양식을 미리 작도해서 템플릿 파일로 만들어 저장하여 사용하면 환경 설정 작업을 생략할 수 있어 효율적이라 할 수 있습니다.
> 그렇기 때문에 프로젝트 비용과 시간을 절약할 수 있게 합니다.

02 목록에서 'acadiso.dwt'를 선택한 후 클릭합니다. 다음과 같이 새로운 도면 작업을 위한 화면이 펼쳐집니다.

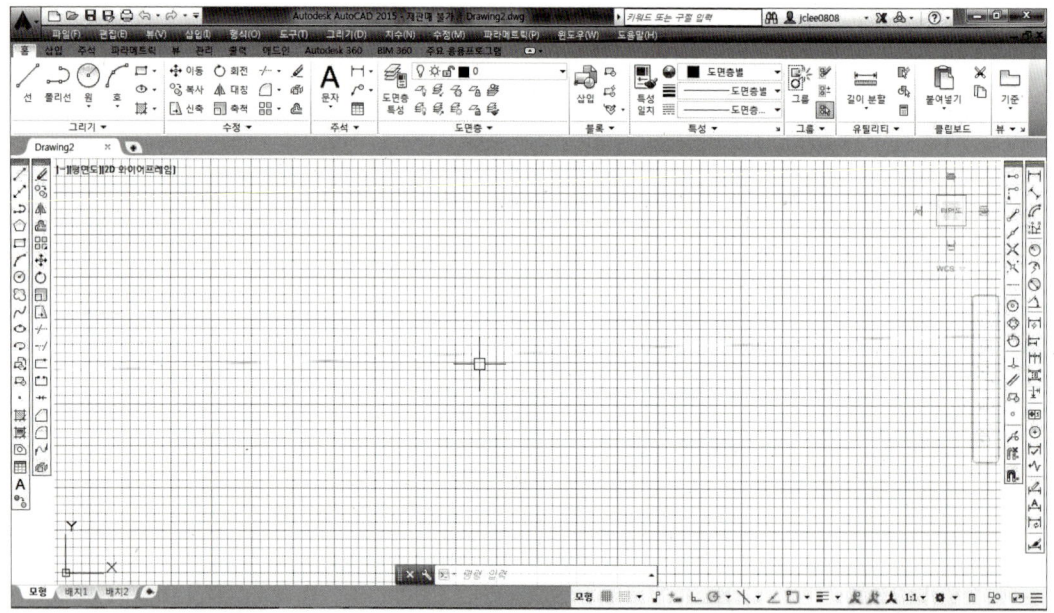

02. 새로운 도면 – 템플릿 도면 선택

도면 작업 영역에서 '새로 만들기' 또는 '빠른 새 도면'을 통해 템플릿 파일을 선택하여 시작하는 방법입니다.

명령 : NEW(단축키 : Ctrl + N)   아이콘 버튼 : 📄

다음 그림과 같이 템플릿을 선택할 수 있는 대화상자가 표시됩니다.

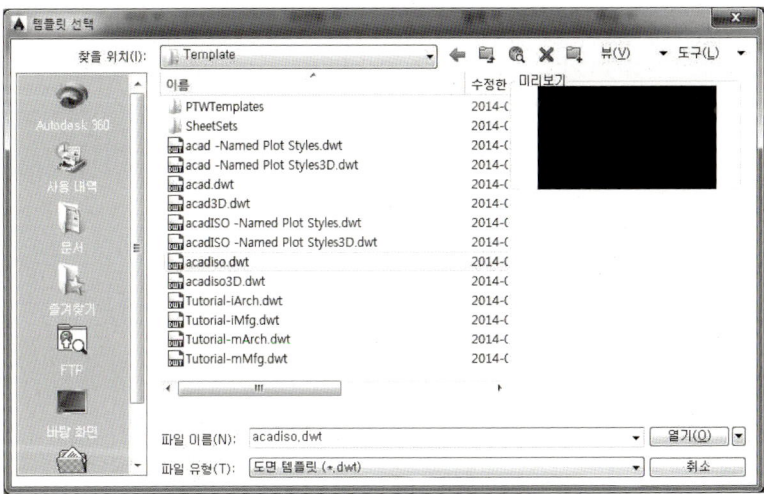

템플릿 파일 선택 대화상자

❶ **찾을 위치(I)** : 파일을 검색할 위치를 지정합니다.

❷ **Autodesk 360** : 클라우드 기반의 Autodesk 360에서 선택합니다.

❸ **사용 내역** : 가장 최근에 접근한 내역을 표시합니다. 표시된 목록에서 선택하여 시작합니다.

❹ **문서** : 현재 사용 중인 컴퓨터의 '내 문서' 내로 이동하여 목록을 표시합니다.

❺ **즐겨 찾기** : 즐겨 찾기에 등록된 목록을 표시합니다. 여기에 등록된 목록은 오른쪽 상단의 [도구(L)]-[즐겨찾기에 추가(A)]를 통해 등록된 장소입니다.

❻ **FTP** : 파일 전송 프로토콜(FTP)의 위치를 지정하여 연결합니다.

❼ **바탕 화면** : 바탕 화면의 목록을 표시합니다.

❽ **Buzzsaw** : 다른 위치의 프로젝트팀을 연결할 수 있는 안전한 인터넷 기반의 공동 작업 및 프로젝트 관리 서비스 사이트인 Buzzsaw에 연결합니다.

❾ **뒤로(←)** : 한 단계 뒤로 돌아갑니다.

❿ **한 수준 위로( )** : 현재의 경로 트리 위치에서 한 단계 위로 이동합니다.

⓫ **웹 검색( )** : 웹 검색 대화상자를 통해 인터넷상에 접근하고 파일을 저장합니다.

⓬ **삭제(✘)** : 파일 또는 폴더를 삭제합니다.

⓭ **새 폴더 작성( )** : 현재 위치에서 새로운 폴더를 작성합니다.

⓮ **뷰(V)** : 파일 또는 폴더 목록의 모양을 지정하고, 파일 목록의 경우는 파일 선택 시 미리 보기 이미지를 표시할 지 여부를 지정합니다. 목록, 자세히, 썸네일, 미리 보기 항목이 있습니다.

⓯ **도구(L)** : 사용 가능한 다른 동작에 대한 지원 도구를 제공합니다.

- 찾기(F) : 이름, 위치, 날짜 등을 이용해 파일을 찾을 수 있는 대화상자를 제공합니다.
- 위치(L) : AutoCAD 검색 경로를 사용하여 파일 이름에 지정된 파일의 위치를 검색합니다.
- FTP 위치 추가/수정(D) : 검색하고자 하는 FTP(File Transfer Protocol) 주소를 지정합니다.
- 환경에 현재 폴더 추가(P) : 환경 목록에 선택된 폴더의 아이콘을 추가함으로써 모든 표준 파일 선택 대화상자에서 해당 폴더로 신속히 접근할 수 있게 합니다.
- 즐겨 찾기에 추가(A) : 현재 찾을 위치에 표시된 위치 또는 선택된 파일이나 폴더로 바로 가기 아이콘을 작성합니다. 자주 이용하는 폴더를 지정해 놓으면 편리하고 빠르게 접근할 수 있습니다.

⓰ **파일 이름(N)** : 현재 선택된 파일 이름입니다.

⓱ **열기(O)** : 파일을 엽니다. 버튼 옆에 붙은 역삼각형(▼)을 누르면 선택된 파일을 여는 방법('템플릿 – 영국식 없이 열기(I)', '템플릿 – 미터법 없이 열기(M)')을 제공합니다.

⓲ **파일 형식(T)** : 파일의 형식을 선택합니다. 도면 파일 형식인 'DWG', 표준 파일 형식인 'DWS', 템플릿 파일 형식인 'DWT'가 있습니다.

⓳ **취소(C)** : 작업을 취소합니다. 대화상자가 사라집니다.

[TIP] 처음 시작하는 사용자라면 템플릿 파일 'acadiso.dwt'를 선택하여 시작하십시오. 이 템플릿 파일은 미터법 단위와 A3 용지(420, 297)의 도면 범위가 설정되어 있습니다.

03. 새로운 도면 – 마법사를 이용한 설정

설정 마법사를 통해 새로운 도면을 시작합니다. 시스템 변수 'STARTUP'의 값이 '1'인 경우 마법사 대화상자가 나타납니다.

01 시스템 변수 'STARTUP'을 입력합니다.
{STARTUP에 대한 새 값 입력 〈3〉:}에서 '1'을 입력합니다.

> **참고** 시스템 변수 'STARTUP'
>
> 시스템 변수 'STARTUP'은 다음과 같은 값으로 구성됩니다.
> 0: 별도로 정의된 설정없이 시작합니다.
> 1: 시작하기 또는 새 도면 작성 대화상자를 표시합니다.
> 2: 새로운 탭이 표시됩니다. 응용프로그램에서 사용 가능한 경우 사용자 대화상자를 표시합니다.
> 3: 새 도면을 열거나 작성하면 새 탭이 표시되고 리본이 미리 로드됩니다.

04 다음과 같은 대화상자가 나타납니다.

❶ **처음부터 시작** : '미터법(M)'을 클릭한 후 [확인]을 클릭하면 미터법 외에는 아무런 설정없이 시작합니다.
❷ **템플릿 사용** : 템플릿을 선택하여 시작합니다.
❸ **마법사 사용** : 마법사를 이용하여 설정을 합니다.

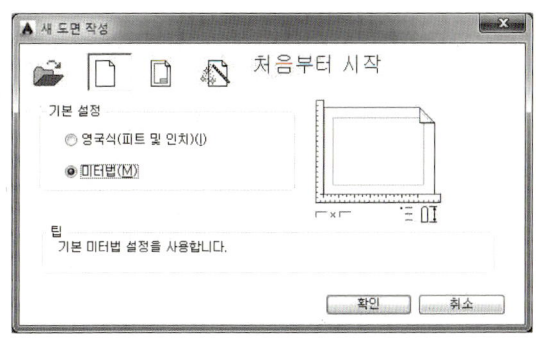

03 '마법사 사용'을 클릭합니다. 다음과 같은 화면이 나타납니다. '마법사 선택' 목록에서 '신속 설정'을 선택합니다.

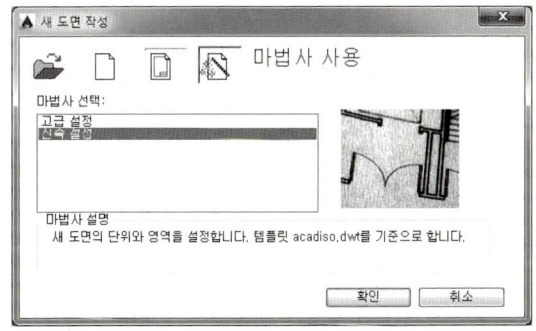

04 단위를 설정합니다. '10진수(D)'를 클릭한 후 [다음(N)〉]을 클릭합니다.

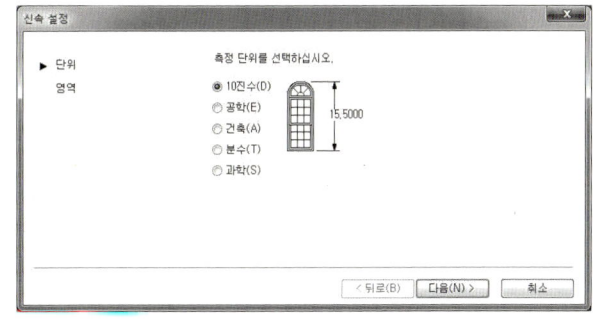

05 용지의 크기를 설정합니다. 용지의 가로, 세로 크기를 입력한 후 [마침]을 클릭하면 새로운 도면이 펼쳐집니다.

[TIP] AutoCAD 2015에서는 시스템 변수 'STARTUP' 기본값은 '3'으로 설정되어 있습니다. 이 책에서는 작업의 일관성을 위해 '3'으로 설정한 후 작업하도록 하겠습니다.

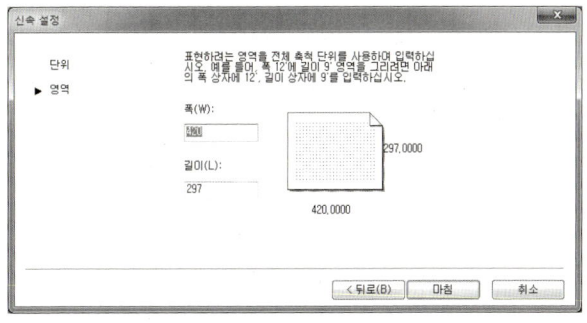

2 기존 도면의 열기

처음부터 끝까지 한 번의 작업으로 도면이 끝나는 경우는 많지 않습니다. 이럴 경우에는 이미 작성된 도면을 열어야 합니다. 단일 도면만 열 수도 있고 여러 장의 도면을 동시에 열 수 있으며 필요에 따라서는 도면의 일부만을 열 수도 있습니다.

01. 최근 문서로 시작하기

최근에 작업했던 도면(문서)으로 바로 접근하여 도면을 시작합니다.

01 AutoCAD 초기 화면에서 '최근 문서' 목록에서 열고자 하는 도면을 선택합니다.

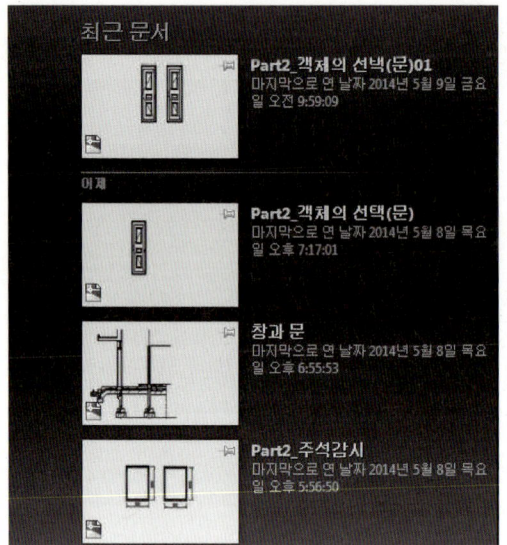

또는 '메뉴 탐색기 ▲' 버튼을 누릅니다. 다음과 같은 메뉴 목록과 이전에 작업했던 도면의 목록이 나타납니다. 마우스 커서를 도면 명칭에 가져가면 다음과 같이 미리보기 도면과 간단한 도면 정보가 나타납니다. 이때, 작업하고자 하는 도면을 선택하여 클릭합니다.

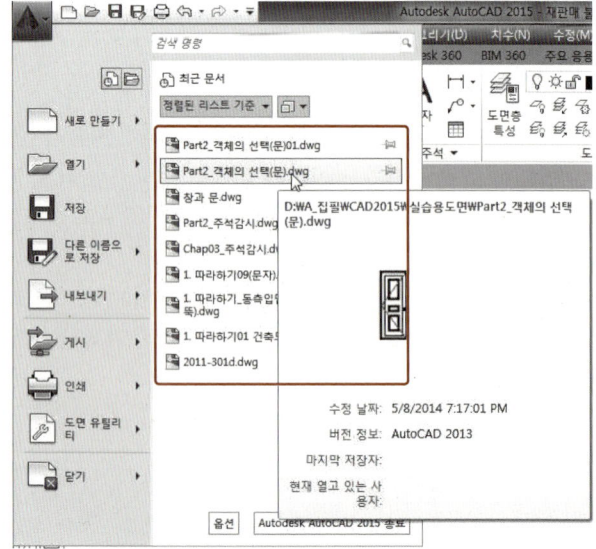

02. 단일 도면 열기

한 장의 도면만을 엽니다. 명령을 실행하면 '파일 선택' 대화상자가 표시됩니다.

명령 : OPEN(단축키 : Ctrl + O)   아이콘 버튼 : 📂

열고자 하는 도면 파일을 선택하면 '미리 보기' 창에 도면의 이미지가 표시됩니다. 이때 [열기(O)]를 클릭합니다.

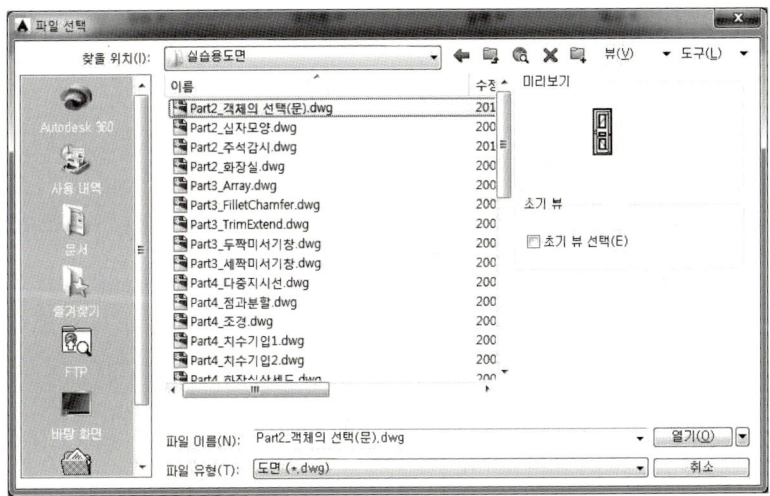

[TIP] 대화상자의 각 항목은 '새로운 도면'의 대화상자의 항목과 동일합니다. '새로운 도면'의 대화상자 설명을 참조하도록 합니다.
'새로운 도면' 대화상자에 없는 항목은 '초기 뷰 선택(E)'입니다. 이 '초기 뷰 선택(E)'은 도면에 두 개 이상의 명명된 뷰가 있는 경우 도면을 열 때 지정한 모형 공간 뷰를 표시합니다.

03. 여러 도면 열기

여러 장의 도면을 동시에 엽니다.

명령 : OPEN(단축키 : Ctrl + O)   아이콘 버튼 : 📂

01 대화상자에서 키보드의 Ctrl 키를 누르면서 파일 목록에 있는 파일 목록에서 열고자 하는 파일을 선택합니다. 선택된 파일이 반전되어 선택된 파일을 확인할 수 있습니다. 여기에서는 4개의 파일을 선택했습니다. 선택이 끝나면 [열기(O)]를 클릭합니다.

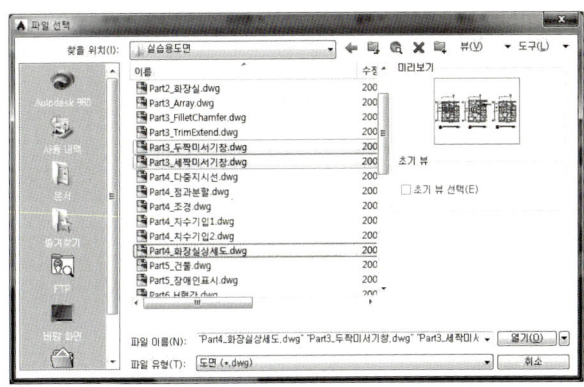

02 다음 그림과 같이 선택한 3개의 파일이 동시에 열립니다.

Note_ 선택한 파일을 취소하고자 할 경우는 Ctrl 키를 누른 채로 선택된 파일을 다시 한 번 선택합니다. 취소된 파일은 선택 표시인 반전 표시가 사라집니다.

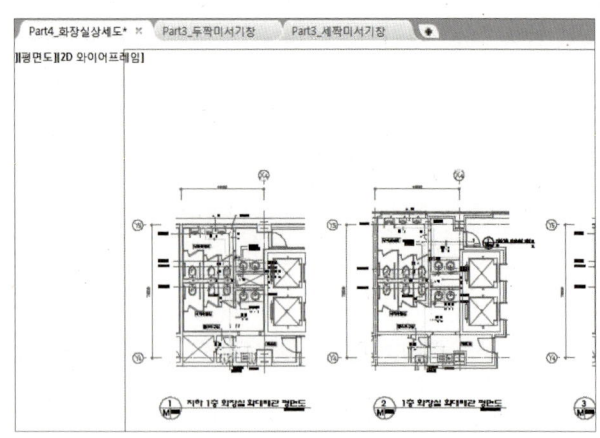

04. 도면의 일부분 열기

도면의 일부만을 엽니다. 작업할 뷰 또는 원하는 도면층(레이어)을 선택하여 도면을 엽니다. 샘플 도면을 이용하여 다음과 같이 실행합니다.

명령 : OPEN(단축키 : Ctrl + O)   아이콘 버튼 : 📂

01 대화상자에서 열고자 하는 파일(혜지원 홈페이지에서 다운로드 받은 예제 파일 중에서) 'Part2_화장실.dwg'를 선택한 후 [열기(O)]의 역삼각형(▼) 아이콘을 눌러 목록 중에서 [부분적 열기(P)]를 클릭합니다.

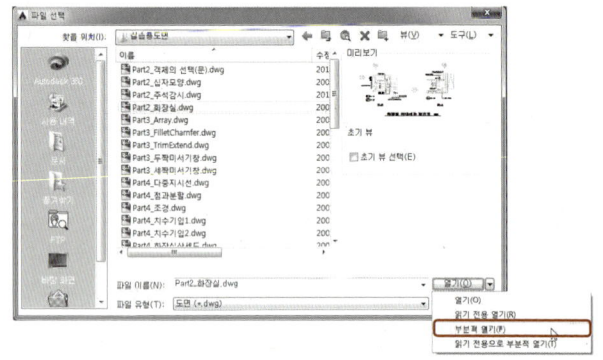

02 다음과 같이 [부분적 열기] 대화상자가 표시됩니다. '로드할 뷰 형상' 및 '로드할 도면층 형상' 목록에서 열고자 하는 뷰 및 도면층을 체크합니다. 여기에서는 건축도가 작도되어 있는 도면층 'ARCH'에 체크하고 [열기(O)]를 누릅니다.

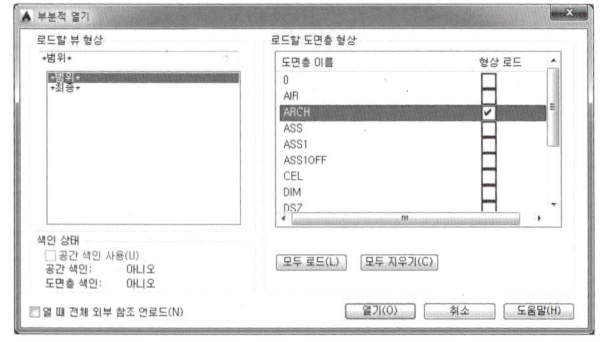

참고 도면층이란?

도면층은 하나의 트레이싱 페이퍼와 유사한 개념으로 도면을 작성할 층을 만드는 것입니다. 필요에 의해 켜고 끌 수 있으며, 잠그고 풀 수도 있고, 각 도면층별로 색상이나 선 종류를 설정할 수 있습니다. 자세한 내용은 뒤에 나오는 '객체 특성'을 참조합니다.

03 다음 그림과 같이 건축도가 작도된 도면층인 'ARCH'
만 열립니다.

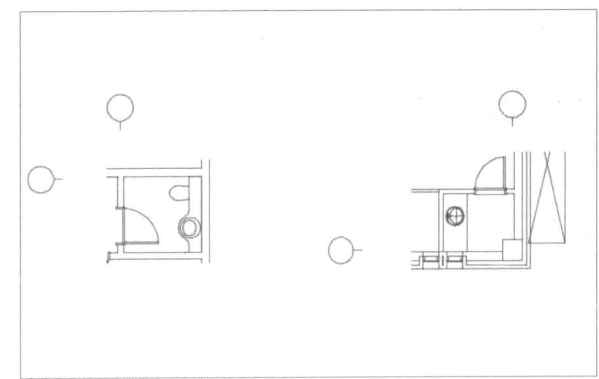

3 도면의 저장과 닫기

새롭게 작성한 객체나 수정된 객체의 집합인 도면을 데이터 파일로 저장하는 것은 당연한 작업일 것입니다. 이번에는 저장 방법과 닫기에 대해서 알아보겠습니다.

01. 다른 이름으로 저장(SAVEAS)과 저장(SAVE, QSAVE)

새로운 도면에 이름을 부여하여 저장하거나 현재 열려있는 파일의 이름을 변경하여 다른 이름으로 저장합니다.

명령 : SAVEAS, SAVE 또는 QSAVE(단축키 : Ctrl + Shift + S , Ctrl + S)   아이콘 버튼 : 📄 💾

명령을 실행하면 다음과 같이 '다른 이름으로 도면 저장' 대화상자가 표시됩니다. 저장하고자 하는 폴더를 지정하고 '파일 이름(N)' 항목에 파일 이름을 입력한 후 [저장(S)]을 클릭하면 지정한 파일명으로 저장됩니다.

> **참고** '다른 이름으로 저장(A) 📄'과 '저장(S) 💾'의 차이
>
> 기본적으로 새로운 도면을 처음 저장할 때는 '다른 이름으로 저장(A)'과 '저장(S)'의 차이가 없습니다. 두 명령 모두 '다른 이름으로 도면 저장' 대화상자가 나타나 파일명을 지정하여 파일에 저장할 수 있습니다.
> 차이점은 이미 한 번 저장한 도면을 다시 저장하려고 할 때 차이가 있습니다.
>
> (1) 다른 이름으로 저장(A) 📄 : 기존 도면 이름과는 다른 이름으로 도면을 저장하는 것입니다. 따라서, 명령을 실행할 때마다 '다른 이름으로 도면 저장' 대화상자를 표시하여 파일명을 입력하도록 합니다.
>
> (2) 저장(S) 💾 : 기존 도면 이름을 가지고 있기 때문에 명령을 실행하면 별도의 대화상자를 표시하지 않고 현재의 파일명으로 저장됩니다.

02. 저장(QSAVE)

현재 열려있는 파일과 동일한 이름으로 저장하고자 할 경우는 저장 명령을 사용합니다.

명령 : QSAVE(단축키 : Ctrl + S) 아이콘 버튼 : 💾

명령을 실행하면 현재 지정된 폴더에서 지정된 파일명으로 저장됩니다. 그러나 도면 이름(파일명)이 없는 새로운 도면의 경우는 앞에서 설명한 '다른 이름으로 도면 저장'과 같은 대화상자가 표시되어 파일명을 지정할 수 있도록 합니다.

03. 닫기(CLOSE)

현재 도면을 닫습니다. 마지막으로 저장한 도면이 수정된 경우에는 변경 사항을 저장하거나 무시할지를 묻는 대화상자가 표시됩니다.

명령 : CLOSE

도면창 제어버튼 중 닫기 버튼(❌) 또는 도면 탭의 X를 누르면 해당 도면이 닫힙니다.

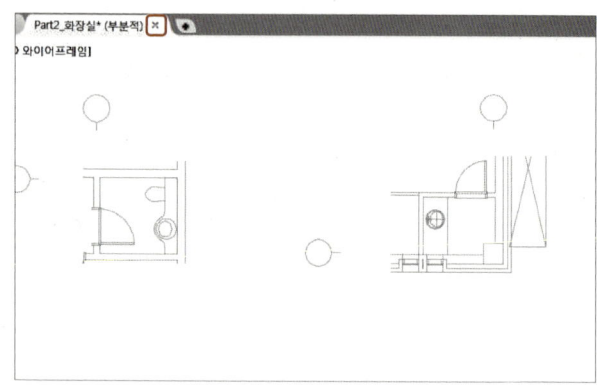

현재 열린 도면이 변경되지 않은 경우는 그대로 종료되지만 수정 작업이 이루어져 변경된 경우는 다음 그림과 같이 저장 여부를 묻는 대화상자를 표시합니다. 이때 저장하고자 하면 [예(Y)]를, 저장하지 않고 닫으려면 [아니오(N)]를 클릭합니다.

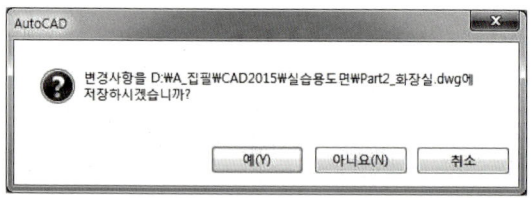

> **참고** 여러 장의 도면을 한 번에 모두 닫고자 할 경우
>
> 명령 : CLOSEALL 메뉴 : [윈도우(W)] - [전체 닫기(L)]
>
> AutoCAD를 실행한 후 여러 개 창을 열어서 작업을 할 경우가 있습니다. 예를 들어, 1층과 2층, 3층의 도면을 한 번에 열어 작업을 할 수도 있습니다. 이때 열려있는 모든 창을 한 번에 닫으려면 '모두 닫기(CLOSEALL)' 명령을 사용합니다.
> 수정된 도면이 있으면 파일을 닫기 전에 다음 그림과 같이 각각의 도면에 대해서 도면의 변경된 내용을 저장할 것인가를 묻는 대화상자가 표시됩니다. 이때, 저장 여부를 판단하여 지정합니다.

참고 | 파일 저장 형식

AutoCAD 도면의 기본 파일 형식은 'DWG'입니다. 그러나 'DWG' 외에 다른 CAD 포맷이나 소프트웨어에서 인식하게 하거나 하위 버전에서 열 수 있도록 하기 위한 형식을 제공합니다.

[다른 이름으로 저장] 대화상자에는 다음 그림과 같이 '파일 유형(T)'을 지정하는 항목이 있습니다. '파일 유형(T)'의 목록을 클릭합니다. 다음 그림과 같이 저장할 수 있는 파일 포맷 및 AutoCAD 버전 종류가 표시됩니다. 이때 저장하고자 하는 항목을 선택합니다.

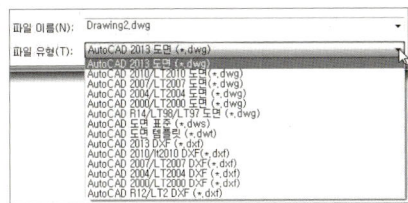

'DWG' 외에 AutoCAD에서 제공하는 형식으로 템플릿 파일의 'DWT'와 다른 CAD 프로그램에서 읽을 수 있는 도면 정보를 포함하는 텍스트 또는 이진 파일인 'DXF(Drawing Interchange Format)'가 있습니다.

파일 저장에는 세 가지 형식과 함께 각 버전별 저장 기능이 있습니다. AutoCAD가 버전이 바뀌면서 내부적으로 데이터 저장 구조가 약간씩 바뀝니다. 기본적으로 세 버전마다 한 번씩 데이터 포맷이 바뀝니다.

AutoCAD 2015 파일은 AutoCAD 2013 버전의 파일과 동일합니다. 따라서, 최신 버전의 파일 형식은 AutoCAD2013입니다. 상위 버전의 파일을 하위 버전에서 사용하려면 버전에 맞춰 저장해야 합니다.

AutoCAD 2013 형식의 도면을 AutoCAD 2012에서 사용하려면 AutoCAD 2010 버전으로 저장해야 합니다. AutoCAD 2012는 AutoCAD 2010, 2011과 호환됩니다. 따라서 AutoCAD 2012에서 사용하려면 파일 형식은 'AutoCAD 2010도면(*.dwg)'으로 저장해야 합니다. AutoCAD 2009에서 사용하려면 AutoCAD 2007 형식으로 저장해야 합니다.

AutoCAD 2013에서 지정할 수 있는 파일 형식에는 다음과 같은 것이 있습니다.

- AutoCAD 2013 도면(*.dwg) : AutoCAD 2013 파일 형식입니다.
- AutoCAD 2010 도면(*.dwg) : AutoCAD 2010, 2011, 2012는 동일한 파일 형식입니다.
- AutoCAD 2007 도면(*.dwg) : AutoCAD 2007, 2008, 2009는 동일한 파일 형식입니다. 따라서, AutoCAD 2009 도면도 2007도면으로 저장됩니다.
- AutoCAD 2004/LT 2004 도면(*.dwg) : AutoCAD 2004, 2005, 2006 버전 형식입니다.
- AutoCAD 2000/LT 2000 도면(*.dws)
- AutoCAD R14/LT 98/LT 97 도면(*.dwg)
- AutoCAD 도면 표준(*.dws)
- AutoCAD 도면 템플릿(*.dwt)
- AutoCAD 2007 DXF(*.dxf)
- AutoCAD 2004/LT 2004 DXF(*.dxf)
- AutoCAD 2000/LT 2000 DXF (*.dxf)
- AutoCAD R12/LT2 DXF(*.dxf) 등이 있습니다.

이외에도 CAD 형식이 아닌 다른 소프트웨어와 호환을 위한 파일 형식을 제공하고 있습니다. 다른 파일 형식에 대해서는 '내보내기(EXPORT)'을 참조합니다.

4 도면의 내보내기와 가져오기

AutoCAD에서 작업한 도면은 반드시 AutoCAD에서 사용하는 것은 아닙니다. 다른 소프트웨어에서 참조하거나 활용할 수도 있습니다. 즉, 다른 소프트웨어에서 작성한 도면이나 이미지를 AutoCAD에서 활용하는 경우도 있습니다. 예를 들어, AutoCAD이외의 다른 CAD, 포토샵(PhotoShop)과 같은 그래픽 소프트웨어나 3D MAX와 같은 동영상 편집 소프트웨어에서 AutoCAD의 도면을 사용하고자 하는 경우입니다. 반대의 경우도 있습니다. 이번에는 이때 유용하게 활용할 수 있는 내보내기와 가져오기에 대해 알아보겠습니다.

01. 내보내기(EXPORT)

AutoCAD의 기본 파일 포맷(*.DWG) 이외의 파일 포맷으로 저장하는 명령이 '내보내기(EXPORT)'입니다.

명령 : EXPORT(단축키 : EXP)   아이콘 버튼 :

01 여기에서는 AutoCAD 도면을 메타파일(WMF)로 내보내서 엑셀(Excel)에서 열어보도록 하겠습니다. 도면은 어떤 객체라도 관계없으니 작도하기 바랍니다.

내보내기 명령을 실행합니다. 명령어 'EXPORT' 또는 단축키 'EXP'를 입력하거나 도구막대에서 을 클릭합니다.

다음과 같이 '데이터 내보내기' 대화상자가 나타납니다. '파일 형식(T)'을 한글이나 마이크로소프트 오피스(MS Word, Excel 등)에서 불러오기를 할 수 있는 윈도우 메타파일 형식인 'WMF'로 선택합니다. 폴더와 '파일 이름(N)'을 지정하고 [저장(S)]을 클릭합니다. 여기에서는 'Part2_내보내기'라는 이름으로 저장하도록 하겠습니다.

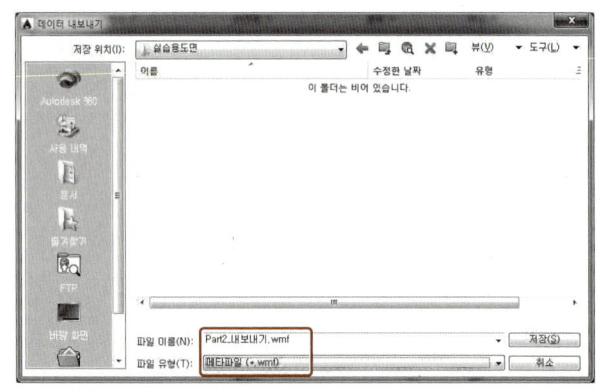

02 [저장(S)]을 클릭하면 내보내기를 위한 객체 선택 메시지인 {객체 선택:}이 표시됩니다. 이때 선택하고자 하는 객체를 선택합니다. 아래 그림의 녹색 영역과 같이 두 점을 지정하여 객체를 지정합니다.

{객체 선택:}에서 한 점을 지정하고, {반대 구석 지정:}에서 객체가 감싸지도록 반대 구석 점을 지정합니다. 선택이 끝나면 {객체 선택:}에서 Enter 또는 Space bar를 누릅니다.

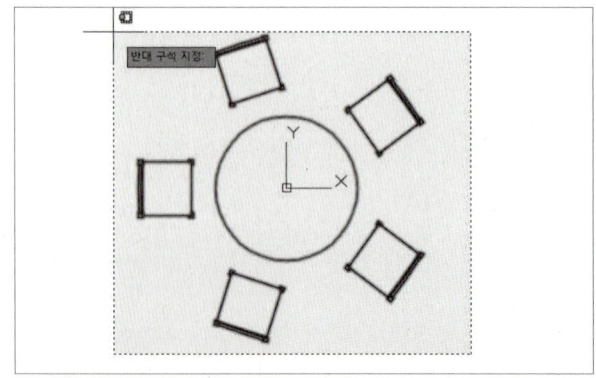

02. 내보내기(EXPORT)한 이미지를 엑셀로 삽입하기

내보내기 한 이미지를 엑셀(MS Excel) 소프트웨어에 삽입해보겠습니다.

01 엑셀(Excel) 소프트웨어를 실행합니다. 워드(MS Word)나 파워포인트(MS PowerPoint), 한글 소프트웨어도 동일한 방법입니다. 엑셀 화면이 펼쳐지면 풀다운 메뉴에서 [삽입(I)]-[그림(P)]-[그림 파일(F)]을 클릭합니다.

02 '그림 삽입' 대화상자가 표시됩니다. 앞에서 내보내기 한 파일(Part2_내보내기.wmf)를 선택한 후 '삽입(S)'을 클릭합니다.

03 다음 그림과 같이 AutoCAD에서 내보내기 한 도면(이미지)이 엑셀 문서에 삽입됩니다.

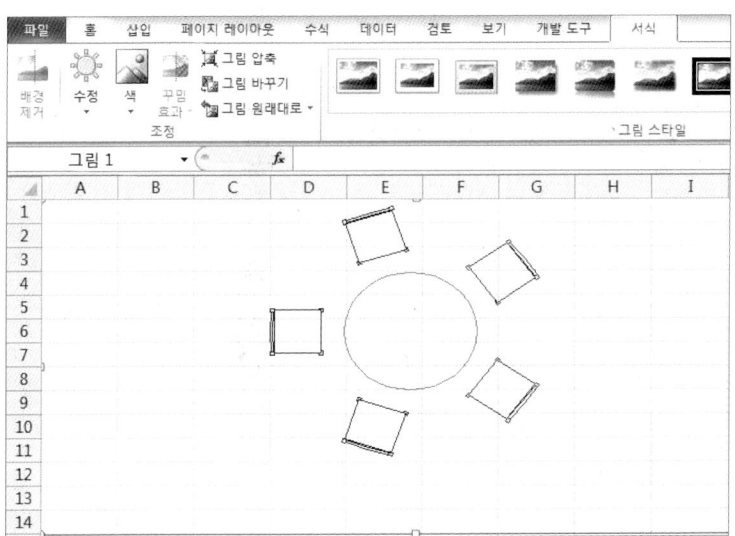

03. 가져오기(IMPORT)

이번에는 다른 소프트웨어의 파일을 AutoCAD에서 불러오는 방법입니다.
AutoCAD의 기본 파일 포맷(*.DWG) 이외의 파일 포맷을 불러오는 명령이 '가져오기(IMPORT)'입니다.

명령 : IMPORT(단축키 : IMP)   메뉴 : [파일(F)]-[가져오기(R)]

01 여기에서는 앞에서 내보내기 한 메타파일(WMF)을 AutoCAD에서 불러오겠습니다.

가져오기 명령을 실행합니다. 명령어 'IMPORT' 또는 단축키 'IMP'를 입력하거나 메뉴에서 [파일(F)]-[가져오기(R)]를 지정합니다. '파일 가져오기' 대화상자에서 가져오고자 하는 파일(Part2_내보내기.wmf)을 지정한 후 [열기(O)]를 클릭합니다.

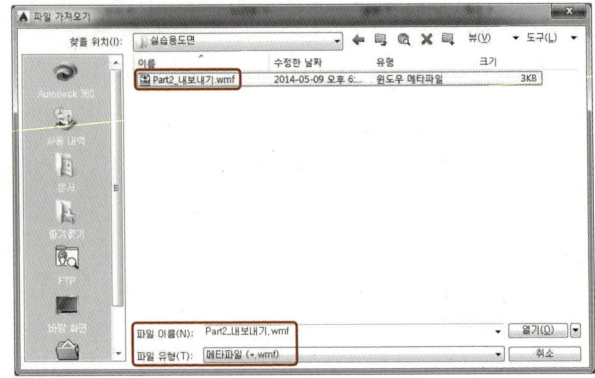

02 다음 그림과 같이 메타 파일이 AutoCAD의 작업공간에 삽입됩니다. 삽입된 객체는 AutoCAD 객체가 아닌 단순한 이미지입니다.

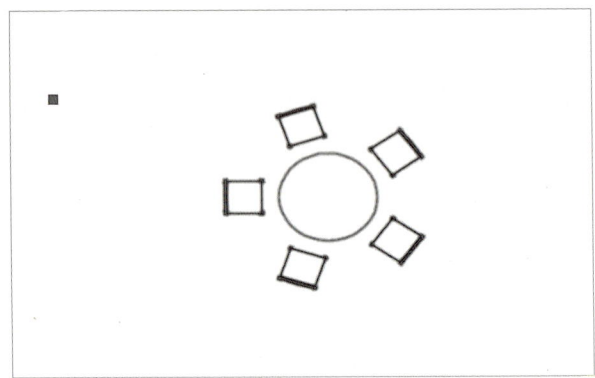

SPECIAL PAGE | 내보내기 및 가져오기 파일 형식

AutoCAD 2015에서 제공하는 내보내기 및 가져오기 파일 형식에는 다음과 같은 종류가 있습니다.

[내보내기(EXPORT) 파일 포맷]

- **3D DWF(*.DWF)** : 3차원으로 작성한 객체를 웹 포맷인 DWF(Drawing Web Format) 형식으로 내보냅니다. 3D DWF 파일을 받은 사람은 'Autodesk DWF Viewer'를 사용하여 3D DWF 파일을 보거나 인쇄할 수 있습니다. 2차원 객체의 경우는 '저장(QSAVE)' 또는 '다른 이름으로 저장'에서 형식을 제공하지만 3차원 객체는 내보내기를 통해서 DWF 형식으로 내보내기를 해야 합니다.

- **DWFx(*.WMF)** : DWF보다 발전된 형식으로 Microsoft의 XML 용지 사양(XPS) 형식을 기반으로 하며, Windows Vista 및 Windows Internet Explorer 7에 통합된 XPS 뷰어를 사용하여 볼 수 있는 형식입니다.

- **메타 파일(*.WMF)** : 윈도우 메타 파일(Windows Meta File)로 저장합니다. 주로 한글이나 오피스군(Excel, Word, Powerpoint 등)에서 그림으로 삽입할 때 유용합니다.

- **마이크로스테이션 DGN(*.DGN)** : Microstation 파일 형식인 DGN(V8, V7) 파일로 내보냅니다.

- **3D 교환 포맷 IGES(*.IGES, *.IGS)** : 3차원 데이터 교환 포맷 *.IGES 또는*.IGS 파일로 내보냅니다.

- **ACIS(*.SAT)** : ACIS Solid Object File 형식으로 저장합니다. 솔리드웍스나 Pro-e 등의 소프트웨어에서 작업을 위한 형식입니다.

- **리쏘그라피(*.Stl)** : Solid Object Stereo Lithography File 형식으로 저장합니다.

- **캡슐화된 PS(*eps)** : 캡슐화된 포스트스크립트 파일(Encapsulate Postscript File) 형식으로 저장합니다. 그래픽 이미지 편집기인 포토샵, 일러스트레이터, 코렐 드로우 등에서 불러들여 사용할 수 있는 형식입니다.

- **DXX추출(*.dxx)** : 속성 추출 DXF 파일(Attribute Extract DXF File) 형식으로 저장합니다. 3D MAX, DXF를 지원하는 소프트웨어에서 렌더링이나 입체감을 살릴 때 사용합니다.

- **비트맵(*.bmp)** : 장치 독립 비트맵 파일(Device Independent Bitmap File) 형식으로 저장합니다. 주로 인터넷에 이미지를 게시할 때 많이 사용합니다.

- **블록(*.dwg)** : AutoCAD의 파일 형식입니다. 도면 중 일부를 블록화하기 위한 형식입니다.

이 밖에도 파일 형식을 저장하는 개별 명령이 있습니다.

- **BMPOUT** : 선택된 객체를 장치 독립 비트맵 파일 형식(*.bmp)으로 저장합니다.

- **JPGOUT** : 선택된 객체를 압축된 파일 형식인 JPEG 형식(*.jpg)으로 저장합니다. 압축된 파일은 디스크

공간은 절약되지만 화질이 떨어지거나 읽어 들이지 못하는 소프트웨어가 있을 수 있습니다.

- **PNGOUT** : 선택된 객체를 PNG(Portable Network Graphics)(*.png) 형식으로 저장합니다.
- **TIFOUT** : 선택된 객체를 TIFF 형식(*.tif)으로 저장합니다.

기타 '3DSIN', 'ACISIN', 'DGNIMPORT', 'FBXIMPORT', 'IGESIMPORT', 'WMFIN' 등 다양한 파일을 가져올 수 있는 명령을 제공하고 있습니다.

[가져오기(IMPORT) 파일 포맷]

가져오기 파일은 다음과 같은 포맷을 지원합니다.

- 3D Studio(*.3ds)
- ACIS(*.sat)
- CATIA V4 및 V5(*.model, *.session, *.exp, *.div3, *.CATPart, *.CATProduct)
- FBX(*.fbx)
- IGES(*.iges, *.igs)
- Inventor(*.ipt, *.iam)
- JT(*.jt)
- 메타파일(*.wmf)
- Microstation DGN(*.dgn)
- NX(*.prt)
- Parasolid 이진 및 문자(*.x_b, *.x_t)
- Pro/ENGINEER(*.prt*, *.asm*, *.g, *.neu*)
- Rhino(*.3dm)
- SolidWorks(*.prt, *.sldprt, *.asm, *.sldsam)
- STEP(*.ste, *.stp, *.step)

PART4
건물 내부 사물 그리기

지금까지는 AutoCAD의 기초 명령을 학습했습니다. 이번 파트부터는 본격적으로 도면을 작성하겠습니다. 건축도면에 필수적으로 들어가게 되는 문이나 창, 의자, 소파 등 주로 실내에 들어가는 소품을 중심으로 작도하겠습니다. 도면을 작성하는 과정에서 새로운 기능의 명령을 활용하게 되면 별도로 명령어에 대해 설명하겠습니다.

AutoCAD 2015

09; 문과 창 그리기

10; 가구 및 주방 시설 그리기

11; 화장실 그리기

12; 도면 정보를 표시하는 치수 기입

09; 문과 창 그리기

문과 창은 어느 건축 도면에나 들어가는 요소입니다. 평면도와 측면도의 문과 창을 작도하겠습니다. 다른 종류의 문이나 창은 약간씩 모양이나 크기는 다르지만 작도하는 방법이나 패턴은 동일합니다.

1 외여닫이 문

다음 그림과 같은 외여닫이 문을 작도하겠습니다. 크기는 폭이 '800'과 '900'인 문을 작도하도록 하겠습니다. 도면층 명칭은 '건구'로 합니다.

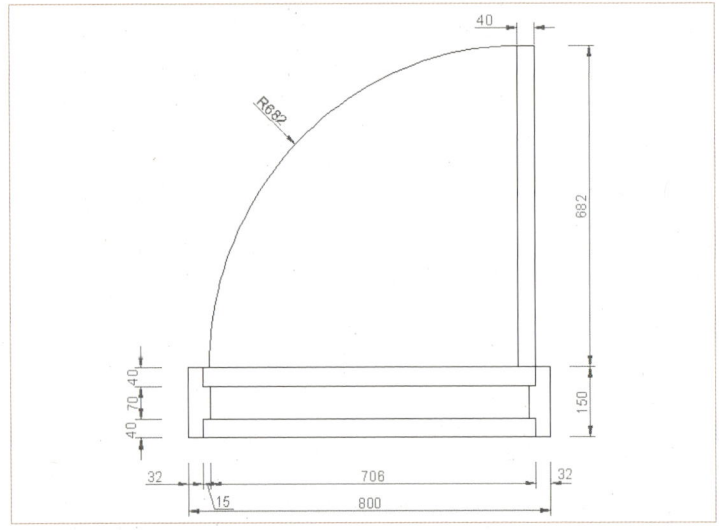

01 먼저 도면의 범위를 지정합니다. {명령:}에서 'LIMITS'를 입력합니다.
{모형 공간 한계 재설정: 왼쪽 아래 구석 지정 또는 [켜기(ON)/끄기(OFF)] <0.0000,0.0000>:}에서 '0,0' 또는 Enter를 누릅니다.
{오른쪽 위 구석 지정 <420.0000,297.0000>:}에서 '2000,1500'을 입력합니다.

{명령:}에서 'ZOOM' 또는 'Z'를 입력합니다.

{윈도우 구석을 지정, 축척 비율 (nX 또는 nXP)을 입력, 또는 [전체(A)/중심(C)/동적(D)/범위(E)/이전(P)/축척(S)/윈도우(W)/객체(O)] <실시간>:}에서 전체 'A'를 입력합니다. 도구막대 또는 탐색막대에서 '줌 전체' 아이콘인 🔍을 클릭합니다.

02 선(LINE) ✏ 명령을 실행합니다.
{첫 번째 점 지정:}에서 임의의 한 점을 지정합니다.
{다음 점 지정 또는 [명령 취소(U)]:}에서 '직교모드(ORTHO) ㄴ'를 켠(ON) 후 0도(3시) 방향으로 맞춘 후 '32'를 입력합니다. 또는 '@32<0'을 입력합니다.
{다음 점 지정 또는 [명령 취소(U)]:}에서 90도(12시) 방향으로 맞춘 후 '40'을 입력합니다. 또는 '@40<90'을 입력합니다. 다음 그림과 같이 작도됩니다.

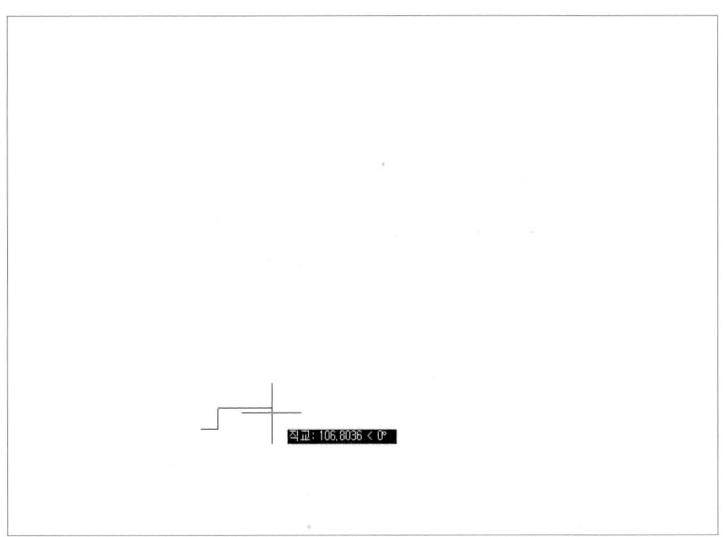

03 {다음 점 지정 또는 [닫기(C)/명령 취소(U)]:}에서 0도(3시) 방향으로 맞춘 후 '15'를 입력합니다. 또는 '@15<0'을 입력합니다.
{다음 점 지정 또는 [닫기(C)/명령 취소(U)]:}에서 90도(12시) 방향으로 맞춘 후 '70'을 입력합니다. 또는 '@70<90'을 입력합니다.
{다음 점 지정 또는 [닫기(C)/명령 취소(U)]:}에서 180도(9시) 방향으로 맞춘 후 '15'를 입력합니다. 또는 '@15<180'을 입력합니다.
{다음 점 지정 또는 [닫기(C)/명령 취소(U)]:}에서 90도(12시) 방향으로 맞춘 후 '40'을 입력합니다. 또는 '@40<90'을 입력합니다.
{다음 점 지정 또는 [닫기(C)/명령 취소(U)]:}에서 180도(9시) 방향으로 맞춘 후 '32'를 입력합니다. 또는 '@32<180'을 입력합니다.

{다음 점 지정 또는 [닫기(C)/명령 취소(U)]:}에서 'C'를 입력하여 닫습니다. 다음 그림과 같이 작도됩니다.

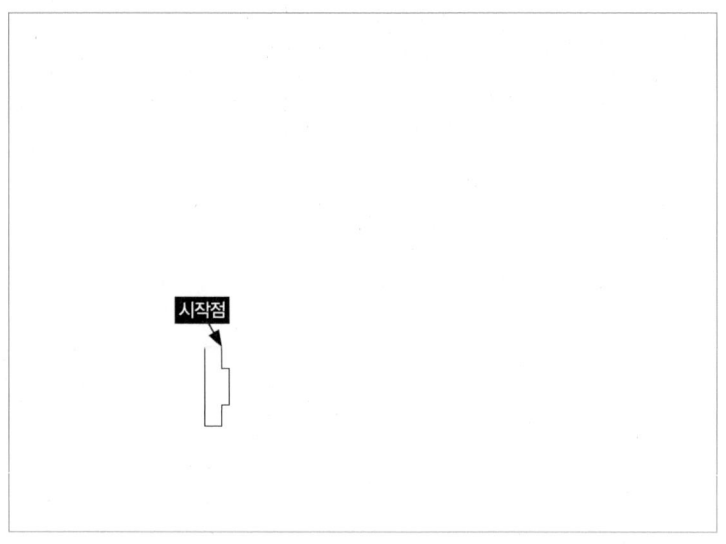

04 Enter 또는 Space bar 를 눌러 선 명령을 재실행합니다.
{첫 번째 점 지정:}에서 객체 스냅 '끝점'을 이용하여 시작점을 지정합니다.
{다음 점 지정 또는 [명령 취소(U)]:}에서 0도(3시) 방향으로 맞춘 후 '736'을 입력합니다. 또는 '@736<0'을 입력합니다.
{다음 점 지정 또는 [명령 취소(U)]:}에서 Enter 또는 Space bar 를 눌러 종료합니다.
다음 그림과 같이 선이 작도됩니다.
선 명령을 다시 실행하여 다음 그림과 같이 아래쪽 선을 작도합니다.

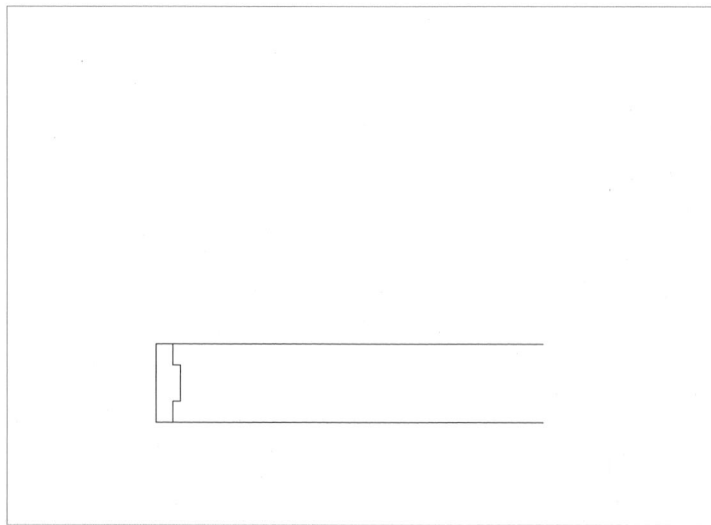

05 대칭 명령으로 대칭 복사합니다. 대칭(MIRROR) 명령을 실행합니다.

{객체 선택:}에서 다음 그림과 같이 윈도우(왼쪽을 먼저 지정하고 오른쪽을 나중에 지정) 선택 방법으로 객체를 선택합니다. {8개 찾음.}

{객체 선택:}에서 Enter 또는 Space bar 를 눌러 선택을 종료합니다.

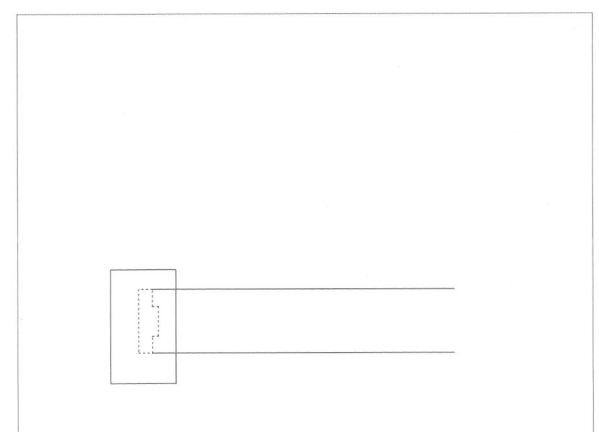

06 {대칭선의 첫 번째 점 지정:}에서 다음 그림과 같이 객체 스냅 '중간점'을 이용하여 위쪽 선의 중간점을 지정합니다.

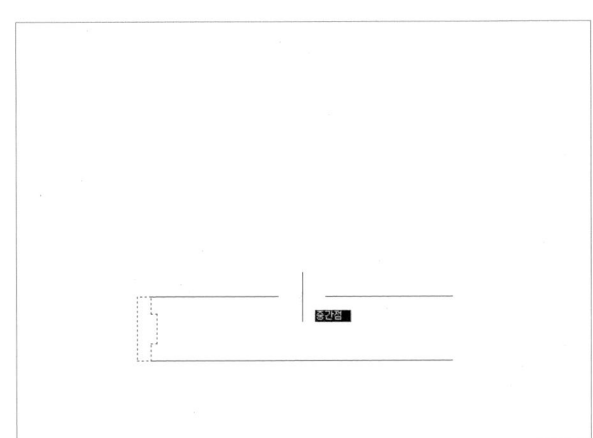

07 {대칭선의 두 번째 점 지정:}에서 객체 스냅 '중간점'을 이용하여 아래쪽 선의 중간점을 지정합니다.

{원본 객체를 지우시겠습니까? [예(Y)/아니오(N)] ⟨N⟩:}에서 Enter 를 입력하거나 'N'을 입력합니다. 다음 그림과 같이 선택한 객체가 대칭 복사됩니다.

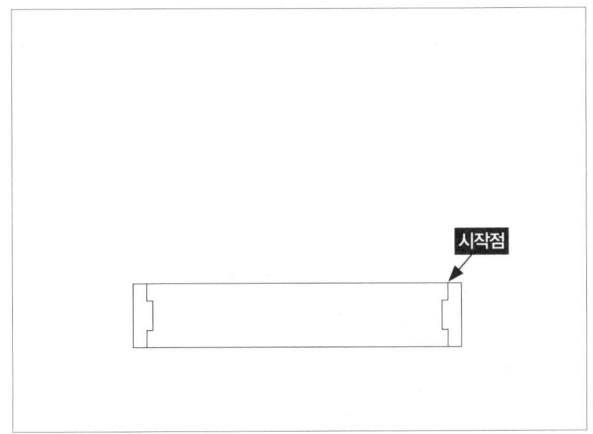

08 선(LINE) 명령을 실행합니다.

{첫 번째 점 지정:}에서 객체 스냅 '끝점 🔑'을 이용하여 시작점을 지정합니다.

{다음 점 지정 또는 [명령 취소(U)]:}에서 90도(12시) 방향으로 맞춘 후 '682'를 입력합니다. 또는 '@682<90'을 입력합니다.

{다음 점 지정 또는 [명령 취소(U)]:}에서 180도(9시) 방향으로 맞춘 후 '40'을 입력합니다. 또는 '@40<180'을 입력합니다.

{다음 점 지정 또는 [닫기(C)/명령 취소(U)]:}에서 270도(6시) 방향으로 맞춘 후 '682'를 입력합니다. 또는 '@270<682'를 입력합니다. 다음 그림과 같이 작도됩니다.

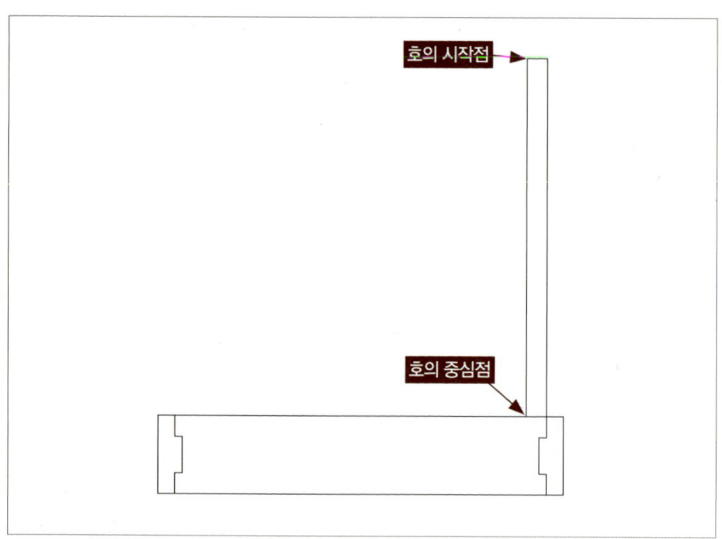

09 호 명령을 실행합니다.

{호의 시작점 또는 [중심(C)] 지정:}에서 객체 스냅 '끝점 🔑'을 이용하여 호의 시작점을 지정합니다.

{호의 두 번째 점 또는 [중심(C)/끝(E)] 지정:}에서 중심 옵션 'C'를 입력합니다.

{호의 중심점 지정:}에서 객체 스냅 '끝점 🔑'을 이용하여 호의 중심점을 지정합니다.

{호의 끝점 지정 또는 [각도(A)/현의 길이(L)]:}에서 각도 옵션 'A'를 입력합니다.

{사이각 지정:}에서 사이각 '90'을 입력합니다. 다음 그림과 같이 호가 작도됩니다.

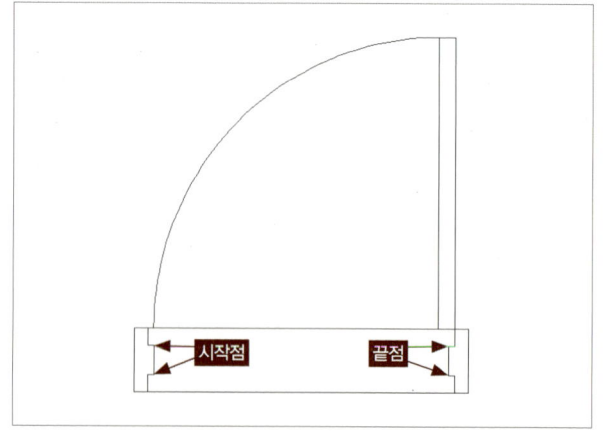

10 마지막으로 선 명령으로 문틀의 두 선을 긋습니다. 선 명령을 실행합니다.
{첫 번째 점 지정:}에서 객체 스냅 '끝점 🖉'을 이용하여 위쪽 선의 시작점을 지정합니다.
{다음 점 지정 또는 [명령 취소(U)]:}에서 객체 스냅 '끝점 🖉'을 이용하여 위쪽선의 끝점을 지정합니다.
{다음 점 지정 또는 [명령 취소(U)]:}에서 Enter 또는 Space bar 를 눌러 종료합니다.
Enter 또는 Space bar 를 눌러 선 명령을 다시 실행합니다.
{첫 번째 점 지정:}에서 객체 스냅 '끝점 🖉'을 이용하여 아래쪽 선의 시작점을 지정합니다.
{다음 점 지정 또는 [명령 취소(U)]:}에서 객체 스냅 '끝점 🖉'을 이용하여 아래쪽 선의 끝점을 지정합니다.
{다음 점 지정 또는 [명령 취소(U)]:}에서 Enter 또는 Space bar 를 눌러 종료합니다. 다음 그림과 같이 폭이 '800'인 외여닫이 문이 완성됩니다.

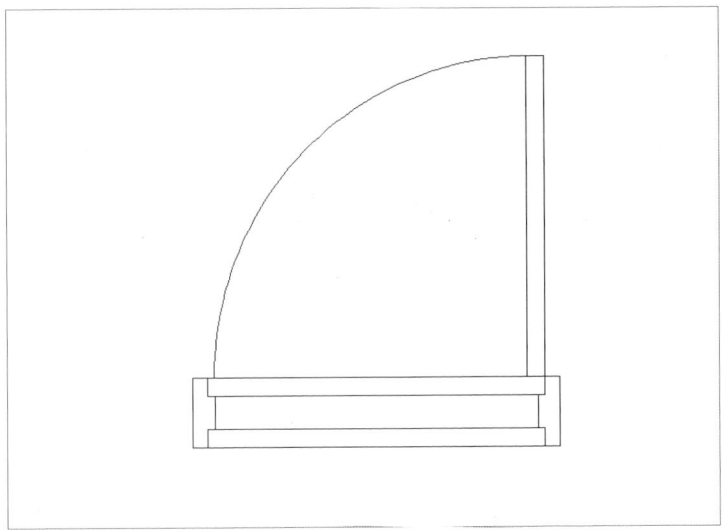

11 건축도 도면을 작도할 때 활용하기 위해 저장합니다. 저장할 파일이름은 'Door_800.dwg'로 합니다.

12 이번에는 폭이 '900'인 문을 작성하겠습니다. 폭 '800'으로 작도한 문을 신축(STRECH) 명령을 이용하여 '900'으로 바꾸겠습니다.
신축(STRETCH) 명령을 실행합니다. 명령어 'STRETCH' 또는 'S'를 입력하거나 '홈' 탭의 '수정' 패널 또는 도구막대에서 🗔을 클릭합니다.
{걸침 윈도우 또는 걸침 다각형만큼 신축할 객체 선택...}
{객체 선택:}에서 오른쪽 위치에서 임의의 한 점(첫 번째 점)을 지정합니다.
{반대 구석 지정:}에서 다음 그림과 같이 왼쪽의 반대편 구석(두 번째 점)을 지정합니다. {13개를 찾음}
{객체 선택:}에서 Enter 또는 Space bar 를 눌러 선택을 종료합니다.

[TIP] 반드시 '걸치기(C)' 방법으로 선택해야 합니다. 즉, 오른쪽 점을 먼저 찍고 늘리고자 하는 범위를 감싸는 왼쪽 점을 지정해야 합니다.

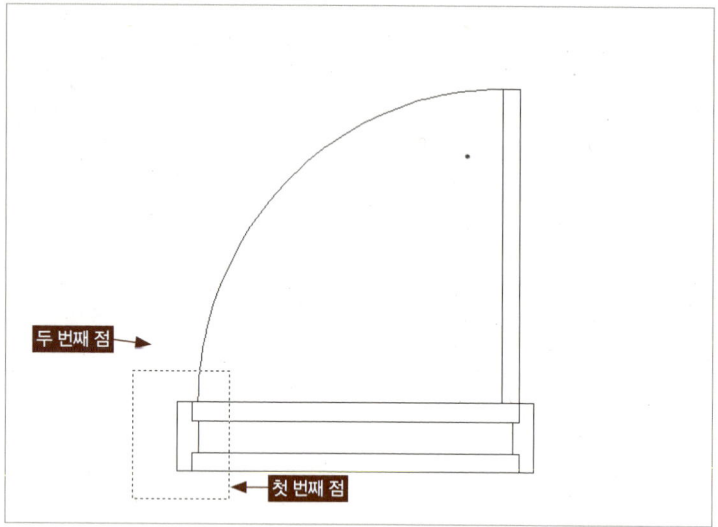

13 {기준점 지정 또는 [변위(D)] 〈변위〉:}에서 임의의 점을 지정합니다.
{두 번째 점 지정 또는 〈첫 번째 점을 변위로 사용〉:}에서 '직교모드(ORTHO)' ㄴ를 켠 후 마우스를 180도(9시) 방향으로 맞춘 후 '100'을 입력합니다.

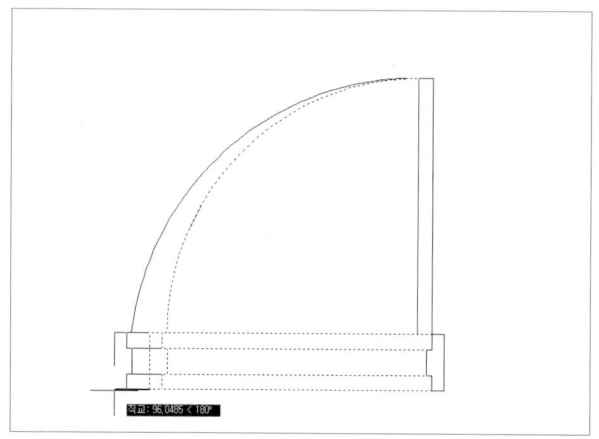

14 다음 그림과 같이 문틀과 호가 '100'만큼 늘어납니다.

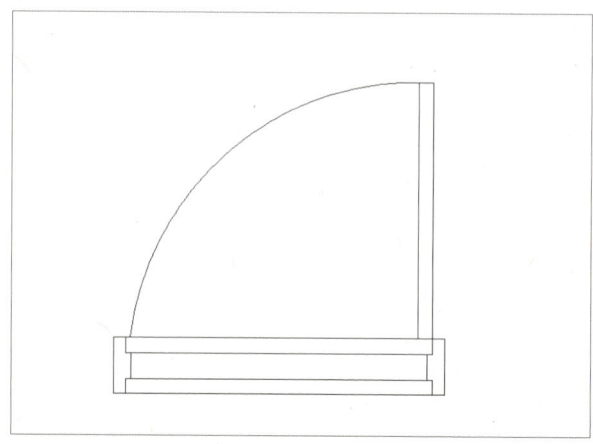

15 Enter 또는 Space bar 를 눌러 신축 명령을 다시 실행합니다.
{걸침 윈도우 또는 걸침 다각형만큼 신축할 객체 선택...}
{객체 선택:}에서 오른쪽 위치에서 임의의 한 점(첫 번째 점)을 지정합니다.
{반대 구석 지정: }에서 다음 그림과 같이 왼쪽의 반대편 구석(두 번째 점)을 지정합니다. {4개를 찾음} {객체 선택:}에서 Enter 또는 Space bar 를 눌러 선택을 종료합니다.

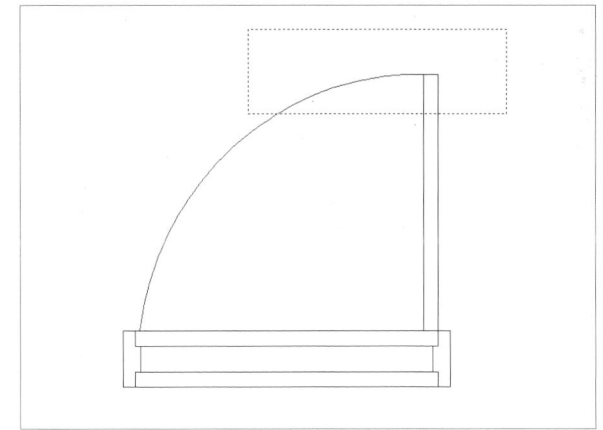

16 {기준점 지정 또는 [변위(D)] 〈변위〉:}에서 임의의 점을 지정합니다.
{두 번째 점 지정 또는 〈첫 번째 점을 변위로 사용〉:}에서 마우스를 90도(12시) 방향으로 맞춘 후 '100'을 입력합니다. 즉, 위쪽으로 '100'만큼 늘립니다.

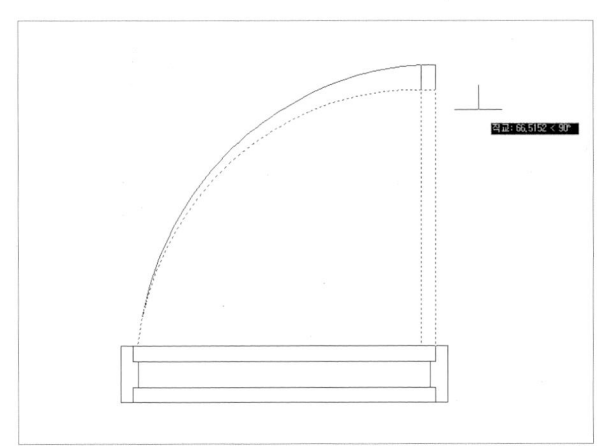

17 다음 그림과 같이 폭이 '900'인 문이 완성됩니다.

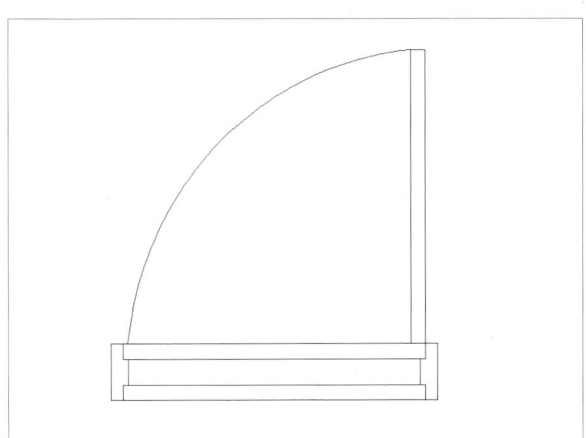

【신축(STRETCH)】

객체의 일부분을 늘리거나 줄입니다. 앞의 예에서와 같이 연결 상태를 그대로 유지하면서 이동하는 경우에도 유용하게 쓰입니다.

명령 : STRETCH(단축키 : S)   아이콘 버튼 :

명령 흐름 : 늘리고자 하는 객체를 '크로싱(C)'로 선택하고 기준점과 두 번째 점을 지정하여 객체를 늘리거나 줄입니다.

{걸침 윈도우 또는 걸침 다각형만큼 신축할 객체 선택...}
{객체 선택:} 신축하고자 하는 객체를 선택합니다. 이때, 늘리고자 하는 객체를 '크로싱(C)' 방법으로 걸치도록 선택합니다.
{기준점 지정 또는 [변위(D)] 〈변위〉:} 늘리고자 하는 객체의 기준점을 지정합니다.
{두 번째 점 지정 또는 〈첫 번째 점을 변위로 사용〉:} 늘리고자 하는 객체의 두 번째 점을 지정합니다.

> **참고** 신축 명령에서의 선택
>
> 신축 명령을 실행하면 {걸침 윈도우 또는 걸침 다각형만큼 신축할 객체 선택...}라는 메시지가 표시됩니다. 이는 신축 명령 시 반드시 객체가 걸치도록 선택하라는 뜻입니다. 즉, 객체 선택 방법 중 '크로싱(C)' 또는 '크로싱 폴리곤(CP)'으로 선택해야 한다는 것입니다. '윈도우(W)' 방법으로 선택하게 되면 신축이 아니라 이동(MOVE)되게 됩니다.

옵션 설명

{기준점 지정 또는 [변위(D)] 〈변위〉:}
- 변위(D) : 선택된 객체의 위치에서 변위 값(이동할 상대 거리)을 지정해 이동합니다. 즉, 현재 위치에서 이동할 거리를 상대좌표(X, Y, Z)로 지정합니다.

18 건축도 도면을 작도할 때 활용하기 위해 저장합니다. 저장할 파일이름은 'Door_900.dwg'로 합니다.

2 쌍여닫이 문

다음과 같은 폭이 '1800'인 쌍여닫이 문을 작도하겠습니다. 제시되지 않은 치수는 외여닫이 문과 동일합니다. 도면층 명칭은 '건구'로 합니다. 도면 범위를 설정하는 과정은 생략하겠습니다.

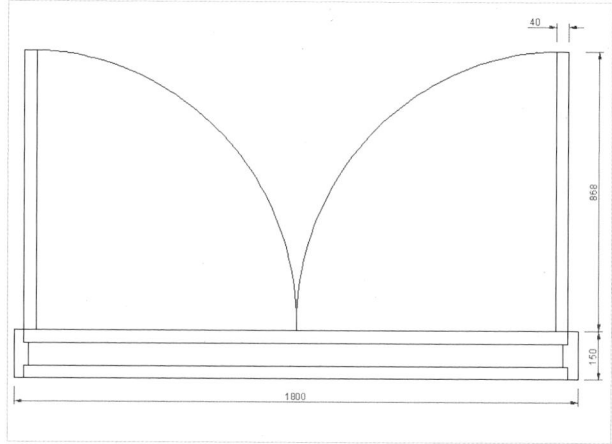

01 선 명령을 실행하여 다음 그림과 같이 작도합니다. 자세한 내용은 외여닫이 문을 참조합니다.

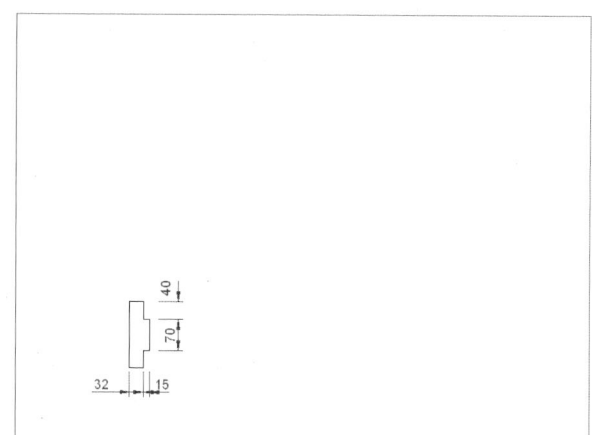

02 Enter 또는 Space bar를 눌러 다시 선 명령을 실행하여 다음 그림과 같이 선을 작도합니다. 길이는 '1736'입니다.

03 [Enter] 또는 [Space bar]를 눌러 선 명령을 실행하여 다음 그림과 같이 작도합니다. 세로 길이는 '868'이고 가로 길이는 '40'입니다.

04 호를 작도합니다. 호(ARC) 명령을 실행합니다.
{호의 시작점 또는 [중심(C)] 지정:}에서 다음 그림과 같이 객체 스냅 '중간점 '을 이용하여 문틀의 중간점을 지정합니다. 지정한 점이 호의 시작점이 됩니다.

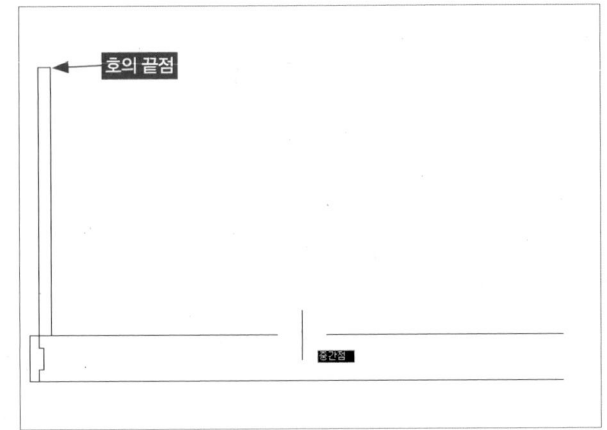

05 {호의 두 번째 점 또는 [중심(C)/끝(E)] 지정:}에서 끝 옵션 'E'를 입력합니다.
{호의 끝점 지정:}에서 호의 끝점을 지정합니다.
{호의 중심점 지정 또는 [각도(A)/방향(D)/반지름(R)]:}에서 각도 옵션 'A'를 입력합니다.
{사이각 지정:}에서 사이각 '90'을 입력합니다. 다음 그림과 같이 호가 작도됩니다.

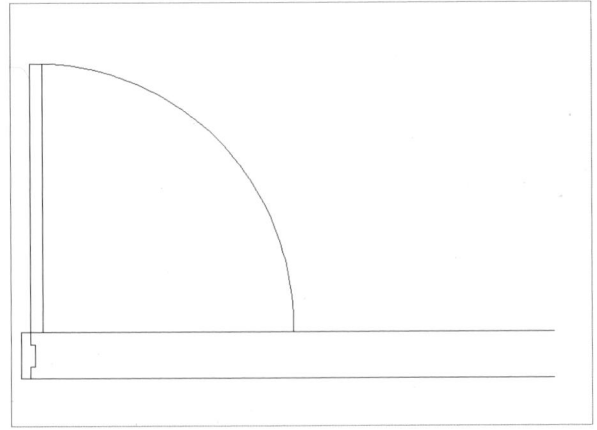

06 대칭(MIRROR) 명령을 실행합니다.
{객체 선택:}에서 다음 그림과 같이 윈도우 선택 방법(왼쪽을 먼저 지정하고 오른쪽을 나중에 지정)으로 객체를 선택합니다. {12개 찾음.}
{객체 선택:}에서 Enter 또는 Space bar 를 눌러 선택을 종료합니다.

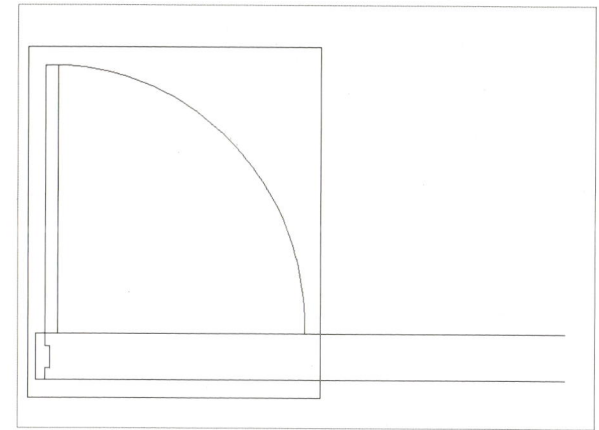

07 {대칭선의 첫 번째 점 지정:}에서 다음 그림과 같이 객체 스냅 '중간점 ✐'을 이용하여 위쪽 문틀선의 중간점을 지정합니다.

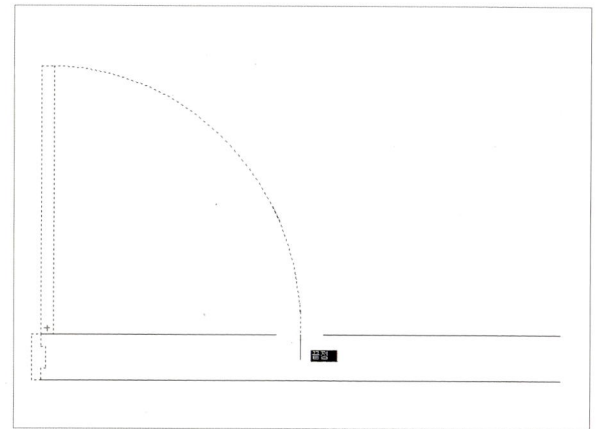

08 {대칭선의 두 번째 점 지정:}에서 객체 스냅 '중간점 ✐'을 이용하여 아래쪽 문틀선의 중간점을 지정합니다.
{원본 객체를 지우시겠습니까? [예(Y)/아니오(N)] <N>:}에서 'N'를 입력합니다. 다음 그림과 같이 대칭 복사됩니다.

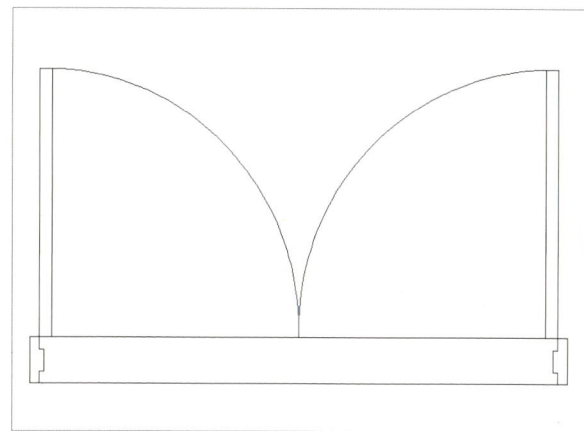

09 선 명령으로 문틀 안에 있는 두 선을 작도합니다. 다음 그림과 같이 쌍여닫이 문이 완성됩니다.

【축척(SCALE)】

줌(ZOOM) 명령은 실제 객체의 크기가 바뀌는 것이 아니라 가까이서 보느냐, 멀리서 보느냐에 의해 크기가 다릅니다. '축척(SCALE)' 명령은 실제 객체의 크기를 키우거나 줄이는 명령입니다.

명령 : SCALE(단축키 : SC)   아이콘 버튼 :

명령 흐름 : 키우거나 줄일 객체를 선택한 후 축척 비율을 지정합니다.

1. 축척 배율의 입력에 의한 축척

축척 비율을 직접 수치로 입력하거나 거리를 지정하여 키우거나 줄이는 방법입니다.

(1) 앞에서 작도했던 쌍여닫이문을 이용하여 실습하겠습니다.

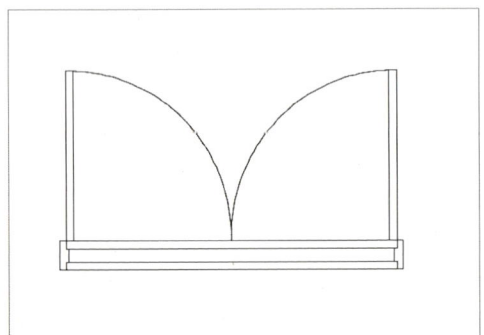

(2) 축척 명령을 실행합니다. 명령어 영역에서 'SCALE' 또는 'SC'를 입력하거나 '홈' 탭의 '수정' 패널 또는 '수정' 도구 막대에서 을 클릭합니다.
{객체 선택:}에서 다음 그림과 같이 객체 선택을 위한 임의의 한 점을 지정합니다.
{반대 구석 지정: }에서 다음 그림과 같이 아래쪽 너트를 감싸도록 반대편 구석을 지정합니다. {23개를 찾음}

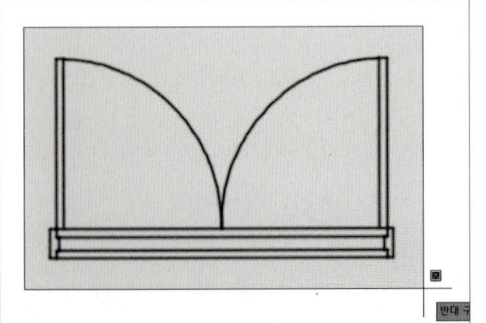

(3) {객체 선택:}에서 Enter 또는 Space bar 로 선택을 종료합니다.

{기준점 지정:}에서 객체 스냅 '교차점 ✕'을 이용하여 호와 호가 만나는 교차점을 지정합니다.

{축척 비율 지정 또는 [복사(C)/참조(R)] <1.0000>:}에서 축척 비율 '0.5'를 입력합니다.

다음 그림과 같이 문이 0.5배 축소됩니다.

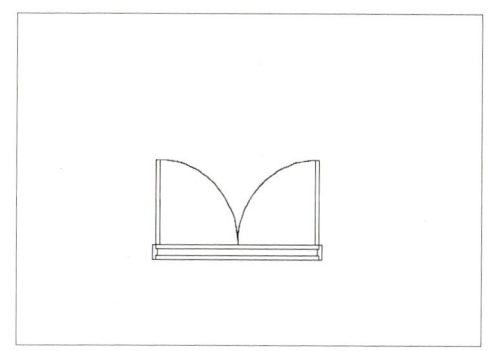

2. 참조 값에 의한 축척
선택한 객체를 참조 길이와 지정한 새로운 길이를 기준으로 축척합니다.

(1) 축척 명령을 실행합니다. 명령어 'SCALE' 또는 'SC'를 입력하거나 '홈' 탭의 '수정' 패널 또는 '수정' 도구막대에서 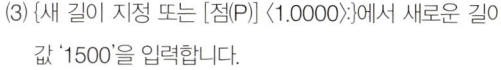을 클릭합니다.

{객체 선택:}에서 이전에 선택한 객체를 다시 선택하는 키워드 'P'를 입력하거나, 객체 선택 방법 윈도우(W)나 크로싱(C) 방법으로 앞에서 선택한 너트 객체를 선택합니다.{23개를 찾음}

{객체 선택:}에서 Enter 또는 Space bar 로 선택을 종료합니다.

(2) {기준점 지정:}에서 객체 스냅 '교차점 ✕'을 이용하여 호와 호가 만나는 교차점을 지정합니다.

{축척 비율 지정 또는 [복사(C)/참조(R)] <1.0000>:}에서 참조 옵션 'R'을 입력합니다.

{참조 길이 지정 <1.0000>:}에서 객체 스냅 '끝점 ✎'을 이용하여 문의 왼쪽 끝점을 지정한 후 {두 번째 점을 지정:}에서 다음 그림과 같이 오른쪽 끝점을 지정합니다.

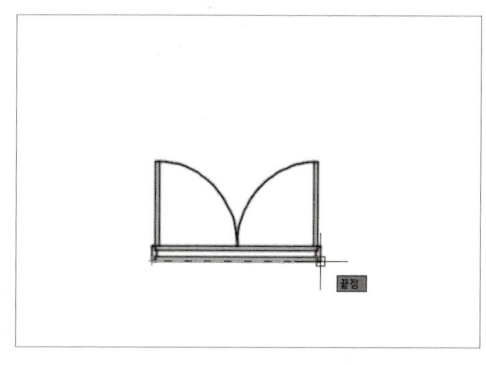

Note_ 여기에서 거리 값을 직접 수치로 입력할 수 있지만 두 점을 지정하면 두 점 사이의 거리를 계산에서 값으로 받아들입니다.

(3) {새 길이 지정 또는 [점(P)] <1.0000>:}에서 새로운 길이 값 '1500'을 입력합니다.

Note_ {새 길이 지정 또는 [점(P)] <1.0000>:}에서도 숫자를 입력하지 않고 마우스 커서로 두 점을 지정할 수도 있습니다.

다음 그림과 같이 문의 길이가 '1500'의 크기로 바뀝니다.

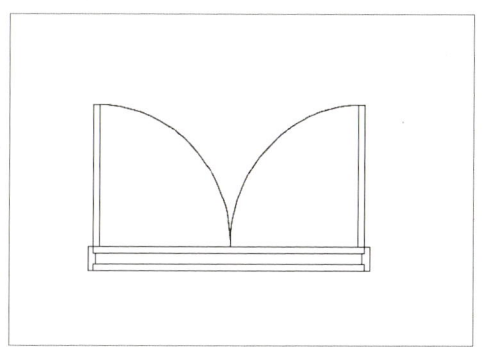

> **참고** 분수의 표현
>
> 정수 또는 '0.5'와 같이 실수 값으로 정확히 값이 계산되는 경우는 숫자를 그대로 입력합니다. 그러나, '1/3'배와 같이 나머지가 남는 배율의 경우는 분수식 표현을 그대로 사용하면 됩니다. 예를 들어, {축척 비율 지정 또는 [복사(C)/참조(R)] 〈1.0000〉:}에서 '1/3' 또는 '3/4' 등 분수 표현식을 그대로 입력합니다.

옵션 설명

{축척 비율 지정 또는 [복사(C)/참조(R)] 〈1.0000〉:}

- 복사(C) : 원본 객체를 그대로 두고 비율을 바꾸면서 새로운 객체를 작성하는 방법입니다. 다음과 같이 정사각형을 그리고 대각선을 작도합니다.

  {객체 선택:}에서 객체를 선택합니다.
  {기준점 지정:}에서 기준점을 지정합니다.
  {축척 비율 지정 또는 [복사(C)/참조(R)] 〈0.7895〉:}에서 복사 옵션 'C'를 입력합니다.
  {선택한 객체의 사본을 축척합니다.}
  {축척 비율 지정 또는 [복사(C)/참조(R)] 〈0.7895〉:}에서 축척 비율을 입력합니다.

3 세 짝 미서기창

다음 그림과 같은 세 짝 미서기창을 작도하겠습니다. 도면층 명칭은 '건구'로 합니다.

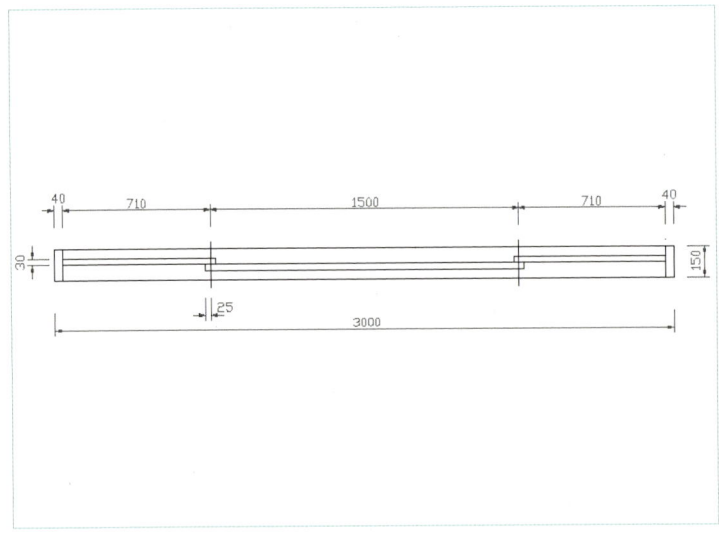

01 선(LINE) 명령으로 다음 그림과 같이 수직 방향으로 '150', 수평 방향으로 '3000'인 사각형을 작도합니다. 선을 작도할 때는 직교모드 ㄴ를 켠 후 작도합니다.

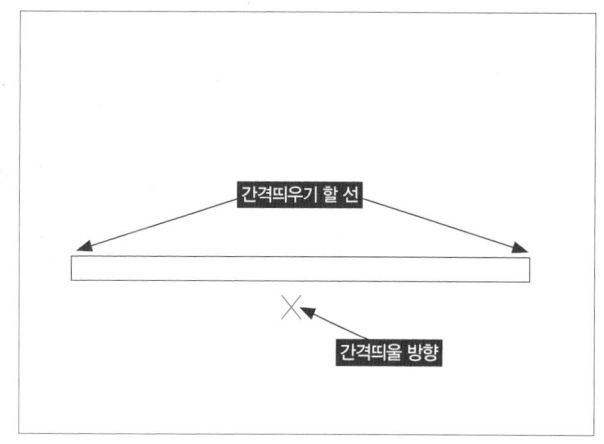

02 간격 띄우기(OFFSET) 명령으로 간격을 띄웁니다.

{간격띄우기 거리 지정 또는 [통과점(T)/지우기(E)/도면층(L)] <통과점>:}에서 띄우기 할 간격 '40'을 입력합니다.

{간격띄우기할 객체 선택 또는 [종료(E)/명령취소(U)] <종료>:}에서 띄우기 할 객체(사각형의 왼쪽 수직선)를 선택합니다.

{간격띄우기할 면의 점 지정 또는 [종료(E)/다중(M)/명령취소(U)] <종료>:}에서 띄우기 할 방향(오른쪽)을 지정합니다. 간격 띄울 객체로부터 오른쪽 방향의 빈 공간을 지정합니다.

{간격띄우기할 객체 선택 또는 [종료(E)/명령취소(U)] <종료>:}에서 띄우기 할 객체(사각형의 오른쪽 수직선)를 선택합니다.

{간격띄우기할 면의 점 지정 또는 [종료(E)/다중(M)/명령취소(U)] <종료>:}에서 띄우기 할 방향(왼쪽)을 지정합니다. 간격 띄울 객체로부터 왼쪽 방향의 빈 공간을 지정합니다.

{간격띄우기할 객체 선택 또는 [종료(E)/명령취소(U)] <종료>:}에서 Enter 또는 Space bar 를 눌러 종료합니다.

다음 그림과 같이 선택한 선 객체가 간격(40)만큼 띄워집니다.

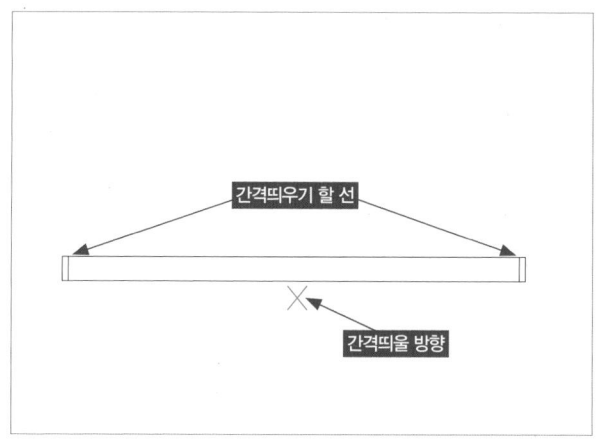

03 (Enter) 또는 (Space bar)를 눌러 다시 간격 띄우기 명령을 재실행합니다.
{간격띄우기 거리 지정 또는 [통과점(T)/지우기(E)/도면층(L)] <40.0000>:}에서 간격 '710'을 입력합니다.
{간격띄우기할 객체 선택 또는 [종료(E)/명령취소(U)] <종료>:}에서 앞에서 간격 띄우기 한 왼쪽의 안쪽 수직선을 선택합니다.
{간격띄우기할 면의 점 지정 또는 [종료(E)/다중(M)/명령취소(U)] <종료>:}에서 간격 띄우기 할 방향(중앙)을 지정합니다.
{간격띄우기할 객체 선택 또는 [종료(E)/명령취소(U)] <종료>:}에서 앞에서 간격 띄우기 한 오른쪽의 안쪽 수직선을 선택합니다.
{간격띄우기할 면의 점 지정 또는 [종료(E)/다중(M)/명령취소(U)] <종료>:}에서 간격 띄우기 할 방향(중앙)을 지정합니다.
{간격띄우기할 객체 선택 또는 [종료(E)/명령취소(U)] <종료>:}에서 (Enter) 또는 (Space bar)를 눌러 종료합니다. 다음 그림과 같이 작도됩니다.

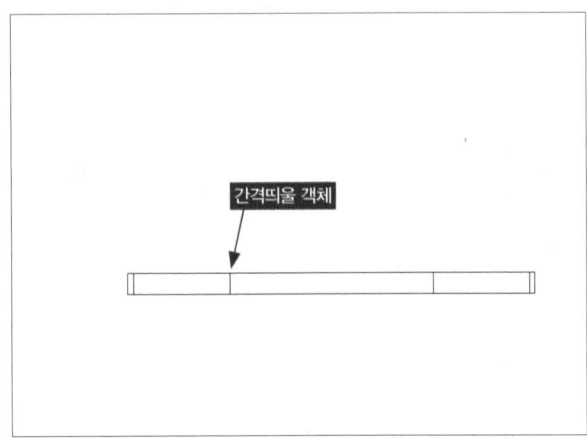

04 (Enter) 또는 (Space bar)를 눌러 다시 간격 띄우기 명령을 실행합니다.
{간격띄우기 거리 지정 또는 [통과점(T)/지우기(E)/도면층(L)] <710.0000>:}에서 간격 '25'를 입력합니다.
{간격띄우기할 객체 선택 또는 [종료(E)/명령취소(U)] <종료>:}에서 앞에서 간격 띄우기 한 가운데 수직선을 선택합니다.
{간격띄우기할 면의 점 지정 또는 [종료(E)/다중(M)/명령취소(U)] <종료>:}에서 선택한 수직선의 왼쪽 방향을 지정합니다.
{간격띄우기할 객체 선택 또는 [종료(E)/명령취소(U)] <종료>:}에서 앞에서 간격 띄우기 한 가운데 수직선을 선택합니다.

{간격띄우기할 면의 점 지정 또는 [종료(E)/다중(M)/명령취소(U)] <종료>:}에서 선택한 수직선의 오른쪽 방향을 지정합니다. 다음 그림과 같이 간격이 띄워집니다.

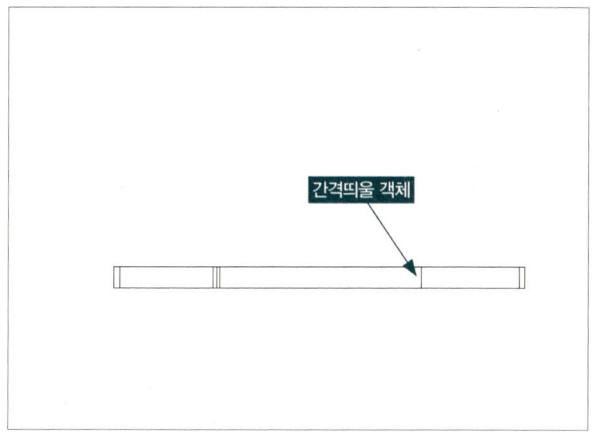

05 {간격띄우기할 객체 선택 또는 [종료(E)/명령취소(U)] <종료>:}에서 앞에서 간격 띄우기 한 가운데 수직선을 선택합니다.
{간격띄우기할 면의 점 지정 또는 [종료(E)/다중(M)/명령취소(U)] <종료>:}에서 선택한 수직선의 왼쪽 방향을 지정합니다.
{간격띄우기할 객체 선택 또는 [종료(E)/명령취소(U)] <종료>:}에서 앞에서 간격 띄우기 한 가운데 수직선을 선택합니다.
{간격띄우기할 면의 점 지정 또는 [종료(E)/다중(M)/명령취소(U)] <종료>:}에서 선택한 수직선의 오른쪽 방향을 지정합니다.
{간격띄우기할 객체 선택 또는 [종료(E)/명령취소(U)] <종료>:}에서 Enter 또는 Space bar 를 눌러 종료합니다. 다음 그림과 같이 작도됩니다.

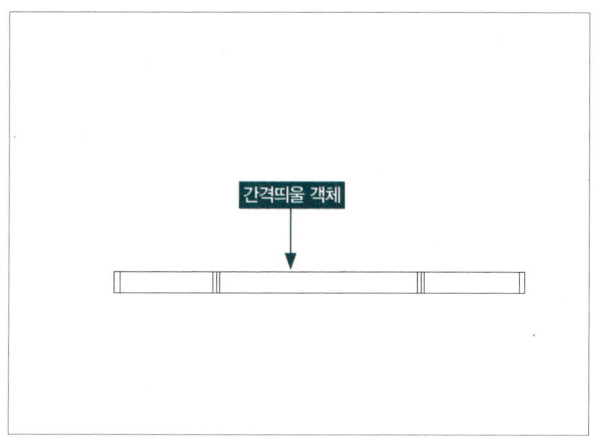

06 [Enter] 또는 [Space bar]를 눌러 다시 간격 띄우기 명령을 실행합니다.
{간격띄우기 거리 지정 또는 [통과점(T)/지우기(E)/도면층(L)] <25.0000>:}에서 간격 '45'를 입력합니다.
{간격띄우기할 객체 선택 또는 [종료(E)/명령취소(U)] <종료>:}에서 위쪽 수평선을 선택합니다.
{간격띄우기할 면의 점 지정 또는 [종료(E)/다중(M)/명령취소(U)] <종료>:}에서 선택한 수평선의 아래쪽 방향을 지정합니다.
{간격띄우기할 객체 선택 또는 [종료(E)/명령취소(U)] <종료>:}에서 [Enter] 또는 [Space bar]를 눌러 종료합니다. 다음 그림과 같이 작도됩니다.

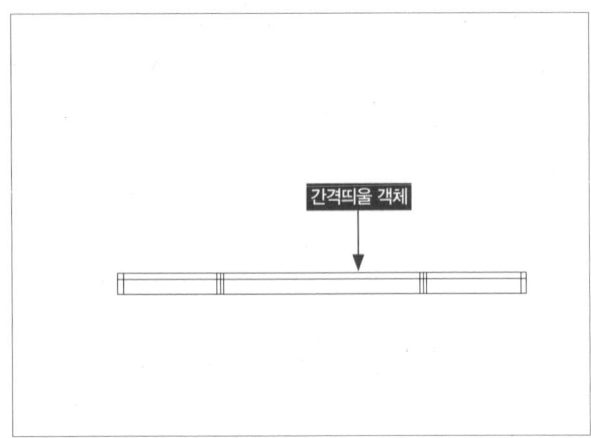

07 [Enter] 또는 [Space bar]를 눌러 다시 간격 띄우기 명령을 실행합니다.
{간격띄우기 거리 지정 또는 [통과점(T)/지우기(E)/도면층(L)] <45.0000>:}에서 간격 '30'을 입력합니다.
{간격띄우기할 객체 선택 또는 [종료(E)/명령취소(U)] <종료>:}에서 직전에 간격 띄우기 한 수평선을 선택합니다.
{간격띄우기할 면의 점 지정 또는 [종료(E)/다중(M)/명령취소(U)] <종료>:}에서 선택한 수평선의 아래쪽 방향을 지정합니다.
{간격띄우기할 객체 선택 또는 [종료(E)/명령취소(U)] <종료>:}에서 직전에 간격 띄우기 한 수평선을 선택합니다.
{간격띄우기할 면의 점 지정 또는 [종료(E)/다중(M)/명령취소(U)] <종료>:}에서 선택한 수평선의 아래쪽 방향을 지정합니다.
{간격띄우기할 객체 선택 또는 [종료(E)/명령취소(U)] <종료>:}에서 [Enter] 또는 [Space bar]를 눌러 종료합니다. 다음 그림과 같이 미서기창의 기본 객체가 완성되었습니다.

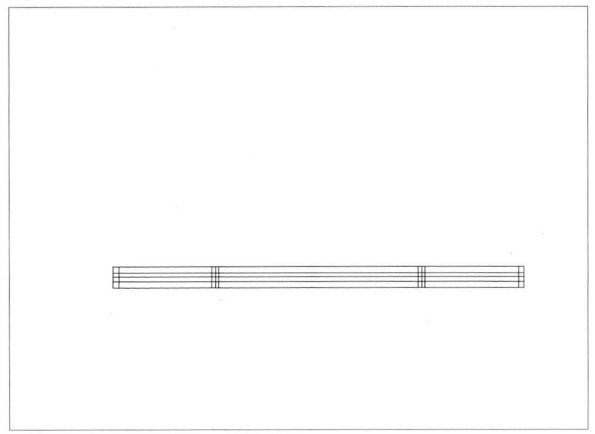

08 선을 정리합니다. 줌(ZOOM) 명령의 '윈도우(W) ⌕' 기능으로 다음 그림과 같이 미서기창의 왼쪽 부분을 확대합니다.

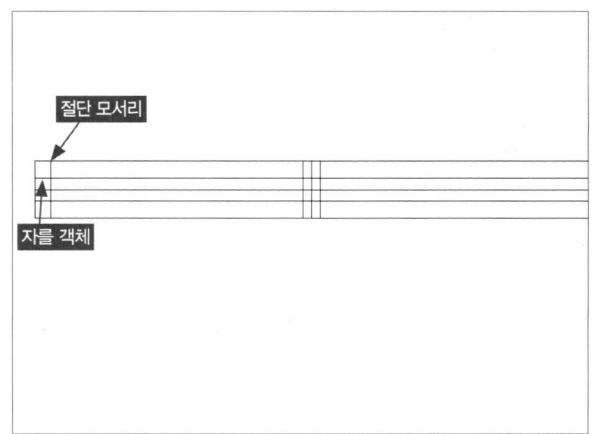

09 자르기(TRIM) 명령으로 불필요한 선을 자르겠습니다. 자르기(TRIM) 명령을 실행합니다.
{절단 모서리 선택 ...} {객체 선택 또는 〈모두 선택〉:}에서 자를 경계선(왼쪽 수직선)을 선택합니다. {1개를 찾음}
{객체 선택:}에서 [Enter] 또는 [Space bar]를 눌러 선택을 종료합니다.
{자를 객체 선택 또는 Shift 키를 누른 채 선택하여 연장 또는 [울타리(F)/걸치기(C)/프로젝트(P)/모서리(E)/지우기(R)/명령취소(U)]:}에서 자를 객체를 선택합니다.
{자를 객체 선택 또는 Shift 키를 누른 채 선택하여 연장 또는 [울타리(F)/걸치기(C)/프로젝트(P)/모서리(E)/지우기(R)/명령취소(U)]:}에서 자를 객체를 선택합니다.
{자를 객체 선택 또는 Shift 키를 누른 채 선택하여 연장 또는 [울타리(F)/걸치기(C)/프로젝트(P)/모서리(E)/지우기(R)/명령취소(U)]:}에서 자를 객체를 선택합니다.

{자를 객체 선택 또는 Shift 키를 누른 채 선택하여 연장 또는 [울타리(F)/걸치기(C)/프로젝트(P)/모서리(E)/지우기(R)/명령취소(U)]:}에서 [Enter] 또는 [Space bar]를 눌러 종료합니다. 다음 그림과 같이 절단 모서리를 기준으로 선이 잘립니다.

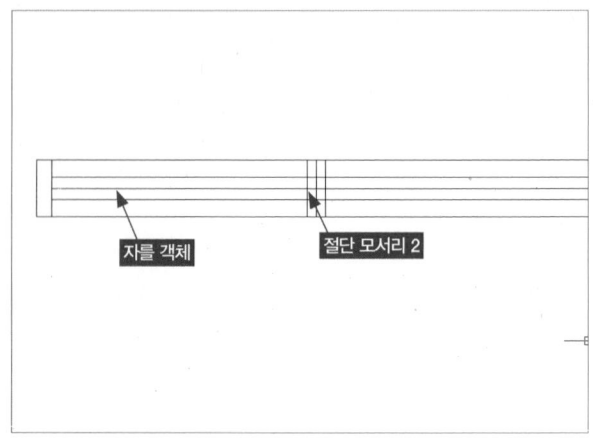

10 [Enter] 또는 [Space bar]를 눌러 자르기 명령을 다시 실행합니다.
{절단 모서리 선택 ...} {객체 선택 또는 <모두 선택>:}에서 자를 경계선(절단 모서리2)을 선택합니다.
{1개를 찾음}
{객체 선택:}에서 [Enter] 또는 [Space bar]를 눌러 선택을 종료합니다.
{자를 객체 선택 또는 Shift 키를 누른 채 선택하여 연장 또는 [울타리(F)/걸치기(C)/프로젝트(P)/모서리(E)/지우기(R)/명령취소(U)]:}에서 자를 객체(아래쪽 수평선)를 선택합니다.
{자를 객체 선택 또는 Shift 키를 누른 채 선택하여 연장 또는 [울타리(F)/걸치기(C)/프로젝트(P)/모서리(E)/지우기(R)/명령취소(U)]:}에서 [Enter] 또는 [Space bar]를 눌러 종료합니다. 다음 그림과 같이 선택한 객체가 잘립니다.

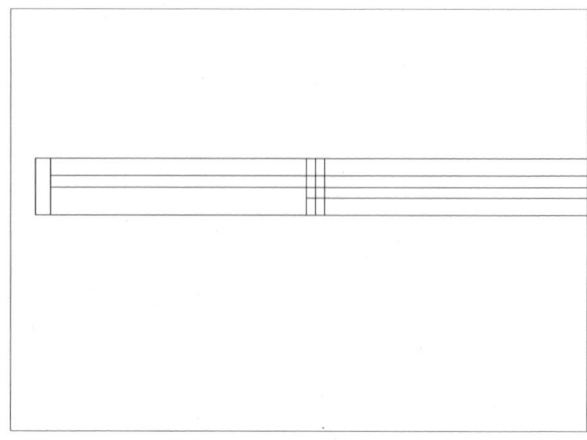

11 '초점 이동(PAN) 🖐' 명령으로 다음 그림과 같이 초점을 이동합니다.

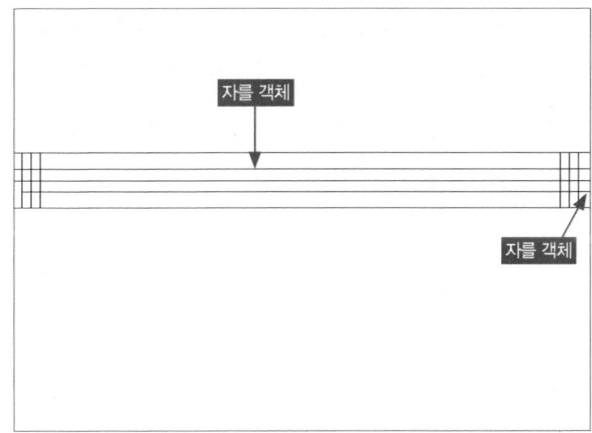

12 자르기(TRIM) 명령을 실행합니다.

{절단 모서리 선택 ...} {객체 선택 또는 〈모두 선택〉:}에서 [Enter] 또는 [Space bar]를 누릅니다.

Note_ [Enter] 또는 [Space bar]를 누르면 모든 객체가 절단 모서리로 선택되게 됩니다.

{자를 객체 선택 또는 Shift 키를 누른 채 선택하여 연장 또는 [울타리(F)/걸치기(C)/프로젝트(P)/모서리(E)/지우기(R)/명령취소(U)]:}에서 미서기의 위쪽 수평선을 선택합니다.
{자를 객체 선택 또는 Shift 키를 누른 채 선택하여 연장 또는 [울타리(F)/걸치기(C)/프로젝트(P)/모서리(E)/지우기(R)/명령취소(U)]:}에서 미서기의 오른쪽 아래 수평선을 선택합니다. 다음 그림과 같이 잘립니다.

13 {자를 객체 선택 또는 Shift 키를 누른 채 선택하여 연장 또는 [울타리(F)/걸치기(C)/프로젝트(P)/모서리(E)/지우기(R)/명령취소(U)]:}에서 자를 객체를 선택합니다.
{자를 객체 선택 또는 Shift 키를 누른 채 선택하여 연장 또는 [울타리(F)/걸치기(C)/프로젝트(P)/모서

리(E)/지우기(R)/명령취소(U)]:}에서 자를 객체를 선택합니다.

동일한 방법으로 반복해서 자를 객체를 선택합니다. 다음 그림과 같이 차례로 선택하여 양쪽을 정리합니다.

14 자르기(TRIM) 명령을 실행하여 오른쪽 부분도 다음 그림과 같이 정리합니다.

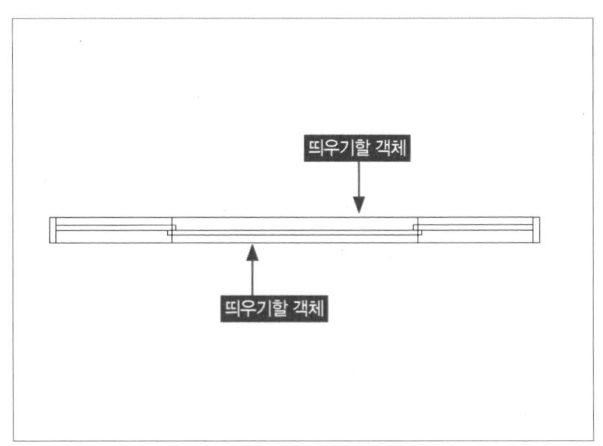

15 미서기창의 가운데 선을 연장하겠습니다. 먼저, 간격 띄우기 명령으로 위쪽과 아래쪽 수평선을 '45'만큼 띄우겠습니다. 간격 띄우기(OFFSET) 명령을 실행합니다.

{간격띄우기 거리 지정 또는 [통과점(T)/지우기(E)/도면층(L)] <30.0000>:}에서 간격 '45'를 입력합니다.

{간격띄우기할 객체 선택 또는 [종료(E)/명령취소(U)] <종료>:}에서 위쪽 수평선을 선택합니다.

{간격띄우기할 면의 점 지정 또는 [종료(E)/다중(M)/명령취소(U)] <종료>:}에서 선택한 수평선의 위쪽을 지정합니다.

{간격띄우기할 객체 선택 또는 [종료(E)/명령취소(U)] <종료>:}에서 아래쪽 수평선을 선택합니다.

{간격띄우기할 면의 점 지정 또는 [종료(E)/다중(M)/명령취소(U)] <종료>:}에서 선택한 수평선의 아래쪽을 지정합니다.

{간격띄우기할 객체 선택 또는 [종료(E)/명령취소(U)] <종료>:}에서 [Enter] 또는 [Space bar]를 눌러 종료합니다. 다음 그림과 같이 작도됩니다.

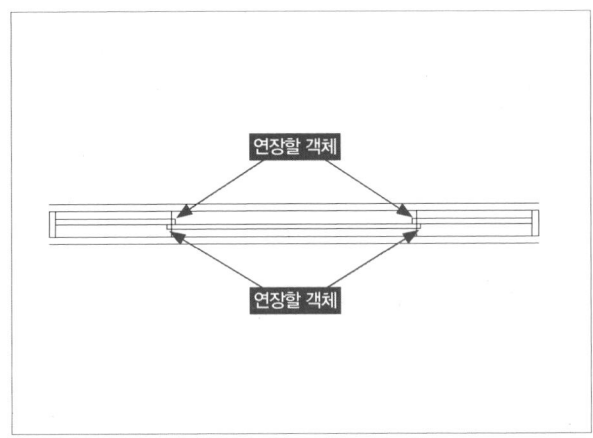

16 연장 명령으로 간격 띄우기 한 선까지 연장하겠습니다. 연장(EXTEND) 명령을 실행합니다.

{경계 모서리 선택 ...}

{객체 선택 또는 <모두 선택>:}에서 [Enter] 또는 [Space bar]를 눌러 모든 객체를 선택합니다.

{연장할 객체 선택 또는 Shift 키를 누른 채 선택하여 자르기 또는 [울타리(F)/걸치기(C)/프로젝트(P)/모서리(E)/명령취소(U)]:}에서 연장할 왼쪽 세로선의 위쪽을 선택합니다.

{연장할 객체 선택 또는 Shift 키를 누른 채 선택하여 자르기 또는 [울타리(F)/걸치기(C)/프로젝트(P)/모서리(E)/명령취소(U)]:}에서 연장할 왼쪽 세로선 아래쪽을 선택합니다.

{연장할 객체 선택 또는 Shift 키를 누른 채 선택하여 자르기 또는 [울타리(F)/걸치기(C)/프로젝트(P)/모서리(E)/명령취소(U)]:}에서 연장할 오른쪽 세로선의 위쪽을 선택합니다.

{연장할 객체 선택 또는 Shift 키를 누른 채 선택하여 자르기 또는 [울타리(F)/걸치기(C)/프로젝트(P)/모서리(E)/명령취소(U)]:}에서 연장할 오른쪽 세로선의 아래쪽을 선택합니다.

{연장할 객체 선택 또는 Shift 키를 누른 채 선택하여 자르기 또는 [울타리(F)/걸치기(C)/프로젝트(P)/모서리(E)/명령취소(U)]:}에서 [Enter] 또는 [Space bar]를 눌러 종료합니다. 다음과 같이 선택한 객체가 연장됩니다.

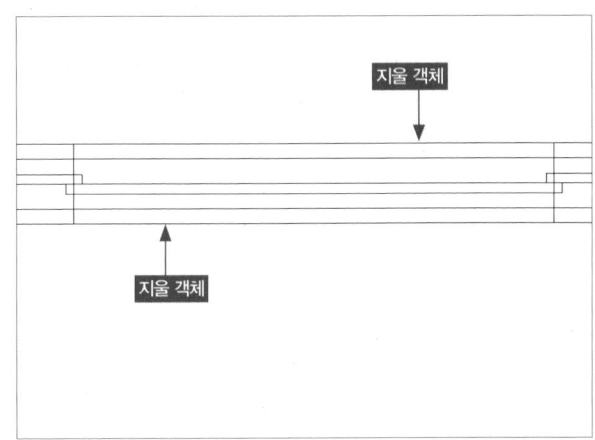

17 지우기 명령으로 연장을 위해 작성했던 보조선을 지웁니다. 지우기(ERASE) 명령을 실행합니다.
{객체 선택:}에서 지울 객체(위쪽 선)를 선택합니다. {1개를 찾음}
{객체 선택:}에서 지울 객체(아래쪽 선)를 선택합니다. {1개를 찾음, 총 2}
{객체 선택:}에서 Enter 또는 Space bar 를 눌러 종료합니다.

18 다음 그림과 같이 세 짝 미서기창이 완성되었습니다.

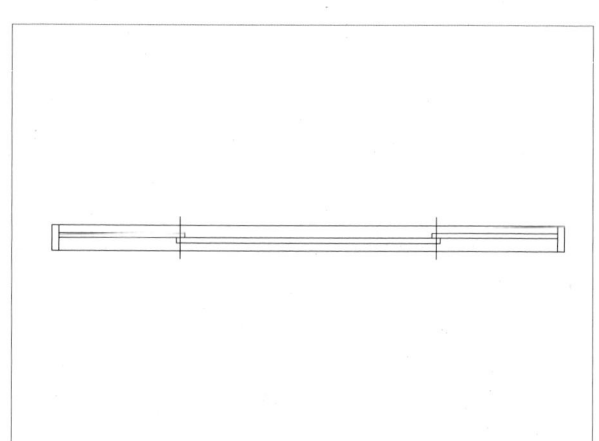

4 두 짝 미서기창

다음 그림과 같은 두 짝 미서기창을 작도하겠습니다. 도면층 명칭은 '건구'로 합니다. 여기에서는 앞에서 작도한 세 짝 미서기창을 편집하여 작도하겠습니다.

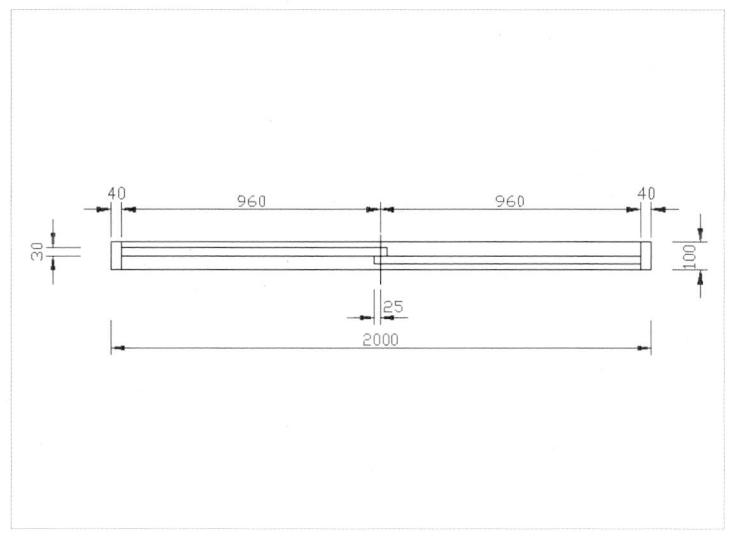

01 다음 그림과 같이 앞에서 작도한 세 짝 미서기창을 펼칩니다. 도면이 없는 경우는 열기(OPEN) 명령으로 다운받은 도면 중에서 'Part4_세짝미서기창.dwg' 파일을 엽니다. (예제 파일은 혜지원 출판사 홈페이지 'www.hyejiwon.co.kr' 자료실에서 다운받을 수 있습니다.)

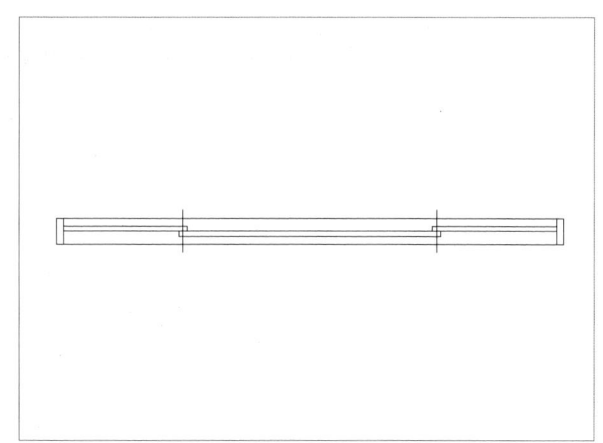

02 오른쪽 미서기를 지웁니다. 지우기(ERASE) 명령을 실행합니다.

{객체 선택:}에서 두 번째와 세 번째 미서기의 수직선을 선택합니다. {1개를 찾음}

{객체 선택:}에서 다음 그림과 같이 세 번째 미서기의 왼쪽 상단(첫 번째 점)을 지정합니다. {반대 구석 지정:}에서 세 번째 미서기의 오른쪽 하단(반대 구석 점)을 지정합니다. {3개를 찾음, 총 4}

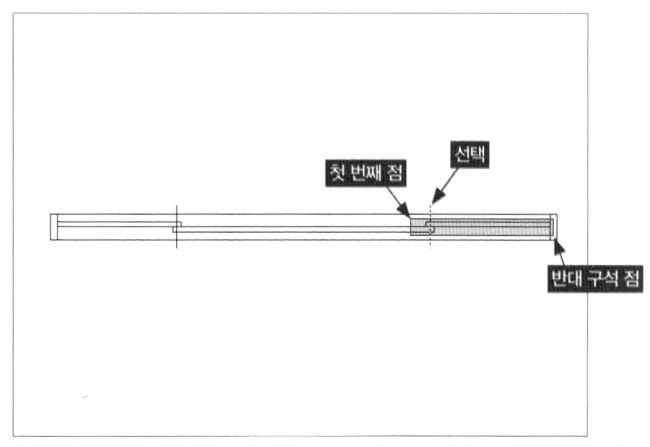

03 {객체 선택:}에서 Enter 또는 Space bar를 눌러 선택을 종료합니다.
다음 그림과 같이 객체가 삭제됩니다.

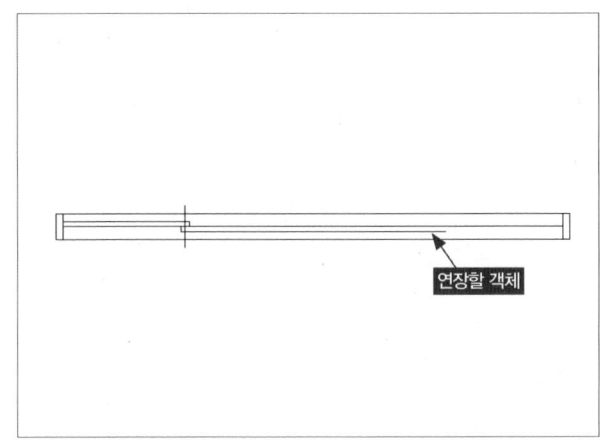

04 연장 명령으로 선을 연장합니다. 연장(EXTEND) 명령을 실행합니다.
{객체 선택 또는 <모두 선택>:}에서 Enter 또는 Space bar를 눌러 모든 객체를 선택합니다.
{연장할 객체 선택 또는 Shift 키를 누른 채 선택하여 자르기 또는 [울타리(F)/걸치기(C)/프로젝트(P)/모서리(E)/명령취소(U)]:}에서 다음 그림과 같이 연장할 선을 선택합니다.
{연장할 객체 선택 또는 Shift 키를 누른 채 선택하여 자르기 또는 [울타리(F)/걸치기(C)/프로젝트(P)/모서리(E)/명령취소(U)]:}에서 Enter 또는 Space bar를 눌러 종료합니다. 다음 그림과 같이 연장됩니다.

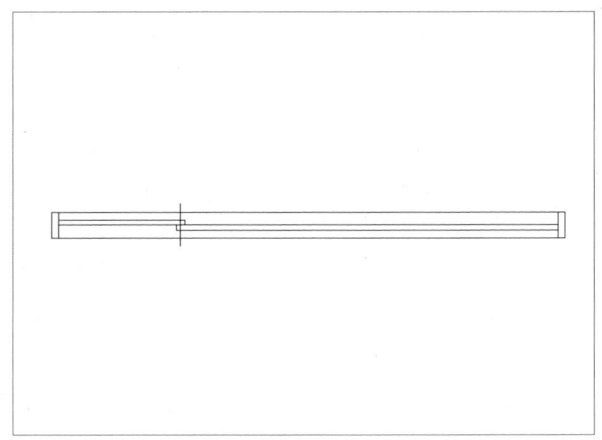

05 신축 명령으로 길이를 줄입니다. 신축(STRETCH) 명령을 실행합니다.
{걸침 윈도우 또는 걸침 다각형만큼 신축할 객체 선택...}
{객체 선택:}에서 오른쪽 위치에서 임의의 한 점(첫 번째 점)을 지정합니다.
{반대 구석 지정: }에서 다음 그림과 같이 왼쪽의 반대편 구석(두 번째 점)을 지정합니다. {6개를 찾음} {객체 선택:}에서 Enter 또는 Space bar를 눌러 선택을 종료합니다.

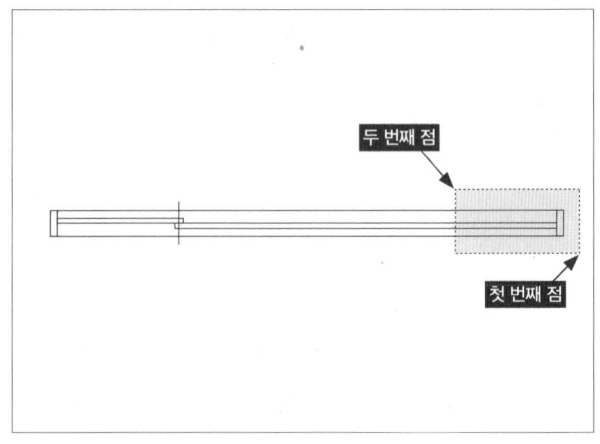

06 {기준점 지정 또는 [변위(D)] 〈변위〉:}에서 임의의 한 점을 지정합니다.
{두 번째 점 지정 또는 〈첫 번째 점을 변위로 사용〉:}에서 상대 극좌표 '@1250〈180'를 입력합니다. 즉, 길이를 '1250'(1500+710-960=1250)만큼 줄입니다.
다음 그림과 같이 오른쪽 미서기의 길이가 '1250'만큼 줄어듭니다.

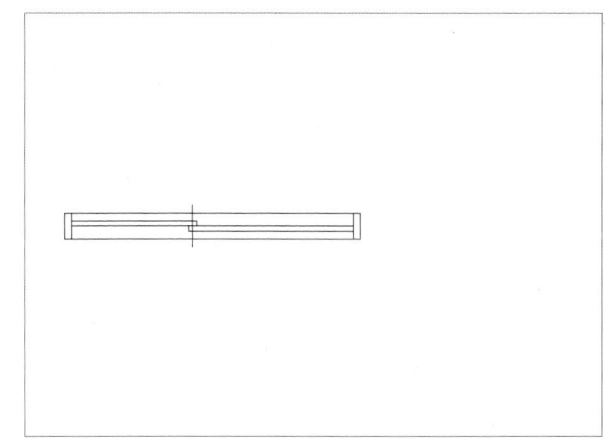

07 다음은 신축 명령으로 왼쪽 미서기의 길이를 늘리도록 하겠습니다. 현재 '710'인 길이를 '960'으로 늘리겠습니다. 신축(STRETCH) 명령을 실행합니다.
{걸침 윈도우 또는 걸침 다각형만큼 신축할 객체 선택...}
{객체 선택:}에서 늘리고자 하는 미서기의 오른쪽 위치에서 임의의 한 점(첫 번째 점)을 지정합니다.
{반대 구석 지정:}에서 다음 그림과 같이 왼쪽의 반대편 구석(두 번째 점)을 지정합니다. {6개를 찾음} {객체 선택:}에서 Enter 또는 Space bar 를 눌러 선택을 종료합니다.

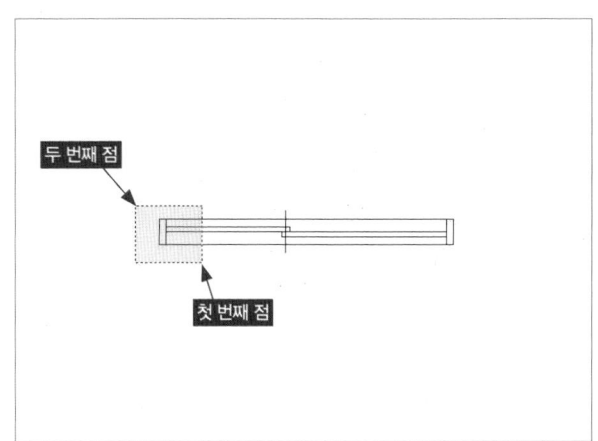

08 {기준점 지정 또는 [변위(D)] 〈변위〉:}에서 임의의 한 점을 지정합니다.
{두 번째 점 지정 또는 〈첫 번째 점을 변위로 사용〉:}에서 상대 극좌표 '@250〈180'을 입력합니다. 다음 그림과 같이 '250'(960-710=250)만큼 늘어납니다.
이렇게 해서 두 짝 미서기창이 완성되었습니다.

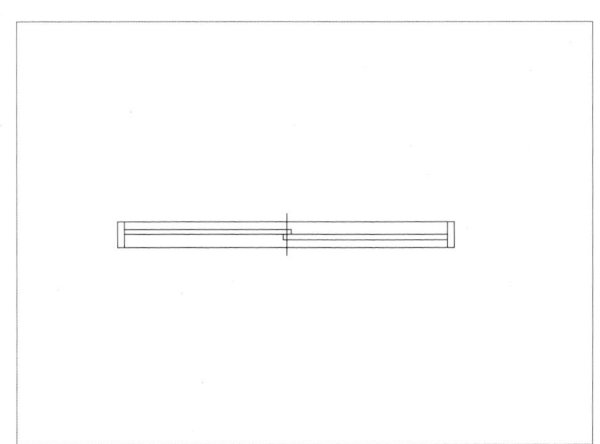

【끊기와 연결 명령어】
이번에는 객체의 끊기와 연결 명령에 대해 알아보겠습니다.

1. 두 점의 사이를 끊는 '끊기(BREAK)'
객체를 지정한 두 점 사이의 범위에서 간격을 두어 끊는 기능입니다.

명령 : BREAK(단축키 : BR)   아이콘 버튼 : 🗂

명령 흐름 : 끊고자 하는 두 점을 지정합니다.

(1) 선(LINE), 원(CIRCLE), 폴리선(PLINE) 명령을 이용하여 다음과 같은 도형을 작도합니다.

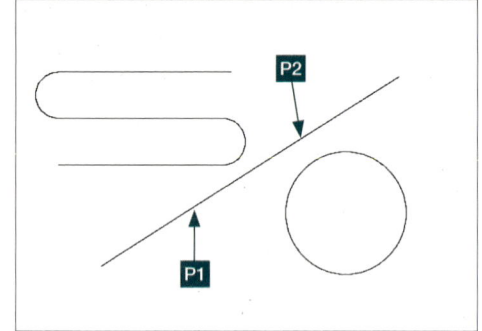

(2) 끊기 명령을 실행합니다. 명령어 'BREAK' 또는 'BR'를 입력하거나 '홈' 탭의 '수정' 패널 또는 '수정' 도구막대에서 🗂을 클릭합니다.
{객체 선택:}에서 끊고자 하는 첫 번째 점(P1)을 지정합니다. 교차점 객체 스냅 'X'마크가 표시됩니다.
{두 번째 끊기점을 지정 또는 [첫 번째 점(F)]:}에서 끊고자 하는 두 번째 점(P2)을 지정합니다. 다음과 같이 지정한 두 점 사이가 끊어집니다.

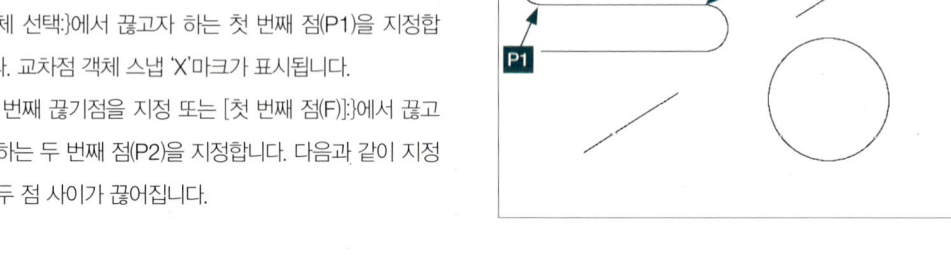

(3) Enter 또는 Space bar를 눌러 끊기 명령을 재실행합니다.
{객체 선택:}에서 위쪽의 폴리선을 선택합니다.
{두 번째 끊기점을 지정 또는 [첫 번째 점(F)]:}에서 옵션 'F'를 선택합니다.
{첫 번째 끊기점 지정:}에서 끊고자 하는 첫 번째 점(P1)을 지정합니다.
{두 번째 끊기점을 지정:}에서 끊고자 하는 두 번째 점(P2)를 지정합니다.
다음과 같이 선택한 객체의 첫 번째 점과 두 번째 점 사이가 끊어집니다.

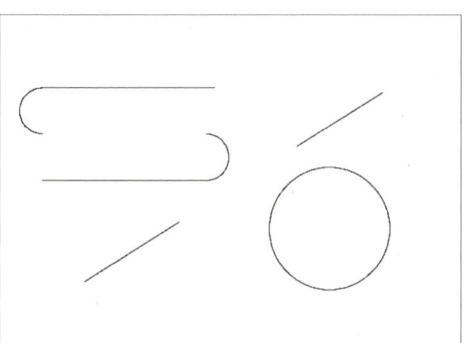

참고 | 끊기를 할 수 없는 객체

모든 객체를 끊기를 할 수 있는 것이 아닙니다. 다음과 같은 객체는 끊기를 할 수 없습니다. 주로 여러 개의 객체가 모여 하나의 덩어리로 구성된 복합 객체입니다.
블록(BLOCK), 여러 줄(MLINE), 치수(DIMENSION), 영역(REGION)입니다.

참고 | 끊기의 방향

앞의 예와 같이 선의 경우는 두 점 사이를 끊지만 원의 경우는 먼저 지정하는 점의 위치에 따라 끊어지는 부분이 달라집니다. 각도의 진행 방향으로 끊어지게 됩니다. AutoCAD의 각도 진행 방향은 기본적으로 반시계 방향이므로 반시계 방향으로 끊어집니다. 따라서 원의 경우는 끊고자 하는 점을 지정할 때 각도를 고려해서 지정해야 합니다.

왼쪽 원은 0도 위치의 사분점을 먼저 지정하고 180도 위치의 사분점을 나중에 지정한 경우입니다. 오른쪽 원은 180도 위치의 사분점을 먼저 지정하고 0도 위치의 사분점을 나중에 지정한 경우입니다.

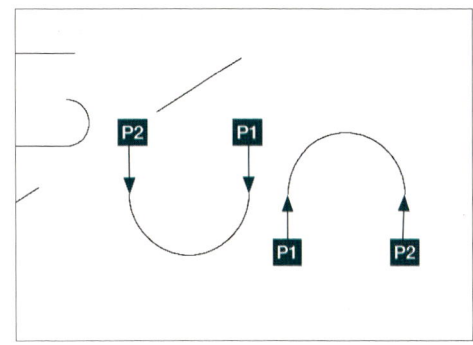

2. 도면 요소의 '분할(BREAK)'

'끊기(BREAK)' 명령이지만 두 점 사이가 아니라 지정한 한 점을 기준으로 객체를 분할합니다.

명령 : BREAK(단축키 : BR)→키워드 '@'   메뉴 아이콘 : ⌐

(1) 메뉴 아이콘 '점에서 끊기 ⌐'를 클릭합니다.
{객체 선택:}에서 위쪽의 폴리선을 선택합니다.
{두 번째 끊기점을 지정 또는 [첫 번째 점(F)]: _f}
{첫 번째 끊기점 지정:}에서 객체 스냅 '중간점 ✱'을 이용하여 선의 중간점을 지정합니다. {두 번째 끊기점을 지정: @}

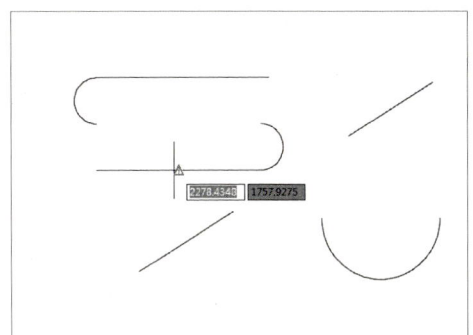

(2) 객체를 눌러보면 선의 중간점에서 분할되었다는 것을 알 수 있습니다.

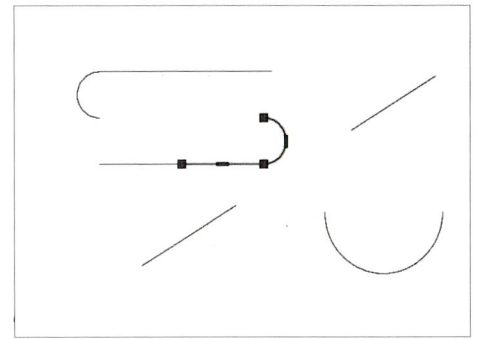

> **참고** 끊기(BREAK) 명령에서 분할
>
> 분할은 '끊기(BREAK)' 명령의 하나로 다음과 같이 실행하면 메뉴 아이콘 '점에서 끊기'와 같은 기능(분할)을 합니다.
> {객체 선택:}에서 분할하고자 하는 객체를 선택합니다.
> {두 번째 끊기점을 지정 또는 [첫 번째 점(F)]:}에서 'F'를 입력합니다.
> {첫 번째 끊기점 지정:}에서 분할하고자 하는 점을 지정합니다.
> {두 번째 끊기점을 지정:}에서 '@'를 입력합니다.
> 이렇게 실행하면 점에서 끊기와 동일한 기능을 수행합니다.

3. 하나의 객체로 연결하는 '결합(JOIN)'

두 개 이상의 객체를 하나로 결합하거나 호 및 타원형 호로부터 완벽한 닫힌 원이나 타원으로 결합할 수 있습니다.

명령 : JOIN(단축키 : J)   메뉴 아이콘 : ⊷

명령 흐름 : 연결할 두 개의 객체를 선택합니다.

(1) 끊기 기능을 학습할 때 사용했던 도면을 이용해 객체를 다시 결합해보겠습니다. 다음과 같이 앞에서 실습(끊기)한 도면을 펼칩니다.

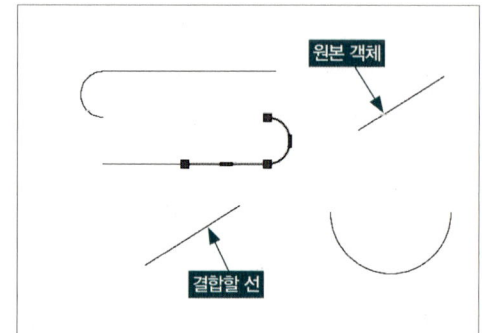

(2) 결합 명령을 실행합니다. 명령어 'JOIN' 또는 'J'를 입력하거나 '홈' 탭의 '수정' 패널 또는 '수정' 도구막대에서 ⊷을 클릭합니다.
{원본 객체 선택:}에서 선의 위쪽 객체(원본 객체)를 선택합니다.
{원본으로 결합할 선 선택:}에서 선의 아래쪽 객체(결합할 선)를 선택합니다. {1개를 찾음}
{원본으로 결합할 선 선택:}에서 Enter 또는 Space bar 를 눌러 종료합니다. {1 개의 선이 원본으로 결합됨}라는 메시지가 표시됩니다. 선을 클릭해보면 다음 그림과 같이 두 개의 선이 하나의 선으로 결합됩니다.

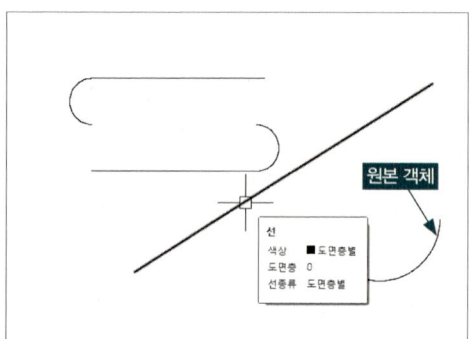

(3) 다음은 호를 하나의 닫힌 원으로 결합하겠습니다. Enter 또는 Space bar를 눌러 결합 명령을 재실행합니다.

{원본 객체 선택:}에서 호를 선택합니다.

{원본으로 결합할 호 선택 또는 [닫기(L)]:}에서 닫기 옵션 'L'을 입력합니다.

{호가 원으로 변환되었습니다.}라는 메시지와 함께 다음 그림과 같이 호가 원으로 변환됩니다.

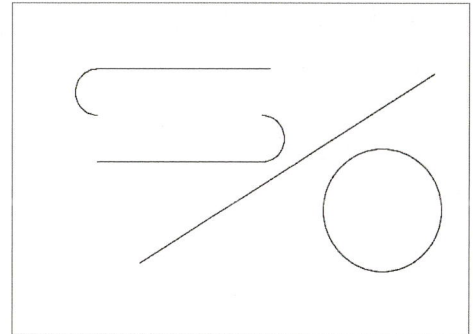

> **참고** **결합할 수 없는 객체**
>
> 선택한 객체와 객체가 결합될 수 없는 경우는 {0 개의 선이 원본으로 결합됨, 1개 객체가 작업에서 버려짐}라는 메시지를 표시하며 결합되지 않습니다. 결합할 수 없는 객체는 복합 객체인 블록(BLOCK), 여러 줄(MLINE), 치수(DIMENSION), 영역(REGION)입니다. 또, 선이나 호의 경우는 동일한 선상에 있지 않은 경우, 나선이나 스플라인은 인접해 있지 않은 경우에는 결합되지 않습니다.

4. 열린 두 점을 부드러운 곡선으로 연결하는 '곡선 혼합(BLEND)'

열려 있는 두 점을 부드러운 곡선(스플라인)으로 연결합니다.

명령 : BLEND   메뉴 아이콘 :

명령 흐름 : 연결할 두 객체를 선택하면 가까운 끝점끼리 부드러운 곡선으로 연결합니다.

(1) 앞의 실습 도면을 이용하여 실습하겠습니다.

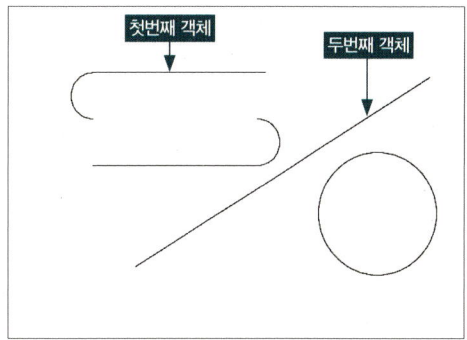

(2) 명령어 'BLEND'를 입력하거나 '홈' 탭의 '수정' 패널 또는 '수정' 도구막대에서 을 클릭합니다.

{연속성 = 접선}

{첫 번째 객체 선택 또는 [연속성(CON)]:}에서 폴리선의 끝부분을 선택합니다.

{두 번째 객체 선택:}에서 선의 끝부분을 선택합니다.

다음과 같이 두 객체의 끝점이 스플라인으로 연결됩니다.

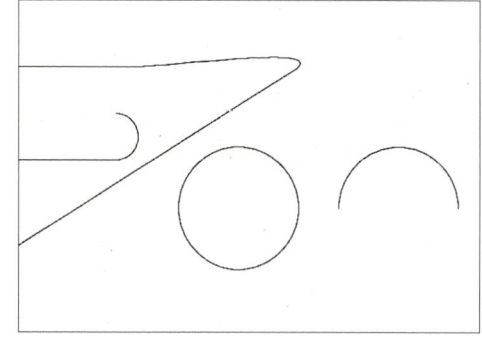

(3) [Enter] 또는 [Space bar]를 눌러 곡선 혼합을 재실행합니다.

{첫 번째 객체 선택 또는 [연속성(CON)]:}에서 호의 한쪽 끝부분을 선택합니다.

{두 번째 객체 선택:}에서 호의 반대편 끝부분을 선택합니다. 다음과 같이 작도됩니다.

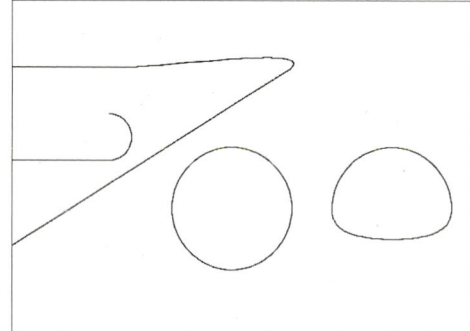

SPECIAL PAGE | 블록의 활용

건축 도면에서 문이나 창, 설비 도면에서는 밸브나 피팅류 등은 수 없이 많이 작도하게 됩니다. 이렇게 반복해서 사용하는 도형을 필요할 때마다 매번 작도한다면 너무 비효율적입니다. 이때 사용하는 기능이 '블록(BLOCK)'입니다. 블록을 기능을 활용하면 동일 도면 또는 다른 도면에서 이 블록을 호출하여 사용할 수 있습니다. 이 블록의 사용법에 대해 알아보겠습니다.

1. 블록이란?

'블록(BLOCK)'은 특정 객체를 작성하기 위해 결합된 하나 이상의 객체 집합입니다. 이 집단화된 객체에는 이름이 주어지며 이를 '블록명(BLOCK NAME)'이라 합니다. 이 블록명을 이용하여 도면 내에 원하는 위치에 배치할 수 있습니다 이 블록은 하나의 객체로 취급되므로 그 안에 있는 객체 중 하나만을 선택하여 이동, 복사, 삭제할 수 있습니다.

하나의 객체로 취급되지만 블록을 구성하는 각 객체의 특성(도면층, 색상, 선 종류 등)은 제 각각 가지고 있습니다. 또, 하나의 객체로 취급되는 블록은 '분해(EXPLODE)' 명령에 의해 다시 여러 개의 객체로 분해시킬 수 있습니다.

2. 블록 작성(BLOCK, BMAKE)

현재 작업 중에 있는 도면의 일부 또는 전체를 선택하여 새로운 블록(복합 도형)을 생성합니다. 현재의 도면 내에서 새로운 블록(복합 도형)을 작성합니다.

명령 : BLOCK, BMAKE (단축키 : B)   아이콘 버튼 :

01 앞에서 작성한 두 짝 미서기창을 블록으로 만들겠습니다. 열기(OPEN) 명령으로 예제 파일에서 'Part4_두짝미서기창.dwg' 파일을 엽니다. (예제 파일은 혜지원 출판사 홈페이지 'www.hyejiwon.co.kr' 자료실에서 다운받을 수 있습니다.)

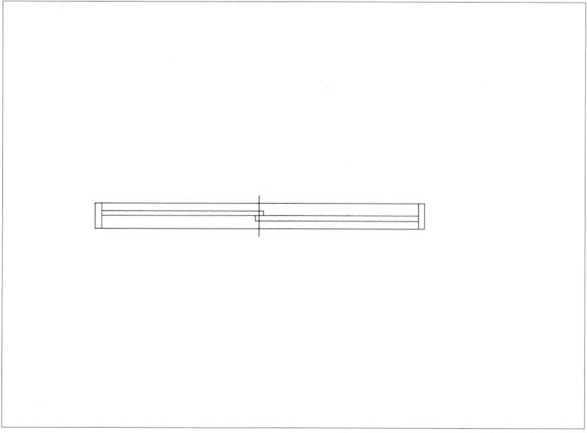

02 블록 명령을 실행합니다. 명령어 'BLOCK' 또는 'B'를 입력하거나 '삽입' 탭의 '블록 정의' 패널 또는 도구 막대에서 아이콘 버튼 을 클릭합니다. 다음과 같은 블록 정의 대화상자가 나타납니다.

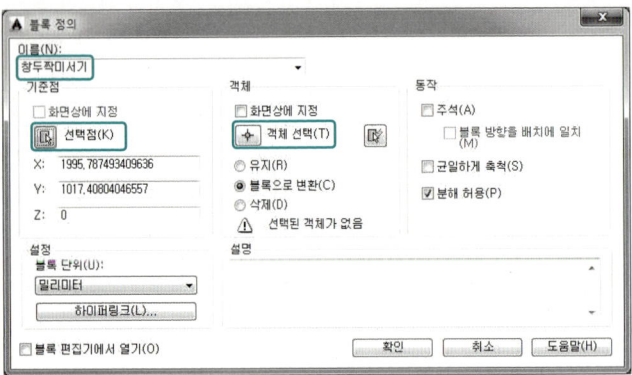

블록 정의 대화상자

(1) 이름(A) : 블록의 명칭(이름)을 입력 또는 선택합니다. 이름은 최대 영숫자 255자(한글은 127자)까지이며 문자, 숫자, 공백을 포함할 수 있습니다.

(2) 기준점 : 블록의 기준점을 지정합니다. ' 선택점(K)'를 클릭하여 도면 영역에서 점을 직접 선택할 수도 있고 X, Y, Z의 좌표 값을 직접 입력할 수도 있습니다.

(3) 객체 : 블록으로 만들고자 하는 객체를 선택합니다.

' 객체 선택(T)'을 클릭하여 객체를 선택합니다.

① 유지(R) : 블록으로 작성하기 위한 객체를 작성 당시의 상태를 유지합니다.

② 블록으로 변환(C) : 선택된 객체를 블록으로 변환합니다.

③ 삭제(D) : 블록 작성을 위해 선택된 객체를 도면에서 삭제합니다.

(4) 동작 : 블록 작성을 위한 주석 여부, 축척 등의 환경을 설정합니다.

① 주석(A) : 블록이 주석임을 정의합니다. 주석으로 정의하면 주석 축척에 의해 크기를 바꿀 수 있습니다.

② 균일하게 축척(S) : 블록 참조 시 축척을 균일하게 할지 여부를 설정합니다.

③ 분해 허용(P) : 분해를 허용할지 여부를 설정합니다.

(5) 설정 : 블록의 단위 및 하이퍼링크를 지정합니다.

① 블록 단위(U) : 블록의 단위를 지정합니다.

② 하이퍼링크(L) : 하이퍼링크를 삽입합니다. 하이퍼링크 삽입을 위한 대화상자가 열립니다.

(6) 설명(E) : 주석(설명문)을 기입합니다.

(7) 블록 편집기에서 열기(O) : 블록의 동적 블록을 위한 블록 편집기를 엽니다.

03 '이름(A)'에 '두짝미서기창'을 입력합니다. '기준점'의 아이콘 '선택점(K)'을 클릭합니다. 작도 영역에서 {삽입 기준점 지정:}가 표시되면 객체 스냅 '교차점' 또는 '끝점'을 이용하여 창의 왼쪽 아래쪽 점을 지정합니다.

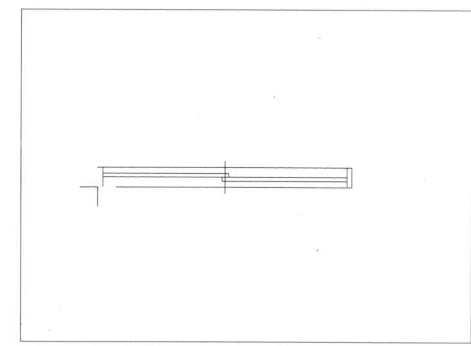

04 삽입 기준점을 지정하면 다시 블록 정의 대화상자로 돌아갑니다. 대화상자에서 객체의 '객체 선택(T)'을 클릭합니다. 작도 영역에서 {객체 선택:}이 표시되면 범위를 지정해 블록으로 만들고자 하는 객체(두짝미서기창)의 범위를 지정합니다.

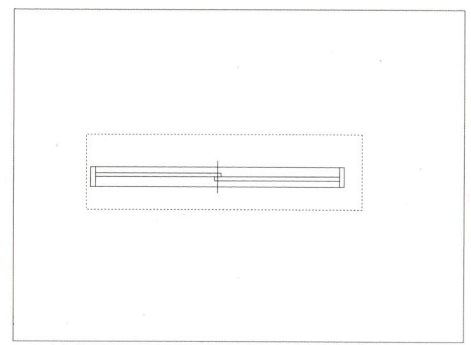

05 객체를 선택하고 {객체 선택:}에서 [Enter] 또는 [Space bar]를 누르면 다시 블록 정의 대화상자로 돌아옵니다. 대화상자의 오른쪽 상단에는 선택한 객체가 아이콘으로 표시됩니다. 이때 [확인]을 클릭하면 '두짝미서기창'이라는 블록이 작성됩니다.
다음 그림과 같이 마우스 커서를 미서기창 근처에 가져가면 객체가 미서기창 전체가 하이라이트되어 하나의 블록으로 작성되었음을 알 수 있습니다.

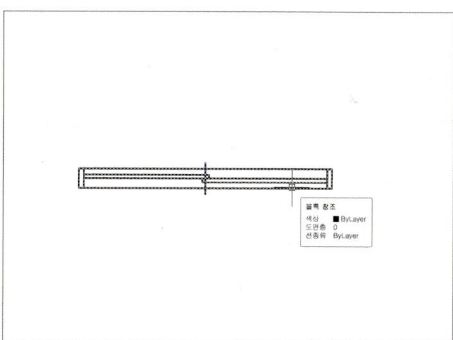

3. 삽입(INSERT)

명명된 블록 또는 도면을 현재 도면에 호출하여 배치합니다. 저장된 도면(*.dwg)도 하나의 블록과 같이 도면 내에 삽입할 수 있습니다.

명령 : INSERT(단축키 : I)   아이콘 버튼 :

01 앞에서 작성한 블록(두짝미서기창)을 삽입해보겠습니다. 삽입 명령을 실행합니다. 명령어 'INSERT' 또는 'I'를 입력하거나 '삽입' 탭의 '블록' 패널 또는 도구막대에서 아이콘 버튼 을 클릭합니다. 다음과 같은 대화상자가 나타납니다.

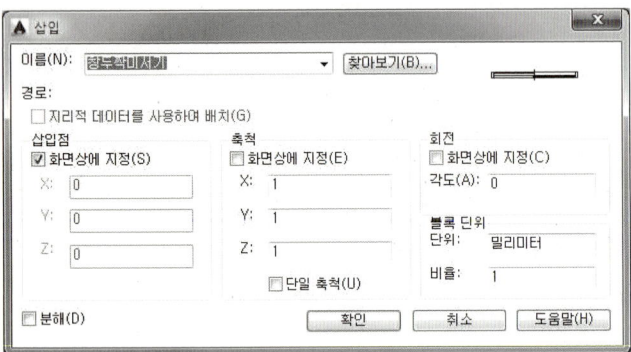

삽입 대화상자

(1) 이름(N) : 목록에는 현재 도면에 정의된 블록의 목록이 나열됩니다. 삽입하고자 하는 블록의 명칭을 지정합니다. 외부 블록 또는 도면을 삽입할 때는 '찾아 보기(B)'를 클릭해 파일을 검색합니다.

(2) 경로 : 지정한 블록이 있는 위치를 표시합니다.

(3) 삽입점 : 블록이 도면에 삽입될 때의 위치입니다. 대화상자에서 좌표(X, Y, Z)를 지정할 수도 있고, '화면상에 지정(S)'을 체크하여 화면에서 삽입 위치를 직접 지정할 수도 있습니다.

(4) 축척 : 블록의 X(Y)축의 크기를 결정하기 위한 배율을 나타냅니다. 대화상자에서 좌표를 지정할 수도 있고, '화면상에 지정(E)'을 체크하여 화면에서 삽입 축척을 직접 지정할 수도 있습니다. '단일 축척(U)'을 체크하면 X, Y, Z가 동일한 스케일로 하나의 항목(X)만 값을 입력하면 됩니다. 블록을 대칭으로 삽입하고자 할 때는 '-1'을 입력합니다.

(5) 회전 : 삽입하고자 하는 블록의 회전 각도를 지정합니다. 대화상자에서 각도를 지성할 수도 있고, '화면상에 지정(C)'을 체크하여 화면에서 삽입 각도를 직접 지정할 수도 있습니다.

(6) 블록 단위 : 삽입될 블록의 단위를 지정합니다.

① 단위 : 블록에 대한 단위를 지정합니다.

② 비율 : 삽입 단위 축척 비율을 표시합니다.

(7) 분해(D) : 블록 객체를 분해하여 삽입합니다. '분해(EXPLODE)' 명령을 참조합니다.

02 '이름(N)' 목록에서 삽입하고자 하는 블록 이름 '두짝미서기창'을 선택합니다. '삽입점'을 '화면에 지정(S)'에 체크하고 '축척'의 X, Y, Z를 '1', '회전'의 '각도(A)'를 '90'으로 입력한 후 [확인]을 클릭합니다. {삽입점 지정 또는 [기준점(B)/축척(S)/X/Y/Z/회전(R)]:}이란 메시지가 나타나면 블록을 삽입하고자 하는 위치를 지정합니다. 다음 그림과 같이 블록(두짝미서기창)이 삽입됩니다.

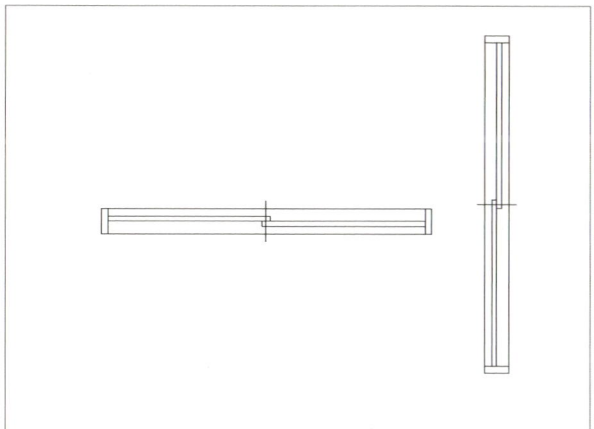

Note_ 블록의 크기나 각도 또는 위치를 자유롭게 지정할 수 있습니다. 블록의 크기는 '축척' 값을 지정하고, 각도는 '회전'에서 지정하며 위치는 '삽입점'에서 지정할 수 있습니다.

[TIP] '삽입' 대화상자를 이용하지 않고 삽입하려면 '삽입' 탭의 '블록' 패널에서 '삽입 ⊡' 컨트롤을 누르면 다음과 같이 현재 도면에 등록된 블록의 미리보기 이미지가 나타납니다. 삽입하고자 하는 블록을 클릭하여 삽입할 수 있습니다.

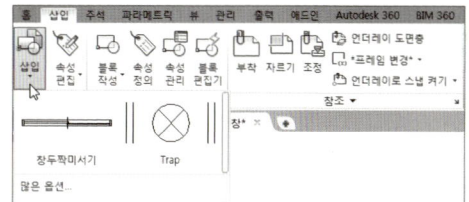

참고 블록을 분해하면서 삽입하는 방법

블록은 하나의 덩어리로 묶인 객체입니다. 블록 중 일부 특성(도면층, 색상, 선 종류 등)을 바꾸거나 일부 객체를 편집하기 위해서는 개별 객체로 분해되어야 합니다. 객체를 분해하는 방법은 두 가지 방법이 있습니다.

(1) 첫 번째 방법은 삽입 시 대화상자에서 '분해(D)'를 체크하는 방법입니다.

'분해(D)'에 체크하면 블록이 하나의 덩어리가 아닌 낱개로 분해되어 삽입됩니다.

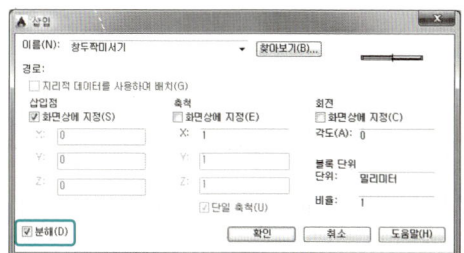

(2) 두 번째 방법은 삽입한 후에 '분해(EXPLODE)' 명령으로 분해합니다. 명령어 'EXPLODE' 또는 'X'를 입력하거나, '홈' 탭의 '수정' 패널 또는 도구막대의 아이콘 버튼 ⊡을 클릭합니다. 분해 명령을 실행하면 {객체 선택:}이라는 메시지가 표시되는데 이때 분해하고자 하는 블록을 선택합니다.

4. 객체를 파일로 저장하는 블록 쓰기(WBLOCK)

선택한 객체 또는 블록을 새로운 도면 파일로 저장합니다.

[TIP] '블록 정의(BLOCK, BMAKE)' 명령은 도면 내부에서 정의하는 블록입니다. 따라서 다른 도면에서 해당 블록을 호출(삽입)할 수 없습니다. 그러나 '블록 쓰기(WBLOCK)' 명령은 현재 도면 내부가 아닌 외부에 파일로 저장되기 때문에 다른 도면에서도 쉽게 호출(삽입)할 수 있습니다.

명령 : WBLOCK(단축키 : W)

'블록 쓰기(WBLOCK)' 명령을 실행하면 다음과 같은 블록 쓰기 대화상자가 나타납니다.

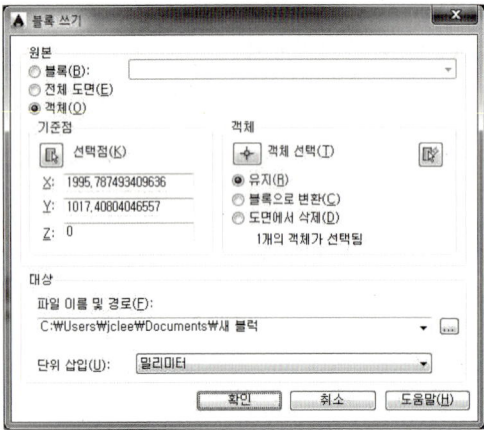

조작 방법은 '블록 작성(BLOCK, BMAKE)'과 동일합니다. 단, 외부 파일로 저장하기 때문에 '대상 파일 이름 및 경로(F)'를 지정해야 합니다.

10; 가구 및 주방 시설 그리기

AutoCAD 2015

주거용 건물은 물론 상업용 건물에도 책상과 의자와 같은 가구, 간단한 차를 끓이는 공간에는 싱크대와 같은 주방용품이 들어가게 됩니다. 이번에는 건물에 필수적으로 들어가는 가구와 주방용품을 작도해보겠습니다. 아울러 도면층(LAYER)과 색상 등 객체 특성에 대해서도 알아보겠습니다.

1 식탁과 의자

다음 그림과 같은 식탁과 의자를 작도하겠습니다. '가구'라는 도면층(LAYER)에 작도하겠습니다.

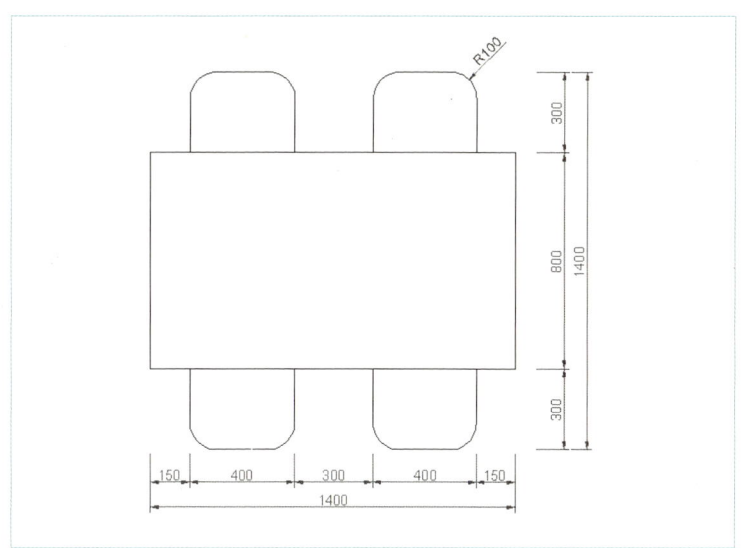

01 먼저, 도면의 범위(한계)는 식탁과 의자를 그릴 수 있는 크기로 지정합니다. 도면층(LAYER)을 작성하겠습니다. 도면층 명령을 실행합니다. 명령어 'LAYER' 또는 단축키 'LA'를 입력하거나 '홈' 탭의 '도면층' 패널 또는 도구막대에서 을 클릭합니다. 다음 그림과 같은 대화상자가 표시됩니다.

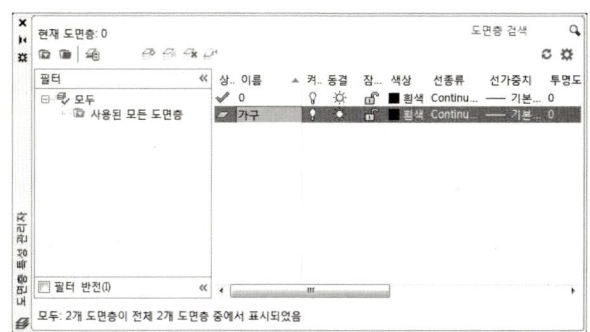

도면층 특성 관리자에서 '새 도면층 ' 아이콘을 눌러 새로운 도면층을 작성합니다. '가구'라는 이름의 도면층을 작성합니다.

02 '가구' 도면층의 '색상'을 클릭하면 다음 그림과 같이 색상 선택 대화상자가 나타납니다. 여기에서 '파란색'을 지정합니다. [확인]을 클릭하면 다시 도면층 특성 관리자로 돌아옵니다. 도면층 특성 관리자를 종료합니다.

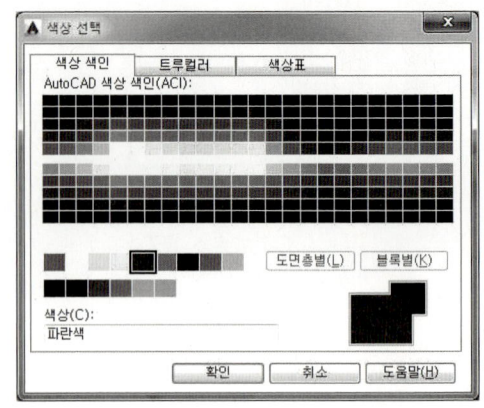

03 '홈' 탭의 '도면층' 패널의 도면층 목록상자를 클릭합니다. 다음 그림과 같이 기존의 '0' 도면층과 새로 작성된 '가구'라는 도면층 목록이 나타납니다. 이 목록에서 '가구'를 클릭합니다. 지금부터 '가구'라는 도면층에 객체를 작성하는 것입니다.

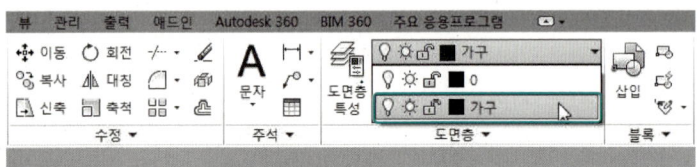

【도면층(LAYER)】

도면층을 가장 쉽게 이해할 수 방법은 한 장, 한 장의 투명한 트레이싱 용지로 이해하면 됩니다. 우리가 건축설계를 한다고 가정했을 때 건축구조, 기계설비, 소방설비, 전기설비 등 다양한 설계 도면을 필요로 합니다. 그런데 이 모든 공사 종류의 도면을 하나의 도면 영역에서 작성하고 읽는다는 것은 불가능에 가깝습니다. 설령, 표현한다고 해도 대단히 복잡하여 도면을 해독할 때도 오독의 우려가 높습니다. 따라서, 도면 작업을 할 때 각 작업 또는 공정별로 분류해서 작성해서 읽는다면 훨씬 효율적입니다. 즉, 해당 작업별로 별도의 스페이스(도면층)를 설정해서 작업하는 것이 효율적입니다. 작업별로 스페이스를 설정하는 것이 도면층(LAYER)입니다.

도면층은 도면을 작성하는 영역에 층을 만들어 명칭을 부여하고 속성을 부여해서 관리하는 것입니다. 설계자의 의도에 따라 분류하여 이름을 부여할 수 있습니다. 이 도면층은 필요에 따라 보이게 하거나 보이지 않게 할 수도 있고 수정되지 않도록 잠글 수도 있습니다. 작업의 특성에 따라 '색상(COLOR)', '선 종류(LINETYPE)', '선 가중치(LWEIGHT)' 등을 설정하여 관리할 수 있습니다.

명령 : LAYER(단축키 : LA)   아이콘 버튼 :

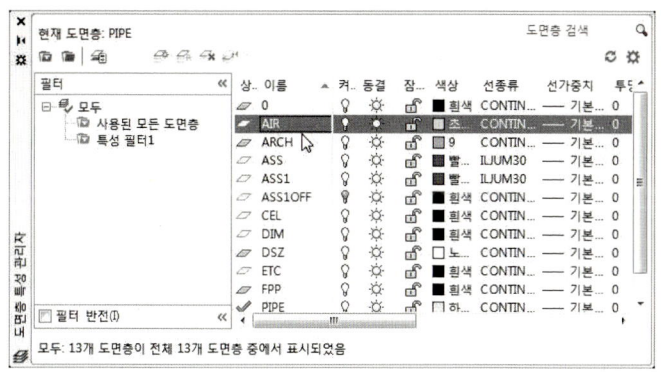
도면층 특성 관리자 대화상자

(1) **새 특성 필터** (Alt+P) : 하나 이상의 도면층 특성을 기준으로 도면층 필터를 작성하여 도면층을 조건(필터링)에 의해 선택합니다. 다음과 같은 대화상자가 표시됩니다. 다음은 도면층 중에서 색상이 '흰색'인 도면층만 필터링한 것으로 '색상'이라는 필터 이름을 지정한 예입니다.

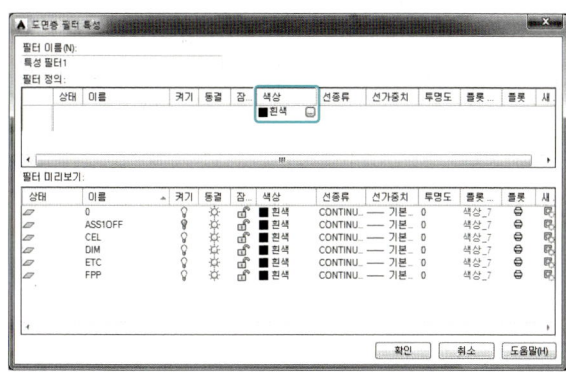
도면층 필터 특성 대화상자

① 필터 이름(N) : 필터의 명칭을 사용자가 임의로 입력합니다.
② 필터 정의 : 이름, 동결, 색상, 잠금 등으로 필터의 조건을 설정합니다.
③ 필터 미리보기 : 필터 정의에 의해 필터링된 도면층을 미리 볼 수 있습니다.

(2) **새 그룹 필터** (Alt+G) : 새로운 도면층 필터 그룹을 작성합니다. 즉, 그룹을 먼저 만들고 그 그룹에 속하는 도면층을 정의합니다.

(3) **도면층 상태 관리자** (Alt+S) : 도면층의 상태를 명명하여 저장할 수 있습니다. 도면의 저장된 도면층 상태 목록을 표시하고 도면층 상태를 작성 및 삭제할 수 있으며 이름을 바꿀 수 있습니다. 이 상태는 '내보내기(X)'를 통해 저장할 수 있으며 '가져오기(M)'를 통해 저장된 상태를 불러올 수 있습니다.

참고 도면층의 이름

- 도면층의 이름은 255자까지 사용할 수 있으나, 가능한 10자 이내에서 기억하기 쉽도록 의미를 부여해서 만드는 것이 바람직합니다.
- 문자, 숫자, 특수 문자($, _, - 등)를 포함할 수 있습니다.
- 도면층 특성 관리자에서는 도면층이 알파벳 이름순으로 정렬됩니다.
- 가능하면 작업의 종류 및 객체의 종류에 따라 맨 앞글자를 분류해서 작성하면 관리하는데 편리합니다.

(4) 켜기 : 도면층을 켜거나(ON) 끕니다(OFF). 전등 위치에 마우스 포인터를 맞춘 후 클릭하면 켜기/끄기가 설정됩니다. 끄기가 되면 해당 도면층이 도면에서 사라지고 켜면 다시 표시됩니다.

(5) 동결 : 도면층을 동결(Freeze)시키거나 해동(Thaw)합니다. 해당 도면층의 객체가 도면에서 사라지는 것은 켜기/끄기와 비슷하나 복잡한 도면에서 동결을 시키면 줌(ZOOM), 초점 이동(PAN), 화면 재생성(REGEN) 시에 시간을 대폭 줄일 수 있습니다. 동결(Freeze)은 연산에서 제외하기 때문에 보다 빠른 처리가 가능합니다.

(6) 잠금 : 지정 도면층을 잠그고 풉니다. 잠궈진(Lock) 도면층은 편집이나 삭제 시 선택이 되지 않습니다. 이미 그려진 도면을 손상하지 않고 다른 작업을 하고자 할 때 유용하게 사용할 수 있습니다. 잠금 해제(Unlock)는 잠금(Lock)의 반대 개념으로 원상 복구합니다.

(7) 색상 : 도면층의 색상을 지정합니다. 색상(COLOR) 명령에서 'BYLAYER'라는 색상을 지정하면 이 도면층 색상으로 작도됩니다. 예를 들어, 'A'라는 도면층의 색상을 초록색으로 지정한 후 색상을 'BYLAYER'로 설정하면 이후에 작도되는 모든 객체는 초록색으로 작도됩니다.

(8) 선 종류 : 도면층의 선 종류를 지정합니다. 선 종류(LINETYPE) 명령에서 'BYLAYER'라는 선 종류를 지정하면 해당 도면층의 선 종류로 작도됩니다. 예를 들어, 'A'라는 도면층의 선 종류를 'CENTER'로 지정한 후 선 종류를 'BYLAYER'를 지정하면 앞으로 작도되는 모든 객체는 일점 쇄선(CENTER)으로 작도됩니다.

(9) 선 가중치 : 도면층의 선 가중치를 지정합니다. '선 가중치(LWEIGHT)' 명령에서 'BYLAYER'라는 선 가중치를 지정하면 해당 도면층의 선 가중치로 작도됩니다.

(10) 투명도 : 도면층의 투명도를 지정합니다.

(11) 플롯 스타일 : 출력을 위한 스타일을 설정하여 각 도면층별로 이 출력 스타일을 지정하여 지정된 스타일로 출력할 수 있습니다.

(12) 플롯 : 플롯의 유/무를 지정합니다. 도면층을 끄지 않고도 플롯을 끄면 화면에는 나타나는 도면층이 도면에는 출력되지 않습니다.

(13) 필터 반전(I) : 현재 필터링되지 않은 도면층만 표시합니다.

(14) 갱신 : 도면의 도면 요소를 스캔하여 도면층 사용 정보를 갱신합니다.

(15) 설정 : 다음의 대화상자를 통해 새로운 도면층을 알릴 것인가, 도면층 필터 변경사항이 도면층 도구막대에 적용되는 경우 도면층 특성 재지정에 대한 배경 색상을 설정할 수 있습니다.

> **참고 도면층 설정**
>
> 도면 작업 도중에 도면층을 바꾸거나 도면층의 켜기/끄기, 잠그기 등 도면층과 관련된 환경 설정은 '도면층(LAYER)' 명령 외에도 '도면층 도구막대'를 이용하여 간단히 조작할 수 있습니다. '홈' 탭의 '도면층' 패널에서 도면층 목록 상자를 누르면 현재 도면이 가지고 있거나 필터링 된 도면층 및 관련 특성 항목이 나열됩니다. 지정하고자 하는 도면층 및 아이콘으로 이동하여 설정할 수 있습니다.

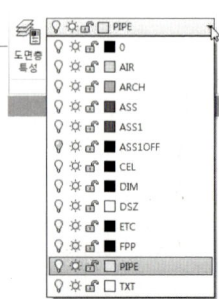

도면층 목록 상자

04 직사각형 명령으로 식탁을 작도합니다. 직사각형 (RECTANGLE) 명령을 실행합니다. {첫 번째 구석점 지정 또는 [모따기(C)/고도(E)/모깎기(F)/두께(T)/폭(W)]:}에서 임의의 한 점(식탁의 왼쪽 아래쪽에 해당하는 점)을 지정합니다.
{다른 구석점 지정 또는 [영역(A)/치수(D)/회전(R)]:}에서 '@1400,800'을 입력합니다.
다음 그림과 같이 작도됩니다.

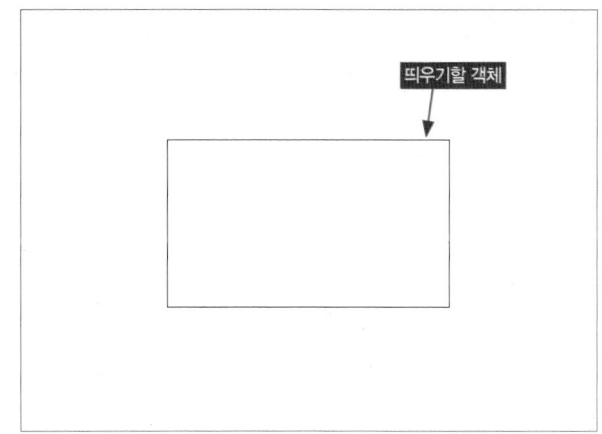

Note_ 직사각형 명령으로 작도된 사각형 객체의 종류는 '폴리선 (POLYLINE)'으로 객체가 모두 연결되어 있습니다.

05 간격 띄우기를 위해 직사각형을 분해합니다. 분해(EXPLODE) 명령을 실행합니다.
{객체 선택:}에서 식탁을 선택합니다. {1개를 찾음}
{객체 선택:}에서 Enter 또는 Space bar 를 눌러 선택을 종료합니다. 선택한 객체가 분해됩니다.

06 간격 띄우기로 간격을 띄웁니다. 간격 띄우기(OFFSET) 명령을 실행합니다.
{간격띄우기 거리 지정 또는 [통과점(T)/지우기(E)/도면층(L)] <통과점>:}에서 간격 '300'을 입력합니다.
{간격띄우기할 객체 선택 또는 [종료(E)/명령취소(U)] <종료>:}에서 식탁의 위쪽 수평선을 선택합니다.
{간격띄우기할 면의 점 지정 또는 [종료(E)/다중(M)/명령취소(U)] <종료>:}에서 식탁 위쪽 임의의 점을 지정합니다.
{간격띄우기할 객체 선택 또는 [종료(E)/명령취소(U)] <종료>:}에서 Enter 또는 Space bar 를 눌러 종료합니다.

07 간격 띄우기를 위해 왼쪽 위쪽으로 보조선을 긋습니다. 선(LINE) 명령을 실행합니다.
{첫 번째 점 지정:}에서 객체 스냅 '끝점'을 이용하여 식탁의 왼쪽 위 모서리를 지정합니다.
{다음 점 지정 또는 [명령 취소(U)]:}에서 객체 스냅 '끝점'을 이용하여 간격 띄우기 한 선의 왼쪽 끝점을 지정합니다.
{다음 점 지정 또는 [명령 취소(U)]:}에서 Enter 또는 Space bar 를 눌러 종료합니다.

08 간격 띄우기(OFFSET) 명령으로 의자의 윤곽선을 작성합니다.

{간격띄우기 거리 지정 또는 [통과점(T)/지우기(E)/도면층(L)] <300.0000>:}에서 간격 '150'을 입력합니다.

{간격띄우기할 객체 선택 또는 [종료(E)/명령취소(U)] <종료>:}에서 직전에 작성한 보조선을 선택합니다.

{간격띄우기할 면의 점 지정 또는 [종료(E)/다중(M)/명령취소(U)] <종료>:}에서 오른쪽 방향을 지정합니다.

{간격띄우기할 객체 선택 또는 [종료(E)/명령취소(U)] <종료>:}에서 Enter 또는 Space bar 를 눌러 종료합니다.

다시, Enter 또는 Space bar 를 눌러 간격 띄우기 명령을 실행합니다.

{현재 설정: 원본 지우기=아니오 도면층=원본 OFFSETGAPTYPE=0}

{간격띄우기 거리 지정 또는 [통과점(T)/지우기(E)/도면층(L)] <150.0000>:}에서 간격 '400'을 입력합니다.

{간격띄우기할 객체 선택 또는 [종료(E)/명령취소(U)] <종료>:}에서 직전에 간격 띄우기 한 선을 선택합니다.

{간격띄우기할 면의 점 지정 또는 [종료(E)/다중(M)/명령취소(U)] <종료>:}에서 오른쪽 방향을 지정합니다.

{간격띄우기할 객체 선택 또는 [종료(E)/명령취소(U)] <종료>:}에서 Enter 또는 Space bar 를 눌러 종료합니다. 다음 그림과 같이 간격이 띄워집니다.

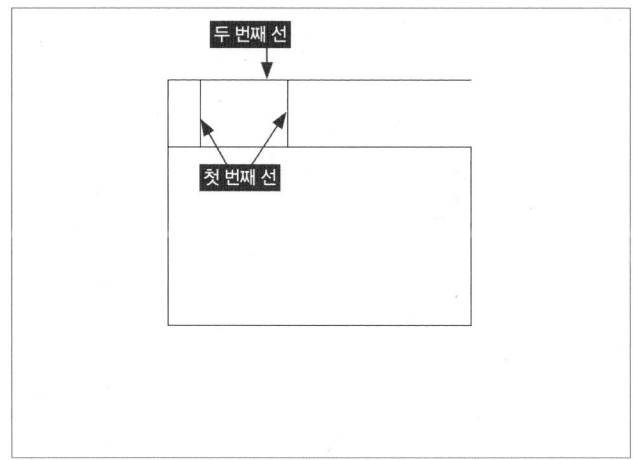

09 모깎기 명령으로 의자 모양을 매끄럽게 모깎기합니다. 명령어 'FILLET' 또는 'F'를 입력하거나, '홈' 탭의 '수정' 패널 또는 도구막대에서 ⌐을 클릭합니다.
{현재 설정값: 모드 = TRIM, 반지름 = 0.0000}
{첫 번째 객체 선택 또는 [명령취소(U)/폴리선(P)/반지름(R)/자르기(T)/다중(M)]:}에서 반지름 값을 조정하기 위해 'R'을 입력합니다.
{모깎기 반지름 지정 <0.0000>:}에서 반지름 값 '100'을 입력합니다.
{첫 번째 객체 선택 또는 [명령취소(U)/폴리선(P)/반지름(R)/자르기(T)/다중(M)]:}에서 모깎기할 첫 번째 선(왼쪽 수직선)을 선택합니다.
{두 번째 객체 선택 또는 Shift 키를 누른 채 선택하여 구석 적용:}에서 모깎기할 두 번째 선(위쪽 수평선)을 선택합니다.

[Enter] 또는 [Space bar]로 모깎기 명령을 재실행합니다.
{현재 설정값: 모드 = TRIM, 반지름 = 100.0000}
{첫 번째 객체 선택 또는 [명령취소(U)/폴리선(P)/반지름(R)/자르기(T)/다중(M)]:}에서 모깎기할 첫 번째 선(오른쪽 수직선)을 선택합니다.
{두 번째 객체 선택 또는 Shift 키를 누른 채 선택하여 구석 적용:}에서 모깎기할 두 번째 선(위쪽 수평선)을 선택합니다. 다음 그림과 같이 모서리가 매끄럽게 됩니다.

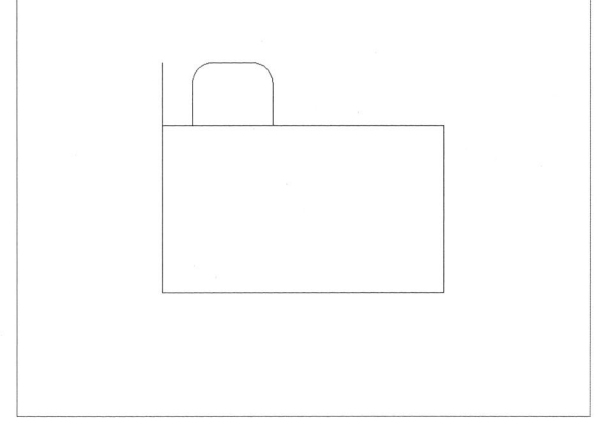

【모깎기(FILLET)와 모따기(CHAMFER)】

우리 주위에 있는 가구, 가전제품, 사무용품 등을 보면 모서리가 각이 진 제품은 찾아보기 힘듭니다. 어떤 형태이든 모서리 부분은 부드럽게 처리되어 있습니다. 이때 사용하는 기능이 '모깎기(FILLET)'와 '모따기(CHAMFER)' 명령입니다.

1. 모깎기(FILLET)

모서리를 부드럽게(둥글게) 깎아냅니다. 지정된 반지름을 가진 호 형태로 두 객체를 연결합니다.

명령 : FILLET(단축키 : F)　　　　　　　　　　아이콘 버튼 :

명령 흐름 : 모깎기 할 반지름을 지정한 후 모깎기 할 두 모서리를 선택합니다.

(1) 실습을 위해 열기(OPEN) 명령으로 예제 파일의 'Part4_FilletChamfer.dwg'를 엽니다. (예제 파일은 혜지원 출판사 홈페이지 'www.hyejiwon.co.kr' 자료실에서 다운 받을 수 있습니다.)

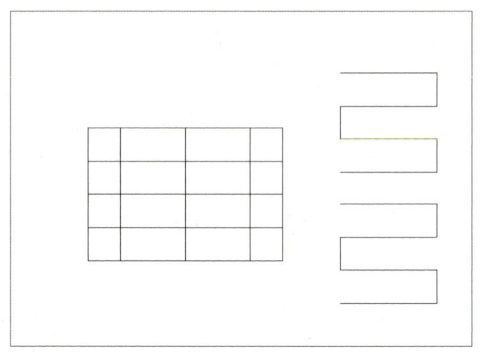

(2) 명령어 'FILLET' 또는 'F'를 입력하거나 '홈' 탭의 '수정' 패널 또는 도구막대에서 을 클릭합니다.
{첫 번째 객체 선택 또는 [명령취소(U)/폴리선(P)/반지름(R)/자르기(T)/다중(M)]:}에서 반지름 값을 조정하기 위해 'R'을 입력합니다.
{모깎기 반지름 지정 <100.0000>:}에서 반지름 값 '50'을 입력합니다.
{첫 번째 객체 선택 또는 [명령취소(U)/폴리선(P)/반지름(R)/자르기(T)/다중(M)]:}에서 폴리선 옵션 'P'를 입력합니다.
{2D 폴리선 선택:}에서 오른쪽의 지그재그로 작도된 선(폴리선)을 선택합니다.
{6 선은(는) 모깎기됨}라는 메시지와 함께 다음 그림과 같이 폴리선의 각 모서리가 반지름 '50'만큼 모깎기됩니다.

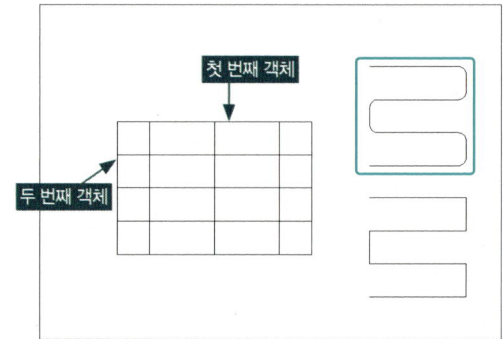

(3) [Enter] 또는 [Space bar]를 눌러 모깎기 명령을 다시 실행합니다.

{첫 번째 객체 선택 또는 [명령취소(U)/폴리선(P)/반지름(R)/자르기(T)/다중(M)]:}에서 반지름 값을 조정하기 위해 'R'을 입력합니다.

{모깎기 반지름 지정 <100.0000>:}에서 반지름 값 '100'을 입력합니다.

{첫 번째 객체 선택 또는 [명령취소(U)/폴리선(P)/반지름(R)/자르기(T)/다중(M)]:}에서 첫 번째 객체를 선택합니다.

{두 번째 객체 선택 또는 Shift 키를 누른 채 선택하여 구석 적용:}에서 두 번째 객체를 선택합니다. 다음 그림과 같이 선택한 두 객체가 모깎기됩니다.

Note_두 번째 객체 선택 또는 [Shift] 키를 누른 채 선택하여 구석 적용:}에서 [Shift]를 누르면서 두 번째 객체를 선택하면 반지름 값을 '0'으로 하는 모깎기가 됩니다.

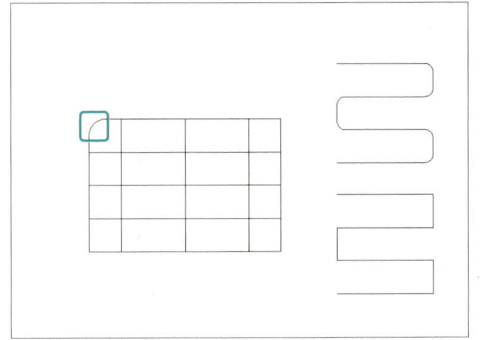

옵션 설명

{첫 번째 객체 선택 또는 [명령취소(U)/폴리선(P)/반지름(R)/자르기(T)/다중(M)]:}

- 명령취소(U) : 이전 동작을 취소합니다.
- 폴리선(P) : 2D 또는 3D 폴리선의 교차하는 폴리선 세그먼트는 폴리선의 각 정점에서 모깎기됩니다.
- 자르기(T) : 선택한 모서리를 모깎기 선 끝점까지 자르기 할지 여부를 조정합니다.
  {자르기 모드 옵션 입력 [자르기(T)/자르지 않기(N)] <자르기>: }에서 'N'을 선택하면 기존의 모서리가 잘라지지 않고 모깎기 처리됩니다. 기본 값은 '자르기(T)'입니다.
- 다중(M) : 모깎기 명령은 한 모서리를 모깎기 하면 명령이 종료됩니다. 그러나 '다중(M)' 옵션을 선택하면 계속해서 모깎기를 할 수 있습니다.

2. 모따기(CHAMFER)

모따기 명령은 모서리를 양쪽 면으로부터 일정한 간격을 두어 따냅니다. 즉, 비스듬한 선으로 두 객체를 연결합니다.

명령 : CHAMFER(단축키 : CHA)   아이콘 버튼 :

명령 흐름 : 모따기 할 길이를 지정한 후 모따기 할 두 모서리를 선택합니다.

(1) 앞에서 사용한 도면으로 실습하겠습니다. 도면이 열리지 않았다면 열기(OPEN) 명령으로 예제 파일의 'Part4_FilletChamfer.dwg' 파일을 엽니다. (예제 파일은 혜지원 출판사 홈페이지 'www.hyejiwon.co.kr' 자료실에서 다운받을 수 있습니다.)

모따기 명령을 실행합니다. 명령어 'CHAMFER' 또는 'CHA'를 입력하거나 '홈'탭의 '수정' 패널 또는 도구막대에서 아이콘 을 클릭합니다.

{첫 번째 선 선택 또는 [명령취소(U)/폴리선(P)/거리(D)/각도(A)/자르기(T)/메서드(E)/다중(M)]:}에서 거리 옵션 'D'를 입력합니다.

{첫 번째 모따기 거리 지정 <0.0000>:}에서 '50'을 입력합니다.

{두 번째 모따기 거리 지정 <50.0000>:}에서 Enter 또는 Space bar 를 누릅니다.

{첫 번째 선 선택 또는 [명령취소(U)/폴리선(P)/거리(D)/각도(A)/자르기(T)/메서드(E)/다중(M)]:}에서 폴리선 옵션 'P'를 입력합니다.

{2D 폴리선 선택:}에서 오른쪽 하단의 지그재그 선(폴리선)을 선택합니다.

{6 선은(는) 모따기됨}라는 메시지와 함께 다음 그림과 같이 모따기 됩니다.

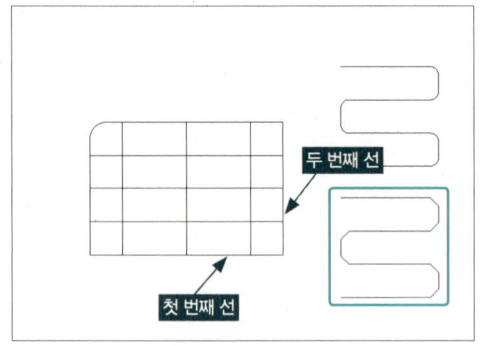

(2) Enter 또는 Space bar 를 눌러 모따기 명령을 다시 실행합니다.

{(TRIM 모드) 현재 모따기 거리 1 = 50.0000, 거리 2 = 50.0000}

{첫 번째 선 선택 또는 [명령취소(U)/폴리선(P)/거리(D)/각도(A)/자르기(T)/메서드(E)/다중(M)]:}에서 거리를 조정하기 위해 'D'를 입력합니다.

{첫 번째 모따기 거리 지정 <50.0000>:}에서 거리 값 '100'을 입력합니다.

{두 번째 모따기 거리 지정 <100.0000>:}에서 Enter 또는 Space bar 를 누릅니다.

{첫 번째 선 선택 또는 [명령취소(U)/폴리선(P)/거리(D)/각도(A)/자르기(T)/메서드(E)/다중(M)]:}에서 첫 번째 선을 선택합니다.

{두 번째 선 선택 또는 Shift 키를 누른 채 선택하여 구석 적용:}에서 두 번째 선을 선택합니다. 다음 그림과 같이 두 선의 모서리가 모따기 됩니다.

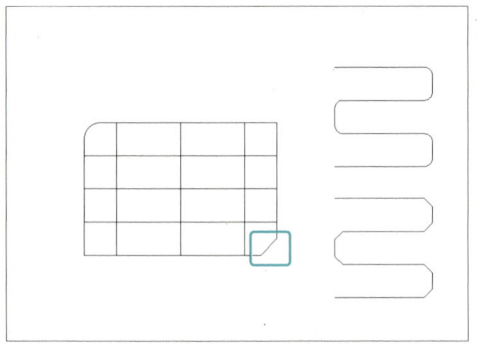

[TIP] {두 번째 선 선택 또는 Shift 키를 누른 채 선택하여 구석 적용:}에서 객체를 선택하면 모따기 거리만큼 모따기가 되지만 Shift 를 누르면서 객체를 선택하면 모따기 거리 값이 무시되고 수직으로 연결됩니다. 앞에서 설명한 '모깎기(FILLET)'와 같은 기능을 합니다.

옵션 설명

{첫 번째 선 선택 또는 [명령취소(U)/폴리선(P)/거리(D)/각도(A)/자르기(T)/메서드(E)/다중(M)]:}

- 명령취소(U) : 이전 동작을 취소합니다.
- 폴리선(P) : 2D 또는 3D 폴리선의 교차하는 폴리선 세그먼트는 폴리선의 각 정점에서 모깎기됩니다.
- 각도(A) : 첫 번째 선에 대한 모따기 거리와 두 번째 선에 대한 각도를 사용하여 모따기 거리를 설정합니다.
  {(TRIM 모드) 현재 모따기 거리 1 = 20.0000, 거리 2 = 20.0000}
  {첫 번째 선 선택 또는 [명령취소(U)/폴리선(P)/거리(D)/각도(A)/자르기(T)/메서드(E)/다중(M)]:}에서 각도 옵션 'A'를 입력합니다.

{첫 번째 선의 모따기 길이 지정 〈0.0000〉:}에서 '50'을 입력합니다.

{첫 번째 선으로부터 모따기 각도 지정 〈0〉:}에서 각도 '30'을 입력합니다.

{첫 번째 선 선택 또는 [명령취소(U)/폴리선(P)/거리(D)/각도(A)/자르기(T)/메서드(E)/다중(M)]:}에서 객체의 첫 번째 선을 선택합니다.

{두 번째 선 선택 또는 Shift 키를 누른 채 선택하여 구석 적용:}에서 객체의 두 번째 선을 선택합니다. 이렇게 실행하면 첫 번째 객체와 두 번째 객체의 거리가 '50', 각도가 '30도'로 모따기 됩니다.

- **자르기(T)** : 선택한 모서리를 모따기 선 끝점까지 자르기 할지 여부를 조정합니다.

  {자르기 모드 옵션 입력 [자르기(T)/자르지 않기(N)] 〈자르기〉: }에서 'N'을 선택하면 기존의 모서리가 잘라지지 않고 모따기 됩니다. 기본 값은 '자르기(T)'입니다.

- **메서드(E)** : 모따기할 때 두 거리를 사용할지 또는 한 거리와 한 각도를 사용할지 지정합니다. {자르기 방법 입력 [거리(D)/각도(A)] 〈거리〉:}에서 선택합니다.

- **다중(M)** : 모따기 명령은 한 모서리를 모따기를 하면 명령이 종료됩니다. 그러나 '다중(M)' 옵션을 선택하면 계속해서 모따기를 할 수 있습니다.

10 지우기(ERASE) 명령으로 다음 그림과 같이 보조선을 지웁니다.

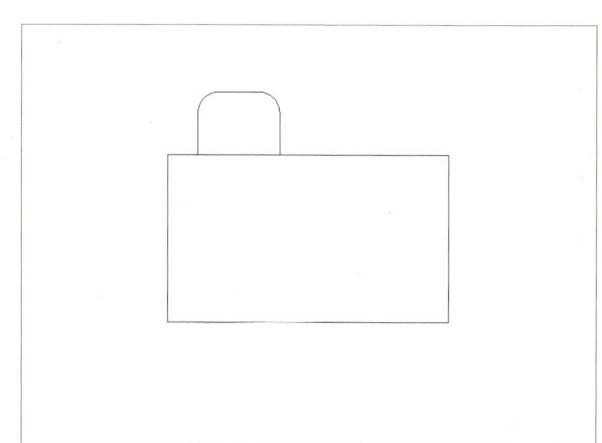

11 대칭 명령으로 대칭 복사합니다. 대칭(MIRROR) 명령을 실행합니다.

{객체 선택:}에서 다음 그림과 같이 두 점을 지정하여 윈도우(W) 선택 방법으로 객체를 선택합니다. 선택이 끝나면 {객체 선택:}에서 Enter 또는 Space bar 를 눌러 선택을 종료합니다.

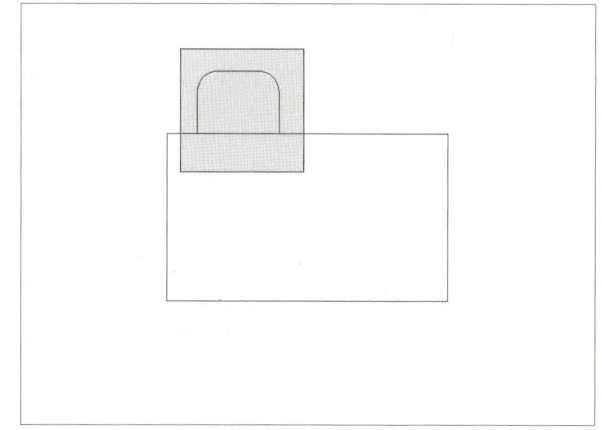

12 {대칭선의 첫 번째 점 지정:}에서 객체 스냅 '중간점 ✐'을 이용하여 식탁의 위쪽 수평선의 중간점을 지정합니다.
{대칭선의 두 번째 점 지정:}에서 객체 스냅 '중간점 ✐'을 이용하여 식탁의 아래쪽 수평선의 중간점을 지정합니다.
{원본 객체를 지우시겠습니까? [예(Y)/아니오(N)] <N>:}에서 'N'을 입력합니다. 다음 그림과 같이 대칭 복사됩니다.

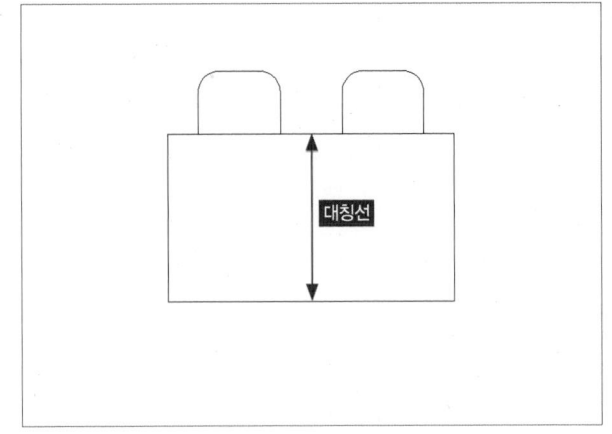

13 Enter 또는 Space bar를 눌러 대칭 명령을 재실행합니다.
{객체 선택:}에서 다음 그림과 같이 두 점을 지정하여 윈도우(W) 선택 방법으로 객체를 선택합니다. 선택이 끝나면 {객체 선택:}에서 Enter 또는 Space bar를 눌러 선택을 종료합니다.

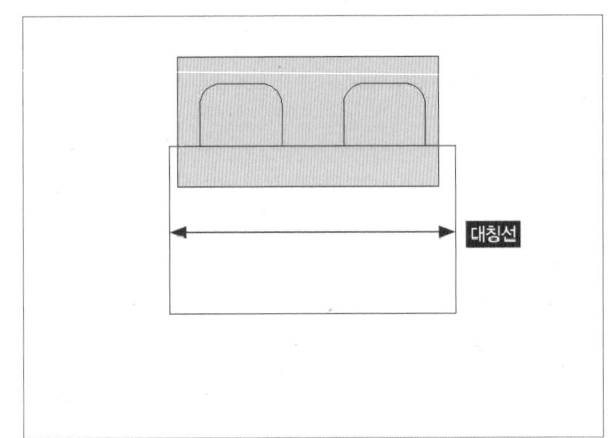

14 {대칭선의 첫 번째 점 지정:}에서 객체 스냅 '중간점 ✐'을 이용하여 식탁의 왼쪽 수직선의 중간점을 지정합니다.
{대칭선의 두 번째 점 지정:}에서 객체 스냅 '중간점 ✐'을 이용하여 식탁의 오른쪽 수직선의 중간점을 지정합니다.
{원본 객체를 지우시겠습니까? [예(Y)/아니오(N)] <N>:}에서 'N'을 입력합니다. 다음 그림과 같이 대칭 복사되어 식탁과 의자가 완성됩니다.

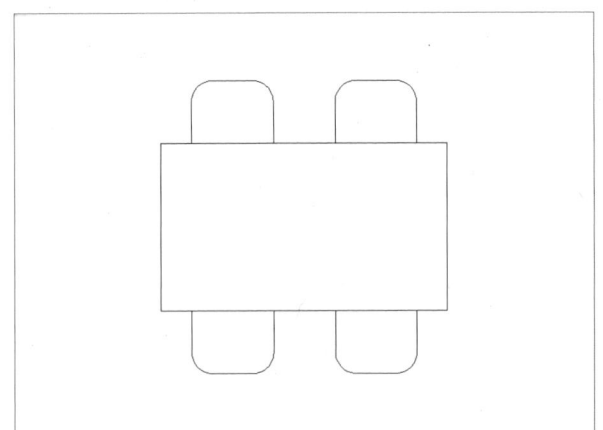

2 소파

다음과 같은 소파를 작도하겠습니다. 도면층은 '가구'로 지정합니다.

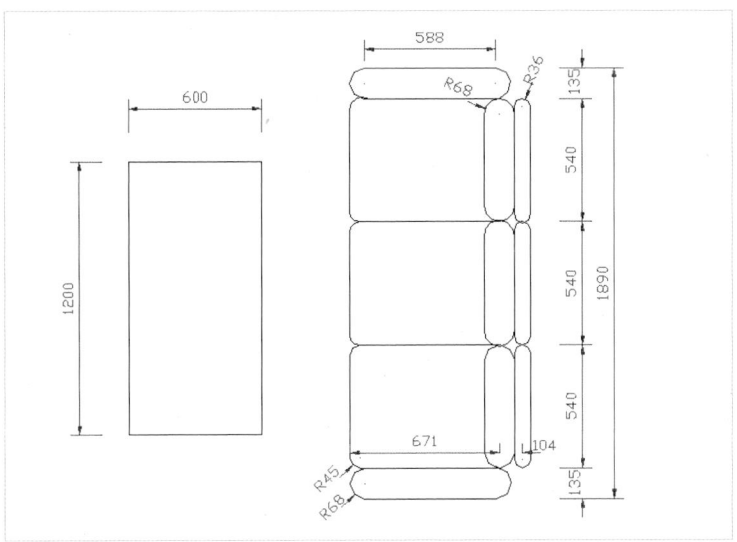

01 먼저, 도면의 범위(한계)는 소파를 그릴 수 있는 크기로 지정합니다. 앞에서 학습한 '도면층(LAYER)' 명령을 실행하여 도면층을 작성합니다. 도면층 명령을 실행합니다.

도면층 특성 관리자에서 '신규 🗐' 아이콘을 눌러 새로운 도면층을 작성합니다. '가구'라는 이름의 도면층을 작성합니다. 앞에서 학습한 방법을 이용하여 도면층의 색상을 지정합니다.

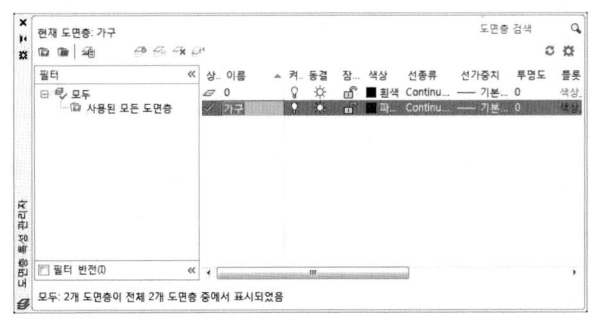

02 직사각형 명령으로 탁자를 작도합니다. 직사각형(RECTANGLE) 명령을 실행합니다.
{첫 번째 구석점 지정 또는 [모따기(C)/고도(E)/모깎기(F)/두께(T)/폭(W)]:}에서 임의의 한 점(탁자의 왼쪽 아래쪽에 해당하는 점)을 지정합니다.
{다른 구석점 지정 또는 [영역(A)/치수(D)/회전(R)]:}에서 '@600,1200'을 입력합니다.

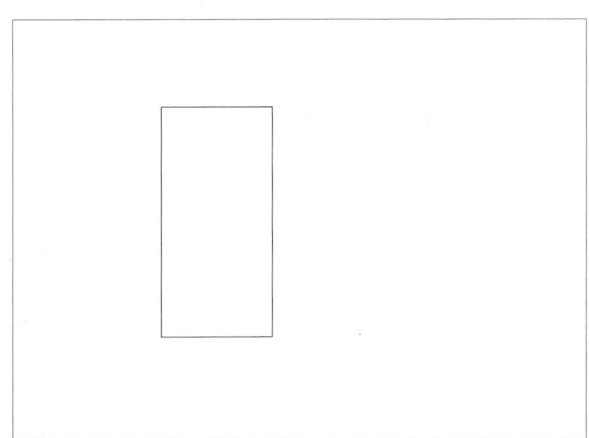

03 팔걸이를 작도하기 위해 반지름이 '68'인 원을 작도합니다. 원(CIRCLE) 명령을 실행합니다.

{원에 대한 중심점 지정 또는 [3점(3P)/2점(2P)/Ttr - 접선 접선 반지름(T)]:}에서 임의의 위치를 지정합니다.

{원의 반지름 지정 또는 [지름(D)]:}에서 반지름 '68'을 입력합니다.

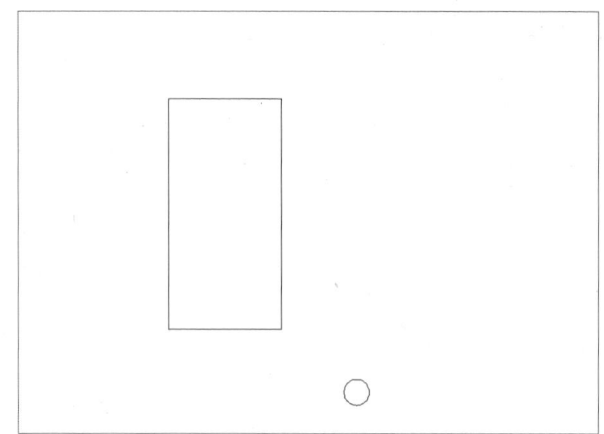

04 복사 명령으로 원을 복사합니다. 복사(COPY) 명령을 실행합니다.

{객체 선택:}에서 직전에 작성한 원을 선택합니다. {1개를 찾음}

{객체 선택:}에서 [Enter] 또는 [Space bar]를 눌러 선택을 종료합니다.

{현재 설정: 복사 모드 = 다중(M)}

{기본점 지정 또는 [변위(D)/모드(O)] <변위(D)>:}에서 객체 스냅 '중심점 ⊙'을 이용하여 원의 중심점을 지정합니다.

{두 번째 점 지정 또는 [배열(A)] <첫 번째 점을 변위로 사용>:}에서 '@588<0'를 지정합니다.

{두 번째 점 지정 또는 [배열(A)/종료(E)/명령 취소(U)] <종료>:}에서 [Enter] 또는 [Space bar]를 눌러 종료합니다. 다음과 같이 복사됩니다.

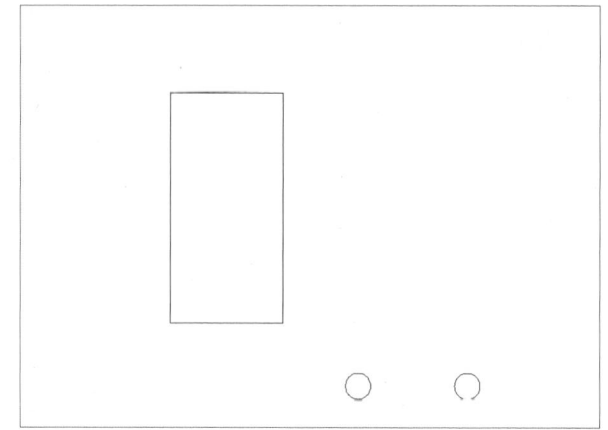

05 두 원을 잇는 선을 작도합니다. 선(LINE) 명령을 실행합니다.

{첫 번째 점 지정:}에서 객체 스냅 '사분점 ◇'을 이용해 원의 90도 지점의 사분점을 지정합니다.

{다음 점 지정 또는 [명령 취소(U)]:}에서 객체 스냅 '사분점 ◇'을 이용하여 반대편 원의 90도 지점의 사분점을 지정합니다.

{다음 점 지정 또는 [명령 취소(U)]:}에서 [Enter] 또는 [Space bar]를 눌러 종료합니다.

[Enter] 또는 [Space bar]를 눌러 선 명령을 재실행합니다.

{다음 점 지정 또는 [명령 취소(U)]:}에서 객체 스냅 '사분점 ◇'을 이용해 원의 90도 지점의 사분점을 지정합니다.

{다음 점 지정 또는 [명령 취소(U)]:}에서 객체 스냅 '사분점 ⬦'을 이용하여 반대편 원의 90도 지점의 사분점을 지정합니다.

{다음 점 지정 또는 [명령 취소(U)]:}에서 [Enter] 또는 [Space bar]를 눌러 종료합니다.

다음 그림과 같이 작도됩니다.

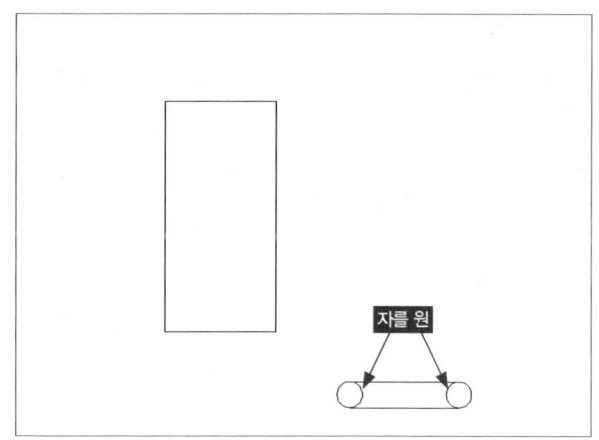

06 자르기 명령으로 원의 안쪽을 자릅니다. 자르기(TRIM) 명령을 실행합니다.

{객체 선택 또는 <모두 선택>:}에서 [Enter]를 눌러 모든 객체를 선택합니다.

{자를 객체 선택 또는 Shift 키를 누른 채 선택하여 연장 또는 [울타리(F)/걸치기(C)/프로젝트(P)/모서리(E)/지우기(R)/명령취소(U)]:}에서 왼쪽 원의 안쪽을 선택합니다.

{자를 객체 선택 또는 Shift 키를 누른 채 선택하여 연장 또는 [울타리(F)/걸치기(C)/프로젝트(P)/모서리(E)/지우기(R)/명령취소(U)]:}에서 오른쪽 원의 안쪽을 선택합니다.

{자를 객체 선택 또는 Shift 키를 누른 채 선택하여 연장 또는 [울타리(F)/걸치기(C)/프로젝트(P)/모서리(E)/지우기(R)/명령취소(U)]:}에서 [Enter] 또는 [Space bar]를 눌러 종료합니다. 다음 그림과 같이 작도됩니다.

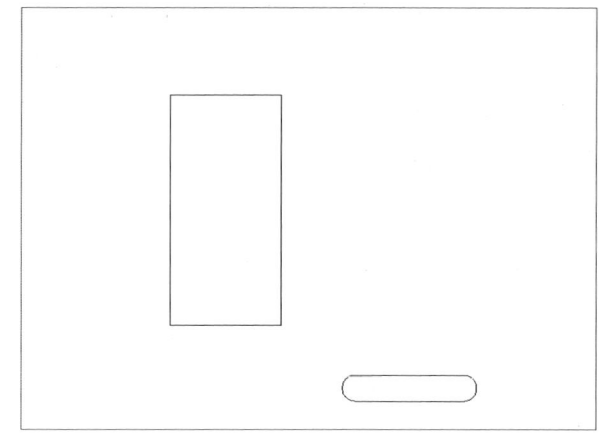

07 선 명령으로 다음 그림과 같이 보조선을 작도합니다. 팔걸이 위에 있는 수평 보조선은 나중에 소파를 작성하기 위해 작성합니다. 선의 길이는 임의로 작성합니다.

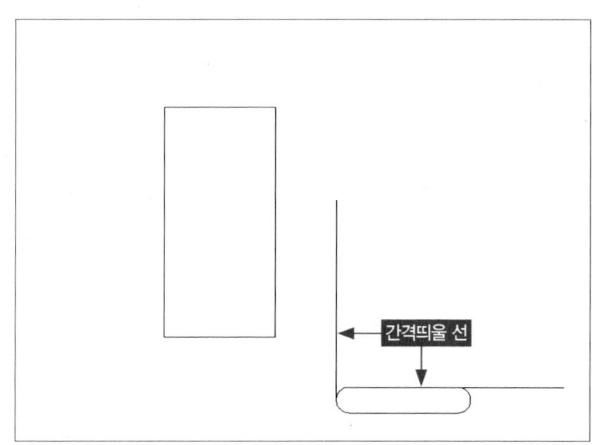

08 간격 띄우기 명령으로 간격을 띄웁니다. 간격 띄우기(OFFSET) 명령을 실행합니다.
{간격띄우기 거리 지정 또는 [통과점(T)/지우기(E)/도면층(L)] <통과점>:}에서 '540'을 입력합니다. {간격 띄우기할 객체 선택 또는 [종료(E)/명령취소(U)] <종료>:}에서 팔걸이의 위쪽 수평선을 선택합니다.
{간격띄우기할 면의 점 지정 또는 [종료(E)/다중(M)/명령취소(U)] <종료>:}에서 위쪽 방향을 지정합니다.
{간격띄우기할 객체 선택 또는 [종료(E)/명령취소(U)] <종료>:}에서 Enter 또는 Space bar 를 눌러 종료합니다.

Enter 또는 Space bar 를 눌러 간격 띄우기 명령을 재실행합니다.
{간격띄우기 거리 지정 또는 [통과점(T)/지우기(E)/도면층(L)] <540.0000>:}에서 '671'을 입력합니다.
{간격띄우기할 객체 선택 또는 [종료(E)/명령취소(U)] <종료>:}에서 수직 보조선을 선택합니다.
{간격띄우기할 면의 점 지정 또는 [종료(E)/다중(M)/명령취소(U)] <종료>:}에서 오른쪽 방향을 지정합니다.
{간격띄우기할 객체 선택 또는 [종료(E)/명령취소(U)] <종료>:}에서 Enter 또는 Space bar 를 눌러 종료합니다.

Enter 또는 Space bar 를 눌러 간격 띄우기 명령을 재실행합니다.
{간격띄우기 거리 지정 또는 [통과점(T)/지우기(E)/도면층(L)] <671.0000>:}에서 '104'를 입력합니다.
{간격띄우기할 객체 선택 또는 [종료(E)/명령취소(U)] <종료>:}에서 직전에 간격 띄우기 한 수직선을 선택합니다.
{간격띄우기할 면의 점 지정 또는 [종료(E)/다중(M)/명령취소(U)] <종료>:}에서 오른쪽 방향을 지정합니다.
{간격띄우기할 객체 선택 또는 [종료(E)/명령취소(U)] <종료>:}에서 Enter 또는 Space bar 를 눌러 종료합니다. 다음 그림과 같이 작도됩니다.

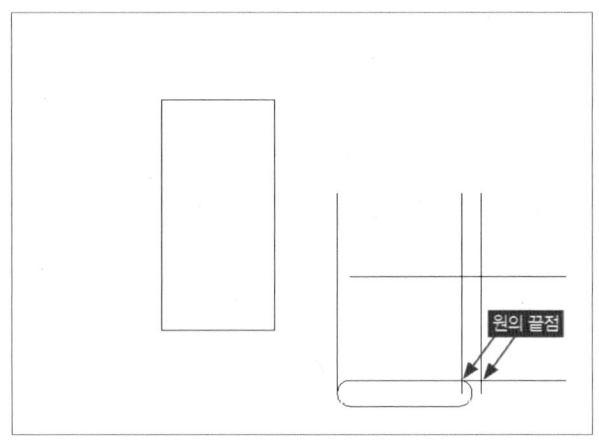

09 원 명령으로 2개의 원을 작도합니다. 원은 2점 옵션을 이용하여 작도합니다. 원(CIRCLE) 명령을 실행합니다.
{원에 대한 중심점 지정 또는 [3점(3P)/2점(2P)/Ttr - 접선 접선 반지름(T)]:}에서 2점 옵션 '2P'를 입력합니다.
{원 지름의 첫 번째 끝점을 지정:}에서 객체 스냅 '교차점 ✖'을 이용하여 첫 번째 점을 지정합니다.
{원 지름의 두 번째 끝점을 지정:}에서 상대 극좌표 '@136<90'(원의 지름 136)를 지정합니다.
Enter 또는 Space bar 를 눌러 원 명령을 재실행합니다.
{원에 대한 중심점 지정 또는 [3점(3P)/2점(2P)/Ttr - 접선 접선 반지름(T)]:}에서 2점 옵션 '2P'를 입

력합니다.

{원 지름의 첫 번째 끝점을 지정:}에서 객체 스냅 '교차점 ✕'을 이용하여 첫 번째 점을 지정합니다.

{원 지름의 두 번째 끝점을 지정:}에서 상대 극좌표 '@72〈90'(원의 지름 72)을 지정합니다. 다음 그림과 같이 작도됩니다.

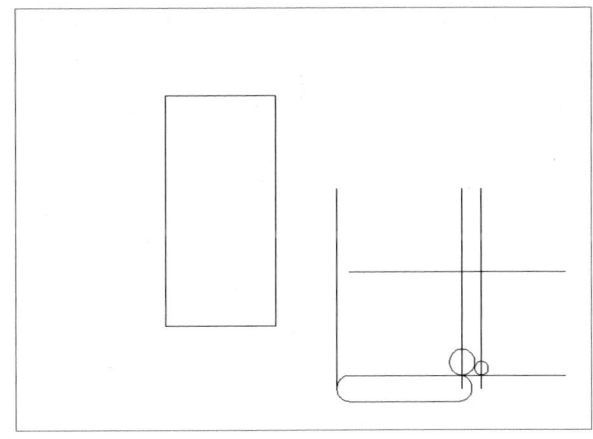

10 복사 명령으로 작도한 원을 반대편으로 복사합니다. 복사(COPY) 명령을 실행합니다.

{객체 선택:}에서 복사할 원을 선택합니다. {1개를 찾음}

{객체 선택:}에서 Enter 또는 Space bar 를 눌러 선택을 종료합니다.

{현재 설정: 복사 모드 = 다중(M)}

{기본점 지정 또는 [변위(D)/모드(O)] 〈변위(D)〉:}에서 객체 스냅 '사분점 ◇'을 이용하여 원의 90도 위치를 지정합니다.

{두 번째 점 지정 또는 [배열(A)] 〈첫 번째 점을 변위로 사용〉:}에서 객체 스냅 '교차점 ✕'을 이용하여 교차점을 지정합니다.

{두 번째 점 지정 또는 [배열(A)/종료(E)/명령 취소(U)] 〈종료〉:}에서 Enter 또는 Space bar 를 눌러 종료합니다.

동일한 방법으로 작은 원도 복사합니다. 다음 그림과 같이 복사됩니다.

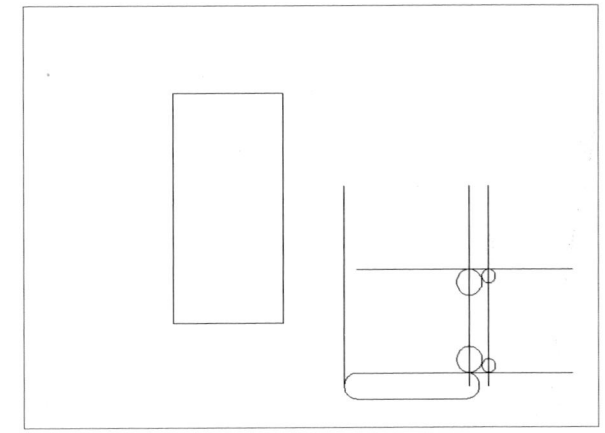

11 선 명령으로 원의 사분점을 잇는 선을 작도합니다. 큰 원의 외쪽 사분점을 잇는 선과 작은 원의 왼쪽과 오른쪽 사분점을 잇는 선을 작도합니다.

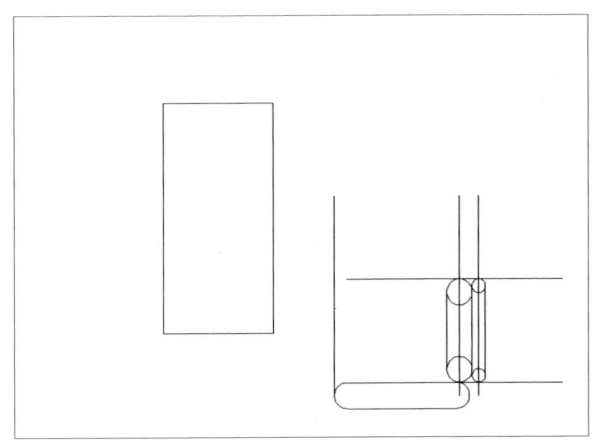

12 자르기 명령으로 원의 내부를 자릅니다. 앞에서 학습한 '자르기 -/--' 명령을 참조하여 자릅니다. 다음 그림과 같이 원의 내부가 잘라집니다.

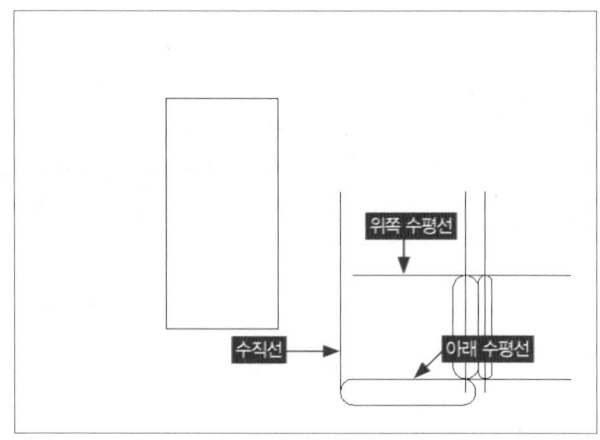

13 모깎기 명령으로 소파의 끝부분을 부드럽게 모깎기 합니다. 모깎기(FILLET) 명령을 실행합니다.
{첫 번째 객체 선택 또는 [명령취소(U)/폴리선(P)/반지름(R)/자르기(T)/다중(M)]:}에서 반지름 값을 조정하기 위해 'R'을 입력합니다.
{모깎기 반지름 지정 <0.0000>:}에서 반지름 값 '45'를 입력합니다.
{첫 번째 객체 선택 또는 [명령취소(U)/폴리선(P)/반지름(R)/자르기(T)/다중(M)]:}에서 모깎기할 첫 번째 선(왼쪽 수직선)을 선택합니다.
{두 번째 객체 선택 또는 Shift 키를 누른 채 선택하여 구석 적용:}에서 모깎기할 두 번째 선(위쪽 수평선)을 선택합니다.
[Enter] 또는 [Space bar]로 모깎기 명령을 재실행합니다.
{현재 설정값: 모드 = TRIM, 반지름 = 45.0000}
{첫 번째 객체 선택 또는 [명령취소(U)/폴리선(P)/반지름(R)/자르기(T)/다중(M)]:}에서 모깎기할 첫 번째 선(왼쪽 수직선)을 선택합니다.
{두 번째 객체 선택 또는 Shift 키를 누른 채 선택하여 구석 적용:}에서 모깎기할 두 번째 선(아래쪽 수평선)을 선택합니다. 다음 그림과 같이 모서리가 매끄럽게 됩니다.

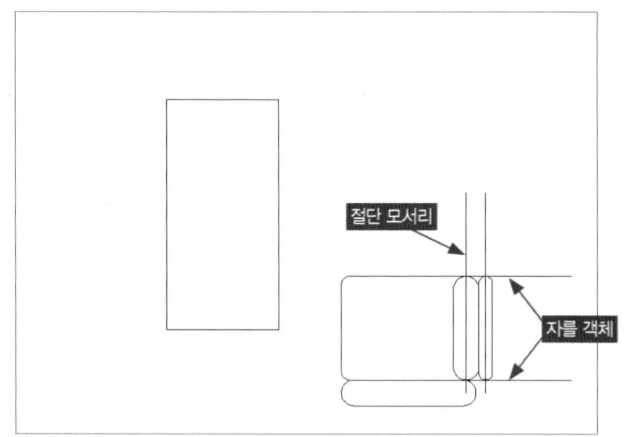

14 자르기(TRIM) 명령으로 소파의 뒤쪽 선을 정리합니다.
{객체 선택 또는 <모두 선택>:}에서 절단 모서리(왼쪽 호를 지나는 수직선)를 선택합니다.
{1개를 찾음} {객체 선택:}에서 [Enter] 또는 [Space bar]를 눌러 선택을 종료합니다.

{자를 객체 선택 또는 Shift 키를 누른 채 선택하여 연장 또는 [울타리(F)/걸치기(C)/프로젝트(P)/모서리(E)/지우기(R)/명령취소(U)]:}에서 자를 선(위쪽)을 선택합니다.
{자를 객체 선택 또는 Shift 키를 누른 채 선택하여 연장 또는 [울타리(F)/걸치기(C)/프로젝트(P)/모서리(E)/지우기(R)/명령취소(U)]:}에서 자를 선(아래)을 선택합니다.
{자를 객체 선택 또는 Shift 키를 누른 채 선택하여 연장 또는 [울타리(F)/걸치기(C)/프로젝트(P)/모서리(E)/지우기(R)/명령취소(U)]:}에서 Enter 또는 Space bar를 눌러 종료합니다. 다음 그림과 같이 작도됩니다.

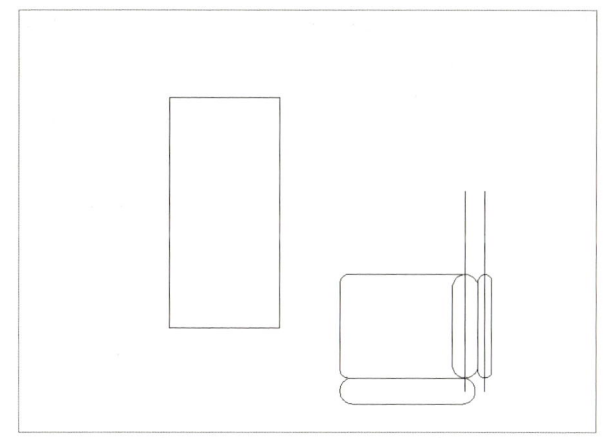

15 지우기(ERASE) 명령으로 보조선을 지웁니다.

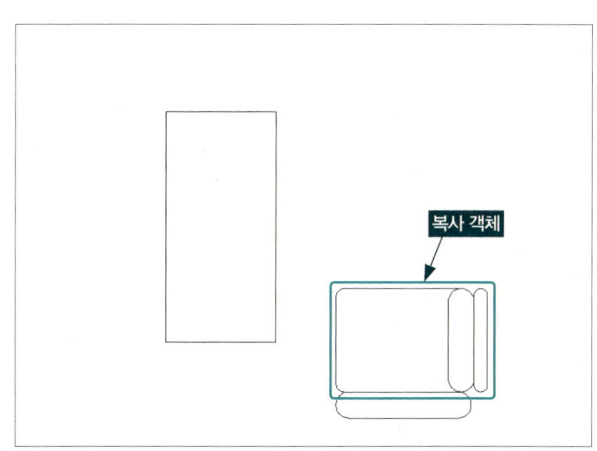

16 복사 명령으로 복사합니다. 복사(COPY) 명령을 실행합니다.
{객체 선택:}에서 복사할 소파를 창으로 감싸 선택합니다.
{기본점 지정 또는 [변위(D)/모드(O)] <변위(D)>:}에서 객체 스냅 '사분점 ◇'을 이용하여 기본점을 지정합니다.
{두 번째 점 지정 또는 [배열(A)] <첫 번째 점을 변위로 사용>:}에서 객체 스냅 '사분점 ◇'을 이용하여 복사할 점을 지정합니다.
{두 번째 점 지정 또는 [배열(A)/종료(E)/명령 취소(U)] <종료>:}에서 Enter 또는 Space bar를 눌러 종료합니다. 다음 그림과 같이 복사됩니다.

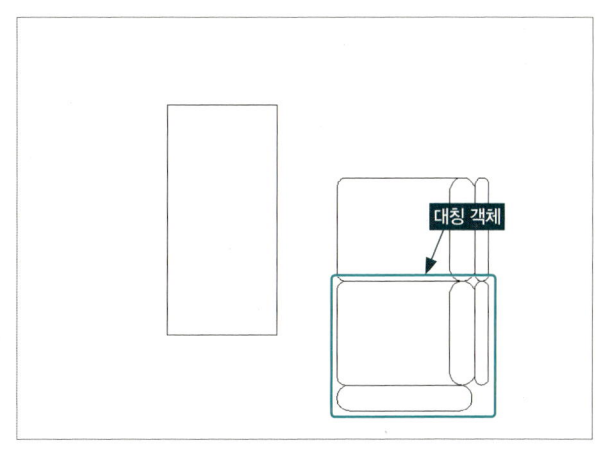

17 대칭 명령으로 대칭 복사합니다. 대칭(MIRROR) 명령을 실행합니다.
{객체 선택:}에서 창으로 감싸 대칭 복사할 객체를 선택합니다.
{대칭선의 첫 번째 점 지정:}에서 객체 스냅 '중간점 '을 이용하여 대칭선의 첫 번째 점을 지정합니다.
{대칭선의 두 번째 점 지정:}에서 다음 그림과 같이 대칭선의 두 번째 점을 지정합니다.

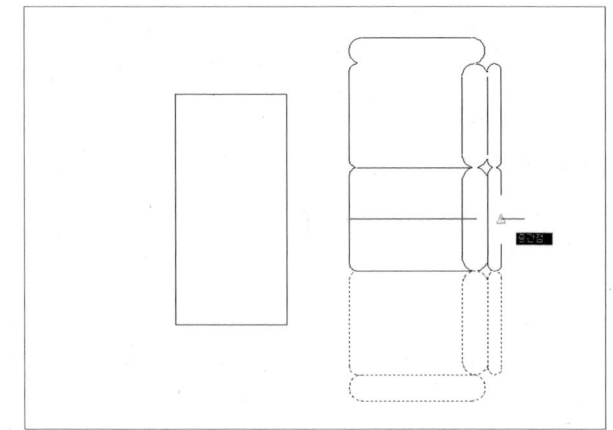

18 {원본 객체를 지우시겠습니까? [예(Y)/아니오(N)] ⟨N⟩:}에서 'N'을 입력합니다. 다음 그림과 같이 대칭 복사되면서 소파가 완성됩니다.

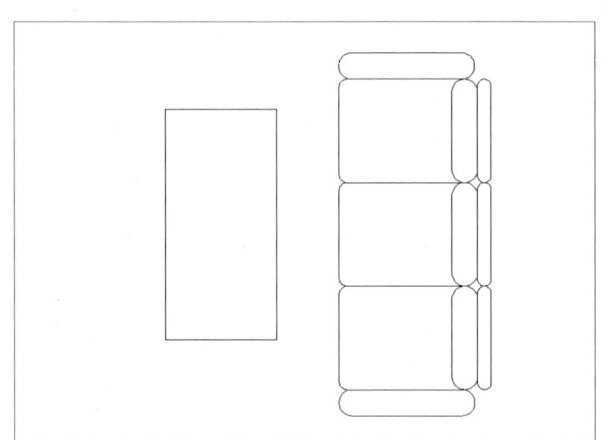

3 침대

다음과 같은 침대를 작도하겠습니다. 도면층은 '가구'로 지정합니다.

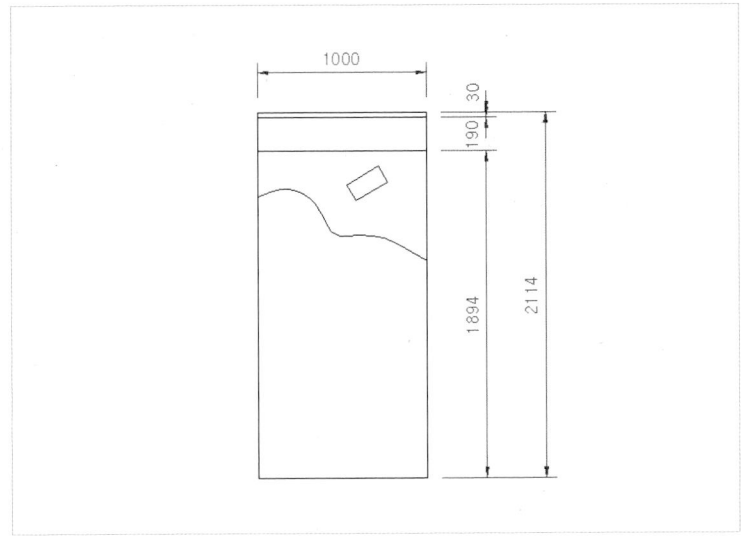

01 먼저, 도면의 범위(한계)는 침대를 그릴 수 있는 크기로 지정합니다. 앞에서 학습한 '도면층(LAYER)' 명령을 실행하여 도면층을 작성합니다.

02 직사각형(RECTANGLE) 명령으로 다음 그림과 같이 직사각형을 작도합니다.
{첫 번째 구석점 지정 또는 [모따기(C)/고도(E)/모깎기(F)/두께(T)/폭(W)]:}에서 임의의 점(침대의 왼쪽 아래에 해당하는 점)을 지정합니다.
{다른 구석점 지정 또는 [영역(A)/치수(D)/회전(R)]:}에서 상대좌표 '@1000,2114'을 입력합니다.

03 간격 띄우기를 위해 분해(EXPLODE) 명령으로 사각형을 분해합니다. 간격 띄우기(OFFSET) 명령으로 간격을 띄웁니다.

{간격띄우기 거리 지정 또는 [통과점(T)/지우기(E)/도면층(L)] <통과점>:}에서 간격 '30'을 입력합니다.
{간격띄우기할 객체 선택 또는 [종료(E)/명령취소(U)] <종료>:}에서 사각형의 위쪽 수평선을 선택합니다.
{간격띄우기할 면의 점 지정 또는 [종료(E)/다중(M)/명령취소(U)] <종료>:}에서 아래쪽 방향을 지정합니다.
{간격띄우기할 객체 선택 또는 [종료(E)/명령취소(U)] <종료>:}에서 [Enter] 또는 [Space bar]를 눌러 종료합니다.
[Enter] 또는 [Space bar]를 눌러 간격 띄우기 명령을 재실행합니다.
{현재 설정: 원본 지우기=아니오 도면층=원본 OFFSETGAPTYPE=0}
{간격띄우기 거리 지정 또는 [통과점(T)/지우기(E)/도면층(L)] <30.0000>:}에서 간격 '190'을 입력합니다.
{간격띄우기할 객체 선택 또는 [종료(E)/명령취소(U)] <종료>:}에서 조금 전에 간격 띄우기한 수평선을 선택합니다.
{간격띄우기할 면의 점 지정 또는 [종료(E)/다중(M)/명령취소(U)] <종료>:}에서 아래쪽 방향을 지정합니다.
{간격띄우기할 객체 선택 또는 [종료(E)/명령취소(U)] <종료>:}에서 [Enter] 또는 [Space bar]를 눌러 종료합니다. 다음 그림과 같이 작도됩니다.

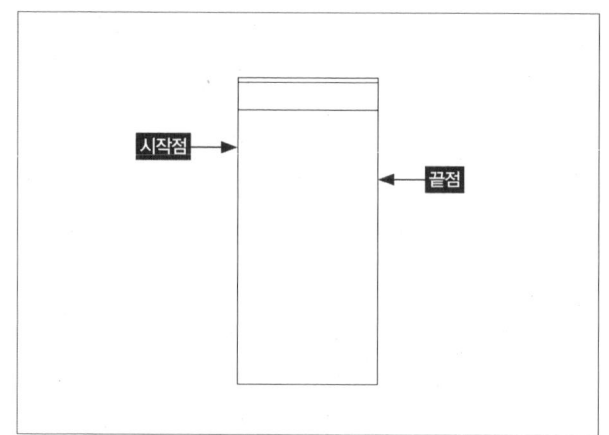

04 스플라인 명령으로 이불의 형태를 작도합니다. 이때 위치나 크기는 정확한 값이 아니어도 됩니다. 스플라인(SPLINE) 명령을 실행합니다. 명령어 'SPLINE' 또는 'SPL'을 입력하거나 '홈' 탭의 '그리기' 패널 또는 도구막대에서 ∿을 클릭합니다.

{현재 설정: 메서드=맞춤 매듭=현}
{첫 번째 점 지정 또는 [메서드(M)/매듭(K)/객체(O)]:}에서 객체 스냅 '근처점 '을 이용하여 침대의 왼쪽 수직의 한 점(시작점)을 지정합니다.
{다음 점 입력 또는 [시작 접촉부(T)/공차(L)]:} 에서 이불 형상이 되도록 차례로 점을 지정합니다.
{다음 점 입력 또는 [끝 접촉부(T)/공차(L)/명령 취소(U)]:}에서 다음 점을 지정합니다.
{다음 점 입력 또는 [끝 접촉부(T)/공차(L)/명령 취소(U)/닫기(C)]:}에서 다음 점을 지정합니다.
{다음 점 입력 또는 [끝 접촉부(T)/공차(L)/명령 취소(U)/닫기(C)]:}에서 다음 점을 지정합니다.
{다음 점 입력 또는 [끝 접촉부(T)/공차(L)/명령 취소(U)/닫기(C)]:}에서 객체 스냅 '근처점 '을 이용하여 침대의 오른쪽 수직선(끝점)을 지정합니다.

{다음 점 입력 또는 [끝 접촉부(T)/공차(L)/명령 취소(U)/닫기(C)]:}에서 [Enter] 또는 [Space bar]를 눌러 종료합니다. 다음 그림과 같이 스플라인 곡선이 완성됩니다.

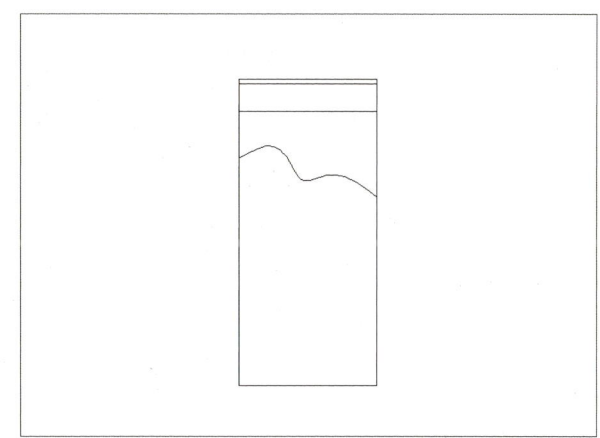

05 직사각형 명령으로 베개를 작도합니다. 직사각형(RECTANGLE) 명령을 실행합니다.
{첫 번째 구석점 지정 또는 [모따기(C)/고도(E)/모깎기(F)/두께(T)/폭(W)]:}에서 베개가 위치할 점을 지정합니다.
{다른 구석점 지정 또는 [영역(A)/치수(D)/회전(R)]:}에서 회전 옵션 'R'을 입력합니다.
{회전 각도 지정 또는 [선택점(P)] <0>:}에서 회전 각도 '30'을 입력합니다.
{다른 구석점 지정 또는 [영역(A)/치수(D)/회전(R)]:}에서 반대편 구석의 한 점을 지정합니다. 다음 그림과 같이 침대가 완성되었습니다.

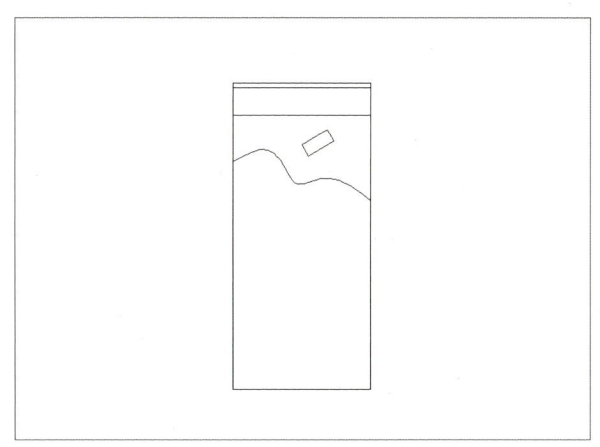

【스플라인(SPLINE)】

스플라인은 지정된 점(제어점)을 지나거나 근처를 지나는 부드러운 곡선(NURBS 곡선)을 만듭니다. 곡선이 점과 일치하는 정도(곡선의 완만도)를 조정하여 다양한 곡선을 작도할 수 있습니다. 스플라인은 3D 모델링용으로 NURBS 표면을 작성하는 필수 도구입니다. 열린 스플라인과 닫힌 스플라인을 회전, 로프트, 스윕 및 돌출하여 표면 객체를 작성할 수 있습니다.

명령 : SPLINE(단축키 : SPL)   아이콘 버튼 :
명령 흐름 : 스플라인이 지나는 점을 차례로 지정합니다.

옵션 설명

(1) {첫 번째 점 지정 또는 [메서드(M)/매듭(K)/객체(O)]:}

- **메서드(M)** : 스플라인의 작성을 맞춤점으로 작성할지, 조정 정점으로 작성할지를 조정합니다.
  {스플라인 작성 메서드 입력 [맞춤(F)/CV(C)] <CV>:}
- **매듭(K)** : '메서드'가 '맞춤(F)'일 때 해당되며 스플라인 내의 연속하는 맞춤점 간에 구성요소 곡선을 혼합하는 방법을 결정하는 여러 계산 방법 중 하나인 매듭 매개변수화를 지정합니다.
- **객체(O)** : 폴리선으로 만든 2D 또는 3D 스플라인을 스플라인으로 바꿉니다. 형태는 변함이 없이 객체의 유형(명칭)만을 '스플라인'으로 바꾸고 폴리선 유형을 삭제합니다.

(2) {다음 점 입력 또는 [끝 접촉부(T)/공차(L)/명령 취소(U)/닫기(C)]:}

- **시작 접촉부(T), 끝 접촉부(T)** : 시작과 끝 부분을 접선 방향을 기준으로 스플라인을 작성합니다.
- **공차(L)** : 스플라인이 지정된 맞춤점에서 벗어날 수 있는 거리를 지정합니다. 공차 값이 0인 경우 결과로 생성되는 스플라인은 맞춤점을 공차를 0(영)으로 설정하면 스플라인 곡선은 지정한 점을 통과합니다. 0(영)보다 큰 공차를 입력하면 스플라인 곡선이 지정된 공차 내에서 점을 통과할 수 있습니다. 다음 그림은 '10'인 경우의 예입니다.

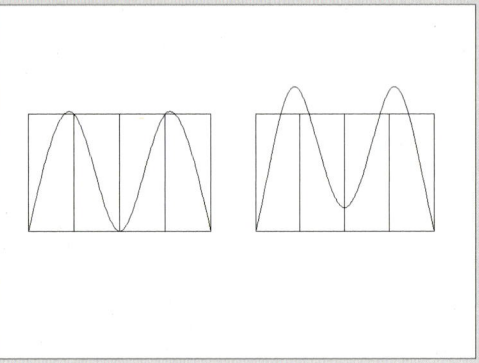

- **명령 취소(U)** : 마지막으로 지정한 점을 취소합니다.
- **닫기(C)** : 처음 시작점으로 연결하여 폐쇄 공간을 만듭니다.

4 가스레인지

다음과 그림과 같은 가스레인지를 작도하겠습니다. 도면층은 '주방'으로 지정합니다. 명기되지 않은 곳의 크기는 임의로 지정합니다.

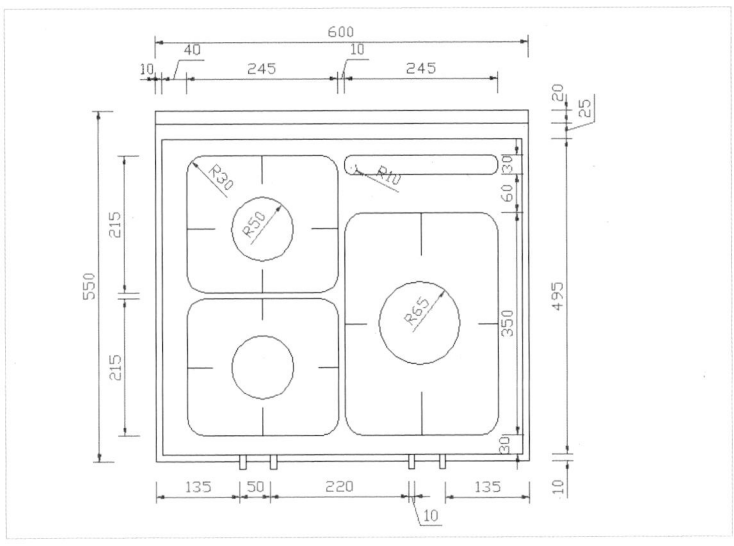

01 도면의 범위(한계)는 가스레인지를 그릴 수 있는 크기로 지정합니다. 앞에서 학습한 '도면층(LAYER)' 명령을 실행하여 '주방' 도면층을 작성합니다.

02 직사각형(RECTANGLE) 명령으로 다음 그림과 같이 직사각형을 작도합니다.
{첫 번째 구석점 지정 또는 [모따기(C)/고도(E)/모깎기(F)/두께(T)/폭(W)]:}에서 임의의 점(가스레인지의 왼쪽 아래에 해당하는 점)을 지정합니다.
{다른 구석점 지정 또는 [영역(A)/치수(D)/회전(R)]:}에서 상대좌표 '@600,550'을 입력합니다. 다음 그림과 같이 작도됩니다.

295

03 간격 띄우기를 위해 분해(EXPLODE) 명령으로 사각형을 분해합니다.
간격 띄우기(OFFSET) 명령을 실행합니다.

{현재 설정: 원본 지우기=아니오 도면층=원본 OFFSETGAPTYPE=0}
{간격띄우기 거리 지정 또는 [통과점(T)/지우기(E)/도면층(L)] <통과점>:}에서 간격 '10'을 입력합니다.
{간격띄우기할 객체 선택 또는 [종료(E)/명령취소(U)] <종료>:}에서 사각형의 아래쪽 수평선을 선택합니다.
{간격띄우기할 면의 점 지정 또는 [종료(E)/다중(M)/명령취소(U)] <종료>:}에서 위쪽 방향을 지정합니다.
{간격띄우기할 객체 선택 또는 [종료(E)/명령취소(U)] <종료>:}에서 사각형의 왼쪽 수직선을 선택합니다.
{간격띄우기할 면의 점 지정 또는 [종료(E)/다중(M)/명령취소(U)] <종료>:}에서 오른쪽 방향을 지정합니다.
{간격띄우기할 객체 선택 또는 [종료(E)/명령취소(U)] <종료>:}에서 사각형의 오른쪽 수직선을 선택합니다.
{간격띄우기할 면의 점 지정 또는 [종료(E)/다중(M)/명령취소(U)] <종료>:}에서 왼쪽 방향을 지정합니다.
{간격띄우기할 객체 선택 또는 [종료(E)/명령취소(U)] <종료>:}에서 Enter 또는 Space bar 를 눌러 종료합니다.

Enter 또는 Space bar 를 눌러 간격 띄우기 명령을 재실행합니다.
{현재 설정: 원본 지우기=아니오 도면층=원본 OFFSETGAPTYPE=0}
{간격띄우기 거리 지정 또는 [통과점(T)/지우기(E)/도면층(L)] <10.0000>:}에서 간격 '20'을 입력합니다.
{간격띄우기할 객체 선택 또는 [종료(E)/명령취소(U)] <종료>:}에서 사각형의 위쪽 수평선을 선택합니다.
{간격띄우기할 면의 점 지정 또는 [종료(E)/다중(M)/명령취소(U)] <종료>:}에서 아래쪽 방향을 지정합니다.
{간격띄우기할 객체 선택 또는 [종료(E)/명령취소(U)] <종료>:}에서 Enter 또는 Space bar 를 눌러 종료합니다.

Enter 또는 Space bar 를 눌러 간격 띄우기 명령을 재실행합니다.

{간격띄우기 거리 지정 또는 [통과점(T)/지우기(E)/도면층(L)] <20.0000>:}에서 간격 '25'를 입력합니다.
{간격띄우기할 객체 선택 또는 [종료(E)/명령취소(U)] <종료>:}에서 직전에 간격 띄우기 한 선을 선택합니다.
{간격띄우기할 면의 점 지정 또는 [종료(E)/다중(M)/명령취소(U)] <종료>:}에서 아래쪽 방향을 지정합니다.
{간격띄우기할 객체 선택 또는 [종료(E)/명령취소(U)] <종료>:}에서 Enter 또는 Space bar 를 눌러 종료합니다. 다음 그림과 같이 간격 띄우기가 됩니다.

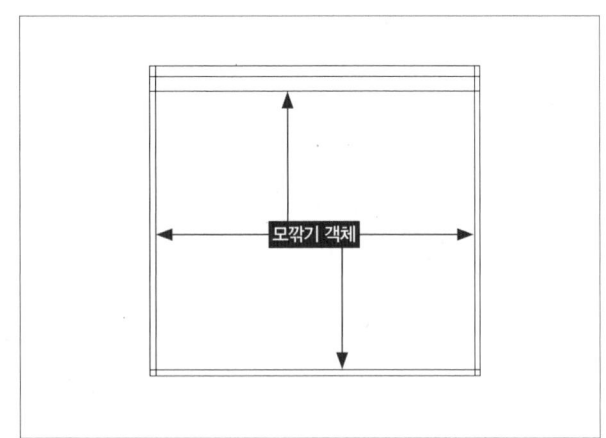

04 모깎기(또는 모따기) 명령으로 선을 정리합니다. 모깎기(FILLET) 명령을 실행합니다.
{첫 번째 객체 선택 또는 [명령취소(U)/폴리선(P)/반지름(R)/자르기(T)/다중(M)]:}에서 간격 띄우기 된 안쪽 수직선을 선택합니다.
{두 번째 객체 선택 또는 Shift 키를 누른 채 선택하여 구석 적용:}에서 [Shift] 키를 누르면서 간격 띄우기 된 안쪽 수평선을 선택합니다.
[Enter] 또는 [Space bar]를 눌러 모깎기 명령을 재실행합니다.
{첫 번째 객체 선택 또는 [명령취소(U)/폴리선(P)/반지름(R)/자르기(T)/다중(M)]:}에서 간격 띄우기 된 안쪽 수평선을 선택합니다.
{두 번째 객체 선택 또는 Shift 키를 누른 채 선택하여 구석 적용:}에서 [Shift] 키를 누르면서 간격 띄우기 된 안쪽 수직선을 선택합니다.
이와 같은 방법으로 다음 그림과 같이 네 모서리를 정리합니다.

Note_ [Shift] 키를 누르면서 모깎기(또는 모따기)를 하면 반지름이 '0'인 모깎기가 됩니다.

05 간격 띄우기 명령으로 불판을 작도할 위치를 잡습니다. 간격 띄우기(OFFSET) 명령을 실행합니다.
{간격띄우기 거리 지정 또는 [통과점(T)/지우기(E)/도면층(L)] <25.0000>:}에서 간격 '40'을 입력합니다.
{간격띄우기할 객체 선택 또는 [종료(E)/명령취소(U)] <종료>:}에서 왼쪽, 안쪽의 수직선을 선택합니다. {간격띄우기할 면의 점 지정 또는 [종료(E)/다중(M)/명령취소(U)] <종료>:}에서 오른쪽을 지정합니다.
{간격띄우기할 객체 선택 또는 [종료(E)/명령취소(U)] <종료>:}에서 [Enter] 또는 [Space bar]를 눌러 종료합니다.
[Enter] 또는 [Space bar]를 눌러 간격 띄우기 명령을 재실행합니다.
{간격띄우기 거리 지정 또는 [통과점(T)/지우기(E)/도면층(L)] <40.0000>:}에서 간격 '255'를 입력합니다.
{간격띄우기할 객체 선택 또는 [종료(E)/명령취소(U)] <종료>:}에서 직전에 간격 띄우기 한 수직선을 선택합니다. {간격띄우기할 면의 점 지정 또는 [종료(E)/다중(M)/명령취소(U)] <종료>:}에서 오른쪽을 지정합니다.
{간격띄우기할 객체 선택 또는 [종료(E)/명령취소(U)] <종료>:}에서 [Enter] 또는 [Space bar]를 눌러 종료합니다.

Enter 또는 Space bar 를 눌러 간격 띄우기 명령을 재실행합니다.
{간격띄우기 거리 지정 또는 [통과점(T)/지우기(E)/도면층(L)] <255.0000>:}에서 간격 '30'을 입력합니다.
{간격띄우기할 객체 선택 또는 [종료(E)/명령취소(U)] <종료>:}에서 아래쪽 안쪽 수평선을 선택합니다. {간격띄우기할 면의 점 지정 또는 [종료(E)/다중(M)/명령취소(U)] <종료>:}에서 위쪽을 지정합니다.
{간격띄우기할 객체 선택 또는 [종료(E)/명령취소(U)] <종료>:}에서 Enter 또는 Space bar 를 눌러 종료합니다. 다음 그림과 같이 간격 띄우기가 됩니다.

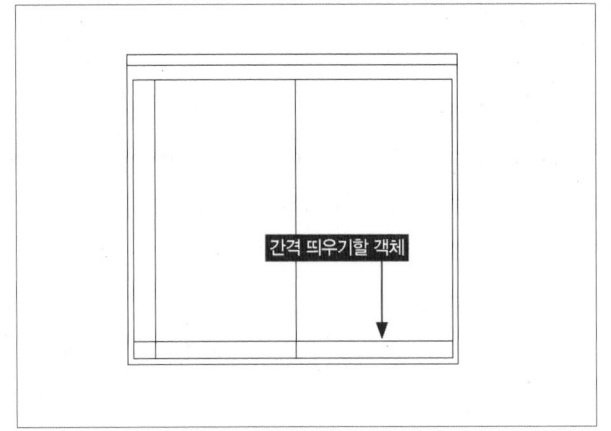

06 Enter 또는 Space bar 를 눌러 간격 띄우기 명령을 재실행합니다.
{간격띄우기 거리 지정 또는 [통과점(T)/지우기(E)/도면층(L)] <30.0000>:}에서 간격 '225'를 입력합니다.
{간격띄우기할 객체 선택 또는 [종료(E)/명령취소(U)] <종료>:}에서 직전에 간격 띄우기 한 수평선을 선택합니다. {간격띄우기할 면의 점 지정 또는 [종료(E)/다중(M)/명령취소(U)] <종료>:}에서 위쪽을 지정합니다.
{간격띄우기할 객체 선택 또는 [종료(E)/명령취소(U)] <종료>:}에서 Enter 또는 Space bar 를 눌러 종료합니다.
Enter 또는 Space bar 를 눌러 간격 띄우기 명령을 재실행합니다.
{간격띄우기 거리 지정 또는 [통과점(T)/지우기(E)/도면층(L)] <225.0000>:}에서 간격 '410'을 입력합니다.
{간격띄우기할 객체 선택 또는 [종료(E)/명령취소(U)] <종료>:}에서 조금 전에 선택한 수평선을 선택합니다. {간격띄우기할 면의 점 지정 또는 [종료(E)/다중(M)/명령취소(U)] <종료>:}에서 위쪽을 지정합니다.
{간격띄우기할 객체 선택 또는 [종료(E)/명령취소(U)] <종료>:}에서 Enter 또는 Space bar 를 눌러 종료합니다. 다음 그림과 같이 간격 띄우기가 됩니다.

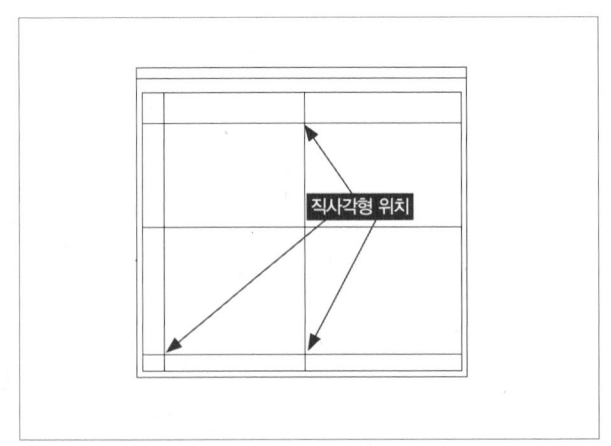

07 직사각형 명령으로 모깎기된 직사각형을 작도합니다. 직사각형(RETANGLE) 명령을 실행합니다.
{첫 번째 구석점 지정 또는 [모따기(C)/고도(E)/모깎기(F)/두께(T)/폭(W)]:}에서 모깎기 옵션 'F'를 입력합니다.
{직사각형의 모깎기 반지름 지정 ⟨0.0000⟩:}에서 반지름 '30'을 입력합니다.
{첫 번째 구석점 지정 또는 [모따기(C)/고도(E)/모깎기(F)/두께(T)/폭(W)]:}에서 객체 스냅 '교차점 ✕'을 이용하여 교차점(왼쪽 아래)을 지정합니다.
{다른 구석점 지정 또는 [영역(A)/치수(D)/회전(R)]:}에서 '@245,215'을 입력합니다.
[Enter] 또는 [Space bar]를 눌러 직사각형 명령을 재실행합니다.
{현재 직사각형 모드: 모깎기=30.0000}
{첫 번째 구석점 지정 또는 [모따기(C)/고도(E)/모깎기(F)/두께(T)/폭(W)]:}에서 객체 스냅 '교차점 ✕'을 이용하여 교차점(오른쪽)을 지정합니다.
{다른 구석점 지정 또는 [영역(A)/치수(D)/회전(R)]:}에서 '@245,350'을 지정합니다.
[Enter] 또는 [Space bar]를 눌러 직사각형 명령을 재실행합니다.
{현재 직사각형 모드: 모깎기=30.0000}
{첫 번째 구석점 지정 또는 [모따기(C)/고도(E)/모깎기(F)/두께(T)/폭(W)]:}에서 모깎기 옵션 'F'를 입력합니다.
{직사각형의 모깎기 반지름 지정 ⟨30.0000⟩:}에서 반지름 '10'을 입력합니다.
{첫 번째 구석점 지정 또는 [모따기(C)/고도(E)/모깎기(F)/두께(T)/폭(W)]:}에서 객체 스냅 '교차점 ✕'을 이용하여 교차점(오른쪽 위)을 지정합니다.
{다른 구석점 지정 또는 [영역(A)/치수(D)/회전(R)]:}에서 '@245,30'를 입력합니다.
다음 그림과 같이 직사각형이 작도됩니다.

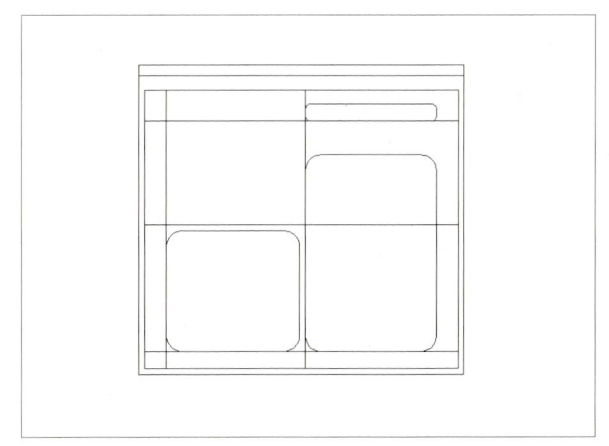

08 불판 가운데 원을 작도하기 위해 보조선을 긋습니다. 선(LINE) 명령을 실행합니다.
{첫 번째 점 지정:}에서 객체 스냅 '중간점 ⌇'을 이용하여 왼쪽 직사각형 호의 중간점을 지정합니다.
{다음 점 지정 또는 [명령 취소(U)]:}에서 객체 스냅 '중간점 ⌇'을 이용하여 반대편 호의 중간점을 지정합니다.
{다음 점 지정 또는 [명령 취소(U)]:}에서 [Enter] 또는 [Space bar]를 눌러 종료합니다.
[Enter] 또는 [Space bar]를 눌러 선 명령을 재실행합니다.
{첫 번째 점 지정:}에서 오른쪽 직사각형의 수직선의 중간점을 지정합니다.

{다음 점 지정 또는 [명령 취소(U)]:}에서 반대편 수직선의 중간점을 지정합니다.
{다음 점 지정 또는 [명령 취소(U)]:}에서 Enter 또는 Space bar 를 눌러 종료합니다.

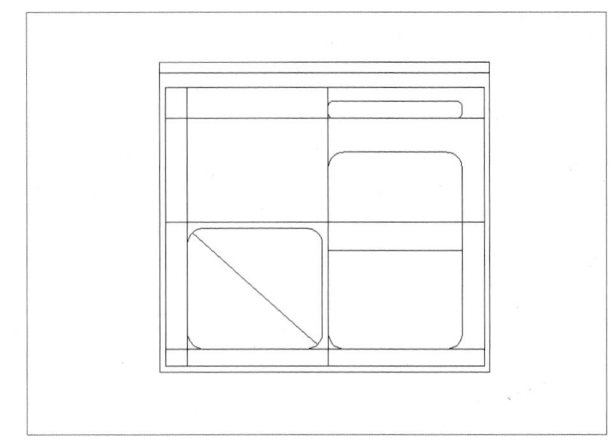

09 불판의 가운데 원을 작도합니다. 원(CIRCLE) 명령을 실행합니다.
{원에 대한 중심점 지정 또는 [3점(3P)/2점(2P)/Ttr - 접선 접선 반지름(T)]:}에서 객체 스냅 '중간점 '을 이용하여 대각선의 중간점을 지정합니다.
{원의 반지름 지정 또는 [지름(D)]:}에서 반지름 '50'을 입력합니다.
Enter 또는 Space bar 를 눌러 원 명령을 재실행합니다.
{원에 대한 중심점 지정 또는 [3점(3P)/2점(2P)/Ttr - 접선 접선 반지름(T)]:}에서 객체 스냅 '중간점 '을 이용하여 오른쪽 보조선의 중간점을 지정합니다.
{원의 반지름 지정 또는 [지름(D)] <50.0000>:}에서 반지름 '65'를 입력합니다.
'지우기(ERASAE) ' 명령으로 두 개의 보조선을 삭제합니다. 다음 그림과 같이 작도됩니다.

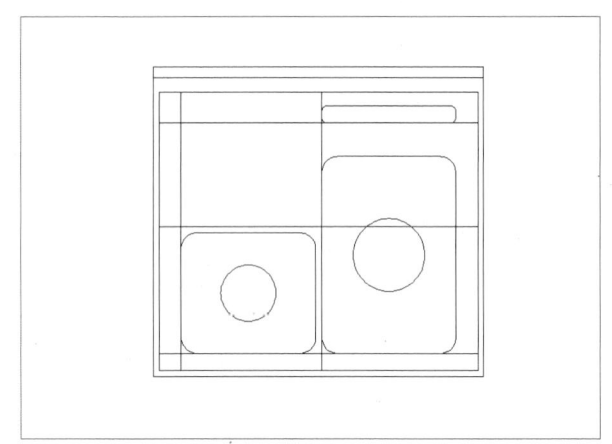

10 선 명령으로 불판의 4개의 선을 작도합니다. 선의 길이는 적당한 길이(40~60)로 작도합니다. 다음 그림과 같이 작도됩니다.

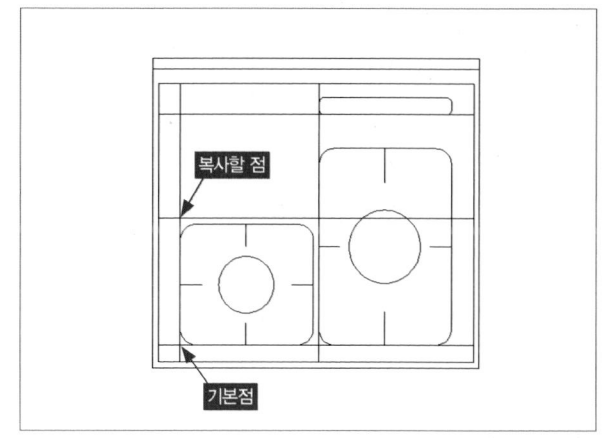

11 왼쪽의 불판을 위쪽으로 복사합니다. 복사(COPY) 명령을 실행합니다.
{객체 선택:}에서 왼쪽 아래의 불판이 모두 선택되도록 범위를 지정합니다.
{현재 설정: 복사 모드 = 다중(M)}
{기본점 지정 또는 [변위(D)/모드(O)] 〈변위(D)〉:}에서 객체 스냅 '교차점 ✕'을 이용하여 왼쪽 아래 점을 지정합니다.
{두 번째 점 지정 또는 〈첫 번째 점을 변위로 사용〉:}에서 객체 스냅 '교차점 ✕'을 이용하여 위쪽 교차점을 지정합니다.
{두 번째 점 지정 또는 [종료(E)/명령취소(U)] 〈종료〉:}에서 [Enter] 또는 [Space bar]를 눌러 종료합니다. 다음 그림과 같이 복사됩니다.

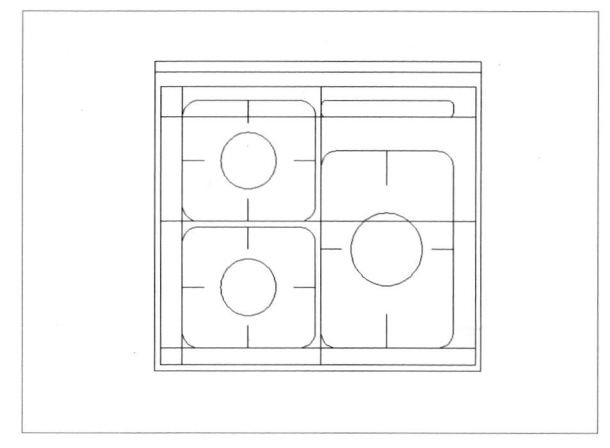

12 지우기(ERASE) 명령으로 보조선을 지웁니다.

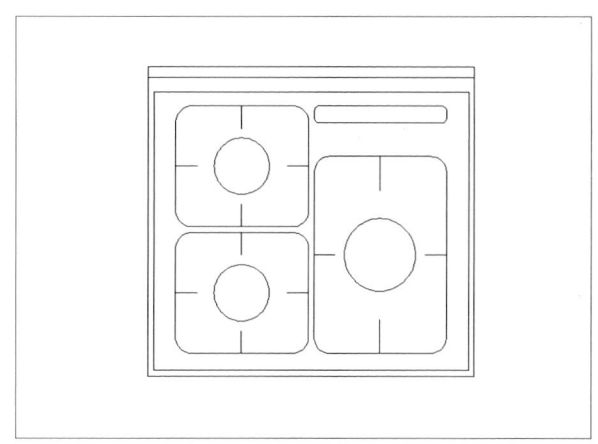

13 스위치를 작도하겠습니다. 선(LINE) 명령으로 다음 그림과 같이 스위치 하나를 작도합니다.

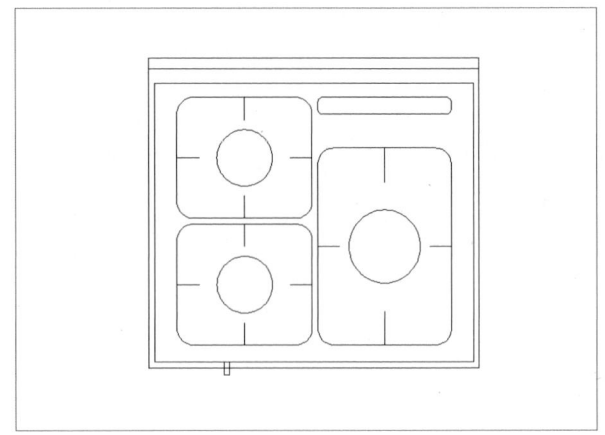

14 복사(COPY) 명령으로 다음 그림과 같이 스위치를 복사합니다.

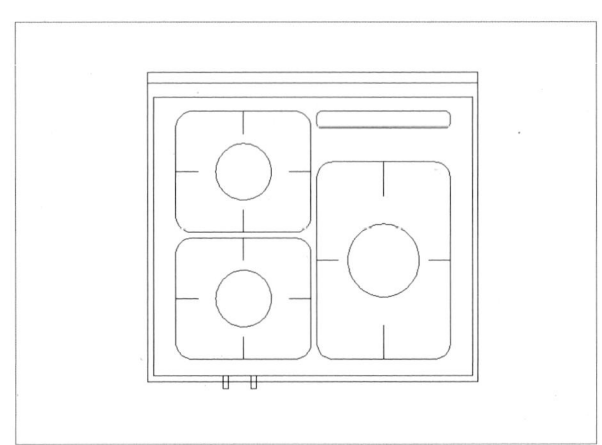

15 대칭(MIRROR) 명령으로 대칭 복사합니다.

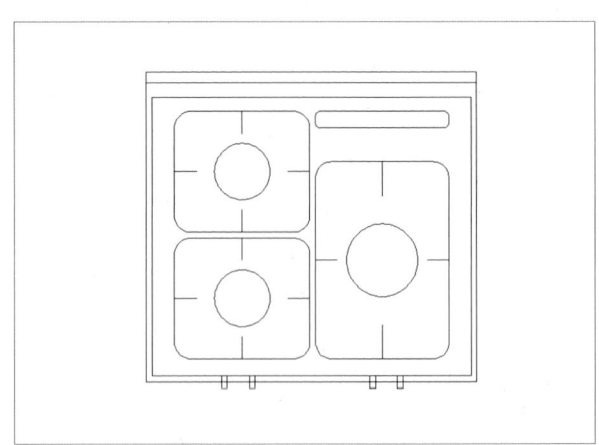

16 자르기(TRIM) 명령으로 스위치 안쪽의 선을 자릅니다. 다음 그림과 같이 가스레인지가 완성되었습니다.

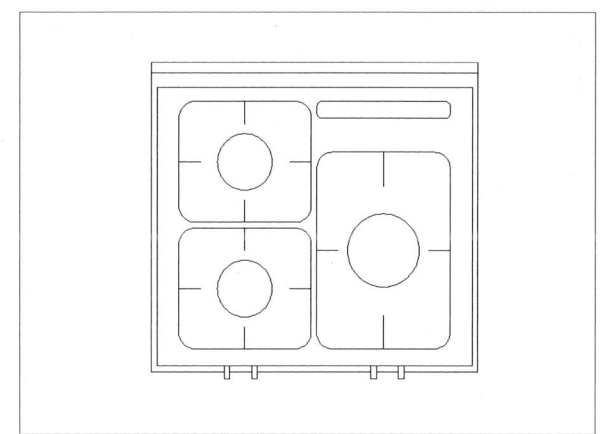

17 앞의 도면을 활용하여 다음과 같은 2구 가스레인지를 작도해보겠습니다.

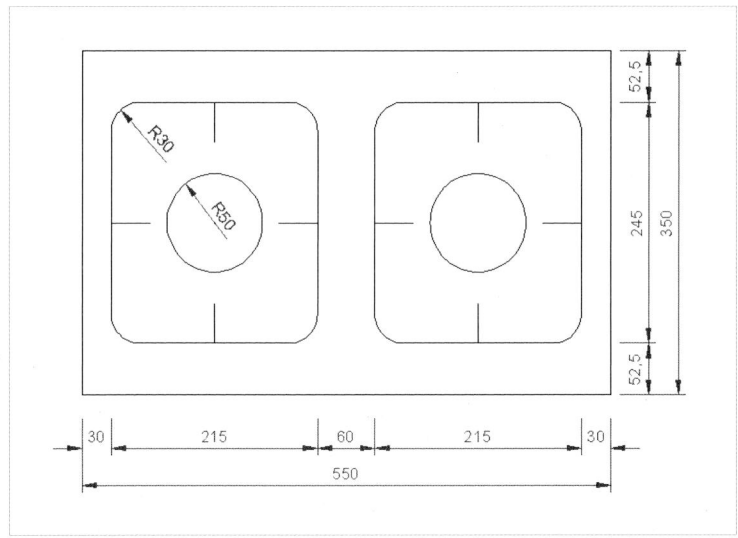

18 먼저 직사각형 명령으로 가로 '550', 세로 '350'인 직사각형을 작도합니다. 직사각형(RECTANGLE) 명령을 실행합니다.
{첫 번째 구석점 지정 또는 [모따기(C)/고도(E)/모깎기(F)/두께(T)/폭(W)]:}에서 임의의 점을 지정합니다.
{다른 구석점 지정 또는 [영역(A)/치수(D)/회전(R)]:}에서 '@550,350'을 입력합니다.

19 간격 띄우기를 위해 분해(EXPLODE) 명령으로 분해합니다. 간격 띄우기(OFFSET) 명령을 실행합니다.

{간격띄우기 거리 지정 또는 [통과점(T)/지우기(E)/도면층(L)] <30.0000>:}에서 간격 '30'을 입력합니다.

{간격띄우기할 객체 선택 또는 [종료(E)/명령취소(U)] <종료>:}에서 왼쪽 수직선을 지정합니다. {간격 띄우기할 면의 점 지정 또는 [종료(E)/다중(M)/명령취소(U)] <종료>:}에서 오른쪽 방향을 지정합니다. {간격띄우기할 객체 선택 또는 [종료(E)/명령취소(U)] <종료>:}에서 Enter 또는 Space bar 를 눌러 종료합니다.

Enter 또는 Space bar 를 눌러 간격 띄우기 명령을 재실행합니다.

{간격띄우기 거리 지정 또는 [통과점(T)/지우기(E)/도면층(L)] <30.0000>:}에서 간격 '52.5'를 입력합니다.

{간격띄우기할 객체 선택 또는 [종료(E)/명령취소(U)] <종료>:}에서 아래쪽 수평선을 선택합니다. {간격띄우기할 면의 점 지정 또는 [종료(E)/다중(M)/명령취소(U)] <종료>:}에서 위쪽 방향을 지정합니다.

{간격띄우기할 객체 선택 또는 [종료(E)/명령취소(U)] <종료>:}에서 Enter 또는 Space bar 를 눌러 종료합니다.

20 가스레인지를 복사하기 위해 앞에서 작도한 가스레인지 도면을 엽니다. 다운로드 받은 예제 도면의 'Part4_가스레인지.dwg' 파일입니다.

Ctrl + C 버튼을 누릅니다. 또는 빈 공간에서 마우스 오른쪽 버튼을 누릅니다. 바로가기 메뉴가 나타나면 '복사(C)'를 클릭합니다.

{객체 선택:}에서 다음 그림과 같이 두 개가 선택되도록 범위를 지정합니다.

{객체 선택:}에서 Enter 또는 Space bar 를 눌러 선택을 종료합니다.

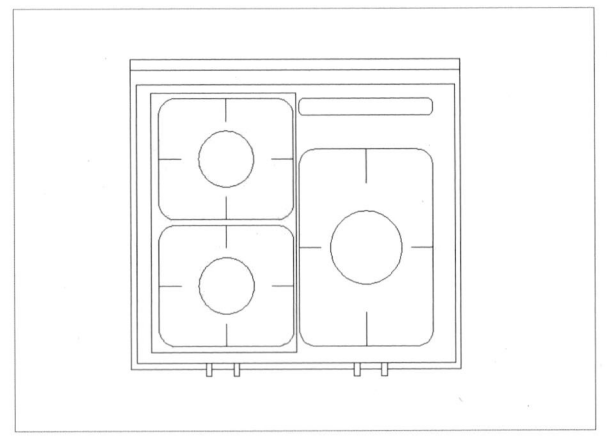

참고	**복사(COPYCLIP) 및 붙여넣기(PASTE)**
	AutoCAD에서도 일반 윈도우계열 소프트웨어에서 사용하는 복사 및 붙여넣기 기능을 동일한 키로 조작할 수 있습니다. 즉, Ctrl + 'C'로 복사하여 Ctrl + V로 붙여넣기를 할 수 있습니다. 이는 동일한 도면에서도 가능하지만 다른 도면에서의 객체를 복사하여 붙여넣기를 할 수 있습니다.

21 Ctrl + Tab 키를 눌러 작도하던 도면으로 돌아옵니다.

Ctrl + V 키를 누릅니다. 또는 마우스 오른쪽 버튼을 눌러 바로가기 메뉴를 펼칩니다. 메뉴에서 '붙여넣기(P)'를 클릭합니다.

{삽입점 지정:}에서 객체 스냅 '교차점 ✕'을 이용하여 교차점을 지정합니다.

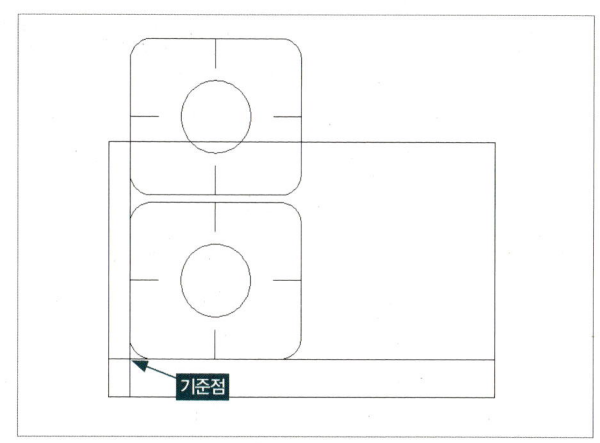

참고	**도면 사이의 이동** Ctrl + Tab
	AutoCAD에서는 여러 장의 도면을 동시에 열어서 작업을 할 수 있습니다. 다른 도면을 참조하면서 작업을 한다거나 다른 도면의 객체를 복사하고자 할 때 손쉽게 작업할 수 있는 방법입니다. 이렇게 여러 장의 도면을 동시여 열어서 작업을 할 때, 도면 사이의 이동은 Ctrl + Tab 키를 누르면 됩니다.

22 회전 명령으로 도면을 회전합니다. 회전(ROTATE) 명령을 실행합니다. 명령어 영역에 'ROTATE' 또는 'RO'를 입력하거나 '홈' 탭의 '수정' 패널 또는 도구막대에서 ⟳을 클릭합니다.

{현재 UCS에서 양의 각도: 측정 방향=시계 반대 방향 기준 방향=0}

{객체 선택:}에서 범위를 지정하여 조금 전에 복사해 온 객체를 선택합니다.

{객체 선택:}에서 Enter 또는 Space bar 를 눌러 선택을 종료합니다.

{기준점 지정:}에서 객체 스냅 '교차점 ✕'을 이용하여 기준점을 지정합니다.

{회전 각도 지정 또는 [복사(C)/참조(R)] ⟨0⟩:}에서 '-90'을 입력합니다. 다음 그림과 같이 '-90'도 방향으로 회전됩니다.

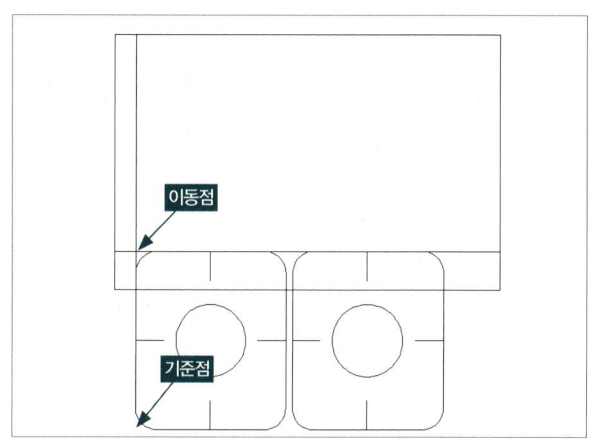

【회전(ROTATE)】

선택한 객체를 특정한 점을 기준으로 하여 지정된 각도로 회전시키는 명령입니다.

명령 : ROTATE(단축키 : RO) 아이콘 버튼 : ↻

명령 흐름 : 객체를 선택한 후 기준점을 지정하고 회전각도를 지정합니다.

옵션 설명

{회전 각도 지정 또는 [복사(C)/참조(R)] <0>:}

- **복사(C)** : 원본 객체는 그대로 두고 회전한 객체를 복사합니다. 즉, 객체 한 세트를 복사해서 회전합니다. 다음과 같은 도면을 복사한다고 가정하겠습니다.

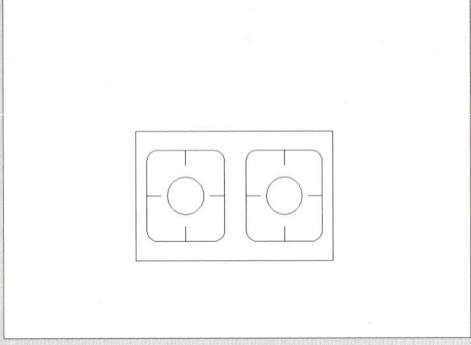

{객체 선택:}에서 객체를 선택합니다.
{회전 각도 지정 또는 [복사(C)/참조(R)] <0>:}에서 옵션 'C'를 입력합니다.
{선택한 객체의 사본을 회전합니다.}
{회전 각도 지정 또는 [복사(C)/참조(R)] <0>:}에서 회전 각도 '90'을 입력합니다. 다음과 같이 원본 객체를 복사하면서 회전합니다.

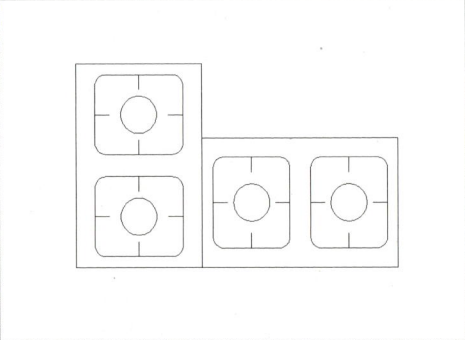

- **참조(R)** : 지정된 각도부터 새로운 절대 각도까지 객체를 회전합니다.
{참조 각도를 지정 <0>:}에서 참조 각도를 입력합니다.
{새 각도 지정 또는 [점(P)] <90>:}에서 각도를 입력하면 참조 각도가 새 각도로 회전합니다. 즉, 참조 각도를 '30'을 입력한 후 새 각도를 '90'으로 입력하면 '30'도의 객체가 '90'도로 회전됩니다.

23 이동 명령으로 위치를 이동합니다. 이동(MOVE) 명령을 실행합니다.

{객체 선택:}에서 이동할 객체를 범위를 지정하여 선택합니다.

{객체 선택:}에서 Enter 또는 Space bar 를 눌러 선택을 종료합니다.

{기준점 지정 또는 [변위(D)] <변위>:}에서 객체 스냅추적을 이용하여 기준점을 지정합니다. {두 번째 점 지정 또는 <첫 번째 점을 변위로 사용>:}에서 객체 스냅 '교차점 ✕'을 이용하여 이동할 점을 지정합니다. 다음 그림과 같이 이동됩니다.

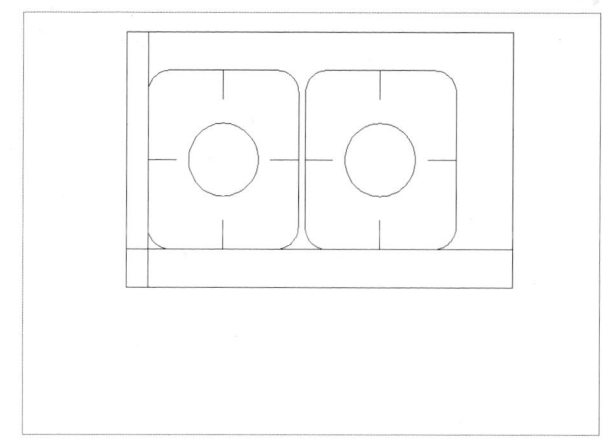

24 Enter 또는 Space bar 를 눌러 이동 명령으로 오른쪽 불판을 이동합니다.

{객체 선택:}에서 이동할 객체(오른쪽 불판)을 범위를 지정하여 선택합니다.

{객체 선택:}에서 Enter 또는 Space bar 를 눌러 선택을 종료합니다.

{기준점 지정 또는 [변위(D)] <변위>:}에서 객체 스냅 '교차점 ✕'을 이용하여 기준점을 지정합니다. {두 번째 점 지정 또는 <첫 번째 점을 변위로 사용>:}에서 '@50<0'을 입력합니다. 다음 그림과 같이 이동됩니다.

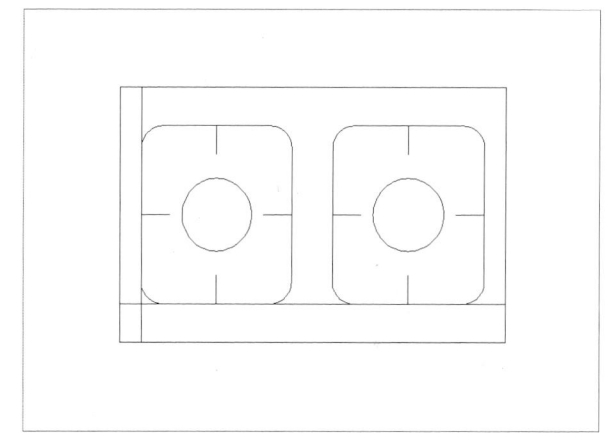

25 지우기 명령으로 보조선을 지웁니다. 다음 그림과 같이 2구 가스레인지가 완성되었습니다.

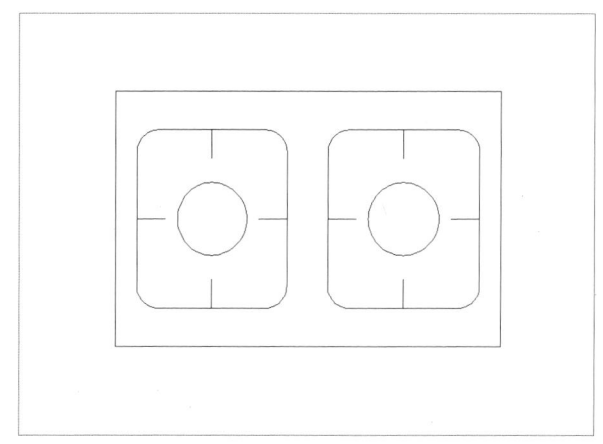

5 싱크대

다음과 같은 싱크대를 작도하겠습니다. 도면층은 '주방'으로 지정합니다. 가스레인지의 크기는 앞에서 학습한 2구 가스레인지와 동일합니다. 다양한 형태의 싱크대가 있지만 어떤 형태든 응용하기에 따라 다양하게 작도할 수 있습니다.

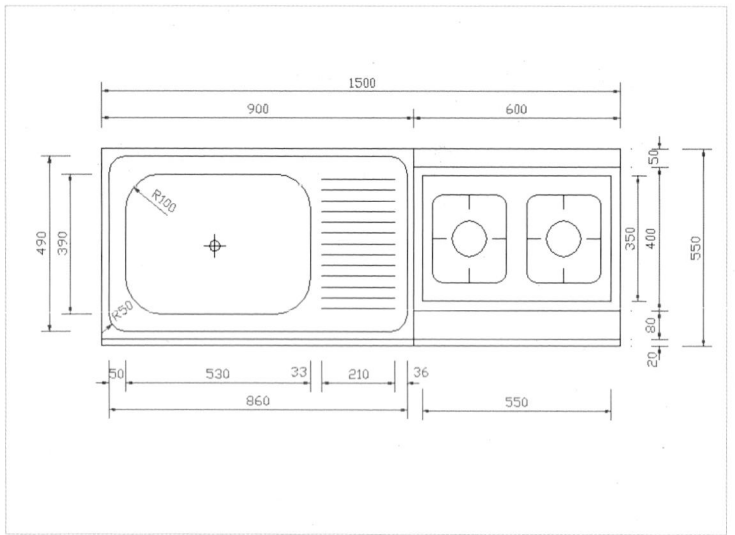

01 범위(LIMITS) 및 도면층(LAYER) 등 도면을 작도하기 위한 환경을 설정합니다. 직사각형(RECTANGLE) 명령으로 직사각형을 작도합니다.

02 간격 띄우기를 위해 분해(EXPLODE) 명령으로 분해합니다. 간격 띄우기(OFFSET) 명령을 실행합니다.
{간격띄우기 거리 지정 또는 [통과점(T)/지우기(E)/도면층(L)] <통과점>:}에서 간격 '20'을 입력합니다.
{간격띄우기할 객체 선택 또는 [종료(E)/명령취소(U)] <종료>:}에서 아래쪽 수평선을 선택합니다. {간격 띄우기할 면의 점 지정 또는 [종료(E)/다중(M)/명령취소(U)] <종료>:}에서 위쪽 방향을 지정합니다.

{간격띄우기할 객체 선택 또는 [종료(E)/명령취소(U)] 〈종료〉:}에서 Enter 또는 Space bar 를 눌러 종료합니다.

Enter 또는 Space bar 를 눌러 간격 띄우기 명령을 재실행합니다.

{간격띄우기 거리 지정 또는 [통과점(T)/지우기(E)/도면층(L)] 〈30.0000〉:}에서 간격 '900'을 입력합니다.

{간격띄우기할 객체 선택 또는 [종료(E)/명령취소(U)] 〈종료〉:}에서 왼쪽 수직선을 선택합니다. {간격띄우기할 면의 점 지정 또는 [종료(E)/다중(M)/명령취소(U)] 〈종료〉:}에서 오른쪽 방향을 지정합니다.

{간격띄우기할 객체 선택 또는 [종료(E)/명령취소(U)] 〈종료〉:}에서 Enter 또는 Space bar 를 눌러 종료합니다.

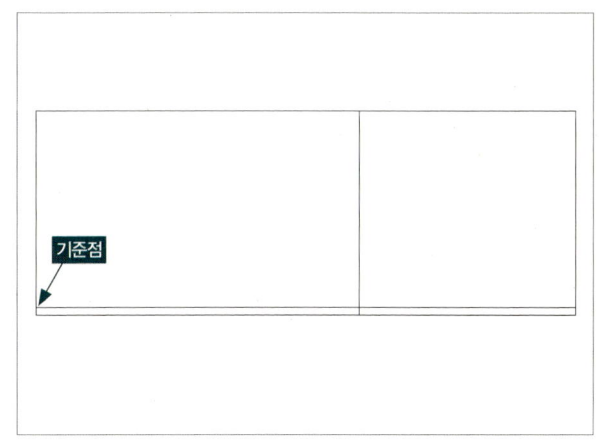

03 직사각형 명령으로 모깎기된 직사각형을 작도합니다. 직사각형(RECTANG) 명령을 실행합니다.
{첫 번째 구석점 지정 또는 [모따기(C)/고도(E)/모깎기(F)/두께(T)/폭(W)]:}에서 모깎기 옵션 'F'를 입력합니다.

{직사각형의 모깎기 반지름 지정 〈0.0000〉:}에서 모깎기 반지름 '50'을 입력합니다.

{첫 번째 구석점 지정 또는 [모따기(C)/고도(E)/모깎기(F)/두께(T)/폭(W)]:}에서 객체 스냅을 '시작점 '이용합니다. {_from 기준점:}에서 객체 스냅 '교차점 '을 이용하여 기준점을 지정합니다.

{〈간격띄우기〉:}에서 간격 '@20,20'을 지정합니다.

{다른 구석점 지정 또는 [영역(A)/치수(D)/회전(R)]:}에서 사각형의 크기 '@860,490'를 입력합니다. 다음 그림과 같이 모깎기된 사각형이 작도됩니다.

> **참고** 객체 스냅 시작점(FROM)
>
> 기준점으로부터 일정 거리만큼 떨어진 위치를 지정할 때는 객체 스냅 '시작점 '이 편리합니다. 기준점을 지정한 후 간격을 지정할 수 있습니다. 지정하고자 하는 위치에 객체가 없을 때 편리하게 활용할 수 있습니다.

04 Enter 또는 Space bar를 눌러 직사각형 명령을 재실행합니다.
{첫 번째 구석점 지정 또는 [모따기(C)/고도(E)/모깎기(F)/두께(T)/폭(W)]:}에서 모깎기 옵션 'F'를 입력합니다.
{직사각형의 모깎기 반지름 지정 <50.0000>:}에서 반지름 '100'을 입력합니다.
{첫 번째 구석점 지정 또는 [모따기(C)/고도(E)/모깎기(F)/두께(T)/폭(W)]:}에서 객체 스냅 '시작점'을 지정합니다.
{_from 기준점:}에서 객체 스냅 '교차점'을 이용하여 기준점을 지정합니다.
{<간격띄우기>:}에서 띄울 간격 '@70,70'을 입력합니다.
{다른 구석점 지정 또는 [영역(A)/치수(D)/회전(R)]:}에서 '@530,390'을 입력합니다.
다음 그림과 같이 모깎기된 직사각형이 작도됩니다.

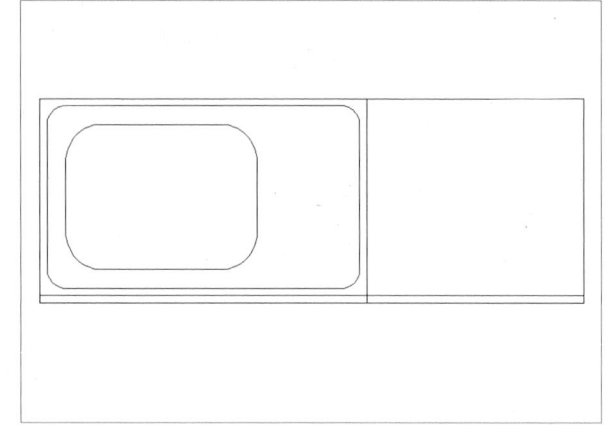

05 선 명령으로 선을 작도합니다. 선(LINE) 명령을 실행합니다.
{첫 번째 점 지정:}에서 객체 스냅 '시작점'을 지정합니다.
{_from 기준점:}에서 객체 스냅 '교차점'을 이용하여 기준점을 지정합니다.
{<간격띄우기>:}에서 간격 '@633,85'을 입력합니다.
{다음 점 지정 또는 [명령 취소(U)]:}에서 '@210<0'을 입력합니다.
{다음 점 지정 또는 [명령 취소(U)]:}에서 Enter 또는 Space bar를 눌러 종료합니다.

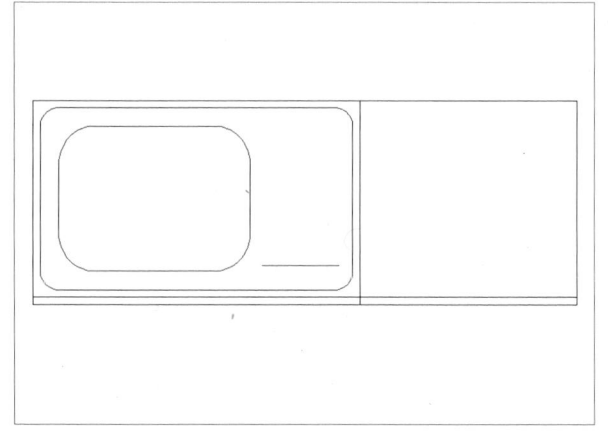

06 배열 명령으로 선을 배열합니다. 배열(ARRAY) 명령을 실행합니다.
{객체 선택:}에서 배열하고자 하는 객체(선)을 선택합니다.
'배열' 탭이 나타나면 '행'을 '13', '열'을 '1', '행 사이'를 '30'을 입력한 후 '배열 닫기'를 클릭합니다.

Note_ 배열 탭의 각 항목은 배열할 객체를 선택한 후 가로, 세로 방향으로 배치할 개수와 간격을 입력하는 것입니다.

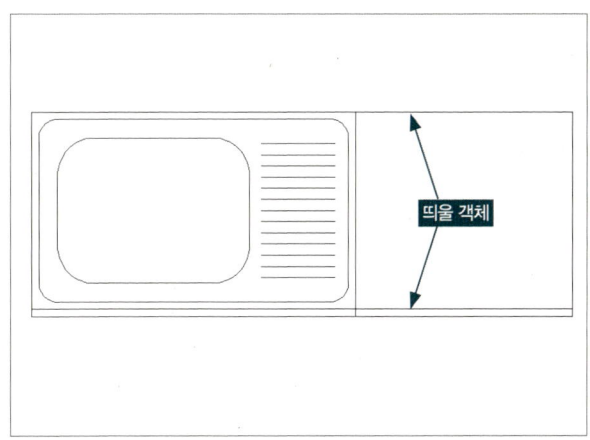

다음 그림과 같이 배열됩니다.

【배열(ARRAY)】

선택된 객체를 직사각형, 원형 방향으로 일정한 간격으로 배열(배치)합니다. 또, 선택한 경로를 따라 배열합니다.
앞에서는 직사각형 배열을 수행했기 때문에 이번에는 경로 배열과 원형 배열에 대해 알아보겠습니다.

명령 : ARRAY(단축키 : AR)   아이콘 버튼 :

명령 흐름 : 객체를 선택한 후 가로, 세로(또는 원형) 방향으로 배치할 수량과 간격을 지정합니다.

1. 경로를 따라 배열하는 경로 배열(ARRAYPATH)

선택한 경로를 따라 배열합니다.

(1) '열기(OPEN)' 명령으로 예제 파일의 'Part4_배열01.dwg' 파일을 엽니다. (예제 파일은 혜지원 출판사 홈페이지 'www.hyejiwon.co.kr' 자료실에서 다운받을 수 있습니다.) 다음과 같은 도면이 펼쳐집니다.

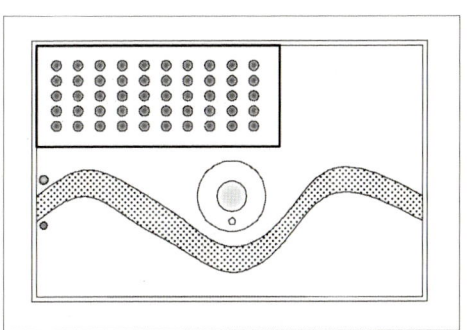

(2) 경로 배열 명령을 실행합니다. 명령어 'ARRAY' 또는 'AR'을 입력하여 옵션 '경로(PA)'를 선택하거나 '홈' 탭의 '수정' 패널 또는 '수정' 도구막대에서 아이콘을 클릭합니다.

{객체 선택:}에서 가운데 길 아래쪽의 나무 심볼을 선택합니다.

{객체 선택:}에서 Enter 또는 Space bar를 눌러 선택을 종료합니다.

{유형 = 경로 연관 = 예}

{경로 곡선 선택:}에서 아래쪽 길의 경계선을 선택합니다.

'배열 작성' 탭에서 '사이' 값을 '4000'으로 입력합니다.

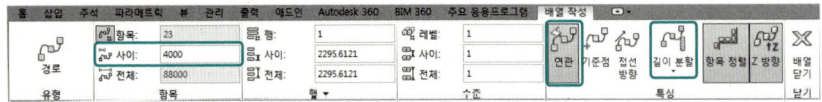

다음과 같이 경로를 따라 '4000' 간격으로 배열됩니다.

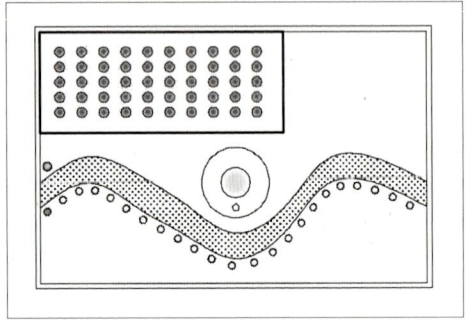

(3) Enter 또는 Space bar를 눌러 경로 배열 명령을 재실행합니다.

{객체 선택:}에서 가운데 길 위쪽의 나무 심볼을 선택합니다.

{객체 선택:}에서 Enter 또는 Space bar를 눌러 선택을 종료합니다.

{유형 = 경로 연관 = 예}

{경로 곡선 선택:}에서 위쪽 길의 경계선을 선택합니다.

'배열 작성' 탭에서 '특성' 패널의 '연관'을 끄고 '등분할'을 선택합니다. '항목' 패널에서 '항목' 값을 '15'로 입력합니다.

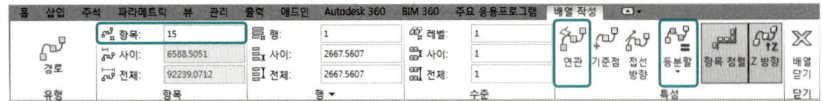

다음과 같이 선택된 경로에 15개의 나무가 배열됩니다. 이처럼 등분할은 경로의 전체 길이를 항목 수(15)만큼 분할하여 배열합니다.

[TIP] '연관'은 배열된 객체를 하나로 묶을 것인지, 묶지 않을 것인지 지정하는 조건입니다. '연관'으로 된 객체 중 하나를 지우려면 분해(EXPLODE) 명령으로 분해한 후 지워야 합니다.

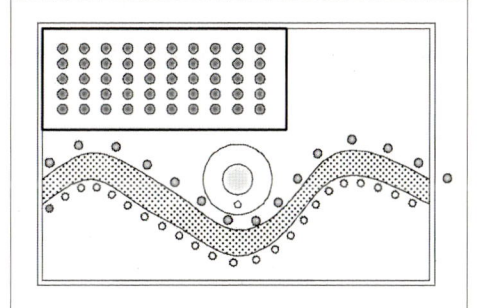

2. 원 또는 호의 형태에 따라 배치하는 원형 배열(ARRAYPOLAR)

선택한 객체를 주어진 조건(각도 또는 수량)에 의해 원형으로 배열합니다.

(4) 원형 배열 명령을 실행합니다. 명령어 'ARRAY' 또는 'AR'을 입력하여 옵션 '원형(PO)'을 선택하거나 '홈' 탭의 '수정' 패널 또는 '수정' 도구막대에서 을 클릭합니다.

{객체 선택:}에서 오각형을 선택합니다.

{객체 선택:}에서 [Enter] 또는 [Space bar]를 눌러 선택을 종료합니다.

{유형 = 원형 연관 = 예}

{배열의 중심점 지정 또는 [기준점(B)/회전축(A)]:}에서 원의 중심을 지정합니다.

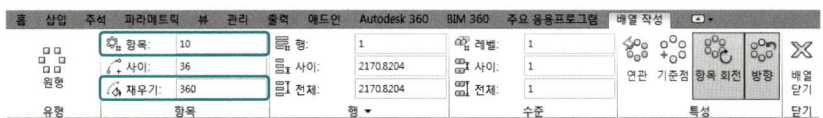

다음과 같이 선택한 객체가 360도 범위 내에 10개가 배열됩니다.

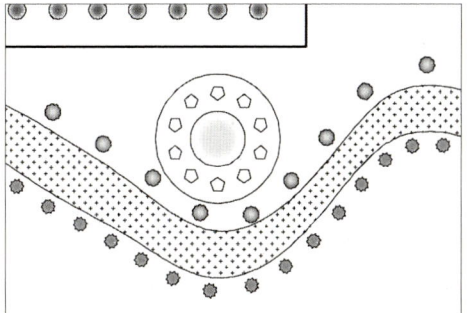

3. 배열의 편집 및 옵션

AutoCAD는 배열된 객체를 선택하면 배열 작성 때와 마찬가지로 탭 메뉴에 편집 메뉴를 제공합니다.

(1) **직사각형 배열** : 직사각형으로 배열된 객체를 선택하면 다음과 같은 배열 편집을 위한 탭 메뉴가 나타납니다.

탭 메뉴는 현재 설정된 직사각형 배열 조건을 표시하고 있습니다.

① '열' 패널 : 열의 수, 항목 사이의 간격, 전체 열의 길이를 지정합니다.
② '행' 패널 : 행의 수, 행 사이의 간격, 전체 행의 길이를 지정합니다.
③ '수준'패널 : Z 방향의 레벨의 수와 간격을 지정합니다.
④ '특성' 패널 . 기준점을 재지정합니다.
⑤ '옵션' 패널 : 원본 객체를 편집할 수 있고 배열 항목을 바꿀 수 있으며 배열을 재설정할 수 있습니다.

(2) **경로 배열** : 경로를 따라 배열된 객체를 선택하면 다음과 같은 배열 편집을 위한 탭 메뉴가 나타납니다.

① '항목' 패널 : 항목의 수, 항목 사이의 간격, 전체 길이를 지정합니다.
② '행' 패널 : 행의 수, 행 사이의 간격, 전체 행의 길이를 지정합니다.
③ '수준'패널 : Z 방향의 레벨의 수와 간격, 길이를 지정합니다.
④ '특성' 패널 : 기준점의 재지정, 등분할 또는 길이 분할 여부를 지정할 수 있으며 항목의 정렬과 Z축 방향의 설정을 켜거나 끌 수 있습니다. 항목 정렬은 배열 시 배열되는 객체의 방향을 경로의 방향에 따를 것인지를 지정합니다.

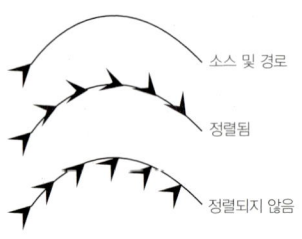

소스 및 경로

정렬됨

정렬되지 않음

⑤ '옵션' 패널 : 이 패널을 편집 시에만 나타나는 패널입니다. 원본을 편집할 수 있고, 항목을 다른 객체로 대치할 수 있으며 배열을 재설정할 수 있습니다.

(3) **원형 배열** : 원형 배열된 객체를 선택하면 다음과 같은 배열 편집을 위한 탭 메뉴가 나타납니다.

① '항목' 패널 : 항목의 수, 항목 사이의 각도, 채울 각도를 지정합니다.
② '행' 패널 : 행의 수, 행 사이의 간격, 전체 행의 길이를 지정합니다.
③ '수준' 패널 : Z 방향의 레벨 수와 간격, 길이를 지정합니다.
④ '특성' 패널 : 기준점을 재지정할 수 있고, 항목을 회전 여부를 지정합니다.
⑤ '옵션' 패널 : 이 패널은 편집 시에만 나타납니다. 원본을 편집할 수 있고, 항목을 다른 객체로 대치할 수 있으며 배열을 재설정할 수 있습니다.

07 오른쪽 가스레인지를 작도하기 위해 간격 띄우기 명령으로 간격을 띄웁니다. 간격 띄우기(OFFSET) 명령을 실행합니다.
{간격띄우기 거리 지정 또는 [통과점(T)/지우기(E)/도면층(L)] <900.0000>:}에서 '80'을 입력합니다.
{간격띄우기할 객체 선택 또는 [종료(E)/명령취소(U)] <종료>:}에서 아래쪽 수평선을 선택합니다. {간격띄우기할 면의 점 지정 또는 [종료(E)/다중(M)/명령취소(U)] <종료>:}에서 위쪽을 지정합니다.
{간격띄우기할 객체 선택 또는 [종료(E)/명령취소(U)] <종료>:}에서 Enter 또는 Space bar 를 눌러 종료합니다.
{현재 설정: 원본 지우기=아니오 도면층=원본 OFFSETGAPTYPE=0}
{간격띄우기 거리 지정 또는 [통과점(T)/지우기(E)/도면층(L)] <80.0000>:}에서 '50'을 입력합니다.
{간격띄우기할 객체 선택 또는 [종료(E)/명령취소(U)] <종료>:}에서 위쪽 수평선을 선택합니다. {간격띄우기할 면의 점 지정 또는 [종료(E)/다중(M)/명령취소(U)] <종료>:}에서 아래쪽 방향을 지정합니다.
{간격띄우기할 객체 선택 또는 [종료(E)/명령취소(U)] <종료>:}에서 Enter 또는 Space bar 를 눌러 종료합니다.

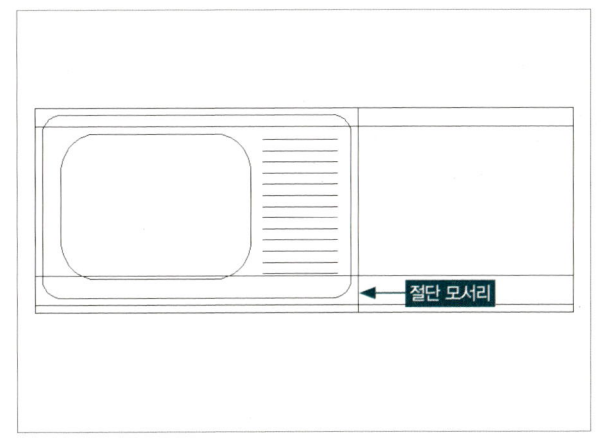

08 자르기 명령으로 자릅니다. 자르기(TRIM) 명령을 실행합니다.
{현재 설정값: 투영=UCS 모서리=없음} {절단 모서리 선택 ...}
{객체 선택 또는 <모두 선택>:}에서 절단 모서리(수직선)을 선택합니다. {1개를 찾음}
{객체 선택:}에서 Enter 또는 Space bar 를 눌러 선택을 종료합니다.

{자를 객체 선택 또는 Shift 키를 누른 채 선택하여 연장 또는 [울타리(F)/걸치기(C)/프로젝트(P)/모서리(E)/지우기(R)/명령취소(U)]:}에서 위쪽 수평선의 왼쪽 부분을 선택합니다.

{자를 객체 선택 또는 Shift 키를 누른 채 선택하여 연장 또는 [울타리(F)/걸치기(C)/프로젝트(P)/모서리(E)/지우기(R)/명령취소(U)]:}에서 아래쪽 수평선의 왼쪽 부분을 선택합니다.

{자를 객체 선택 또는 Shift 키를 누른 채 선택하여 연장 또는 [울타리(F)/걸치기(C)/프로젝트(P)/모서리(E)/지우기(R)/명령취소(U)]:}에서 Enter 또는 Space bar 를 눌러 종료합니다.

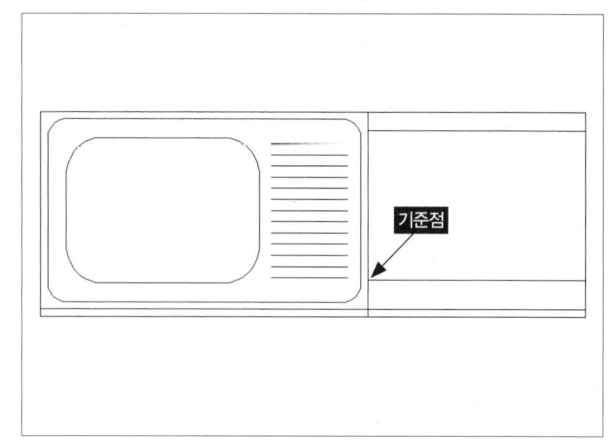

09 복사를 위해 앞에서 작도한 2구 가스레인지 도면을 엽니다. 예제 파일의 'Part4_2구가스레인지.dwg' 파일입니다. (예제 파일은 혜지원 출판사 홈페이지 'www.hyejiwon.co.kr' 자료실에서 다운받을 수 있습니다.)

Ctrl + C 키를 누릅니다. 또는 빈 공간에서 마우스 오른쪽 버튼을 누릅니다. 바로가기 메뉴가 나타나면 '복사(C)'를 클릭합니다.

{객체 선택:}에서 다음 그림과 같이 2구 가스레인지가 선택되도록 범위를 지정합니다.

{객체 선택:}에서 Enter 또는 Space bar 를 눌러 선택을 종료합니다.

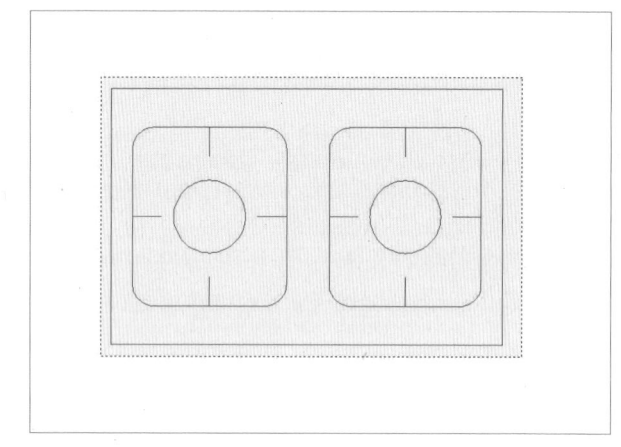

10 Ctrl + Tab 키를 눌러 싱크대 도면으로 전환합니다.

Ctrl + V 키를 누릅니다. 또는, 마우스 오른쪽 버튼을 눌러 바로가기 메뉴를 펼칩니다. 메뉴에서 '붙여넣기(P)'를 클릭합니다.

{삽입점 지정:}에서 객체 스냅 '시작점 '을 지정합니다.

{_from 기준점:}에서 '교차점 '을 이용하여 기준점을 지정합니다.

{〈간격띄우기〉:}에서 간격 '@25,25'을 입력합니다. 다음 그림과 같이 2구 가스레인지가 삽입됩니다.

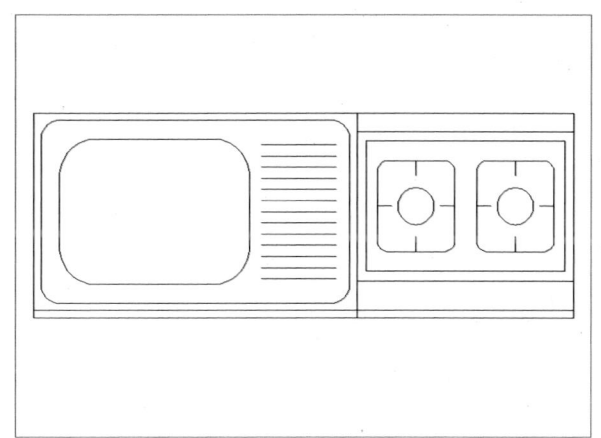

11 원(CIRCLE) 명령으로 싱크대의 가운데 배수구를 작도합니다. 다음 그림과 같이 싱크대가 완성되었습니다.

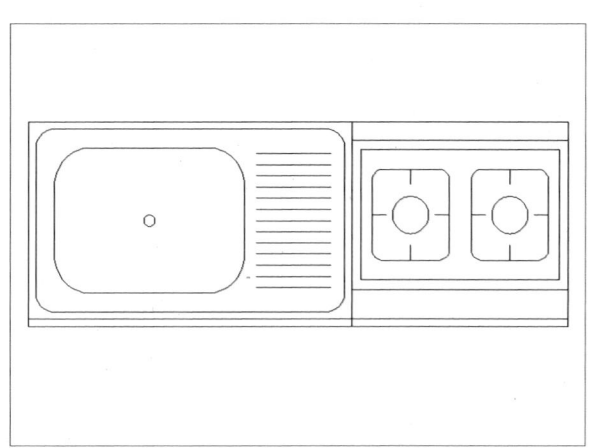

SPECIAL PAGE | 객체의 특성

객체 특성은 객체가 가지고 있는 고유의 성질(속성)을 말합니다. AutoCAD에서 작도하는 객체는 다양한 특성을 가지고 있습니다. 원의 경우는 원의 중심점, 반지름, 색상, 선 종류 등 다양한 특성을 가지고 있습니다. 이 특성 중 특정 객체에 관계없이 모든 객체가 가지고 있는 공통 특성이 있습니다. 이 공통 특성에는 도면층(LAYER), 색상(COLOR), 선 종류(LINETYPE), 선 가중치(LINE WEIGHT), 플롯 스타일 등입니다. 도면층(LAYER)에 대해서는 앞에서 살펴봤기 때문에 나머지 특성에 대해 알아보겠습니다.

1. 색상(COLOR)

단어 의미 그대로 객체의 색상을 정의합니다. AutoCAD 색상 색인(ACI)에 있는 255개의 색상, 트루 컬러, 색상표에서 선택할 수 있습니다.

명령 : COLOR(단축키 : COL)   아이콘 버튼 :

(1) 색인 색상 탭 : 255개의 AutoCAD 색상 색인(ACI)을 사용하여 색상 설정 값을 지정합니다. 다음의 색상 팔레트에서 색상을 지정합니다.

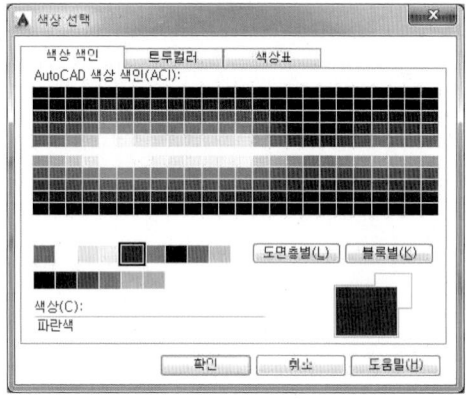

① AutoCAD 색상 색인(ACI) : 색상번호 10에서 249번까지의 색상을 지정합니다.

② 표준 색상 : 표준 색상(1~9)을 지정합니다.

③ 회색 음영 : 회색의 음영처리로 250~255번호의 색상을 지정합니다.

④ 논리적 색상 : 특정 색상을 지정하지 않고 도면층이나 블록의 설정 환경에 따라 유동적으로 설정되도록 합니다.

- 도면층별(L) : 'BYLAYER'로 현재 도면층에 설정된 색상을 따릅니다.
- 블록별(K) : 'BYBLOCK'으로 블록 삽입 시 블록의 색상을 삽입 당시의 설정된 현재 색상에 따릅니다.

(2) 트루 컬러 탭 : 색상의 특성인 색조, 채도, 광도(HSL) 색상 모델 또는 빨간색, 초록색, 파란색(RGB) 색상 모델을 사용하여 트루 컬러(24비트 색상)로 색상을 지정합니다. 트루 컬러 기능을 사용하게 되면 천육백만 가지 이상의 색상을 사용할 수 있습니다.

'색상 스펙트럼' 창에서 색상의 색조 및 순도를 지정합니다. 오른쪽의 '색상 슬라이더'를 움직여 색상의 밝기를 지정합니다.

(3) 색상표 탭 : 각종 써드 파티 색상표 및 사용자 정의 색상표를 사용하여 색상을 지정합니다. 선택한 색상표의 페이지, 각 페이지의 색상과 색상 이름을 표시합니다. 최대 10개 색상을 포함하는 색상표가 지원됩니다.

> **참고** 색상 목록 상자에서 색상 설정 방법
>
> 색상을 설정할 때마다 '색상(COLOR)' 명령을 사용하는 것은 비효율적입니다. 가장 편리한 방법은 '홈' 탭의 '특성' 패널에서 '색상 목록 상자'를 누르면 색상 목록이 표시됩니다. 색상 목록 중에서 지정하고자 하는 색상을 선택합니다. 목록 중 최하단의 '추가 색상…'을 클릭하면 '색상(COLOR)' 명령을 실행한 것과 동일한 '색상 선택 팔레트'가 표시됩니다.

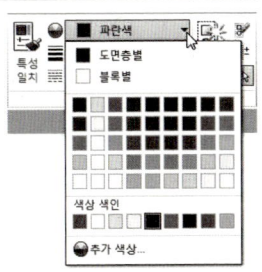

색상 목록 상자

2. 선 종류(LINETYPE)

도면의 해독을 용이하게 하기 위한 수단의 하나로 선의 용도에 따라 선 종류(LT)를 다르게 표현합니다. 예를 들어, 외형선은 실선, 중심선은 일점 쇄선, 보이지 않는 곳의 은선은 파선 등입니다. AutoCAD에서 제공하는 선 종류와 설정 방법에 대해 알아보겠습니다.

명령 : LINETYPE(단축키 : LT)

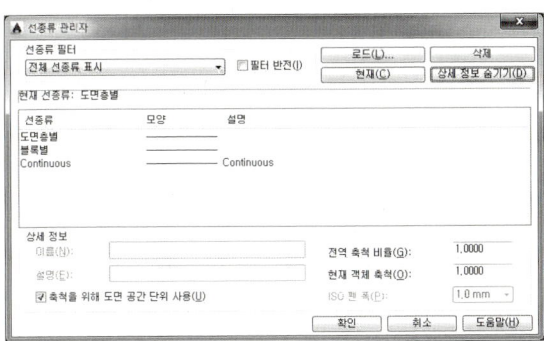

(1) 선 종류 필터 : 선 종류(Linetype)의 표시 조건(필터링)을 지정합니다.
(2) 필터 반전(I) : 선택한 기준에 반대되는 기준으로 선 종류를 표시합니다.

(3) 로드(L) : 새로운 선 종류를 현재 도면으로 로드합니다. [로드(L)]를 클릭하면 다음과 같은 '선 종류 로드 또는 다시 로드' 대화상자가 표시됩니다. 이 대화상자에서 로드하고자 하는 선 종류를 선택하고 [확인]을 클릭합니다.

① 파일(F) : 선 종류 파일을 지정합니다.
② 사용 가능한 선 종류 : 지정된 파일에서 사용 가능한 선 종류 목록이 표시됩니다. 이 목록에서 로드하고자 하는 선 종류를 선택합니다.

(4) 삭제 : 로드(적재)된 선 종류를 도면에서 제거합니다.

(5) 현재(C) : 선택된 선 종류를 현재 사용할 선 종류로 지정합니다. 즉, 현재 작성되는 객체의 선 종류를 설정하는 것입니다.

(6) 자세히(D)/상세 정보 숨기기(D) : 다음과 같은 하단의 '상세 정보' 영역을 표시 또는 비표시를 제어합니다.

① 전역 축척 비율(G) : 모든 선 종류에 대한 전체 축척 비율을 표시합니다. 시스템 변수 'LTSCALE' 값에 영향을 줍니다.
② 현재 객체 축척(O) : 새로 작성된 객체의 선 종류 축척을 설정합니다. 결과적인 축척은 객체의 축척 비율에 전체 축척 비율을 곱한 값입니다. 시스템 변수 'CELTSCALE' 값에 영향을 줍니다.
③ ISO 펜 폭(P) : 선 종류 축척을 표준 ISO 값 리스트 중 하나로 설정합니다. 결과적인 축척은 객체의 축척 비율에 전체 축척 비율을 곱한 값입니다.
④ 축척을 위해 도면 공간 사용(U) : 도면 공간의 선 종류와 모형 공간의 선 종류를 동일하게 축척합니다. 다중 뷰포트를 사용하여 작업하는 경우, 유용합니다.

(7) 선 종류 : 선 종류의 이름을 표시합니다.

(8) 모양 : 작도될 선 종류의 모양을 표시합니다.

참고 **선 종류 축척(LTSCALE)**

선 종류를 'CENTER' 또는 'HIDDEN'으로 변경했는데도 화면에 실선으로 표시되는 경우가 있습니다. 이는 선 종류 축척이 현재 도면의 크기와 맞지 않기 때문입니다. 이때 선 종류 축척(LTSCALE)을 조정합니다. 선 종류 관리자 대화상자에서 축척을 조정할 수도 있고 '특성(PROPERTIES)' 명령으로 조정할 수 있습니다. 또 다른 방법은 선 종류 축척 시스템 변수인 'LTSCALE' 값을 직접 수정합니다.

명령 : LTSCALE(단축키 : LTS)
{새로운 선 종류 축척 비율 입력 ⟨1.0000⟩:}에서 축척을 입력합니다.
다음의 경우는 선 종류 'HIDDEN'으로 작도한 원의 선 종류 축척(LTSCALE) 값의 변화에 따른 표시의 상태를 나타낸 것입니다. 도면의 범위 및 해상도에 따라 차이가 있을 수 있습니다.

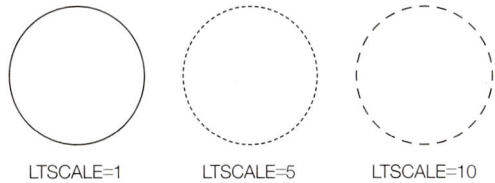

참고 **선 종류 지정 방법**

선 종류를 설정할 때마다 '선 종류(LINETYPE)' 명령을 사용하는 것은 비효율적입니다. 가장 편리한 방법은 다음 그림과 같이 '홈' 탭의 '특성' 패널에서 '선 종류 목록 상자'를 눌러 표시되는 선 종류 목록 중에서 지정하고자 하는 선 종류를 선택합니다. 이때 목록에는 현재 로드된 선 종류가 표시됩니다. 목록 중 최하단의 '기타'를 클릭하면 '선 종류(LINETYPE)' 명령을 실행한 것과 동일하게 '선 종류 관리자' 대화상자가 표시됩니다.

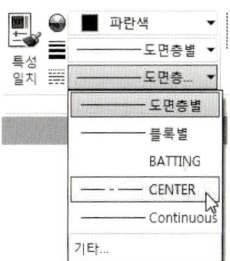

3. 선 가중치(LINEWEIGHT)

선 종류와 마찬가지로 도면의 해독을 용이하게 하기 위한 수단으로 선의 용도에 따라 굵기(너비)를 다르게 표현합니다. 예를 들어, 중심선이나 치수선, 치수 보조선은 가늘게, 외형선은 중간 정도의 굵기, 강조를 위한 선은 굵게 표현합니다. 이번에는 선 가중치의 설정 및 표현 방법에 대해 알아보겠습니다.

명령 : LWEIGHT(단축키 : LW)

마우스를 상태 영역의 그리기 도구 '선 가중치 ≡' 아이콘 옆의 역삼각형(▼)을 클릭하여 '선 가중치 설정'을 클릭합니다. 다음과 같은 대화상자가 표시됩니다.

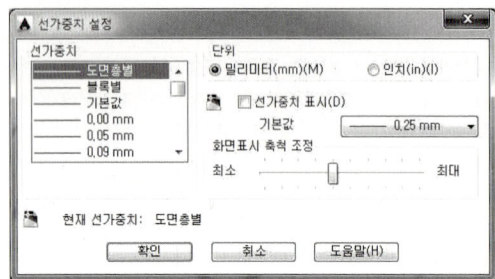

(1) 선 가중치 : 선 가중치의 종류를 표시하며 사용하고자 하는 가중치(굵기)를 선택합니다.
(2) 리스트를 위한 단위 : 단위를 밀리미터로 할 것인지, 인치로 할 것인지 지정합니다.
(3) 선 가중치를 표시(D) : 선 가중치를 모형 공간(Model Space) 화면에서 표시할 것인가를 제어합니다. 모형 공간에서 표시하면 '1' 이상인 가중치에 대해서 재생성하는 시간이 소요되므로 생산성이 떨어집니다.
(4) 기본값 : 기본값을 설정합니다. 시스템 변수 'LWDEFAULT'에 저장됩니다. 일반적으로 기본값은 0.01inch 또는 0.25mm입니다.
(5) 화면표시 축척 조정 : 모형 공간에서 선 표시를 위한 스케일을 조정합니다.

참고 선 가중치 지정 방법

선 가중치를 지정할 때마다 '선 가중치(LWEIGHT)' 명령을 사용하는 것은 비효율적입니다. 가장 편리한 방법은 다음 그림과 같이 '홈' 탭의 '특성' 패널에서 '선 가중치 목록 상자'를 눌러 표시되는 선 가중치 목록 중에서 지정하고자 하는 선 가중치를 선택합니다.

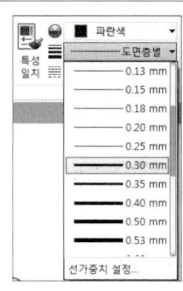

선 가중치 목록 상자

참고 선 가중치의 화면 표시

선 가중치를 굵게 설정해서 객체를 작도해도 화면에서는 변화가 없는 경우가 있습니다. 이는 선가중치 표시를 제한했기 때문에 그렇습니다. 선 가중치에 따라 실제 굵기를 화면에서 표시하려면 하단의 상태 영역의 그리기 도구막대에서 '선가중치 ≡' 버튼을 켜야 합니다. 한 번 누를 때마다 켜기와 끄기(ON/OFF)를 제어합니다. 아래의 오른쪽 그림과 같이 '선가중치(LWT)'를 켠(ON) 경우 지정한 선의 굵기로 화면에 표시합니다.

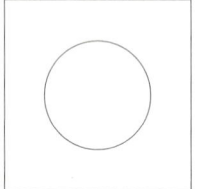
선가중치 표시를 끈(OFF) 경우

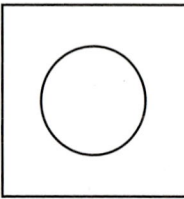
선가중치 표시를 켠(ON) 경우

4. 객체 특성의 조작(PROPERTIES, DDMODIFY)

특성 팔레트를 통해 객체의 특성 정보를 표시해 주고 사용자가 특성을 수정할 수 있습니다.

명령 : PROPERTIES, DDMODIFY(단축키 : PROPERTIES, DDMODIFY)   아이콘 버튼 :
또는, 객체를 더블 클릭하거나 마우스 오른쪽 버튼을 눌러 바로가기 메뉴에서 '특성(S)'을 클릭합니다.

특성 팔레트에는 선택된 객체의 특성 정보가 표시됩니다. 특성 팔레트는 객체를 선택하지 않았을 경우, 하나만 선택한 경우와 하나 이상의 객체를 선택한 경우에 따라 각각 표시되는 항목이 다릅니다.

01. 선택된 객체가 없는 경우 : 어떠한 객체도 선택하지 않은 상태에서 '특성' 명령을 실행하면 특성 팔레트에는 현재 도면에 설정된 색상, 도면층 선 종류 등 특성 정보가 표시됩니다.

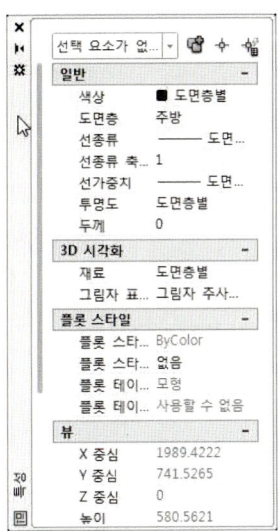

02. 특정 객체 하나만 선택된 경우 : 선택된 객체의 종류(예 : 선, 원, 폴리선 등)와 공통 특성(도면층, 색상, 선 종류 등) 및 형상 특성(선의 경우 시작점, 끝점 좌표 등, 원의 경우 중심점, 반지름 등)이 표시됩니다. 다음의 경우는 선이 선택된 상태에서의 특성 팔레트입니다.

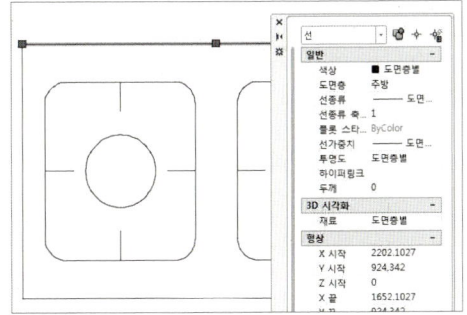

03. 객체가 두 개 이상 선택된 경우 : 선택 세트에 모든 객체의 공통 특성만 표시합니다. 공통 특성이 동일한 경우는 해당 특성을 표시하지만 다양한 경우는 '*다양함*'으로 표시합니다. 예를 들어, '선' 객체와 '원' 객체를 선택해서 이 두 객체의 도면층이 'AAA'라면 도면층 항목에 'AAA'로 표시되지만 선은 'AAA'이고, 원은 'BBB'라면 '*다양함*'으로 표시합니다.

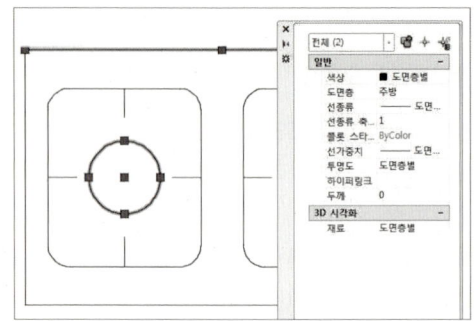

> **참고** 특성 팔레트 항목
>
> (1) 객체 유형 : 선택한 객체의 유형(선, 원, 폴리선 등)을 표시합니다. 객체의 종류가 하나 이상인 경우(예 : 원과 선을 선택한 경우)는 선택한 객체의 수량을 표시합니다.
> (2) 🖱 'PICKADD' 시스템 변수 값 전환 : 'PICKADD' 시스템 변수를 켜기(1) 및 끄기(0)로 전환합니다. 'PICKADD'를 켜면 개별적으로 또는 윈도우 별로 선택된 각 객체가 현재 선택 세트에 추가되고, 'PICKADD'를 끄면 현재 선택 세트가 선택한 객체로 대치됩니다.
> (3) ⊕ 객체 선택 : 작도 영역에서 객체 선택 방법을 사용하여 원하는 객체를 선택합니다. '객체 선택 방법'을 참조합니다.
> (4) 🖉 신속 선택 : 신속 선택 대화상자를 통해 객체 선택 조건을 부여(필터링)하여 객체를 선택합니다. '객체 선택 방법'을 참조합니다.
> (5) 일반 특성 표시 창 : 객체의 공통적인 특성(도면층, 색상, 선 종류 등)을 표시하고 조정할 수 있습니다.
> (6) 3D 시각화 특성 표시 창 : 시각화 관련 항목을 표시하고 조정합니다.
> (7) 형상 특성 표시 창 : 각 객체(선, 원, 폴리선 등)에 따른 형상 정보를 표시하고 조정할 수 있습니다. 예를 들어, 선의 경우는 시작점, 끝점, 길이, 각도 등 선의 형상이 가지는 특성을 표시합니다.
> (8) 플롯 스타일 특성 표시 창 : 플롯 스타일의 정보를 표시하고 설정할 수 있습니다.
> (9) 뷰 특성 표시 창 : 뷰와 관련된 항목을 표시하고 조정할 수 있습니다.
> (10) 기타 특성 표시 창 : 주석 축척, UCS 아이콘의 표시 여부, UCS 이름, 뷰 스타일 등을 표시하고 조정할 수 있습니다.

04. 객체 특성 변경하기

01 특성을 바꾸고자 하는 객체를 선택한 후 🖳를 클릭합니다. 여기에서는 싱크대의 배수구 원을 선택하도록 하겠습니다.

Note_'특성(PROPERTIES) 🖳' 명령을 실행한 후 객체를 선택해도 됩니다.

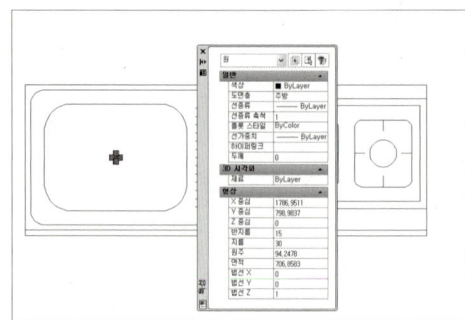

02 특성 팔레트에서 수정하고자 하는 특성 항목의 값을 수정합니다. '색상'을 '빨간색'으로 하고 '반지름'을 '30'으로 수정합니다. 다음 그림과 같이 원의 색상과 크기가 수정됩니다. 수정을 마치려면 Esc 키를 누릅니다.

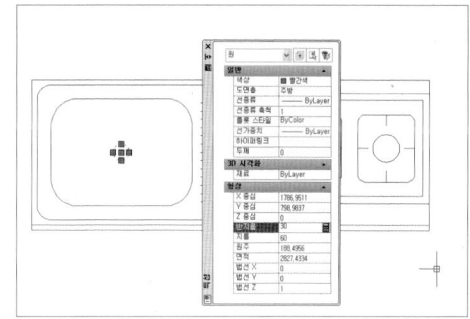

05. 빠른 특성 패널

화면 하단의 그리기 도구에 '빠른 특성 ☰'이 켜져 있는 상태에서 객체를 클릭하면 '빠른 특성 패널'이 나타납니다. 이 패널을 통해 특성 정보를 얻을 수 있고, 쉽게 수정할 수 있습니다. 빠른 특성 패널에는 가장 자주 사용되는 특성이 객체 유형 또는 객체 세트별로 나열됩니다.

01 그리기 도구의 '빠른 특성 ☰'이 켜져 있는 상태에서 원을 선택합니다. 다음과 같이 빠른 특성 패널이 나타납니다.

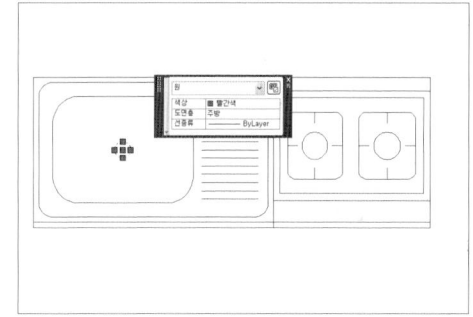

02 패널의 '색상' 항목에서 'ByLayer'를 선택합니다. 객체의 색상이 선택한 색상으로 바뀝니다.

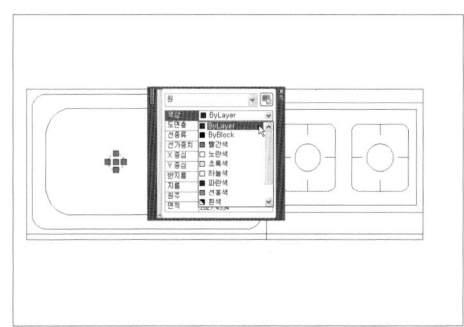

11; 화장실 그리기

AutoCAD 2015

어떤 건물이든 화장실이 없는 건물은 없습니다. 조그마한 가건물이라도 화장실 공간은 마련됩니다. 이렇듯 화장실은 모든 건축물에 필수적인 공간입니다. 이번에 작도할 도면은 화장실에 들어가는 위생기기입니다.

1 욕조

다음 그림과 같은 욕조를 작도하겠습니다. '위생'이라는 도면층(LAYER) 위에 작도하겠습니다.

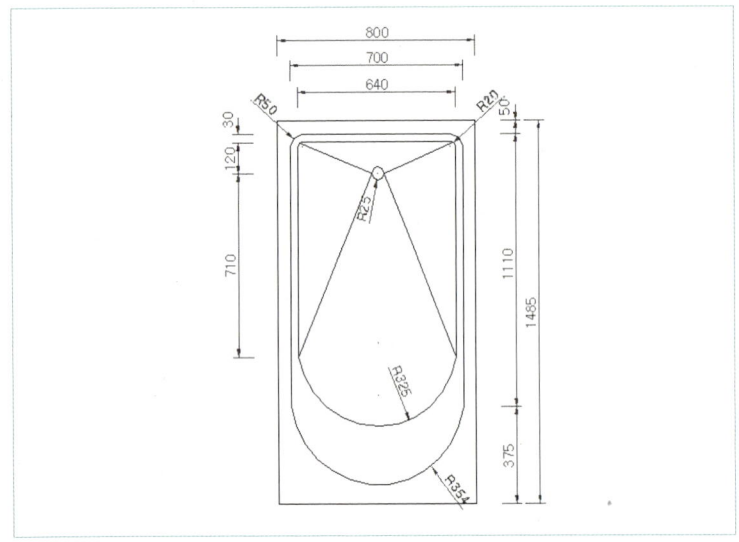

01 먼저, 도면의 범위(한계)는 욕조를 그릴 수 있는 크기로 지정합니다. 다음으로 '위생'이라는 도면층(LAYER)을 작성합니다. 색상은 '파란색(BLUE)'으로 지정합니다.

02 직사각형(RECTANGLE) 명령으로 욕조의 외곽선을 작도합니다.
{첫 번째 구석점 지정 또는 [모따기(C)/고도(E)/모깎기(F)/두께(T)/폭(W)]:}에서 임의의 점을 지정합니다.

{다른 구석점 지정 또는 [영역(A)/치수(D)/회전(R)]:}에서 '@800,1485'을 입력합니다.

03 간격 띄우기(OFFSET) 명령으로 직사각형의 간격을 띄웁니다.
{간격띄우기 거리 지정 또는 [통과점(T)/지우기(E)/도면층(L)] <통과점>:}에서 간격 '50'을 입력합니다.
{간격띄우기할 객체 선택 또는 [종료(E)/명령취소(U)] <종료>:}에서 직사각형을 선택합니다. {간격띄우기할 면의 점 지정 또는 [종료(E)/다중(M)/명령취소(U)] <종료>:}에서 직사각형의 안쪽을 지정합니다.
{간격띄우기할 객체 선택 또는 [종료(E)/명령취소(U)] <종료>:}에서 Enter 또는 Space bar 를 눌러 종료합니다.
Enter 또는 Space bar 를 눌러 간격 띄우기 명령을 재실행합니다.
{간격띄우기 거리 지정 또는 [통과점(T)/지우기(E)/도면층(L)] <50.0000>:}에서 간격 '30'을 입력합니다.
{간격띄우기할 객체 선택 또는 [종료(E)/명령취소(U)] <종료>:}에서 직전에 간격 띄우기한 안쪽 직사각형을 선택합니다. {간격띄우기할 면의 점 지정 또는 [종료(E)/다중(M)/명령취소(U)] <종료>:}에서 직사각형의 안쪽을 지정합니다.
{간격띄우기할 객체 선택 또는 [종료(E)/명령취소(U)] <종료>:}에서 Enter 또는 Space bar 를 눌러 종료합니다. 다음 그림과 같이 작도됩니다.

04 편집을 위해 분해(EXPLODE) 명령으로 안쪽 두 개의 직사각형을 분해합니다.
간격 띄우기(OFFSET) 명령으로 욕조의 안쪽 직사각형의 간격을 띄웁니다.
{간격띄우기 거리 지정 또는 [통과점(T)/지우기(E)/도면층(L)] <30.0000>: }에서 간격 '830'을 입력합니다.

{간격띄우기할 객체 선택 또는 [종료(E)/명령취소(U)] <종료>:}에서 가장 안쪽 직사각형의 위쪽 수평선을 선택합니다. {간격띄우기할 면의 점 지정 또는 [종료(E)/다중(M)/명령취소(U)] <종료>:}에서 아래쪽 방향을 지정합니다.

{간격띄우기할 객체 선택 또는 [종료(E)/명령취소(U)] <종료>:}에서 Enter 또는 Space bar 를 눌러 종료합니다.

Enter 또는 Space bar 를 눌러 간격 띄우기 명령을 재실행합니다.

{간격띄우기 거리 지정 또는 [통과점(T)/지우기(E)/도면층(L)] <830.0000>:}에서 '1060'을 입력합니다.

{간격띄우기할 객체 선택 또는 [종료(E)/명령취소(U)] <종료>:}에서 두 번째 직사각형의 위쪽 수평선을 지정합니다. {간격띄우기할 면의 점 지정 또는 [종료(E)/다중(M)/명령취소(U)] <종료>:}에서 아래쪽 방향을 지정합니다.

{간격띄우기할 객체 선택 또는 [종료(E)/명령취소(U)] <종료>:}에서 Enter 또는 Space bar 를 눌러 종료합니다.

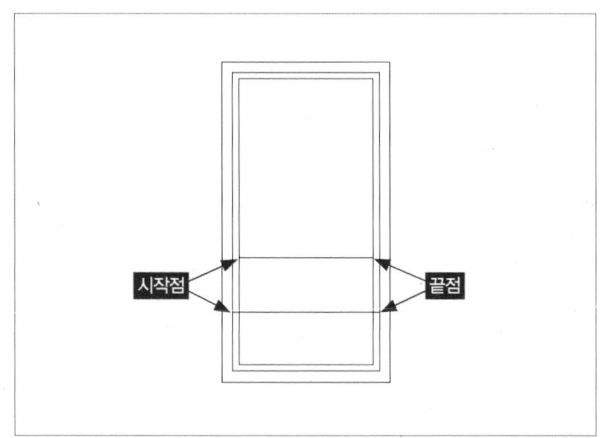

05 호(ARC) 명령으로 호를 작도합니다.

{호의 시작점 또는 [중심(C)] 지정:}에서 객체 스냅 '끝점 ✦'을 사용하여 안쪽 호의 시작점을 지정합니다.

{호의 두 번째 점 또는 [중심(C)/끝(E)] 지정:}에서 'E'를 입력합니다.

{호의 끝점 지정:}에서 객체 스냅 '끝점 ✦'을 사용하여 안쪽 호의 끝점을 지정합니다.

{호의 중심점 지정 또는 [각도(A)/방향(D)/반지름(R)]:}에서 반지름 옵션 'R'을 입력합니다.

{호의 반지름 지정:}에서 반지름 '325'를 입력합니다.

Enter 또는 Space bar 를 눌러 호 명령을 재실행합니다.

{호의 시작점 또는 [중심(C)] 지정:}에서 객체 스냅 '끝점 ✦'을 사용하여 바깥쪽 호의 시작점을 지정합니다.

{호의 두 번째 점 또는 [중심(C)/끝(E)] 지정:}에서 끝점 옵션 'E'를 입력합니다.

{호의 끝점 지정:}에서 객체 스냅 '끝점 ✦'을 사용하여 바깥쪽 호의 끝점을 지정합니다.

{호의 중심점 지정 또는 [각도(A)/방향(D)/반지름(R)]:}에서 반지름 옵션 'R'을 입력합니다.

{호의 반지름 지정:}에서 반지름 '354'를 입력합니다.

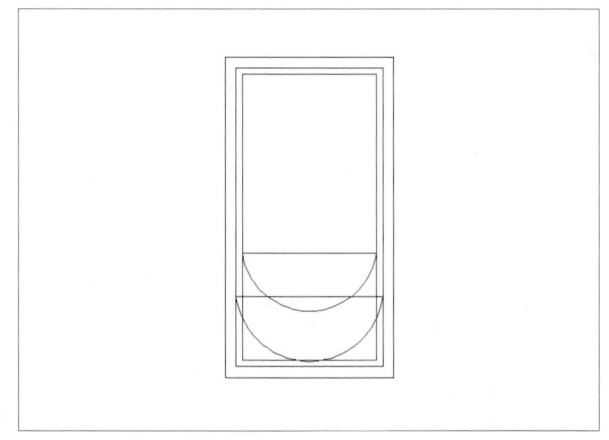

06 자르기(TRIM) 명령으로 불필요한 선을 자릅니다.
{현재 설정값: 투영=UCS 모서리=없음} {절단 모서리 선택 ...}
{객체 선택 또는 〈모두 선택〉:}에서 안쪽 호를 선택합니다. {1개를 찾음}
{객체 선택:}에서 바깥쪽 호를 선택합니다. {1개를 찾음, 총 2}
{객체 선택:}에서 Enter 또는 Space bar 를 눌러 선택을 종료합니다.
{자를 객체 선택 또는 Shift 키를 누른 채 선택하여 연장 또는 [울타리(F)/걸치기(C)/프로젝트(P)/모서리(E)/지우기(R)/명령취소(U)]:}에서 호의 바깥쪽 자를 선을 차례로 지정합니다. 다음 그림과 같이 잘립니다.

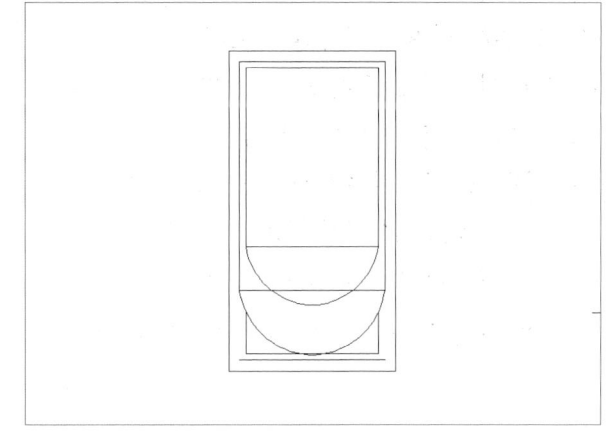

07 지우기(ERASE) 명령으로 불필요한 선을 지웁니다.
{객체 선택:}에서 차례로 객체를 선택하여 지웁니다. 다음 그림과 같이 작도됩니다.

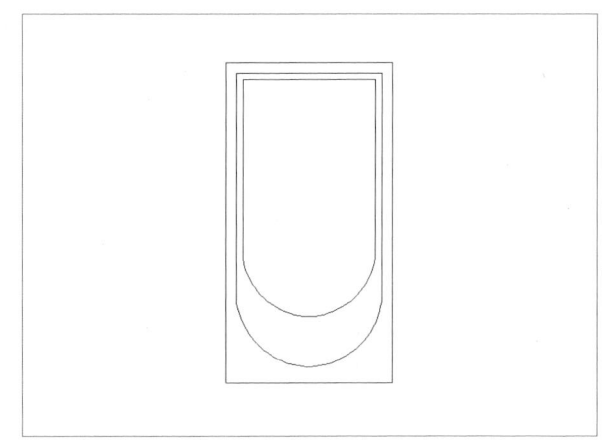

08 원을 작도하기 위해 간격 띄우기(OFFSET) 명령으로 보조선을 작도합니다.
{간격띄우기 거리 지정 또는 [통과점(T)/지우기(E)/도면층(L)] 〈1060.0000〉:}에서 간격 '120'을 입력합니다.
{간격띄우기할 객체 선택 또는 [종료(E)/명령취소(U)] 〈종료〉:}에서 가장 안쪽의 수평선을 선택합니다. {간격띄우기할 면의 점 지정 또는 [종료(E)/다중(M)/명령취소(U)] 〈종료〉:}에서 아래쪽 방향을 지정합니다.
{간격띄우기할 객체 선택 또는 [종료(E)/명령취소(U)] 〈종료〉:}에서 Enter 또는 Space bar 를 눌러 종료합니다.

Enter 또는 Space bar 를 눌러 간격 띄우기 명령을 재실행합니다.
{간격띄우기 거리 지정 또는 [통과점(T)/지우기(E)/도면층(L)] <120.0000>:}에서 간격 '320'을 입력합니다.
{간격띄우기할 객체 선택 또는 [종료(E)/명령취소(U)] <종료>:}에서 가장 안쪽의 왼쪽 수직선을 선택합니다.
{간격띄우기할 면의 점 지정 또는 [종료(E)/다중(M)/명령취소(U)] <종료>:}에서 오른쪽 방향을 지정합니다.
{간격띄우기할 객체 선택 또는 [종료(E)/명령취소(U)] <종료>:}에서 Enter 또는 Space bar 를 눌러 종료합니다.

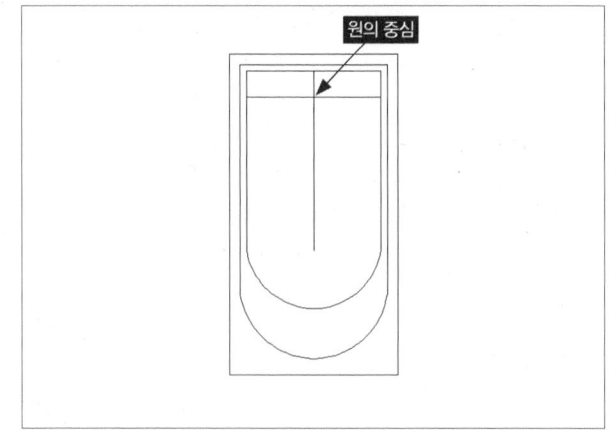

09 원(CIRCLE) 명령으로 배수구의 원을 작도한 후 지우기(ERASE) 명령으로 원을 작도하기 위해 간격을 띄운 보조선을 지웁니다.
{원에 대한 중심점 지정 또는 [3점(3P)/2점(2P)/Ttr - 접선 접선 반지름(T)]:}에서 객체 스냅 '중심점 ◎'을 이용하여 원의 중심점을 지정합니다.
{원의 반지름 지정 또는 [지름(D)]:}에서 반지름 '25'을 입력합니다.
'지우기(ERASE) ✐' 명령으로 보조선을 지웁니다.

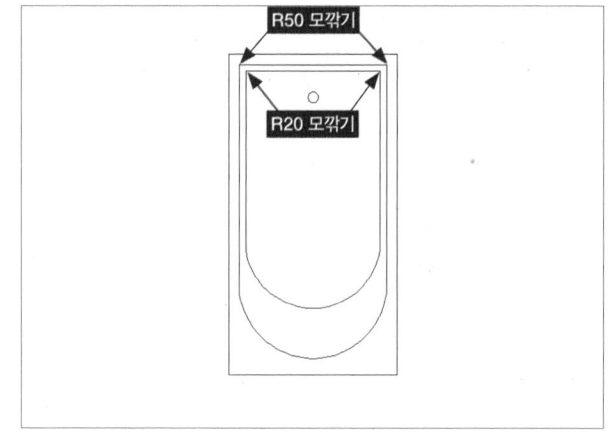

10 모깎기(FILLET) 명령으로 모서리를 매끄럽게 처리합니다.
{첫 번째 객체 선택 또는 [명령취소(U)/폴리선(P)/반지름(R)/자르기(T)/다중(M)]:}에서 반지름을 지정하기 위해 'R'을 입력합니다.
{모깎기 반지름 지정 <0.0000>:}에서 반지름 '50'을 입력합니다.
{첫 번째 객체 선택 또는 [명령취소(U)/폴리선(P)/반지름(R)/자르기(T)/다중(M)]:}에서 모깎기할 첫 번째 선을 선택합니다. {두 번째 객체 선택 또는 Shift 키를 누른 채 선택하여 구석 적용:}에서 모깎기할 두 번째 선을 선택합니다.

[Enter] 또는 [Space bar]를 눌러 모깎기 명령을 재실행합니다.
{현재 설정값: 모드 = TRIM, 반지름 = 50.0000}
{첫 번째 객체 선택 또는 [명령취소(U)/폴리선(P)/반지름(R)/자르기(T)/다중(M)]:}에서 모깎기할 첫 번째 선을 선택합니다. {두 번째 객체 선택 또는 Shift 키를 누른 채 선택하여 구석 적용:}에서 모깎기 할 두 번째 선을 선택합니다.

[Enter] 또는 [Space bar]를 눌러 모깎기 명령을 재실행합니다.
{첫 번째 객체 선택 또는 [명령취소(U)/폴리선(P)/반지름(R)/자르기(T)/다중(M)]:}에서 반지름을 지정하기 위해 'R'을 입력합니다.
{모깎기 반지름 지정 <50.0000>:}에서 반지름 '20'을 입력합니다.
{첫 번째 객체 선택 또는 [명령취소(U)/폴리선(P)/반지름(R)/자르기(T)/다중(M)]:}에서 모깎기할 첫 번째 선을 선택합니다. {두 번째 객체 선택 또는 Shift 키를 누른 채 선택하여 구석 적용:}에서 모깎기 할 두 번째 선을 선택합니다.

[Enter] 또는 [Space bar]를 눌러 모깎기 명령을 재실행합니다.
{첫 번째 객체 선택 또는 [명령취소(U)/폴리선(P)/반지름(R)/자르기(T)/다중(M)]:}에서 모깎기 할 첫 번째 선을 선택합니다. {두 번째 객체 선택 또는 Shift 키를 누른 채 선택하여 구석 적용:}에서 모깎기 할 두 번째 선을 선택합니다. 다음 그림과 같이 모깎기가 됩니다.

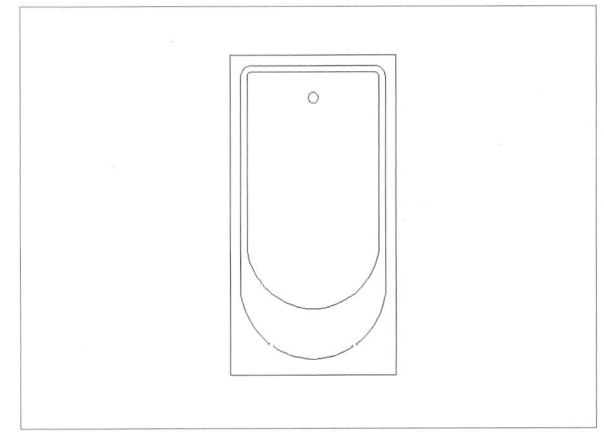

11 선(LINE) 명령으로 배수구의 원과 각 모서리를 연결합니다. 다음 그림과 같이 욕조가 완성됩니다.

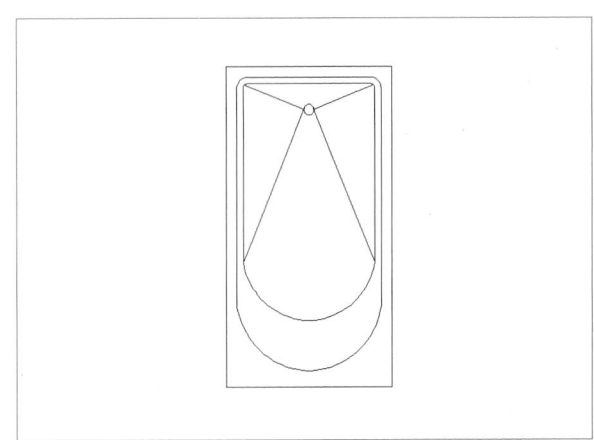

2 세면기와 대변기

다음 그림과 같은 세면기와 대변기 일체형 위생기기를 작도하겠습니다. '위생'이라는 도면층(LAYER)에 작도하겠습니다. 주어지지 않은 치수는 도면의 균형에 맞게 임의로 지정합니다.

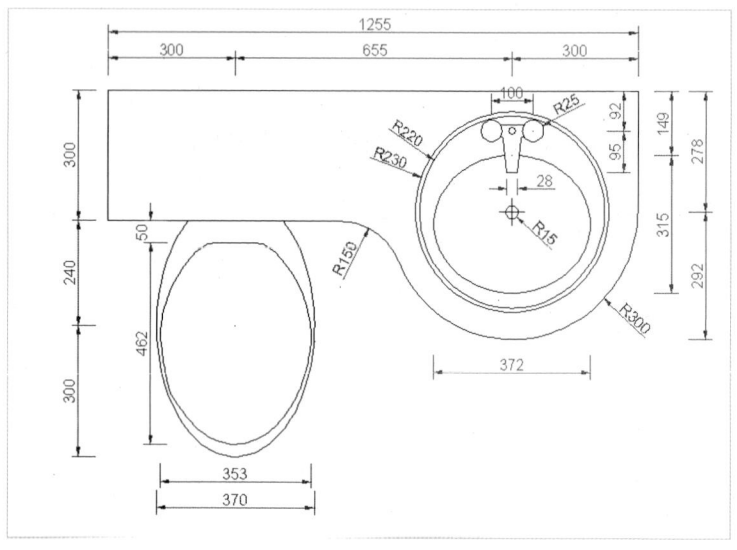

01 먼저, 도면의 범위(한계)는 소변기를 그릴 수 있는 크기로 지정합니다. 다음으로 '위생'이라는 도면층(LAYER)을 작성합니다. 색상은 '파란색(BLUE)'으로 지정합니다.

02 선(LINE) 명령으로 기준선을 작도합니다. 수직으로 '300', 수평으로 '1255' 길이의 선을 작도합니다.

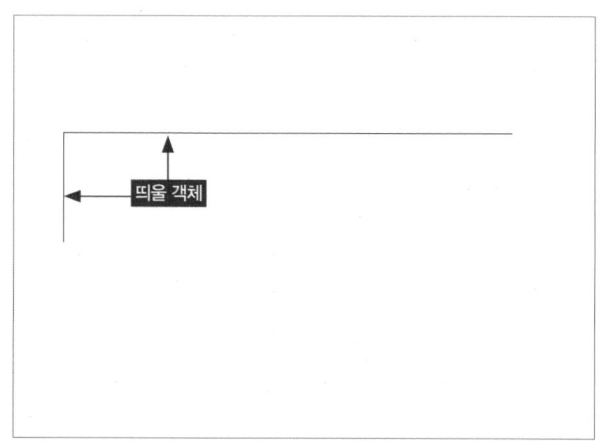

03 간격 띄우기(OFFSET) 명령으로 간격을 띄웁니다.
{간격띄우기 거리 지정 또는 [통과점(T)/지우기(E)/도면층(L)] 〈통과점〉:}에서 간격 '300'을 입력합니다.

{간격띄우기할 객체 선택 또는 [종료(E)/명령취소(U)] <종료>:}에서 수직선을 선택합니다.
{간격띄우기할 면의 점 지정 또는 [종료(E)/다중(M)/명령취소(U)] <종료>:}에서 오른쪽 방향을 지정합니다.
{간격띄우기할 객체 선택 또는 [종료(E)/명령취소(U)] <종료>:}에서 [Enter] 또는 [Space bar]를 눌러 종료합니다.
동일한 방법으로 수직선을 간격 '655', '300'을 차례로 띄웁니다.
[Enter] 또는 [Space bar]를 눌러 간격 띄우기 명령을 재실행합니다.
{간격띄우기 거리 지정 또는 [통과점(T)/지우기(E)/도면층(L)] <300.0000>:}에서 간격 '278'(원의 중심점을 잡기 위함)을 입력합니다.
{간격띄우기할 객체 선택 또는 [종료(E)/명령취소(U)] <종료>:}에서 수평선을 선택합니다.
{간격띄우기할 면의 점 지정 또는 [종료(E)/다중(M)/명령취소(U)] <종료>:}에서 아래쪽 방향을 지정합니다.
{간격띄우기할 객체 선택 또는 [종료(E)/명령취소(U)] <종료>:}에서 [Enter] 또는 [Space bar]를 눌러 종료합니다.
[Enter] 또는 [Space bar]를 눌러 간격 띄우기 명령을 재실행합니다.
{간격띄우기 거리 지정 또는 [통과점(T)/지우기(E)/도면층(L)] <278.0000>:}에서 간격 '300'을 입력합니다.
{간격띄우기할 객체 선택 또는 [종료(E)/명령취소(U)] <종료>:}에서 수평선을 선택합니다.
{간격띄우기할 면의 점 지정 또는 [종료(E)/다중(M)/명령취소(U)] <종료>:}에서 아래쪽 방향을 지정합니다.
{간격띄우기할 객체 선택 또는 [종료(E)/명령취소(U)] <종료>:}에서 [Enter] 또는 [Space bar]를 눌러 종료합니다.

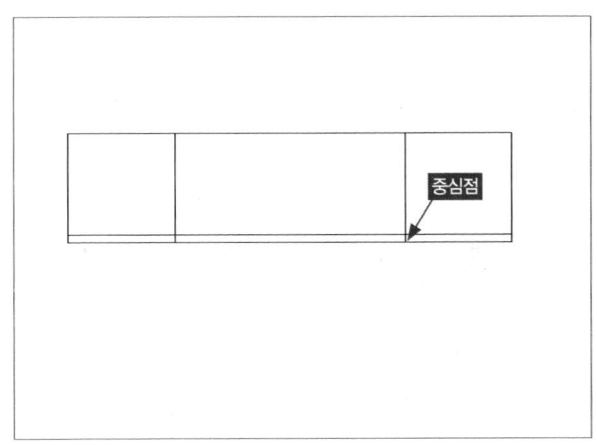

04 원(CIRCLE) 명령으로 원을 작도합니다. 원은 반지름이 '220', '230', '300'입니다.

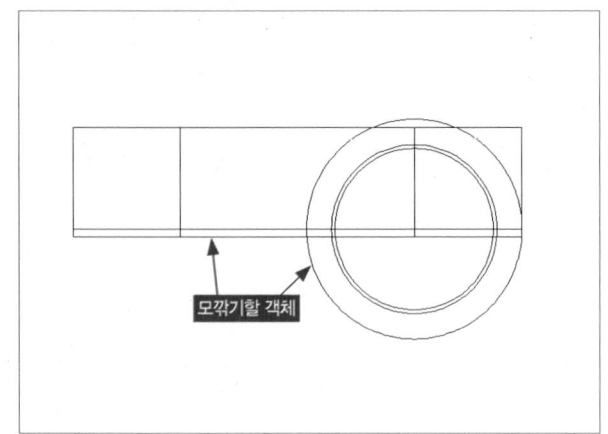

05 모깎기(CHAMFER) 명령으로 모깎기를 합니다.
{첫 번째 객체 선택 또는 [명령취소(U)/폴리선(P)/반지름(R)/자르기(T)/다중(M)]:}에서 반지름을 지정하기 위해 'R'을 입력합니다.
{모깎기 반지름 지정 <0.0000>:}에서 반지름 '150'을 입력합니다.
{첫 번째 객체 선택 또는 [명령취소(U)/폴리선(P)/반지름(R)/자르기(T)/다중(M)]:}에서 아래쪽 수평선을 지정합니다.
{두 번째 객체 선택 또는 Shift 키를 누른 채 선택하여 구석 적용:}에서 반지름이 '300'인 호를 지정합니다. 다음 그림과 같이 모깎기가 됩니다.

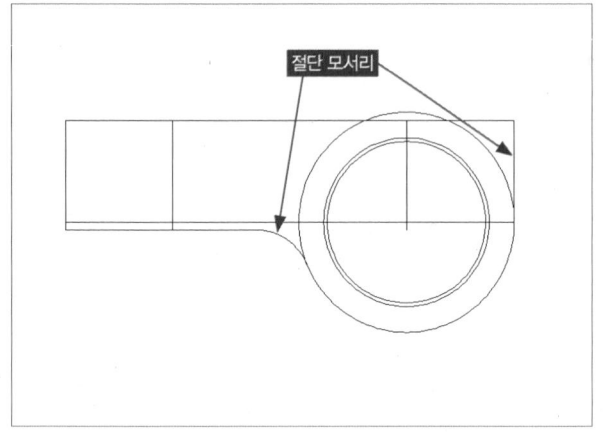

06 자르기(TRIM) 명령으로 원의 절반을 자릅니다.
{객체 선택 또는 <모두 선택>:}에서 오른쪽 수직선을 선택합니다. {1개를 찾음}
{객체 선택:}에서 모깎기한 호를 선택합니다. {1개를 찾음, 총 2}
{객체 선택:}에서 Enter 또는 Space bar 를 눌러 선택을 종료합니다.
{자를 객체 선택 또는 Shift 키를 누른 채 선택하여 연장 또는 [울타리(F)/걸치기(C)/프로젝트(P)/모서리(E)/지우기(R)/명령취소(U)]:}에서 반지름이 '300'인 원의 위쪽을 선택합니다.

{자를 객체 선택 또는 Shift 키를 누른 채 선택하여 연장 또는 [울타리(F)/걸치기(C)/프로젝트(P)/모서리(E)/지우기(R)/명령취소(U)]:}에서 [Enter] 또는 [Space bar]를 눌러 종료합니다.

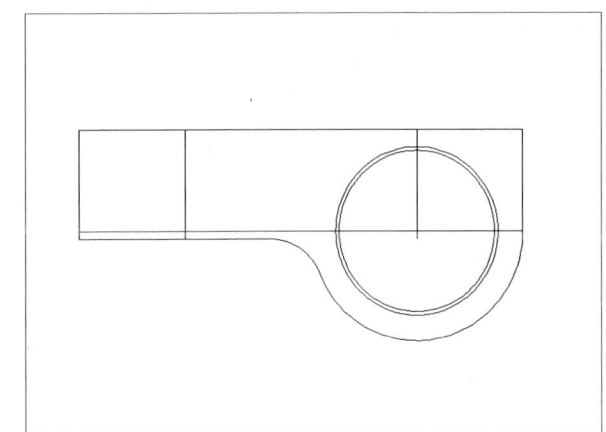

07 지금부터 세면기의 수도꼭지를 작도하겠습니다. 수도꼭지를 작도하기 위해 다음 그림과 같이 간격 띄우기(OFFSET) 명령으로 보조선을 작도합니다.

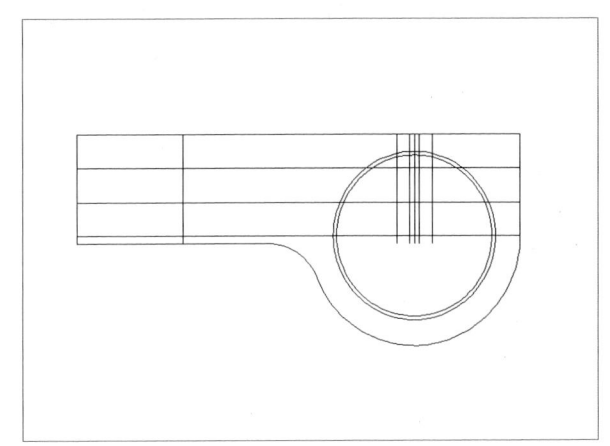

08 원(CIRCLE) 명령으로 반지름 '25'인 원을 작도합니다. 가운데 원의 반지름은 '10'으로 작도합니다.

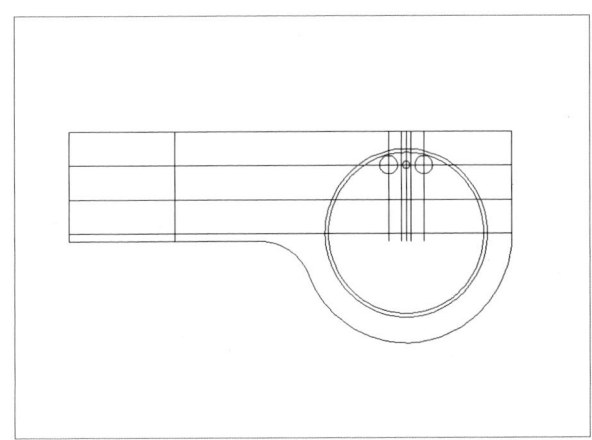

09 수도꼭지 부분을 확대한 후 선(LINE) 명령으로 다음 그림과 같이 선을 작도합니다.

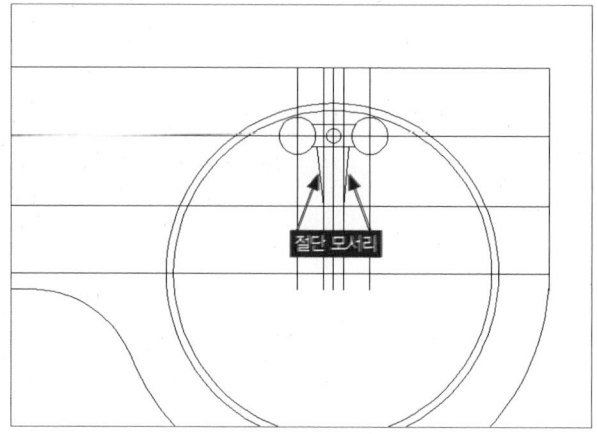

10 자르기(TRIM) 명령으로 다음 그림과 같이 자릅니다.

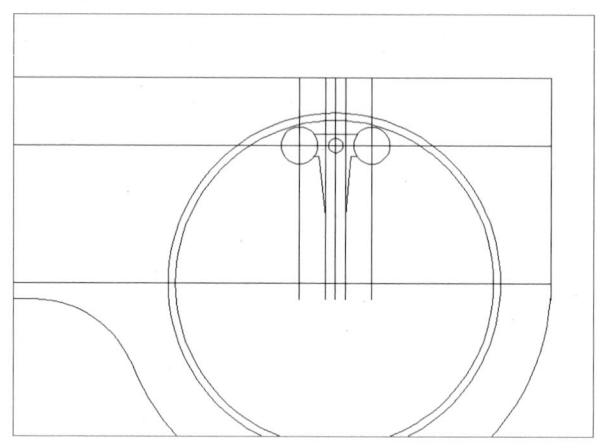

11 지우기(ERASE) 명령으로 불필요한 보조선을 지웁니다.

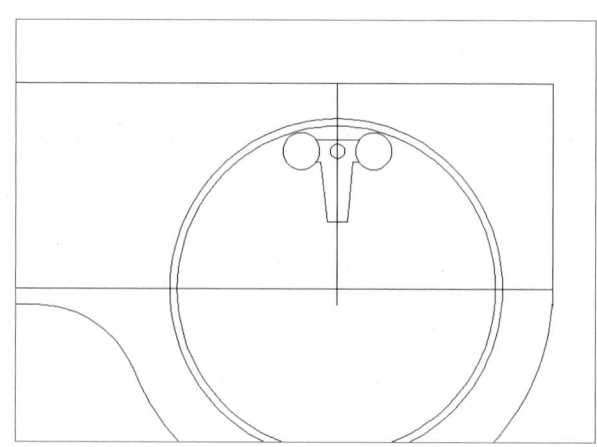

12 세면기 안쪽의 타원을 작도하도록 하겠습니다. 먼저 타원을 작도하기 위해 간격 띄우기(OFFSET) 명령으로 간격을 띄웁니다. 띄울 간격은 수직선을 기준으로 양쪽으로 '186', 수평선을 기준으로 양쪽으로 '157.5'씩 띄웁니다.

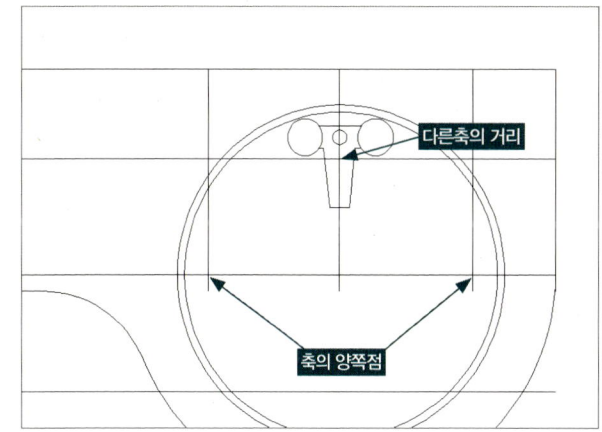

13 타원(ELLIPSE) 명령으로 타원을 작도합니다. 타원 명령을 실행합니다. 명령어 'ELLIPSE' 또는 단축키 'EL'를 입력하거나 '홈' 탭의 '그리기' 패널 또는 도구막대에서 ⊙을 클릭합니다.
{타원의 축 끝점 지정 또는 [호(A)/중심(C)]:}에서 객체 스냅 '교차점 ✕'을 이용하여 축의 끝점을 지정합니다.
{축의 다른 끝점 지정:}에서 객체 스냅 '교차점 ✕'을 이용하여 축의 반대편 끝점을 지정합니다.
{다른 축으로 거리를 지정 또는 [회전(R)]:}에서 객체 스냅 '교차점 ✕'을 이용하여 다른 축의 거리를 지정합니다.

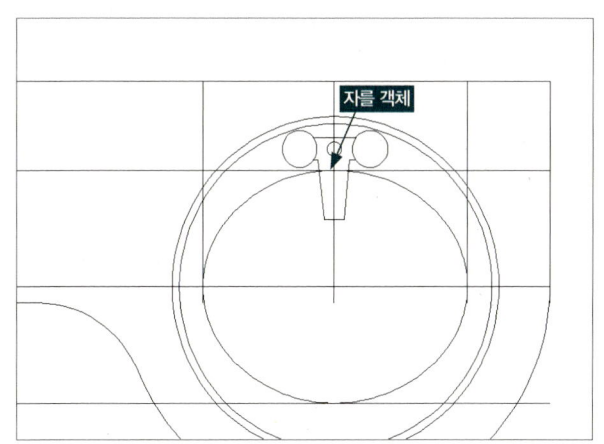

【타원(ELLIPSE)】

원은 어느 방향이든 동일한 길이의 축으로 이루어진 객체인데 반해 타원은 하나 이상의 축으로 이루어진 원입니다. 앞에서 작도한 타원은 한 축의 지름과 다른 한 축의 반지름(거리)을 지정하여 타원을 작도한 것입니다.

명령 : ELLIPSE(단축키 : EL)   아이콘 버튼 : ⊙

명령 흐름 : 두 축을 지정하여 타원을 작도합니다.

타원형의 호를 작도하겠습니다.
(1) '홈' 탭의 '그리기' 패널 또는 도구막대에서 아이콘 버튼 '타원 호 ⊙' 또는 타원 작도의 {타원의 축 끝점 지정 또는 [호(A)/중심(C)]:}에서 'A'를 입력합니다.

{타원 호의 축 끝점 지정 또는 [중심(C)]:}에서 '300,200'을 입력합니다.
{축의 다른 끝점 지정:}에서 반대편 축을 상대좌표 '@200<0'을 입력합니다.
{다른 축으로 거리를 지정 또는 [회전(R)]:}에서 다른 축의 거리 '50'을 입력합니다.
{시작점 지정 또는 [매개변수(P)]:}에서 다음 그림과 같이 '직교' 모드를 켠 후 커서를 0도 방향(3시 방향)으로 맞춘 후 클릭합니다.

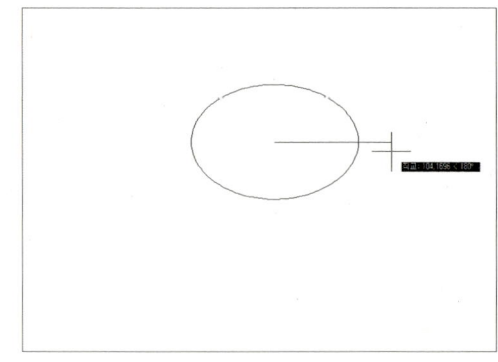

(2) {끝각도를 지정 또는 [매개변수(P)/사이각(I)]:}에서 다음 그림과 같이 270도 방향(6시 방향)으로 맞춘 후 클릭합니다.

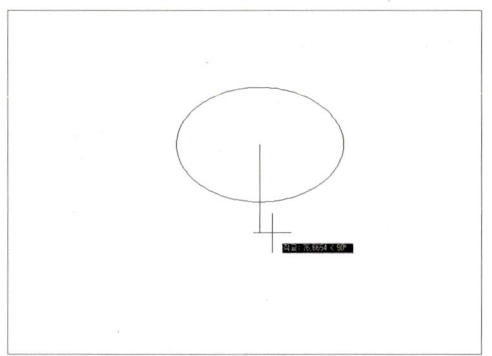

다음 그림과 같이 한 축의 길이가 '200', 다른 한 축이 '100'이며 0도에서 270도 방향인 타원형 호가 작도됩니다.

옵션 설명

{타원의 축 끝점 지정 또는 [호(A)/중심(C)]:}

- **중심(C)** : 중심점을 기준으로 타원을 작도합니다. 이 옵션을 선택하면 {타원의 중심 지정:}, {축의 끝점 지정:}, {다른 축으로 거리를 지정 또는 [회전(R)]:}의 순서로 지정합니다.
- **회전(R)** : 첫 번째 축을 기준으로 원을 회전시켜 타원의 장축과 단축 비율을 정의합니다. 값이 클수록(0에서 89.4도 사이의 값) 장축에 대한 단축의 비율이 커집니다. '0'을 입력하면 원이 됩니다. {장축 주위로 회전 지정:}에서 각도를 입력합니다.

14 자르기(TRIM) 명령으로 꼭지 사이의 타원을 자르고 지우기(ERASE) 명령으로 보조선을 지웁니다. 원(CIRCLE) 명령으로 중심에 반지름 '15'인 원을 작도합니다.

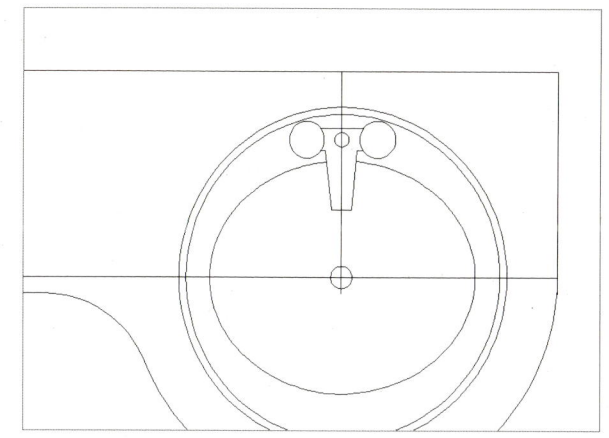

15 지금부터 변기를 작도하겠습니다. 먼저 안쪽 타원을 그리기 위해 간격 띄우기(OFFSET) 명령으로 보조선을 작도하고, 연장(EXTEND) 명령으로 수직선을 연장합니다.

간격 띄우기(OFFSET) 명령을 실행합니다.

{간격띄우기 거리 지정 또는 [통과점(T)/지우기(E)/도면층(L)] <240.0000>:}에서 간격 '256'을 입력합니다.

{간격띄우기할 객체 선택 또는 [종료(E)/명령취소(U)] <종료>:}에서 아래쪽 수평선을 선택합니다. {간격띄우기할 면의 점 지정 또는 [종료(E)/다중(M)/명령취소(U)] <종료>:}에서 아래쪽 방향을 지정합니다.

{간격띄우기할 객체 선택 또는 [종료(E)/명령취소(U)] <종료>:}에서 Enter 또는 Space bar를 눌러 종료합니다.

연장(EXTEND) 명령을 실행합니다.

{객체 선택 또는 <모두 선택>:}에서 직전에 간격 띄운 수평선을 선택합니다. {1개를 찾음} {객체 선택:}에서 Enter 또는 Space bar를 눌러 선택을 종료합니다.

{연장할 객체 선택 또는 Shift 키를 누른 채 선택하여 자르기 또는 [울타리(F)/걸치기(C)/프로젝트(P)/모서리(E)/명령취소(U)]:}에서 수직선을 선택합니다.

{연장할 객체 선택 또는 Shift 키를 누른 채 선택하여 자르기 또는 [울타리(F)/걸치기(C)/프로젝트(P)/모서리(E)/명령취소(U)]:}에서 Enter 또는 Space bar를 눌러 종료합니다.

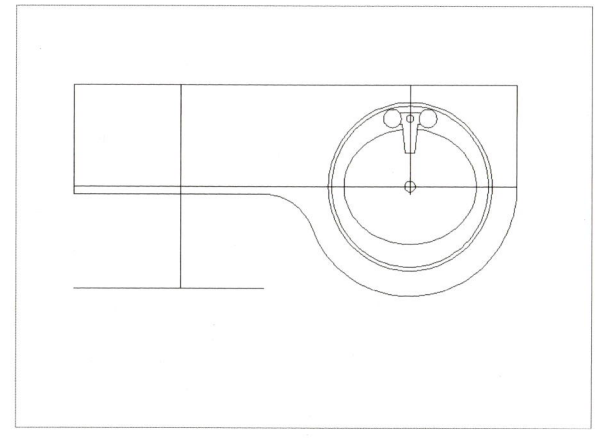

16 간격 띄우기(OFFSET) 명령으로 수직선을 양쪽으로 띄웁니다.
{간격띄우기 거리 지정 또는 [통과점(T)/지우기(E)/도면층(L)] <256.0000>:}에서 간격 '176.5'를 입력합니다.
{간격띄우기할 객체 선택 또는 [종료(E)/명령취소(U)] <종료>:}에서 수직선을 선택합니다.
{간격띄우기할 면의 점 지정 또는 [종료(E)/다중(M)/명령취소(U)] <종료>:}에서 오른쪽을 지정합니다.
{간격띄우기할 객체 선택 또는 [종료(E)/명령취소(U)] <종료>:}에서 수직선을 선택합니다.
{간격띄우기할 면의 점 지정 또는 [종료(E)/다중(M)/명령취소(U)] <종료>:}에서 왼쪽을 지정합니다.
{간격띄우기할 객체 선택 또는 [종료(E)/명령취소(U)] <종료>:}에서 [Enter] 또는 [Space bar]를 눌러 종료합니다.

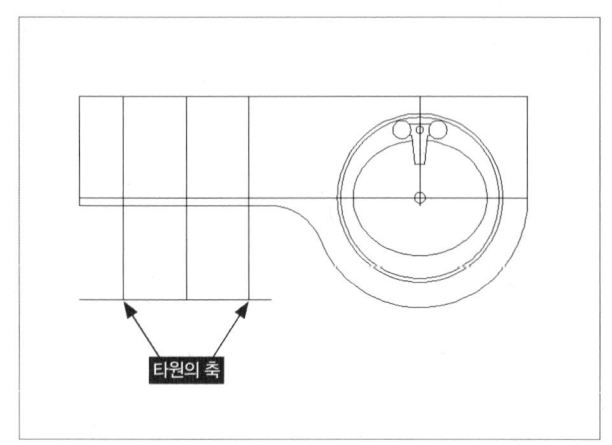

17 타원(ELLIPSE) 명령으로 타원을 작도합니다.
{타원의 축 끝점 지정 또는 [호(A)/중심(C)]:}에서 객체 스냅 '교차점 ✕'을 이용하여 첫 번째 끝점을 지정합니다.
{축의 다른 끝점 지정:}에서 객체 스냅 '교차점 ✕'을 이용하여 반대편 끝점을 지정합니다.
{다른 축으로 거리를 지정 또는 [회전(R)]:}에서 타원의 다른 축의 반지름 '@256<90'을 지정합니다.

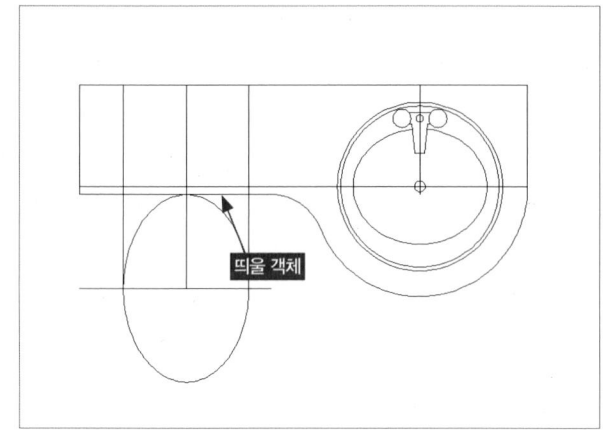

18 간격 띄우기(OFFSET) 명령으로 수직선을 양쪽으로 띄웁니다.
{간격띄우기 거리 지정 또는 [통과점(T)/지우기(E)/도면층(L)] <176.5000>:}에서 간격 '50'을 입력합니다.
{간격띄우기할 객체 선택 또는 [종료(E)/명령취소(U)] <종료>:}에서 본체의 아래쪽 수평선을 선택합니다. {간격띄우기할 면의 점 지정 또는 [종료(E)/다중(M)/명령취소(U)] <종료>:}에서 아래쪽 방향을 지정합니다.

{간격띄우기할 객체 선택 또는 [종료(E)/명령취소(U)] 〈종료〉:}에서 Enter 또는 Space bar 를 눌러 종료합니다.

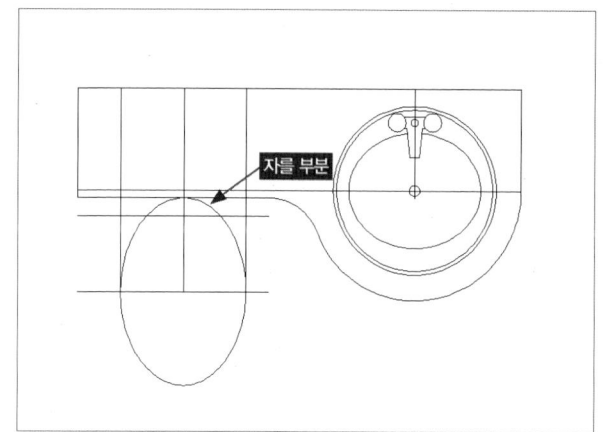

19 자르기(TRIM) 명령으로 타원의 위쪽을 자릅니다.
{객체 선택 또는 〈모두 선택〉:}에서 직전에 띄운 수평선을 선택합니다. {1개를 찾음}
{객체 선택:}에서 Enter 또는 Space bar 를 눌러 선택을 종료합니다.
{자를 객체 선택 또는 Shift 키를 누른 채 선택하여 연장 또는 [울타리(F)/걸치기(C)/프로젝트(P)/모서리(E)/지우기(R)/명령취소(U)]:}에서 타원의 위쪽을 선택합니다.
{자를 객체 선택 또는 Shift 키를 누른 채 선택하여 연장 또는 [울타리(F)/걸치기(C)/프로젝트(P)/모서리(E)/지우기(R)/명령취소(U)]:}에서 Enter 또는 Space bar 를 눌러 종료합니다.

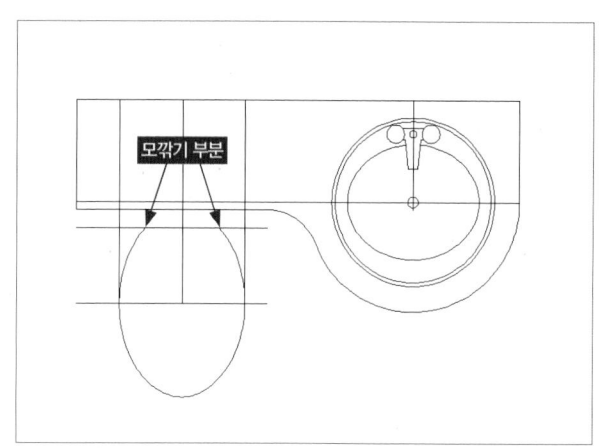

20 모깎기(FILLET) 명령으로 자르기 한 타원을 매끄럽게 처리합니다.
{첫 번째 객체 선택 또는 [명령취소(U)/폴리선(P)/반지름(R)/자르기(T)/다중(M)]:}에서 반지름을 지정하기 위해 'R'을 입력합니다.
{모깎기 반지름 지정 〈150.0000〉:}에서 '50'을 입력합니다.
{첫 번째 객체 선택 또는 [명령취소(U)/폴리선(P)/반지름(R)/자르기(T)/다중(M)]:}에서 타원의 한쪽을 지정합니다.
{두 번째 객체 선택 또는 Shift 키를 누른 채 선택하여 구석 적용:}에서 타원 위쪽의 수평선을 선택합니다.
Enter 또는 Space bar 를 눌러 모깎기 명령을 재실행합니다.

{현재 설정값: 모드 = TRIM, 반지름 = 50.0000}
{첫 번째 객체 선택 또는 [명령취소(U)/폴리선(P)/반지름(R)/자르기(T)/다중(M)]:}에서 모깎기할 타원의 한쪽을 선택합니다.
{두 번째 객체 선택 또는 Shift 키를 누른 채 선택하여 구석 적용:}에서 타원의 위쪽 수평선을 선택합니다.

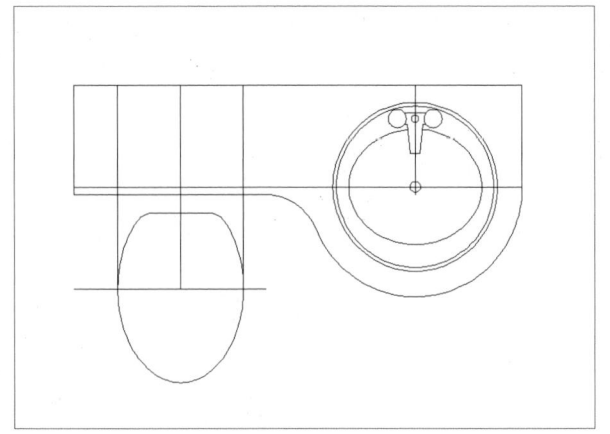

21 바깥쪽 타원을 그리기 위해 간격 띄우기(OFFSET) 명령으로 보조선을 작도합니다.
{간격띄우기 거리 지정 또는 [통과점(T)/지우기(E)/도면층(L)] <50.0000>:}에서 간격 '240'을 입력합니다.
{간격띄우기할 객체 선택 또는 [종료(E)/명령취소(U)] <종료>:}에서 본체의 수평선을 선택합니다. {간격띄우기할 면의 점 지정 또는 [종료(E)/다중(M)/명령취소(U)] <종료>:}에서 아래쪽 방향을 지정합니다.
{간격띄우기할 객체 선택 또는 [종료(E)/명령취소(U)] <종료>:}에서 Enter 또는 Space bar 를 눌러 종료합니다.
Enter 또는 Space bar 를 눌러 간격 띄우기 명령을 재실행합니다.
{간격띄우기 거리 지정 또는 [통과점(T)/지우기(E)/도면층(L)] <240.0000>:}에서 간격 '185'를 입력합니다.
{간격띄우기할 객체 선택 또는 [종료(E)/명령취소(U)] <종료>:}에서 수직 중심선을 선택합니다. {간격띄우기할 면의 점 지정 또는 [종료(E)/다중(M)/명령취소(U)] <종료>:}에서 오른쪽 방향을 지정합니다.
동일한 간격으로 수직선을 왼쪽 방향으로 띄웁니다.
{간격띄우기할 객체 선택 또는 [종료(E)/명령취소(U)] <종료>:}에서 Enter 또는 Space bar 를 눌러 종료합니다.

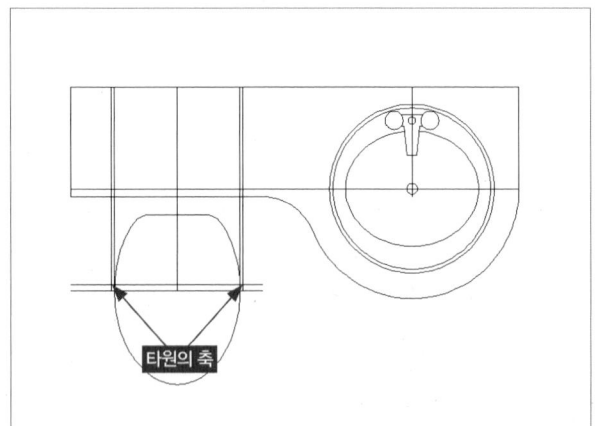

22 타원(ELLIPSE) 명령으로 타원을 작도합니다.
{타원의 축 끝점 지정 또는 [호(A)/중심(C)]:}에서 객체 스냅 '교차점 ✕'을 이용하여 첫 번째 끝점을 지정합니다.
{축의 다른 끝점 지정:}에서 객체 스냅 '교차점 ✕'을 이용하여 반대편 끝점을 지정합니다.
{다른 축으로 거리를 지정 또는 [회전(R)]:}에서 타원의 다른 축의 반지름 '@300<90'을 지정합니다.

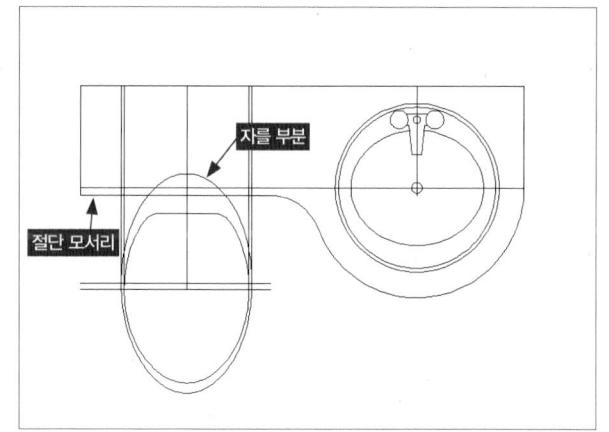

23 자르기(TRIM) 명령으로 타원의 위쪽을 자릅니다.
{객체 선택 또는 <모두 선택>:}에서 본체의 아래쪽 수평선을 선택합니다. {1개를 찾음}
{객체 선택:}에서 Enter 또는 Space bar 를 눌러 선택을 종료합니다.
{자를 객체 선택 또는 Shift 키를 누른 채 선택하여 연장 또는 [울타리(F)/걸치기(C)/프로젝트(P)/모서리(E)/지우기(R)/명령취소(U)]:}에서 타원의 위쪽을 선택합니다.
{자를 객체 선택 또는 Shift 키를 누른 채 선택하여 연장 또는 [울타리(F)/걸치기(C)/프로젝트(P)/모서리(E)/지우기(R)/명령취소(U)]:}에서 Enter 또는 Space bar 를 눌러 종료합니다.

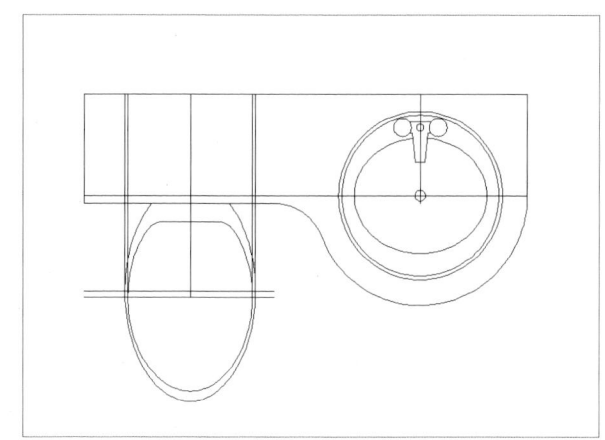

24 지우기(ERASE)로 보조선을 지웁니다.

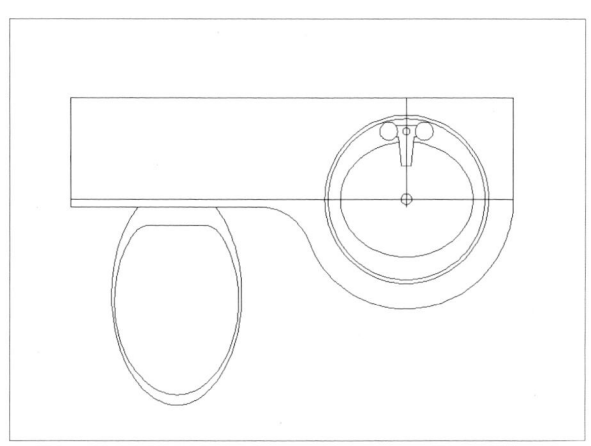

25 그립(맞물림)을 이용하여 세면의의 배수구 중심선을 완성합니다.

배수구를 지나는 수평선을 선택합니다. 먼저, 객체 스냅이 잡히지 않도록 끕니다. 다음 그림과 같이 선이 파선으로 바뀌며 양끝과 중심에 그립(맞물림)이 표시됩니다. 왼쪽 끝점을 마우스로 선택하면 빨간색으로 바뀝니다. 이때 끝점을 이동하고자 하는 위치로 끌고 갑니다.

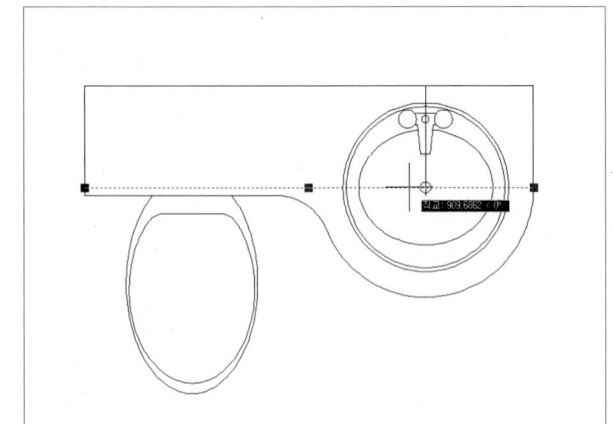

26 다음 그림과 같이 선의 끝점이 지정한 위치로 줄어듭니다. 오른쪽 끝점도 동일한 방법으로 줄입니다. Esc 키를 누르면 점선(하이라이트)이 실선으로 바뀝니다.

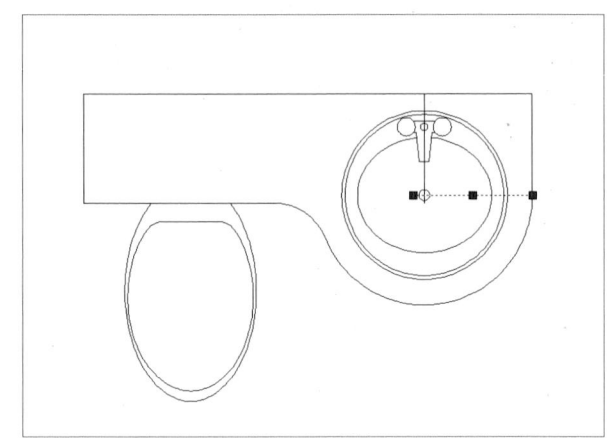

27 이번에는 수직선을 선택하여 그립이 나타나면 다음 그림과 같이 위쪽 끝점을 선택하여 배수구 가까이로 가져가서 맞춥니다.

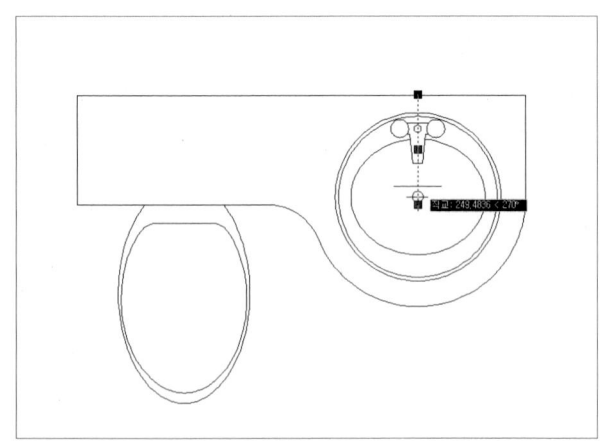

28 다음 그림과 같이 세면기와 대변기 일체형 위생기가 완성되었습니다.

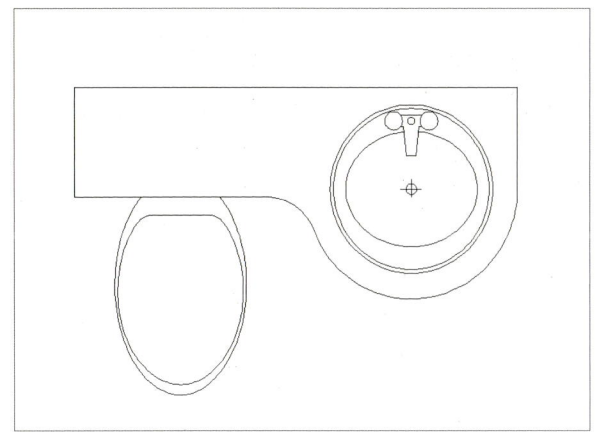

예제 도면 1 소변기

다음 그림과 같은 소변기를 작도합니다. 도면층은 '위생'입니다. 주어지지 않은 치수는 도면의 균형에 맞게 임의로 지정합니다.

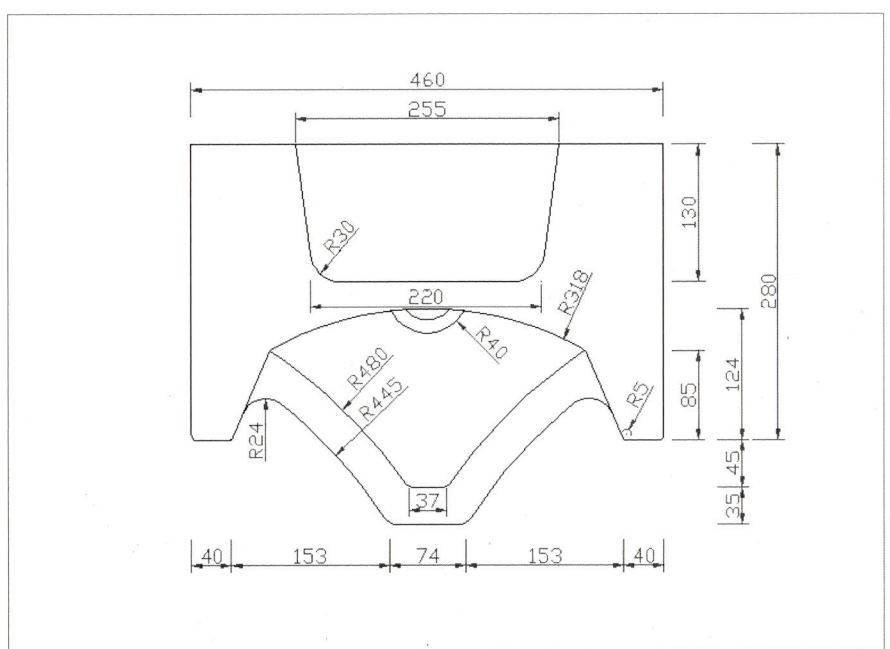

【선택된 항목 추가(ADDSELECTED)】

기하학적 값은 다르지만 선택한 객체와 유형 및 일반 특성이 같은 새 객체를 작성합니다.

명령 : ADDSELECTED(단축키 : EL)   아이콘 버튼 :

명령 흐름 : 객체를 선택하면 선택된 객체에 해당하는 명령이 실행됩니다.

(1) 앞에서 작성한 세면기와 대변기 일체형 위생기가 있다고 가정하겠습니다.

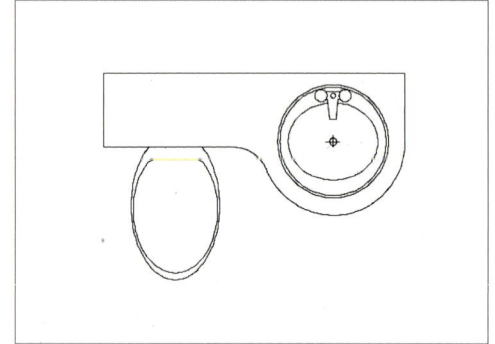

(2) '선택된 항목 추가(ADDSELECTED)' 명령을 실행합니다. 명령어 'ADDSELECTED'를 입력하거나 '그리기' 도구막대에서 을 클릭합니다.

{객체 선택:}에서 원을 선택합니다.

{_.circle}

{원에 대한 중심점 지정 또는 [3점(3P)/2점(2P)/Ttr - 접선 접선 반지름(T)]:}에서 원의 중심점을 지정합니다.

{원의 반지름 지정 또는 [지름(D)]:}에서 반지름 '100'을 입력합니다.

다음과 같이 반지름이 100인 원이 작도됩니다.

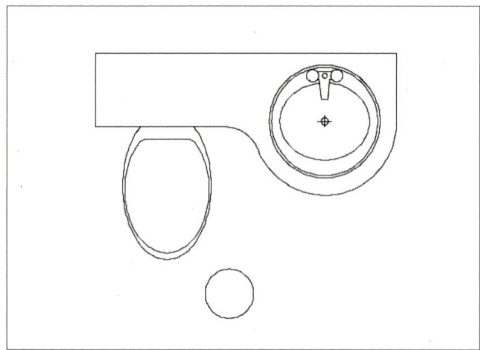

이와 같이 선택한 객체에 해당하는 명령을 실행합니다.

12; 도면 정보를 표시하는 치수 기입

AutoCAD 2015

도면에서 작성된 객체는 부품이나 건축물과 같이 실물로 만들어지는 경우가 많습니다. 이렇게 다양한 물건을 제작, 건설하기 위해서는 도면에 자세한 설명이 필요합니다. 치수 기입은 도면을 설명하기 위해 가장 일반적으로 사용하는 방법입니다.

1 치수 관련 용어 및 기호

치수 기입에는 많은 기호와 표식 방법을 사용합니다. 이에 따른 용어와 기호의 의미에 대해 알아보도록 하겠습니다.

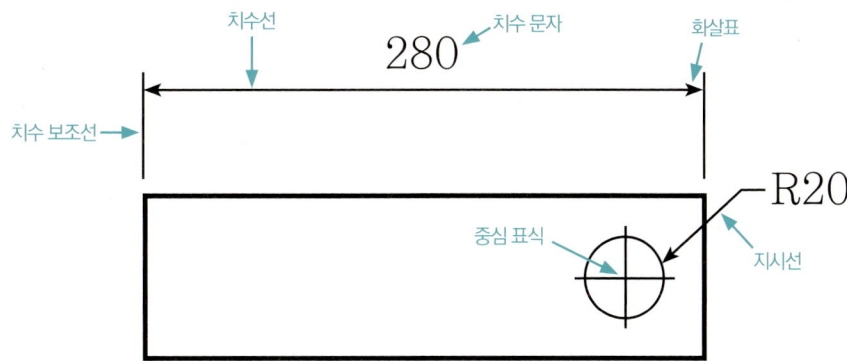

01. 치수선(Dimension Line)

길이나 각도를 표기하기 위해 측정하는 방향으로 평행하게 그은 선으로 한쪽 또는 양쪽에 화살표를 가진 선분입니다. 치수 보조선 사이의 간격이 좁은 경우는 바깥쪽에 작도할 수도 있습니다. 일반적으로 치수를 기입할 때는 양쪽 화살표의 치수선을 표기하고 사이에 치수를 기입하지만 설정에 따라서 한쪽 방향으로만 표기할 수도 있고 치수선을 표시하지 않을 수도 있습니다.

02. 치수 보조선(Extension Line)

치수선의 시작과 끝을 표시하는 보조선입니다. 치수선이 대상 도형의 바깥쪽에 표시되는 경우 치수선의 양끝에 직각으로 그려지는 선입니다. 설정에 따라서는 치수 보조선을 한쪽에만 표시할 수도 있으며, 양쪽 모두를 표기하지 않을 수도 있습니다.

03. 화살표(Arrows)

치수선 양끝 또는 지시선의 끝에 표시하는 화살 기호를 말합니다. 국가, 단체, 업계, 회사에 따라 사용되는 기호를 달리 합니다. AutoCAD는 다양한 기호를 제공하고 있으며 필요에 따라 사용자가 정의하여 사용할 수 있습니다.

04. 치수 문자(Dimension Text)

거리, 각도, 반경 등 실제 치수 또는 설명을 나타내는 문자를 말합니다.

05. 중심 표식(Center Mark)

원이나 호의 중심을 표시하는 마크를 말합니다. 십자선(+)이나 선으로 표시할 수 있으며, 설정에 따라서는 표시를 하지 않을 수도 있습니다.

06. 지시선(Leader)

'인출선'이라고도 하며 치수를 기입할 공간이 부족하여 치수 기입이 어려울 때 끌어 내는 선입니다. 예를 들어, 원이나 호의 치수를 기입할 때 너무 작아 치수 문자가 들어갈 수 없을 때 지시선으로 끌고 나와 치수 문자를 기입합니다.

07. 허용 오차(Tolerances)

제품을 가공할 때 기준 치수로부터 허용할 수 있는 상한값과 하한값(플러스/마이너스)으로 치수와 함께 기입합니다. 흔히 분산식 허용오차라고 합니다. 플러스와 마이너스의 오차량을 서로 다르게 기입하는 것도 가능합니다. 플러스와 마이너스 오차량을 같게 하면 '±' 기호를 표시해 주며, 그렇지 않으면 해당 부호가 따로 표시됩니다.

08. 두 단위 치수(Alternate Units)

치수를 두 가지 측정 단위로 동시에 기입하는 것을 말합니다. 즉, 십진 값과 인치 값을 동시에 기입하는 방법입니다.

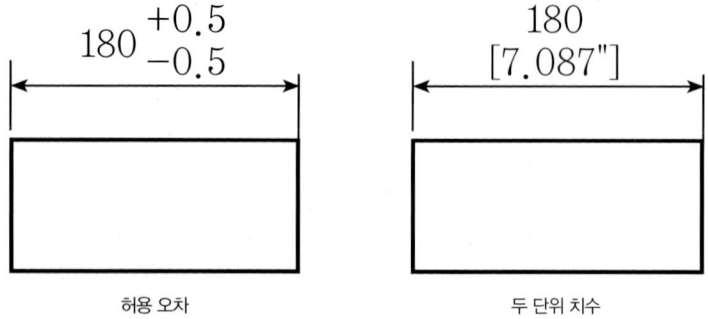

허용 오차   두 단위 치수

2 치수 스타일(유형)의 설정(DIMSTYLE)

치수 기입의 첫 단계는 치수 유형(스타일)을 설정하는 것입니다. 치수 기입을 위해 치수선, 치수 보조선, 화살표의 형상과 문자의 높이, 색상 등 속성을 설정하는 작업입니다.

명령 : DDIM 또는 DIMSTYLE(단축키 : D, DST)   메뉴 아이콘 :

또는 '치수' 패널의 오른쪽 끝에 있는 을 클릭합니다.

01. 치수 스타일 관리자

치수 스타일을 신규로 작성, 기존 스타일의 수정 및 재지정, 스타일과 스타일을 비교합니다.

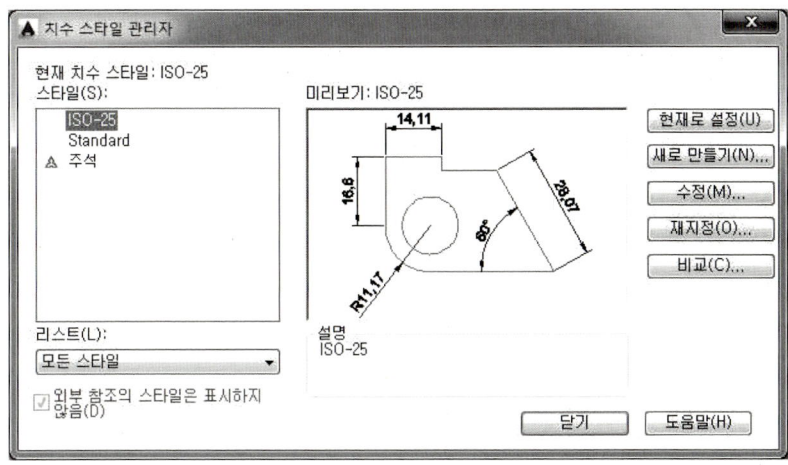

❶ **스타일(S)** : 현재 도면에 작성된 치수 스타일 목록이 표시됩니다. 이 목록에서 작업하고자 하는 스타일을 선택합니다. 스타일 이름 앞에 A 마크가 있는 스타일은 주석 스타일을 의미합니다.

❷ **미리 보기** : 선택한 스타일의 설정 상태를 이미지로 표시합니다.

❸ **리스트(L)** : '스타일(S)'에 표시되는 스타일의 조건을 선택(필터링)합니다.

❹ **설명** : 스타일에 대한 설명이 표시됩니다.

❺ **현재로 설정(U)** : 목록에서 선택한 스타일을 현재 스타일로 지정합니다.

❻ **새로 만들기(N)** : 새 치수 스타일 작성 대화상자가 표시되면서 새로운 치수 스타일을 작성합니다.

❼ **수정(M)** : 목록에서 선택한 기존의 치수 스타일을 수정합니다.

❽ **재지정(O)** : 특정 값을 재설정하여 그 값을 기존 치수 스타일에 적용합니다.

❾ **비교(C)** : 비교 대상 치수 스타일을 지정하여 각 항목별 설정 값을 표시합니다

[새로 만들기(N)] 또는 [수정(M)]을 지정하면 다음의 대화상자가 표시됩니다.

02. '선' 탭

치수선, 치수 보조선과 관련된 환경을 설정합니다.

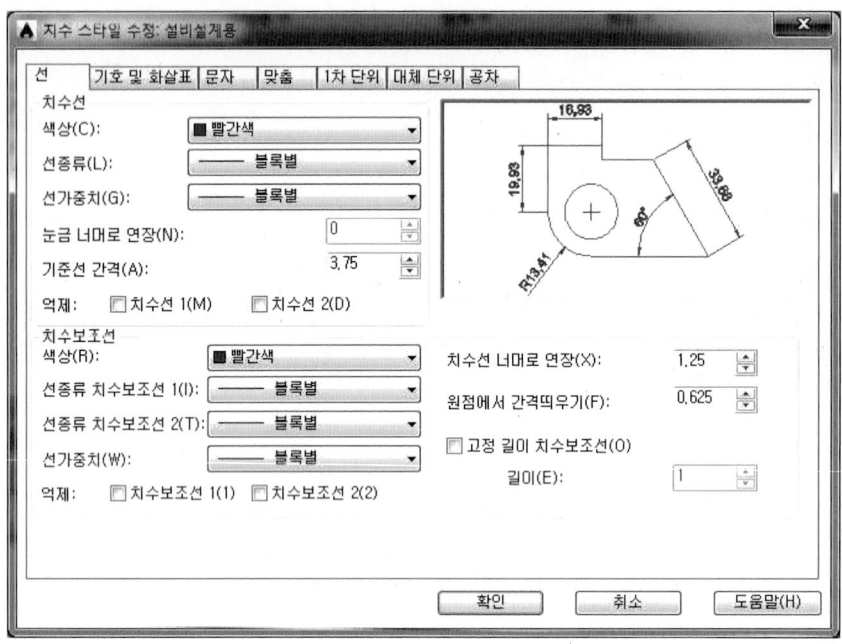

(1) 치수선 : 치수선의 환경을 설정합니다.

① 색상(C) : 치수선의 색상을 지정합니다(시스템 변수 DIMCLRD=BYBLOCK).

② 선 종류(L) : 치수선의 선 종류를 지정합니다(시스템 변수 없음).

③ 선 가중치(G) : 치수선의 선 가중치를 지정합니다(시스템 변수 DIMLWD).

④ 눈금 너머로 연장(N) : 화살표 모양을 '건축 눈금' 또는 '기울기'를 선택했을 때 치수선이 치수 보조선을 벗어나는 길이를 지정합니다(시스템 변수 DIMDLE=0).

⑤ 기준선 간격(A) : 기준선 치수를 기입할 때 치수선 사이의 간격을 지정합니다(시스템 변수 DIMDLI=0.375).

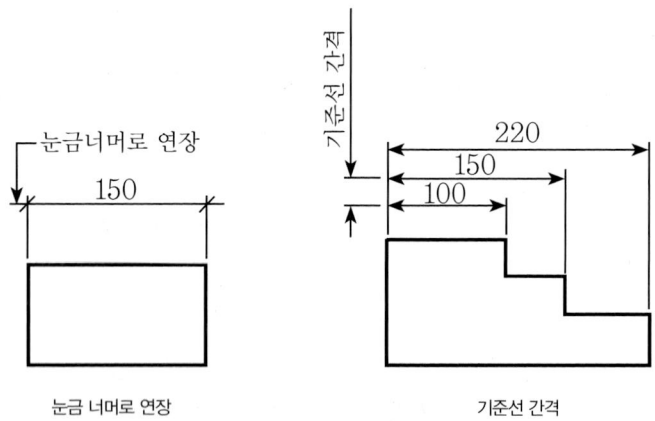

눈금 너머로 연장　　　　　　　　　기준선 간격

⑥ 억제 : 치수선의 억제를 지정합니다. '치수선 1'을 체크하면 첫 번째 지시한 쪽의 치수선이 표시되지 않습니다. 기본적으로 양쪽 모두 표시됩니다.

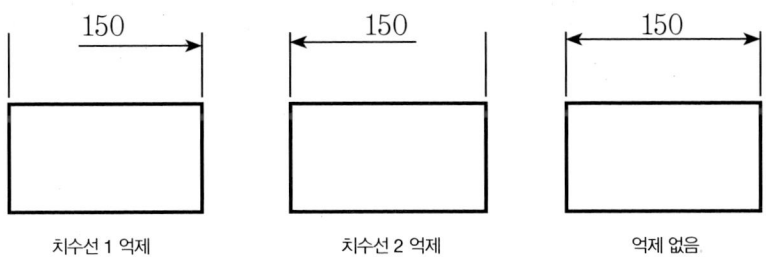

치수선 1 억제　　　　치수선 2 억제　　　　억제 없음

(2) 치수 보조선 : 치수 보조선의 환경을 설정합니다.

① 색상(R) : 치수 보조선의 색상을 지정합니다.

② 선종류 치수 보조선 1(I) : 첫 번째 치수 보조선의 선 종류를 설정합니다.

③ 선종류 치수 보조선 2(T) : 두 번째 치수 보조선의 선 종류를 설정합니다.

④ 선 가중치(W) : 치수 보조선의 선 가중치를 지정합니다(시스템 변수 DIMLWE)

⑤ 치수선 너머로 연장(X) : 치수 보조선이 치수선 밖으로 연장되는 거리를 지정합니다(시스템 변수 DIMEXE = 0.18).

⑥ 원점에서 간격 띄우기(F) : 측정 대상 객체에서 치수 보조선이 떨어지는 거리를 지정합니다(시스템 변수 DIMEXO = 0.0625).

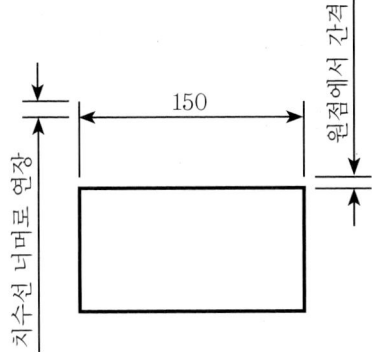

치수선 너머로 연장과 원점에서 간격 띄우기

⑦ 억제 : 치수 보조선의 억제를 제어합니다. 체크 상자에 체크를 하면 치수 보조선이 표시되지 않습니다. 기본은 양쪽 모두 표시됩니다.

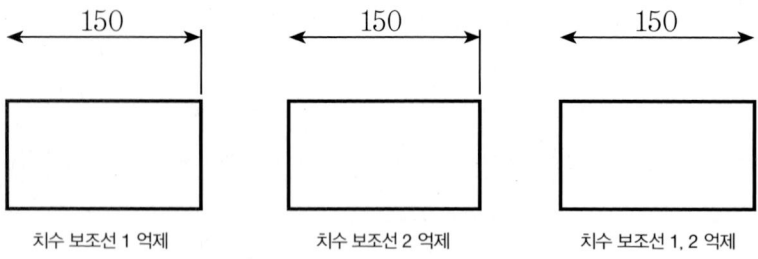

⑧ 고정 길이 치수 보조선 : 치수 보조선의 길이를 지정한 길이로 고정하고자 할 때 체크합니다.

03. '기호 및 화살표' 탭

화살촉, 화살표, 중심표식과 호, 반지름과 관련된 환경을 설정합니다.

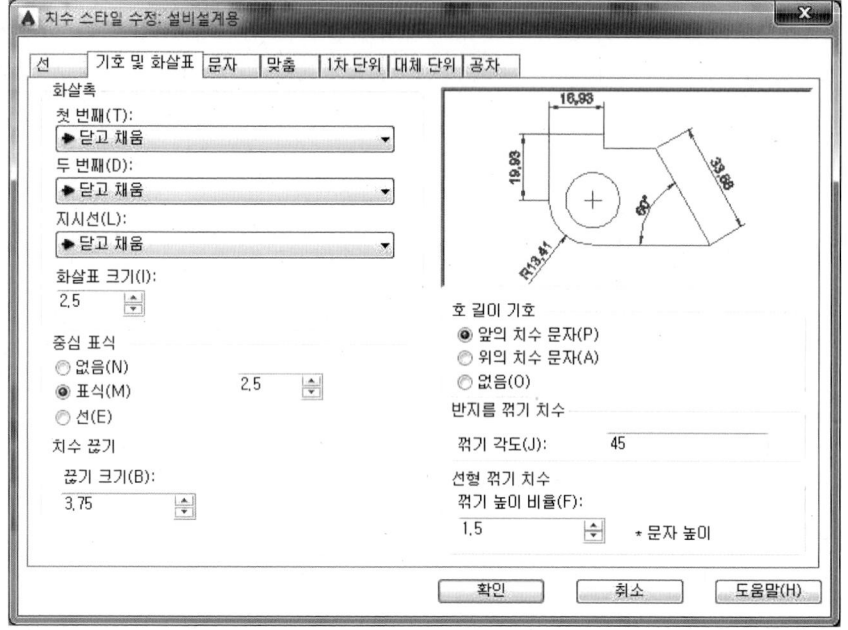

(1) 화살촉 : 화살표의 모양과 크기를 설정합니다.

① 첫 번째(T) : 첫 번째 화살표 모양을 목록 상자에서 선택합니다. 필요에 따라 사용자가 만들어서 정의할 수도 있습니다.

② 두 번째(D) : 두 번째 화살표 모양을 목록 상자에서 선택합니다. 필요에 따라 사용자가 만들어서 정의할 수도 있습니다.

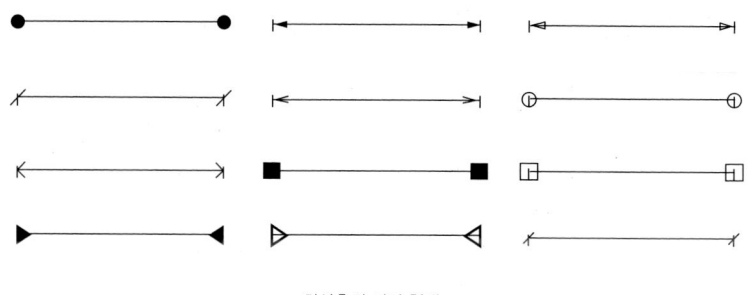

화살촉의 여러 형태

③ 지시선(L) : 지시선의 화살촉 모양을 목록 상자에서 선택합니다.

④ 화살표 크기(I) : 화살표의 크기를 지정합니다.

(2) 중심 표식 : 원이나 호의 중심 기호의 모양과 크기를 설정합니다.

① 없음(N) : 중심 표식을 하지 않습니다.(시스템 변수 DIMCEN = 0)

② 표식(M) : 중심 위치만 (+)모양으로 표시합니다.

③ 선(E) : 중심 표식을 원 또는 호의 위치까지 선으로 표시합니다.

④ 크기 : 중심 표식의 크기를 지정합니다.

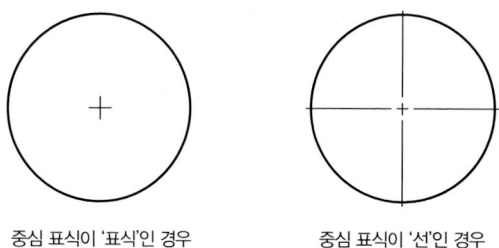

중심 표식이 '표식'인 경우　　중심 표식이 '선'인 경우

(3) 치수 끊기 : 치수 끊기의 간격 폭을 설정합니다. '끊기 크기(B)'에서 끊기의 폭을 설정합니다.

(4) 호 길이 기호 : 호 길이 치수의 원호 기호 표시를 설정합니다.

① 앞의 치수 문자(P) : 호 길이 기호를 치수 문자 앞에 배치합니다.

② 위의 치수 문자(A) : 호 길이 기호를 치수 문자 위에 배치합니다.

③ 없음(O) : 호 길이 기호를 표시하지 않습니다.

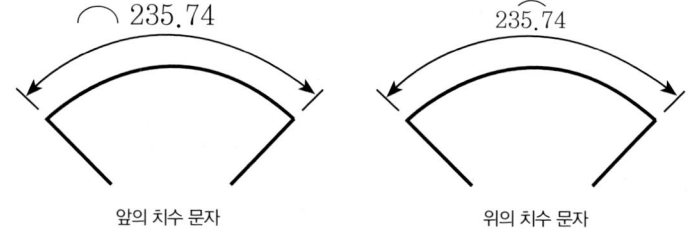

앞의 치수 문자　　위의 치수 문자

(5) 반지름 꺾기 치수 : 반지름 치수의 꺾기(지그재그) '각도(J)'를 설정합니다.

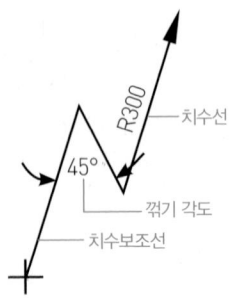

(6) 선형 꺾기 치수 : 선형 치수의 꺾기(지그재그)의 '꺾기 높이 비율(F)'을 설정합니다.

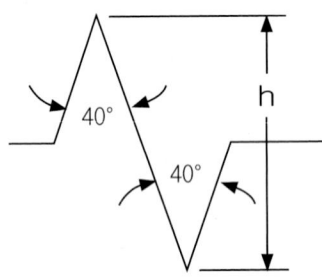

04. '문자' 탭

치수 문자의 스타일, 크기, 위치 등 치수 문자와 관련된 환경을 설정합니다.

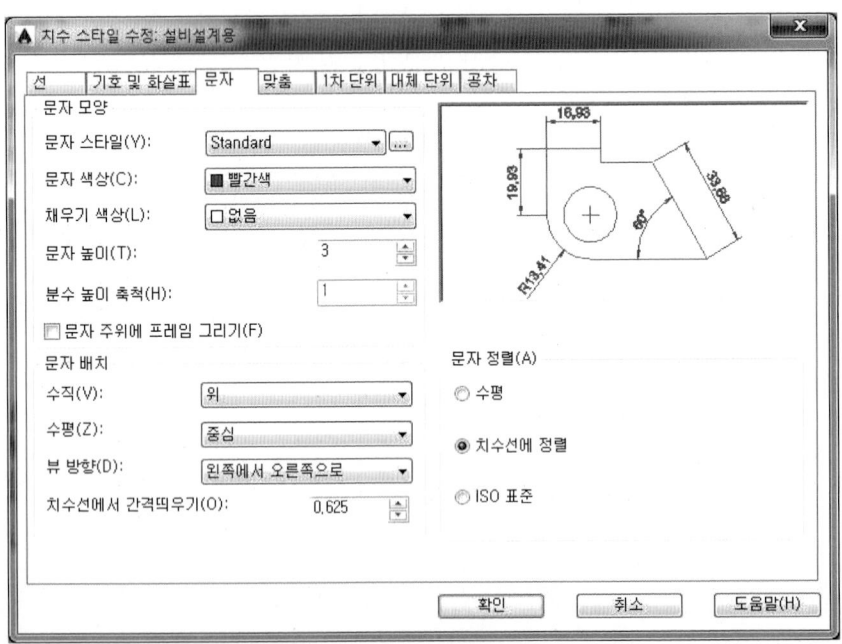

(1) 문자 모양 : 치수 문자의 스타일과 색상 등 문자의 모양과 관련된 환경을 설정합니다.

① 문자 스타일(Y) : 치수 문자의 스타일(STYLE)을 지정합니다. 자세한 내용은 '문자 스타일(STYLE)' 명령을 참조합니다.

② 문자 색상(C) : 치수 문자의 색상을 지정합니다.

③ 채우기 색상(L) : 치수의 문자 배경 색상을 설정합니다. 색상 목록 맨 아래에서 '색상 선택..'을 클릭하면 색상 선택 팔레트가 표시됩니다. 색상 이름 또는 번호를 입력할 수도 있습니다.

④ 문자 높이(T) : 치수 문자의 높이를 지정합니다.

⑤ 분수 높이 축척(H) : 1차 단위 탭에서 단위 형식을 분수로 지정했을 경우 분수 높이의 척도를 지정합니다.

⑥ 문자 주위에 프레임 그리기(F) : 치수 문자 주위를 사각형의 프레임을 작도합니다.

(2) 문자 배치 : 치수 문자의 배치 환경을 설정합니다.

① 수직(V) : 수직 방향의 치수 문자 배치 방법을 지정합니다.

② 수평(Z) : 수평 방향의 치수 문자 배치 방법을 지정합니다.

(a) 중심 : 치수를 치수선 중앙에 기입합니다.

(b) 치수 보조선 1에 : 치수를 첫 번째 치수 보조선 쪽에 기입합니다.

(c) 치수 보조선 2에 : 치수를 두 번째 치수 보조선 쪽에 기입합니다.

(d) 치수 보조선 1너머 : 치수를 첫 번째 치수 보조선 위에 기입합니다.

(e) 치수 보조선 2너머 : 치수를 두 번째 치수 보조선 위에 기입합니다.

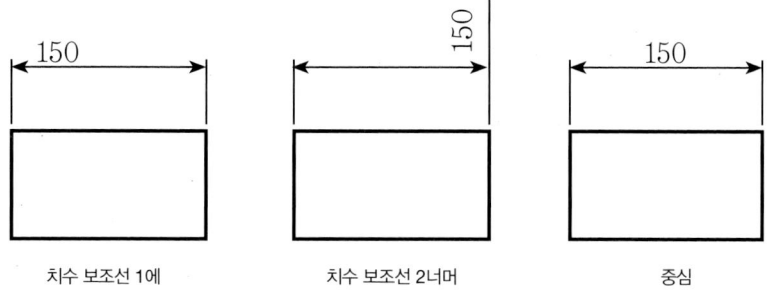

③ 뷰 방향(D) : 치수 문자를 보는 방향을 조정합니다. 문자를 '왼쪽에서 오른쪽 읽는 방법'과 '오른쪽에서 왼쪽으로 읽는 방법'이 있습니다.

④ 치수선에서 간격 띄우기(O) : 치수 문자가 치수선 사이에 기입될 때 치수선과 문자의 간격을 나타내며, 치수선 위에 치수 문자를 기입할 때는 치수선과 문자가 떨어지는 간격을 나타냅니다.

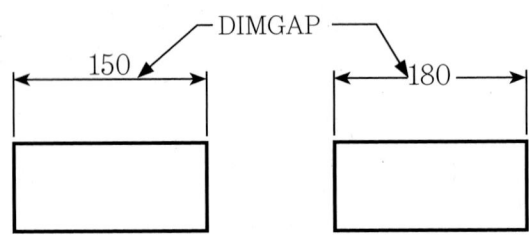

치수선에서 간격 띄우기

(3) 문자 정렬(A) : 치수 문자의 방향을 설정합니다.

① 수평 : 치수 문자를 항상 수평으로 정렬합니다.

② 치수선에 정렬 : 치수 문자를 치수선과 수평이 되도록 정렬합니다.

③ ISO 표순 : 지수 문사가 치수 보조신 인에 있으면 치수선과 수평이 되도록 정렬하고, 치수 보조선 밖에 있으면 수평으로 정렬합니다.

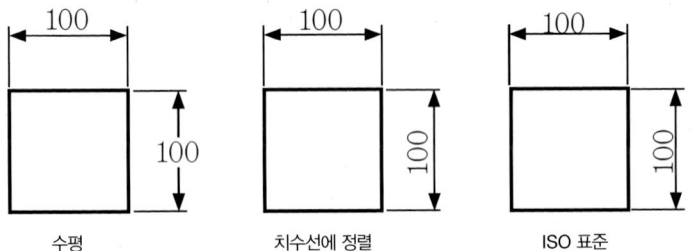

05. '맞춤' 탭

문자와 화살표, 치수선의 배치를 정의하거나 치수 기입 축척 등을 설정합니다.

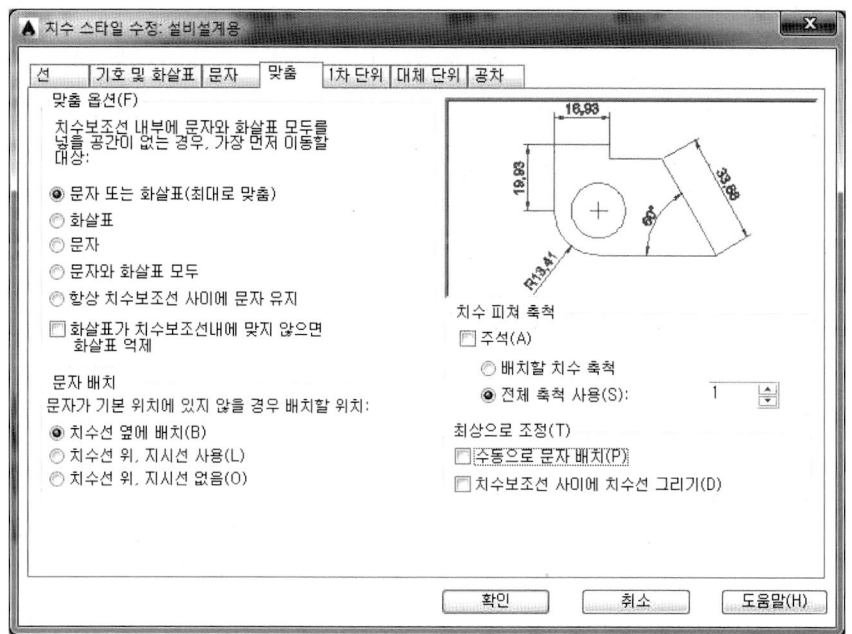

(1) 맞춤 옵션(F) : 치수 문자와 화살표의 위치를 지정합니다.

① 문자 또는 화살표(최대로 맞춤) : 치수 보조선 사이의 간격이 충분하면 치수와 화살표를 치수 보조선 안에 표시하고, 여유 공간이 있으면 치수만 보조선 사이에 표시하고 화살표와 치수선은 보조선 밖에 표시합니다. 치수와 화살표 모두 여유 공간이 없으면 모두 치수 보조선 밖으로 표시합니다.

② 화살표 : 치수 보조선 바깥쪽으로 먼저 화살촉을 이동한 다음 문자를 이동합니다. 치수 보조선 사이의 간격이 충분하면 치수와 화살표를 치수 보조선 안에 표시하고, 화살촉에 대해서만 충분한 공간을 사용할 수 있는 경우, 화살촉은 치수 보조선 사이에 배치하고 문자는 치수 보조선 외부에 배치합니다.

③ 문자 : 치수 보조선 바깥쪽으로 먼저 문자를 이동한 다음 화살촉을 이동합니다. 치수 보조선 사이의 간격이 충분하면 치수와 화살표를 치수 보조선 안에 표시하고, 문자에 대해서만 충분한 공간을 사용할 수 있는 경우, 문자는 치수 보조선 사이에 배치하고 화살촉은 치수 보조선 외부에 배치합니다.

④ 문자와 화살표 모두 : 문자와 화살촉에 공간이 부족할 경우 치수 보조선 바깥쪽으로 모두 이동합니다. 치수 보조선 사이의 간격이 충분하면 치수 문자와 화살표를 치수 보조선 안에 표시하고, 그렇지 않으면 보조선 밖으로 표시합니다.

⑤ 항상 보조선 사이에 문자 유지 : 항상 치수 보조선 사이에 치수 문자를 기입합니다.

⑥ 화살표가 치수 보조선 내에 맞지 않으면 화살표 억제 : 치수 보조선 사이의 공간이 충분치 않으면 화살표를 표시하지 않습니다.

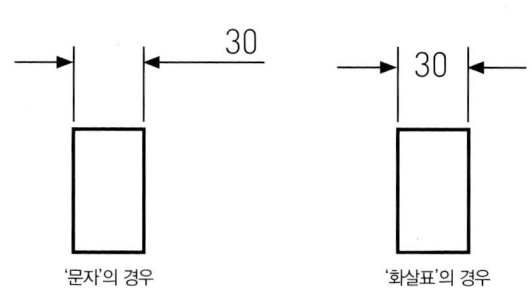

(2) 문자 배치 : 치수 문자가 기준 위치에 있지 않을 경우 위치를 지정합니다.

① 치수선 옆에 배치(B) : 치수 문자를 이동할 때마다 치수선도 이동합니다.

② 치수선 위, 지시선 사용(L) : 문자를 이동할 때 치수선이 이동하지 않습니다. 문자가 치수선으로부터 멀리 떨어져 있을 경우 문자와 치수선을 연결하는 지시선을 작성합니다. 문자가 치수선에 너무 가까이 있으면 지시선은 생략됩니다.

③ 치수선 위, 지시선 없음(O) : 문자를 이동할 때 치수선이 이동하지 않습니다. 치수선으로부터 멀리 떨어진 문자가 지시선을 사용하여 치수선에 연결되지 않습니다.

(3) 치수 피쳐 축척 : 치수 스타일의 전체적인 척도와 도면 공간 치수의 척도를 설정합니다.

① 주석(A) : 치수 스타일이 주석임을 설정합니다.

② 배치할 치수 축척(도면 공간) : 모형 공간(Model space)과 도면 공간(Paper space) 사이의 축척을 기준으로 축척 비율을 결정합니다.

③ 전체 축척 사용(S) : 해당 치수 스타일의 전체적인 축척을 지정합니다. 치수 스타일의 환경을 설정할 때, 처음에 이 값으로 전체적인 축척을 지정한 다음 각 세부 항목의 축척을 조정합니다.

> **참고** **치수 스타일 전체 크기 지정**
>
> 화살촉, 문자, 보조선의 길이와 같이 치수 기입을 위한 각 항목의 크기를 하나씩 지정하는 것은 번거로운 일입니다. 가장 간편한 방법은 '전체 축척 사용(S)'에 기본 축척 값을 부여하면 됩니다. 예를 들어, '전체 축척'을 '50'을 입력하면 '문자 높이'가 '2.5'인 경우는 '50×2.5'가 되어 기입되는 치수 문자는 '125'가 됩니다. 이런 방법으로 치수 기입을 위한 각 항목을 하나씩 지정하기보다는 '전체 축척 사용(S)'을 먼저 지정한 후 수정하고자 하는 항목만 수정하면 됩니다.

(4) 최상으로 조정(T) : 문자 및 치수선의 환경을 설정합니다.

① 수동으로 문자 배치(P) : 문자 배치의 수평 자리 맞추기 지정을 무시하고 치수선 위치 프롬프트에서 사용자가 지정한 위치에 치수 문자를 기입합니다.

② 항상 보조선 사이에 치수선 그리기(D) : 화살촉이 측정된 점 바깥쪽에 배치되는 경우에도 측정된 점 사이에 치수선을 작도합니다.

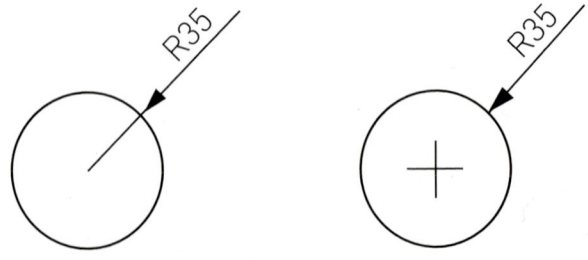

'항상 보조선 사이에 치수선이 그려진 경우(D)'에 체크된 경우와 그렇지 않은 경우

06. '1차 단위' 탭

치수 단위의 형식과 정밀도를 설정하고 치수 문자의 머리말과 꼬리말 등의 환경을 설정합니다.

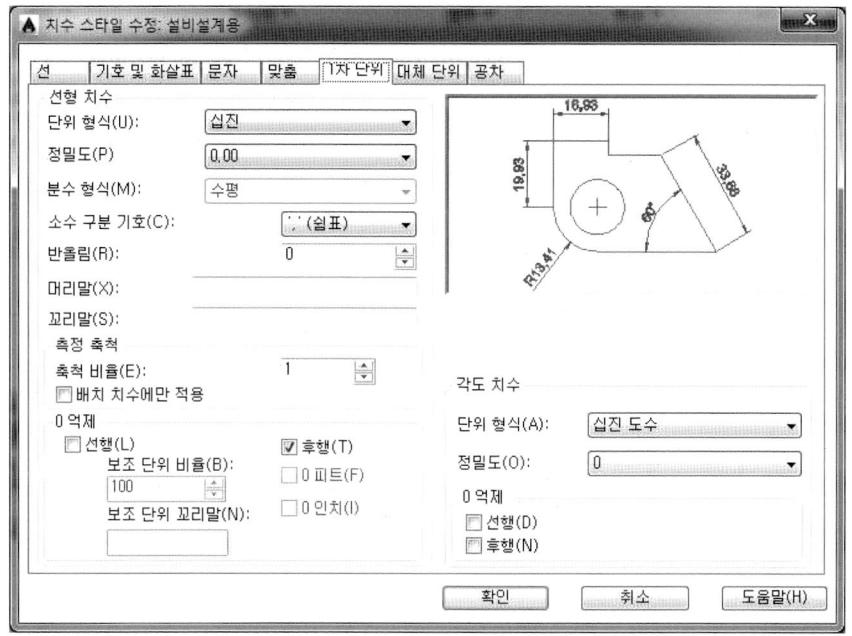

(1) 선형 치수 : 선형 치수에 대한 환경을 설정합니다.

① 단위 형식(U) : 각도를 제외한 일반적인 치수 기입의 단위를 지정합니다. 단위 형식은 과학, 십진, 엔지니어링, 건축, 분수가 있습니다.

② 정밀도(P) : 소수점 이하 자릿수를 제어합니다.

③ 분수 형식(M) : 단위 형식을 분수로 선택했을 때 분수의 표시 형식으로 '수평'과 '대각선'이 있습니다.

④ 소수 구분 기호(C) : 소수점 구분자의 형식을 지정합니다. 마침표(.), 쉼표(,), 공백이 있습니다.

⑤ 반올림(R) : 반올림하고자 하는 단위를 지정합니다.

⑥ 머리말(X) : 항상 치수 문자 앞에 기입하는 문자를 입력합니다(예 : Ø100).

⑦ 꼬리말(S) : 항상 치수 문자 뒤에 기입하는 문자를 입력합니다(예 : 100mm).

⑧ 측정 축척 : 객체의 길이를 측정 시 축척을 설정합니다.

 (a) 축척 비율(E) : 치수 기입하기 위해 측정할 때의 축척을 지정합니다. 예를 들어, '10'을 설정해놓으면 '실제 길이×10'의 값으로 표기됩니다.

 (b) 배치 치수에만 적용 : 배치(Paper space)에만 적용합니다.

⑨ 0 억제 : 표시하는 치수의 0을 제어합니다.

 (a) 선행(L) : 소수점 앞에 오는 0을 표시하지 않습니다.

 (b) 후행(T) : 소수점 뒤에 오는 0을 표시하지 않습니다.

ⓒ 0 피트(F) : 거리를 1피트보다 적을 때 피트와 인치 치수의 피트 위치를 억제합니다. 예를 들어, 0′-6 1/2″는 6 1/2″가 됩니다.

ⓓ 0 인치(I) : 거리가 피트의 정수일 때 피트와 인치 치수의 인치 위치를 억제합니다. 예를 들어, 1′-0″는 1′가 됩니다.

(2) 각도 치수 : 각도 치수에 대한 환경을 설정합니다.

① 단위 형식(A) : 각도를 기입할 때 각도의 표현 형식을 선택합니다. 각도 형식은 십진 도수(Degrees), 도/분/초(Degrees/Minutes/Seconds), 그라디안(Grands), 라디안(Radians)이 있습니다.

② 정밀도(O) : 소수점 이하 자릿수를 제어합니다.

③ 0 억제 : 표시하는 치수의 0을 제어합니다. 선형 지수 참조.

07. '대체 단위' 탭

대체 단위의 사용 여부와 대체 단위의 형식과 정밀도를 설정하고 치수 문자의 머리말과 꼬리말 등을 설정합니다.

> **참고** 대체 단위란?
> 앞에 용어에서 나온 '두 단위 치수'를 말합니다. 즉, 치수를 두 가지 측정 단위로 동시에 기입하는 것을 말합니다. 예를 들어, 미터법의 십진 값과 인치 값을 동시에 기입하는 방법입니다.

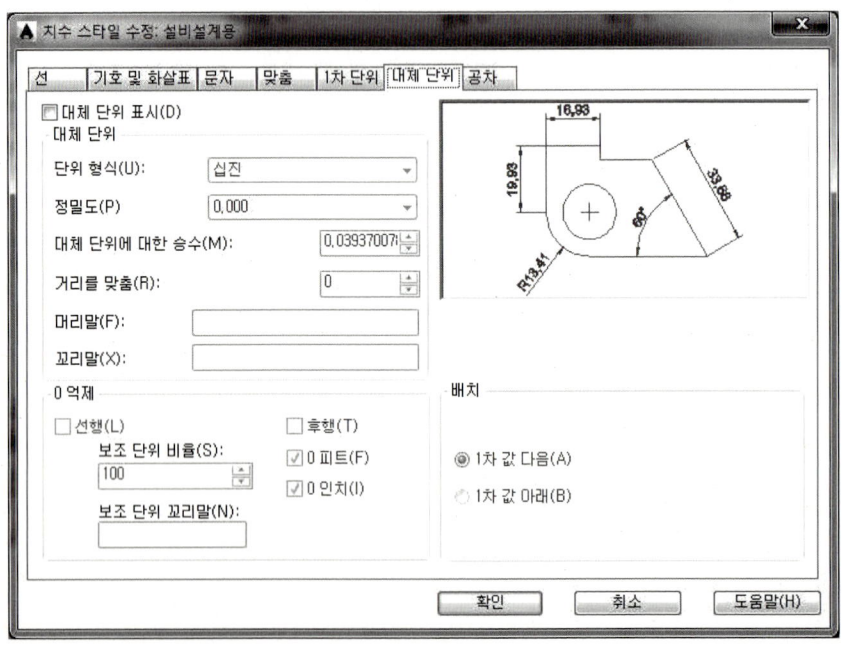

(1) 대체 단위 표시(D) : 체크를 하면 대체 단위를 표기합니다. 즉, 두 가지 단위를 기입합니다.

(2) 대체 단위 : 대체 단위의 형식, 정밀도 등 환경을 설정합니다.

① 단위 형식(U) : 대체 단위의 형식을 지정합니다.

② 정밀도(P) : 소수점 이하 자릿수를 제어합니다.

③ 대체 단위에 대한 승수(M) : 1차 단위에 대한 대체 단위의 비율입니다. 예를 들어, 1차 단위가 십진수이고 대체 단위가 인치일 때 '1/25.4'인 '0.03937'이 됩니다.

④ 거리를 맞춤(R) : 각도를 제외한 모든 치수 유형의 대체 단위에 대한 반올림 규칙을 설정합니다. '0.25'를 입력하면 모든 대체 측정값은 가장 근접한 '0.25' 단위로 반올림됩니다. '1.0' 값을 입력하면 모든 치수 측정은 가장 근접한 정수로 반올림된다. 소수점 뒤에 표시되는 숫자의 자릿수는 정밀도 설정에 따라 달라집니다.

⑤ 머리말(F) : 대체 단위 치수 앞에 기입하는 문자 또는 기호를 입력합니다(예 : Ø100).

⑥ 꼬리말(X) : 대체 단위 치수 뒤에 기입하는 문자 또는 기호를 입력합니다(예 : 100mm).

(3) 0억제 : 앞, 뒤, 피트, 인치에 대한 0을 제어합니다. 〈1차 단위 참조〉

(4) 배치 : 대체 단위의 배치 위치를 제어합니다.

① 1차 값 다음(A) : 1차 단위 뒤에 대체 단위를 표기합니다.

② 1차 값 아래(B) : 1차 단위 아래에 대체 단위를 표기합니다.

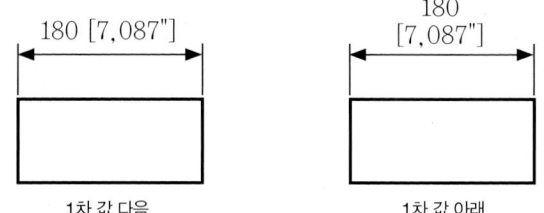

08. '공차' 탭

치수 문자 공차의 표시 및 형식을 설정합니다.

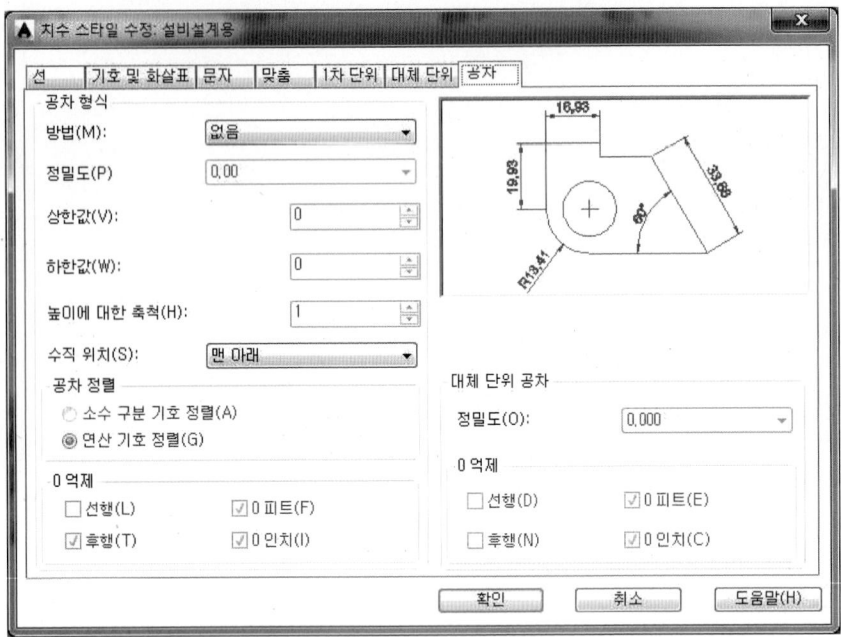

(1) 공차 형식 : 공차 형식을 생성 또는 제어합니다.

① 방법(M) : 공차 스타일을 선택합니다.

ⓐ 없음(None) : 공차를 기입하지 않습니다.

ⓑ 대칭(Symmetrical) : 플러스와 마이너스의 값이 균일(±)한 허용 오차를 기입합니다.

ⓒ 편차(Deviation) : 플러스와 마이너스의 값이 다른 허용 오차를 기입합니다.

ⓓ 한계(Limits) : 치수의 최대값과 최소값의 한계를 기입합니다.

ⓔ 기준(Basic) : 치수를 사각형 내에 기입합니다.

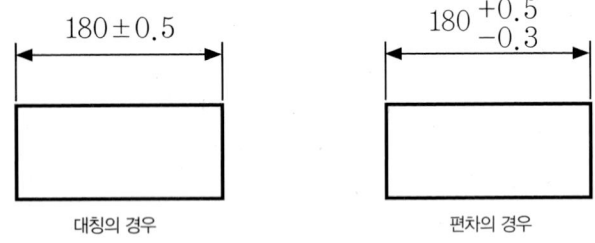

② 정밀도(P) : 소수점 이하 자릿수를 제어합니다.

③ 상한값(V) : 최대 허용 오차 값을 지정합니다.

④ 하한값(W) : 최소 허용 오차 값을 지정합니다.

⑤ 높이에 대한 축척(H) : 공차 치수 문자의 높이 값을 말하며 1차 치수의 문자 높이에 대한 비율을 입력합니다 (DIMFAC = 허용오차 치수의 높이 / 치수의 높이).

⑥ 수직 위치(S) : 공차 치수의 기준 위치를 지정합니다.

　ⓐ 맨 위 : 공차 치수를 치수 문자 위쪽과 나란히 표시합니다.

　ⓑ 중간 : 공차 치수를 치수 문자의 중간과 나란히 표시합니다.

　ⓒ 맨 아래 : 공차 치수를 치수 문자 아래쪽과 나란히 표시합니다.

⑦ 공차 정렬 : 스택 시 상위 및 하위 공차 값의 정렬을 조정합니다. '소수 구분 기호 정렬(A)'과 '연산 기호 정렬(G)'이 있습니다.

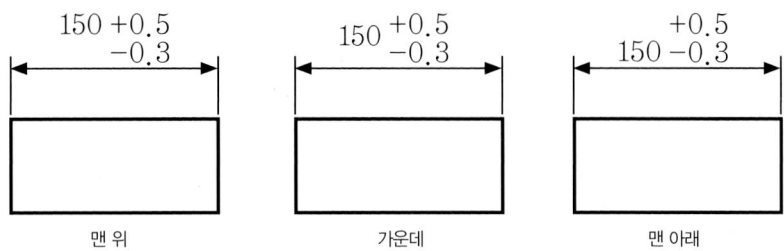

⑧ 0 억제 : 앞, 뒤, 피트, 인치에 대한 0을 제어합니다. 〈1차 단위 참조〉

(2) 대체 단위 공차 : 대체 단위의 정밀도와 0을 제어합니다.

① 정밀도(O) : 대체 단위의 정밀도(소수점 이하 자릿수)를 설정합니다.

② 0억제 : 앞, 뒤, 피트, 인치에 대한 0을 제어합니다.

[새로 만들기(N)] 또는 [수정(M)]을 마치고 [확인]을 클릭하면 다음과 같은 초기 대화상자가 나타납니다. '미리보기'에는 설정한 값을 반영한 이미지가 나타납니다.

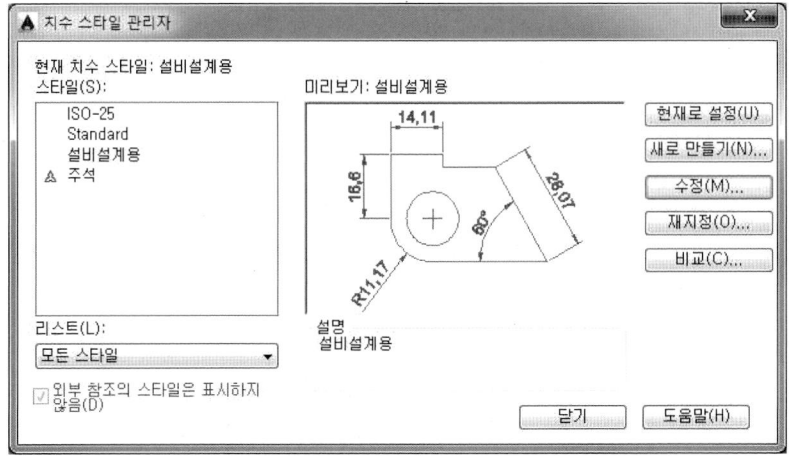

'스타일(S)' 목록에서 현재로 설정하고자 하는 스타일 이름을 선택한 후 [현재로 설정(U)]를 클릭하면 해당 치수 스타일을 적용하여 치수를 기입할 수 있습니다.

3 연관 치수 및 주석 감시

주석 감시는 치수가 기입되어 있는 원 객체와 치수 객체가 연관되어 있는지 아니면 연관 관계가 끊어진 것인지를 감시하는 기능입니다.

01. 연관 치수란?

치수 연관성은 기하학적 객체(치수의 기입 대상이 되는 형상 객체)와 치수 사이의 관계를 정의하여 기하학적 객체에 거리와 각도를 제공합니다. 기하학적 객체와 치수 사이에는 다음의 세 가지 유형이 있습니다.

(1) 연관 치수 : 연관된 기하학적 객체가 수정될 때 치수의 위치, 방향 및 측정값을 자동으로 조정합니다. 배치(Layout)의 치수는 모형 공간의 객체와 연관시킬 수 있습니다.

(2) 비연관 치수 : 측정한 객체와 함께 선택 및 수정됩니다. 비연관 치수는 측정한 기하학적 객체가 수정될 때 변경되지 않습니다.

(3) 분해된 치수 : 단일 치수 객체가 아닌 분리된 객체입니다.

> **참고 연관 치수와 비연관 치수의 차이**
>
> 연관 치수와 비연관 치수의 차이점은 원본 객체(기하학적 객체 : 치수 기입의 대상이 된 객체)가 변경되었을 때 연관된 치수도 동시에 변경되는 것이 연관 치수입니다.
> 다음 그림에서 가로 길이가 '100'인 객체를 늘렸을 때, 왼쪽은 연관 치수이기 때문에 늘어난 치수만큼 치수가 갱신된데 반해, 오른쪽 치수는 연관이 해제된 치수이므로 원본 객체가 늘어났음에도 불구하고 치수는 변하지 않고 '100'으로 남아 있습니다.

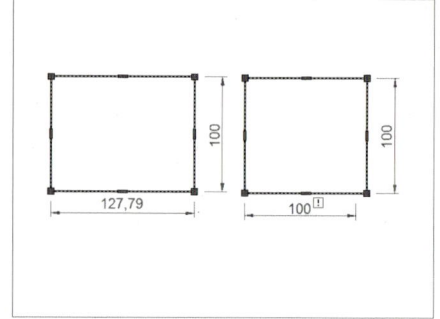

치수를 작성할 때 연관 치수 작성 여부를 설정하려면 작업환경을 설정하는 '옵션' 대화상자를 통해 설정합니다.

[메뉴 탐색기 ▲]를 눌러 [옵션]을 클릭하거나 작도 영역에서 오른쪽 버튼을 눌러 바로가기 메뉴에서 '옵션(O)'를 클릭합니다. 옵션 대화상자에서 '사용자 기본 설정' 탭을 클릭합니다.

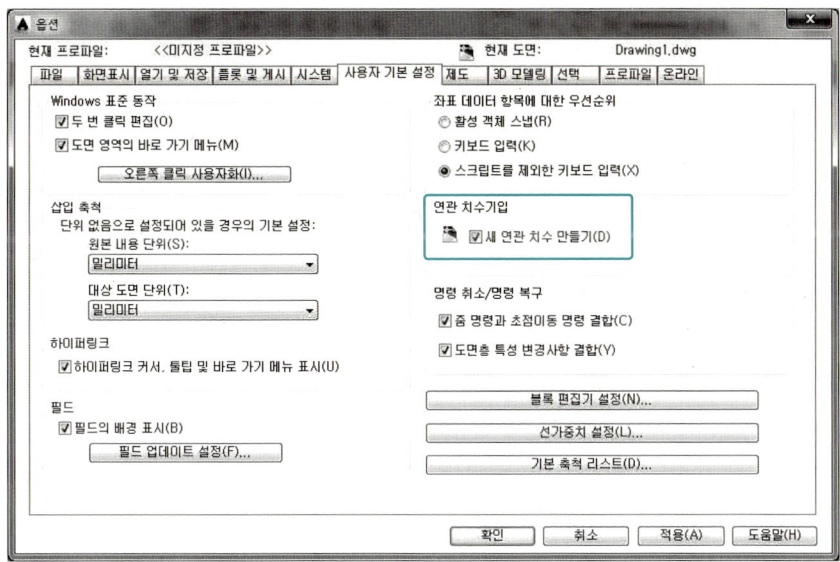

'연관 치수기입'의 '새 연관 치수 만들기(D)'를 체크하면 치수를 기입할 때 연관 치수가 되고, 체크를 끄면 연관 관계가 형성되지 않습니다.

02. 주석(치수) 감시란?

주석 감시는 기하학적 객체(치수 기입의 대상이 되는 객체)와 주석(치수 또는 지시선) 사이의 연관성을 감시하는 기능입니다. 주석 감시 기능이 켜져(ON : +)있는 상태에서는 연관성이 끊어지게 되면 주석에 느낌표(!) 마크가 나타나 연관성이 해제되어 있다는 것을 표시해줍니다. 다음의 실습을 통해 이해하도록 합시다.

01 예제 파일의 'Part2_주석감시.dwg' 파일을 엽니다. (예제 파일은 혜지원 출판사 홈페이지 'www.hyejiwon.co.kr' 자료실에서 다운받을 수 있습니다.) 다음과 같은 도면이 펼쳐집니다.

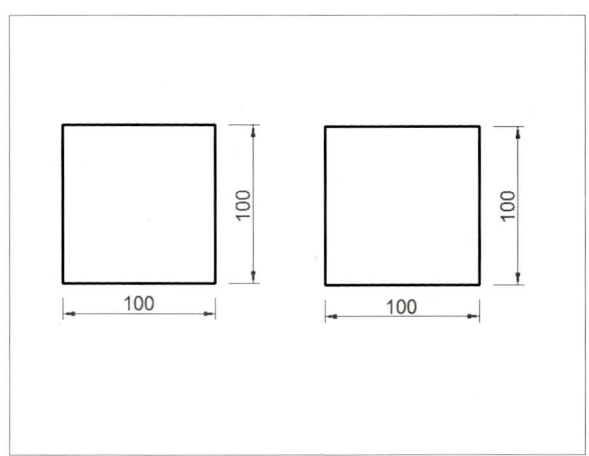

02 하단 상태막대에서 그리기 도구의 '주석감시 +' 버튼을 클릭하여 주석 감시 기능을 켭니다.(ON) 주석 감시 기능을 켜면 다음 그림과 같이 연관이 해제된 치수에 대해 느낌표를 표시합니다.

> **참고** **주석감시 아이콘이 나타나지 않을 때**
> 화면 하단의 그리기 도구에 '주석감시 +' 버튼이 나타나지 않을 경우에는 '사용자화 ≡' 버튼을 눌러 목록에서 '주석감시'를 체크합니다.

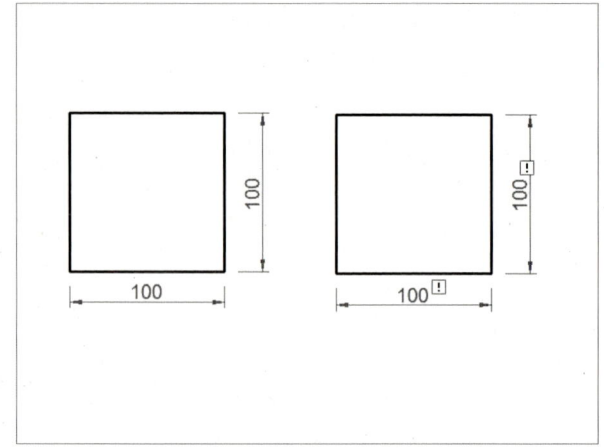

03 연관이 해제된 치수에 대해 다시 연관 치수로 만들 수 있습니다. 다시 연관관계를 만들어주려면 느낌표(!) 아이콘에 마우스를 대고 오른쪽 버튼을 클릭합니다. 바로가기 메뉴에서 '재연관'을 클릭합니다.

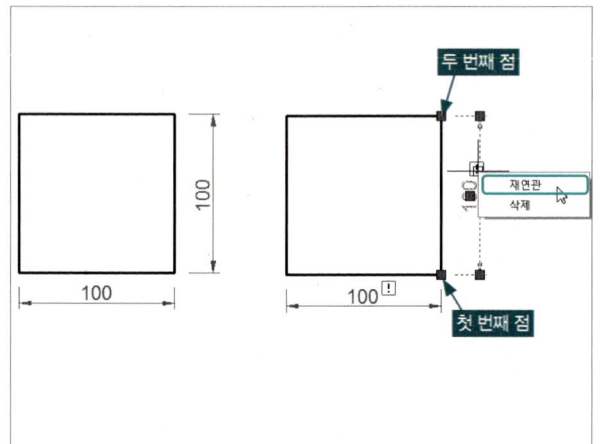

04 {재연관시킬 치수를 선택하십시오 …1개를 찾음}
{첫 번째 치수보조선 원점 지정 또는 [객체 선택(S)] 〈다음〉:}에서 첫 번째 점을 선택합니다.
{두 번째 치수보조선 원점 지정 〈다음〉:}에서 두 번째 점을 선택합니다.
다음 그림과 같이 재연관된 주석 객체에 대해서는 느낌표 마크가 사라집니다.

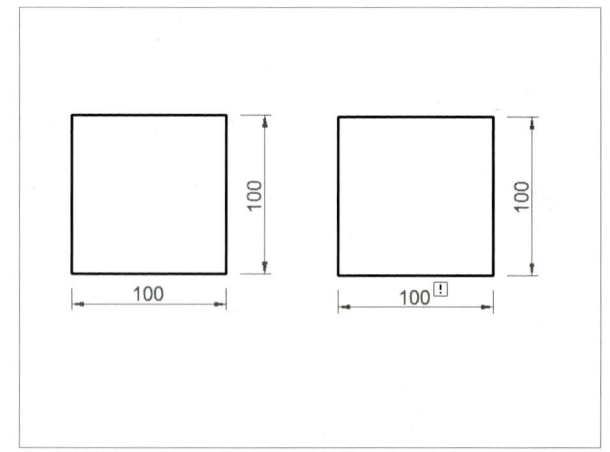

> **참고** 주석의 연관성이 해제되는 경우
>
> 치수를 기입할 때 연관 치수를 켠 상태에서 작업을 하더라도 다음과 같은 경우는 연관성이 해제될 수 있습니다.
>
> (1) '블록(BLOCK)'을 다시 정의하여 치수가 연관된 모서리가 이동하는 경우에는 지시선과 블록 사이의 연관 관계가 해제됩니다.
> (2) 업데이트 또는 편집 작업 과정에서 치수가 기입된 모서리가 제거되면 치수와 기하학적 객체 사이의 연관 관계가 해제됩니다. 또, 다음의 객체는 연관 치수를 지원하지 않습니다.
>
> 해치(HATCH), 이미지(IMAGE), 언더레이(UNDERLAY), 여러 줄 객체(MLINE), 2D 솔리드(SOLID), 3D 두께 특성이 0이 아닌 객체

4 수평 또는 수직 길이를 기입하는 선형 치수(DIMLINEAR)

수평 또는 수직 방향의 치수를 기입합니다.

명령 : DIMLINEAR(단축키: DLI)   메뉴 아이콘 : ⊢⊣

01 치수 기입 실습을 위해 '열기(OPEN)' 명령으로 예제 파일의 'Part4_치수기입.dwg' 파일을 엽니다. (예제 파일은 혜지원 출판사 홈페이지 'www.hyejiwon.co.kr' 자료실에서 다운받을 수 있습니다.) 다음과 같은 도면이 펼쳐집니다.

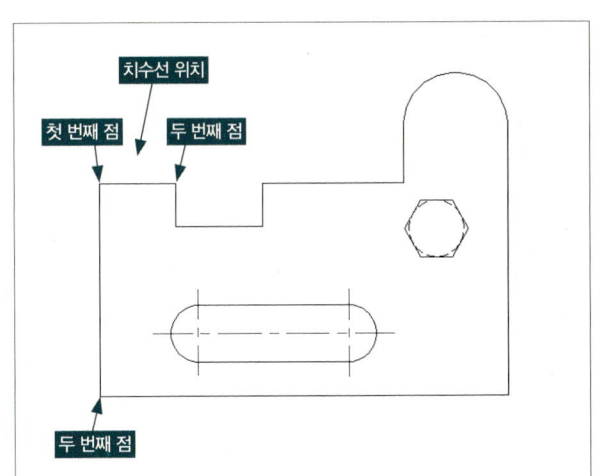

02 선형 치수를 기입하기 위해 선형 치수 명령을 실행합니다. 명령어 'DLI'를 입력하거나 '주석' 탭의 '치수' 패널 또는 '치수' 도구막대에서 ⊢⊣을 클릭합니다.

{첫 번째 치수 보조선 원점 지정 또는 〈객체 선택〉:}에서 객체 스냅 '끝점 ⚘'을 이용하여 왼쪽 상단의 첫 번째 점을 지정합니다.

{두 번째 치수 보조선 원점 지정:} 에서 객체 스냅 '끝점 ⚘'을 이용하여 도형의 두 번째 점을 지정합니다.

{치수선의 위치 지정 또는 [여러 줄 문자(M)/문자(T)/각도(A)/수평(H)/수직(V)/회전(R)]:}에서 치수선의 위치를 지정합니다. {치수 문자 = 28}를 표시하면서 수평 치수가 기입됩니다.

Note_ 선형 치수는 비스듬한 두 점을 지정하더라도 수평 또는 수직 길이만 기입합니다.

03 [Enter] 또는 [Space bar]로 선형 치수를 재실행합니다.
{첫 번째 치수 보조선 원점 지정 또는 〈객체 선택〉:}에서 객체 스냅 '끝점 🔑'을 이용하여 도형의 왼쪽 상단 끝점(첫 번째 점)을 지정합니다.
{두 번째 치수 보조선 원점 지정:}에서 객체 스냅 '끝점 🔑'을 이용하여 왼쪽 하단의 끝점(두 번째 점)을 지정합니다.
{치수선의 위치 지정 또는 [여러 줄 문자(M)/문자(T)/각도(A)/수평(H)/수직(V)/회전(R)]:}에서 치수선의 위치를 지정합니다. {치수 문자 = 75}을 표시하면서 수직 치수가 기입됩니다.

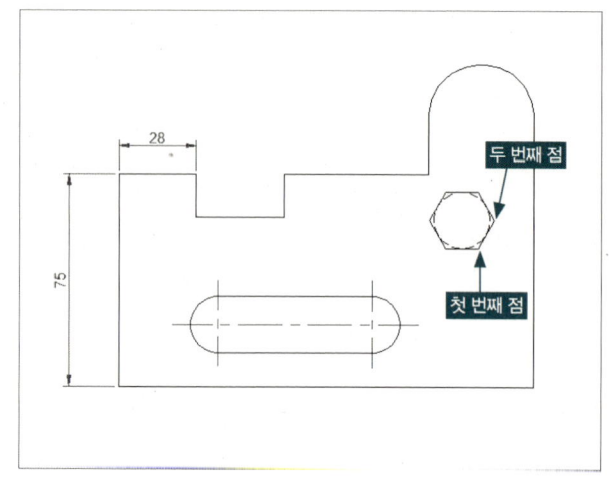

옵션 설명

{치수선의 위치 지정 또는 [여러 줄 문자(M)/문자(T)/각도(A)/수평(H)/수직(V)/회전(R)]:}

- 여러 줄 문자(M) : 치수 문자를 편집할 수 있는 여러 줄 문자 편집기를 표시합니다.
- 문자(T) : 치수 문자를 편집할 수 있는 단일 행 문자 입력 상태가 됩니다.

> **참고** 측정된 문자를 수정하려면…
>
> 선형 치수를 기입하면 두 점을 지정하여 측정된 거리를 표기하지만 사용자가 이 측정된 거리를 임의로 수정하려면 '여러 줄 문자(M)' 또는 '문자(T)' 옵션을 선택하여 기입합니다.
> {치수선의 위치 지정 또는 [여러 줄 문자(M)/문자(T)/각도(A)/수평(H)/수직(V)/회전(R)]:}에서 문자 옵션 'T'를 입력합니다.
> {새로운 치수 문자를 입력 〈100.62〉:}에서 표기하고자 하는 문자 '100'을 입력합니다.
> {치수선의 위치 지정 또는 [여러 줄 문자(M)/문자(T)/각도(A)/수평(H)/수직(V)/회전(R)]:}에서 표기할 위치를 지정합니다. 실제 치수는 '100.62'이지만 사용자가 지정한 '100'으로 표기됩니다.

- 각도(A) : 치수 문자의 각도를 변경합니다.
- 수평(H) : 수평 선형 치수를 작성합니다.
- 수직(V) : 수직 선형 치수를 작성합니다.
- 회전(R) : 회전된 선형 치수를 작성합니다.

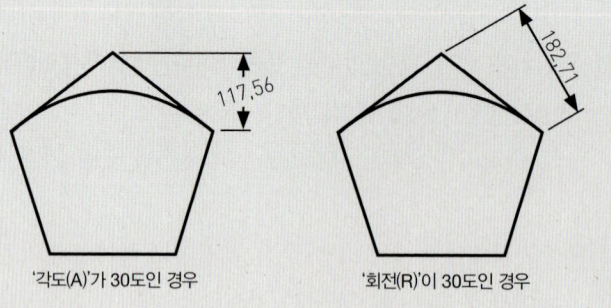

5 대각선 길이는 정렬 치수(DIMALIGNED)

수평 또는 수직 방향이 아닌 비스듬한 면의 길이나 지정한 두 점의 거리를 직접 표현하고자 할 때는 정렬 치수를 이용하여 기입합니다.

명령 : DIMALIGNED(단축키 : DAL)　　　　메뉴 아이콘 :

01 정렬 치수 명령을 실행합니다. 명령어 'DAL'을 입력하거나 '주석' 탭의 '치수' 패널 또는 '치수' 도구막대에서 을 클릭합니다.

{첫 번째 치수 보조선 원점 지정 또는 〈객체 선택〉:}에서 객체 스냅 '끝점 '을 이용하여 육각형의 끝점(첫 번째 점)을 지정합니다.

{두 번째 치수 보조선 원점 지정:}에서 객체 스냅 '끝점 '을 이용하여 육각형의 끝점(두 번째 점)을 지정합니다. {치수선의 위치 지정 또는 [여러 줄 문자(M)/문자(T)/각도(A)]:}에서 치수선의 위치를 지정합니다. {치수 문자 = 20}가 표시되면서 다음 그림과 같이 정렬 치수가 기입됩니다. 즉, 지정한 두 점 사이의 실제 거리를 기입합니다.

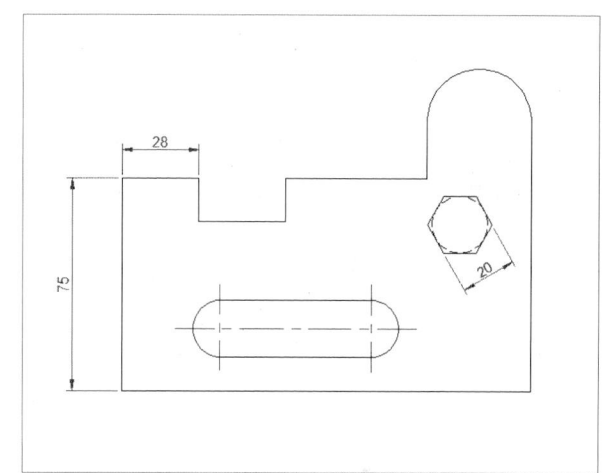

6 호의 길이를 기입하는 호 길이(DIMARC)

호 또는 폴리선 호 세그먼트를 따라 거리를 측정하여 기입합니다.

명령 : DIMARC(단축키 : DAR)　　　　메뉴 아이콘 :

01 호 길이 명령을 실행합니다. 명령어 'DAR'을 입력하거나 '주석' 탭의 '치수' 패널 또는 '치수' 도구막대에서 을 클릭합니다.

{호 또는 폴리선 호 세그먼트 선택:}에서 오른쪽 상단의 호를 선택합니다.

{호 길이 치수 위치 지정 또는 [여러 줄 문자(M)/문자(T)/부분(P)/지시선(L)]:}에서 호 길이를 기입할 치수선의 위치를 지정합니다.

{치수 문자 = 59.69}가 표시되면서 다음 그림과 같이 호 길이가 기입됩니다.

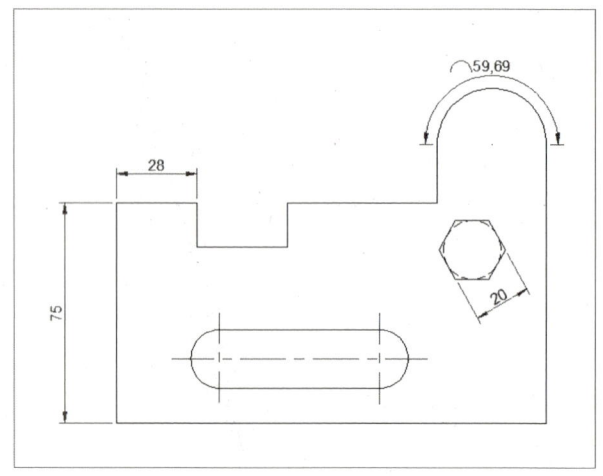

옵션 설명

{호 길이 치수 위치 지정 또는 [여러 줄 문자(M)/문자(T)/부분(P)/지시선(L)]:}

- **부분(P)** : 선택한 호 중에서 지정된 일부분의 길이를 측정하여 기입합니다. 다음의 경우는 호의 끝점과 중간점 사이의 길이를 기입한 것입니다.

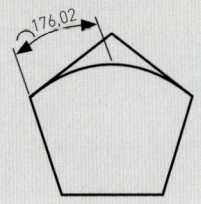

- **지시선(L)** : 해당 호에 지시선을 연결하여 기입합니다.
- 기타 옵션은 앞의 '선형 치수'에서 학습한 옵션 내용과 동일합니다.

7 좌표를 기입하는 세로 좌표(DIMORDINATE)

세로 좌표를 기입합니다. 세로좌표 치수는 지시선과 함께 현재 UCS의 원점(O,O)을 기준으로 X 또는 Y 값을 표기합니다.

명령 : DIMORDINATE(단축키 : DOR)   메뉴 아이콘 :

{피쳐 위치를 지정:}에서 세로 좌표의 위치를 지정합니다.
{지시선 끝점을 지정 또는 [X데이텀(X)/Y데이텀(Y)/여러 줄 문자(M)/문자(T)/각도(A)]:}에서 표기하

고자 하는 위치를 지정합니다.
{치수 문자 = 149.91}

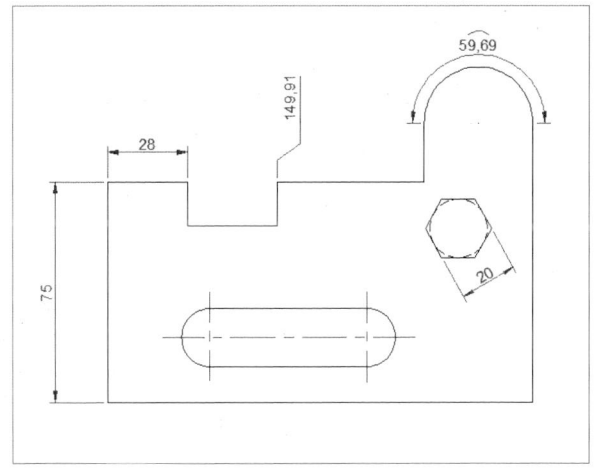

세로좌표 치수는 '데이텀'이라는 원점으로부터 부품의 구멍과 같은 피쳐까지의 수직 거리를 측정합니다. 이러한 치수는 데이텀부터 피쳐까지 정확한 간격 띄우기를 유지함으로써 오류가 단계적으로 확대되는 것을 방지합니다. 이 기능은 부품의 기계 가공 등에서 기준점(데이텀)에서 정확한 좌표를 지정하는데 유용합니다.

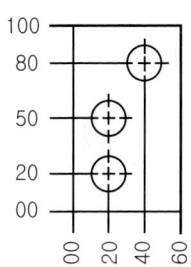

8 반지름의 치수를 기입하는 반지름(DIMRADIUS)

선택한 원 또는 호의 반지름 치수를 측정하여 기입합니다.

명령 : DIMRADIUS(단축키 : DRA)　　　　　　**메뉴 아이콘 :**

01 앞의 도면을 가지고 실습해보겠습니다. 반지름 명령을 실행합니다. 명령어 'DRA'를 입력하거나 '주석' 탭의 '치수' 패널 또는 '치수' 도구막대에서 을 클릭합니다.
{호 또는 원 선택:}에서 호를 선택합니다. {치수 문자 = 19}
{치수선의 위치 지정 또는 [여러 줄 문자(M)/문자(T)/각도(A)]:}에서 반지름 치수를 기입할 위치를 지정합니다. 다음 그림과 같이 반지름 치수가 기입됩니다.

Note_{치수선의 위치 지정…}에서 원이나 호의 안쪽을 지정하면 안쪽에 기입되고, 바깥쪽을 지정하면 바깥쪽에 기입됩니다.

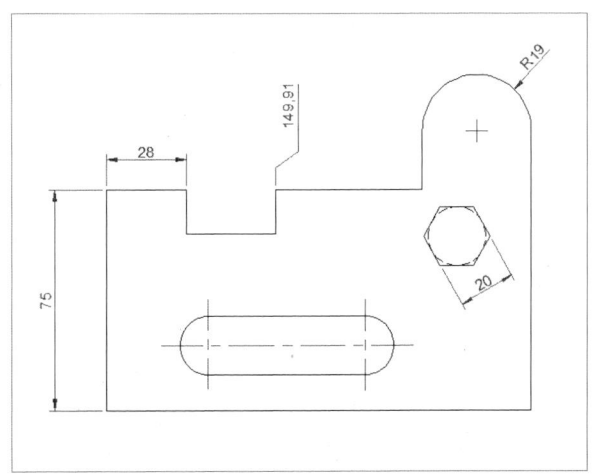

> **참고** 중심으로부터 연결되는 치수보조선
>
> 치수 스타일(DIMSTYLE)에서 '맞춤' 탭의 '최상으로 조정(T)'에서 '치수 보조선 사이에 치수선 그리기(D)'를 체크해놓으면 다음 그림과 같이 호의 반지름을 표기하면서 화살표가 원의 중심선으로부터 인출됩니다. 체크를 끄면 중심선으로부터 연결되지 않고 호에서 연결됩니다.

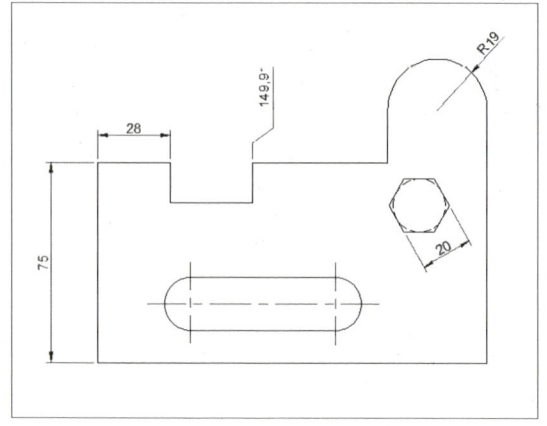

9 꺾어진 형태의 반지름을 표시하는 꺾어진 반지름(DIMJOGGED)

꺾어진 형태의 인출선(지시선)으로 선택한 원 또는 호의 반지름 치수를 기입합니다.

명령 : DIMJOGGED(단축키 : JOG, DJO)   메뉴 아이콘 :

01 앞에서 실습했던 도면을 이용하여 꺾어진 반지름을 기입하겠습니다. 꺾어진 반지름 명령을 실행합니다. 명령어 'JOG' 또는 'DJO'를 입력하거나 '주석' 탭의 '치수' 패널 또는 '치수' 도구막대에서 을 클릭합니다.

{호 또는 원 선택:}에서 호를 선택합니다.
{중심 위치 재지정 지정:}에서 인출선의 끝 부분이 될 중심 위치를 지정합니다.
{치수 문자 = 19}{치수선의 위치 지정 또는 [여러 줄 문자(M)/문자(T)/각도(A)]:}에서 치수선의 위치를 지정합니다.
{꺾기 위치 지정:}에서 치수선이 꺾어지는 위치를 지정합니다. 다음 그림과 같이 꺾어진 반지름이 기입됩니다.

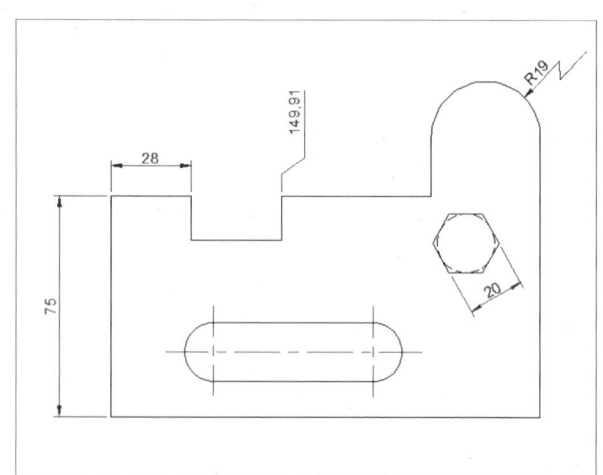

| 12 ; 도면 정보를 표시하는 치수 기입 |

> **참고** 중심선, 치수선, 꺾기 위치
>
> 꺾어진 반지름 명령을 실행하면 중심선 위치 재지정, 치수선의 위치, 꺾기 위치를 묻습니다. 각 메시지가 의미하는 좌표는 다음과 같습니다.
>
> - 중심 위치 재지정 : 꺾기 반지름 치수에 새 중심점을 적용합니다. 이 중심점은 호 또는 원의 실제 중심점을 대신합니다. 즉, 원 및 호의 고정된 중심점이 아닌 새로운 중심점을 지정할 수 있습니다.
> - 치수선의 위치 : 치수선의 각도 및 치수 문자의 위치를 결정하는 위치입니다.
> - 꺾기 위치 : 인출선이 꺾어지는 위치입니다.

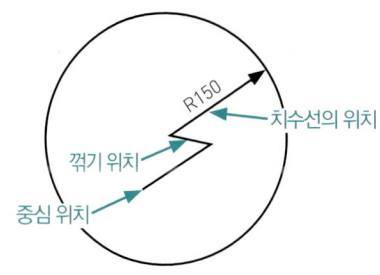

10 원의 너비를 기입하는 지름(DIMDIAMETER)

선택한 원 또는 호의 지름을 측정하여 기입합니다.

명령 : DIMDIAMETER(단축키 : DDI)　　　메뉴 아이콘 : ⌀

01 앞에서 실습한 도면을 이용하여 지름을 기입해보겠습니다. 지름 명령을 실행합니다. 명령어 'DDI'를 입력하거나 '주석' 탭의 '치수' 패널 또는 '치수' 도구막대에서 ⌀을 클릭합니다.
{호 또는 원 선택:}에서 원 또는 호를 선택합니다. {치수 문자 = 20}
{치수선의 위치 지정 또는 [여러 줄 문자(M)/문자(T)/각도(A)]:}에서 치수선의 위치를 지정합니다. 다음 그림과 같이 지름 치수가 기입됩니다.

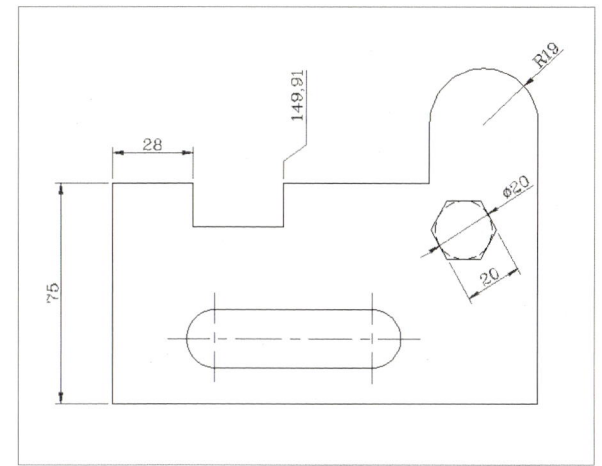

11 각도를 기입하는 각도(DIMANGULAR)

두 선 또는 세 점 사이의 각도를 측정하여 각도를 기입합니다.

명령 : DIMANGULAR(단축키 : DAN)　　　메뉴 아이콘 : ⌢

01 각도 치수 명령을 실행합니다. 명령어 'DAN'을 입력하거나 '주석' 탭의 '치수' 패널 또는 '치수' 도구막대에서 ⌢을 클릭합니다.

{호, 원, 선을 선택하거나 <정점 지정>:}에서 측정하고자 하는 각도의 첫 번째 선을 선택합니다.
{두 번째 선 선택:}에서 측정하고자 하는 각도의 두 번째 선을 선택합니다.
{치수 호 선의 위치 지정 또는 [여러 줄 문자(M)/문자(T)/각도(A)/사분점(Q)]:}에서 치수선의 위치를 지정합니다. {치수 문자 = 120}이 표시되면서 다음 그림과 같이 두 변 사이의 각도가 기입됩니다.

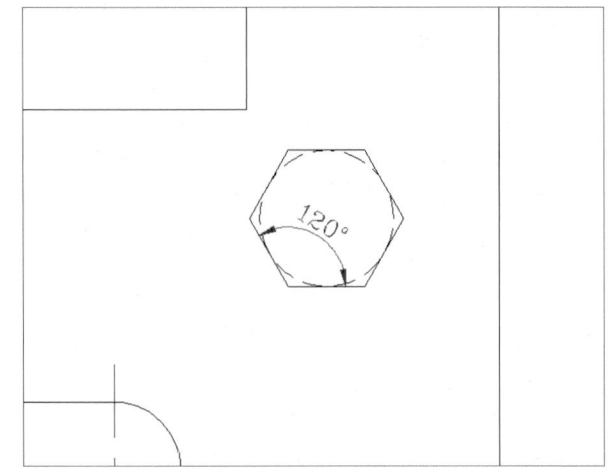

02 [Enter] 또는 [Space bar]를 눌러 각도 치수를 재실행합니다.
{호, 원, 선을 선택하거나 <정점 지정>:}에서 호를 선택합니다.
{치수 호 선의 위치 지정 또는 [여러 줄 문자(M)/문자(T)/각도(A)/사분점(Q)]:}에서 치수선의 위치(호의 위쪽)을 지정합니다.
{치수 문자 = 180}를 표시하면서 다음 그림과 같이 호의 두 정점 사이 각도를 표시합니다.

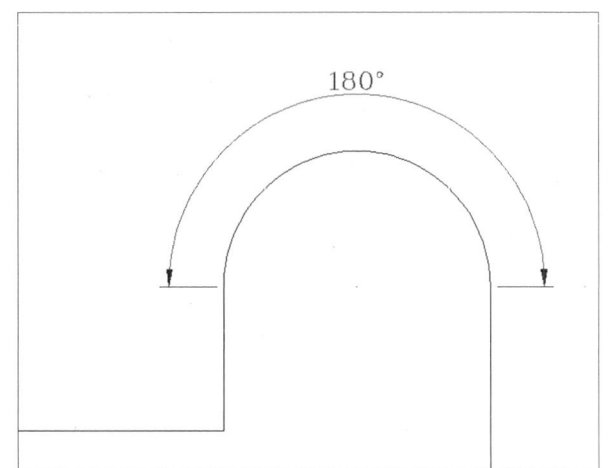

12 기준선으로부터 차례로 기입하는 기준선(DIMBASELINE)

이전 치수 또는 선택된 치수의 기준선으로부터 선형 치수, 각도 치수 또는 세로 좌표 치수를 차례로 기입합니다.

명령 : DIMBASELINE(단축키 : DBA)　　　　**메뉴 아이콘 :**

01 기준선 치수 기입으로 계단형 도형의 치수를 기입해보겠습니다. 먼저 '선형 치수(DIMLINEAR) ⊢' 명령으로 다음과 같이 선형 치수를 기입합니다.

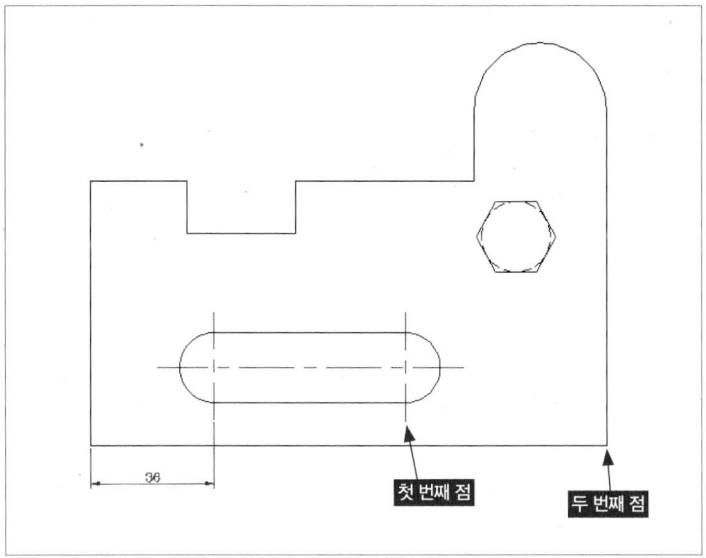

02 기준선 치수를 실행합니다. 명령어 'DBA'를 입력하거나 '주석' 탭의 '치수' 패널 또는 '치수' 도구막대에서 을 클릭합니다.

{두 번째 치수보조선 원점 지정 또는 [명령 취소(U)/선택(S)] <선택(S)>:}에서 객체 스냅 '끝점 '을 이용하여 계단의 첫 번째 끝점을 지정합니다.

{치수 문자 = 92}을 표시하면서 치수를 기입합니다.

{두 번째 치수보조선 원점 지정 또는 [명령 취소(U)/선택(S)] <선택(S)>:}에서 객체 스냅 '끝점 '을 이용하여 계단의 두 번째 끝점을 지정합니다.

{치수 문자 = 150}을 표시하면서 치수를 기입합니다.

{두 번째 치수보조선 원점 지정 또는 [명령 취소(U)/선택(S)] <선택(S)>:}에서 Enter 또는 Space bar를 눌러 종료합니다.

{기준 치수 선택:}에서 Enter 또는 Space bar를 눌러 종료합니다. 다음 그림과 같이 기준선으로부터의 차례로 거리를 측정하여 기입합니다.

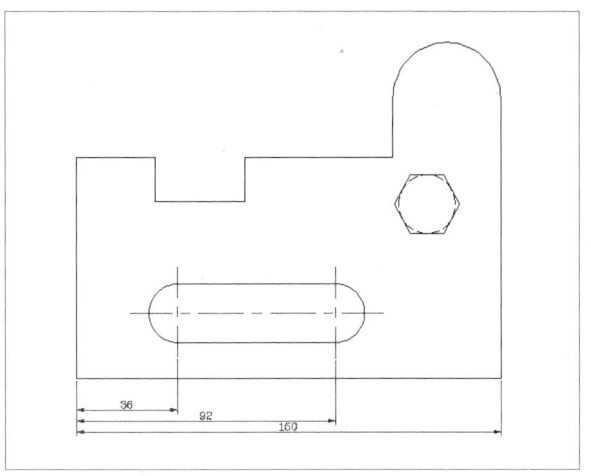

> **참고** 기준선 치수의 간격
>
> 기준선 치수의 치수선과 치수선의 간격은 '치수 스타일(DIMSTYLE)' 명령에서 설정이 가능합니다. '선' 탭의 '기준선 간격(A)'의 값을 설정합니다. 여기에서는 '6.0'으로 조정합니다. 기입했던 기준선 치수를 지운 후, 다시 '기준선 치수(DIMBASELINE)' 명령을 실행하여 기준선 치수를 기입합니다.
> 다음과 같이 기준선 치수의 위쪽과 아래쪽 간격이 조정되어 표기됩니다.

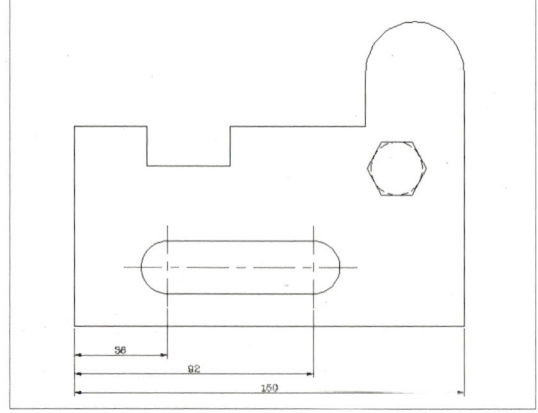

> **참고** 각도의 기준선 치수 기입
>
> 각도를 기준선을 기준으로 차례로 치수를 기입할 수 있습니다. 조작 방법이나 순서는 '선형 기준선 치수'와 동일합니다. 다음 그림과 같이 기준선으로부터 각도가 차례로 기입됩니다.

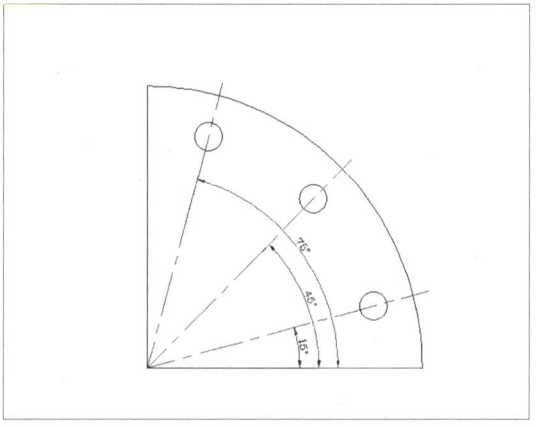

13 연속으로 기입하는 연속 치수(DIMCONTINUE)

이전 치수 또는 선택된 치수의 두 번째 치수 보조선으로부터 선형 치수, 각도 치수 또는 세로 좌표 치수를 작성합니다.

명령 : DIMCONTINUE(단축키 : DCO)   메뉴 아이콘 : |┼┼|

01 앞의 기준선 치수를 기입한 도면에서 다음 그림과 같이 왼쪽에 선형 치수를 작성합니다.

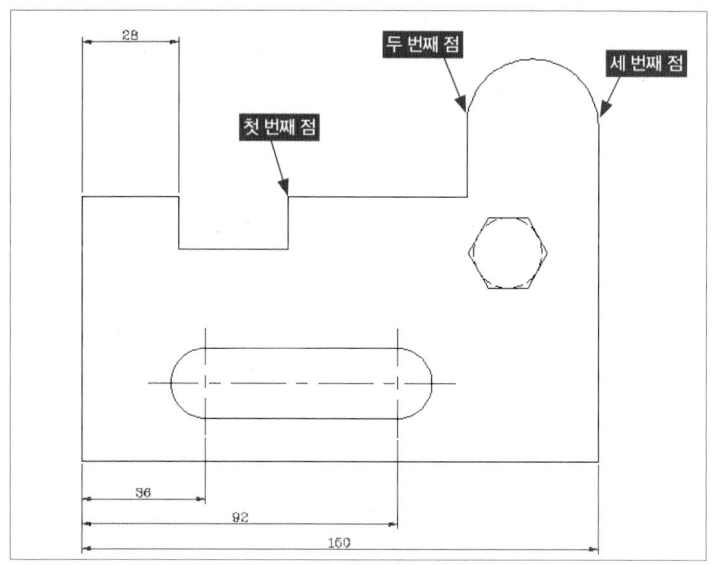

02 연속 치수 명령을 실행합니다. 명령어 'DCO'를 입력하거나 '주석' 탭의 '치수' 패널 또는 '치수' 도구 막대에서 ┠┼┨을 클릭합니다.

{두 번째 치수보조선 원점 지정 또는 [명령 취소(U)/선택(S)] <선택(S)>:)>:}에서 객체 스냅 '끝점 ✒'을 이용하여 첫 번째 끝점을 지정합니다.

{치수 문자 = 32}을 표시하면서 연속 치수를 기입합니다.

{두 번째 치수보조선 원점 지정 또는 [명령 취소(U)/선택(S)] <선택(S)>:)>:}에서 객체 스냅 '끝점 ✒'을 이용하여 두 번째 끝점을 지정합니다.

{치수 문자 = 52}을 표시하면서 연속 치수를 기입합니다.

{두 번째 치수보조선 원점 지정 또는 [명령 취소(U)/선택(S)] <선택(S)>:)>:}에서 객체 스냅 '끝점 ✒'을 이용하여 세 번째 끝점을 지정합니다.

{치수 문자 = 38}을 표시하면서 연속 치수를 기입합니다.

{두 번째 치수보조선 원점 지정 또는 [명령 취소(U)/선택(S)] <선택(S)>:}에서 Enter 또는 Space bar를 눌러 종료합니다.

{연속된 치수 선택: }에서 Enter 또는 Space bar를 눌러 종료합니다. 다음 그림과 같이 앞의 치수 보조선에 이어서 차례로 연속 치수를 기입합니다.

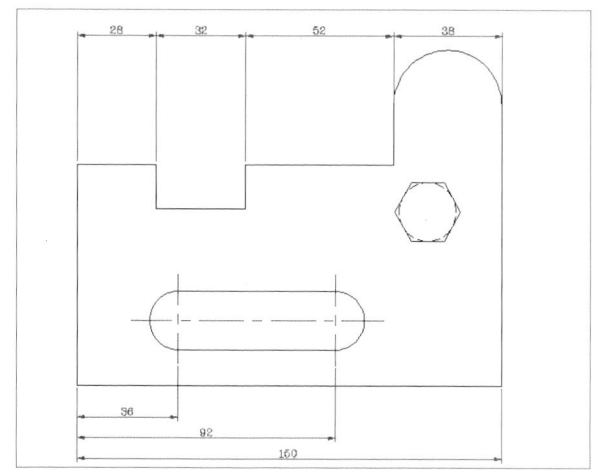

참고	각도의 연속 치수 기입

각도를 연속해서 기입할 수 있습니다. 조작 방법이나 순서는 '선형 연속 치수'와 동일합니다. 다음 그림과 같이 연속해서 각도가 차례로 기입됩니다.

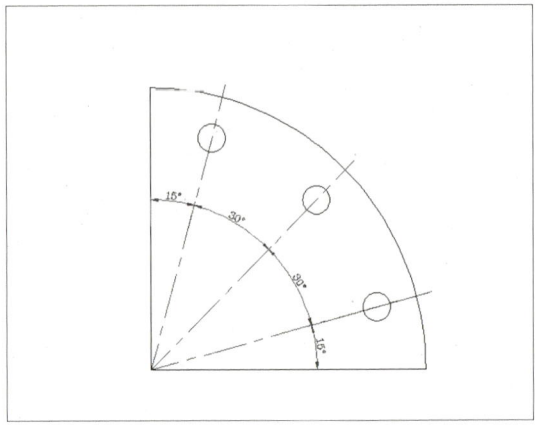

14 신속하게 기입할 수 있는 신속 치수(QDIM)

선택한 객체의 치수를 신속하게 작성하거나 편집합니다. 이 명령은 일련의 기준선 치수 또는 연속 치수를 작성하거나 일련의 원과 호에 치수를 기입하는데 유용합니다.

명령 : QDIM **메뉴 아이콘 :**

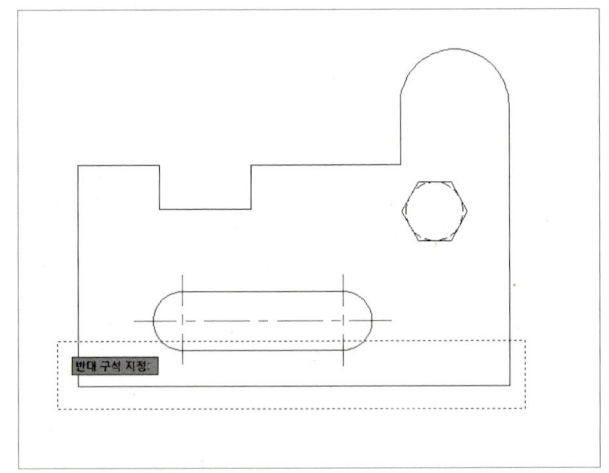

01 신속 치수 명령을 실행합니다. 명령어 'QDIM'을 입력하거나 '주석' 탭의 '치수' 패널 또는 '치수' 도구막대에서 을 클릭합니다.
{치수기입할 형상 선택:}에서 신속 치수를 기입할 객체 범위의 첫 번째 점을 지정합니다. {반대 구석 지정:}에서 다음 그림과 같이 반대편 구석을 지정합니다. {8개를 찾음}
{치수기입할 형상 선택:}에서 Enter 또는 Space bar 를 눌러 선택을 종료합니다.

02 {치수선의 위치 지정 또는 [연속(C)/다중(S)/기준선(B)/세로좌표(O)/반지름(R)/지름(D)/데이텀 점(P)/편집(E)/설정(T)] 〈연속(C)〉:}에서 치수선의 위치를 지정하면 다음 그림과 같이 연속 치수가 기입됩니다.

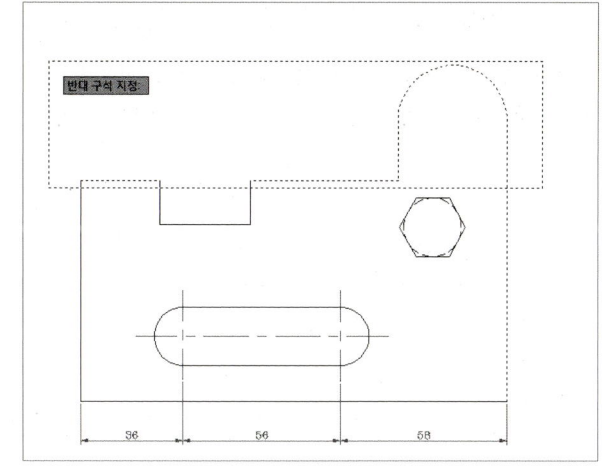

03 [Enter] 또는 [Space bar]를 눌러 신속 치수를 재실행합니다.
{치수 기입할 형상 선택:}에서 지정할 범위의 첫 번째 점을 지정합니다. {반대 구석 지정: }에서 범위의 반대 구석을 지정합니다. 여기에서는 위의 그림과 같이 6각형이 선택되지 않도록 지정합니다. {8개를 찾음}
{치수 기입할 형상 선택:}에서 [Enter] 또는 [Space bar]를 눌러 선택을 종료합니다.
{치수선의 위치 지정 또는 [연속(C)/다중(S)/기준선(B)/세로좌표(O)/반지름(R)/지름(D)/데이텀 점(P)/편집(E)/설정(T)] 〈연속(C)〉:}에서 기준선 옵션 'B'를 입력합니다.
{치수선의 위치 지정 또는 [연속(C)/다중(S)/기준선(B)/세로좌표(O)/반지름(R)/지름(D)/데이텀 점(P)/편집(E)/설정(T)] 〈기준선(B)〉:}에서 치수선의 위치를 지정합니다. 다음 그림과 같이 기준선 치수가 기입됩니다.

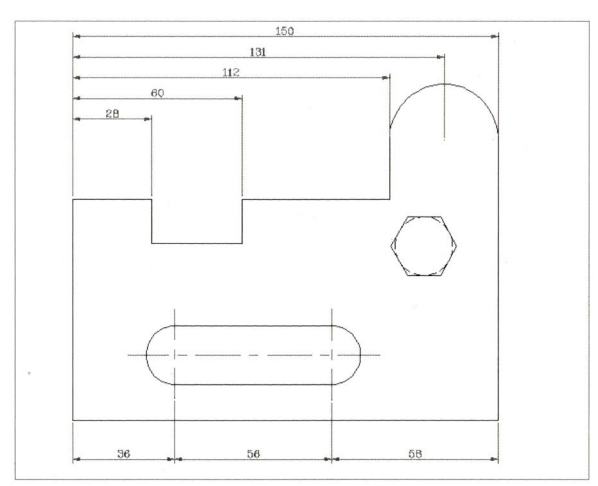

[TIP] 신속 치수 기입 이전에 어떤 치수(연속 치수, 기준선 치수)를 기입했느냐에 의해 기본(디폴트) 치수 기입 양식이 정해집니다. 즉, 이전에 연속치수를 기입하고 신속치수를 실행하면 연속치수가 디폴트가 됩니다. 변경하고자 할 때는 옵션 키워드(기준선 : B, 연속 : C)를 이용합니다.

참고 **원이나 호를 선택한 경우**

원이나 호를 선택하면 우선적으로 '반지름' 치수를 기본 값으로 기입합니다.
{연관 치수 우선순위 = 끝점(E)}
{치수기입할 형상 선택:}에서 원을 선택합니다. {1개를 찾음}
{치수기입할 형상 선택:}에서 [Enter] 또는 [Space bar]를 눌러 선택을 종료합니다.
{치수선의 위치 지정 또는 [연속(C)/다중(S)/기준선(B)/세로좌표(O)/반지름(R)/지름(D)/데이텀 점(P)/편집(E)/설정(T)] 〈반지름(R)〉:}
에서 [Enter] 또는 [Space bar]를 누르면 반지름 치수가 기입됩니다.

옵션 설명

{치수선의 위치 지정 또는 [연속(C)/다중(S)/기준선(B)/세로좌표(O)/반지름(R)/지름(D)/데이텀 점(P)/편집(E)/설정(T)] 〈연속(C)〉:}에서 옵션의 선택에 의해 선택한 옵션의 치수가 기입됩니다.

각 옵션에 대한 자세한 내용은 각 치수의 설명을 참조합니다.

- **편집(E)** : 일련의 치수를 편집합니다. 기존 치수에(서) 점을 추가하거나 제거하도록 프롬프트가 표시됩니다. 예를 들어, 위쪽의 기준선 치수만 선택한 후, 편집 옵션 'E'를 지정하면 다음과 같이 각 정점에 'X' 마크가 나타나면서 {제거할 치수 점 지시, 또는 [추가(A)/나가기(X)] 〈나가기(X)〉:}라는 메시지가 표시됩니다.
  이때 제거하고자 하는 치수 점(호의 중심점)을 지정하면 {한 개의 치수 점이 제거됨}라는 메시지와 함께 지정한 위치에 있는 'X' 마크가 사라집니다.

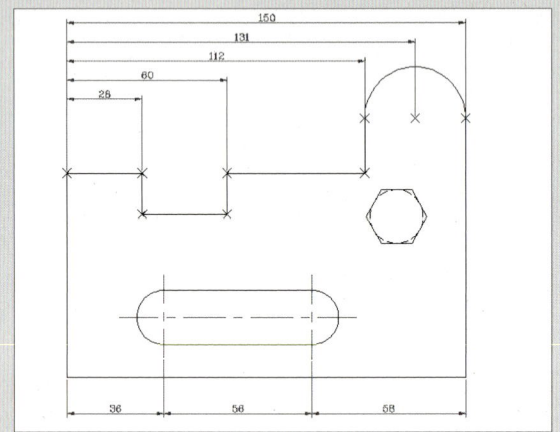

{제거할 치수 점 지시, 또는 [추가(A)/나가기(X)] 〈나가기(X)〉:}에서 Enter 또는 Space bar 를 누릅니다.
{치수선의 위치 지정 또는 [연속(C)/다중(S)/기준선(B)/세로좌표(O)/반지름(R)/지름(D)/데이텀 점(P)/편집(E)/설정(T)] 〈기준선(B)〉:}에서 치수선의 위치를 지정합니다.

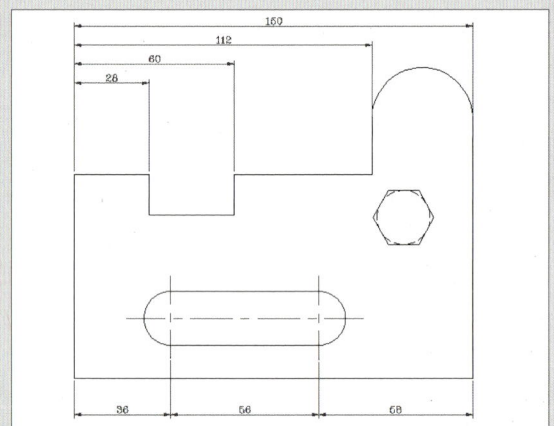

- **설정(T)** : 치수보조선 원점을 지정하기 위해 기본 객체 스냅을 설정합니다. 다음과 같은 메시지가 표시됩니다.
  {연관 치수 우선순위 [끝점(E)/교차점(I)]:}

15 치수선 사이의 간격을 조정하는 치수 간격(DIMSPACE)

선형 치수(기준선 치수, 연속 치수 포함) 또는 각도 치수 사이의 간격을 지정합니다.

명령 : DIMSPACE   메뉴 아이콘 :

01 앞에서 기준선 치수를 실습했던 도면을 가지고 실습 하겠습니다. 치수 간격(조정) 명령을 실행합니다. 명령어 'DIMSPACE'을 입력하거나 '주석' 탭의 '치수' 패널 또는 '치수' 도구막대에서 을 클릭합니다.
{기본 치수 선택:}에서 기준선 치수의 가장 안쪽 치수 (28)를 선택합니다.

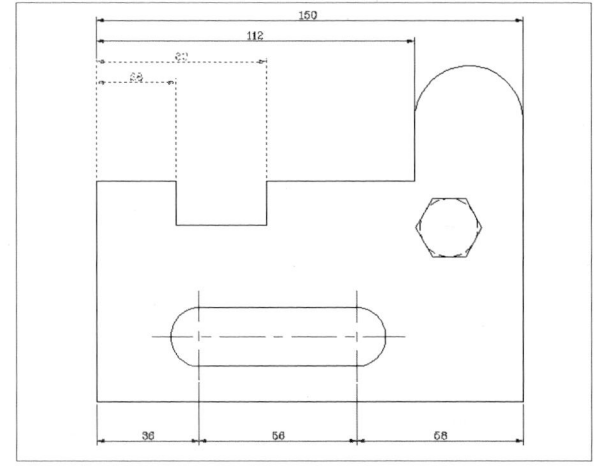

02 {간격을 둘 치수 선택:}에서 두 번째 기준선 치수(치수 문자: 60)를 선택합니다. {1개를 찾음} {간격을 둘 치수 선택:}에서 Enter 또는 Space bar 를 눌러 선택을 종료합니다. {값 또는 [자동(A)] 입력 〈자동(A)〉:}에서 '5'를 입력합니다.

Note_ 옵션 '자동'은 치수 문자의 높이 값의 2배(치수 문자의 높이 x 2)의 간격으로 치수선과 치수선의 간격을 조정합니다.

다음 그림과 같이 치수선과 치수선 간격이 '5'로 조정됩니다.

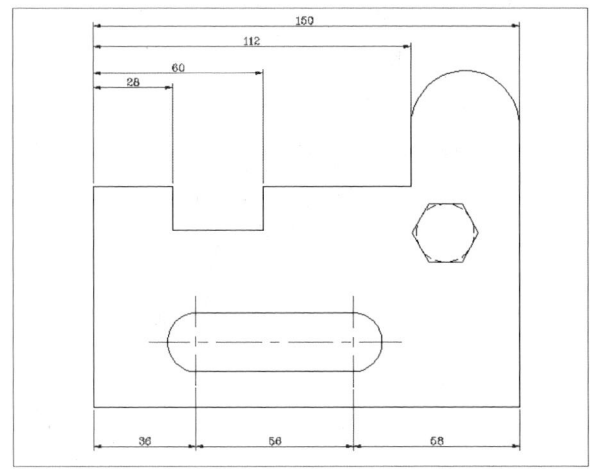

16 교차하는 치수, 치수 보조선을 끊는 치수 끊기(DIMBREAK)

치수선 및 치수 보조선이 다른 객체와 교차하는 지점에서 선을 끊거나 복원합니다.
명령 : DIMBREAK   메뉴 아이콘 : ⊣⊢

01 다음 그림과 같이 치수 보조선이 교차하도록 치수를 기입합니다.

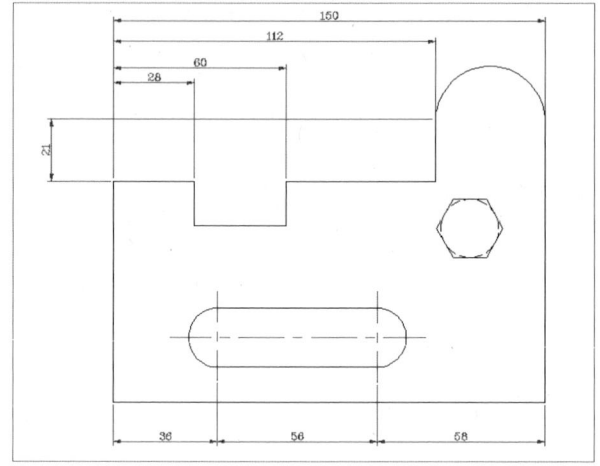

02 치수 끊기 명령을 실행합니다. 명령어 'DIMBREAK' 를 입력하거나 '주석' 탭의 '치수' 패널 또는 도구막대에서 ⊣⊢을 클릭합니다.
{끊기를 추가/제거할 치수 선택 또는 [다중]:}에서 다음 그림과 같이 수직 치수의 치수 보조선(치수 문자: 21)을 선택합니다.

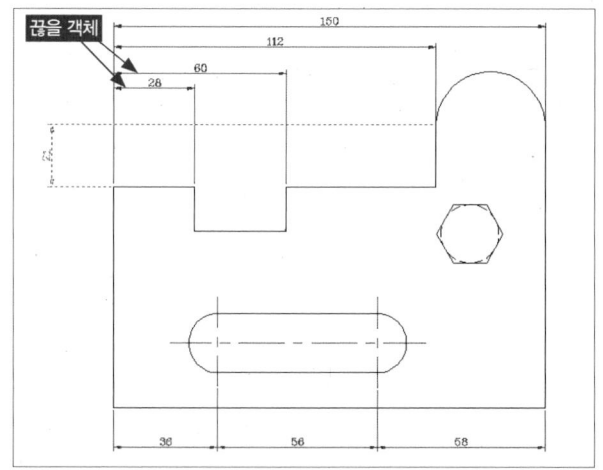

03 {치수를 끊을 객체 선택 또는 [자동(A)/수동(M)/제거(R)] 〈자동〉:}에서 기준선 치수의 가장 안쪽에 있는 치수(치수 문자: 28)를 선택합니다.
{치수를 끊을 객체 선택:}에서 두 번째 치수(치수 문자: 60)를 선택합니다.
{치수를 끊을 객체 선택:}에서 [Enter] 또는 [Space bar]를 눌러 종료합니다.

{1개의 객체 수정됨} {치수가 연관해제 됨} 다음 그림과 같이 교차하는 치수 보조선이 끊어집니다.

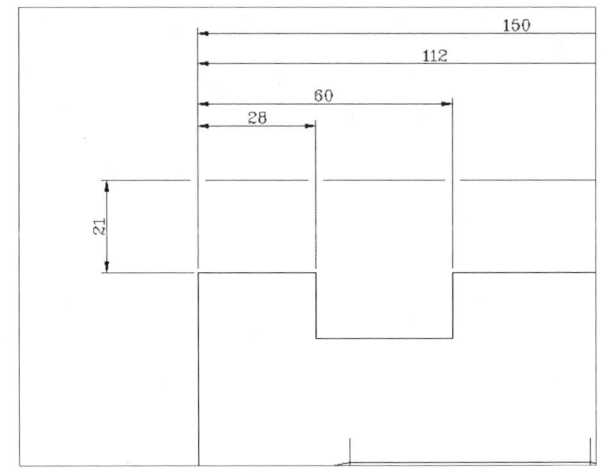

04 [Enter] 또는 [Space bar]를 눌러 치수 끊기 명령을 재실행합니다.
{끊기를 추가/제거할 치수 선택 또는 [다중]:}에서 조금 전에 끊었던 치수(치수 문자: 21)을 선택합니다.
{치수를 끊을 객체 선택 또는 [자동(A)/수동(M)/제거(R)] 〈자동〉:}에서 제거 옵션 'R'을 입력합니다. {1개의 객체 수정됨}이란 메시지와 함께 끊어진 치수 보조선이 복원(연결) 됩니다.

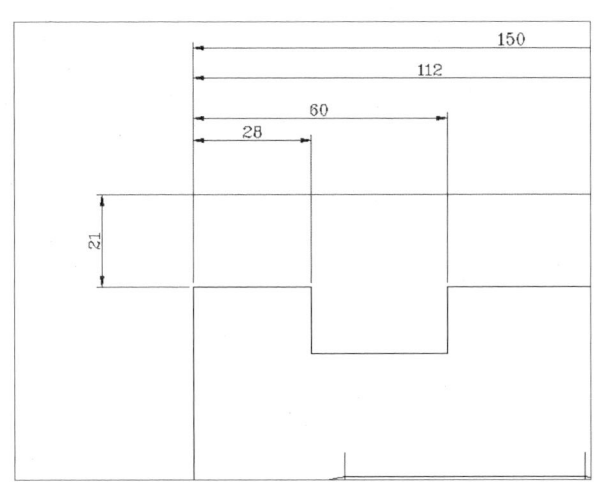

17 ■ 원이나 호의 중심을 표시하는 중심 표식(DIMCENTER)

원 및 호의 중심 표식 또는 중심선을 작성합니다.

명령 : DIMCENTER(단축키 : DCE)   메뉴 아이콘 : ⊕

01 중심 표식 명령을 실행합니다. 명령어 'DIMCENTER' 또는 'DCE'를 입력하거나 '주석' 탭의 '치수' 패널 또는 '치수' 도구막대에서 ⊕를 클릭합니다.

{호 또는 원 선택:}에서 육각형이 있는 원을 선택합니다. 다음 그림과 같이 원 중심에 중심 표식(+ 마크)이 표시됩니다.

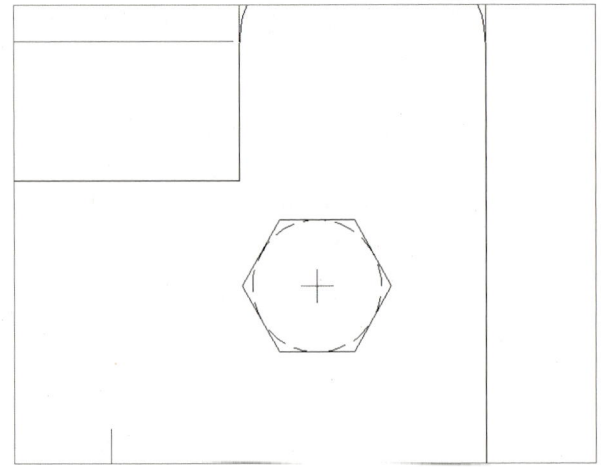

02 치수 스타일 명령을 실행합니다. 명령어 'D' 또는 'DST'를 입력하거나 '주석' 탭의 '치수' 패널 또는 '스타일' 도구막대에서 ▦을 클릭합니다. '치수 스타일 관리자' 대화상자에서 [수정(M)]을 클릭합니다. 치수 스타일 수정 대화상자의 '기호 및 화살표' 탭을 클릭합니다. 다음과 같은 대화상자가 표시됩니다. 여기에서 '중심 표식'의 '선(E)'를 선택합니다.

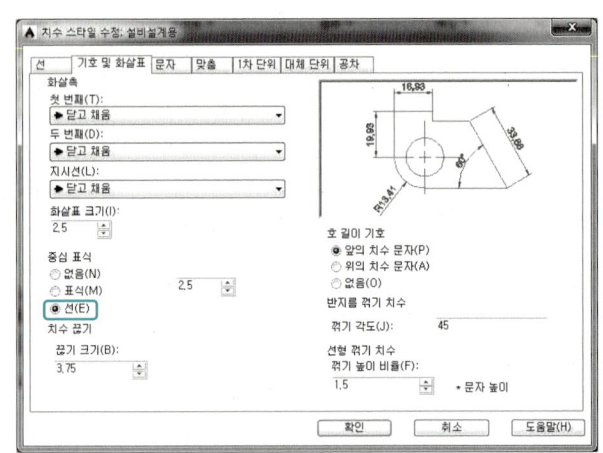

03 다시 중심 표식 명령을 실행합니다. 명령어 'DCE'를 입력하거나 '주석' 탭의 '치수' 패널 또는 '치수' 도구막대에서 ⊕를 클릭합니다.
{호 또는 원 선택:}에서 원을 선택합니다.
다음 그림과 같이 원 중심에 선으로 중심 표식이 작도됩니다.

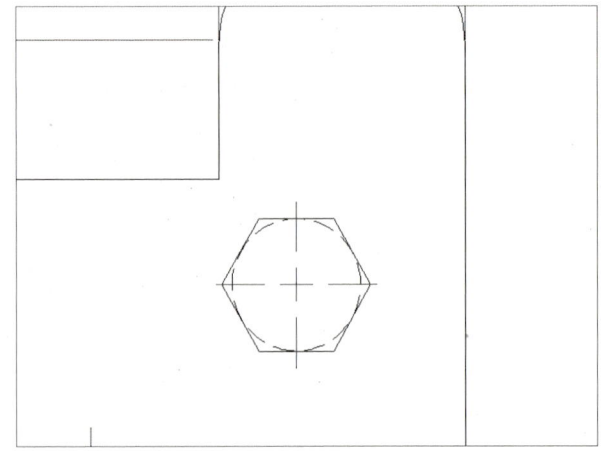

18 꺾기 선을 추가 또는 제거하는 꺾어진 선형(DIMJOGLINE)

선형 또는 정렬 치수에 꺾기 선을 추가하거나 제거합니다.

명령 : DIMJOGLINE 　　　메뉴 아이콘 : ⌁

01 치수 꺾기선 명령을 실행합니다. 명령어 'DIMJOGLINE'를 입력하거나 '주석' 탭의 '치수' 패널 또는 '치수' 도구막대에서 ⌁을 클릭합니다.

{꺾기를 추가할 치수 선택 또는 [제거(R)]:}에서 꺾기 선을 넣을 치수선(치수 문자: 112)을 선택합니다.

{꺾기 위치 지정(또는 ENTER 키 누르기): }에서 객체 스냅 '근처점 ⚓'을 이용하여 꺾기 선을 넣을 위치를 지정합니다.

02 다음 그림과 같이 지정한 위치의 치수선에 꺾기 선이 들어갑니다.

[TIP] {꺾기 위치 지정(또는 ENTER 키 누르기):}에서 Enter 를 누르면 치수 문자와 첫 번째 치수 보조선 사이의 중간점 또는 치수 문자의 위치를 기준으로 치수선의 중간점에 꺾기를 배치합니다.

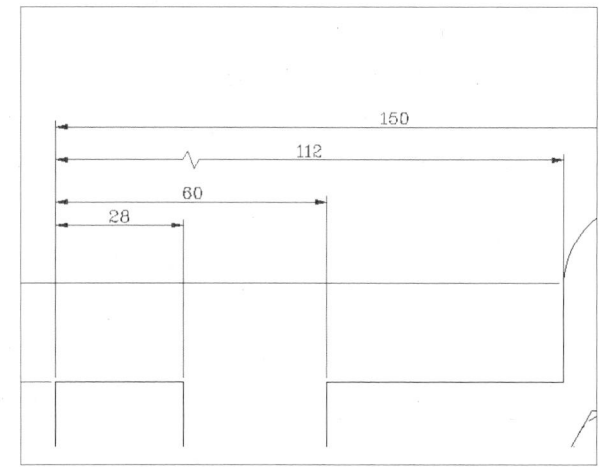

03 Enter 또는 Space bar 를 눌러 치수 꺾기선을 재실행합니다.

{꺾기를 추가할 치수 선택 또는 [제거(R)]:}에서 제거 옵션 'R'을 입력합니다.

{제거할 꺾기 선택:}에서 제거할 꺾기 선을 선택합니다. 다음 그림과 같이 꺾기 선이 제거됩니다.

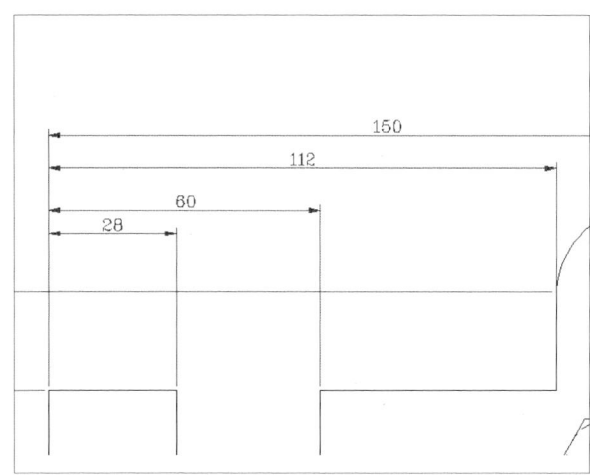

19 작성된 치수 표현을 수정하는 치수 편집(DIMEDIT)

치수를 작성한 후에는 기존 문자를 회전하거나 새 문자로 대치할 수 있습니다. 치수 편집은 작성된 치수 객체에서 치수 문자 및 치수 보조선을 수정합니다.

명령 : DIMEDIT(단축키 : DED)   메뉴 아이콘 : ⌴

01 치수 편집 명령을 실행합니다. 명령어 'DED'를 입력하거나 '치수' 도구막대에서 ⌴을 클릭합니다.
{치수 편집의 유형 입력 [처음(H)/신규(N)/회전(R)/기울기(O)] <처음(H)>:}에서 회전 'R'을 입력합니다.
{치수 문자에 대한 각도를 지정:}에서 각도 '45'를 입력합니다.
{객체 선택:}에서 선형 치수(수평)를 선택합니다. {1개를 찾음}
{객체 선택:}에서 선형 치수(수직)를 선택합니다. {1개를 찾음, 총 2}
{객체 선택:}에서 [Enter] 또는 [Space bar]를 눌러 종료합니다.
다음 그림과 같이 선택한 치수의 문자가 45도 각도로 바뀝니다.

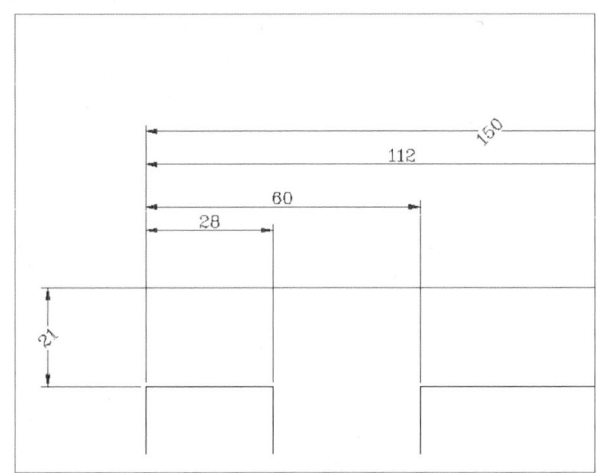

02 [Enter] 또는 [Space bar]로 치수 편집 명령을 재실행합니다.
{치수 편집의 유형 입력 [처음(H)/신규(N)/회전(R)/기울기(O)] <처음(H)>:}에서 기울기 옵션 'O'를 입력합니다.
{객체 선택:}에서 기준선 치수를 선택합니다. {1개를 찾음}
{객체 선택:}에서 차례로 기준선 치수를 선택합니다. {1개를 찾음 총 2}
{객체 선택:}에서 [Enter] 또는 [Space bar]를 눌러 선택을 종료합니다.
{기울기 각도 입력 (없는 경우 ENTER 키):}에서 각도 '85'를 입력합니다.
다음 그림과 같이 선택한 치수 보조선이 85도의 각도로 기울어집니다.

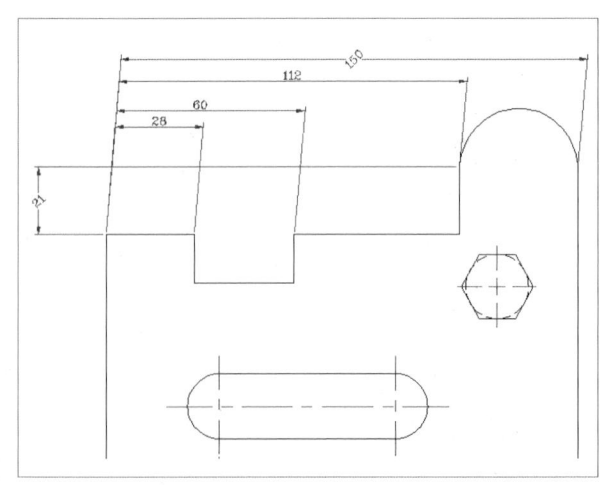

20 치수 문자의 위치를 변경하는 치수 문자 편집(DIMTEDIT)

치수 문자의 위치를 이동하거나 각도를 변경합니다.

명령 : DIMTEDIT   메뉴 아이콘 :

01 앞의 도면으로 조작해보겠습니다. 치수 문자 편집 명령을 실행합니다. 명령어 'DIMTEDIT'를 입력하거나 '주석' 탭의 '치수' 패널 또는 '치수' 도구막대에서 을 클릭합니다.
{치수 선택:}에서 편집하고자 하는 치수 문자(세로 방향의 '120' 치수)를 선택합니다.
{치수 문자에 대한 새로운 위치 또는 다음을 지정 [왼쪽(L)/오른쪽(R)/중심(C)/처음(H)/각도(A)]:}에서 왼쪽 옵션 'L'을 입력합니다. 다음 그림과 같이 선택한 치수 문자가 치수선 왼쪽으로 이동합니다.

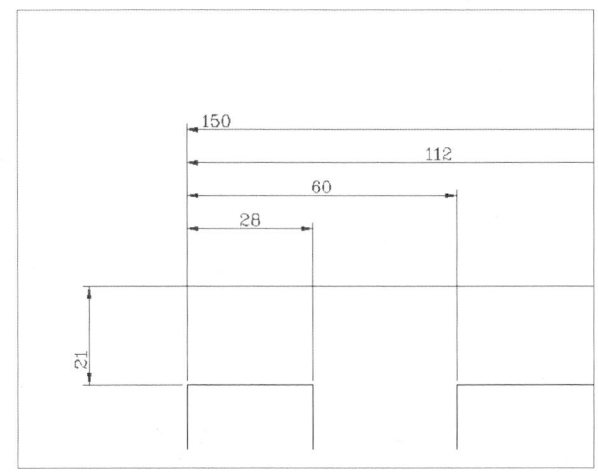

02 Enter 또는 Space bar 를 눌러 치수 문자 편집 명령을 재실행합니다.
{치수 선택:}에서 치수 문자(선형 치수)를 선택합니다.
{치수 문자에 대한 새로운 위치 또는 다음을 지정 [왼쪽(L)/오른쪽(R)/중심(C)/처음(H)/각도(A)]:}에서 각도 옵션 'A'를 입력합니다.
{치수 문자에 대한 각도를 지정:}에서 각도 '45'를 입력합니다. 다음 그림과 같이 치수 문자의 각도가 45도 회전됩니다.

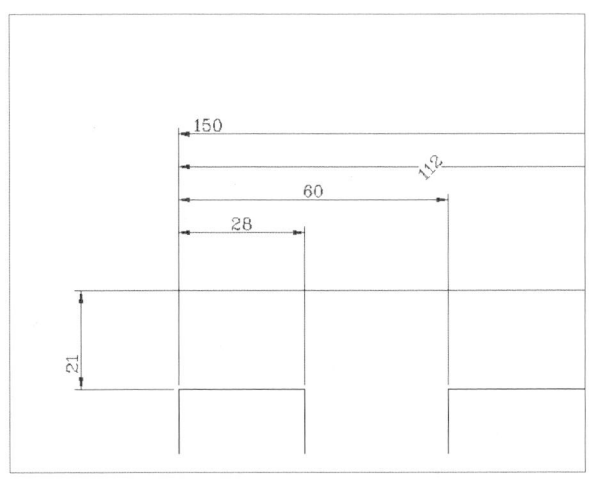

21 지시선(인출선)의 작성(LEADER)

치수나 문자를 직접 표기하기 어려운 좁은 공간에는 지시선을 통해 표기합니다. 지시선의 색상과 표현 방법은 치수 스타일과 별도로 다중 지시선 스타일 관리자를 이용하여 관리합니다. 다중 지시선 스타일 설정과 지시선 작성 및 정렬에 대해 학습하겠습니다.

01. 다중 지시선 스타일(MLEADERSTYLE)

다중 지시선의 연결선, 화살촉, 콘텐츠 등 다중 지시선의 스타일을 작성하거나 수정합니다.

명령 : MLEADERSTYLE(단축키 : MLS)   메뉴 아이콘 :

'주석' 탭 '지시선' 패널의 오른쪽 끝에 있는 ▧을 클릭합니다.

다음과 같은 '다중 지시선 스타일 관리자' 대화상자가 나타납니다.

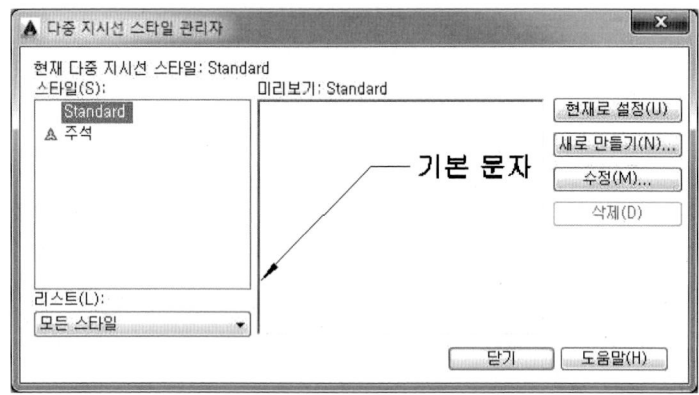

(1) **스타일(S)** : 현재 도면에 작성된 다중 지시선 스타일 목록이 표시됩니다. 이 목록에서 작업하고자 하는 스타일을 선택합니다. 스타일 이름 앞에 ▲ 마크가 있는 스타일은 주석 스타일을 의미합니다.
(2) **미리 보기** : 선택한 스타일의 설정 상태를 이미지로 표시합니다.
(3) **리스트(L)** : '스타일(S)'에 표시되는 스타일의 조건을 선택(필터링)합니다.
(4) **현재로 설정(U)** : 목록에서 선택한 다중 지시선의 스타일을 현재 스타일로 설정합니다.
(5) **새로 만들기(N)** : 다음과 같은 대화상자가 표시되면서 새로운 치수 스타일을 작성합니다.
(6) **수정(M)** : 선택한 스타일을 수정합니다.
(7) **삭제(D)** : 선택한 스타일을 지웁니다.

[새로 만들기(N)] 또는 [수정(M)]을 클릭하면 다음의 대화상자가 나타납니다.

● '지시선 형식' 탭

지시선의 형식을 설정합니다.

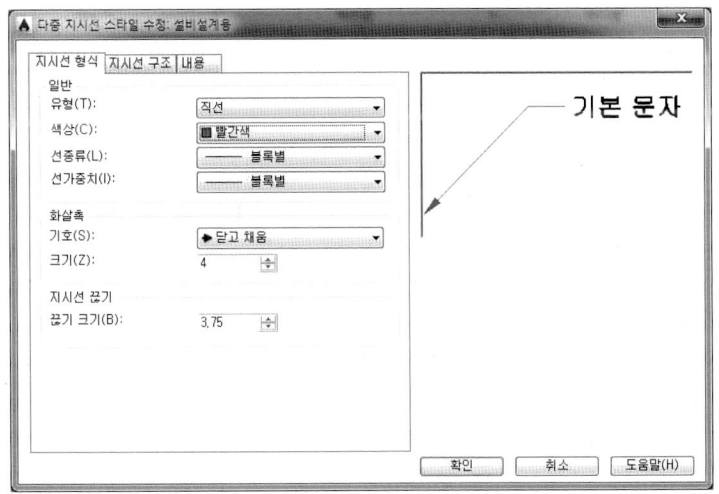

(1) 일반 : 다중 지시선의 유형, 색상, 선 종류 등 일반적인 형태를 설정합니다.

① 유형(T) : '직선', '스플라인' 또는 '지시선 없음' 중에서 유형을 선택합니다.

② 색상(C) : 지시선의 색상을 설정합니다.

③ 선 종류(L) : 지시선의 선 종류를 설정합니다.

④ 선 가중치(I) : 지시선의 선 가중치를 설정합니다.

(2) 화살촉 : 다중 지시선 화살촉의 모양을 설정합니다.

① 기호(S) : 다중 지시선의 화살촉 기호(모양)를 설정합니다.

② 크기(Z) : 다중 지시선의 화살촉 크기를 설정합니다.

(3) 지시선 끊기 : 치수 끊기를 다중 지시선에 추가할 때 크기를 '끊기 크기(B)'의 값으로 설정합니다.

● '지시선 구조' 탭

지시선의 구조를 설정합니다.

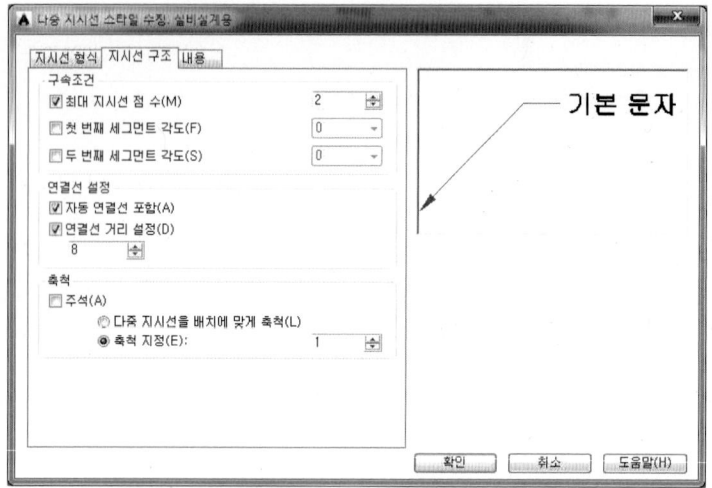

(1) 구속 조건 : 다중 지시선의 구속 조건을 제어합니다.

① 최대 지시선 점 수(M) : 지시선을 작도할 때, 지시할 수 있는 최대 점의 수를 설정합니다.
② 첫 번째 세그먼트 각도(F) : 지시선의 첫 번째 점 각도를 설정합니다.
③ 두 번째 세그먼트 각도(S) : 다중 지시선 연결선의 두 번째 점 각도를 설정합니다.

(2) 연결선 설정 : 다중 지시선의 연결선과 관련된 환경을 설정합니다.

① 자동 연결선 포함(A) : 수평 연결선을 다중 지시선 콘텐츠에 부착합니다.
② 연결선 거리 설정(D) : 다중 지시선 연결선의 고정 거리를 설정합니다.

(3) 축척 : 다중 지시선의 축척을 제어합니다.

① 주석 : 다중 지시선이 주석이 되도록 설정합니다. 주석으로 설정하면 다음의 두 개 항목은 꺼집니다.
② 다중 지시선을 배치에 맞게 축척(L) : 모형 공간 및 도면 공간 뷰포트의 축척에 기반하여 다중 지시선의 축척 비율을 결정합니다.
③ 축척 지정(E) : 직접 축척 값을 입력하여 설정합니다.

● '내용' 탭

지시선의 내용을 설정합니다.

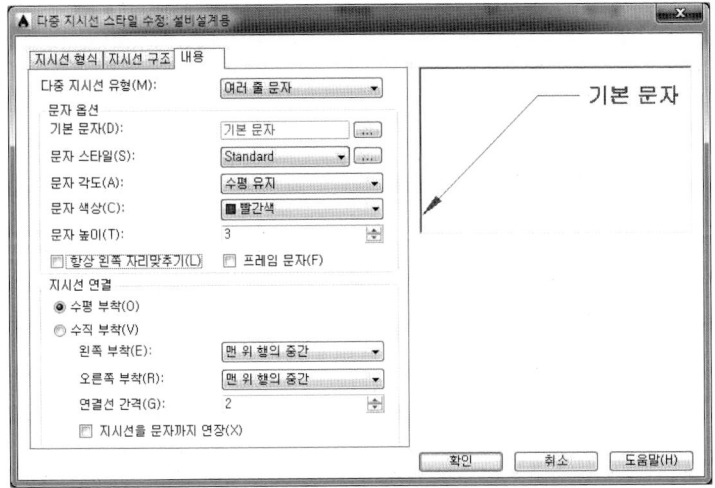

(1) 다중 지시선 유형(M) : 다중 지시선의 유형을 '여러 줄 문자', '블록', '없음' 중에서 선택합니다. '블록'을 선택하면 다음과 같은 대화상자가 나타납니다. 대화상자에서 블록의 모양, 부착 위치, 색상, 축척을 지정합니다.

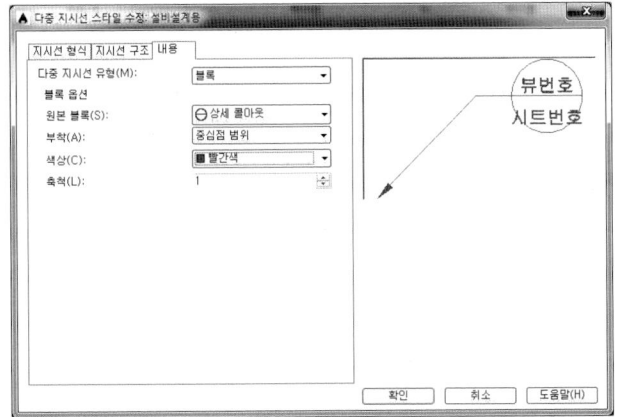

(2) 문자 옵션 : 다중 지시선의 문자와 관련된 환경을 제어합니다.

① 기본 문자(D) : 다중 지시선 내용에 대한 기본적으로 표기될 문자를 설정합니다. 실행을 하면 문자 편집기가 나타나 문자를 작성할 수 있습니다.

② 문자 스타일(S) : 문자의 스타일(글꼴)을 설정합니다.

③ 문자 각도(A) : 문자의 각도를 설정합니다.

④ 문자 색상(C) : 문자의 색상을 설정합니다.

⑤ 문자 높이(T) : 문자의 높이를 설정합니다.

⑥ 항상 왼쪽 자리 맞추기(L) : 다중 지시선 문자가 항상 왼쪽으로 정렬되도록 설정합니다.

⑦ 프레임 문자(F) : 다중 지시선 문자를 상자로 감쌉니다.

(3) 지시선 연결 : 다중 지시선의 지시선 연결과 관련된 환경을 설정합니다.

① 왼쪽 부착 : 문자가 지시선의 왼쪽에 있는 경우, 다중 지시선 문자에 연결선 부착 위치를 설정합니다.

② 오른쪽 부착 : 문자가 지시선의 오른쪽에 있는 경우, 다중 지시선 문자에 연결선 부착위치를 설정합니다.

③ 연결선 간격(G) : 연결선과 다중 지시선 문자 사이의 거리를 설정합니다.

④ 지시선을 문자까지 연장(X) : 연결선을 여러 줄 문자 상자의 모서리가 아니라 지시선이 부착된 문자 행 모서리 끝까지 연장합니다. 여러 줄 문자 상자의 길이는 경계 상자의 길이가 아니라 문자의 가장 긴 행의 길이에 의해 결정됩니다.

따라하기

01 '열기(OPEN)' 명령으로 다중 지시선의 실습을 위해 예제 파일의 'Part4_다중지시선.dwg' 파일을 엽니다. (예제 파일은 혜지원 출판사 홈페이지 'www.hyejiwon. co.kr' 자료실에서 다운받을 수 있습니다.) 다음 그림과 같은 도면이 펼쳐집니다.

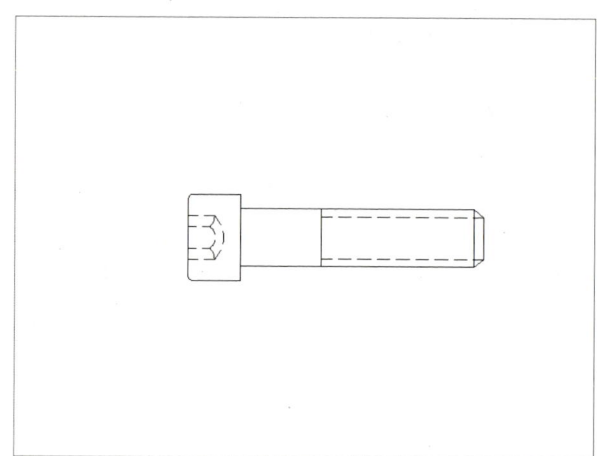

02 다중 지시선 스타일 명령을 실행합니다. 명령어 'MLEADERSTYLE' 또는 'MLS'를 입력하거나 '주석' 탭의 '다중 지시선' 패널 또는 '다중 지시선' 도구막대에서 을 클릭합니다. '다중 지시선 스타일 관리자' 대화상자에서 [수정(M)]을 클릭합니다.

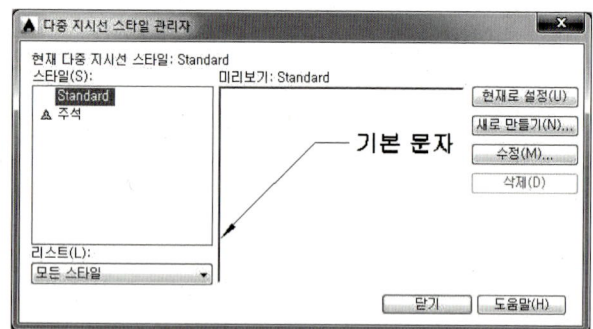

03 '다중 지시선 스타일 수정' 대화상자에서 '지시선 형식' 탭을 선택합니다. '일반'의 '색상(C):'에서 '빨간색'을 선택합니다.

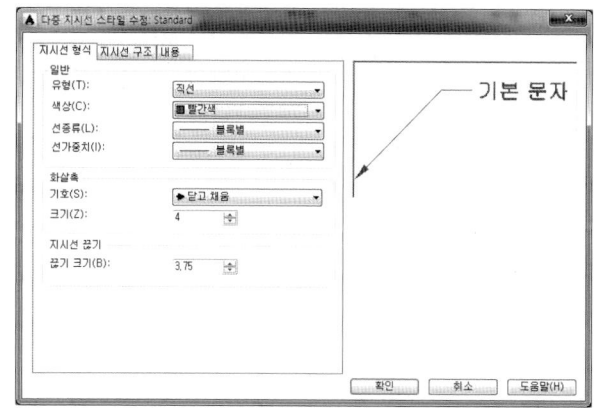

04 대화상자에서 '내용' 탭을 선택합니다. '다중 지시선 유형(M)'에서 '블록'을 선택합니다. 블록 옵션의 '원본 블록(S):'에서 '원'을 선택하고 '색상(C):'에서 '빨간색'을 선택합니다. 설정이 끝나면 [확인]을 클릭합니다.

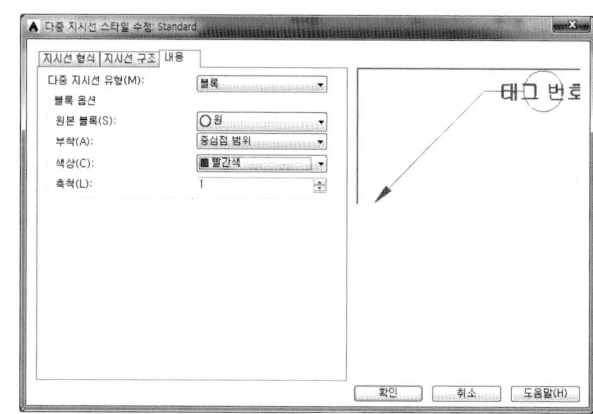

05 '다중 지시선 스타일 관리자' 대화상자에서 [닫기]를 클릭하여 종료합니다.

22 다중 지시선(MLEADER)

다중 지시선을 작성합니다.

명령 : MLEADER(단축키 : MLD) 메뉴 아이콘 :

01 앞에서 실습한 도면을 이용하여 실습하겠습니다. 다중 지시선 명령을 실행합니다. 명령어 'MLEADER' 또는 'MLD'를 입력하거나 '주석' 탭의 '다중 지시선' 패널 또는 '다중 지시선 도구막대에서 을 클릭합니다.

{지시선 화살촉 위치 지정 또는 [지시선 연결선 먼저(L)/
콘텐츠 먼저(C)/옵션(O)] <옵션>:}에서 화살촉의 위치
(볼트의 머리 모서리 부분)를 지정합니다.
{지시선 연결선 위치 지정:}에서 지시선 연결선의 위치
(인출 위치)를 지정합니다.
{속성값 입력} {태그 번호 입력 <태그 번호>:}에서 태그
번호 '1'을 입력합니다.
다음 그림과 같이 지시선이 작성됩니다.

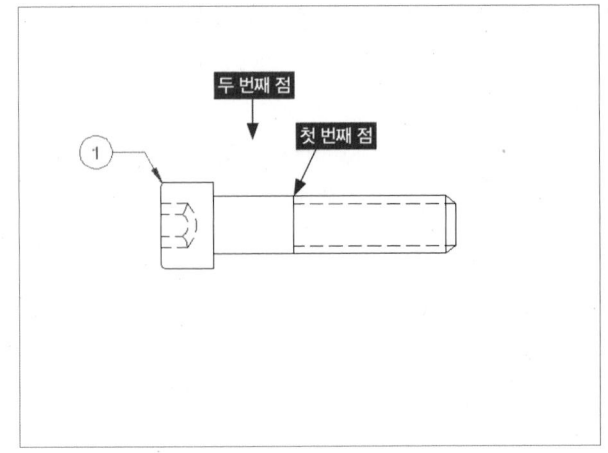

02 Enter 또는 Space bar 를 눌러 다중 지시선을 재실행합
니다.
{지시선 화살촉 위치 지정 또는 [지시선 연결선 먼저(L)/
콘텐츠 먼저(C)/옵션(O)] <옵션>:}에서 화살촉의 위치
(나사 시작 위치인 첫 번째 점)를 지정합니다.
{지시선 연결선 위치 지정:}에서 지시선 연결선의 위치
(두 번째 점)를 지정합니다.
{속성값 입력} {태그 번호 입력 <태그 번호>:}에서 태그
번호 '2'를 입력합니다.
다음 그림과 같이 다중 지시선이 작성됩니다.

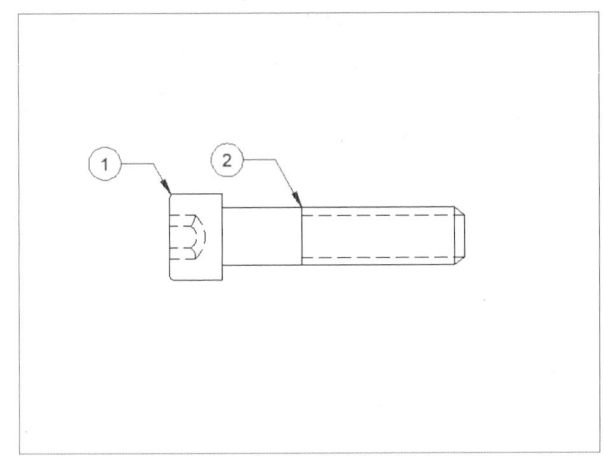

23 다중 지시선 편집(MLEADEREDIT)

기 작성된 다중 지시선에 지시선을 추가 또는 제거합니다.
명령 : MLEADEREDIT(단축키 : MLE)   메뉴 아이콘 :

01 기존 다중 지시선에 새로운 지시선을 추가해보겠습니다. 지시선 편집 명령을 실행합니다. 명령어
'MLEADEREDIT' 또는 'MLE'를 입력하거나 '주석' 탭의 '지시선' 패널 또는 '다중 지시선' 도구막대에
서   을 클릭합니다.
{다중 지시선 선택:}에서 추가할 다중 지시선(1번 다중 지시선)을 선택합니다.

{1개 발견} {옵션 선택 [지시선 추가(A)/지시선 제거(R)] <지시선 추가>:}에서 'A'를 입력합니다. {지시선 화살촉 위치 지정:}에서 지시선의 위치를 지정합니다.
다음 그림과 같이 지시선이 추가됩니다.

[TIP] '지시선 추가' 메뉴 아이콘 을 누르면 메시지 {옵션 선택 [지시선 추가(A)/지시선 제거(R)] <지시선 추가>:}가 생략되어 'A'를 입력하지 않아도 됩니다.

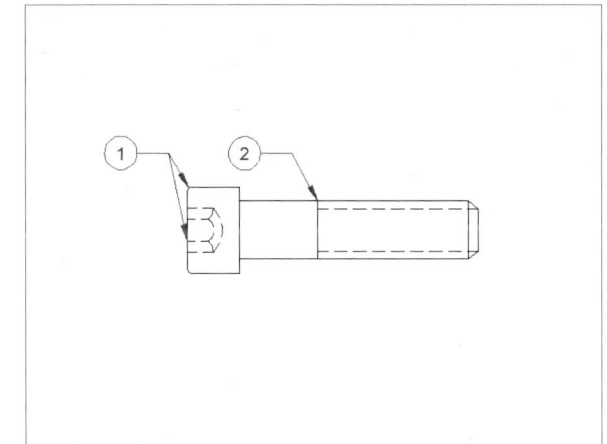

02 기존의 다중 지시선을 제거해보겠습니다. 지시선 제거 명령을 실행합니다. '주석' 탭의 '지시선' 패널 또는 '다중 지시선' 도구막대에서 을 눌러 실행합니다.
{다중 지시선 선택:}에서 제거할 다중 지시선(1번 다중 지시선)을 선택합니다.
{1개 발견}
{제거할 지시선 지정:}에서 다음 그림과 같이 아래쪽 지시선을 선택합니다.
{제거할 지시선 지정:}에서 Enter 또는 Space bar 를 눌러 종료합니다.
다음 그림과 같이 선택한 지시선이 제거됩니다.

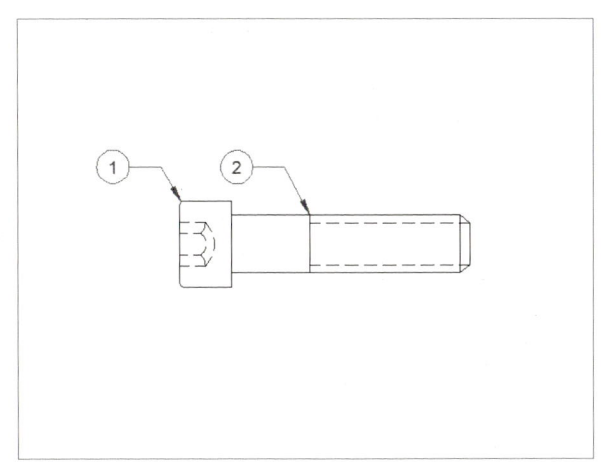

24 다중 지시선 정렬(MLEADERALIGN)

다중 지시선의 위치를 지정한 선에 정렬합니다.

명령 : MLEADERALIGN(단축키 : MLA)　　　　　　메뉴 아이콘 :

01 지시선 정렬 명령을 실행합니다. 명령어 'MLEADERALIGN' 또는 'MLA'를 입력하거나 '주석' 탭의 '다중 지시선' 패널 또는 '다중 지시선' 도구막대에서 을 클릭합니다.
{다중 지시선 선택: }에서 정렬할 다중 지시선(1번)을 선택합니다. {1개를 찾음}

{다중 지시선 선택:}에서 정렬할 다중 지시선(2번)을 선택합니다. {1개를 찾음, 총 2}
{다중 지시선 선택:}에서 Enter 또는 Space bar 를 눌러 선택을 종료합니다.
{현재 모드: 현재 간격두기 사용}
{정렬할 다중 지시선 선택 또는 [옵션(O)]:}에서 옵션 'O'를 입력합니다.
{옵션 입력 [분산(D)/지시선 세그먼트를 평행으로 지정(P)/간격두기 지정(S)/현재 간격두기 사용(U)] 〈간격두기 지정〉:}에서 간격두기 지정 'S'를 입력합니다.
{간격두기 지정 〈0.000000〉:}에서 간격 '5'를 입력합니다.
{정렬할 다중 지시선 선택 또는 [옵션(O)]:}에서 기준이 될 다중 지시선(1번 지시선)을 선택합니다.
{방향 지정:}에서 직교 모드 ㄴ를 켜고 다음 그림과 같이 위쪽 방향으로 맞춘 후 클릭합니다.

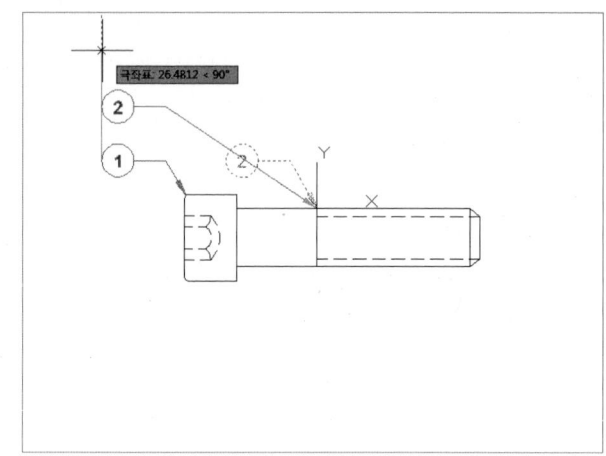

02 다음 그림과 같이 1번 다중 지시선에서 '5'만큼 떨어진 위쪽 방향에 정렬됩니다.

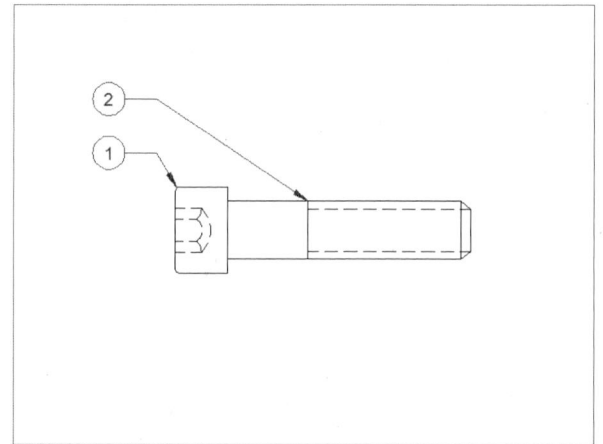

25 지시선 수집(MLEADERCOLLECT)

블록으로 구성된 다중 지시선을 모아 단일 지시선에 부착된 그룹으로 구성합니다.

명령 : MLEADERCOLLECT(단축키 : MLC)   메뉴 아이콘 : /8

01 지시선 수집 명령을 실행합니다. 명령어 'MLEADERCOLLECT' 또는 'MLC'를 입력하거나 '주석' 탭의 '다중 지시선' 패널 또는 '다중 지시선' 도구막대에서 /8을 클릭합니다.

{다중 지시선 선택:}에서 수집할 다중 지시선(1번)을 선택합니다. {1개를 찾음}

{다중 지시선 선택:}에서 수집할 다중 지시선(2번)을 선택합니다. {1개를 찾음, 총 2}

{다중 지시선 선택:}에서 [Enter] 또는 [Space bar]를 눌러 선택을 종료합니다.

{수집한 다중 지시선 위치 지정 또는 [수직(V)/수평(H)/줄바꿈(W)] 〈수평〉:}에서 수직 옵션 'V'를 입력합니다.

{수집한 다중 지시선 위치 지정 또는 [수직(V)/수평(H)/줄바꿈(W)] 〈수직〉:}에서 다음 그림과 같이 위치를 지정하여 클릭합니다.

다중 지시선이 모아져 하나의 지시선에 작성됩니다.

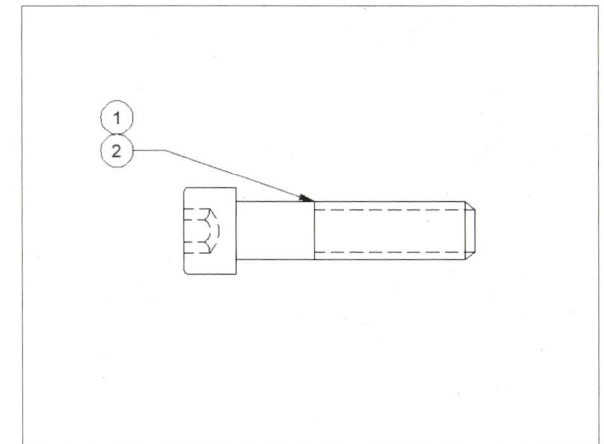

옵션 설명

{수집한 다중 지시선 위치 지정 또는 [수직(V)/수평(H)/줄바꿈(W)] 〈수평〉:}

- 수직(V) : 수직으로 정렬합니다.
- 수평(H) : 수평으로 정렬합니다.
- 줄바꿈(W) : 줄 바꿈 된 다중 지시선 집합의 폭을 지정합니다. 줄 바꿈 폭을 지정하거나 '숫자(N)'로 다중 지시선 집합의 행당 최대 블록 수를 지정합니다.

PART5
주변 구조물 및 조경용 심볼 그리기

이번에는 계단, 엘리베이터, 운동기구와 나무, 파고라 등 조경관련 사물을 작도하겠습니다. 자주 사용되는 명령에 대한 자세한 조작방법의 설명은 생략하고 간단한 요령만 설명하겠습니다.

AutoCAD 2015

13; 주변 구조물 그리기

14; 조경 심볼 그리기

13; 주변 구조물 그리기

AutoCAD 2015

계단, 엘리베이터, 운동기구 및 시설 등 건물 내·외에서 쉽게 볼 수 있는 사물을 작도해보겠습니다.

1 직선 계단

다음 그림과 같은 직선 계단을 작도하겠습니다. 건축물의 용도 및 구조에 따라 다양한 계단이 있습니다. 작도하는 방법은 큰 차이가 없으므로 하나를 그려보면 다른 형태나 크기는 쉽게 작도할 수 있습니다.

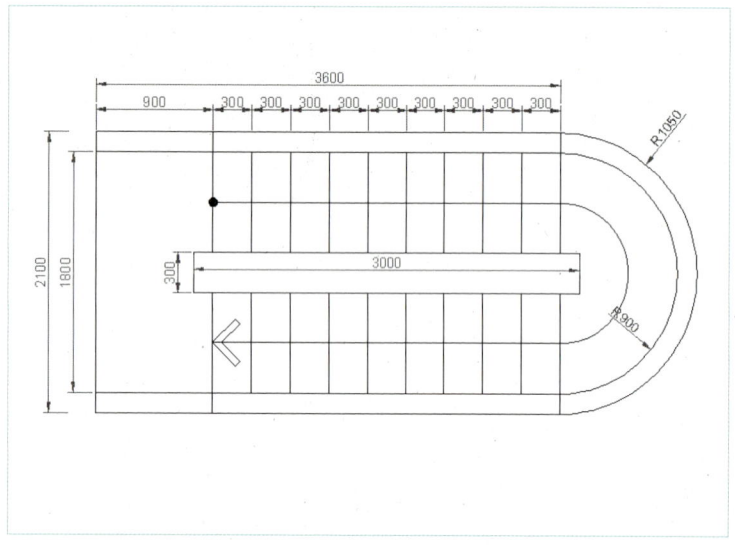

01 한계(LIMITS) 명령으로 계단을 그릴 수 있는 크기로 도면의 범위(한계)를 설정합니다. 다음으로 '계단'이라는 도면층(LAYER)을 작성합니다.

02 직사각형(RECTANGLE) 명령을 실행하여 계단의 외곽선을 작도(가로: 3600, 세로: 2100)한 후 간격 띄우기를 위해 분해(EXPLODE) 명령으로 분해합니다.

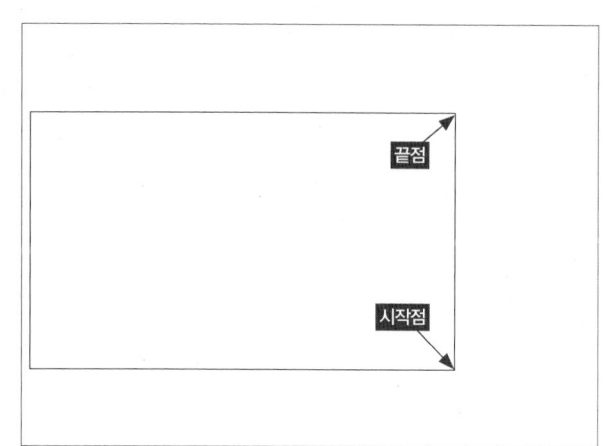

03 호(ARC) 명령으로 반지름이 '1050'인 호를 작도합니다.
{호의 시작점 또는 [중심(C)] 지정:}에서 객체 스냅 '끝점 ✐'을 이용하여 시작점을 지정합니다.
{호의 두 번째 점 또는 [중심(C)/끝(E)] 지정:}에서 끝 옵션 'E'를 입력합니다.
{호의 끝점 지정:}에서 객체 스냅 '끝점 ✐'을 이용하여 끝점을 지정합니다.
{호의 중심점 지정 또는 [각도(A)/방향(D)/반지름(R)]:}에서 반지름 옵션 'R'을 입력합니다.
{호의 반지름 지정:}에서 반지름 '1050'을 입력합니다.

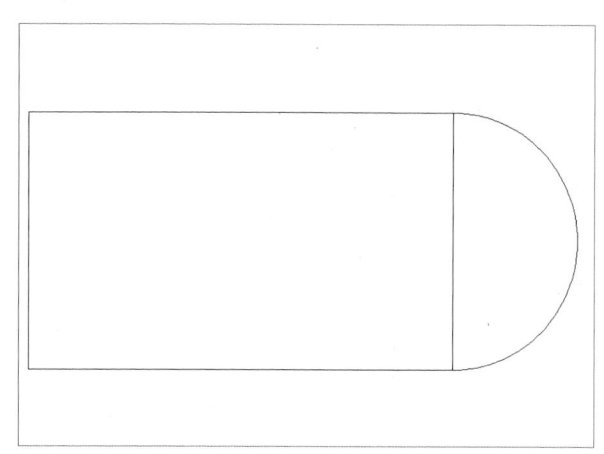

04 간격 띄우기(OFFSET) 명령으로 간격을 띄웁니다. 띄울 간격은 '150'입니다.

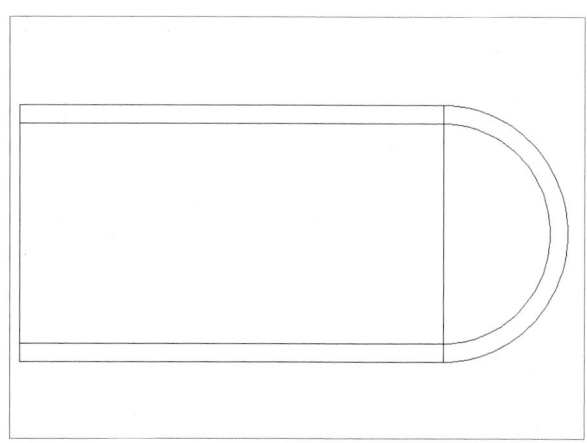

05 Enter 또는 Space bar 를 눌러 간격 띄우기 명령을 재실행합니다. 간격 '900'을 지정하여 왼쪽 수직선을 오른쪽 방향으로 띄웁니다.

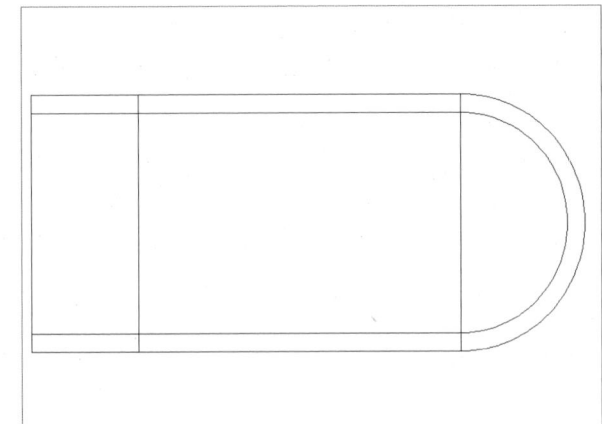

06 다시 Enter 또는 Space bar 를 눌러 간격(계단 넓이: 300)을 띄운 후 자르기(TRIM) 명령으로 다음 그림과 같이 양끝 부분을 정리합니다.

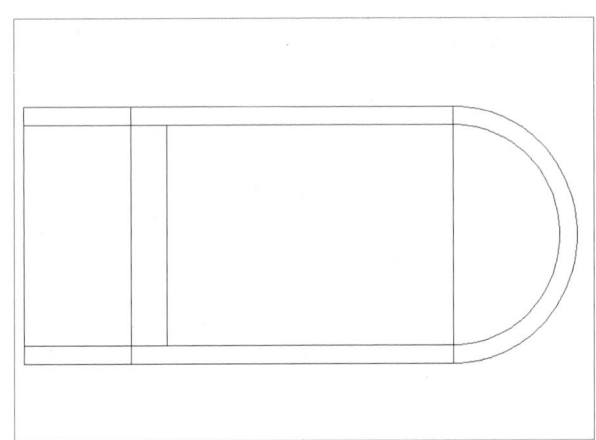

07 중앙난간을 작도하기 위해 선(LINE) 명령으로 중심선을 작도합니다.

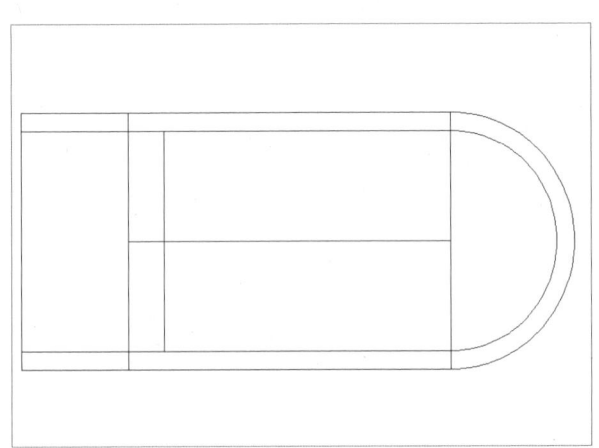

08 그립(맞물림)기능을 이용하여 중심선을 양쪽으로 150씩 연장합니다. {명령:} 상태에서 중심선을 선택하면 그립이 나타납니다. 늘리고자 하는 방향의 그립을 선택하면 빨간색으로 변합니다. 이때 늘리고자 하는 길이 (150)를 지정합니다.

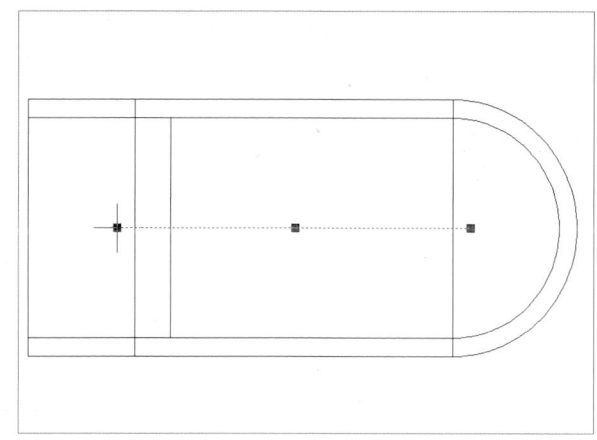

[TIP] 길이를 지정하는 방법은 상대좌표(@150,0 또는 @-150,0), 상대 극좌표(@150<0 또는 @150<180) 방법으로 지정합니다. 상대 극좌표 방법 중 하나로 마우스 방향을 늘리고자 하는 방향으로 맞추고 '150'을 입력해도 됩니다.

09 간격 띄우기(OFFSET) 명령으로 난간의 중심선을 양쪽으로 띄웁니다. 간격은 '150'으로 지정합니다.

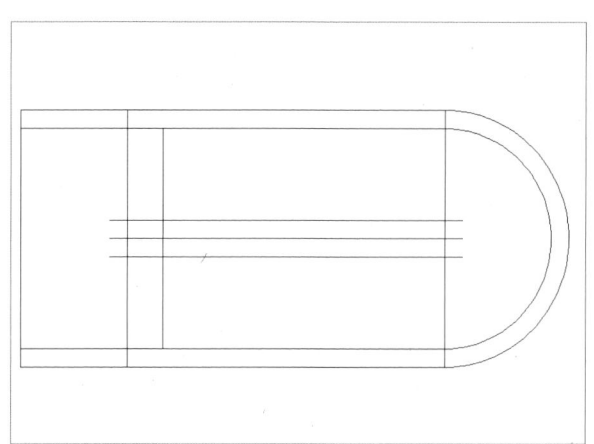

10 선(LINE) 명령으로 양쪽 끝을 연결하고 지우기(ERASE) 명령으로 가운데 중심선을 지웁니다.

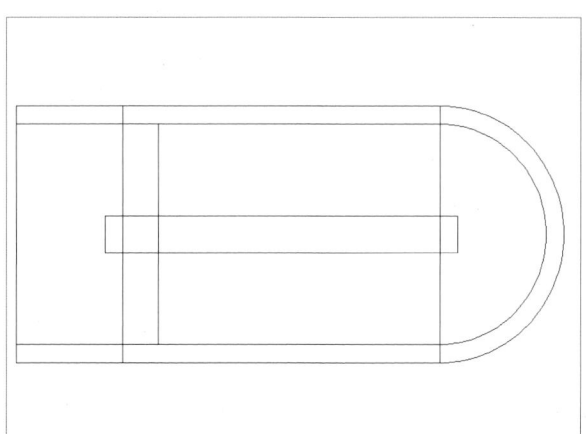

11 직사각형 배열(ARRAYRECT) 명령으로 계단을 작도합니다. '배열 작성' 탭에서 '열:'을 '9', '열 사이:'를 '300', '열:'을 '1'을 지정합니다.

다음 그림과 같이 배열되면 '배열 닫기'를 눌러 수락합니다.

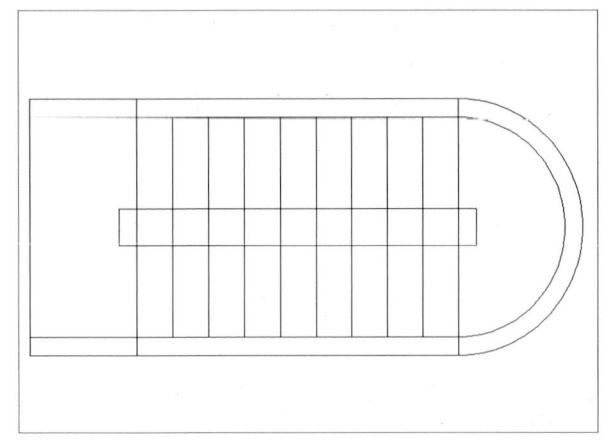

12 자르기(TRIM) 명령으로 난간의 가운데 부분을 자릅니다.
{객체 선택 또는 〈모두 선택〉:}에서 [Enter] 또는 [Space bar]를 눌러 모든 객체를 절단 모서리로 선택합니다.
{자를 객체 선택 또는 Shift 키를 누른 채 선택하여 연장 또는 [울타리(F)/걸치기(C)/프로젝트(P)/모서리(E)/지우기(R)/명령취소(U)]:}에서 자르고자 하는 범위의 오른쪽 한 점을 지정합니다. {반대 구석 지정:}에서 다음 그림과 같이 자르고자 하는 범위의 왼쪽 한 점을 지정합니다.

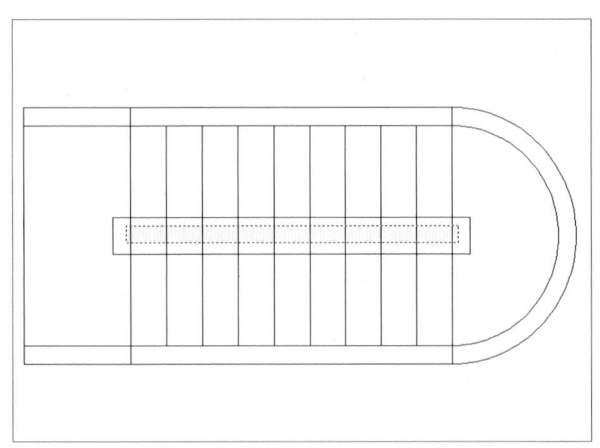

13 {자를 객체 선택 또는 Shift 키를 누른 채 선택하여 연장 또는 [울타리(F)/걸치기(C)/프로젝트(P)/모서리(E)/지우기(R)/명령취소(U)]:}에서 [Enter] 또는 [Space bar]를 눌러 종료합니다. 다음 그림과 같이 정리됩니다.

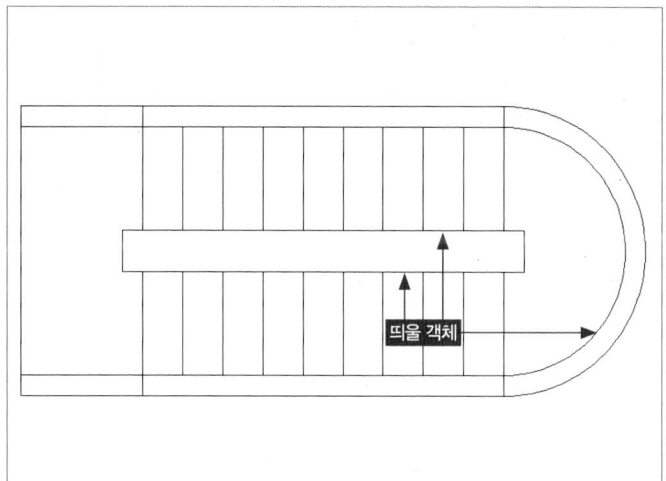

14 계단 오르내림 표시하겠습니다. 간격 띄우기(OFFSET) 명령으로 다음 그림과 같이 간격을 띄웁니다. 간격은 '375'입니다.

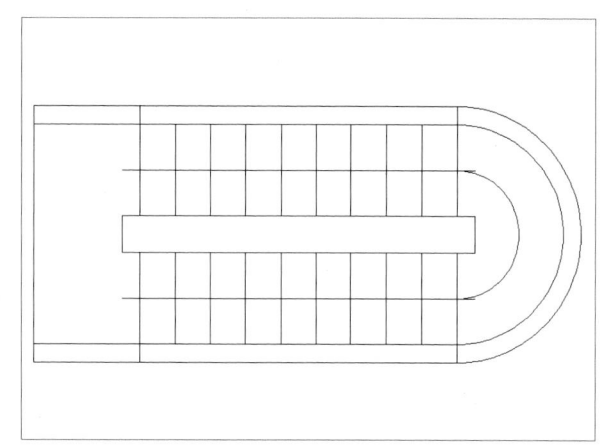

15 자르기(TRIM) 명령으로 다음 그림과 같이 선을 정리합니다.

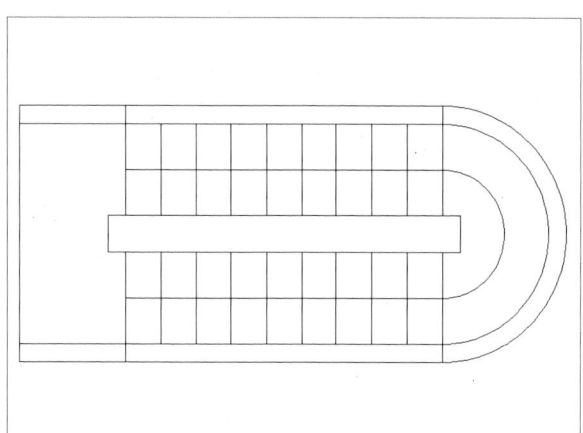

16 도넛(DONUT) 명령으로 시작점을 표시합니다. 도넛 명령을 실행합니다. 명령어 'DONUT' 또는 단축키 'DO' 을 입력하거나 '홈' 탭의 '그리기' 패널 또는 도구막대에서 ◎을 클릭합니다.
{도넛의 내부 지름 지정 〈0.5000〉:}에서 안쪽 지름 '0' 을 입력합니다.
{도넛의 외부 지름 지정 〈1.0000〉:}에서 바깥쪽 지름 '70'을 입력합니다.
{도넛의 중심 지정 또는 〈종료〉:}에서 객체 스냅 '교차점 ✕'을 이용하여 시작점을 지정합니다.
{도넛의 중심 지정 또는 〈종료〉:}에서 [Enter] 또는 [Space bar]를 눌러 도넛 명령을 종료합니다. 다음 그림과 같이 시작점 위치에 작도됩니다.

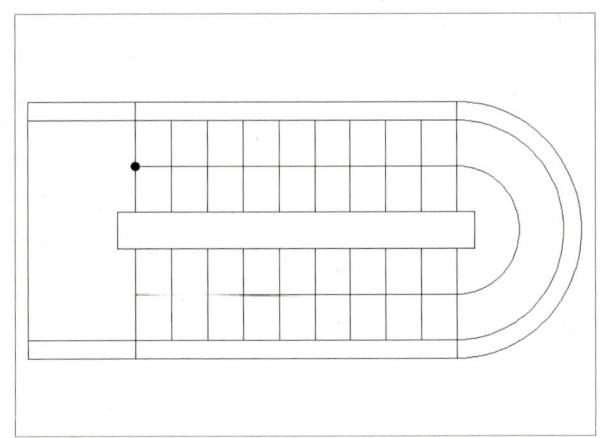

【도넛(DONUT)】
두 개의 원으로 이루어진 도넛 형태의 도형을 작도합니다.

명령 : DONUT((단축키 : DO)　　　　　　　　　아이콘 버튼 : ◎

명령 흐름 : 안쪽 원의 지름과 바깥쪽 원의 지름을 지정한 후 작도 위치를 지정합니다.

(1) 명령어 'DONUT' 또는 단축키 'DO'을 입력하거나 '홈' 탭의 '그리기' 패널 또는 도구막대에서 ◎을 클릭합니다.
{도넛의 내부 지름 지정 〈0.5000〉:}에서 내부 지름 '50' 을 입력합니다.
{도넛의 외부 지름 지정 〈1.0000〉:}에서 외부 지름 '100'을 입력합니다. 그러면 다음 그림과 같이 커서에 도넛 모양이 나타나면서 {도넛의 중심 지정 또는 〈나가기〉:}라는 메시지가 표시됩니다.

(2) {도넛의 중심 지정 또는 〈나가기〉:}에서 작도하고자 하는 위치를 반복해서 지정합니다. 종료하려면 {도넛의 중심 지정 또는 〈나가기〉:}에서 [Enter] 또는 [Space bar]를 누릅니다. 다음 그림과 같이 도넛 모양의 도형이 작도됩니다.

Note_ 채워진 형태의 원을 작도하려면 앞의 오르내림의 시작점에서와 같이 {도넛의 내부 지름 지정 〈0.5000〉:}에서 '0'을 입력합니다.

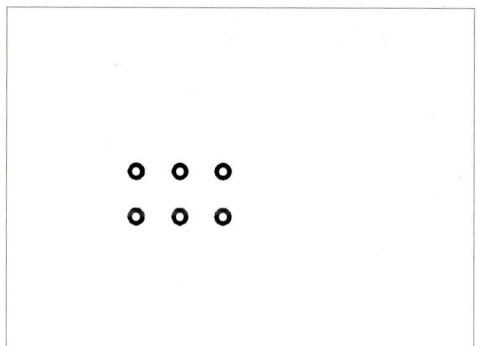

참고 도넛의 채움

도넛을 비롯해 해치, 굵은 폴리선 등은 2차원 솔리드 형태입니다. 즉, 채워진 형태의 객체입니다. 이 채워진 객체의 채우기를 조정하는 명령(시스템 변수)이 '채우기(FILL)' 명령입니다. {명령:}에서 'FILL'을 입력합니다.
{모드 입력 [켜기(ON)/끄기(OFF)] 〈켜기〉:}에서 'OFF'를 입력합니다.
이 상태에서는 화면 상의 변화는 없습니다. {명령:}에서 'REGEN'을 입력합니다.
{모형 재생성 중.}이라는 메시지를 표시하면서 다음과 같이 표시됩니다.

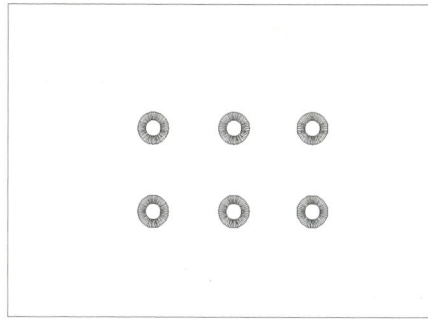

[TIP] 'REGEN' 명령은 도면 전체를 재생성하는 기능으로 현재 뷰포트에서 모든 객체의 화면 좌표를 다시 계산합니다. 또한 최적의 화면 표시 및 객체 선택 성능을 위해 도면 데이터베이스를 다시 색인화하는 기능입니다. 따라서 '채우기(FILL)' 모드를 끈 후, 도면을 재 생성하면 현재의 모드를 반영하여 표시합니다.

채우기를 하지 않으면 객체의 화면 표시를 단순화하여 성능을 향상시킬 수 있습니다. 특히, 용량이 많은 복잡한 도면의 경우는 더욱 효과적입니다.

17 화살표 모양을 작도하겠습니다. 선(LINE) 명령으로 45도 방향으로 선을 작도한 후 간격 띄우기(OFFSET) 명령으로 간격을 띄운 후 자르기(TRIM) 명령으로 다음 그림과 같이 화살표의 한쪽 방향을 완성합니다.

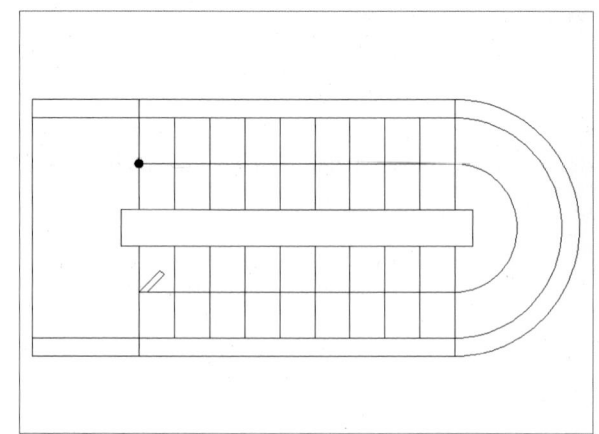

18 대칭(MIRROR) 명령으로 대칭 복사합니다. 다음 그림과 같이 계단이 완성되었습니다.

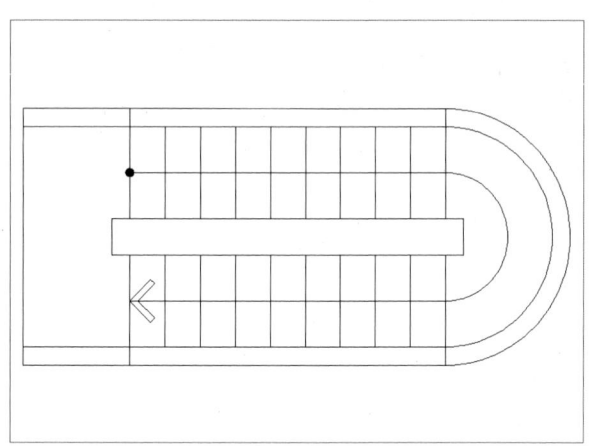

2 엘리베이터

다음과 같은 엘리베이터를 작도해보겠습니다. 최근에는 고층 빌딩은 물론 5층 이하의 저층 빌딩에도 엘리베이터가 설치되는 경우가 많습니다. 크기나 모양은 약간 차이가 있지만 비슷한 형태이므로 응용해서 작도하도록 합시다.

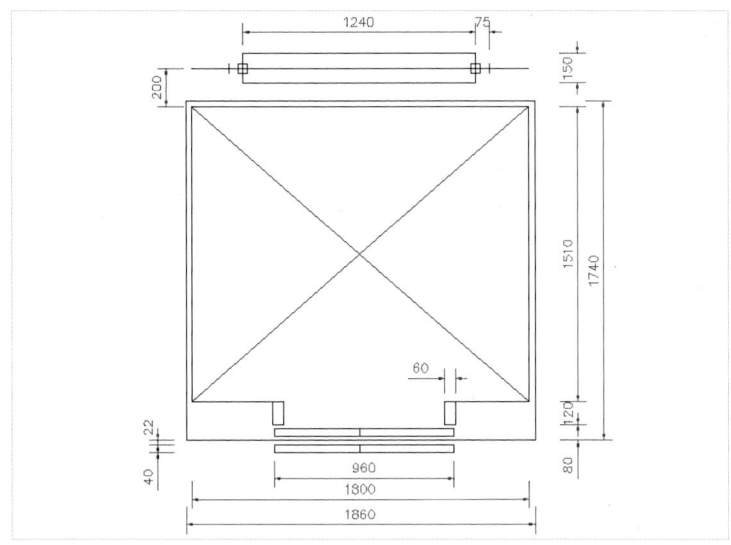

01 한계(LIMITS) 명령으로 엘리베이터를 그릴 수 있는 크기로 도면의 범위(한계)를 설정합니다. 다음으로 '엘리베이터'라는 도면층(LAYER)을 작성합니다.

02 직사각형(RECTANGLE) 명령으로 가로 '1860'과 세로 '1740'인 직사각형을 작도합니다. 분해(EXPLODE) 명령으로 직사각형을 분해한 후 선(LINE) 명령으로 중심선을 작도합니다.

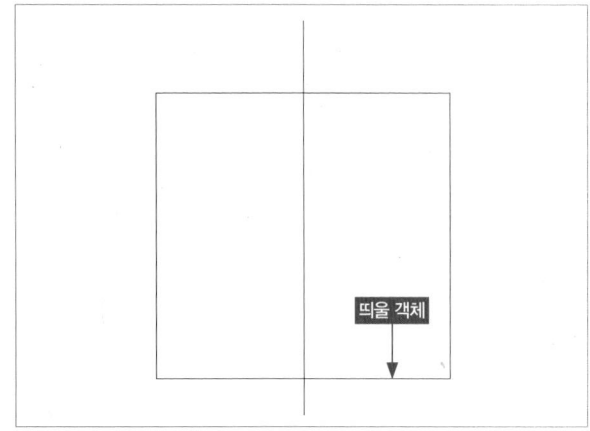

03 간격 띄우기(OFFSET) 명령으로 아래쪽 수평선의 간격을 띄웁니다. 간격은 각각 '80', '120', '1510'입니다.

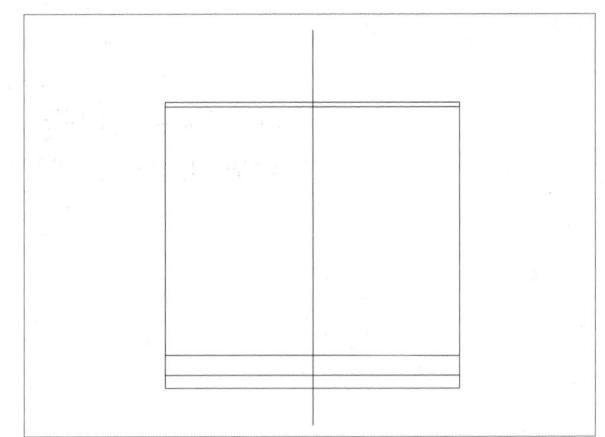

04 간격 띄우기(OFFSET) 명령으로 중간의 수직선의 간격을 띄웁니다. 단, 나중에 '대칭(MIRROR)'을 사용하므로 한쪽(오른쪽 또는 왼쪽)으로만 띄웁니다. 간격은 수직 중심선으로부터 '450', '480', '900'입니다.

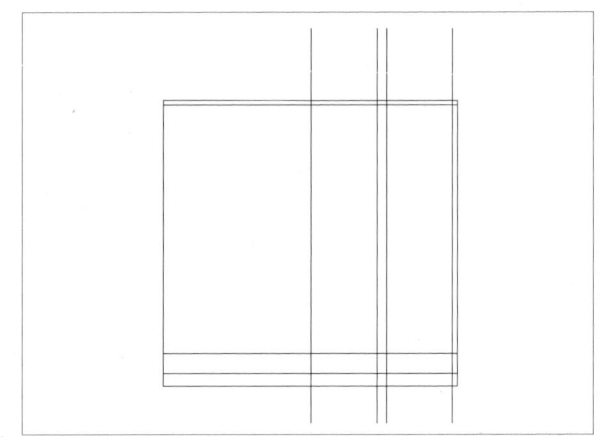

05 모깎기(FILLET) 명령으로 각 모서리를 마무리합니다. 여기에서는 각이 진 모서리로 반지름 값이 필요하지 않으므로 'R' 값을 '0'으로 설정해서 모깎기를 하거나 [Shift] 키를 누른 채 모깎기를 합니다. 다음 그림과 같이 모서리를 정리합니다.

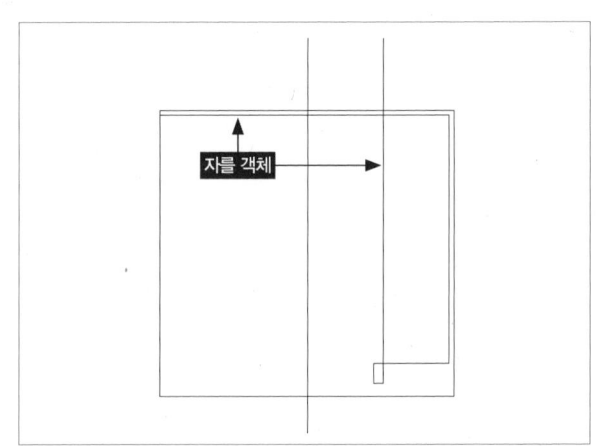

06 자르기(TRIM) 명령으로 다음 그림과 같이 삐쳐 나온 객체(선)를 자릅니다.

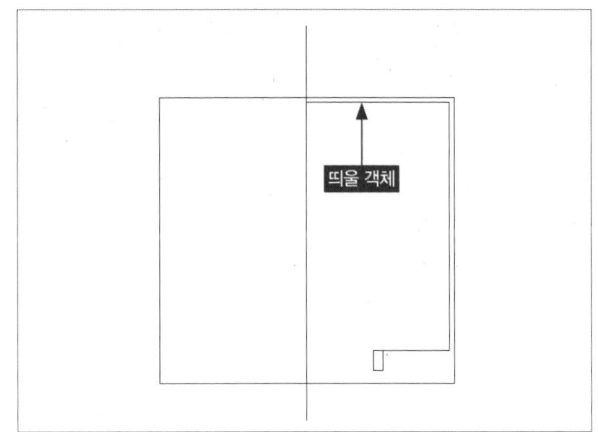

07 엘리베이터 위쪽의 도형을 작도하기 위해 간격 띄우기(OFFSET) 명령으로 간격을 띄웁니다. 수평선 객체를 '200'만큼 띄운 후 띄운 객체를 양쪽으로 '75'씩 띄웁니다.

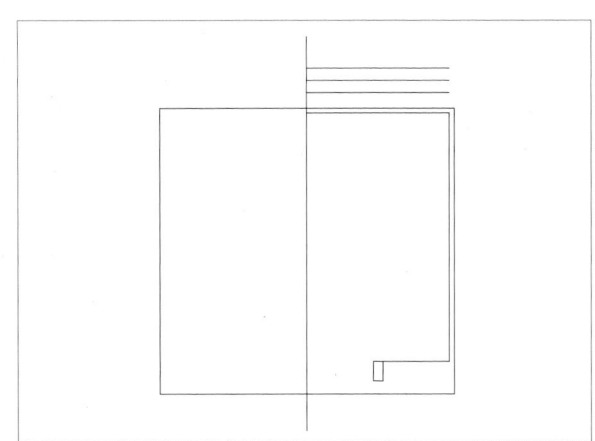

08 Enter 또는 Space bar 를 눌러 간격 띄우기 명령을 재실행합니다. 수직선을 간격 '620'만큼 띄운 후 다시 띄운 객체를 '75'만큼 띄웁니다.

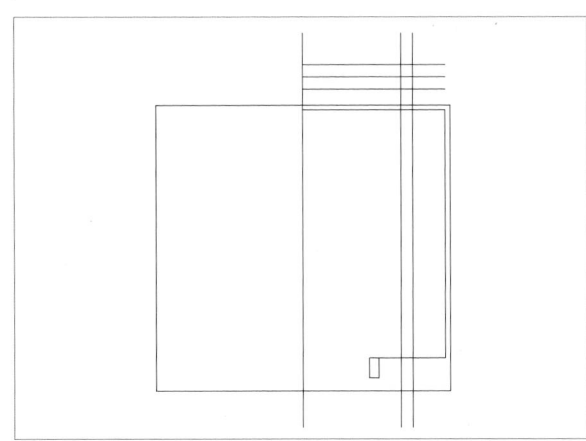

09 자르기(TRIM) 명령으로 다음 그림과 같이 사각형이 되도록 자릅니다.

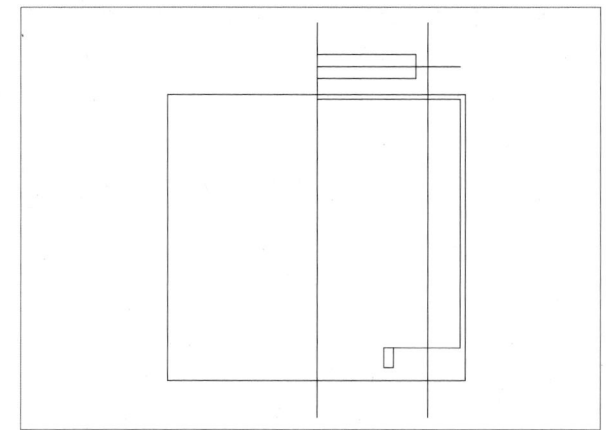

10 선(LINE) 명령으로 임의의 위치에 한 변의 길이가 '50'인 정사각형을 작도합니다. 직사각형(RECTANGLE) 명령으로 사각형을 작도한 후 분해(EXPLODE) 명령으로 분해해도 동일한 결과가 됩니다.

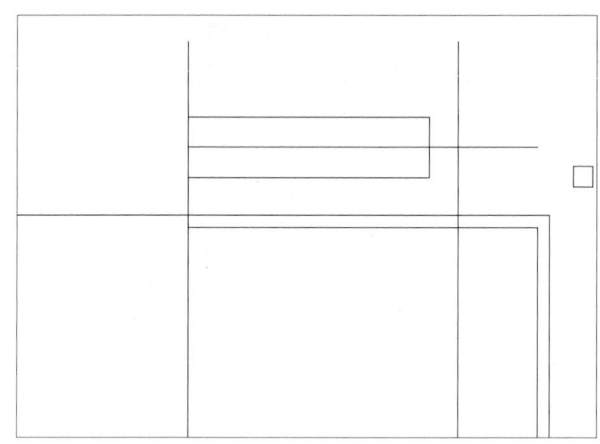

11 이동(MOVE) 명령으로 사각형을 이동합니다. 이동할 때 {기준점 지정 또는 [변위(D)] 〈변위〉:}에서는 다음 그림과 같이 '객체 스냅 추적(OTRACK)' 기능을 이용하여 사각형의 중앙점을 지정하여 이동합니다.

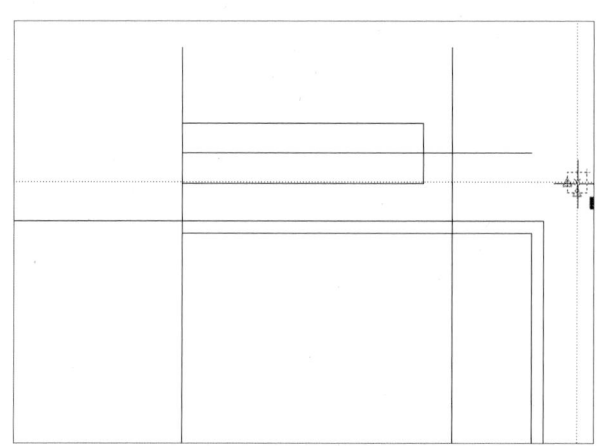

다음 그림과 같이 사각형이 이동됩니다.

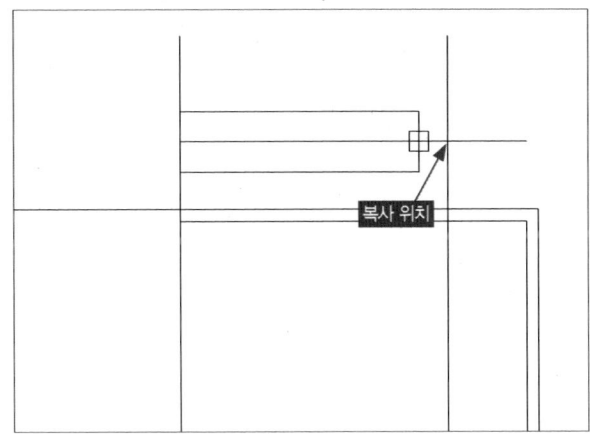

12 복사(COPY) 명령으로 사각형의 한 변(세로)을 보조선의 복사 위치로 복사한 후 지우기(ERASE) 명령으로 수직 보조선을 지웁니다.

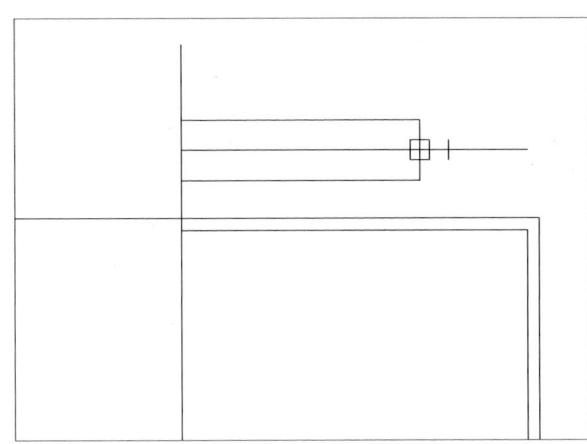

13 다음은 아래 부분의 도형을 작도하겠습니다. 간격 띄우기(OFFSET) 명령으로 아래쪽 수평선을 아래쪽 방향으로 '22'와 '40'만큼 띄웁니다. 또, 수직선을 간격 '480'만큼 오른쪽 방향으로 띄웁니다.

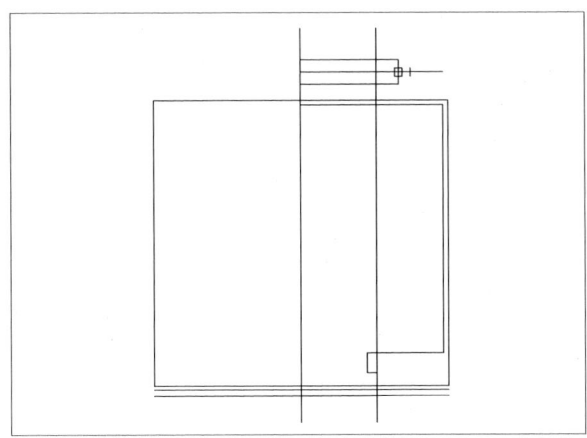

14 자르기(TRIM) 명령으로 다음 그림과 같이 직사각형이 되도록 자릅니다.

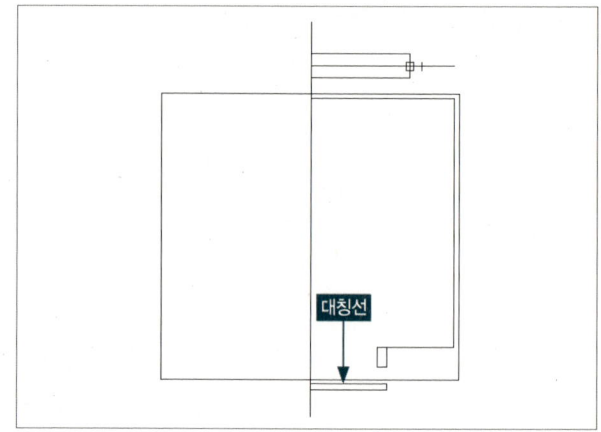

15 대칭(MIRROR) 명령으로 직전에 작성한 직사각형을 대칭 복사합니다.

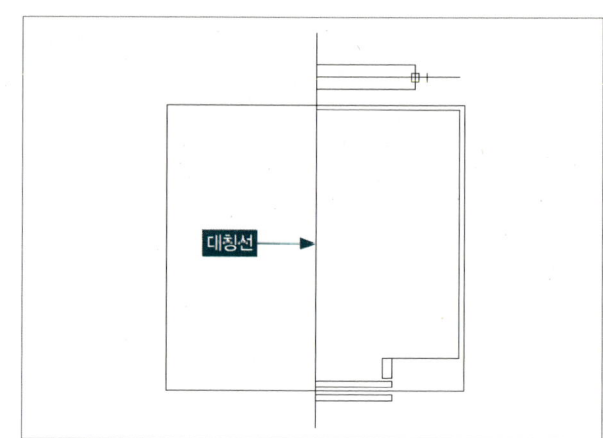

16 대칭(MIRROR) 명령으로 직전에 작성한 직사각형을 대칭 복사합니다. 객체를 선택할 때는 다음 그림과 같이 '윈도우(W)' 선택 방법으로 선택합니다.

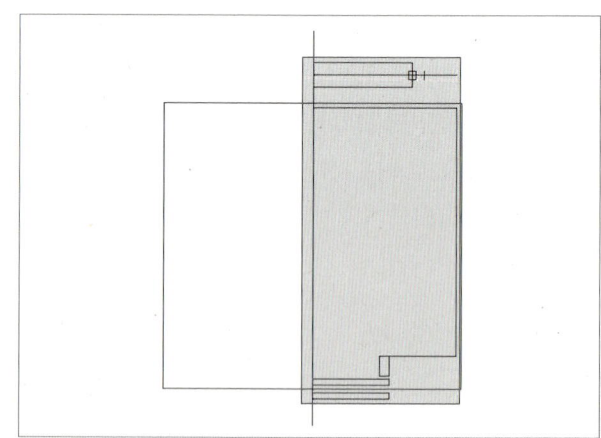

17 다음 그림과 같이 대칭 복사됩니다.

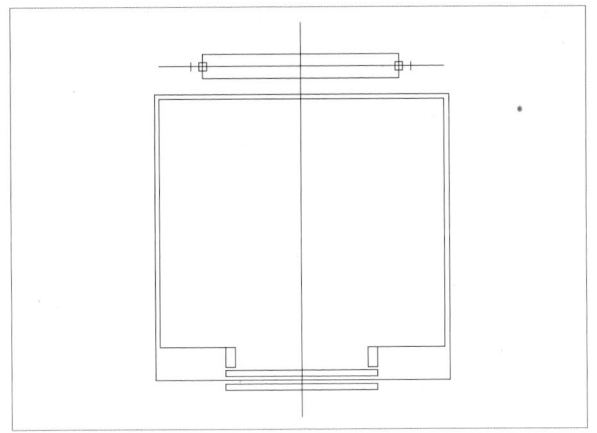

18 지우기(ERASE) 명령으로 중심선을 지우고 선(LINE) 명령으로 출입구 부분의 가운데의 수직선과 대각선을 긋습니다. 다음 그림과 같이 엘리베이터가 완성됩니다.

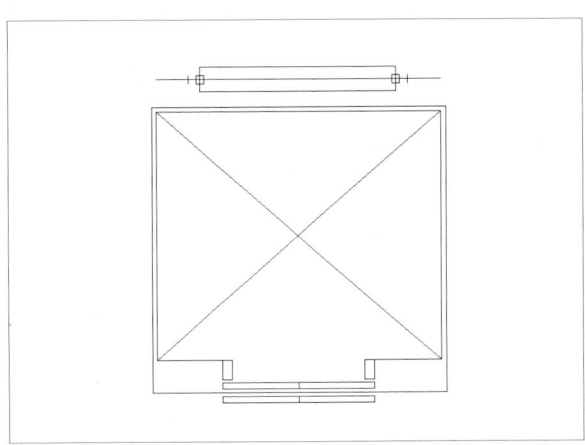

3 운동기구

운동기구는 공원, 아파트 단지, 개인 주택 등에서 자주 볼 수 있는 시설이기도 합니다. 다음과 같은 운동기구(허리 돌리기)를 작도해보겠습니다. 한쪽만 작도한 후에 원형 배열(ARRAYPOLAR) 명령으로 배열하는 방법으로 작도하겠습니다.

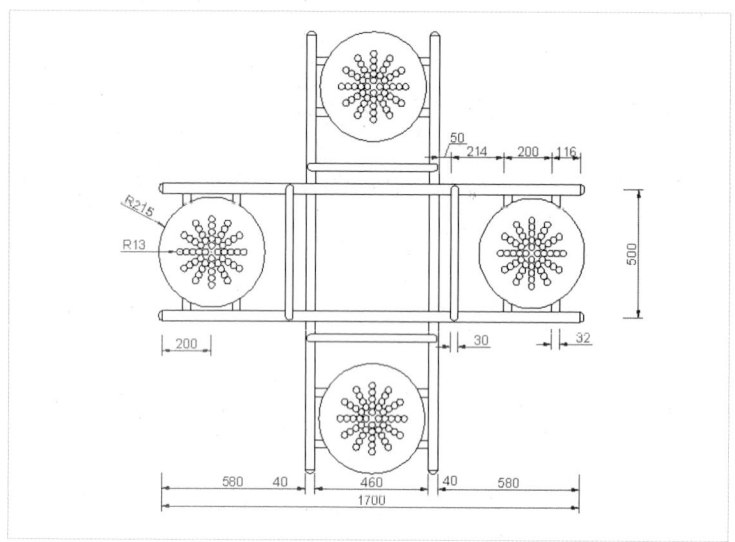

01 한계(LIMITS) 명령으로 엘리베이터를 그릴 수 있는 크기로 도면의 범위(한계)를 설정합니다. 다음으로 '운동기구'라는 도면층(LAYER)을 작성합니다.

02 선(LINE) 명령으로 가로 방향으로 길이가 '850', 세로 방향으로 길이가 '500'인 중심선을 작도합니다.

03 간격 띄우기(OFFSET) 명령으로 수평선의 간격을 띄웁니다. 원의 중심이 될 '250'과 반대편 봉의 중심이 될 '500'만큼 띄웁니다.

04 간격 띄우기(OFFSET) 명령으로 수직선의 간격을 띄웁니다. 간격은 '320', '214', '200'을 띄웁니다.

05 간격 띄우기(OFFSET) 명령으로 가로 방향의 양쪽 봉을 작도할 간격을 띄웁니다. 봉의 지름이 '40'이므로 띄울 간격은 '20'으로 설정하여 양쪽으로 띄웁니다.

06 간격 띄우기(OFFSET) 명령으로 세로 방향의 봉(손잡이 및 돌림판 지지대)을 작도할 간격을 띄웁니다. 간격은 각각 '30'과 '32'입니다.

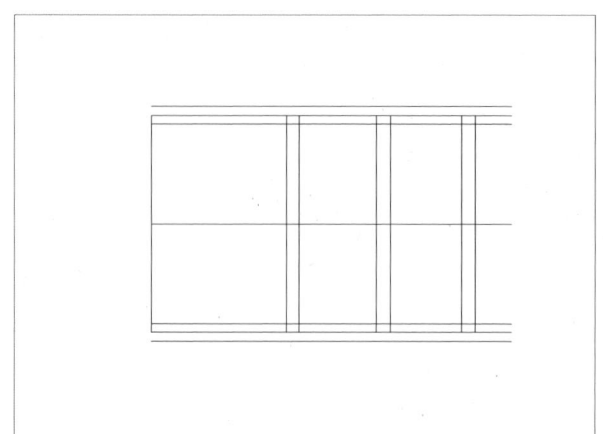

07 선(LINE) 오른쪽 끝에 보조선을 그은 다음, 간격 띄우기(OFFSET) 명령으로 끝점으로부터 '200'만큼 간격을 띄워 원의 중심을 잡습니다. 원(CIRCLE) 명령으로 반지름이 '215'인 원을 작도합니다.

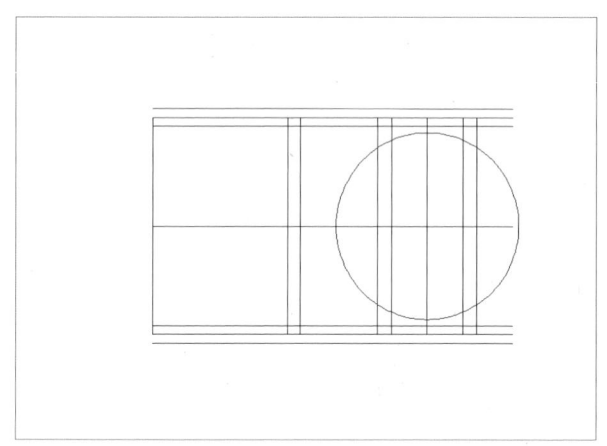

08 자르기(TRIM) 명령으로 다음 그림과 같이 원형의 발판을 중심으로 선을 정리합니다.

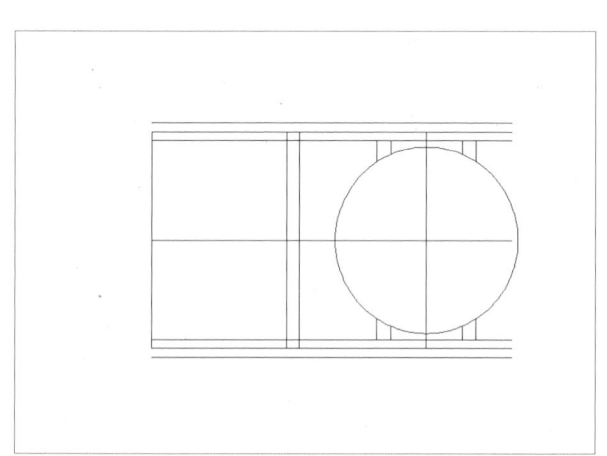

09 호(ARC) 명령으로 손잡이와 봉의 끝부분에 호를 작성하고 자르기(TRIM) 명령으로 손잡이 부분을 완성합니다.

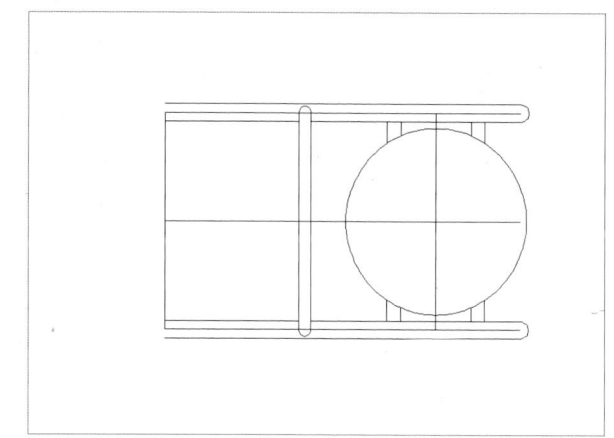

10 발판의 요철 부분의 원을 작도하겠습니다. 원을 한 줄만 그린 다음 배열 명령으로 배열하도록 하겠습니다. 원(CIRCLE) 명령으로 원 중심에 반지름 '25'인 원을 작도한 후 다시 원 명령으로 직전에 그린 원의 '사분점 ◈'에 반지름이 '13'인 원을 작도합니다.

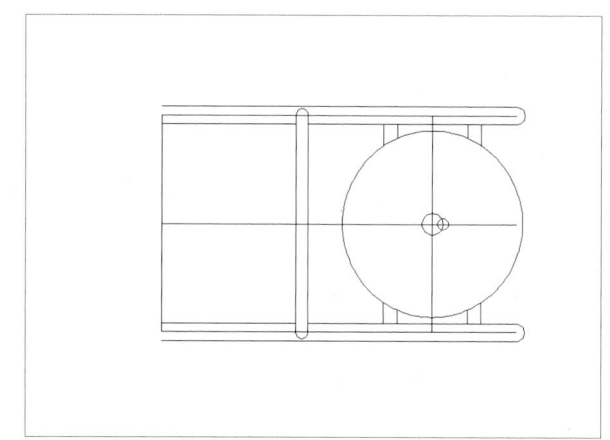

11 복사(COPY) 명령으로 작은 원을 다음 그림과 같이 복사합니다.

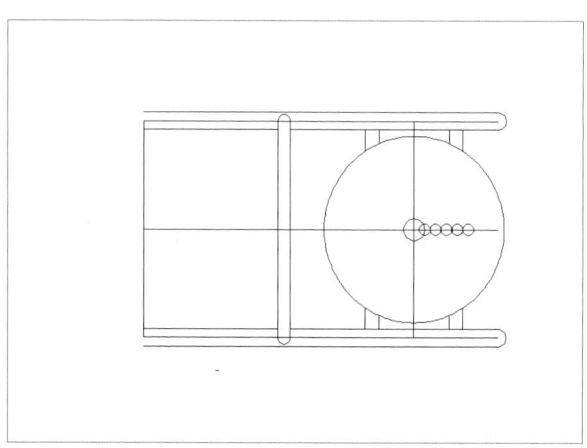

12 지우기(ERASE) 명령으로 가운데 원을 지우고 '원형 배열(ARRAYPOLAR) 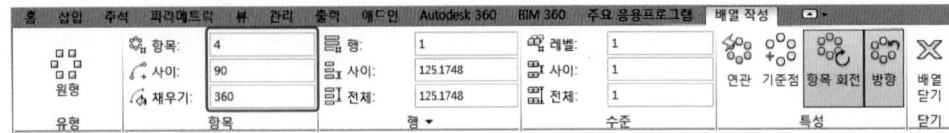' 명령으로 원을 배열 복사합니다. 먼저 가장 안쪽에 있는 원을 4개만 원형 배열합니다.

다음 그림과 같이 배열됩니다.

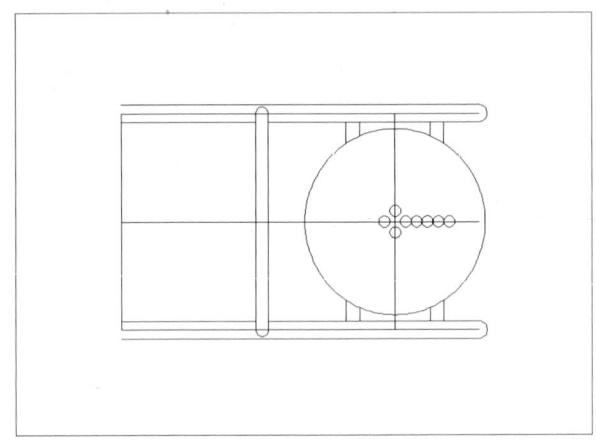

13 원형 배열(ARRAYPOLAR) 명령으로 바깥쪽 4개의 원을 배열합니다. 배열할 원 객체를 선택한 후 중심점을 지정하고 '항목:'을 '12', '채우기:'를 '360'으로 지정한 후 '배열 닫기'를 클릭합니다. 객체를 선택할 때는 바깥쪽 원 4개만 선택합니다.

다음 그림과 같이 배열됩니다.

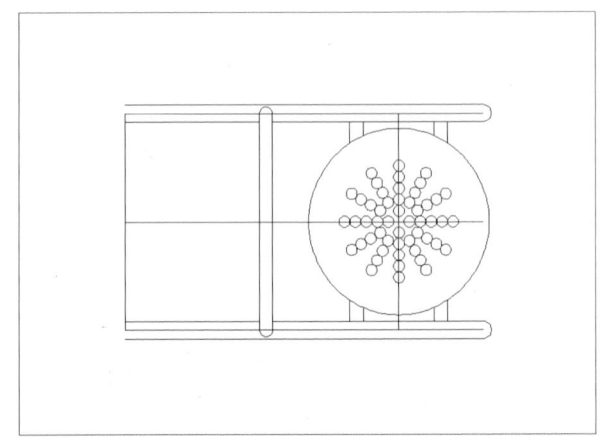

14 지우기(ERASE) 명령으로 보조선을 지웁니다. 가장 왼쪽의 수직 보조선은 배열 시 중심을 지정하기 위해 남겨둡니다.

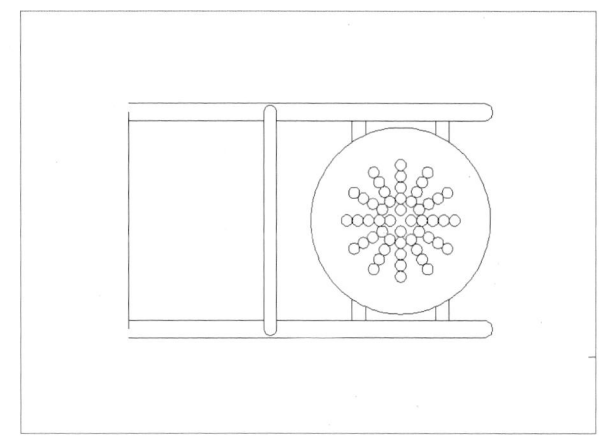

15 원형 배열(ARRAYPOLAR) 명령으로 4방향으로 배열합니다. 객체를 선택한 후 중심점을 지정하고 '항목:'을 '4', '채우기:'를 '360'으로 지정한 후 '배열 닫기'를 클릭합니다. 객체를 선택할 때는 중심을 잡기 위한 보조선(수직선)을 제외한 객체를 모두 선택합니다.

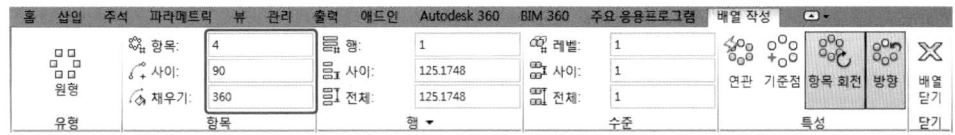

다음 그림과 같이 배열됩니다.

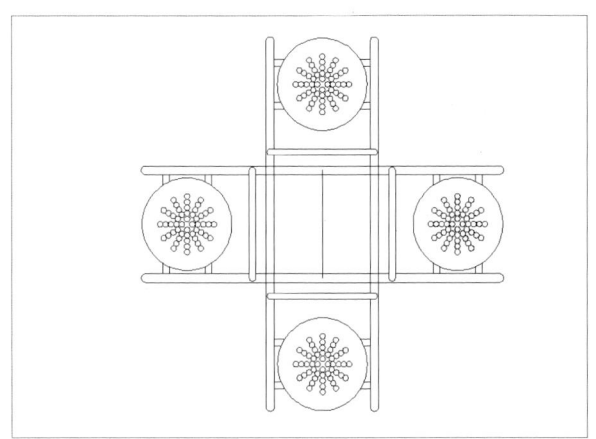

16 지우기(ERASE) 명령으로 가운데 보조선을 지우고 자르기(TRIM) 명령으로 교차되는 선을 자릅니다. 다음 그림과 같이 운동기구가 완성됩니다.

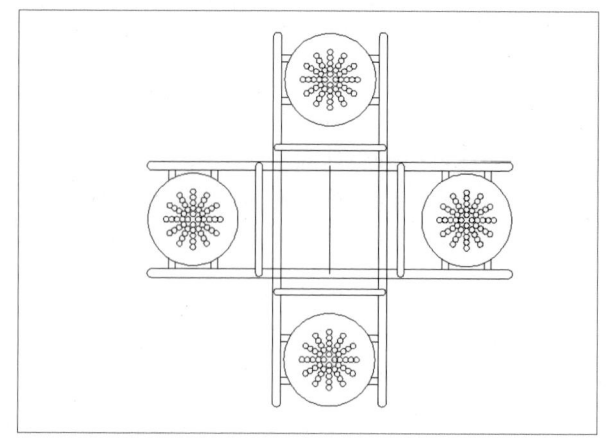

SPECIAL PAGE | Autodesk 360

클라우드 서비스는 각 단말 컴퓨터에서 관리하던 기존의 방식과 달리 네트워크 시스템을 통해 컴퓨팅 자원을 클라우드 서버에 저장하여 개별 컴퓨터에 할당하는 서비스입니다. Autodesk 360은 이 클라우드 시스템의 서비스 브랜드입니다. Autodesk의 클라우드 서비스인 Autodesk 360에 대해 알아보겠습니다.

1. Autodesk 360이란?

Autodesk 360은 도면과 기타 문서를 저장, 검색, 구성 및 공유하는데 사용할 수 있는 온라인 서버 세트입니다. Autodesk 360 서버에 우리가 작업한 데이터(도면)을 업로드하여 언제 어디에서나 접근할 수 있는 시스템입니다. 또, 시간이 많이 소요되는 렌더링 작업을 클라우드 서버에서 수행할 수 있습니다.

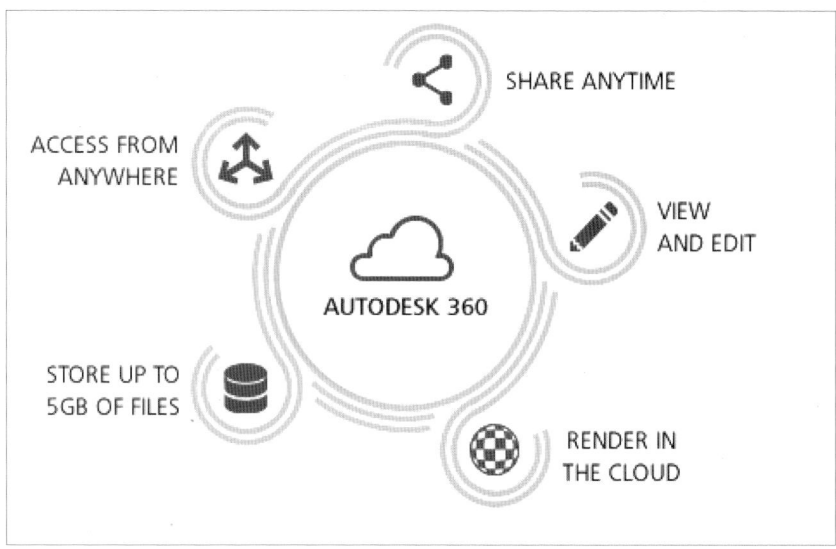

Autodesk 360 클라우드 컴퓨팅 개념도

Autodesk 360의 특징을 살펴보면 다음과 같습니다.

(1) 안전한 도면 백업
별도의 유지보수가 필요없는 안전한 네트워크 서버인 Autodesk 360 계정에 저장하여 도면을 백업할 수 있습니다.

(2) 자동 온라인 업데이트
온라인 업데이트 기능을 이용하여 각 로컬에서 변경된 도면을 온라인 계정의 파일도 자동으로 업데이트되도록 선택할 수 있습니다. '동기화' 옵션을 사용하면 AutoCAD에서 도면을 저장할 때 Autodesk 360 계정의 사본도 자동으로 업데이트됩니다.

(3) 원격 액세스
별도의 전송 작업을 수행하지 않고도 작업한 공간과 떨어진 원격 환경에서 Autodesk 360을 통해 해당 파일에 액세스할 수 있습니다.

(4) 사용자 응용 프로그램 설정 동기화
다른 컴퓨터에서 AutoCAD 도면을 열면 사용자화된 작업 공간, 도구 팔레트, 해치, 도면 템플릿 파일 및 설정이 자동으로 사용됩니다.

(5) 모바일 장치를 이용한 작업
AutoCAD WS를 사용하면 스마트폰 및 타블렛 장치에서 Autodesk 360 계정의 도면을 열람, 편집 및 공유할 수 있습니다.

(6) 공동 작업을 위한 지원
클라우드 계정을 사용하면 함께 작업하는 사람에게 지정된 도면 파일 또는 폴더에 대한 액세스 권한을 개인 또는 그룹별로 부여할 수 있습니다. 보기 또는 편집 권한을 부여할 수 있으며, 권한을 부여받은 사람이 AutoCAD, AutoCAD LT 또는 AutoCAD WS를 사용하여 파일에 액세스할 수 있습니다.

(7) 권한 조정
개인이나 그룹에 대해 서로 다른 액세스 레벨을 지정하여 파일 액세스를 조정할 수 있습니다.

(8) 소프트웨어 및 서비스
로컬 컴퓨터가 아닌 Autodesk 360 계정에서 소프트웨어 렌더링, 분석 및 문서 관리 소프트웨어를 실행할 수 있습니다.

2. 도면 업로드

작성한 도면을 클라우드 서비스인 Autodesk 360에 업로드합니다.

명령 : ONLINEDOCS   메뉴 아이콘 :

01 Autodesk 360 명령을 실행합니다. 명령어 'ONLINEDOCS'를 입력하거나 'Autodesk 360' 탭의 '온라인 파일' 패널에서 'Autodesk 360 열기 '를 클릭합니다.

다음과 같은 화면이 나타납니다. 단, 이미 로그인이 되어있다면 이 화면은 나타나지 않습니다.

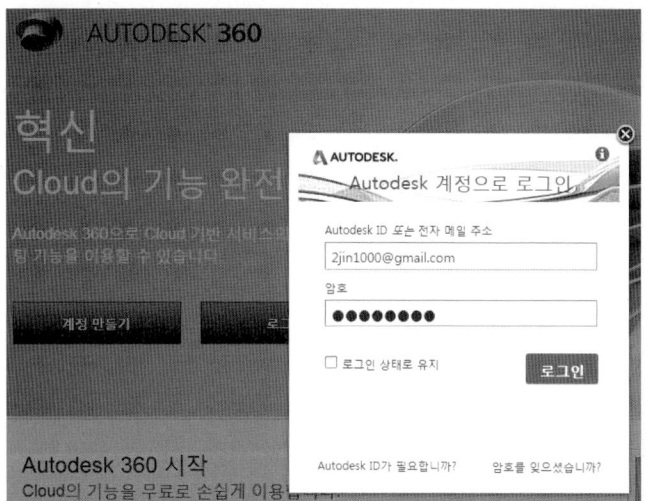

02 로그인하면 다음과 같은 Autodesk 360 사이트가 펼쳐집니다. Autodesk 360 계정을 가지고 있지 않은 사용자는 간단한 절차를 통해 계정을 개설합니다. 이 사이트를 통해 문서의 업로드, 열람 등을 수행할 수 있습니다.

03 이 화면을 통해 Autodesk 360에 도면을 업로드 하겠습니다. '지금 시작'을 클릭하여 [문서 업로드] 버튼을 클릭합니다. 다음과 같이 문서 업로드 대화상자가 나타납니다.

문서 업로드 대화상자에서 [문서 선택] 버튼을 클릭합니다. 다음과 같은 파일 선택 대화상자가 나타납니다. 업로드하고자 하는 파일(예 : 예제 파일의 'Part5_농구코트.dwg)을 선택한 후 [열기(O)]를 클릭합니다. (예제 파일은 혜지원 출판사 홈페이지 'www.hyejiwon.co.kr' 자료실에서 다운받을 수 있습니다.)
다음과 같이 업로드 할 문서가 표시됩니다. 이때, [지금 업로드] 버튼을 클릭합니다.

04 업로드가 되면 Autodesk 360 화면에는 다음과 같이 업로드된 도면이 표시됩니다.

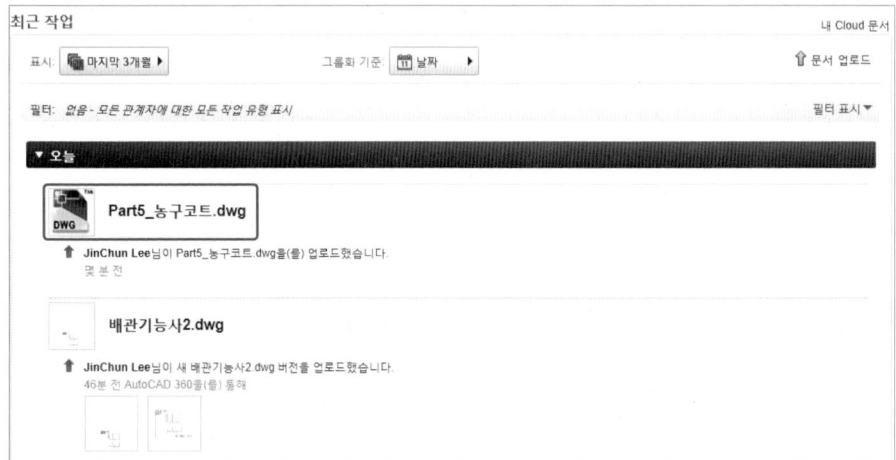

05 도면을 펼쳐보도록 하겠습니다. 열고자 하는 도면을 클릭합니다. 다음 그림과 같이 뷰어가 나타나면서 해당 도면이 펼쳐집니다.

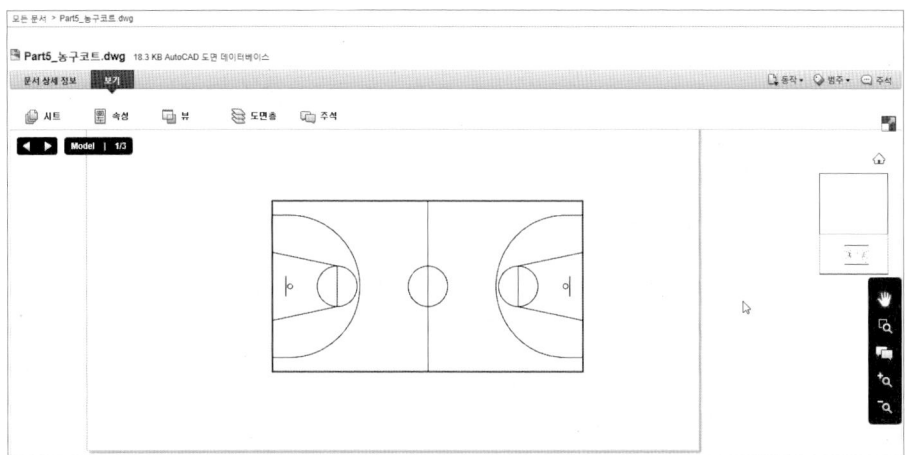

05 뷰어에 있는 명령 컨트롤의 기능과 조작 방법은 AutoCAD와 유사합니다.

① 시트 : 현재 도면의 시트를 표시하고 선택할 수 있습니다.
② 속성 : 업로드된 도면의 이력과 간단한 속성을 표시합니다.
③ 뷰 : 저장된 뷰 목록을 표시하고 뷰 항목을 클릭하면 해당 뷰가 펼쳐집니다.
④ 도면층 : 도면층을 표시합니다. 체크 버튼을 끄면 해당 도면층의 객체가 화면에서 사라집니다.
⑤ 주석 : 도면에 주석을 추가합니다.
⑥ 네비게이션 바 : 화면의 이동, 확대 및 축소, 콜아웃 및 문자와 같은 주석을 작성합니다. 다음은 도면의 일부를 확대하고 '속성'을 클릭한 상태의 화면입니다.

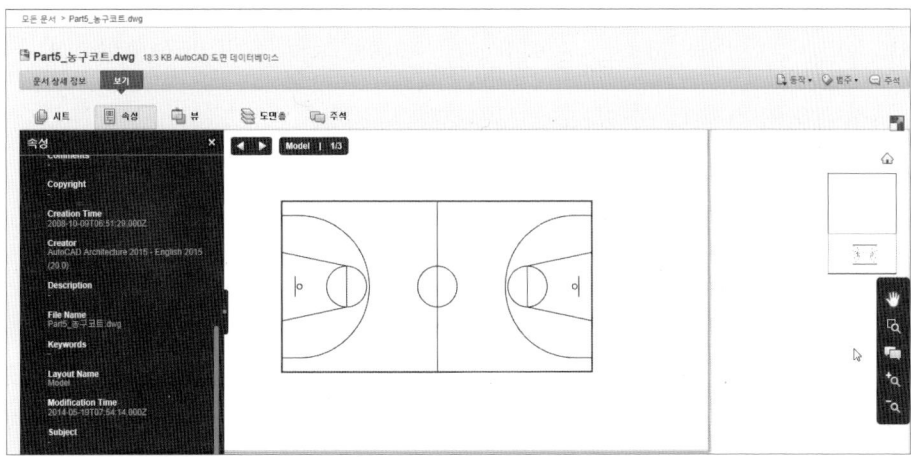

3. 로컬 동기화 폴더 열기

윈도우 탐색기에서 로컬 Autodesk 360 폴더를 엽니다.

명령 : ONLINEOPENFOLDER   메뉴 아이콘 :

명령어 'ONLINEOPENFOLDER'를 입력하거나 'Autodesk 360' 탭의 '온라인 파일' 패널에서 '로컬 동기화 폴더 열기 '를 클릭합니다.
다음 그림과 같이 Autodesk 360 폴더가 탐색기 형태로 열립니다.

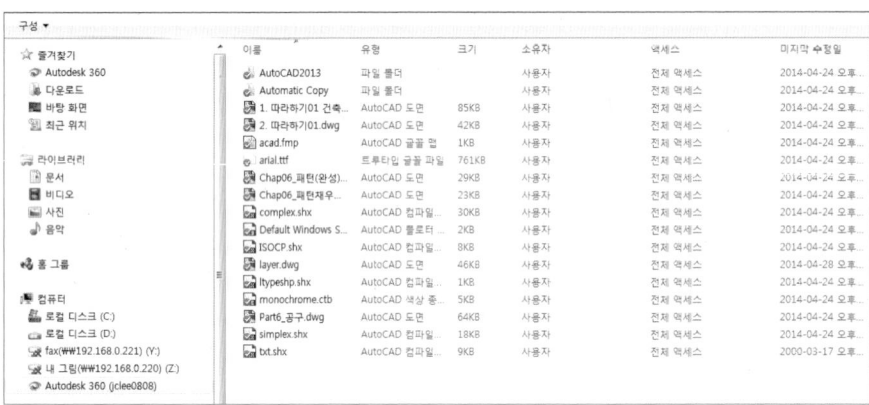

4. 문서 공유

Autodesk 360에서 현재 도면에 액세스할 수 있는 사용자를 지정합니다.

명령 : ONLINESHARE   메뉴 아이콘 :

01 명령어 'ONLINESHARE'를 입력하거나 'Autodesk 360' 탭의 '온라인 파일' 패널에서 '문서 공유 '를 클릭합니다. 다음과 같이 공유하고자 하는 사람의 ID(이메일 주소)를 입력하여 [추가] 버튼을 클릭합니다.

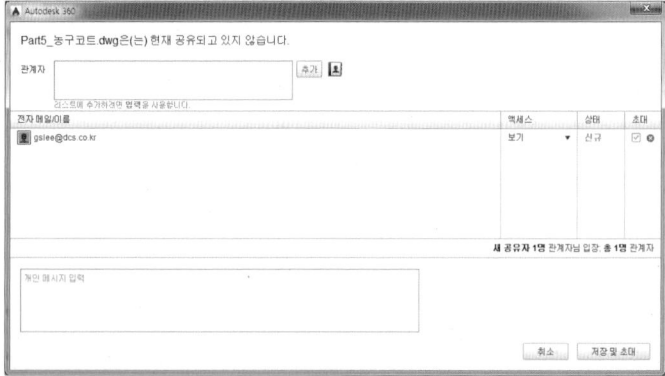

02 [저장 및 초대]를 누르면 해당 관계자에 메일이 전송됩니다.

Note_ 현재 도면이 저장되어 있지 않으면 도면을 저장한 후에 실행됩니다.

5. Autodesk 360 환경 설정

온라인으로 작업하기 위한 옵션을 설정하고 Autodesk 360의 계정에 저장된 설계 문서에 접근합니다.

명령 : ONLINEOPTIONS   메뉴 아이콘 :

명령어 'ONLINEOPTIONS'를 입력하거나 'Autodesk 360' 탭의 '설정 동기화' 패널에서 우측 하단의 을 클릭합니다. 옵션 대화상자에서 '온라인' 탭을 클릭합니다. 다음과 같은 대화상자가 펼쳐집니다.

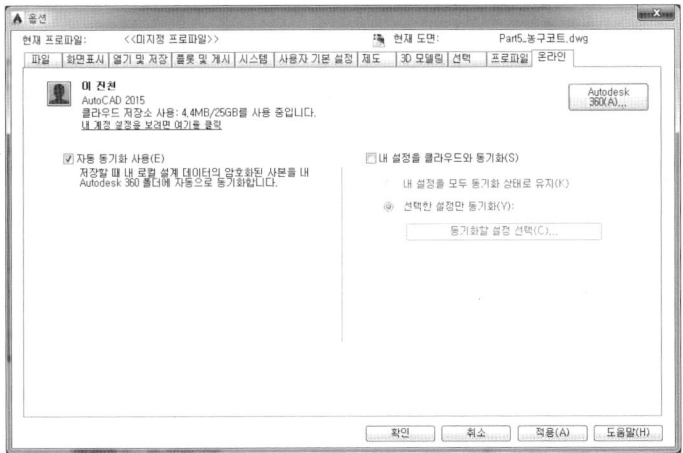

(1) 계정 : 상단에 계정 이름(예 : 이 진천)이 표시되고 사용중인 클라우드 저장 용량이 표시됩니다.

(2) 자동 동기화 사용(E) : 체크를 하면 저장할 때 설계 데이터의 사본을 Autodesk 360 폴더에 자동으로 동기화됩니다.

(3) 내 설정을 클라우드와 동기화(S) : 사용자 응용 프로그램 설정과 Autodesk 360 계정의 동기화를 시작하거나 정지합니다.

　① 내 설정을 모두 동기화 상태로 유지(K) : 모든 사용자 응용 프로그램 설정을 Autodesk 360 계정과 동기화합니다

　② 선택한 설정만 동기화(V) : Autodesk 360 계정에서 지정한 사용자 응용 프로그램 설정만 동기화합니다.

6. 내 설정 동기화 및 설정 항목 지정

사용자의 도면의 환경 설정과 Autodesk 360 계정의 동기화를 시작과 중지 여부를 설정하고 설정 항목을 지정합니다.

명령 : ONLINESYNC　　　　　　　　　　　　　　　메뉴 아이콘 :

01 명령어 'ONLINESYNC'를 입력하거나 'Autodesk 360' 탭의 '설정 동기화' 패널에서 '내 설정 동기화 '를 클릭합니다.

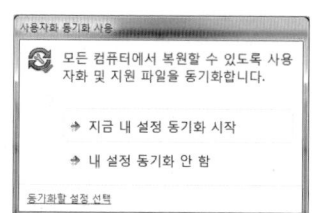

'지금 내 설정 동기화 시작'을 클릭하면 동기화를 시작합니다. '내 설정 동기화 안 함'을 클릭하면 동기화를 중지합니다.

02 현재 동기화가 되고 있는 상태에서 이 명령을 실행하면 동기화를 중지할 것인지, 계속 동기화를 진행할 것인지를 묻는 대화상자가 나타납니다.

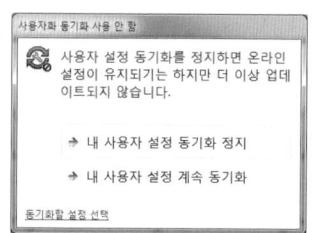

동기화가 진행중이면 상단의 '내 설정 동기화' 아이콘()이 다음과 같이 켜진 상태로 바뀝니다.

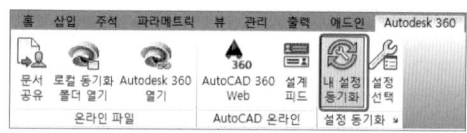

03 다음은 동기화하는 항목을 설정하는 명령에 대해 알아보겠습니다.
명령 : ONLINESYNCSETTINGS
메뉴 아이콘 :

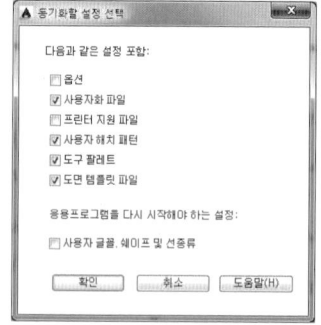

명령어 'ONLINESYNCSETTINGS'를 입력하거나 'Autodesk 360' 탭의 '설정 동기화' 패널에서 '설정 선택 '을 클릭합니다.

동기화할 항목을 체크합니다. 그러면 지정된 항목에 한해서 동기화됩니다.

7. 모바일 기기에서 접근

Autodesk 360에 업로드 된 문서(도면)를 모바일 기기에서 접근합니다.

01 앱 스토어에서 'Autodesk 360' 앱을 다운로드하여 설치합니다.

02 'Autodesk 360' 앱을 실행하여 개설된 계정으로 로그인합니다. 다음과 같이 Autodesk 360에 업로드 된 파일 목록이 나타납니다.

03 열람하고자 하는 도면(예 : 농구코트.dwg)을 선택합니다. 다음과 같이 선택한 도면에 대한 간단한 정보가 표시됩니다.

04 클릭하면 다음과 같이 해당 도면이 펼쳐집니다. 화면 하단에는 메뉴가 나타납니다. '표식'(5번째 아이콘)을 클릭합니다.

05 하단의 메뉴에서 색상과 선 굵기 등을 선택한 후 손으로 조작합니다.

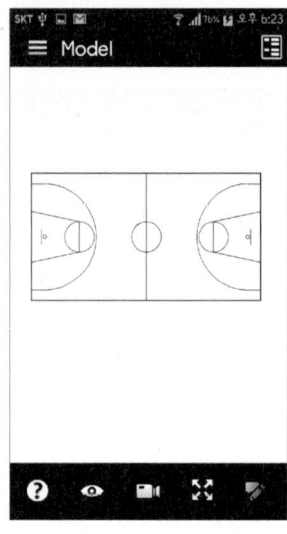
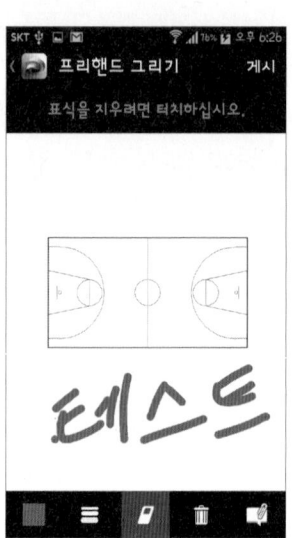

06 '게시'를 클릭하면 다음과 같이 수정된 내용이 업로드됩니다.

이와 같이 간단한 조작으로 Autodesk 360에 업로드하고 원격지에서 PC 및 모바일 기기를 통해 쉽게 접근할 수 있습니다.

14; 조경 심볼 그리기

AutoCAD 2015

건물 주위에는 보도 블록이나 도로, 각종 나무와 같은 조경수, 분수대와 같은 수경 공간을 만듭니다. 사람이 생활하는 공간이기 때문에 쾌적하고 아름다운 환경을 조성하는 것이 조경이라 할 수 있습니다. 이번에는 이런 조경 공간을 꾸미기 위한 조경 관련 심볼과 시설을 작도해보겠습니다.

1 낙락장송

나무의 종류는 수 백, 수 천 종류에 이릅니다. 이 모든 나무의 종류를 하나씩 심볼로 나타내기는 어렵습니다. 낙락장송을 작도해보겠습니다. 외곽 테두리는 특정한 모양이 정해진 것이 아니므로 적당한 모양으로 작도합니다. 크기는 2m내외로 작도하겠습니다.

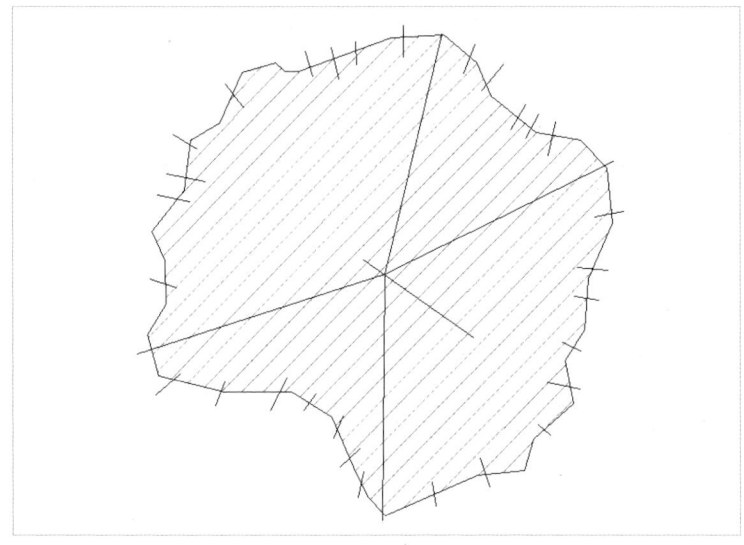

01 한계(LIMITS) 명령으로 낙락장송을 그릴 수 있는 크기로 도면의 범위(한계)를 설정합니다. 다음으로 '조경'이라는 도면층(LAYER)을 작성합니다.

02 원(CIRCLE) 명령으로 낙락장송을 그릴 윤곽을 잡습니다. 반지름은 '1000'으로 합니다.

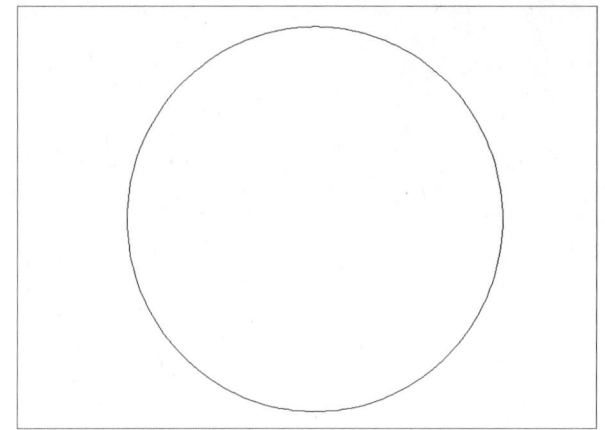

03 폴리선(PLINE) 명령으로 외곽선을 작도합니다. 특별히 정해진 형상이나 치수가 있는 것이 아니므로 스케치하듯 그립니다.

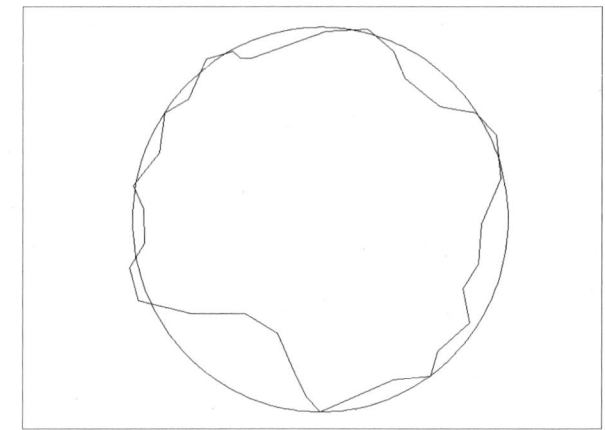

04 선(LINE) 명령으로 중심으로부터 가지를 그리고, 지우기(ERASE) 명령으로 원을 지웁니다.

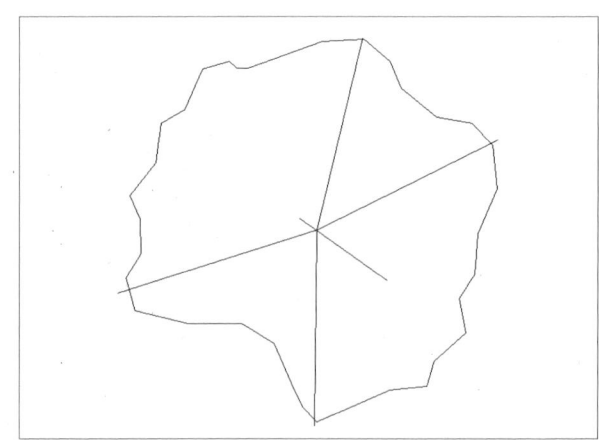

05 해치(BHATCH) 명령으로 무늬를 입힙니다. 해치 명령을 실행합니다. 명령어 'BHATCH' 또는 단축키 'H' 또는 'BH'를 입력하거나 '홈' 탭의 '그리기' 패널 또는 도구막대에서 을 클릭합니다.

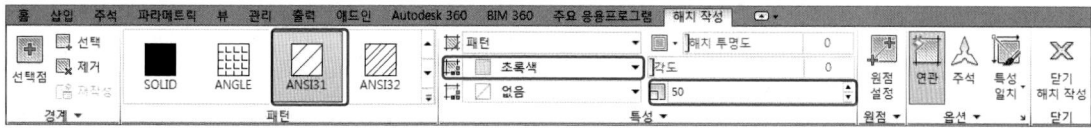

{내부 점 선택 또는 [객체 선택(S)/명령 취소(U)/설정(T)]:}에서 다각형 내부를 선택합니다.
{선택된 데이터 분석 중...}
{내부 고립영역 분석 중...}
'해치 작성' 탭이 나타나면 '패턴' 패널에서 'ANSI31'을 선택한 후 '색상'을 '초록색', '축척'을 '50'을 지정합니다. 해치 상태를 미리 확인합니다. 원하는 상태가 되었으면 '닫기'를 클릭합니다.

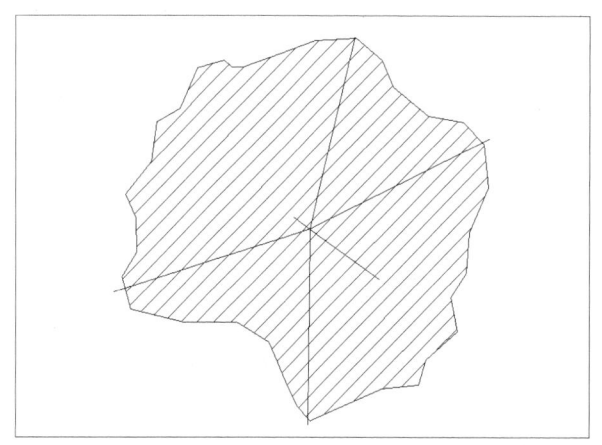

06 선(LINE) 명령으로 삐쳐나간 선을 작도합니다.

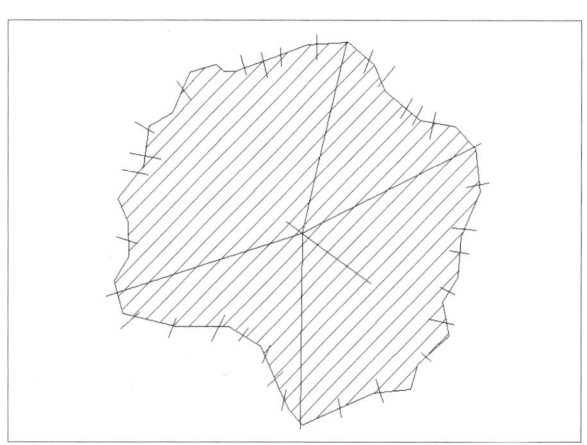

다음 그림과 같이 낙락장송이 완성되었습니다.

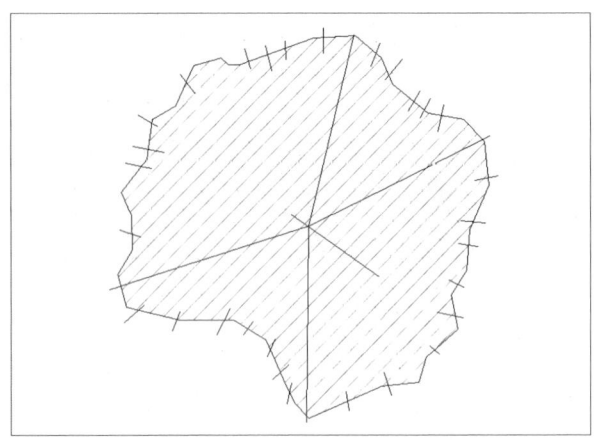

【해치(BHATCH)와 그라데이션(GRADIENT)】
특정 범위의 무늬와 색상으로 채우는 해치와 그라데이션 명령에 대해 알아보겠습니다.

1. 해치(BHATCH)

콘크리트의 표현, 인테리어 설계에서 가구 재질의 표현, 기계 설계의 단면의 표현 등은 일정한 패턴의 무늬로 표현합니다. 해치는 특정 경계 범위를 일정한 패턴(해치 패턴)으로 채우거나 선의 조합으로 채우는 것을 말합니다.

명령 : BHATCH(단축키 : BH,H)　　　아이콘 버튼 :

명령 흐름 : 해치할 범위를 지정하고 해치 패턴과 색상, 축척 등 조건을 지정합니다.

명령어 'BHATCH' 또는 단축키 'H' 또는 'BH'를 입력하거나 '홈' 탭의 '그리기' 패널 또는 도구막대에서 을 클릭하면 다음과 같은 대화상자가 표시됩니다.

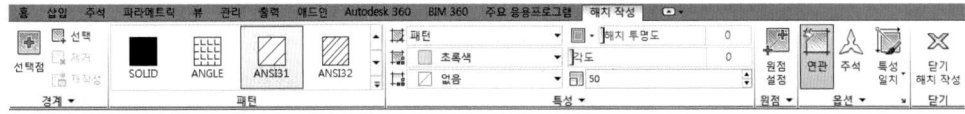

(1) 경계 패널 : 해치할 경계를 지정합니다.

① 선택 점 : 「내부 점 선택 또는 [객체 선택(S)/객체 제거(B)]:」 메시지에서 점을 지정하면 점을 기준으로 폐쇄된 영역을 탐색합니다.
② 객체 선택 : 해치할 영역을 원이나 폐쇄된 폴리선 등의 객체를 선택하여 지정합니다.
③ 제거 : 선택된 해치 영역을 제거합니다.
④ 재작성 : 선택된 해치 또는 채우기를 중심으로 폴리선 또는 영역이 작성되며 연관, 비연관을 선택할 수 있습니다.
⑤ 경계 객체 표시 : 선택한 연관 해치 객체의 경계를 형성하는 객체를 선택합니다. 표시된 그립을 사용하여 해

치 경계를 수정합니다. 이 옵션은 해치를 편집할 때만 사용할 수 있습니다.

⑥ 경계 객체 유지 : 경계를 유지할지 여부를 설정합니다. 경계를 유지한다고 했을 때 객체의 종류(폴리선, 영역)를 지정합니다.

⑦ 경계를 정의할 때 분석되는 객체 세트를 정의합니다. '현재 뷰포트 사용'은 현재 뷰포트 범위 내의 모든 객체에서 경계 세트를 정의합니다. 새 경계 세트 선택을 사용하여 선택한 객체에서 경계 세트를 정의합니다.

(2) 패턴 패널 : 미리 정의 및 사용자 패턴 모두에 대한 미리보기 이미지를 표시하고 선택합니다.

패턴 패널의 스크롤 버튼(역삼각형)을 클릭하면 다음과 같은 해치 패턴의 명칭과 미리보기 이미지를 보여줍니다. 사용하고자 하는 패턴을 선택합니다.

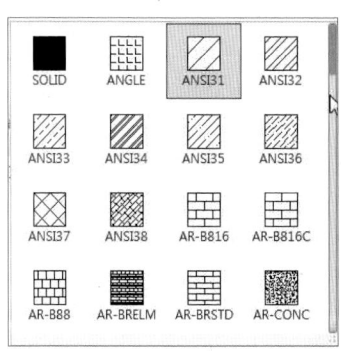

(3) 특성 패널 : 해치의 특성(패턴, 색상, 배경색, 투명도 등)을 정의합니다.

① 패턴 : 작성할 항목(솔리드 채우기, 그라데이션 채우기, 미리 정의된 해치 패턴 또는 사용자 정의 해치 패턴)을 지정합니다. 미리 정의된 패턴은 프로그램과 함께 제공되는 acad.pat 또는 acadiso.pat 파일에 저장됩니다. 사용자 정의된 패턴은 도면의 현재 선 종류를 기준으로 합니다. 사용자 패턴은 검색 경로에 추가한 모든 사용자 PAT 파일에 정의된 패턴입니다.

② 해치 색상 : 해치 패턴의 색상을 지정합니다.

③ 배경 색상 : 해치 영역의 배경 색상을 지정합니다.

④ 투명도 : 새 해치 또는 채우기에 대해 투명도 레벨을 설정하여 현재 객체 투명도를 재지정합니다. 현재 객체 투명도 설정을 사용하려면 현재 사용을 선택합니다.

⑤ 해치 각도 : 선택한 패턴의 각도를 지정합니다(시스템 변수 HPANG에 저장).

⑥ 해치 패턴 축척 : 선택되거나 정의한 패턴의 스케일(축척)을 지정합니다.

⑦ 해치 도면층 재지정 : 지정한 도면층에 새 해치 객체를 지정하여 현재 도면층을 재지정합니다. 현재 도면층을 사용하려면 현재 사용을 선택합니다.

⑧ 도면 공간에 상대적 : 배치(Layout) 공간 사용시, 도면(배치) 공간 단위를 기준으로 해치 패턴을 축척합니다. 그러면 사용자의 배치에 적절한 축척으로 해치 패턴을 표시할 수 있습니다.

⑨ 이중 : 사용자 정의 패턴의 경우 원래 선에 90도 각도로 두 번째 선 세트를 그려 교차 해치를 작성합니다. 이 옵션은 해치 유형이 사용자 정의로 설정되어 있을 때만 사용할 수 있습니다.

⑩ ISO 펜 폭 : 선택된 펜 폭으로 ISO 관련 패턴의 척도를 지정합니다. 해치 패턴에서 'ISO' 해치 패턴이 선택되어야 켜집니다.

(4) 원점 패널 : 해치를 할 때, 원점으로 해치 시작점을 움직여야 할 경우가 발생합니다. 예를 들어, 벽돌 패턴을 작성하였을 경우 해치된 영역의 왼쪽 하단 구석에서 완전한 벽돌 모양으로 시작하고자 할 때입니다.

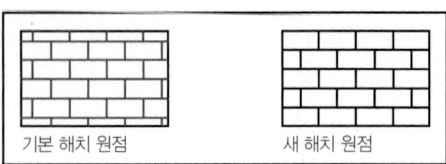

다음의 드롭다운 리스트에서 지정하고자 하는 원점의 위치를 지정합니다.

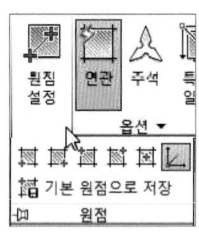

- 기본 원점으로 저장 : 새 해치 원점 값을 지정합니다.

(5) 옵션 패널 : 연관 경계 여부, 주석 축척 등 옵션을 설정합니다.

① 연관(A) : 해치 또는 채우기가 연관인지, 비연관인지를 설정합니다. 연관된 해치 또는 채우기는 해당 경계를 수정할 때 함께 수정됩니다. '신축(STRETCH)' 명령을 실행해보면 연관된 해치는 같이 신축되고, 비연관된 해치는 신축되지 않습니다.

 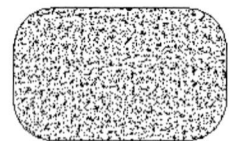

② 주석 축척 : 해치에 주석 축척의 적용 여부를 지정합니다.
③ 특성 일치
- 현재 원점 사용 : 해치 원점을 제외하고 선택한 해치 객체의 특성을 사용해 특성을 설정합니다.
- 소스 해치 원점 사용 : 해치 원점을 포함하여 선택한 해치 객체의 특성을 사용해 해치의 특성을 설정합니다.
④ 차이 공차 : 객체가 해치 경계로 사용될 때 무시할 수 있는 차이의 최대 크기를 설정합니다. 기본값 0(영)은 객체가 차이 없이 영역을 닫아야 함을 지정합니다. 슬라이드를 이동하거나 0에서 5000까지의 값을 도면 단위로 입력하여 객체가 해치 경계로 사용되는 경우 무시할 수 있는 간격의 최대 크기를 설정합니다. 지정한 값 이하의 차이는 무시되고 경계는 닫힌 것으로 간주됩니다.
⑤ 개별 해치 작성 : 여러 개의 개별 경계를 지정할 경우, 단일 해치로 할 것인지 복수 개로 할 것인지 설정합니다.

⑥ 외부 고립 영역 탐지 : 중첩된 도형의 영역 탐지 유형을 선택합니다.

- 일반 고립영역 탐지(Normal) : 바깥 영역으로부터 시작하여 홀수 번째 영역이 해치되고, 짝수 번째 영역은 해치되지 않습니다.
- 외부 고립영역 탐지(Outer) : 외부 경계로부터 안쪽을 해치하거나 채웁니다. 이 옵션은 지정된 영역만 해치하거나 채우고 내부 고립영역은 그대로 둡니다.
- 고립영역 탐지 무시(Ignore) : 해치 내부의 경계선은 무시되고 모두 해치됩니다.
- 고립영역 탐지 안 함 : 고립영역의 탐지를 하지 않습니다.

⑦ 그리기 순서 : 해치 또는 채우기에 그리기 순서를 설정합니다. 해치 또는 채우기는 다른 모든 객체의 앞, 뒤 및 해치 경계의 앞, 뒤에 배치할 수 있습니다.

(6) 해치 작성 닫기 : 해치를 종료하고 '해치 작성' 탭을 닫습니다. [Enter] 또는 [Esc] 키를 눌러 닫을 수도 있습니다.

2. 그라데이션(GRADIENT)

객체에서 반사하는 광원의 모양과 같이 특정 색상의 조합으로 색조의 농도를 점차적으로 바꾸는 그라데이션에 대해 살펴보겠습니다. 조작 방법은 해치와 별반 다르지 않습니다. 단, 무늬 대신 색상과 색조의 패턴을 지정합니다.

명령 : GRADIENT   아이콘 버튼 :

다음과 같은 '해치 작성' 탭이 나타납니다.

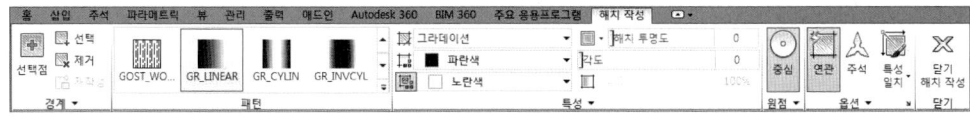

(1) 패턴 : 그라데이션 패턴을 지정합니다. 원하는 패턴을 선택합니다.
(2) 특성 : 그라데이션의 특성(색상, 투명도, 각도 등)을 지정합니다.
(3) 원점 : 원점을 '중심'으로 설정하면 중심을 기준으로 대칭을 이루는 그라데이션이 작성됩니다.

2 소나무

우리나라에서 가장 많이 볼 수 있는 소나무를 작도해보겠습니다. 다음 그림과 같은 모양입니다. 구름형 수정기호로 작도한 후 선으로 잇도록 하겠습니다.

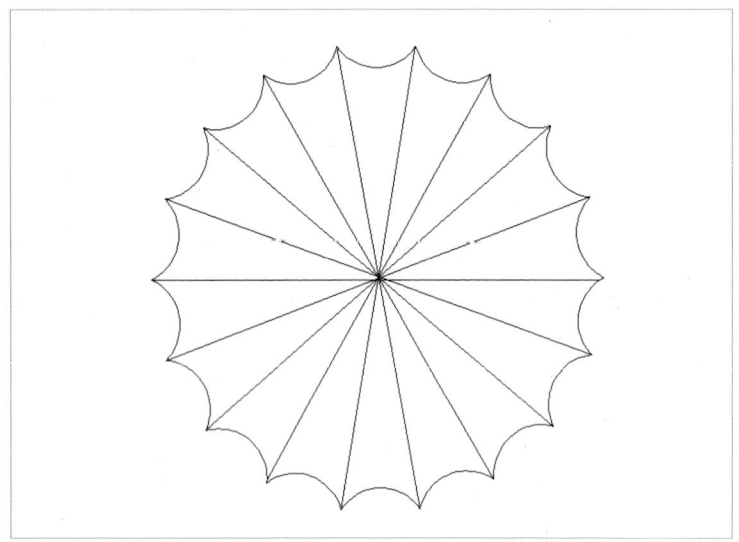

01 한계(LIMITS) 명령으로 소나무를 그릴 수 있는 크기로 도면의 범위(한계)를 설정합니다. 다음으로 '조경'이라는 도면층(LAYER)을 작성합니다.

02 원(CIRCLE) 명령으로 소나무를 그릴 윤곽을 잡습니다. 반지름은 '1000'으로 합니다.

03 구름형 수정기호(REVCLOUD) 명령으로 윤곽선을 완성합니다. 구름형 수정기호 명령을 실행합니다. 명령어 'REVCLOUD' 또는 단축키 'REV'를 입력하거나, '홈' 탭의 '그리기' 패널 또는 도구막대에서 ۞을 클릭합니다.

{최소 호 길이: 5   최대 호 길이: 5   스타일: 일반}
{시작점 지정 또는 [호 길이(A)/객체(O)/스타일(S)] <객체(O)>:}에서 호 길이 옵션 'A'를 입력합니다.
{최소 호 길이 지정 <5>:}에서 '350'을 입력합니다.
{최대 호 길이 지정 <350>:}에서 Enter 또는 Space bar 를 눌러 '350'으로 합니다.
{시작점 지정 또는 [호 길이(A)/객체(O)/스타일(S)] <객체(O)>:}에서 객체 옵션 'O'를 입력합니다.
{객체 선택:}에서 원을 선택합니다. 다음 그림과 같이 구름형 수정기호가 됩니다.

04 {방향 반전 [예(Y)/아니오(N)] <아니오(N)>:}에서 방향을 반전시키기 위해 'Y'를 입력합니다. 다음 그림과 같이 모양이 반전됩니다.

05 선(LINE) 명령으로 각 꼭지점을 연결하는 선을 긋습니다. 다음 그림과 같이 소나무가 완성되었습니다.

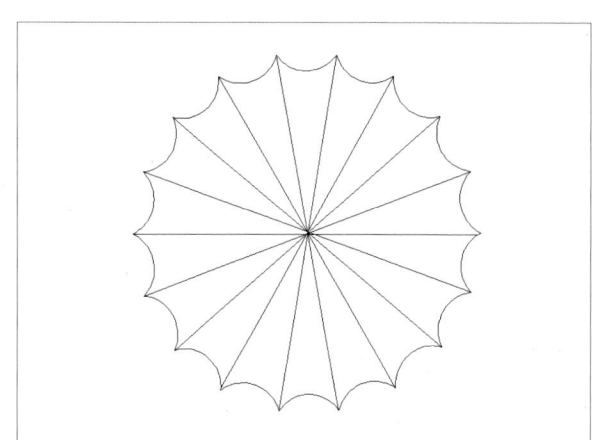

【구름형 수정 기호(REVCLOUD)】

도면을 검토하여 특정 부분에 코멘트를 붙일 경우 구름형 수정 기호를 사용합니다. 구름형 수정 기호는 연속적인 호로 구성된 구름 모양의 폴리선입니다.

명령 : REVCLOUD(단축키 : REV)   아이콘 버튼 : ⌘

명령 흐름 : 호의 크기를 정한 후 작도하고자 하는 구름 모양 및 크기에 맞춰 마우스를 움직입니다.

작도하고자 하는 수정 기호의 모양을 마우스로 조작하여 구름형 수정 기호를 작도합니다.

(1) 실습을 위해서 실습용 도면을 엽니다. '열기(OPEN)' 명령으로 예제 파일의 'Part5_화장실상세도.dwg' 파일을 엽니다. (예제 파일은 혜지원 출판사 홈페이지 'www.hyejiwon.co.kr' 자료실에서 다운받을 수 있습니다.) 다음 그림과 같은 도면이 열립니다.

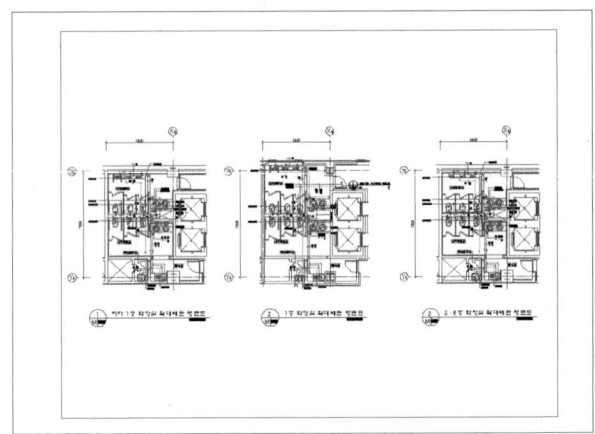

(2) '줌(ZOOM)' 명령으로 다음 그림과 같이 왼쪽의 도면을 확대합니다.

(3) 구름형 수정 기호(REVCLOUD) 명령을 실행합니다.

{시작점 지정 또는 [호 길이(A)/객체(O)/스타일(S)] 〈객체(O)〉:}에서 호 길이 옵션 'A'를 입력합니다.

{최소 호 길이 지정 〈25.0000〉:}에서 호의 길이 '250'을 입력합니다.

{최대 호 길이 지정 〈250.0000〉:}에서 호의 길이 '250'을 입력하거나 Enter 를 눌러 디폴트 값을 지정합니다.

{시작점 지정 또는 [호 길이(A)/객체(O)/스타일(S)] 〈객체(O)〉:}에서 구름형 수정 기호의 시작점(아래쪽 청소도구실)을 지정합니다.

{구름 모양 경로를 따라 십자선 안내...}에서 구름형 수정 기호의 범위를 따라 마우스로 지정해 나갑니다. 다음 그림과 같이 지정한 점을 따라 구름 모양이 만들어집니다. 마우스가 처음 지정한 점(시작점) 근처에 오면 다음 그림과 같이 자동으로 닫힌 구름형 수정 기호를 만들고, {구름형 수정 기호를 완료했습니다.}라는 메시지를 표시합니다.

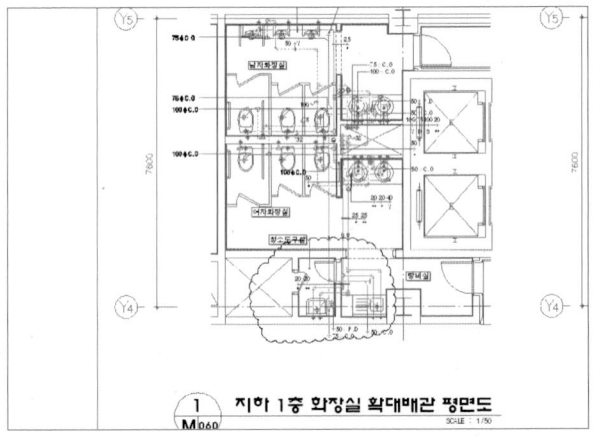

> **옵션 설명**
>
> - **호 길이(A)** : 구름 모양의 호를 길이를 지정합니다.
> - **스타일(S)** : 구름형 수정 기호의 유형으로써 '일반(N)'과 장식 모양인 '컬리그라피(C)' 중에서 선택합니다.
> - **반전** : {방향 반전 [예(Y)/아니오(N)] 〈아니오(N)〉:}에서 반전인 'Y'를 입력하면 앞의 실습에서와 같이 호의 모양이 반전되어 바깥쪽을 향한 호가 작도됩니다. 앞의 소나무 작도의 예를 참조합니다.

예제 도면 느티나무

앞의 실습을 토대로 다음과 같은 느티나무를 작도합니다. 반경은 '2000'으로 작도합니다.

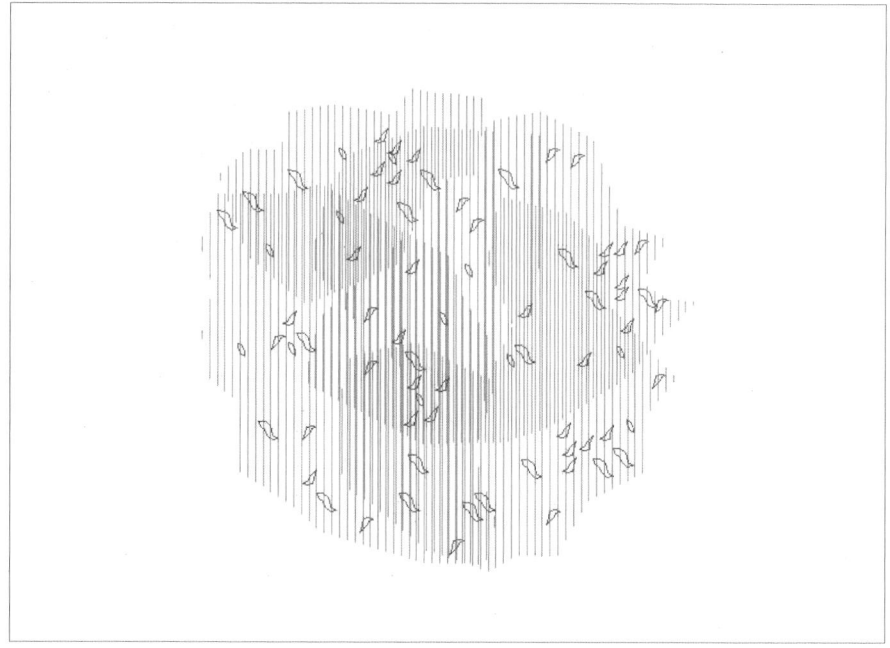

3 파고라

다음은 파고라를 작도해보겠습니다. 주어지지 않은 치수는 임의의 값으로 설정합니다.

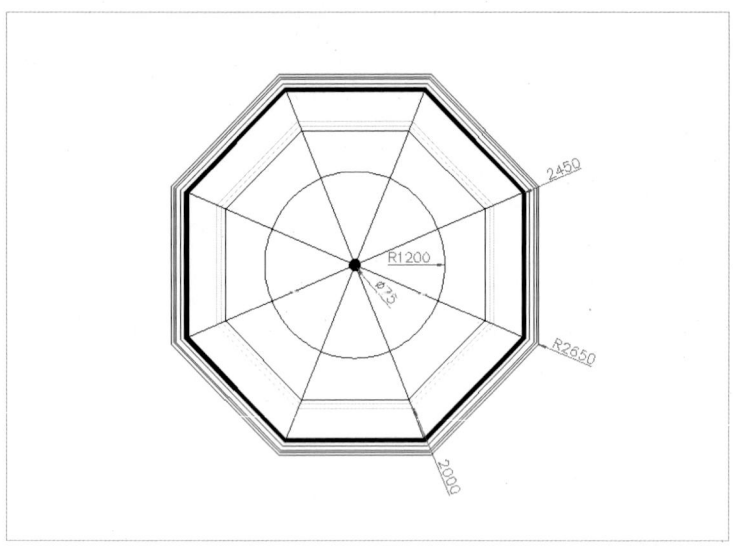

01 한계(LIMITS) 명령으로 계단을 그릴 수 있는 크기로 도면의 범위(한계)를 설정합니다. 다음으로 '조경'이라는 도면층(LAYER)을 작성합니다.

02 원(CIRCLE) 명령으로 다각형을 그리기 위한 원을 작도합니다. 원의 반지름은 '2650', '1200'입니다.

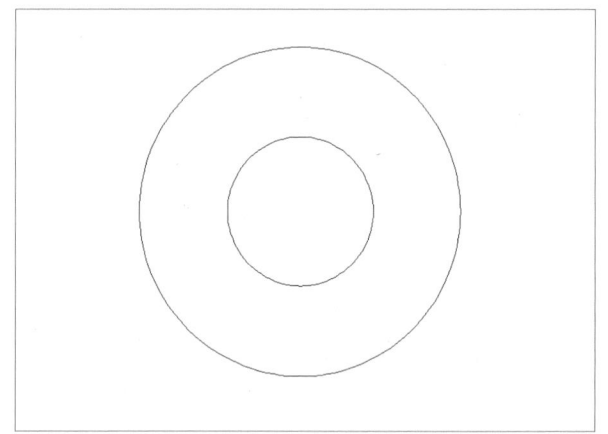

03 다각형(POLYGON) 명령으로 팔각형을 작도합니다. 다각형(POLYGON) 명령을 실행합니다.
{면의 수 입력 〈4〉:}에서 다각형 면의 수 '8'을 입력합니다.
{다각형의 중심을 지정 또는 [모서리(E)]:}에서 객체 스냅 '중심점 ◎'을 이용하여 원 중심을 지정합니다.

{옵션을 입력 [원에 내접(I)/원에 외접(C)] <I>:}에서 원에 내접한 다각형을 작도하기 위해 'I'를 입력합니다.
{원의 반지름 지정:}에서 객체 스냅 '사분점 ◆'을 이용하여 원의 사분점을 지정합니다.

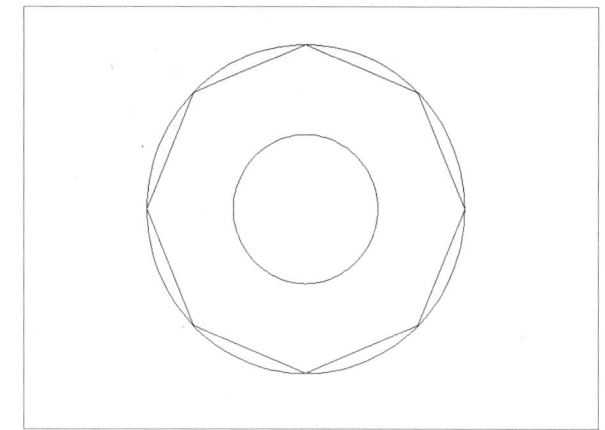

04 회전(ROTATE) 명령으로 다각형을 '22.5'도만큼 회전합니다.

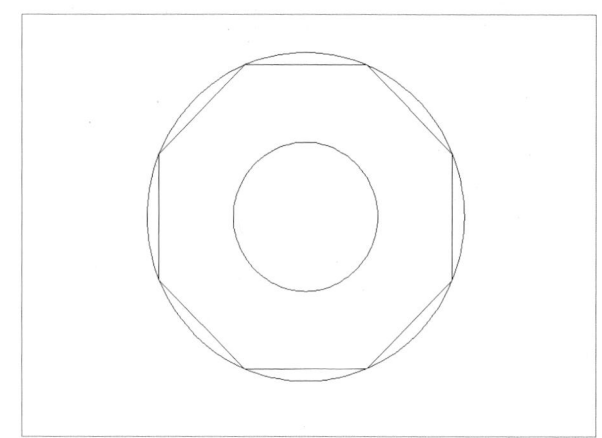

05 간격 띄우기(OFFSET) 명령으로 다각형을 '200'과 '650'만큼 안쪽으로 띄웁니다.

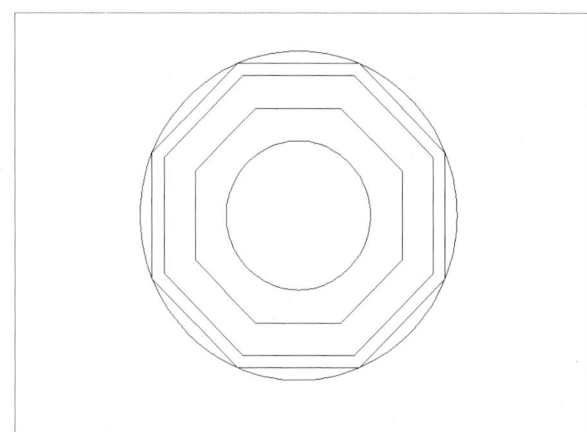

06 폴리선 편집(PEDIT) 명령으로 다각형의 너비를 변경합니다. 폴리선 편집 명령을 실행합니다. 명령어 'PEDIT' 또는 단축키 'PE'을 입력하거나 '홈' 탭의 '그리기' 패널 또는 도구막대에서 ⌒을 클릭합니다.

{폴리선 선택 또는 [다중(M)]:}에서 너비를 변경하고자 하는 다각형을 선택합니다.

{옵션 입력 [열기(O)/결합(J)/폭(W)/정점 편집(E)/맞춤(F)/스플라인(S)/비곡선화(D)/선종류생성(L)/명령 취소(U)]:}에서 폭 옵션 'W'를 입력합니다.

{전체 세그먼트에 대한 새로운 폭 지정:}에서 폭 '50'을 입력합니다.

{옵션 입력 [열기(O)/결합(J)/폭(W)/정점 편집(E)/맞춤(F)/스플라인(S)/비곡선화(D)/선종류생성(L)/명령 취소(U)]:}에서 Enter 또는 Space bar 를 눌러 종료합니다.

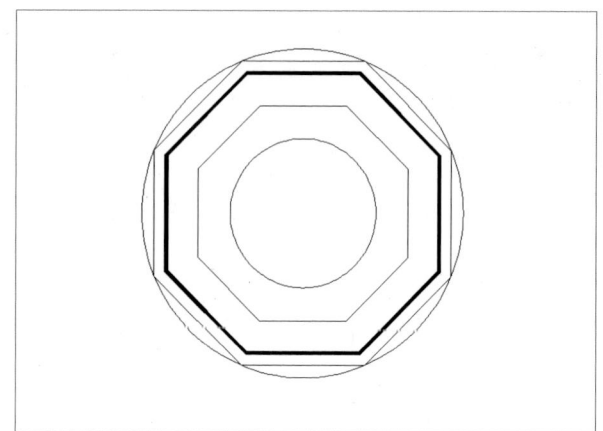

【폴리선 편집(PEDIT)】

폴리선을 편집합니다. 선이나 호와 같이 폴리선이 아닌 경우는 폴리선으로 변경할 수도 있습니다. 앞에서는 선을 폴리선으로 변환하여 폭을 부여하는 실습을 해봤습니다.

명령 : PEDIT(단축키 : PE)   아이콘 버튼 : ⌒

명령 흐름 : 수정할 폴리선(또는 선)을 선택한 후 옵션을 지정하여 편집합니다.

(1) 선(LINE) 명령으로 수직 방향으로 '300', 수평 방향으로 '150'인 선을 다음 그림과 같이 작도합니다.

(2) 선으로 작성된 객체를 폴리선으로 변환해보겠습니다. 폴리선 편집 명령을 실행합니다. 명령어 'PEDIT' 또는 'PE'를 입력하거나 '홈' 탭의 '수정' 패널 또는 도구막대에서 ⌒을 클릭합니다.

{폴리선 선택 또는 [다중(M)]:}에서 가장 왼쪽에 있는 선 객체를 선택합니다. 선이 폴리선 객체가 아니므로 하나만 선택됩니다.

(3) {선택된 객체가 폴리선이 아님} {전환하기를 원하십니까? ⟨Y⟩}에서 'Y'를 입력합니다.
{옵션 입력 [닫기(C)/결합(J)/폭(W)/정점 편집(E)/맞춤(F)/스플라인(S)/비곡선화(D)/선종류생성(L)/명령 취소(U)]:}에서 선 객체를 결합하기 위해 옵션 'J'를 입력합니다.
{객체 선택:}에서 결합할 객체를 선택합니다. 다음 그림과 같이 범위를 지정하여 선택할 수 있습니다. {반대 구석 지정:} {8개를 찾음}
{객체 선택:}에서 [Enter] 또는 [Space bar]를 눌러 선택을 종료합니다.

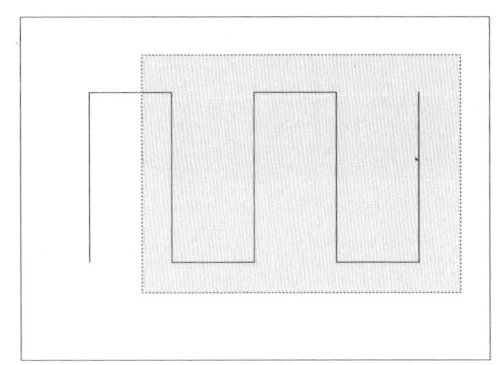

(4) {8개의 세그먼트가 폴리선에 추가됨}
{옵션 입력 [닫기(C)/결합(J)/폭(W)/정점 편집(E)/맞춤(F)/스플라인(S)/비곡선화(D)/선종류생성(L)/명령 취소(U)]:}에서 [Enter] 또는 [Space bar]를 눌러 종료합니다.
다음 그림과 같이 객체 위에 마우스를 가져가면 폴리선 객체로 바뀌었다는 것을 알 수 있습니다.

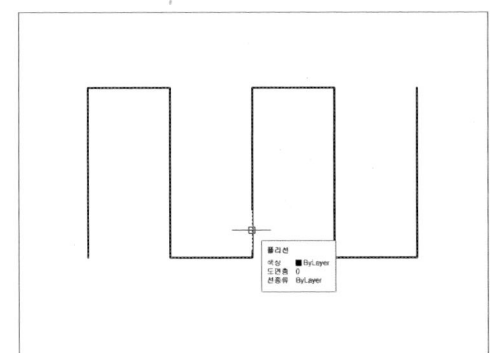

(5) [Enter] 또는 [Space bar]를 눌러 폴리선 편집 명령을 재실행합니다.
{폴리선 선택 또는 [다중(M)]:}에서 조금 전에 변환한 폴리선 객체를 선택합니다.
{옵션 입력 [닫기(C)/결합(J)/폭(W)/정점 편집(E)/맞춤(F)/스플라인(S)/비곡선화(D)/선종류생성(L)/명령 취소(U)]:}에서 맞춤 옵션 'F'를 입력합니다. 다음 그림과 같이 맞춤 곡선으로 변환됩니다.

(6) {옵션 입력 [닫기(C)/결합(J)/폭(W)/정점 편집(E)/맞춤(F)/스플라인(S)/비곡선화(D)/선종류생성(L)/명령 취소(U)]:}에서 비곡선화 옵션 'D'를 입력합니다. 다음 그림과 같이 곡선이 원상태로 돌아옵니다.

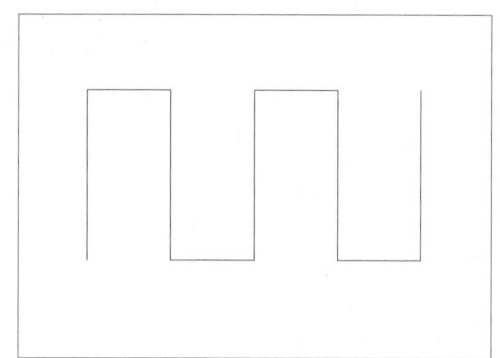

(7) {옵션 입력 [닫기(C)/결합(J)/폭(W)/정점 편집(E)/맞춤(F)/스플라인(S)/비곡선화(D)/선종류생성(L)/명령 취소(U)]:}에서 정점 편집 'E'를 입력합니다. 다음 그림과 같이 시작점에 'X'가 표시됩니다.

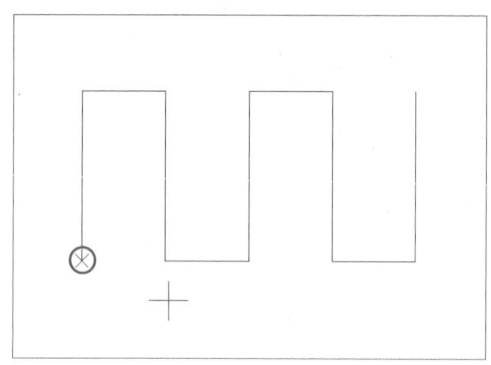

(8) {정점 편집 옵션 입력 [다음(N)/이전(P)/끊기(B)/삽입(I)/이동(M)/재생성(R)/직선화(S)/접선(T)/폭(W)/나가기(X)] <N>:}에서 다음 'N'을 입력합니다.
{정점 편집 옵션 입력 [다음(N)/이전(P)/끊기(B)/삽입(I)/이동(M)/재생성(R)/직선화(S)/접선(T)/폭(W)/나가기(X)] <N>:}에서 다음 'N'을 입력합니다.
{정점 편집 옵션 입력 [다음(N)/이전(P)/끊기(B)/삽입(I)/이동(M)/재생성(R)/직선화(S)/접선(T)/폭(W)/나가기(X)] <N>:}에서 다음 'N'을 입력합니다. 다음 그림과 같이 'X' 표식이 차례로 이동됩니다.

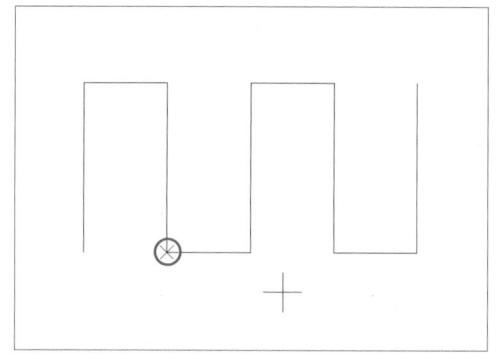

(9) {정점 편집 옵션 입력 [다음(N)/이전(P)/끊기(B)/삽입(I)/이동(M)/재생성(R)/직선화(S)/접선(T)/폭(W)/나가기(X)] <N>:}에서 이동 옵션 'M'을 입력합니다.
{표시된 정점에 대한 새로운 위치 지정:}에서 다음 그림과 같이 새로운 정점을 지정합니다. 그림과 같이 정점이 이동됩니다.

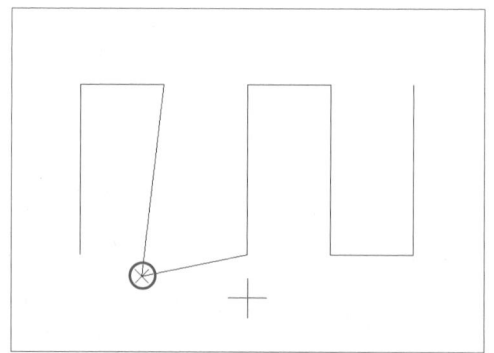

(10) {정점 편집 옵션 입력 [다음(N)/이전(P)/끊기(B)/삽입(I)/ 이동(M)/재생성(R)/직선화(S)/접선(T)/폭(W)/나가기(X)] 〈N〉:}에서 폭 'W'를 입력합니다.

{다음 세그먼트에 대한 시작 폭 지정 〈0.0000〉:}에서 시작 폭 '10'을 입력합니다.

{다음 세그먼트에 대한 끝 폭 지정 〈10.0000〉:}에서 끝 폭 '5'를 입력합니다. 다음 그림과 같이 선 폭이 바뀝니다.

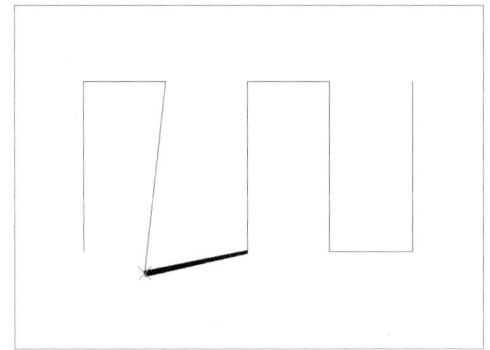

(11) {정점 편집 옵션 입력 [다음(N)/이전(P)/끊기(B)/삽입(I)/이동(M)/재생성(R)/직선화(S)/접선(T)/폭(W)/종료(X)] 〈N〉:}에서 종료 옵션 'X'를 입력합니다.

{옵션 입력 [닫기(C)/결합(J)/폭(W)/정점 편집(E)/맞춤(F)/스플라인(S)/비곡선화(D)/선종류생성(L)/명령 취소(U)]:}에서 Enter 또는 Space bar 를 눌러 종료합니다.

옵션 설명

'폴리선 편집(PEDIT)'에는 많은 옵션이 있습니다. 하나의 옵션을 선택하면 그 옵션에 해당하는 서브 옵션이 있습니다. 이 옵션들에 대해 차례로 살펴보겠습니다.

● 폴리선 편집 옵션(PEDIT)

{옵션 입력 [닫기(C)/결합(J)/폭(W)/정점 편집(E)/맞춤(F)/스플라인(S)/비곡선화(D)/선종류생성(L)/명령 취소(U)]:}

(1) 닫기(C) : 열린 폴리선을 닫아 폐쇄 공간을 만듭니다.
(2) 열기(O) : 닫힌 폴리선을 열어 열린 폴리선을 만듭니다.
(3) 결합(J) : 폴리선, 선분, 호 등을 하나의 폴리선으로 연결합니다. 단, 열려있는 객체만 가능합니다. 앞에서 실습했던 것처럼 폴리선이 아닌 객체를 폴리선으로 변환합니다.
(4) 폭(W) : 폴리선의 폭을 변경합니다.
(5) 정점 편집(E) : 폴리선의 정점을 편집(이동, 추가, 삭제)합니다.
(6) 맞춤(F) : 폴리선의 모든 정점에 대해 매끄러운 곡선으로 바꿉니다.
(7) 스플라인(S) : 각 면에 접한 호를 만들어 스플라인 곡선으로 바꿉니다.
(8) 비곡선화(D) : 곡선화된 폴리선을 본래의 직선으로 되돌립니다.
(9) 선 종류 생성(L) : 폴리선의 정점 둘레에서 선 종류의 패턴을 설정합니다.
(10) 명령 취소(U) : 가장 최근의 편집 작업을 취소합니다. 계속해서 취소해 나가면 처음의 상태까지 되돌릴 수 있습니다.
(11) 나가기(X) : 폴리선 편집 작업을 종료합니다.

● 폴리선 정점 편집(PEDIT/Edit vertex)

{정점 편집 옵션 입력 [다음(N)/이전(P)/끊기(B)/삽입(I)/이동(M)/재생성(R)/직선화(S)/접선(T)/폭(W)/종료(X)] 〈N〉:}

'정점 편집(E)'를 선택하면 AutoCAD는 첫 번째 정점의 위치에 'X'를 표시합니다. 이 때 'N' 옵션과 'P' 옵션을 사용하여 편집 위치를 지정합니다.

(1) 다음(N) : 편집 위치를 다음 정점으로 옮깁니다.
(2) 이전(P) : 편집 위치를 이전 위치로 되돌립니다.
(3) 끊기(B) : 폴리선의 두 점 사이를 절단합니다.
(4) 삽입(I) : 폴리선에 새로운 정점을 삽입합니다.
(5) 이동(M) : 현재의 정점을 이동시킵니다.
(6) 재생성(R) : 폴리선을 재생성합니다.
(7) 직선화(S) : 두 정점 사이를 일직선으로 만듭니다.
(8) 접선(T) : 현재의 정점에 탄젠트 방향을 부가합니다. 이것은 곡선의 조절을 위해 사용합니다.
(9) 폭(W) : 두 정점간의 시작과 끝 폭을 설정합니다.
(10) 나가기(X) : 정점 편집(E) 옵션을 빠져나가 'PEDIT'의 선택 옵션으로 돌아갑니다.

07 지우기(ERASE) 명령으로 바깥쪽 원을 지운 후 간격 띄우기(OFFSET) 명령으로 다각형을 띄웁니다. 간격은 도면의 균형에 맞도록 임의로 지정합니다.

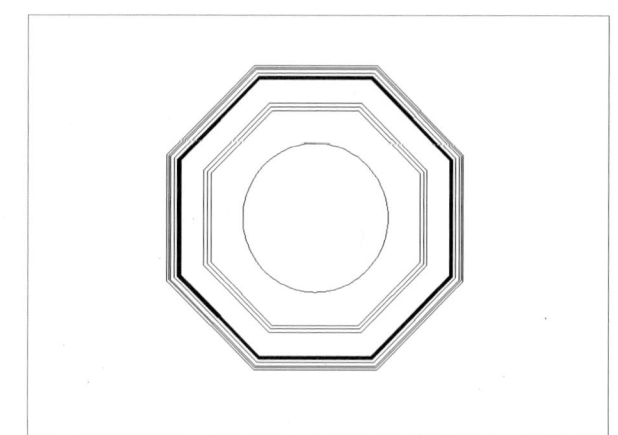

08 선(LINE) 명령으로 중심으로부터 다각형의 각 꼭지점을 잇는 대각선을 긋습니다.

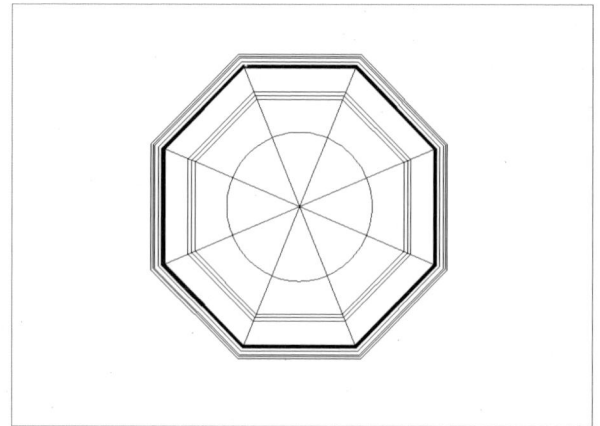

09 도넛(DONUT) 명령으로 중심에 까만 원을 작도합니다. 도넛(DONUT) 명령을 실행합니다.

{도넛의 내부 지름 지정 〈0.5000〉:}에서 '0'을 입력합니다.

{도넛의 외부 지름 지정 〈1.0000〉:}에서 지름 '150'을 입력합니다.

{도넛의 중심 지정 또는 〈종료〉:}에서 객체 스냅 '중심점 ⊙'을 이용하여 원의 중심을 지정합니다.

{도넛의 중심 지정 또는 〈종료〉:}에서 [Enter] 또는 [Space bar]를 눌러 종료합니다.

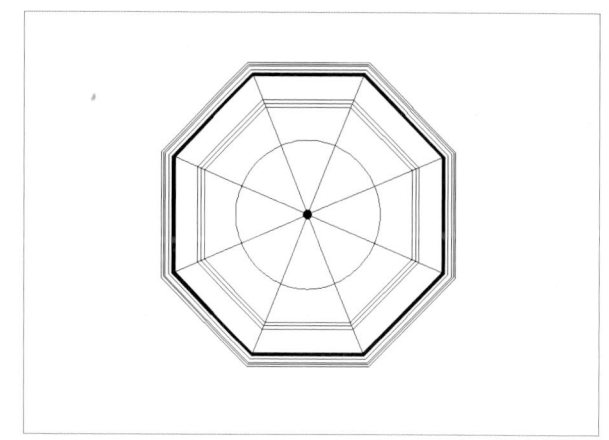

10 색상을 조정합니다. 조정하고자 하는 색상의 객체를 선택한 후 다음 그림과 같이 색상 목록상자에서 '색상 선택'을 누릅니다.

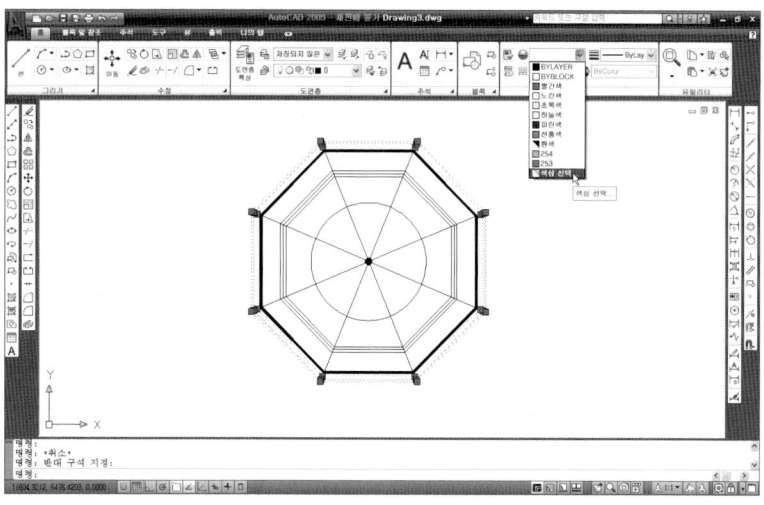

11 다음과 같은 색상선택 팔레트에서 색상을 선택합니다. 색상 팔레트의 기본 색상 아래에 있는 회색(253번, 254번 색상)을 선택합니다.

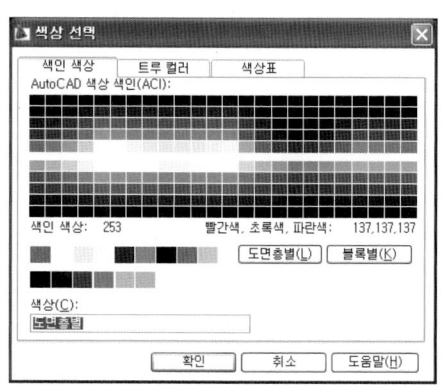

다음 그림과 같이 파고라가 완성됩니다.

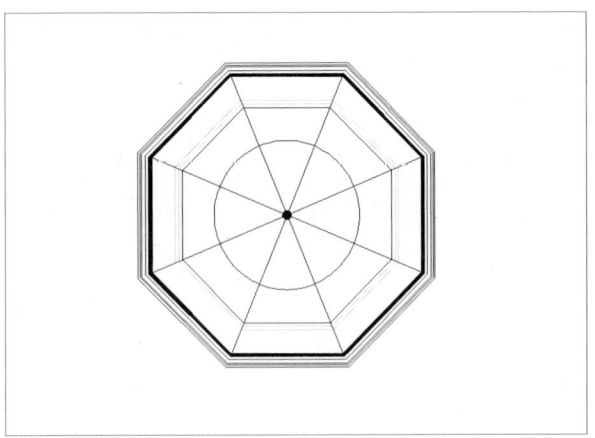

SPECIAL PAGE | 점과 점을 이용한 명령

CAD에서는 점(Point)도 하나의 객체이며, 다양한 조작을 할 수 있습니다. 예를 들어, 점을 이용해 특정 위치를 표시하고 객체 스냅을 이용하여 이 점을 지정할 수 있습니다. 이번에는 점과 점을 이용한 작업에 대해 알아보도록 하겠습니다.

1. 점의 형상을 정의하는 점 유형(PTYPE)

점을 표현하는 형식(모양과 크기)을 지정합니다.

명령 : PTYPE, DDPTYPE   아이콘 버튼 :

01 명령어 'PTYPE'을 입력합니다. 다음과 같은 점 스타일 대화상자가 나타납니다. 표시하고자 하는 점(예 : 두 번째 줄 세 번째 칸) 스타일을 선택한 후 '확인'을 클릭합니다.

대화상자에서 표시하고자 하는 점의 형상을 지정하고 점의 크기를 설정합니다. 점의 크기는 화면에 대한 백분율과 절대적 크기를 지정할 수 있습니다.

> **참고** 점의 크기
>
> 점 표시 크기의 설정은 다음의 두 가지 중 하나를 선택할 수 있습니다.
>
> (1) 화면에 상대적인 크기 설정(R) : 점 표시 크기를 화면 크기에 대한 백분율(상대적인 크기)로 설정합니다. 줌 확대 또는 줌 축소해도 점 표시가 변경되지 않습니다.
> (2) 절대 단위로 크기 설정(A) : 점 표시 크기를 점 크기에서 지정한 실제 단위로 설정합니다. 점은 줌 확대 또는 줌 축소에 따라 더 크게 또는 작게 표시됩니다.

2. 점(POINT)

지정한 위치에 점을 찍습니다.

명령 : POINT(단축키 : PO)   아이콘 버튼 :

01 '열기(OPEN)' 명령으로 예제 파일의 'Part5_점과분할.dwg'을 엽니다. (예제 파일은 혜지원 출판사 홈페이지 'www.hyejiwon.co.kr' 자료실에서 다운받을 수 있습니다.) 다음 그림과 같은 도면이 펼쳐집니다.

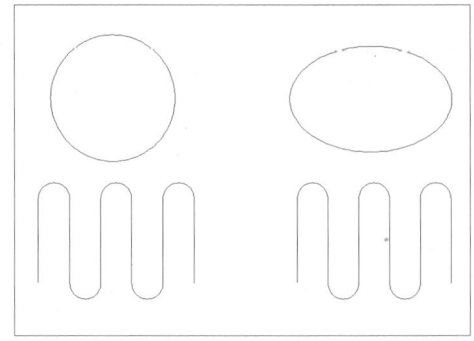

02 점 명령을 실행합니다. 명령어 'POINT' 또는 단축키 'PO'을 입력하거나, '홈' 탭의 '그리기' 패널 또는 도구막대에서 ▪을 클릭합니다.
{현재 점 모드: PDMODE=35 PDSIZE=0.0000}
{점 지정:}에서 객체 스냅 '중심점 ⊙'과 '사분점 ◈'을 이용하여 타원의 중심점과 각 사분점을 클릭합니다. 반복해서 점을 지정합니다.
그림과 같이 타원의 중심과 사분점 위치에 점이 찍힙니다.

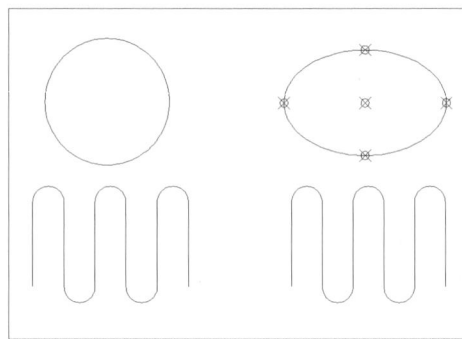

> **참고** 객체 스냅에서 점의 지정
> 점 객체가 작성된 위치를 정확히 지정하려면 객체 스냅의 '노드 ∘'를 이용하여 지정해야 합니다.

3. 객체를 지정된 수만큼 나누는 등분할(DIVIDE)
선택한 객체를 지정한 수만큼 분할합니다. 분할 위치에는 점 또는 지정한 블록이 표시됩니다.

명령 : DIVIDE(단축키 : DIV)　　　　　　　　아이콘 버튼 :

01 앞에서 사용된 도면(Part5_점과분할.dwg)을 이용하여 실습하겠습니다. 등분할 명령을 실행합니다. 명령어 'DIVIDE' 또는 단축키 'DIV'을 입력하거나 '홈' 탭의 '그리기' 패널 또는 도구막대에서 을 클릭합니다.
{등분할 객체 선택:}에서 선과 호로 구성된 폴리선 객체(왼쪽 폴리선)를 선택합니다.

{세그먼트의 개수 입력 또는 [블록(B)]:}에서 분할할 수 '8'을 입력합니다. 다음 그림과 같이 선택한 객체(폴리선)가 8개로 분할됩니다. 분할 위치에는 '점 유형(DDPTYPE)'에서 정의한 점의 형상이 표시됩니다.

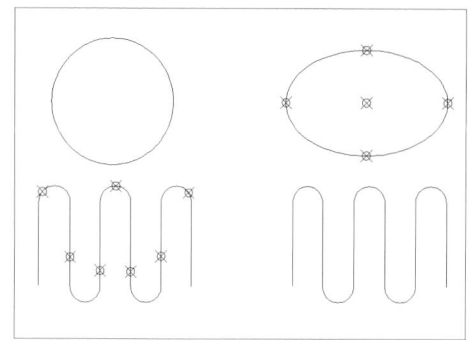

02 Enter 또는 Space bar 로 등분할 명령을 재실행합니다.
{등분할 객체 선택:}에서 상단의 원 객체를 선택합니다.
{세그먼트의 개수 입력 또는 [블록(B)]:} 분할할 수 '6'을 입력합니다.
다음 그림과 같이 선택한 원을 6등분합니다.

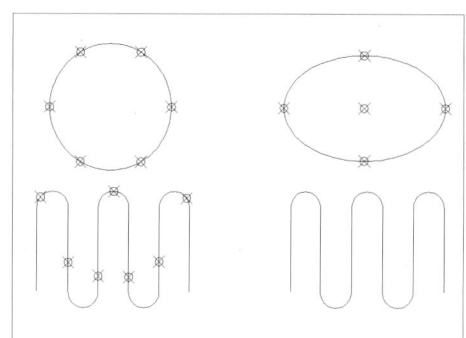

옵션 설명

{세그먼트의 개수 입력 또는 [블록(B)]:}

- **블록** : 사용자가 작성한 심볼을 블록화 하여 다음과 같이 각 분할 위치에 점 대신에 표시합니다. 먼저 별 모양을 작도해 'STAR'라는 이름으로 블록을 만듭니다(블록 작성 방법은 '블록'을 참조합니다).
  {등분할 객체 선택:}에서 등분할 하고자 하는 객체를 선택합니다.
  {세그먼트의 개수 입력 또는 [블록(B)]:}에서 블록 옵션 'B'를 선택합니다.
  {삽입할 블록의 이름 입력:}에서 표시하고자 하는 블록명 'STAR'를 입력합니다.
  {객체에 블록을 정렬시키겠습니까? [예(Y)/아니오(N)] <Y>:} 객체를 블록에 정렬시킬 것인가를 묻는데 정렬시키는 것으로 가정하여 'Y'를 입력합니다.
  {세그먼트의 개수 입력:}에서 분할 수를 입력합니다. 다음과 같이 분할 위치에 블록(블록명: STAR)으로 표시됩니다.

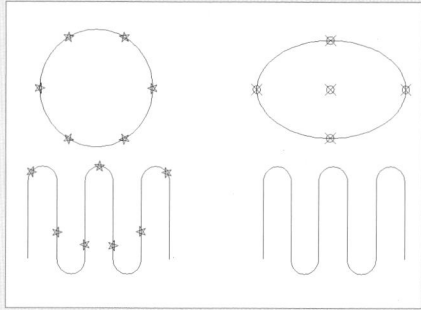

4. 지정한 길이로 분할하는 길이 분할(MEASURE)

선택한 객체를 지정한 길이로 분할합니다. 분할 위치에는 점 또는 블록이 표시됩니다.

명령 : MEASURE(단축키 : ME)　　　　　　　　　아이콘 버튼 :

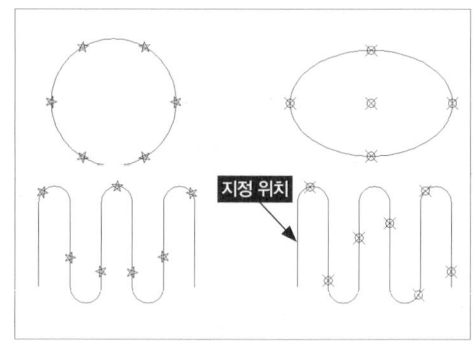

01 앞에서 실습한 도면(Part5_점과분할.dwg)을 가지고 실습하겠습니다. 길이 분할 명령을 실행합니다. 명령어 'MEASURE' 또는 단축키 'ME'을 입력하거나 '홈' 탭의 '그리기' 패널 또는 도구막대에서 을 클릭합니다.
{길이분할 객체 선택:}에서 분할할 객체(오른쪽 폴리선)의 앞쪽을 선택합니다.
{세그먼트의 길이 지정 또는 [블록(B)]:}에서 분할 길이 '500'을 입력합니다. 그림과 같이 길이 '500' 단위로 점을 표시합니다.

[TIP] 길이 분할의 경우 선택한 객체 위치로부터 지정한 길이를 측정하여 표시합니다. 따라서, 측정하고 남은 마지막 부분은 그대로 남겨둡니다. 원의 경우는 각도의 측정방향(반시계 방향)으로 측정합니다.

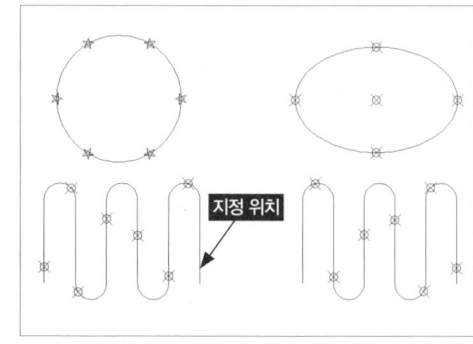

02 '지우기(ERASE)' 명령으로 왼쪽 폴리선의 점(블록 'STAR')을 지웁니다. '길이 분할(MEASURE) ' 명령을 실행합니다.
{길이분할 객체 선택:}에서 분할할 객체(폴리선)의 뒤쪽을 선택합니다.
{세그먼트의 길이 지정 또는 [블록(B)]:}에서 분할 길이 '500'을 입력합니다.
그림과 같이 선택한 객체(폴리선)가 '500' 길이로 분할합니다.

참고 지정 위치에 따른 길이 분할

길이 분할에서 객체를 선택할 때 선택한 위치의 끝점으로부터 '500'씩 측정하여 차례로 표시합니다. 즉, 선이나 폴리선, 호와 같이 끝점이 있는 경우는 선택한 지점으로부터 가까운 끝점부터 측정하여 점을 표시합니다.

PART6
평면도 그리기

지금까지 학습한 명령을 토대로 건축 평면도(아파트)를 작도해보겠습니다. 필요에 따라서는 앞에서 작성한 소품(가구, 욕조, 파고라 등)을 삽입하는 방법으로 작도하겠습니다. 도면을 작업하는 사람에 따라 작도 순서나 방법에 있어서 약간의 차이는 있을 수 있습니다. 순서나 방법은 약간 다르더라도 기본적인 흐름은 동일하므로 흐름을 파악하면서 명령어 사용 방법을 잘 익히도록 합니다.

AutoCAD 2015

15; 아파트 평면도

15; 아파트 평면도

우리나라에서 주거공간으로 가장 많은 비중을 차지하고 있는 아파트의 평면도를 작도해보겠습니다. 여기에서는 엘리베이터를 기준으로 한쪽을 그린 후 '대칭(MIRROR)' 명령으로 대칭 복사하도록 합니다. 벽체의 두께는 외벽은 '150', 내벽은 '100'으로 합니다.

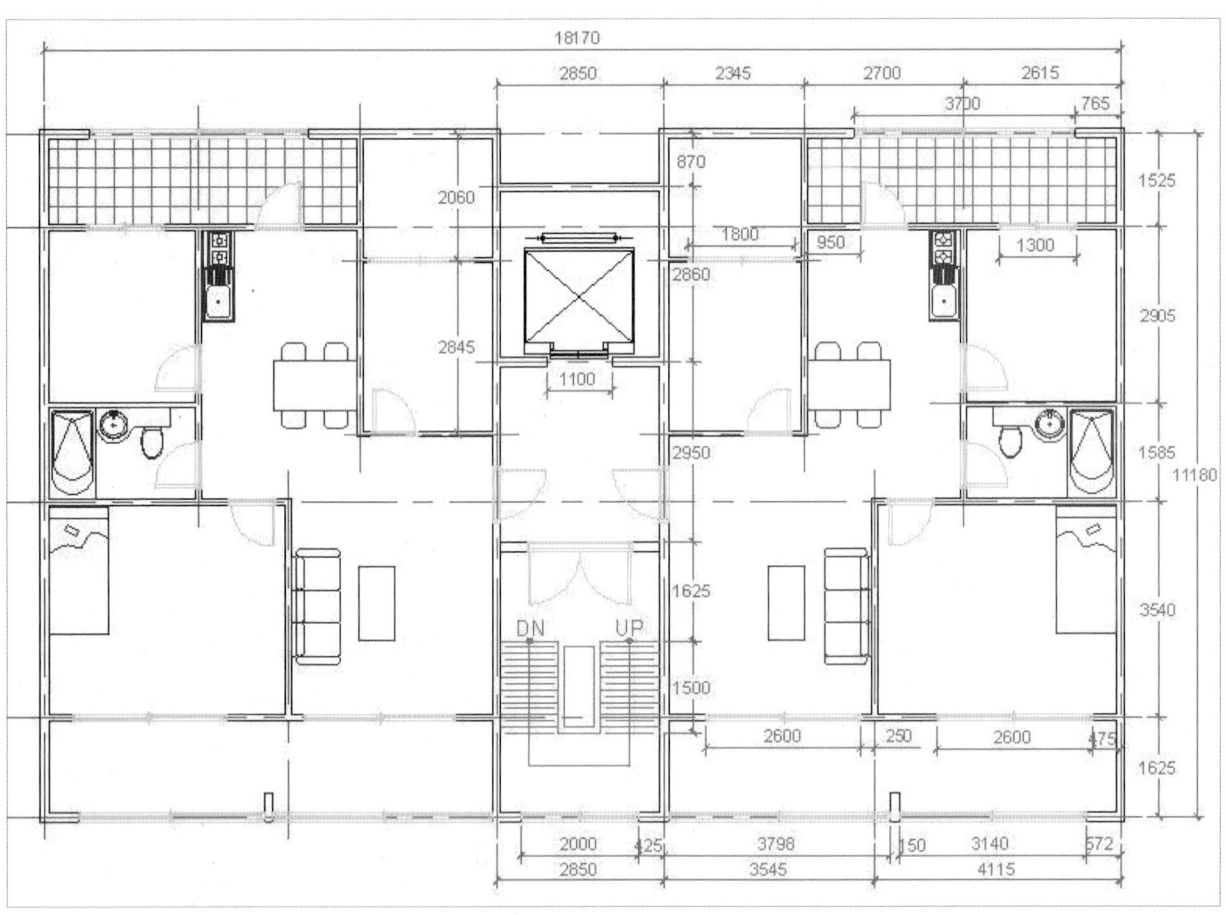

1 환경 설정

도면을 작도하기 위한 환경을 설정합니다.

01 '한계(LIMITS)' 명령으로 도면의 범위를 설정합니다.
이 도면은 A3(420×297) 용지로 1/100 축척으로 작도하도록 하겠습니다.
{모형 공간 한계 재설정:}
{왼쪽 아래 구석 지정 또는 [켜기(ON)/끄기(OFF)] ⟨0,0⟩:}에서 '0,0'을 입력합니다.
{오른쪽 위 구석 지정 ⟨420,297⟩:}에서 '42000,29700'을 입력합니다.

02 도면을 작도하기 위해 도면층, 색상, 선 종류를 정의합니다. 도면층과 색상, 선 종류는 다음과 같이 정의하겠습니다.

구분	도면층 명칭	색상	선 종류
중심선	중심선	빨간색	CENTER
벽체	벽	흰색	Continuous
문 또는 창	건구	초록색	Continuous
가구, 주방 등	가구	파란색	Continuous
화장실 기기	위생	파란색	Continuous
치수선, 치수보조선, 치수 문자	치수	빨간색	Continuous
기타	기타	선홍색	Continuous

'도면층(LAYER)' 명령을 실행하여 다음과 같이 도면층을 만들어 색상과 선 종류를 지정합니다.

2 중심선(그리드) 그리기

건축도의 기본 윤곽을 잡기 위해 가로, 세로의 중심선을 작도합니다.

[TIP] 여기에서는 도면층을 비교적 많은 비중을 차지하는 '벽'으로 설정해놓고 작업하는 것이 효율적입니다. 나중에 '간격 띄우기 (OFFSET)' 명령으로 벽체를 작성하기 때문입니다. 즉, 전체적으로 객체의 수에서 '중심선' 도면층보다는 '벽' 도면층이 많기 때문에 '벽'으로 설정하는 것이 작업량이 적어집니다.

01 도면층을 '벽'으로 지정하고 색상과 선 종류를 'BYLAYER'로 지정한 후 '선(LINE) ╱' 명령으로 다음 그림과 같이 가로, 세로의 기준 중심선을 작도합니다.

02 '간격 띄우기(OFFSET) ⚙' 명령으로 중심선의 간격을 띄웁니다. 세로 중심선은 오른쪽만 띄우도록 하겠습니다. 간격은 오른쪽 세로 중심선으로부터 차례로 '2615', '2700', '2345', '2850'을 띄운 후 다시 오른쪽 중심선을 '4115'만큼 왼쪽으로 띄웁니다.

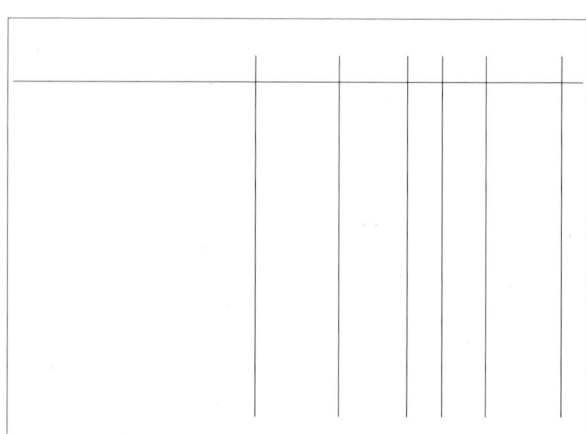

03 Enter 또는 Space bar 를 눌러 간격 띄우기 명령을 재실행한 후 가로 중심선을 띄웁니다. 간격은 위에서부터 차례로 '1525', '2905', '1585', '3540', '1625'만큼 띄웁니다.

[TIP] 한 번에 모든 벽체의 중심선을 띄워 놓으면 너무 복잡해져서 어떤 선인지 구별하기 어렵기 때문에 구별하기 쉬울 정도의 수만 간격을 띄운 후 정리를 해 가면서 나머지 간격을 띄우는 것이 좋습니다.

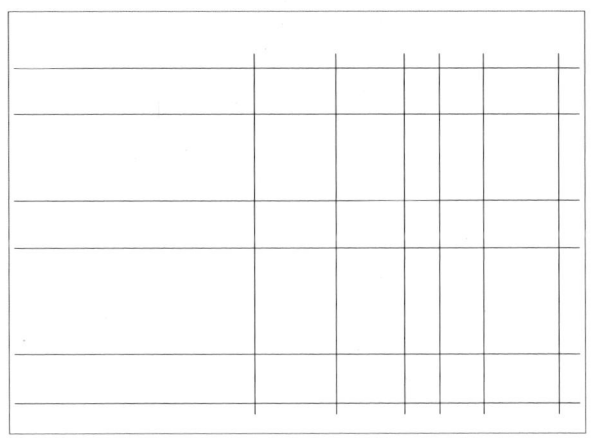

3 벽체 그리기

중심선을 기준으로 벽체를 작성하겠습니다. 앞에서 설명했듯이 외벽의 두께는 '150', 내벽의 두께는 '100'으로 합니다.

01 먼저 외벽을 띄우도록 하겠습니다. '간격 띄우기(OFFSET)' 명령으로 간격을 띄웁니다. 벽체의 두께가 '150'이므로 띄울 간격은 '75'씩 양쪽으로 띄웁니다.

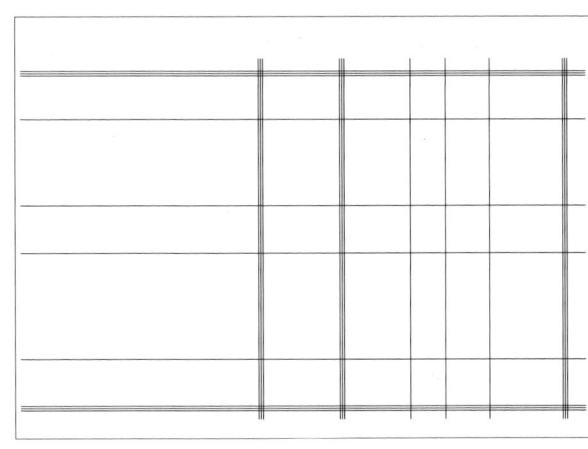

02 외벽의 모서리 부분을 정리하기 위해 '줌(ZOOM) 윈도우'로 오른쪽 상단을 확대합니다.

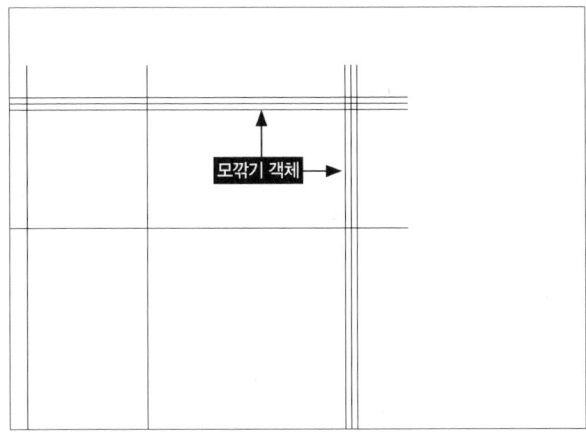

03 '모깎기(FILLET) ' 명령으로 외벽의 모서리 부분을 정리하도록 하겠습니다. 모깎기 명령을 실행합니다.

{첫 번째 객체 선택 또는 [명령취소(U)/폴리선(P)/반지름(R)/자르기(T)/다중(M)]:}에서 벽체의 안쪽 수직선을 선택합니다.

{두 번째 객체 선택 또는 Shift 키를 누른 채 선택하여 구석 적용:}에서 벽체의 안쪽 수평선을 선택합니다.

[TIP] Shift 키를 누르면서 모깎기를 하면 반지름이 '0'인 모깎기가 됩니다. 반지름 값이 '0.000'으로 설정되어 있으면 반지름이 '0'인 각진 모서리가 되지만 작업 중에는 '반지름(R)' 값이 '0' 이상의 값이 설정될 수 있기 때문에 Shift 키를 누르면서 모깎기를 하는 것이 좋습니다.

Enter 또는 Space bar 를 눌러 모깎기 명령을 재실행합니다.
{첫 번째 객체 선택 또는 [명령취소(U)/폴리선(P)/반지름(R)/자르기(T)/다중(M)]:}에서 벽체의 바깥쪽 수직선을 선택합니다.
{두 번째 객체 선택 또는 Shift 키를 누른 채 선택하여 구석 적용:}에서 벽체의 바깥쪽 수평선을 선택합니다. 다음 그림과 같이 모깎기가 됩니다.

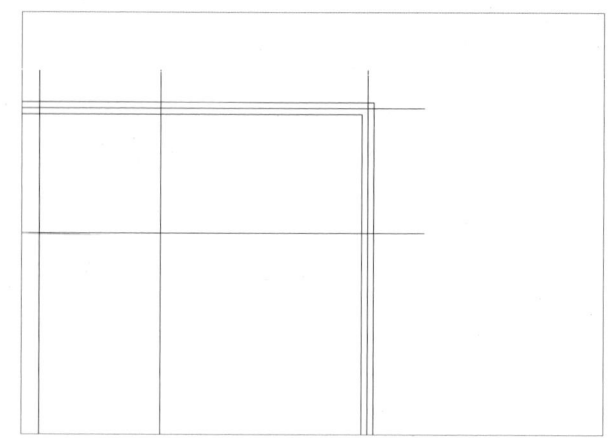

04 동일한 방법으로 왼쪽과 아래쪽 모서리를 정리합니다. 다음 그림과 같이 정리합니다.

05 아래쪽 벽체를 정리하기 위해 '줌(ZOOM) 윈도우 ' 로 중앙 하단 부분을 확대합니다.

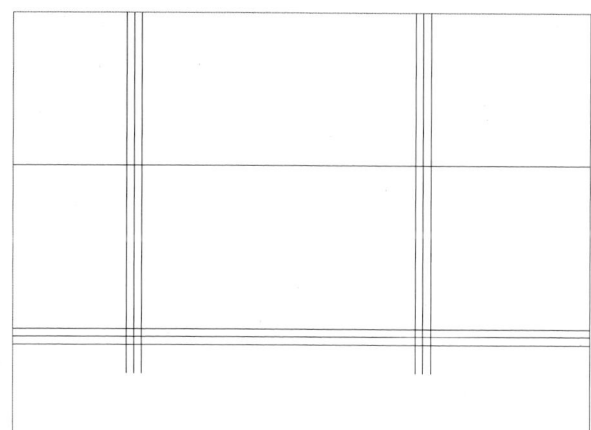

06 '자르기(TRIM) ' 명령으로 다음 그림과 같이 벽체를 정리합니다.

07 내벽을 작도하겠습니다. '간격 띄우기(OFFSET) ' 명령으로 간격을 띄웁니다. 벽체의 두께가 '100'이므로 띄울 간격은 '50'씩 양쪽으로 띄웁니다.

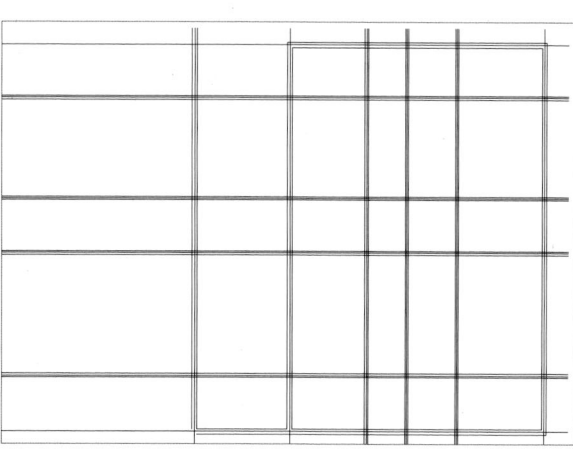

08 오른쪽 상단부터 내벽을 정리해나가도록 하겠습니다. 정리하고자 하는 부분을 '줌(ZOOM)' 명령과 '초점 이동 (PAN)' 명령을 이용하여 화면을 조정해가면서 진행합니다. '자르기(TRIM) -/--' 명령으로 다음 그림과 같이 벽체를 정리합니다.

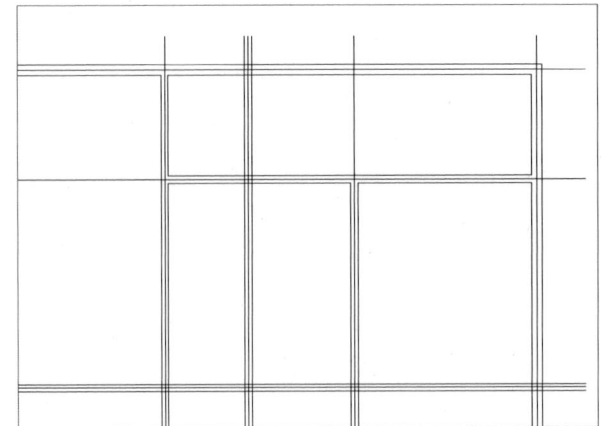

09 화면의 초점을 아래쪽으로 이동하여 '자르기(TRIM) -/--' 명령으로 다음 그림과 같이 벽체를 정리합니다.

10 현관 앞쪽 방과 엘리베이터 공간의 벽체를 정리하도록 하겠습니다. '줌(ZOOM)' 명령으로 위쪽 중앙 부분을 확대합니다.

11 '간격 띄우기(OFFSET) ' 명령으로 위쪽 중심선으로부터 '870', '1190', '1670', '2950', '1625'만큼 띄웁니다.

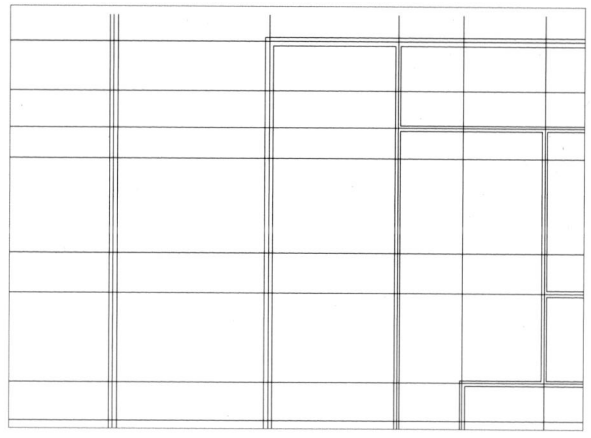

12 Enter 또는 Space bar 를 눌러 간격 띄우기 명령을 재실행하여 벽체를 만듭니다. 여기에서는 외벽의 두께 '150'으로 합니다.

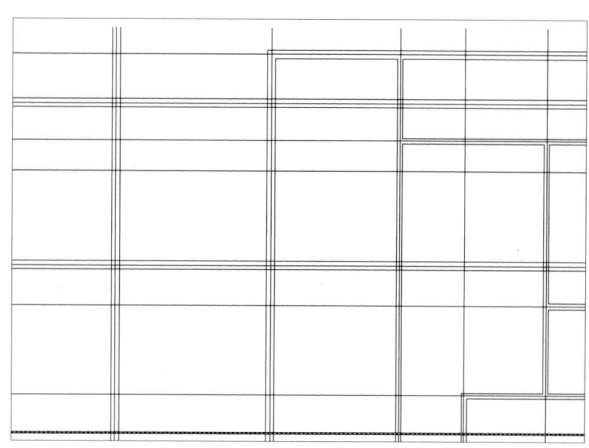

13 '자르기(TRIM) ' 명령으로 엘리베이터실을 완성합니다.

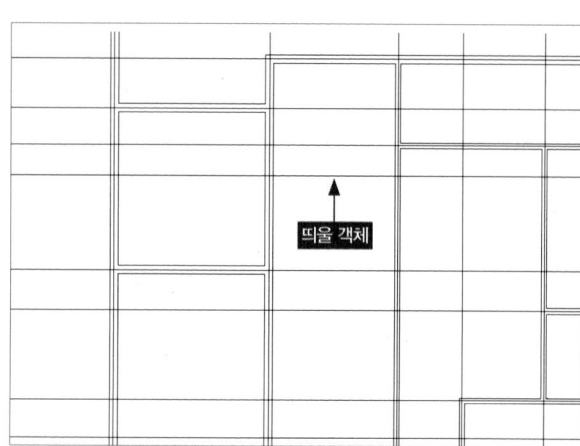

14 현관 앞쪽 방을 작도하기 위해 '간격 띄우기(OFFSET) ⟐' 명령으로 '2845'만큼 아래쪽으로 띄운 후, 띄운 객체와 새로 띄운 중심선을 내벽의 두께 '100'으로 만듭니다. '자르기(TRIM) ⊁' 명령으로 다음 그림과 같이 벽체를 정리합니다.

15 중심선이 너무 복잡하여 도면을 읽기 불편하므로 그립 기능을 이용하여 중심선의 길이를 조정하여 정리합니다. '자르기(TRIM) ⊁' 명령으로 쌍여닫이 문과 계단의 선도 정리합니다.

Note_중심선이 모두 길게 작도되어 있으면 도면을 읽는데 지장을 초래합니다. 따라서, 도면 작업 중간에 중심선의 길이를 조정하거나 중요하지 않은 중심선을 지워서 읽기 쉽게 합니다.

다음 그림과 같이 벽체가 완성되었습니다.

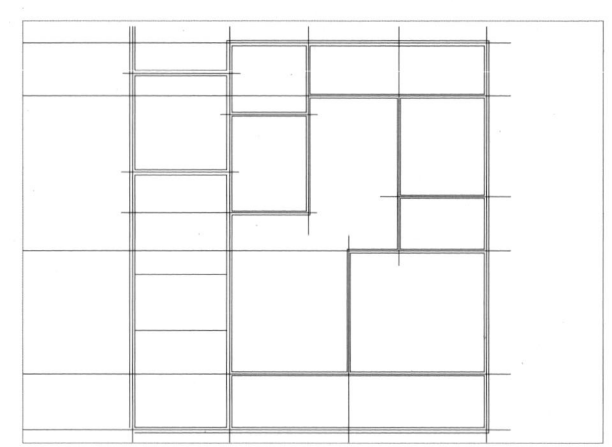

【한 번에 벽체를 작도하는 다중선(MLINE)】

앞에서 벽체를 작도할 때 선(LINE) 명령과 간격 띄우기(OFFSET) 명령으로 작도했는데 다중선(MLINE)을 이용하면 한 번에 여러 줄을 동시에 작도할 수 있습니다. 따라 하면서 이해하도록 합시다.

01. 여러 줄 스타일(MLSTYLE) 정의

작도하고자 하는 여러 줄을 미리 정의하는 작업입니다. 여러 줄 스타일(줄 수, 색상 등)을 작성하고, 수정 및 제거를 할 수 있으며 저장 및 로드할 수 있습니다.

명령 : MLSTYLE   아이콘 버튼 : ⟐

(1) 다음과 같은 여러 줄 스타일 대화상자가 표시됩니다. 새로운 스타일을 작성하기 위해 '새로 만들기(N)'를 클릭합니다.

15 ; 아파트 평면도

> **참고** 여러 줄 스타일 대화상자
>
> (1) 스타일(S) : 현재 작성된 스타일 목록이 표시됩니다. 기본적으로 제공하는 스타일은 'STANDARD'입니다.
> (2) 현재로 설정(U) : 선택한 스타일을 현재 작업할 스타일로 지정합니다. 스타일 목록에서 이름을 선택한 다음 현재 설정을 선택합니다.
> (3) 새로 만들기(N) : 새로운 스타일을 작성합니다.
> (4) 수정(M) : 선택한 스타일을 수정합니다.
> (5) 이름 바꾸기(R) : 스타일의 이름을 바꿉니다. 단, 'STANDARD'는 바꿀 수 없습니다.
> (6) 삭제(D) : 선택한 스타일을 삭제합니다.
> (7) 로드(L) : 별도의 파일에 저장된 여러 줄 스타일 라이브러리 파일(*.MNL)을 로드합니다. 여러 줄 스타일은 별도의 파일로 저장할 수 있습니다.
> (8) 저장(A) : 현재 여러 줄 라이브러리 파일(*.MLN)에 여러 줄 스타일을 저장하거나 복사합니다.
> (9) 미리 보기 : 현재 선택된 스타일의 이미지를 미리 보여줍니다.

(2) 다음과 같이 '새 여러 줄 스타일 작성' 대화상자가 표시됩니다. 이때 '새 스타일 이름(N)'에 '3LINE'를 입력한 후 [계속]을 클릭합니다.

(3) 다음과 같이 새 여러 줄 스타일을 정의하는 대화상자가 표시됩니다. '설명(P)'에 '3줄 스타일'을 입력하고 [추가(A)]를 클릭합니다. 그러면 '요소(L)'에 한 줄이 추가됩니다. 다음은 '색상(C)'을 '빨간색'으로 지정합니다. [선 종류(Y)]를 클릭하여 선 종류 선택 대화상자에서 [로드(L)]를 클릭하여 선 종류 'CENTER'를 로드한 후 지정합니다. [확인]을 클릭합니다.

> **참고** 새 여러 줄 스타일 대화상자
>
> (1) 설명(P) : 스타일에 대한 설명을 기입합니다.
> (2) 마개 : 여러 줄 선의 시작과 끝의 마무리를 선, 호 및 각도를 지정하여 정의합니다. 즉, 마개를 선으로 막을 것인가, 호로 막을 것인가, 각도는 얼마를 할 것인가를 지정합니다.
> (3) 채우기 : 선과 선 사이를 채울 경우, 색상을 지정합니다. 즉, 배경색을 말합니다.
> ① 접합 표시(J) : 여러 줄 선의 세그먼트 정점에서의 접합부의 화면 표시를 설정합니다.
> ② 요소(E) : 작성될 여러줄 스타일(요소)의 내용을 표시합니다.
> ③ 추가(A) : 선의 요소를 추가합니다.
> ④ 삭제(D) : 선의 요소를 삭제합니다.
> ⑤ 간격 띄우기(S) : 선 사이의 간격을 지정합니다.
> ⑥ 색상(C) : 선 요소의 색상을 지정합니다.
> ⑦ 선 종류(Y) : 선 종류를 지정합니다.

(4) 다음과 같이 '3LINE'이라는 새로운 여러 줄 스타일이 만들어져 이전 대화상자로 되돌아옵니다. [현재로 설정(U)]을 클릭한 후 [확인]을 클릭합니다.

Note_ 정의할 수 있는 최대 줄의 수는 16줄까지 지정할 수 있습니다.

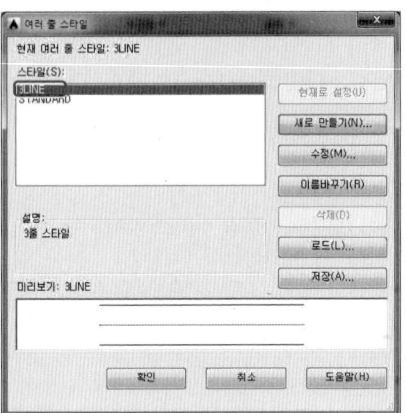

02. 여러 줄(MLINE) 작도

여러 줄의 선을 작도합니다. '여러 줄 스타일(MLSTYLE)'에서 정의한 스타일 중에서 작도하고자 하는 스타일을 지정하여 작도합니다.

명령 : MLINE(단축키 : ML)   아이콘 버튼 :

(1) 여러 줄 명령을 실행합니다. 명령어 'MLINE' 또는 단축키 'ML'을 입력합니다.
  {시작점 지정 또는 [자리맞추기(J)/축척(S)/스타일(ST)]:}에서 스타일을 지정하기 위해 옵션 'ST'를 입력합니다.
  {여러 줄 스타일 이름 입력 또는 [?]:}에서 여러 줄 스타일에서 작성한 '3LINE'을 입력합니다. {현재 설정값: 자리맞추기 = 맨 위, 축척 = 20.00, 스타일 = 3LINE}
  {시작점 지정 또는 [자리맞추기(J)/축척(S)/스타일(ST)]:}에서 축척을 조정하기 위해 'S'를 입력합니다.
  {여러 줄 축척 입력 〈20.00〉:}에서 축척 값 '100'을 입력합니다.
  {현재 설정값: 자리맞추기 = 맨 위, 축척 = 100.00, 스타일 = 3LINE}
  {시작점 지정 또는 [자리맞추기(J)/축척(S)/스타일(ST)]:}에서 좌표 '600,600'을 입력합니다.

{다음점 지정:}에서 상태 영역의 '직교 모드'를 누르거나 기능키 F8을 눌러 직교 모드를 켜고 0도 방향(3시 방향)으로 맞춘 후 '2000'을 입력합니다. 다음 그림과 같이 3줄의 선이 0도 방향으로 '2000'의 길이로 작도됩니다.

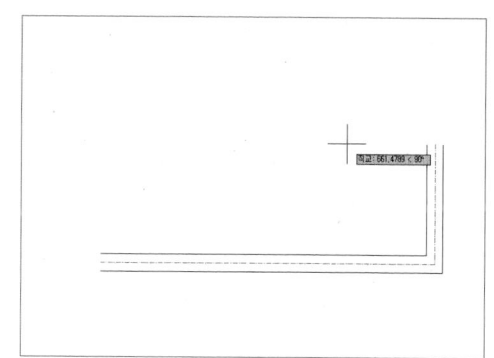

(2) {다음 점 지정 또는 [명령 취소(U)]:}에서 커서를 90도 방향(12시 방향)으로 맞춘 후 '1100'을 입력합니다. 다음 그림과 같이 길이 '1100'인 3줄의 선이 작도됩니다.

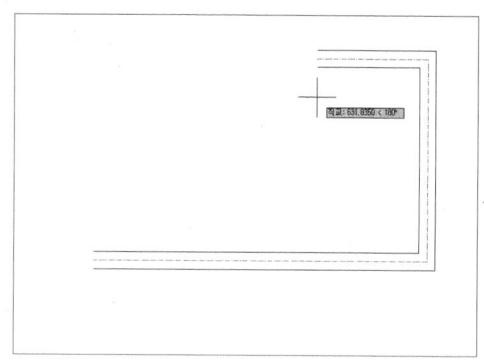

(3) {다음 점 지정 또는 [닫기(C)/명령 취소(U)]:}에서 커서를 180도 방향(9시 방향)으로 맞춘 후 '1200'을 입력합니다.

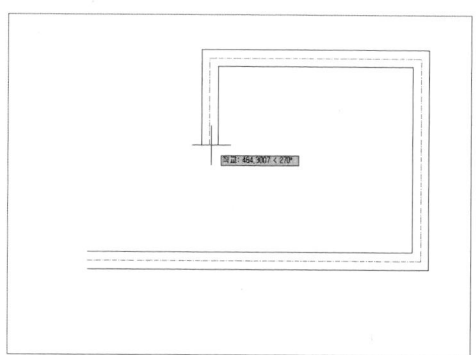

(4) {다음 점 지정 또는 [닫기(C)/명령 취소(U)]:}에서 다시 270도 방향(6시 방향)으로 맞춘 후 '500'을 입력합니다. {다음 점 지정 또는 [닫기(C)/명령 취소(U)]:}에서 180도 방향(9시 방향)으로 맞춘 후 '800'을 입력합니다. {다음 점 지정 또는 [닫기(C)/명령 취소(U)]:}에서 닫기를 위해 옵션 'C'를 입력합니다. 다음 그림과 같이 작도됩니다.

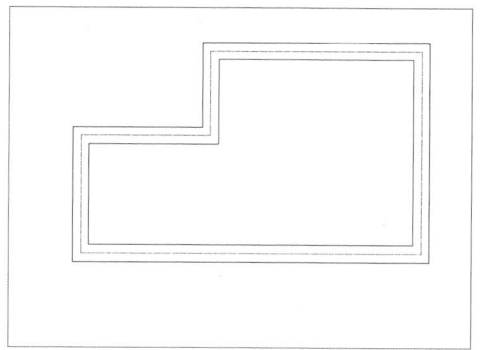

옵션 설명

{시작점 지정 또는 [자리맞추기(J)/축척(S)/스타일(ST)]:}

- 자리 맞추기(J) : 여러 줄 선이 기준점을 지정합니다. 즉, 점을 찍었을 때 그 점이 여러 줄 선의 어느 위치에 있는가를 나타냅니다. 다음의 세 가지를 제공합니다.

  (Top : 여러 줄 선의 상단, Zero : 여러 줄 선의 중간, Bottom : 여러 줄 선의 하단)

  | Top | Zero | Bottom |

- 축척(S) : 여러 줄 선의 축척을 지정합니다. 선분 사이의 간격은 이 축척 값으로 조정합니다.
- 스타일(ST) : '여러 줄 스타일(MLSTYLE)'에서 정의한 스타일 중에서 작도하고자 하는 스타일을 선택합니다.

03. 여러 줄 편집(MLEDIT)

여러 줄을 편집합니다. 대화상자에 편집 견본 이미지가 표시되고 견본 중에서 종류를 선택하여 편집합니다.

명령 : MLEDIT

(1) 앞에서 작업한 여러 줄 도면에 다음 그림과 같이 작도합니다. 또는 '열기(OPEN)' 명령으로 예제 파일의 'Part6_여러줄편집.dwg' 파일을 엽니다. (예제 파일은 혜지원 출판사 홈페이지 'www.hyejiwon.co.kr' 자료실에서 다운받을 수 있습니다.)

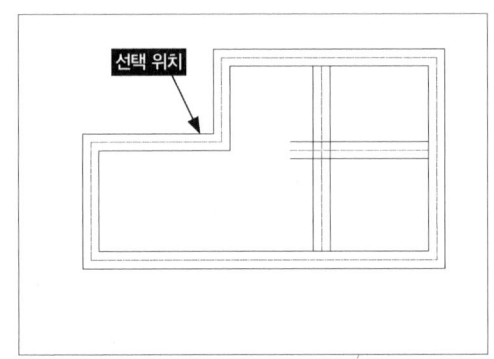

(2) 여러 줄 편집 명령을 실행합니다. 명령어 'MLEDIT'를 입력합니다. 다음과 같은 여러 줄 편집 대화상자가 나타납니다. '정점 삭제'를 클릭합니다.

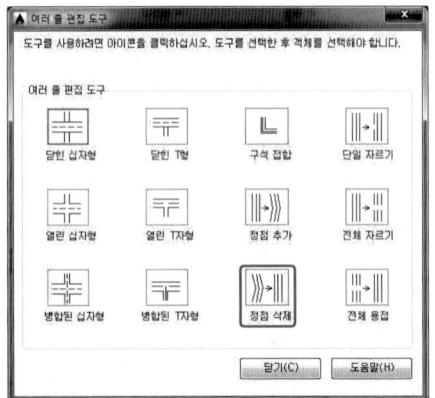

(3) {여러 줄 선택:}에서 삭제하고자 하는 여러 줄의 정점(선택 위치)을 선택합니다.

{여러 줄 선택 또는 [명령 취소(U)]:}에서 [Enter] 또는 [Space bar]를)를 눌러 종료합니다. 다음 그림과 같이 하나의 정점이 사라지면서 비스듬하게 연결됩니다.

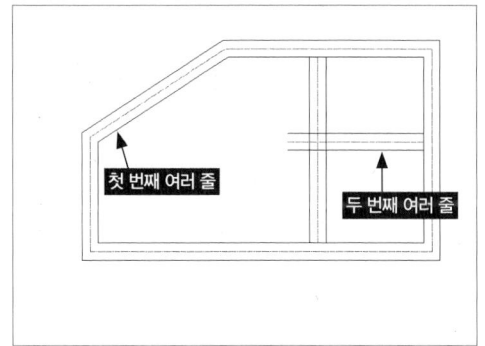

(4) [Enter] 또는 [Space bar]를 눌러 여러 줄 편집 명령을 재실행합니다. 여러 줄 편집 도구에서 '열린 T자형'을 클릭합니다.

(5) {첫 번째 여러 줄 선택:}에서 첫 번째 여러 줄을 선택합니다.

{두 번째 여러 줄 선택:}에서 두 번째 여러 줄을 선택합니다.

{첫 번째 여러 줄 선택 또는 [명령 취소(U)]:}에서 [Enter]를 눌러 종료합니다. 다음 그림과 같이 열린 T자형으로 바뀝니다.

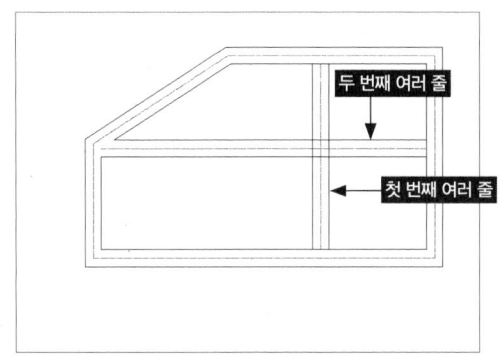

(6) [Enter] 또는 [Space bar]를 눌러 여러 줄 편집을 재실행합니다. 여러 줄 편집 도구에서 '열린 십자형'을 클릭합니다.
(7) {첫 번째 여러 줄 선택:}에서 첫 번째 여러 줄을 선택합니다.

{두 번째 여러 줄 선택:}에서 두 번째 여러 줄을 선택합니다. {첫 번째 여러 줄 선택 또는 [명령 취소(U)]:}에서 [Enter] 또는 [Space bar]로 종료합니다. 다음 그림과 같이 열린 십자형으로 접합됩니다. 이러한 방법으로 여러 줄을 편집합니다.

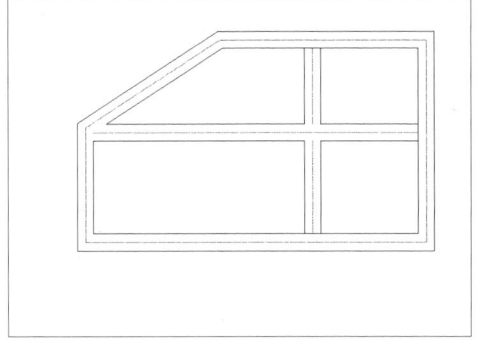

4 건구(문과 창호) 그리기

지금부터는 벽체에 설치되는 문과 창을 작성하겠습니다. 문과 창의 심볼은 앞에서 작성한 '외여닫이 문', '쌍여닫이 문', '두 짝 미서기창'을 삽입하여 사용하겠습니다.

01 먼저 현재 도면층을 '건구'로 설정합니다. 문을 설치할 공간을 확보합니다. 현관문의 너비는 '900'이고, 나머지 문은 '800'입니다. 현관과 베란다 출입문을 제외한 모든 문은 벽체로부터 '150'만큼 떨어진 위치에 설치합니다. '간격 띄우기(OFFSET)' 명령으로 간격을 띄웁니다. 벽체의 중심선을 '200' (벽체로부터 이격 거리 150 + 벽체의 절반 50 = 200)만큼 띄웁니다.

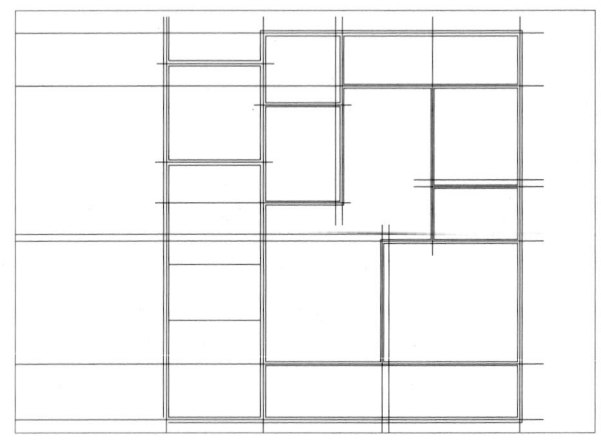

02 다시 '간격 띄우기(OFFSET)' 명령으로 문의 너비인 '900'만큼 간격을 띄웁니다.

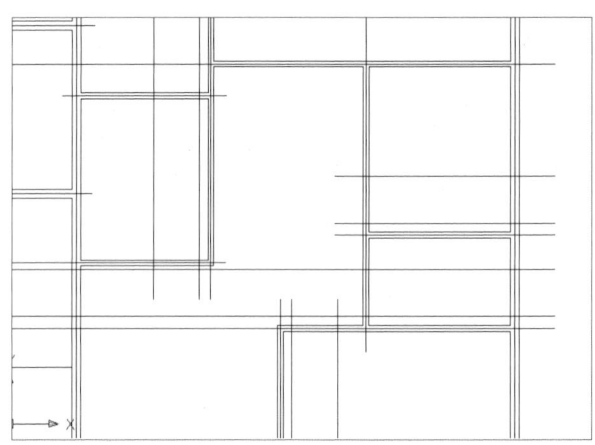

03 '자르기(TRIM)' 명령으로 문이 설치될 위치의 벽체를 자른 후 보조선은 '지우기(ERASE)' 명령으로 지웁니다.

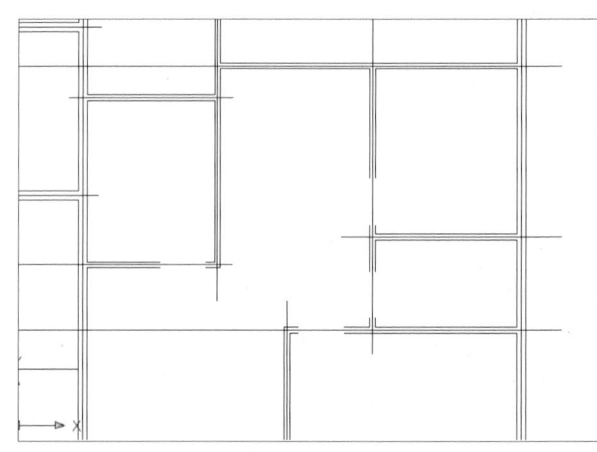

04 현재 도면층을 '건구'로 바꿉니다. '삽입(INSERT) ' 명령으로 문을 삽입합니다. 삽입 명령을 실행합니다. 명령어 'INSERT' 또는 'I'를 입력하거나 '삽입'탭의 '블록' 패널 또는 도구막대의 아이콘 버튼 을 클릭합니다. 다음과 같은 대화상자가 나타납니다. [찾아보기(B)]를 눌러 앞에서 작성한 '외여닫이문.dwg'를 선택합니다.

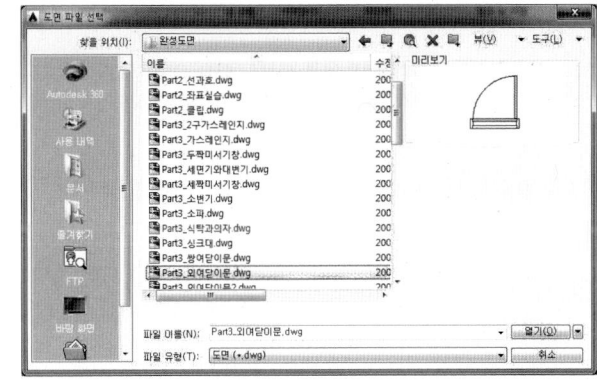

[확인]을 누르면 {삽입점 지정 또는 [기준점(B)/축척(S)/회전(R)]:}에서 임의의 위치를 지정합니다. 다음 그림과 같이 문이 삽입됩니다.

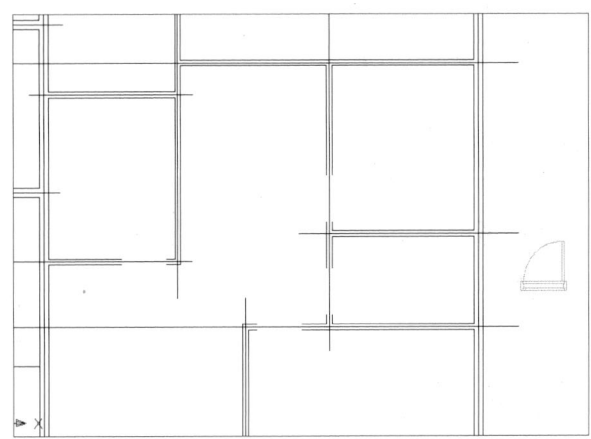

05 문틀의 두께가 '150'이므로 벽체의 두께인 '100'으로 조정하겠습니다. 먼저, 편집을 위해 '분해(EXPLODE) ' 명령으로 분해합니다. 앞에서 학습한 '신축(STRETCH) ' 명령을 실행합니다. 다음 그림과 같이 객체를 선택하여 '@50<90'를 지정하여 50만큼 줄입니다.

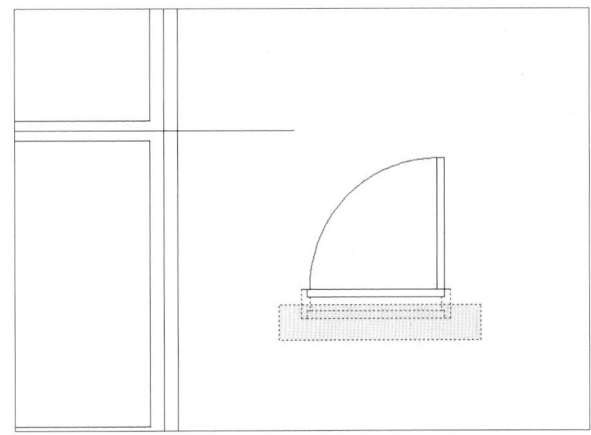

06 수정된 문을 다시 블록으로 만들겠습니다.

Note_ 블록(BLOCK)으로 만들지 않고 '복사(COPY)' 명령으로 복사할 수도 있으나 여기에서는 하나의 블록으로 다루기 위해서 블록화하도록 하겠습니다.

'블록(BLOCK)' 명령을 실행합니다. 다음과 같은 대화상자가 나타나면 '이름(N)'을 '외여닫이_800'을 입력하고, '기준점'과 '객체'를 지정한 후 [확인]을 클릭하면 외여닫이 문이 블록으로 바뀝니다.

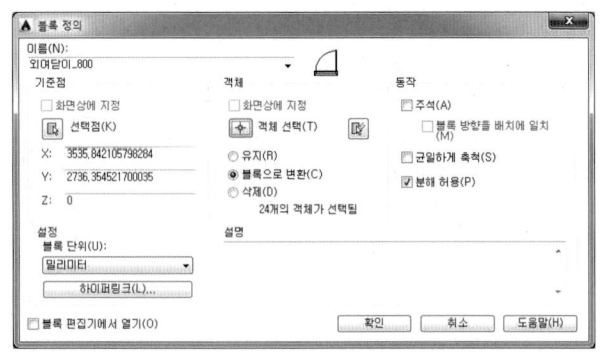

07 '회전(ROTATE) ↻' 명령으로 '-90'도 회전한 후 '복사(COPY) ⊙͜ ' 명령으로 문이 삽입될 위치에 삽입합니다.

Note_ 회전과 복사 명령을 사용하지 않고 '삽입(INSERT)' 명령으로 '-90'로 회전하여 삽입하는 방법도 있습니다.

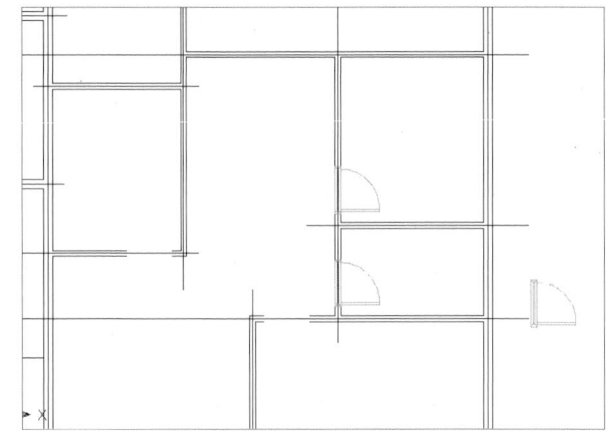

08 동일한 방법으로 나머지 문도 다음 그림과 같이 삽입합니다.

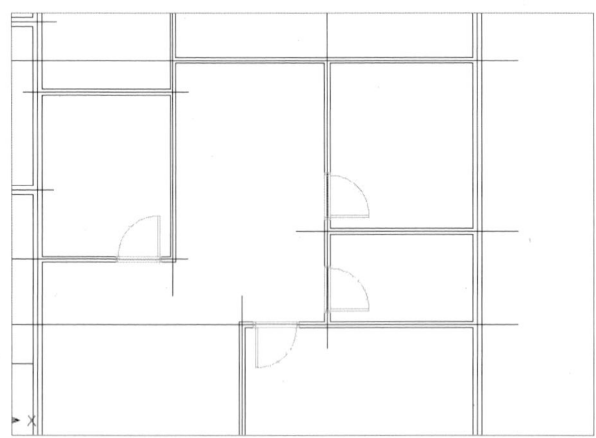

09 현관문과 베란다 쪽 문도 같은 방법으로 삽입합니다. 단, 현관문의 너비는 '900'입니다. 너비가 '800'인 문을 신축 명령으로 편집하여 사용합니다. 다음 그림과 같이 외여닫이 문이 삽입되었습니다.

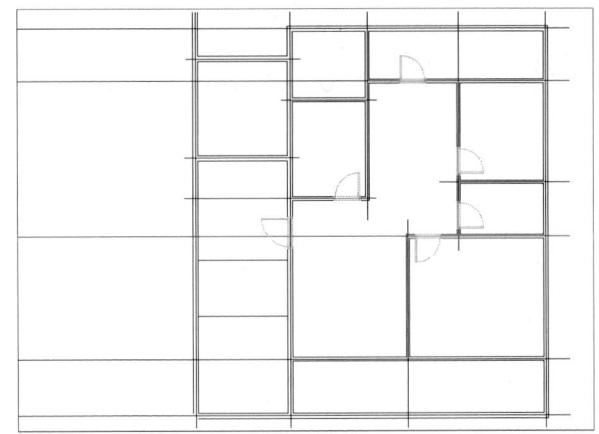

10 엘리베이터 실의 쌍여닫이문도 동일한 방법으로 작도합니다. 쌍여닫이문은 앞에서 작성한 '쌍여닫이문.dwg'을 삽입하여 배치합니다.

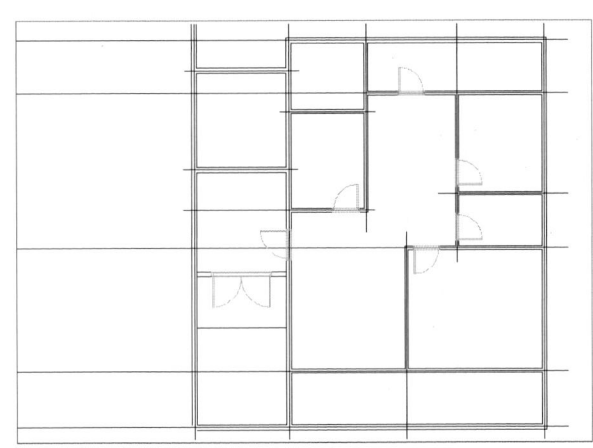

11 다음은 창문을 작도하도록 하겠습니다. 위쪽부터 작도하겠습니다. '줌(ZOOM)' 명령으로 상단을 확대합니다. 창을 삽입하기 위해 '간격 띄우기(OFFSET) ⚏' 명령으로 '1850'씩 양쪽으로 띄운 후 '자르기(TRIM) ⊬' 명령으로 자릅니다.

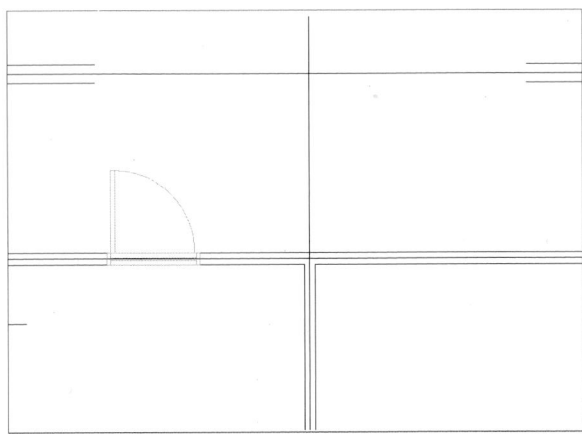

12 '삽입(INSERT) ' 명령으로 앞에서 작도한 '두짝미 서기창.dwg'을 삽입합니다.

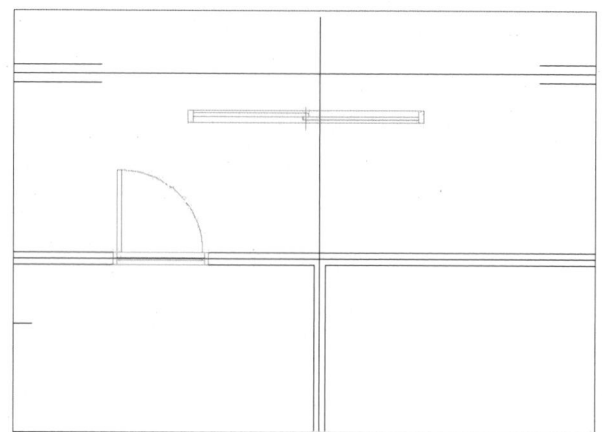

13 삽입한 창의 길이는 '2000'이고 작도할 길이는 '3700'이므로 길이가 맞지 않습니다. 따라서 편집이 필요합니다. '분해(EXPLODE) ' 명령으로 분해한 후 '신축(STRETCH) ' 명령으로 왼쪽과 오른쪽으로 '850'씩 늘립니다.

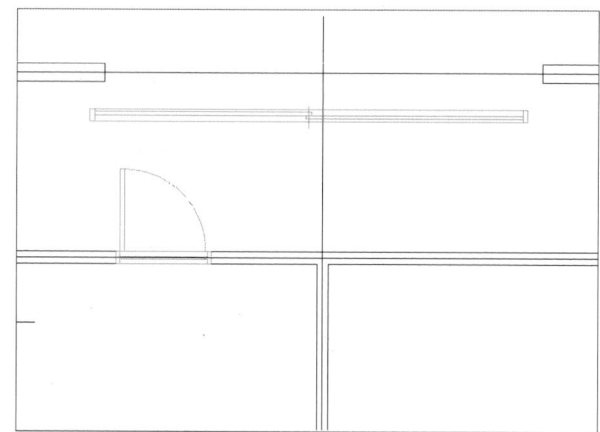

14 '이동(MOVE) ' 명령으로 정확한 위치로 이동합니다. '선(LINE)' 명령으로 아래쪽 선을 이어줍니다.

[TIP] 여기에서 블록(BLOCK)으로 작성하지 않은 이유는 동일한 크기가 아니고 각 창호마다 치수가 다르기 때문에 치수에 맞게 편집해서 설치 위치에 삽입한 것입니다.

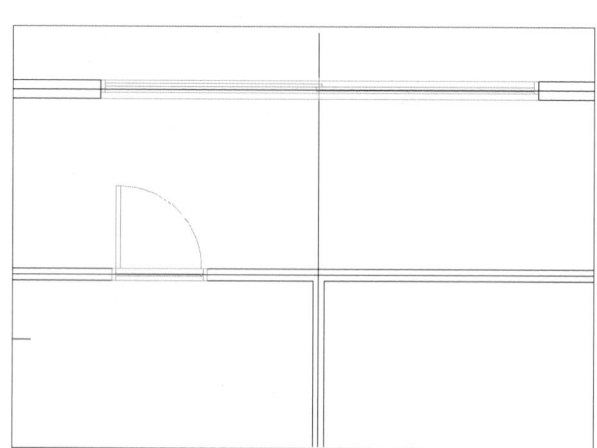

15 하단의 벽에 창문을 설치하겠습니다. '간격 띄우기 (OFFSET) ⟁'과 '자르기(TRIM) ⊬' 명령으로 다음 그림과 같이 창호를 설치할 '1300'의 공간을 확보합니다.

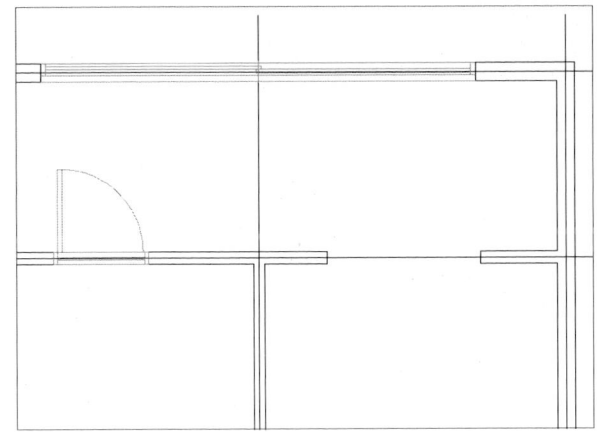

16 다시 두 짝 미서기창을 삽입하여 '신축(STRETCH) ▷' 명령으로 길이를 '1300'으로 줄입니다. 수정된 객체(두 짝 미서기창)를 선택한 후 색상을 'BYLAYER'로 바꿉니다. 그러면 다음 그림과 같이 도면층의 색상인 초록색으로 바뀝니다.

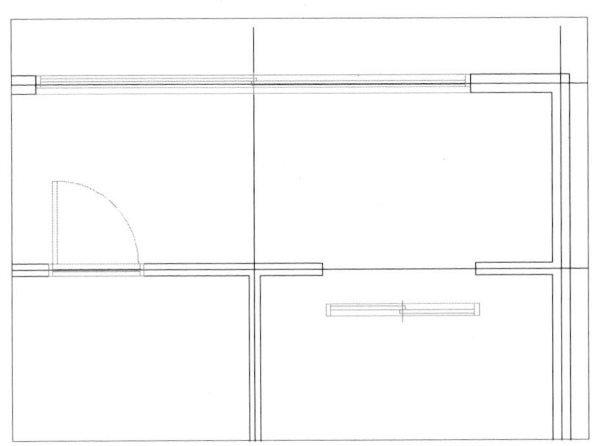

17 '이동(MOVE) ✥' 명령으로 벽체에 설치합니다.

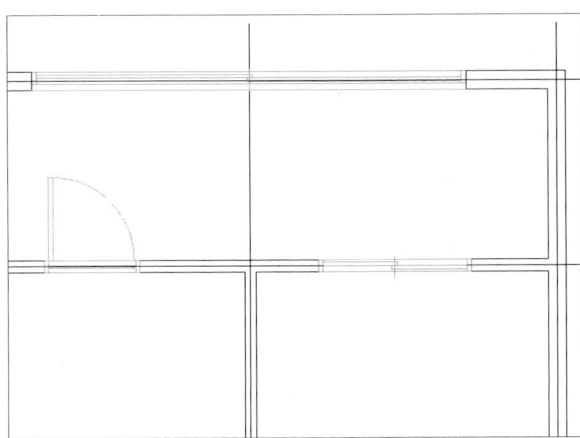

18 동일한 방법으로 치수에 맞춰 창호를 차례로 설치합니다. 다음 그림과 같이 설치합니다.

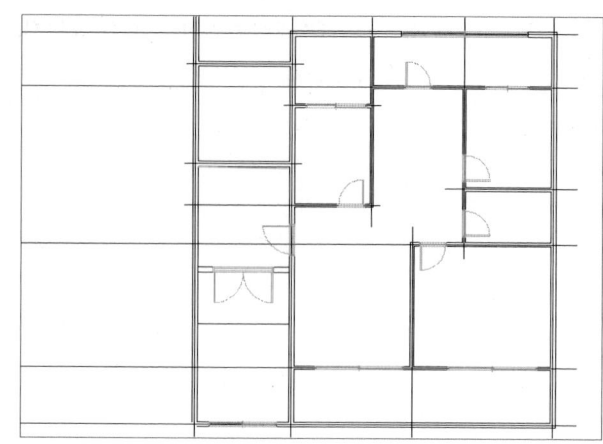

19 화면의 하단을 확대한 후 '간격 띄우기(OFFSET) ' 명령으로 작도할 공간만큼 간격을 띄웁니다. 왼쪽 중심선으로부터 '572', '3140', '150'만큼 띄웁니다. 다시 아래쪽 중심선을 위쪽으로 '375'만큼 띄웁니다.

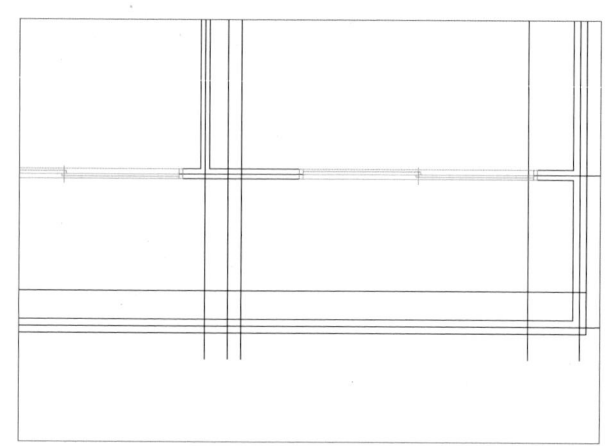

20 '자르기(TRIM) ' 명령으로 창호를 설치할 공간을 확보합니다.

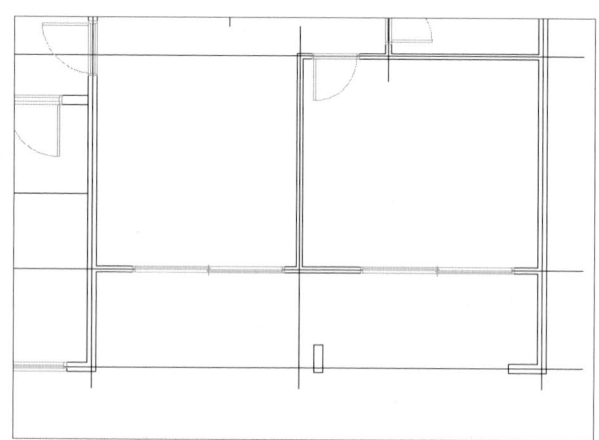

21 앞에서의 방법과 같이 '삽입(INSERT) ' 명령으로 '두 짝 미서기창'을 삽입하여 '신축(STRETCH) ' 명령으로 길이를 '3720'과 '3140'만큼 늘려서 해당 위치의 벽체에 설치합니다.

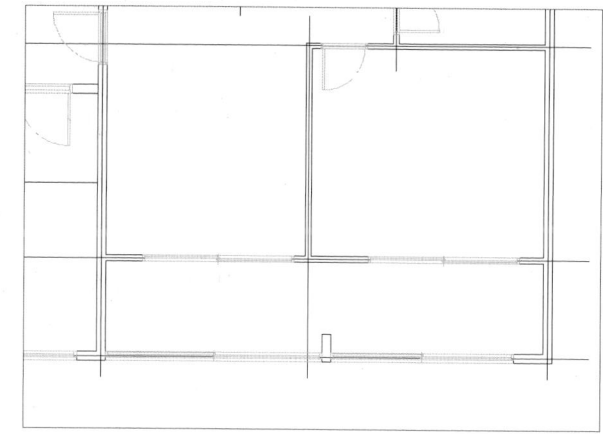

22 다음 그림과 같이 문과 창호가 설치되었습니다.

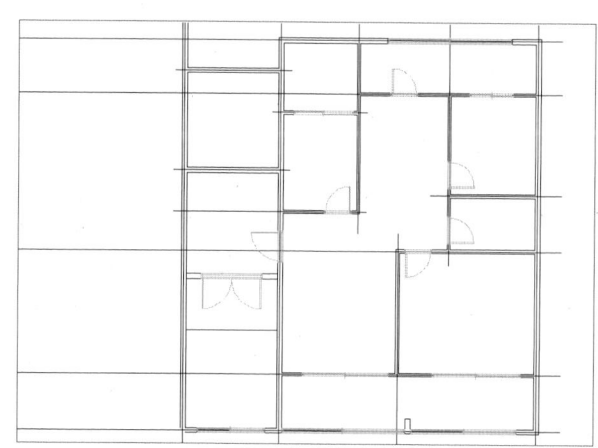

5 가구 등 심볼 배치

지금부터는 가구 및 주방의 설비를 배치하도록 하겠습니다. 하나씩 작도할 수도 있지만 여기에서는 앞에서 작도한 가구 및 주방 심볼을 삽입하여 배치하겠습니다.

01 현재 도면층을 '가구'로 설정합니다. '삽입(INSERT) ' 명령을 실행합니다. '찾아보기(B)'를 눌러 앞에서 작도한 '소파.dwg' 파일을 선택한 후 [확인]을 클릭합니다.

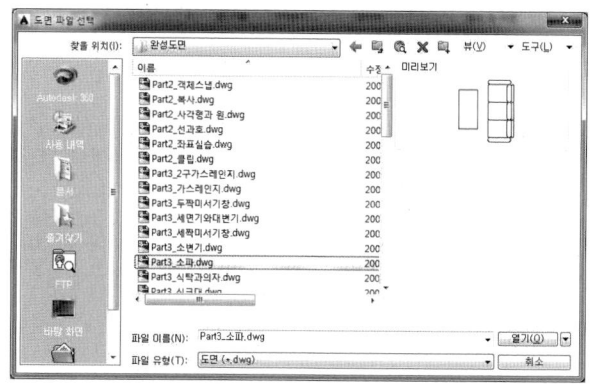

02 {삽입점 지정 또는 [기준점(B)/축척(S)/회전(R)]:}에서 임의의 위치를 지정하여 삽입합니다. 다음 그림과 같이 소파가 삽입됩니다.

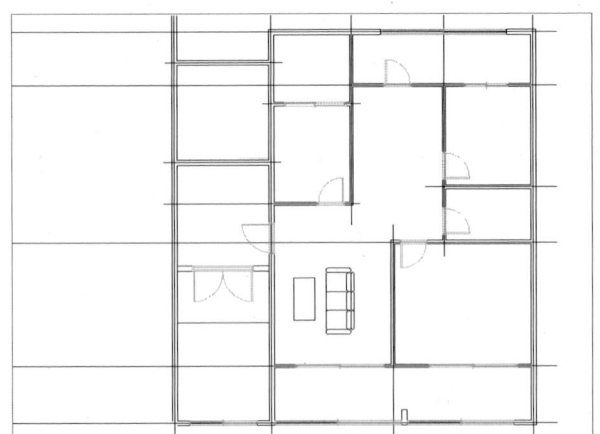

> **참고** 삽입점의 지정
>
> 삽입할 때 보면 삽입점이 위치를 지정하기 쉬운 점이 아닌 객체와 떨어져 있어 불편합니다. 이는 객체를 '블록(BLOCK)'이나 '블록 쓰기(WBLOCK)' 명령으로 작성한 블록이 아니고 '저장(SAVE)' 명령으로 저장했기 때문에 원점(0,0)이 기준점이 되어 삽입됩니다.
> 이때, 삽입하기 편한 삽입점을 지정하려면 '기준점 설정(BASE)' 명령을 실행해서 기준점을 지정할 수 있습니다.
> {명령:}에서 'BASE'를 입력합니다.
> {기준점 입력 〈0.0000,0.0000,0.0000〉:}에서 삽입 기준점으로 삼고자 하는 좌표를 지정합니다. 이렇게 지정한 후 저장을 하면 나중에 '삽입(INSERT)' 명령으로 삽입하면 지정한 좌표를 기준으로 삽입됩니다.

03 '이동(MOVE) ✥' 명령으로 다음 그림과 같이 소파의 위치를 이동합니다.

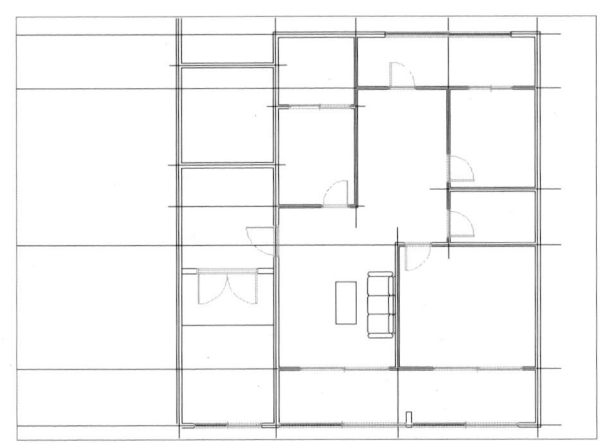

04 동일한 방법으로 침대, 식탁과 의자, 싱크대 등을 차례로 삽입하여 다음 그림과 같이 각각의 위치에 배치합니다.

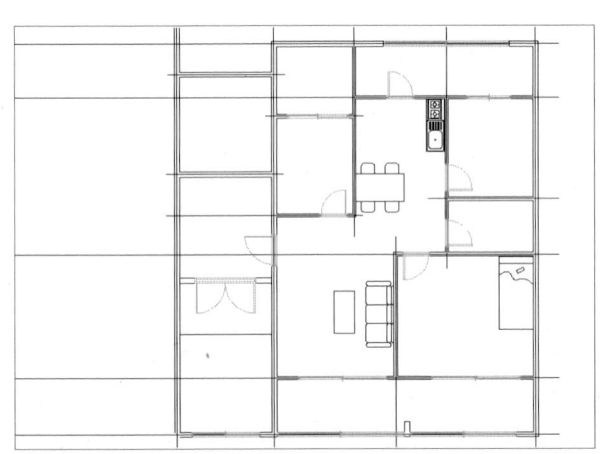

05 '삽입(INSERT) ' 명령으로 다음 그림과 같이 화장실의 욕조를 배치합니다.

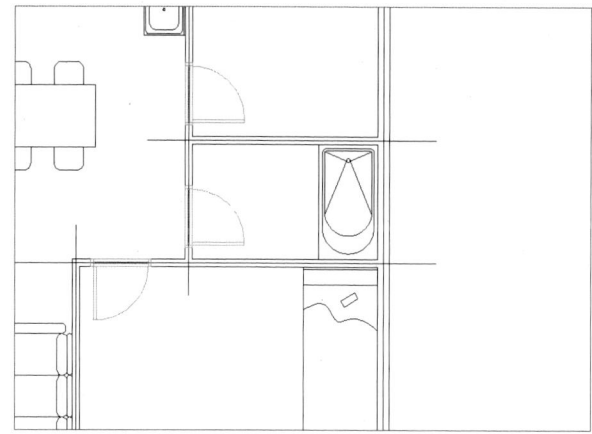

06 욕조 옆에 세면기와 대변기 세트를 배치합니다.

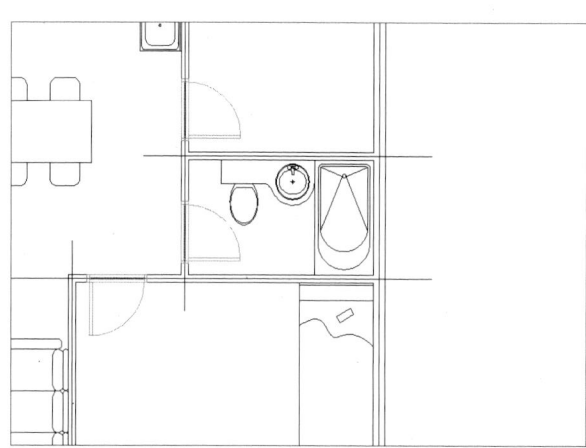

6 　 베란다

베란다 공간을 해치 패턴으로 채우겠습니다.

01 먼저 현재 도면층을 '기타'로 설정합니다. '줌(ZOOM) ' 명령으로 베란다 공간을 확대합니다.

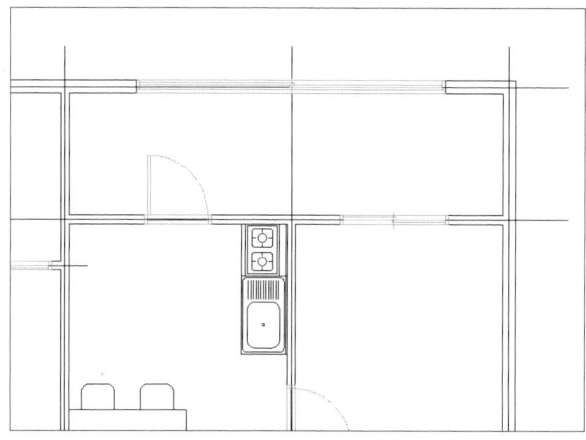

02 그립(맞물림) 기능을 이용하여 해치 영역 탐색을 위해 다음 그림과 같이 가운데 수직 중심선을 아래로 내립니다.

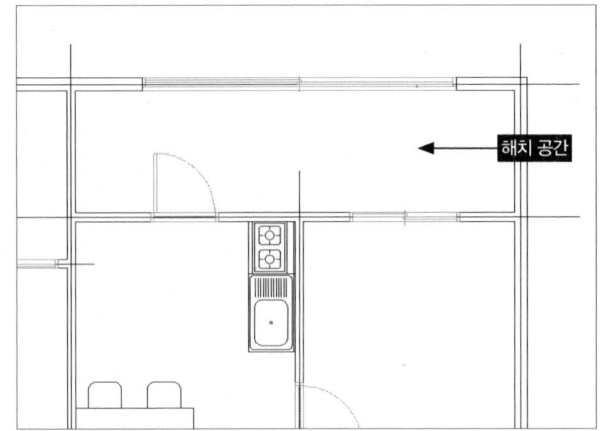

03 '해치(BHATCH)' 명령을 실행합니다. 해치할 공간(베란다)을 지정한 후 '패턴'을 'NET'로 지정하고 '해치 색상'은 '선홍색', '축척'은 '100'을 지정한 후 원하는 패턴의 해치가 되면 '해치 작성 닫기'를 클릭합니다.

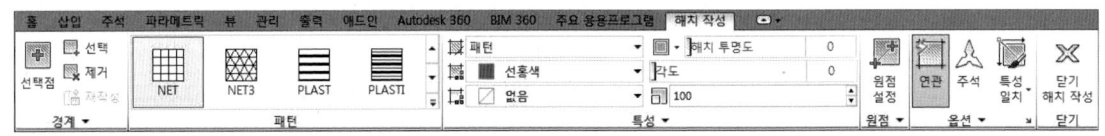

04 다음 그림과 같이 베란다 공간이 해치됩니다.

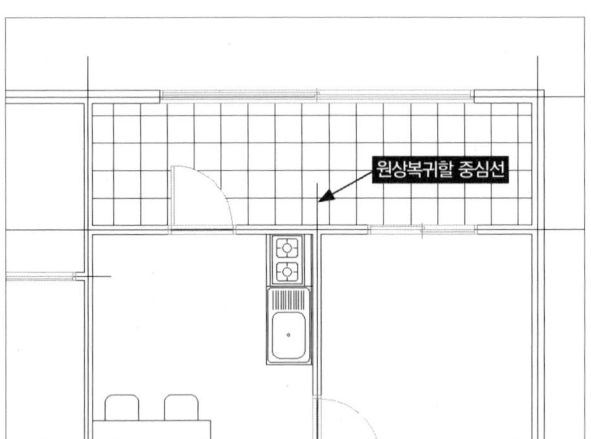

05 그립(맞물림) 기능을 이용하여 앞서 줄여놓은 중심선을 원상 복귀시킵니다.

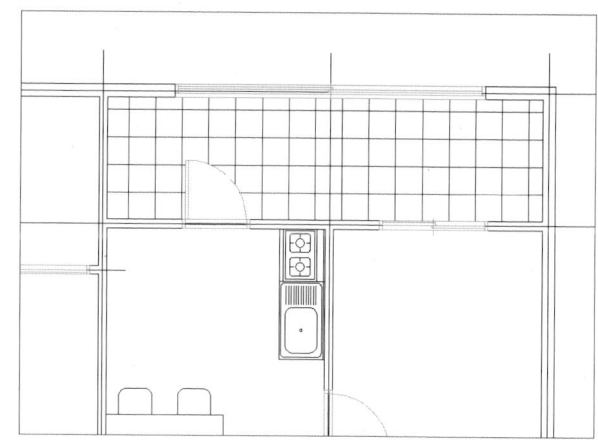

7 엘리베이터와 계단 그리기

엘리베이터와 계단을 작도하겠습니다. 엘리베이터는 앞에서 작도한 심볼을 삽입하겠습니다.

01 현재 도면층을 '기타'로 설정합니다. '줌(ZOOM) ' 명령으로 엘리베이터가 설치될 부분을 확대합니다.

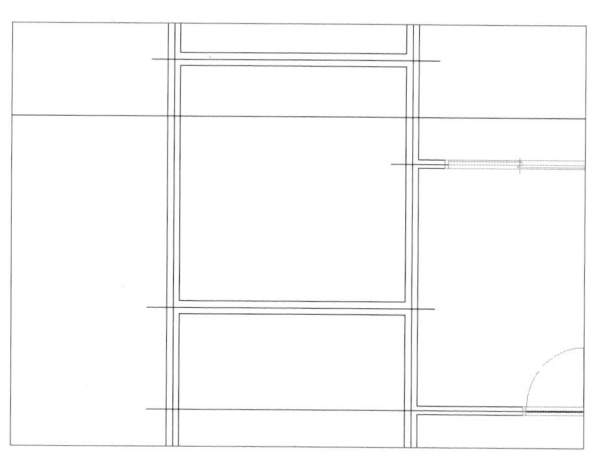

02 엘리베이터의 개폐구를 작성하겠습니다. 간격 띄우기(OFFSET)과 자르기(TRIM) 명령으로 다음 그림과 같이 개폐구를 만듭니다. 개폐구의 공간은 '1100'입니다.

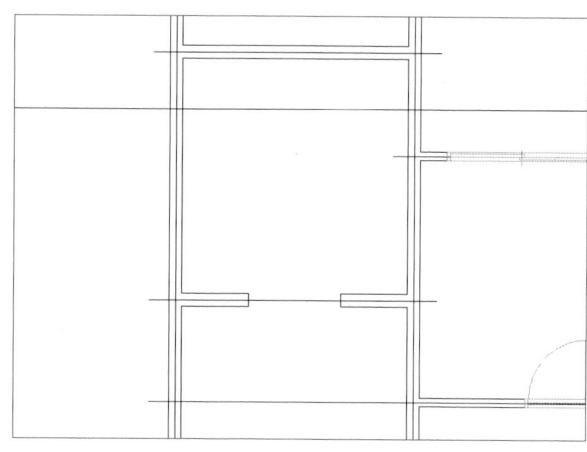

03 '삽입(INSERT) ' 명령으로 엘리베이터 심볼을 삽입한 후 '이동(MOVE) ' 명령으로 엘리베이터의 설치위치로 이동합니다. 엘리베이터 도면은 앞에서 작성한 '엘리베이터.dwg'입니다.

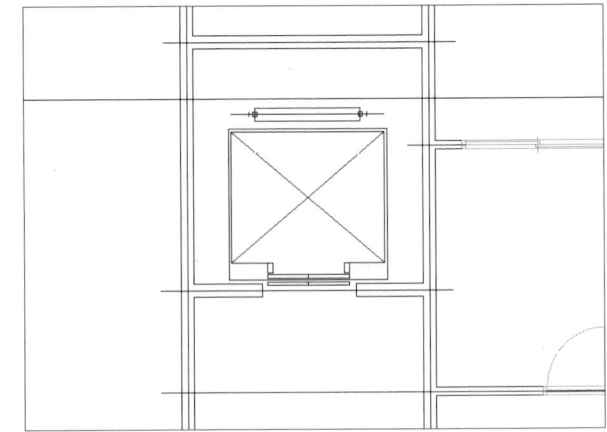

04 다음은 계단을 작도하겠습니다. '초점 이동(PAN) ' 명령으로 화면의 초점을 계단쪽으로 이동합니다.

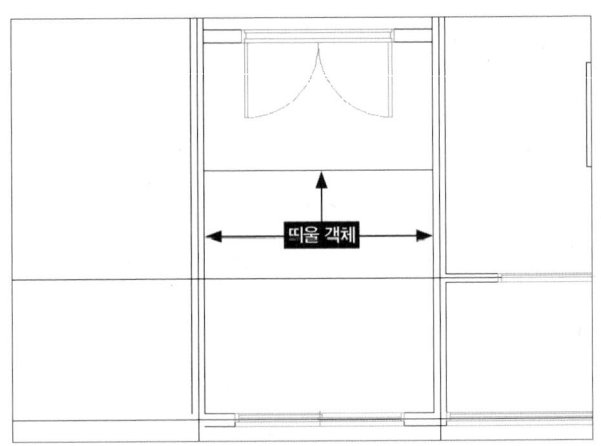

05 '간격 띄우기(OFFSET) ' 명령으로 양쪽 벽으로부터 '1000'씩 안쪽방향으로 띄운 후 가로선을 '1500'만큼 아래쪽으로 띄웁니다.

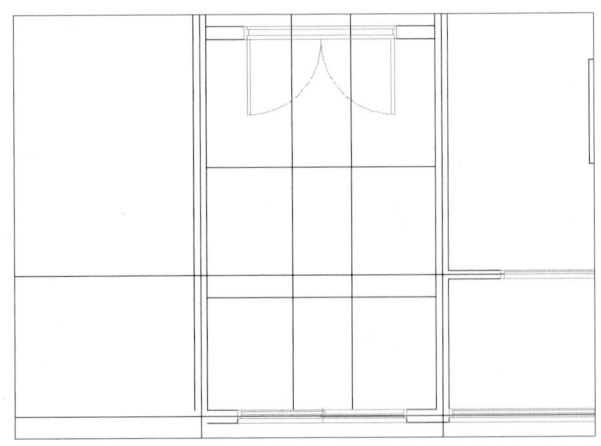

06 '자르기(TRIM) ⊢' 명령으로 다음 그림과 같이 윤곽을 완성합니다.

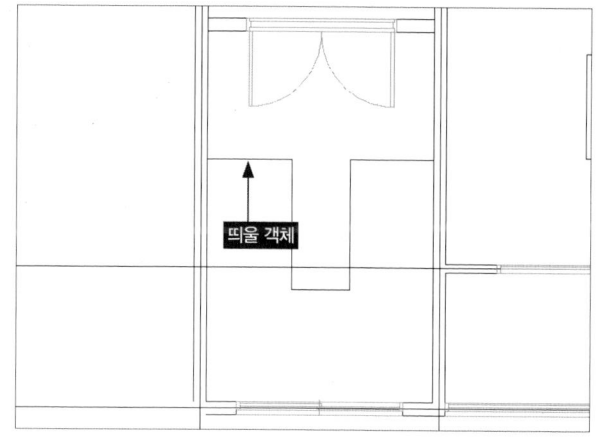

07 '간격 띄우기(OFFSET) ⊚' 명령으로 왼쪽의 가로선을 '100'만큼 아래 방향으로 띄운 후 그립(맞물림)을 이용해 줄입니다. 줄이는 길이는 양쪽에서 '100'만큼 줄입니다.

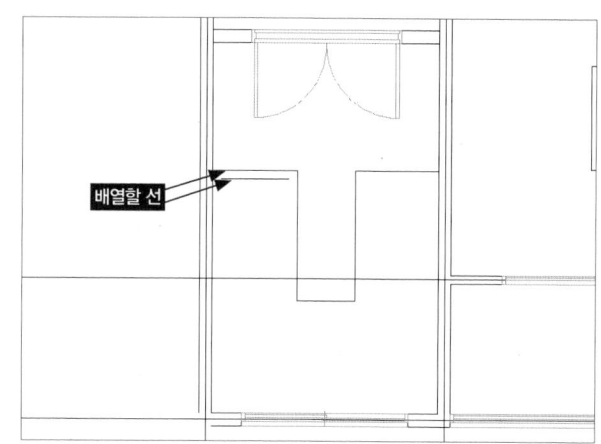

08 '직사각형 배열(ARRAYRECT) ▦' 명령으로 배열합니다. 배열하고자 하는 2개의 선을 선택한 후 '배열 작성' 탭에서 '열:'을 '1', '행:'을 '8', '행 사이:'를 '-200'으로 입력한 후 '배열 닫기'를 눌러 배열합니다.

09 다음 그림과 같이 배열됩니다.

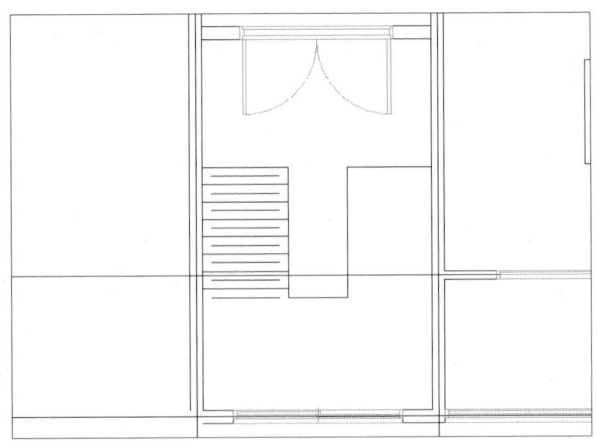

10 '대칭(MIRROR) ⚏' 명령으로 다음 그림과 같이 배열 복사합니다.

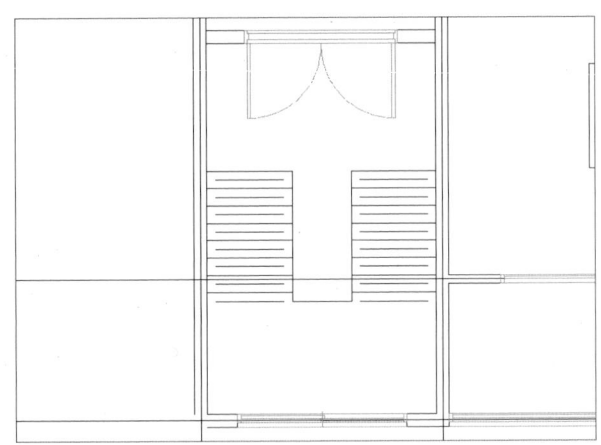

11 '직사각형(RECTANGLE) ▭' 명령으로 가운데 사각형을 작도합니다. 크기는 가로 '500', 세로 '1300'인 직사각형입니다.

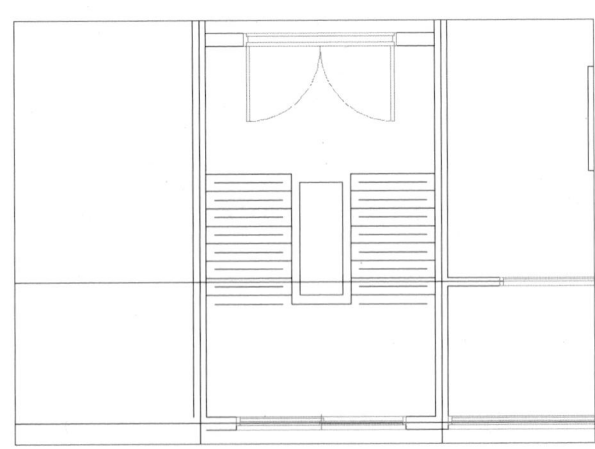

12 계단을 선택하여 도면층을 '기타'로 바꿉니다. {명령:} 상태에서 범위를 지정해 계단을 선택하면 그립이 나타납니다. 이때 도면층 목록에서 '기타'를 선택합니다.

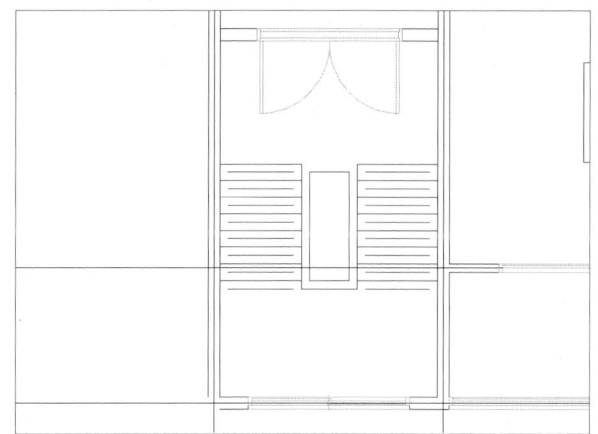

13 '선(LINE) ' 명령으로 계단의 오르내림 선을 작도한 후 '도넛(DONUT) ' 명령으로 시작점과 끝점을 표시합니다. 도넛의 안쪽 지름은 '0', 바깥쪽 지름은 '100'으로 지정합니다.

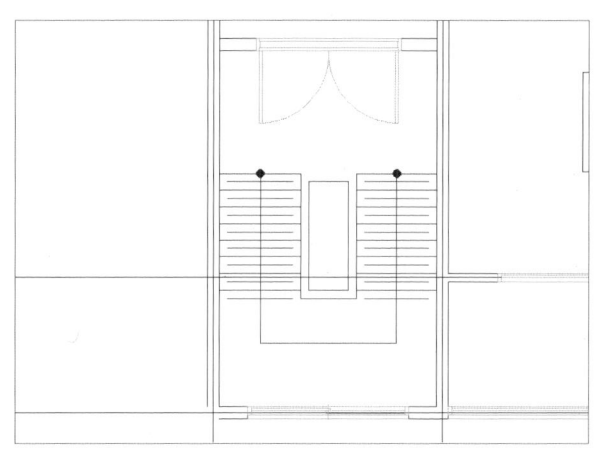

14 '단일 행 문자(TEXT)' 명령으로 'DN'과 'UP'를 작성합니다. 다음 그림과 같이 엘리베이터와 계단이 완성되었습니다.

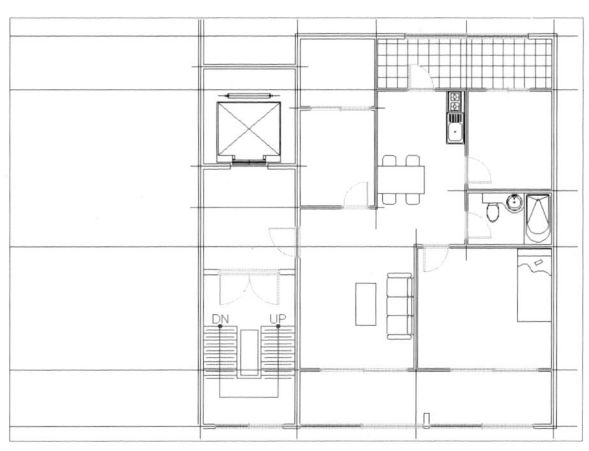

8 대칭 복사

지금까지의 작업으로 한쪽의 평면도와 엘리베이터 및 계단이 완성되었습니다. 이번에는 대칭 복사로 반대편 아파트 평면도를 작성하겠습니다.

01 '줌(ZOOM) ' 명령으로 대칭 복사할 범위로 확대합니다.

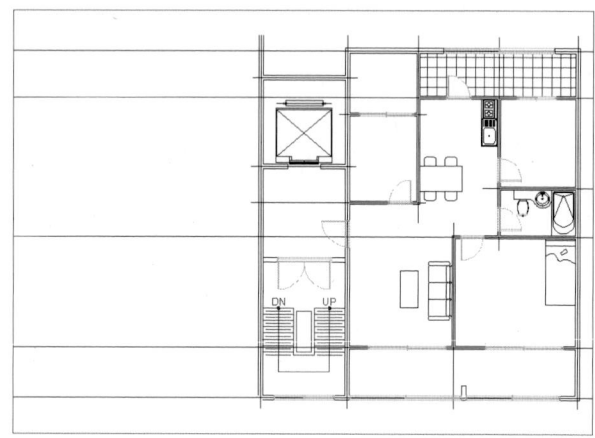

02 '지우기(ERASE) ' 명령으로 대칭 복사에 중복 또는 불필요한 객체를 지웁니다. 다음 그림과 같이 엘리베이터의 왼쪽 부분을 윈도우 선택 방법으로 선택하여 지웁니다.

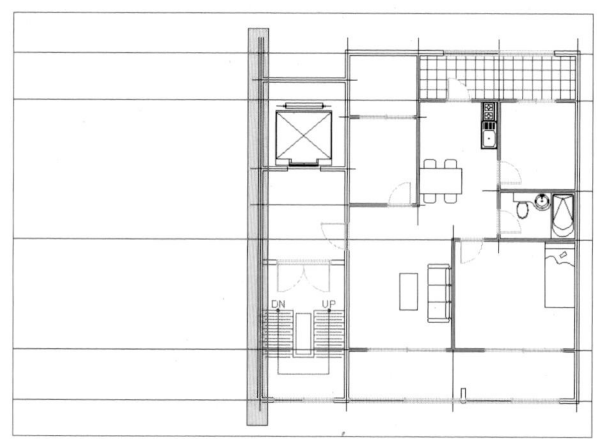

03 '대칭(MIRROR)' 명령으로 대칭 복사합니다. 대칭 복사 명령을 실행합니다.
{객체 선택:}에서 다음 그림과 같이 윈도우 선택 방법으로 대칭 복사할 아파트의 한쪽 평면을 선택합니다. 이때 경계에 걸친 현관문은 선택상자를 이용하여 별도로 선택합니다.

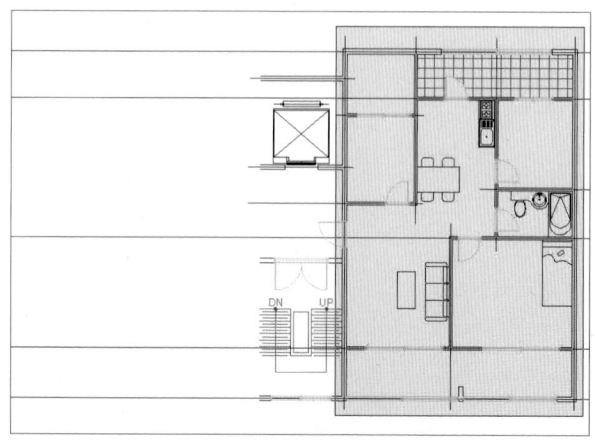

04 {대칭선의 첫 번째 점 지정:}에서 엘리베이터실의 중간점을 지정합니다.
{대칭선의 두 번째 점 지정:}에서 계단의 중간점을 지정합니다.
{원본 객체를 지우시겠습니까? [예(Y)/아니오(N)] <N>:}에서 'N'을 입력합니다.

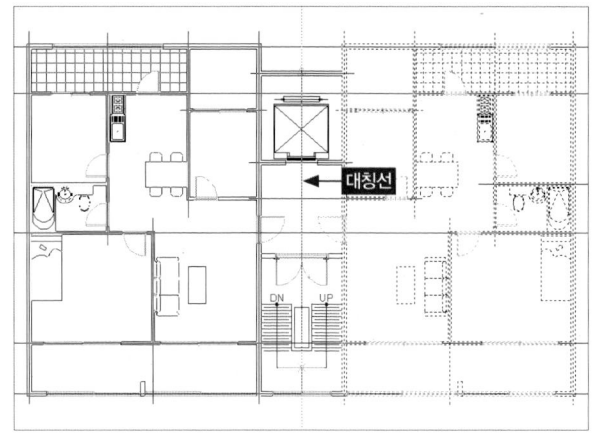

05 다음 그림과 같이 대칭 복사되어 아파트 평면도가 완성되었습니다.

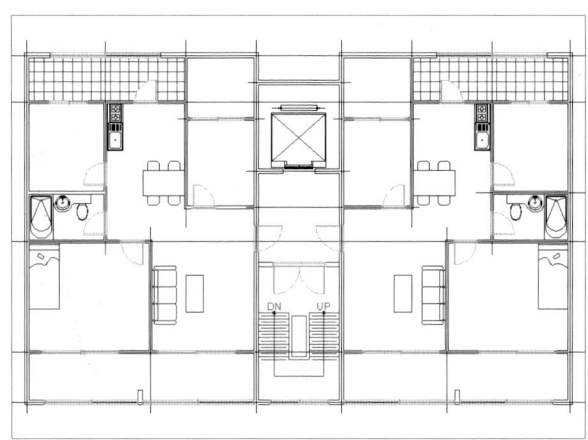

9 치수 기입 및 도면 정리

지금부터는 치수를 기입하겠습니다. 치수 스타일을 설정한 후 각 부위의 치수를 기입합니다.

01 '치수 스타일(DIMSTYLE) ' 명령을 실행합니다. 다음과 같은 대화상자가 나타납니다. [수정(M)]을 클릭합니다.

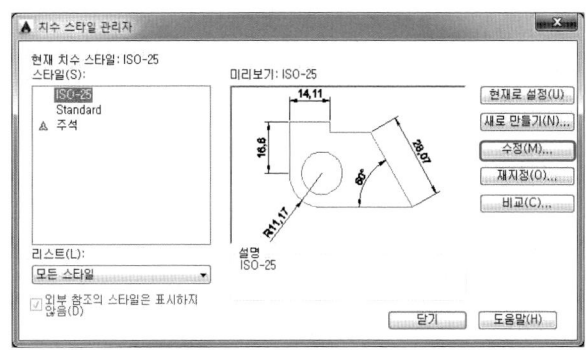

02 '선' 탭에서 치수선과 치수 보조선의 색상(C)을 '빨간색'으로 설정한 후 '원점에서 간격띄우기(F)'를 '1'로 설정합니다.

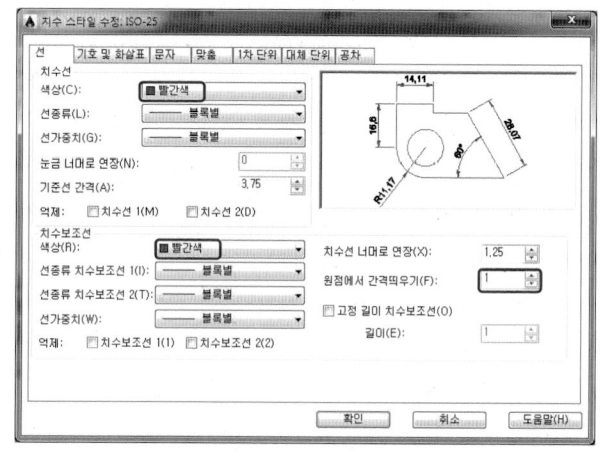

03 '기호 및 화살표' 탭에서 화살촉을 '건축 눈금'으로 설정하고 '화살표 크기(I)'를 '1'로 설정합니다. '중심 표식'을 '없음(N)'으로 설정합니다.

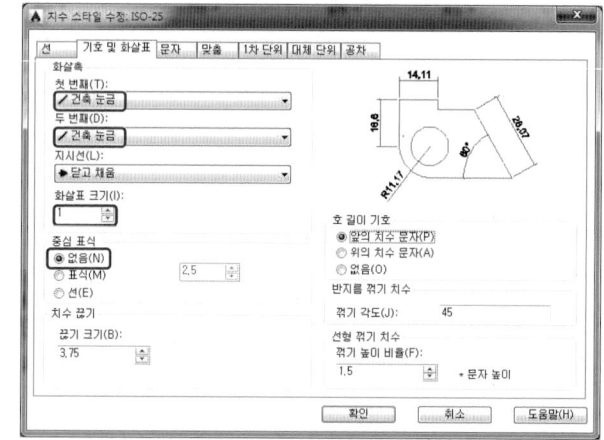

04 '문자' 탭에서 '문자 색상(C)'을 '빨간색', '문자 높이(T)'를 '2', '치수선에서 간격띄우기(O)'를 '1'로 설정합니다.

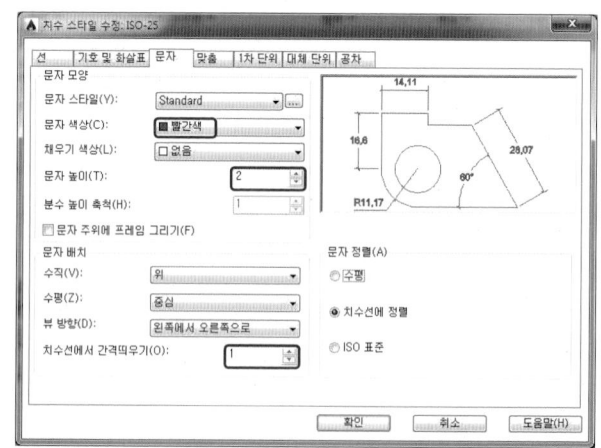

05 '맞춤' 탭에서 '치수 피쳐 축척'의 '전체 축척 사용(S)'를 '100'으로 설정한 후 '치수 보조선 사이에 치수선 그리기(D)'의 체크를 없앱니다.

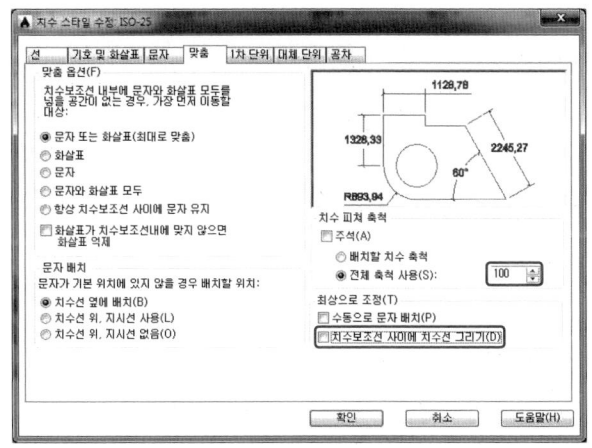

06 '1차 단위' 탭에서 '선형 치수'의 '정밀도(P)'를 '0'으로 설정합니다. 설정을 모두 마쳤으면 치수 스타일 설정 작업을 종료합니다.

[TIP] 건축에서는 일반적으로 소수점 이하의 숫자를 사용하지 않습니다. 건축에서 소수점 이하의 숫자를 사용할 정도로 정밀도를 요하지 않기 때문입니다.

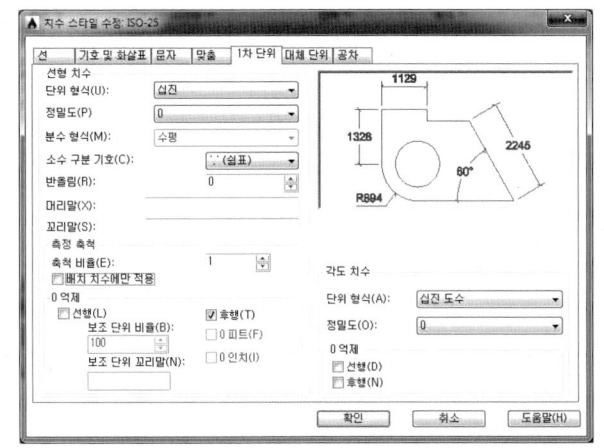

07 '선형 치수(DIMLINEAR) ⊢' 명령을 실행합니다.
{첫 번째 치수보조선 원점 지정 또는 〈객체 선택〉:}에서 치수를 기입하고자 하는 첫 번째 위치를 지정합니다.
{두 번째 치수보조선 원점 지정:}에서 두 번째 원점의 위치를 지정합니다.
{치수선의 위치 지정 또는 [여러 줄 문자(M)/문자(T)/각도(A)/수평(H)/수직(V)/회전(R)]:}에서 치수선의 위치를 지정합니다. 다음 그림과 같이 두 점 사이의 치수가 기입됩니다.

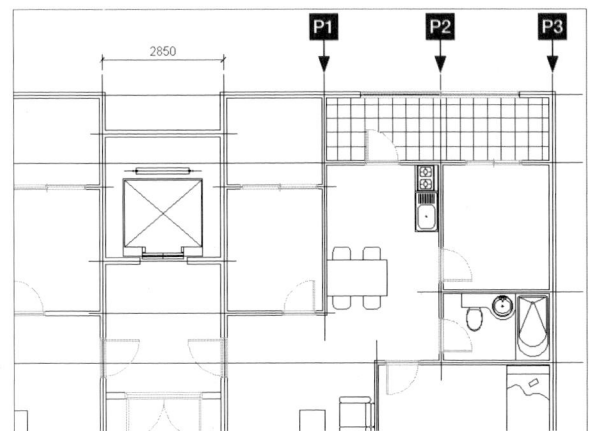

08 '연속 치수(DIMCONTINUE) ' 명령을 실행합니다.
{두 번째 치수보조선 원점 지정 또는 [명령 취소(U)/선택(S)] <선택(S)>:}에서 연속 치수를 기입할 점 (P1)을 지정합니다. {치수 문자 = 2345}
{두 번째 치수보조선 원점 지정 또는 [명령 취소(U)/선택(S)] <선택(S)>:}에서 다음 점(P2)를 지정합니다. {치수 문자 = 2700}
{두 번째 치수보조선 원점 지정 또는 [명령 취소(U)/선택(S)] <선택(S)>:}에서 다음 점(P3)를 지정합니다. {치수 문자 = 2615}
{두 번째 치수보조선 원점 지정 또는 [명령 취소(U)/선택(S)] <선택(S)>:}에서 Enter 또는 Space bar를 눌러 종료합니다. 다음 그림과 같이 연속 치수가 기입됩니다.

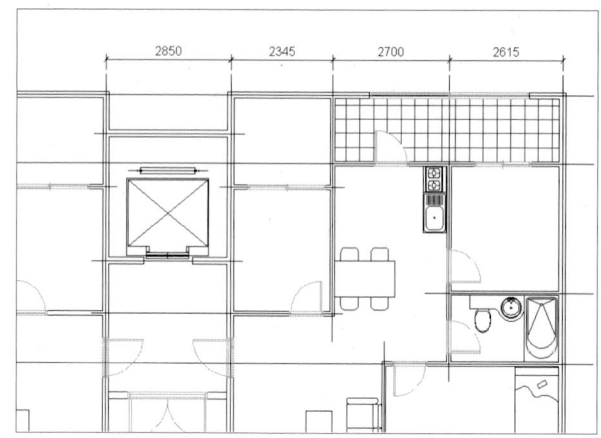

09 선형 치수와 연속 치수 기능을 이용하여 다음 그림과 같이 각 부위의 치수를 기입합니다.

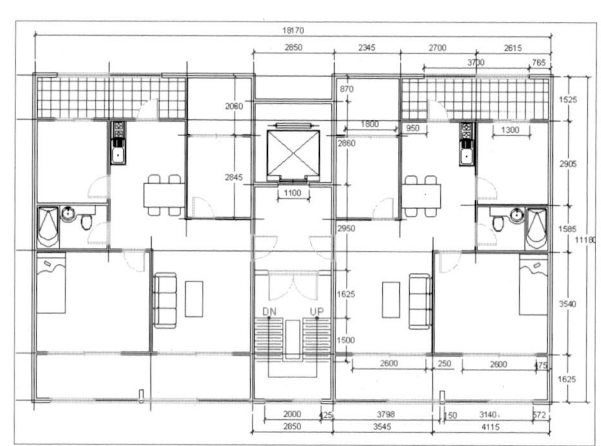

10 도면층 및 색상, 선 종류 등을 정리합니다.
{명령:} 상태에서 다음 그림과 같이 중심선을 선택합니다.

[TIP] 도면층, 색상, 선 종류 등의 설정 시점은 사용자가 작업의 편의에 따라 수행하면 됩니다. 치수 기입 전에 할 수도 있고 치수 기입이 끝난 후에 정리해도 됩니다.

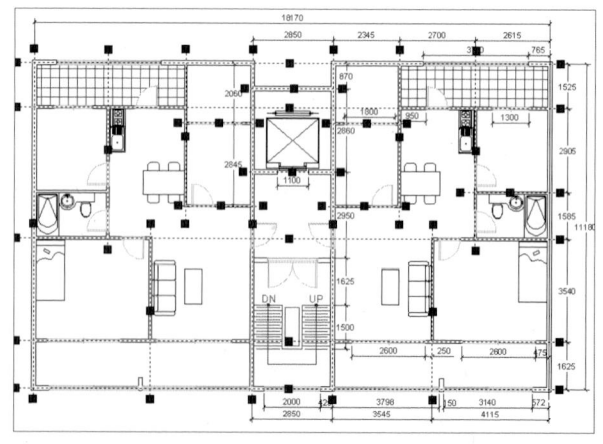

11 도면층 목록 상자에서 '중심선'을 선택합니다. 다음 그림과 같이 선택한 중심선이 '빨간색'의 'CENTER'라는 선 종류로 바뀝니다. Esc를 누릅니다.

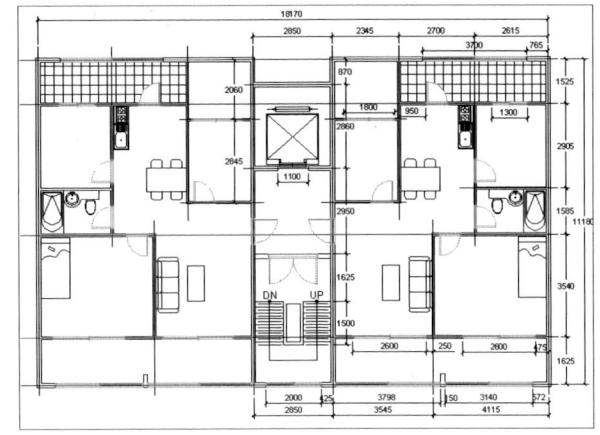

12 선 종류(LINETYPE)가 제대로 표현이 되지 않을 때는 '선 종류 축척(LTSCALE)' 값을 조정합니다.
{명령:}에서 'LTSCALE'를 입력합니다.
{새로운 선종류 축척 비율 입력 <1.0000>:}에서 '50'을 입력합니다.
다음 그림과 같이 선 종류 축척이 바뀝니다. 다음 그림과 같이 아파트 평면도가 완성되었습니다.

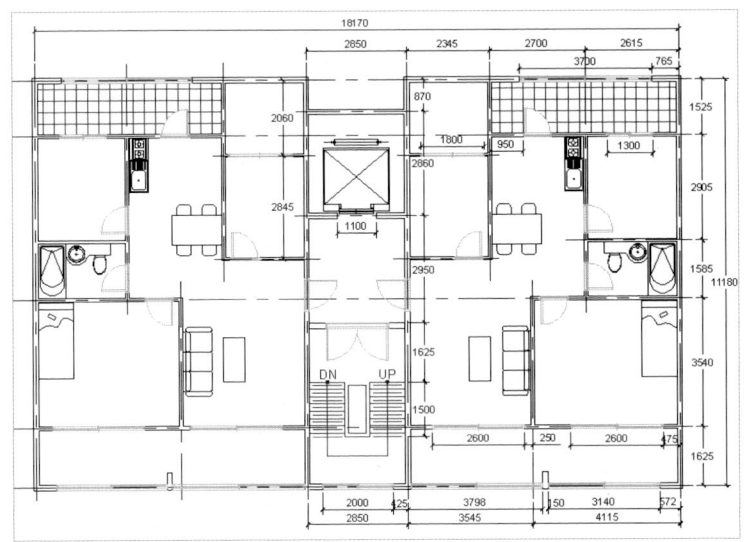

SPECIAL PAGE | 도면의 표현(주석 축척 및 출력)

도면을 출력하는데 있어서 도면 내의 객체들의 크기에 따라 도면의 짜임새가 달라집니다. 또, 어느 부위를 어떤 형식으로 표현하느냐에 따라 도면을 읽는 사람들의 이해도가 달라집니다. 이번에는 이러한 표현 기법과 출력에 대해 알아보겠습니다.

I. 축척에 따라 크기가 자동으로 바뀌는 주석 축척

도면을 출력하는데 있어 1:1로 표현하는 경우는 거의 없습니다. 기본적으로 CAD에서는 실제 치수로 작도하지만 제한된 크기의 종이에 출력하기 때문에 축척에 따라 크기를 조정합니다. 주석 객체는 객체를 '주석' 객체로 정의하여 축척에 따라 크기를 조절할 수 있습니다. 도면 작업의 효율성을 향상시켜주는 주석에 대해 학습하겠습니다.

1. 주석 축척이란?

주석이란 '도면에 정보를 추가하는 데 일반적으로 사용하는 메모 또는 기타 설명 기호 또는 객체 유형'입니다. 이 주석 객체에 '축척'을 부여할 수 있습니다. 주석 축척은 주석 객체의 전체 축척 또는 문자 높이를 결정하는 데 사용됩니다. 주석 축척 객체는 주석이 도면에 정확한 크기로 플롯되거나 표시되도록 주석 축척 프로세스를 자동화할 수 있으며 필요에 따라서 가시성 제어를 통해 보이게 하거나 숨길 수 있습니다. 가장 쉽게 표현하면 '도면의 축척에 따라 문자나 도형의 크기를 자동으로 조정'하는 객체가 주석 축척 객체입니다.

여러 크기 및 분리된 도면층에 주석을 작성하는 대신 객체별 또는 스타일별로 주석 특성을 설정하여 배치 또는 모형 뷰포트에 맞게 주석 축척을 설정할 수 있습니다. 주석 축척은 도면의 모형 형상에 상대적으로 주석 객체의 크기를 제어합니다. 주석 축척을 정의할 수 있는 객체는 문자, 치수, 해치, 공차, 다중 지시선, 블록, 테이블, 속성이 있습니다.

주석 축척을 계산하는데 사용되는 방식은 객체가 모형 공간에 있는지, 배치에 있는지에 따라 달라집니다.

(1) 모형(MODEL) 공간 : 모형 공간에서 주석 객체의 문자 높이나 축척은 고정 문자 높이로 설정할 수도 있고, 객체에 주석 축척을 지정하여 조정할 수도 있습니다. 고정 문자 높이 또는 주석 축척이 지정된 주석 객체는 현재 플롯 또는 뷰포트 축척 크기에 비례하도록 유지됩니다.

(2) 배치(LAYOUT) 공간 : 배치(LAYOUT) 공간에서는 일반적으로 출력할 때 축척을 1:1로 설정합니다. 따라서 배치 공간에서 작성하는 주석 객체는 실제 출력하고자 하는 크기로 설정해야 합니다.

2. 주석 객체의 작성과 표현 방법 및 순서

도면에서 주석 객체를 작성하거나 작성된 주석 객체의 표현은 다음과 같은 순서와 방법으로 진행됩니다.

01. 주석 축척 객체를 정의합니다.

치수 스타일 명령에서 주석 객체를 작성하기 위한 스타일을 정의합니다.

[TIP] 문자의 경우는 '문자 스타일(STYLE)', 치수의 경우는 '치수 스타일(DIMSTYLE)', 블록은 '블록 작성(BLOCK, BMAKE)'에서 '주석'임을 정의합니다.

01 실습을 위해 다운로드 받은 예제 파일 중에서 'Part6 _주석축척.dwg'를 엽니다. (예제 파일은 혜지원 출판사 홈페이지 'www.hyejiwon.co.kr' 자료실에서 다운받을 수 있습니다.) 다음 그림과 같은 도면이 펼쳐집니다.

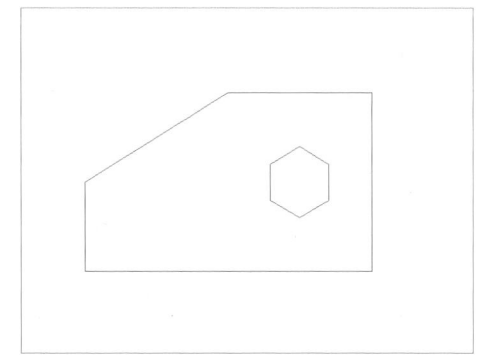

02 치수 스타일 명령을 실행합니다. 명령어 'DDIM' 또는 'DIMSTYLE'를 입력하거나 홈 탭의 '주석' 패널 또는 '치수' 또는 '스타일' 도구막대에서 을 클릭합니다. 치수 스타일 관리자 대화상자에서 [수정(M)]을 클릭합니다.

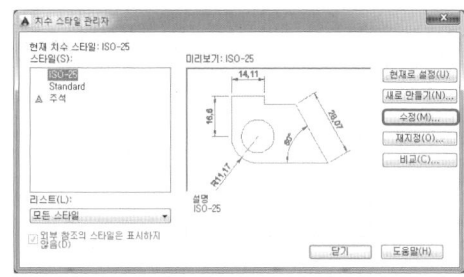

03 각 치수 설정 항목을 설정한 후 '맞춤' 탭을 클릭합니다. '치수 피쳐 축척'의 '주석(A)'에 체크(√)합니다. 기타 설정은 '치수 기입'에서 학습한 내용과 동일합니다.

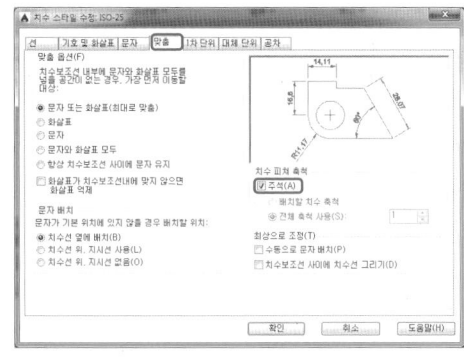

04 [확인]을 클릭합니다. 다음 그림과 같이 치수 스타일 관리자 대화상자로 돌아옵니다. '주석 축척'이 적용된 치수 스타일은 스타일 이름 앞에 주석 마크 가 표시됩니다.

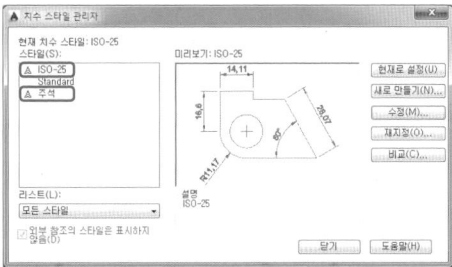

02. 주석 축척을 설정합니다.

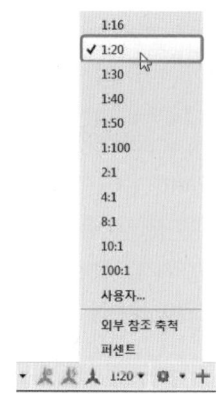

05 작성하고자 하는 객체에 대해 주석 축척을 설정합니다. 주석 축척 설정은 상태 영역의 '주석 축척 1:1'을 클릭하여 축척 목록에서 설정하고자 하는 축척을 선택합니다. 여기에서는 '1:20'으로 설정합니다.

03. 주석 객체(치수 기입)를 작성합니다.

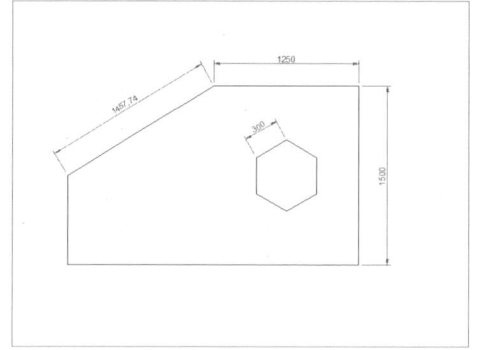

06 '주석'으로 정의한 객체의 해당 스타일을 확인한 후 다음 그림과 같이 주석 객체(치수)를 작성합니다. 다음과 같이 4개의 치수만 표기합니다. 이때, '주석 가시성 '과 '자동 주석축척 적용 '을 끄고(OFF) 실행합니다.

> **참고** 주석 가시성과 자동 주석 축척 적용 버튼
> - '주석 가시성 : 켜면(ON) 모든 주석 객체가 표시되고, 끄면(OFF) 현재 축척에 대한 주석 객체만 표시됩니다.
> - 자동 주석 축척 적용 : 켜면(ON) 주석 축척이 변경되면 자동으로 주석 객체에 축척이 추가됩니다.

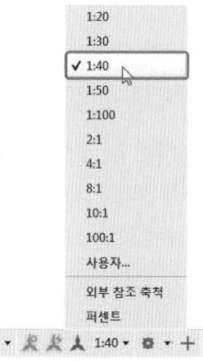

07 축척 값을 변경합니다. 이번에는 '주석 축척 1:1' 값을 '1:40'으로 설정합니다.

08 다시 주석 객체(치수 기입)를 작성합니다. 다음 그림과 같이 주석 축척 값(1:40)에 의해 치수 문자가 표기됩니다.

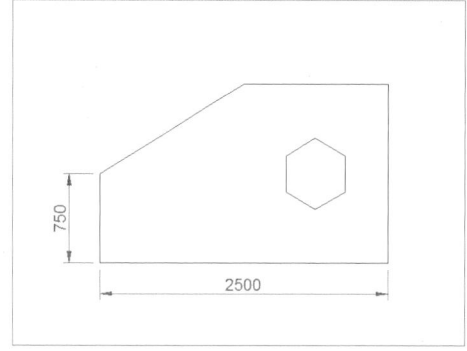

09 축척 값을 변경합니다. 이번에는 '주석 축척 1:1'을 '1:20'으로 설정합니다. 다음 그림과 같이 '1:20'에서 작성한 치수만 표기됩니다.

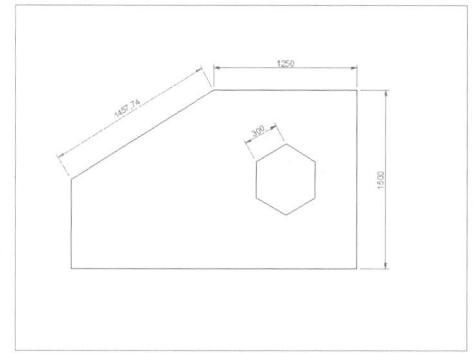

04. 주석 객체의 가시성을 제어합니다.

10 이번에는 주석 가시성을 제어하겠습니다. 하단의 상태 영역의 '주석 가시성 '을 클릭합니다. 다음 그림과 같이 모든 주석 축척(1:20과 1:40) 객체(치수)가 표시됩니다.

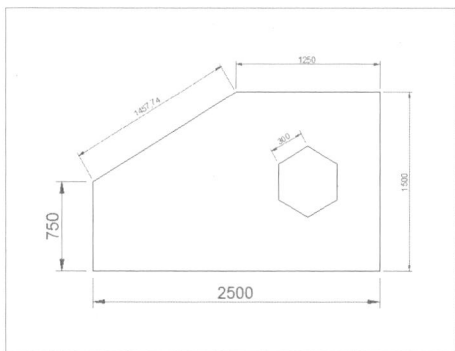

11 이번에는 자동 주석축척 적용을 켜겠습니다. 상태 영역에서 '자동 주석축척 적용 🙏'을 클릭하여 켭니다. 다음 그림과 같이 모든 치수가 동일한 주석축척이 적용됩니다. 현재의 축척이 '1:40'이므로 1:40 축척으로 적용됩니다.

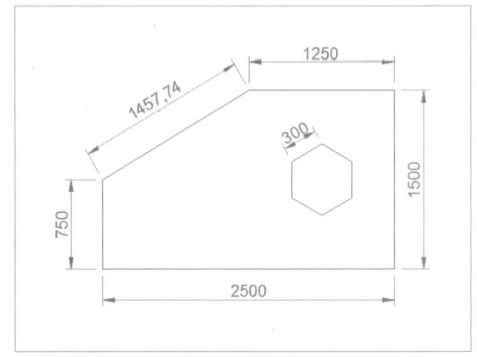

12 이번에 다시 축척 값을 1:20으로 변경하겠습니다. '주석 축척 1:1'을 '1:20'으로 설정합니다. 다음 그림과 같이 치수의 축척이 '1:20'으로 표시됩니다.

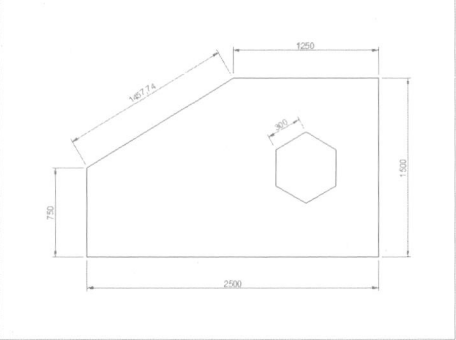

> **참고** 가시성의 켜기/끄기
>
> 주석 객체의 가시성을 켜고 끕니다. 모형 공간이나 배치 뷰포트의 경우, 모든 주석 객체를 표시하거나 현재 주석 축척을 지원하는 객체만 표시할 수 있습니다.
> 화면 하단에 있는 상태 영역의 '주석 가시성 🙏' 버튼을 눌러 켜고/끄기를 제어합니다. 시스템 변수 'ANNOALLVISIBLE'에 의해 제어됩니다. {ANNOALLVISIBLE에 대한 새 값 입력 ⟨1⟩:}에서 '0' 또는 '1'을 지정합니다.

3. 주석 축척 목록의 추가 및 수정

사용할 수 있는 주석 축척은 AutoCAD가 기본적으로 제공하는 주석 축척 외에 사용자가 추가하거나 제거 또는 수정할 수 있습니다.

명령 : SCALELISTEDIT   메뉴 아이콘 :

'주석' 탭의 '주석 축척'에서 '축척 리스트'를 클릭합니다.
다음 그림과 같은 도면 축척 편집 대화상자가 나타납니다.

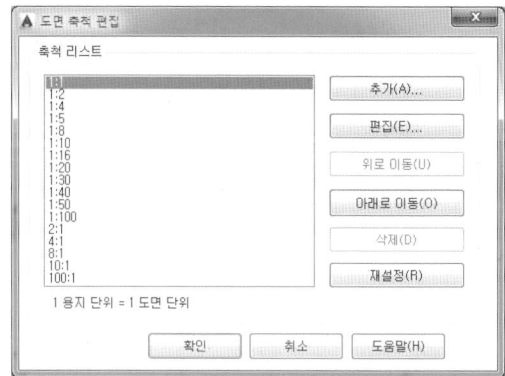

(1) 축척 리스트 : 현재 정의되어 있는 축척 목록을 표시합니다.
(2) 추가(A) : 다음과 같은 대화상자를 통해 기존의 축척 리스트에 새롭게 정의한 축척을 추가합니다.

① 축척 이름 : '축척 리스트에 표시되는 이름(N)'에 축척 목록에 표시될 문자(메시지)를 입력합니다.
② 축척 특성 : '용지 단위(P)'와 '도면 단위(D)'의 비율을 입력합니다.

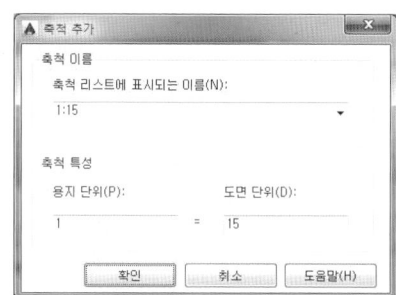

(3) 편집(E) : 축척 편집 대화상자를 통해 기존 축척을 편집합니다. 대화상자의 항목 내용은 [추가(A)]와 동일합니다.
(4) 위로 이동(U) : 현재 선택한 축척을 목록의 위쪽으로 이동합니다.
(5) 아래로 이동(O) : 현재 선택한 축척을 목록의 아래쪽으로 이동합니다.
(6) 삭제(D) : 현재 선택한 축척을 목록에서 지웁니다.
(7) 재설정(R) : 모든 사용자 축척을 삭제하고 축척 리스트에 표시된 축척의 기본 리스트를 복원합니다.

앞의 예와 같이 [추가(A)]를 클릭하여 '1:15'를 추가하고 하단의 상태 영역(막대)의 '주석 축척 1:1'을 클릭하면 다음과 같이 추가된 축척이 나타납니다.

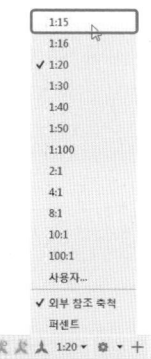

4. 주석 객체의 추가, 삭제

선택한 객체의 주석 축척 목록을 표시하고 주석 축척을 추가하거나 제거할 수 있습니다.

명령 : OBJECTSCALE   메뉴 아이콘 :

'주석' 탭의 '주석 축척' 패널에서 을 클릭합니다.

01 주석 객체 축척 명령을 실행합니다. 명령어 'OBJECTSCALE'를 입력하거나 '주석' 탭에서 '주석 축척' 패널에서 '축척 추가/삭제 '를 클릭합니다.
{주석 객체 선택:}에서 주석 객체를 선택합니다.
{주석 객체 선택:}에서 Enter 또는 Space bar 를 눌러 선택을 종료합니다. 다음과 같이 선택한 객체의 주석 축척이 표시됩니다. 현재 선택한 객체에 적용된 축척이 모두 표시됩니다.

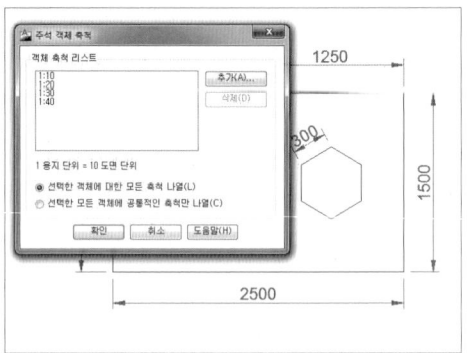

주석 객체 축척

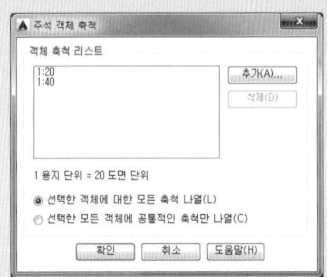

(1) 객체 축척 리스트 : 현재 선택 또는 추가한 객체의 주석 축척 목록을 표시합니다.
(2) 추가(A) : 축척 목록에 주석 축척을 추가합니다.
(3) 삭제(D) : 축척 목록에서 주석 축척을 제거합니다.
(4) 선택한 객체에 대한 모든 축척 나열(L) : 선택된 객체의 모든 주석 축척을 표시합니다.
(5) 선택한 모든 객체에 공통적인 축척만 나열(C) : 선택한 객체에서 공통적으로 가진 축척만 나열합니다.

02 대화상자에서 [추가(A)]를 클릭합니다. 다음 그림과 같이 '객체에 축척 추가' 대화상자가 나타납니다. 목록에서 '1:15'를 선택한 후 [확인]을 클릭합니다.

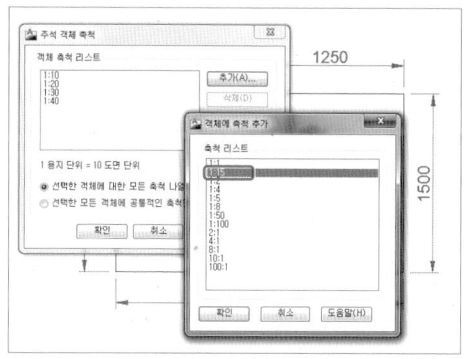

03 다음 그림과 같이 선택한 객체의 주석 축척은 기존의 축척에 '1:15'가 추가됩니다.

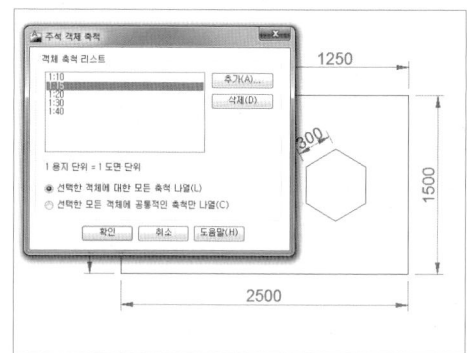

04 주석 객체 축척 명령을 종료합니다. 화면 하단의 상태 영역에서 '주석 축척 1:1'을 클릭하여 나타난 목록에서 '1:15'를 클릭합니다.

05 다음 그림과 같이 수정한 주석 축척 객체가 '1:15'로 변경됩니다. 이렇게 주석 축척은 하나의 객체에 여러 비율의 주석 축척을 부여할 수 있습니다.

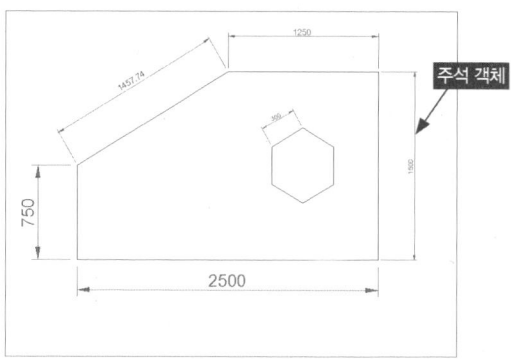

5. 주석 객체의 특성

주석 객체의 편집을 위해서는 '특성' 팔레트에서 수정이 가능합니다.

01 주석 객체를 선택한 후 '특성' 명령을 실행합니다. 주석 객체를 선택한 후 명령어 'PR' 또는 'MO'를 입력하거나 '뷰' 탭의 '팔레트' 패널 또는 '표준' 도구막대에서 메뉴 아이콘 을 클릭합니다. 다음과 같은 특성 팔레트가 나타납니다.

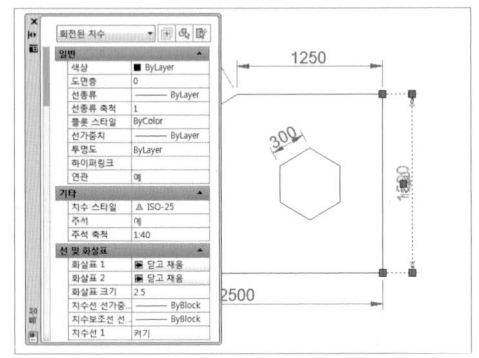

02 특성 팔레트의 '기타' 카테고리에 '주석' 항목이 있습니다. 주석 객체인 경우는 '예'가 주석 객체가 아닌 경우는 '아니오'가 표시됩니다. 버튼을 눌러 주석 객체 여부를 지정할 수 있습니다.

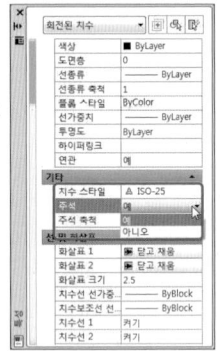

03 '주석' 항목 아래에는 '주석 축척' 항목이 있습니다. 항목의 [···]을 클릭합니다. 다음 그림과 같이 '주석 객체 축척' 대화상자가 나타납니다. 조작 방법은 앞에서 학습한 '주석 객체 축척의 추가, 삭제'를 참조합니다.

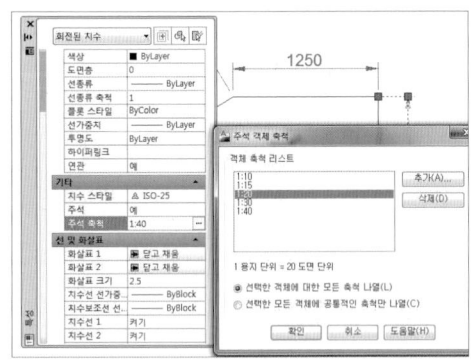

6. 현재 축척의 추가 및 삭제

도면에서 현재 설정되어 있는 축척을 객체에 주석 축척으로 추가하거나 제거할 수 있습니다. 앞에서 실습한 도면을 이용하여 알아보겠습니다.

01 다음과 같이 축척을 '1:40'으로 설정합니다.

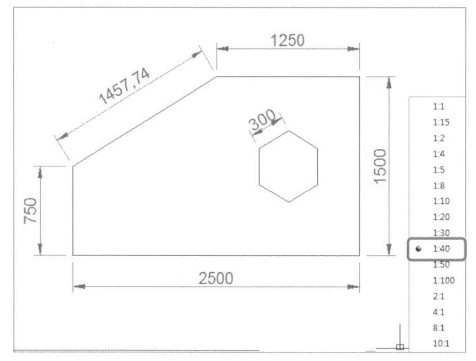

02 주석 축척을 제거해보도록 하겠습니다. 명령어 'AIOBJECTSCALEREMOVE'를 입력하거나 '주석' 탭의 '주석 축척' 패널에서 '현재 축척 삭제 ' 버튼을 누릅니다.
{주석 객체 선택:}에서 수직 치수(1500) 문자를 선택합니다. {1개를 찾음}

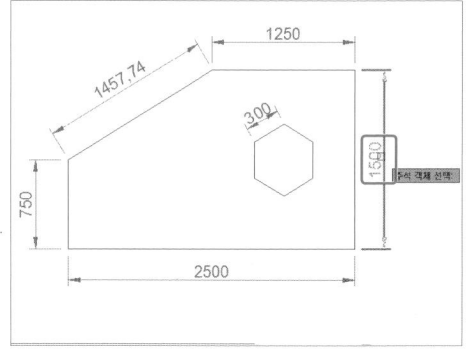

{주석 객체 선택:}에서 Enter 또는 Space bar 를 눌러 선택을 종료합니다.
{1개 객체 축척이 제거되었습니다.}라는 메시지와 함께 선택한 객체의 설정된 주석 축척 '1:40'이 제거됩니다.

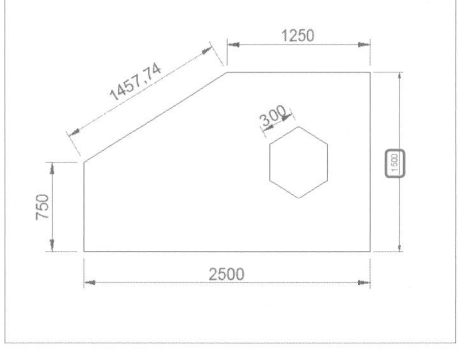

03 이번에는 주석 축척을 추가하도록 하겠습니다. 현재 축척 추가 명령을 실행합니다. 명령어 'AIOBJECTSCALEADD'를 입력하거나 '주석' 탭의 '주석 축척' 패널에서 '현재 축척 추가 ' 버튼을 누릅니다.
{주석 객체 선택:}에서 오른쪽 수직 치수 객체를 선택합니다. {1개를 찾음}
{주석 객체 선택:}에서 Enter 또는 Space bar 를 눌러 선택을 종료합니다.
{1개 객체가 업데이트되어 주석 축척 ⟨1:40⟩을(를) 지원합니다.}라는 메시지와 함께 다음 그림과 같이 선택한 객체가 현재의 주석 축척인 '1:40'이 추가됩니다.

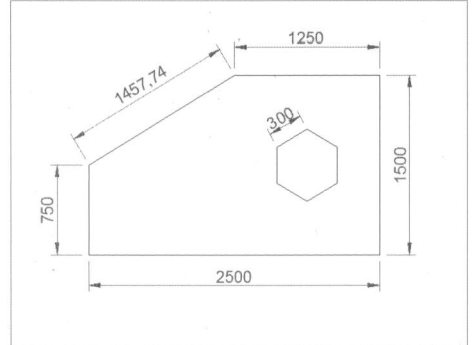

II. 배치(LAYOUT)와 출력(PRINT)

아무리 잘 작성된 도면이라 할지라도 출력 시 제대로 표현을 못한다면 도면의 질은 떨어질 수 밖에 없습니다. 이번에 학습하는 배치는 도면을 적절하게 표현하는 방법 중에 하나입니다. 그리고 도면 작업의 최종 결과물로 종이에 인쇄하는 출력 방법에 대해 알아보겠습니다.

1. 배치(LAYOUT)란?

AutoCAD는 기본적으로 작도는 모형 공간에서 실제 치수로 이루어집니다. 이렇게 작성된 객체를 표현하는 곳은 배치 공간입니다. 영어로 'Model Space'와 'Paper Space'로 표현하는데 여기에서 배치는 종이 공간인 'Paper Space'에 배치하는 것을 말합니다. AutoCAD에서는 기본적으로 모형 공간(Model Space)에서 도형을 작성하고 배치 공간(Paper Space)을 통해 배치하여 출력하는 흐름입니다. 용어에 대해 다시 한 번 정리를 하면, 'Model Space'는 '모형 공간'이고 'Paper Space'는 '배치 공간'입니다.

모형 공간은 객체의 실제 치수이지만 배치 공간에서 단위는 플롯된 종이 위에서의 거리를 나타냅니다. 즉, 배치 공간과 종이는 1:1로 매칭된다고 생각하면 됩니다. 여기에서의 단위는 플로터에 대한 플롯 설정에 따라 밀리미터 또는 인치가 됩니다.

AutoCAD 도면을 펼치면 작도 영역 하단에 탭이 나타납니다. 기본적으로 '모형', '배치1', '배치2' 등 3개의 탭이 표시됩니다. 이는 모형 공간과 배치 공간을 관리하기 위해 기본적으로 제공하는 탭입니다.

배치 및 모형 탭을 표시한 경우

해당 탭에 마우스를 가져가면 다음과 같이 모형과 배치를 미리 보기할 수 있는 이미지가 표시됩니다. 이때, 원하는 뷰를 클릭하면 해당 뷰가 표시됩니다.

배치에는 여러 개의 뷰포트를 둘 수 있습니다. 이 뷰포트를 이용하면 한 장의 종이에 3차원 객체를 다양한 각도에서 표현할 수 있습니다. 즉, 평면도, 측면도, 등각 투영도를 한 장의 종이에 표현할 수 있는 것입니다. 또, 하나의 모형 공간에 대해 여러 개의 배치(종이 공간)를 작성할 수 있어 출력하고자 하는 도면의 성격에 따라 다양하게 표현할 수 있습니다.

다음 그림은 도형을 작성하는 '모형 공간(Model Space)'입니다. 일반적으로 모형(Model) 공간에서는 하나의 뷰만 표시합니다.

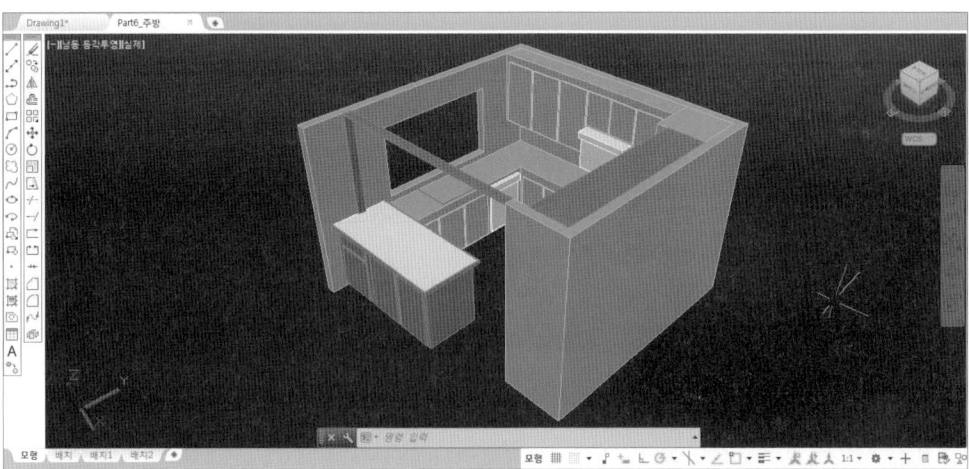

다음 그림은 '배치 공간(Layout Space)'입니다. 표현하고자 하는 방향에서의 뷰를 종이에 표현할 수 있습니다. 다음 그림은 세 방향(평면도, 정면도, 등각투영)에서 표현한 배치 공간입니다.

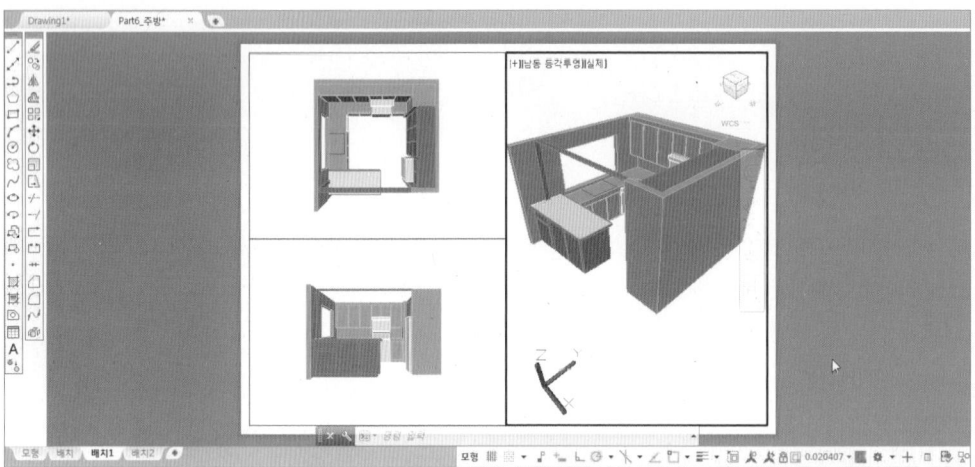

2. 배치(LAYOUT)의 작성

기본적으로 도형의 작성은 모형 공간에서 이루어지고 작성된 도형의 출력은 배치 공간에서 이루어집니다. 즉, 모형 공간에서 도형을 작성한 후 배치 공간에서 도면을 이해하기 쉽도록 적절히 배치하여 출력해야 합니다. 따라하기 형식으로 배치 공간의 작성과 도면을 배치하면서 익히도록 합시다.

01 실습을 위해 '열기(OPEN)' 명령으로 제공된 도면의 '실습용도면₩Part6_주방.dwg'를 클릭합니다. 다음과 같은 그림이 펼쳐집니다. 다음 그림과 같은 도형을 모형 공간에서 작성했다고 가정하겠습니다.

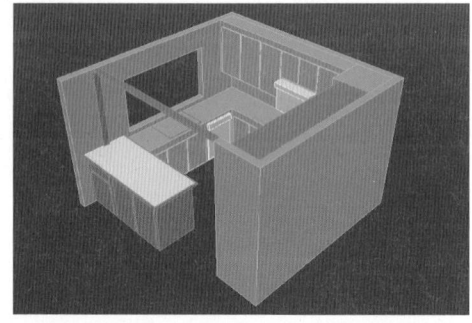

참고 모형, 배치 탭을 표시하는 방법

위의 그림과 같이 작도 영역 하단에 '모형', '배치', '배치1' 과 같은 탭이 나타나지 않으면 다음과 같이 실행합니다. '뷰' 탭의 '인터페이스' 패널에서 '배치 탭'을 클릭하여 켭니다.

클릭과 함께 작도 영역 하단에 '모형', '배치', '배치1'과 같은 탭이 나타납니다.

02 새로운 배치를 작성하도록 하겠습니다. '모형' 또는 '배치(Layout)' 탭에서 마우스 오른쪽 버튼을 누르면 바로가기 메뉴가 나타납니다. 바로가기 메뉴에서 '새 배치(N)'를 클릭합니다.

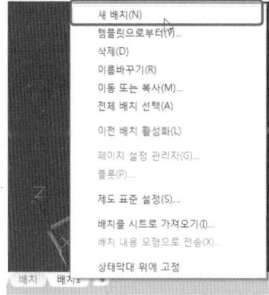

[TIP] 기본적으로 제공하는 '배치', '배치1'을 사용하거나 이름을 바꾸어 사용합니다만 여기에서는 새로운 배치 공간의 작성 방법의 학습을 위해 '배치', '배치1'을 이용하지 않고 새로운 배치 공간을 작성해보겠습니다.

03 다음과 같이 '배치2'라는 새로운 배치가 만들어집니다.

04 배치 공간의 이름을 바꿉니다. 새롭게 작성한 배치('배치2') 위에 마우스를 대고 오른쪽 버튼을 누릅니다. 바로가기 메뉴가 나타나면 '이름 바꾸기(R)'을 클릭합니다.

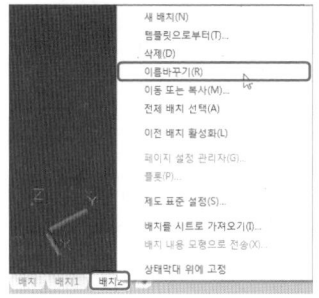

05 배치 공간의 이름을 바꿉니다. 새롭게 작성한 배치('배치2') 위에 마우스를 대고 오른쪽 버튼을 누릅니다. 바로가기 메뉴가 나타나면 '이름 바꾸기(R)'을 클릭합니다.

06 '배치 실습' 탭을 클릭하면 다음 그림과 같이 화면이 배치 공간(배치 공간 이름: 배치실습)으로 바뀝니다.

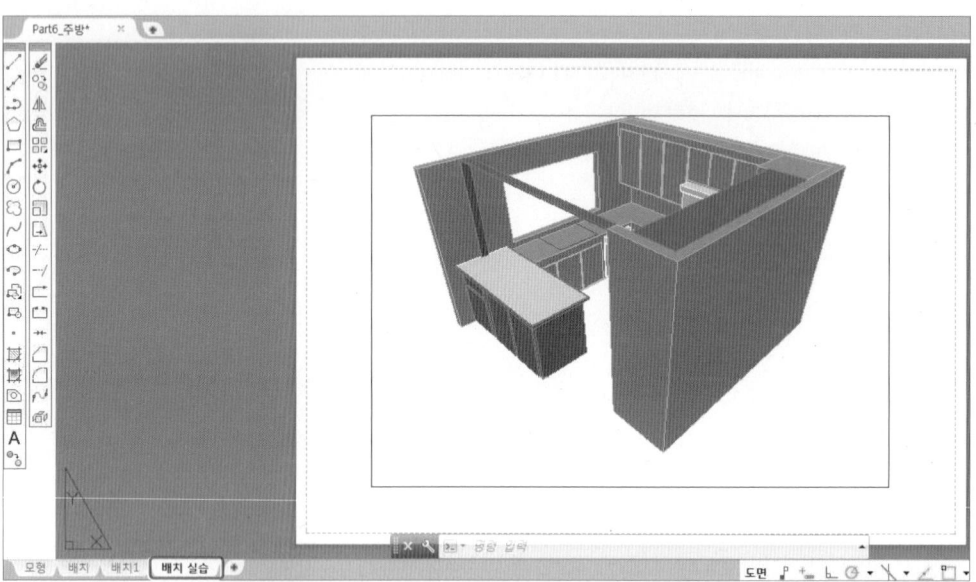

3. 여러 창으로 나누는 뷰포트(VPORTS)

뷰포트는 객체를 용지(종이 공간) 위에 투영하기 위한 하나의 창과 같은 것입니다. 즉, 종이 공간에 배치하고자 하는 도면의 공간을 만드는 것입니다. 배치에서는 뷰포트를 작성하여 각각의 창에 어떻게 표현(보는 각도, 축척 등)할 것인가를 지정할 수 있습니다.

명령 : VPORTS　　　　　　　　　　　메뉴 아이콘 :

앞의 실습에서 사용한 도면(Part6_주방.dwg)을 이용하여 실습하겠습니다.

01 뷰포트 삭제 : 배치 공간으로 이동하면 기본적으로 하나의 뷰포트를 제공합니다. 기본 뷰포트를 삭제하고 새로운 뷰포트를 만들도록 하겠습니다. '지우기' 명령을 실행합니다. 다음 그림과 같이 뷰포트의 테두리 선을 선택합니다.

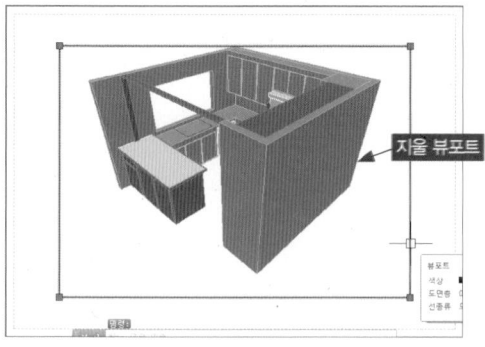

[TIP] 도면층이 잠긴 경우는 뷰포트가 지워지지 않습니다. 해당 도면층의 잠금을 해제(UNLOCK)한 후 지웁니다. 예를 들어, 도면층 '0'이 잠겼다면 도면층 관리자 또는 '홈' 탭의 '도면층' 패널에서 도면층 목록을 선택해 도면층 '0'의 잠금을 해제합니다.

02 다음 그림과 같이 뷰포트가 지워집니다.

03 **뷰포트 작성** : 뷰포트 명령을 실행합니다. 명령어 'VPORTS'를 입력하거나 '배치' 탭의 '배치 뷰포트' 패널 또는 '뷰포트' 도구막대에서 🗔 또는 🗔을 클릭합니다. 다음과 같은 대화상자가 표시됩니다. '표준 뷰포트(V)'에서 '셋: 오른쪽'을 선택한 후 [확인]을 클릭합니다.

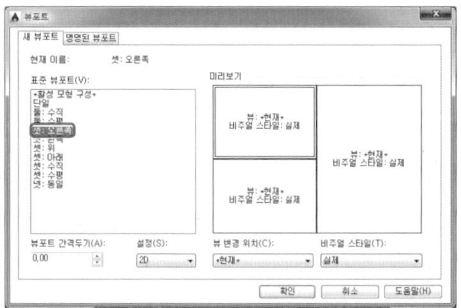

04 {첫 번째 구석 점 지정 또는 [맞춤(F)] <맞춤>:}에서 Enter 또는 맞춤 'F'를 입력합니다. {배치 재생성 중.}이란 메시지와 함께 다음 그림과 같이 화면에 3개의 창이 나타납니다.

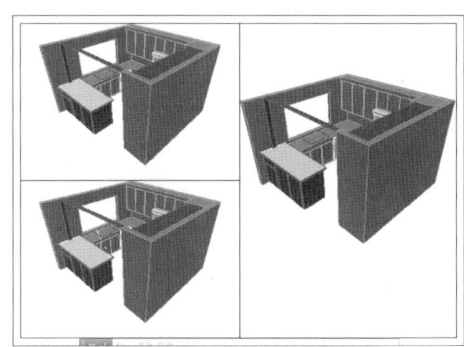

05 **뷰포트 활성화와 뷰의 변경** : 현재는 3개의 뷰포트가 동일한 뷰로 설정되어 있습니다. 왼쪽 2개의 뷰포트의 뷰를 변경하겠습니다. 마우스를 왼쪽 위에 있는 뷰포트 안쪽에 대고 클릭합니다. 뷰포트 테두리가 굵은 선으로 바뀝니다.

Note_ 굵은 선의 테두리는 현재 활성화된 창을 의미합니다. 따라서, 명령을 실행하면 굵은 선으로 된 뷰포트에서 실행됩니다.

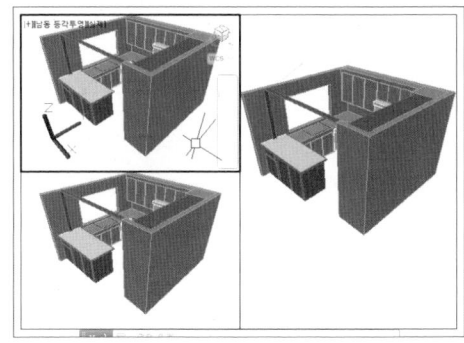

06 '뷰' 탭의 '뷰' 패널의 뷰 목록에서 '평면도 ⬚'를 클릭합니다.
다음 그림과 같이 해당 뷰포트(창)의 객체의 뷰가 평면도로 바뀝니다.

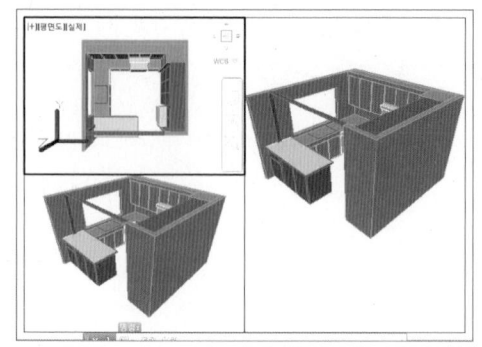

07 다음은 마우스를 왼쪽 아래 뷰포트에 대고 클릭합니다. 왼쪽 아래 뷰포트가 굵은 선으로 바뀝니다. '뷰' 탭의 '뷰' 패널의 뷰 목록에서 '정면도 ⬚'를 클릭합니다. 또는 뷰 큐브(ViewCube)에서 '정면도'를 클릭합니다. 다음 그림과 같이 해당 뷰포트(창)의 객체의 뷰가 정면도로 바뀝니다.

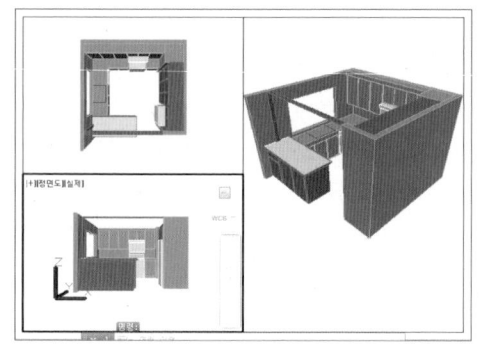

08 **뷰포트의 잠그기** : 뷰포트를 잠궈 놓으면 표시 범위나 설정한 축척을 변경할 수 없습니다. 실수에 의한 설정 환경이 바뀌는 것을 방지합니다.
오른쪽 뷰포트에 마우스를 대고 더블클릭합니다. 뷰포트 테두리가 굵은 선으로 바뀌면 상태 영역의 '뷰포트 잠금/잠금 해제' 아이콘 버튼 🔒을 누릅니다.
화면상에서의 변화는 없으나 뷰포트가 잠겨서 '줌(ZOOM)'과 같은 명령을 실행하면 {뷰가 잠긴 뷰포트에서는 명령을 사용할 수 없습니다.}라는 메시지가 표시됩니다.

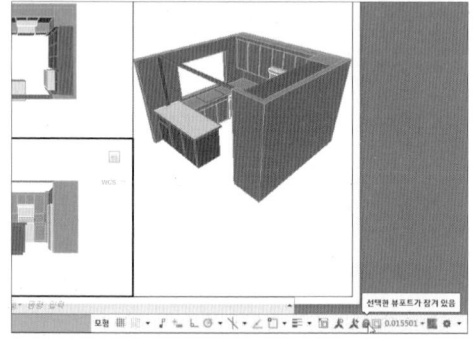

4. 모형 공간으로 내보내기

현재 배치에 표시된 객체를 모형 공간으로 내보낼 수 있습니다. 이렇게 내보내진 객체는 치수가 분해되거나, 블록이 익명의 블록으로 바뀌고 주석 객체가 비주석 객체로 바뀌며 3D 표현이 2D 표현으로 바뀌는 등 일부 객체의 성격이 바뀝니다.

명령 : EXPORTLAYOUT 메뉴 아이콘 :

01 모형 공간으로 내보내기 명령을 실행합니다. 명령어 'EXPORTLAYOUT'을 입력하거나 [메뉴 탐색기 ▲]-[다른 이름으로 저장]-[배치를 도면으로 저장]을 클릭합니다. 다음과 그림과 같이 '배치를 모형 공간 도면으로 내보내기' 대화상자가 나타납니다. 내보내기 할 파일명을 지정한 후 [저장(S)]를 클릭합니다.

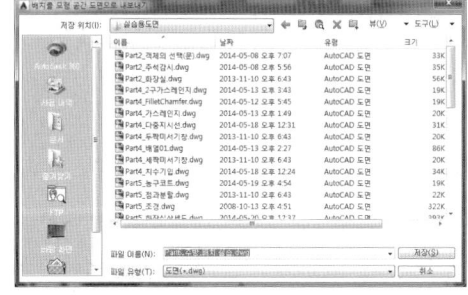

02 저장된 파일을 열 것인가를 묻는 대화상자가 나타납니다. [열기]를 클릭합니다.

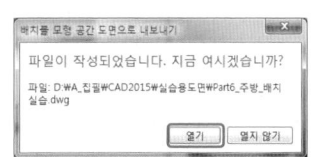

03 다음 그림과 같이 배치 공간의 화면이 모형 공간으로 바뀌어 새로운 하나의 도면 파일(*.dwg)로 바뀝니다. 육안으로 확인할 수 있듯이 뷰 스타일이 3D 와이어프레임에서 2D 와이어프레임으로 바뀌었으며 3D의 복잡한 객체나 재질의 표현이 간결하게 된 것을 알 수 있습니다.

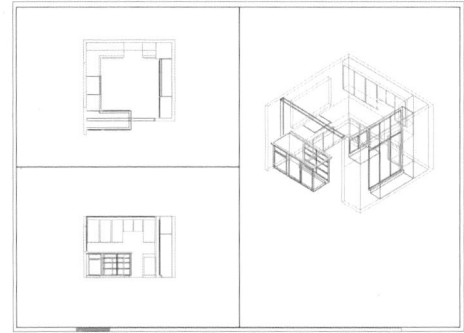

5. 종이에 인쇄하기(PLOT)

지금부터 작성된 도면을 실제 종이로 출력하는 방법에 대해 알아보겠습니다. 작성된 모델을 종이로 출력하는 방법을 예제 실습을 통해 살펴보겠습니다.

명령 : PLOT, PRINT   메뉴 아이콘 : 🖨

01 앞에서 학습한 배치 도면(Part6_주방.dwg)을 펼칩니다. 다음과 같이 배치했습니다. 반드시 다음과 같은 배치일 필요는 없습니다.

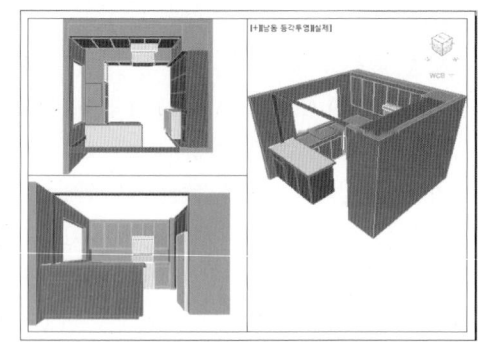

02 플롯 명령을 실행합니다. 명령어 'PLOT' 또는 'PRINT'을 입력하거나 '출력' 탭의 '플롯' 패널 또는 신속접근 도구막대에서 🖨을 클릭합니다.

다음과 같은 대화상자가 표시됩니다. 플롯 대화상자가 나타납니다.

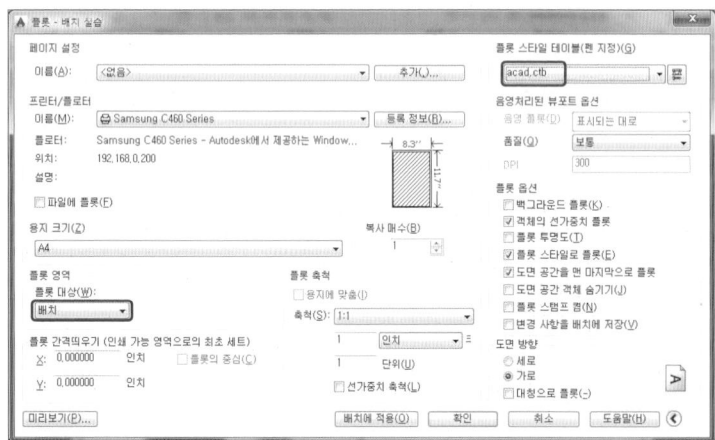

플롯 대화상자

(1) 페이지 설정 : 설정 이름과 아이콘이 표시됩니다.

(2) 프린터/플로터 : 출력장치를 지정합니다.

① 이름(M) : 현재 배치 또는 시트를 플롯하거나 게시하기 위해 선택할 수 있는 해당 PC3 파일 또는 시스템 프린터를 표시하고 출력하고자 하는 장치를 선택합니다.

② 등록 정보(R) : 대화상자를 통해 플로터 구성, 포트, 장치 및 매체 설정 값을 표시하고 수정할 수 있습니다.

③ 플로터 : 현재 지정된 플롯 장치를 표시합니다.

④ 위치 : 지정된 출력장치의 실제 위치(IP 어드레스)를 표시합니다.

⑤ 설명 : 현재 선택한 페이지 설정에서 지정된 출력장치에 대한 설명문을 표시합니다. 이 내용은 플로터 구성 편집기에서 수정할 수 있습니다.

(3) 용지 크기(Z) : 목록에서 용지의 크기를 지정합니다.

(4) 플롯 영역 : 플롯의 대상이 배치, 도면의 범위, 윈도우로 지정, 현재 표시된 화면 중에서 지정합니다.

(5) 플롯 간격 띄우기 : X, Y 방향의 플롯의 원점을 지정합니다.

(6) 플롯 축척 : 도면 단위의 크기를 플롯 단위와 상대적으로 조정합니다. 배치를 플롯할 때는 기본 축척 설정 값은 1:1입니다.

(7) 플롯 스타일 테이블(펜 지정) : 플롯 스타일 테이블을 설정하거나 플롯 스타일 테이블 편집기를 통해 테이블을 편집하거나 또는 새 플롯 스타일 테이블을 작성합니다. '플롯 스타일 테이블' 대화상자를 참조합니다.

(8) 음영 처리된 뷰포트 옵션 : 음영 처리된 뷰포트와 렌더 뷰포트가 플롯되는 방법을 지정하고 해상도 수준 및 dpi(인치당 점)를 결정합니다.

(9) 플롯 옵션 : 선 가중치, 플롯 스타일, 음영 처리 플롯 및 객체가 플롯되는 순서에 대한 옵션을 지정합니다.

① 객체의 선 가중치 플롯 : 객체와 도면층에 지정된 선 가중치를 플롯할지 여부를 지정합니다. 플롯 스타일로 플롯이 선택된 경우에는 이 옵션은 사용할 수 없습니다.

② 플롯 투명도(T) : 객체 투명도를 플롯하는지 여부를 지정합니다. 이 옵션은 투명 객체로 도면을 플로팅할 때만 사용해야 합니다.

③ 플롯 스타일로 플롯(E) : 객체 및 도면층에 적용된 플롯 스타일의 플롯 여부를 지정합니다. 이 옵션을 선택하면 객체의 선 가중치를 플롯도 자동으로 선택됩니다.

④ 도면 공간을 맨 마지막으로 플롯 : 기본적으로 도면 공간 형상이 모형 공간 형상보다 먼저 플롯되는데 이 옵션을 선택하면 모형 공간 형상을 먼저 플롯합니다.

⑤ 도면 공간 객체 숨기기(J) : '숨기기(HIDE)' 작업이 도면 공간 뷰포트의 객체에 적용될지 여부를 지정합니다. 이 옵션은 배치 탭에서만 사용할 수 있습니다.

(10) 도면 방향 : '가로 방향(N)' 및 '세로 방향(A)'을 지원하는 플로터에 대해 용지의 도면 방향을 지정합니다.

03 '플롯 스타일 테이블(펜 지정)' 목록에서 'acad.ctb'를 선택한 후 편집 버튼 을 클릭합니다. 다음 그림과 같이 플롯 스타일 테이블 편집기 대화상자가 나타납니다.

04 선가중치를 지정하지 않고 색상으로 선의 두께를 지정하고자 한다면 각 색상 별로 선 가중치를 지정해야 합니다. 예를 들어, 빨간색을 0.15mm로 출력하고자 한다면 다음 그림과 같이 '색상(C)'을 '빨간색'을 선택한 후 '선 가중치(W)' 목록에서 '0.15mm'를 선택합니다.

참고 흑백 프린터/플로터의 플롯 스타일 테이블 편집

대부분의 설계 도면은 흑백으로 출력합니다. 객체의 색상을 흑백 프린터로 출력하게 되면 노란색이나 초록색 같은 색상은 희미하게 출력됩니다. 따라서, 플롯 스타일 테이블도 흑백 출력장치에 맞춰 편집할 필요가 있습니다. 여기에서는 객체에 선 가중치를 두지 않고 색상에 따라 선 두께를 지정하는 것으로 하겠습니다.

(1) 먼저 전체 색상을 하나의 특성으로 설정합니다. '플롯 스타일(P)'의 색상을 Shift 를 누른 채 모두 선택합니다. Shift 키를 누른 채 마우스로 색상을 드래그하면 드래그 한 범위의 모든 색상이 함께 선택됩니다. 다음은 '특성'의 '색상(C)'를 흑백이므로 '검은색'으로 지정합니다. 그리고 '선 가중치(W)'를 가장 많이 사용하는 선 가중치를 선택합니다. 여기에서는 '0.15mm'로 가정하겠습니다.

[TIP] 이 과정을 생략하려면 '플롯 스타일 테이블'을 지정할 때 'monochrome.ctb' 파일을 선택합니다. 'monochrome.ctb' 파일에는 기본적으로 흑백 출력을 위한 환경이 설정되어 있습니다.

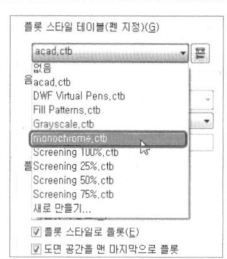

05 다음은 색상 별로 선 가중치를 지정합니다. 예를 들어, 빨간색은 0.13mm, 노란색은 0.15mm, 초록색은 0.2mm, 하늘색은 0.3mm, 기타 색상은 0.25m로 설정한다고 가정하겠습니다. 앞에서 기본 값을 0.25mm로 설정했기 때문에 0.25mm이외의 선 가중치만 설정하면 됩니다.
'플롯 스타일(P)'에서 설정할 색상 '빨간색'을 선택한 후 '선 가중치(W)'의 선 가중치 목록에서 '0.13mm'를 선택합니다. 동일한 방법으로 '초록색'을 선택한 후 '0.2mm', '하늘색'을 선택한 후 '0.3mm'를 지정합니다.

설정이 끝나면 [저장 및 닫기]를 클릭합니다.

05 플롯 대화상자로 되돌아오면 [미리 보기(P)]를 클릭합니다. 다음 그림과 같이 미리 보기 화면이 나타납니다. 이때 마우스 오른쪽 버튼을 눌러 바로가기 메뉴를 표시합니다. 원하는 출력 이미지이면 '플롯'을 선택하여 클릭합니다. 원하는 출력 이미지가 아니면 '종료'를 클릭하거나 Esc 를 누릅니다.

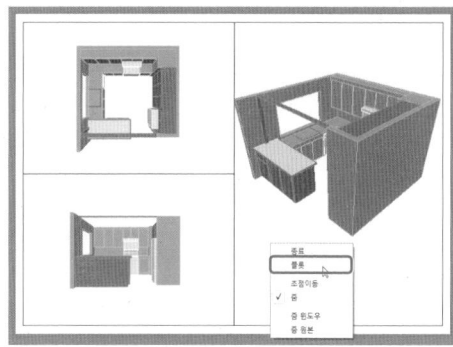

PART7
설비도면 그리기

건물이 골조가 완성되고 벽체와 창호, 문 등이 완성된다고 하더라도 건축물로서의 기능을 할 수 없습니다. 건물을 건물답게 동작하게 하는 것이 배관 및 덕트, 전기, 소방 등 설비입니다. 이번에는 건물을 건물답게 동작시키는 설비도면의 작도 방법에 대해 알아보겠습니다.

16; 위생배관 도면

17; 공조 덕트 평면도

18; 동작 및 데이터 관리를 위한 도구

16; 위생배관 도면

어느 건물을 보더라도 화장실이 없는 건물은 없습니다. 아무리 작은 주택이라 하더라도 화장실은 필수적인 설비입니다. 따라서 건축설비에서 화장실의 위생배관은 기본이라 할 수 있습니다. 이번에는 건물에 있어서 필수적인 시설인 화장실 배관의 작도 방법에 대해 알아보겠습니다.

다음 그림과 같은 도면을 작도하겠습니다. 화장실의 기초도면은 예제 파일의 'Part7_화장실도면.dwg' 파일로 제공됩니다. (예제 파일은 혜지원 출판사 홈페이지 'www.hyejiwon.co.kr' 자료실에서 다운받을 수 있습니다.)

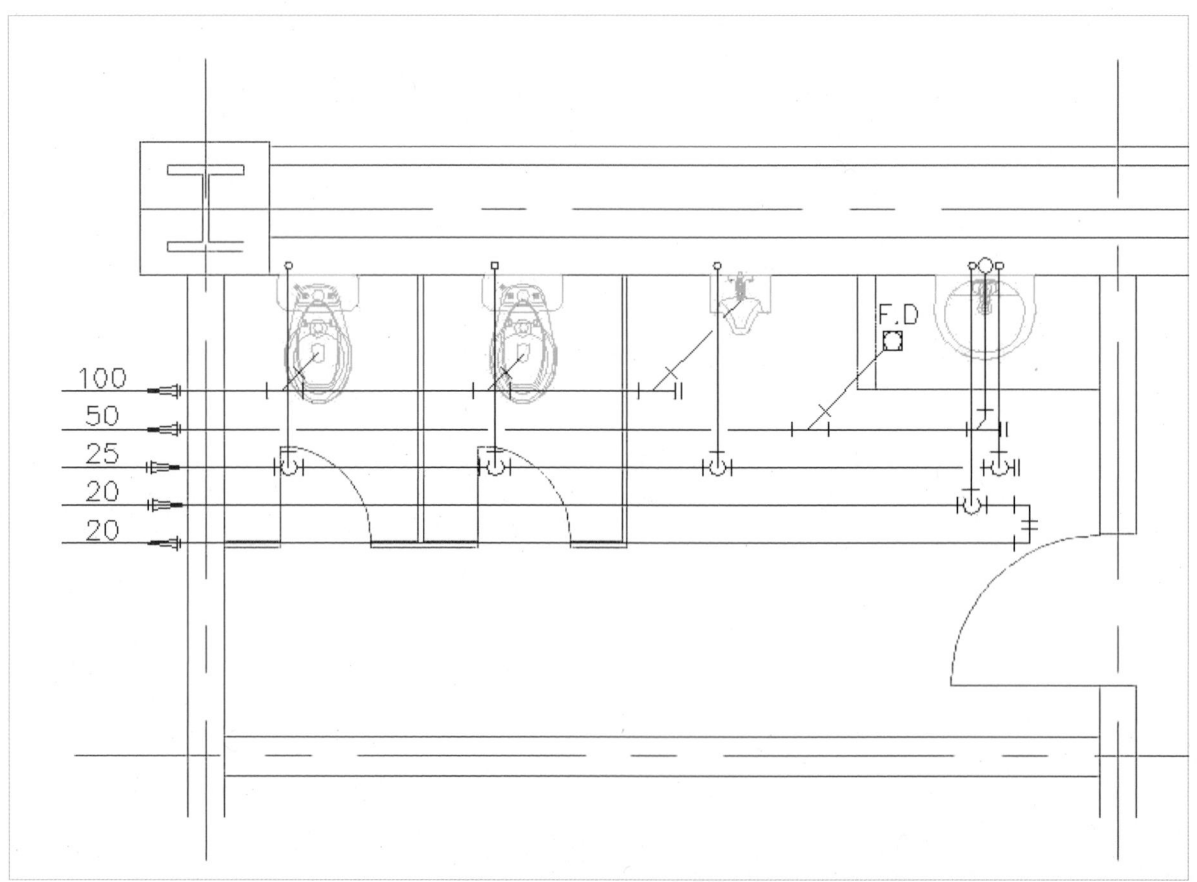

1 환경 설정

기본적으로 설비설계 도면은 건축도면을 바탕으로 작도합니다. 건축도면에 장비 또는 기기를 배치하고 덕트와 배관을 작도합니다. 위생배관 도면을 작도하기 전에 건축도면을 열어 설비(위생배관) 도면을 그리기 위한 준비를 하도록 하겠습니다.

01 '부착(ATTACH)' 명령으로 건축도면을 부착합니다. 부착 명령을 실행합니다. 명령어 'ATTACH' 또는 'XA'를 입력하거나 '삽입' 탭의 '참조' 패널 또는 도구막대의 아이콘 버튼 을 클릭합니다. '파일 유형(T)'를 '도면(*.dwg)'로 설정한 후 'Part7_화장실도면.dwg' 파일을 선택합니다.

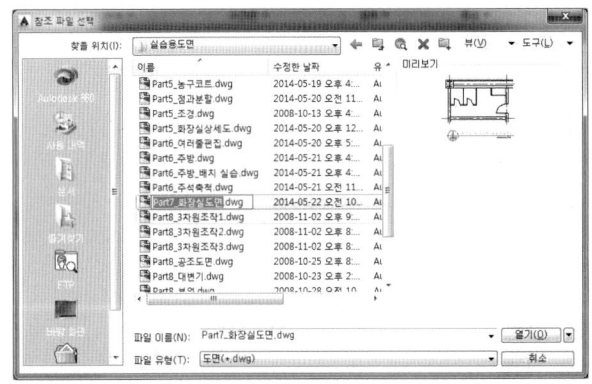

02 다음과 같은 '외부 참조 부착' 대화상자가 나타납니다. 설정 조건을 확인한 후 [확인]을 클릭합니다.
{삽입점 지정 또는 [축척(S)/X/Y/Z/회전(R)/플롯축척(PS)/PX(PX)/PY(PY)/PZ(PZ)/플롯회전(PR)]:}에서 삽입점 '0,0'을 입력합니다.

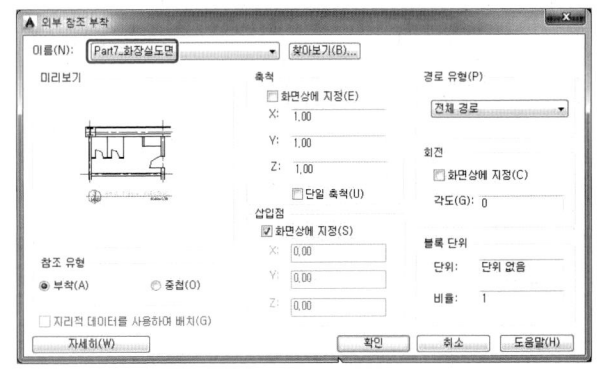

[TIP] '부착(ATTACH)' 명령 외에도 외부참조를 위한 명령으로 '외부 참조(EXTERNALREFERENCES)' 명령이 있습니다. '부착(ATTACH)' 명령과 동일한 방식으로 조작합니다.

03 다음과 같이 건축도면이 부착됩니다.

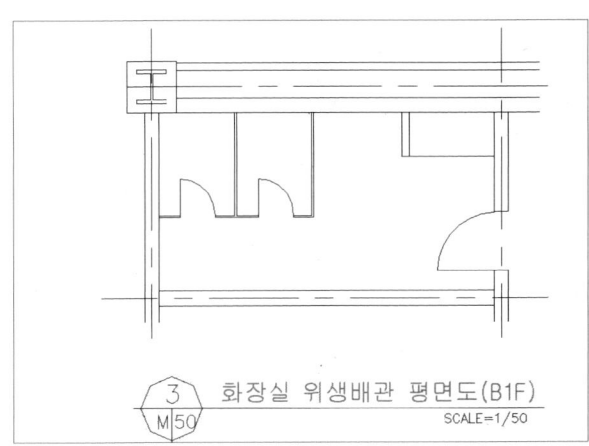

04 설비에 사용할 도면층을 작성합니다. '도면층(LAYER)' 명령을 이용하여 다음과 같은 도면층을 작성합니다.

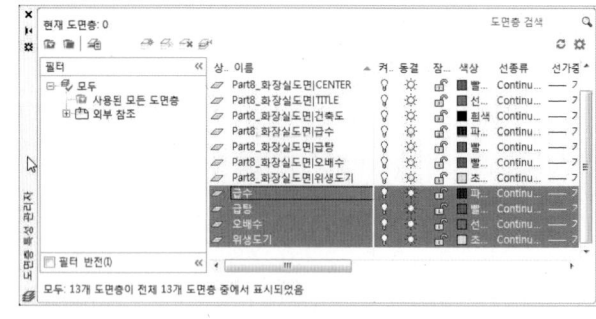

도면층 이름	색상
위생기	초록색
급수	파란색
급탕	빨간색
오배수	선홍색

【외부참조(External Reference)】

기존 도면 데이터를 활용하는 방법 중에 하나가 외부 도면을 참조하는 방법이 있습니다. 참조는 현재 도면으로 불러들이는 '삽입(INSERT)'과 달리 단순히 참조만 하는 것을 말합니다. 굳이 현재 도면 내에 존재하지 않아도 되는 도면은 삽입하지 않고 참조만으로 도면에서 표시됩니다. 설비도면을 작성하기 위해 건축도면을 참조하는 형식으로 활용합니다.

1. 외부 참조(External Reference)란?

외부 참조(External Reference)란 외부 도면 또는 이미지를 참조합니다. '삽입(INSERT)' 명령은 현재의 도면에 직접 삽입시켜 현재 도면 데이터베이스에 추가하는 것이고, 외부 참조는 현재의 도면에 삽입시키는 것이 아니라 단순히 외부의 도면을 참조(링크)만 하는 것입니다.
외부 참조의 특징을 살펴보면 다음과 같습니다.

(1) 도면 파일의 용량 절약
현재 도면 데이터베이스에 들어오는 것이 아니고 단지 외부 파일을 주 기억 장치(Main Memory)에 적재해 표시하고 도면을 종료하면 경로와 이름만 저장되므로 블록을 삽입하는 것에 비하면 도면 파일의 공간이 절약됩니다. 파일을 다시 열면(OPEN) 파일이 있는 경로와 이름을 추적해 자동으로 참조하게 됩니다.

(2) 도면의 독립성 유지
작업이 계속 진행 중인 도면을 참조하면서 작업을 할 수 있습니다. 삽입의 경우 삽입한 도면의 내용이 바뀌면 다시 삽입해야 하지만 외부 참조는 가장 최근에 갱신된 상태를 표시하기 때문에 다른 조작을 하지 않아도 수정된 최신의 내용을 참조할 수 있습니다. 따라서 참조한 도면이나 참조된 도면 모두 독립성을 유지하면서 작업할 수 있습니다.

(3) 참조 수의 제약
도면에 참조할 수 있는 외부 참조의 수는 제약이 없습니다.

(4) 편집 기능

외부 참조된 후에는 원하는 만큼 복사할 수도 있습니다. 복사된 객체에 대해서는 크기를 변경(SCALE)하고, 회전(ROTATE)시킬 수 있습니다. 외부 참조에 포함된 객체의 특성(도면층, 색상, 선 종류, 선 가중치 등)을 제어할 수 있습니다.

(5) 내포 기능

외부 참조는 다른 외부 참조를 내포할 수 있습니다. 즉, 다른 외부 참조가 포함된 외부 참조를 부착할 수 있습니다.

(6) 결합(병합) 기능

프로젝트가 완료되고 보관할 준비가 되면 부착된 참조 도면을 영구적으로 현재 도면과 병합(결합)할 수 있습니다.

2. 외부 참조를 관리하는 외부 참조 관리자(XREF)

참조되는 도면(외부 참조), 부착된 DWF, DWFx 또는 DGN 언더레이, 가져온 래스터 이미지 등 참조되는 파일을 구성, 표시 및 관리합니다. DWG, DWF, DWFx, PDF 및 래스터 이미지 파일만 외부 참조 팔레트에서 직접 열 수 있습니다.

명령 : EXTERNALREFERENCES(단축키 : XREF)   메뉴 아이콘 :

(1) 외부 참조 명령을 실행합니다. 명령어 'XREF'를 입력하거나 '삽입' 탭의 '참조' 패널에서 패널 하단의 비스듬한 화살표(↘) 또는 도구막대에서 을 클릭합니다. 다음과 같은 외부 참조 팔레트가 나타납니다.

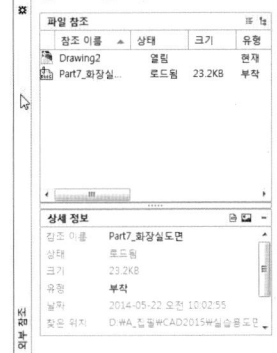

외부 참조 관리자 팔레트

외부 참조 팔레트는 참조 도면(외부 참조), 부착된 DWF 밑바탕 및 가져온 래스터 이미지 등의 참조된 파일을 구성, 표시 및 관리합니다. 팔레트 사용방법은 일반적인 팔레트 사용방법과 동일합니다.

(1) 첨부 : 외부 참조 팔레트의 맨 위쪽에 있는 첫 번째 버튼을 사용하면 DWG, 래스터 이미지, DWF, DGN, PDF, 점 구름 데이터를 첨부할 수 있습니다. 버튼의 초기의 기본은 DWG 첨부입니다. 버튼은 마지막으로 사용된 첨부 동작 유형을 표시합니다. DWF 파일을 첨부한 경우, 다른 파일 유형을 첨부할 때까지 버튼 상태는 DWF 첨부로 설정된 채 유지됩니다.

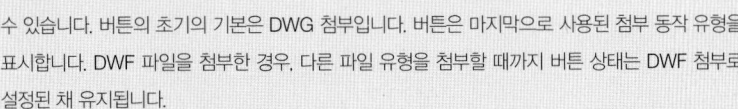

(2) 갱신 : 메모리의 데이터로 참조된 도면 파일의 상태 데이터를 재동기화합니다. 갱신에는 두 가지 종류가 있는데 '갱신(R)'과 '모든 참조를 다시 로드(A)'가 있습니다.

(3) 파일 참조 : 참조된 파일의 목록이 표시됩니다. 리스트 뷰와 트리 뷰가 있습니다. 오른쪽 아이콘을 눌러 리스트 뷰와 트리 뷰를 지정할 수 있습니다.

(4) 상세 정보, 미리 보기 : 참조 이름, 상태, 크기, 경로 등을 표시하는 상세 정보와 선택한 파일을 미리 볼 수 있는 미리 보기가 있습니다. 오른쪽 아이콘을 눌러 상세 정보를 볼 것인지, 미리 보기를 볼 것인지 선택합니다.

3. 파일을 첨부하는 부착(ATTACH, XATTACH)

파일을 외부 참조(Xref)로 삽입합니다. 도면 파일을 외부 참조로 부착하면 참조 도면이 현재 도면에 링크됩니다. 현재 도면을 열거나 다시 로드하면 참조 도면의 변경 사항이 모두 표시됩니다.

명령 : XATTACH 또는 ATTACH(단축키 : XA)   메뉴 아이콘 : 📎

[TIP] 이 실습에 앞서 원활한 실습을 위해 예제 파일의 '00_샘플건축도.dwg' 파일을 별도의 하드디스크(HDD) 공간에 복사하여 실습하기 바랍니다. 도면 파일을 수정하여 저장하기 위함입니다. (예제 파일은 혜지원 출판사 홈페이지 'www.hyejiwon.co.kr' 자료실에서 다운받을 수 있습니다.)

(2) 외부 참조 관리자 팔레트에서 'DWG 첨부(D)'을 클릭하거나 '삽입' 탭의 '참조' 패널에서 아이콘 📎을 클릭 또는 명령어 'XATTACH' 또는 'XA'를 입력합니다. 참조 파일 선택 대화상자에서 복사해둔 샘플 파일 '00_샘플건축도.dwg' 파일을 선택한 후 [열기(O)]를 클릭합니다.

Note_ '삽입' 탭의 '참조' 패널에서 아이콘 📎을 클릭하거나 명령어 'ATTACH'를 입력하여 실행한 경우에는 '파일 형식(T)'를 '*.dwg'를 지정합니다.

(3) 다음 그림과 같이 외부 참조 대화상자가 표시됩니다. 디폴트(기본 값) 상태에서 [확인]을 클릭합니다.

(4) {부착 외부 참조 "00_샘플건축도": E:₩실습용도면₩00_샘플건축도.dwg}
{"00_샘플건축도"이(가) 로드됨.}
{삽입점 지정 또는 [축척(S)/X/Y/Z/회전(R)/플롯축척(PS)/PX(PX)/PY(PY)/PZ(PZ)/플롯회전(PR)]:}에서 삽입점 '0,0'을 입력합니다.
다음 그림과 같이 선택한 파일이 현재 도면에 부착됩니다. 화면에 객체가 나타나지 않으면 '줌(ZOOM) – 범위(E)' 또는 '전체(A)' 기능으로 도면을 펼칩니다.

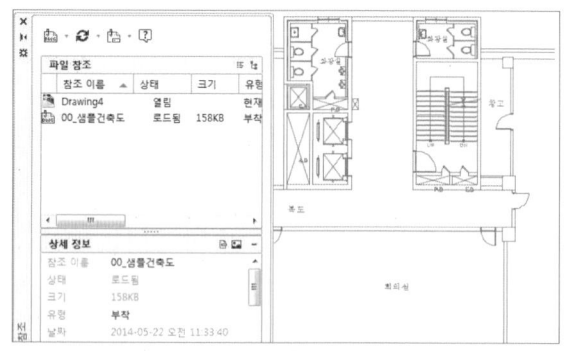

참고 XATTCH와 ATTACH

부착 명령인 'ATTACH'와 'XATTACH'는 파일의 종류의 차이입니다.
'ATTACH'는 기본적으로 외부 참조, 이미지 또는 언더레이(DWF, DWFx, PDF 또는 DGN 파일)를 현재 도면에 참조하는데 DWG 도면을 선택하려면 파일 형식을 'DWG'로 지정해야 합니다. 'XATTACH'는 기본적으로 DWG 파일만을 참조합니다.

(5) 참조된 도면을 위에 객체를 작성해보겠습니다. '원(CIRCLE)' 명령으로 다음 그림과 같이 원을 작도합니다. 원의 크기는 임의로 작도하겠습니다.

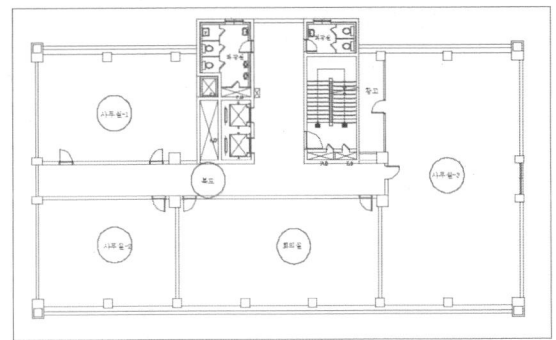

(6) 도면을 저장하겠습니다. '다른 이름으로 저장(SAVEAS)' 명령으로 'Part7_외부참조연습.dwg'이라는 파일명으로 저장하겠습니다. 저장 폴더는 찾기 쉬운 위치를 지정합니다.

(7) 이제는 참조했던 원본 파일을 수정해보겠습니다. '열기(OPEN)' 명령으로 복사해둔 원본 파일(00_샘플건축도.dwg)을 엽니다.

원본 도면에 '선(LINE)' 명령으로 다음 그림과 같이 별 모양을 작도합니다. 별의 크기는 임의로 지정합니다.

[TIP] 외부 참조에서 원본 파일이 수정되었을 때 어떤 결과가 되는지 알아보기 위한 연습입니다. 따라서, 원본 파일을 부착이 아니라 열기를 해야 합니다. 저장할 때는 원본 파일의 경로와 이름(00_샘플건축도.dwg)을 동일하게 저장해야 합니다.

별을 작도한 후 '저장(SAVE)' 명령으로 저장합니다.

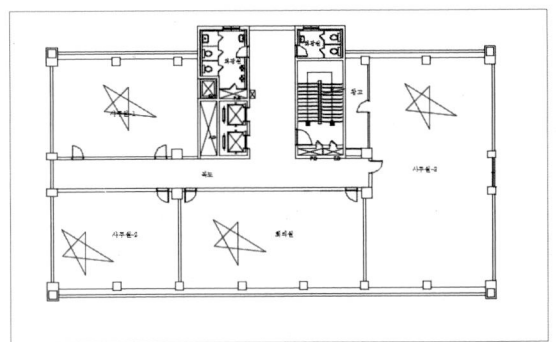

(8) 다시 앞에서 작업했던 도면 파일(Part7_외부참조연습.dwg)을 엽니다.

Note_AutoCAD를 종료하지 않고 다시 이전 도면을 펼치려면 Ctrl + Tab 키를 누르면 이전 도면이 펼쳐집니다.

도면(Part7_외부참조연습.dwg)이 펼쳐지면 외부 참조 관리자 명령을 실행합니다. 명령어 'XREF' 또는 'XR'을 입력하거나 '삽입' 탭의 '참조' 패널에서 패널 하단의 비스듬한 화살표를 클릭하거나 도구막대에서 🗐 을 클릭합니다.

(9) 외부 참조 파일이 변경된 경우는 참조된 파일 이름에 느낌표(!) 마크가 나타납니다. 이때는 상단에 있는 '갱신 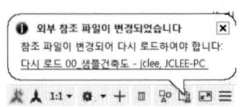 ' 드롭다운 버튼을 눌러 '모든 참조를 다시 로드(A)'를 클릭합니다.

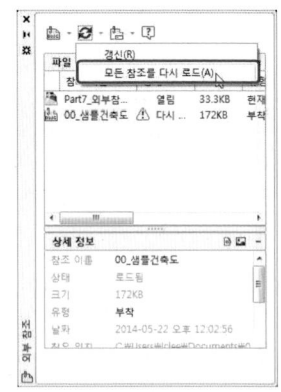

[TIP] 원본 파일이 변경되면 외부 참조 팔레트에는 원본 파일이 변경되었다는 의미로 느낌표 마크와 함께 '다시 로드해야 함'이라는 메시지가 나타납니다. 또, 하단의 상태막대에는 다음과 같은 정보가 표시됩니다. 이때 '다시 로드 00_샘플건축도'를 클릭하여 갱신합니다.

(10) 다음 그림과 같이 참조된 도면의 수정된 내용이 반영됩니다. 원본 도면에 추가된 별 모양이 나타나게 됩니다. 현재의 도면은 변경되지 않았지만 참조된 원본 파일이 변경되면 현재의 도면에 반영됩니다.
AutoCAD를 종료하고 '열기(OPEN)' 명령으로 도면(Part7_외부참조연습.dwg)을 새로 열면 갱신 작업을 수행하지 않아도 변경된 내용이 자동으로 반영되어 열립니다.

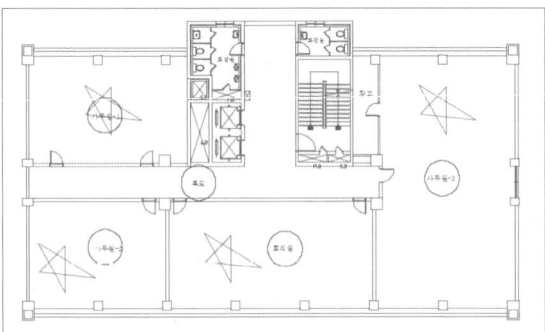

참고 외부 참조의 흐름 정리

외부 참조의 실습 내용을 정리해보도록 하겠습니다.

1. 새로운 도면에서 '00_샘플건축도.dwg' 파일을 외부 참조 형식으로 부착(참조)합니다.
2. 도면에 원을 작도하고 도면('Part7_외부참조연습.dwg')을 저장합니다.
3. '열기(OPEN)' 명령으로 참조했던 원본 파일 '00_샘플건축도.dwg'을 열어 별 모양을 작도하여 원본 파일을 저장합니다. 이때, 파일명은 변경하지 않고 동일한 파일명으로 지정합니다.
4. 다시 작업용 도면('Part7_외부참조연습.dwg')을 펼칩니다.
5. 도면 데이터를 '갱신'하게 되면 참조한 원본 파일의 수정된 내용(별 모양이 추가된 건축도)이 반영됩니다.
외부 참조에 대해 이해되셨습니까? 이렇게 외부 참조는 외부의 파일을 참조하는 형식으로 도면 작업의 효율성을 향상시킵니다.

4. 외부 참조의 분리 및 결합

DWG 참조(외부 참조)를 도면에서 제거할 수도 있고, 완전히 하나의 도면으로 결합할 수도 있습니다. 즉, 전혀 별개의 도면으로 제거하거나 참조가 아닌 하나의 도면 내에 들어오게 할 수 있습니다. 이번에는 분리와 결합 방법에 대해 알아보겠습니다.

01. 외부 참조 도면의 분리

외부 참조를 도면에서 완전히 제거하려면 지우는 것이 아니라 분리해야 합니다. 외부 참조를 지우면 그 외부 참조와 연관된 도면층 정의 등은 제거되지 않습니다. 분리 옵션을 사용하면 외부 참조 및 연관된 모든 정보가 제거됩니다.

(1) 앞에서 실습한 도면에 이어서 실습하겠습니다. 외부 참조된 도면에서 외부 참조 관리자 명령을 실행합니다. 명령어 'XREF' 또는 'XR'을 입력하거나 '삽입' 탭의 '참조' 패널의 하단에 있는 비스듬한 화살표(↘)를 클릭 또는 도구막대에서 📋을 클릭합니다. 다음과 같은 외부 참조 팔레트가 나타납니다.

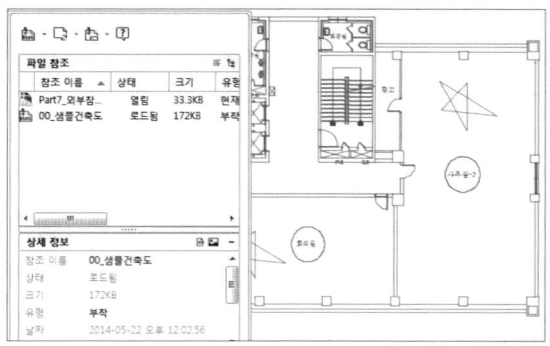

(2) 분리하고자 하는 외부 참조 파일(00_샘플건축도)에 마우스를 대고 오른쪽 버튼을 누릅니다. 표시되는 메뉴 목록에서 '분리(D)'를 선택하여 클릭합니다.

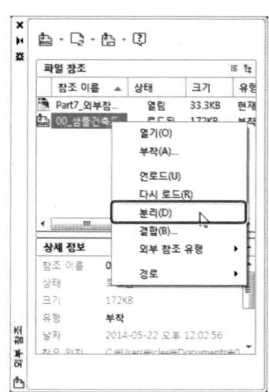

(3) 다음 그림과 같이 참조된 도면이 분리(제거)되어 부착된 도면이 파일 참조 목록에서 지워지면서 현재 도면에서도 사라집니다.

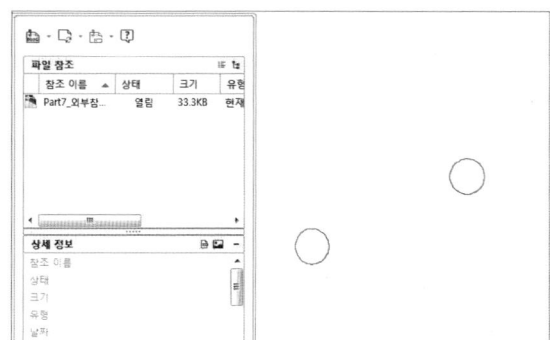

02. 외부 참조 도면의 결합

외부 참조된 도면은 단순히 참조만 하고 있을 뿐입니다. 화면상에서 보기에는 하나의 도면처럼 보이지만 두 개의 도면으로 구성된 도면이 됩니다. 이렇게 외부 참조된 도면을 하나의 도면으로 결합할 수 있습니다.

[TIP] 서로 다른 컴퓨터 환경을 가진 다른 사람이나 거래처에 외부 참조된 도면을 보내려면 경로를 포함하여 보내야 하는데 번거로운 작업이 될 수 있습니다. 외부 참조를 도면에 결합하는 방법은 검토자에게 도면을 보내는 쉬운 방법이기도 합니다.

(1) 외부 참조된 도면에서 외부 참조 관리자 명령을 실행합니다. 외부 참조 팔레트에서 결합하고자 하는 외부 참조 파일에 마우스를 대고 오른쪽 버튼을 누릅니다. 표시되는 메뉴 목록에서 '결합(B)'를 선택하여 클릭합니다.

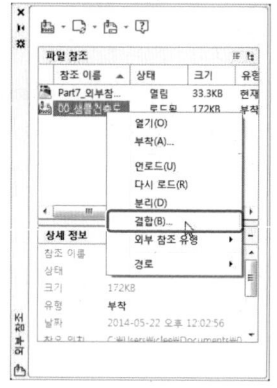

(2) 외부 참조 결합 대화상자가 나타납니다. 이때, 결합 유형을 선택합니다. '결합(B)'을 선택한 후 [확인]을 클릭합니다.

참고 | '결합(B)'과 '삽입(I)'의 차이

결합과 삽입 모두 블록 형식으로 삽입됩니다. 차이점은 도면층 이름입니다. '결합(B)'의 경우는 명명된 객체 정의는 도면층 이름 머리말에 'blockname$n$'가 붙어 삽입됩니다. 예를 들어 도면층 이름이 '샘플건축도0Arch'형식이 됩니다. '삽입(I)'의 경우는 객체 정의에서 도면층 이름 머리말이 추가되지 않고 삽입됩니다.

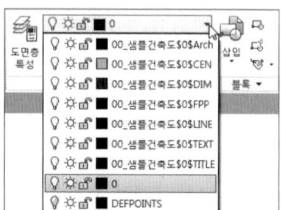

5. 언더레이의 조작

'언더레이'는 밑그림으로 이해하면 됩니다. AutoCAD는 DWG 도면 외에도 DWF, DWFx, DGN 또는 PDF 파일을 도면 파일에 언더레이로 부착할 수 있습니다. 언더레이 파일은 실제로는 도면 파일에 속하지 않습니다. 래스터 파일과 마찬가지로 언더레이는 경로 이름을 통해 도면 파일에 링크됩니다. 따라서 언제든지 파일 경로를 변경하거나 제거할 수 있습니다. 이러한 방법으로 언더레이를 부착하면 도면 파일 크기를 크게 늘리지 않고 도면에서 파일을 사용할 수 있습니다. 부착된 언더레이는 다양한 조작이 가능합니다.

01. 언더레이 도면층(ULAYERS)

DWF, DWFx, PDF 또는 DGN 언더레이의 도면층 표시를 조정합니다.

명령 : ULAYERS   메뉴 아이콘 :

(1) 명령어 'ATTACH' 또는 'DWFATTACH'를 입력하거나 '삽입' 탭의 '참조' 패널에서 '부착 '을 클릭합니다. 다음과 같은 '참조 파일 선택' 대화상자에서 예제 파일의 'Part7_위생배관.dwfx' 파일을 선택한 후 [열기(O)]를 클릭합니다. (예제 파일은 혜지원 출판사 홈페이지 'www.hyejiwon.co.kr' 자료실에서 다운받을 수 있습니다.)

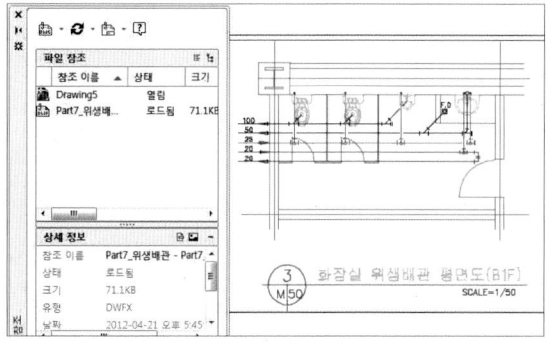

(2) 언더레이 도면층을 실행합니다. 명령어 'ULAYERS'를 입력하거나 '삽입' 탭의 '참조' 패널에서 '언더레이 도면층 '을 클릭합니다. 다음과 같은 언더레이 도면층 대화상자가 나타납니다.

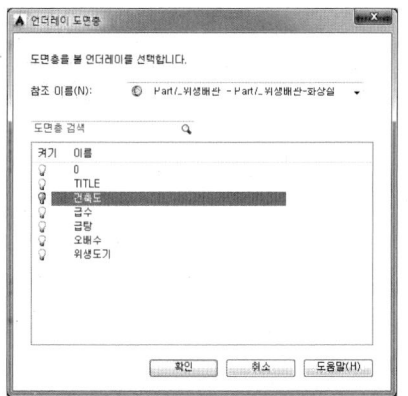

(3) 대화상자에서 '건축도' 앞에 있는 전등 아이콘을 눌러 도면층을 끕니다. 다음 그림과 같이 '건축도' 도면층이 꺼집니다.

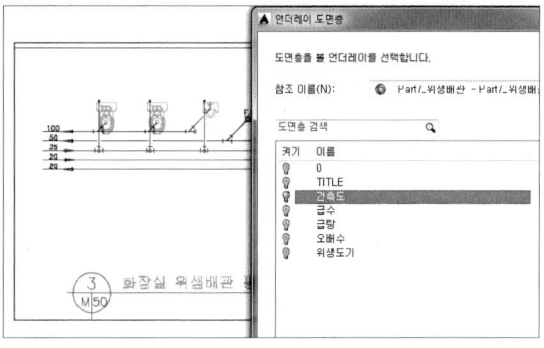

(4) 이번에는 '위생도기' 앞에 있는 전등 아이콘을 눌러 도면층을 끕니다. 다음 그림과 같이 '위생도기' 도면층이 꺼집니다.

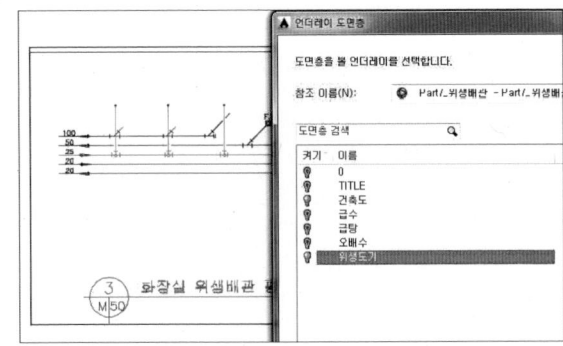

(5) 이번에는 도면층을 다시 켭니다. '건축도'와 '위생도기'의 전등 아이콘을 눌러 켭니다. 다음 그림과 같이 두 도면층이 다시 켜집니다.

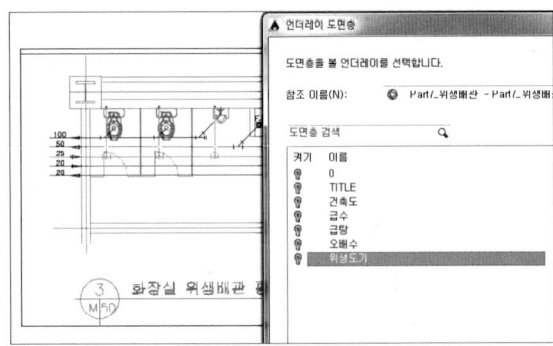

02. 언더레이 자르기(CLIP)

자르기 경계를 설정하여 표시 및 플롯 할 언더레이 부분을 정의할 수 있습니다. 자르기 경계는 언더레이의 전체 범위 내에서 정점을 갖는 폴리선, 직사각형 또는 닫힌 폴리선이 될 수 있습니다.

명령 : CLIP   메뉴 아이콘 :

(1) 언더레이 자르기 명령을 실행합니다. 명령어 'CLIP'을 입력하거나 '삽입' 탭의 '참조' 패널에서 '자르기 '를 클릭합니다.
{자를 객체 선택:}에서 자르고자 하는 언더레이 객체(부착된 객체)를 선택합니다.
{자르기 옵션 입력 [켜기(ON)/끄기(OFF)/삭제(D)/새 경계(N)] <새 경계(N)>:}에서 'N'을 입력합니다.
{외부 모드 – 경계 밖의 객체를 숨깁니다.}
{자르기 경계 지정 또는 반전 옵션 선택 {[폴리선 선택(S)/다각형(P)/직사각형(R)/반전 자르기(I)] <직사각형(R)>:}에서 자르고자 하는 범위의 한 점을 지정합니다.
{반대 구석점 지정:}에서 범위의 반대편 구석의 한 점을 지정합니다.

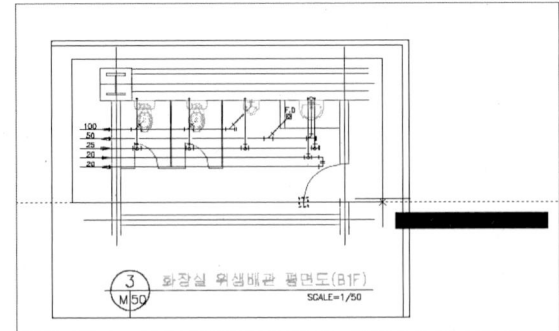

(2) 다음 그림과 같이 지정한 범위(화장실의 왼쪽 상단)를 남기고 나머지 부분은 잘립니다.

> **참고** 자르기 명령어
>
> 기본적으로 '자르기(CLIP)' 명령으로 다양한 포맷의 파일을 자를 수 있지만 각 파일 포맷에 따라 자르기 명령이 있습니다. 'DGNCLIP', 'DWFCLIP', 'PDFCLIP', 'IMAGECLIP', 'VPCLIP' 및 'XCLIP' 명령이 있습니다.

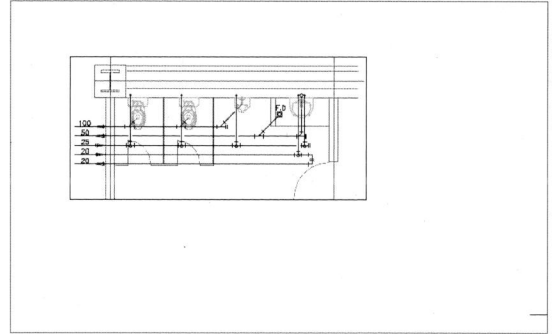

03. 언더레이 조정(ADJUST)

선택한 이미지 또는 언더레이(DWF, DWFx, PDF 또는 DGN)의 페이드, 대비 및 단색 설정을 조정합니다.

명령 : ADJUST   메뉴 아이콘 :

(1) 언더레이 조정 명령을 실행합니다. 명령어 'ADJUST'을 입력하거나 '삽입' 탭의 '참조' 패널에서 '조정'을 클릭합니다.

{이미지 또는 언더레이 선택:}에서 객체(DXF 첨부 객체)를 선택합니다. {1개를 찾음}

{이미지 또는 언더레이 선택:}에서 Enter 또는 Space bar 를 눌러 선택을 종료합니다.

(2) {DWF 언더레이 옵션 입력 [감쇠(F)/대비(C)/단색(M)] 〈감쇠(F)〉:}에서 감쇠 옵션 'F'를 입력합니다.

{흐림 값 입력(0-100) 〈25〉:}에서 '70'을 입력합니다. 다음 그림과 같이 선택한 언더레이 객체가 흐릿하게 바뀝니다.

Note_ 값이 클수록 언더레이의 라인워크가 밝게 나타납니다. 이 설정은 대비 효과와 간접적으로 작용합니다. 대비 값이 크면 감쇠 값을 높게 설정했을 때 언더레이가 배경에 혼합됩니다.

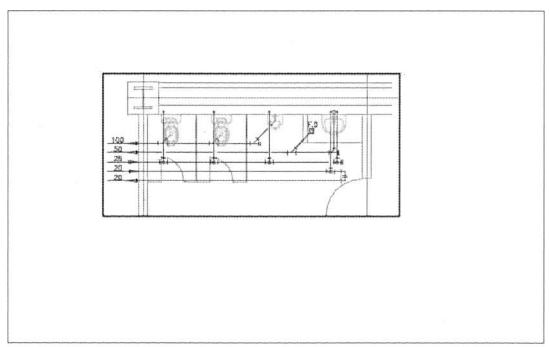

04. 언더레이 프레임 표시(FRAME)

언더레이 또는 자르기 경계 주위에 경계를 표시하고 플롯할 수 있습니다. 프레임은 언더레이의 범위 또는 언더레이의 잘린 경계를 보여주는 시각적인 경계입니다. 언더레이 프레임을 숨겨도 잘린 언더레이는 지정된 경계까지 그대로 표시되며 경계만 영향을 받습니다.

> **[TIP]** DWFFRAME, PDFFRAME, DGNFRAME 또는 FRAME 시스템 변수를 사용하여 프레임을 표시할 수 있을 뿐만 아니라 프레임을 플롯할지 여부를 지정할 수 있습니다.

(1) '삽입' 탭의 '참조' 패널에서 "*프레임 변경*" 목록을 표시하여 '프레임 숨기기'를 클릭합니다.

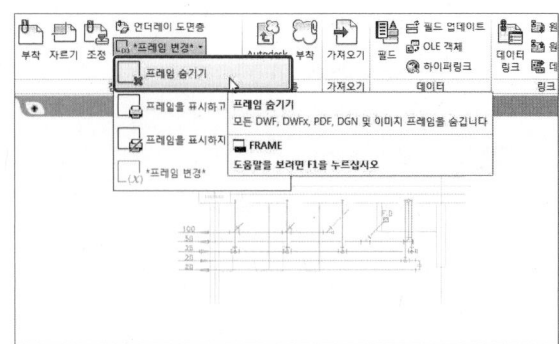

(2) 다음 그림과 같이 언더레이의 프레임이 지워집니다.

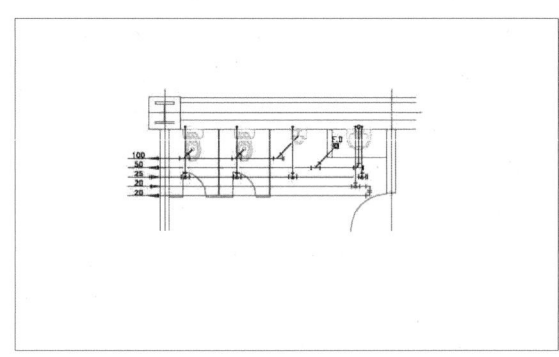

05. 언더레이 객체 스냅 제어(UOSNAP)

도면에 부착된 DWF, DWFx, PDF 및 DGN 언더레이의 형상에 대해 객체 스냅을 활성화할지 여부를 결정합니다.

(1) '삽입' 탭의 '참조' 패널에서 '언더레이로 스냅 켜기' 또는 '언더레이로 스냅 끄기'를 클릭합니다. '언더레이로 스냅 끄기'로 설정하면 언더레이에서 객체 스냅이 작동되지 않지만 '언더레이로 스냅 켜기'를 설정하면 객체 스냅이 작동됩니다.

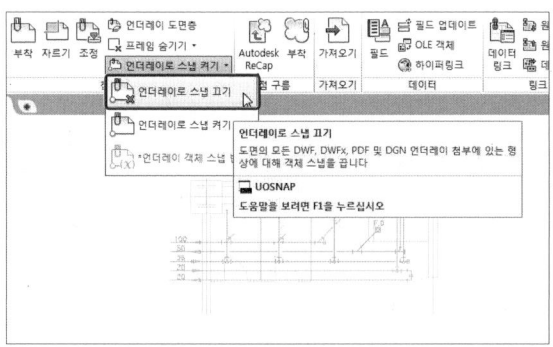

참고 | 언더레이 탭

DWF 언더레이 객체를 클릭하면 다음과 같이 'DWF 언더레이' 탭이 나타납니다.

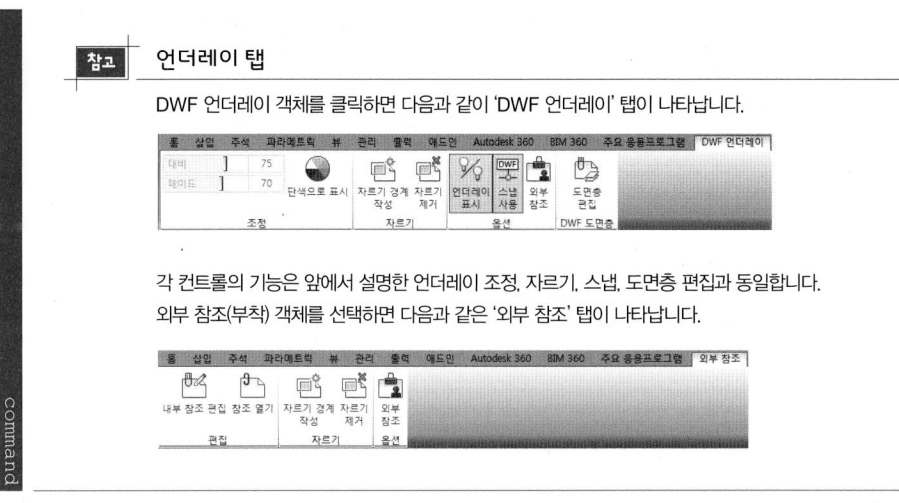

각 컨트롤의 기능은 앞에서 설명한 언더레이 조정, 자르기, 스냅, 도면층 편집과 동일합니다.
외부 참조(부착) 객체를 선택하면 다음과 같은 '외부 참조' 탭이 나타납니다.

2 위생기기 배치

위생도기를 배치하겠습니다. 여기에서는 대변기 2개, 소변기 1개, 세면기 1개를 설치하도록 하겠습니다. 위생도기는 'Part7_대변기.dwg', 'Part7_소변기.dwg', 'Part7_세면기.dwg' 파일로 제공됩니다. (예제 파일은 혜지원 출판사 홈페이지 'www.hyejiwon.co.kr' 자료실에서 다운받을 수 있습니다.)

01 먼저 도면층을 '위생도기'로 지정합니다. '삽입(INSERT) ' 명령으로 대변기를 삽입합니다. [찾아보기(B)]를 눌러 'Part7_대변기.dwg'를 선택한 후 [확인]을 클릭합니다.

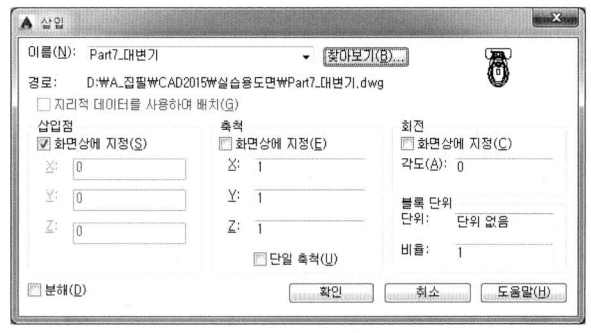

{삽입점 지정 또는 [기준점(B)/축척(S)/회전(R)]:}에서 객체 스냅을 이용하여 대변기의 위치를 지정합니다.

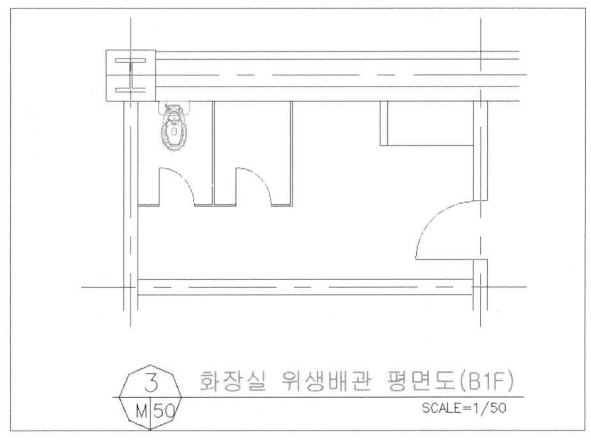

02 '복사(COPY)' 명령으로 대변기를 복사하여 다음 그림과 같이 옆 칸에 배치합니다.

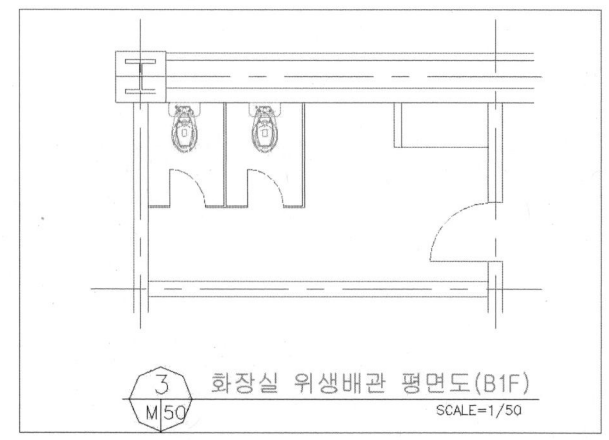

03 '삽입(INSERT)' 명령으로 소변기와 세면기를 삽입합니다. 소변기와 세면기는 'Part7_소변기.dwg', 'Part7_세면기.dwg' 파일로 제공됩니다. 다음 그림과 같이 배치합니다.

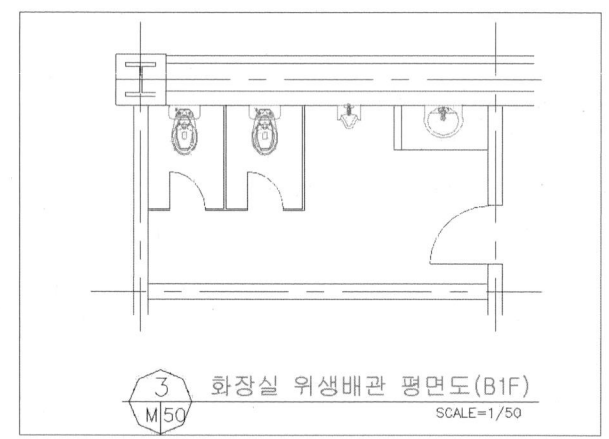

3 입관 및 바닥 배수구

위생도기에 공급되는 물의 배관은 벽을 통해 위생도기에 연결됩니다. 이 배관의 표현은 평면도에서는 원으로 표현합니다. 대변기, 소변기는 급수관 하나, 세면기는 급수, 급탕관이 필요합니다. 여기에 배수도 벽을 통해 나가므로 세 개의 원이 필요합니다. 여기에 화장실 청소 등에 필요한 배수구를 표시하겠습니다.

01 '원(CIRCLE) ⊙' 명령을 실행합니다. 다음 그림과 같은 위치에 반지름이 '20'인 원을 작도합니다.

[TIP] 실제 물을 공급하기 위한 관경은 '15'~'20' 정도이지만 여기에서는 실제 배관이 아니고 배관이 지나간다는 도면상의 표현이므로 반지름이 '20'인 원으로 표현하겠습니다.

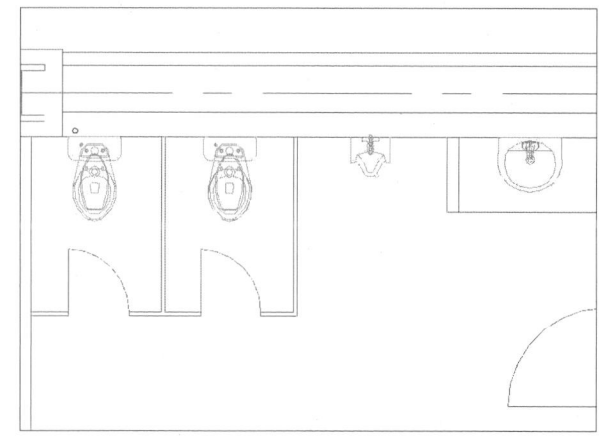

02 동일한 방법으로 다른 위생도기에도 다음 그림과 같이 입관 표시를 합니다. 세면기에는 양쪽으로 급수와 급탕이 있고 가운데에 배수구 표시를 하므로 세 개의 원을 작도합니다. 가운데 배수구 표시는 급수, 급탕관보다 크게 표현합니다.

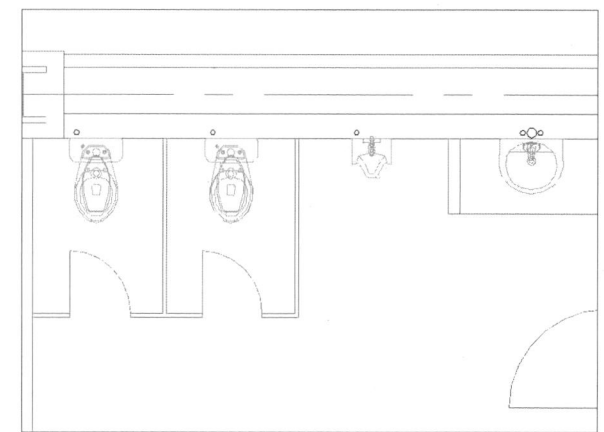

03 다음은 '바닥 배수구(Floor Drain)' 표시를 하겠습니다. '직사각형(RECTANGLE) ▭' 명령으로 '100×100' 크기의 사각형을 작도한 후 '원(CIRCLE) ⊙' 명령으로 사각형에 가득 찬 원을 작도합니다.

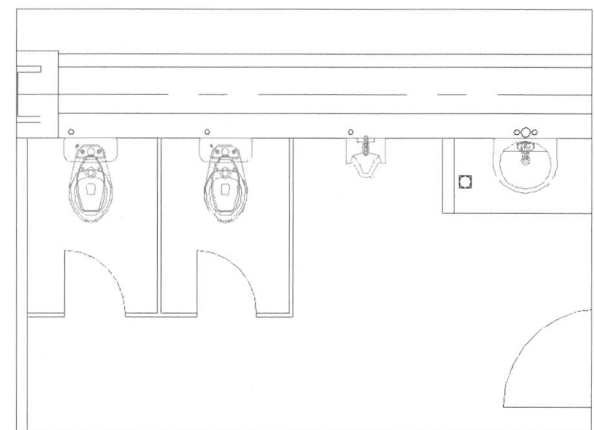

04 '단일 행 문자(TEXT) A̲Ｉ' 명령으로 바닥 배수구의 약어인 'F.D'를 표기합니다. 이때 문자의 높이는 '100'으로 설정합니다.

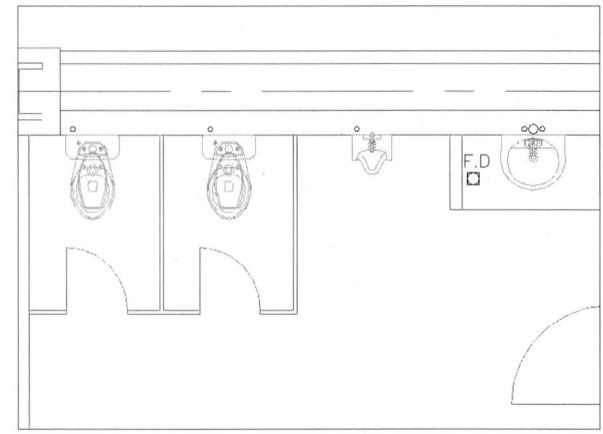

4 배관 그리기

배관을 작도하겠습니다. 먼저 배관의 기본 선을 작도하겠습니다. 위생설비에서는 일반적으로 오수관, 배수관, 급수관, 급탕관, 환탕관, 통기관 등 6줄의 배관을 작도합니다. 여기에서는 통기관을 제외한 5줄의 배관을 작도하겠습니다. 배관 사이의 간격은 '200'으로 하겠습니다.

01 먼저 도면층을 '오배수'로 변경합니다. '선(LINE) ✏' 명령으로 다음 그림과 같이 기준선을 작도합니다. 위치는 정확하지 않아도 됩니다.

[TIP] 건물의 상황이나 현장의 상황에 따라 배관의 순서는 바뀔 수 있습니다. 여기에서는 오수, 배수, 급수, 급탕, 환탕관의 순서로 작도하겠습니다.

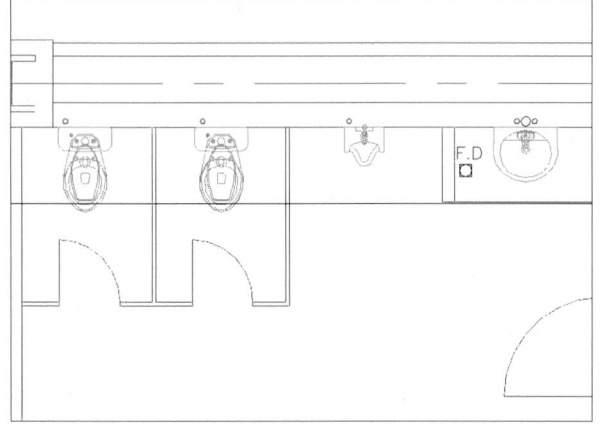

02 '간격 띄우기(OFFSET) ' 명령으로 간격 '200'씩 다섯 줄이 되도록 간격을 띄웁니다. 다음 그림과 같이 작도됩니다. 이렇게 해서 위생배관의 주관이 작도되었습니다.

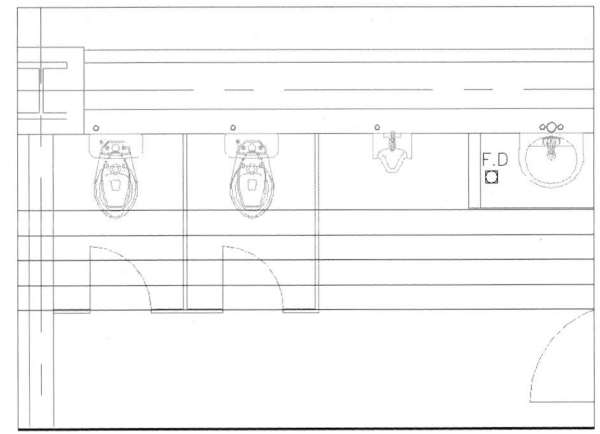

03 이제는 주관과 위생도기를 연결하겠습니다. 45도로 연결하기 위해 그리기 도구에서 '극좌표 추적 '을 켜고 다음 그림과 같이 각도를 '45'로 설정합니다.

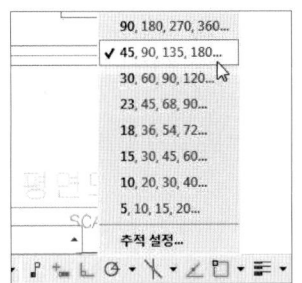

04 '줌(ZOOM)' 명령으로 확대를 해서 작업하겠습니다.
'선(LINE) ' 명령을 실행합니다.
{첫 번째 점 지정:}에서 대변기의 배수구 위치를 지정합니다.
{다음 점 지정 또는 [명령 취소(U)]:}에서 다음 그림과 같이 극좌표 추적으로 찾아진 225도 방향의 선과 오수 주관과 만나는 지점을 지정합니다.

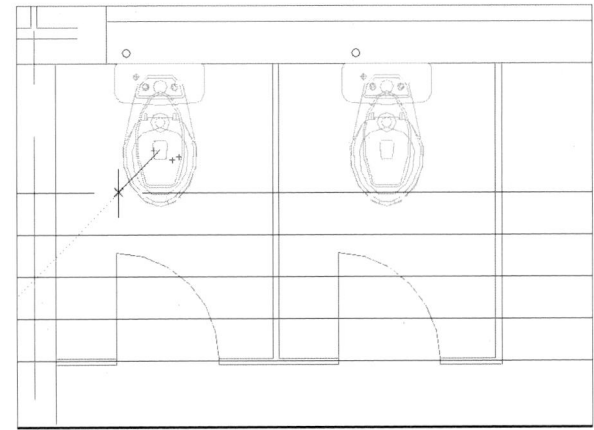

05 {다음 점 지정 또는 [명령 취소(U)]:}에서 Enter 또는 Space bar 를 눌러 종료합니다. 다음과 같이 위생기(대변기)와 오수관이 연결됩니다.

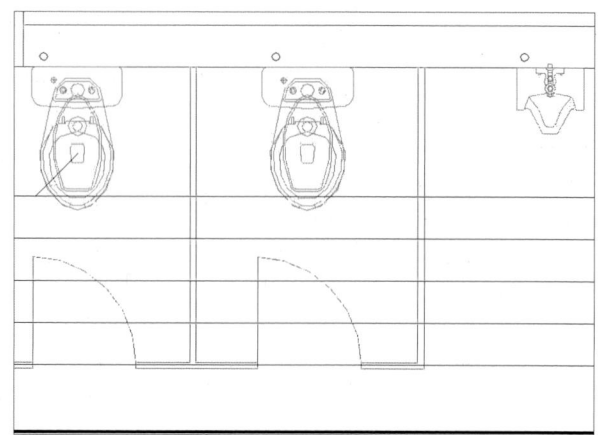

06 동일한 방법으로 다음 그림과 같이 대변기, 소변기로부터 오수 주관에 연결합니다.

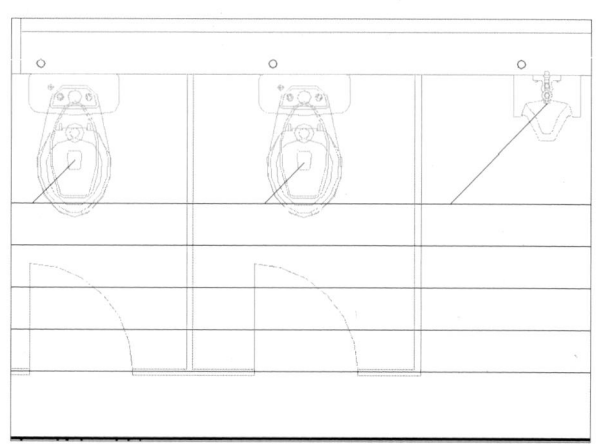

07 배수관을 연결하겠습니다. 배수관의 주관은 두 번째 선으로 하겠습니다. 배수관은 세면기와 바닥 배수구에서 연결합니다. 세면기의 배수관은 직각으로 연결합니다.

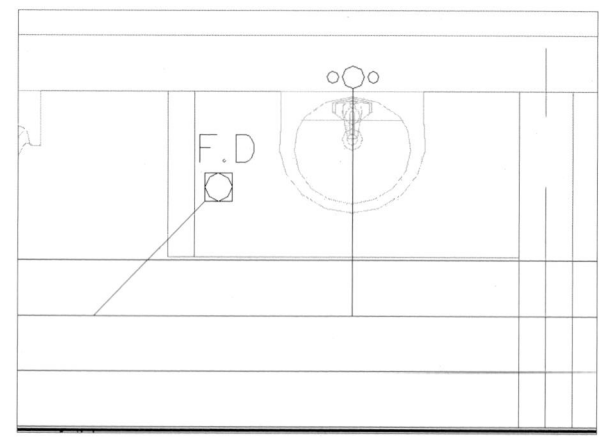

다음 그림과 같이 오배수관이 연결되었습니다.

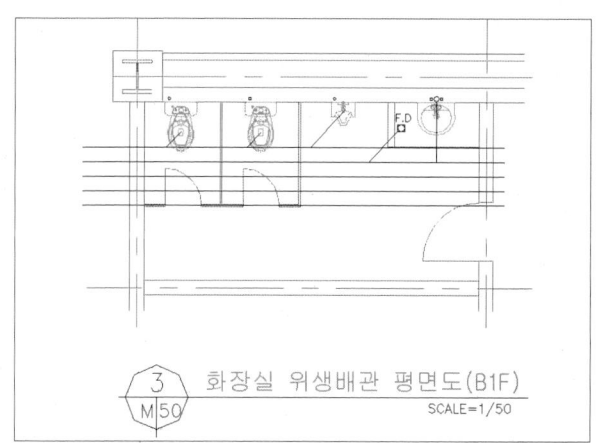

08 다음은 급수관과 급탕관을 연결하겠습니다. 세 번째 선을 찬물을 공급하는 '급수관', 네 번째 선은 따뜻한 물을 공급하는 '급탕관', 다섯 번째 줄은 따뜻한 물을 순환하기 위한 '환탕관'으로 하겠습니다. 세면기의 경우는 오른쪽이 급수(차가운 물)관이 됩니다.
앞에서와 마찬가지로 '선(LINE) ✎' 명령으로 다음 그림과 같이 급수관을 연결합니다.

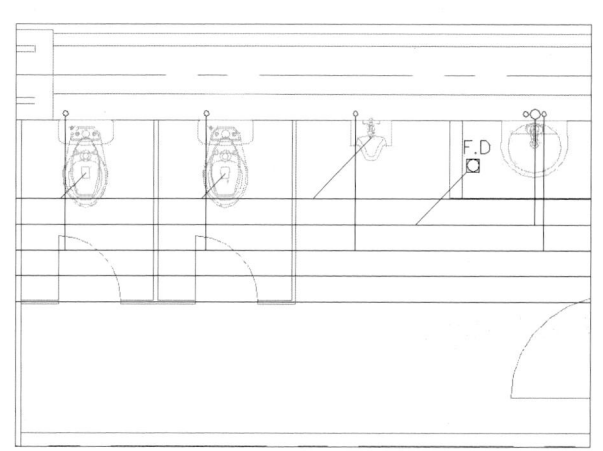

09 Enter 또는 Space bar 를 눌러 선 명령을 재실행하여 급탕관을 연결합니다. 여기에서는 세면기의 왼쪽에만 연결하면 됩니다.

[TIP] 급탕관은 따뜻한 물을 공급하는 관입니다. 위생배관에서는 세면기, 청소구, 샤워, 욕조 등이 해당됩니다.

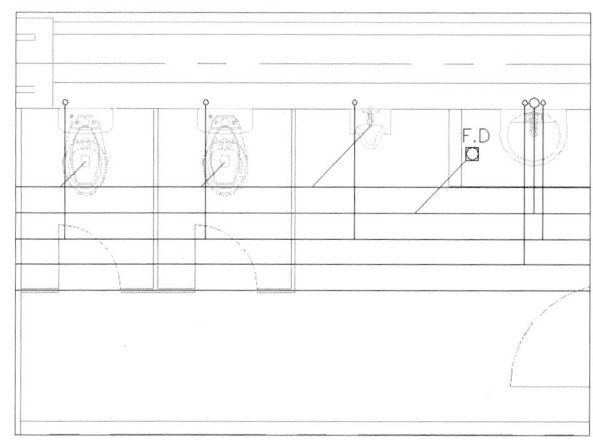

10 급탕관과 환탕관을 연결하겠습니다. '선(LINE) /' 명령으로 세 번째 급탕관과 네 번째 환탕관을 연결하고 불필요한 부분은 '자르기(TRIM) -/--' 명령으로 자릅니다.

[TIP] 급탕관은 따뜻한 물을 공급하는데 물이 정체되어 있으면 식어서 차가운 물이 되기 때문에 순환을 시켜야 합니다. 이 순환을 위한 배관이 환탕관입니다. 즉, 뜨거운 물이 들어와서 돌아가는 관이 환탕관입니다.

이렇게 해서 기본적으로 물을 공급하고 순환한 후 사용한 물을 배수하는 배관의 선이 연결되었습니다.

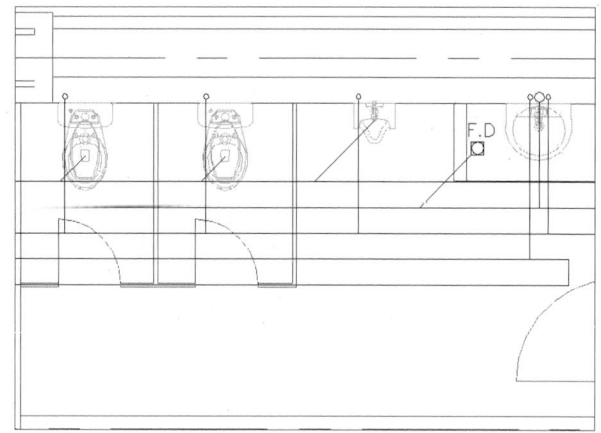

5 조인트 그리기

배관선을 기준으로 각 조인트를 작도하겠습니다. 여기에서 필요한 조인트는 Y 조인트, 엘보우, 입상티, YT 등이 있습니다. 작도하는 방법으로는 먼저 필요한 조인트를 작도해 놓은 다음 복사하여 사용하겠습니다.

01 '선(LINE) /' 명령으로 빈 공간에 다음과 같이 작도합니다. 한 변의 길이는 '80'입니다.

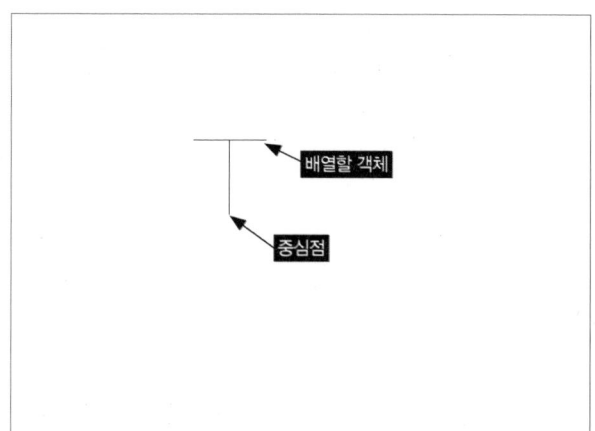

02 '원형 배열(ARRAYPOLAR) ' 명령으로 원형 배열합니다. 배열할 객체는 위쪽의 수평선, 중심은 수직선의 아래쪽 끝점입니다. '배열 작성' 탭에서 '항목:'은 '4', '채우기:'는 '360'으로 지정합니다.

다음 그림과 같이 배열됩니다.

03 '원(CIRCLE) ' 명령으로 정 중앙에 반지름이 '45'인 원을 작도한 후 '선(LINE) ' 명령으로 '극좌표 추적하기 ' 기능을 이용하여 45도 선을 작도합니다.

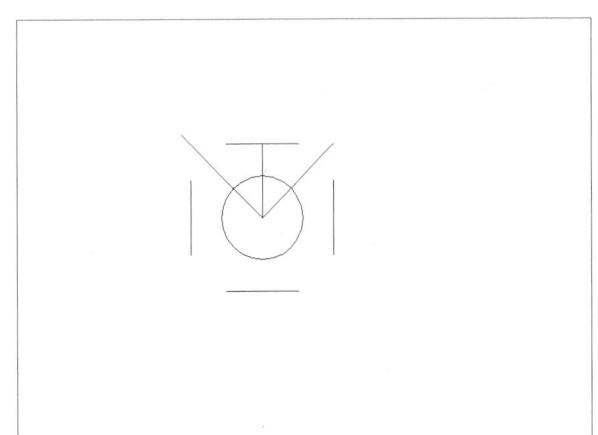

04 '자르기(TRIM) ' 명령으로 원의 위쪽을 자르고 '지우기(ERASE) ' 명령으로 45도 보조선을 지웁니다.

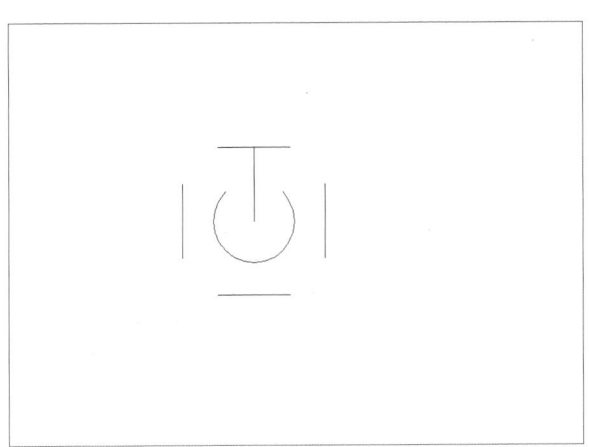

05 '복사(COPY) ' 명령으로 복사한 후 복사한 객체는 '간격 띄우기(OFFSET) ' 명령으로 오른쪽 수직선을 오른쪽 방향으로 '40'만큼 간격을 띄웁니다.

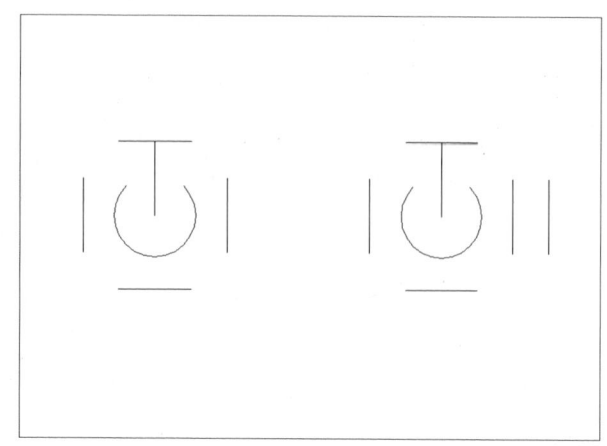

06 오른쪽 도형으로 Y 조인트를 작도하도록 하겠습니다. '선(LINE) ' 명령으로 '극좌표 추적하기 ' 기능을 이용하여 45도 방향으로 길이 '140'인 선을 긋습니다. '복사(COPY) ' 명령으로 수직선을 45선 끝 쪽에 복사합니다.

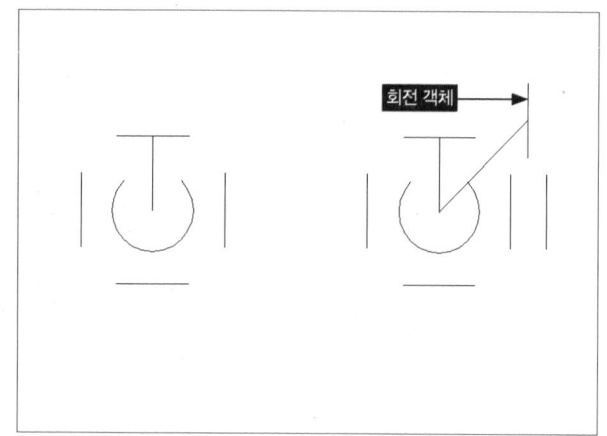

07 직전에 복사한 선을 '회전(ROTATE) ' 명령으로 45도 회전하고, '지우기(ERASE) ' 명령으로 다음 그림과 같이 내부의 선과 호를 지웁니다. 이렇게 하여 조인트의 기본 심볼이 완성되었습니다.

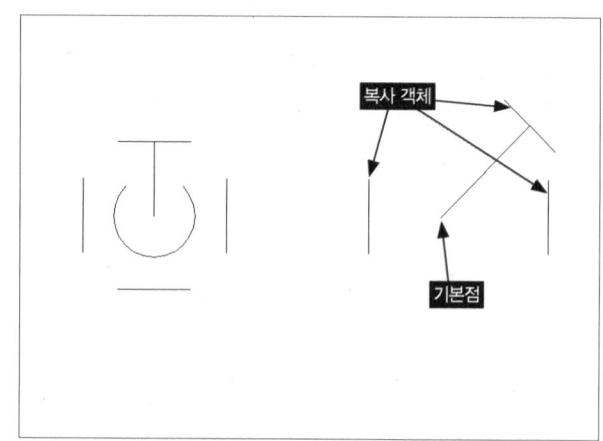

08 지금부터 조인트 심볼을 해당 위치에 복사하겠습니다. 먼저 Y 조인트를 복사합니다. '복사(COPY) ⊙' 명령으로 다음 그림과 같이 Y조인트가 들어갈 위치에 복사합니다.

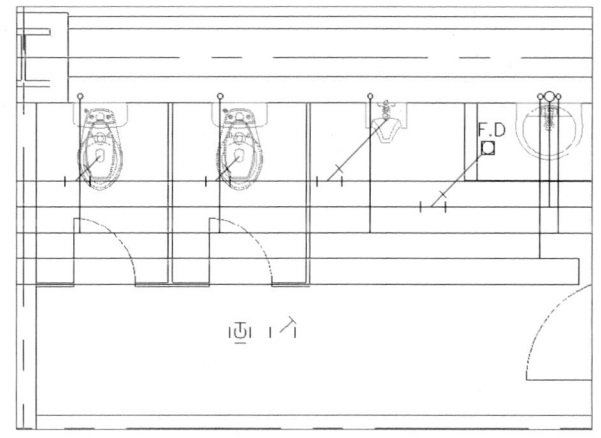

09 '복사(COPY) ⊙' 명령으로 급수관과 급탕관에 입상분기 심볼을 복사합니다. 복사할 객체를 선택할 때는 만들어놓은 심볼에서 필요한 부분만을 선택하도록 합니다.

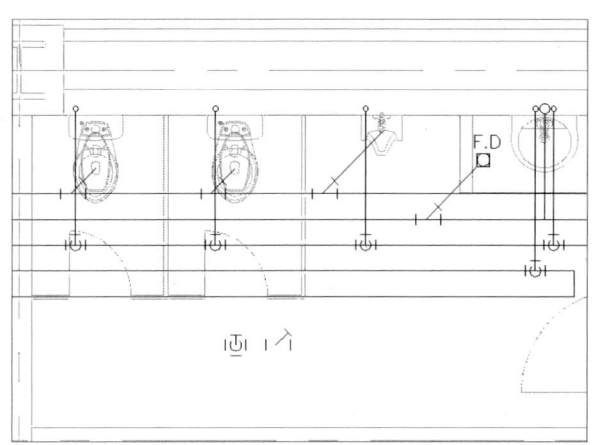

10 '자르기(TRIM) -/--' 명령으로 입상분기의 가운데 선을 자릅니다.

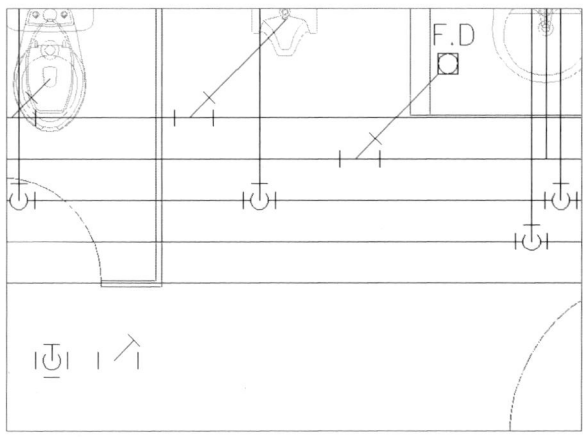

11 다음은 세면기의 배수구 조인트(YT)를 작도하겠습니다. 복사, 자르기, 간격 띄우기 등의 명령을 이용하여 다음 그림과 같이 조인트(YT)를 만듭니다.

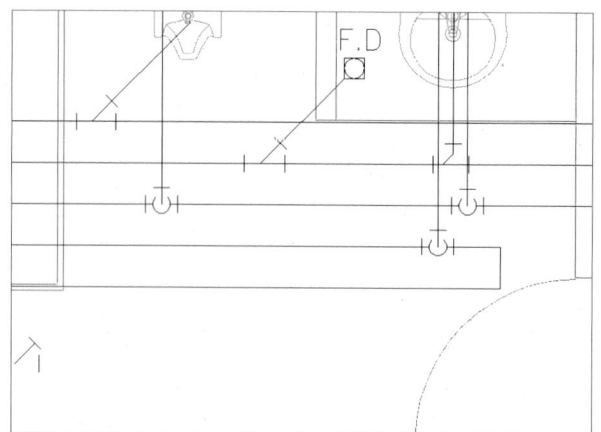

12 각 배관의 말단부를 마무리 하겠습니다. '자르기(TRIM) -/--' 명령으로 오수, 배수, 급수관의 마지막 조인트로부터 빠져나간 선을 지웁니다.

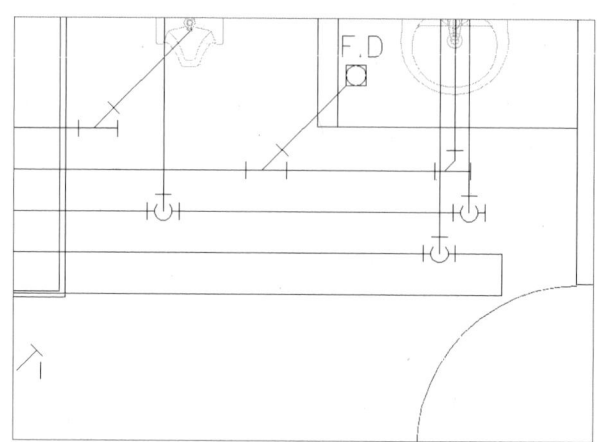

13 조인트의 말단에 소제구(C.O)를 부착합니다. '간격 띄우기(OFFSET)' 명령으로 각 말단부의 턱(수직선)을 '30'만큼 바깥쪽으로 띄웁니다.

[TIP] 소제구(C.O)는 파이프가 막혔을 때, 청소를 위해 설치하는 것으로 주로 오배수관의 꺾이는 부분에 부착합니다.

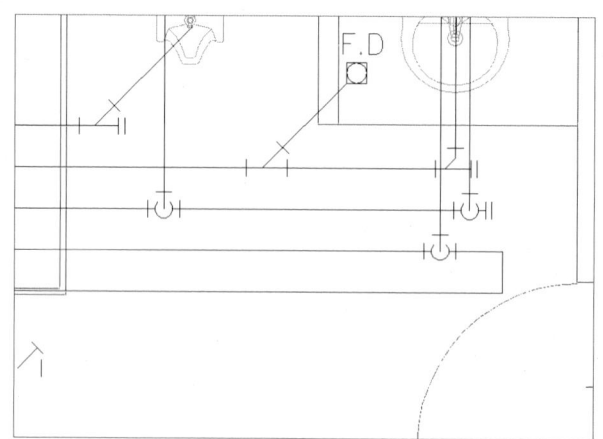

14 급탕관에서 환탕관으로 이어지는 부분에 엘보우를 넣도록 하겠습니다. 앞에서 작도한 입상분기에서 엘보우에 필요한 부분만 선택하여 복사합니다.

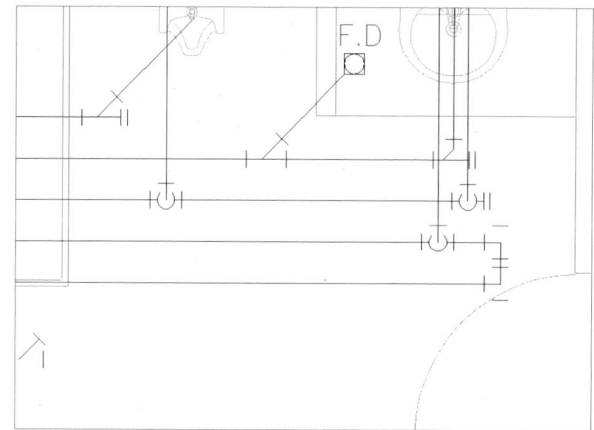

15 '지우기(ERASE) ✏' 명령으로 엘보우에 필요 없는 선을 지웁니다. 또, 조인트 작성을 위해 만들어 놓은 심볼도 도면에서 지웁니다.

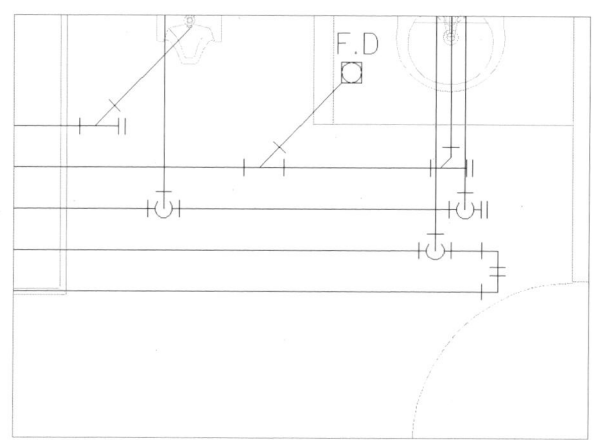

6 마무리 작업

마지막 단계로 도면층을 변경하고 유체의 흐름 기호를 표시하거나 배관 치수를 기입합니다. 또, 위쪽 배관과 아래쪽 배관을 구분하기 위해 은선 처리도 실시합니다.

01 도면층을 변경하겠습니다. 먼저 급수관을 모두 선택합니다.

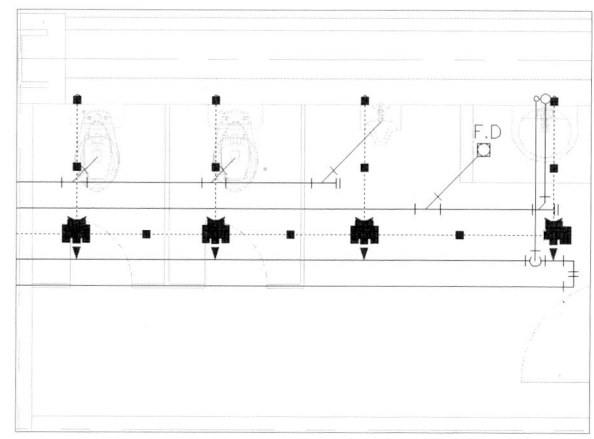

02 도면층 목록에서 '급수'를 선택합니다.

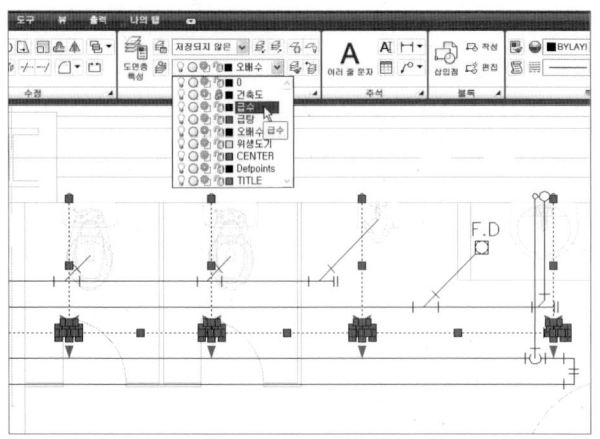

03 Esc 를 눌러 선택된 객체를 해제합니다. 다음 그림과 같이 도면층이 '급수'로 바뀌면서 파이프 색상이 파란색으로 바뀝니다.

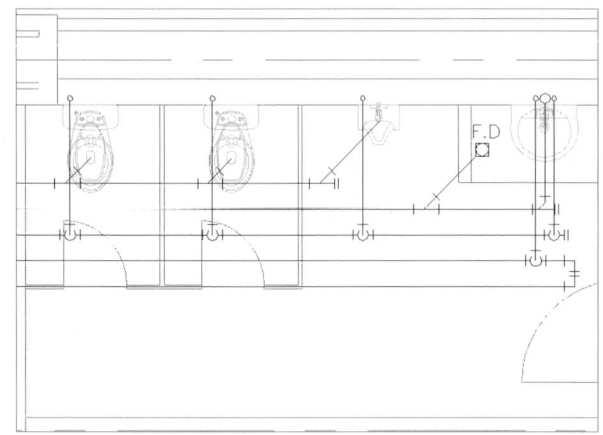

04 동일한 방법으로 급탕관과 환탕관도 도면층을 '급탕'으로 바꿉니다. 그러면 화면에서 빨간색으로 바뀝니다.

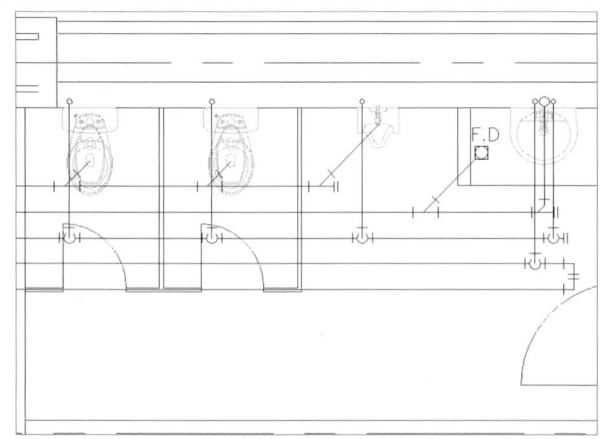

05 이번에는 화살표로 유체의 흐름기호를 표시하겠습니다. 도면층을 '0'으로 변경합니다.
'선(LINE) '으로 다음 그림과 같이 화살표 모양을 작도합니다.

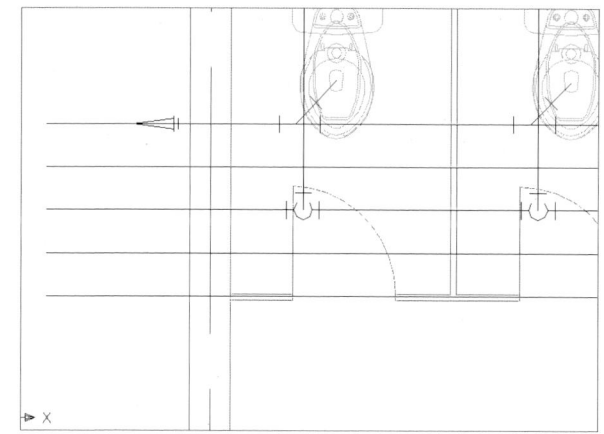

06 '복사(COPY) ' 명령으로 작도한 화살표를 다음과 같이 각 배관에 복사합니다.

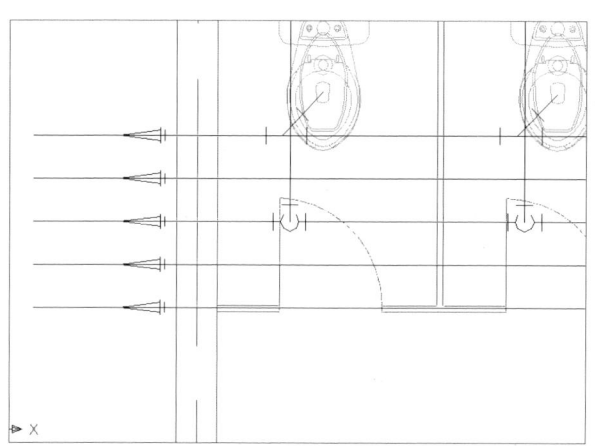

07 급수관과 급탕관은 물을 공급하기 때문에 흐름 방향을 반대로 바꾸어야 합니다. '회전(ROTATE) ' 명령으로 화살표 방향을 180도 돌립니다.

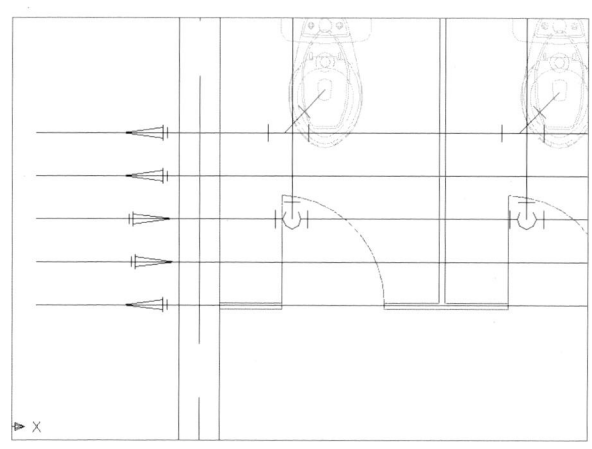

08 배관과 배관이 교차하는 위치에 위쪽 배관과 아래쪽 배관을 구분하기 위해 은선 처리를 합니다. '끊기(BREAK) ' 명령으로 다음 그림과 같이 급수관이나 급탕관과 교차하는 배관의 선을 끊습니다. 단, 조인트(피팅류)는 끊지 않습니다.

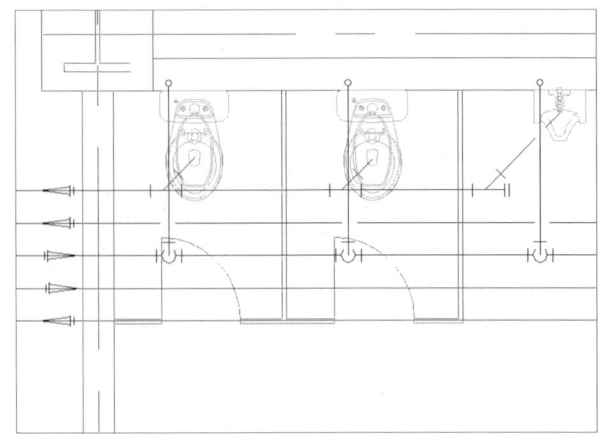

09 관경(배관의 치수)을 기입하겠습니다. 배관의 치수는 오수관은 '100', 배수관은 '50', 급수관은 '25', 급탕관과 환탕관은 '20'으로 지정합니다.

[TIP] 배관의 관경 표시는 해당 배관 위에 표기하는 경우도 있고, 배관 사이에 표기하는 방법도 있으며 인출선(지시선)으로 인출하여 표기하는 방법도 있습니다. 여기에서는 배관 위에 표기하는 방법으로 기입하도록 하겠습니다.

'단일 행 문자(TEXT) ' 명령을 실행합니다.
{문자의 시작점 지정 또는 [자리맞추기(J)/스타일(S)]:}에서 오수관(첫 번째 파이프)의 문자 작성 위치를 지정합니다.
{높이 지정 <100.0000>:}에서 문자 높이 '100'을 지정합니다.
{문자의 회전 각도 지정 <0.000>:}에서 Enter 를 눌러 각도 '0'도를 지정합니다.
문자 '100'을 입력합니다. 다음 그림과 같이 관경이 작성됩니다.

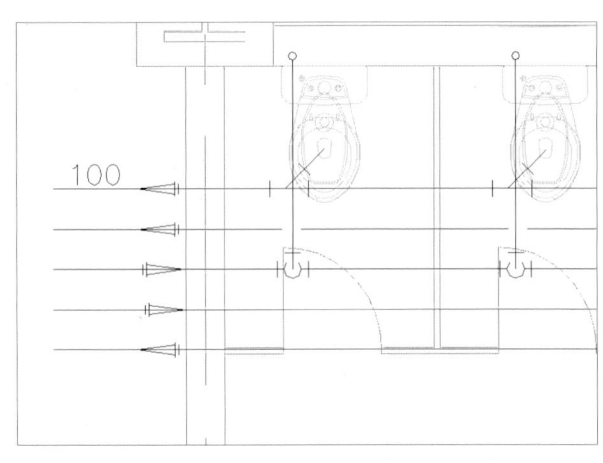

10 '복사(COPY) ' 명령으로 작성한 문자를 각 배관 위에 복사합니다.

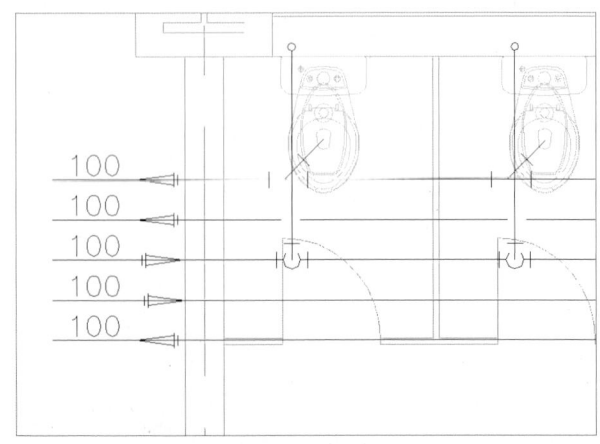

11 배수관의 문자 '100'을 더블 클릭합니다. 문자 편집 모드에서 '50'을 입력합니다.

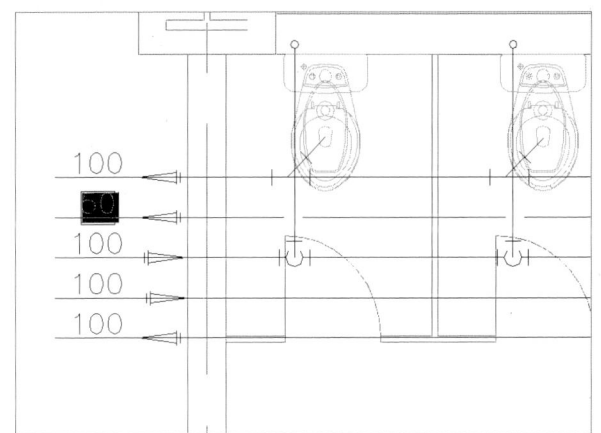

12 동일한 방법으로 급수, 급탕, 환탕의 관경을 변경합니다. 다음 그림과 같이 관경이 기입됩니다.

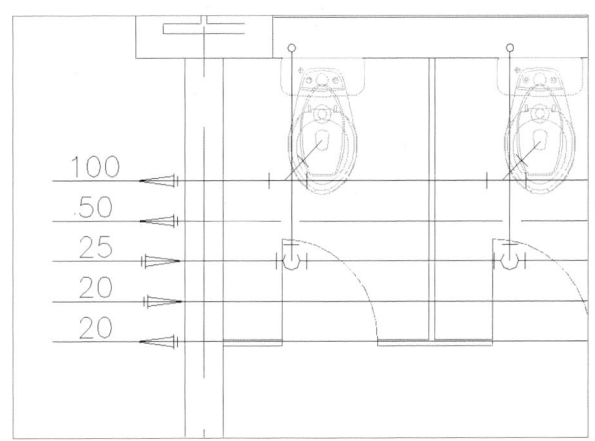

이렇게 하여 다음 그림과 같은 위생배관 도면이 완성되었습니다.

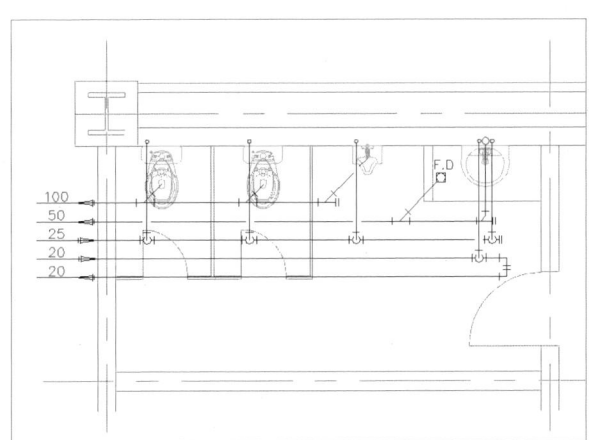

SPECIAL PAGE | 정보의 조회와 유틸리티 기능

도면 작업을 하다 보면 객체의 작성뿐 아니라 거리를 측정하거나 면적을 계산할 수 있으며, 객체의 정보나 도면의 상태를 확인해야 할 경우도 발생합니다. 또, 간단한 수식 계산이 필요할 때도 있으며 도면이 손상되어 이를 복구해야 할 경우도 발생합니다. 이번에는 객체와 도면의 정보를 조회하는 명령과 도면 작업에 유용한 유틸리티 기능을 중심으로 알아보도록 하겠습니다.

1. 두 점 사이의 간격을 측정하는 거리(DIST)
현재 설정된 단위로 두 점 사이의 거리와 각도를 표시합니다.

명령 : DIST(단축키 : DI)   아이콘 버튼 :

지정한 점 사이의 실제 3D 거리를 측정하여 표시합니다. XY 평면에서의 각도는 현재 X 축을 기준으로 합니다. XY 평면으로부터의 각도는 현재 XY 평면을 기준으로 합니다. Z 좌표 값이 생략된 경우 첫 번째 점 또는 두 번째 점의 현재 고도를 사용합니다.

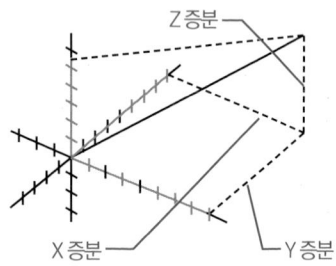

01 '열기(OPEN)' 명령으로 예제 파일의 'Part7_화장실도면.dwg' 파일을 엽니다. (예제 파일은 혜지원 출판사 홈페이지 'www.hyejiwon.co.kr' 자료실에서 다운받을 수 있습니다.) 다음과 같은 도면이 펼쳐집니다.

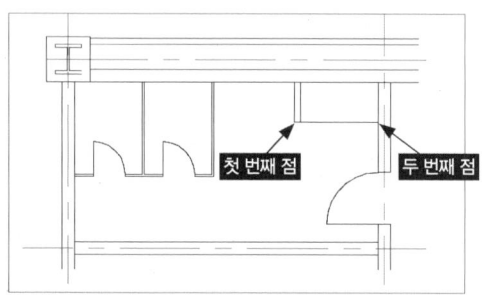

02 거리 명령으로 두 점 사이의 거리를 측정해보겠습니다. 명령어 'DIST' 또는 'DI'를 입력하거나 '홈' 탭의 '유틸리티' 패널 또는 '조회' 도구막대에서 아이콘 버튼 을 클릭합니다.
{첫 번째 점 지정:}에서 객체 스냅 '교차점 ✕'을 이용하여 첫 번째 점을 지정합니다.
{두 번째 점을 지정:}에서 객체 스냅 '교차점 ✕'을 이용하여 두 번째 점을 지정합니다.

다음과 같이 두 점에 대한 거리 및 각도에 정보를 표시합니다.
{거리 = 1300.0000, XY 평면에서의 각도 = 0.000, XY 평면으로부터의 각도 = 0.000}
{X증분 = 1300.0000, Y증분 = 0.0000, Z증분 = 0.0000}

> **참고 3차원의 거리 측정**
> 3D에서 거리를 측정할 경우, '거리(DIST)' 명령을 사용할 때는 모형 공간으로 전환하는 것이 좋습니다. 배치 공간에서는 도면 공간에서의 거리를 측정하기 때문입니다.

2. 지정된 영역의 면적을 산출해 주는 영역(AREA)
선택한 객체 또는 정의된 영역의 면적과 둘레를 계산하여 표시합니다.

명령 : AREA(단축키 : AA)   아이콘 버튼 :

01 면적을 산출하고자 하는 부분을 확대합니다. 여기에서는 화장실 전체 공간의 면적을 구한 후 대변기의 공간 면적을 뺀 나머지 면적을 구해보겠습니다.
영역 명령을 실행합니다. 명령어 'AREA'를 입력하거나 '홈' 탭의 '유틸리티' 패널 또는 '조회' 도구막대에서 아이콘 버튼 을 클릭합니다.
{첫 번째 구석점 지정 또는 [객체(O)/추가(A)/빼기(S)]:}에서 추가 옵션 'A'를 입력합니다.
{첫 번째 구석점 지정 또는 [객체(O)/빼기(S)]:}에서 객체 스냅 '교차점 ╳'을 이용하여 화장실의 구석점을 지정합니다.
{다음 구석점을 지정하거나 전체 (추가 모드)에 대한 결과는 엔터키를 누르십시오:}에서 객체 스냅 '교차점 ╳'을 이용하여 다음 교차점을 지정합니다.
{다음 구석점을 지정하거나 전체 (추가 모드)에 대한 결과는 엔터키를 누르십시오:}에서 객체 스냅 '교차점 ╳'을 이용하여 다음 교차점을 지정합니다.

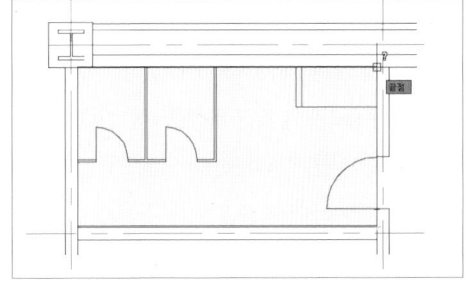

{다음 구석점을 지정하거나 전체 (추가 모드)에 대한 결과는 엔터키를 누르십시오:}에서 객체 스냅 '교차점 ╳'을 이용하여 다음 점 교차점을 지정합니다.
{다음 구석점을 지정하거나 전체 (추가 모드)에 대한 결과는 엔터키를 누르십시오:}에서 Enter 또는 Space bar 를 눌러 종료합니다. 다음과 같이 면적 및 둘레 정보를 표시합니다.
{영역 = 11760000.0000, 둘레 = 14500.0000}
{전체 면적 = 11760000.0000}

02 {첫 번째 구석점 지정 또는 [객체(O)/빼기(S)]:}에서 빼기 옵션 'S'를 입력합니다.
{첫 번째 구석점 지정 또는 [객체(O)/추가(A)]:}에서 객체 스냅 '교차점 ✕'을 이용하여 대변기 공간의 구석점을 지정합니다.
{다음 구석점을 지정하거나 전체 (빼기 모드)에 대한 결과는 엔터키를 누르십시오:}에서 객체 스냅 '교차점 ✕'을 이용하여 차례로 중심선의 교차점을 지정합니다.
:
{다음 구석점을 지정하거나 전체 (빼기 모드)에 대한 결과는 엔터키를 누르십시오:}에서 [Enter] 또는 [Space bar]를 눌러 종료합니다.

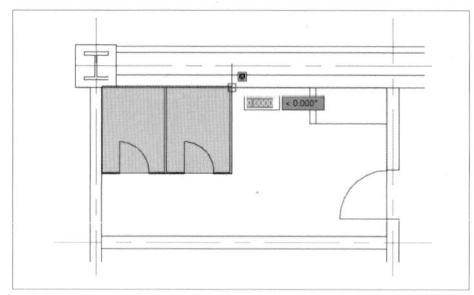

다음과 같이 면적 및 둘레 정보를 표시합니다.
{영역 = 3146000.0000, 둘레 = 7260.0000}
{전체 면적 = 8614000.0000}
정리하면, 화장실 전체 면적(11760000) - 대변기 공간 면적(3146000) = 구하고자 하는 면적(8614000)이 됩니다.

> **참고** 영역 계산의 또 다른 방법
> 여러 영역의 2D 객체로 구분된 영역을 계산하는 빠른 방법은 '경계(BOUNDARY)' 명령을 사용하는 것입니다. '경계(BOUNDARY)' 명령을 사용하여 영역 내의 한 점을 선택하면 닫힌 다각형 또는 영역을 작성할 수 있습니다. 그러면 특성 팔레트 또는 '리스트(LIST)' 명령을 사용하여 다각형 또는 영역의 면적과 둘레를 찾을 수 있습니다.

3. 영역/질량 특성(MASSPROP)

영역 또는 솔리드의 질량 특성을 계산합니다. 문자 윈도우에 질량 특성을 표시한 다음, 텍스트 파일에 질량 특성을 쓸지 여부를 묻습니다.

명령 : MASSPROP   아이콘 버튼 :

01 앞의 도면을 이용하여 실습하겠습니다. 영역을 가시적으로 표현하기 위해 선 가중치를 '0.3mm'로 설정합니다. 다음으로 하단의 그리기 도구에서 '선가중치(LWT) ' 버튼을 켭니다.

02 먼저 경계(BOUNDARY) 명령으로 영역을 만들겠습니다. 명령어 'BO'를 입력하거나 '홈' 탭의 '그리기' 패널에서 아이콘 버튼 을 클릭합니다. '객체 유형(O)'에서 '영역'을 선택한 후 '점 선택(P)' 를 클릭합니다.

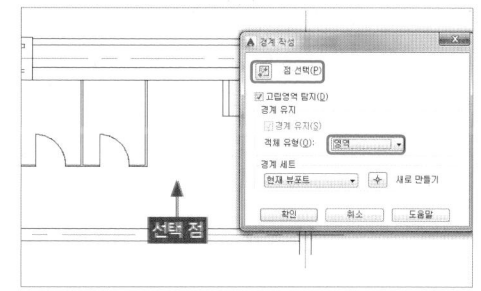

참고 | 경계와 영역을 작성하는 명령

특정 영역에 해치나 특성을 알아보기 위해서는 해당 영역에 대한 경계선이 존재해야 합니다. 이 경계선을 만드는 경계와 영역을 만드는 영역에 대해 알아보겠습니다.

1. 경계선을 작성하는 경계(BOUMDARY)
닫힌 영역 내에서 점을 지정하여 영역 객체 또는 폴리선을 작성합니다. 미리 경계를 만들어 해치나 그라데이션 작업을 할 때 유용한 작업입니다. 복잡한 공간의 하나의 경계로 작성합니다.

명령 : BOUNDARY(단축키 : BO)   아이콘 버튼 :

경계 명령을 실행하면 경계 작성 대화상자가 나타납니다. 이 대화상자에서 객체의 유형 및 경계 세트를 지정한 다음 영역을 탐지하여 경계를 작성합니다.

2. 닫힌 공간을 만드는 영역(REGION)
영역은 질량의 중심 등과 같은 물리적 특성이 있는 2차원의 닫힌 영역을 만듭니다. 기존 영역을 결합하여 영역을 계산할 수 있습니다.

명령 : REGION(단축키 : REG)   아이콘 버튼 :

[영역의 용도]
설계 작업에서 영역 명령만으로는 의미가 없으며 다음과 같이 다른 명령을 활용하기 위한 보조 도구로 이용됩니다.
(1) 해치나 그라데이션을 위한 폐쇄 공간을 작성합니다.
(2) 영역/질량 특성(MASSPROP) 명령을 사용할 때 기준이 되는 공간을 작성합니다.
(3) 중심과 같이 설계 정보를 추출할 수 있습니다.

03 {내부 점 선택:}에서 커서를 화장실 안쪽 공간에 맞추고 클릭합니다. {모든 것 선택...}
{가시적인 모든 것 선택 중...}
{선택된 데이터 분석 중...}
{내부 고립영역 분석 중...}
{경계 3 폴리선을(를) 작성함}
다음 그림과 같이 경계 영역이 굵은 선으로 표시됩니다.

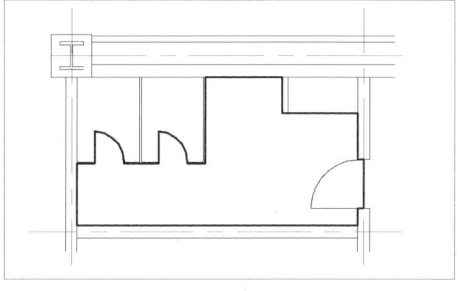

04 영역/질량 특성 명령을 실행합니다. 명령어 'MASSPROP'를 입력하거나 메뉴 아이콘을 클릭합니다.

{객체 선택:}에서 조금 전에 작성된 영역을 선택합니다. {1개를 찾음}

{객체 선택:}에서 Enter 또는 Space bar 를 눌러 선택을 종료합니다. 다음 그림과 같이 영역 정보가 표시됩니다.

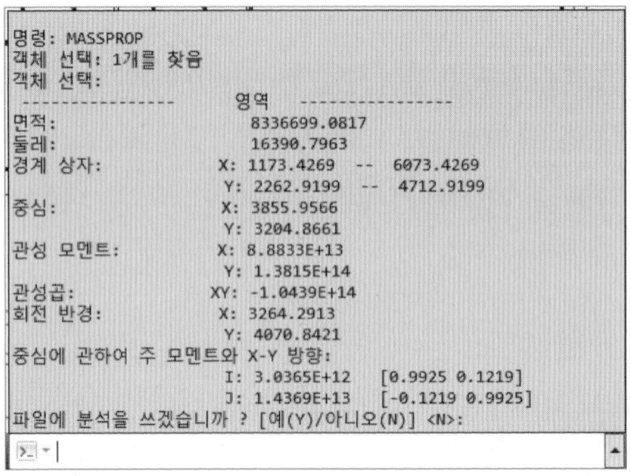

```
명령: MASSPROP
객체 선택: 1개를 찾음
객체 선택:
---------------- 영역 ----------------
면적:                    8336699.0817
둘레:                    16390.7963
경계 상자:        X: 1173.4269  --  6073.4269
                  Y: 2262.9199  --  4712.9199
중심:             X: 3855.9566
                  Y: 3204.8661
관성 모멘트:      X: 8.8833E+13
                  Y: 1.3815E+14
관성곱:           XY: -1.0439E+14
회전 반경:        X: 3264.2913
                  Y: 4070.8421
중심에 관하여 주 모멘트와 X-Y 방향:
                  I: 3.0365E+12  [0.9925 0.1219]
                  J: 1.4369E+13  [-0.1219 0.9925]
파일에 분석을 쓰겠습니까 ? [예(Y)/아니오(N)] <N>:
```

05 {파일에 분석을 쓰겠습니까? [예(Y)/아니오(N)] <N>:}에서 'Y'를 입력하면 질량 및 영역 특성 파일 작성 대화상자가 나타납니다. 파일 이름을 지정하면 확장자가 '*.mpr'인 파일로 저장됩니다.

> **참고** **계산되는 정보**
>
> 영역/질량 특성에서 제공되는 정보는 다음과 같습니다.

- 영역의 경우

특성	설 명
면적	솔리드의 표면 면적 또는 영역의 닫힌 면적입니다.
둘레	영역을 이루는 안쪽과 바깥쪽 루프의 총 길이입니다. 솔리드의 둘레는 계산되지 않습니다.
경계 상자	경계 상자를 정의하는 두 개의 좌표입니다.
질량 중심	영역 면적의 중심인 2D 또는 3D 좌표입니다. 현재 UCS의 XY 평면과 동일 평면에 있는 영역인 경우 이 좌표는 2D 점이며, 동일 평면에 있지 않은 영역인 경우 이 좌표는 3D 점입니다.

- 솔리드의 경우

특성	설 명
질량	본체의 관성 크기입니다. 하나의 밀도가 사용되므로, 질량과 체적의 값은 동일합니다.
체적	솔리드로 둘러싸인 3D 공간의 크기입니다.
경계 상자	솔리드를 둘러싸는 3D 상자를 구성하는 대각선으로 마주보는 구석입니다.
질량 중심	솔리드의 질량 중심인 3D 점입니다. 균일 밀도의 솔리드가 사용됩니다.
관성 모멘트	차축 둘레를 회전하는 바퀴 등과 같이 객체를 주어진 축 둘레로 회전하는 데 필요한 힘을 계산할 때 사용되는 질량 관성 모멘트입니다.
관성곱	객체의 동작을 일으키는 힘을 결정하는 데 사용되는 특성입니다. 항상 직교 평면을 고려하여 계산됩니다.
회전 반지름	회전의 반지름은 거리 단위로 표시되며, 솔리드의 관성 모멘트를 나타내는 또 하나의 방법입니다.
질량 중심에 대한 주 모멘트 및 X,Y,Z 방향	관성곱으로부터 파생되고 같은 단위 값을 갖는 계산 관성 모멘트는 객체의 질량 중심을 통과하는 특정 축에서 가장 큽니다. 관성 모멘트는 첫 번째 축에 수직이면서 질량 중심을 관통하는 두 번째 축에서 가장 작습니다. 결과에 포함되는 세 번째 값은 높은 값과 낮은 값 사이의 값이 됩니다.

4. 데이터베이스 정보를 제공하는 리스트(LIST)

선택된 객체에 대한 데이터베이스 정보를 문자 윈도우에 표시합니다.

명령 : LIST(단축키 : LI, LS)   아이콘 버튼 :

01 앞의 도면으로 실습하겠습니다. 리스트 명령을 실행합니다. 명령어 'LI' 또는 'LS'를 입력하거나 '조회' 도구막대에서 아이콘 버튼 을 클릭합니다.
{객체 선택:}에서 문의 호를 선택합니다. {1개를 찾음}
{객체 선택:}에서 Enter 또는 Space bar 를 눌러 선택을 종료합니다.

02 다음 그림과 같이 선택한 객체의 정보가 윈도우 창에 표시됩니다.

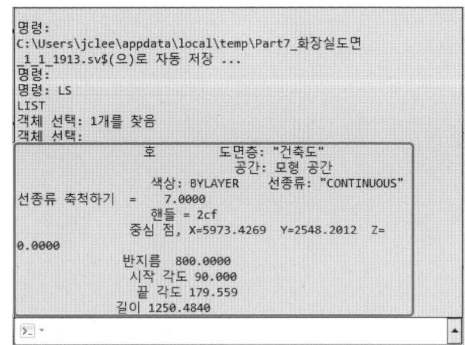

참고 리스트의 표시 정보

문자 윈도우는 객체 유형, 객체 도면층 및 현재 사용자 좌표계(UCS)를 기준으로 한 X, Y, Z 위치를 표시하며 객체가 모형 공간에 있는지 도면 공간에 있는지 여부를 표시합니다.
각 객체의 형상 정보를 표시합니다. 호의 경우는 중심점 좌표, 반지름, 시작 각도, 끝 각도, 호의 길이를 표시합니다.
특성 항목이 'BYLAYER'로 설정되어 있지 않을 경우는 색상, 선 종류 및 선 가중치 정보를 표시합니다. 객체 두께가 0이 아닐 경우 객체 두께가 표시됩니다. 돌출 방향이 현재 UCS의 Z축(0,0,1)과 다를 경우 UCS 좌표로도 돌출 방향의 정보를 표시합니다.

5. 지정한 점의 좌표를 알려주는 ID 점(ID)

지정한 위치의 좌표를 표시합니다.

명령 : ID   아이콘 버튼 :

01 점(ID) 명령을 실행합니다. 명령어 'ID'를 입력하거나 '홈' 탭의 '유틸리티' 패널에서 아이콘 버튼 을 클릭합니다.
{점 지정:}에서 객체 스냅 '교차점 '을 이용하여 두 점을 지정합니다.

다음과 같이 지정한 점의 좌표 정보를 표시합니다.

{점 지정: X = 1073.4269   Y = 2162.9199   Z = 0.0000 }

6. 날짜 및 시간의 정보를 제공하는 시간(TIME)

도면의 날짜 및 시간 통계를 표시합니다.

명령 : TIME

시간 명령을 실행하면 다음과 같이 시간 정보를 표시합니다.

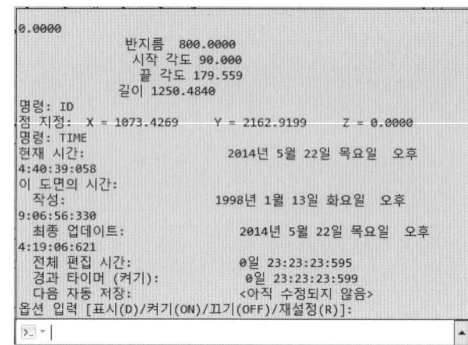

옵션 설명

{옵션 입력 [표시(D)/켜기(ON)/끄기(OFF)/재설정(R)]:}

- 표시(D) : 업데이트된 시간과 함께 화면 표시를 반복합니다.
- 켜기(ON)/끄기(OFF) : 사용자 경과 타이머가 꺼진 경우는 켜고, 켜진 경우는 끕니다.
- 재설정(R) : 사용자 경과 타이머를 0일 00:00:00.000로 다시 설정합니다.

참고 시간 정보 내용

표시되는 시간 정보는 다음과 같습니다.

(1) **현재 시간** : 현재 날짜와 시간을 24시간 표시법을 가장 가까운 밀리초까지 표시합니다.
(2) **작성일** : 현재 도면이 작성된 날짜와 시간을 표시합니다.
(3) **최종 업데이트** : 현재 도면의 가장 최근 업데이트된 날짜와 시간을 표시합니다. 이 날짜와 시간은 초기에는 도면 작성 시간이며, 도면 파일이 새롭게 저장될 때마다 시간이 수정됩니다.
(4) **전체 편집 시간** : 현재 도면을 편집하는 데 걸리는 시간을 표시합니다. 이 타이머는 프로그램에 의해 업데이트되며 다시 설정하거나 중지할 수 없습니다. 도면을 저장하지 않고 편집 세션을 종료하면 편집 세션에 사용된 시간이 누적 편집 시간에 추가되지 않습니다.
(5) **경과 타이머** : 프로그램이 실행 중인 동안 다른 타이머로 작동합니다. 언제든지 켜고 끄거나 다시 설정할 수 있습니다.
(6) **다음 자동 저장** : 다음 자동 저장 때까지 남은 시간을 나타냅니다.

7. 도면의 설정 상태를 알려주는 상태(STATUS)

도면 통계, 모드 및 범위 등 설정 상태를 표시합니다.

명령 : STATUS   아이콘 버튼 :

상태 명령을 실행합니다. 명령어 'STATUS'를 입력하거나 [메뉴 탐색기 ▲]-[도면유틸리티]-[상태]를 클릭합니다. 다음과 같은 상태 정보를 표시합니다.

> **참고** 상태 정보 내용
> - **모형 공간 또는 도면 공간 한계** : '경계(LIMITS)' 명령으로 지정한 왼쪽 하단의 (X, Y) 좌표와 오른쪽 상단의 (X, Y) 좌표를 표시합니다.
> - **모형 공간 또는 도면 공간 사용** : 데이터베이스의 모든 객체를 포함하며 모든 한계를 초과할 수 있는 도면 범위를 표시합니다. 첫 번째 행은 범위의 왼쪽 아래 구석에 대한 X, Y 좌표를 표시합니다. 두 번째 행은 오른쪽 위 구석의 (X, Y) 좌표를 표시합니다.
> - **디스플레이 보기** : 현재 뷰포트에서 보이는 도면 범위 부분의 좌표를 표시합니다.
> - **삽입 기준** : (X, Y, Z) 좌표로 표현되는 도면의 삽입점을 표시합니다. '기준점(BASE)' 명령에서 지정한 삽입 기준점입니다.
> - **스냅 해상도 및 모눈 간격** : 스냅 간격 및 모눈 간격을 X 및 Y 방향으로 표시합니다.
> - **현재 공간** : 현재 사용하고 있는 공간이 모형 공간인지 도면 공간인지를 나타냅니다.
> - **현재 배치** : '모형' 또는 현재 배치의 이름을 표시합니다
> - **현재 도면층** : 현재의 도면층을 표시합니다.
> - **현재 색상** : 현재의 색상을 표시합니다.
> - **현재 선 종류** : 현재의 선 종류를 표시합니다.
> - **현재 선 가중치** : 현재의 선 가중치를 표시합니다.
> - **현재 고도, 두께** : 현재 설정된 고도 및 두께를 표시합니다.
> - **채우기, 모눈, 직교, Q문자, 스냅, 타블렛** : 각 모드가 켜져 있는지, 꺼져 있는지를 표시합니다.
> - **객체 스냅 모드** : 현재 켜져 있는 객체 스냅(OSNAP)을 모두 표시합니다.
> - **빈 도면 디스크 (C:) 공간** : 이 프로그램의 임시 파일에 대해 지정한 드라이브에서 사용할 수 있는 디스크 공간을 표시합니다.
> - **빈 임시 디스크 (C:) 공간** : 임시 파일에 대해 지정한 드라이브에서 사용할 수 있는 디스크 공간을 표시합니다.
> - **사용 가능한 실제 메모리** : 시스템에서 사용할 수 있는 설치된 메모리 용량을 표시합니다.
> - **사용 가능한 스왑 파일 공간** : 스왑 파일에 사용할 수 있는 공간을 표시합니다.

8. 도면의 정보를 보여주는 도면 특성(DWGPROPS)

도면에 대한 읽기 전용 통계 또는 일반적인 정보를 표시하고, 요약 특성을 지정하며 사용자 특성에 이름과 값을 지정합니다.

명령 : DWGPROPS   아이콘 버튼 :

명령어 'DWGPROPS'를 입력하거나 [메뉴 탐색기]-[도면유틸리티]-[도면 특성]을 클릭합니다. 도면 특성 대화상자가 나타납니다.

도면 특성 대화상자

도면 특성 대화상자는 다음의 4가지 탭으로 구성되어 있습니다.

(1) **일반 탭** : 도면 파일에 대한 읽기 전용 정보를 표시합니다. 이 데이터는 운영 체제(윈도우)로부터 읽어와서 표시합니다. 따라서, 변경할 수 없습니다.

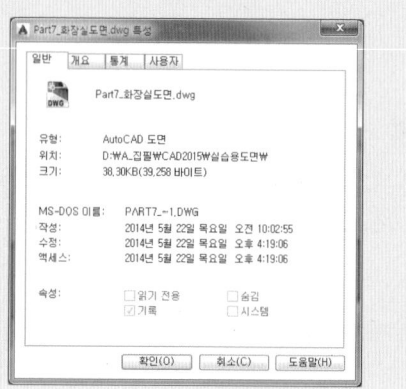

(2) **개요 탭** : 미리 정의된 작성자, 제목 및 주제와 같은 특성을 표시합니다. 예를 들어, 모든 도면 파일에 키워드를 추가한 다음 DesignCenter를 사용하여 특정 키워드가 있는 도면 파일을 모두 검색할 수 있습니다.

(3) **통계 탭** : 도면이 작성된 날짜와 마지막으로 수정된 날짜 같은 데이터를 표시합니다. 이러한 파일 특성은 자동으로 유지되며 특정 기간에 작성되거나 수정된 도면을 검색할 때 도움이 됩니다.

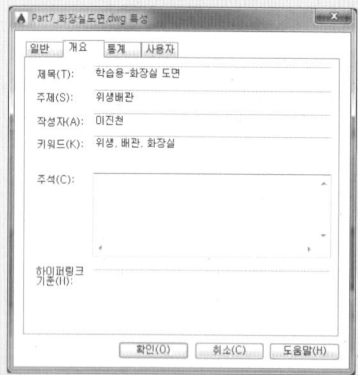
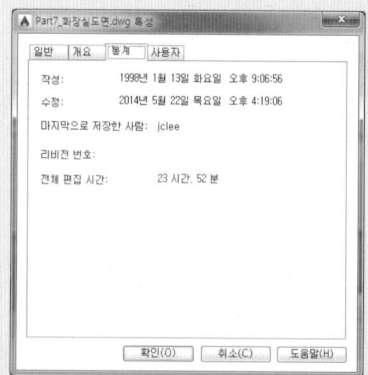

(4) 사용자 탭 : 도면에 사용자 특성을 지정합니다. 다음 그림과 같이 '작성자'라는 사용자 특성을 작성하여 실제 도면의 작성자 이름을 값으로 지정할 수 있습니다.

9. 손상된 도면을 복구시키는 복구(RECOVER)

손상된 도면을 복구합니다. 복구(RECOVER) 명령은 DWG, DWT 및 DWS 파일을 복구 또는 감사합니다. DXF 파일에 대해 복구 작업을 수행하면 해당 파일만 열립니다.

명령 : RECOVER　　　　　　　　　　　　아이콘 버튼 :

01 복구 명령을 실행합니다. 명령어 'RECOVER'를 입력하거나 [메뉴 탐색기 ▲]-[도면유틸리티]-[복구]을 클릭합니다.
명령을 실행하면 파일 선택 대화상자가 표시됩니다. 복구할 파일을 선택한 후 [열기(O)]를 클릭합니다.

02 파일이 열리면서 다음과 같은 메시지가 표시되면서 도면을 복구합니다.
{도면 복구.} {도면 복구 로그.}
{핸들 테이블에 있는 객체 확인 중.}
{유효한 객체 79 유효하지 않은 객체 0}
{객체 확인이 완료됨.}
{도면으로부터 데이터베이스가 구조됨.}
{헤더 감사 중}
{테이블 감사 중}
{도면요소 1 단계 감사 중}
{도면요소 2 단계 감사 중}
{AcDbDimStyleTableRecord: "ISO-25"}

{Not in Table Added}
{감사 블록}
{1개의 블록이 감사됨}
{전체 1건의 오류를 찾아서 1건이 수정됨}
{0개 객체가 지워짐}
{AutoCAD 2013 형식 파일 여는 중.}
{모형 재생성 중.}
{AutoCAD 메뉴 유틸리티 가 로드됨.}
{Autodesk DWG. 이 파일은 Autodesk 응용프로그램 또는 Autodesk 승인 응용프로그램에서 마지막으로 저장된 신뢰할 수 있는 DWG입니다.}

10. 불필요한 자원을 제거하는 소거(PURGE)

도면 작업에서 블록, 문자 스타일, 해치 스타일과 같은 사용자 정의 스타일이나 도면층, 선 종류와 같은 객체 특성을 작성하거나 삽입한 후 사용하지 않는 경우가 자주 발생합니다. 또, 사용하고 나서 지우기로 지우는 경우도 발생합니다. '소거(PURGE)'는 사용하지 않는 블록, 문자 스타일, 도면층, 선 종류 등을 데이터베이스에서 제거합니다. 제거를 통해 데이터베이스 용량을 절약할 수 있으며 아울러 속도 향상에 도움이 됩니다.

명령 : PURGE   아이콘 버튼 :

01 명령어 'PURGE'를 입력하거나 [메뉴 탐색기 ▲]-[도면유틸리티]-[도면 특성]을 클릭합니다. 다음 그림과 같은 대화상자가 나타납니다. '모두 소거'를 클릭합니다.

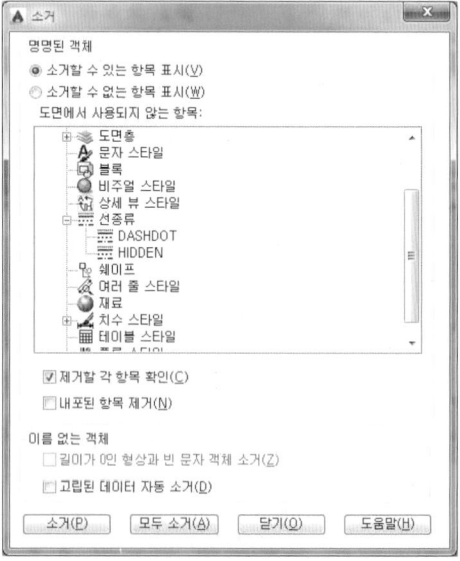

> **소거 대화상자**
>
> (1) **소거할 수 있는 항목 표시(V)** : 현재 도면에서 소거할 수 있는 명명된 객체에 대한 요약을 표시합니다.
> (2) **소거할 수 없는 항목 표시(W)** : 현재 도면에서 소거할 수 없는 명명된 객체에 대한 요약을 표시합니다.
> (3) **도면에서 사용되지 않는 항목** : 현재 도면에서 사용되지 않으며 소거할 수 있는 객체를 트리 구조로 표시합니다. 더하기(+) 기호를 클릭하거나 객체 유형을 더블클릭하면 객체의 목록을 표시합니다. 소거할 항목을 선택하여 해당 항목을 소거합니다.
> (4) **제거할 각 항목 확인(C)** : 체크를 하게 되면, 항목을 소거할 때 소거 확인 대화상자를 표시합니다.
> (5) **내포된 항목 제거(N)** : 체크를 하게 되면, 도면에서 사용되지 않는 모든 객체가 사용되지 않는 다른 명명된 객체에 포함되어 있거나 참조되는 경우에도 이들 객체를 제거합니다.
> (6) **소거(P)** : 선택한 항목을 소거합니다.
> (7) **모두 소거(A)** : 모든 항목을 소거합니다.

02 소거할 항목(선종류_DASHDOT)을 정말 소거할 것인지 묻는 대화상자가 표시됩니다. 소거하지 않으려면 '이 항목 건너뛰기'를 선택하고 소거하려면 '이 항목 소거'를 선택한다. 모두 소거하려면 '모든 항목 소거'를 선택합니다. 여기에서는 '모든 항목 소거'를 클릭합니다.

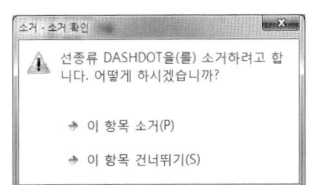

03 다음과 같이 소거된 자원(블록, 도면층, 선 종류, 글꼴 파일 등)을 표시하면서 진행합니다.
{DOT이(가) 소거되었습니다.}   블록
{JCYT2이(가) 소거되었습니다.}
　:
{CEL이(가) 소거되었습니다.}   도면층
{DIM이(가) 소거되었습니다.}
　:
{PASUN1이(가) 소거되었습니다.}   선 종류
{PASUN2이(가) 소거되었습니다.}
　:
{ltypeshp.shx이(가) 소거되었습니다.}   글꼴 파일

> [TIP] 불필요한 자원(블록, 문자 스타일, 도면층, 선 종류 등)을 제거하므로 제거한 자원의 양만큼 도면의 용량을 절약할 수 있습니다.

17; 공조 덕트 평면도

이번에는 공조 덕트 도면을 작도해보겠습니다. 설비도면에서 배관은 싱글라인으로 작도하는 경우가 많지만 덕트는 더블라인으로 작도하는 경우가 대부분입니다. 전체적으로 작도하는 양은 배관이 많습니다만 덕트는 더블라인으로 그려야 하기 때문에 시간이 소요되고 까다로운 작업이라 할 수 있습니다.

다음 그림과 같은 도면을 작도하도록 하겠습니다. 건축 기초도면은 예제 파일의 'Part7_공조도면.dwg' 파일입니다. (예제 파일은 혜지원 출판사 홈페이지 'www.hyejiwon.co.kr' 자료실에서 다운받을 수 있습니다.) 도면에서 위쪽 덕트는 공기를 공급하는 급기 덕트이며 아래쪽 덕트는 환기 덕트입니다.

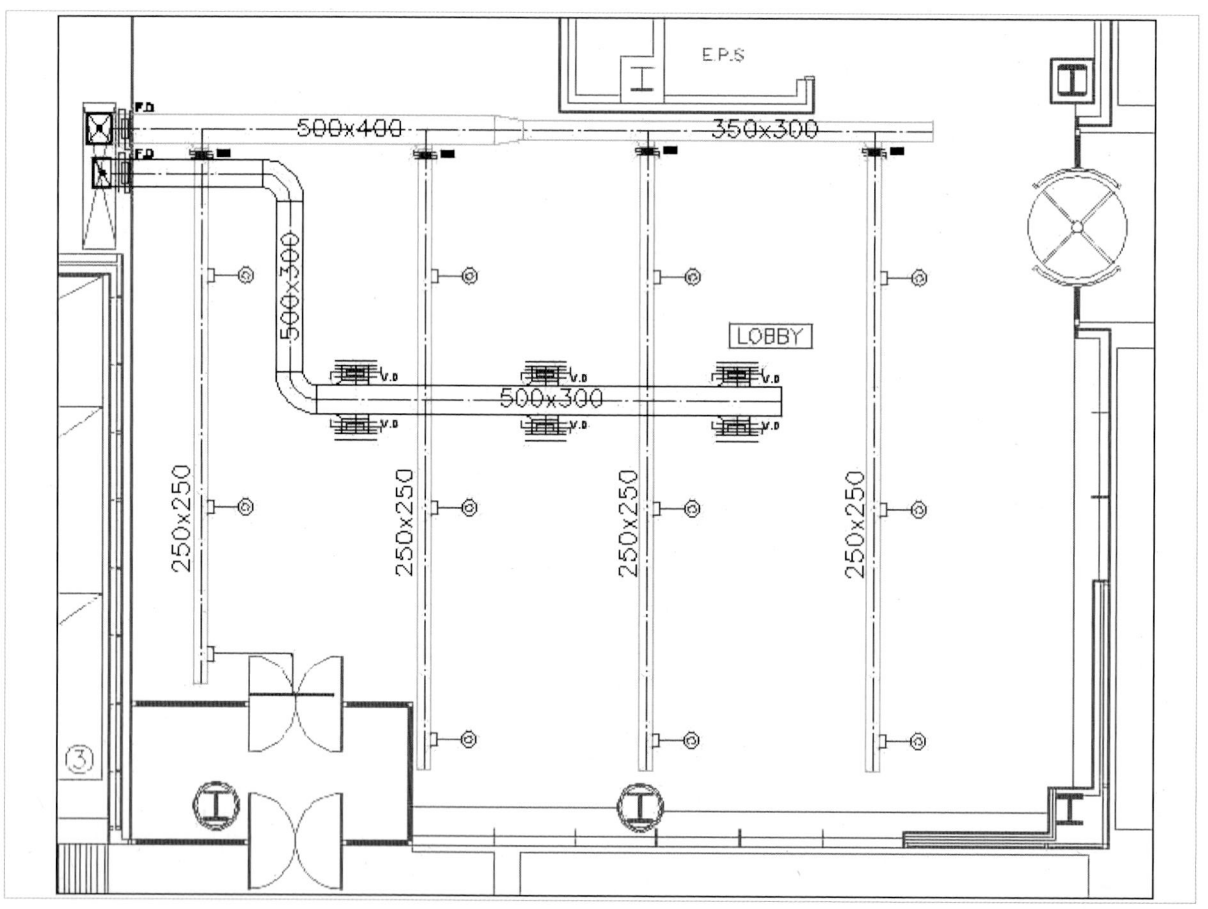

1　환경 설정

덕트 도면을 작도하기 위해 기초 건축도면을 펼쳐 준비하는 단계입니다. 제공되는 기초 도면에는 기본적으로 디퓨져가 작도되어 있습니다. 이 디퓨져를 연결하는 덕트를 작도하겠습니다.

01 '열기(OPEN)' 명령으로 건축도면을 엽니다. 'Part7_공조도면.dwg' 파일을 선택하여 엽니다. 다음 그림과 같은 도면이 펼쳐집니다. 작은 원으로 표현된 것이 원형 디퓨져이며 쌍여닫이 문 앞에 있는 긴 직사각형은 라인 디퓨져를 나타냅니다.

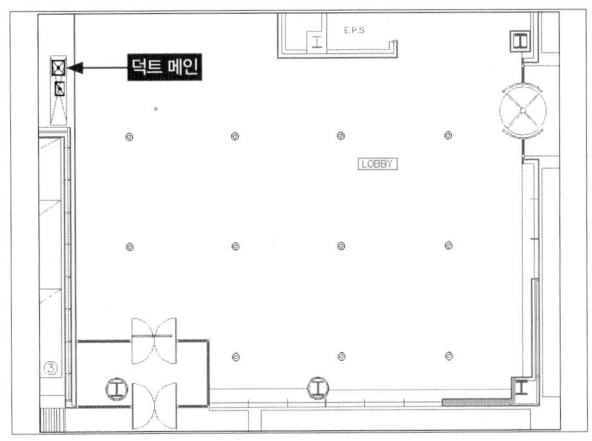

02 펼쳐진 도면에는 기본적으로 다음과 같은 도면층이 정의되어 있습니다. 건축도는 도면층 'TR'이며 잠겨(Locked)있습니다.

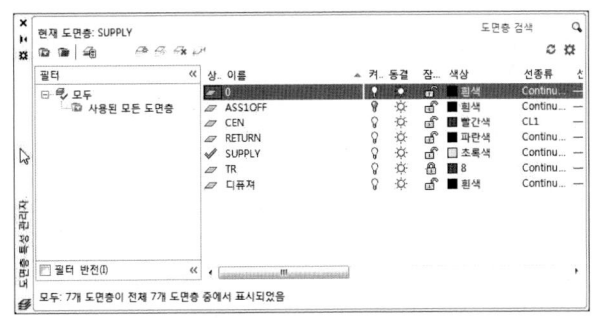

2　급기 덕트 작도

먼저 도면의 위쪽에 있는 급기(Supply) 덕트를 작도하겠습니다. 도면층은 'SUPPLY'로 설정하고 색상은 초록색으로 지정합니다. 덕트 중심선의 도면층은 'SUPPLY'로 작도한 후 나중에 'CEN'으로 바꾸도록 하겠습니다.

01 '선(LINE)' 명령으로 선을 작도합니다. 선의 시작점은 피트가 있는 덕트의 메인(입상 마크) 부분입니다. 중간에 레듀셔(줄어드는 부분)가 있기 때문에 '7000' 지점에서 선을 한 번 끊어주고 작도합니다.

{첫 번째 점 지정:}에서 객체 스냅 '중간점'을 이용하여 급기 덕트의 입상마크를 지정합니다.
{다음 점 지정 또는 [명령 취소(U)]:}에서 직교모드를 켠 후 0도 방향으로 맞추고 '7000'을 입력합니다.
{다음 점 지정 또는 [명령 취소(U)]:}에서 0도 방향으로 맞춘 상태에서 '8000'을 입력합니다.
{다음 점 지정 또는 [닫기(C)/명령 취소(U)]:}에서 Enter 또는 Space bar를 눌러 종료합니다.

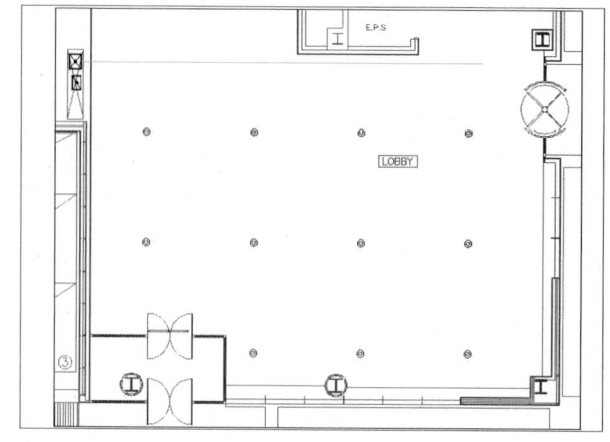

02 '간격 띄우기(OFFSET)' 명령으로 덕트의 더블라인 선을 작도합니다. 넓은 쪽은 폭이 '500'이고, 좁은 쪽의 폭은 '350'입니다.

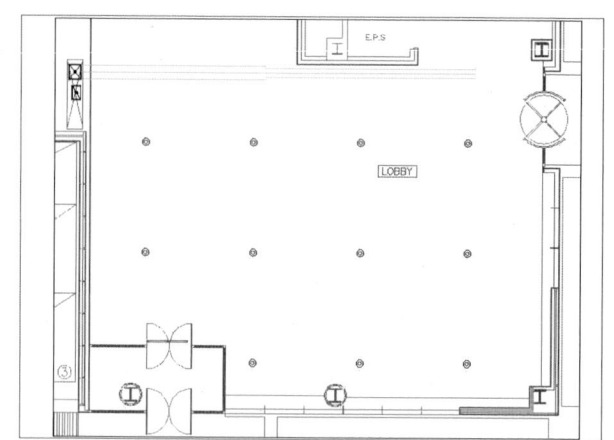

03 레듀셔 부분을 작도하겠습니다. '선(LINE)' 명령과 '간격 띄우기(OFFSET)' 명령으로 다음 그림과 같이 작도합니다. 간격은 '530'입니다.

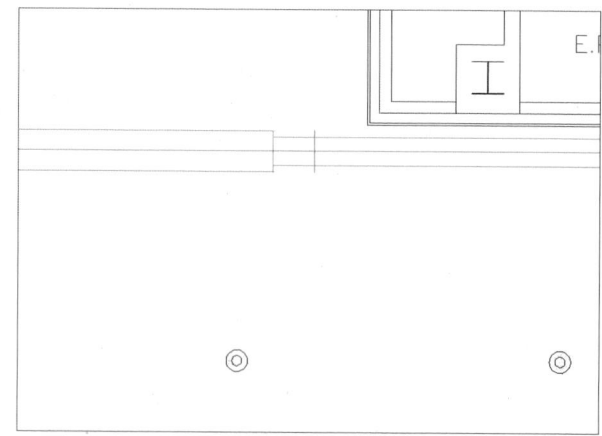

04 '선(LINE) ✎' 명령으로 다음과 같이 비스듬하게 연결합니다.

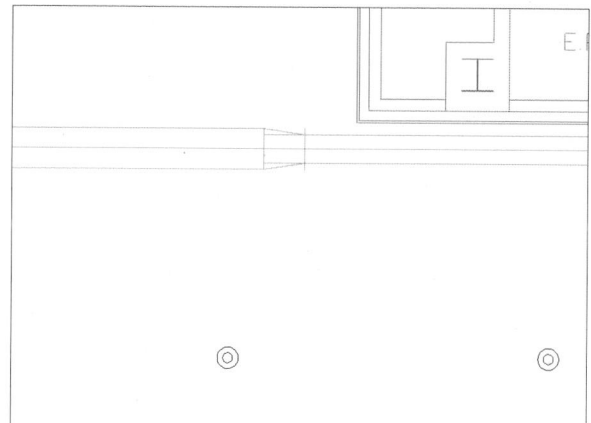

05 '자르기(TRIM) ⊹' 명령으로 다음 그림과 같이 레듀서를 완성합니다.

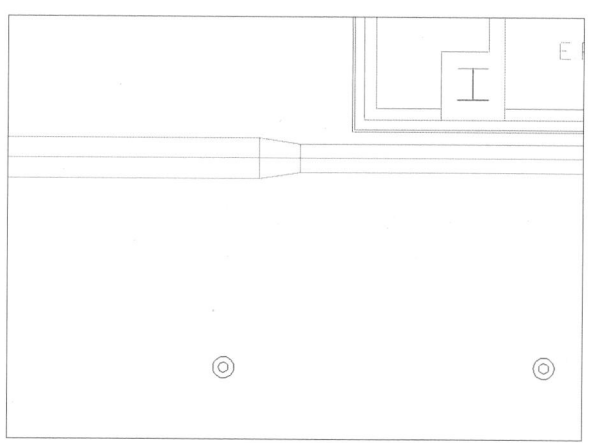

06 말단부의 가지 덕트를 작도하겠습니다. '선(LINE) ✎' 명령으로 가지 덕트의 중심선을 작도합니다.

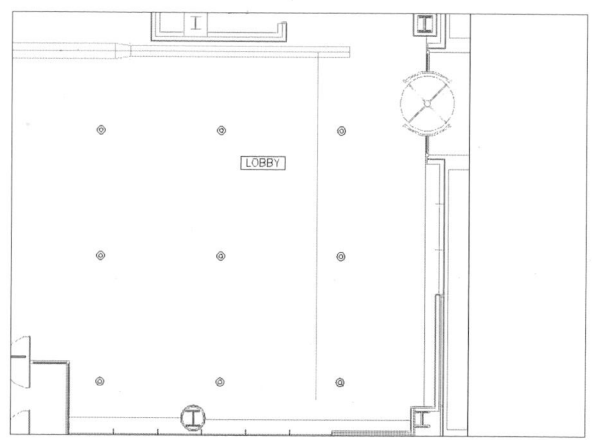

07 '간격 띄우기(OFFSET) ' 명령으로 가지 덕트를 더 블라인으로 만듭니다. 덕트의 폭은 '250'입니다.

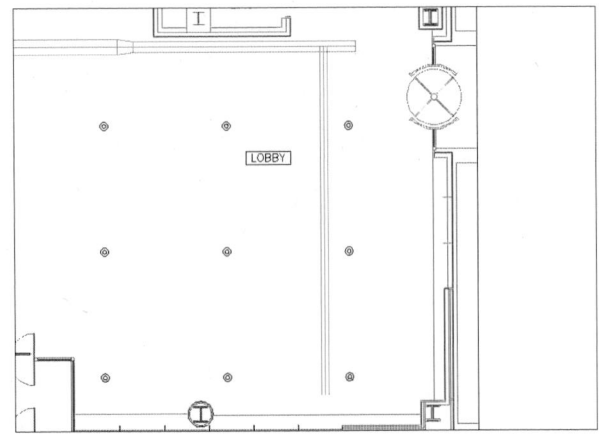

08 '줌(ZOOM) ' 명령으로 메인 덕트와 가지 덕트가 연결되는 부분을 확대합니다. '간격 띄우기(OFFSET) ' 명령으로 다음 그림과 같이 간격을 띄웁니다. 간격은 '100'입니다.

09 '선(LINE) ' 명령으로 다음 그림과 같이 비스듬한 선을 작도합니다.

10 '자르기(TRIM) ⊣⊢' 명령으로 메인 덕트와 가지 덕트의 접속부를 마무리합니다. 불필요한 보조선은 지웁니다.

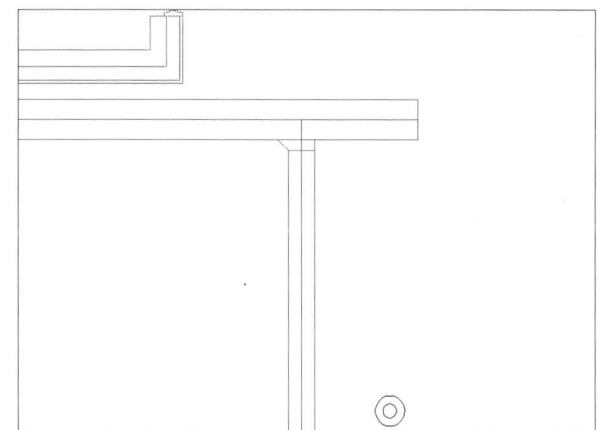

11 이제는 덕트와 원형 디퓨져를 연결하겠습니다. 실제로는 덕트와 디퓨져 사이를 플렉시블 덕트로 연결하는 부분을 이렇게 표현합니다. 다음 그림과 같이 연결부분을 확대한 후 '선(LINE) ╱' 명령으로 원형 디퓨져의 사분점과 덕트 선을 연결합니다.

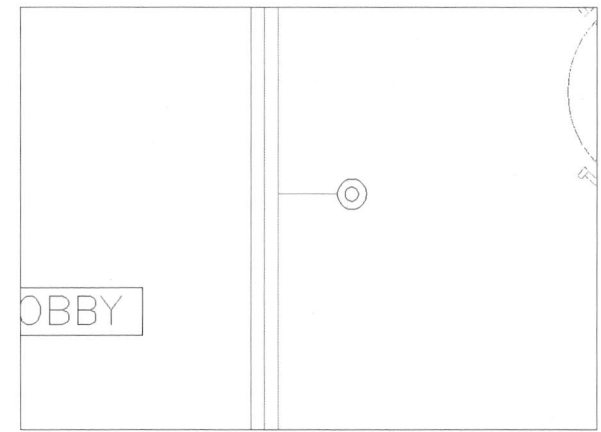

12 '간격 띄우기(OFFSET) ⌒' 명령으로 다음 그림과 같이 간격을 띄웁니다. 간격은 '125'입니다.

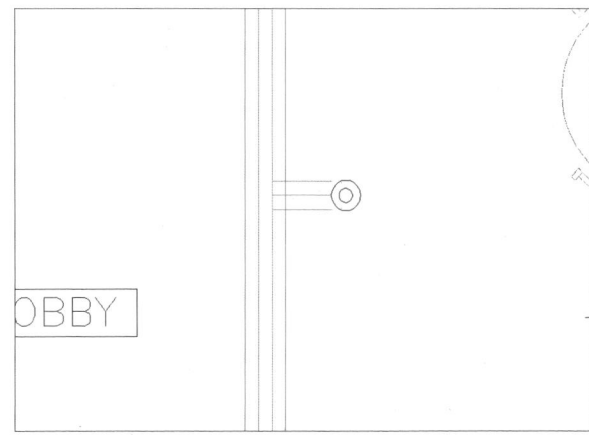

13 '자르기(TRIM) ✂' 명령으로 다음과 같이 자르기를 한 후 색상을 '선홍색'으로 바꿉니다.

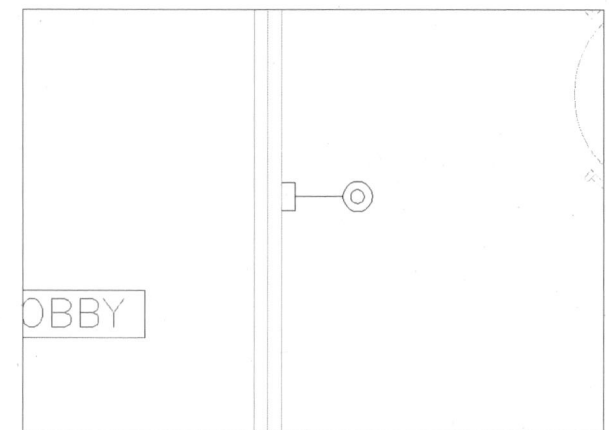

14 '복사(COPY) ⊙' 명령으로 덕트와 디퓨져의 연결 부위를 복사합니다. 이때 복사 기준점은 원형 디퓨져의 원의 중심점으로 지정합니다. 덕트 말단부는 '선(LINE) ✏' 명령으로 연결합니다.

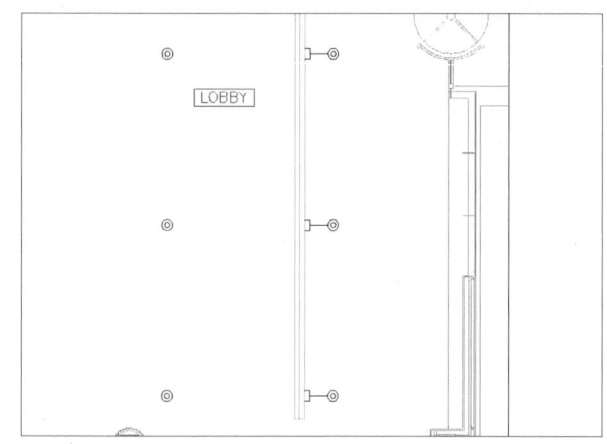

15 중심선을 선택한 후 도면층을 'CEN'으로 변경합니다. 다음 그림과 같이 중심선의 색상이 빨간색, 선 종류가 일점쇄선으로 바뀝니다.

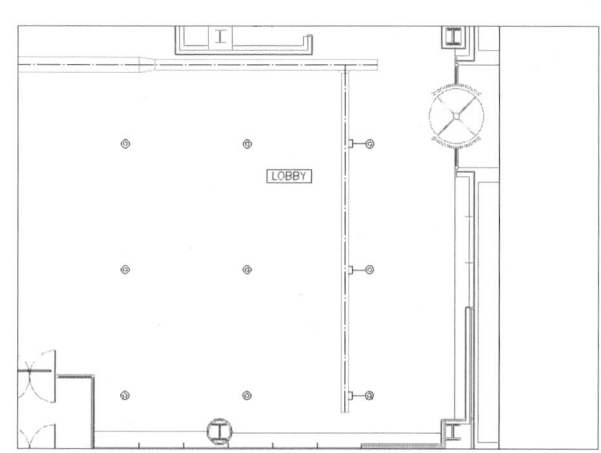

16 '복사(COPY) ' 명령으로 가지 덕트를 복사하도록 하겠습니다.
{객체 선택:}에서 다음 그림과 같이 크로싱 선택 방법으로 가지 덕트와 플렉시블 덕트를 선택합니다.

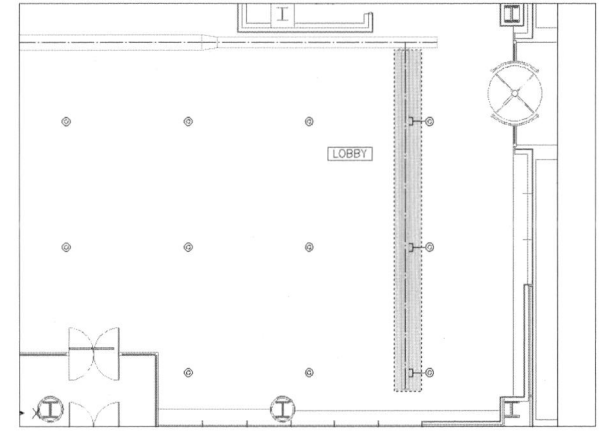

17 다음 그림과 같이 차례로 복사합니다. 복사 기준점은 원형 디퓨져의 원의 중심점입니다.

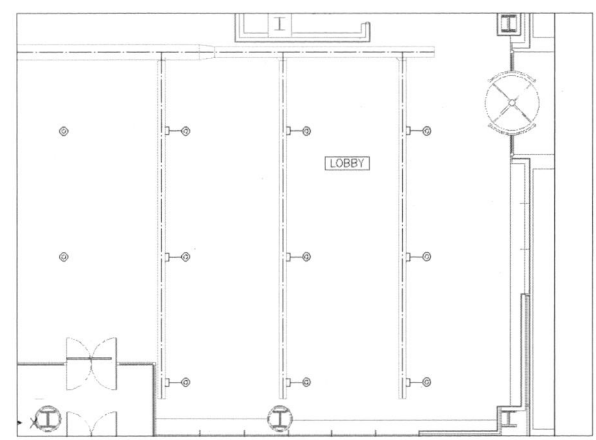

18 '줌(ZOOM) ' 명령으로 큰 치수의 메인 덕트와 가지 덕트 연결부를 확대합니다. '신축' 명령으로 접속부위를 조정하도록 하겠습니다. '신축(STRETCH) ' 명령을 실행합니다.
{걸침 윈도우 또는 걸침 다각형만큼 신축할 객체 선택...}
{객체 선택:}에서 다음 그림과 같이 크로싱 선택 방법으로 선택합니다.

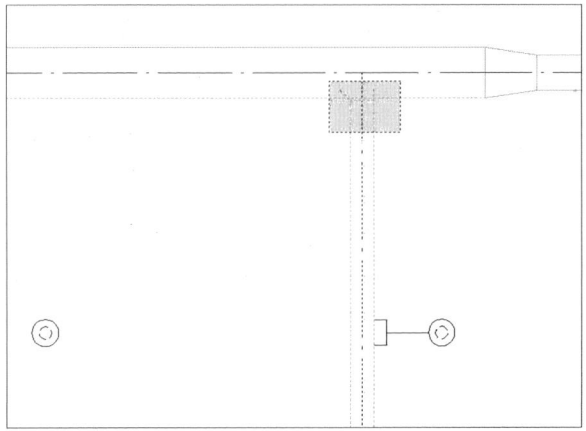

19 {기준점 지정 또는 [변위(D)] <변위>:}에서 접속부의 가지 덕트의 끝점을 지정합니다.
{두 번째 점 지정 또는 <첫 번째 점을 변위로 사용>:}에서 메인 덕트와 가지 덕트가 만나는 점을 지정합니다. 다음 그림과 같이 작도됩니다.

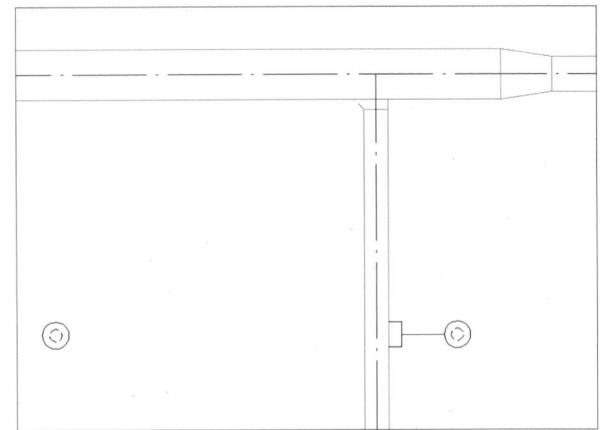

20 '복사(COPY) ' 명령으로 가지 덕트를 복사합니다.

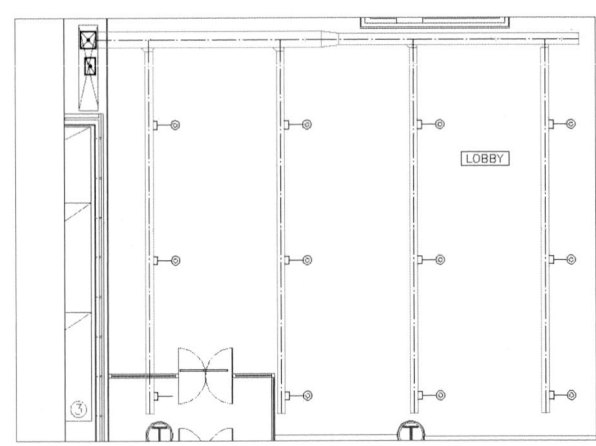

21 '신축(STRETCH) ' 명령으로 말단부를 다음 그림과 같이 메인 덕트쪽으로 줄입니다.

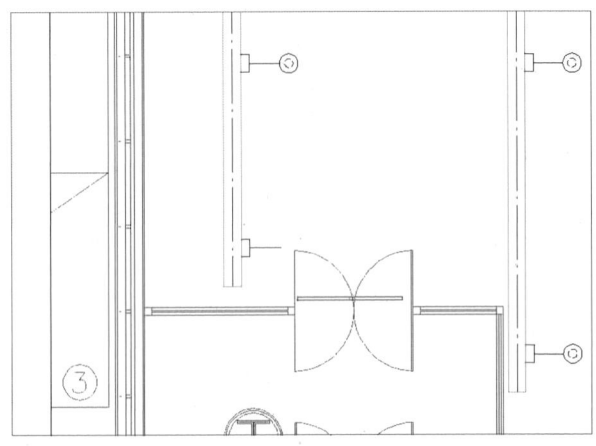

22 '선(LINE)' 명령으로 다음 그림과 같이 라인 디퓨져에서 선을 긋습니다.

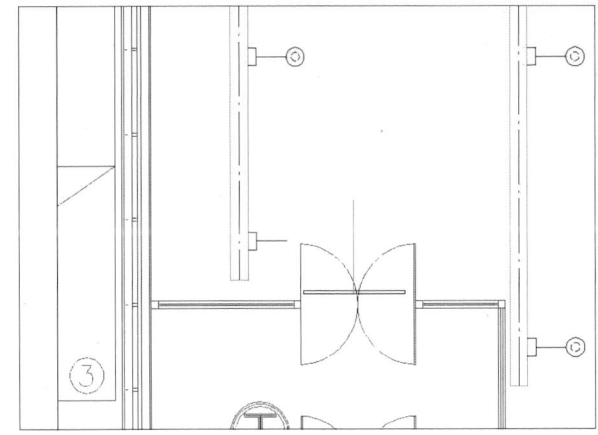

23 '모깎기(FILLET)' 명령으로 두 선을 연결합니다. 모깎기 반지름은 '50'으로 지정합니다. 연결 후 색상을 '선홍색'으로 바꿉니다.

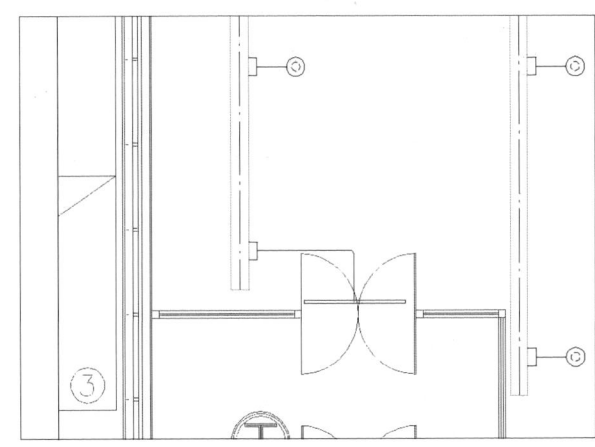

이렇게 해서 다음 그림과 같이 급기 덕트가 완성되었습니다.

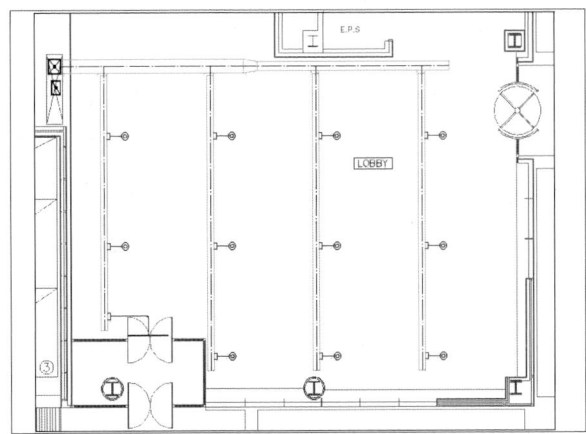

3 환기 덕트 작도

도면의 아래쪽 있는 환기(Return) 덕트를 작도하겠습니다. 도면층은 'RETURN'으로 설정하고 색상은 파란색으로 지정합니다. 덕트 중심선의 도면층은 'RETURN'으로 작도한 후 나중에 'CEN'으로 바꾸겠습니다.

01 '선(LINE) ✏' 명령으로 선을 작도합니다. 선의 시작점은 피트가 있는 덕트의 메인(입상 마크)의 중간점입니다.

{첫 번째 점 지정:}에서 객체 스냅 '중간점 ✏'을 이용하여 환기 덕트의 입상마크를 지정합니다.
{다음 점 지정 또는 [명령 취소(U)]:}에서 직교 모드를 켜고, 0도 방향으로 맞춘 후 '3300'을 입력합니다.
{다음 점 지정 또는 [명령 취소(U)]:}에서 270도 방향으로 맞춘 후 '4000'을 입력합니다.
{다음 점 지정 또는 [닫기(C)/명령 취소(U)]:}에서 0도 방향으로 맞춘 후 '9000'을 입력합니다.
{다음 점 지정 또는 [닫기(C)/명령 취소(U)]:}에서 [Enter] 또는 [Space bar]를 눌러 종료합니다.

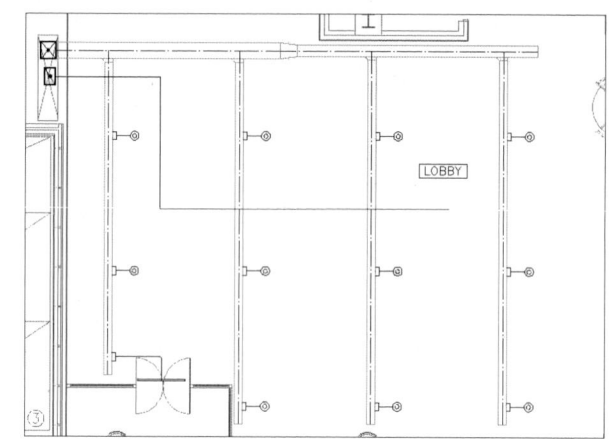

02 '간격 띄우기(OFFSET) ⬚' 명령으로 덕트의 더블라인을 작도합니다. 덕트 폭은 '500'입니다.

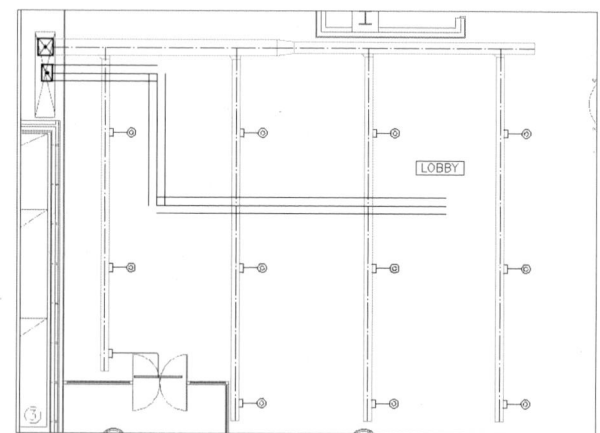

03 '모깎기(FILLET) ⌒' 명령으로 꺾어지는 부분을 모깎기합니다. 모깎기 반지름은 안쪽부터 각각 '250', '500', '750'으로 설정합니다.

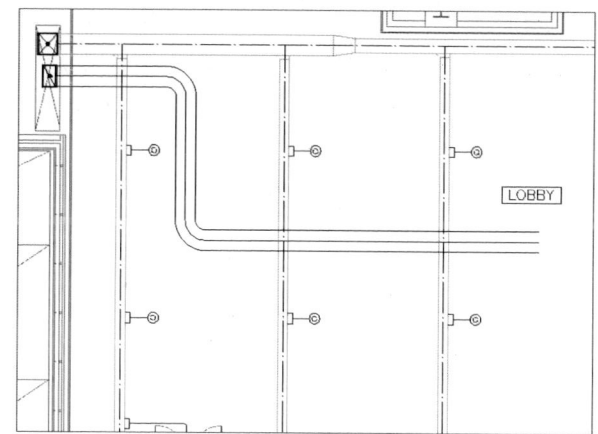

04 '선(LINE) ✎' 명령으로 꺾어지는 부분의 구분선과 환기 덕트의 말단부에 선을 작도합니다.

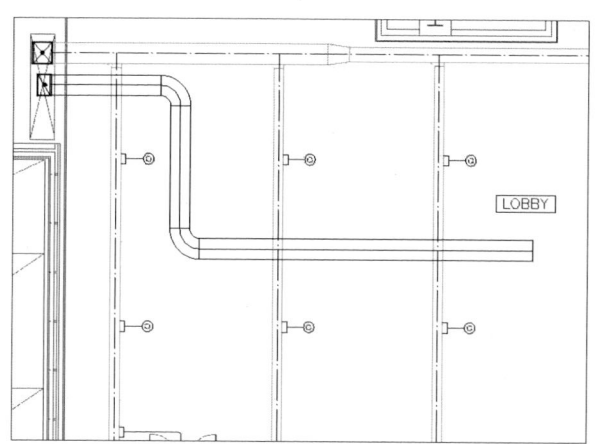

05 지금부터 그릴을 작도하도록 하겠습니다. '선(LINE) ✎' 명령과 '간격 띄우기(OFFSET) ⎌' 명령으로 다음 그림과 같이 작도합니다. 선은 말단으로부터 '800'만큼 떨어진 위치에 길이가 '350'인 선입니다. 띄우는 간격은 '250'씩 양쪽으로 띄웁니다.

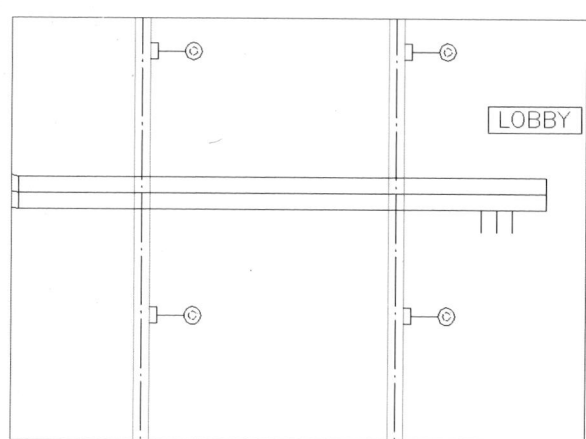

06 선(LINE) 명령과 '간격 띄우기(OFFSET) ' 명령으로 다음 그림과 같이 작도합니다. 띄우는 간격은 '100'입니다.

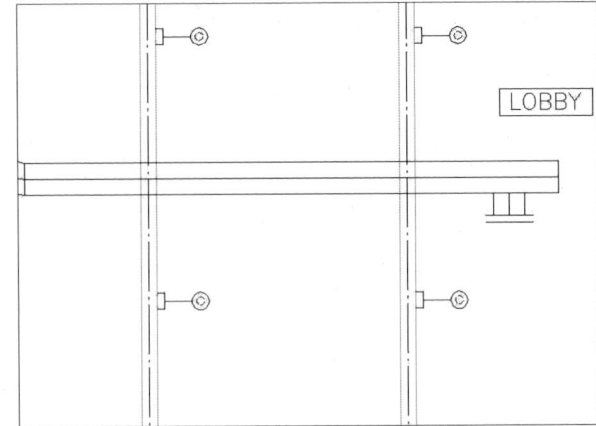

07 덕트와 그릴의 접속부를 다음 그림과 같이 작도합니다. 방법은 앞의 급기 덕트의 작도 방법을 참고합니다.

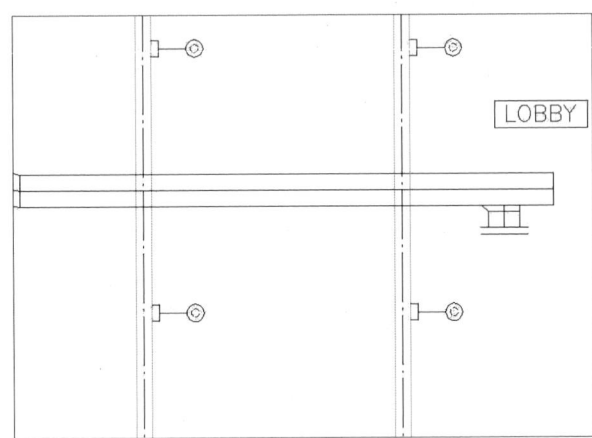

08 다음 그림과 같이 댐퍼를 작도합니다. 댐퍼의 색상은 빨간색으로 지정합니다. 댐퍼 중심선의 도면층을 'CEN'으로 변경합니다.

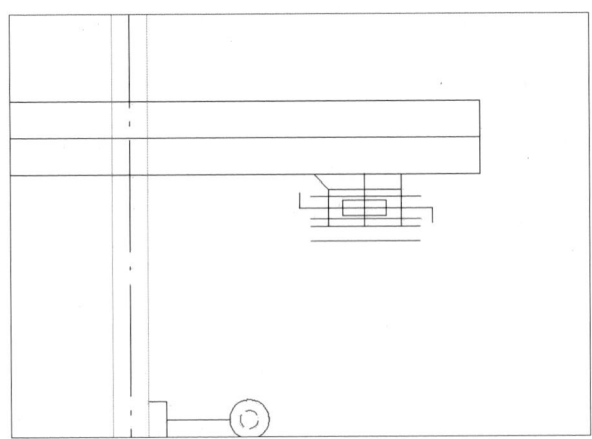

09 '대칭(MIRROR) ' 명령으로 다음 그림과 같이 그림을 대칭 복사합니다.

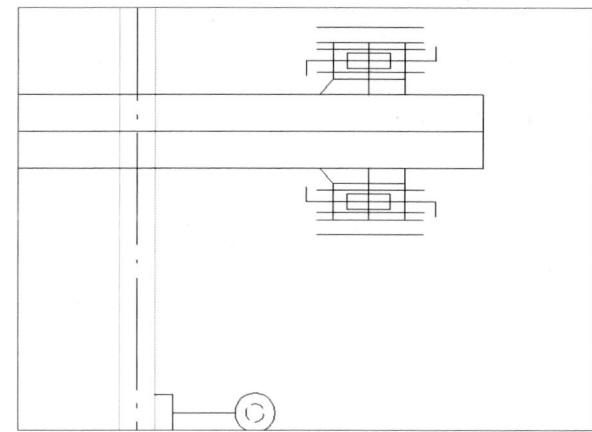

10 '복사(COPY) ' 명령으로 그림을 차례로 복사합니다. 복사할 간격은 '3500'입니다.

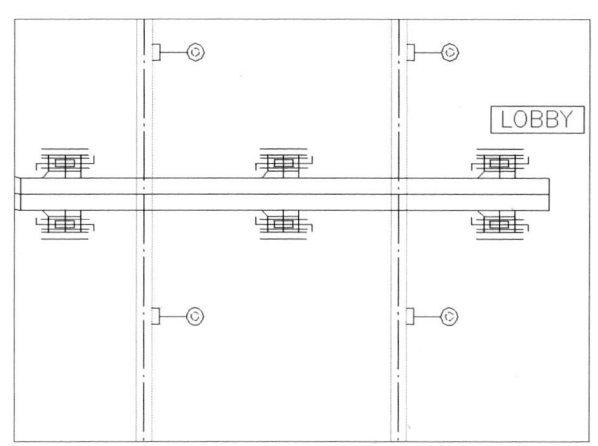

11 환기 덕트의 중심선 도면층을 'CEN'으로 변경합니다. 이렇게 해서 환기 덕트가 완성되었습니다.

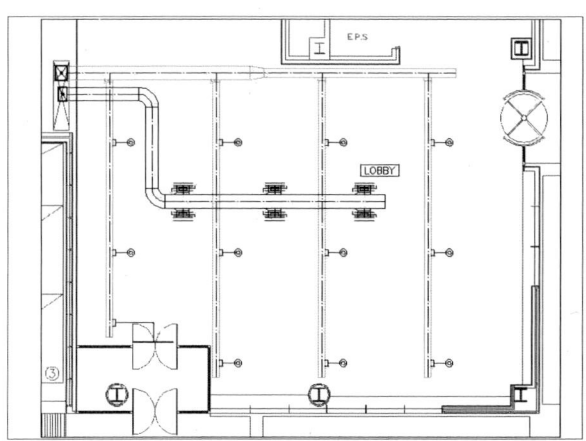

4 부속류 및 문자 작성

덕트에 들어가는 부속류(댐퍼류, 소음기 등)를 작도하고 부품 기호와 덕트 치수 등 문자를 기입합니다.

01 '선(LINE) ', '간격 띄우기(OFFSET) ', '자르기(TRIM) ' 명령으로 다음 그림과 같이 댐퍼를 작도합니다

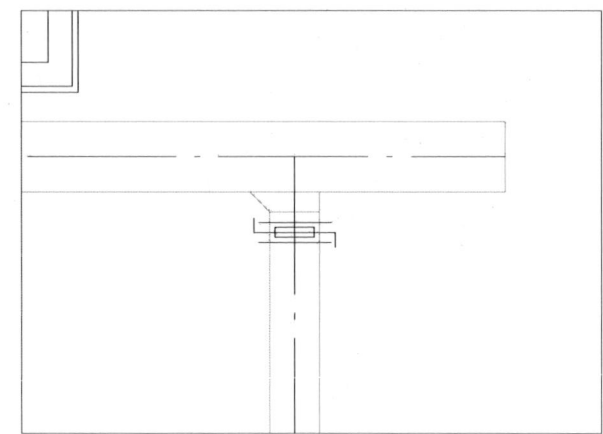

02 '단일 행 문자(TEXT) ' 명령으로 볼륨 댐퍼를 나타내는 'V.D'를 표기합니다. 문자의 높이는 '100'으로 설정합니다.

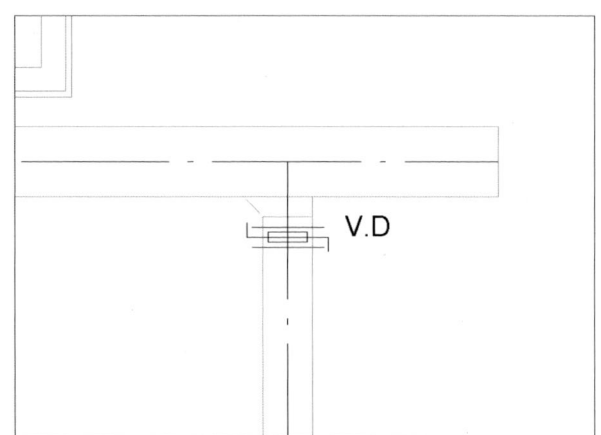

03 '복사(COPY) ' 명령으로 댐퍼를 복사합니다. 복사 위치는 메인 덕트에서 가지 덕트가 접속되는 접속부입니다.

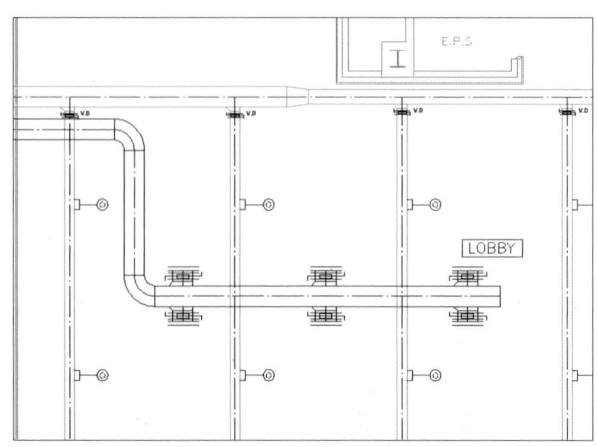

04 분기 덕트의 볼륨 댐퍼에도 문자 'V.D'를 표기하여 차례로 복사합니다.

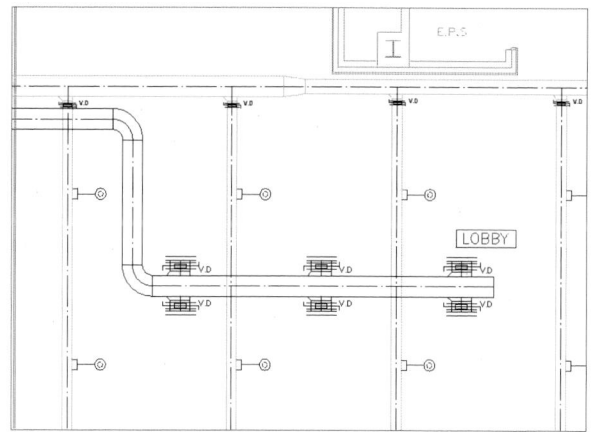

05 덕트의 메인 쪽에 다음 그림과 같이 파이어 댐퍼 (F.D)를 작도합니다.

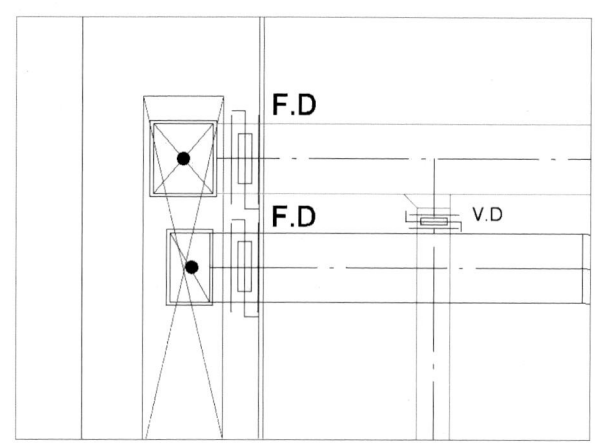

06 덕트의 치수를 표기합니다. '단일 행 문자(TEXT) **A**' 명령으로 덕트의 치수를 한 곳만 작성한 다음 '복사 (COPY) ⅋' 명령으로 복사하여 수정합니다.

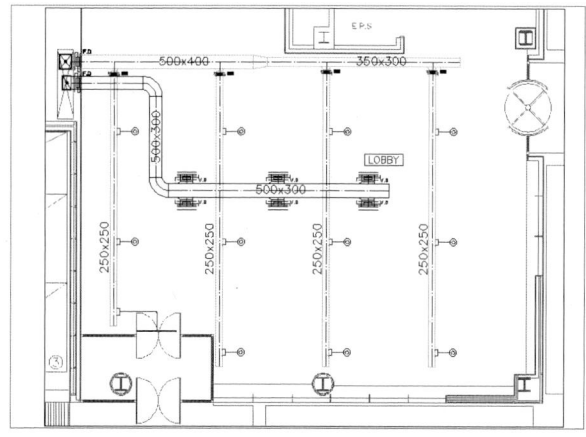

다음 그림과 같이 공조 덕트 도면이 완성되었습니다.

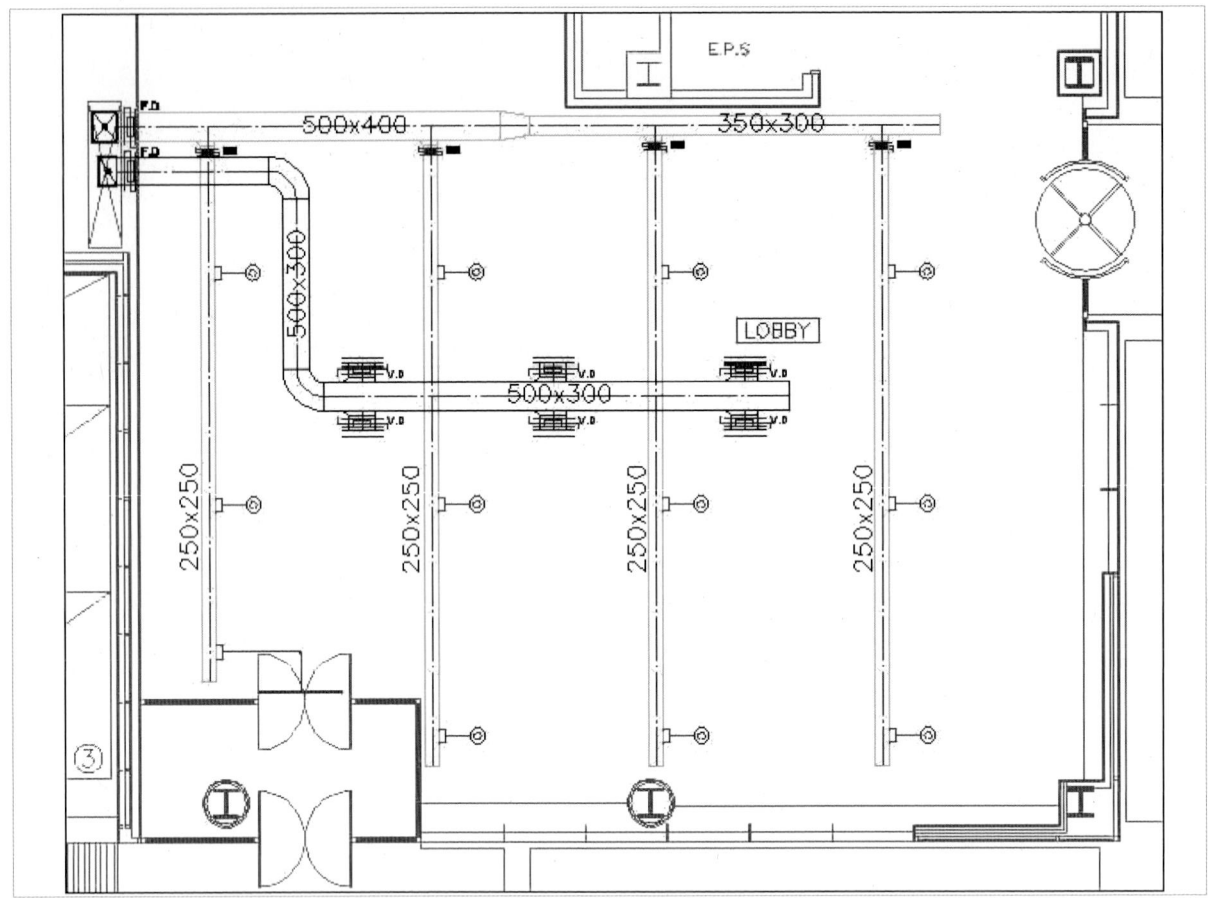

18; 동작 및 데이터 관리를 위한 도구

도면 작업에는 수많은 데이터를 작성하고 관리하게 됩니다. 작성한 데이터는 한 번으로 끝나는 경우도 있지만 대부분의 경우는 재활용하거나 자료로 관리됩니다. 따라서 데이터 관리의 효율성에 따라서 업무의 효율을 향상시킬 수 있습니다. 또, 도면 작업 중에는 같은 동작을 반복하는 경우도 많습니다. 이번에는 동작 및 데이터를 관리하기 위한 도구에 대해 알아보겠습니다.

1 도면의 문자 데이터를 관리하는 필드(FIELD)

필드는 도면의 수명주기 동안 변경될 수 있는 데이터를 관리할 수 있는 기능으로 '갱신이 가능한 문자'입니다. 즉, 변경 가능한 데이터를 문자 객체 내에 표시합니다. 객체를 변경할 때 필드를 업데이트하여 최신 데이터를 표시할 수 있습니다.

명령 : FIELD   메뉴 아이콘 :

따라 하기 실습을 통해 필드의 개념과 조작 방법을 알아보겠습니다.

01 '다각형(POLYGON)' 명령으로 한 변의 길이가 '100'인 육각형을 작도합니다.
명령어 'POLYGON' 또는 'POL'를 입력하거나 '홈' 탭의 '그리기' 패널 또는 '그리기' 도구막대에서 ⬠ 을 클릭합니다.
{면의 수 입력 〈4〉:}에서 '6'를 입력합니다.
{다각형의 중심을 지정 또는 [모서리(E)]:}에서 모서리로 다각형을 작도하기 위해 'E'를 입력합니다.
{모서리의 첫 번째 끝점 지정:}에서 육각형을 작도할 임의의 점을 지정합니다.
{모서리의 두 번째 끝점 지정:}에서 '@100,0' 또는 '@100〈0'을 입력합니다.
다음 그림과 같이 한 변의 길이가 '100'인 육각형이 작도됩니다.

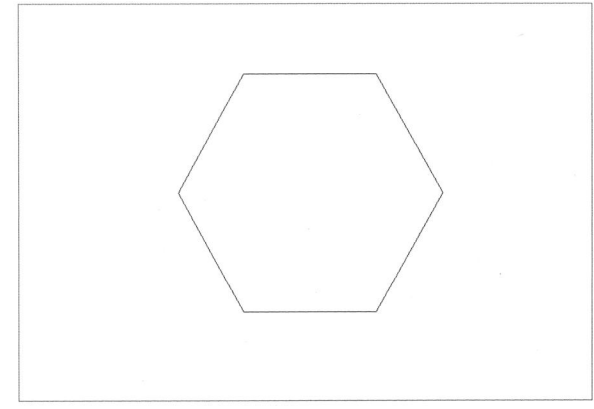

02 여러 줄 문자 명령으로 문자를 작성합니다. 명령어 'MTEXT' 또는 'MT', 'T'를 입력하거나 '홈' 탭의 '주석' 패널 또는 '문자' 도구막대에서 **A**을 클릭합니다.
{현재 문자 스타일: "Standard" 문자 높이: 2.5}
{첫 번째 구석 지정:}에서 문자를 작성할 범위의 첫 번째 점을 지정합니다.
{반대 구석 지정 또는 [높이(H)/자리맞추기(J)/선 간격두기(L)/회전(R)/스타일(S)/폭(W)]:}에서 문자를 작성할 범위의 반대 구석을 지정합니다. 다음 그림과 같이 여러 줄 문자 편집기가 표시됩니다. 문자 크기를 '10'으로 설정합니다. 문자 입력기에서 'Length = '를 입력합니다.

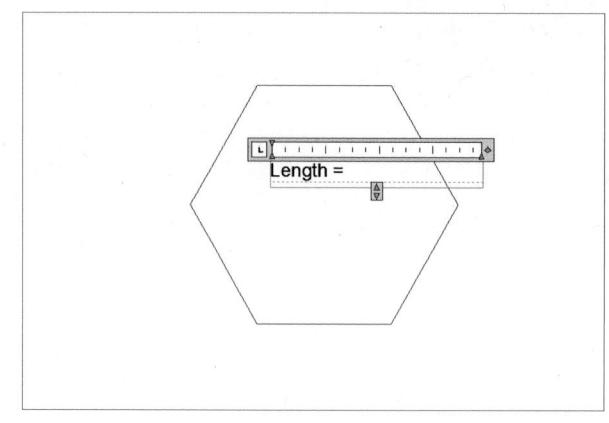

03 **필드의 삽입** : 상단의 '삽입' 패널에서 '필드'를 누릅니다.

[TIP] 필드 삽입을 위한 또 다른 방법은 'Length ='를 입력한 후 마우스 오른쪽 버튼을 누릅니다. 다음 그림과 같이 바로가기 메뉴가 표시되면 '필드 삽입(L)'을 클릭합니다. 또는 Ctrl + 'F'를 누릅니다.

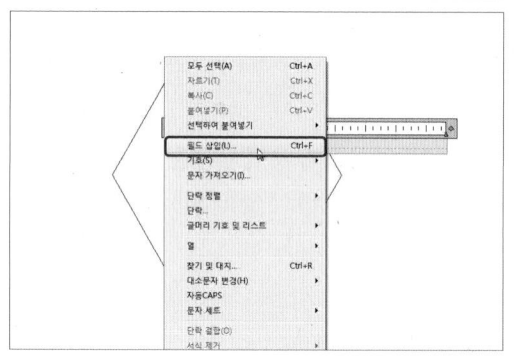

04 다음과 같은 필드 대화상자가 표시됩니다. '필드 범주(C)'에 '객체'를 선택하고 '필드 이름(N)'에서 '객체'를 선택합니다. '객체 유형'에서 ⊕을 클릭하여 작도한 육각형을 선택한 후 '특성(R)'에서 '길이'를 선택합니다. 다음으로 '형식(F)'에서 '십진'을 선택하고 '정밀도(R)'를 '0.00'으로 선택합니다.

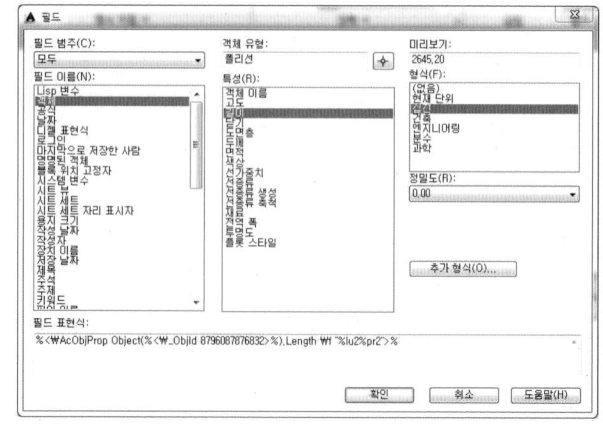

05 '추가 형식(O)'를 클릭하면 다음과 같은 '추가 형식' 대화상자가 펼쳐집니다. '꼬리말(S)'에 'mm'을 입력한 후 [확인]을 클릭합니다.

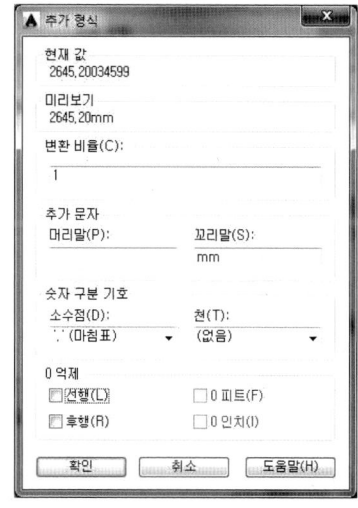

필드 대화상자

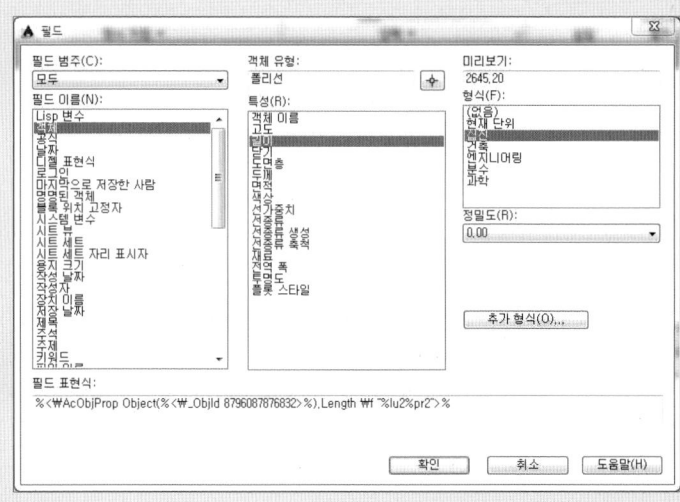

(1) **필드 범주(C)** : '필드 이름'에 나열될 날짜 및 시간, 문서, 객체 등 필드 유형을 설정합니다. 범주의 선택에 따라 필드 이름 및 하위 항목이 달라집니다.

(2) **필드 이름(N)** : 선택한 범주에서 사용할 수 있는 필드를 나열합니다. 필드에서 사용할 수 있는 옵션을 표시할 필드 이름을 선택합니다. 실습에서는 '객체'를 지정했습니다.

(3) **객체 유형** : 도면에 있는 명명된 객체의 유형을 나열합니다. 객체 선택 버튼 [+]을 이용하여 객체를 선택하면 선택한 객체의 유형을 표시합니다.

(4) **특성(R)** : 도면에 있는 선택된 유형의 모든 객체 이름 또는 특성을 나열합니다. 필드 이름에서 객체를 선택하면 필드로 사용할 수 있는 선택된 객체의 특성을 나열합니다. 속성을 가진 블록을 선택하면 특성 목록의 속성 이름이 표시됩니다.

(5) **미리 보기** : 데이터의 표시 형태를 미리 볼 수 있도록 표시합니다.

(6) **형식(F)** : 선택한 데이터의 형식을 지정합니다.

(7) **정밀도(R)** : 선택한 형식을 기준으로 필드의 정밀도(소수점 이하 자릿수)를 지정합니다.

(8) **추가 형식(O)** : 필드 및 테이블 셀의 추가 형식 옵션을 대화상자를 통해 설정합니다.

06 필드 대화상자로 돌아오면 [확인]을 클릭합니다. 문자 편집기를 닫습니다. 다음 그림과 같이 육각형의 길이가 표시됩니다. 필드 값은 회색으로 표시됩니다.

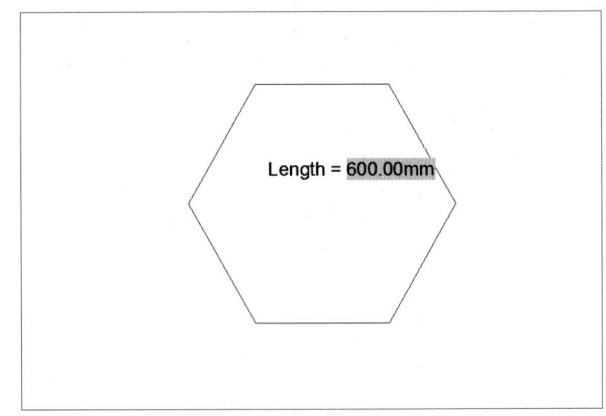

> **참고** 필드의 배경색 조정
>
> 필드의 배경을 회색 배경으로 표시할지 여부를 조정할 수 있습니다. 명령어 'FIELDDISPLAY'를 입력합니다.
> {FIELDDISPLAY에 대한 새 값 입력 ⟨1⟩:}에서 값을 지정합니다.
> 0: 필드가 배경 없이 표시됩니다.
> 1: 필드가 회색 배경과 함께 표시됩니다.
> 단, 배경은 플롯되지 않습니다.

07 필드의 업데이트(갱신) : 필드 값을 변화를 알아보기 위해 다음과 같이 육각형의 크기를 변경해보겠습니다. 육각형 객체를 클릭하여 그립이 나타나면 그립을 클릭합니다.
{ ** 신축 **}
{신축점 지정 또는 [기준점(B)/복사(C)/명령 취소(U)/나가기(X)]:}에서 마우스를 움직여 육각형의 크기를 늘립니다.

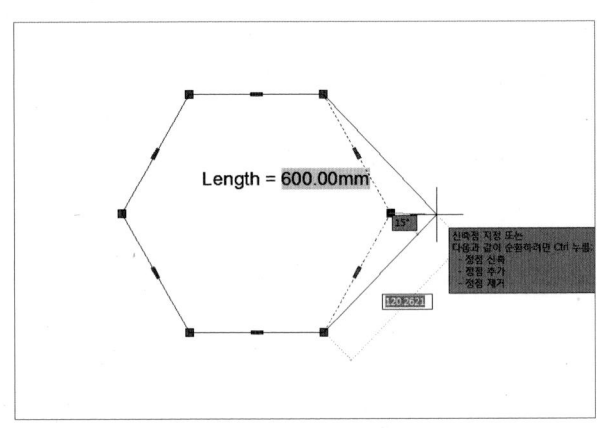

08 Esc 키를 눌러 선택된 그립을 해제합니다.

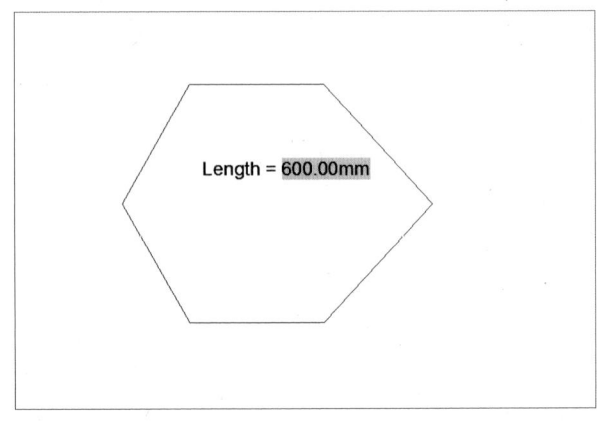

09 여러 줄 문자('Length = 600.00mm')를 더블클릭하여 여러 줄 문자 편집기를 엽니다. 편집기에서 필드 문자를 클릭하여 마우스 오른쪽 버튼을 누릅니다. 바로가기 메뉴에서 '필드 업데이트(D)'를 클릭합니다.
또는 '삽입' 탭의 '데이터' 패널에서 '필드 업데이트 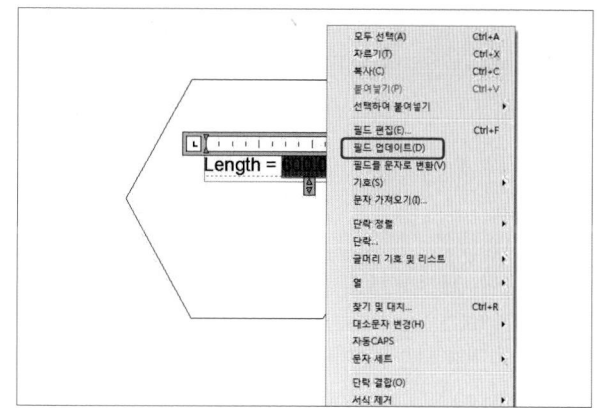'를 클릭합니다.

10 필드가 업데이트(갱신)됩니다. 여러 줄 문자 편집기를 닫습니다. 다음 그림과 같이 도형의 크기의 변화에 맞춰 길이 값을 가진 필드가 갱신됩니다.

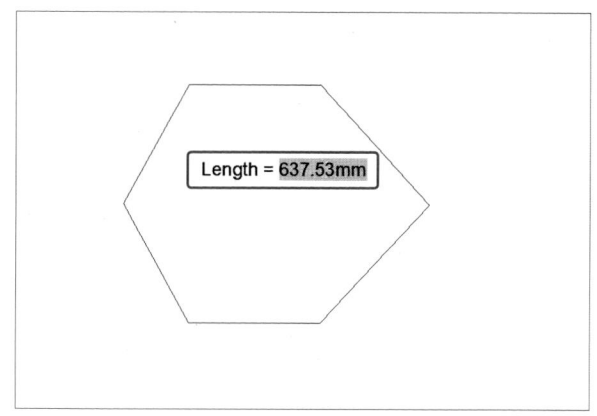

11 **시간 필드 작성** : 이제는 시간을 표시하는 필드를 작성해보도록 하겠습니다. 명령어 'FIELD'를 입력하거나 '삽입' 탭의 '데이터' 패널에서 메뉴 아이콘 을 클릭합니다. 필드 대화상자에서 '필드 이름(N)' 목록에서 '날짜'를 선택합니다. '날짜 형식(D)'에서 형식을 선택합니다.

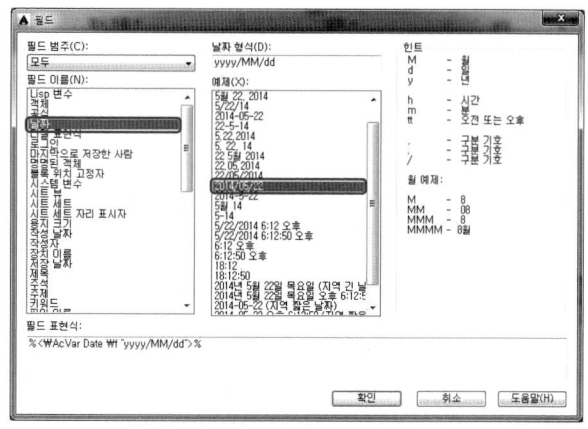

12 필드 대화상자에서 [확인]을 클릭합니다.
{여러 줄 문자 현재 문자 스타일: "Standard" 문자 높이: 50.0000}
{시작 점 지정 또는 [높이(H)/맞추기(J)]:}에서 높이 'H'를 입력합니다.
{높이 지정 <2.5000>:}에서 문자 높이 '10'을 입력합니다.
{시작 점 지정 또는 [높이(H)/맞추기(J)]:}에서 날짜 필드를 배치할 위치를 지정합니다. 다음 그림과 같이 날짜가 표시됩니다.

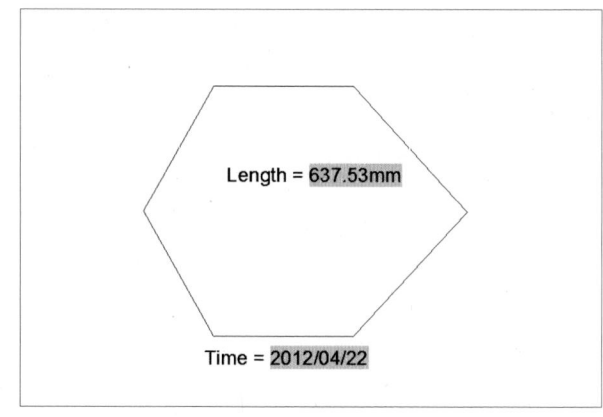

13 업데이트(갱신)를 하고자 할 때는 다음과 같이 실행합니다. 명령어 'UPDATEFIELD'를 입력하거나 '삽입' 탭의 '데이터' 패널에서 메뉴 아이콘 을 클릭합니다.

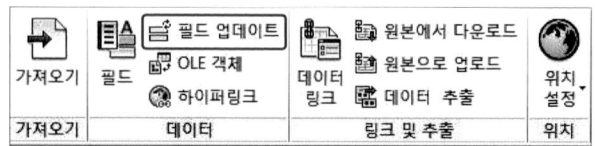

{객체 선택:}에서 갱신하고자 하는 필드 객체를 선택합니다.
{1개 필드가 업데이트됨.}라는 메시지가 표시되면서 선택한 필드 객체가 업데이트(갱신)됩니다.
이상의 실습을 통해 필드의 작성 및 갱신에 대해 알아 보았습니다. 필드를 이용하여 도면의 표제란에서 작성 일자, 작성자, 검토자 등을 쉽게 변경할 수 있습니다.

[TIP] 테이블에도 필드를 삽입할 수 있습니다. 필드를 삽입하고자 하는 테이블의 셀 내부를 더블클릭하여 선택한 후 마우스 오른쪽 버튼을 눌러 바로가기 메뉴에서 '필드 삽입(L)'을 클릭하여 삽입합니다.

참고 필드의 자동 업데이트

사용자 기본 설정 탭(옵션 대화상자)의 설정은 필드가 자동으로 업데이트되는지 또는 요청 시 업데이트되는지 조정합니다(시스템 변수 : FIELDEVAL)
[메뉴 탐색기]-[옵션]을 클릭합니다. '옵션' 대화상자에서 '사용자 기본 설정' 탭을 선택합니다.
[필드 업데이트 설정(F)]를 클릭하면 다음과 같이 '필드 업데이트 설정' 대화상자가 나타납니다. 자동으로 업데이트 할 항목을 체크합니다. 체크한 항목의 동작이 수행될 때 필드 값을 자동으로 업데이트합니다. 단, 날짜 필드는 설정에 관계없이 수동으로 업데이트해야 바뀝니다.

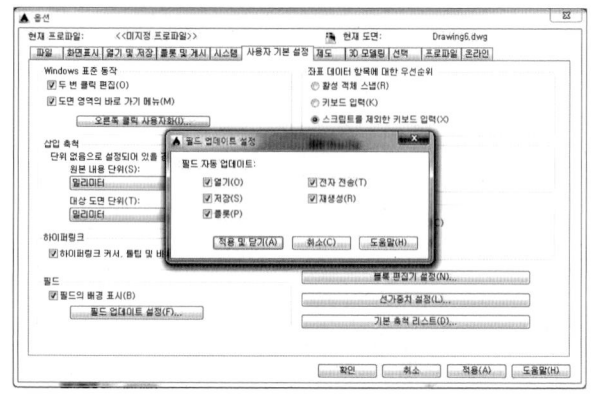

2. 일정한 작업 패턴을 녹화하는 동작 레코더(ACTRECORD)

CAD 작업 중에는 동일한 조작을 반복하는 경우가 빈번히 발생합니다. 이런 동일한 패턴의 동작을 녹화했다가 재생하는 기능이 동작 레코더 기능입니다. 동작 레코더는 동작 매크로를 기록합니다. 동작 매크로가 기록되고 나면 기록된 명령과 입력 값을 파일 확장자가 'ACTM'인 동작 매크로에 저장합니다. 육각볼트를 그리는 과정을 녹화하여 실행하는 과정을 통해 학습하겠습니다.

> **참고** 블록과 동작 레코더와 차이
> 블록이나 도면은 특정 형상의 도형을 저장하여 재활용하지만 동작 레코더는 일정한 조작 패턴(동작)을 저장하여 활용하는 것입니다.

01. 동작의 녹화

동작의 녹화를 시작합니다.

명령 : ACTRECORD(단축키 : ARR)   메뉴 아이콘 : ○

01 녹화를 시작합니다. 명령어 'ACTRECORD' 또는 'ARR'를 입력하거나 '관리' 탭의 '동작 레코더' 패널에서 ○을 클릭합니다. 다음 그림과 같이 'ActMicro001'라는 이름이 부여되면서 화면에는 녹화중임을 알리는 빨간색 점이 나타납니다.

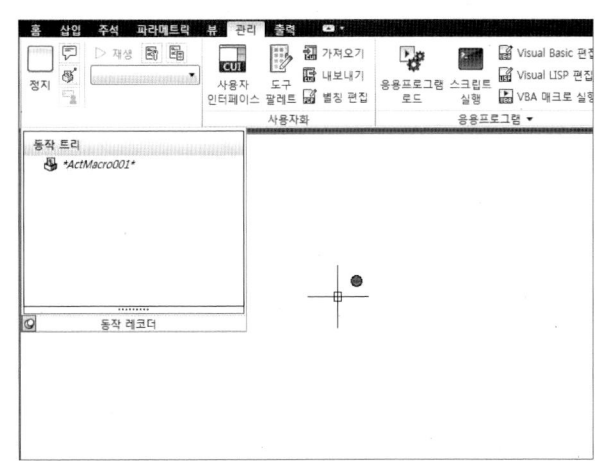

02 원을 작도합니다. 명령어 'CIRCLE' 또는 'C'을 입력하거나 '홈' 탭의 '그리기' 패널 또는 '그리기' 도구막대에서 ⊙을 클릭합니다.
{원에 대한 중심점 지정 또는 [3점(3P)/2점(2P)/Ttr - 접선 접선 반지름(T)]:}에서 '관리' 탭의 '동작 레코더' 패널에서 '사용자 입력 요청' 아이콘 ▣을 클릭합니다.
원을 작도하고자 하는 위치를 지정합니다.

> **참고** 사용자 입력 요청이란?
> 사용자 입력 요청이란 동작 레코더에서 녹화를 재생했을 때, 특정 좌표 또는 숫자를 사용자의 입력을 받아 동작하는 것을 말합니다. 즉, 녹화된 내용을 자동으로 실행하다가 사용자 입력 요청을 만나면 사용자의 입력을 요청하는 동작을 의미합니다.

{원의 반지름 지정 또는 [지름(D)]:}에서 원의 반지름 '8.5'를 입력합니다. 다음 그림과 같이 원이 작도됩니다.

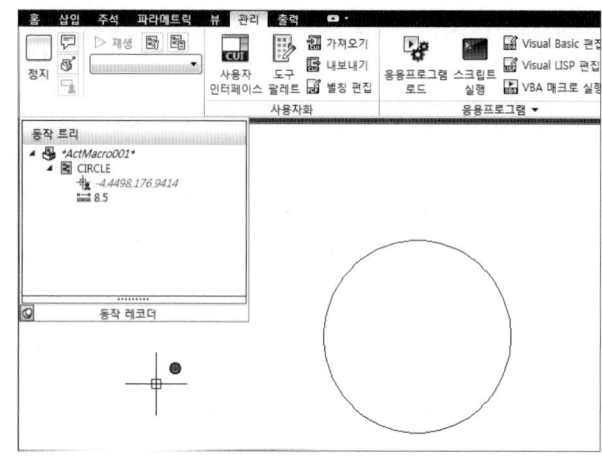

03 Enter 또는 Space bar 를 눌러 원 명령을 재실행합니다.
{원에 대한 중심점 지정 또는 [3점(3P)/2점(2P)/Ttr – 접선 접선 반지름(T)]:}에서 객체 스냅 '중심점 ◎'을 이용하여 원의 중심점을 클릭합니다.
{원의 반지름 지정 또는 [지름(D)] <8.500>:}에서 원의 반지름 '4.25'를 입력합니다. 다음 그림과 같이 원이 작도됩니다.

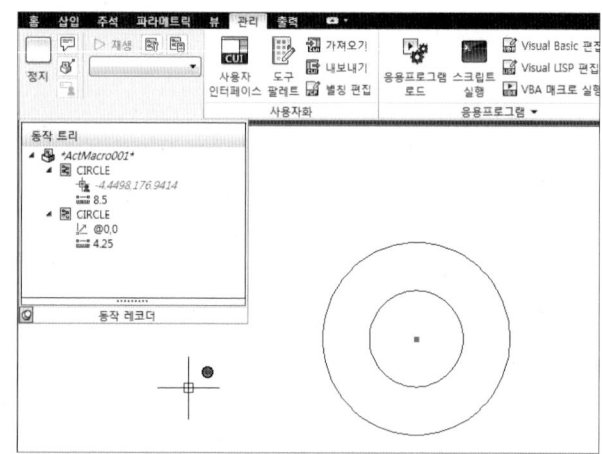

04 다각형 명령으로 육각형을 작도합니다. 명령어 'POLYGON' 또는 'POL'을 입력하거나 '홈' 탭의 '그리기' 패널 또는 '그리기' 도구막대에서 ⬡을 클릭합니다.
{면의 수 입력<4>:}에서 '6'을 입력합니다.
{다각형의 중심을 지정 또는 [모서리(E)]:}에서 객체 스냅 '중심점 ◎'을 이용하여 원의 중심점을 클릭합니다.
{옵션을 입력 [원에 내접(I)/원에 외접(C)] <I>:}에서 원의 외접 옵션인 'C'를 입력합니다.
{원의 반지름 지정:}에서 객체 스냅 '사분점 ◇'을 이용하여 바깥쪽 원의 180도(9시 방향) 위치를 지정합니다. 다음 그림과 같이 육각볼트가 완성됩니다.

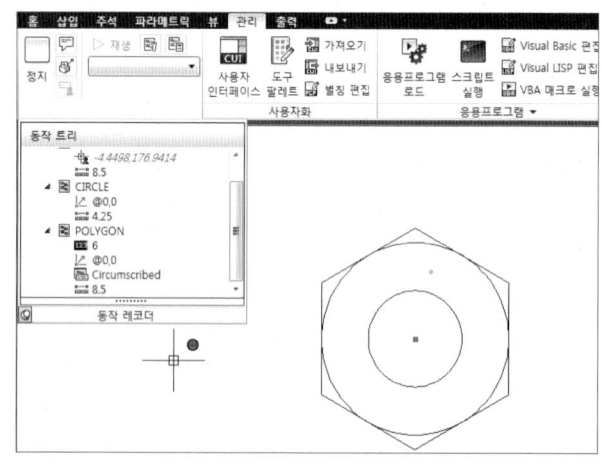

02. 동작 녹화의 정지

동작 레코더를 정지하고 기록된 동작을 동작 매크로 파일에 저장할 수 있는 옵션을 제공합니다.

명령 : ACTSTOP(단축키 : ARS)　　　　　메뉴 아이콘 : ▢

01 육각너트가 완성되었으면 녹화를 정지시켜야 합니다. 작도화면에서 마우스 오른쪽 버튼을 눌러 바로가기 메뉴를 펼칩니다. 바로가기 메뉴에서 '동작 레코더'의 '정지'를 클릭하거나 '관리' 탭의 '동작 레코더' 패널에서 '정지' 메뉴 아이콘 ▢을 클릭합니다. 다음과 같은 동작 매크로 대화상자가 나타납니다.
대화상자에서 매크로 명령 이름(육각너트_평면)을 입력하고 '설명(D)'에 설명문을 입력한 후 [확인]을 클릭합니다.

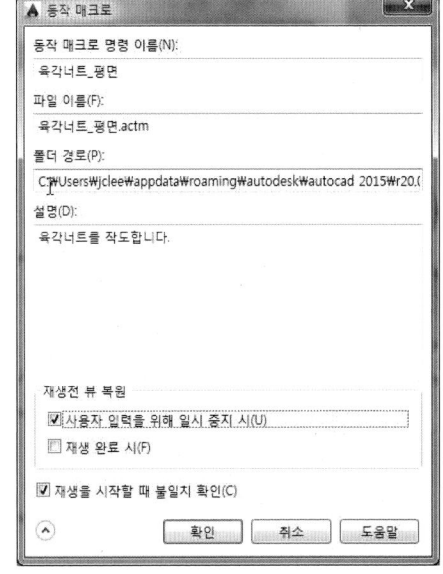

02 다음 그림과 같이 하나의 육각볼트를 작도하는 동작 매크로가 완성되었습니다. 화면의 왼쪽 상단에 매크로가 표시됩니다. 동작 트리에는 조작한 동작의 순서대로 동작의 명칭과 입력 값(좌표, 반지름 등)이 표시됩니다.

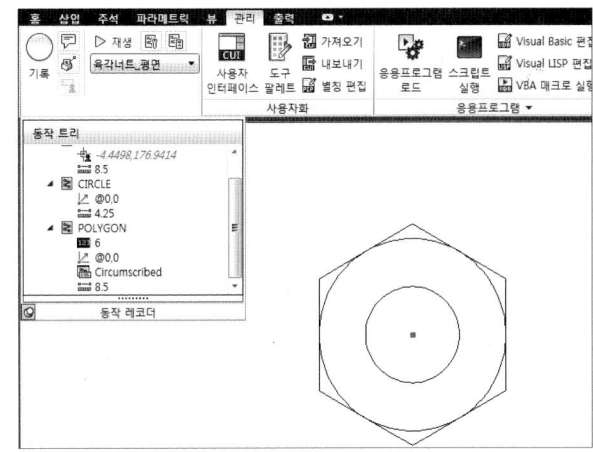

동작 매크로 대화상자

(1) **동작 매크로 명령 이름(N)** : 동작 매크로의 이름을 지정합니다. 이름을 지정하지 않은 경우는 AutoCAD에서 디폴트(기본) 값으로 지정하는데 이름은 'ActMicro001'로 시작하여 일련번호가 부여됩니다.

(2) **파일 이름(F)** : 동작 매크로의 파일 이름을 표시합니다. 확장자는 '*.actm'입니다.

(3) **폴더 경로(P)** : 동작 매크로 파일이 저장될 경로를 표시합니다.

(4) **설명(D)** : 설명을 입력합니다. 여기에서 입력한 내용은 동작 트리의 동작 매크로 노드 위에 커서를 놓으면 툴팁에 설명이 표시됩니다.

(5) **재생 전 뷰 복원** : 동작 매크로 재생에 앞서 뷰의 복원 방법을 정의합니다.
  ① 사용자 입력을 위해 일시 중지(U) : 사용자 입력 요청 시 동작 매크로 재생에 앞서 뷰를 복원합니다.
  ② 재생 완료 시(F) : 재생이 완료되면 동작 매크로 재생에 앞서 뷰를 정의합니다.

(6) **재생을 시작할 때 불일치 확인(C)** : 현재 도면 상태와 매크로가 기록되었을 때의 도면 상태 간의 불일치를 동작 매크로에서 검사해야 할지를 지정합니다.

03. 동작의 재생

녹화된 동작을 재생합니다.

메뉴 아이콘 : ▷

01 '관리' 탭의 '동작 레코더' 패널에서 ▷을 클릭합니다. 동작 매크로 목록에서 재생하고자 하는 매크로 동작을 선택합니다. 다음 그림과 같이 원의 중심점을 묻습니다.

Note_여기에서 원의 중심점을 묻는 동작은 녹화할 때 '사용자 입력 요청'을 설정했기 때문입니다.

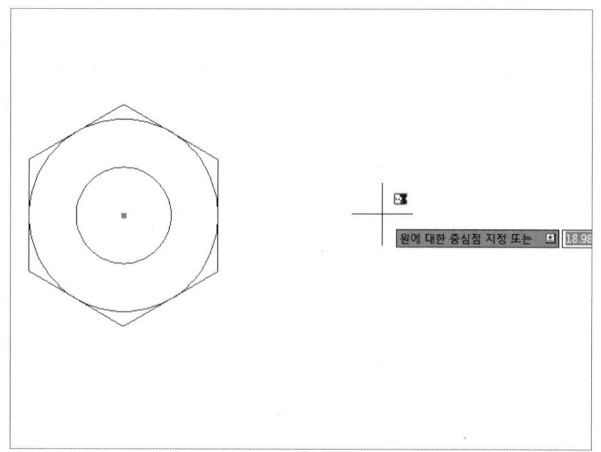

02 {원에 대한 중심점 지정 또는 [3점(3P)/2점(2P)/Ttr - 접선 접선 반지름(T)]:}에서 육각볼트를 작도하고자 하는 위치를 지정합니다. 다음 그림과 같이 육각볼트가 작도되면서 재생 완료를 알리는 대화상자가 나타납니다.

03 [닫기(C)]를 클릭합니다. '이 메시지를 다시 표시하지 않음'을 체크하면 재생이 끝날 때마다 재생 완료 메시지를 표시하지 않습니다.

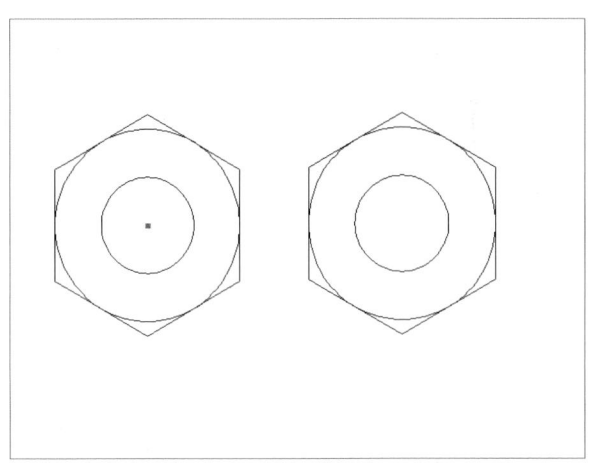

04. 사용자 메시지 삽입

동작 매크로에 사용자 메시지를 삽입합니다. 동작 매크로에 사용자 메시지를 삽입하여 동작 매크로 재생에 대한 정보 또는 구체적인 지침을 제공할 수 있습니다. 사용자 메시지를 원하는 수만큼 동작 매크로의 동작 앞이나 뒤에 삽입할 수 있습니다.

명령 : ACTUSERMESSAGE   메뉴 아이콘 :

01 메시지를 넣고자 하는 동작 매크로의 동작에 맞춘 후 마우스 오른쪽 버튼을 누릅니다. 바로가기 메뉴에서 '사용자 메시지 삽입(I)'을 클릭합니다. 또는 '관리' 탭의 '동작 레코더' 패널에서 을 클릭합니다. 여기에서는 육각형 작도 동작인 'POLYGON'에 포커스를 맞춘 후 실행합니다.

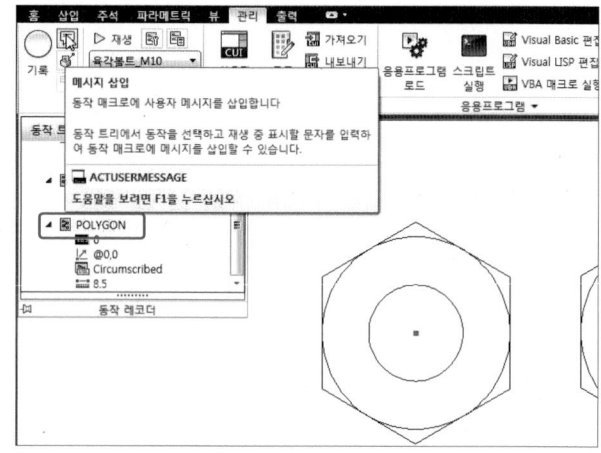

02 사용자 메시지 삽입 대화상자에서 메시지(육각형을 작도합니다.)를 입력합니다.

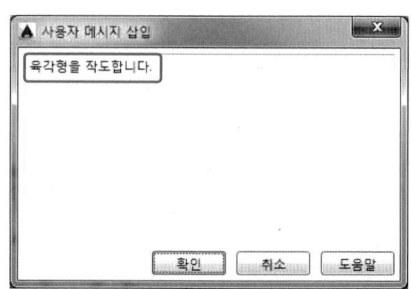

03 다음 그림과 같이 동작 트리의 동작 매크로의 지정한 위치(POLYGON)에 '사용자 메시지'가 삽입되었습니다.

04 동작 매크로를 재생시켜 보겠습니다. 재생할 매크로를 선택한 후 '재생' 메뉴 아이콘 ▷을 클릭합니다. 위치를 지정하고 나면 육각형을 그리기 전에 다음과 같이 사용자 메시지(육각형을 작도합니다)가 나타납니다.

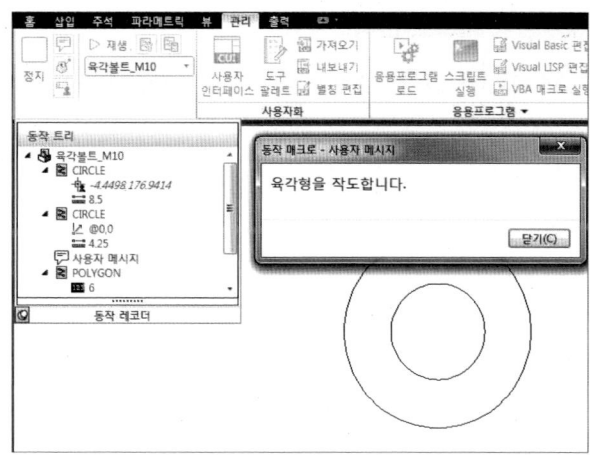

05 [닫기(C)]를 누르면 재생이 진행됩니다. 다음과 같이 작도됩니다.

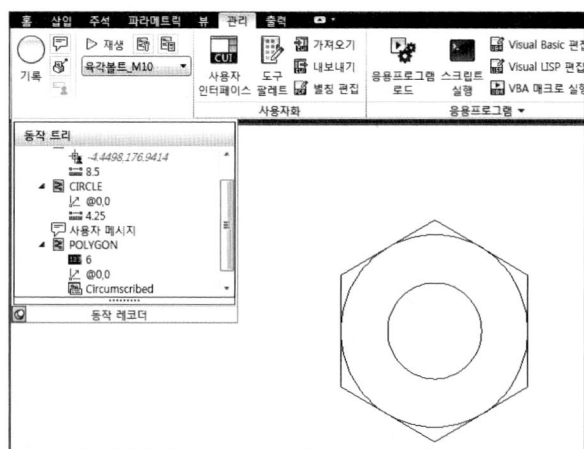

05. 동작 매크로 관리

동작 매크로 관리자 또는 동작 트리를 사용하여 동작 매크로의 이름을 바꾸거나 복사, 수정 및 삭제할 수 있습니다. 동작 매크로 파일의 수정 및 관리는 동작 매크로 관리자 및 동작 트리를 통해 처리할 수 있습니다.

명령 : ACTMANAGER   메뉴 아이콘 :

01 '관리' 탭의 '동작 레코더' 패널에서 을 클릭합니다. 다음 그림과 같은 동작 매크로 관리자 대화상자가 나타납니다.

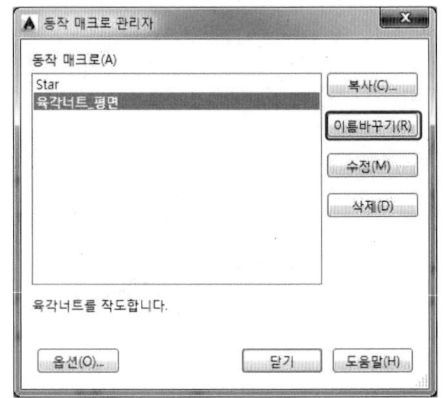

02 [이름 바꾸기(R)]을 클릭합니다. 동작 매크로 이름을 '육각볼트_M10'으로 바꿉니다.

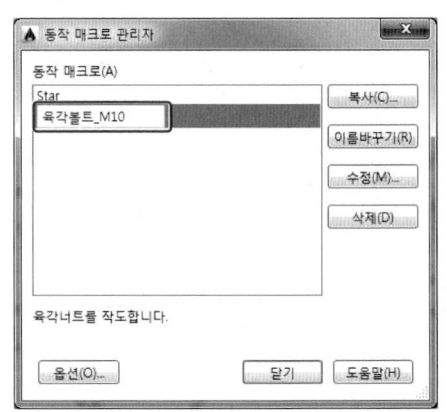

기타 [복사(C)], [수정(M)], [삭제(D)]는 동작 매크로의 복사, 수정, 삭제하는 작업입니다.

06. 동작 레코더의 기본 설정 변경

동작 레코더에 사용된 설정을 사용자 정의합니다.
동작 레코더 기본 설정 명령을 실행합니다. '관리' 탭의 '동작 레코더' 패널에서 메뉴 아이콘 을 클릭합니다.

18 ; 동작 및 데이터 관리를 위한 도구

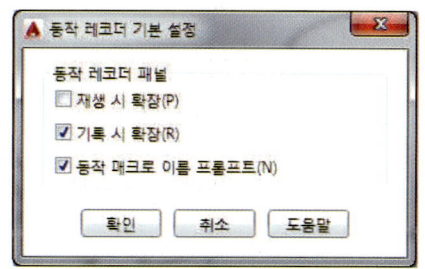

(1) 재생 시 확장(P) : 재생 중 동작 레코더 패널을 확장합니다.
(2) 기록 시 확장(R) : 기록 중 동작 레코더 패널을 확장합니다.
(3) 동작 매크로 이름 프롬프트(N) : 기록이 정지되면 동작 매크로 대화상자를 표시합니다.

3   자원의 유효 활용을 위한 디자인센터(ADCENTER)

디자인센터는 기존의 콘텐츠(블록, 외부 참조, 도면층, 선 종류, 해치 패턴 등)를 검색하고 내용을 미리 보고 도면에 삽입하여 재활용하거나 관리하는데 유용한 도구입니다.

명령 : ADCENTER(단축키 : Ctrl + 2)   메뉴 아이콘 : 🖩

따라 하기 실습을 통해 디자인센터 기능을 익히도록 하겠습니다.

01 디자인센터를 실행합니다. Ctrl + 2 을 누르거나 '뷰' 탭의 '팔레트' 패널 또는 '표준' 도구막대에서 🖩을 클릭합니다. 다음 그림과 같이 디자인센터 팔레트가 나타납니다.

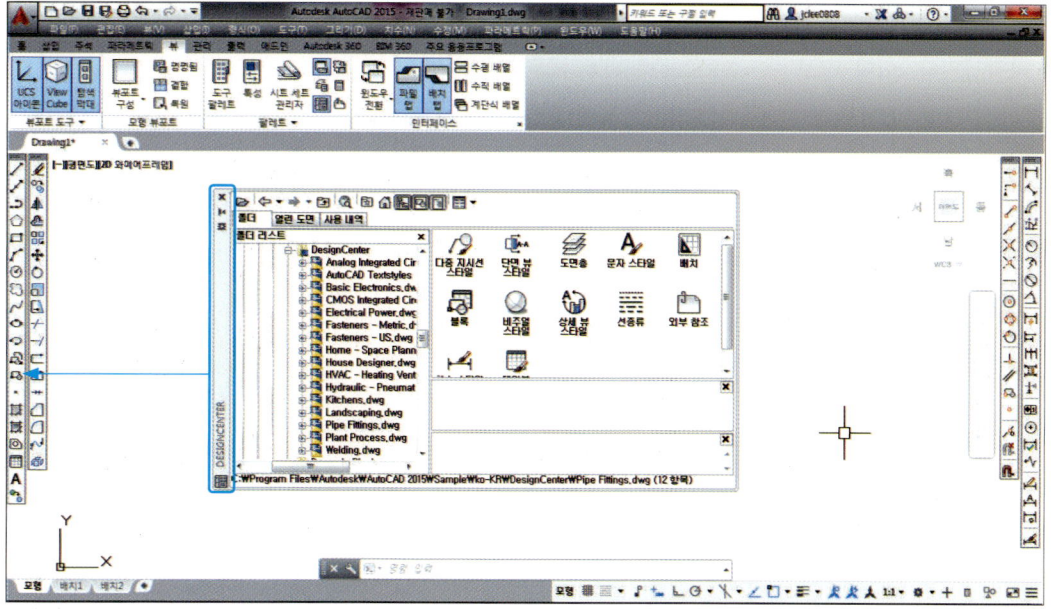

593

02 **디자인센터의 이동 :** Ctrl 키를 누른 채 제목 표시줄을 마우스 왼쪽 버튼을 누르면서 끌고 가서 왼쪽에 붙입니다. 다음 그림과 같이 화면 왼쪽에 붙습니다. 트리뷰 영역에서 폴더를 AutoCAD설치 폴더 (예 : C:\Program Files\Autodesk\AutoCAD 2015\Sample\)의 '\KoKR\Design Center'를 선택합니다. 도면 목록 중에서 'Pipe Fittings.dwg' 파일을 클릭합니다.

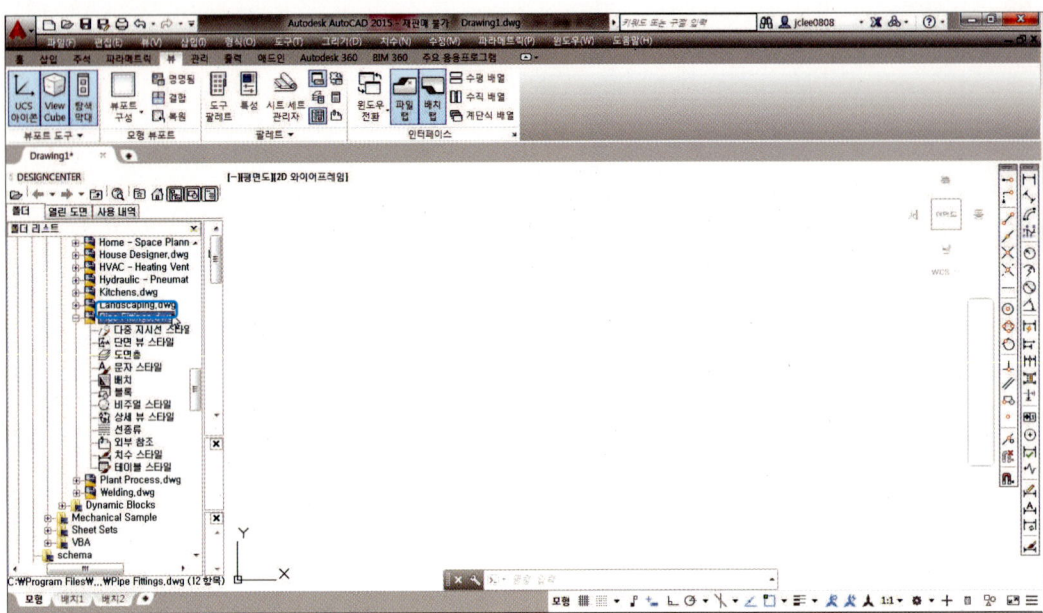

03 **콘텐츠의 도면 내 삽입 :** '블록' 아이콘을 더블클릭합니다. 선택한 도면에 등록된 블록이 나타납니다. 이때 '밸브 - 글로브 플랜지'를 클릭합니다. 다음 그림과 같이 하단의 미리 보기 창에는 선택한 블록이 표시됩니다.

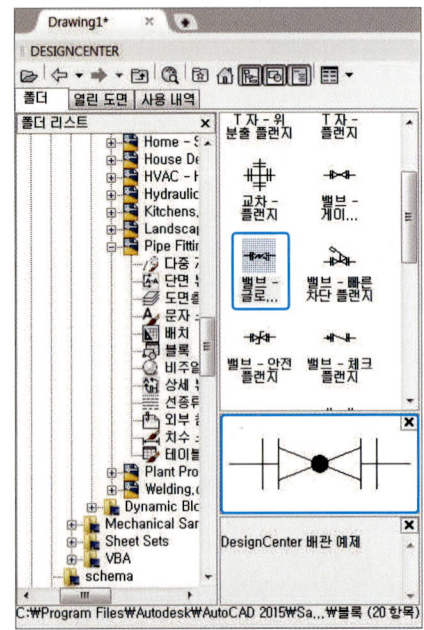

04 선택한 블록(밸브 - 글로브 플랜지)을 왼쪽 버튼을 누른 채로 끌어서 도면 영역으로 가져와 왼쪽 버튼을 놓습니다(드래그 & 드롭). 다음 그림과 같이 선택한 심볼(밸브)이 도면에 삽입됩니다.

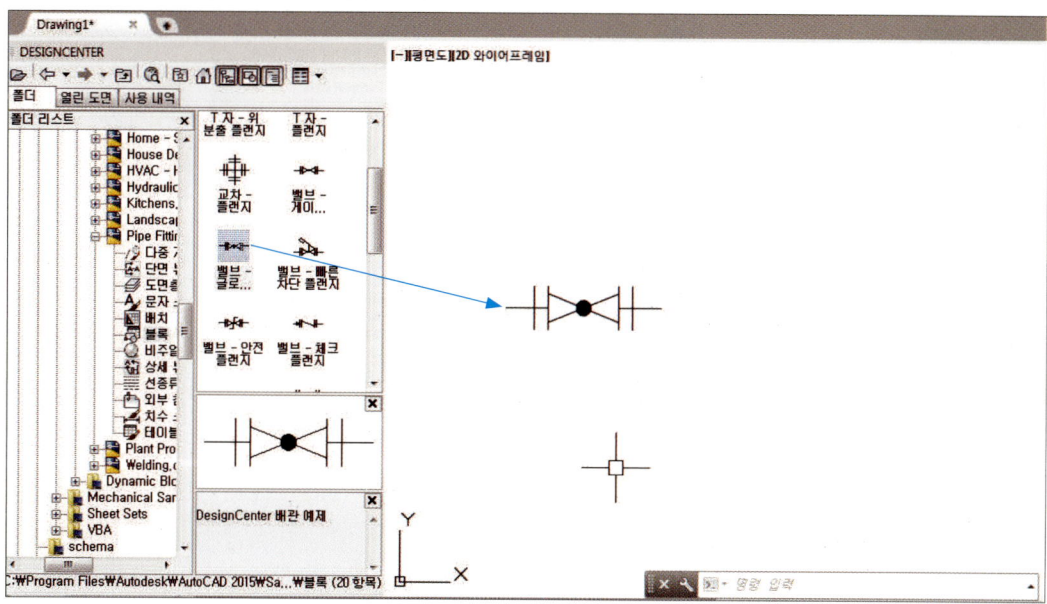

05 콘텐츠 추가 : 검색 아이콘 을 클릭합니다. 다음과 같은 검색 대화상자가 표시됩니다. '검색(K)' 목록에서 '해치 패턴 파일'을 선택하고 '해치 패턴 파일' 탭의 '이름 검색(C)'에 전체임을 의미하는 와일드 카드 '*.*'를 입력한 후 [지금 검색(N)]을 클릭합니다. 검색된 결과가 아래 창에 표시됩니다. 로드하고자 하는 파일(acad.pat)을 더블클릭합니다.

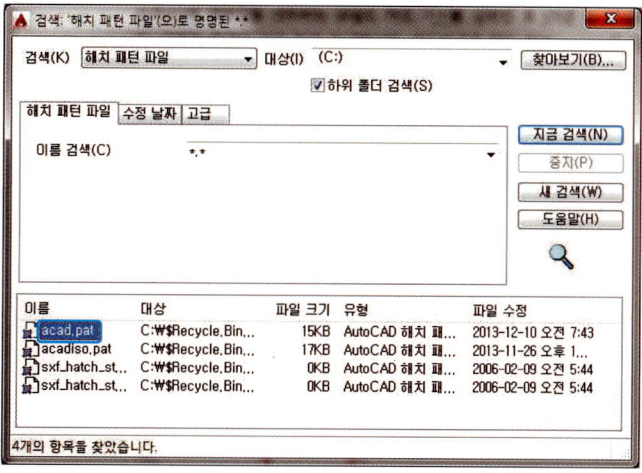

06 다음 그림과 같이 해치 패턴 파일이 로드되어 패턴 목록이 표시됩니다.

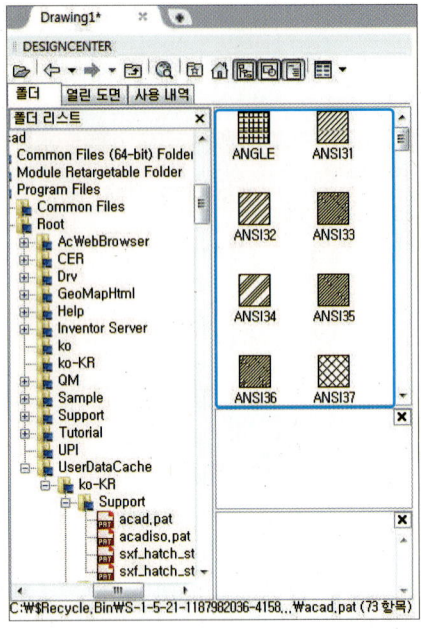

07 드래그 앤 드롭에 의한 해치 : 디자인센터에서 해치 콘텐츠를 이용해 해치하겠습니다. 왼쪽의 트리 뷰에서 해치하고자 하는 패턴(AR-HBONE)을 선택합니다. 왼쪽 버튼을 누른 채로 작도 영역으로 끌고 가서 해치하고자 하는 영역(육각형)에 놓습니다(드래그 & 드롭).

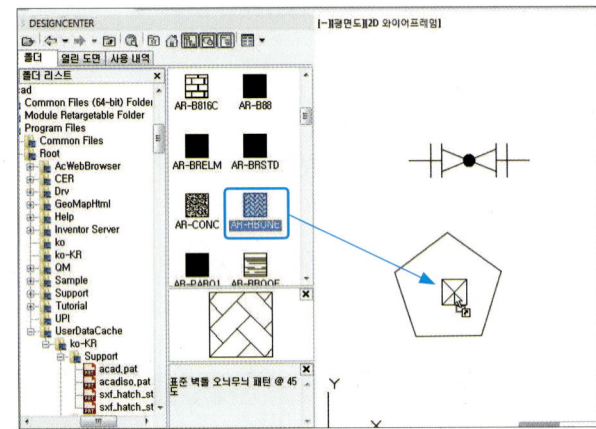

08 다음 그림과 같이 선택한 패턴(AR-HBONE)으로 지정한 영역에 해치됩니다.

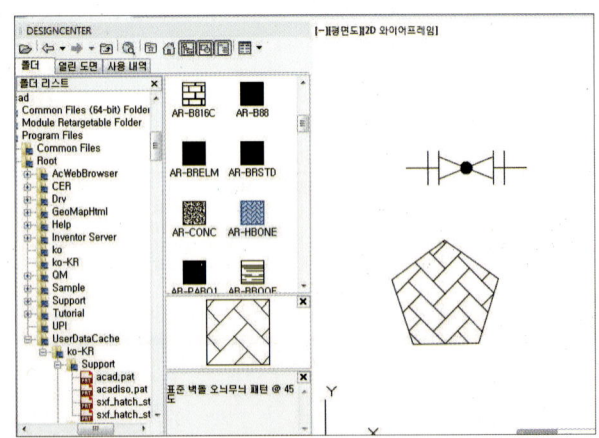

> **참고** 디자인센터의 기능
>
> 실습을 통해 디자인센터를 이해했으리라 봅니다. 디자인센터는 다음과 같은 기능을 수행할 수 있습니다.
>
> (1) 컴퓨터, 네트워크 장치 및 웹 페이지에서 도면이나 기호 라이브러리와 같은 도면 관련 콘텐츠를 찾아볼 수 있습니다.
> (2) 모든 도면 파일에서 블록 및 도면층과 같은 명명된 객체에 대해 정의 테이블을 표시하고, 해당 콘텐츠를 현재 도면으로 삽입, 부착 또는 복사하여 붙여 넣기를 할 수 있습니다. 다른 도면에서 기존에 만들어놓은 도면층, 선 종류 등을 현재 도면으로 쉽게 끌어와 사용할 수 있습니다.
> (3) 현재 도면에 정의되어 있는 블록을 갱신하여 새롭게 정의할 수 있습니다.
> (4) 자주 접근하는 도면, 폴더 및 인터넷 위치로 바로 가기를 작성할 수 있습니다.
> (5) 도면에 외부 참조, 블록 및 해치와 같은 콘텐츠 추가할 수 있습니다.
> (6) 드래그 앤 드롭(Drag & Drop)과 같은 편리한 접근으로 도면, 블록 및 해치를 도면 팔레트에 끌어서 놓기를 할 수 있습니다.

4 콘텐츠 관리를 위한 도구 팔레트(TOOLPALETTES)

도구 팔레트는 블록, 해치 및 다른 도구를 구성, 공유 및 배치하기 위한 효율적인 방법을 제공하는 탭 형식 팔레트입니다. 개발자들이 자신들의 응용 소프트웨어의 접근을 쉽게 하기 위해 제공하는 사용자 도구(블록 또는 각 기능 세트)를 작성하기도 합니다.

명령 : TOOLPALETTES(단축키 : Ctrl + 3)   메뉴 아이콘 : 📋

따라 하기 실습을 통해 도구 팔레트 기능을 이해하도록 하겠습니다.

01 도구 팔레트를 실행합니다. Ctrl + 3 을 누르거나 '뷰' 탭의 '팔레트' 패널 또는 '표준' 도구막대에서 📋 을 클릭합니다. 다음 그림과 같이 도구 팔레트가 나타납니다.

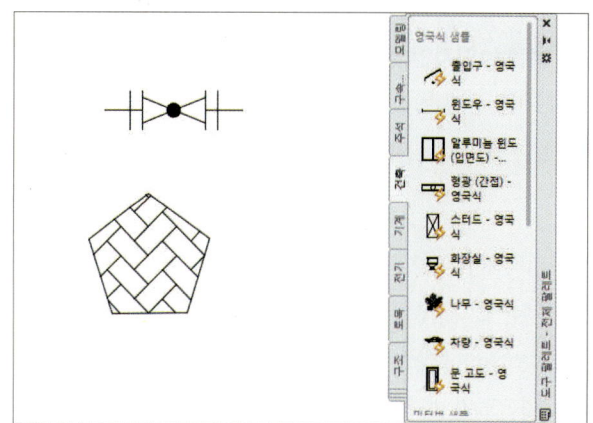

02 새 도구 팔레트 작성 : 새로운 도구 팔레트를 만들어 보겠습니다. 마우스를 팔레트의 메뉴 바에 맞추고 오른쪽 버튼을 눌러 '새 팔레트(E)'를 클릭합니다.

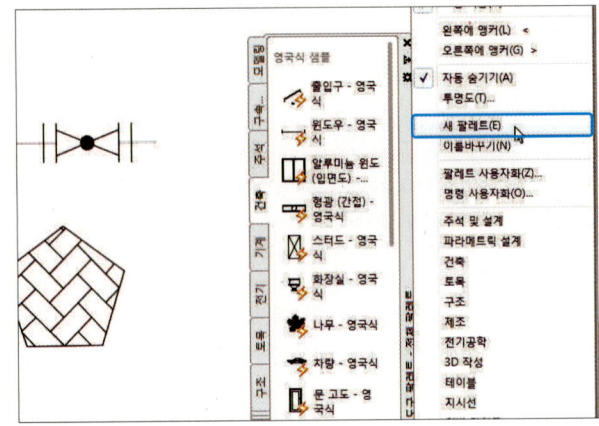

다음 그림과 같이 새 팔레트 이름('팔레트 연습')을 입력합니다.

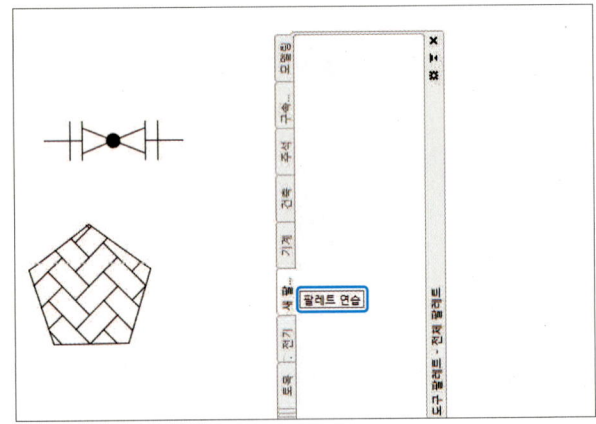

03 콘텐츠(디자인센터 콘텐츠) 추가 : 디자인센터에 있는 블록을 새로운 도구 팔레트('내 팔레트')에 넣어보도록 하겠습니다. 디자인센터를 실행합니다. Ctrl + 2 를 누르거나 '뷰' 탭의 '팔레트' 패널 또는 '표준' 도구막대에서 ▦을 클릭합니다. 디자인센터 팔레트가 열립니다.

04 디자인센터의 트리뷰 영역에서 폴더를 AutoCAD설치 폴더(예 : C:₩Program Files₩Autodesk₩AutoCAD 2015₩Sample₩)의 '₩KoKR₩Design Center'를 선택합니다. 도면 목록 중에서 파일 'House Designer.dwg'을 클릭한 후 '블록'을 더블클릭합니다. 표시되는 블록 목록에서 '문 - 고급36in'을 선택하여 마우스 왼쪽 버튼을 누른 채 도구 팔레트의 '팔레트 연습'으로 끌고 가서 놓습니다(드래그 & 드롭).

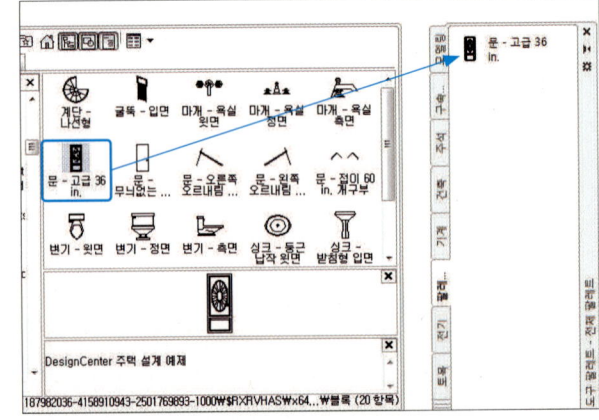

05 다음 그림과 같이 선택한 콘텐츠(블록)가 도구 팔레트에 배치됩니다. 동일한 방법으로 디자인센터에 있는 콘텐츠를 차례로 드래그 & 드롭 조작으로 도구 팔레트의 '팔레트 연습'에 배치합니다. 다음 그림과 같이 '팔레트 연습'에 블록(심볼)이 등록됩니다.

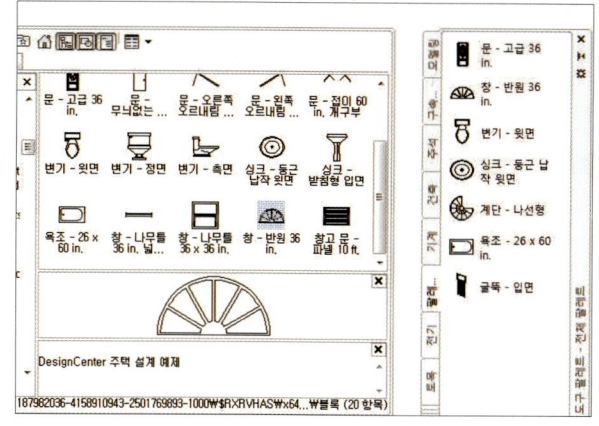

06 **명령 도구 작성** : 다음은 자주 사용하는 명령을 도구 팔레트에 등록해보도록 하겠습니다. 명령어 'CUI'를 입력하거나 '관리' 탭의 '사용자화' 패널에서 를 클릭합니다. 또는, 마우스를 메뉴 바에 맞추고 오른쪽 버튼을 눌러 '명령 사용자화(O)'를 클릭합니다. 다음 그림과 같이 사용자 인터페이스 사용자화 대화상자가 표시됩니다. '선(LINE)' 명령 아이콘(컨트롤)을 끌고 가서 도구 팔레트에 놓습니다(드래그 & 드롭).

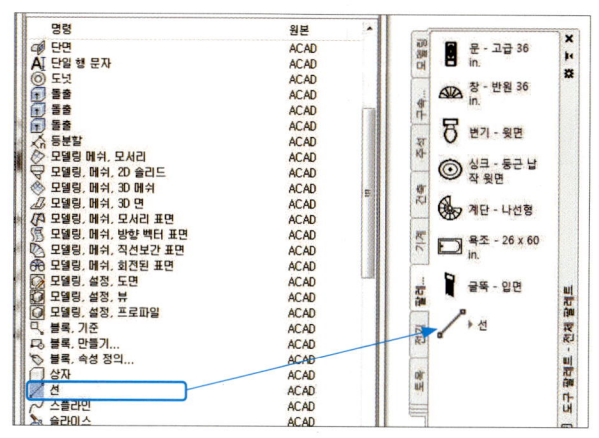

07 동일한 방법으로 팔레트에 넣고자 하는 명령 컨트롤을 드래그 앤 드롭 조작으로 배치합니다. 다음 그림과 같이 명령 컨트롤이 도구 팔레트에 배치됩니다. 배치가 끝나면 [확인(O)]를 클릭하여 종료합니다.

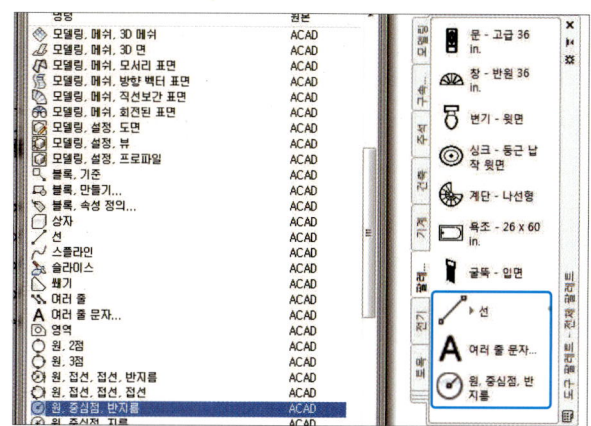

08 **도구 팔레트 콘텐츠의 활용 :** 지금부터 도구 팔레트에 등록된 콘텐츠 및 명령 컨트롤을 활용해보도록 하겠습니다. 사용법은 도구 팔레트 사용방법과 동일합니다. 도구 팔레트에서 '계단 - 나선형' 및 '욕조 - 26×60' 아이콘을 끌어서 도면 영역의 배치하고자 하는 위치에서 놓습니다(드래그 앤 드롭). 다음 그림과 같이 선택한 콘텐츠('계단 - 나선형' 및 '욕조 - 26×60')가 도면에 삽입됩니다.

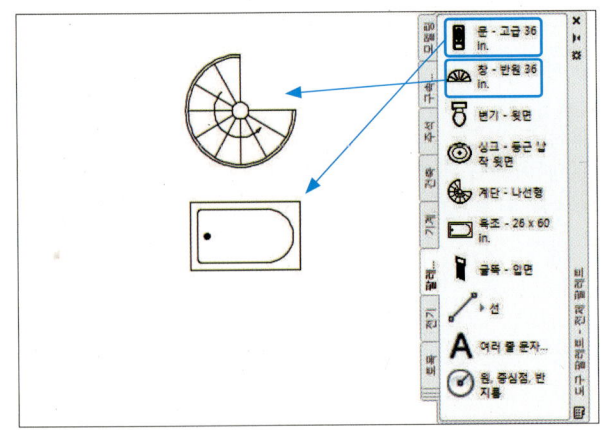

09 **명령 컨트롤의 실행 :** 도구 팔레트에서 '원(CIRCLE)' 명령 컨트롤 ⊙을 클릭합니다. 원 명령이 실행됩니다. 다음 그림과 같이 원을 작도합니다.
도구 팔레트에서 '선(LINE)' 명령 컨트롤 ╱을 클릭합니다. 신 명령이 실행됩니다. 다음과 같이 원 내부에 선을 작도합니다.
이렇게 도구 팔레트에 등록하여 콘텐츠(블록, 명령어, 해치 패턴 등)를 활용할 수 있습니다.

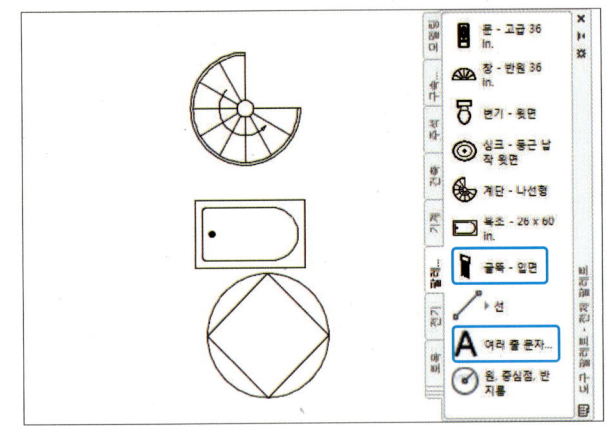

10 **도구 팔레트의 콘텐츠 특성 변경 :** 다음은 콘텐츠의 특성을 변경해보도록 하겠습니다. 특성을 변경하고자 하는 콘텐츠('계단 - 나선형')를 선택한 후 마우스 오른쪽 버튼을 누릅니다. 바로가기 메뉴에서 '특성(R)'을 클릭합니다.

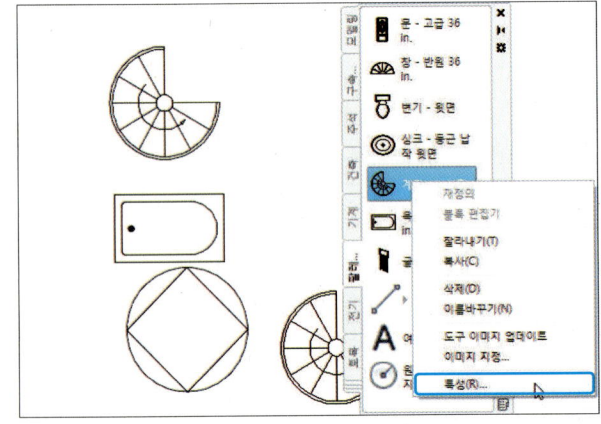

11 다음과 같은 도구 특성 대화상자가 펼쳐집니다. 변경하고자 하는 항목에서 값을 바꿉니다. 예에서는 '축척'을 '0.7'로 바꿉니다. 수정이 끝나면 [확인]을 클릭합니다.

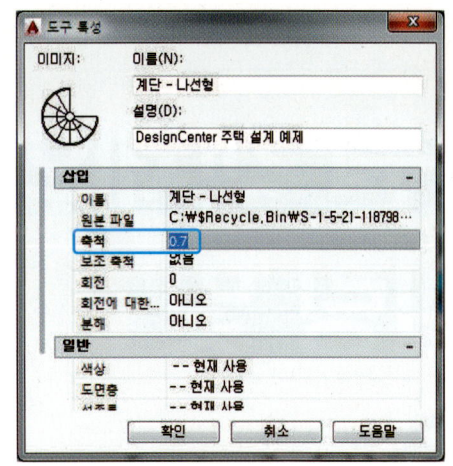

12 특성을 바꾼 콘텐츠('계단 - 나선형')를 도면에 삽입(드래그 앤 드롭)합니다. 다음 그림과 같이 기존 크기보다 0.7배의 크기로 삽입됩니다.

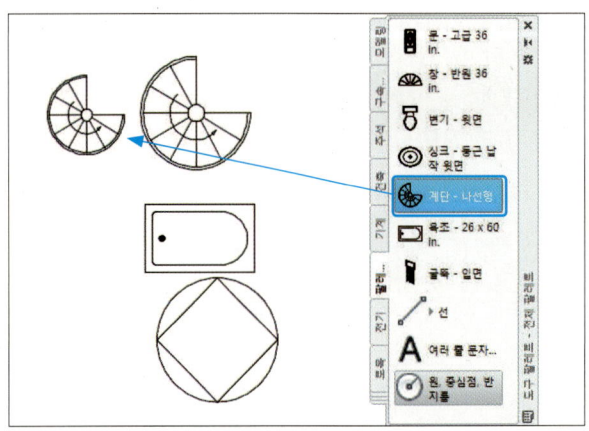

PART8

3차원 객체의 모델링 및 편집

지금부터 3차원에 대해 학습하겠습니다. 3차원 작업은 지금까지 학습한 2차원 개념이 토대가 됩니다. 3차원 작업은 기존 X, Y 좌표에 Z 좌표가 추가되기 때문에 고려해야 할 사항이 늘어나지만 현실감 있는 모델을 다루기 때문에 학습하는데 흥미롭습니다.

AutoCAD 2015

19; 3차원 작업을 위한 기초

20; 솔리드(SOLID)의 기본 명령어

21; 솔리드(SOLID) 모델링

22; 솔리드 객체의 편집 및 조작

23; 표면(Surface)의 작성 및 편집

24; 표면(SURFACE) 및 메쉬(MESH) 모델링

19; 3차원 작업을 위한 기초

AutoCAD 2015

우리 주변을 보면 2차원에서 3차원으로 옮겨가고 있다는 것을 느낄 수 있습니다. 영화나 게임을 보면 3차원 콘텐츠가 늘어나고 있으며 텔레비전이나 모바일 기기도 3차원화가 진행되고 있습니다. 건축이나 기계와 같은 공학분야는 오래 전부터 3차원화가 진행되어 왔습니다. CAD 도면도 이제는 본격적으로 3차원화되어 가고 있습니다. 이번에는 지금까지 학습한 2차원을 토대로 3차원 입문을 위한 기본적인 내용을 다루도록 하겠습니다.

1 2차원과 3차원의 차이

2차원(2 Dimension) 모델과 3차원(3 Dimension) 모델의 차이를 간단히 표현하면 'Z 값'이라 할 수 있습니다. 2차원은 X축과 Y축 두 개의 축으로 좌표를 지정하여 표현했으나 3차원은 여기에 Z축의 값을 더해 세 개의 축으로 표현하는 것입니다. 따라서, 3차원 객체를 작성하거나 편집할 때는 특성에 Z 값에 해당하는 '고도(Elevation)'와 '두께(Thickness)'를 고려해야 합니다.

고도와 두께를 가진 데이터를 표현하기 위해 2차원의 객체보다 많은 정보를 갖고 있습니다. 또, 표현하는 객체의 종류도 다양합니다. 2차원의 벡터 데이터 외에 면(Surface), 메쉬(Mesh), 솔리드(Solid)와 같은 객체가 3차원의 정보를 가진 객체입니다.

2차원에 비해 하나의 축이 더 추가됨으로써 도면의 작성이나 편집하는데 있어 작업이 추가되고 이를 표현하는데 있어서도 보는 위치(시점)를 정의한다거나 음영 처리, 렌더링, 비주얼 스타일 등 표현 방법이 다양합니다. 이런 측면에서 보면 기본적으로 2차원 작업보다는 조작이 많아지고 데이터가 늘어나며 관리가 복잡해지는 측면은 무시할 수 없습니다. 그러나 2차원과 3차원의 차이를 알고 이 차이에 대한 기본적인 내용만 이해한다면 3차원 작업을 하는데 큰 어려움은 없을 것입니다.

01. 바닥으로부터 높이를 정의하는 '고도(Elevation)'

'고도(Elevation)'는 바닥으로부터 얼마만큼 떨어져 있는가를 의미합니다. 좌표의 Z 값을 의미합니다. 이 값은 플러스(+) 또는 마이너스(-) 값을 지정할 수 있습니다. 기본 값은 '0'입니다.
지정하는 방법은 미리 '고도(Elevation)' 값을 정의한 후 객체를 작성할 수도 있고, 객체를 작성한 후 'Z 값' 특성(Properties)을 수정할 수도 있습니다.
{명령:}에서 'ELEVATION'을 입력합니다.

{ELEVATION에 대한 새 값 입력 <0.0000>:}에서 지정하고자 하는 고도 값을 입력합니다. 여기에서 입력한 값이 Z 값이 됩니다. 이렇게 설정한 후 객체를 작도하면 객체의 Z 값에는 여기에서 설정한 값이 지정되게 됩니다.

02. 객체의 두께를 정의하는 '두께(Thickness)'

'두께(Thickness)'는 객체가 가지는 Z축 방향의 두께를 말합니다. 즉, 객체 자체가 갖고 있는 Z 값이라 생각하면 됩니다.

지정하는 방법은 미리 '두께(Thickness)' 값을 정의한 후 객체를 작성할 수도 있고, 객체를 작성한 후 '두께' 특성(Properties)을 수정할 수도 있습니다.

{THICKNESS에 대한 새 값 입력 <0.0000>:}에서 지정하고자 하는 두께 값을 입력합니다. 여기에서 두께를 설정한 후 객체(선, 원 등)를 작도하면 여기에서 설정한 두께 값을 갖는 객체가 작도됩니다.

> **참고** **고도 및 두께의 변경**
>
> 고도와 두께 값을 바꾸고자 할 때는 '특성(PROPERTIES)' 명령으로 쉽게 수정할 수 있습니다. 특성 명령은 명령어 영역에서 'PROPERTIES' 또는 'CH', 'MO', 'PR', 'PROPS'를 입력하거나 '뷰' 탭의 '팔레트' 패널 또는 도구막대에서 █을 클릭합니다. 또는, 바로가기 메뉴에서 '특성(S)'을 클릭합니다.
>
> 원의 경우, 특성 팔레트에서 '두께' 항목과 고도 값을 갖는 'Z 중심'의 값을 지정합니다.
>
>

다음의 간단한 실습으로 2차원과 3차원의 차이를 알아보겠습니다.

01 '원(CIRCLE)' 명령으로 반지름이 '50'인 원을 3개 작도합니다. 구분을 쉽게 하기 위해 각 객체의 색상을 다르게 지정하여 작도합니다.

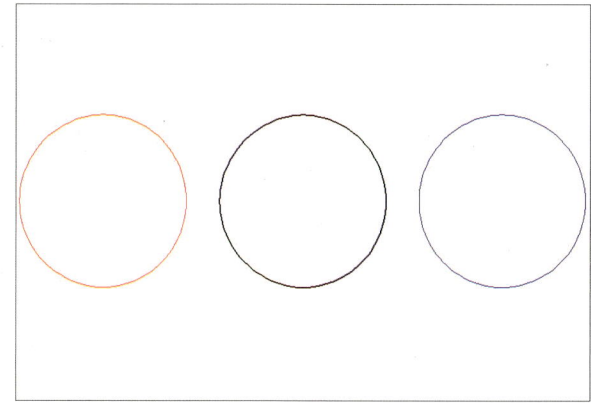

02 '특성(PROPERTIES)' 명령으로 객체의 특성을 수정합니다. 명령어 'PROPERTIES' 또는 'CH', 'MO', 'PR', 'PROPS'를 입력하거나 '뷰' 탭의 '팔레트' 패널 또는 '표준' 도구막대에서 🖻을 클릭합니다. 가운데 원을 선택합니다. 또는, 가운데 원을 더블클릭합니다. 다음과 같이 특성 팔레트가 나타납니다. 특성 팔레트에서 일반의 '두께' 항목에 '100', 'Z 중심'에 '50'을 입력합니다.

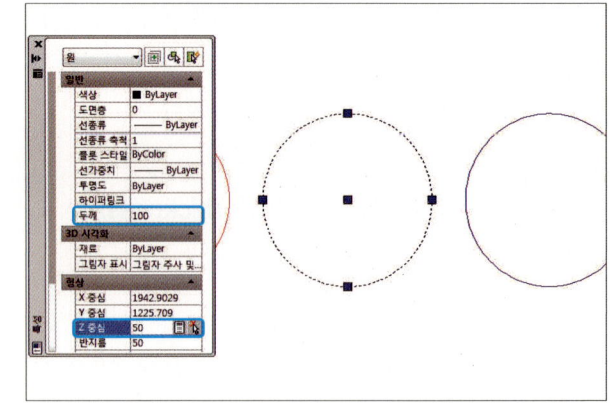

03 입력을 마친 후 Esc 키를 누릅니다. 이번에는 오른쪽의 원을 선택합니다. 특성 팔레트에서 '두께' 항목에 '100', 'Z 중심' 항목에 '100'을 입력합니다. 설정이 끝나면 Esc 키를 누릅니다.

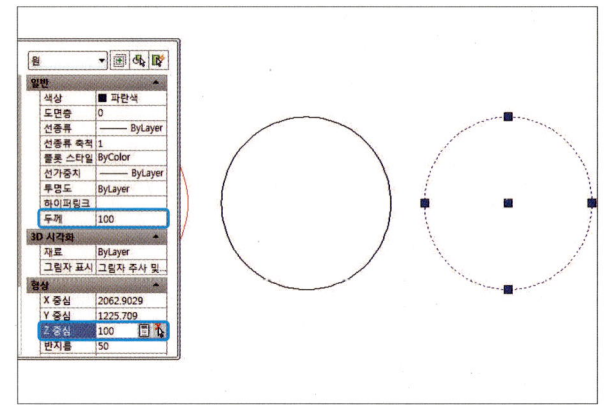

04 현재의 평면도 시점에서는 아무런 변화를 느낄 수 없습니다. 시점(보는 위치)을 바꾸어 보도록 하겠습니다. 먼저, 시점을 쉽게 조작하기 위해 '뷰' 도구막대를 표시하겠습니다. '뷰' 탭의 '윈도우' 패널에서 '도구막대' 드롭다운 리스트를 펼쳐 'ACAD'를 클릭하여 목록에서 '뷰'를 체크합니다. 다음 그림과 같은 '뷰' 도구막대가 나타납니다.

05 '뷰' 도구막대에서 '남서 등각투영' 메뉴 아이콘 ◇을 클릭합니다. 또는 '뷰' 탭의 '뷰' 패널에서 아이콘 ◇을 클릭합니다. 다음 그림과 같이 시점이 바뀌어 표현됩니다. 두께(Thickness)가 있는 두 객체(두 번째, 세 번째 객체)와 두께가 '0'인 객체(첫 번째)의 차이를 알 수 있을 것입니다.

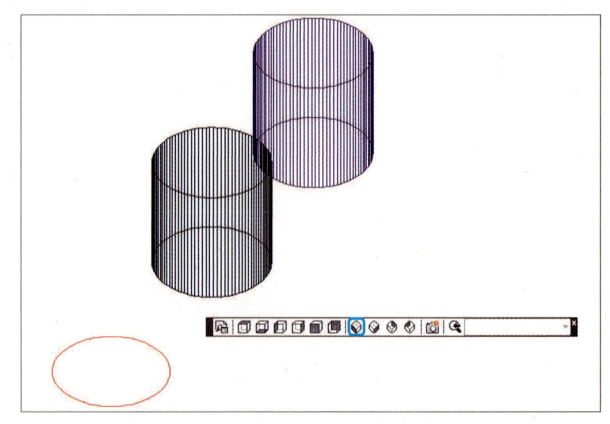

06 고도(Elevation)를 확인을 위해 시점을 정면으로 바꿔 보겠습니다. '뷰' 도구막대에서 '정면도 📦' 뷰를 클릭합니다. 다음 그림과 같이 정면도로 바뀝니다.

첫 번째 원은 고도 '0', 두께 '0'이고, 두 번째 원은 고도 '50', 두께 '100'이며, 세 번째 원은 고도 '100', 두께 '100'입니다. 고도는 바닥에서 얼마나 위쪽으로 이동했는가를 그리고 두께는 객체가 가진 Z축 방향의 길이입니다.

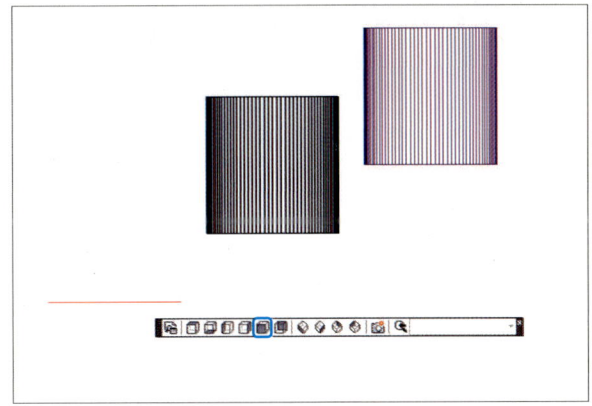

2 3차원 객체의 종류

앞에서는 2차원 객체와 3차원 객체가 가진 특성의 차이를 알아보았습니다. 3차원 모델(객체)은 와이어프레임(Wire-Frame), 면(Surface), 솔리드(Solid)로 나뉩니다. 3차원 모델을 구성하는 기본 객체인 메쉬(Mesh)가 있습니다. 이번에는 3차원 모델을 구성하는 객체에 대해 알아보겠습니다.

01. 메쉬(Mesh)

3D 모델을 이루는 최소 단위는 '정점(Vertex)'이며, 이 정점들을 연결하여 '모서리선(Edge)'이 되고, 이 선(Edge)들이 3개 이상 만나면 '다각형 면(Polygon)'이 만들어집니다. 따라서, 면의 최소 단위는 삼각 다각형입니다. 이러한 과정으로 다각형이 모여 하나의 덩어리가 되면 이를 '메쉬(Mesh)'라고 합니다.

즉, 메쉬는 다각형(Polygon) 표현(삼각형 및 사각형 포함)을 사용하여 3D 모델을 정의하는 정점, 모서리 및 면으로 구성됩니다. AutoCAD에서는 솔리드 또는 표면에서는 사용할 수 없는 방식으로 메쉬 모형을 수정할 수 있습니다. 예를 들어, 각진 부분, 분할 및 증가하는 부드럽기(Smooth) 레벨을 적용할 수 있습니다. 메쉬 하위 객체(면, 모서리 및 정점)를 끌어서 객체를 변형시킬 수 있습니다. 보다 세부적인 결과를 얻기 위해 메쉬의 특정 영역을 정련한 뒤 수정할 수도 있습니다. 이 메쉬 기능을 이용하여 보다 쉽게 자유로운 곡면을 작성할 수 있습니다.

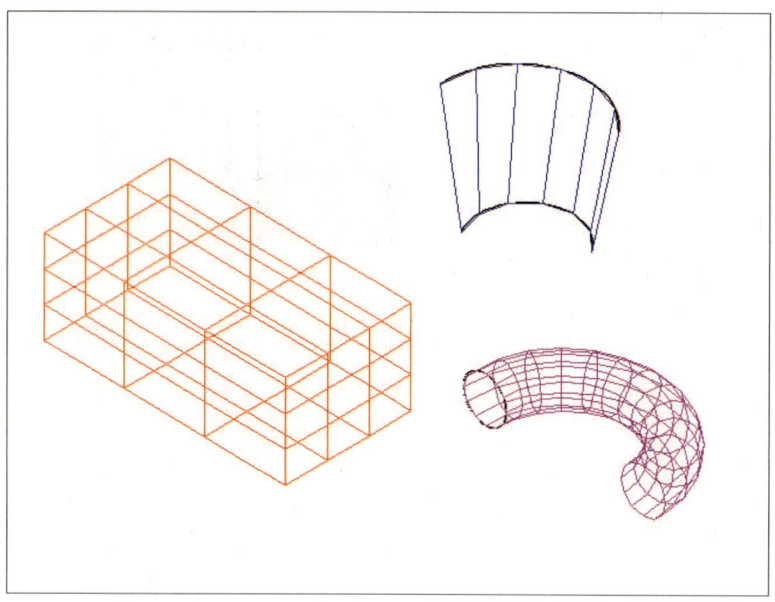

02. 와이어프레임(Wire-Frame)

3차원 모델의 가장 기본적인 표현 방식으로 면과 면이 만나는 경계선(Edge)을 철사(Wire)로 엮은 것과 같은 형식으로 표현한다고 '와이어프레임(Wire-Frame)'이라고 합니다.

물체를 구성하는 주요한 내외곽 선들을 후면까지 모두 투영해서 볼 수 있고 데이터 양이 적기 때문에 빨리 표현한다는 장점은 있지만, 표면이 없으므로 물체의 양감 표현은 되지 않고 은선 처리가 되지 않아 명확한 3차원 표현에는 한계가 있다는 것이 단점입니다.

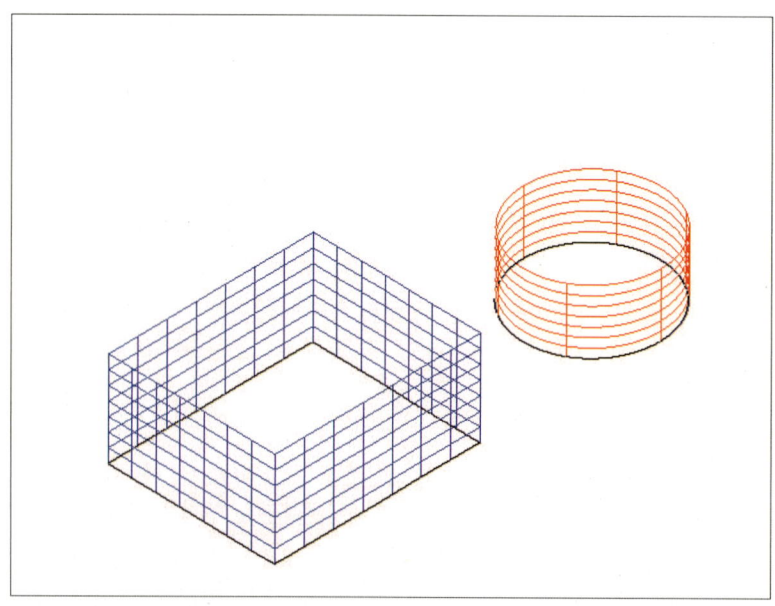

03. 표면(Surface)

표면(Surface) 모델은 물체를 3D 객체의 쉐이프에 해당하는 무한히 얇은 쉘의 집합으로 표현합니다. 내부는 비어있는 표면만 존재하는 방식입니다. 뒤쪽의 보이지 않는 부분은 은선 처리로 제거할 수 있고 표면이 있기 때문에 물체가 양감을 지닌 것으로 보이지만 실제는 내부가 비어 있기 때문에 물체에 대한 물리적 데이터의 처리는 불가능합니다. AutoCAD에서는 솔리드 모형의 조작과 동일한 명령 몇 가지를 사용하여 표면 모형을 작성할 수 있습니다. 표면을 구성하는 모든 요소와 정점(Vertices)의 집합을 메쉬(Mesh)라고 부릅니다.

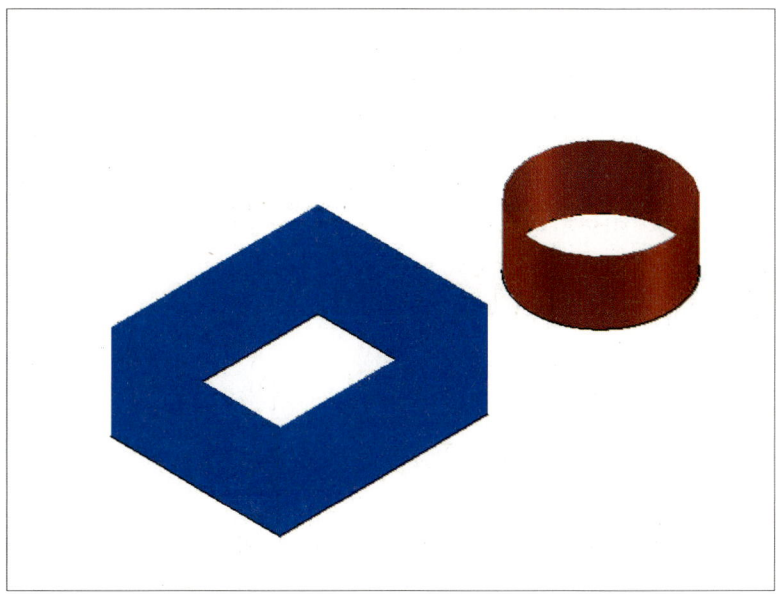

04. 솔리드(Solid)

솔리드는 일반적으로 3차원 작업에서 가장 많이 사용하는 객체의 종류로 질량, 체적, 무게 중심 및 관성 모멘트와 같은 특성 정보를 가지고 있는 3D 표현입니다. 가장 많은 정보를 포함하며 3D 모델링 종류 중에서 모호성이 가장 낮습니다. 질량 특성에 대한 솔리드를 분석하고 NC(숫자 조정) 밀링 또는 FEM(유한요소 방법) 분석을 수행하는 응용프로그램에 데이터를 내보낼 수 있습니다. 가장 완성도가 높고 많은 정보를 갖고 있는 모델이므로 용량도 크고 속도가 떨어진다는 단점을 가지고 있습니다.

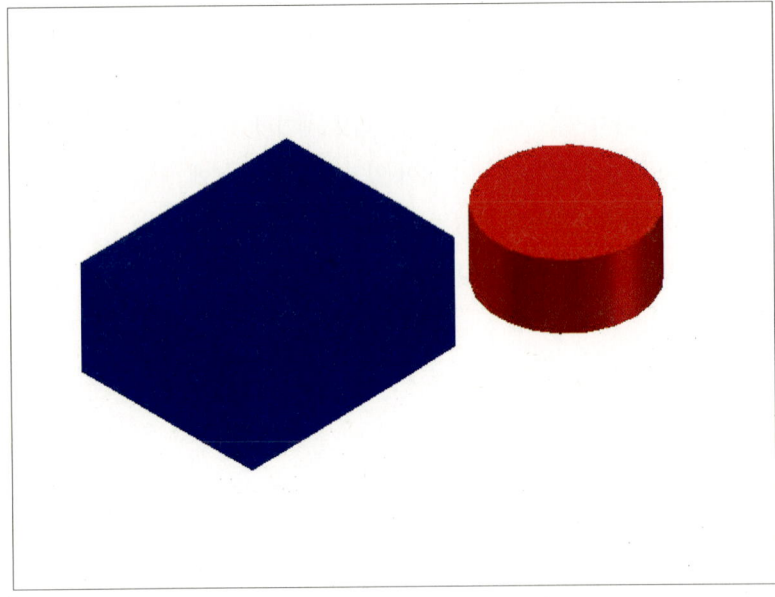

Note_ '솔리드(Solid)'가 찰흙으로 어떤 사물을 빚어낸다고 가정하면 '표면(Surface)'은 라면박스와 같은 얇은 종이 상자로 생각하면 이해하기 쉽습니다.

3 3차원을 위한 작업공간

'작업공간'은 사용자가 자신의 맞는 작업공간(사용자 인터페이스)을 구축하여 쉽게 접근할 수 있는 기능입니다. 본격적인 3차원 작업에 앞서 3차원 작업공간으로 바꾸도록 하겠습니다.

01 화면 하단의 상태막대에서 작업공간 아이콘 ✱ 옆의 역삼각형(▼)을 클릭합니다. 표시된 목록에서 '3D 모델링'을 선택하여 클릭합니다.

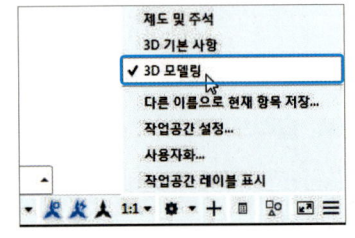

02 다음과 같은 '3D 모델링'관련 메뉴로 바뀌면서 3차원 작업을 위한 공간으로 바뀝니다.

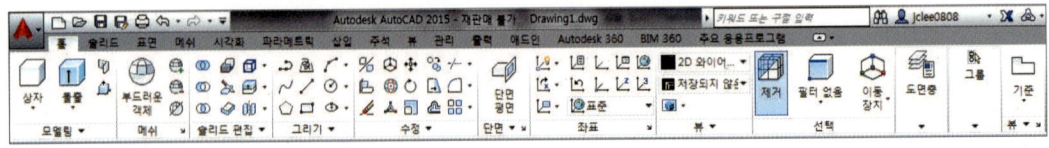

[TIP] AutoCAD가 제공하는 3차원 작업공간인 '3D 모델링'의 환경은 사용자에 따라 불편할 수 있습니다. 따라서, 사용자가 3차원 작업을 위해 필요한 블록이나 명령 컨트롤 등을 도구 팔레트, 리본의 패널, 도구막대에 저장하여 작업하기 용이한 환경을 구축하여 작업하는 것이 3차원 작업의 효율을 향상시킬 수 있습니다.

4. 3차원 좌표계와 좌표지정 방법

3차원의 좌표 지정은 기존 X축과 Y축 두 방향에 Z축 방향이 추가되기 때문에 2차원에 비해 복잡하고 다양합니다. 또, 좌표계도 2차원에서는 표준 좌표계인 WCS만으로 가능했지만 3차원에서는 사용자 좌표계인 UCS를 이용해야 합니다. 이번에 다루는 내용은 3차원에서 필수적인 좌표계와 좌표지정 방법에 대해 알아보겠습니다.

01. 표준 좌표계(WCS: World Coordinate System)

WCS는 공간상에서 모델이 위치한 곳이 미리 정의된 고정 좌표계로 원점을 사용자가 임의로 바꿀 수 없습니다. 원점은 X와 Y 축의 교차점(0,0)입니다. 일반적으로 2차원 작업에서 사용한 WCS는 X축은 0도 방향의 수평축이고 Y축은 90도 방향의 수직축입니다.

02. 사용자 좌표계(UCS: User Coordinate System)

WCS는 고정된 좌표계이기 때문에 3차원의 모델을 생성하고 편집하기에는 불편한 점이 많습니다. UCS는 사용자가 정의하는 좌표계로 다양하게 정의할 수 있어 3차원 모델을 작성하거나 편집하는데 유용하게 사용할 수 있습니다. 필요에 따라서는 이름을 붙여 등록하거나 호출할 수 있습니다. UCS 명령에 의해 설정합니다. UCS 명령은 좌표의 원점을 사용자가 자유롭게 지정하는 기능입니다. UCS 기능의 자세한 내용은 뒤에서 실습을 통해 자세히 다루도록 하겠습니다.

03. 3차원 절대좌표(X, Y, Z)

2차원의 좌표 입력과 비슷하여 기존 2차원 절대좌표에 Z 값을 부여합니다.
예를 들어, (4,3,3)은 X축으로 4, Y축으로 3, Z축으로 3의 위치에 있는 좌표를 의미합니다.

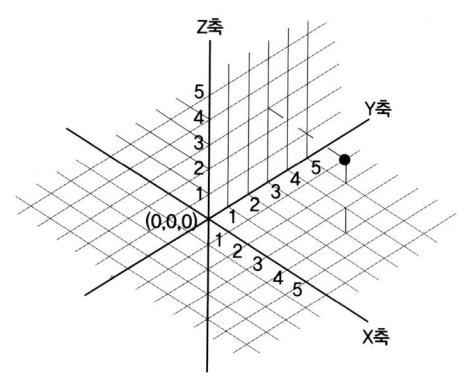

3차원 절대좌표 (4, 3, 3)

04. 절대 원통 좌표(X축 거리 < XY 평면의 각도, Z축 거리)

절대 원통 좌표는 X축의 단위 거리와 XY 평면에서 X축의 각도, Z축의 단위 거리를 지정하는 좌표입니다.

예를 들어, (4<30,3)은 X축으로 4, XY 평면에서 30도의 위치에서 Z가 3인 좌표를 나타냅니다.

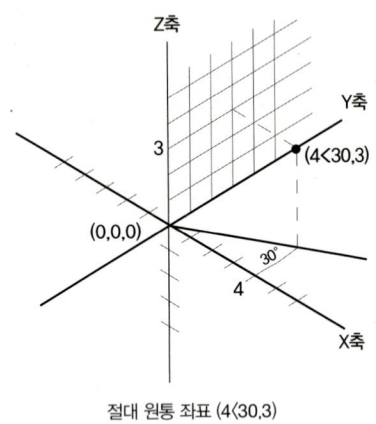

절대 원통 좌표 (4<30,3)

05. 상대 원통 좌표(@X축의 거리 < XY 평면의 각도, Z축의 거리)

2차원의 상대좌표와 마찬가지로 기준이 되는 좌표가 원점(0,0,0)이 아니라 최종 좌표를 기준으로 X축으로 거리, XY 평면의 각도, Z축의 단위 거리만큼 위치한 좌표를 나타냅니다.

예를 들어, 최종 좌표가 (1,2,1)일 때 상대 원통 좌표가 (@4<30,3)이면, 최종 좌표로부터 X축으로 4만큼 XY 평면에서 30도의 위치의 Z가 3만큼 떨어진 좌표를 나타냅니다.

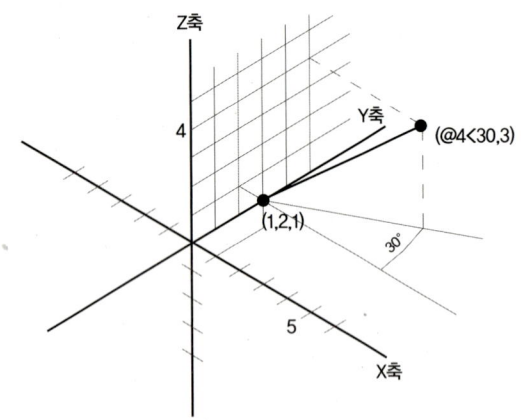

상대 원통 좌표 (@4<30,3)

06. 구 좌표(X축 거리 < XY 평면의 X축의 각도 < XY 평면의 Z축 방향의 각도)

구(球) 좌표는 2차원의 극 좌표와 유사합니다. 먼저 X축 방향으로의 단위 거리를 입력하고 '<', 다음은 XY 평면에서 X축의 각도를 입력하고 '<', 마지막으로 XY 평면에서 Z축 방향으로의 각도를 입력합니다.

예를 들어, 구 좌표 (4<30<45)인 좌표는 X축으로 4, XY 평면의 각도가 30도이며, Z축의 각도가 45인 위치를 지정합니다.

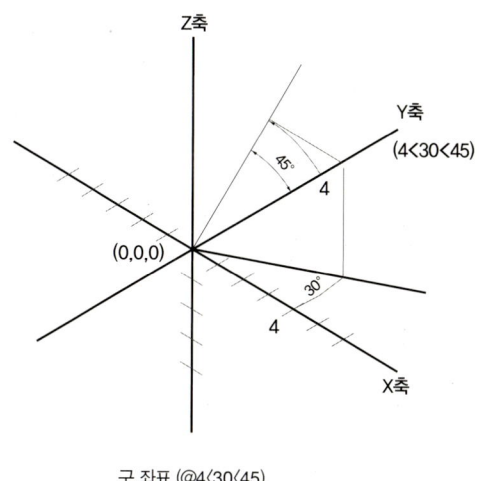

구 좌표 (@4<30<45)

5 오른손 법칙의 이해

3차원 작업이라고는 하지만 실제 우리가 작업하거나 표시되는 공간은 디스플레이의 2차원의 공간입니다. 실제는 2차원의 표현 공간에서 3차원처럼 보이게 하는 것입니다. 따라서 X, Y, Z 값을 필요로 하는 3차원 표현에 있어 2차원 공간에서 좌표의 표현 및 회전 방향을 잡을 때 혼란스러울 경우가 있습니다. 이때, 오른손의 손가락을 이용하면 이해하기 쉽습니다.

01. X, Y, Z 방향

3D 좌표계에서 X 및 Y축의 방향을 알고 있는 경우, 오른손 법칙을 사용하여 Z축에 대한 양(+)의 축 방향을 알 수 있습니다. 화면에 오른손의 등을 대고 엄지로 양의 X축 방향을 가리킵니다. 왼쪽 그림과 같이 검지와 중지(가운데 손가락)를 펴고 검지로 양의 Y축 방향을 가리킵니다. 그런 다음, 중지로 양(+)의 Z축 방향을 가리킵니다. 즉, 중지가 자신의 얼굴을 향하도록 하는 것입니다. 그 상태로 손을 회전하면 UCS를 변경할 때 X, Y 및 Z축이 회전하는 방향을 알 수 있습니다.

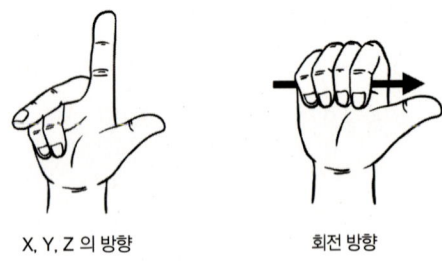

X, Y, Z 의 방향 　　　　　회전 방향

02. 회전 방향

위의 오른쪽 그림은 오른손 법칙을 사용하여 3D 공간에서 축에 대한 기본 양(+)의 회전 방향을 결정합니다. 오른쪽 그림과 같이 오른손 엄지로 양(+)의 축 방향을 가리키고 손가락을 구부립니다. 그러면 구부린 손가락들이 축에 대한 양(+)의 회전 방향을 의미합니다.

[TIP] 객체가 작도되는 면은 XY 평면이므로 엄지(X)와 검지(Y) 사이의 면입니다. XY 평면을 설정할 때 오른손을 이용하여 가늠하면 편리합니다.

6 UCS 아이콘의 이해

2차원에서 UCS 아이콘은 단순히 X축과 Y축만을 지정하므로 큰 역할을 하지 않았습니다. 그러나 3차원 작업에서는 Z축이 더해지면서 중요한 역할을 하게 됩니다. 특히, 고정적인 WCS 좌표계가 아닌 유동적인 UCS 좌표계를 사용하면서 그 중요성이 높아졌습니다. 이 UCS 아이콘을 읽을 수 있어야 3차원 작업을 제대로 할 수 있는 것입니다. 다양한 아이콘을 사용할 수 있으며 크기, 위치 및 색상을 변경할 수 있습니다.

다음의 세 가지 아이콘 스타일 중 하나를 선택하여 표시됩니다.

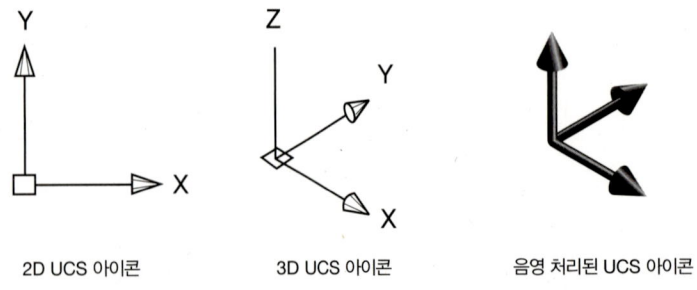

2D UCS 아이콘　　　3D UCS 아이콘　　　음영 처리된 UCS 아이콘

참고 | UCS 아이콘의 표현

'UCS 아이콘(UCSICON)' 명령으로 2D 또는 3D UCS 아이콘 표시 여부, 아이콘 모양의 설정 및 원점 등을 지정합니다.

명령 : UCSICON   메뉴 아이콘 :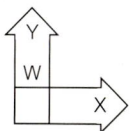

{옵션 입력 [켜기(ON)/끄기(OFF)/전체(A)/원점없음(N)/원점(OR)/특성(P)] 〈켜기〉:}

(1) 켜기(ON) : UCS 아이콘을 표시합니다.
(2) 끄기(OFF) : UCS 아이콘을 표시하지 않습니다.
(3) 전체(A) : 변경 사항을 모든 활성 뷰포트의 아이콘에 적용합니다.
(4) 원점 없음(N) : UCS 원점의 위치에 관계없이 아이콘을 뷰포트의 왼쪽 하단에 표시합니다.
(5) 원점(OR) : 아이콘을 현재 좌표계의 원점(0,0,0)에 표시합니다. 원점이 화면 밖에 있거나 아이콘을 원점에 위치시키면 뷰포트 모서리에서 잘리는 경우, 아이콘은 뷰포트의 왼쪽 하단에 표시됩니다.
(6) 특성(P) : 다음의 대화상자를 통해 UCS 아이콘의 특성을 설정합니다.

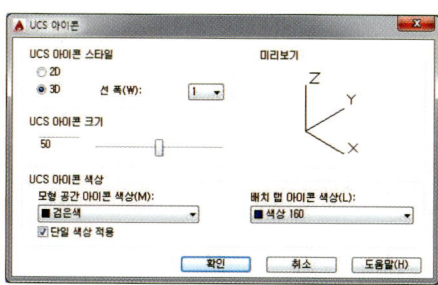

① UCS 아이콘 스타일 : 2D 또는 3D UCS 아이콘의 표시와 그 모양을 지정합니다. '2D'를 선택한 경우 다음과 같은 아이콘을 표시합니다.

'선 폭(W)'은 3D UCS 아이콘을 선택한 경우 UCS 아이콘의 선 너비를 조정합니다. 1, 2, 3 픽셀 중에서 선택합니다.
② 미리 보기 : 설정한 UCS 아이콘의 모양을 미리 보기로 표시합니다.
③ UCS 아이콘 크기 : UCS 아이콘의 크기를 뷰포트 크기의 백분율로 조정합니다. 기본 값은 12이며, 유효한 값의 범위는 5에서 95까지입니다.
④ UCS 아이콘 색상 : 모형 공간 및 배치 탭에서의 아이콘 색상을 설정합니다.

UCS 아이콘은 기본적으로 X, Y, Z 축 방향을 표시합니다. 그러나 좌표에 따라 다양한 형태로 표시됩니다. 다음의 몇 가지 예를 살펴보도록 하겠습니다.

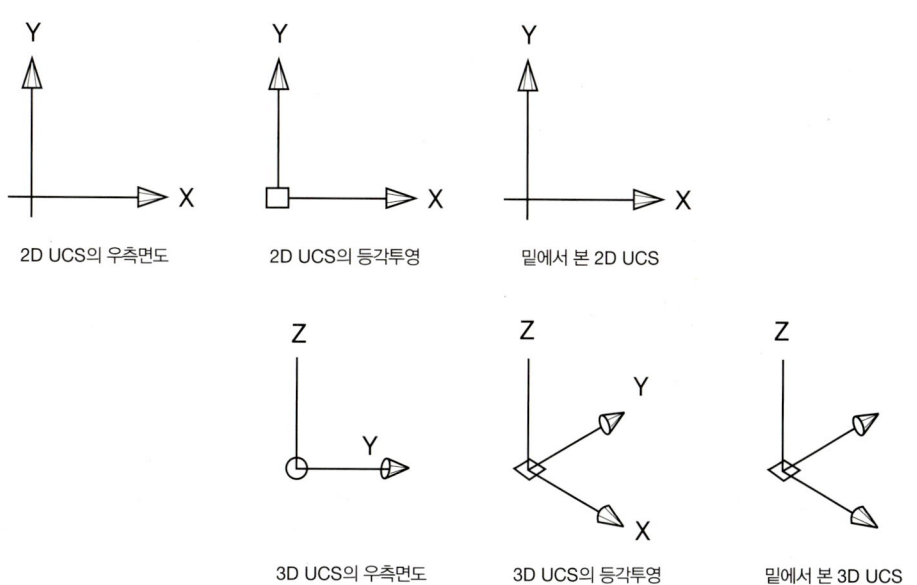

7 UCS 및 UCS 관리자

UCS는 사용자가 자유롭게 정의할 수 있어 3차원의 모델을 작성하거나 편집하는데 유용합니다. UCS 명령은 사용자가 3차원 도면작업을 용이하게 하기 위해 사용자 좌표계(UCS)를 설정하는 역할을 합니다. 또, UCS 관리자는 이름을 부여하여 UCS를 관리하고 UCS를 복원하고 UCS 아이콘을 조정합니다. UCS의 실제 사용 방법은 나중에 3차원 객체를 작도하면서 실습하겠습니다.

01. 사용자 좌표를 조정하는 UCS

사용자 좌표계(UCS)를 설정하고 관리합니다. 여기에서는 기본 개념만 이해하고 뒤쪽의 예제 실습을 통해 실제 사용방법과 기능에 대해 익혀보겠습니다.

명령 : UCS　　　　　　　　　　　　　메뉴 아이콘 :

{현재 UCS 이름: *표준*}
{UCS의 원점 지정 또는 [면(F)/이름(NA)/객체(OB)/이전(P)/뷰(V)/표준(W)/X/Y/Z/Z축(ZA)] 〈표준(W)〉:}

(1) **UCS의 원점 지정** : 한 점, 두 점 또는 세 점을 지정하여 UCS를 지정합니다. 한 점을 지정할 경우 X, Y, Z 방향이 그대로 이동됩니다.

(2) **면(F)** : 3D 솔리드의 선택한 면에 UCS를 정렬합니다. 면을 선택하려면 면의 경계 내부 또는 모서리를 클릭합니다. 면이 강조되고 첫 번째 찾은 면의 가장 가까운 모서리에 UCS의 X축이 정렬됩니다.

(3) **이름(NA)** : 자주 사용하는 UCS를 이름을 부여하여 저장합니다.

(4) **객체(OB)** : 선택한 3D 객체를 기준으로 새로운 좌표계를 정의합니다. 새로운 UCS는 선택한 객체의 돌출 방향과 동일한 돌출 방향(양의 Z축)을 갖습니다. 즉, 선택한 객체가 작도될 때의 평면을 XY면으로 정의합니다.

원점은 선택한 객체에 따라 다음과 같이 정해집니다. 원이나 호는 중심점, 선의 경우는 가까운 끝점, 치수는 치수 문자의 중간점, 2D 폴리선은 폴리선의 시작점, 솔리드는 솔리드의 첫 번째 점, 문자, 블록, 속성 정의 등은 삽입점이 원점이 됩니다.

(5) **이전(P)** : 이전 UCS로 되돌아갑니다.

(6) **뷰(V)** : 관측 방향에 수직인(화면에 평행인) XY 평면으로 새로운 좌표계를 설정합니다. UCS 원점은 변경되지 않고 유지됩니다.

(7) **표준(W)** : 현재 사용자 좌표계를 표준 좌표계로 설정합니다.

(8) **X, Y, Z** : 지정한 축을 중심으로 현재 UCS를 회전합니다.

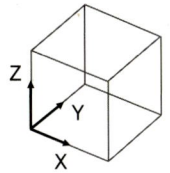 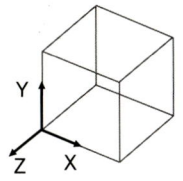 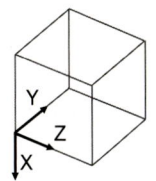 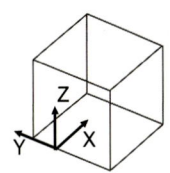

표준 좌표계 　　X축을 중심으로 90도 회전　　Y축을 중심으로 90도 회전　　Z축을 중심으로 90도 회전

(9) Z축(ZA)  : 원점과 Z 축의 + 방향을 지정하여 UCS를 정의합니다. Z축을 정의하면 오른손 법칙에 의해 XY 평면을 쉽게 알 수 있습니다.

> **참고** 작업 면인 XY 평면
>
> AutoCAD의 모든 객체는 기본적으로 XY 평면에서 작도해야 합니다. 2차원에서는 가로 방향의 X축과 세로 방향의 Y축으로 XY 평면으로 맞추어져 있어 별도의 설정 과정을 거치지 않고 선이나 원을 작도했습니다. 그러나 3차원에서는 다양한 면에 객체를 작도해야 하므로 UCS를 바꾸는 작업이 필요합니다. 설계자가 작도하고자 하는 면에 UCS를 XY 평면으로 맞추는 것이 중요합니다. 이를 자유자재로 바꿀 수 있어야 자유로운 3차원 작업을 할 수 있는 것입니다.
>
>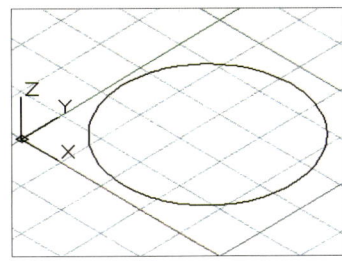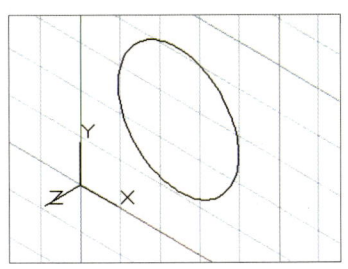
>
> 같은 원을 작도하더라도 XY 평면이 어디에 맞춰져 있느냐에 따라 평면(왼쪽 그림)에 그려지기도 하고 세로면(오른쪽 그림)에 그려지기도 합니다.

02. UCS를 관리하는 UCS 관리자

정의된 사용자 좌표계와 명명되지 않은 사용자 좌표계를 표시하고 수정하며, 명명된 UCS와 직교 UCS를 복원하고 뷰포트의 UCS 아이콘 및 UCS 설정 값을 지정합니다.

명령 : UCSMAN(단축키 : UC)　　　　　　　　메뉴 아이콘 :

다음과 같은 대화상자가 표시됩니다.

(1) 명명된 UCS 탭 : 사용자 좌표계 목록을 표시하고 현재 UCS를 설정합니다.

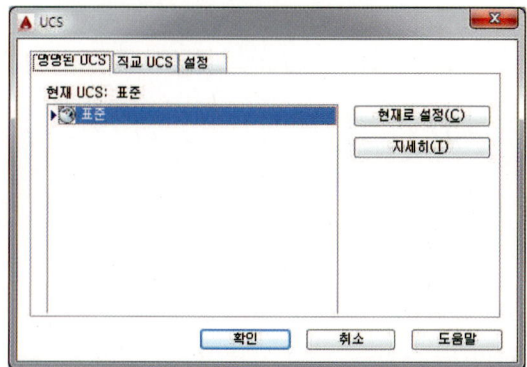

① 현재 UCS : 현재 UCS의 이름을 표시합니다. 저장 및 명명되지 않은 UCS는 '미지정'이 됩니다.

② 현재로 설정(C) : 선택된 좌표계를 현재의 좌표계로 설정합니다.

③ 자세히(T) : UCS 세부 사항 대화상자를 통해 UCS 좌표 데이터를 표시합니다.

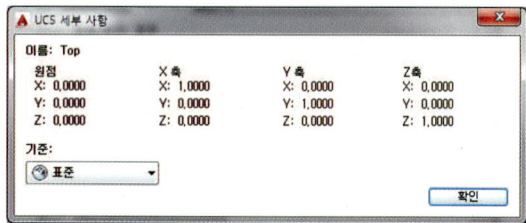

(2) 직교 UCS : UCS를 직교 UCS 설정값 중 하나로 변경합니다.

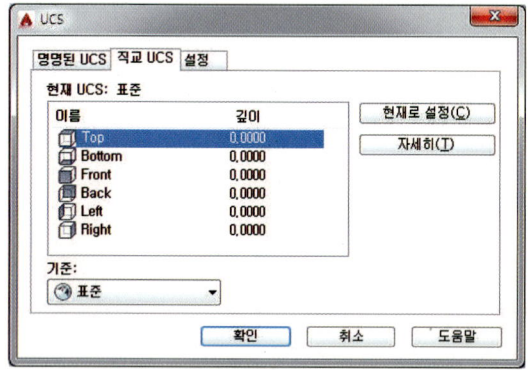

① 이름 : 현재 도면에서 정의된 여섯 가지 좌표계를 목록을 표시합니다. 직교 좌표계는 기준 목록에서 지정한 UCS를 기준으로 정의됩니다. 깊이 값 목록은 직교 좌표계와 UCS 기준 설정 값(UCSBASE 시스템 변수에 저장됨)의 원점을 통과하는 평행한 평면 사이의 거리입니다.

② 현재로 지정(C) : 직교 UCS를 정의하기 위한 기준 좌표계를 설정합니다. 기본적으로 WCS가 기준 좌표계입니다. 목록에는 현재 도면의 모든 명명된 UCS가 표시됩니다.

(3) 설정 : 뷰포트에 저장된 UCS 아이콘 설정 값과 UCS 설정 값을 표시하고 수정합니다.

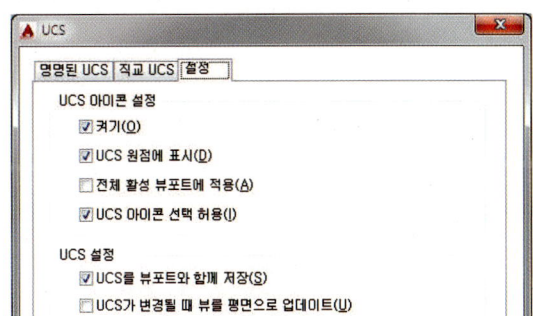

① UCS 아이콘 설정 : 현재 뷰포트에 대한 UCS 아이콘 표시와 관련된 환경(켜기, 원점에표시 여부, UCS 아이콘 선택여부 등)을 설정합니다.

② UCS 설정 : UCS 설정 값이 업데이트될 때의 UCS 동작을 지정합니다.

8 3차원 객체의 편집을 용이하게 하는 장치(GIZMO) 도구

3차원 객체를 회전, 축척, 이동하려면 3개의 축이 있으므로 이미지가 겹치기도 하고, 좌표를 이해하고 지정하는 과정에서 착각하기 쉽습니다. 그러나, 기즈모(GIZMO) 도구를 이용하면 쉽게 조작할 수 있습니다. 3차원 객체의 회전, 축척, 이동에 따른 각각의 기즈모 도구가 있어 쉽게 이해하고 조작할 수 있습니다. 구체적인 조작 방법은 3차원 객체를 작성한 후에 학습하고 여기에서는 개념만 이해하도록 합니다.

01. 회전 도구

3차원 객체의 '회전(ROTATE)'을 위한 도구입니다. 다음과 같은 회전 도구가 나타나면 기준점과 회전축을 지정한 후 각도를 지정하여 회전합니다.

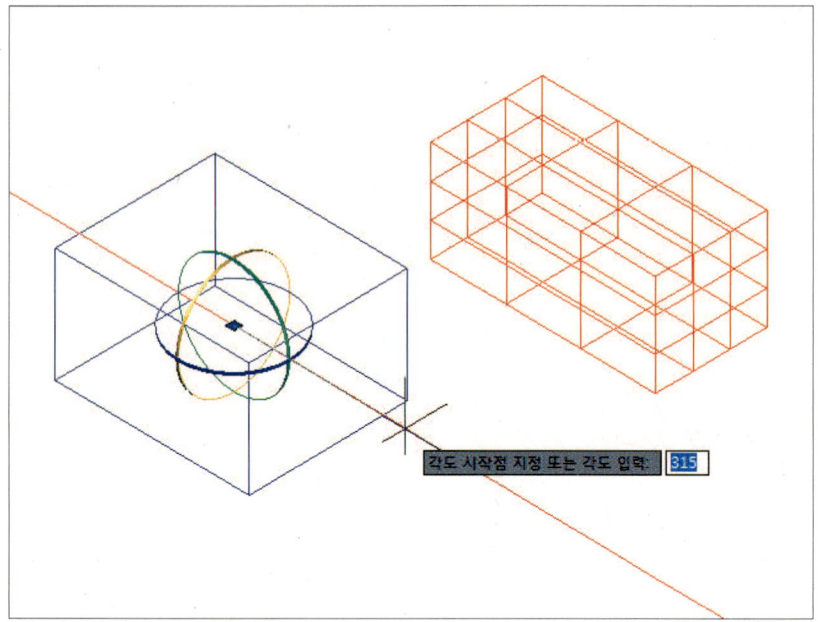

02. 축척 도구

3차원 객체의 '축척(SCALE)'을 위한 도구입니다. 다음과 같은 축척 도구가 나타나면 기준점과 축이나 면을 지정한 후 축척 비율을 지정하여 축척합니다.

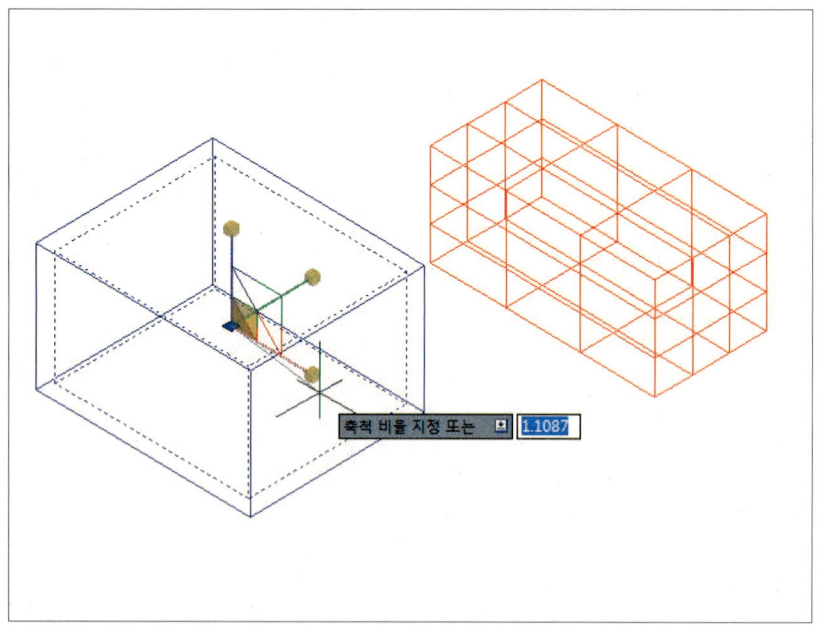

03. 이동 도구

3차원 객체의 '이동(MOVE)'을 위한 도구입니다. 다음과 같은 이동 도구가 나타나면 기준점과 이동점을 이동합니다.

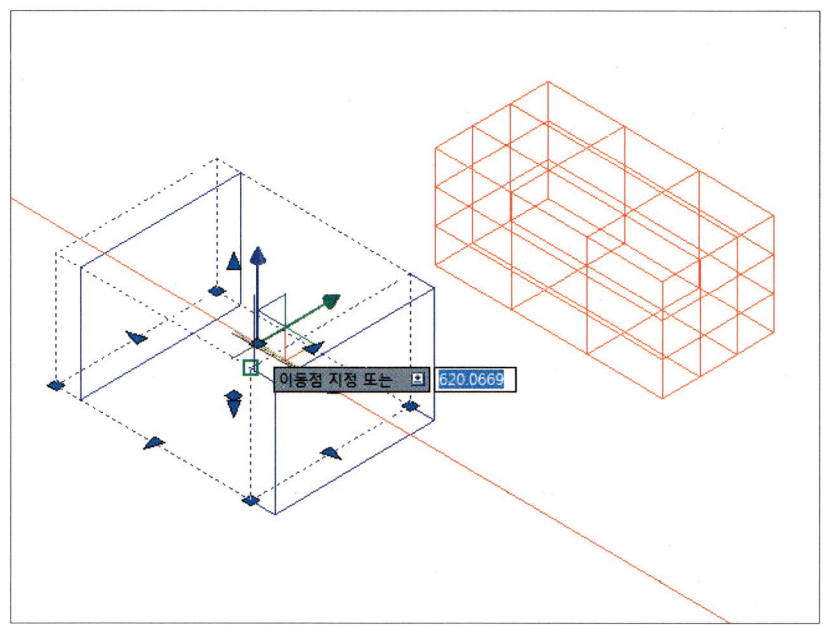

9 UCS를 쉽게 정의할 수 있는 동적 UCS(DUCS)

3차원 작도를 위해서는 UCS를 해당 면에 맞춰주어야 합니다. 따라서, 3차원 객체를 작성하거나 편집을 하다 보면 UCS를 바꾸는 작업이 빈번히 발생합니다. '동적 UCS'는 UCS를 선택한 면에 자동으로 맞춰주는 기능입니다. 동적 UCS를 사용하여 UCS 방향을 수동으로 바꾸지 않고 3D 솔리드의 편평면에 UCS를 맞춰 이 면에 객체를 작성할 수 있습니다.

> **참고 동적 UCS의 활성화**
>
> 동적 UCS의 켜고 끄기는 화면 하단의 그리기 도구에서 'DUCS ↗'를 켜거나 Ctrl 을 누르면서 'D'를 누르면 동적 UCS가 켜고, 꺼집니다. 그리기 도구에 동적 UCS 아이콘이 표시되어 있지 않으면 '사용자화 ≡' 버튼을 클릭하여 '동적 UCS'를 체크하여 표시합니다.

다음 그림과 같은 쐐기의 경사진 면에 마우스를 가져가면 UCS가 자동으로 경사진 면에 맞춰집니다.

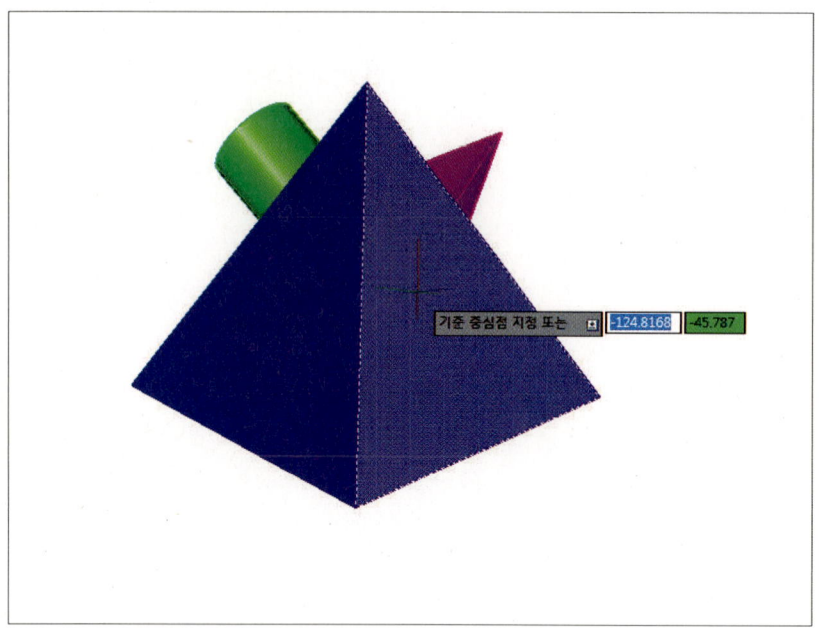

이 동적 UCS 기능을 이용하면 경사진 면에 원통이나 원뿔 등의 객체를 쉽게 작도할 수 있습니다. 구체적인 사용 방법은 차후에 실습을 통해 학습하겠습니다. 다음 그림과 같이 동적 UCS를 이용하여 비스듬한 면이라도 UCS를 쉽게 맞출 수 있습니다.

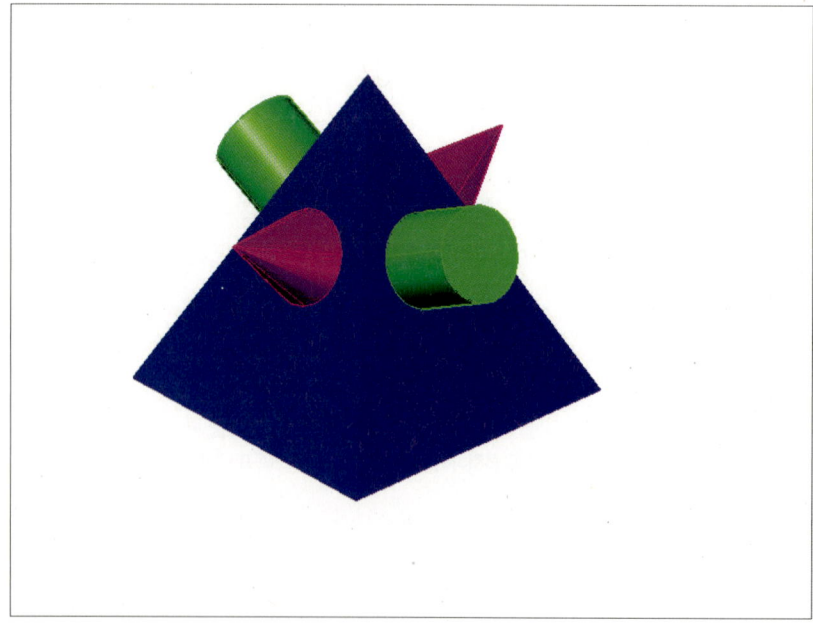

10 각도와 높이를 지정하는 관측점 사전 설정(DDVPOINT)

보는 위치(방향과 높이)를 지정하여 관측점을 설정합니다.

명령 : DDVPOINT(단축키 : VP)   메뉴 : [뷰(V)]-[3D 뷰(3)]-[관측점 사전설정(I)]

01 '열기(OPEN)' 명령으로 예제 파일의 'Part8_3DBall Valve.dwg' 파일을 엽니다. (예제 파일은 혜지원 출판사 홈페이지 'www.hyejiwon.co.kr' 자료실에서 다운받을 수 있습니다.) 다음과 같은 도면이 열립니다.

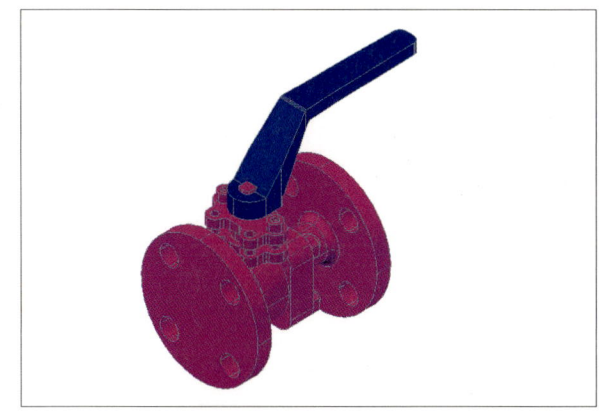

02 관측점 사전 설정 명령을 실행합니다. 명령어 'DDVPOINT' 또는 'VP'를 입력하거나 메뉴막대 [뷰(V)]-[3D 뷰(3)]-[관측점 사전설정(I)]을 클릭합니다. 다음과 같이 관측점 미리 설정 대화상자가 표시됩니다. 현재는 '남동 등각투영'으로 X축이 '315도', XY 평면이 '35.3도'로 설정되어 있습니다. 여기에서 'X축(A)'를 '45도'로 바꾼 후 [확인]을 클릭합니다.

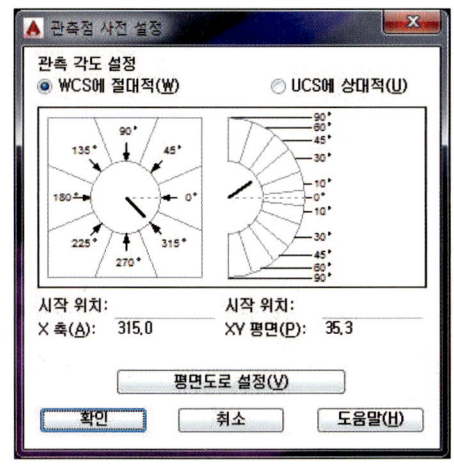

관측점 사전 설정 대화상자

3D 뷰 방향을 설정합니다. 관측점을 지정할 때는 각도가 표기된 그림 이미지의 위치 지정도 가능하고 각도를 입력할 수 있는 'X축(A)'와 'XY 평면(P)'의 편집 상자에서 입력할 수도 있습니다.

(1) 관측 각도 설정 : WCS 또는 UCS 좌표 시스템에 대한 뷰의 방향을 지정합니다.
 ① WCS에 절대적으로(W) : WCS를 기준으로 뷰의 방향을 지정합니다.
 ② UCS에 상대적으로(U) : UCS에 대한 상대적인 뷰의 방향을 지정합니다.

(2) 시작 위치 : 보는 각도를 지정합니다.
 ① X축(A) : X축에 대한 각도를 지정합니다. 설계자가 도면을 어느 방향에서 보느냐를 지정합니다.
 ② XY 평면(P) : XY 평면에 대한 각도를 지정합니다. (-) 값은 아래쪽에서 바라보는 것을 의미합니다.
 쉽게 표현하면 X축은 보는 위치에 대한 방향(각도)이고, XY 평면은 보는 높이(고도)로 이해하면 됩니다.

(3) 평면 뷰로 설정 : 선택된 좌표계를 기준으로 평면뷰로 설정합니다.

03 다음 그림과 같이 관측점이 바뀝니다. 즉, '남동 등각 투영'에서 '북동 등각 투영'이 된 것입니다. 관측점 사전 설정 대화상자에서 다양한 값을 넣어보면서 조작해보기 바랍니다.

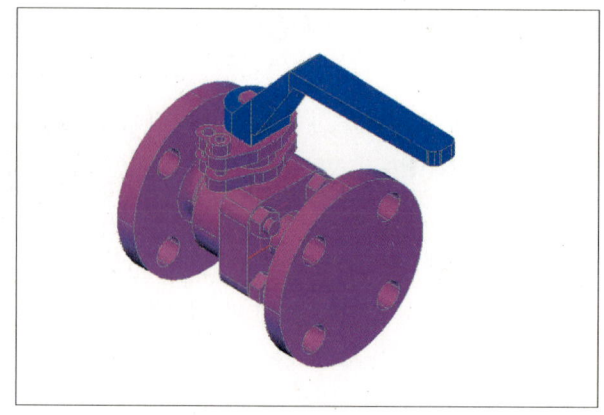

11. 뷰를 작성하고 편집하는 뷰 관리자(VIEW)

뷰 관리자는 모형 명명된 뷰와 카메라 뷰, 배치 뷰 및 사전 설정 뷰를 포함한 명명된 뷰를 작성하고 편집합니다.

명령 : VIEW(단축키 : V)

메뉴 아이콘 :

01 뷰 관리자를 실행합니다. 명령어 'VIEW' 또는 'V'를 입력하거나 '뷰' 탭의 '뷰' 패널에서 을 클릭합니다. 다음과 같은 뷰 관리자 대화상자가 표시됩니다. [새로 만들기(N)]를 클릭합니다.

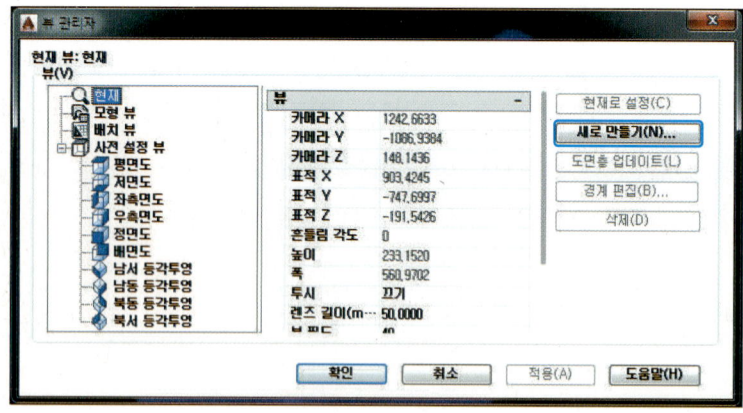

뷰 관리자 대화상자

(1) 뷰(V) : 사용 가능한 뷰의 목록을 표시합니다. 각 노드(현재 노드 제외)를 확장하여 해당 노드의 뷰를 표시할 수 있습니다.
  ① 현재 : 현재 뷰와 해당 뷰 및 자르기 특성을 표시합니다
  ② 모형 뷰 : 명명된 뷰 및 카메라의 목록을 표시하고 선택된 뷰의 일반, 뷰 및 자르기 특성을 표시합니다.
  ③ 배치 뷰 : 뷰를 정의하는 배치의 뷰포트 목록을 표시하고 선택된 뷰의 일반 및 뷰 특성을 표시합니다.
  ④ 사전 설정 뷰 : 직교 및 등각투영 뷰의 목록을 표시하고 선택된 뷰의 일반 특성을 표시합니다.

(2) 현재로 설정(C) : 선택한 뷰를 현재의 뷰로 설정합니다.

(3) 새로 만들기(N) : 새로운 뷰 대화상자를 통해 명명된 뷰를 작성합니다.

(4) 도면층 업데이트(L) : 선택한 뷰와 함께 저장된 도면층 정보를 현재 모형 공간 또는 배치 뷰포트에서의 도면층 가시성과 일치하도록 업데이트합니다.

(5) 경계 편집(B) : 도면 영역의 나머지는 색상을 연하게 표시하여 명명된 뷰의 경계가 보이도록 선택한 뷰를 표시합니다.

(6) 삭제(D) : 선택한 뷰를 삭제합니다.

02 다음 그림과 같이 새로운 뷰 대화상자가 표시됩니다. '뷰 이름(N)' 항목에 뷰 이름(Test View)을 입력합니다. '비주얼 스타일(V)' 항목에서 '실제'를 선택하고 '배경' 목록에서 '그라데이션'을 지정합니다. [확인]을 클릭하여 뷰 관리자로 되돌아갑니다.

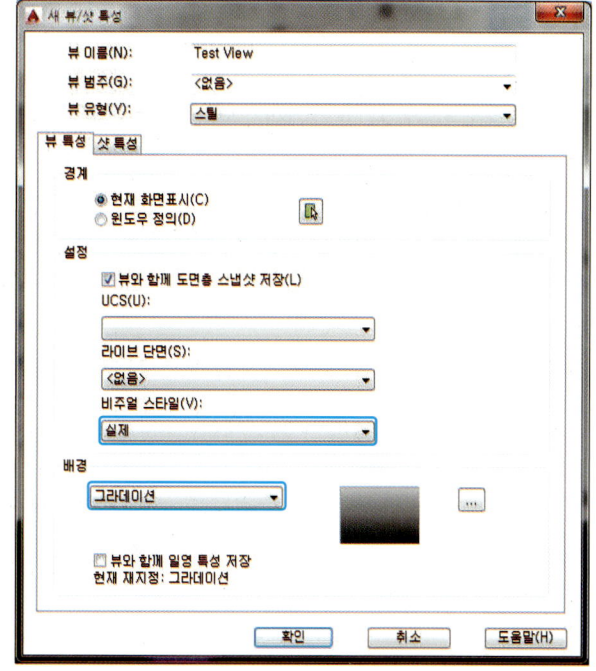

03 다시 뷰 관리자로 돌아오면 'Test View'가 만들어졌다는 것을 알 수 있습니다. [현재로 설정(C)]을 클릭한 후 [적용(A)]을 클릭합니다.

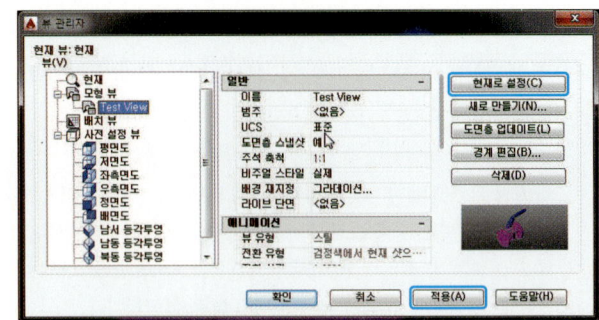

04 다음 그림과 같이 'Test View'에 설정된 뷰로 표시됩니다.

> **참고** **이전 뷰로 되돌리려면**
> 특정 뷰를 펼친 후 다시 이전 뷰를 펼치고자 한다면 '뷰' 탭의 '뷰' 패널에서 '이전 뷰'를 클릭합니다.

05 다음은 사전 설정된 뷰를 표시해보겠습니다. 뷰 관리자를 실행합니다. 명령어 'VIEW' 또는 'V'를 입력하거나 메뉴 아이콘을 클릭합니다.

뷰 관리자 대화상자에서 '사전 설정 뷰'를 클릭하여 목록이 펼쳐지면 '정면도'를 선택한 후 [현재로 설정(C)]을 클릭합니다. [적용(A)]을 클릭한 후 [확인]을 클릭하여 뷰 관리자를 종료합니다.

또는, '홈' 탭의 '뷰' 패널의 뷰 목록에서 '정면도'를 클릭합니다.

다음 그림과 같이 지정한 뷰(정면도)가 표시됩니다.

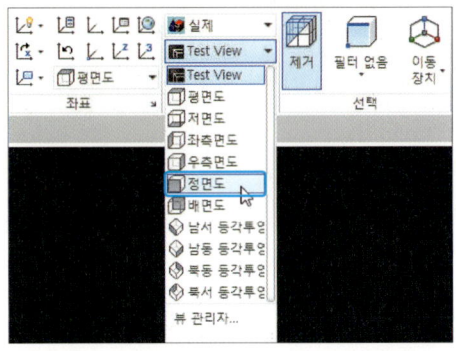

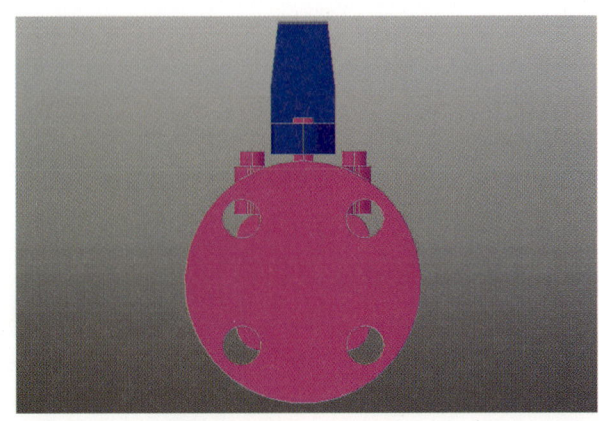

[TIP] 앞에서 작성한 뷰(Test View)를 다시 표현하고자 할 때는 '뷰 관리자(VIEW)' 명령을 실행하여 대화상 자에서 명명된 뷰 'Test View'를 선택하면 쉽게 표시할 수 있습니다. 또는 '홈' 탭 '뷰' 패널의 뷰 목록 에서 'Test View'를 선택합니다.

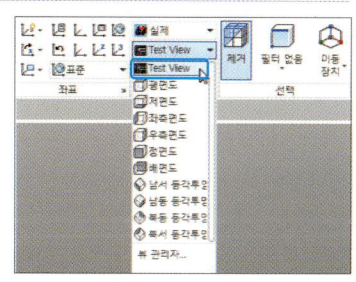

12 평면 뷰로 지정하는 평면(PLAN)

지정한 사용자 좌표계의 XY 평면에 대한 직교 뷰를 표시합니다. 앞의 도면에 이어서 실습하겠습니다.

명령 : PLAN   메뉴 : [뷰(V)]-[3D 뷰(3)]-[평면도(P)]-[…]

01 현재 설정된 뷰(정면도) 상태에서 평면 명령을 실행합니다. 명령어 'PLAN'을 입력합니다.
{옵션 입력 [현재 UCS(C)/UCS(U)/표준(W)] 〈현재〉:}에서 Enter 를 입력합니다.
다음 그림과 같이 표준 UCS의 평면 뷰가 표시됩니다.

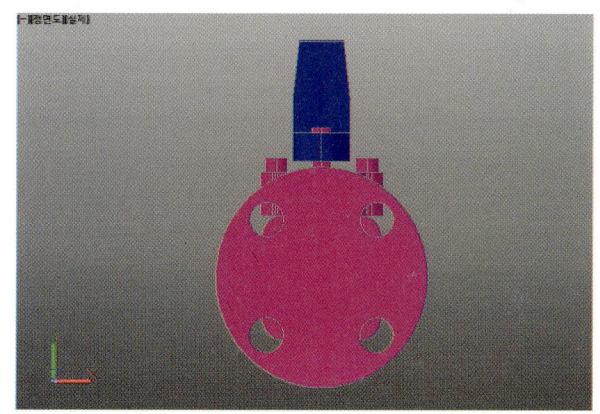

02 Enter 또는 Space bar 를 눌러 평면 명령을 재실행합니다.
{옵션 입력 [현재 UCS(C)/UCS(U)/표준(W)] 〈현재〉:}에서 표준 옵션인 'W'를 입력합니다.
다음 그림과 같이 표준 좌표계(WCS)에서 평면 뷰가 표시됩니다. 앞의 그림과는 좌표계 아이콘의 방향이 다르다는 것을 알 수 있습니다.

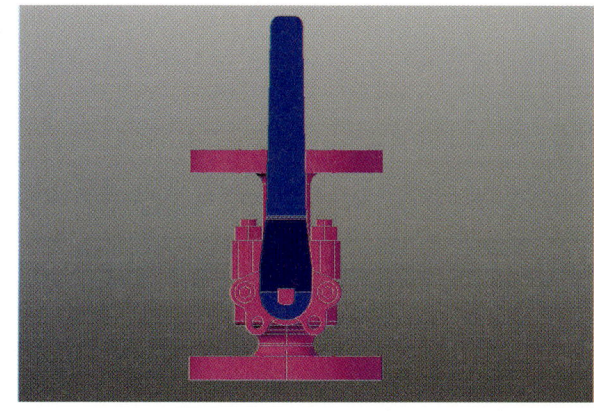

> **옵션 설명**
>
> {옵션 입력 [현재 UCS(C)/UCS(U)/표준(W)] <현재>:}
> - 현재 UCS(C) : 현재 UCS의 현재 뷰포트에 맞도록 화면 표시의 평면 뷰를 표시합니다.
> - UCS(U) : 명명된 UCS 이름을 지정하여 지정한 UCS의 평면 뷰를 표시합니다.
> - 표준(W) : 도면 범위가 표준 좌표계(WCS)의 화면에 맞도록 화면 표시의 평면 뷰를 표시합니다.

13 3차원 뷰를 자유롭게 제어하는 3D 궤도(3DORBIT)

현재의 뷰포트에서 선택된 객체 또는 전체 모형을 다양한 3차원 뷰를 제공합니다. 와이어프레임 또는 음영 모드에서 실시간으로 볼 수도 있습니다. 필요에 따라서는 연속 궤도 기능을 이용하여 동적으로 움직이게 할 수도 있습니다.

명령 : 3DORBIT(단축키 : 3DO, ORBIT)   메뉴 아이콘 :

01 '열기(OPEN)' 명령으로 예제 파일의 'Part8_3DBall Valve.dwg' 파일을 엽니다. (예제 파일은 혜지원 출판사 홈페이지 'www.hyejiwon.co.kr' 자료실에서 다운받을 수 있습니다.) 다음과 같은 도면이 펼쳐집니다.

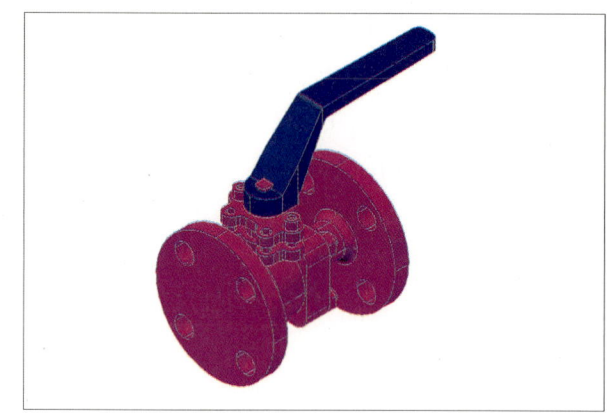

02 자유 궤도 : 3D 궤도 명령을 실행합니다. 명령어 '3DORBIT', '3DO', 'ORBIT'를 입력하거나 탐색 도구에서 '자유 궤도'를 클릭합니다. 또는 '궤도' 도구막대에서 을 클릭합니다.

다음 그림과 같이 녹색의 큰 원(궤도의 표시)이 나타납니다. 이때 마우스 왼쪽 버튼을 누른 채로 회전하고자 하는 방향으로 움직입니다. 마우스의 궤도에 따라 뷰가 자유롭게 바뀝니다. 이처럼 자유 궤도는 설계자가 보고자 하는 뷰를 마우스를 움직여 자유롭게 볼 수 있습니다.

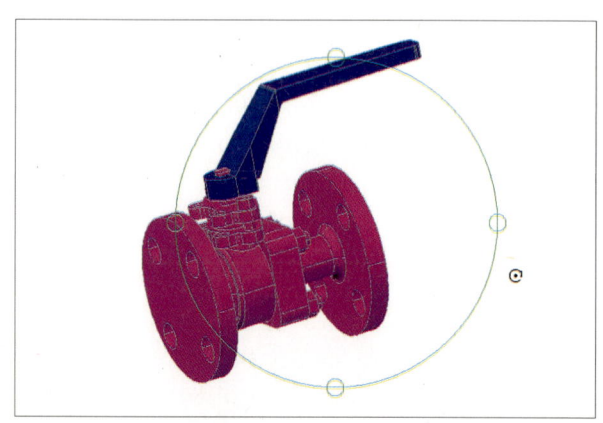

03 구속된 궤도 : 제한된 궤도는 XY 평면 또는 Z 축을 따라 3D 궤도를 제한합니다. 다음 그림과 같이 마우스 오른쪽 버튼을 눌러 바로가기 메뉴에서 '기타 검색 모드(O)'의 '구속된 궤도(C)'를 클릭합니다. 또는 '궤도' 도구막대에서 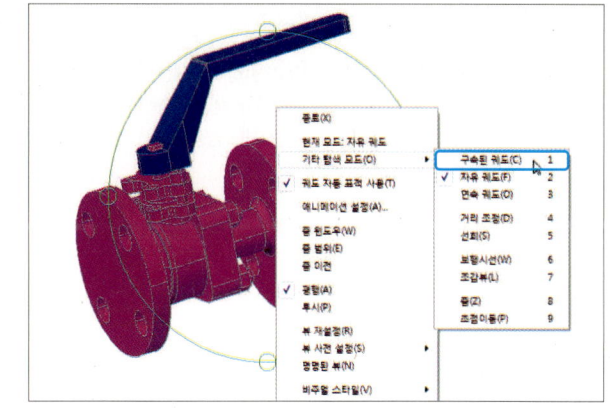을 클릭합니다.

04 녹색의 원이 사라지고 마우스를 움직여보면 제한된 범위 내에서 움직인다는 것을 알 수 있습니다. 이처럼 구속된 궤도는 궤도의 폭을 제한합니다. 마우스 왼쪽 버튼을 누른 채로 뷰를 돌리다 보면 Z 축을 따라 회전하다가 일정 뷰에서 더 이상 회전하지 않습니다.

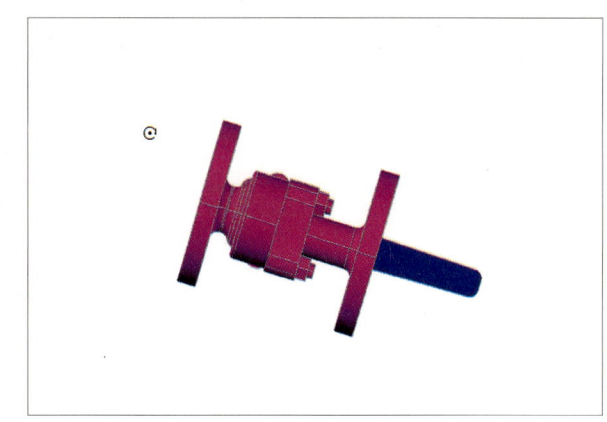

05 연속 궤도 : 다음 그림과 같이 마우스 오른쪽 버튼을 눌러 바로가기 메뉴에서 '기타 검색 모드(O)'의 '연속 궤도(O)'를 클릭합니다. 또는 '궤도' 도구막대에서 을 클릭합니다.

마우스 왼쪽 버튼을 눌러 궤도를 지정합니다. 마우스 왼쪽 버튼을 놓으면 지정한 궤도를 따라 애니메이션처럼 연속적으로 움직입니다. 궤도를 지정할 때 마우스가 움직이는 속도에 따라 회전 속도가 달라집니다. 종료하고자 할 때는 Esc 키를 누르거나 바로가기 메뉴에서 '나가기(X)'를 클릭합니다.

참고 | 일부 객체만의 궤도 탐색

현재 도면에 작성된 객체 전체가 아닌 일부 객체만 탐색하고자 할 때는 탐색하고자 하는 객체를 선택한 후 '3D궤도(3DORBIT)' 명령을 실행합니다. 예를 들어 밸브의 손잡이만 탐색하고자 할 때는 손잡이를 선택한 후 궤도 명령을 실행합니다. 다음 그림과 같이 손잡이만 궤도 탐색을 할 수 있습니다.

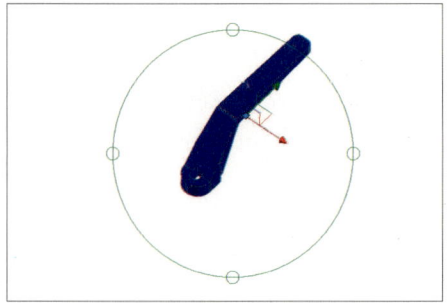

옵션 설명

3D 궤도 실행 후 마우스 오른쪽 버튼을 눌러 '기타 검색 모드(O)'를 누르면 다음과 같은 바로가기 메뉴가 표시됩니다.

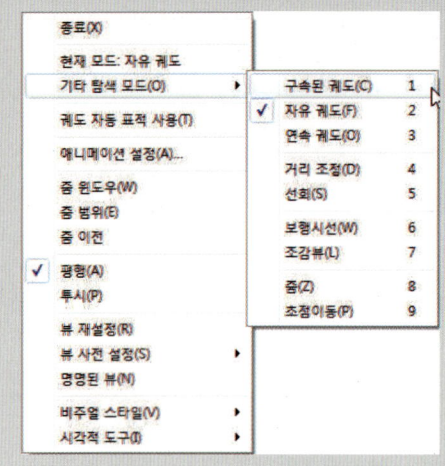

- **거리 조정(D)** : 카메라를 객체와 더 가깝게 또는 멀리 이동하도록 조정합니다. '카메라 거리 조정(3DDISTANCE)' 기능을 실행합니다.
- **선회(S)** : 커서를 휘어진 모양의 화살표로 변경하고 카메라 회전 효과를 나타냅니다. '카메라 선회(3DSWIVEL)' 기능을 실행합니다.
- **보행 시선(W)** : 커서를 더하기 기호로 변경하며, 카메라의 위치 및 뷰적을 동적으로 조정하여 XY 평면 위의 고정된 높이로 모형에서 '보행 시선'을 수행할 수 있습니다. '보행 시선(3DWALK)' 기능을 실행합니다. 자세한 내용은 '보행 시선(3DWALK)'을 참조합니다.
- **조감 뷰(L)** : 커서를 더하기 기호로 변경하며, XY 평면 위의 고정된 높이로 제한하지 않고 모형을 조감할 수 있습니다. '조감 뷰(3DFLY)' 기능을 실행합니다. 자세한 내용은 '조감 뷰(3DFLY)' 명령을 참조합니다.
- **줌(Z)** : 더하기(+) 기호와 빼기(−) 기호를 사용하여 커서를 돋보기로 변경하며, 카메라를 객체와 더 가깝게 또는 멀리 이동하도록 합니다. 거리 조정 옵션처럼 동작합니다. '줌(ZOOM)' 기능을 실행합니다.
- **초점 이동(P)** : 커서를 손 모양 커서로 변경하고 커서의 이동 방향으로 뷰를 이동합니다. '초점 이동(PAN)' 기능을 수행합니다.

14   여러 창으로 나누어 볼 수 있는 뷰포트(VPORTS)

3차원의 입체적인 물체를 작성하고 편집하기 위해서는 다양한 시점(관점)의 뷰를 필요로 합니다. 뷰가 필요할 때마다 하나의 화면에서 뷰를 바꾸어 가면서 작업을 진행하면 대단히 번거롭습니다. 여러 창을 펼쳐놓고 각기 다른 뷰(평면도, 정면도, 등각 투영도 등)를 설정해 놓으면 보다 효율적인 3차원 작업을 할 수 있습니다. 뷰포트 명령은 이런 경우에 활용할 수 있도록 여러 개의 창을 만들어 관리하는 기능입니다.

명령 : VPORTS   메뉴 아이콘 :

01 '열기(OPEN)' 명령으로 예제 파일의 'Part8_3DBallValve.dwg' 파일을 엽니다. (예제 파일은 혜지원 출판사 홈페이지 'www.hyejiwon.co.kr' 자료실에서 다운받을 수 있습니다.)

02 뷰포트 명령을 실행합니다. 명령어 'VPORTS'를 입력하거나 '뷰' 탭의 '뷰포트' 패널 또는 '뷰포트' 도구막대에서 을 클릭합니다. 다음과 같은 대화상자가 표시됩니다. '표준 뷰포트(V)' 목록에서 '셋: 오른쪽'을 선택합니다.

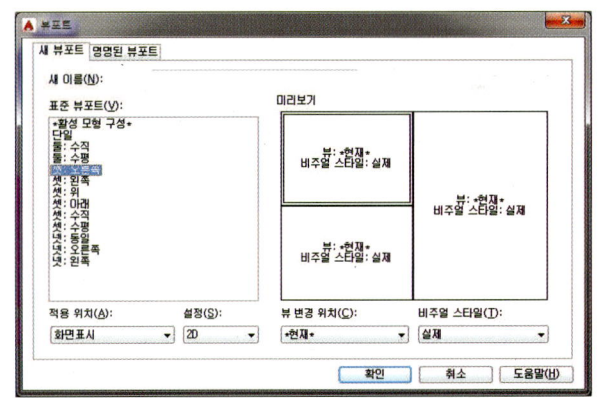

뷰포트 대화상자

뷰포트 대화상자는 모형 공간과 배치 공간에서 새로운 뷰포트를 작성하고 구성하며 관리합니다.

● '새 뷰포트' 탭

표준 뷰포트 구성 리스트를 표시하고 배치 뷰포트를 구성합니다.

(1) **새 이름(N)** : 새로운 모형 공간 뷰포트 이름을 지정합니다. 여기에서 지정하지 않으면 저장되지 않고 배치에서 사용할 수 없습니다.

(2) **표준 뷰포트(V)** : 표준 뷰포트 구성 목록을 표시하고 설정하고자 하는 뷰포트를 지정합니다.

(3) **미리보기** : 선택한 뷰포트의 구성을 표시합니다.

(4) **적용 위치(A)** : 모형 공간 뷰포트 구성을 전체 화면 표시 또는 현재 뷰포트에 적용합니다.

(5) **설정(S)** : 2D, 3D를 선택합니다. 2D는 초기 단계의 새로운 뷰포트 구성이 모든 뷰포트의 현재 뷰로 이루어집니다. 3D는 구성하는 뷰포트에 표준 직교 3D 뷰 세트가 적용됩니다.

(6) **뷰 변경 위치(C)** : 선택한 뷰포트의 뷰를 목록에서 선택한 뷰로 대치합니다. 명명된 뷰를 선택할 수 있습니다.

(7) **비주얼 스타일(T)** : 비주얼 스타일(2D 와이어프레임, 3D 와이어프레임, 3D 숨김, 개념, 실제 등)을 지정합니다.

● '명명된 뷰포트' 탭

도면에 저장된 모든 뷰포트 구성을 표시합니다. 뷰포트 구성을 선택하면 저장된 구성의 배치가 미리 보기에 표시됩니다.

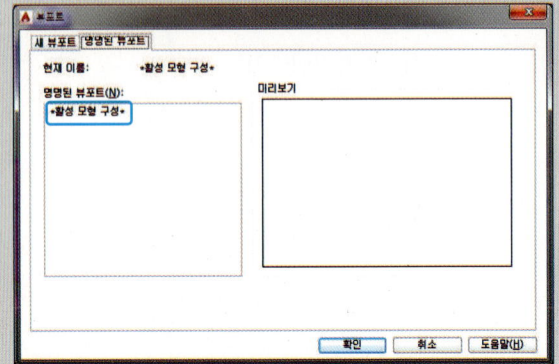

(1) 현재 이름 : 현재 선택된 뷰포트 이름을 표시합니다.

(2) 명명된 뷰포트(N) : 저장된 명명된 뷰포트 목록을 표시합니다. 이 목록에서 구성하고자 하는 뷰포트 이름을 선택합니다.

03 다음 그림과 같이 세 개의 창으로 분할됩니다. 테두리가 굵은 선인 창(오른쪽 창)이 현재 활성화된 창입니다.

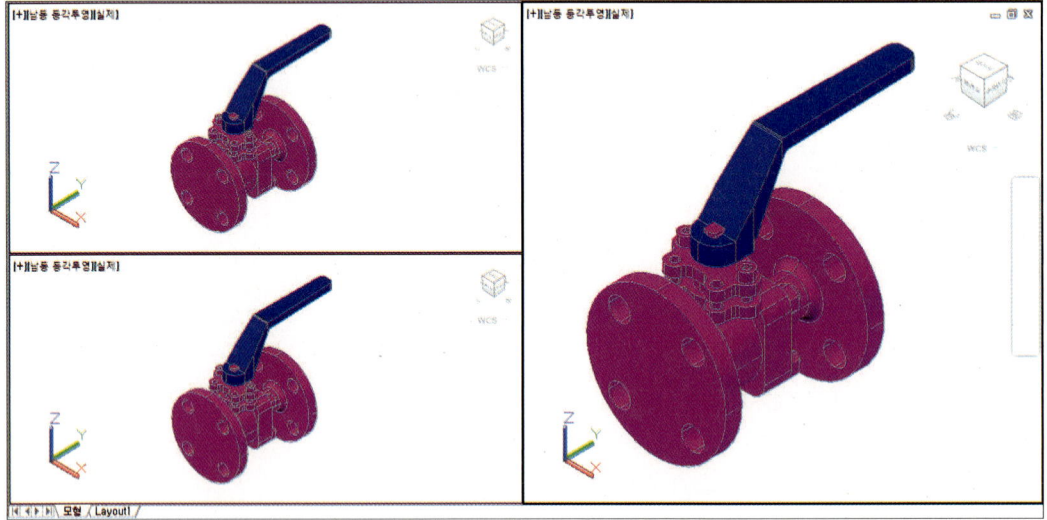

참고	**뷰포트 메뉴**

지금까지 실습에서는 '뷰포트(VPORTS)' 명령으로 대화상자를 펼쳐서 창을 나누었습니다. 그러나 '뷰포트' 명령을 실행하지 않고도 목록 상자에서 선택할 수 있습니다. '시각화' 탭의 '모형 뷰포트' 패널에서 다음 그림과 같이 나열된 뷰포트 목록에서 선택하면 됩니다.

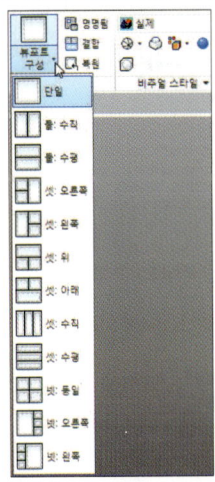

04 활성화된 창을 바꾸고 뷰를 바꾸겠습니다. 왼쪽 상단의 창에 마우스를 맞추고 클릭합니다. 그러면 왼쪽 상단의 창 테두리가 굵은 선으로 바뀌어 활성화됩니다. 이때 '시각화' 탭의 '뷰' 패널 또는 도구막대에서 '평면도 '를 클릭합니다. 다음 그림과 같이 왼쪽 상단의 창이 평면도로 바뀝니다.

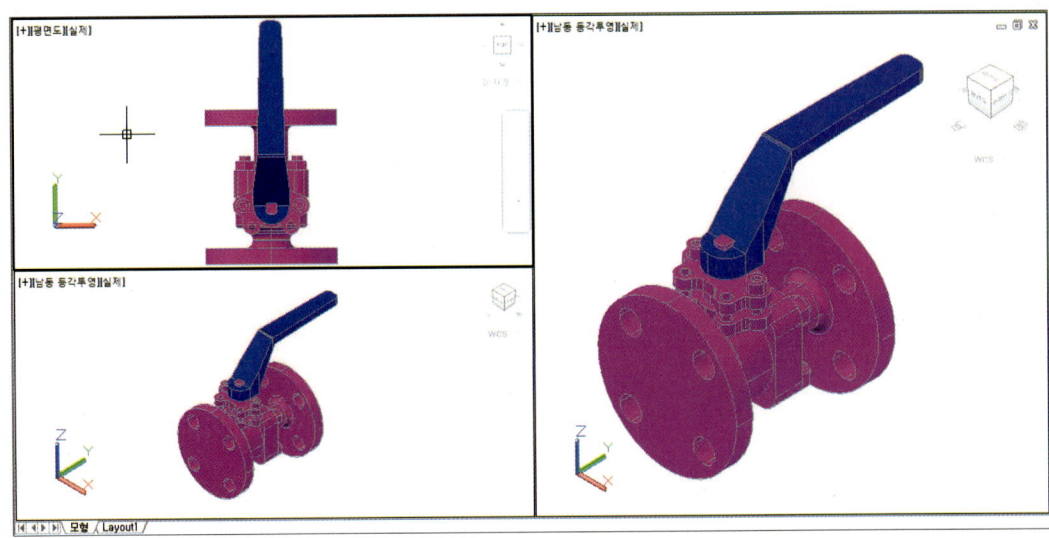

05 왼쪽 하단 창에는 정면도를 표시하도록 하겠습니다. 마우스를 왼쪽 하단 창에 맞추고 클릭합니다. 왼쪽 하단 창이 굵은 선으로 바뀌며 활성화됩니다. 이때, 이때 '시각화' 탭의 '뷰' 패널 또는 도구막대에서 '정면도 🗖'를 클릭합니다.

다음 그림과 같이 왼쪽 하단 창이 정면도 뷰가 됩니다.

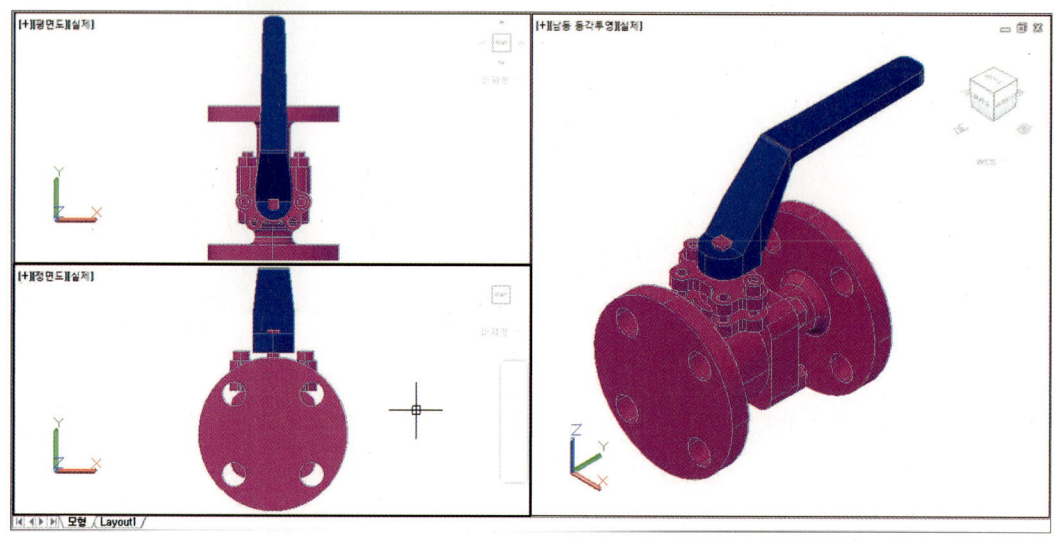

[TIP] 이렇게 여러 개의 창으로 설정한 후 3차원 작업을 진행하게 되면 각 뷰의 움직임이나 변화를 쉽게 알 수 있어 도면을 이해하거나 3차원 객체를 다루는데 도움이 됩니다. 단, 창을 분할해서 사용하다 보니 창이 작아져 객체가 작게 표현되는 단점이 있습니다. 따라서, 설계자가 상황에 따라 창의 수나 크기를 설정해서 사용하도록 합니다.

06 이제 창을 하나로 만들어 보도록 하겠습니다. 명령어 'VPORTS'를 입력하거나 이때 '시각화' 탭의 '모형 뷰포트' 패널에서 🗖을 클릭합니다. 다음과 같은 대화상자가 표시됩니다. '표준 뷰포트(V)' 목록에서 '단일'을 선택합니다.

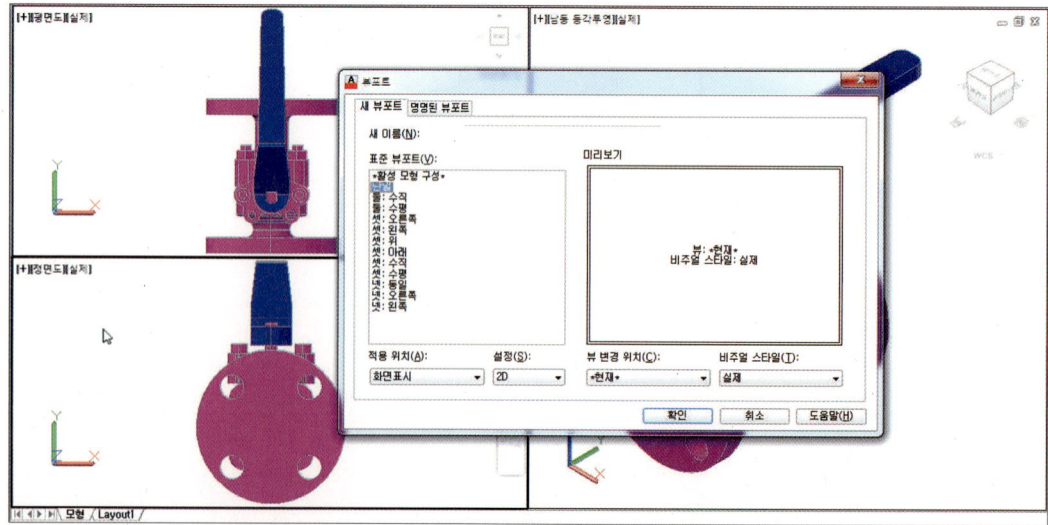

07 다음 그림과 같이 현재의 활성화된 뷰(정면도)로 하나의 창으로 바뀝니다. 현재 활성화된 창이 정면도였기 때문에 정면도로 표현됩니다. 예를 들어, 등각투영도가 활성화되어 있었다면 '단일' 창으로 지정하면 등각투영도가 단일 창에 표시됩니다.

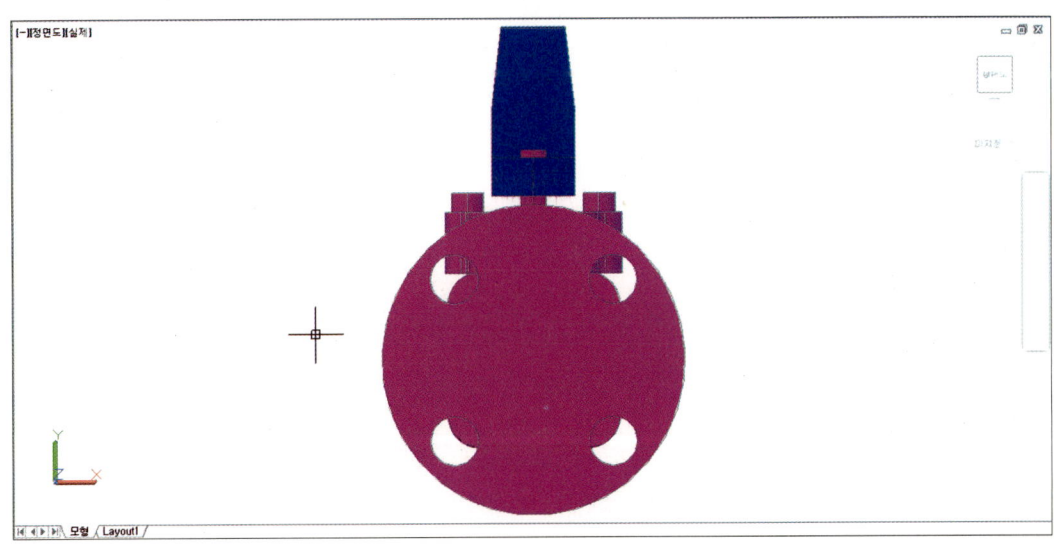

참고 | **뷰포트 결합**

인접한 뷰포트를 하나의 뷰포트로 결합합니다. 단, 인접한 두 뷰포트는 같은 길이의 모서리를 공유하고 있어야 가능합니다. 3개의 뷰포트 상태에서 실습해보겠습니다.
'시각화' 탭의 '모형 뷰포트' 패널에서 '뷰포트 결합 🔲'을 클릭합니다.
{옵션 입력 [저장(S)/복원(R)/삭제(D)/결합(J)/단일(SI)/?/2/3/4] ⟨3⟩: }에서 'J'를 입력합니다.
{주 뷰포트 선택 ⟨현재 뷰포트⟩:}에서 마우스로 결합하고자 하는 첫 번째 뷰포트를 선택합니다. 또는 [Enter]를 눌러 현재 뷰포트를 지정합니다.
{결합할 뷰포트 선택:}에서 마우스로 결합하고자 하는 뷰포트(정면도: 왼쪽 위)를 선택합니다.
다음 그림과 같이 세 개의 뷰포트에서 왼쪽 두 개가 결합되어 하나로 바뀝니다.

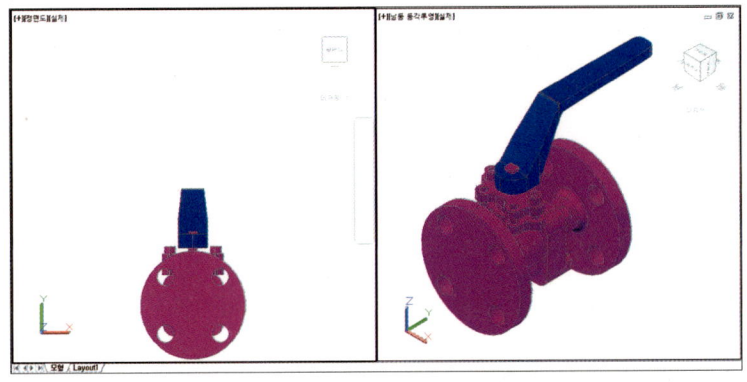

15 모델을 다양하게 표현하는 비주얼 스타일

'비주얼 스타일'은 뷰포트에 모서리 및 음영 처리의 표시를 조정하는 설정 값의 집합입니다. 즉, 작도된 객체의 표현 방법입니다. 비주얼 스타일을 적용하거나 설정값을 변경한 후 뷰포트에서 그 효과를 즉시 확인할 수 있습니다. AutoCAD에서는 2D와이어프레임, 3D 와이어프레임, 3D 숨기기, 실제, 개념 등 기본적으로 제공하는 비주얼 스타일 외에도 사용자가 설정에 의해 작성할 수도 있습니다.

01 '열기(OPEN)' 명령으로 다운로드 받은 예제 파일 중 'Part8_3DBallValve.dwg'를 엽니다. 다음과 같은 도면이 펼쳐집니다.

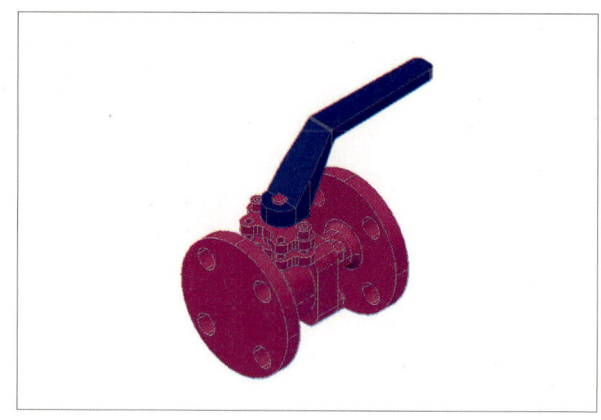

> **참고** 비주얼 스타일 목록
>
> '홈' 탭의 '뷰' 패널 또는 '시각화' 탭의 '비주얼 스타일' 패널에는 다음과 같이 12개의 다양한 비주얼 스타일을 제공합니다. 표현하고자 하는 스타일을 클릭합니다. 추가로 새로운 비주얼 스타일이 필요한 경우에는 새로운 스타일을 만들어 추가할 수 있습니다.

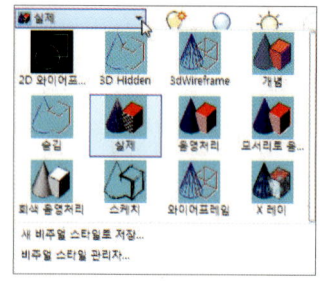

01. 2D 와이어프레임

경계를 나타내는 선과 곡선을 사용하여 객체를 표시합니다. 래스터와 OLE 객체, 선 종류 및 선가중치를 볼 수 있습니다.

메뉴 아이콘 :

02 '홈' 탭의 '뷰' 패널의 비주얼 스타일 목록에서 '2D 와이어프레임 '을 클릭합니다. 또는 '뷰' 탭의 '비주얼 스타일' 패널에서 선택합니다.

다음 그림과 같이 2D 와이어프레임 이미지를 표시합니다.

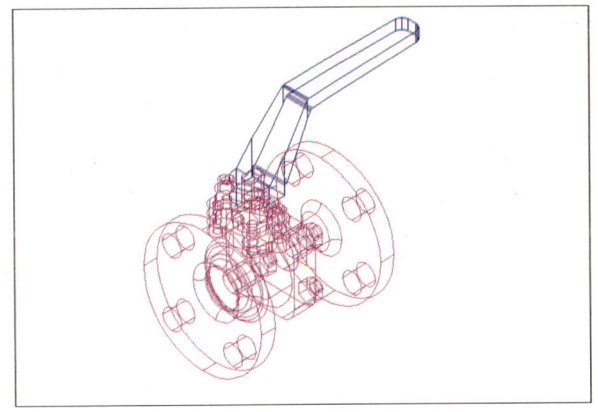

02. 3D 숨김

객체를 3D 와이어프레임 표현을 사용하여 표시하고 뒷면을 표현하는 선을 숨깁니다.

메뉴 아이콘 : ⊘

03 '홈' 탭의 '뷰' 패널의 비주얼 스타일 목록에서 '3D 숨김'을 선택하여 클릭합니다. 다음 그림과 같이 현재의 시점에서 보이지 않는 부분은 은선 처리(숨김)하여 표시합니다.

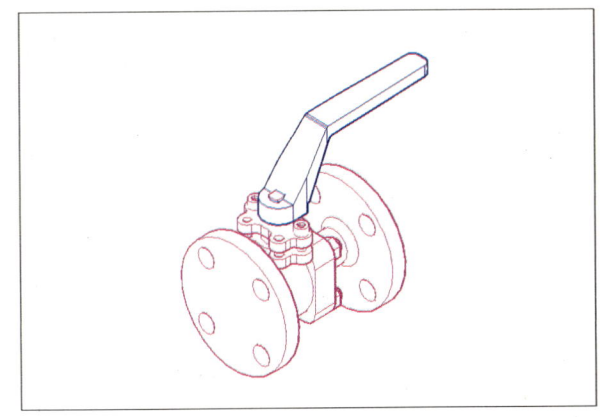

03. 3D 와이어프레임

경계를 나타내는 선과 곡선을 사용하여 3차원 와이어프레임으로 표시합니다.

메뉴 아이콘 : ⊘

04 '홈' 탭의 '뷰' 패널의 비주얼 스타일 목록에서 '3D 와이어프레임'을 선택하여 클릭합니다. 다음 그림과 같이 3D 와이어프레임 이미지를 표시합니다.

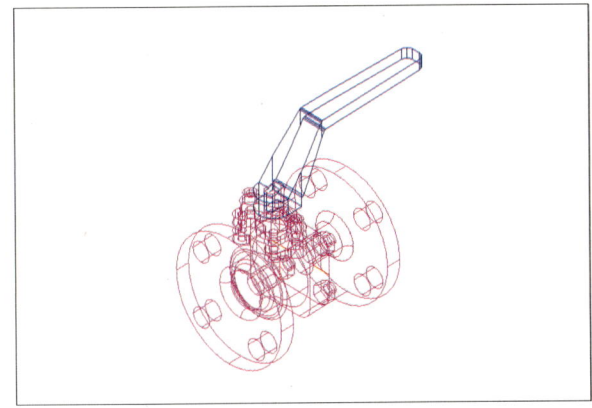

04. 개념

객체를 음영 처리하며 다각형 면 사이의 모서리를 부드럽게 만듭니다. 쉐이딩에서는 어두운 색상에서 밝은 색상으로 보다는 차갑고 따뜻한 색상 사이에의 변환인 Gooch면 스타일을 사용합니다. 표현은 실제 질감이 표현되지 않으나 모형의 상세를 쉽게 확인할 수 있도록 해 줍니다.

메뉴 아이콘 : 🟠

05 '홈' 탭의 '뷰' 패널의 비주얼 스타일 목록에서 '개념'을 선택하여 클릭합니다. 다음 그림과 같이 모형의 객체를 이해할 수 있도록 표시합니다.

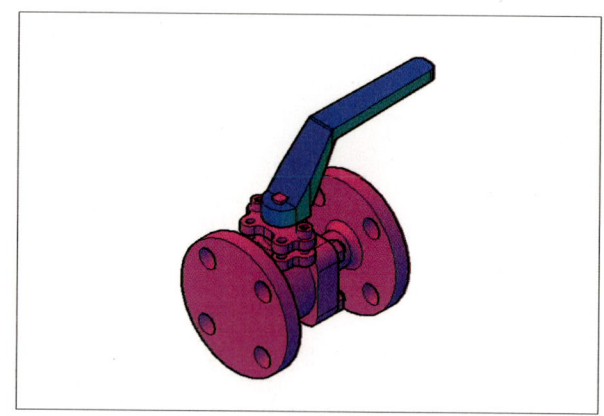

05. 실제

실제 객체를 음영 처리하며 다각형 면 사이의 모서리를 부드럽게 만듭니다. 객체에 부여한 재료 특성을 반영하여 표시합니다.

메뉴 아이콘 : 🔵

06 '홈' 탭의 '뷰' 패널의 비주얼 스타일 목록에서 '실제'를 선택하여 클릭합니다. 다음 그림과 같이 실물 객체와 유사하게 음영 처리합니다.

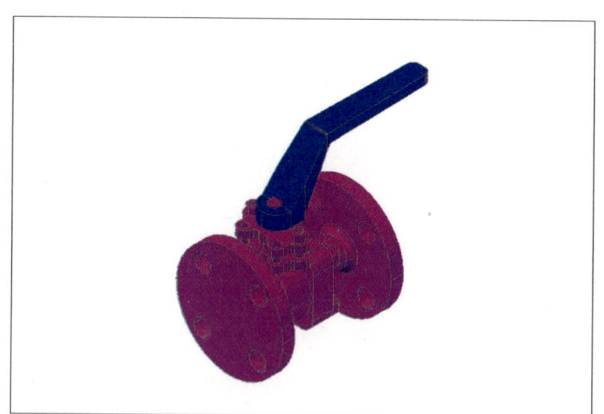

06. 음영 처리

부드러운 음영 처리를 합니다.

07 '홈' 탭의 '뷰' 패널 비주얼 스타일 목록에서 '음영 처리'를 선택하여 클릭합니다. 다음 그림과 같이 부드러운 음영 처리를 합니다.

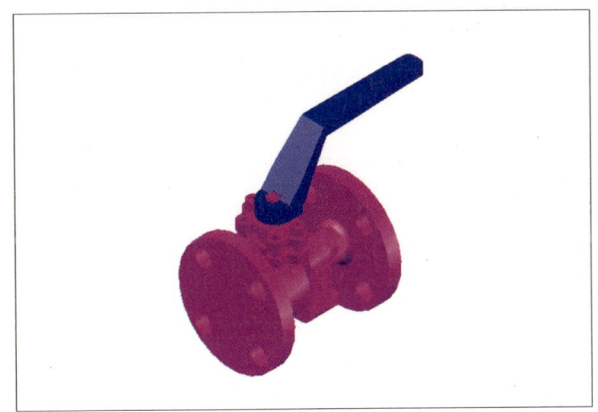

07. X 광선

전체 장면이 부분적으로 투명하도록 면의 불투명도를 변경합니다.

08 '홈' 탭의 '뷰' 패널 비주얼 스타일 목록에서 'X레이'를 선택하여 클릭합니다. 다음 그림과 같이 X 광선으로 표현됩니다.

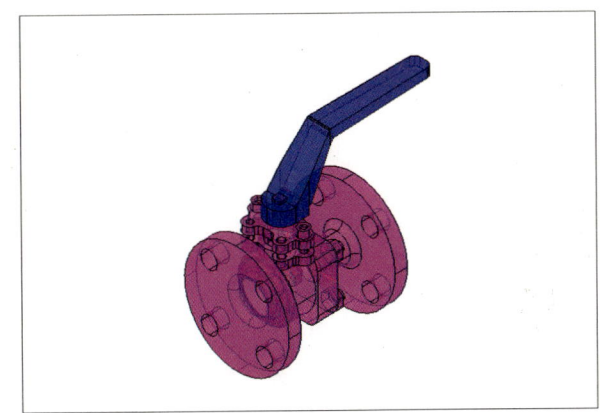

08. 스케치 비주얼 스타일

돌출부 및 경계선을 손으로 스케치된 효과로 표현합니다.

09 '홈' 탭의 '뷰' 패널 비주얼 스타일 목록에서 '스케치'를 선택하여 클릭합니다. 다음 그림과 같이 표현됩니다.

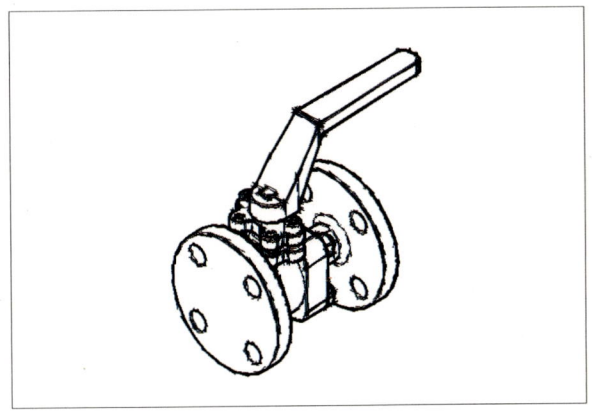

09. 회색 음영 처리

회색의 모노 색상을 사용하여 객체를 음영 처리합니다.

10 '홈' 탭의 '뷰' 패널 비주얼 스타일 목록에서 '회색 음영'을 선택하여 클릭합니다. 다음 그림과 같이 모노 톤으로 표현됩니다.

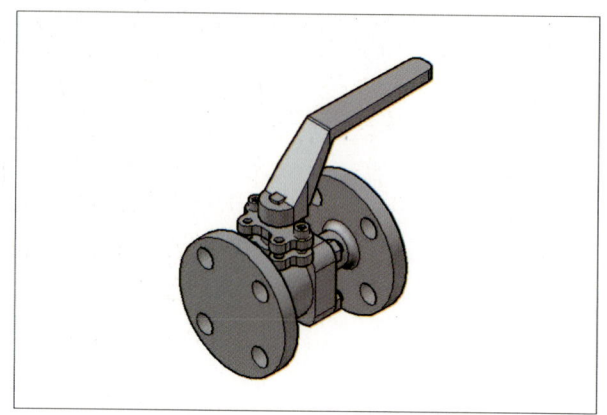

10. 비주얼 스타일 관리자

비주얼 스타일을 작성하거나 편집합니다.

메뉴 아이콘 :

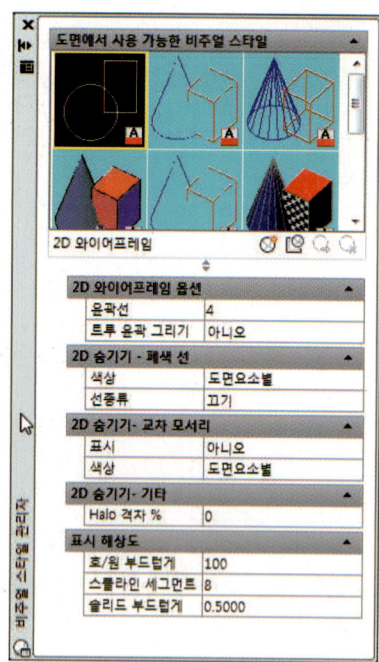

❶ **도면에서 사용 가능한 비주얼 스타일** : 도면에서 사용 가능한 비주얼 스타일의 견본 이미지를 표시합니다. 선택한 비주얼 스타일의 면, 환경 및 모서리 설정은 설정 패널에 표시됩니다. 선택한 비주얼 스타일은 노란색 경계를 표시되며 비주얼 스타일의 이름은 패널의 맨 아래에 표시됩니다.

❷ **새로운 비주얼 스타일 작성** : 새로운 비주얼 스타일을 작성합니다. 다음과 같은 대화상자에서 새로운 비주얼 스타일 이름을 작성합니다.

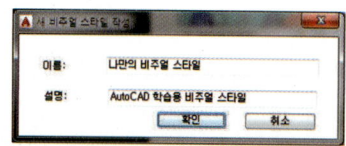

❸ **선택한 비주얼 스타일을 현재 뷰포트에 적용** : 선택된 비주얼 스타일을 현재 뷰포트에 적용합니다.

❹ **선택한 비주얼 스타일을 도구 팔레트로 내보내기** : 선택된 비주얼 스타일에 대한 도구를 작성하고, 활성화된 도구 팔레트에 배치합니다. 도구 팔레트 윈도우가 닫혀 있는 경우에는 도구 팔레트가 열리고 도구는 맨 위 팔레트에 배치됩니다.

❺ **선택한 비주얼 스타일 삭제** : 도면에서 비주얼 스타일을 제거합니다. AutoCAD에서 제공하는 기본 비주얼 스타일 또는 사용중인 비주얼 스타일은 삭제할 수 없습니다

❻ **면 설정** : 각 항목의 값을 조정하여 뷰포트에 있는 면의 모양을 조정합니다.
❼ **환경 설정** : 각 항목의 값을 조정하여 그림자 및 배경을 설정합니다.
❽ **모서리 설정** : 각 항목의 값을 조정하여 모서리의 표시 방법을 설정합니다.
❾ **설정 항목** : 하단의 면, 환경, 모서리의 색상이나 재질, 돌출 정도를 사용자가 정의하여 비주얼 스타일을 작성합니다.

예제 실습

UCS의 이해

이번 실습은 사용자 좌표계인 UCS를 이해하기 위한 예제입니다. 다음과 같은 객체를 작성해보면서 UCS에 대해 이해하도록 합시다. 각 면에 원통을 작도하기 위해 UCS를 바꾸는 과정을 잘 이해하기 바랍니다.

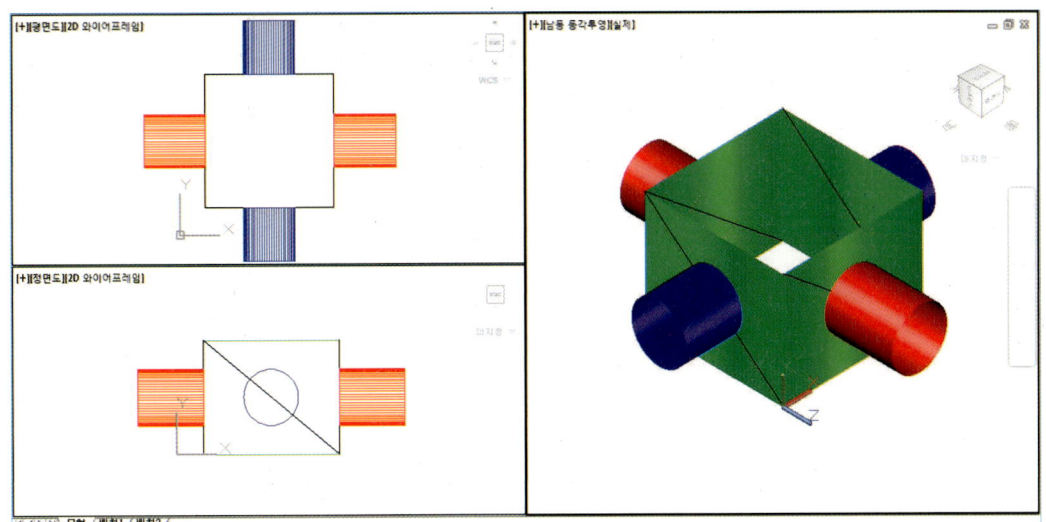

01 뷰포트를 3개로 나누도록 하겠습니다. 명령어 'VPORTS'를 입력하거나 '시각화' 탭의 '모형 뷰포트' 패널에서 을 클릭합니다. 다음과 같은 대화상자가 표시됩니다. '표준 뷰포트(V)' 목록에서 '셋: 오른쪽'을 선택합니다.

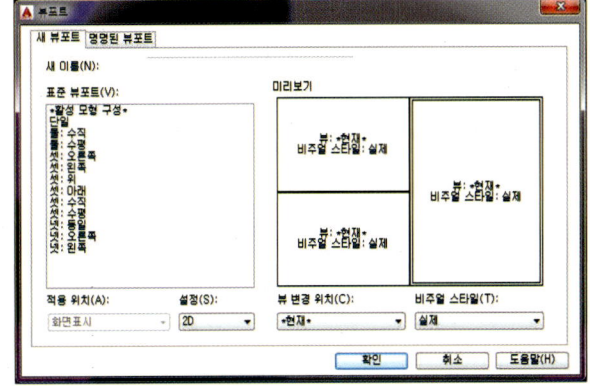

02 각 뷰포트의 뷰를 설정합니다. 앞에서 학습했던 대로 왼쪽 상단 창은 '평면도 ▣', 왼쪽 하단 창은 '정면도 ▣', 오른쪽 창은 '남동 등각 투영 ◆'으로 설정합니다. 설정하는 방법은 마우스를 창에 대고 클릭하여 창이 활성화(굵은 선으로 바뀌면)되면 도구막대 또는 패널에서 뷰를 지정합니다. 다음 그림과 같이 설정됩니다.

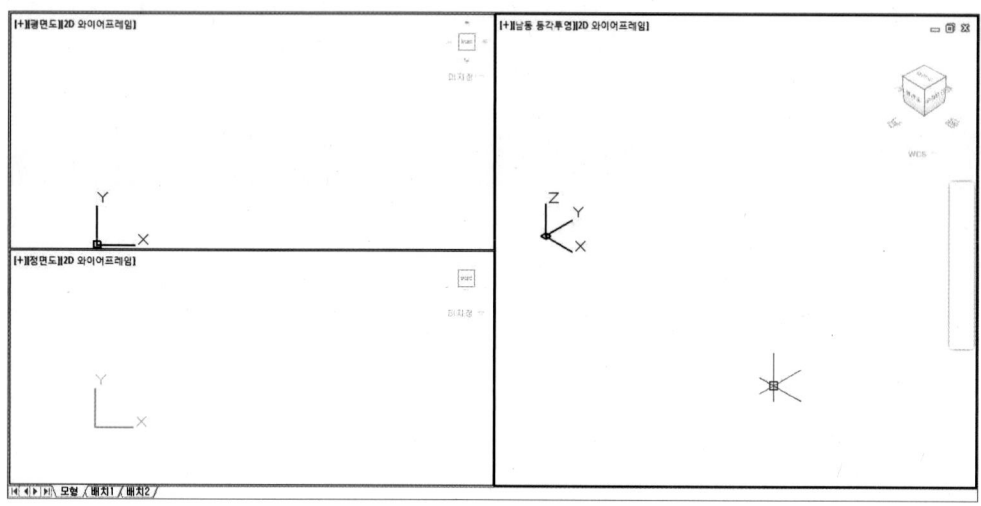

03 직사각형 명령으로 직사각형을 작도합니다. 명령어 'RECTANG' 또는 'REC'를 입력하거나 '홈' 탭의 '그리기' 패널에서 ▭을 클릭합니다.
{첫 번째 구석점 지정 또는 [모따기(C)/고도(E)/모깎기(F)/두께(T)/폭(W)]:}에서 시작점 '50,50'을 입력합니다.
{다른 구석점 지정 또는 [영역(A)/치수(D)/회전(R)]:}에서 상대좌표 '@250,250'을 입력합니다. 각 뷰포트의 줌을 조정하여 다음과 같이 표시합니다.

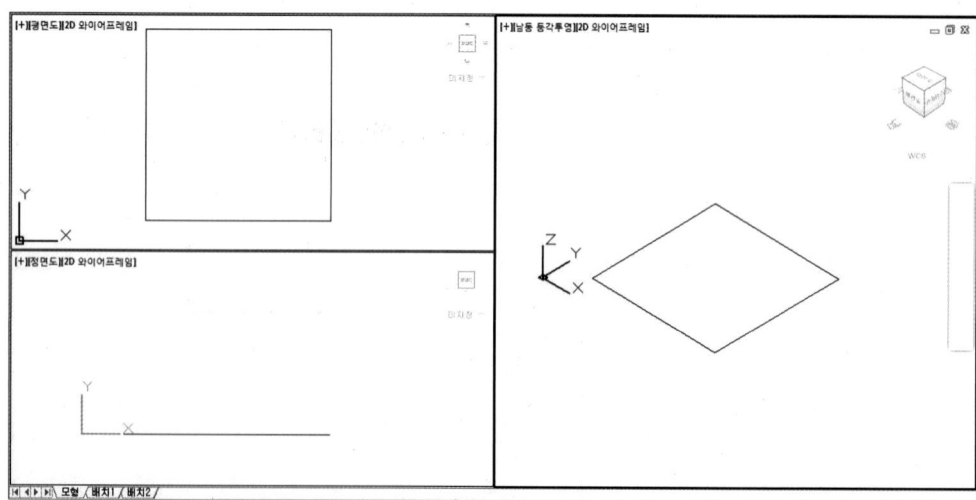

04 '특성(PROPERTIES)' 명령으로 작도된 사각형에 두께 '200'을 부여하도록 하겠습니다. 사각형 객체를 선택한 후 '뷰' 탭의 '팔레트' 패널 또는 '표준' 도구막대에서 을 클릭합니다.

특성 대화상자가 나타나면 '일반' 카테고리의 '두께' 편집 상자에 '200'을 입력합니다. Esc를 누르면 선택된 객체가 실선으로 바뀝니다. 특성 대화상자를 닫습니다. 다음 그림과 같이 육면체가 작도됩니다.

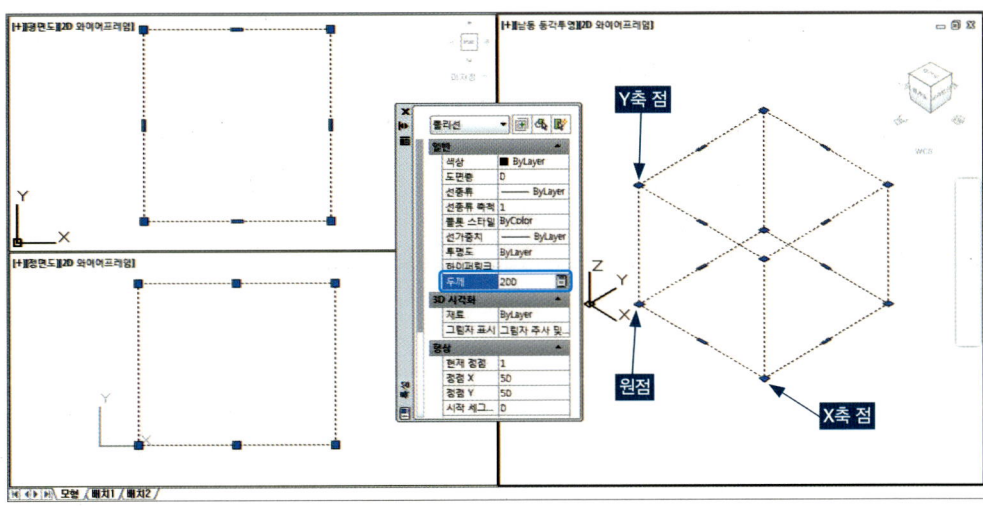

05 이번에는 육면체의 세로 면에 대각선을 그어 대각선 중간점에 원을 작도하겠습니다. 작도하기에 앞서 UCS 명령을 이용하여 작도하고자 하는 면을 XY 평면으로 맞춰야 합니다. 명령어 'UCS'를 입력하거나 '뷰' 탭의 '좌표' 패널에서 메뉴 아이콘 을 클릭합니다.

{현재 UCS 이름: *표준*}
{UCS의 원점 지정 또는 [면(F)/이름(NA)/객체(OB)/이전(P)/뷰(V)/표준(W)/X/Y/Z/Z축(ZA)] 〈표준(W)〉:}에서 원점(왼쪽 하단 모서리)을 지정합니다.
{X축에서 점 지정 또는 〈수락(A)〉:}에서 X축이 되는 방향의 한 점을 지정합니다.
{XY 평면에서 점 지정 또는 〈수락(A)〉:}에서 XY 평면이 되는 Y축 방향의 한 점을 지정합니다. 다음 그림과 같이 XY 평면이 설정됩니다. UCS 아이콘의 각 축의 방향을 잘 확인하도록 합니다.

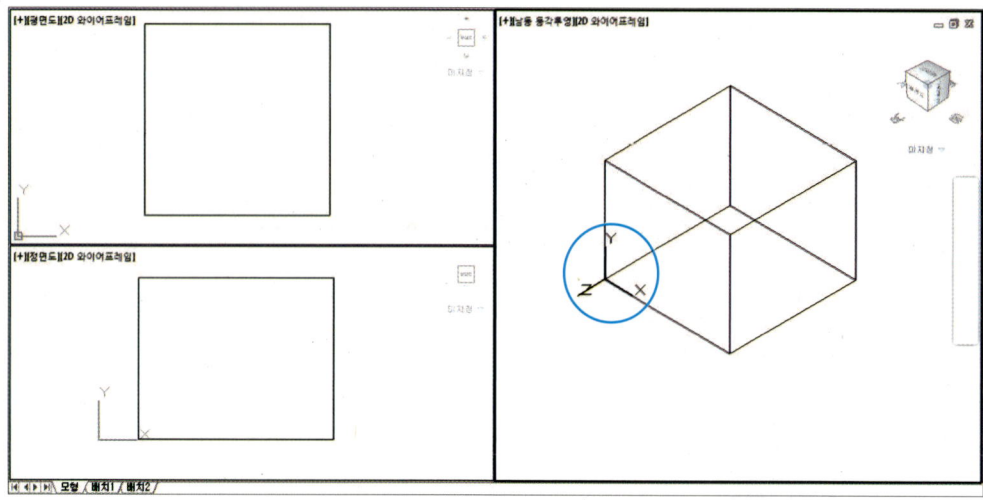

06 '선(LINE)' 명령을 이용하여 가운데 위치를 찾기 위해 대각선을 작도합니다. 객체 스냅 '끝점 🔗'을 켭니다.

{첫 번째 점 지정:}에서 왼쪽 아래 모서리를 지정합니다.

{다음 점 지정 또는 [명령 취소(U)]:}에서 대각선 방향의 반대 모서리를 지정합니다.

{다음 점 지정 또는 [명령 취소(U)]:}에서 [Enter] 또는 [Space bar]를 눌러 종료합니다.

[Enter] 또는 [Space bar]를 눌러 선 명령을 재실행합니다.

{첫 번째 점 지정:}에서 뒤쪽 면의 왼쪽 아래 모서리를 지정합니다.

{다음 점 지정 또는 [명령 취소(U)]:}에서 뒤쪽 면의 대각선 방향의 모서리를 지정합니다.

{다음 점 지정 또는 [명령 취소(U)]:}에서 [Enter] 또는 [Space bar]를 눌러 종료합니다.

다음과 그림과 같이 XY면 앞면과 뒷면에 선이 작도되었습니다.

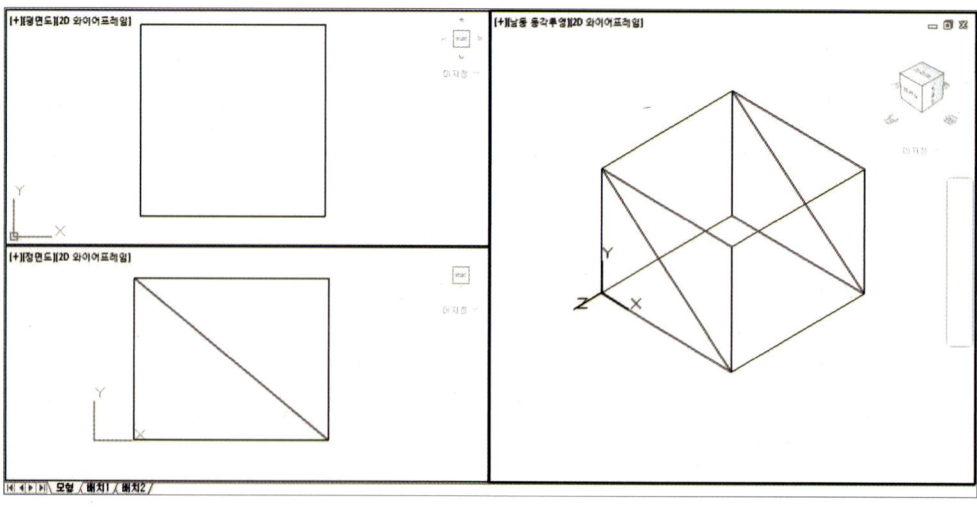

07 원통을 작도하겠습니다. 원을 작도한 후 두께를 부여하도록 하겠습니다. '원(CIRCLE)' 명령으로 원을 작도합니다.

{원에 대한 중심점 지정 또는 [3점(3P)/2점(2P)/Ttr - 접선 접선 반지름(T)]:}에서 객체 스냅 '중간점 ✎'을 이용하여 앞쪽 면의 선의 중간점을 지정합니다.

{원의 반지름 지정 또는 [지름(D)]:}에서 반지름 '50'을 입력합니다. 뒤쪽 대각선의 중간점에도 원을 작도합니다. 다음 그림과 같이 두 개의 원이 작도됩니다.

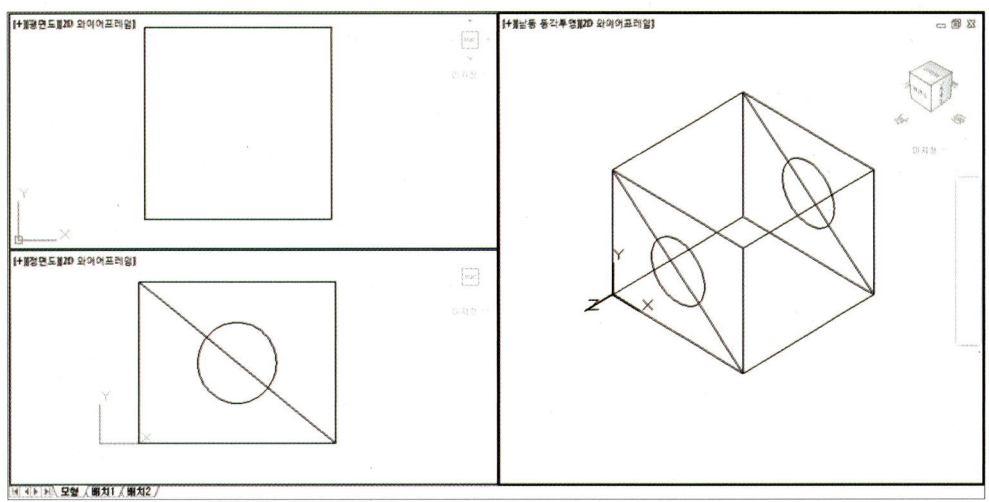

08 '특성(PROPERTIES)' 명령으로 작도된 원에 두께 '150'을 부여하도록 하겠습니다. 앞쪽 원을 클릭한 후 '뷰' 탭의 '팔레트' 패널 또는 '표준' 도구막대에서 ▣을 클릭합니다.

특성 대화상자가 나타나면 '일반' 카테고리의 '두께' 편집 상자에 '100'을 입력합니다. [Esc]를 누르면 선택된 객체가 실선으로 바뀝니다.

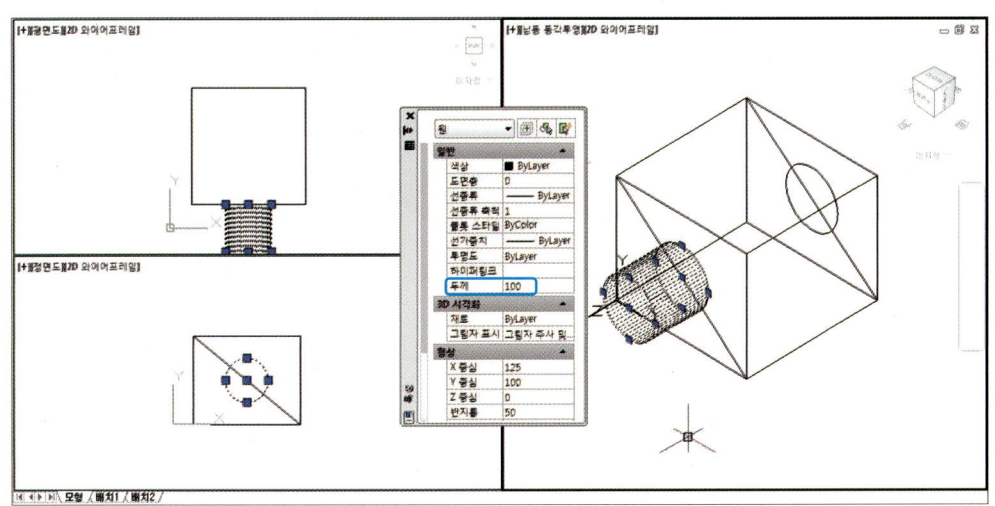

09 반대편의 원도 동일한 방법으로 두께 '100'을 부여합니다. 반대편 원을 클릭한 후 '뷰' 탭의 '팔레트' 패널 또는 '표준' 도구막대에서 을 클릭합니다.

특성 대화상자가 나타나면 '일반' 카테고리의 '두께' 편집 상자에 '-100'을 입력합니다. Esc 를 누르면 선택된 객체가 실선으로 바뀝니다.

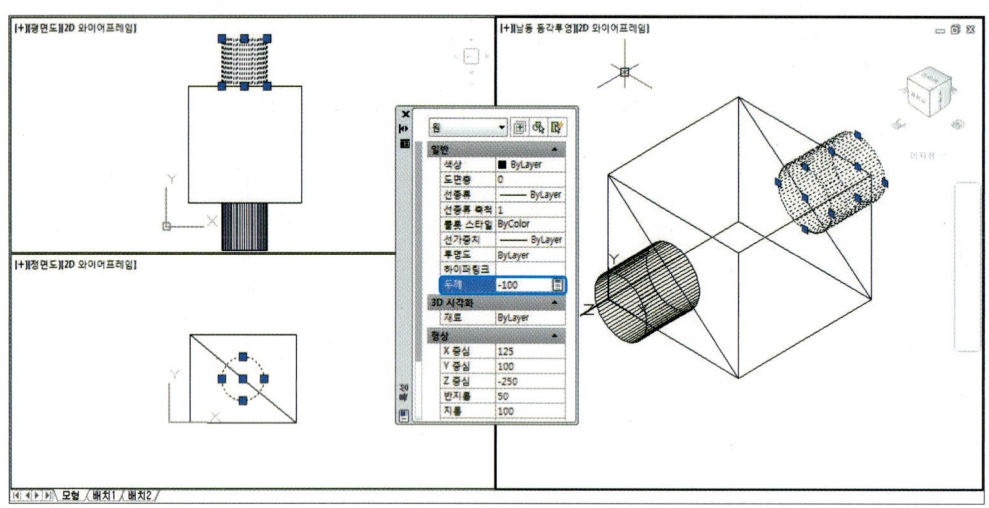

Note_두께 값을 마이너스(-) 값으로 지정하는 이유는 UCS 아이콘의 Z축의 반대 방향으로 돌출시키기 때문입니다.

10 비주얼 스타일을 바꿔보도록 하겠습니다. '홈' 탭 '뷰' 패널의 비주얼 스타일 목록에서 '개념'을 선택합니다. 다음 그림과 같이 뷰가 표현됩니다.

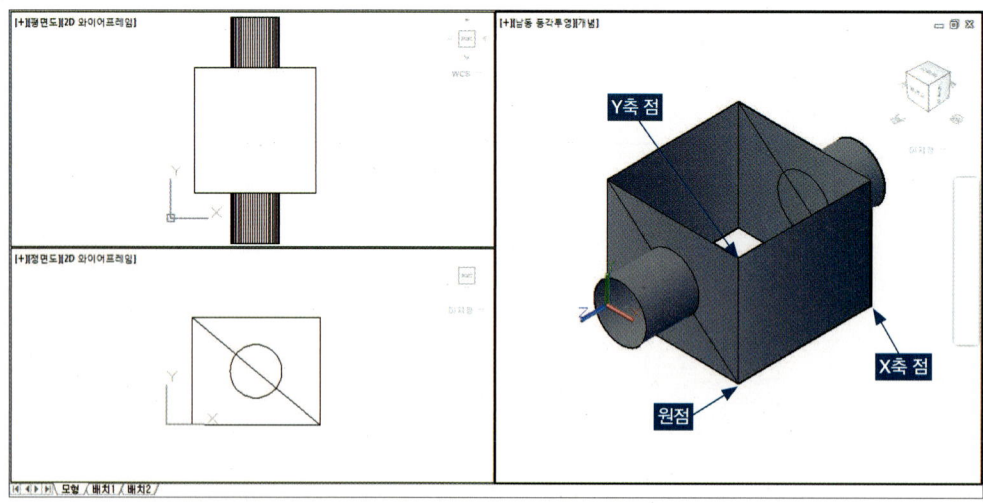

11 이번에는 UCS를 바꿔보겠습니다. 명령어 'UCS'를 입력하거나 '홈' 탭의 '좌표' 패널에서 메뉴 아이콘 을 클릭합니다.
{현재 UCS 이름: *표준*}
{UCS의 원점 지정 또는 [면(F)/이름(NA)/객체(OB)/이전(P)/뷰(V)/표준(W)/X/Y/Z/Z축(ZA)] <표준(W)>:}에서 원점(왼쪽 하단 모서리)을 지정합니다.
{X축에서 점 지정 또는 <수락(A)>:}에서 X축 방향의 한 점을 지정합니다.
{XY 평면에서 점 지정 또는 <수락(A)>:}에서 XY 평면이 되는 Y축 방향의 한 점을 지정합니다. 다음 그림과 같이 XY 평면이 설정됩니다.

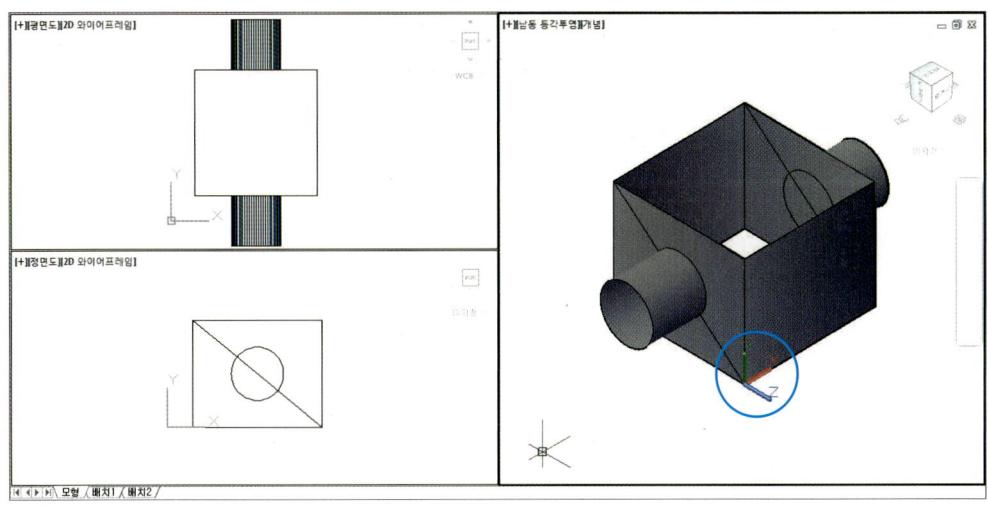

12 '선(LINE)' 명령으로 선을 작도합니다. 객체 스냅 '끝점 '을 켭니다.
{첫 번째 점 지정:}에서 왼쪽 아래 모서리를 지정합니다.
{다음 점 지정 또는 [명령 취소(U)]:}에서 대각선 방향의 모서리를 지정합니다.
{다음 점 지정 또는 [명령 취소(U)]:}에서 Enter 또는 Space bar 를 눌러 종료합니다. 다음 그림과 같이 XY면에 선이 작도됩니다. 뒤쪽 면도 동일한 방법으로 대각선을 작도합니다.

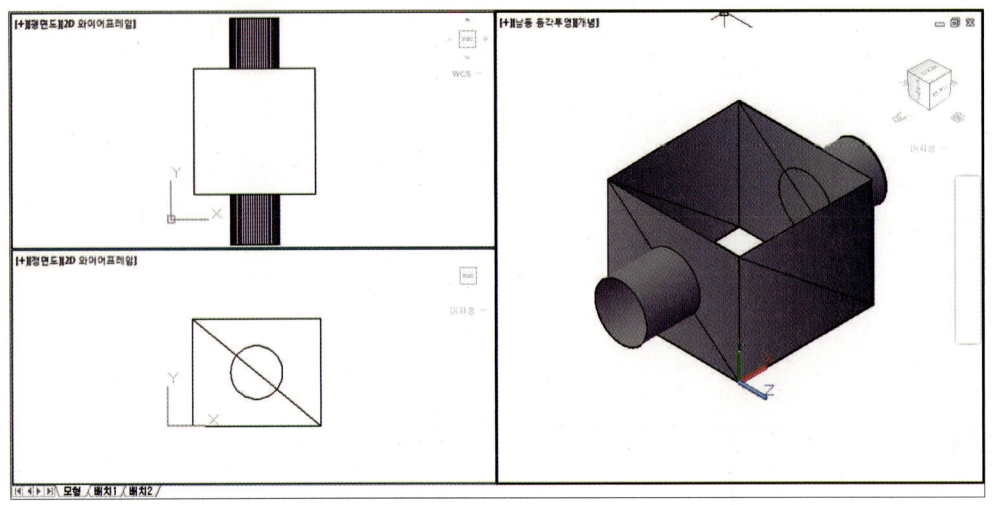

13 '원(CIRCLE)' 명령으로 두 개의 원을 작도합니다.

{원에 대한 중심점 지정 또는 [3점(3P)/2점(2P)/Ttr - 접선 접선 반지름(T)]:}에서 객체 스냅 '중간점
'을 이용하여 앞쪽 면의 선의 중간점을 지정합니다.

{원의 반지름 지정 또는 [지름(D)]:}에서 반지름 '50'을 입력합니다. 뒤쪽 대가선의 중간점에 원을 작도
합니다. 다음 그림과 같이 원이 작도됩니다.

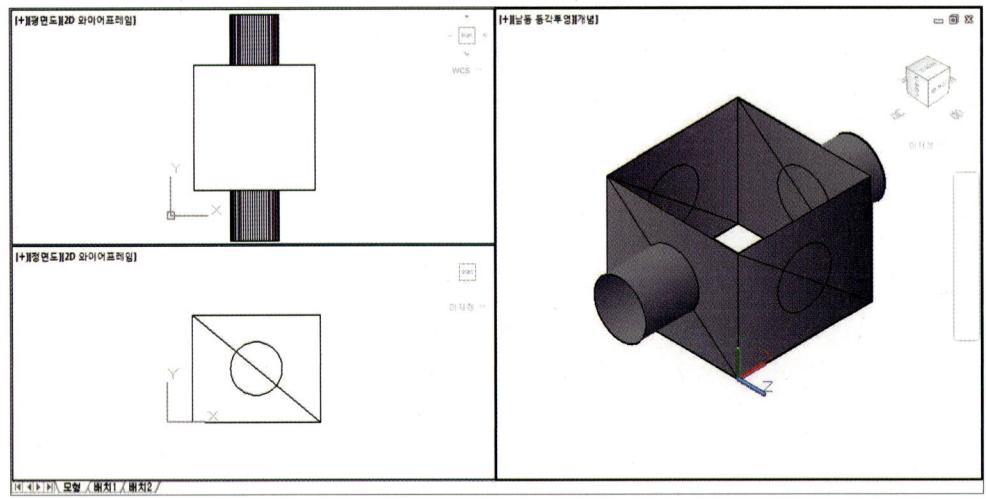

14 '특성(PROPERTIES)' 명령으로 작도된 원에 두께 '120'을 부여하도록 하겠습니다. 앞쪽 원을 클릭한 후 '뷰' 탭의 '팔레트' 패널 또는 '표준' 도구막대에서 을 클릭합니다.

특성 대화상자가 나타나면 '일반' 카테고리의 '두께' 편집 상자에 '120'을 입력합니다. Esc 키를 누르면 선택된 객체가 실선으로 바뀝니다.

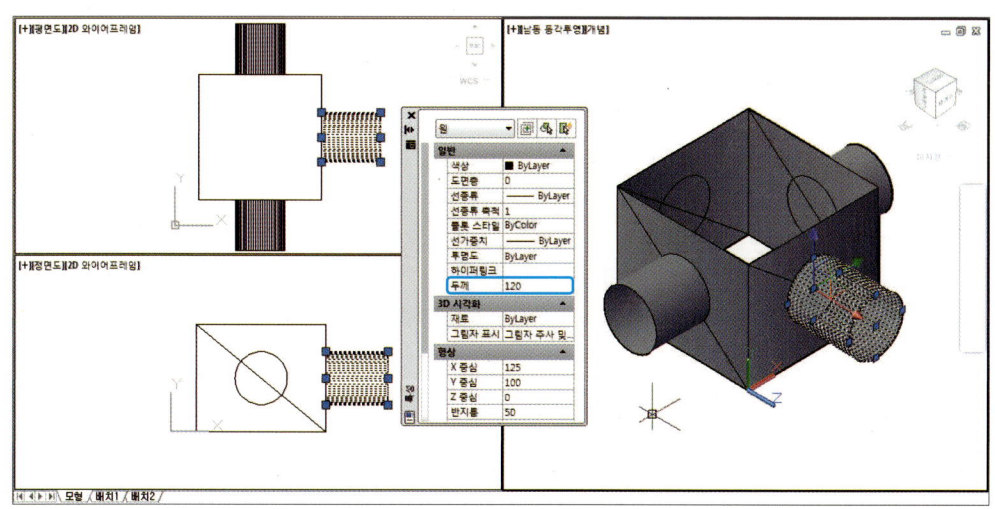

15 뒤쪽의 원도 두께 '-120'을 부여하여 돌출시킵니다. 다음 그림과 같이 4개의 면에 원통이 돌출되었습니다.

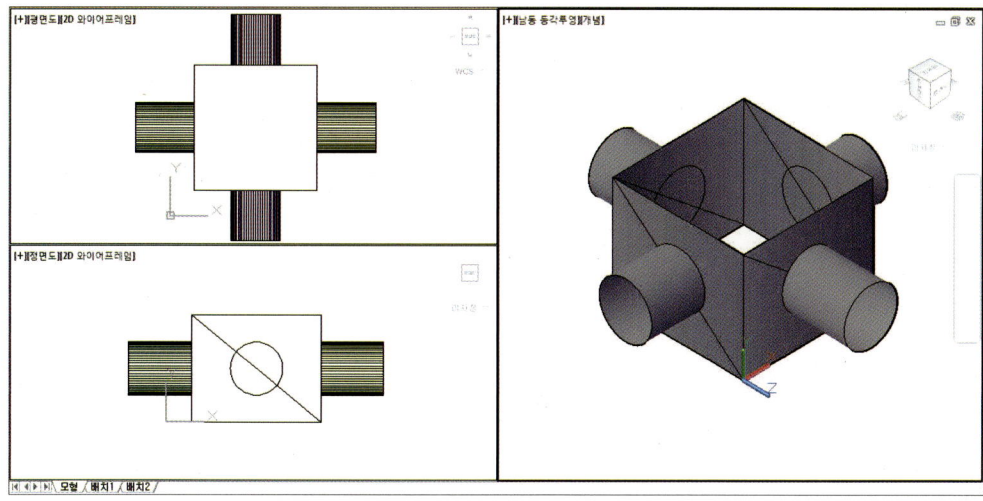

16 지우기 명령으로 각 면에 작도된 대각선은 지웁니다. 색상이나 비주얼 스타일을 바꿔보면서 다양하게 표현하도록 합니다. 3D 궤도 명령을 이용하여 뷰를 자유롭게 바꿔보기 바랍니다. 명령어 '3DORBIT' 또는 '3DO', 'ORBIT'를 입력하거나 탐색 도구에서 자유 궤도 ⌀을 클릭합니다. 마우스를 움직여 다양한 뷰를 표현해보도록 합니다.

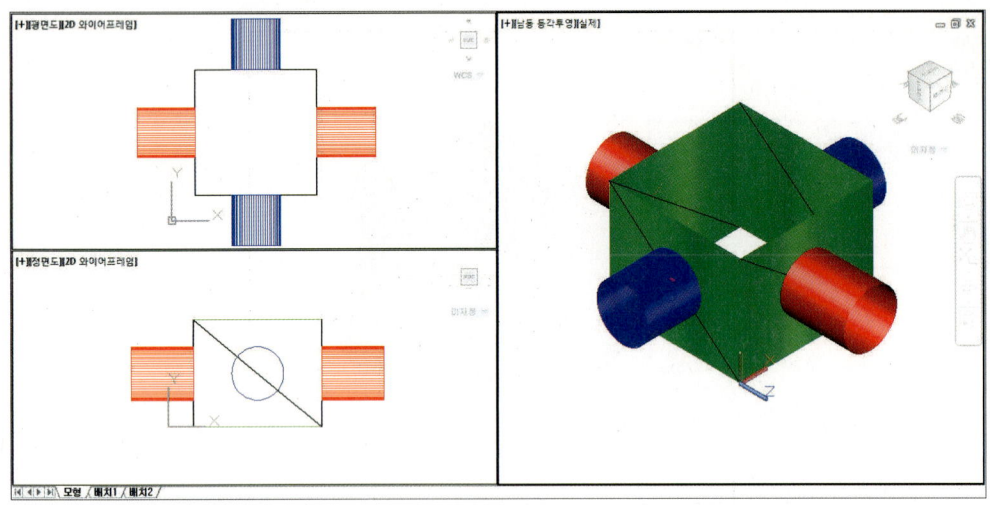

[TIP] 이와 같이 3차원 작업에서는 작도하고자 하는 면을 'XY 평면'으로 맞춘 후 객체를 작성해야 합니다. UCS 명령을 이용하거나 동적 UCS(DUCS)를 이용하여 작업 면(XY 평면)을 맞추도록 합니다.

20. 솔리드(SOLID)의 기본 명령어

AutoCAD 2015

AutoCAD에서는 솔리드 객체의 작성 및 편집을 위한 다양한 기능을 제공하고 있습니다. 기본 객체의 작성, 돌출이나 회전체의 작성 등 솔리드 객체의 작성에 대해 알아보겠습니다.

1 솔리드 기본 객체 작성

기본 3D 형상(솔리드 기본 객체)인 상자, 원추, 원통, 구, 쐐기, 피라미드 및 토러스(도너츠)를 작성합니다. 중복된 옵션의 설명은 생략합니다.

Note_ 솔리드 기본체의 리본 메뉴 위치는 '홈' 탭의 '모델링' 패널 또는 '솔리드' 탭의 '기본체' 패널에 배치되어 있습니다.

01. 상자(BOX)

3D 솔리드 상자를 작도합니다.

명령 : BOX　　　　　　　　　　　메뉴 아이콘 :

{첫 번째 구석 지정 또는 [중심(C)]:}에서 시작점 '50,50'을 지정합니다.
{반대 구석 지정 또는 [정육면체(C)/길이(L)]:}에서 반대편 구석 '@100,100'을 지정합니다. {높이 지정 또는 [2점(2P)]:}에서 높이 '200'을 입력합니다.

02. 쐐기(WEDGE)

경사진 면이 있는 다섯 면의 3D 솔리드 쐐기를 작성합니다.

명령 : WEDGE(단축키 : WE)　　　　메뉴 아이콘 :

{첫 번째 구석 지정 또는 [중심(C)]:}에서 시작점 '300,50'을 지정합니다.
{반대 구석 지정 또는 [정육면체(C)/길이(L)]:}에서 반대편 구석 '@200,100'을 지정합니다. {높이 지정 또는 [2점(2P)] 〈200.0000〉:}에서 높이 '200'을 지정합니다.

> **상자와 쐐기의 옵션 설명**
>
> {첫 번째 구석 지정 또는 [중심(C)]:}
> - 중심(C) : 상자와 삼각 기둥의 중심점을 지정합니다.
>
> {반대 구석 지정 또는 [정육면체(C)/길이(L)]:}
> - 정육면체(C) : 변의 길이가 동일한 상자 및 삼각 기둥을 작성합니다.
> - 길이(L) : 지정한 길이, 폭 및 높이의 값으로 상자 및 삼각 기둥을 작성합니다. 길이는 X축, 폭은 Y축, 높이는 Z축에 해당합니다.
>
> {높이 지정 또는 [2점(2P)] 〈200.0000〉:}
> - 2점(2P) : 두 점을 지정하여 측정된 거리를 높이 값으로 합니다.

다음 그림과 같이 상자와 삼각 기둥이 작도됩니다.

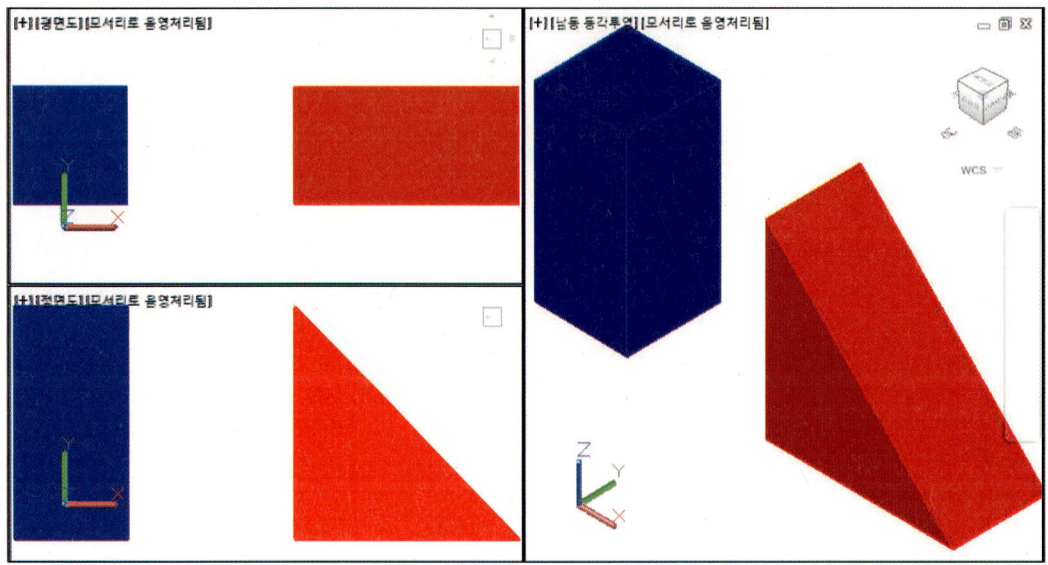

03. 원추(CONE)

대칭적으로 점, 원형 또는 타원형 평면을 향해 점점 줄어드는 원형 또는 타원형 밑면을 사용하여 3D 솔리드를 작성합니다.

명령 : CONE   메뉴 아이콘 : △

{기준 중심점 지정 또는 [3P/2P/Ttr/타원형(E)]:}에서 중심점 '150,150'을 지정합니다.
{기준 반지름 지정 또는 [지름(D)] 〈50.0000〉:}에서 밑면의 반지름 '100'을 입력합니다.
{높이 지정 또는 [2Point(2P)/축 끝점(A)/상단 반지름(T)] 〈100.0000〉:}에서 높이 '200'을 지정합니다.

[Enter] 또는 [Space bar]를 눌러 원추 명령을 재실행합니다.
{기준 중심점 지정 또는 [3P/2P/Ttr/타원형(E)]:}에서 타원형 'E'를 입력합니다.
{첫 번째 축의 끝점 지정 또는 [중심(C)]:}에서 한 점 '300,150'을 지정합니다.
{첫 번째 축의 다른 끝점 지정:}에서 축의 다른 끝점 '@200,0'을 지정합니다.
{두 번째 축의 끝점 지정:}에서 두 번째 축의 끝점 '400,100'을 지정합니다.
{높이 지정 또는 [2Point(2P)/축 끝점(A)/상단 반지름(T)] <200.0000>:}에서 상단 반지름 'T'를 입력합니다.
{상단 반지름 지정 <50.0000>:}에서 반지름 '50'을 입력합니다.
{높이 지정 또는 [2점(2P)/축 끝점(A)] <200.0000>:}에서 높이 '200'을 입력합니다.
다음 그림과 같이 상단이 뾰족한 원추와 상단의 반지름이 '50'인 타원형 원추(절두체 원추)가 작도됩니다.

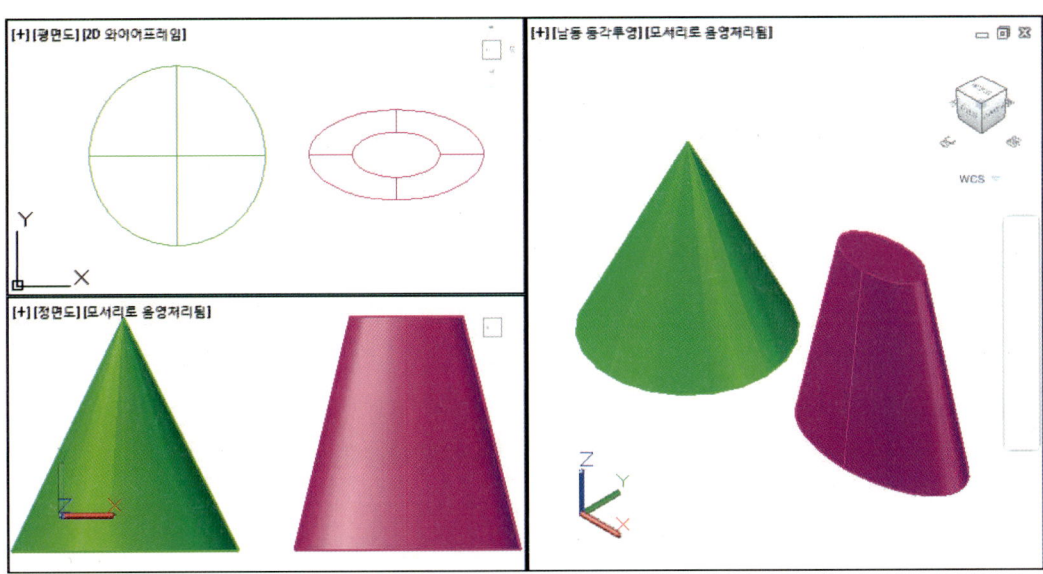

옵션 설명

{기준 중심점 지정 또는 [3P/2P/Ttr/타원형(E)]:}

- **3P/2P/Ttr** : '원(CIRCLE)' 명령과 동일한 옵션으로 원을 작도하는 방법을 지정합니다.
  {높이 지정 또는 [2Point(2P)/축 끝점(A)/상단 반지름(T)] <200.0000>:}
- **2Point(2P)** : 두 점을 지정하여 높이를 설정합니다.
- **축 끝점(A)** : 원추 축에 대한 끝점 위치를 지정합니다.

04. 구(SPHERE)

3D 솔리드 구를 작도합니다. 중심점에서 시작하는 경우 구의 중심 축은 현재 사용자 좌표계(UCS)의 Z축에 평행합니다.

명령 : SPHERE   메뉴 아이콘 : ○

{중심점 지정 또는 [3점(3P)/2점(2P)/Ttr-접선 접선 반지름(T)]:}에서 구의 중심점 '150,150'을 지정합니다.
{반지름 지정 또는 [지름(D)] <100.0000>:}에서 구의 반지름 '100'을 지정합니다.

05. 원통(CYLINDER)

원형 또는 타원형 밑면 및 상단을 가진 3D 솔리드를 작성합니다.

명령 : CYLINDER(단축키 : CYL)   메뉴 아이콘 : ▭

{기준 중심점 지정 또는 [3P/2P/Ttr/타원형(E)]:}에서 중심점 '450,150'을 지정합니다.
{기준 반지름 지정 또는 [지름(D)] <120.0000>:}에서 반지름 '100'을 입력합니다.
{높이 지정 또는 [2점(2P)/축 끝점(A)] <200.0000>:}에서 높이 '200'을 입력합니다.

[Enter] 또는 [Space bar]를 눌러 원통 명령을 재실행합니다.
{기준 중심점 지정 또는 [3P/2P/Ttr/타원형(E)]:}에서 타원형 옵션 'E'를 입력합니다.
{첫 번째 축의 끝점 지정 또는 [중심(C)]:}에서 축의 한쪽 끝점 '650,150'을 지정합니다.
{첫 번째 축의 다른 끝점 지정:}에서 축의 반대편 끝점 '@200,0'을 지정합니다.
{두 번째 축의 끝점 지정:}에서 '750,100'을 입력합니다.
{높이 지정 또는 [2점(2P)/축 끝점(A)] <200.0000>:}에서 타원형 원통의 높이 '200'을 입력합니다.
다음 그림과 같이 반지름이 100인 구, 원과 타원형의 원통이 작도됩니다.

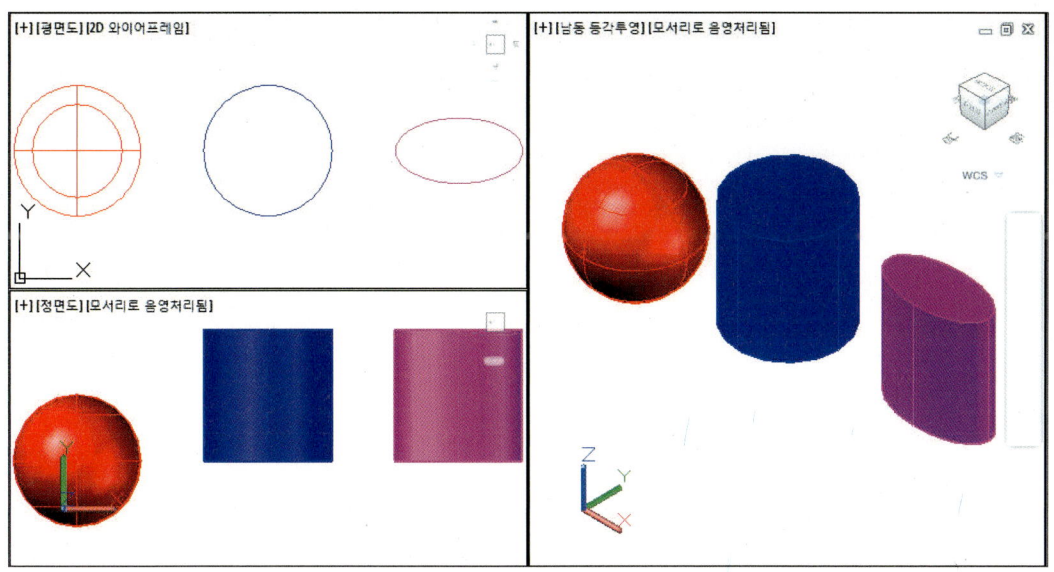

06. 피라미드(PYRAMID)

3D 솔리드 피라미드를 작도합니다.

명령 : PYRAMID(단축키 : PYR)   메뉴 아이콘 : ◇

{4 면 외접}
{기준 중심점 지정 또는 [모서리(E)/변(S)]:}에서 피라미드의 중심점 '150,150'을 지정합니다.
{기준 반지름 지정 또는 [내접(I)] 〈100.0000〉:}에서 '120'을 입력합니다.
{높이 지정 또는 [2점(2P)/축 끝점(A)/상단 반지름(T)] 〈200.0000〉:}에서 높이 '200'을 입력합니다.

Enter 또는 Space bar 를 눌러 피라미드 명령을 재실행합니다.
{4 면 외접}
{기준 중심점 지정 또는 [모서리(E)/변(S)]:}에서 변 옵션 'S'를 입력합니다.
{면의 수 입력 〈4〉:}에서 육각형을 작도하기 위해 '6'을 입력합니다.
{기준 중심점 지정 또는 [모서리(E)/변(S)]:}에서 기준점 '450,150'을 지정합니다.
{기준 반지름 지정 또는 [내접(I)] 〈100.0000〉:}에서 반지름 '120'을 입력합니다.
{높이 지정 또는 [2점(2P)/축 끝점(A)/상단 반지름(T)] 〈150.0000〉:}에서 상단 반지름을 지정하기 위해 'T'를 입력합니다.
{상단 반지름 지정 〈0.0000〉:}에서 상단 반지름 '60'을 입력합니다.
{높이 지정 또는 [2점(2P)/축 끝점(A)] 〈200.0000〉:}에서 높이 '200'을 입력합니다.

> **옵션 설명**
>
> {기준 중심점 지정 또는 [모서리(E)/변(S)]:}
> - 모서리 : 피라미드 밑면의 한 모서리 길이를 지정합니다. 두 점을 지정하여 모서리 길이를 지정할 수 있습니다.
>
> {높이 지정 또는 [2점(2P)/축 끝점(A)/상단 반지름(T)] ⟨150.0000⟩:}
> - 2점(2P) : 두 점을 지정하여 높이 값을 지정합니다.
> - 축 끝점(A) : 피라미드의 축에 대한 끝점 위치를 지정합니다.

07. 토러스(TORUS)

3D 도넛형의 솔리드 토러스를 작도합니다.

명령 : TORUS(단축키 : TOR)　　　　　메뉴 아이콘 : ◎

{중심점 지정 또는 [3점(3P)/2점(2P)/Ttr-접선 접선 반지름(T)]:}에서 '800,150'을 입력합니다.
{반지름 지정 또는 [지름(D)] ⟨120.0000⟩:}에서 바깥 원의 반지름 '100'을 입력합니다.
{튜브 반지름 지정 또는 [2점(2P)/지름(D)] ⟨30.0000⟩:}에서 튜브의 반지름 '20'을 입력합니다.
다음 그림과 같이 사각형 피라미드와 상단의 반지름을 부여한 육각형 피라미드(절두체 피라미드)와 도넛 모양의 토러스가 작도됩니다.

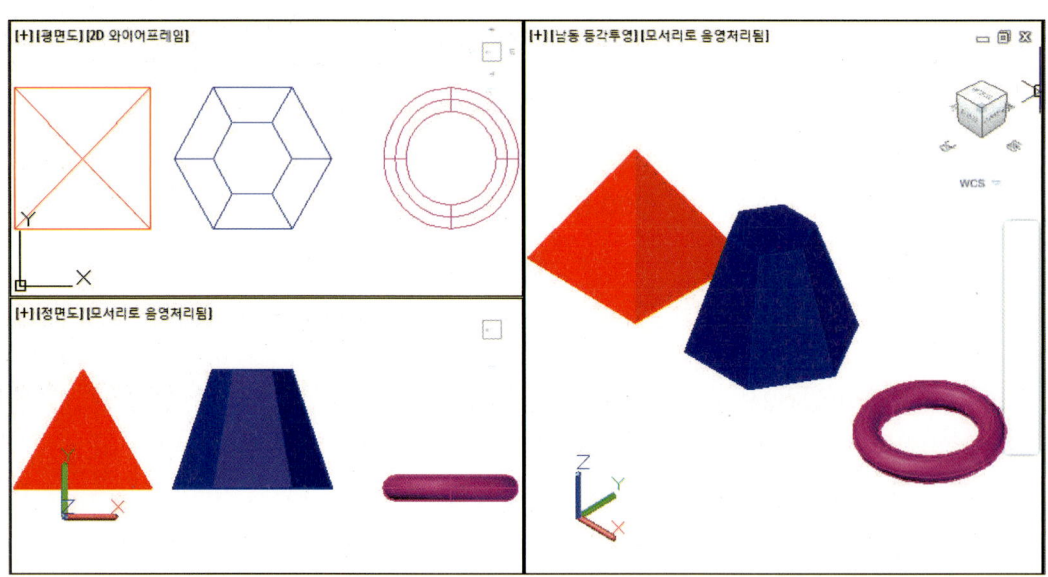

2 벽체 모양의 폴리솔리드(POLYSOLID)

기존 선, 2D 폴리선, 호 또는 원을 직사각형 프로파일이 있는 솔리드로 변환할 수 있습니다. 폴리솔리드는 곡선 세그먼트를 가질 수 있으나 윤곽은 항상 기본적으로 직사각형입니다. 맞물림(그립) 편집에 의해 위 아래의 두께가 다른 폴리솔리드를 만들 수도 있습니다.

명령 : POLYSOLID(단축키 : PSOLID) 메뉴 아이콘 : 🗗

01 '폴리선(PLINE) ⌒' 명령으로 다음과 같이 작도합니다. 길이는 긴 쪽이 '3000'이고 짧은 쪽은 각 '1000'입니다.

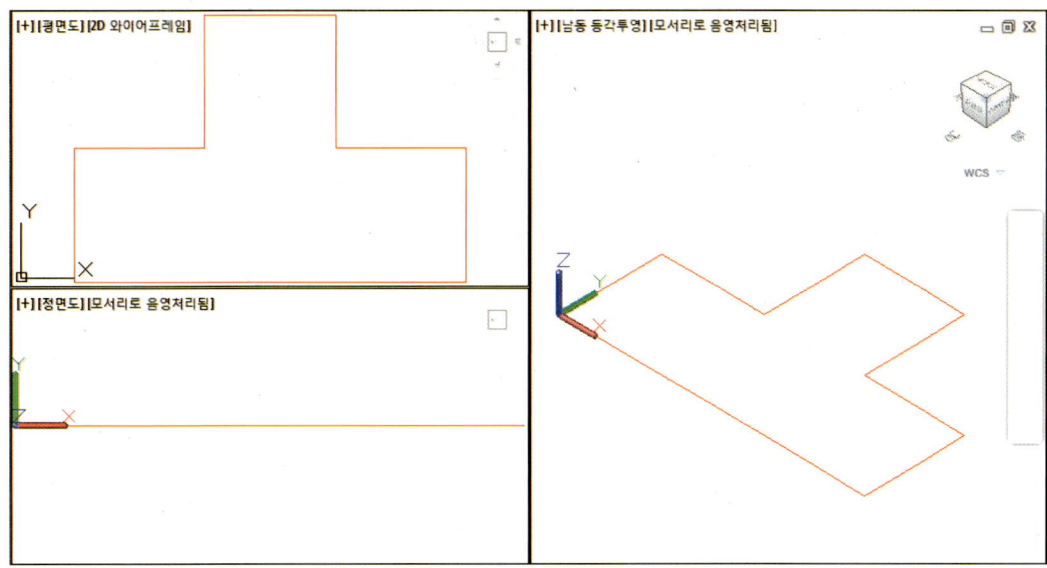

02 폴리솔리드 명령을 실행합니다. 명령어 'POLYSOLID' 또는 'PSOLID'를 입력하거나 '솔리드' 탭의 '기본체' 패널 또는 '모델링' 도구막대에서 🗗을 클릭합니다.

{높이 = 80.0000, 폭 = 5.0000, 자리맞추기 = 중심}

{시작점 지정 또는 [객체(O)/높이(H)/폭(W)/자리맞추기(J)] <객체(O)>:}에서 높이 옵션 'H'를 입력합니다.

{높이 지정 <80.0000>:}에서 높이 '500'을 입력합니다.

{높이 = 500.0000, 폭 = 5.0000, 자리맞추기 = 중심}

{시작점 지정 또는 [객체(O)/높이(H)/폭(W)/자리맞추기(J)] <객체(O)>:}에서 폭 옵션 'W'를 입력합니다.

{폭 지정 <5.0000>:}에서 폭 '50'을 입력합니다.

{높이 = 350.0000, 폭 = 50.0000, 자리맞추기 = 중심}

{시작점 지정 또는 [객체(O)/높이(H)/폭(W)/자리맞추기(J)] <객체(O)>:}에서 객체 옵션 'O'를 입력합니다.

{객체 선택:}에서 작도된 폴리선을 선택합니다. 다음 그림과 같이 폴리선이 높이 '500', 폭 '50'인 폴리솔리드로 변환됩니다.

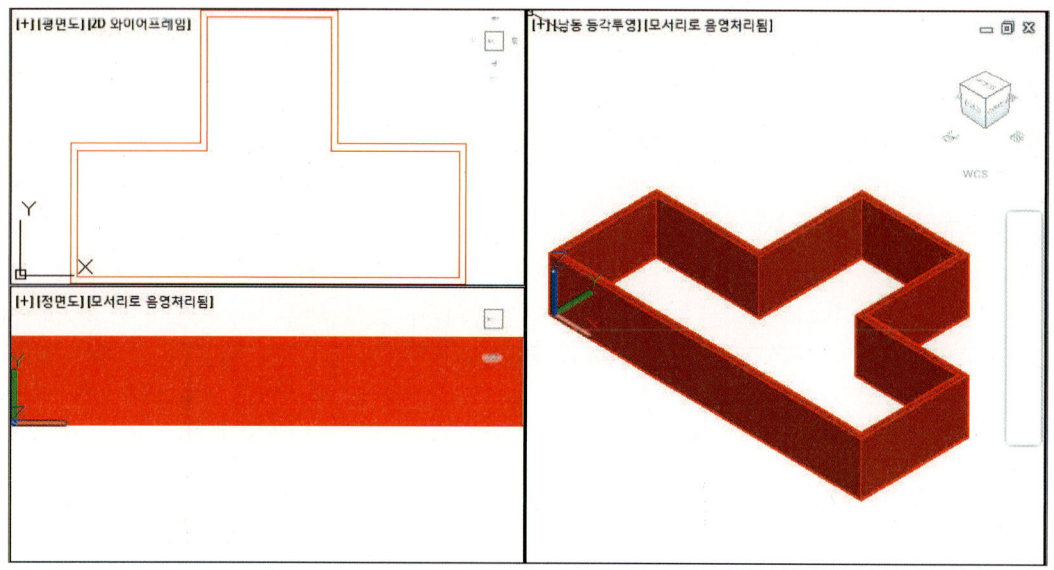

03 [Enter] 또는 [Space bar]를 눌러 폴리솔리드를 재실행합니다.
{높이 = 500.0000, 폭 = 50.0000, 자리맞추기 = 중심}
{시작점 지정 또는 [객체(O)/높이(H)/폭(W)/자리맞추기(J)] <객체(O)>:}에서 자리맞추기옵션 'J'를 입력합니다.
{자리맞추기 입력 [왼쪽(L)/중심(C)/오른쪽(R)] <중심(C)>:}에서 오른쪽 'R'을 입력합니다. {높이 = 500.0000, 폭 = 50.0000, 자리맞추기 = 오른쪽}
{시작점 지정 또는 [객체(O)/높이(H)/폭(W)/자리맞추기(J)] <객체(O)>:}에서 객체 스냅 '끝점'을 이용하여 시작점을 지정합니다.
{다음점 지정 또는 [호(A)/명령 취소(U)]:}에서 직교모드를 켠 후 180도(9시) 방향으로 맞추고 '1000'을 입력합니다.

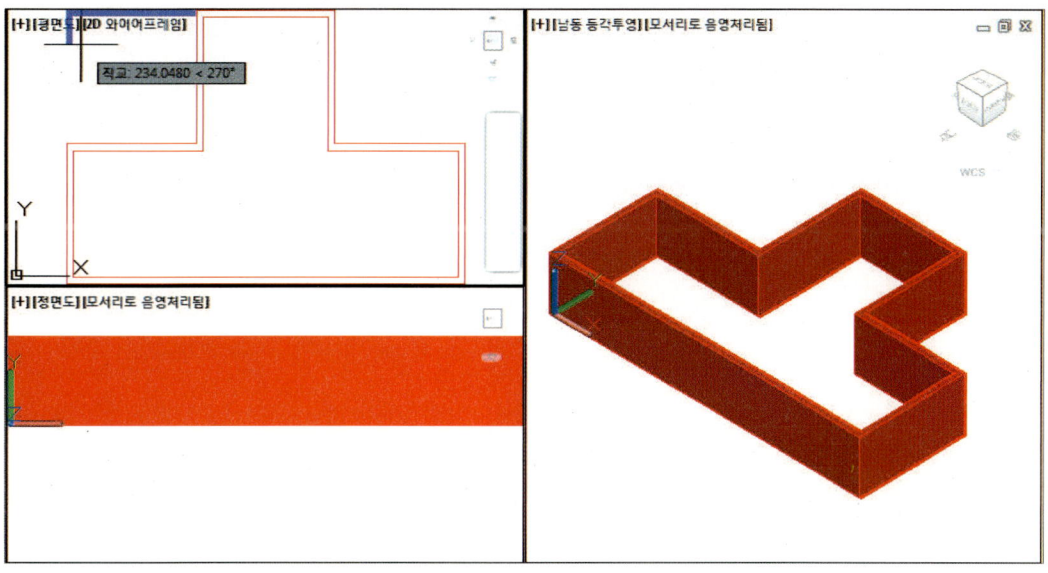

04 {다음점 지정 또는 [호(A)/명령 취소(U)]:}에서 270도(6시) 방향으로 맞추고 '1000'을 입력합니다.

{다음점 지정 또는 [호(A)/명령 취소(U)]:}에서 Enter 또는 Space bar 를 눌러 종료합니다. 다음 그림과 같이 폴리솔리드가 작도됩니다.

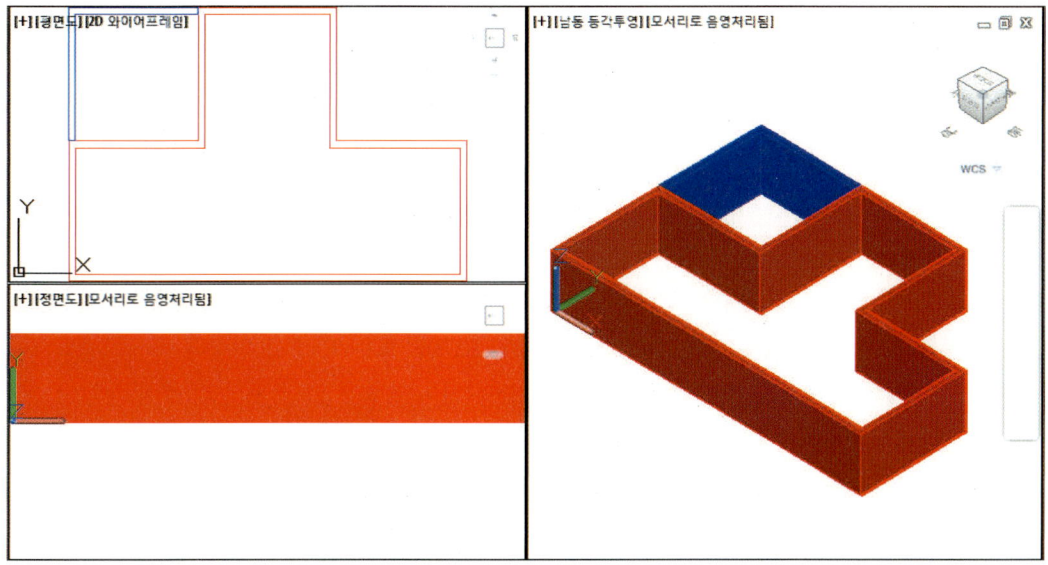

Note_ 폴리솔리드로 변환될 수 있는 객체는 선, 호, 원, 2D 폴리선, 스플라인입니다.

옵션 설명

{시작점 지정 또는 [객체(O)/높이(H)/폭(W)/자리맞추기(J)] ⟨객체(O)⟩:}

- 높이(H) : 폴리솔리드의 높이를 지정합니다.
- 폭(W) : 폴리솔리드의 폭을 지정합니다.
- 자리 맞추기(J) : 폴리솔리드를 작도할 기준점을 지정합니다. 즉, 지정한 점이 폴리솔리드의 어느 위치인가를 지정합니다.
  {자리맞추기 입력 [왼쪽(L)/중심(C)/오른쪽(R)] ⟨중심(C)⟩:}에서 선택합니다.

3 돌출시켜 솔리드 객체로 만드는 돌출(EXTRUDE)

2차원 객체(선, 호, 원, 폴리선, 스플라인 등) 또는 3D 면을 거리 및 방향을 부여하여 돌출시켜 3차원 객체로 만듭니다. 이때, 열린 객체는 2차원 표면(Surface), 닫힌 객체는 솔리드(Solid) 3차원 객체가 됩니다.

명령 : EXTRUDE(단축키 : EXT)   메뉴 아이콘 :

01 원, 다각형, 스플라인 명령을 이용하여 다음 그림과 같이 2차원 객체를 작도합니다.

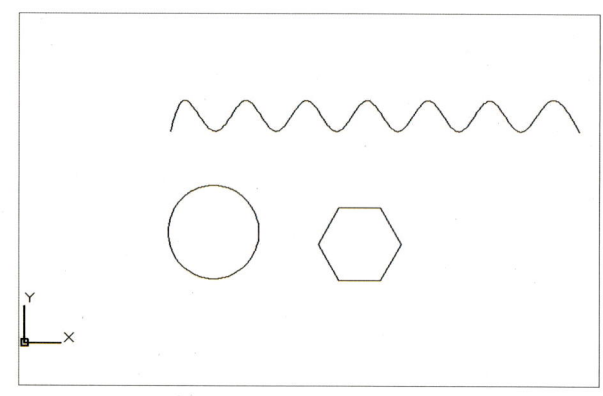

02 뷰를 등각투영으로 설정한 후, 돌출 명령을 실행합니다. 명령어 'EXTRUDE' 또는 'EXT'를 입력하거나 '솔리드' 탭의 '솔리드' 패널 또는 '모델링' 도구막대에서 을 클릭합니다.

{현재 와이어프레임 밀도: ISOLINES=4, 닫힌 윤곽 작성 모드 = 솔리드}

{돌출할 객체 선택 또는 [모드(MO)]: _MO}

{닫힌 윤곽 작성 모드 [솔리드(SO)/표면(SU)] ⟨솔리드⟩: _SO}

{돌출할 객체 선택 또는 [모드(MO)]:}에서 돌출시키고자 하는 객체인 원을 선택합니다. {1개를 찾음}

{돌출할 객체 선택 또는 [모드(MO)]:}에서 [Enter] 또는 [Space bar]를 눌러 선택을 종료합니다.

{돌출의 높이 지정 또는 [방향(D)/경로(P)/테이퍼 각도(T)]:}에서 돌출 높이 '300'을 입력합니다. 다음 그림과 같이 선택한 원이 돌출되어 원통이 작성됩니다. 폐쇄 공간의 객체를 돌출시키면 솔리드(Solid) 객체가 됩니다.

[TIP] 돌출, 회전, 스윕, 로프트 등을 수행할 때 객체의 색상을 지정하려면 명령을 실행하기 이전에 미리 색상을 지정한 후 실행하면 지정된 색상으로 작도됩니다.

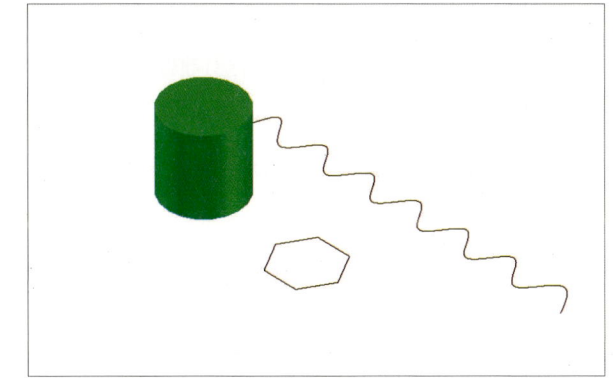

03 Enter 또는 Space bar 를 눌러 돌출 명령을 재실행합니다.

{현재 와이어프레임 밀도: ISOLINES=4, 닫힌 윤곽 작성 모드 = 솔리드}

{돌출할 객체 선택 또는 [모드(MO)]: _MO}

{닫힌 윤곽 작성 모드 [솔리드(SO)/표면(SU)] <솔리드>: _SO}

{돌출할 객체 선택 또는 [모드(MO)]:}에서 돌출시키고자 하는 객체인 육각형을 선택합니다. {1개를 찾음}

{돌출할 객체 선택 또는 [모드(MO)]:}에서 Enter 또는 Space bar 를 눌러 선택을 종료합니다.

{돌출의 높이 지정 또는 [방향(D)/경로(P)/테이퍼 각도(T)] <300.0000>:}에서 테이퍼 각도 옵션 'T'를 입력합니다.

{돌출에 대한 테이퍼 각도 지정 <0>:}에서 각도 '15'를 입력합니다.

{돌출의 높이 지정 또는 [방향(D)/경로(P)/테이퍼 각도(T)] <300.0000>:}에서 높이 '300'을 입력합니다. 다음 그림과 같이 지정한 각도로 테이핑이 되면서 돌출됩니다.

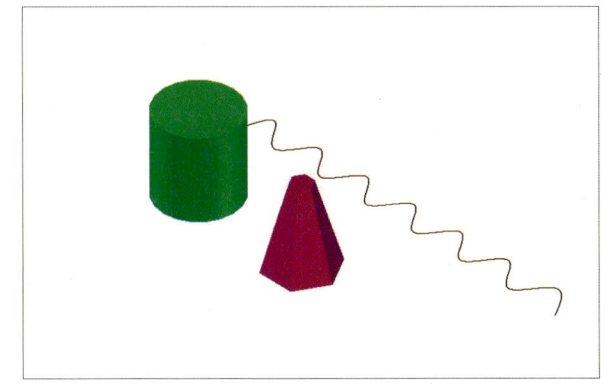

04 돌출 명령을 재실행합니다.

{현재 와이어프레임 밀도: ISOLINES=4, 닫힌 윤곽 작성 모드 = 솔리드}

{돌출할 객체 선택 또는 [모드(MO)]: _MO}

{닫힌 윤곽 작성 모드 [솔리드(SO)/표면(SU)] <솔리드>: _SO}

{돌출할 객체 선택 또는 [모드(MO)]:}에서 돌출시키고자 하는 객체인 스플라인을 선택합니다. {1개를 찾음}
{돌출할 객체 선택 또는 [모드(MO)]:}에서 Enter 또는 Space bar를 눌러 선택을 종료합니다.
{돌출의 높이 지정 또는 [방향(D)/경로(P)/테이퍼 각도(T)]<150.0000>:}에서 돌출 높이 '300'을 입력합니다. 다음 그림과 같이 스플라인 선이 돌출됩니다. 열린 공간의 객체는 표면(Surface) 객체가 됩니다.

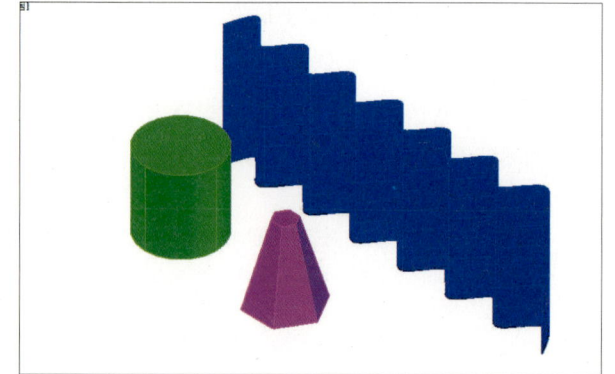

옵션 설명

{돌출의 높이 지정 또는 [방향(D)/경로(P)/테이퍼 각도(T)] <300.0000>:}

- **방향(D)** : 두 점을 지정하여 돌출의 길이 및 방향을 지정합니다.
- **경로(P)** : 돌출 경로를 지정하여 방향과 길이를 지정합니다.

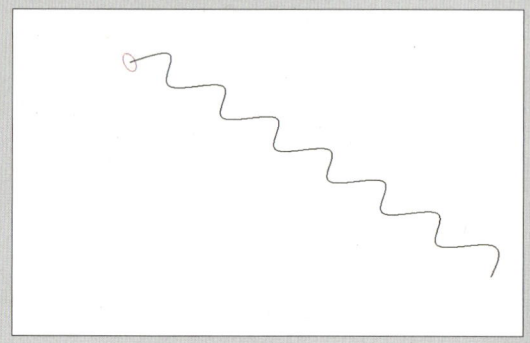

{현재 와이어프레임 밀도: ISOLINES=4, 닫힌 윤곽 작성 모드 = 솔리드}
{돌출할 객체 선택 또는 [모드(MO)]: _MO}
{닫힌 윤곽 작성 모드 [솔리드(SO)/표면(SU)] <솔리드>: _SO}
{돌출할 객체 선택 또는 [모드(MO)]:}에서 돌출한 원을 선택합니다. {1개를 찾음}
{돌출할 객체 선택 또는 [모드(MO)]:}에서 Enter 또는 Space bar 를 눌러 선택을 종료합니다.
{돌출 높이 지정 또는 [방향(D)/경로(P)/테이퍼 각도(T)/표현식(E)] <300.000>:}에서 경로 옵션 'P'를 입력합니다.
{돌출 경로 선택 또는 [테이퍼 각도(T)]:}에서 경로로 사용할 객체(스플라인)을 선택합니다. 다음 그림과 같이 스플라인 경로를 따라 원이 돌출됩니다.

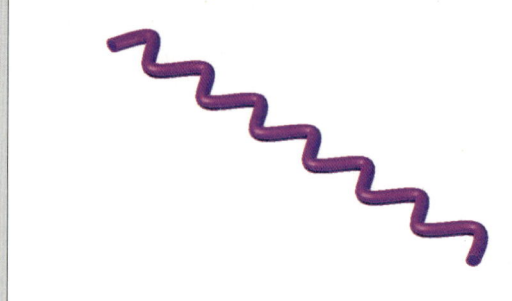

- **테이퍼 각도(T)** : 테이퍼(비스듬한 경사)의 각도를 지정하여 비스듬하게 돌출합니다.

4 경계 영역을 누르거나 당기는 눌러 당기기(PRESSPULL)

경계 영역을 자동 인식하여 누르거나 당깁니다. 원이나 사각형과 같은 폐쇄 객체뿐 아니라 선이나 호로 이루어진 폐쇄 공간도 쉽게 인식합니다. 점토를 당기거나 밀어 넣는 듯한 조작입니다.

명령 : PRESSPULL   메뉴 아이콘 :

01 '열기(OPEN)' 명령으로 다운로드 받은 예제 파일에서 'Part8_화장실.dwg' 파일을 엽니다. 다음과 같은 도면이 열립니다. 이해를 돕기 위해 3개의 뷰포트(VPORTS)로 나누어 표현하겠습니다.

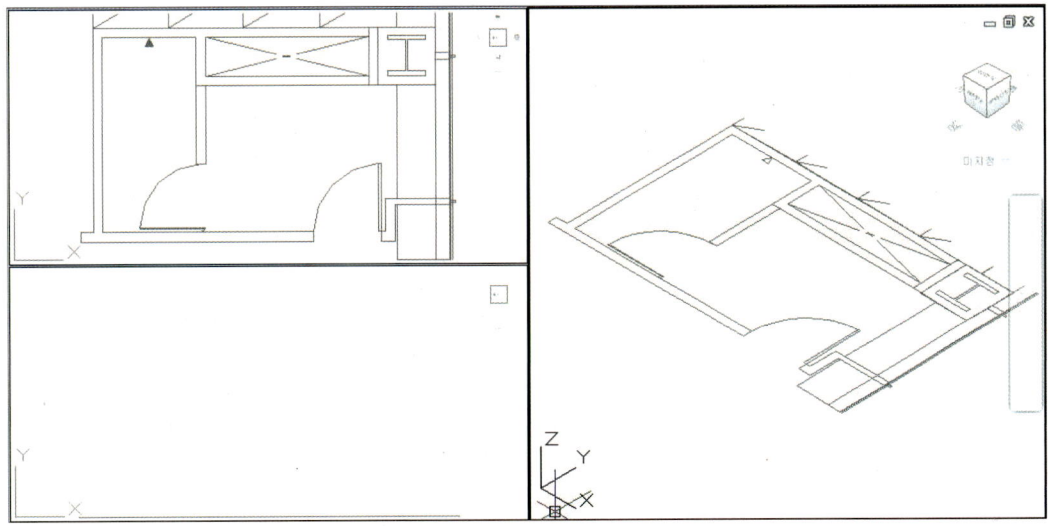

02 눌러 당기기 명령을 실행합니다. 명령어 'PRESSPULL'을 입력하거나 '솔리드' 탭의 '솔리드' 패널 또는 '모델링' 도구막대에서 를 클릭합니다.
{누르거나 당기기 할 내부 경계 영역을 클릭하십시오.}에서 누르기/당기기 할 영역 벽체를 선택합니다. {1 루프이(가) 추출됨.} 누르거나 당길 높이 '2500'을 입력합니다. {1 영역이(가) 작성됨.}를 표시하면서 다음 그림과 같이 벽체가 '2500' 높이의 솔리드 객체가 작성됩니다.

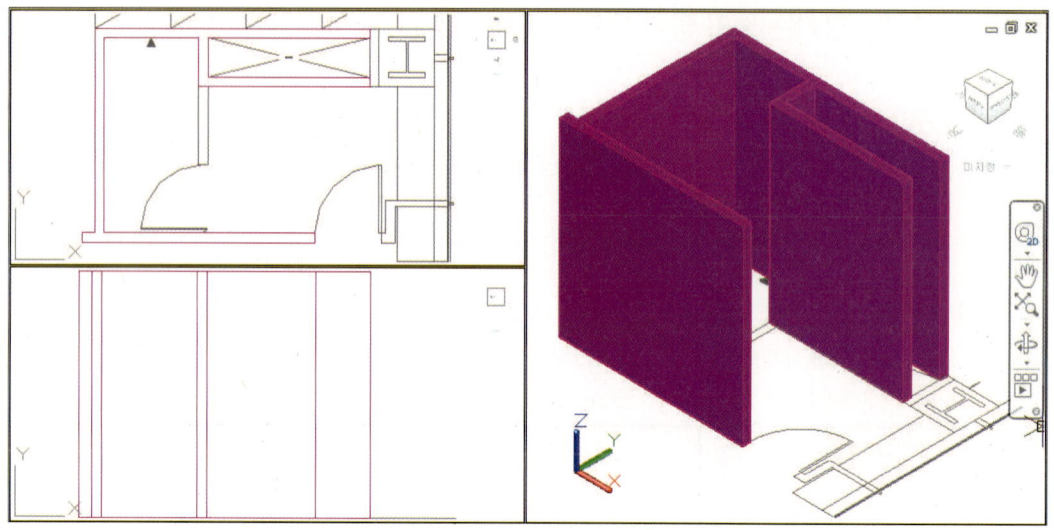

03 Enter 또는 Space bar 를 눌러 눌러 당기기 명령을 재실행합니다.

{누르거나 당기기 할 내부 경계 영역을 클릭하십시오.}에서 기둥 내부 한 점을 지정합니다. 높이를 '3000'을 입력합니다. 폐쇄공간을 찾아 기둥이 '3000' 높이로 돌출됩니다.

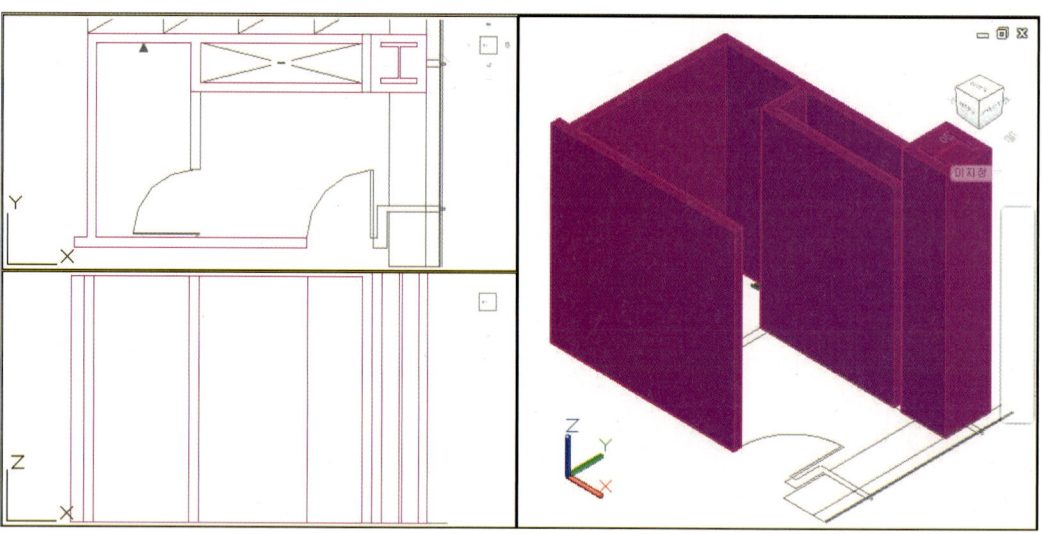

04 눌러 당기기 명령을 이용하여 벽체의 높이를 '2500'으로 만듭니다. 다음 그림과 같이 벽체가 작성됩니다.

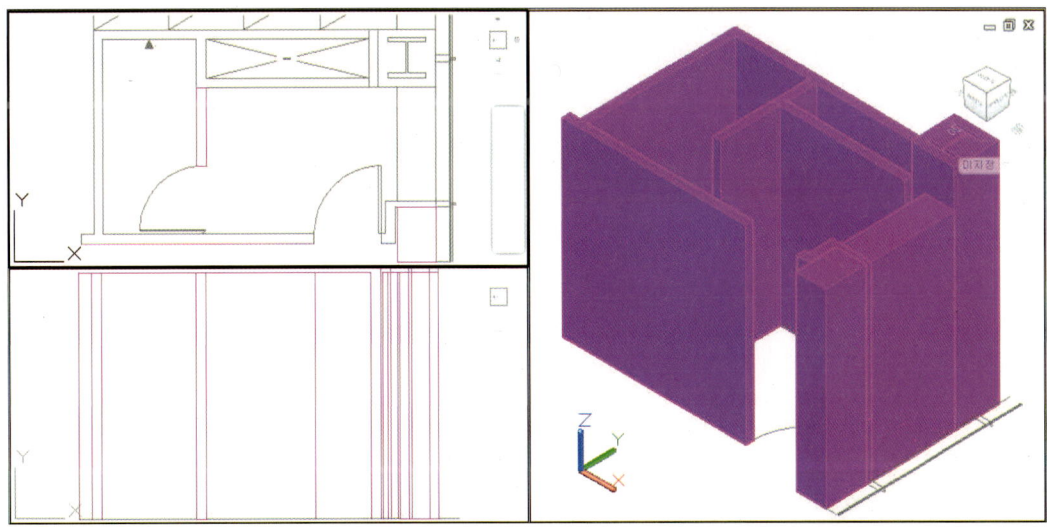

05 '원(CIRCLE)' 명령으로 솔리드 상자 위에 반지름이 '200'인 원을 작도합니다.

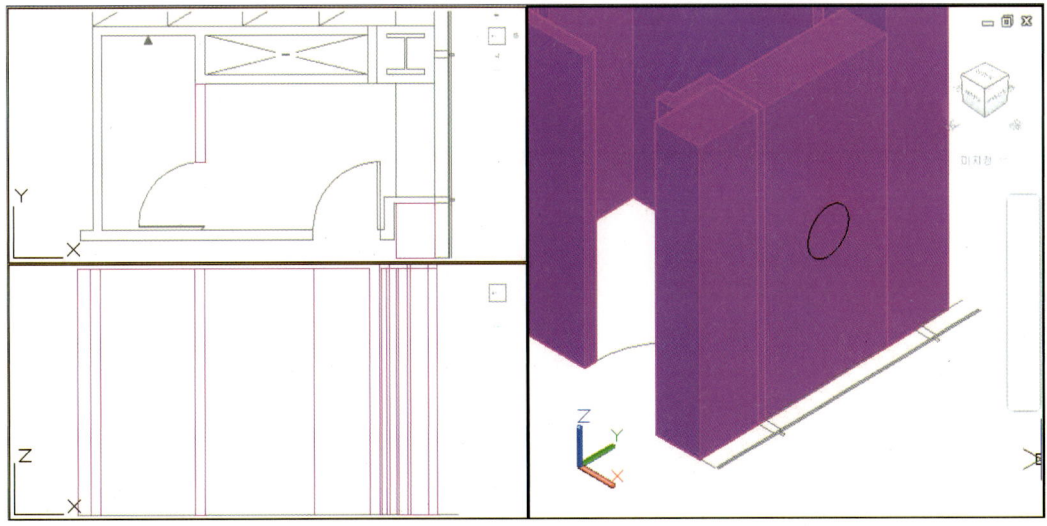

> **참고** 동적 UCS 활용
>
> 현재 UCS의 XY 평면이 아닌 위치에 객체를 작성하고자 할 때는 동적 UCS를 활용하면 쉽게 작도할 수 있습니다. 동적 UCS는 선택한 객체의 UCS를 자동으로 찾아줍니다.
>
> (1) 먼저, 하단의 그리기 도구에서 '동적 UCS( )'를 켭니다(ON).
> (2) '원(CIRCLE)' 명령을 실행합니다.
> {원에 대한 중심점 지정 또는 [3점(3P)/2점(2P)/Ttr - 접선 접선 반지름(T)]:}에서 마우스 커서를 작도하고자 하는 3D 면에 가져가면 다음 그림과 같이 해당 벽이 하이라이트됩니다. 이때, 클릭합니다.
>
>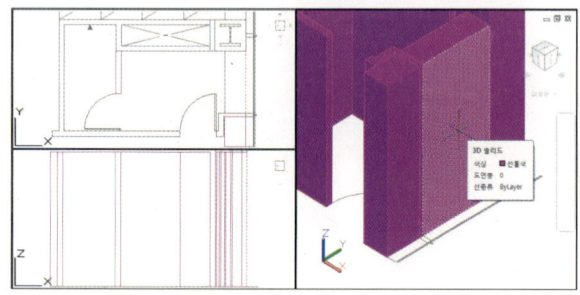
>
> (3) {원의 반지름 지정 또는 [지름(D)] <200.0000>:}에서 반지름 '200'을 입력합니다.

06 누르기/당기기 명령을 실행합니다. 명령어 'PRESSPULL'을 입력하거나 '솔리드' 탭의 '솔리드' 패널 또는 '모델링' 도구막대에서 를 클릭합니다.

{누르거나 당기기 할 내부 경계 영역을 클릭하십시오.}에서 직전에 작도한 원을 선택합니다. {1 루프이(가) 추출됨.} {1 영역이(가) 작성됨.}

누르거나 당기기 길이 '500'을 입력합니다. 다음 그림과 같이 솔리드 객체가 '500'만큼 돌출됩니다.

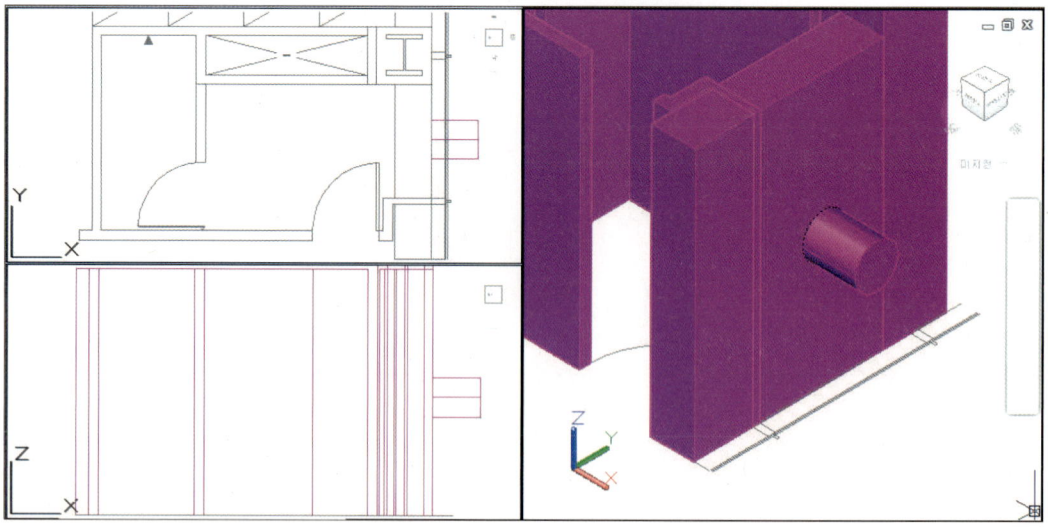

5 2차원 객체를 회전시켜 3차원 객체로 만드는 회전(REVOLVE)

2D 객체를 축을 중심으로 회전하여 3D 솔리드 또는 표면을 작성합니다. 닫혀있는 객체를 회전하면 솔리드 객체가 되고, 열려있는 객체를 회전하면 표면 객체로 바뀝니다.

명령 : REVOLVE   메뉴 아이콘 :

01 실습을 위해 '열기(OPEN)' 명령으로 다운로드 받은 예제 파일 중에서 'Part8_솔리드작도.dwg' 파일을 엽니다. 다음과 같은 도면이 펼쳐집니다. 또는 선, 원, 폴리선 및 스플라인 명령으로 다음과 같이 작도합니다.

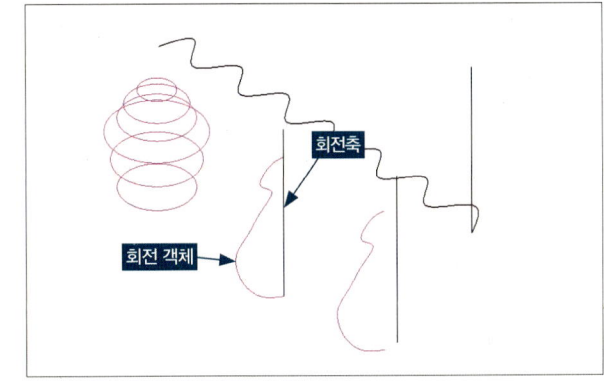

02 회전 명령을 실행합니다. 명령어 'REVOLVE'를 입력하거나 '솔리드' 탭의 '솔리드' 패널 또는 '모델링' 도구막대에서 을 클릭합니다.
{현재 와이어프레임 밀도: ISOLINES=4, 닫힌 윤곽 작성 모드 = 솔리드}
{회전할 객체 선택 또는 [모드(MO)]: _MO}
{닫힌 윤곽 작성 모드 [솔리드(SO)/표면(SU)] <솔리드>: _SO}
{회전할 객체 선택 또는 [모드(MO)]:}에서 회전할 스플라인 객체를 선택합니다. {1개를 찾음}
{회전할 객체 선택 또는 [모드(MO)]:}에서 Enter 또는 Space bar 를 눌러 선택을 종료합니다.
{축 시작점 지정 또는 다음에 의해 축 지정 [객체(O)/X/Y/Z] <객체(O)>:}에서 객체 옵션 'O'를 입력합니다.
{객체 선택:}에서 축이 되는 수직선을 선택합니다.
{회전 각도 지정 또는 [시작 각도(ST)/반전(R)/표현식(EX)] <360>:}에서 '360'을 입력합니다. 다음 그림과 같이 회전체 솔리드가 작성됩니다.

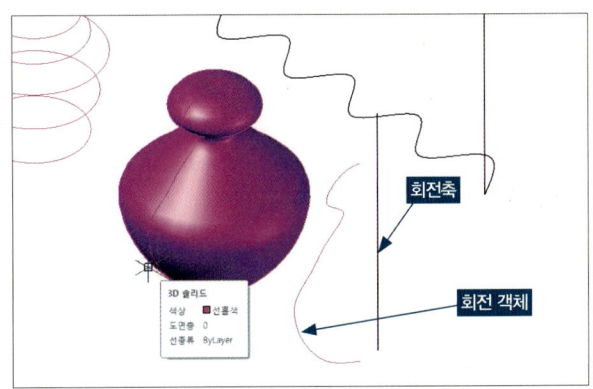

03 이번에는 회전축이 회전 객체와 떨어진 경우를 회전해보도록 하겠습니다. 솔리드의 회전 명령을 재실행합니다.

{현재 와이어프레임 밀도: ISOLINES=4, 닫힌 윤곽 작성 모드 = 솔리드}
{회전할 객체 선택 또는 [모드(MO)]: _MO}
{닫힌 윤곽 작성 모드 [솔리드(SO)/표면(SU)] 〈솔리드〉: _SO}
{회전할 객체 선택 또는 [모드(MO)]:}에서 회전할 스플라인 객체를 선택합니다. {1개를 찾음}
{회전할 객체 선택 또는 [모드(MO)]:}에서 Enter 또는 Space bar 를 눌러 선택을 종료합니다.
{축 시작점 지정 또는 다음에 의해 축 지정 [객체(O)/X/Y/Z] 〈객체(O)〉:}에서 객체 옵션 'O'를 입력합니다.
{객체 선택:}에서 축이 되는 수직선을 선택합니다.
{회전 각도 지정 또는 [시작 각도(ST)/반전(R)/표현식(EX)] 〈360〉:}에서 '360'을 입력합니다. 다음 그림과 같이 회전체 표면(Surface)이 작성됩니다.

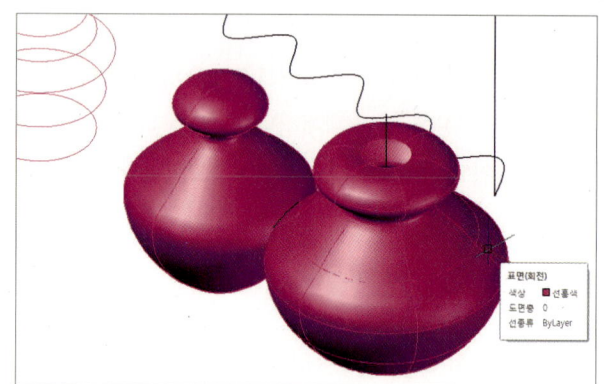

[TIP] 실습에서 알 수 있듯이 회전체를 작성할 때 회전 객체가 폐쇄 공간이거나 축과 맞닿아 있으면 솔리드 객체가 되고 폐쇄 공간이 아닌 객체나 회전 객체가 축과 떨어져 있으면 표면 객체가 됩니다.

옵션 설명

{축 시작점 지정 또는 다음에 의해 축 지정 [객체(O)/X/Y/Z] 〈객체(O)〉:}
축의 지정은 마우스 또는 좌표 입력으로 직접 지정할 수도 있고 앞의 실습에서와 같이 축이 되는 객체를 선택할 수 있습니다.
• X/Y/Z : 선택한 축을 기준으로 회전 각도를 지정합니다.

---

6 둘 이상의 객체 세트를 조합해 3차원 객체를 작성하는 로프트(LOFT)

몇 개의 객체를 이어 붙여서 솔리드 또는 면을 작성합니다. 단면의 지정 순서에 따라 객체의 모양이 달라지므로 객체 선택 순서를 고려해 지정해야 합니다.

명령 : LOFT   메뉴 아이콘 :

01 앞의 실습 도면에 이어서 실습하겠습니다. 로프트 명령을 실행합니다. 명령어 'LOFT'를 입력하거나 '솔리드' 탭의 '솔리드' 패널 또는 '모델링' 도구막대에서 을 클릭합니다.

{현재 와이어프레임 밀도: ISOLINES=4, 닫힌 윤곽 작성 모드 = 솔리드}
{올림 순서로 횡단 선택 또는 [점(PO)/다중 모서리 결합(J)/모드(MO)]: _MO}
{닫힌 윤곽 작성 모드 [솔리드(SO)/표면(SU)] <솔리드>: _SO}
{올림 순서로 횡단 선택 또는 [점(PO)/다중 모서리 결합(J)/모드(MO)]:}에서 가장 아래쪽 원을 선택합니다. {1개를 찾음} 차례로 올라가면서 원을 선택합니다. 다음 그림과 같이 선택한 객체를 토대로 가상의 형상을 보여줍니다.

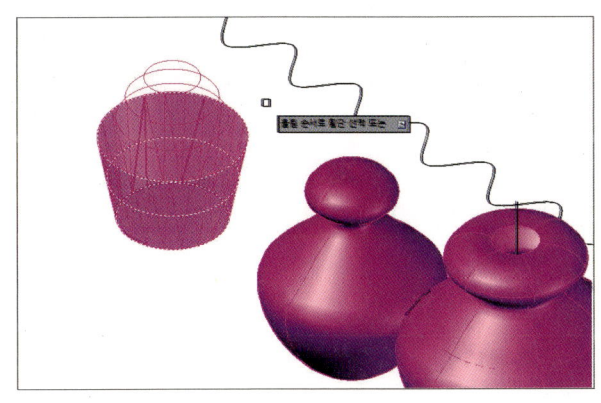

{올림 순서로 횡단 선택 또는 [점(PO)/다중 모서리 결합(J)/모드(MO)]:}에서 Enter 또는 Space bar 를 눌러 선택을 종료합니다.
{6개의 횡단이 선택됨}
{옵션 입력 [안내(G)/경로(P)/횡단만(C)/설정(S)] <횡단만>:}에서 Enter 를 누릅니다. 다음 그림과 같이 솔리드 객체가 작성됩니다.

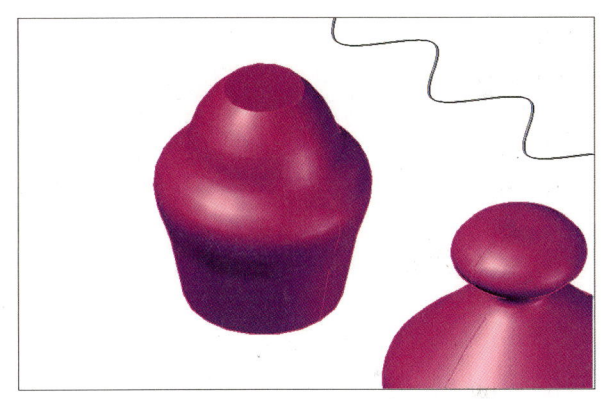

02 '선(LINE)' 명령으로 오른쪽 수직선의 끝부분에 길이가 '1350'인 선을 작도합니다.

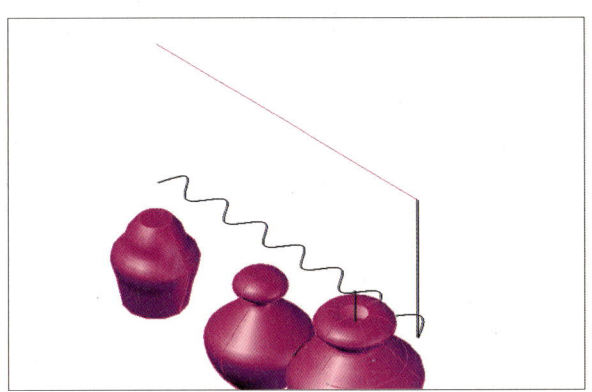

03 로프트 명령을 실행합니다.

{현재 와이어프레임 밀도: ISOLINES=4, 닫힌 윤곽 작성 모드 = 솔리드}

{올림 순서로 횡단 선택 또는 [점(PO)/다중 모서리 결합(J)/모드(MO)]: _MO}

{닫힌 윤곽 작성 모드 [솔리드(SO)/표면(SU)] <솔리드>: _SO}

{올림 순서로 횡단 선택 또는 [점(PO)/다중 모서리 결합(J)/모드(MO)]:}에서 아래쪽의 굴곡이 있는 스플라인을 선택합니다. {1개를 찾음}

{올림 순서로 횡단 선택 또는 [점(PO)/다중 모서리 결합(J)/모드(MO)]:}에서 직전에 작도한 위쪽의 직선을 선택합니다.

{올림 순서로 횡단 선택 또는 [점(PO)/다중 모서리 결합(J)/모드(MO)]:}에서 Enter 또는 Space bar를 눌러 선택을 종료합니다.

{2개의 횡단이 선택됨}

{옵션 입력 [안내(G)/경로(P)/횡단만(C)/설정(S)] <횡단만>:}에서 Enter를 누릅니다. 다음 그림과 같이 솔리드 객체가 작성됩니다.

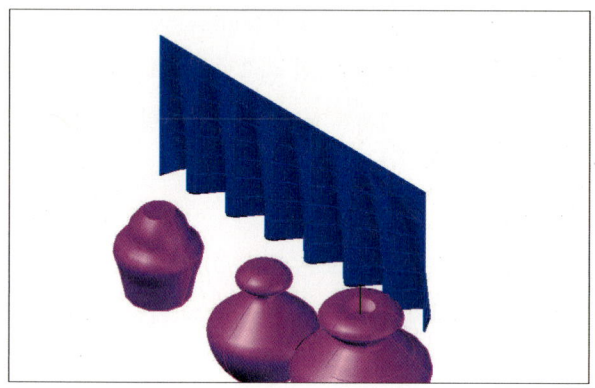

Note_ 작성하고자 하는 색상을 지정하고자 할 때는 솔리드 작성 전에 원하는 색상을 지정한 후 솔리드 작성 명령을 실행합니다.

옵션 설명

{옵션 입력 [안내(G)/경로(P)/횡단만(C)/설정(S)] <횡단만>:}

- **안내(G)** : 로프트 솔리드 또는 곡면의 쉐이프를 조정하는 안내 곡선을 지정합니다. 가이드 곡선은 각 횡단면을 교차해야 하며 첫 번째 횡단면에서 시작해야 하고 마지막 횡단면에서 끝나야 합니다. 가이드 곡선은 추가적인 와이어프레임 정보를 객체에 추가하여 솔리드나 곡면의 형태를 추가로 정의하는 선이나 곡선입니다. 솔리드 또는 곡면에 생기는 주름 등의 원치 않는 결과를 없애려면 가이드 곡선을 사용하여 해당 횡단에 점이 일치하는 방법을 조정할 수 있습니다.
- **경로(P)** : 로프트 솔리드 또는 곡면에 대한 단일 경로를 지정합니다. 경로 곡선은 횡단면의 모든 평면을 교차해야 합니다.
- **횡단만(C)** : 안내 또는 경로를 사용하지 않고 횡단만으로 로프트된 객체를 작성합니다.
- **설정(S)** : 로프트 표면 및 해당 횡단면의 윤곽선을 조정합니다. 또한 표면이나 솔리드를 닫을 수 있습니다.

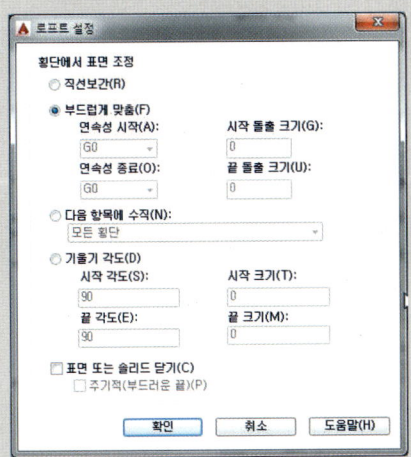

(1) **직선 보간(R)** : 솔리드 또는 곡면이 횡단 간에 직선 보간(직선)되며 횡단에 뾰족한 모서리가 있습니다. 다음 그림은 '직선 보간(R)'을 지정하여 로프트된 솔리드 객체를 작성한 예입니다.

(2) **부드럽게 맞춤(F)** : 부드러운 솔리드 또는 곡면이 횡단 사이에 그려지며 시작 및 끝 횡단에 뾰족한 모서리가 있음을 지정합니다.

(3) **다음 항목에 수직(N)** : 횡단면을 통해 통과하는 솔리드 또는 곡면의 곡면 법선을 조정합니다. 시작 횡단면, 끝 횡단면, 시작 및 끝 횡단면, 모든 횡단면에 수직 중에서 선택합니다.

(4) **기울기 각도(D)** : 로프트 솔리드 또는 표면의 첫 번째 및 마지막 횡단 기울기 각도 및 크기를 조정합니다. 기울기 각도는 표면의 시작 방향입니다. 0은 곡선의 평면으로부터 바깥쪽으로 정의됩니다.

다음 그림은 시작 각도와 끝 각도의 설정에 따라 작성되는 로프트 객체를 나타낸 것입니다.

| 0도 | 90도 | 180도 | 45도 |
| 90도 | 90도 | 180도 | 135도 |

(5) **표면 및 솔리드 닫기(C)** : 표면 또는 솔리드를 닫거나 엽니다. 이 옵션을 사용하면 횡단은 토러스 모양 패턴을 형성하여 로프트 표면 또는 솔리드가 닫힌 튜브를 형성할 수 있습니다.

7 경로를 따라 입체 형상을 만드는 스윕(SWEEP)

2D 곡선을 경로에 따라 스윕하여 3D 솔리드 또는 곡면을 작성합니다
명령 : SWEEP   메뉴 아이콘 :

01 앞의 실습 도면에 이어서 실습하겠습니다. 명령 취소 'U'를 이용하여 앞에서 실행한 솔리드 로프트 명령을 취소합니다. '원(CIRCLE)' 기능을 이용하여 반지름이 '10'인 원을 작도합니다.

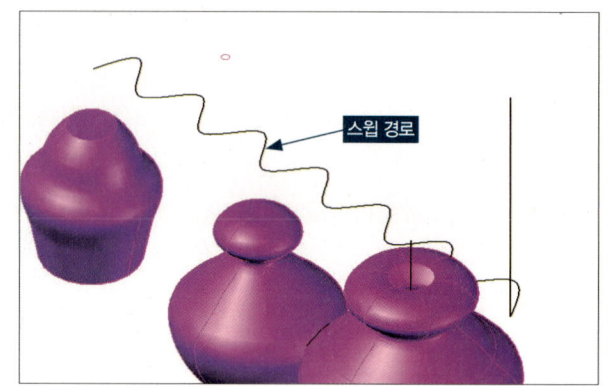

02 스윕 명령을 실행합니다. 명령어 'SWEEP'를 입력하거나 '솔리드' 탭의 '솔리드'패널 또는 '모델링' 도구막대에서 을 클릭합니다.
{현재 와이어프레임 밀도: ISOLINES=4, 닫힌 윤곽 작성 모드 = 솔리드}
{스윕할 객체 선택 또는 [모드(MO)]: _MO}
{닫힌 윤곽 작성 모드 [솔리드(SO)/표면(SU)] 〈솔리드〉: _SO}
{스윕할 객체 선택 또는 [모드(MO)]:}에서 직전에 작도한 원을 선택합니다. {1개를 찾음}
{스윕할 객체 선택 또는 [모드(MO)]:}에서 Enter 또는 Space bar 를 눌러 선택을 종료합니다.
{스윕 경로 선택 또는 [정렬(A)/기준점(B)/축척(S)/비틀기(T)]:}에서 스플라인 경로를 선택합니다. 다음 그림과 같이 경로의 곡선을 따라 원 솔리드 객체가 작성됩니다.

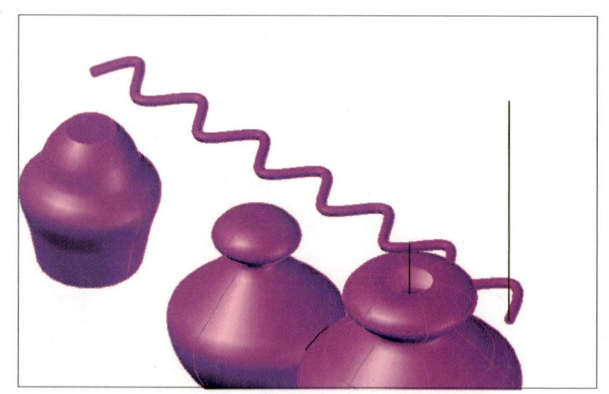

[TIP] 여기에서 실습결과는 앞에서 학습한 '돌출(EXTRUDE)'과 유사한 효과를 얻습니다. 이런 경우는 돌출보다 스윕이 사용하기 편리한 기능입니다. 그 이유는 돌출의 경우는 돌출시키기 위한 객체가 경로와 수직으로 작도해야 하지만 스윕은 어느 위치에 작도해 놓아도 해당 경로를 따라 스윕되기 때문입니다.

20 ; 솔리드(SOLID)의 기본 명령어

03 명령 취소 'U'를 실행하여 스윕을 취소한 후, 다시 스윕 명령을 실행합니다.
{현재 와이어프레임 밀도: ISOLINES=4, 닫힌 윤곽 작성 모드 = 솔리드}
{스윕할 객체 선택 또는 [모드(MO)]: _MO}
{닫힌 윤곽 작성 모드 [솔리드(SO)/표면(SU)] <솔리드>: _SO}
{스윕할 객체 선택 또는 [모드(MO)]:}에서 지그재그 스플라인을 선택합니다. {1개를 찾음}
{스윕할 객체 선택 또는 [모드(MO)]:}에서 [Enter] 또는 [Space bar]를 눌러 선택을 종료합니다.
{스윕 경로 선택 또는 [정렬(A)/기준점(B)/축척(S)/비틀기(T)]:}에서 수직선을 선택합니다. 다음 그림과 같이 경로의 수직선을 따라 지그재그 곡선이 스윕되면서 표면 객체가 작성됩니다.

Note_ 경로는 3차원 상의 선, 호, 폴리선 등 임의의 객체를 지정할 수 있습니다. 열린 객체를 스윕하면 표면 객체가 됩니다.

옵션 설명

{스윕 경로 선택 또는 [정렬(A)/기준점(B)/축척(S)/비틀기(T)]:}

- **정렬(A)** : 윤곽이 스윕 경로의 접선 방향에 수직으로 정렬될지 여부를 지정합니다. 기본적으로 윤곽이 정렬됩니다.
- **기준점(B)** : 스윕할 객체에 대한 기준점을 지정합니다. 지정한 점이 선택된 객체의 평면에 있지 않은 경우 평면에 투영됩니다.
- **축척(S)** : 스윕 작업을 위한 축척 비율을 지정합니다. 축척 비율은 스윕 경로의 시작부터 끝까지 스윕되는 객체에 균일하게 적용됩니다.
- **비틀기(T)** : 스윕되는 객체에 대한 회전 각도를 설정합니다. 회전 각도는 스윕 경로의 전체 길이를 따라 회전의 양을 지정합니다.

21; 솔리드(SOLID) 모델링

AutoCAD 2015

3차원 모델을 작성하겠습니다. 소품을 몇 개만 모델링해보면 다른 사물도 비슷한 패턴과 조작으로 모델링할 수 있습니다. 소품 하나를 그리는 것보다 명령의 기능과 사용 방법에 초점을 맞춰 학습하기 바랍니다.

1 소파

다음과 같은 소파를 3차원으로 작도해보겠습니다. 작도 방법은 폴리선으로 윤곽을 작성한 후 돌출 명령을 이용해 돌출시키는 방법으로 작도하겠습니다.

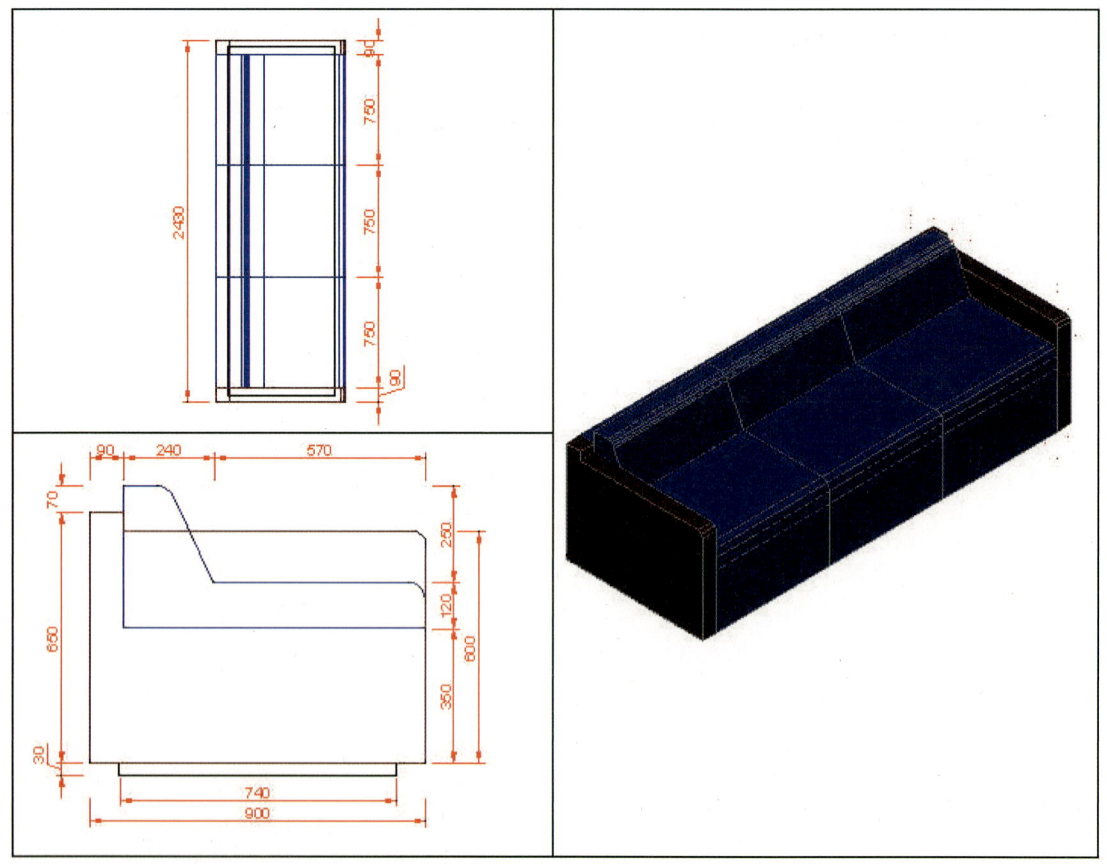

01 먼저 도면 한계(LIMITS)와 도면층 등 작도를 위한 기본적인 환경을 설정한 후 '선(LINE) ' 명령과 '간격 띄우기(OFFSET) ' 명령으로 다음 그림과 같이 윤곽을 작도합니다. 치수는 기입하지 않습니다.

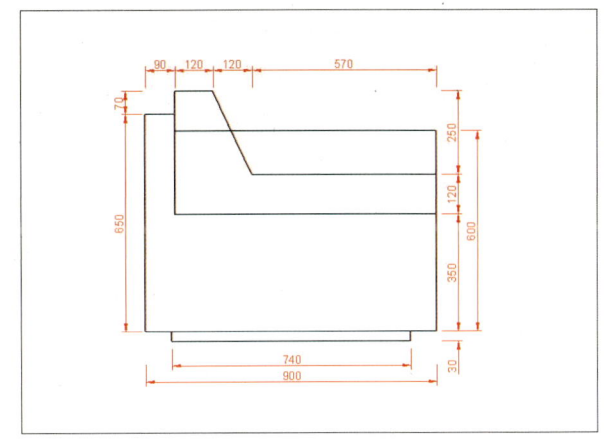

02 '폴리선(PLINE) ' 명령으로 돌출시킬 부분별로 닫힌 폴리선을 작도합니다. 여기에서는 소파의 받침대(사각형), 양쪽 팔걸이, 'ㄴ' 모양의 소파 프레임, 비스듬한 소파 쿠션 부분으로 네 개의 닫힌 폴리선을 작성합니다. 다음 그림은 소파의 프레임입니다.

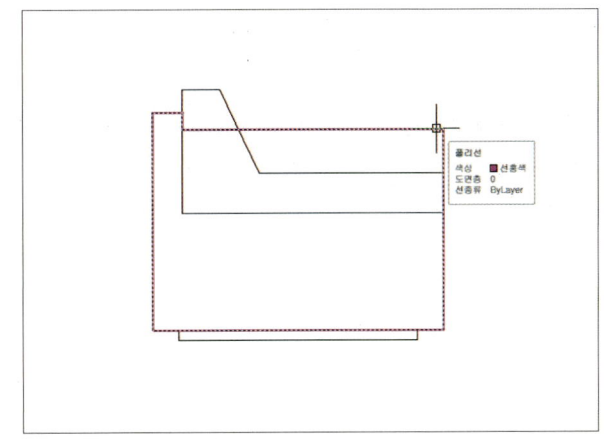

03 Enter 또는 Space bar 를 눌러 폴리선 명령을 재실행하여 소파 쿠션의 윤곽을 닫힌 폴리선으로 작성합니다.

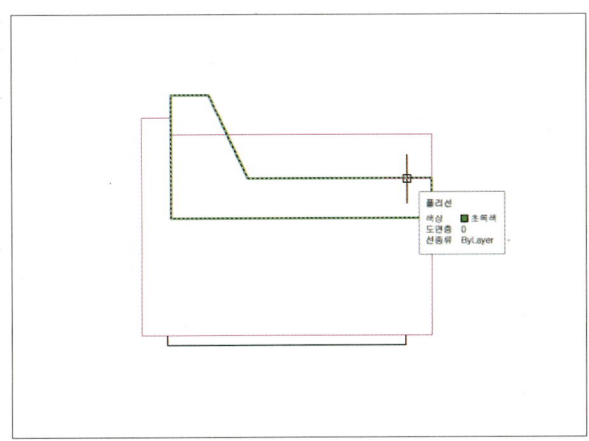

04 Enter 또는 Space bar를 눌러 폴리선 명령으로 'ㄴ'자 모양의 소파 메인 프레임을 작성합니다.

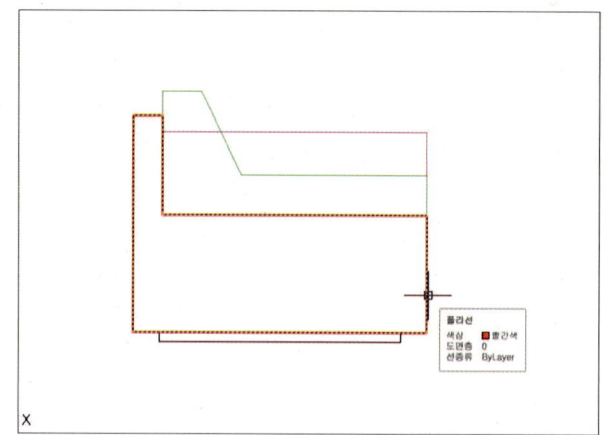

05 '직사각형(RECTANGLE) ▭' 명령으로 받침대의 사각형을 작성합니다.

[TIP] 직사각형 명령으로 사각형을 작도해도 되고 폴리선 명령으로 각 꼭지점을 지정해 사각형을 작도해도 결과는 동일한 폴리선 객체가 됩니다. 또, '폴리선 편집(PEDIT)' 명령으로 편집하여 폴리선 객체로 변환(결합)하는 것도 하나의 방법입니다.

Note_ 선 명령으로 기본 윤곽을 그린 후 폴리선으로 덧씌웠기 때문에 선과 폴리선이 겹쳐있습니다. 지우기(ERASE) 명령을 이용하여 윈도우 선택 방법으로 선택하여 선 객체를 지웁니다.

06 '모깎기(FILLET) ◠' 명령으로 다음 그림과 같이 모깎기를 합니다. 반지름 값은 큰 쪽 모서리가 '50', 작은 쪽 모서리가 '30'입니다.

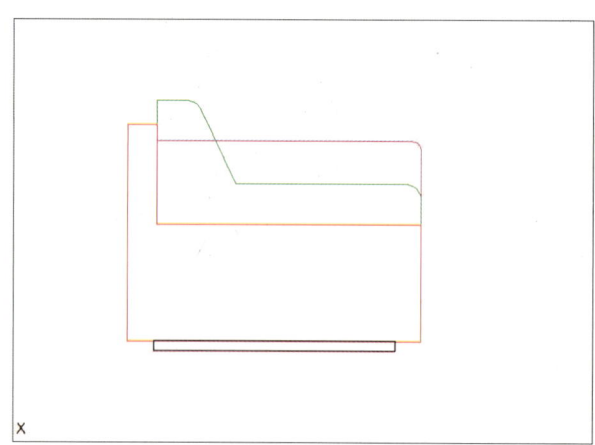

07 돌출하기에 앞서 뷰를 남동등각투영으로 바꾸겠습니다. '뷰' 도구막대에서 '남동등각투영' 아이콘 버튼 ◇을 클릭합니다. 다음 그림과 같이 남동등각투영으로 뷰가 바뀝니다.

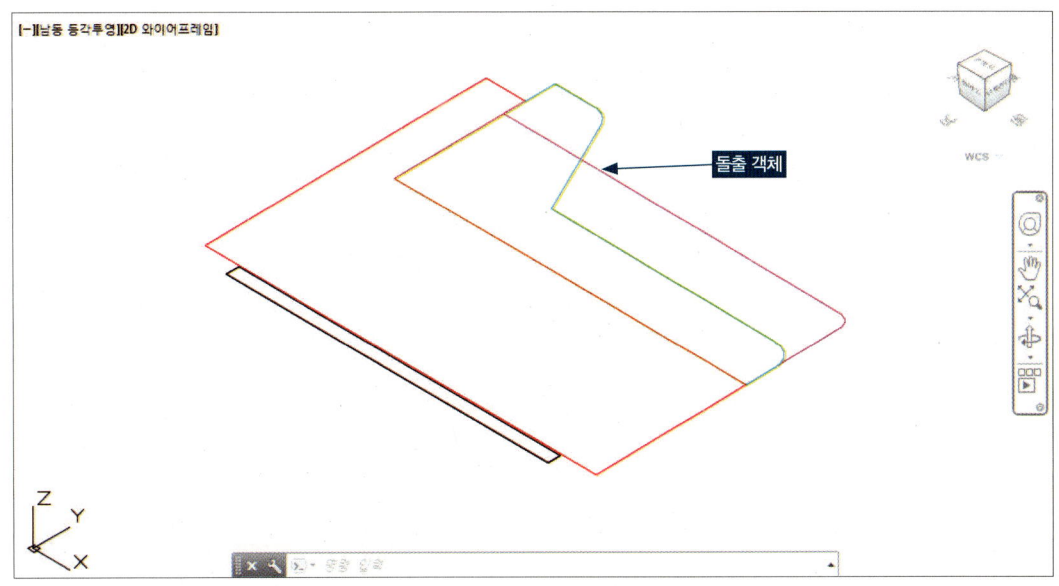

08 구분을 쉽게 하기 위해 색상을 '244'번 색상으로 설정합니다. '돌출(EXTRUDE) ↑' 명령으로 돌출시킵니다. 돌출 명령을 실행합니다. 명령어 'EXTRUDE' 또는 'EXT'를 입력하거나 '홈' 탭의 '3D 모델링' 패널에서 아이콘 버튼 ↑을 클릭합니다.

{현재 와이어프레임 밀도: ISOLINES=4}
{돌출할 객체 선택:}에서 돌출시키고자 하는 소파의 팔걸이 부분을 선택합니다. {1개를 찾음}
{돌출할 객체 선택:}에서 Enter 또는 Space bar 를 눌러 선택을 종료합니다.
{돌출의 높이 지정 또는 [방향(D)/경로(P)/테이퍼 각도(T)]:}에서 돌출 높이 '-90'을 입력합니다. 다음 그림과 같이 선택한 객체가 '-90'만큼 돌출됩니다.

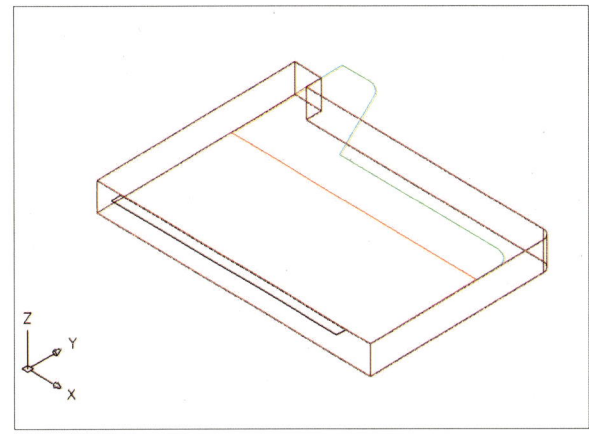

09 색상을 '194'번 색상으로 바꿉니다. Enter 또는 Space bar를 눌러 돌출 명령으로 재실행합니다. 쿠션과 소파의 메인 프레임을 돌출합니다. 돌출 길이는 '750'으로 지정합니다. 다음과 같이 돌출됩니다.

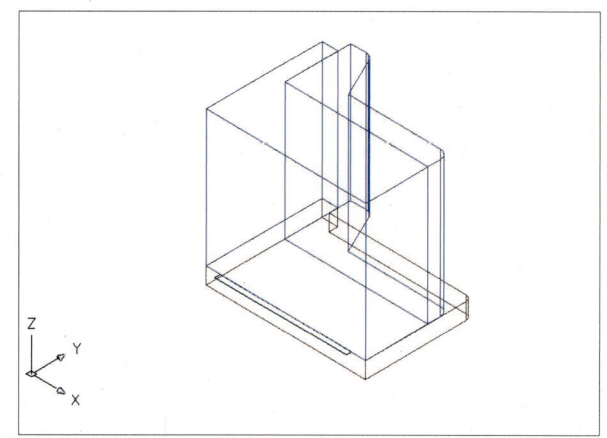

10 비주얼 스타일을 '개념 ●'으로 변경합니다. '홈' 탭의 '뷰' 패널의 비주얼 스타일에서 '개념'을 선택하거나 '비주얼 스타일' 도구막대에서 '개념 ●'을 클릭합니다. 다음 그림과 같이 표현됩니다.

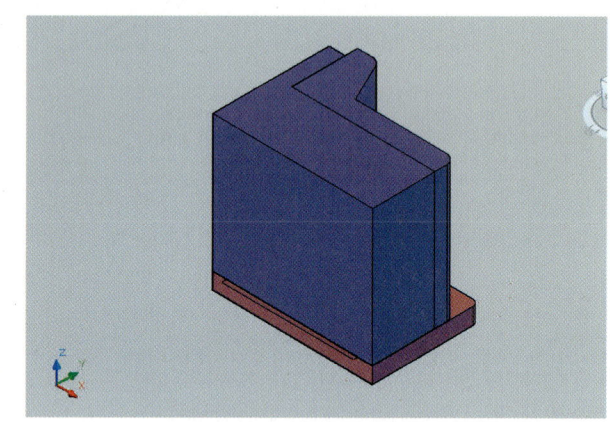

11 다시 돌출(EXTRUDE) 명령으로 소파의 받침대를 돌출시킵니다. 길이는 소파 3개를 연결할 길이인 '2250'에 팔걸이 중간에 갈 수 있도록 '90'을 더한 '2340'만큼 돌출시킵니다.

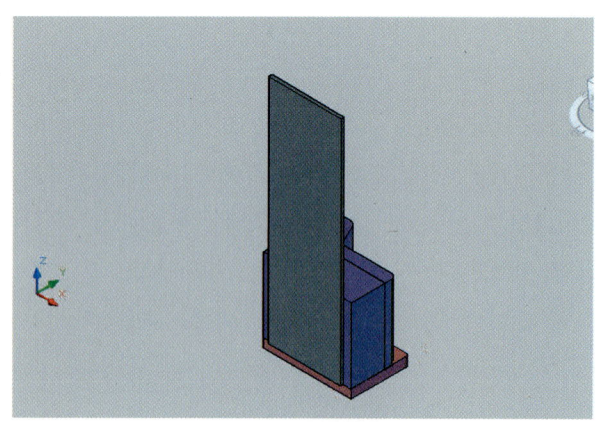

12 '이동(MOVE) ✥' 명령으로 받침대를 아래쪽 팔걸이 끝으로 '45'만큼 이동(@0,0,-45)합니다.

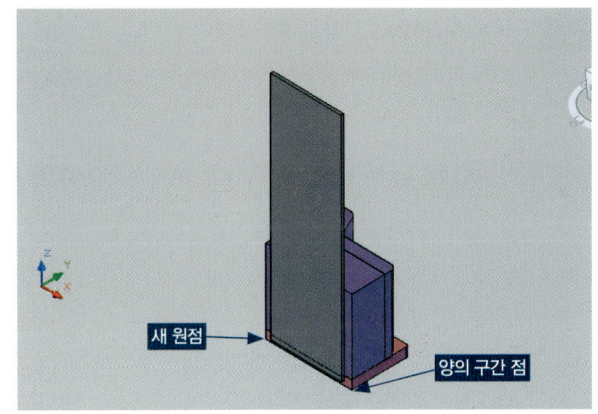

13 소파를 회전시키겠습니다. 먼저 UCS를 바꾸어야 합니다. UCS 명령을 실행합니다. 명령어 'UCS'를 입력하거나 '뷰' 탭의 'UCS' 패널에서 ㄴ을 클릭합니다.
{현재 UCS 이름: *이름 없음*}
{UCS의 원점 지정 또는 [면(F)/이름(NA)/객체(OB)/이전(P)/뷰(V)/표준(W)/X/Y/Z/Z축(ZA)] 〈표준(W)〉:}에서 Z축을 정의하기 위해 'ZA'를 입력합니다.
{새 원점 지정 또는 [객체(O)] 〈0,0,0〉:}에서 소파의 아래쪽 끝점을 지정합니다.
{Z-축 양의 구간에 있는 점 지정 〈1558.2265,794.0192,-89.0000〉:}에서 소파의 앞쪽 끝점을 지정합니다. 다음 그림과 같이 UCS 아이콘이 원점에 붙습니다.

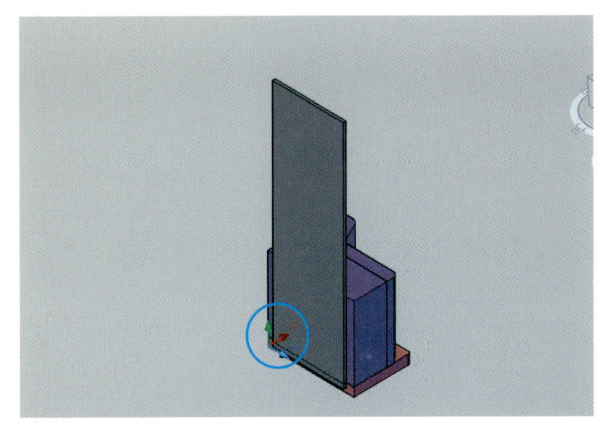

[TIP] UCS를 바꾸는 이유는 작업하는 면이 XY 평면이어야 합니다. 객체를 작도하거나 회전할 때는 XY 평면에서 이루어지기 때문에 이 평면에 맞추기 위해서 UCS를 바꾸는 것입니다.

14 '회전(ROTATE) ↻' 명령으로 소파를 회전합니다.
{현재 UCS에서 양의 각도: 측정 방향=시계 반대 방향 기준 방향=0}
{객체 선택:}에서 소파 객체를 모두 선택합니다.
{기준점 지정:}에서 '0,0'을 입력하거나 마우스로 지정합니다.
{회전 각도 지정 또는 [복사(C)/참조(R)] 〈0〉:}에서 '90'을 입력합니다. 다음 그림과 같이 회전됩니다.

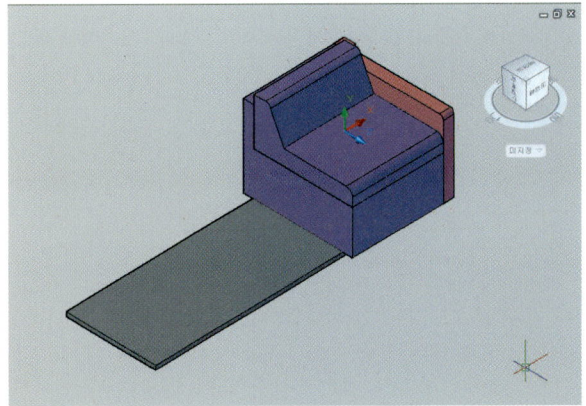

참고 **장치(GIZMO) 도구를 이용한 회전**

3차원 객체를 회전하기 위해 '회전(ROTATE)' 명령 외에 장치(GIZMO) 도구를 이용하는 방법이 있습니다. 다음과 같은 방법으로 실행합니다.

(1) 회전 장치 도구를 켭니다. '홈'탭의 '선택' 패널에서 '회전 장치'를 켭니다.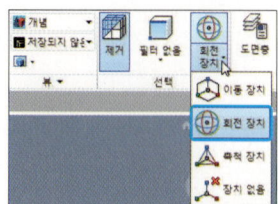

(2) 회전하고자 하는 객체를 선택합니다. 다음과 같은 회전 장치 도구가 나타납니다. 회전하고자 하는 방향의 띠에 클릭합니다. 선택한 띠가 금색으로 변합니다.

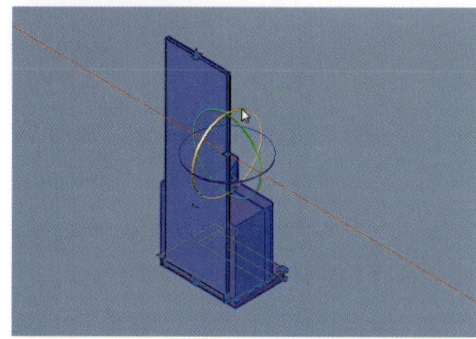

(3) {회전 각도 지정 또는 [기준점(B)/복사(C)/명령 취소(U)/참조(R)/종료(X)]:}에서 '90'을 입력하거나 다음 그림과 같이 위쪽 수직 방향을 클릭합니다.

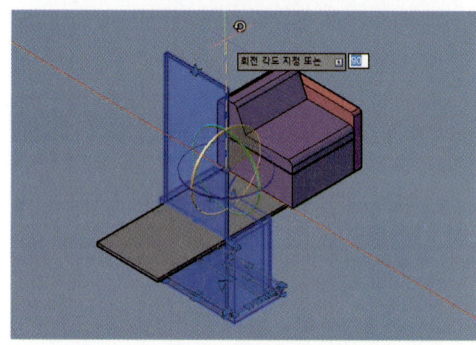

다음과 같이 선택한 객체가 회전됩니다.

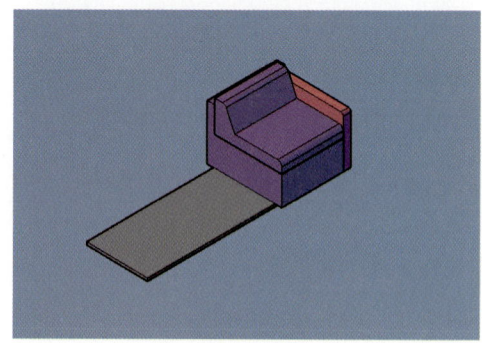

15 '복사(COPY) ' 명령으로 다음 그림과 같이 소파를 2개 더 복사합니다.

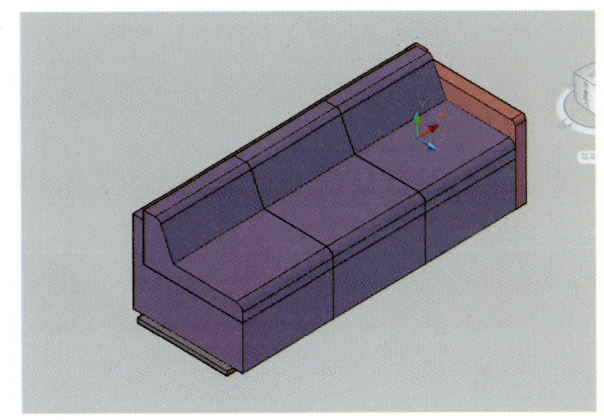

16 '복사(COPY) ' 명령으로 팔걸이를 앞쪽 끝으로 복사합니다.

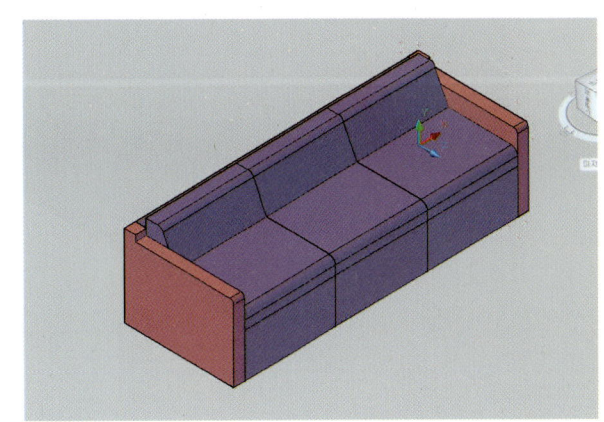

17 UCS를 표준 좌표계로 맞춥니다. UCS 명령을 실행합니다.
{현재 UCS 이름: *이름 없음*}
{UCS의 원점 지정 또는 [면(F)/이름(NA)/객체(OB)/이전(P)/뷰(V)/표준(W)/X/Y/Z/Z축(ZA)] <표준(W)>:}에서 'W'를 입력하거나 Enter 를 누릅니다.
다음 그림과 같이 UCS 아이콘이 표준 좌표계 원점으로 이동합니다.

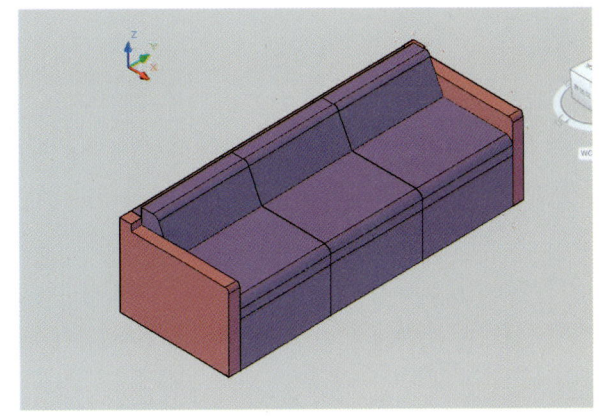

18 비주얼 스타일을 '실제 ●'로 바꿉니다. 다음 그림과 같이 표현됩니다.

2 문

다음 그림과 같은 문을 작도하겠습니다. 문의 높이는 '2100', 문의 너비는 '895', 두께는 '80'으로 작도하겠습니다.

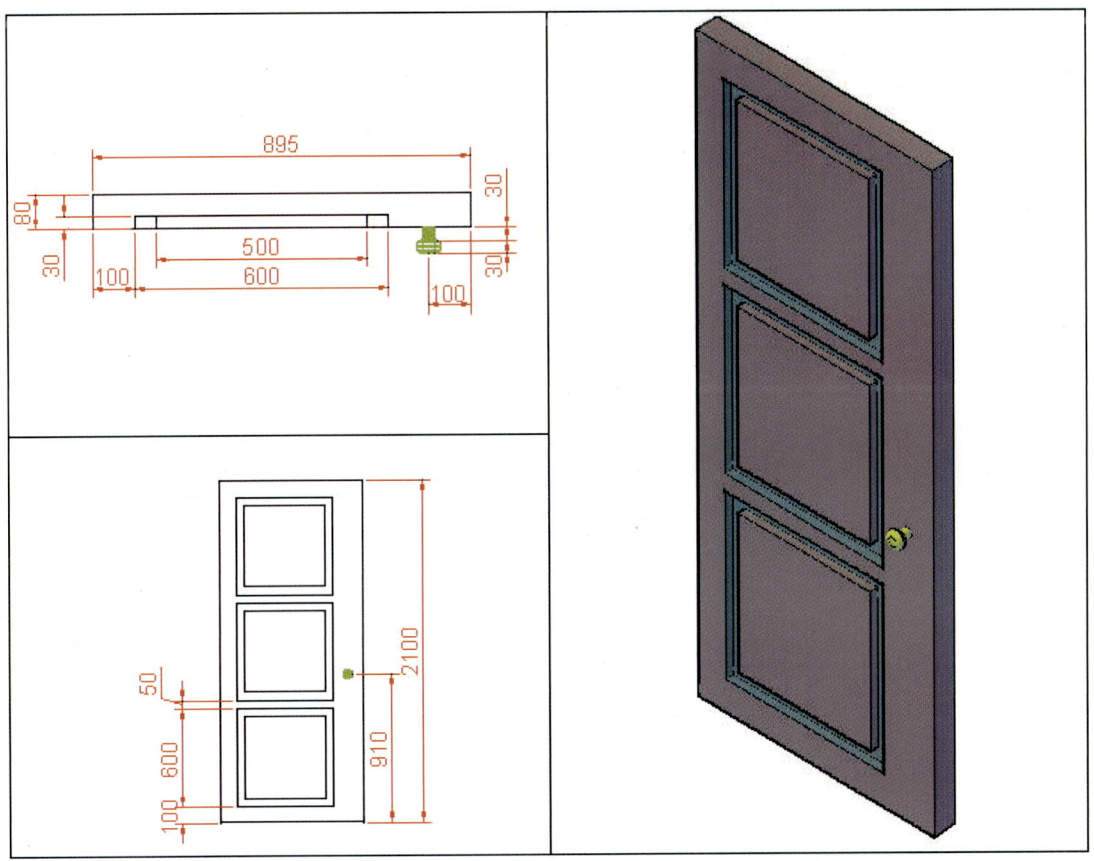

01 도면 한계(LIMITS)와 도면층(LAYER) 등 작도를 위한 기본적인 환경을 설정한 후 '선(LINE) ✏' 명령과 '간격 띄우기(OFFSET) ⬚' 명령으로 다음 그림과 같이 윤곽을 작도합니다. 치수는 기입하지 않습니다.

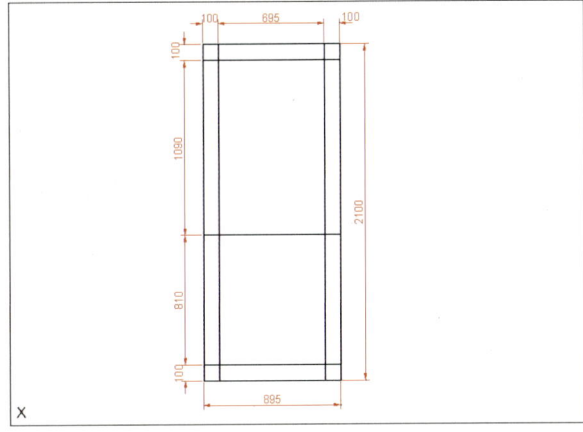

02 '직사각형(RECTANGLE) ☐' 명령으로 한 변의 길이가 '600'인 직사각형을 작도한 후, '간격 띄우기 (OFFSET) ⛃' 명령으로 간격 '50'만큼 안쪽으로 띄웁니다.

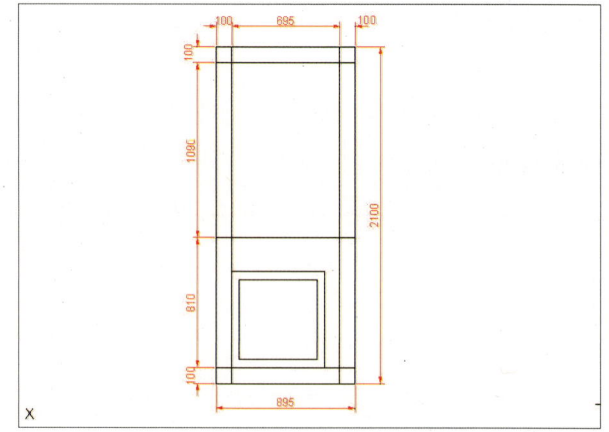

03 '복사(COPY) ⚙' 명령으로 2개를 복사합니다. 사각형 사이의 간격은 '50'입니다. 복사한 후 '지우기 (ERASE)' 명령으로 보조선을 지웁니다.

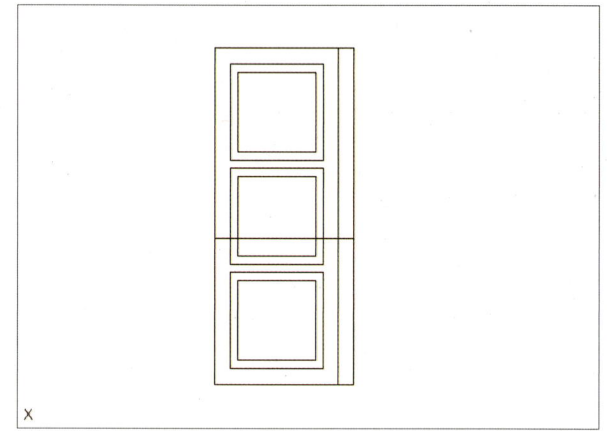

04 돌출을 위해 '폴리선 편집(PEDIT) ⛃' 명령으로 문의 외곽선을 폴리선으로 변환합니다.

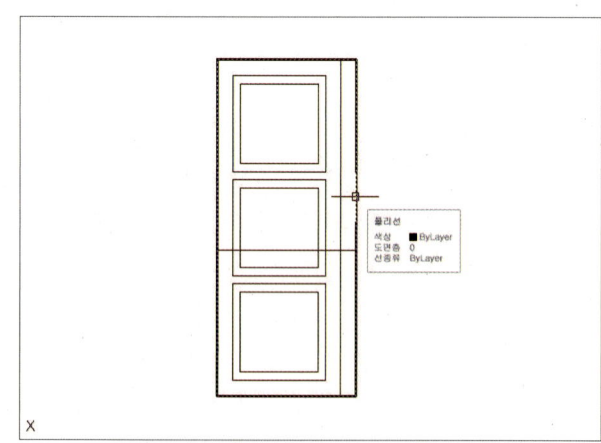

05 돌출(EXTRUDE) '명령으로 돌출시킵니다. 명령어 'EXTRUDE' 또는 'EXT'를 입력하거나 '홈' 탭의 '3D 모델링' 패널에서 아이콘 버튼을 클릭합니다.
{현재 와이어프레임 밀도: ISOLINES=4}
{돌출할 객체 선택:}에서 돌출시키고자 하는 문의 외곽선을 선택합니다. {1개를 찾음} {돌출할 객체 선택:}에서 Enter 또는 Space bar 를 눌러 선택을 종료합니다.
{돌출의 높이 지정 또는 [방향(D)/경로(P)/테이퍼 각도(T)]:}에서 돌출 높이 '-80'을 입력합니다. 다음 그림은 '남동등각투영 '으로 표현한 것입니다.

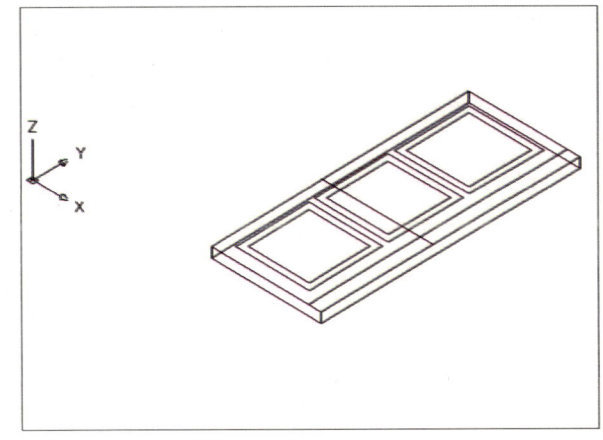

06 Enter 또는 Space bar 를 눌러 돌출 명령을 재실행합니다. 바깥쪽 사각형(한 변의 길이가 '600'인 사각형)을 '-30'만큼 돌출시킵니다.

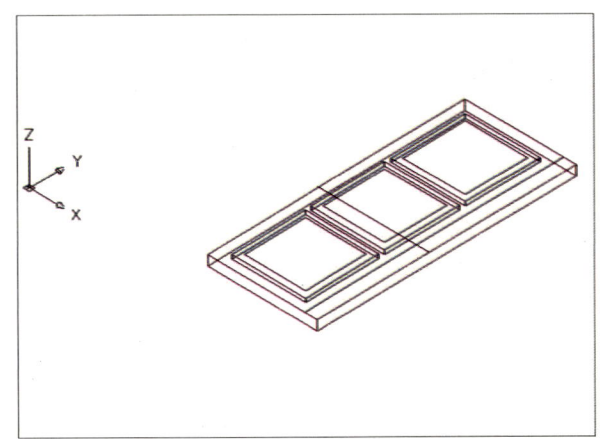

07 문짝에서 직전에 돌출시킨 안쪽 사각형을 차집합(빼서)시켜 움푹 패이게 만듭니다. 명령어 'SUBTRACT' 또는 'SU'를 입력하거나 '홈' 탭의 '솔리드 편집' 패널에서 아이콘 버튼을 클릭합니다.
{기본 솔리드와 영역을 선택 ..}
{객체 선택:}에서 문짝을 선택합니다. {1개를 찾음}
{객체 선택: 제거할 솔리드와 영역을 선택 ..}
{객체 선택:}에서 직전에 돌출한 사각형 3개를 선택합니다.
{객체 선택:}에서 Enter 또는 Space bar 를 누르면 다음 그림과 같이 문짝의 세 곳이 움푹 패이게 됩니다.
다음 그림은 문짝에 색상(246번 색상)을 부여해 비주얼 스타일을 '개념'으로 표현한 것입니다.

08 이번에는 가장 안쪽의 사각형을 돌출시키겠습니다. 돌출 명령으로 안쪽의 사각형 3개를 '-30'만큼 돌출시킵니다. 돌출시킨 객체에 색상(246번 색상)을 부여하면 다음 그림과 같이 표현됩니다.

09 지금부터 손잡이를 작도하겠습니다. 작도하는 방법은 윤곽을 그려서 회전시켜서 회전체를 만들도록 하겠습니다. '원(CIRCLE)' 명령으로 반지름이 '15'인 원을 작도합니다.

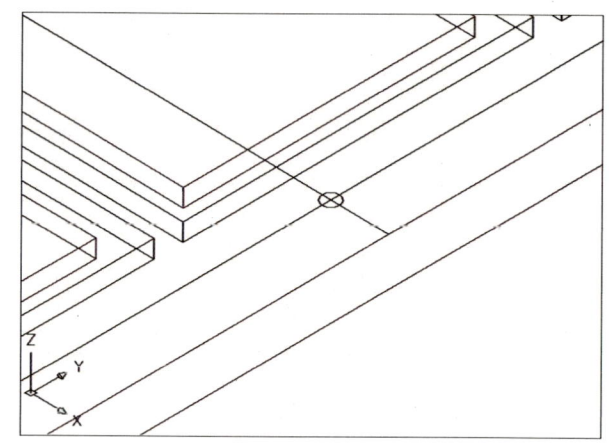

10 회전체 윤곽을 작도하기 위해 UCS를 변경합니다. UCS 명령을 실행합니다. 명령어 'UCS'를 입력하거나 '뷰' 탭의 'UCS' 패널에서 을 클릭합니다.
{현재 UCS 이름: *이름 없음*}
{UCS의 원점 지정 또는 [면(F)/이름(NA)/객체(OB)/이전(P)/뷰(V)/표준(W)/X/Y/Z/Z축(ZA)] 〈표준(W)〉:}에서 Z축을 정의하기 위해 'ZA'를 입력합니다.
{새 원점 지정 또는 [객체(O)] 〈0,0,0〉:}에서 원의 중심을 지정합니다.
{Z-축 양의 구간에 있는 점 지정 〈1558.2265,794.0192,-89.0000〉:}에서 문의 안쪽 방향을 지정합니다. 다음 그림과 같이 UCS 아이콘이 원점에 붙습니다.

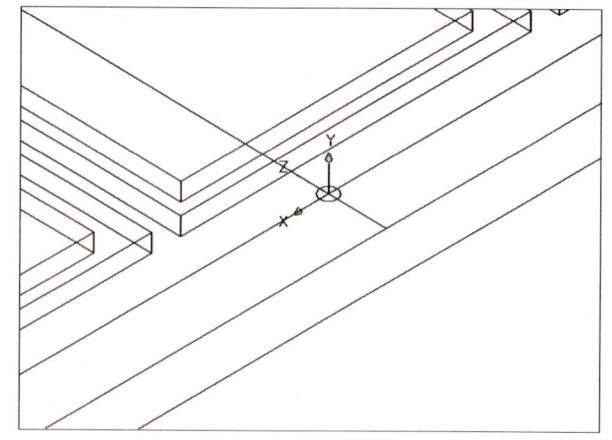

11 '선(LINE) ✏️' 명령으로 다음 그림과 같이 선을 작도합니다. 한 변의 길이는 각 '30'입니다.

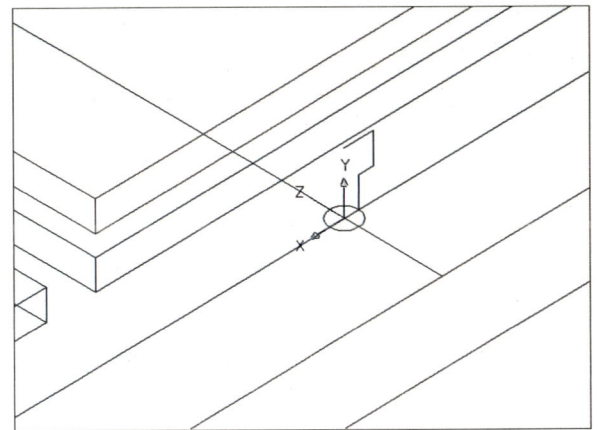

12 '모깎기(FILLET) ⌐' 명령으로 손잡이 부분을 모깎기를 한 후 '폴리선 편집(PEDIT) ✎' 명령으로 폴리선으로 변환합니다.

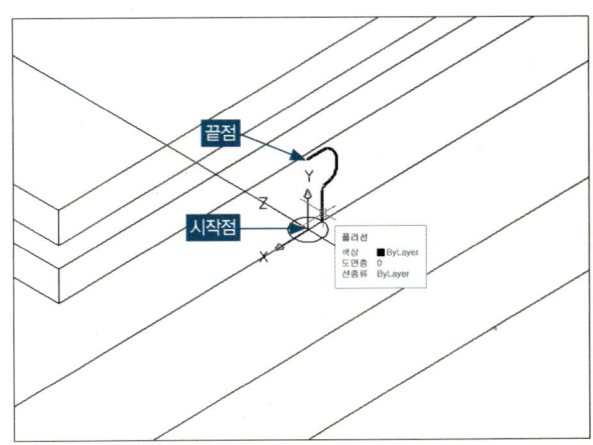

13 '회전(REVOLVE) 🍶' 명령으로 회전체를 만듭니다.
{현재 와이어프레임 밀도: ISOLINES=4}
{회전할 객체 선택:}에서 손잡이 윤곽 폴리선을 선택합니다. {1개를 찾음}
{회전할 객체 선택:}에서 Enter를 눌러 선택을 종료합니다.
{축 시작점 지정 또는 다음에 의해 축 지정 [객체(O)/X/Y/Z] <객체(O)>:}에서 원점(0,0,0)을 지정합니다.
{축 끝점 지정:}에서 회전체 윤곽의 위쪽 끝점을 지정합니다.
{회전 각도 지정 또는 [시작 각도(ST)] <360>:}에서 '360'을 입력하거나 Enter를 눌러 '360'도를 지정합니다. 다음 그림과 같이 손잡이가 완성되었습니다.

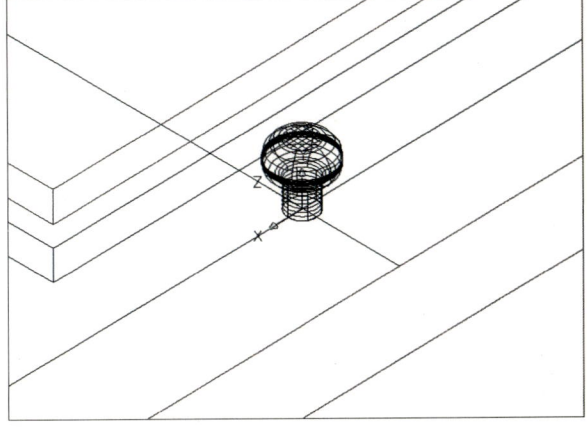

Note_ 폐쇄된 객체를 회전(REVOLVE)하면 솔리드(SOLID) 객체가 되지만 손잡이와 같이 열린 객체를 회전하면 곡면(SURFACE) 객체가 됩니다.

14 보조선을 지우고 색상을 입히면 다음 그림과 같이 문이 완성됩니다. UCS를 표준 좌표계(WCS)로 변경했습니다.

15 현재는 문짝과 안쪽의 장식(패인 사각형)이 분리되어 있습니다. 이를 '합집합(UNION)' 명령으로 결합합니다.
합집합 명령을 실행합니다. 명령어 'UNION' 또는 'UNI'를 입력하거나 '홈' 탭의 '솔리드 편집' 패널에서 아이콘 버튼 ⓞ을 클릭합니다.
{객체 선택:}에서 결합할 객체를 모두 선택합니다.
{객체 선택:}에서 Enter 또는 Space bar 를 눌러 종료합니다.

[TIP] 솔리드 객체는 연산(합집합, 차집합, 교집합)이 가능하지만 손잡이와 같은 곡면 객체는 연산을 할 수 없습니다.

다음 그림과 같이 합집합이 실행되어 하나의 덩어리가 됩니다.

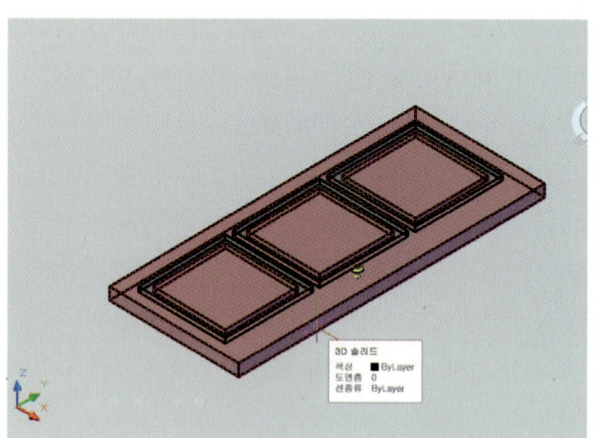

16 문짝을 세로 방향(Z방향)으로 세우겠습니다. 먼저 UCS를 변경합니다. Y축을 '-90도' 회전합니다.
{현재 UCS 이름: *표준*}

{UCS의 원점 지정 또는 [면(F)/이름(NA)/객체(OB)/이전(P)/뷰(V)/표준(W)/X/Y/Z/Z축(ZA)] <표준(W)>:}에서 회전할 축 'Y'를 입력합니다.
{Y축에 관한 회전 각도 지정 <90>:}에서 회전 각도 '-90'을 입력합니다.

17 '회전(ROTATE) ⟳' 명령으로 문짝을 '-90'도 회전합니다. 다음 그림과 같이 문이 완성됩니다.

Note_ 회전 장치(GIZMO) 도구를 이용하여 회전할 수도 있습니다.

22 ; 솔리드 객체의 편집 및 조작

AutoCAD 2015

다양한 정보를 갖고 있는 솔리드 객체는 다양한 편집 및 조작이 가능합니다. 이번에는 작성된 솔리드 객체의 편집에 대해 알아보겠습니다.

1 솔리드의 연산

단순히 솔리드 작성 기능만으로는 다양하고 복잡한 객체를 작성하기는 쉽지 않습니다. 솔리드의 장점 중 하나인 솔리드 객체의 부울 연산과 편집 기능을 이용해야 복잡한 3차원 객체를 효율적으로 완성할 수 있는 것입니다. 이번에는 솔리드 객체의 더하기, 빼기, 교집합 등 연산 기능에 대해 알아보겠습니다.

01. 영역 또는 솔리드를 하나로 만드는 합집합(UNION)

선택한 영역 또는 솔리드 객체를 하나의 객체로 결합합니다.

명령 : UNION(단축키 : UNI)   메뉴 아이콘 : ⓘ

01 실습을 위해 '열기(OPEN)' 명령으로 다운로드 받은 예제 파일 중에서 'Part8_SolidBoole.dwg' 파일을 엽니다. (예제 파일은 혜지원 출판사 홈페이지 'www.hyejiwon.co.kr' 자료실에서 다운받을 수 있습니다.)다음과 같은 도면이 펼쳐집니다.

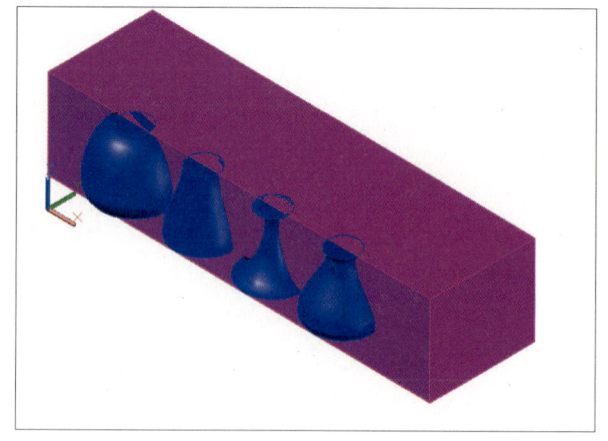

02 합집합 명령을 실행합니다. 명령어 'UNION' 또는 'UNI'를 입력하거나 '솔리드' 탭의 '부울' 패널 또는 '모델링' 도구막대에서 ⓞ을 클릭합니다.

{객체 선택:}에서 외부 상자 객체를 선택합니다.
{객체 선택:}에서 내부 첫 번째 항아리 객체를 선택합니다.
{객체 선택:}에서 [Enter] 또는 [Space bar]를 눌러 종료합니다.

다음 그림과 같이 두 개의 객체가 하나로 합쳐진 것을 알 수 있습니다.

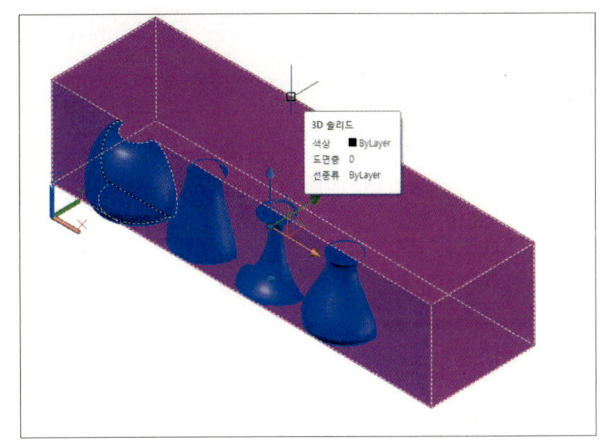

02. 영역 또는 솔리드의 차이를 만드는 차집합(SUBTRACT)

선택한 3D 솔리드, 표면 또는 2D 영역을 차집합으로 결합합니다. 기존 3D 솔리드 세트를 그와 겹치는 다른 세트에서 빼서 3D 솔리드 또는 표면을 작성할 수 있습니다. 겹치는 표면이나 2D 영역으로도 가능합니다.

명령 : SUBTRACT(단축키 : SU)　　　　　　메뉴 아이콘 : ⓞ

03 앞의 실습 도면에 이어서 실습하겠습니다. 명령어 'SUBTRACT' 또는 'SU'를 입력하거나 '솔리드' 탭의 '부울' 패널 또는 '모델링' 도구막대 ⓞ을 클릭합니다.

{제거 대상인 솔리드, 표면 및 영역을 선택 ..}
{객체 선택:}에서 외부 상자를 선택합니다. {1개를 찾음}
{객체 선택:}에서 [Enter] 또는 [Space bar]를 눌러 선택을 종료합니다
{제거할 솔리드, 표면 및 영역을 선택 ..}
{객체 선택:}에서 두 번째 항아리를 선택합니다. {1개를 찾음}
{객체 선택:}에서 세 번째 항아리를 선택합니다. {1개를 찾음. 총 2개}
{객체 선택:}에서 [Enter] 또는 [Space bar]를 눌러 종료합니다.

다음 그림과 같이 외부 상자에서 선택한 두 개의 항아리를 뺀 형상이 작성됩니다.

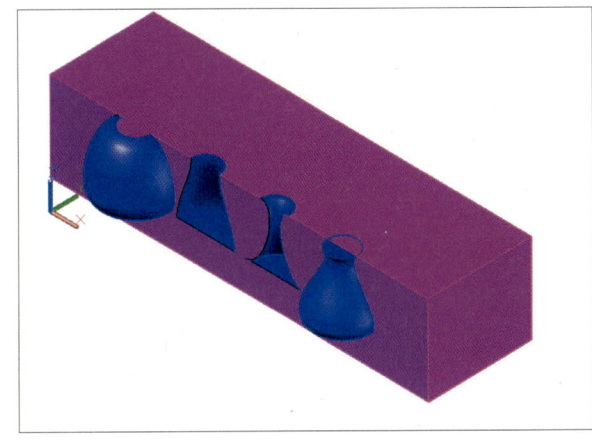

03. 두 객체의 공통 부분을 추출하는 교집합(INTERSECTION)

겹치는 솔리드, 표면 또는 영역으로부터 서로 중복이 되는 3D 솔리드, 표면 또는 2D 영역을 작성합니다. 기존 3D 솔리드, 표면 또는 영역이 서로 겹치는 공통 체적으로 3D 솔리드를 작성할 수 있습니다. 메쉬를 선택한 경우, 먼저 솔리드나 표면으로 변환한 다음 작업을 완료합니다.

명령 : INTERSECT(단축키 : IN)　　　　메뉴 아이콘 : ⦾

04 앞의 실습 도면에 이어서 실습하겠습니다. 명령어 'INTERSECT' 또는 'IN'을 입력하거나 '솔리드' 탭의 '부울' 패널 또는 '모델링' 도구막대에서 ⦾을 클릭합니다.
{객체 선택:}에서 외부 상자 객체를 선택합니다.
{객체 선택:}에서 네 번째 항아리를 선택합니다. {1개를 찾음, 총 2개}
{객체 선택:}에서 [Enter] 또는 [Space bar]를 눌러 선택을 종료합니다.
다음 그림과 같이 두 객체가 겹치는 부분(항아리의 일부)만 남고 나머지는 제거됩니다.

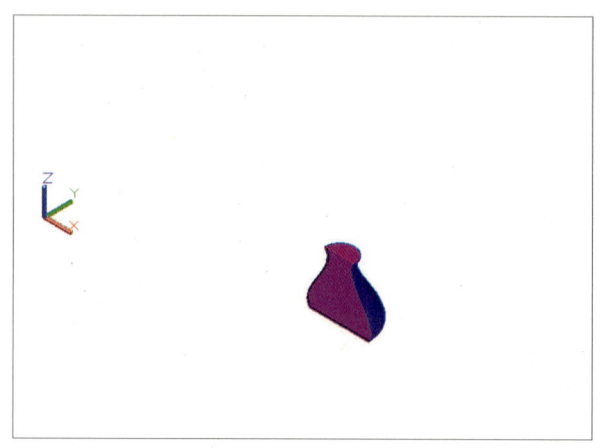

2 객체를 자르는 슬라이스(SLICE)

평면 또는 곡면으로 솔리드를 자릅니다.
명령 : SLICE(단축키 : SL)　　　　메뉴 아이콘 : 🔨

01 실습을 위해 '열기(OPEN)' 명령으로 다운로드 받은 예제 파일 중에서 'Part8_SolidBoole.dwg' 파일을 엽니다. 다음과 같은 도면이 펼쳐집니다.

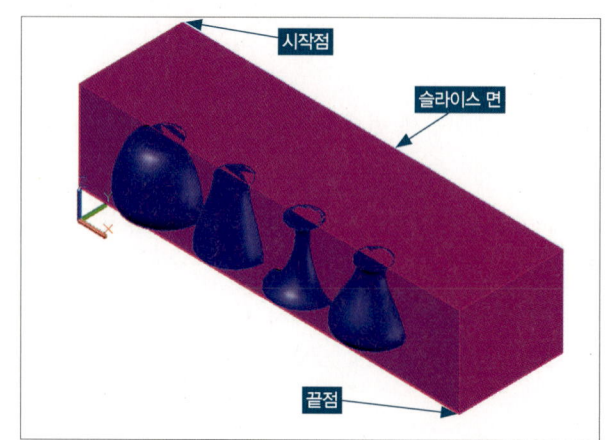

02 슬라이스 명령을 실행합니다. 명령어 'SLICE' 또는 'SL'을 입력하거나 '솔리드' 탭의 '솔리드 편집' 패널에서 ✂을 클릭합니다.

{슬라이스할 객체 선택: }에서 자를(슬라이스) 객체를 범위를 감싸 선택합니다.

{슬라이스할 객체 선택:}에서 Enter 또는 Space bar 를 눌러 선택을 종료합니다.

{슬라이싱 평면의 시작점 지정 또는 [평면 객체(O)/곡면(S)/Z축(Z)/뷰(V)/XY(XY) /YZ(YZ)/ZX(ZX)/3점(3)] 〈3점〉:}에서 객체 스냅 '끝점 🖋'을 이용하여 모서리 끝점을 지정합니다.

{평면 위의 두 번째 점 지정:}에서 반대편 모서리의 끝점을 지정합니다.

{원하는 면 위의 점 지정 또는 [양쪽 면 유지(B)] 〈양쪽(B)〉:}에서 객체의 뒤쪽 방향의 한 점을 지정합니다. 다음 그림과 같이 지정한 두 점을 기준으로 절단됩니다.

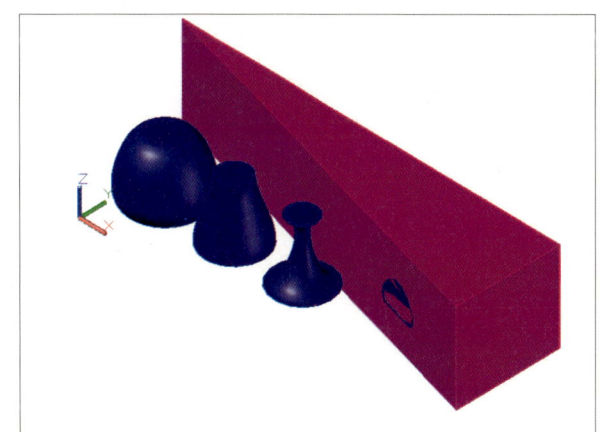

옵션 설명

{슬라이싱 평면의 시작점 지정 또는 [평면 객체(O)/곡면(S)/Z축(Z)/뷰(V)/XY(XY)/YZ(YZ) /ZX(ZX)/3점(3)] 〈3점〉:}

(1) 평면 객체(O) : 원, 타원, 원형 또는 타원형 호, 스플라인 또는 2D 폴리선을 지정하여 절단면을 지정합니다.
(2) 곡면(S) : 곡면(Surface)을 지정하여 절단면을 지정합니다.
(3) Z축(Z) : 평면 위의 점과 평면의 Z축(법선) 위에 또 한 점을 지정하여 절단 평면을 지정합니다.
(4) 뷰(V) : 절단 평면을 현재 뷰포트의 뷰 평면으로 지정합니다. 점을 지정하면 절단 평면의 위치가 정의됩니다.
(5) XY/YZ/ZX : 절단 평면을 현재 UCS(사용자 좌표계)의 XY/YZ/ZX 평면으로 정의합니다.
(6) 3점 : 세 개의 점을 지정하여 정의합니다.

{원하는 면 위의 점 지정 또는 [양쪽 면 유지(B)] 〈양쪽(B)〉:}

(1) 양쪽 면 유지(B) : 자르기는 하되 양쪽 면을 그대로 유지합니다.

3 곡면을 두께가 있는 솔리드로 바꾸는 굵게 하기(THICKEN)

곡면에 두께를 부여하여 3D 솔리드로 변환합니다.

명령 : THICKEN   메뉴 아이콘 :

01 실습을 위해 '스플라인(SPLINE)' 명령으로 다음과 같은 선을 작성합니다.

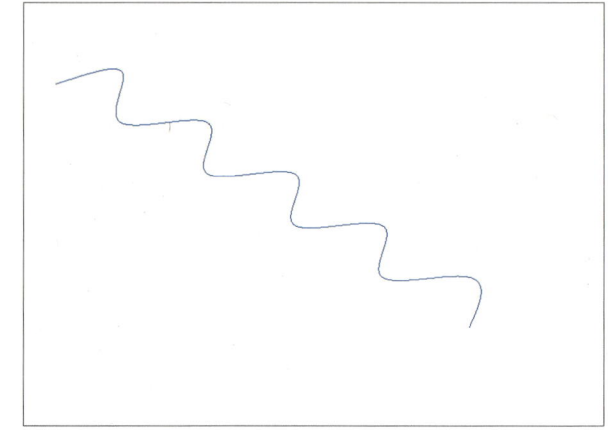

02 '돌출(EXTRUDE)' 명령을 이용하여 다음과 같이 돌출합니다. 돌출 높이는 임의로 지정합니다.

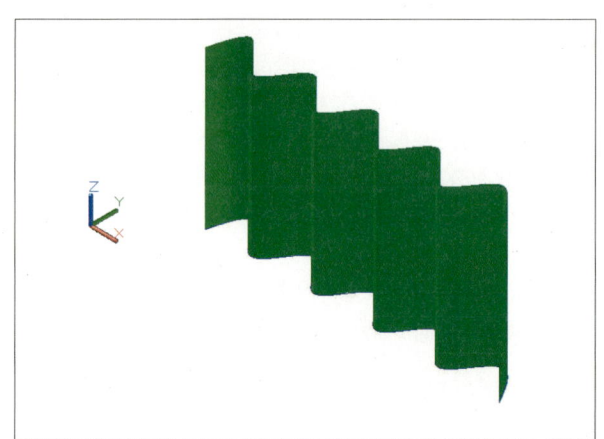

03 굵게 하기 명령을 실행합니다. 명령어 'THICKEN'을 입력하거나 '솔리드' 탭의 '솔리드 편집' 패널에서 을 클릭합니다.

{두껍게 할 곡면 선택:}에서 굵게 할 표면 객체를 선택합니다. {1개를 찾음}

{두껍게 할 곡면 선택:}에서 Enter 또는 Space bar 를 눌러 선택을 종료합니다.

{두께 지정 <5.0000>:}에서 두께 값 '30'를 입력합니다. 다음 그림과 같이 선택한 표면 객체가 두께 '30'인 솔리드 객체로 바뀝니다.

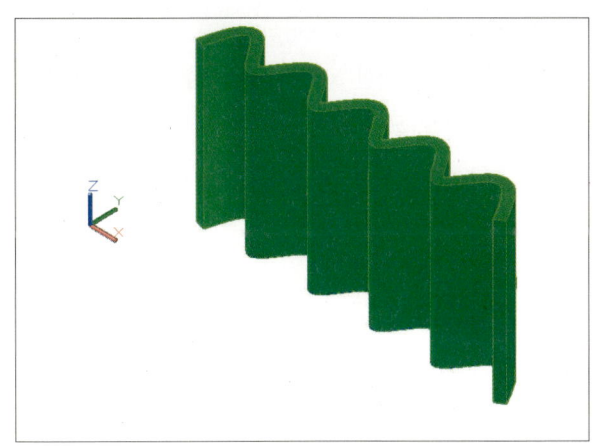

4 모서리 모깎기(FILLETEDGE)

솔리드 객체의 모서리를 둥글게 처리합니다.

명령 : FILLETEDGE   메뉴 아이콘 :

01 실습 도면을 다시 열겠습니다. '열기(OPEN)' 명령으로 다운로드 받은 예제 파일 중에서 'Part8_솔리드편집.dwg' 파일을 엽니다. 모서리 모깎기 명령을 실행합니다. 명령어 'FILLETEDGE'를 입력하거나 '솔리드' 탭의 '솔리드 편집' 패널 또는 '솔리드 편집' 도구막대에서 을 클릭합니다.
{반지름 = 1.0000}
{모서리 선택 또는 [체인(C)/루프(L)/반지름(R)]:}에서 모깎기할 모서리를 선택합니다.
{모서리 선택 또는 [체인(C)/루프(L)/반지름(R)]:} 에서 반지름 'R'을 입력합니다.
{모깎기 반지름 입력 또는 [표현식(E)] <1.0000>:}에서 반지름 값 '30'을 입력합니다.
다음 그림과 같이 반지름이 30인 모깎기 형상이 표시됩니다.
{모서리 선택 또는 [체인(C)/루프(L)/반지름(R)]:}에서 '루프' 옵션 'L'을 입력합니다.

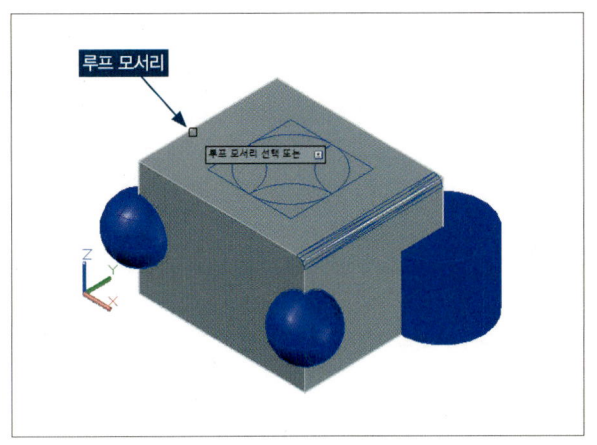

Note_ 하나의 모서리만 모깎기 하려면 여기에서 Enter 를 누릅니다.

02 {루프 모서리 선택 또는 [모서리(E)/체인(C)/반지름(R)]:}에서 루프로 정할 모서리를 선택합니다. 선택한 모서리를 중심으로 모깎기될 모서리가 점선으로 나타납니다.
{옵션 입력 [수락(A)/다음(N)] <수락>:}에서 모서리 윗면이 하이라이트가 아니면 '다음' 옵션 'N'을 입력하고 윗면 모서리가 나타나면 [Enter]를 누릅니다.

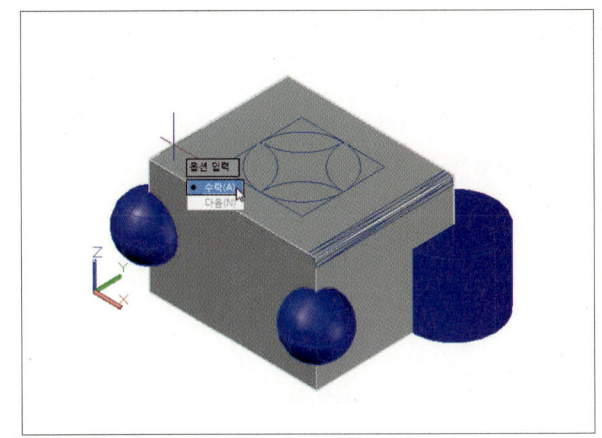

03 다음 그림과 같이 선택된 루프에 모깎기할 형상이 표시됩니다.
{루프 모서리 선택 또는 [모서리(E)/체인(C)/반지름(R)]:}에서 [Enter]를 눌러 모서리 선택을 마칩니다. {4개의 모서리(들)이(가) 모깎기를 위해 선택됨.}
{모깎기를 수락하려면 Enter 누름 또는 [반지름(R)]:}에서 [Enter]를 눌러 수락합니다. 다음과 같이 모서리가 모깎기 됩니다.

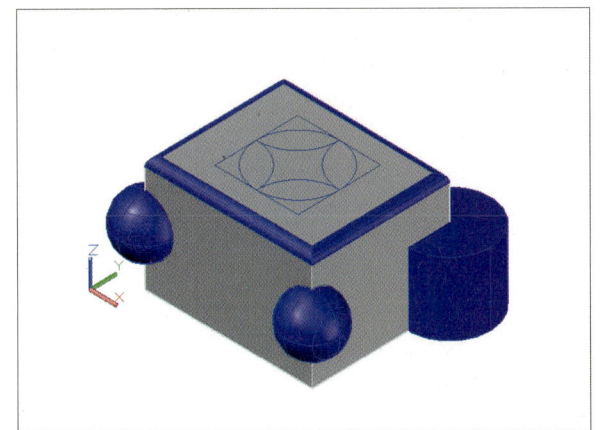

옵션 설명

{모서리 선택 또는 [체인(C)/루프(L)/반지름(R)]:}

(1) 체인(C) : 모서리가 서로 접하는 경우 둘 이상의 모서리를 지정합니다.
(2) 루프(L) : 솔리드 면에 모서리 루프를 지정합니다. 모서리에는 두 개의 루프가 있을 수 있습니다. 루프 모서리를 선택하고 나면 수락할지를 묻습니다.
(3) 반지름(R) : 모깎기할 반지름을 지정합니다.

{옵션 입력 [수락(A)/다음(N)] <수락>:}

(1) 수락(A) : 현재 상태를 수락합니다.
(2) 다음(N) : 지정한 모서리에서 루프 탐색을 다음 면(다른 모서리)으로 넘어갑니다.

5 모서리 모따기(CHAMFEREDGE)

솔리드 객체의 모서리를 각진 모따기 처리합니다.

명령 : CHAMFEREDGE　　　　　　　　　　메뉴 아이콘 :

01 앞의 실습 도면에 이어서 실습하겠습니다. 다음과 같이 아랫면이 보이도록 뷰를 조정합니다.

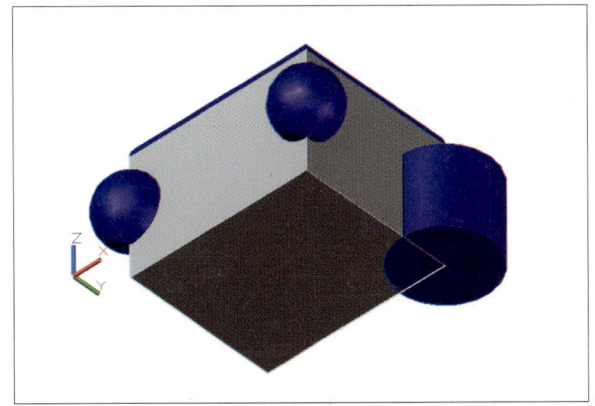

02 모서리 모깎기 명령을 실행합니다. 명령어 'CHAMFEREDGE'를 입력하거나 '솔리드' 탭의 '솔리드 편집' 패널 또는 '솔리드 편집' 도구막대에서 을 클릭합니다.
{거리1 = 1.0000, 거리2 = 1.0000}
{모서리 선택 또는 [루프(L)/거리(D)]:}에서 모따기 할 모서리(밑면의 한 모서리)를 선택합니다.
{동일한 면에 있는 다른 모서리 선택 또는 [루프(L)/거리(D)]:}에서 '거리' 옵션 'D'를 입력합니다.
{거리1 지정 또는 [표현식(E)] <1.0000>:}에서 모따기 할 거리 '40'을 지정합니다.
{거리2 지정 또는 [표현식(E)] <1.0000>:}에서 모따기 할 두 번째 거리 '40'을 지정합니다.
{동일한 면에 있는 다른 모서리 선택 또는 [루프(L)/거리(D)]:}에서 '루프' 옵션 'L'을 입력합니다.

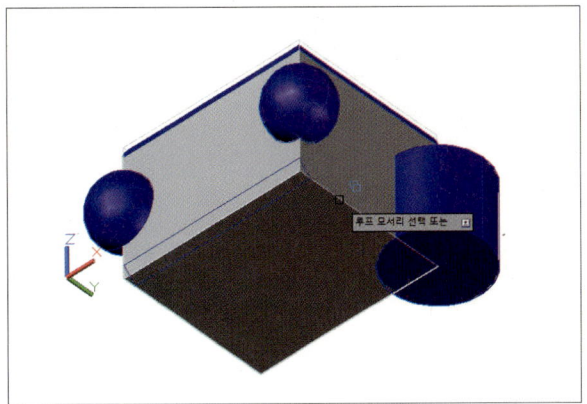

03 {루프 모서리 선택 또는 [모서리(E)/거리(D)]:}에서 아래쪽 면의 루프 모서리를 선택합니다. 탐색된 모서리가 점선으로 하이라이트 됩니다. {루프 모서리 선택 또는 [모서리(E)/거리(D)]:}에서 Enter를 눌러 루프 모서리 선택을 종료합니다. 다음 그림과 같이 루프의 모따기 형상이 나타납니다.

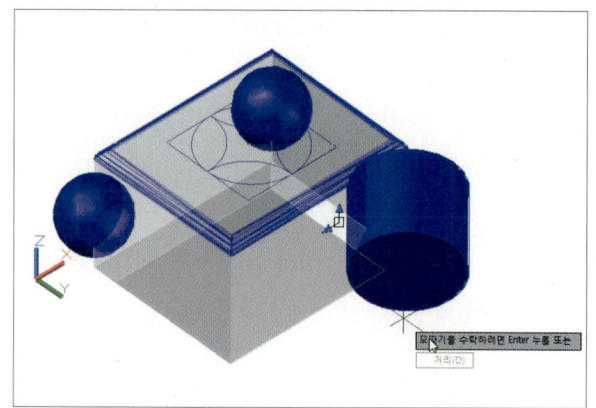

04 {모따기를 수락하려면 Enter 누름 또는 [거리(D)]:}에서 Enter를 눌러 수락합니다. 다음과 같이 각 모서리가 모따기 됩니다.

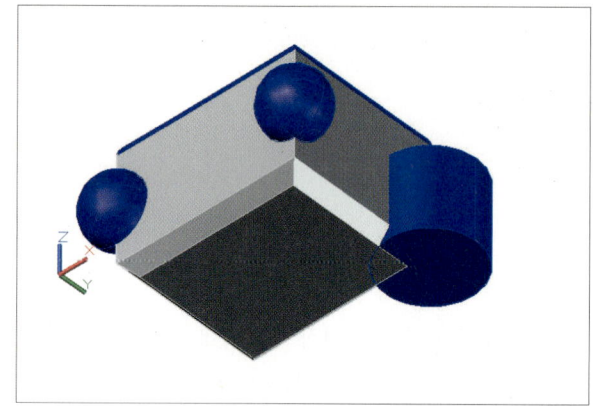

옵션 설명

모깎기와 중복된 옵션의 설명은 생략하겠습니다.

{모서리 선택 또는 [루프(L)/거리(D)]:}}

(1) 루프(L) : 솔리드 면에 모서리 루프를 지정합니다. 모서리에는 두 개의 루프가 있을 수 있습니다. 루프 모서리를 선택하고 나면 수락할지를 묻습니다.
(2) 거리(D) : 모따기할 양쪽의 거리를 지정합니다.

6 단면의 작성(SECTION)

단면은 어느 특정 위치로부터 객체를 잘라서 보는 것을 말합니다. 이렇게 단면을 표현함으로써 객체 안쪽의 구조나 상황을 파악하기 쉽습니다. 단면을 볼 수 있다는 것은 3차원 모델 작업의 장점 중 하나입니다.

01. 단면 평면(SECTIONPLANE)

3D 객체(솔리드, 표면, 메쉬)에서 절단 평면 기능을 하는 단면 객체를 작성합니다. 단면 평면 객체와 라이브 단면 기능을 사용하여 모형을 분석하고, 단면을 블록으로 저장한 다음 배치에 사용할 수 있습니다.

명령 : SECTIONPLANE   메뉴 아이콘 :

01 '열기(OPEN)' 명령으로 다운로드 받은 예제 파일 중에서 'Part8_Structure.dwg' 파일을 엽니다. 다음과 같은 도면이 펼쳐집니다.

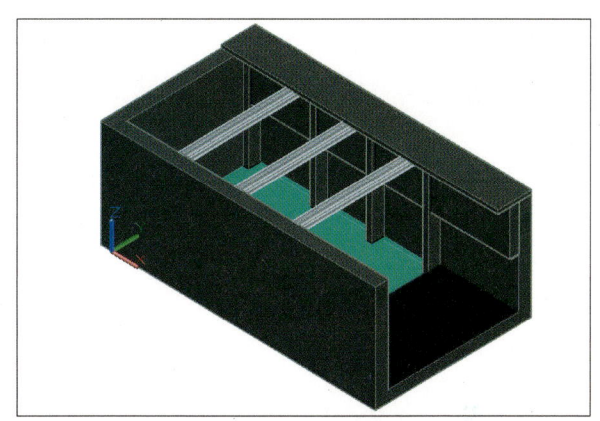

02 '단면 평면' 명령을 실행합니다. 명령어 'SECTION PLANE'를 입력하거나 '메쉬' 또는 '솔리드' 탭의 '단면' 패널에서 을 클릭합니다.
{단면 선을 배치할 면 또는 점 선택 또는 [단면 그리기(D)/직교(O)]:}에서 단면 그리기 옵션 'O'를 입력합니다.
{단면 정렬 대상: [정면도(F)/배면도(A)/평면도(T)/저면도(B)/좌측면도(L)/우측면도(R)] 〈평면도〉:}에서 평면도 'T'를 입력합니다. 다음 그림과 같이 평면 단면의 경계가 작성됩니다.

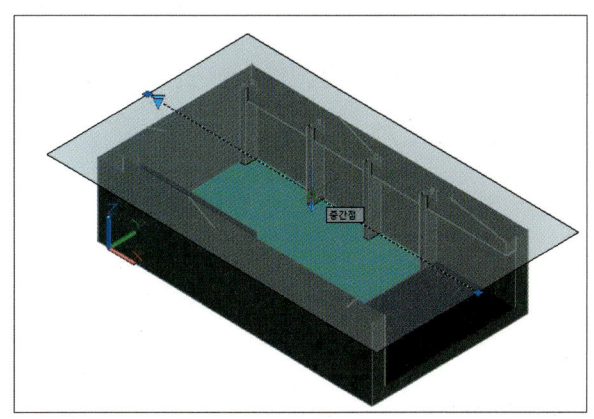

03 [Enter] 또는 [Space bar]를 눌러 '단면 평면' 명령을 재실행합니다.
{단면 선을 배치할 면 또는 점 선택 또는 [단면 그리기(D)/직교(O)]:}에서 직교 옵션 'O'를 입력합니다.
{단면 정렬 대상: [정면도(F)/배면도(A)/평면도(T)/저면도(B)/좌측면도(L)/우측면도(R)] 〈평면도〉:}에서 평면도 'F'를 입력합니다. 다음 그림과 같이 정면 단면의 경계가 작성됩니다.

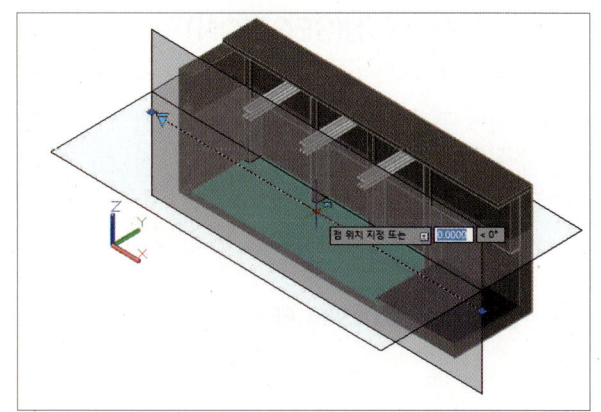

04 단면의 경계를 이동해보겠습니다. 정면 단면 객체를 선택한 후 가운데 위치한 그립(파란색 사각형)을 선택합니다. 선택이 되면 빨간색으로 변합니다. 이때 마우스를 끌고 뒤쪽으로 이동합니다. 다음 그림과 같이 단면이 뒤쪽으로 이동합니다.

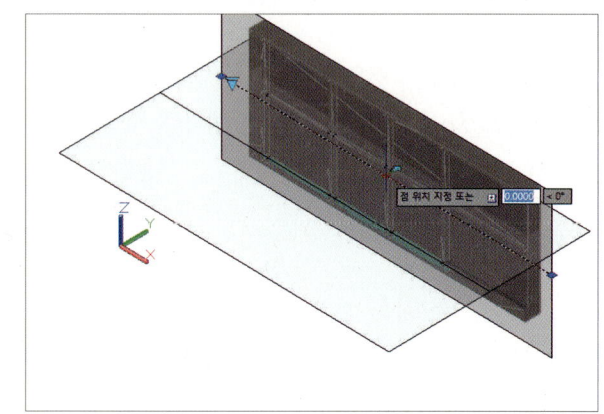

05 이와 같은 방법으로 평면 단면 경계를 위쪽으로 이동합니다. 다음 그림과 같이 평면 단면이 위쪽으로 이동합니다.

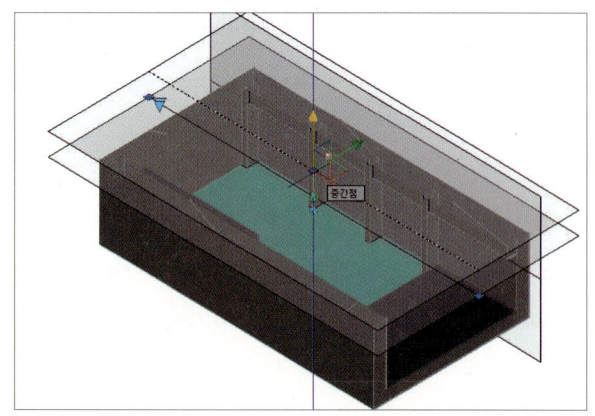

> **옵션 설명**
>
> {단면 선을 배치할 면 또는 점 선택 또는 [단면 그리기(D)/직교(O)]:}
>
> (1) 단면 그리기(D) : 사용자가 직접 점을 지정하여 단면 경계를 정의하여 꺾기가 있는 단면 선을 작성합니다. 이 옵션은 라이브 단면을 끈 상태에서 단면 경계 상태인 단면 객체를 작성합니다.
> (2) 직교(O) : 단면 객체를 UCS에 상대적인 직교 방향으로 정렬합니다. 이 옵션을 선택하면 다음과 같은 정렬 대상 메시지가 표시됩니다. 정렬하고자 하는 단면을 선택합니다.
>
> {단면 정렬 대상: [정면도(F)/배면도(A)/평면도(T)/저면도(B)/좌측면도(L)/우측면도(R)] 〈평면도〉:}

02. 라이브 단면(LIVESECTION)

라이브 단면이란 3D 솔리드, 표면 또는 영역에서 절단 형상을 보여주는 분석 도구입니다. 선택한 단면 객체에 대한 활성 단면을 켭니다. 단면 객체에 의해 교차된 3D 객체의 횡단면이 표시됩니다. '단면 평면(SECTIONPLANE)' 명령으로 작성된 단면 객체가 있을 때 동작합니다.

명령 : LIVESECTION   메뉴 아이콘 :

01 '라이브 단면' 명령을 실행합니다. 명령어 'LIVESECTION'을 입력하거나 '솔리드' 또는 '메쉬' 탭의 '단면' 패널에서 을 클릭합니다.
{단면 객체 선택:}에서 수평 방향의 단면 객체를 선택합니다. 다음 그림과 같이 수평 방향의 단면의 범위만 나타나고 나머지는 사라집니다.

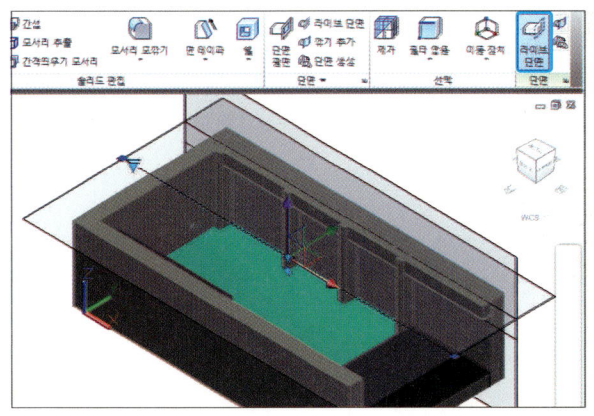

> [TIP] '라이브 단면(LIVESECTION)' 명령을 실행하지 않고 단면 객체를 먼저 선택한 경우는 상단의 리본 메뉴 최우측에 '라이브 단면' 메뉴가 나타납니다. 이때 '라이브 단면'을 클릭하면 동일한 결과가 됩니다.

02 Enter 또는 Space bar를 눌러 '라이브 단면' 명령을 재실행합니다.
{단면 객체 선택:}에서 정면도 단면 객체를 선택합니다. 다음 그림과 같이 정면 단면이 표시됩니다.

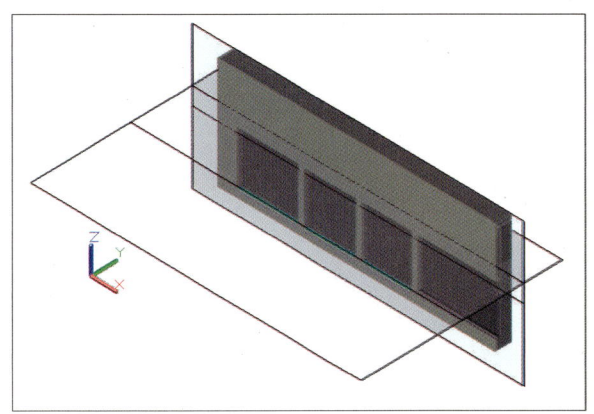

03. 단면 꺾기 추가(SECTIONPLANEJOG)

단면 객체에 꺾기를 추가합니다. 단면 객체를 작성하는 동안 꺾기 또는 각도를 삽입할 수 있습니다. 꺾기는 단면 선에 작성됩니다. 꺾인 세그먼트는 단면 선에 대해 90도 각도로 작성됩니다.

명령 : SECTIONPLANEJOG   메뉴 아이콘 :

01 '단면 꺾기 추가'명령을 실행합니다. 명령어 'SECTIONPLANEJOG'을 입력하거나 '메쉬' 또는 '솔리드' 탭의 '단면' 패널에서 을 클릭합니다.

{단면 객체 선택:}에서 정면도 뷰에 가서 평면 단면 객체를 선택합니다.

{단면 선에서 하나의 점 지정하여 꺾기 추가:}에서 객체 스냅 '중간점 '을 이용하여 단면의 중간점을 지정합니다.

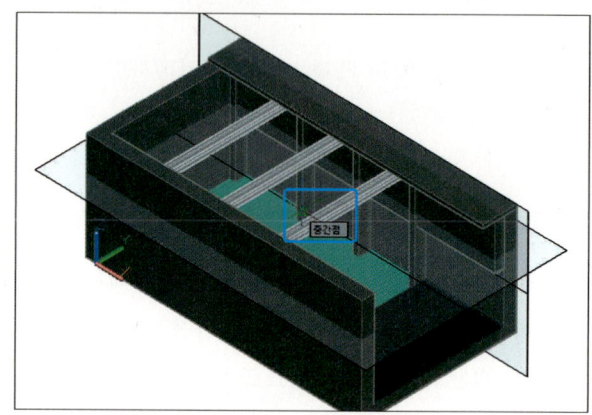

02 다음과 같이 단면 객체가 중간점을 중심으로 꺾어집니다.

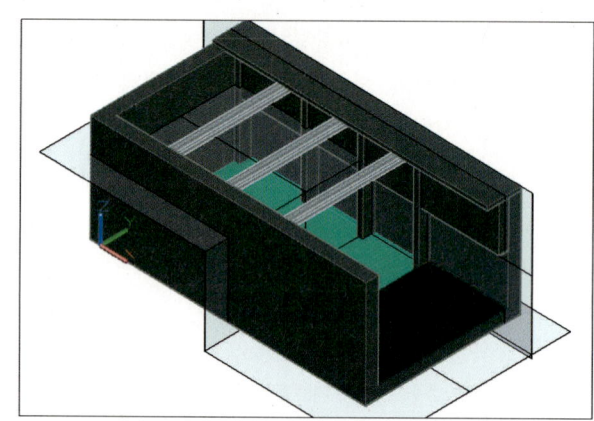

03 꺾어진 면을 클릭하여 면에 있는 그립(삼각형)을 클릭합니다.

{점 위치 지정 또는 [기준점(B)/명령 취소(U)/종료(X)]:}에서 '@0,0,800'을 입력합니다. 다음 그림과 같이 단면 절단면이 위쪽으로 이동합니다.

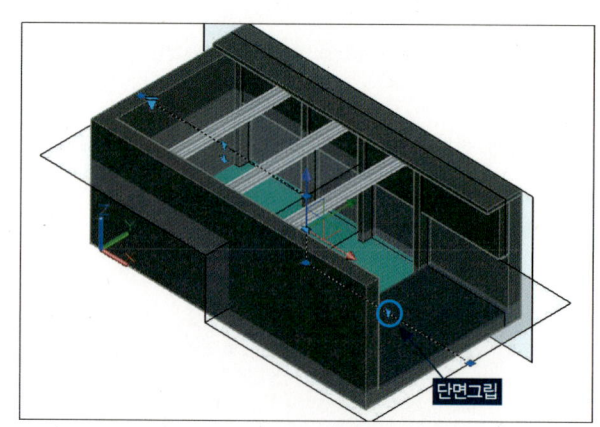

> **참고** 단면 객체의 그립
>
> 단면 객체를 클릭하면 다음 그림과 같은 그립이 나타납니다. 단면 객체 그립을 이용하여 다음과 같은 조작을 할 수 있습니다.

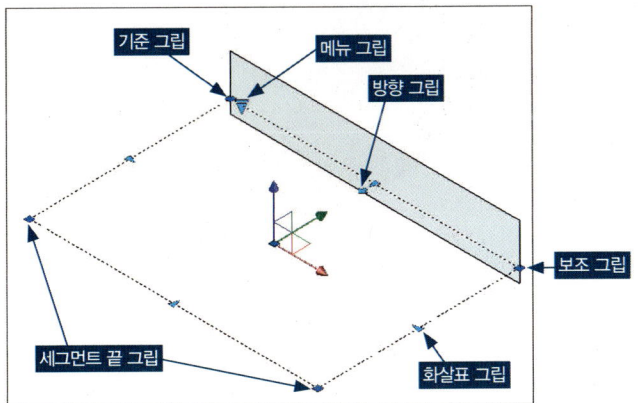

(1) 기준 그립 : 단면 객체를 이동, 축척 및 회전하는 기준점 역할을 합니다. 단면 객체는 항상 메뉴 그립과 인접해 있습니다.
(2) 보조 그립 : 단면 객체를 기준 그립 주위에서 회전합니다.
(3) 메뉴 그립 : 절단 평면에 대해 표시되는 시각적 정보를 조정할 수 있는 단면 객체 상태의 메뉴가 나타납니다.
(4) 방향 그립 : 2D 단면의 뷰 방향을 조정합니다. 단면 평면의 뷰 방향을 반대로 하려면 방향 그립을 클릭합니다.
(5) 화살표 그립 : (단면 경계 및 체적 상태만 해당됩니다.) 단면 평면의 모양과 위치를 수정하여 단면 객체를 수정합니다. 화살표 방향으로 직교하는 이동만 가능합니다.
(6) 세그먼트 끝 그립 : (단면 경계 및 체적 상태만 해당됩니다.) 단면 평면의 정점을 신축합니다. 세그먼트의 끝 그립을 움직여 세그먼트가 교차하게 할 수 없습니다. 세그먼트 끝 그립은 꺾어진 세그먼트의 끝점에 표시됩니다.

04. 단면 생성(SECTIONPLANETOBLOCK)

2D 및 3D 단면을 블록으로 저장합니다.

명령 : SECTIONPLANETOBLOCK 메뉴 아이콘 :

01 '단면 생성' 명령을 실행합니다. 명령어 'SECTIONPLANETOBLOCK'을 입력하거나 '메쉬' 또는 '솔리드' 탭의 '단면' 패널에서 을 클릭합니다. 다음 그림과 같은 대화상자가 나타납니다.

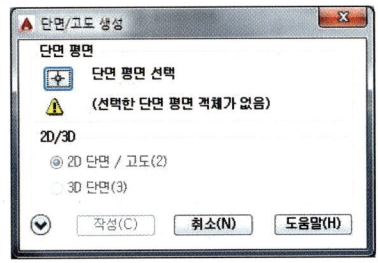

02 대화상자에서 '단면 평면 선택'을 클릭합니다.
{단면 객체 선택:}에서 꺾어진 평면도 단면 객체를 선택합니다. 선택된 단면 객체에 그립이 나타납니다. '2D/3D'에서 '2D 단면 / 고도(2)'를 지정합니다.

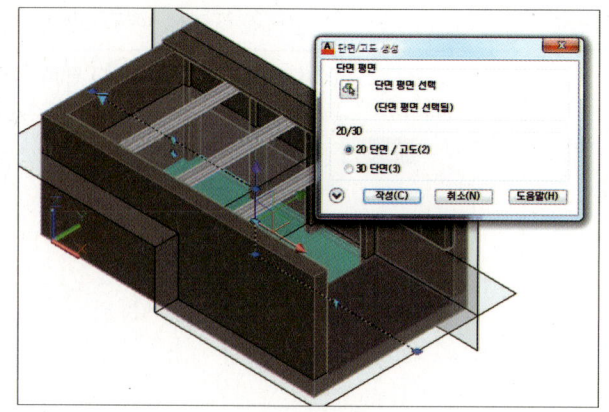

03 [작성(C)] 버튼을 클릭합니다.
{단위: 밀리미터   변환: 1.0000}
{삽입점 지정 또는 [기준점(B)/축척(S)/X/Y/Z/회전(R)]:}에서 단면의 삽입점을 지정합니다.
{X축척 비율 입력, 반대구석 지정, 또는 [구석(C)/XYZ(XYZ)] <1>:}에서 Enter 를 누릅니다.
{Y 축척 비율 입력 <X 축척 비율 사용>:}에서 Enter 를 누릅니다.
{회전 각도 지정 <0>:}에서 Enter 를 누릅니다.
다음 그림과 같이 작성된 단면 평면이 지정한 삽입 위치에 배치됩니다.

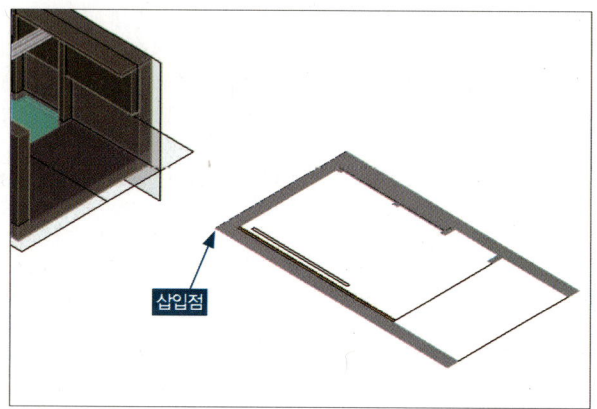

Note_ 단면 작성에서 도면에 삽입하는 조작은 '삽입(INSERT)' 명령과 동일합니다.

단면/고도 생성 대화상자

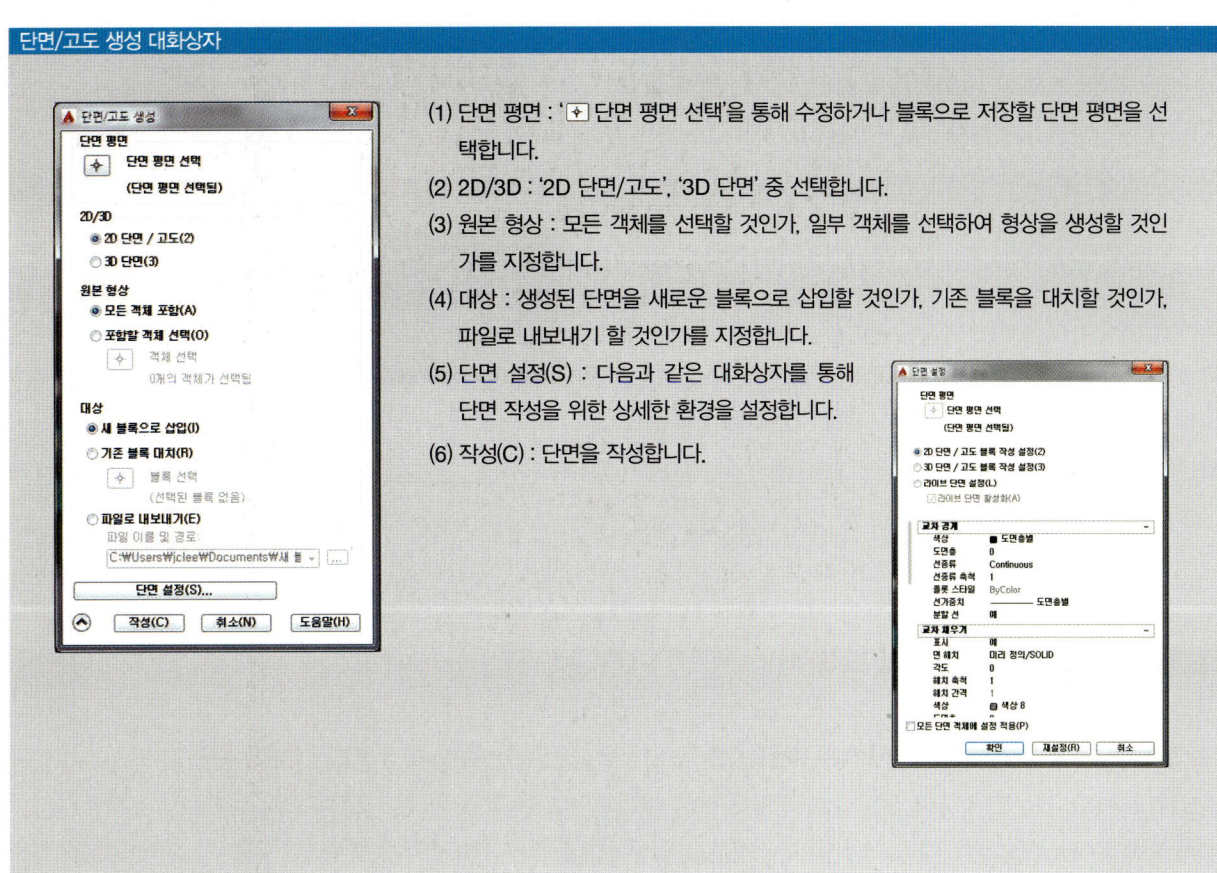

(1) 단면 평면 : '단면 평면 선택'을 통해 수정하거나 블록으로 저장할 단면 평면을 선택합니다.
(2) 2D/3D : '2D 단면/고도', '3D 단면' 중 선택합니다.
(3) 원본 형상 : 모든 객체를 선택할 것인가, 일부 객체를 선택하여 형상을 생성할 것인가를 지정합니다.
(4) 대상 : 생성된 단면을 새로운 블록으로 삽입할 것인가, 기존 블록을 대치할 것인가, 파일로 내보내기 할 것인가를 지정합니다.
(5) 단면 설정(S) : 다음과 같은 대화상자를 통해 단면 작성을 위한 상세한 환경을 설정합니다.
(6) 작성(C) : 단면을 작성합니다.

05. 플랫 샷(FLATSHOT)

현재 뷰를 기준으로 3D 객체를 2D 표현으로 작성합니다. 모든 3D 솔리드, 표면 및 메쉬의 모서리는 뷰 평면과 평행한 평면에 일직선으로 투영됩니다. 이러한 모서리의 2D 표현이 UCS의 XY 평면에 블록으로 삽입됩니다. 이 블록을 분해하여 추가로 변경할 수 있습니다.

명령 : FLATSHOT 메뉴 아이콘 :

01 '플랫 샷' 명령을 실행합니다. 명령어 'FLATSHOT'을 입력하거나 '메쉬' 또는 '솔리드' 탭의 '단면' 패널에서 을 클릭합니다.
다음 그림과 같은 대화상자가 나타납니다. '전경 선' 색상을 '빨간색', '가려진 선' 색상을 '파란색'으로 설정한 후 [작성(C)]을 클릭합니다.

02 {단위: 밀리미터   변환: 1.0000}
{삽입점 지정 또는 [기준점(B)/축척(S)/X/Y/Z/회전(R)]:}에서 삽입점을 지정합니다.
{X축척 비율 입력, 반대구석 지정, 또는 [구석(C)/XYZ(XYZ)] <1>:}에서 Enter 를 누릅니다.
{Y 축척 비율 입력 <X 축척 비율 사용>:}에서 Enter 를 누릅니다.
{회전 각도 지정 <0>:}에서 Enter 를 누릅니다.
뷰를 평면 뷰로 조정합니다. 다음 그림은 플랫 샷이 표현된 것입니다.

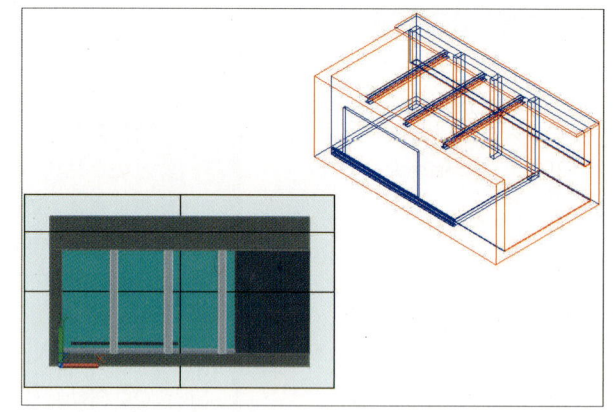

7 편집 장치(기즈모)의 조작

3D 장치(편집 장치)를 사용하여 선택한 객체를 3D 축이나 평면을 따라 이동, 회전 또는 크기(축척)을 조정할 수 있습니다. 이 장치를 '기즈모(GIZMO)'라고 하는데 시스템 변수 'DEFAULTGIZMO' 값에 의해 지정됩니다.

01. 편집 장치(기즈모)의 선택

편집 장치는 '메쉬' 또는 '솔리드' 탭의 '선택' 패널에서 사용하고자 하는 편집 장치를 선택합니다.

시스템 변수 'DEFAULTGIZMO' 모드에 의해 편집 장치를 지정할 수 있습니다. 편집 장치를 지정하는 모드는 다음과 같습니다.
0 : 3D 작업공간에서 객체를 선택하면 3D 이동 장치가 기본적으로 표시됩니다.
1 : 3D 작업공간에서 객체를 선택하면 3D 회전 장치가 기본적으로 표시됩니다.
2 : 3D 작업공간에서 객체를 선택하면 3D 축척 장치가 기본적으로 표시됩니다.
3 : 3D 작업공간에서 객체를 선택할 때 기본적으로 아무 장치도 표시되지 않습니다.

이 장치는 객체를 선택한 후 지정할 수도 있고, 명령을 먼저 실행하고 난 후 지정할 수도 있습니다. 또, 객체가 선택된 상태에서 기존 지정된 장치에서 다른 장치로 쉽게 바꿀 수 있습니다. 예를 들어, A 라는 객체에 이동 장치가 나타나 있는 상태에서 회전 장치로 바꾸고자 할 때는 그 상태에서 바로 회전 장치로 바꾸면 됩니다.

02. 이동 장치의 조작

실습을 통해 이해하도록 하겠습니다. 이동 장치를 조작해보겠습니다.

01 다운로드 받은 예제 파일 중에서 'Part8_GIZMO.dwg' 파일을 엽니다. '메쉬' 탭의 '선택' 패널에서 선택 모드(SUBOBJSELECTIONMODE)를 '면'으로 지정하고 편집 장치를 '이동 장치'로 지정합니다.

02 편집하고자 하는 면을 차례로 선택합니다. 다음 그림과 같이 처음 선택한 면에 이동 장치 아이콘이 나타납니다.

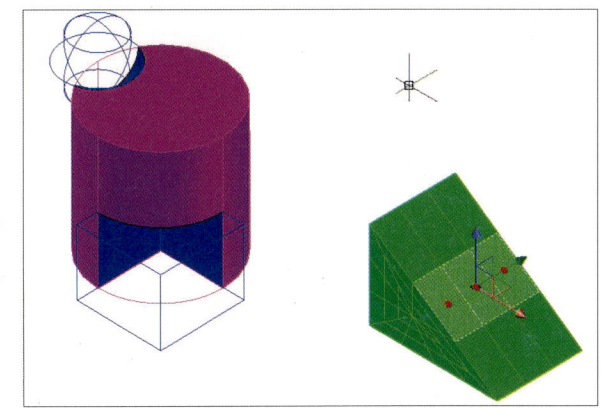

03 이때 마우스를 장치 아이콘의 Z축으로 가져가면 다음 그림과 같이 Z축 방향으로 안내선(파란색)이 나타납니다. 지정된 축의 색상이 금빛으로 바뀝니다.
{** 신축 **}
{신축점 지정 또는 [기준점(B)/명령 취소(U)/종료(X)]:}
에서 마우스로 끌고 갑니다. 마우스의 이동에 따라 선택한 면이 이동됩니다.

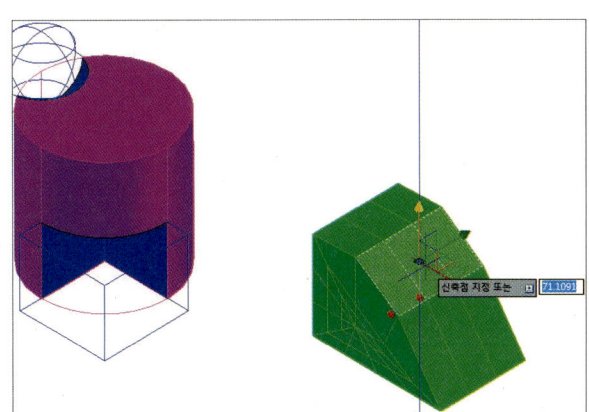

04 다음 그림과 같이 선택한 면이 지정한 위치로 이동(신축)됩니다.

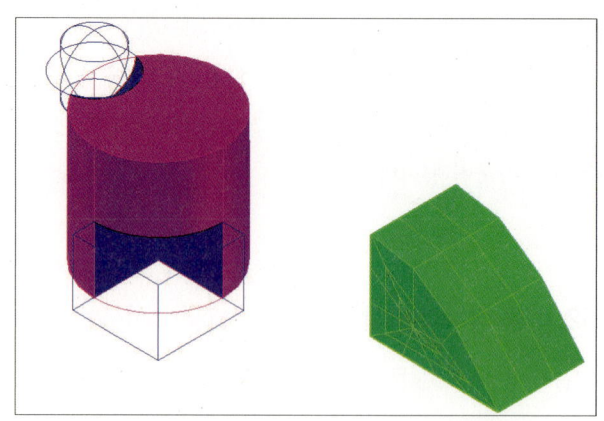

03. 회전 장치의 조작

이번에는 회전 장치를 조작해보겠습니다.

05 '메쉬' 또는 '솔리드' 탭의 '선택' 패널에서 선택 모드(SUBOBJSELECTIONMODE)를 '모서리'로 지정하고 편집 장치를 '회전 장치'로 지정합니다.

06 쐐기의 각 모서리를 선택하면 다음 그림과 같이 빨간색의 굵은 선이 모서리에 나타나면서 회전 장치 아이콘이 나타납니다. 이때 회전하고자 하는 축을 지정합니다. 지정한 축은 금빛으로 바뀝니다.

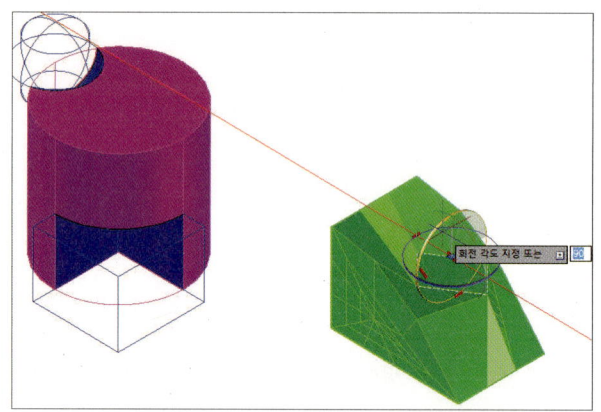

07 {** 회전 **}
{회전 각도 지정 또는 [기준점(B)/명령 취소(U)/참조(R)/종료(X)]:}에서 회전 각도 '90'를 입력합니다. 다음 그림과 같이 선택한 모서리가 지정한 각도(90도)만큼 회전합니다.

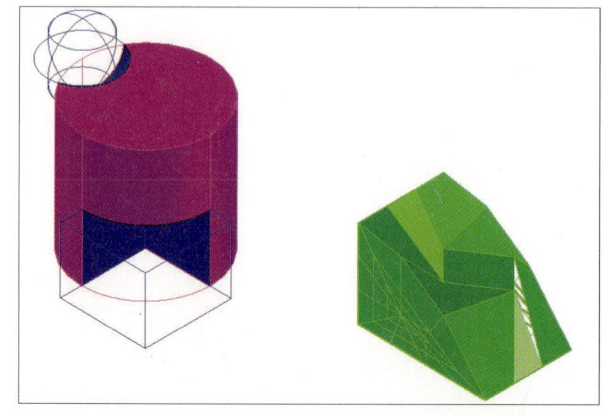

| 참고 | 맞물림 회전 도구 |

맞물림 회전 도구를 사용하면 객체 및 하위 객체를 자유롭게 이동하거나 축의 회전을 제한할 수 있습니다. 맞물림 도구의 가운데 상자(또는 기본 맞물림)에서 지정된 이 위치는 이동의 기준점을 설정하며, 선택한 객체가 회전할 동안 UCS의 위치를 임시로 변경합니다.

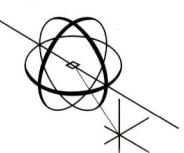

04. 축척 장치의 조작

08 이번에는 축척 장치를 알아보겠습니다. '메쉬' 또는 '솔리드' 탭의 '선택' 패널에서 선택 모드(SUBOBJSELECTIONMODE)를 '정점'으로 지정하고 편집 장치를 '축척 장치'로 지정합니다.

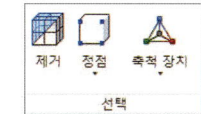

09 편집하고자 하는 정점을 클릭합니다. 지정한 정점에 빨간색 점이 나타납니다. 정점 선택이 끝났으면 축척하고자 하는 축을 선택합니다. 선택한 축을 위, 아래로 움직입니다.

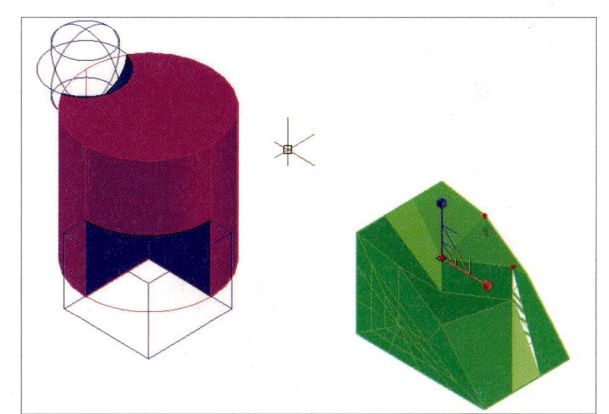

10 이번에는 원점을 클릭한 후
{** 신축 **}
{신축점 지정 또는 [기준점(B)/명령 취소(U)/종료(X)]:}
에서 마우스를 움직여 신축 길이를 지정합니다. 마우스의 움직임에 따라 모양이 바뀌는 것을 알 수 있습니다.

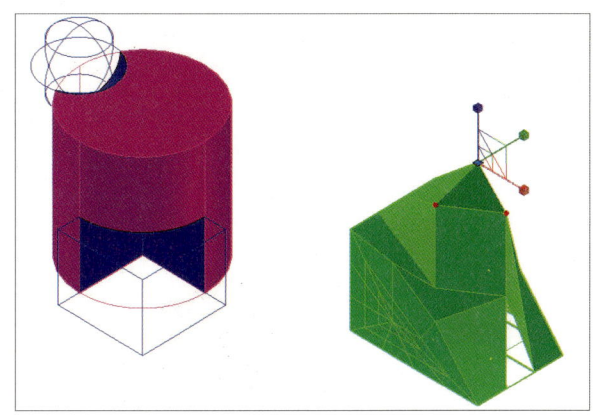

Part 08 3차원 객체의 모델링 및 편집

참고 장치 아이콘(GIZMO)

편집 장치를 지정하고 객체를 선택하면 다음 그림과 같은 장치 아이콘이 나타납니다. 이 장치는 3차원 뷰에서만 사용할 수 있습니다. 앞에서부터 차례로 '이동', '회전', '축척' 아이콘입니다. 이 아이콘은 처음 지정한 선택 세트(정점, 모서리, 면)의 중심 위치에 나타나지만 사용자가 위치를 지정할 수 있습니다.

장치의 가운데 상자(또는 기준 그립)는 수정을 위한 기준점을 설정합니다. 장치에 있는 축 핸들이 이동이나 회전을 축이나 평면으로만 제한합니다. 장치의 축을 지정하면 해당 축에 제한하여 편집할 수 있습니다.

참고 구속 조건에 의한 편집

선택 세트(정점, 모서리, 면)를 편집(이동, 축척, 회전)할 때 구속 조건을 부여하여 편집할 수 있습니다. 장치 아이콘에 마우스를 대고 오른쪽 버튼을 누르면 다음 그림과 같은 바로가기 메뉴가 나타납니다. 여기에서 '구속조건 설정'을 클릭하면 축 목록이 나타납니다. 예를 들어, 구속하고자 하는 'XY'축을 선택합니다.

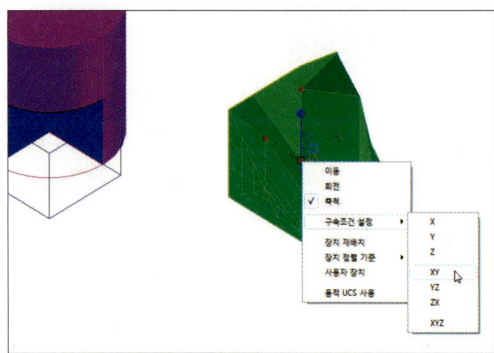

{** 축척 **}
{축척 비율 지정 또는 [기준점(B)/명령 취소(U)/참조(R)/종료(X)]:}에서 마우스를 움직여봅니다. XY축이 구속된다는 것을 알 수 있습니다.

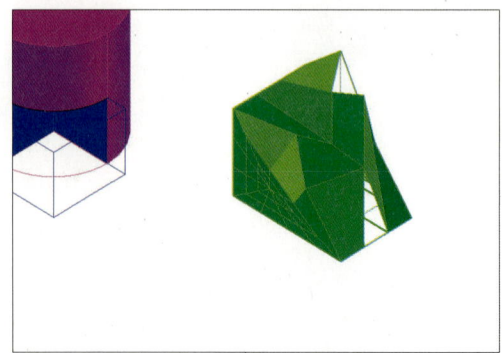

23. 표면(Surface)의 작성 및 편집

AutoCAD 2015

표면(Surface)은 질량이나 체적이 없는 무한히 얇은 쉘을 표현하는 객체입니다. 이번에는 표면(Surface) 작성 및 편집 명령에 대해 학습하겠습니다. 솔리드 객체의 작성과 마찬가지로 돌출(EXTRUDE), 로프트(LOFT), 스윕(SWEEP), 회전(REVOLVE) 명령으로 표면을 작성할 수 있습니다. 조작 방법은 솔리드와 동일하므로 솔리드 조작을 참조합니다. 단, 원본 객체가 열려 있는 객체입니다. 자세한 내용은 '솔리드(SOLID) 모델링'을 참조합니다.

1 3차원의 폴리선을 작성하는 3D 폴리선(3DPOLY)

2D 폴리선(PLINE)은 Z좌표를 지정할 수 없습니다. 3D 폴리선(3DPOLY)은 Z좌표를 포함한 3차원 공간에서 작성할 수 있는 폴리선입니다.

명령 : 3DPOLY(단축키 : 3P)　　　　　　메뉴 아이콘 :

01 '열기(OPEN)' 명령으로 다운로드 받은 예제 파일 중에서 'Part8_3DPoly01.dwg' 파일을 엽니다. (예제 파일은 혜지원 출판사 홈페이지 'www.hyejiwon.co.kr' 자료실에서 다운받을 수 있습니다.) 다음과 같은 도면이 펼쳐집니다.

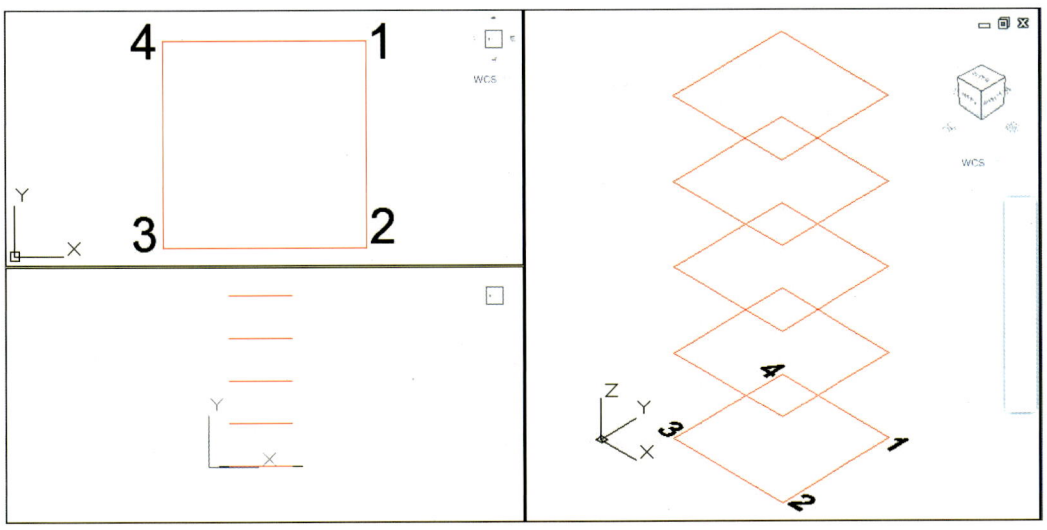

02 3D 폴리선 명령을 실행합니다. 명령어 '3DPOLY' 또는 '3P'를 입력하거나 '홈' 탭의 '그리기' 패널에서 을 클릭합니다.

{폴리선의 시작점 지정:}에서 가장 아래에 있는 사각형의 1번 꼭지점을 지정합니다.

{선의 끝점 지정 또는 [명령 취소(U)]:}에서 아래에서 두 번째 사각형의 2번 꼭지점을 지정합니다.

{선의 끝점 지정 또는 [명령 취소(U)]:}에서 아래에서 세 번째 사각형의 3번 꼭지점을 지정합니다.

{선의 끝점 지정 또는 [닫기(C)/명령 취소(U)]:}에서 아래에서 네 번째 사각형의 4번 꼭지점을 지정합니다.

{선의 끝점 지정 또는 [닫기(C)/명령 취소(U)]:}에서 아래에서 다섯 번째 사각형의 1번 꼭지점을 지정합니다.

{선의 끝점 지정 또는 [닫기(C)/명령취소(U)]:}에서 Enter 또는 Space bar 를 눌러 종료합니다. 다음 그림과 같이 3차원 폴리선이 작도됩니다.

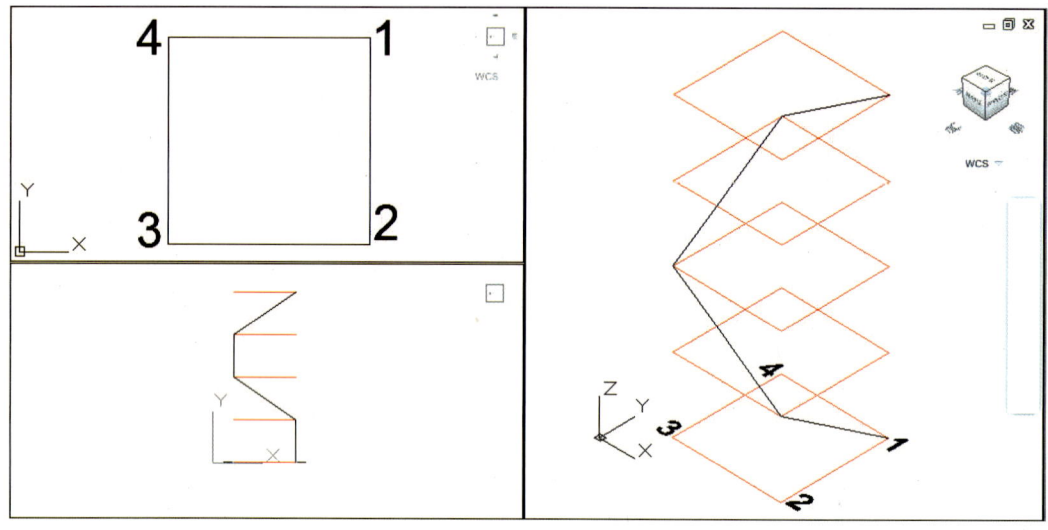

03 Enter 또는 Space bar 를 눌러 3D 폴리선 명령을 재실행합니다.

{폴리선의 시작점 지정:}에서 가장 아래에 있는 사각형의 3번 꼭지점을 지정합니다.

{선의 끝점 지정 또는 [명령 취소(U)]:}에서 아래에서 두 번째 사각형의 4번 꼭지점을 지정합니다.

{선의 끝점 지정 또는 [명령 취소(U)]:}에서 아래에서 세 번째 사각형의 1번 꼭지점을 지정합니다.

{선의 끝점 지정 또는 [닫기(C)/명령 취소(U)]:}에서 아래에서 네 번째 사각형의 2번 꼭지점을 지정합니다.

{선의 끝점 지정 또는 [닫기(C)/명령 취소(U)]:}에서 아래에서 다섯 번째 사각형의 3번 꼭지점을 지정합니다.

{선의 끝점 지정 또는 [닫기(C)/명령취소(U)]:}에서 Enter 또는 Space bar 를 눌러 종료합니다. 다음 그림과 같이 3차원 폴리선이 작도됩니다.

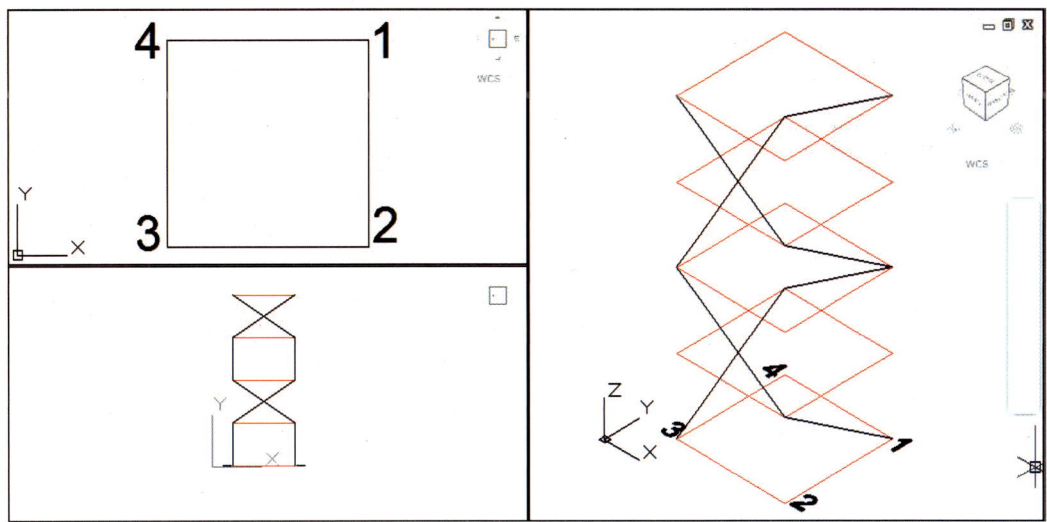

2 두 방향의 곡선 사이에 표면을 작성하는 네트워크 표면(SURFNETWORK)

두 방향(U, V)의 곡선 사이에 표면(표면 및 솔리드 모서리의 선택 포함)을 작성합니다.

명령 : SURFNETWORK　　　　　　　　　　　　**메뉴 아이콘 :**

01 앞의 '3DPOLY'에서 실습한 도면에 이어서 실습하겠습니다. 앞의 실습을 생략한 경우는 다운로드 받은 예제 파일 중에서 'Part8_3DPoly02.dwg' 파일을 엽니다.

네트워크 표면을 실행하기 위해 '선(LINE)' 명령으로 선을 작도합니다. 가장 아래쪽 사각형의 1번 꼭지점과 3번 꼭지점을 잇는 선을 작도합니다.

가장 위쪽 사각형의 1번 꼭지점과 3번 꼭지점을 잇는 선을 작도합니다.

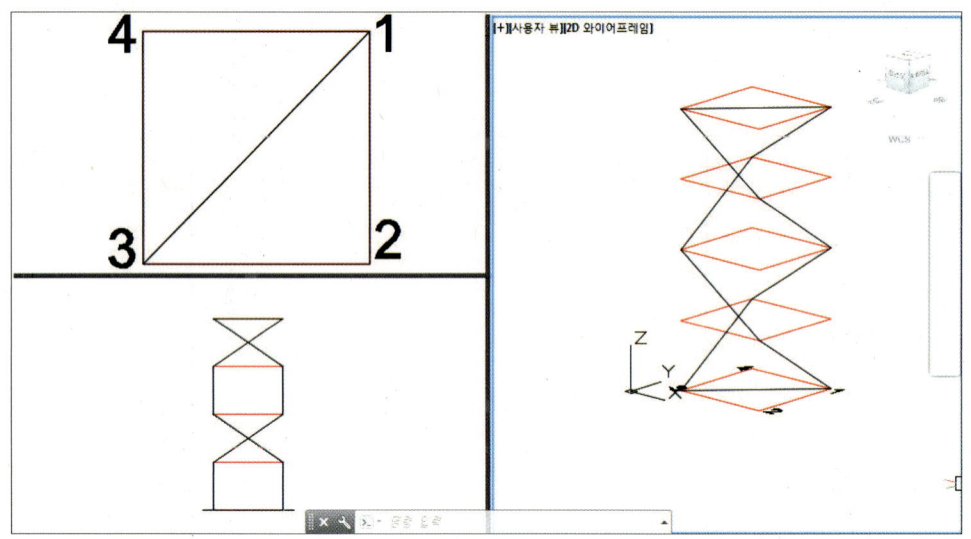

02 폴리선 편집(PEDIT) 명령으로 폴리선을 스플라인 곡선으로 바꿉니다. 명령어 'PEDIT'를 입력하거나 '홈' 탭의 '수정' 패널에서 ✏️을 클릭합니다.

{폴리선 선택 또는 [다중(M)]:}에서 폴리선을 선택합니다.

{옵션 입력 [닫기(C)/결합(J)/정점 편집(E)/스플라인 곡선(S)/비곡선화(D)/반전(R)/명령 취소(U)]:}에서 'S'를 입력합니다.

{옵션 입력 [닫기(C)/결합(J)/정점 편집(E)/스플라인 곡선(S)/비곡선화(D)/반전(R)/명령 취소(U)]:}에서 [Enter] 또는 [Space bar]를 눌러 종료합니다.

[Enter] 또는 [Space bar]를 눌러 폴리선 편집 명령을 재실행합니다.

동일한 방법으로 또 하나의 폴리선을 스플라인 곡선으로 바꿉니다. 다음과 같이 바뀝니다.

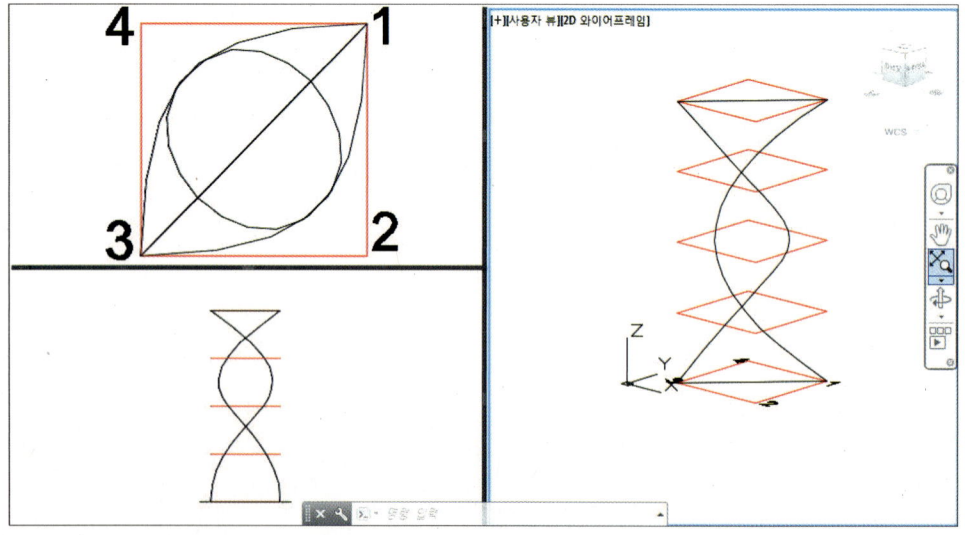

03 네트워크 표면 명령을 실행합니다. 명령어 'PLANESURF'를 입력하거나 '표면' 탭의 '작성' 패널 또는 '표면 작성' 도구막대에서 ⊗을 클릭합니다.

{첫 번째 방향에서 곡선 또는 표면 모서리 선택:}에서 앞에서 작도한 첫 번째 3D 폴리선을 선택합니다. {1개를 찾음}

{첫 번째 방향에서 곡선 또는 표면 모서리 선택:}에서 앞에서 작도한 두 번째 3D 폴리선을 선택합니다. {1개를 찾음, 총 2개}

{첫 번째 방향에서 곡선 또는 표면 모서리 선택:}에서 [Enter] 또는 [Space bar]를 눌러 첫 번째 방향의 객체 선택을 종료합니다.

{두 번째 방향에서 곡선 또는 표면 모서리 선택:}에서 아래쪽 사각형에 작도한 선을 선택합니다. {1개를 찾음}

{두 번째 방향에서 곡선 또는 표면 모서리 선택:}에서 위쪽 사각형에 작도한 선을 선택합니다. {1개를 찾음, 총 2개}

{두 번째 방향에서 곡선 또는 표면 모서리 선택:}에서 [Enter] 또는 [Space bar]를 눌러 두 번째 방향의 객체 선택을 종료합니다.

다음과 같이 네트워크 표면이 작도됩니다.

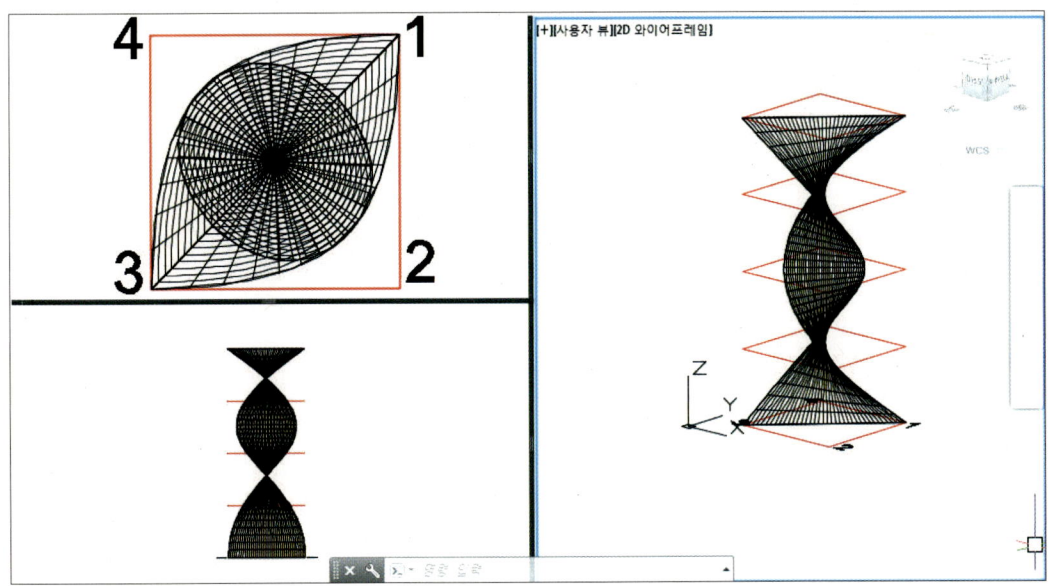

04 비주얼 스타일을 '개념'으로 지정하여 표현하면 다음과 같이 3D 표면이 표현됩니다.

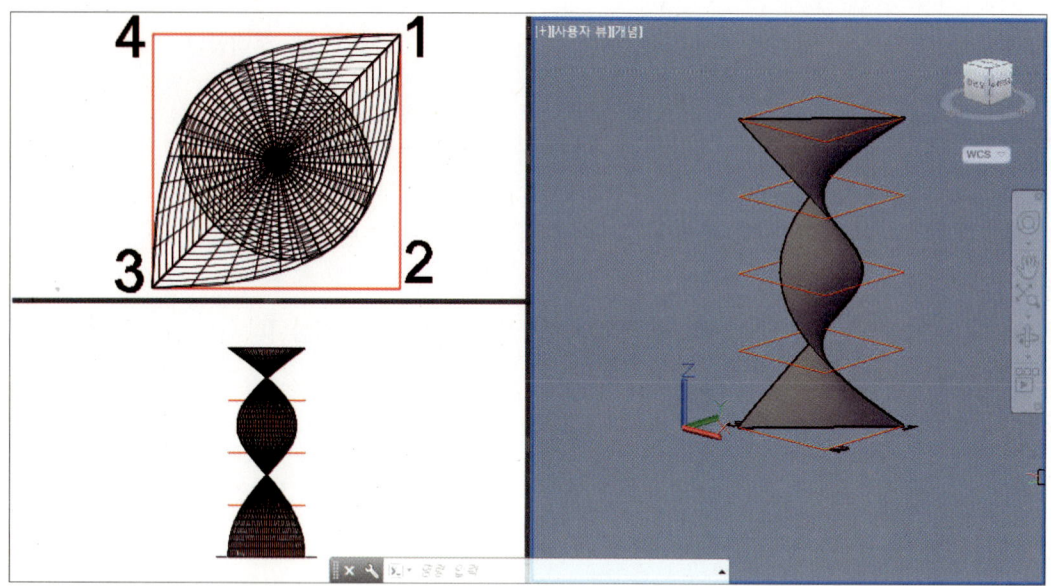

참고 | 표면에 작도되는 그물망의 등각선 수

네트워크 표면, 평면 표면 등에 작도되는 그물망의 등각선 수는 시스템 변수 'SURFU'와 'SURFV'로 조정할 수 있습니다. 0~200까지의 정수를 지정합니다.
{명령:}에서 'SURFU' 또는 'SURFV'를 입력합니다.
{SURFU에 대한 새 값 입력 <6>:}에서 작도하고자 하는 등각선의 수를 입력합니다.
또는 환경을 설정하는 '옵션' 대화상자의 '3D 모델링' 탭의 '표면의 등각선' 값을 설정합니다.

참고 | 절차 표면과 NURBS 표면

표면을 작성할 때 시스템 변수 'SURFACEMODELINGMODE' 값에 의해 표면 종류가 절차 표면이 되기도 하고 NURBS 표면이 되기도 합니다.
{명령:}에서 'SURFACEMODELINGMODE'를 입력합니다.
{SURFACEMODELINGMODE에 대한 새 값 입력 <0>:}에서 '0' 또는 '1'을 입력합니다.
0 : 절차 표면(OFF)
1 : NURBS 표면(ON)
또는 '표면' 탭의 '작성' 패널에서 'NURBS 작성'을 클릭하여 켜고/끄기(ON/OFF)를 할 수 있습니다.
{SURFU에 대한 새 값 입력 <6>:}에서 작도하고자 하는 등각선의 수를 입력합니다.
또는 환경을 설정하는 '옵션' 대화상자의 '3D 모델링' 탭의 '표면의 등각선' 값을 설정합니다.

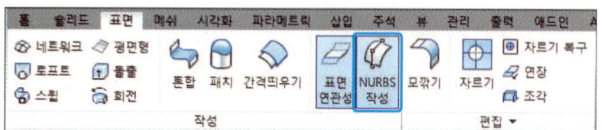

3 평편한 표면을 작성하는 평면 표면(PLANESURFACE)

평편한 표면을 작성합니다. 직사각형의 두 점을 지정해 작성하는 방법과 폐쇄 객체를 선택하여 작성하는 방법이 있습니다.

명령 : PLANESURF   메뉴 아이콘 :

01 평면 표면 명령을 실행합니다. 명령어 'PLANESURF'를 입력하거나 '표면' 탭의 '작성' 패널 또는 '표면 작성' 도구막대에서 을 클릭합니다.
{첫 번째 구석 지정 또는 [객체(O)] 〈객체(O)〉:}에서 시작점 '50,50'을 입력합니다.
{반대 구석 지정:}에서 상대좌표 '@200,300'을 입력합니다. 다음 그림과 같은 평면 곡면이 작도됩니다.

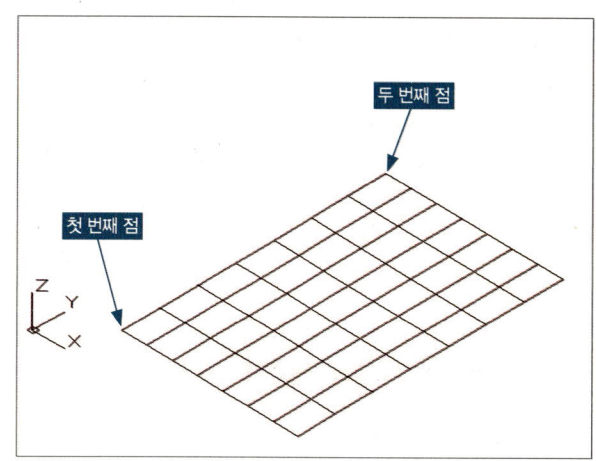

02 3D 폴리선 명령으로 사각형을 작도하겠습니다. 명령어 '3DPOLY' 또는 '3P'를 입력하거나 '홈' 탭의 '그리기' 패널에서 을 클릭합니다.
{폴리선의 시작점 지정:}에서 객체 스냅 '끝점'을 이용하여 앞에서 작성한 평면 곡면의 끝점(첫 번째 점)을 지정합니다.
{선의 끝점 지정 또는 [명령 취소(U)]:}에서 객체 스냅 '끝점'을 이용하여 앞에서 작성한 평면 곡면의 반대편 끝점(두 번째 점)을 지정합니다.
{선의 끝점 지정 또는 [명령 취소(U)]:}에서 상대좌표 '@0,0,200'를 입력합니다.
{선의 끝점 지정 또는 [닫기(C)/명령 취소(U)]:}에서 상대좌표 '@0,-300,0'를 입력합니다. {선의 끝점 지정 또는 [닫기(C)/명령 취소(U)]:}에서 닫기 옵션 'C'를 입력합니다. 다음 그림과 같이 3D 폴리선으로 구성된 사각형이 작도됩니다.

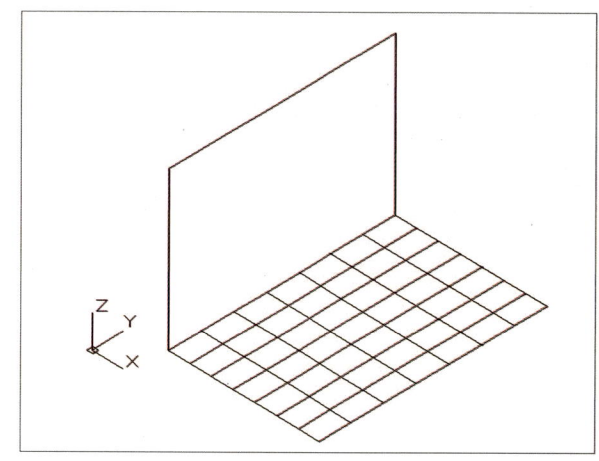

03 평면 표면 명령을 실행합니다. 명령어 'PLANESURF'를 입력하거나 '표면' 탭의 '작성' 패널 또는 '표면 작성' 도구막대에서 ▣을 클릭합니다.

{첫 번째 구석 지정 또는 [객체(O)] <객체(O)>:}에서 객체 옵션 'O'를 선택합니다.

{객체 선택:}에서 앞에서 작성한 3D 폴리선을 선택합니다. {1개를 찾음}

{객체 선택:}에서 Enter 또는 Space bar 를 눌러 종료합니다. 다음 그림과 같이 선택한 사각형 객체(3D 폴리선)가 평면 표면으로 바뀝니다.

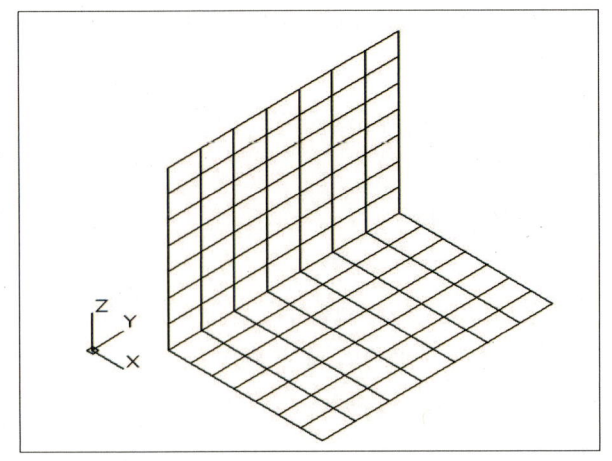

4 작성된 표면을 이용한 조작

새로운 표면을 작성할 수도 있지만 기존 작성된 표면을 이용하여 혼합, 패치, 간격 띄우기 등으로 새로운 표면을 작성할 수도 있습니다. 이번에는 기존 표면을 이용하여 새로운 표면을 작성해보도록 하겠습니다.

01. 표면 혼합(SURFBLEND)

기존 작성된 두 표면을 선택하여 연속 혼합 표면을 작성합니다. 두 표면을 혼합할 때는 표면 연속성과 돌출 크기를 지정합니다.

명령 : SURFBLEND   메뉴 아이콘 : ⬅

01 '열기(OPEN)' 명령으로 다운로드 받은 예제 파일 중에서 'Part8_표면편집.dwg' 파일을 엽니다. 다음과 같은 도면이 펼쳐집니다.

02 표면 혼합 명령을 실행합니다. 명령어 'SURFBLEND'를 입력하거나 '표면' 탭의 '작성' 패널 또는 '표면 작성' 도구막대에서 ⇔을 클릭합니다.

{연속성 = G1 – 접점, 돌출 크기 = 0.5}
{혼합할 첫 번째 표면 모서리 선택:}에서 항아리 모양의 위쪽 원을 선택합니다. {1개를 찾음}
{혼합할 첫 번째 표면 모서리 선택:}에서 Enter 또는 Space bar 를 누릅니다.
{혼합할 두 번째 표면 모서리 선택:}에서 위쪽 원통 모양의 아래쪽 표면의 원을 선택합니다. {1개를 찾음}
{혼합할 두 번째 표면 모서리 선택:}에서 Enter 또는 Space bar 를 눌러 선택을 종료합니다.

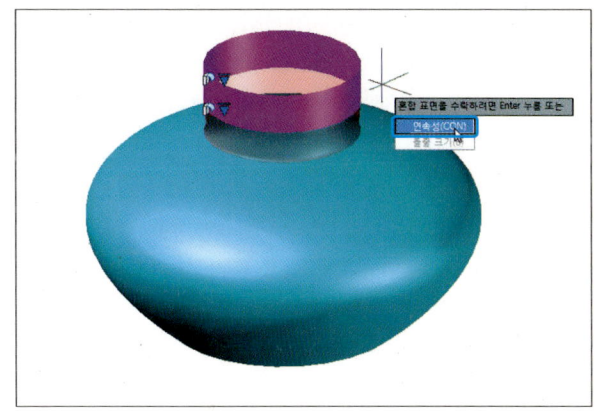

03 {혼합 표면을 수락하려면 Enter 누름 또는 [연속성(CON)/돌출 크기(B)]:}에서 'CON'을 입력하거나 바로 가기 메뉴에서 '연속성(CON)'을 선택합니다.
{첫 번째 모서리 연속성 [G0(G0)/G1(G1)/G2(G2)] <G1>:}에서 'G1'을 입력합니다.
{두 번째 모서리 연속성 [G0(G0)/G1(G1)/G2(G2)] <G1>:}에서 Enter 또는 'G1'을 입력합니다.
{혼합 표면을 수락하려면 Enter 누름 또는 [연속성(CON)/돌출 크기(B)]:}에서 Enter 를 눌러 수락합니다. 다음 그림과 같이 두 모서리 사이에 표면이 작성됩니다.

> **참고** **표면 연관성(SURFACEASSOCIATIVITY)**
>
> 혼합 표면을 작성할 때 '표면' 탭의 '작성' 패널에 있는 '표면 연관성 ' 컨트롤을 켜거나 시스템 변수 'SURFACEASSOCIATIVITY'의 값을 '1'로 설정하면 기존 표면과 새로 작성된 표면이 연관되어 작성됩니다. 연관이 되면 다음 그림과 같이 위쪽 표면이 커지면 연결된 표면도 함께 커집니다. 즉, 연결되어 움직입니다.

옵션 설명

{혼합 표면을 수락하려면 Enter 누름 또는 [연속성(CON)/돌출 크기(B)]:}

(1) **연속성(CON)** : 표면이 모서리에서 연결될 때 서로 얼마나 부드럽게 이어지는지 측정합니다. 기본값은 'G0' 입니다. 연속성은 두 곡선이나 표면이 서로 얼마나 부드럽게 이어지는지를 측정하는 기준입니다. 표면을 다른 응용 프로그램으로 내보내야 하는 경우에는 연속성 유형이 중요할 수 있습니다.

① G0(위치) : 위치만 측정합니다. 각 표면의 모서리가 동일 선상에 있으면 표면은 모서리 곡선에서 연속하는 위치(G0)에 있습니다. 두 표면이 어느 각도에서 만나더라도 위치 연속성은 계속 유지됩니다.

② G1(접촉부) : 위치 및 접선 연속성을 모두 포함합니다(G0 + G1). 접선이 연속하는 표면에서는 끝 접선이 공통의 모서리에서 일치합니다. 두 표면은 결합 위치에서 같은 방향으로 이동하는 것처럼 보이지만 표시 "속도"(해당 방향의 변경 비율, 곡률이라고도 함)는 서로 크게 다를 수 있습니다.

③ G2(곡률) : 위치, 접선 및 곡률 연속성을 포함합니다(G0 + G1 + G2). 두 표면이 같은 곡률을 공유합니다.

(2) **돌출 크기(B)** : 기존 표면과 만나는 혼합 표면 모서리의 둥글기를 설정합니다. 기본값은 '0.5'이고 유효한 값의 범위는 0 ~ 1까지입니다. '0'인 경우 평평한 것이고 '1'인 경우 가장 많이 구부러지는 것입니다. 다음 그림은 '돌출 크기'를 '0.1'로 설정한 결과입니다.

02. 표면 패치(SURFPATCH)

닫힌 루프를 형성하는 표면 모서리 위에 캡을 맞춰 새 표면을 작성합니다. 닫힌 루프 위에 곡선을 더 추가하여 패치 표면을 구속 및 안내할 수 있습니다.

명령 : SURFPATCH   메뉴 아이콘 :

04 앞에서 실습한 도면에 이어서 실습하겠습니다. 다음과 같이 항아리의 아래쪽 면이 보이도록 뷰를 조정합니다.

05 표면 패치 명령을 실행합니다. 명령어 'SURFPATCH'를 입력하거나 '표면' 탭의 '작성' 패널 또는 '표면 작성' 도구막대에서 을 클릭합니다.
{연속성 = G0 – 위치, 돌출 크기 = 0.5}
{패치할 표면 모서리 선택 또는 〈곡선 선택(C)〉:}에서 위쪽 표면의 원 모서리를 선택합니다. {1개를 찾음}
{패치할 표면 모서리 선택 또는 〈곡선 선택(C)〉:}에서 [Enter] 또는 [Space bar]를 눌러 모서리 선택을 종료합니다.
{패치 표면을 수락하려면 Enter 누름 또는 [연속성(CON)/돌출 크기(B)/형상 구속(CONS)]:}에서 연속성 옵션 'CON'을 입력합니다.
{패치 표면 연속성 [G0(G0)/G1(G1)/G2(G2)] 〈G0〉:}에서 'G0'를 입력합니다.
{패치 표면을 수락하려면 Enter 누름 또는 [연속성(CON)/돌출 크기(B)/안내(G)]:}에서 [Enter]를 누릅니다. 다음 그림과 같이 패치 표면이 작도됩니다.

[TIP] {패치할 표면 모서리 선택 또는 〈곡선 선택(C)〉:}에서 객체를 선택할 때, 닫힌 표면 모서리(표면 자체가 아님)를 하나 이상 선택하거나 곡선을 하나 이상 선택합니다. 모서리와 곡선을 동시에 선택할 수는 없습니다.

> **옵션 설명**
>
> {패치 표면을 수락하려면 Enter 누름 또는 [연속성(CON)/돌출 크기(B)/형상 구속(CONS)]:}
>
> (1) 연속성(CON) : '혼합 표면(SURFBLEND)'의 설명을 참고합니다.
> (2) 돌출 크기(B) : '혼합 표면(SURFBLEND)'의 설명을 참고합니다.
> (3) 형상 구속(CONS) : 추가 안내 곡선을 사용하여 패치 표면 모양을 작성합니다. 안내 곡선은 곡선 또는 점일 수 있습니다.

03. 표면 간격 띄우기(SURFOFFSET)

기존에 작성된 표면에서 지정된 거리에 평행 표면을 작성합니다.

명령 : SURFOFFSET   메뉴 아이콘 :

06 앞에서 실습한 도면에 이어서 실습하겠습니다. 도면이 없으면 다운로드 받은 예제 파일 중에서 'Part8_표면편집_패치.dwg' 파일을 엽니다. 명령어 'SURFOFFSET'를 입력하거나 '표면' 탭의 '작성' 패널 또는 '표면 작성' 도구막대에서 을 클릭합니다.

{인접 모서리 연결 = 아니오}

{간격을 띄울 표면 또는 영역 선택:}에서 앞의 실습에서 패치한 아래쪽 표면을 선택합니다. {1개를 찾음}

{간격을 띄울 표면 또는 영역 선택:}에서 Enter 또는 Space bar를 눌러 선택을 종료합니다.

{간격띄우기 거리 지정 또는 [방향 반전(F)/양쪽 면(B)/솔리드(S)/연결(C)/표현식(E)] <0.0000>:}에서 방향 반전 옵션 'F'를 입력합니다. 다음 그림과 같이 띄우기할 방향으로 화살표가 나타납니다.

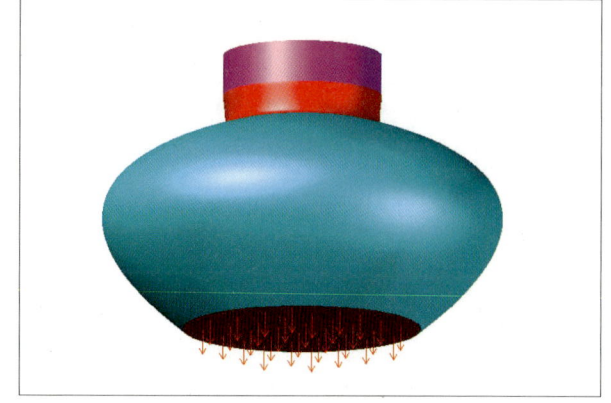

07 {간격띄우기 거리 지정 또는 [방향 반전(F)/양쪽 면(B)/솔리드(S)/연결(C)/표현식(E)] <0.0000>:}에서 간격 '20'을 입력합니다.

{1개의 객체를 간격 띄우기합니다.}

{1개의 간격 띄우기 작업에 성공했습니다.}라는 메시지와 함께 다음 그림과 같이 표면이 간격을 띄워 복사됩니다.

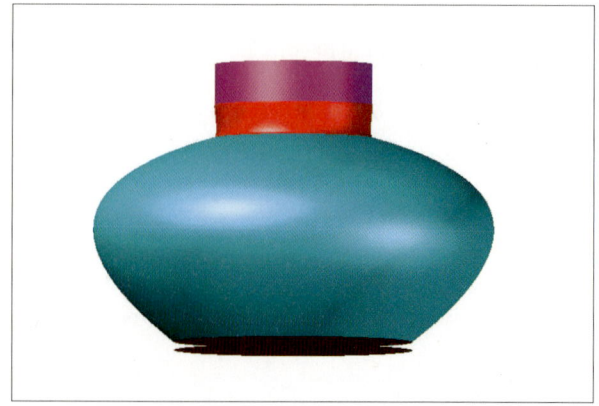

> **옵션 설명**
>
> {간격띄우기 거리 지정 또는 [방향 반전(F)/양쪽 면(B)/솔리드(S)/연결(C)/표현식(E)] <0.0000>:}
>
> (1) **방향 반전(F)** : 간격 띄우기할 방향을 반대로 바꿉니다. 표시되는 화살표의 방향이 반대로 표시됩니다.
> (2) **양쪽 면(B)** : 양쪽 방향으로 표면을 간격 띄우기합니다. 선택한 표면을 기준으로 양쪽으로 두 개의 새 표면이 작성됩니다.
> (3) **솔리드(S)** : 다음 그림과 같이 지정한 간격으로 띄우면서 솔리드 객체를 작성합니다.
>
>
>
> (4) **연결(C)** : 원래 표면이 연결되어 있으면 여러 간격 띄우기 표면을 연결합니다.
> (5) **표현식(E)** : 공식이나 방정식을 입력하여 표면 간격 띄우기 거리를 지정합니다.

5　표면의 편집

이번에는 표면의 편집에 대해 알아보겠습니다. 편집은 작성된 표면의 모서리를 깎아내고 자르고 복구하고 연장하는 등의 기능입니다.

01. 표면 모깎기(SURFFILLET)

기존 작성된 두 표면 사이에 모깎기된 표면을 작성합니다.

명령 : SURFFILLET　　　　　　　　　　　**메뉴 아이콘 :**

01 '열기(OPEN)' 명령으로 다운로드 받은 예제 파일 중에서 'Part8_Cup.dwg' 파일을 엽니다. 다음과 같은 도면이 펼쳐집니다. 비주얼 스타일을 '실제'로 설정한 이미지입니다.

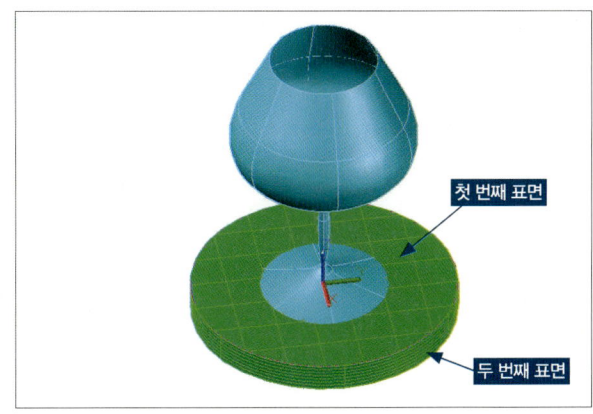

02 표면 모깎기 명령을 실행합니다. 명령어 'SURFFILLET'을 입력하거나 '표면' 탭의 '편집' 패널 또는 '표면 작성' 도구막대에서 🔽을 클릭합니다.

{반지름 = 1.0000, 표면 자르기 = 예}

{모깎기할 첫 번째 표면 또는 영역 선택 또는 [반지름(R)/표면 자르기(T)]:}에서 반지름 옵션 'R'을 입력합니다.

{반지름 지정 또는 [표현식(E)] <1.0000>:}에서 반지름 값 '5'를 입력합니다.

{모깎기할 첫 번째 표면 또는 영역 선택 또는 [반지름(R)/표면 자르기(T)]:}에서 받침대의 위쪽 표면을 선택합니다.

{모깎기할 두 번째 표면 또는 영역 선택 또는 [반지름(R)/표면 자르기(T)]:}에서 받침대의 수직방향 표면을 선택합니다.

{모깎기 표면을 수락하려면 Enter 누름 또는 [반지름(R)/표면 자르기(T)]:}에서 [Enter] 또는 [Space bar]를 눌러 종료합니다.

다음 그림과 같이 두 표면 사이를 지정한 반지름으로 모깎기됩니다.

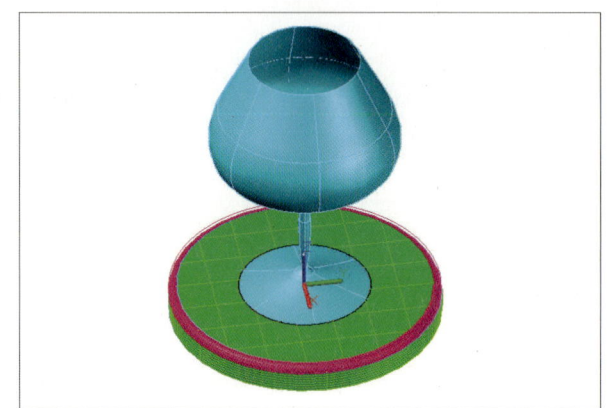

옵션 설명

{모깎기 표면을 수락하려면 Enter 누름 또는 [반지름(R)/표면 자르기(T)]:}

(1) 반지름(R) : 모깎기 반지름을 지정합니다.
(2) 표면 자르기(T) : 모깎기 표면의 모서리까지 원래 표면 또는 영역을 자를지 여부를 지정합니다. 다음 그림은 표면을 자르지 않는 경우입니다. 원래의 표면을 남겨두고 모깎기 표면이 작성됩니다.

02. 표면 연장(SURFEXTEND)

기존에 작성된 표면에서 지정한 거리만큼 표면을 연장합니다.

명령 : SURFEXTEND 메뉴 아이콘 :

03 앞에서 실습한 도면에 이어서 실습하겠습니다. 받침대 아랫면이 보이도록 뷰를 조작합니다.

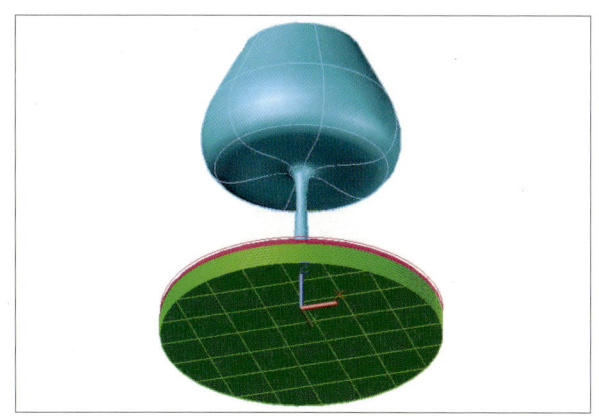

04 표면의 간격 띄우기 명령을 실행합니다. 명령어 'SURFOFFSET'를 입력하거나 '표면' 탭의 '작성' 패널 또는 '표면 작성' 도구막대에서 을 클릭합니다.
{인접 모서리 연결 = 아니오}
{간격을 띄울 표면 또는 영역 선택:}에서 받침대의 아랫면을 선택합니다. {1개를 찾음}
{간격을 띄울 표면 또는 영역 선택:}에서 Enter 또는 Space bar 를 눌러 선택을 종료합니다.
{간격띄우기 거리 지정 또는 [방향 반전(F)/양쪽 면(B)/솔리드(S)/연결(C)/표현식(E)] <0.0000>:}에서 방향 반전 옵션 'F'를 입력합니다. 띄우기할 방향으로 화살표가 나타납니다.
{간격띄우기 거리 지정 또는 [방향 반전(F)/양쪽 면(B)/솔리드(S)/연결(C)/표현식(E)] <0.0000>:}에서 간격 '20'을 입력합니다.
{1개의 객체를 간격 띄우기합니다.}
{1개의 간격 띄우기 작업에 성공했습니다.}라는 메시지와 함께 다음 그림과 같이 표면이 간격을 띄워 복사됩니다.

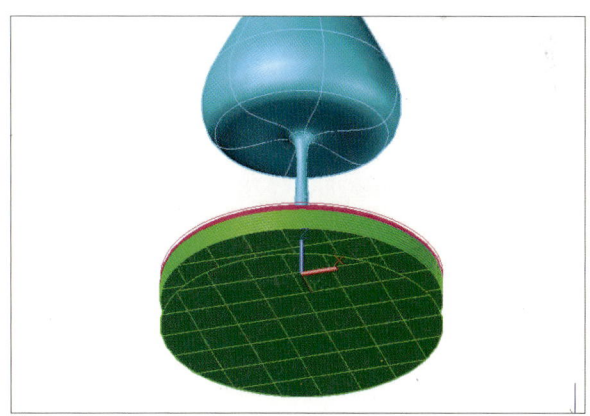

05 표면 연장 명령을 실행합니다. 명령어 'SURFEXTEND'를 입력하거나 '표면' 탭의 '편집' 패널 또는 '표면 편집' 도구막대에서 를 클릭합니다.

{모드 = 연장(E), 작성 = 추가}

{연장할 표면 모서리 선택:}에서 세로 방향으로 작성된 표면의 모서리를 선택합니다. {1개를 찾음}

{연장할 표면 모서리 선택:}에서 Enter 또는 Space bar 를 눌러 선택을 종료합니다.

{연장 거리 지정 [표현식(E)/모드(M)]:}에서 모드 'M'을 입력합니다.

{연장 모드 [연장(E)/신축(S)] <신축>:}에서 신축 'S'를 입력합니다.

{작성 유형 [병합(M)/추가(A)] <병합>:}에서 병합 'M'을 입력합니다.

{연장 거리 지정 [표현식(E)/모드(M)]:}에서 아래쪽 표면의 한 점을 누르든가 '20'을 입력합니다. 다음 그림과 같이 표면이 하나의 객체로 연장됩니다.

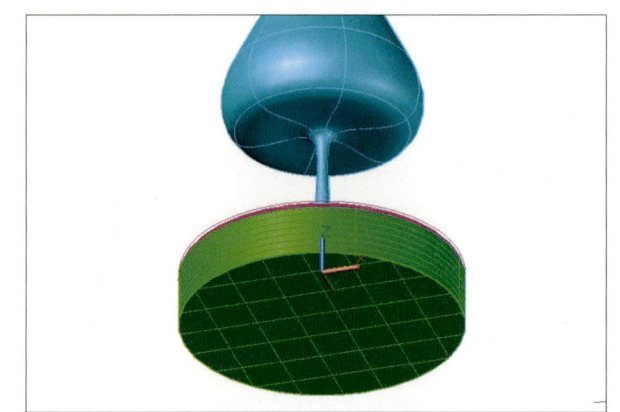

옵션 설명

{연장 거리 지정 [표현식(E)/모드(M)]:}

- **표현식(E)** : 공식이나 방정식을 입력하여 표면 연장 길이를 지정합니다.
- **모드(M)** : 'M'을 지정하면 다음과 같은 메시지가 나타납니다.

{연장 모드 [연장(E)/신축(S)] <연장(E)>:}

- **연장(E)** : 표면 쉐이프와 비슷하게 연장하는 방식으로 표면을 돌출시킵니다.
- **신축(S)** : 표면 쉐이프와 비슷하게 연장하지 않고 표면을 돌출시킵니다.

다시, 다음과 같은 옵션을 선택하는 메시지가 나타납니다.

{작성 유형 [병합(M)/추가(A)] <추가>:}

- **병합(M)** : 새 표면을 작성하지 않고 표면을 지정된 길이만큼 연장합니다. 즉, 하나의 객체가 됩니다.
- **추가(A)** : 연장된 부분에 새로운 표면이 추가됩니다. 다음 그림과 같이 기존 표면과 연장 표면이 서로 다른 두 개의 객체가 됩니다.

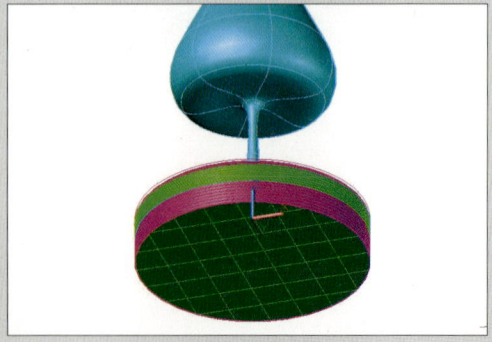

03. 표면 자르기(SURFTRIM)

표면에서 다른 표면 또는 형상 유형과 만나는 부분을 자릅니다.

명령 : SURFTRIM   메뉴 아이콘 :

06 앞에서 실습한 도면에 이어서 실습하겠습니다. 먼저, 자를 경계선을 작도합니다. '직사각형(RECTANGLE)' 명령으로 직사각형을 작도한 후 '돌출(EXTRUDE)' 명령으로 표면을 돌출합니다. 돌출 높이는 '40'입니다. 다음 그림과 같이 작도 받침대와 겹치도록 작도합니다. 실습 도면이 없는 경우는 '열기(OPEN)' 명령으로 다운로드 받은 예제 파일 중에서 'Part8_Cup_Trim.dwg' 파일을 엽니다.

07 표면 자르기 명령을 실행합니다. 명령어 'SURFTRIM'을 입력하거나 '표면' 탭의 '편집' 패널 또는 '표면 편집' 도구막대에서 을 클릭합니다.

{표면 연장 = 예, 투영 = 자동}

{자를 표면 또는 영역 선택 또는 [연장(E)/투영 방향(PRO)]:}에서 범위를 지정하여 원통 받침대 표면을 선택합니다. 이때 모깎기한 표면도 선택합니다. {5개를 찾음}

{자를 표면 또는 영역 선택 또는 [연장(E)/투영 방향(PRO)]:}에서 Enter 또는 Space bar를 눌러 선택을 종료합니다.

{절단 곡선, 표면 또는 영역 선택:}에서 직전에 작성한 사각 표면을 선택합니다. {1개를 찾음}

{절단 곡선, 표면 또는 영역 선택:}에서 Enter 또는 Space bar를 눌러 선택을 종료합니다.

{자를 영역 선택 [명령 취소(U)]:}에서 사각 표면의 바깥쪽으로 튀어나온 원형 받침대를 선택합니다.

{자를 영역 선택 [명령 취소(U)]:}에서 4개 방향으로 돌려가면서 차례로 선택합니다.

원하는 부분이 모두 잘렸으면 {자를 영역 선택 [명령 취소(U)]:}에서 Enter 또는 Space bar를 눌러 종료합니다. 다음 그림과 같이 원통 받침대가 절단 표면을 기준으로 절단됩니다.

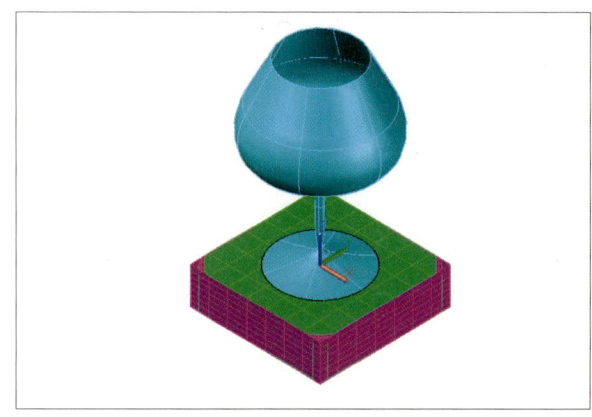

옵션 설명

{자를 표면 또는 영역 선택 또는 [연장(E)/투영 방향(PRO)]:}

(1) 연장(E) : 절단 표면이 잘린 표면의 모서리와 만나도록 잘리는지를 조정합니다.
(2) 투영 방향(PRO) : 절단 형상은 표면으로 투영됩니다. 다음과 같이 투영 각도를 조정합니다.

{투영 방향 지정 [자동(A)/뷰(V)/Ucs(U)/없음(N)] <자동>:}

- 자동(A) : 다음의 조건에 의해 자동으로 투영됩니다.
  - 평면 평행 뷰(예 : 기본 평면도, 정면도 및 우측면도)에서 표면이나 영역을 자르는 경우 절단 형상은 뷰 방향에서 표면에 투영됩니다.
  - 각진 평행 뷰 또는 투시도에서 평면형 곡선을 사용해 표면이나 영역을 자르는 경우 절단 형상은 곡선 평면에 수직인 방향에서 표면에 투영됩니다.
  - 각진 평행 뷰 또는 투시도(예 : 기본 투시도)에서 3D 곡선을 사용해 표면이나 영역을 자르는 경우 절단 형상은 현재 UCS의 Z 방향에 평행인 방향에서 표면에 투영됩니다.
- 뷰(V) : 현재 뷰를 기준으로 형상을 투영합니다.
- UCS(U) : 현재 UCS의 +Z 및 -Z 축에서 형상을 투영합니다.
- 없음(N) : 절단 곡선이 표면에 있는 경우에만 표면이 잘립니다.

04. 표면 자르기 복구(SURFUNTRIM)

자른 표면을 복구합니다.

명령 : SURFUNTRIM   메뉴 아이콘 : ⊕

08 앞에서 실습한 도면에 이어서 실습하겠습니다. 표면 자르기 복구 명령을 실행합니다. 명령어 'SURFUNTRIM'을 입력하거나 '표면' 탭의 '편집' 패널 또는 '표면 편집' 도구막대에서 ⊕을 클릭합니다.
{자르기를 복구할 표면의 모서리 선택 또는 [표면(SUR)]:}에서 다음 그림과 같이 범위를 지정하여 절단한 표면의 모서리를 선택합니다. {19개를 찾음}

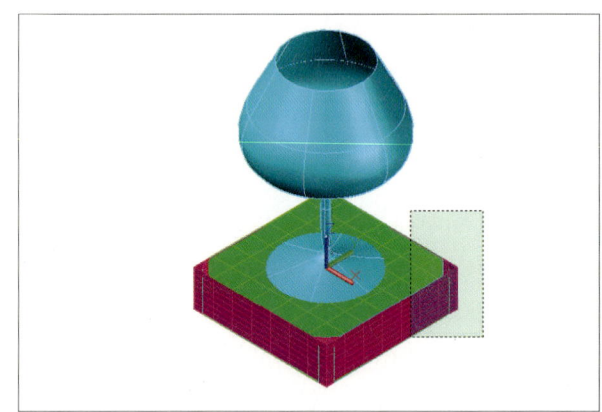

{자르기를 복구할 표면의 모서리 선택 또는 [표면(SUR)]:}에서 Enter 또는 Space bar 를 눌러 선택을 종료합니다. 다음 그림과 같이 자르기 한 표면이 복구됩니다.

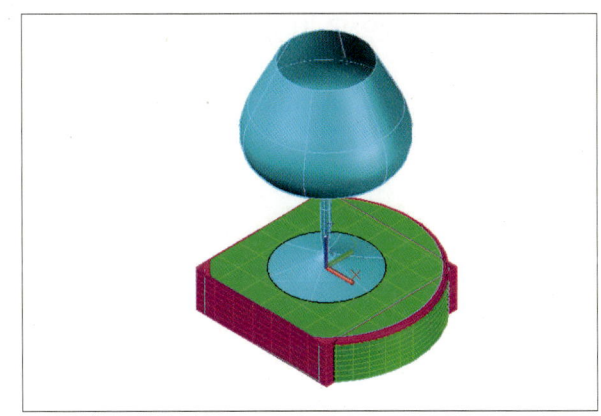

05. 표면 조각(SURFSCULPT)

수밀 영역을 둘러싸는 표면의 집합을 자동으로 결합하고 잘라 솔리드를 작성합니다. 표면으로 둘러싸인 영역은 수밀 영역(밀폐 공간)이어야 하며 표면의 연속성이 'G0'이어야 '표면 조각(SURFSCULPT)' 명령을 완료할 수 있습니다.

명령 : SURFSCULPT

메뉴 아이콘 :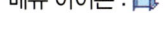

09 'Part8_Cup_Trim.dwg' 파일을 이용하여 실습하겠습니다. 표면 조각 명령을 실행합니다. 명령어 'SURFSCULPT'를 입력하거나 '표면' 탭의 '편집' 패널 또는 '표면 편집' 도구막대에서 을 클릭합니다.
{메쉬 변환이 부드러움 및 최적화(으)로 설정되어 있습니다.}
{솔리드로 조각할 표면 또는 솔리드 선택: 반대 구석 지정:}에서 다음 그림과 같이 범위를 감싸 조각하고자 하는 표면을 선택합니다. {5개를 찾음}

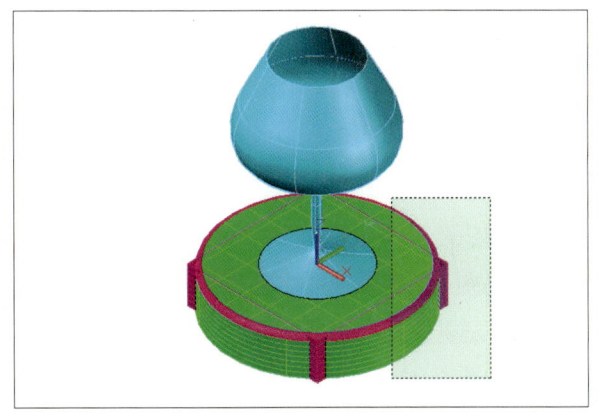

{솔리드로 조각할 표면 또는 솔리드 선택:}에서 Enter 또는 Space bar 를 눌러 선택을 종료합니다.
{5개가 필터처리됨}이라는 메시지와 함께 다음 그림과 같이 3D 솔리드가 작성됩니다.

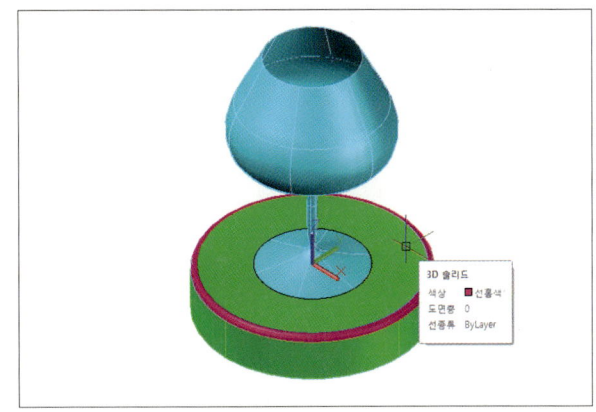

6 표면의 모양을 자유롭게 조작하는 정점

표면(Surface) 객체는 정점을 이용하여 자유로운 형상을 만들 수 있습니다. 단, NURBS 표면에 해당됩니다.

01. NURBS 표면으로 변환(CONVTNURBS)

절차 표면, 메쉬, 솔리드 객체를 NURBS 표면으로 변환합니다.

명령 : CONVTNURBS 메뉴 아이콘 :

01 앞에서 실습한 도면(도면이 없는 경우는 'Part8_Cup_Solid.dwg')에 이어서 실습하겠습니다. 앞의 '표면 조각' 실습으로 다음과 같은 솔리드 객체가 작성되었습니다.

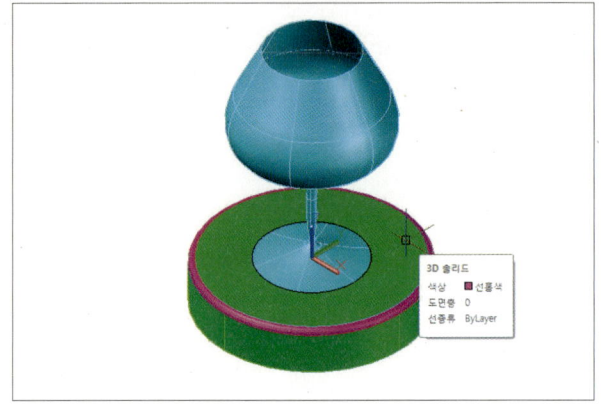

02 'NURBS로 변환' 명령을 실행합니다. 명령어 'CONVTNURBS'를 입력하거나 '표면' 탭의 '조정 정점' 패널 또는 '표면 편집' 도구막대에서 을 클릭합니다.
{다음으로 변환할 객체 선택:}에서 솔리드 객체를 선택합니다. {1개를 찾음}
{다음으로 변환할 객체 선택:}에서 Enter 또는 Space bar 를 눌러 종료합니다. 다음 그림과 같이 NURBS 표면으로 변환됩니다.

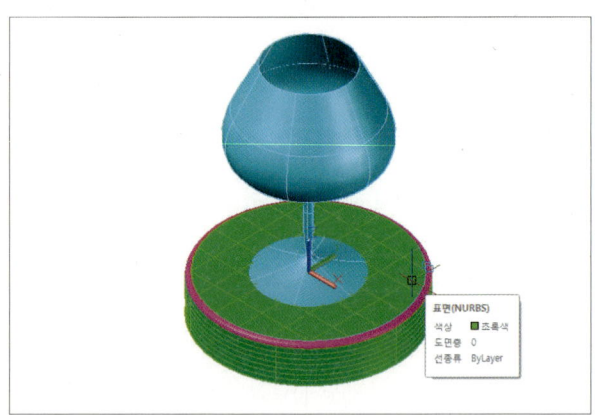

[TIP] 메쉬를 NURBS 표면으로 변환하려면 먼저 '솔리드로 변환(CONVTOSOLID)' 또는 '표면으로 변환(CONVTOSURFACE)' 명령을 이용해 솔리드나 표면으로 변환한 후에 NURBS 표면으로 변환합니다.

02. 정점의 표시(CVSHOW)와 숨기기(CVHIDE)

지정된 NURBS 표면 또는 곡선의 조정 정점을 표시(CVSHOW)하고 숨깁니다(CVHIDE).

명령: CVSHOW, CVHIDE   메뉴 아이콘:

03 앞에서 실습한 도면에 이어서 실습하겠습니다. 명령어 'CVSHOW'를 입력하거나 '표면' 탭의 '조정 정점' 패널 또는 '표면 편집' 도구막대에서 을 클릭합니다.

{조정 정점을 표시할 NURBS 표면 또는 곡선 선택:}에서 컵 받침대의 수직 표면을 선택합니다. {1개를 찾음}
{조정 정점을 표시할 NURBS 표면 또는 곡선 선택:}에서 모깎기 된 모서리를 선택합니다. {1개를 찾음, 총 2개}
{조정 정점을 표시할 NURBS 표면 또는 곡선 선택:}에서 [Enter] 또는 [Space bar]를 눌러 종료합니다. {2개의 유효한 객체가 있습니다.}라는 메시지와 함께 선택한 객체의 조정 정점이 표시됩니다.

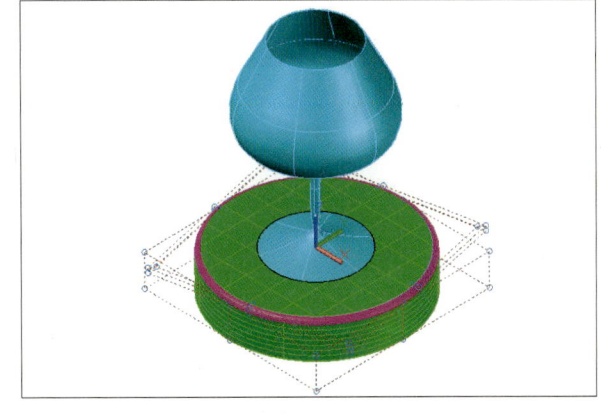

Note_ NURBS 표면이 아닌 경우는 조정 정점이 없습니다.

04 명령어 'CVHIDE'를 입력하거나 '표면' 탭의 '조정 점' 패널 또는 '표면 편집' 도구막대에서 을 클릭합니다. 다음 그림과 같이 조정 정점이 사라집니다.

Note_ 표면 작업을 원활하게 하기 위해서는 정점을 켜놓고 작업할 것을 추천합니다.

03. 표면 재생성(CVREBUILD)

NURBS 표면 또는 스플라인 곡선의 정점 조정을 재생성합니다. 조정 정점을 편집하기가 어렵거나 조정 정점이 너무 많은 경우에는 U 또는 V 방향에서 조정 정점이 더 적게 포함된 표면이나 곡선을 재생성할 수 있습니다. 또한 표면 재생성(CVREBUILD)를 사용하면 표면이나 곡선의 각도를 변경할 수도 있습니다.

명령 : CVREBUILD   메뉴 아이콘 :

05 앞에서 실습한 도면에 이어서 실습하겠습니다. 명령어 'CVREBUILD'를 입력하거나 '표면' 탭의 '조정 정점' 패널 또는 '표면 편집' 도구막대에서 을 클릭합니다. {재생성할 NURBS 표면 또는 곡선 선택:}에서 모깎기된 모서리를 선택합니다. 다음과 같은 대화상자가 나타납니다.

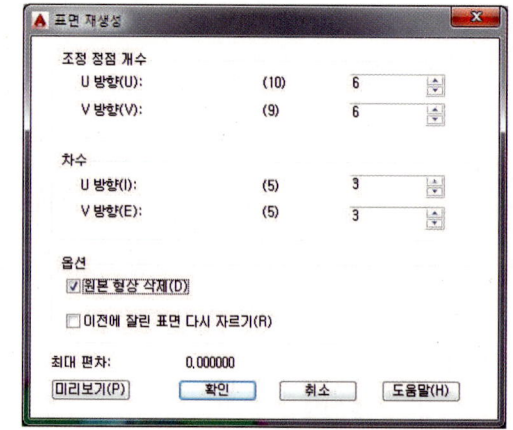

대화상자에서 설정된 상황을 그대로 두고 [미리보기(P)]를 클릭합니다. 다음 그림과 같이 모서리 면에 정점이 표시됩니다. 가로 방향(U방향)의 정점이 6개임을 알 수 있습니다.

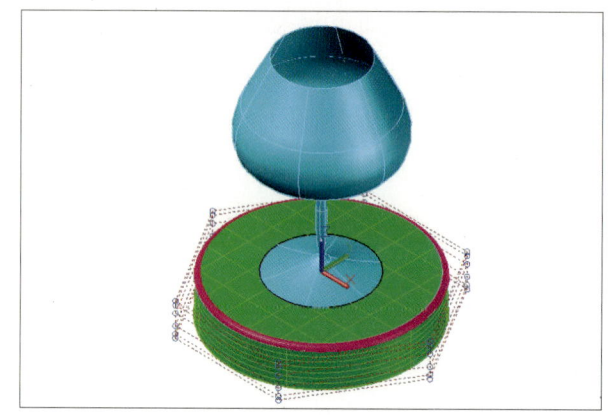

06 {대화상자로 돌아가려면 Esc를 누르고 표면 재생성을 수락하려면 ENTER를 누름:}에서 Esc 키를 누릅니다. 대화상자가 나타나면 'U 방향(U)'과 'V 방향(V)'의 값을 '10'으로 설정합니다.

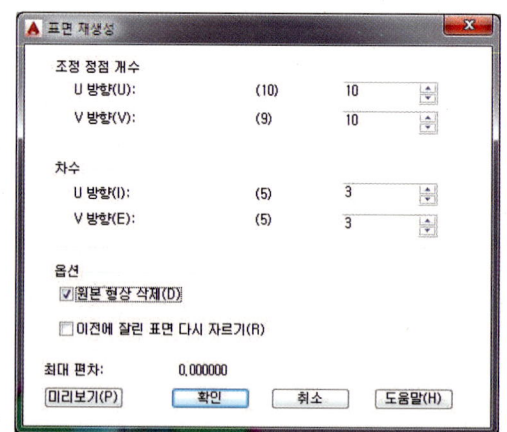

[미리보기(P)]를 클릭하면 다음 그림과 같이 가로 방향과 세로 방향의 정점이 10개로 바뀌었다는 것을 알 수 있습니다.
{대화상자로 돌아가려면 ESC를 누르고 표면 재생성을 수락하려면 ENTER를 누름:}에서 [Enter]를 누르면 정점이 지정한 수만큼 재생성됩니다.

> **참고** 스플라인 곡선의 조정 정점 재생성
>
> '재생성(CVREBUILD)' 명령을 실행한 후 {재생성할 NURBS 표면 또는 곡선을 선택:}에서 스플라인 곡선을 선택하여 '조정 정점 개수(C)'를 12개로 지정하면 다음 그림과 같이 정점이 12개로 바뀝니다. 왼쪽의 스플라인은 원본 곡선이고 오른쪽의 스플라인은 정점의 수를 '12'로 지정한 스플라인입니다. 곡선을 재생성하면 해당 곡선의 모양이 정점에 의해 변경됩니다.

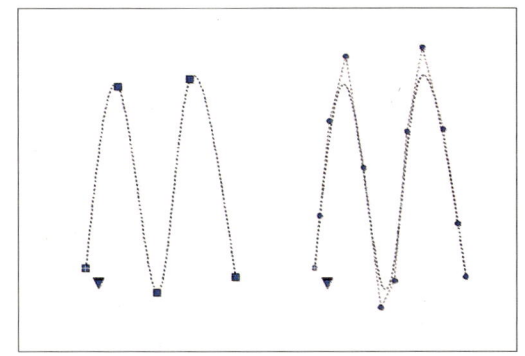

04. 표면 CV 추가(CVADD)

NURBS 표면 또는 스플라인 곡선의 정점 조정을 추가합니다. U 또는 V 방향에 조정 정점을 추가하거나 표면 또는 스플라인에 점을 직접 추가합니다.

명령 : CVADD   메뉴 아이콘 : 🐾

07 앞에서 실습한 도면에 이어서 실습하겠습니다. 명령어 'CVADD'를 입력하거나 '표면' 탭의 '조정 정점' 패널 또는 '표면 편집' 도구막대에서 🐾을 클릭합니다.
{조정 정점을 추가할 NURBS 표면 또는 곡선 선택:}에서 정점을 추가할 NURBS 표면을 선택합니다.
{U 방향에서 조정 정점 추가 중}라는 메시지와 함께 다음 그림과 같이 추가될 가상의 정점이 표면에 나타납니다.

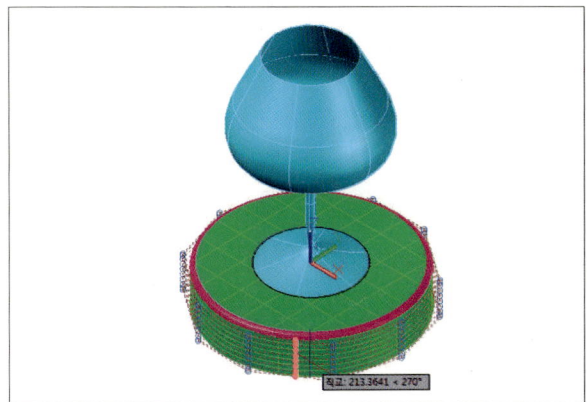

08 {표면에서 점 선택 또는 [매듭 삽입(K)/방향(D)]:}에서 마우스를 움직여 추가하고자 하는 위치를 클릭합니다. 다음 그림과 같이 지정한 위치에 정점이 한 줄 추가됩니다.

참고 스플라인 곡선의 정점 추가

{조정 정점을 추가할 NURBS 표면 또는 곡선 선택:}에서 스플라인 곡선을 선택하면 다음과 같이 추가할 가상의 정점이 표시됩니다. 이때, 클릭하면 정점이 추가됩니다.

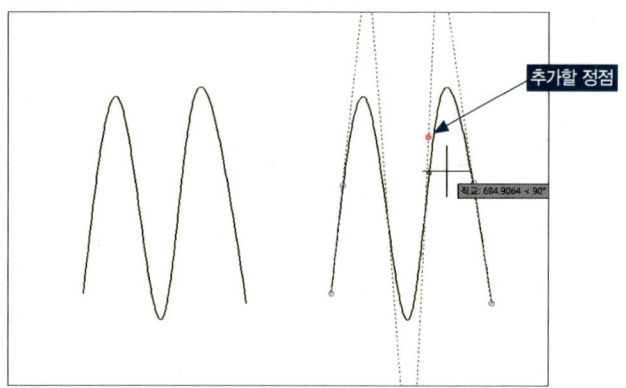

옵션 설명

{표면에서 점 선택 또는 [매듭 삽입(K)/방향(D)]:}

(1) **매듭 삽입(K)** : 조정 정점 표시를 끄고 표면에 점을 직접 배치할 수 있습니다. 이 옵션은 표면을 선택한 경우에만 표시되고 스플라인에 대해서는 표시되지 않습니다.
(2) **방향(D)** : U 또는 V 방향에 조정 정점을 추가할지 여부를 지정합니다. 이 옵션은 표면을 선택한 경우에만 표시되고 스플라인에 대해서는 표시되지 않습니다.
(3) **편집점 삽입(E)** : 조정 정점 표시를 끄고 스플라인에 점을 직접 배치할 수 있습니다. 이 옵션은 스플라인을 선택한 경우에만 표시되고 표면에 대해서는 표시되지 않습니다.

05. 표면 CV 제거(CVREMOVE)

NURBS 표면 또는 스플라인 곡선의 정점 조정을 제거합니다. U 또는 V 방향에 조정 정점을 제거하거나 표면 또는 스플라인에 점을 직접 제거합니다.

23 ; 표면(Surface)의 작성 및 편집

명령 : CVREMOVE   메뉴 아이콘 :

09 앞에서 실습한 도면에 이어서 실습하겠습니다. 명령어 'CVREMOVE'를 입력하거나 '표면' 탭의 '조정 정점' 패널 또는 '표면 편집' 도구막대에서 을 클릭합니다.
{조정 정점을 제거할 NURBS 표면 또는 곡선 선택:}에서 제거할 정점의 NURBS 표면을 선택합니다.
{U 방향에서 조정 정점 제거 중}
{표면에서 점 선택 또는 [방향(D)]:}에서 마우스 커서를 움직이면 다음 그림과 같이 제거할 정점이 가상으로 표시됩니다.

이때 클릭하면 지정한 정점이 제거됩니다.

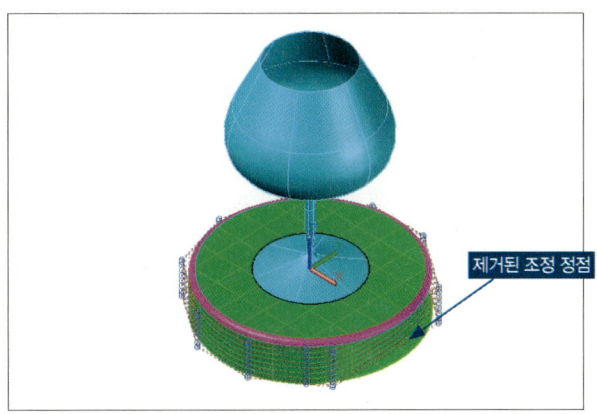

06. 표면 CV 편집 막대(3DEDITBAR)

NURBS 표면의 형태를 조정하고 특정 점에서 U 및 V 방향으로 접촉부를 변경할 수 있습니다. 정확한 좌표를 지정하는 기능을 통해 고도로 정밀하게 표면을 편집할 수 있습니다.

명령 : 3DEDITBAR   메뉴 아이콘 :

10 앞에서 실습한 도면에 이어서 실습하겠습니다. 컵을 NURBS 표면으로 변환한 후 '재생성(REBUILD)' 기능으로 U, V 방향의 각도를 '5'로 설정합니다. 실습용 도면이 없으면 다운로드 받은 'Part8_Cup_CVbar.dwg' 파일을 엽니다.
명령어 '3DEDITBAR'를 입력하거나 '표면' 탭의 '조정 정점' 패널에서 을 클릭합니다.
{편집할 NURBS 표면 선택:}에서 편집할 표면(모깎기된 표면)을 선택합니다.{1개 발견.}

{NURBS 표면에서 점을 선택합니다.}에서 편집하고자 하는 정점을 지정합니다. 편집을 위한 장치(GIZMO) 도구 아이콘이 나타납니다.

{장치를 이동하여 점 위치 변경 또는 [기준점(B)/변위(D)/명령 취소(U)/종료(X)]<종료>:}에서 편집하고자 하는 축(수직 축)을 클릭하여 위쪽으로 끌고 갑니다.

{** 이동 **}

{이동점 지정 또는 [기준점(B)/복사(C)/명령 취소(U)/종료(X)]:}

{수치 거리를 요구함, 두 번째 점, 또는 옵션 키워드.}

Note_ 수직 축으로 맞추면 해당하는 축이 금색으로 변하고 해당 축 방향으로 길게 가이드 선이 표시됩니다.

> 참고 **편집 막대 그립(맞물림)**
>
> 표면 CV 편집을 위한 편집 막대에는 다음의 세 가지 그립이 있습니다.
>
> (1) 이동 : 축의 가운데 있는 사각형으로 표면의 이동을 위한 그립입니다.
> (2) 크기 : 끝 부분에 원형의 점으로 표면의 크기를 조정하기 위한 그립입니다.
> (3) 확장 : 역삼각형 모양으로 표면의 이동을 접선 방향으로 할 것인지, 점을 이동할 것인지를 지정합니다. 역삼각형 모양을 한 번 클릭할 때마다 점 이동과 접선 방향이 바뀝니다.

11 {장치를 이동하여 점 위치 변경 또는 [기준점(B)/변위(D)/명령 취소(U)/종료(X)]<종료>:}에서 [Enter] 또는 [Space bar]를 눌러 종료합니다. 다음 그림과 같이 표면이 편집됩니다.

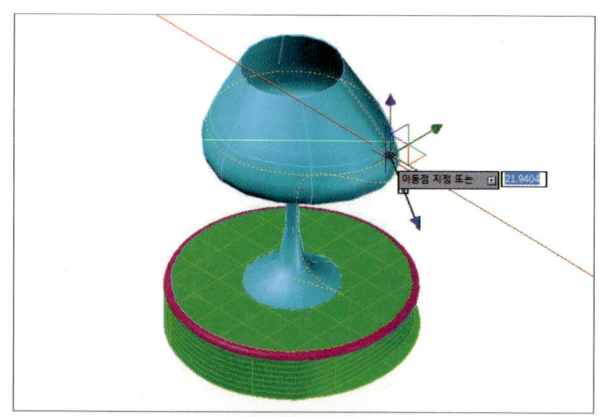

> **옵션 설명**
>
> {장치를 이동하여 점 위치 변경 또는 [기준점(B)/변위(D)/명령 취소(U)/종료(X)]<종료>:}
>
> (1) 기준점(B) : 다음 편집 점을 지정합니다.
> (2) 변위(D) : 명령 프롬프트에서 입력한 좌표 값을 사용하여 CV의 상대적 거리 및 방향을 지정합니다.
> (3) 명령 취소(U) : CV 편집 막대를 종료하지 않고 작업을 취소합니다.
> (4) 종료(X) : 프롬프트를 취소하고 CV 편집 막대로 돌아와 CV 추가 및 편집을 계속합니다.

12 다음 그림과 같이 변형된 모양의 컵이 작성됩니다.

24; 표면(SURFACE) 및 메쉬(MESH) 모델링

AutoCAD 2015

이번에는 표면 객체를 이용하여 주전자를 모델링하고, 메쉬 객체를 이용하여 카메라를 모델링하는 실습을 하겠습니다. 두 예제 모델 모두 부드러운 유선형이라는 것이 특징입니다. AutoCAD는 이렇게 다양한 형상의 표현이 가능합니다.

1 물 주전자

다음과 같은 물 주전자의 모델링 과정을 실습하겠습니다. 객체는 표면(Surface)으로 작성하겠습니다.

01 다운로드 받은 예제 파일 중에서 'Part8_주전자기초.dwg' 파일을 엽니다. 다음과 같은 기초 도면이 열립니다.

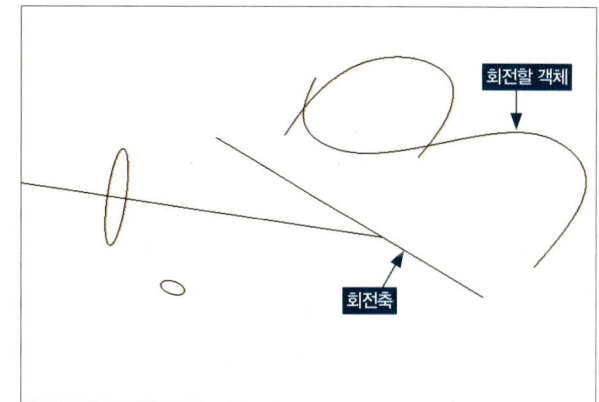

02 '회전(REVOLVE)' 명령으로 주전자의 본체를 360도 회전합니다. 다음 그림과 같이 모델링됩니다. 비주얼 스타일을 '개념'으로 지정한 예입니다.

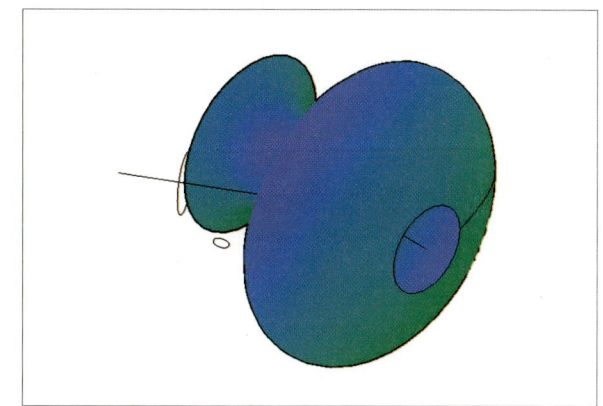

03 비주얼 스타일을 '실제'로 바꿉니다. '돌출(EXTRUDE)' 명령으로 주둥이 부분의 원통을 중심축까지 돌출합니다.

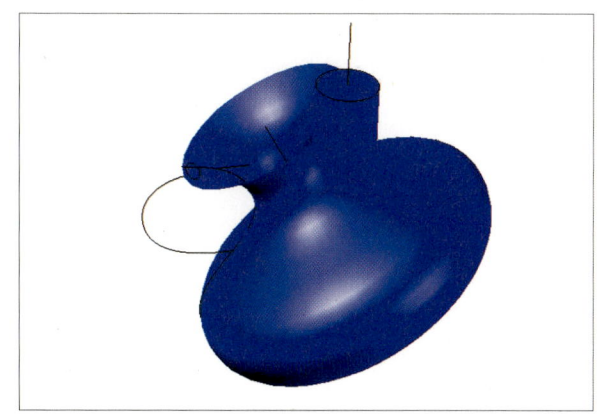

04 '차집합(SUBTRACT)' 기능으로 본체에서 주둥이 부분을 뺍니다. '솔리드' 탭의 '부울' 패널에서 '차집합 ⓪'을 클릭하거나 명령어 'SUBTRACT'를 입력합니다.
{제거 대상인 솔리드, 표면 및 영역을 선택 ..}

{객체 선택:}에서 주전자 본체를 선택합니다. {1개를 찾음}

{객체 선택:}에서 Enter 를 눌러 선택을 종료합니다. {제거할 솔리드, 표면 및 영역을 선택 ..}

{객체 선택:}에서 빼고자 하는 원통 객체를 선택합니다. {1개를 찾음}

{객체 선택:}에서 Enter 를 눌러 종료합니다. 다음 그림과 같이 본체에서 원통이 빠진 형태가 됩니다.

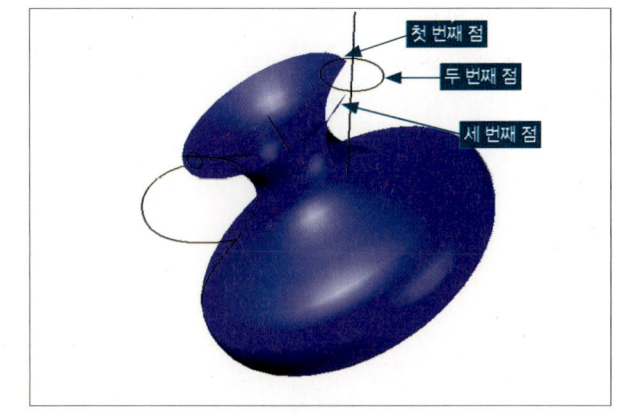

05 '스플라인(SPLINE)' 명령으로 차집합 한 주둥이의 끝점, 원의 사분점, 반대편 주둥이의 끝점을 지정합니다. 다음 그림과 같이 스플라인이 작도됩니다.

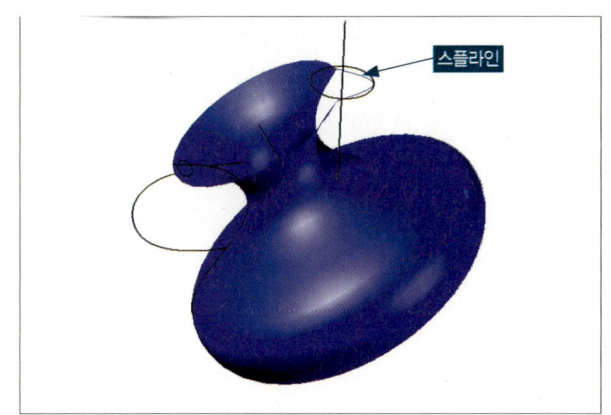

06 '로프트(LOFT)' 명령으로 직전에 작도한 스플라인과 본체를 연결하는 주전자의 주둥이를 완성합니다. '로프트(LOFT)' 명령을 실행합니다.

{현재 와이어프레임 밀도: ISOLINES=4, 닫힌 윤곽 작성 모드 = 표면}

{올림 순서로 횡단 선택 또는 [점(PO)/다중 모서리 결합(J)/모드(MO)]: _mo 닫힌 윤곽 작성 모드 [솔리드(SO)/표면(SU)] 〈솔리드〉: _su}

{올림 순서로 횡단 선택 또는 [점(PO)/다중 모서리 결합(J)/모드(MO)]:}에서 다중 모서리 결합 옵션 'J'를 입력합니다.

{단일 횡단으로 결합할 모서리 선택:}에서 본체의 연결 테두리를 선택합니다. {1개를 찾음}

{단일 횡단으로 결합할 모서리 선택:}에서 Enter 를 누릅니다.

{올림 순서로 횡단 선택 또는 [점(PO)/다중 모서리 결합(J)/모드(MO)]:}에서 직전에 작성한 스플라인을 선택합니다. {1개를 찾음}

{올림 순서로 횡단 선택 또는 [점(PO)/다중 모서리 결합(J)/모드(MO)]:}에서 Enter 를 누릅니다. {2개의 횡단이 선택됨}

다음 그림과 같이 가상의 로프트 표면이 나타납니다.

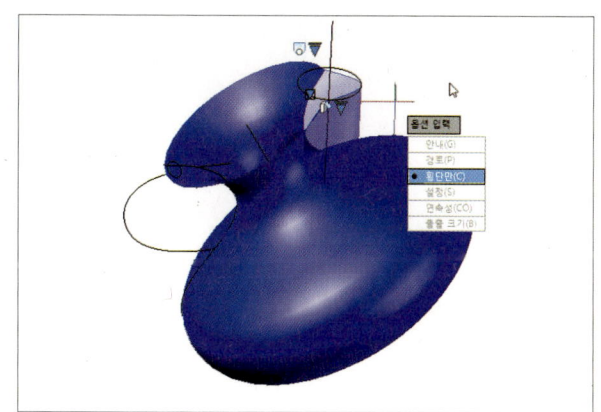

{옵션 입력 [안내(G)/경로(P)/횡단만(C)/설정(S)/연속성(CO)/돌출 크기(B)] 〈횡단만〉:}에서 '횡단만' 옵션 'C'를 입력합니다. 다음 그림과 같이 주둥이가 완성됩니다.

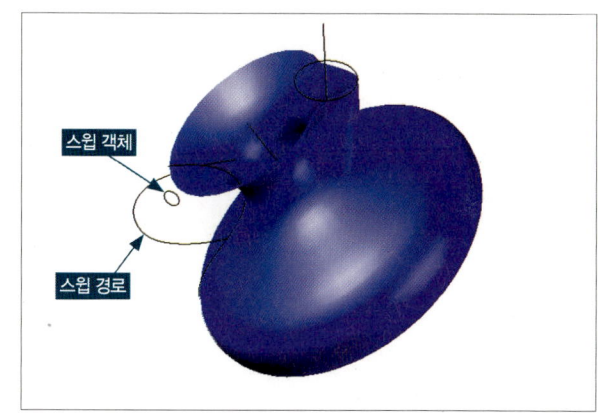

07 '스윕(SWEEP)' 명령으로 손잡이를 작성합니다. 다음 그림과 같이 손잡이가 작성됩니다.

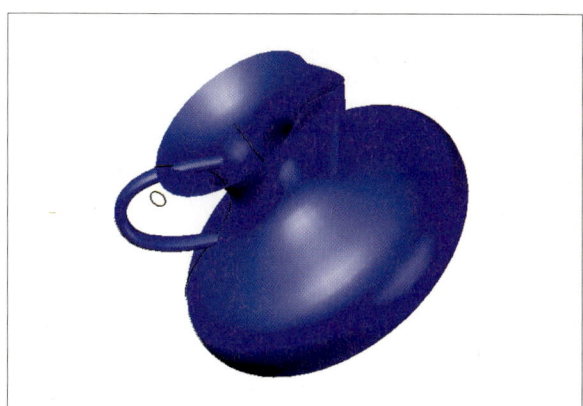

08 '표면 자르기(SURFTRIM)' 명령으로 몸통 안쪽의 손잡이 부분을 절단합니다.

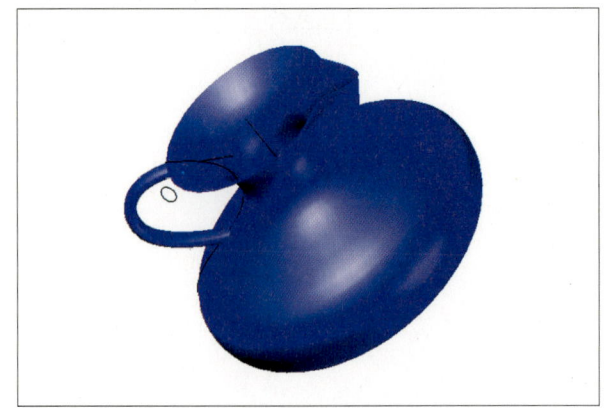

09 '표면 패치(SURFPATCH)' 명령으로 주전자 하단의 뚫어진 부분을 표면으로 메웁니다.
먼저, 주전자의 아래쪽 면이 보이도록 뷰를 조정합니다.

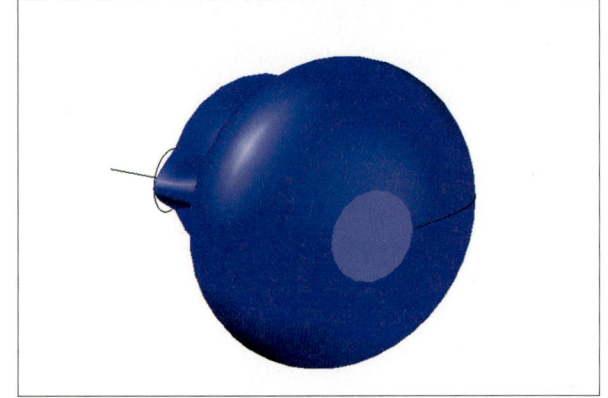

'표면 패치(SURFPATCH)' 명령으로 다음 그림과 같이 주전자 몸통의 아래쪽을 막습니다.

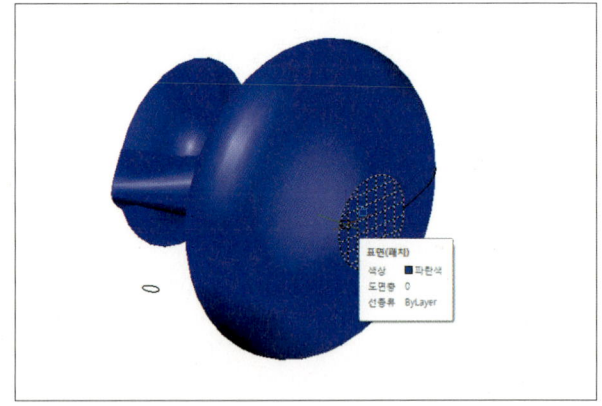

10 주전자의 바닥면을 작성하겠습니다. '표면 각격 띄우기(SURFOFFSET)' 명령으로 표면을 띄웁니다.
명령어 'SURFOFFSET'를 입력하거나 '표면' 탭의 '작성' 패널 또는 '표면 작성' 도구막대에서 ◆을 클릭합니다.

{인접 모서리 연결 = 아니오}

{간격을 띄울 표면 또는 영역 선택:}에서 패치한 아래쪽 표면을 선택합니다. {1개를 찾음}

{간격을 띄울 표면 또는 영역 선택:}에서 Enter 또는 Space bar 를 눌러 선택을 종료합니다.

{간격띄우기 거리 지정 또는 [방향 반전(F)/양쪽 면(B)/솔리드(S)/연결(C)/표현식(E)] <0.0000>:}에서 방향 반전 옵션 'F'를 입력합니다. 다음 그림과 같이 띄우기할 방향으로 화살표가 나타납니다.

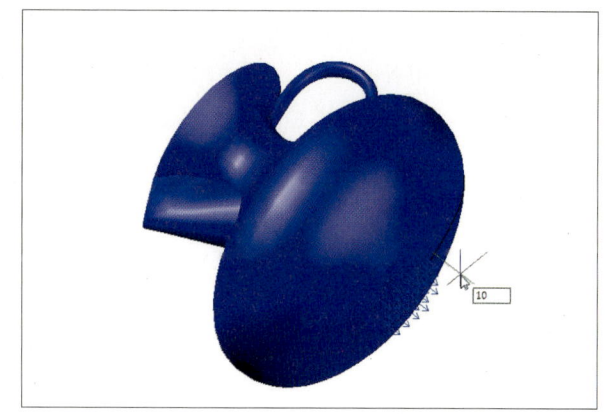

{간격띄우기 거리 지정 또는 [방향 반전(F)/양쪽 면(B)/솔리드(S)/연결(C)/표현식(E)] <0.0000>:}에서 간격 '15'를 입력합니다.

{1개의 객체를 간격 띄우기합니다.}

{1개의 간격 띄우기 작업에 성공했습니다.}라는 메시지와 함께 다음 그림과 같이 표면이 간격을 띄워 복사됩니다.

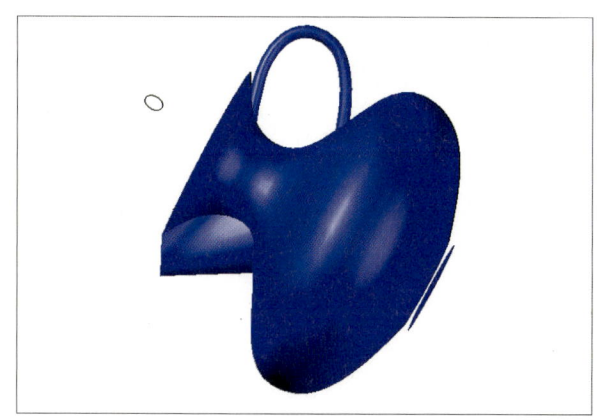

11 '표면 혼합(SURFBLEND)' 명령으로 간격 띄우기 한 면과 본체를 연결합니다. 표면 혼합 명령을 실행합니다. 명령어 'SURFBLEND'를 입력하거나 '표면' 탭의 '작성' 패널 또는 '표면 작성' 도구막대에서 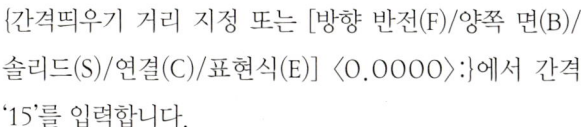을 클릭합니다.

{연속성 = G1 - 접점, 돌출 크기 = 0.5}

{혼합할 첫 번째 표면 모서리 선택 또는 [체인(CH)]:}에서 간격 띄우기한 표면의 모서리를 선택합니다. {1개를 찾음}

{혼합할 첫 번째 표면 모서리 선택 또는 [체인(CH)]:}에서 Enter 를 누릅니다.

{혼합할 두 번째 표면 모서리 선택 또는 [체인(CH)]:}에서 주전자 밑면의 모서리를 선택합니다. {1개를 찾음}

[TIP] 이때 밑면 모서리를 정확히 선택해야 합니다. 선택이 어려우면 패치한 표면을 지운 후 모서리를 선택하면 쉽게 선택할 수 있습니다.

{혼합할 두 번째 표면 모서리 선택 또는 [체인(CH)]:}에서 Enter 를 누릅니다.
{혼합 표면을 수락하려면 Enter 누름 또는 [연속성(CON)/돌출 크기(B)]:}에서 'CON'을 입력합니다.

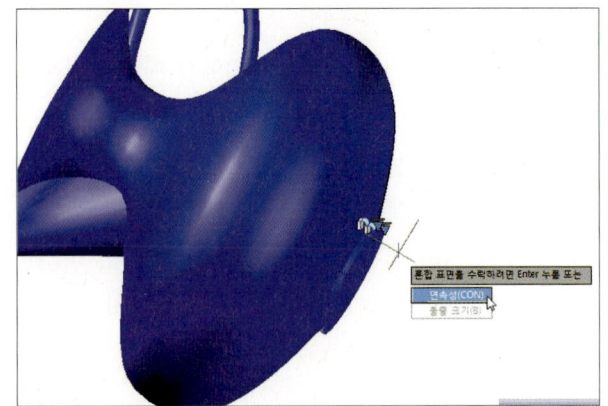

{첫 번째 모서리 연속성 [G0(G0)/G1(G1)/G2(G2)] <G1>:}에서 'G1'을 입력합니다.
{두 번째 모서리 연속성 [G0(G0)/G1(G1)/G2(G2)] <G1>:}에서 'G2'를 입력합니다.
{혼합 표면을 수락하려면 Enter 누름 또는 [연속성(CON)/돌출 크기(B)]:}에서 돌출 크기 'B'를 입력합니다.

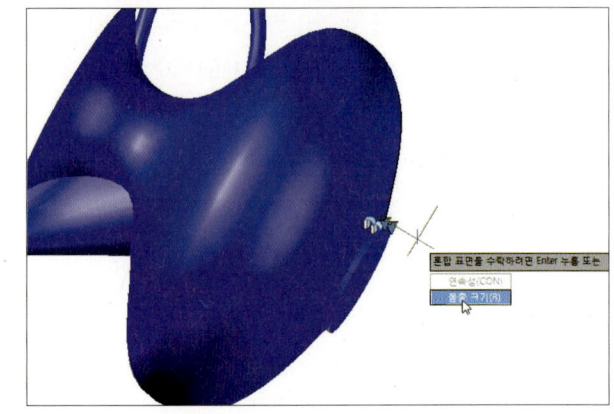

{첫 번째 모서리 돌출 크기 <0.5000>:}에서 '3'을 입력합니다.
{두 번째 모서리 돌출 크기 <0.5000>:}에서 '1'을 입력합니다.
{혼합 표면을 수락하려면 Enter 누름 또는 [연속성(CON)/돌출 크기(B)]:}에서 Enter 를 누릅니다.

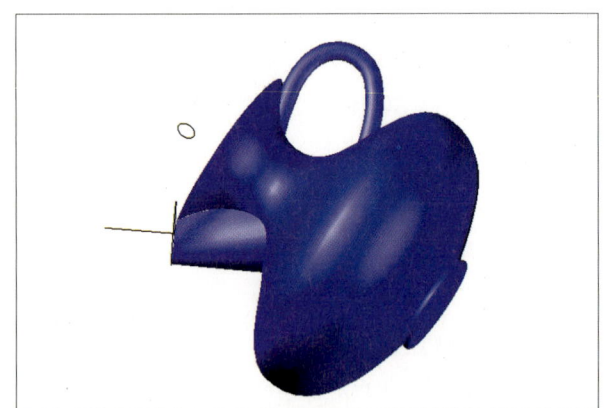

12 '지우기(ERASE)' 명령으로 불필요한 객체를 지웁니다. 다음 그림과 같이 주전자가 완성되었습니다.

2 메쉬(Mesh)를 이용한 모델링

메쉬(Mesh)는 다각형 표현(삼각형 및 사각형 포함)을 사용하여 3D 모양을 정의하는 정점, 모서리 및 면으로 구성됩니다. 메쉬를 이용하면 객체의 모양을 보다 세밀하게 모델링할 수 있습니다. 메쉬의 작성 및 조작에 대해 학습하겠습니다.

> 【메쉬(Mesh)】
> 메쉬의 기본 객체(상자, 원추, 원통, 피라미드, 구, 쐐기, 토러스)를 작성하는 기능입니다. 작도의 편의를 위한 뷰포트를 3방향(평면도, 정면도, 남동등각투영)으로 맞춰놓고 작업하겠습니다.
>
> 명령 : MESH
> 메뉴 아이콘 :
>
> {현재 설정된 부드럽기 정도: 0}
> {옵션 입력 [상자(B)/원추(C)/원통(CY)/피라미드(P)/구(S)/쐐기(W)/토러스(T)/설정(SE)] 〈상자〉:}에서 작도하고자 하는 객체를 선택합니다.

01. 상자(BOX)

3D 메쉬 상자를 작성합니다.

01 메쉬 명령을 실행합니다. 명령어 'MESH'를 입력합니다.
{옵션 입력 [상자(B)/원추(C)/접시(DI)/돔(DO)/메쉬(M)/피라미드(P)/구(S)/토러스(T)/쐐기(W)]:}에서 상자 옵션 'B'를 입력합니다.

또는 '메쉬' 탭의 '기본체' 패널 또는 '부드러운 메쉬' 도구막대에서 ⊞을 클릭합니다.
{첫 번째 구석 지정 또는 [중심(C)]:}에서 작도하고자 하는 위치의 첫 번째 점 '50,50'을 입력합니다.
{반대 구석 지정 또는 [정육면체(C)/길이(L)]:}에서 반대 구석의 상대좌표 '@100,70'을 입력합니다.
{높이 지정 또는 [2점(2P)] <0.0001>:}에서 상자의 높이 '100'을 입력합니다. 다음 그림과 같이 메쉬 상자가 작도됩니다.

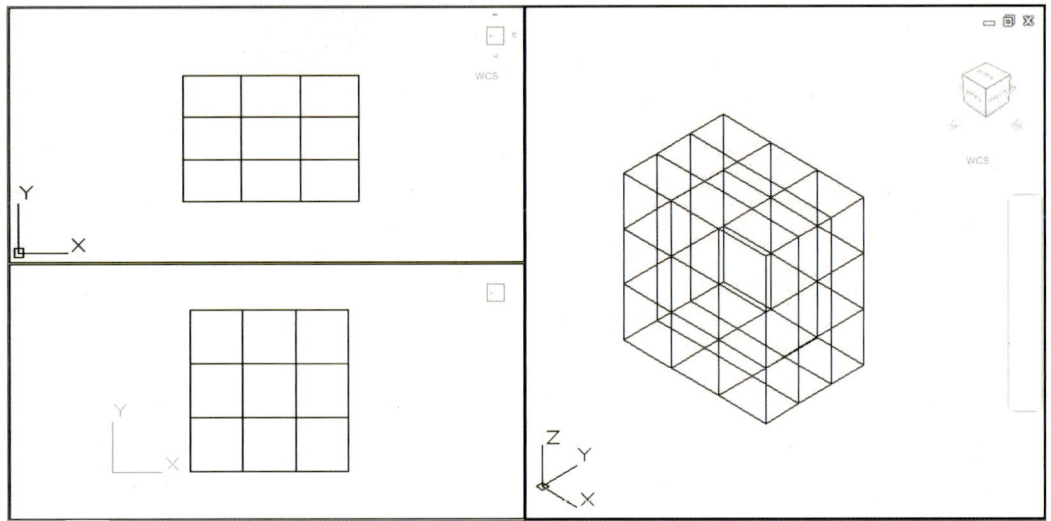

02 다음은 메쉬(그물망)의 수를 바꾸어 작도하겠습니다. 메쉬 기본체 옵션 명령 실행합니다. 명령어 'MESHPRIMITIVEOPTIONS'를 입력하거나 '메쉬' 탭의 기본체 패널에서 오른쪽 하단의 비스듬한 화살표(↘)를 클릭합니다. 다음 그림과 같은 대화상자가 나타납니다. 대화상자에서 '다듬기 분할'의 길이, 폭, 높이의 각 수를 '5'로 설정하고 '미리보기의 부드럽기 정도:'를 '레벨 3'으로 설정합니다.

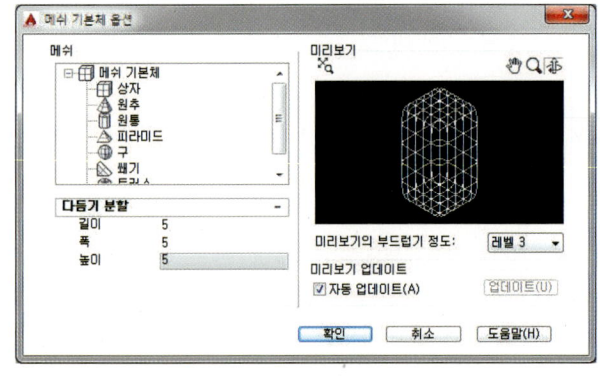

03 다시 메쉬 상자를 작성하겠습니다. '메쉬' 탭의 '기본체' 패널 또는 '부드러운 메쉬' 도구막대에서 ⊞을 클릭합니다.
{첫 번째 구석 지정 또는 [중심(C)]:}에서 작도하고자 하는 위치의 첫 번째 점 '250,50'을 입력합니다.
{반대 구석 지정 또는 [정육면체(C)/길이(L)]:}에서 반대 구석의 상대좌표 '@100,70'을 입력합니다.

{높이 지정 또는 [2점(2P)] <0.0001>:}에서 상자의 높이 '100'을 입력합니다. 다음 그림과 같이 메쉬의 분할 수가 다른 상자가 작도됩니다.

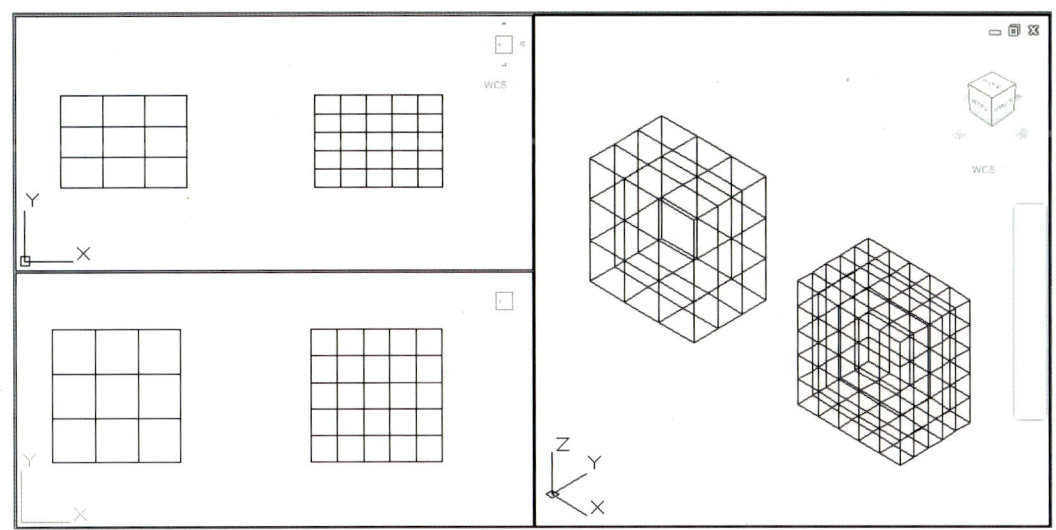

옵션 설명

{반대 구석 지정 또는 [정육면체(C)/길이(L)]:}

(1) 정육면체(C) : 같은 길이의 면으로 상자를 작성합니다.
(2) 길이(L) : 길이, 폭, 높이를 차례로 지정하여 상자를 작성합니다.

{높이 지정 또는 [2점(2P)] <0.000>:}

참고 메쉬 기본체 옵션

각 기본체(상자, 원추, 원통, 피라미드, 구, 쐐기, 토러스) 메쉬 객체의 다듬기 분할 수를 설정합니다.

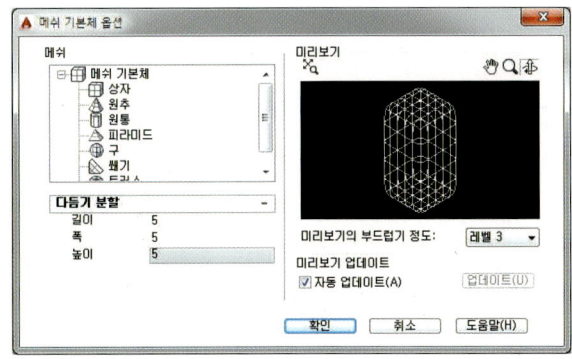

(1) 메쉬 : 상자, 원추, 원통, 피라미드, 구, 쐐기, 토러스 등 각 기본체를 선택할 수 있습니다.
(2) 다듬기 분할 : 각 기본체의 분할 수를 설정합니다. 기본체의 특성에 따라 항목의 수 및 명칭이 나타납니다.
(3) 미리보기 : 기본체의 미리 보기 환경을 설정합니다.
   ① 줌 도구 : 초점 이동, 줌, 궤도 아이콘을 이용하여 미리보기를 제어합니다.
   ② 미리보기 창 : 설정한 객체를 미리 보여줍니다.
   ③ 미리보기의 부드럽기 정도 : 지정한 부드럽기 정도를 반영하여 미리보기 이미지를 변경합니다. 이 값을 변경한다고 해도 기본체 메쉬의 기본 부드럽기 정도에는 영향을 주지 않습니다. 즉, 미리보기에만 한정됩니다.
(4) 미리보기 업데이트 : 미리보기 이미지의 업데이트 빈도를 설정합니다.

02. 원추(CONE)

3D 메쉬 원추를 작성합니다.

01 메쉬 명령을 실행합니다. 명령어 'MESH'를 입력합니다.
{옵션 입력 [상자(B)/원추(C)/접시(DI)/돔(DO)/메쉬(M)/피라미드(P)/구(S)/토러스(T)/쐐기(W)]:}에서 원추 옵션 'C'를 입력합니다.
또는 '메쉬' 탭의 '기본체' 패널 또는 '부드러운 메쉬' 도구막대에서 ▲을 클릭합니다.
{기준 중심점 지정 또는 [3P(3P)/2P(2P)/Ttr-접선 접선 반지름(T)/타원형(E)]:}에서 '100,100'을 입력합니다.
{기준 반지름 지정 또는 [지름(D)]:}에서 반지름 '50'을 입력합니다.
{높이 지정 또는 [2점(2P)/축 끝점(A)/상단 반지름(T)] <100.0000>:}에서 높이 '100'을 입력합니다.

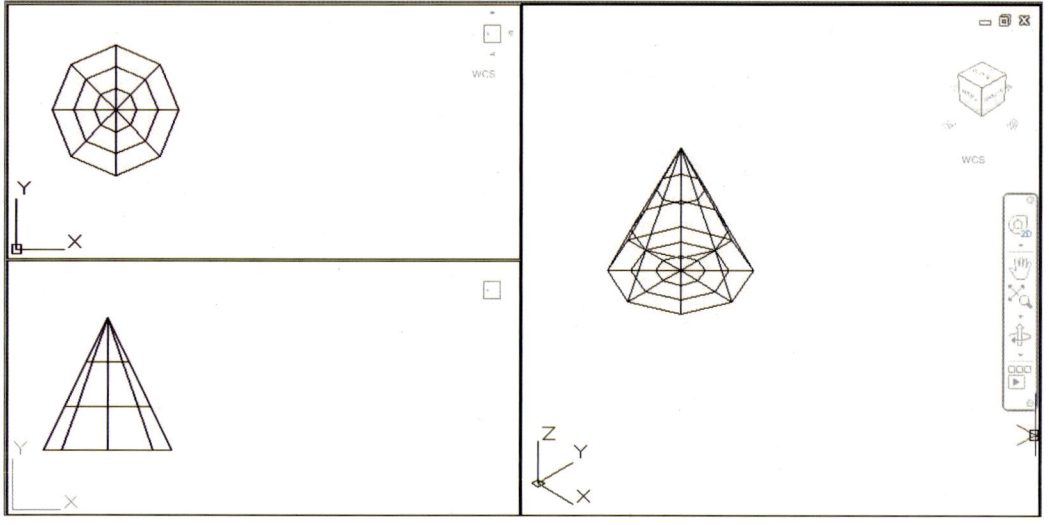

02 메쉬(그물망)의 분할 수를 바꾸어 작도하도록 하겠습니다. 메쉬 기본체 옵션 명령을 실행합니다. 명령어 'MESHPRIMITIVEOPTIONS'를 입력하거나 '메쉬' 탭의 기본체 패널에서 오른쪽 하단의 비스듬한 화살표를 클릭합니다. 다음 그림과 같은 대화상자가 나타납니다. 대화상자에서 '다듬기 분할'의 '축'을 '20', '기준'을 '6'으로 설정합니다.

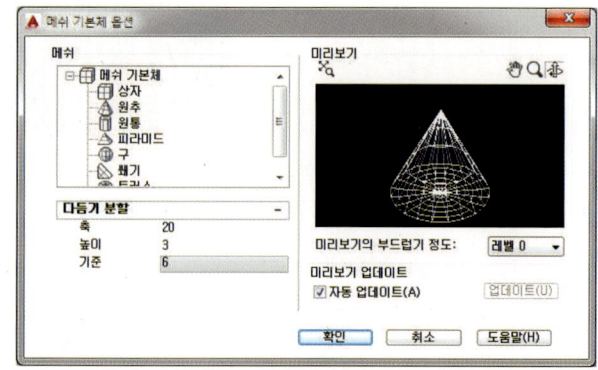

03 '메쉬' 탭의 '기본체' 패널 또는 '부드러운 메쉬' 도구막대에서 🔺을 클릭합니다.
{기준 중심점 지정 또는 [3P(3P)/2P(2P)/Ttr-접선 접선 반지름(T)/타원형(E)]:}에서 '250,100'을 입력합니다.
{기준 반지름 지정 또는 [지름(D)] ⟨50.0000⟩:}에서 반지름 '50'을 입력합니다.
{높이 지정 또는 [2점(2P)/축 끝점(A)/상단 반지름(T)] ⟨100.0000⟩:}에서 높이 '100'을 입력합니다. 다음 그림과 같이 메쉬의 분할 수가 늘어남에 따라 보다 매끄러운 원추가 작도된다는 것을 알 수 있습니다.

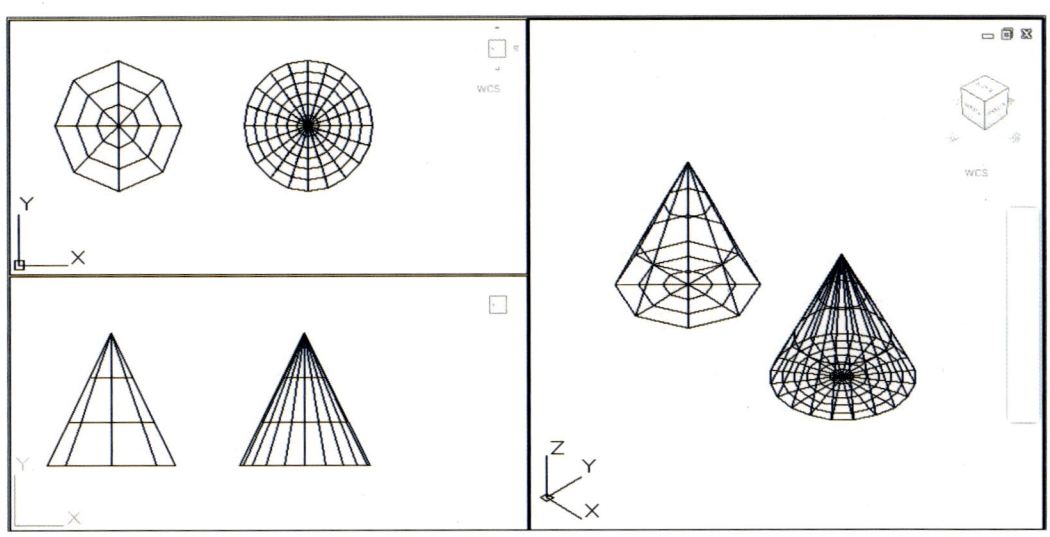

[TIP] {높이 지정 또는 [2점(2P)/축 끝점(A)/상단 반지름(T)] ⟨100.0000⟩:}에서 상단 반지름 옵션 'T'를 선택하면 하단과 상단의 반지름이 다른 원추를 작성할 수 있습니다.

03. 원통(CYLINDER)

3D 메쉬 원통을 작성합니다.

01 메쉬 원통 명령을 실행합니다. '메쉬' 탭의 '기본체' 패널 또는 '부드러운 메쉬' 도구막대에서 🗊을 클릭합니다.
{기준 중심점 지정 또는 [3P(3P)/2P(2P)/Ttr-접선 접선 반지름(T)/타원형(E)]:}에서 '100,100'을 입력합니다.
{기준 반지름 지정 또는 [지름(D)] ⟨46.6667⟩:}에서 반지름 '50'을 입력합니다.

{높이 지정 또는 [2점(2P)/축 끝점(A)/상단 반지름(T)] <100.0000>:}에서 높이 '100'을 입력합니다. 다음 그림과 같이 원통이 작도됩니다.

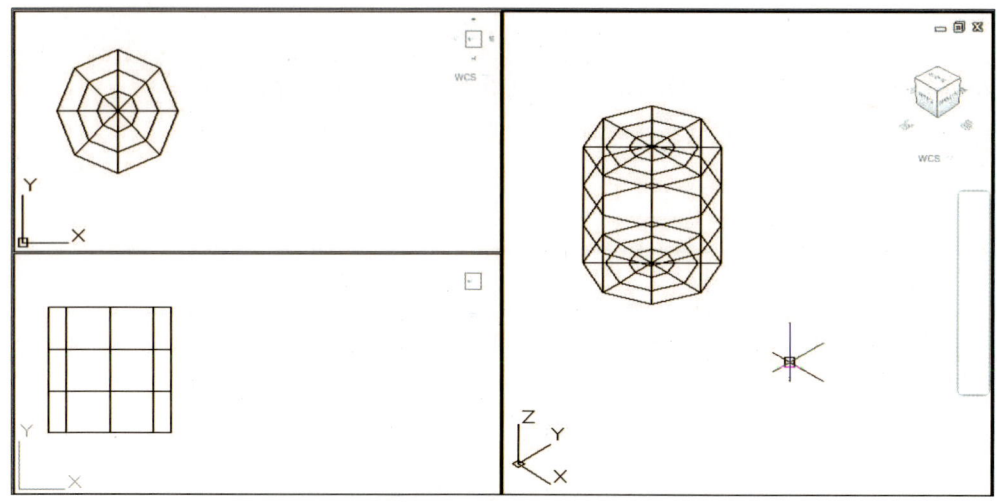

02 메쉬 기본체 옵션(MESHPRIMITIVEOPTIONS) 명령을 실행하여 다듬기 분할의 '축'을 '20', '기단'을 '6'으로 설정한 후 메쉬 원통 명령을 실행합니다. '메쉬' 탭의 '기본체' 패널 또는 '부드러운 메쉬' 도구막대에서 ⬚을 클릭합니다.
{기준 중심점 지정 또는 [3P(3P)/2P(2P)/Ttr-접선 접선 반지름(T)/타원형(E)]:}에서 '250,100'을 입력합니다.
{기준 반지름 지정 또는 [지름(D)] <46.6667>:}에서 반지름 '50'을 입력합니다.
{높이 지정 또는 [2점(2P)/축 끝점(A)/상단 반지름(T)] <100.0000>:}에서 높이 '100'을 입력합니다. 다음 그림과 같이 원통이 작도됩니다.

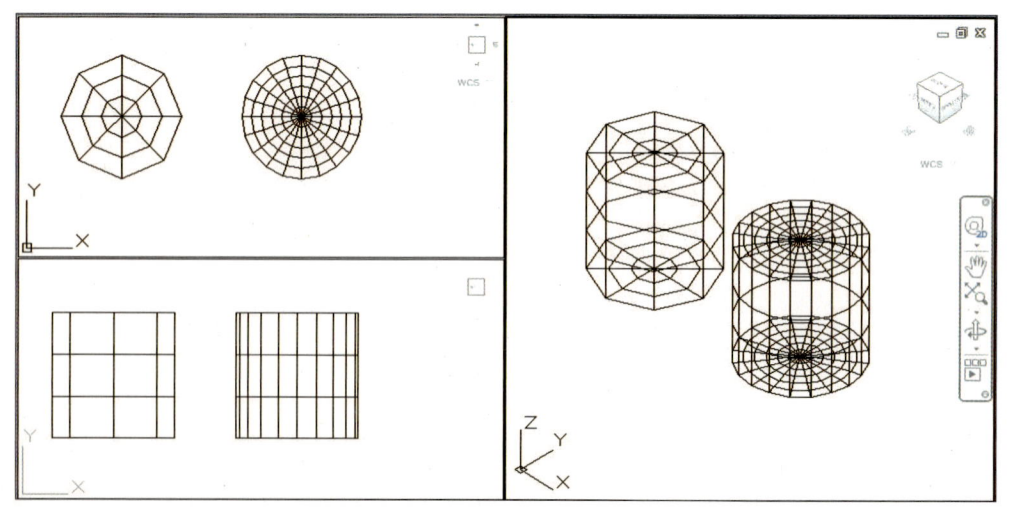

[TIP] {높이 지정 또는 [2점(2P)/축 끝점(A)/상단 반지름(T)] <100.0000>:}에서 상단 반지름 옵션 'T'를 선택하면 하단과 상단의 반지름이 다른 원통을 작성할 수 있습니다.

04. 피라미드(PYRAMID)

3D 메쉬 피라미드를 작성합니다.

01 메쉬 피라미드 명령을 실행합니다. '메쉬' 탭의 '기본체' 패널 또는 '부드러운 메쉬' 도구막대에서 △을 클릭합니다.

{현재 설정된 부드럽기 정도: 0}
{옵션 입력 [상자(B)/원추(C)/원통(CY)/피라미드(P)/구(S)/쐐기(W)/토러스(T)/설정(SE)] 〈원통〉: _PYRAMID} {4 면 외접}
{기준 중심점 지정 또는 [모서리(E)/변(S)]:}에서 기준점 '100,100'을 입력합니다.
{기준 반지름 지정 또는 [내접(I)] 〈50.0000〉: }에서 '50'을 입력합니다.
{높이 지정 또는 [2점(2P)/축 끝점(A)/상단 반지름(T)] 〈0.0001〉:}에서 '100'을 입력합니다. 다음 그림과 같이 피라미드가 작도됩니다.

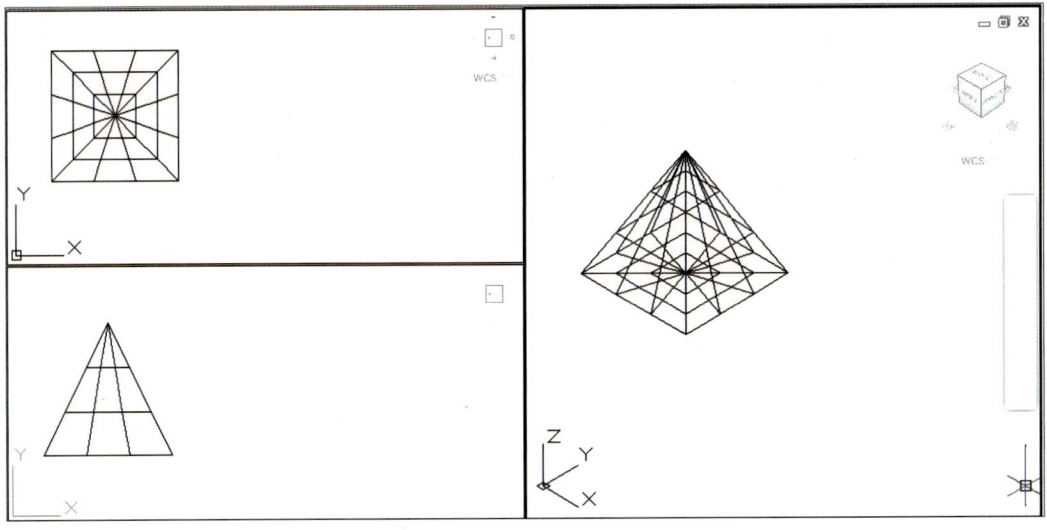

02 Enter 또는 Space bar 를 눌러 메쉬 피라미드 명령을 재실행합니다.

{현재 설정된 부드럽기 정도: 0}
{옵션 입력 [상자(B)/원추(C)/원통(CY)/피라미드(P)/구(S)/쐐기(W)/토러스(T)/설정(SE)] 〈피라미드〉: _PYRAMID} {4 면 외접}
{기준 중심점 지정 또는 [모서리(E)/변(S)]:}에서 중심점 '250,100'을 입력합니다.
{기준 반지름 지정 또는 [내접(I)] 〈50.0000〉:}에서 반지름 '50'을 입력합니다.
{높이 지정 또는 [2점(2P)/축 끝점(A)/상단 반지름(T)] 〈0.0001〉:}에서 상단 반지름 옵션 'T'를 입력합니다.

{상단 반지름 지정 <0.0000>:}에서 상단 반지름 '20'을 입력합니다.
{높이 지정 또는 [2점(2P)/축 끝점(A)] <0.0001>:}에서 '100'을 입력합니다. 다음 그림과 같이 상단 반지름이 '20'인 피라미드가 작도됩니다.

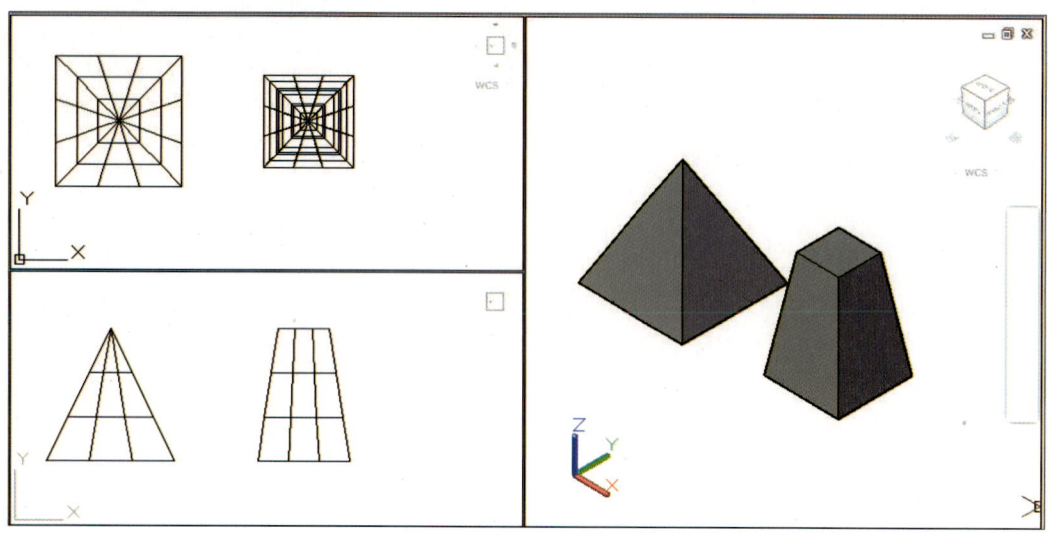

05. 구(SPHERE)

3D 메쉬 구를 작성합니다.

01 메쉬 구 명령을 실행합니다. '메쉬' 탭의 '기본체' 패널 또는 '부드러운 메쉬' 도구막대에서 ⊕을 클릭합니다.
{현재 설정된 부드럽기 정도: 0}
{옵션 입력 [상자(B)/원추(C)/원통(CY)/피라미드(P)/구(S)/쐐기(W)/토러스(T)/설정(SE)] <구>: _SPHERE}
{중심점 지정 또는 [3점(3P)/2점(2P)/Ttr-접선 접선 반지름(T)]:}에서 중심점 '100,100'을 입력합니다.
{반지름 지정 또는 [지름(D)] <50.0000>:}에서 반지름 '50'을 입력합니다. 다음 그림과 같이 구가 작도됩니다.

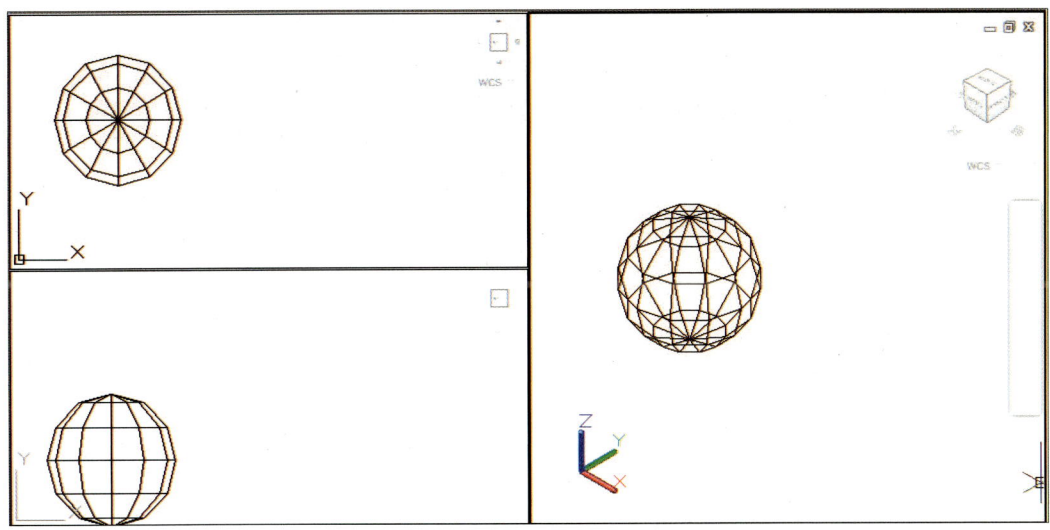

02 메쉬 기본체 옵션(MESHPRIMITIVEOPTIONS) 명령을 실행하여 다듬기 분할의 '축'을 '20', '높이'를 '10'으로 설정한 후 메쉬 구 명령을 실행합니다. '메쉬'탭 의 '기본체' 패널 또는 '부드러운 메쉬' 도구막대에서 ⬤을 클릭합니다.

{현재 설정된 부드럽기 정도: 0}
{옵션 입력 [상자(B)/원추(C)/원통(CY)/피라미드(P)/구(S)/쐐기(W)/토러스(T)/설정(SE)] 〈구〉: _SPHERE}
{중심점 지정 또는 [3점(3P)/2점(2P)/Ttr-접선 접선 반지름(T)]:}에서 중심점 '250,100'을 입력합니다.
{반지름 지정 또는 [지름(D)] 〈50.0000〉:}에서 반지름 '50'을 입력합니다. 다음 그림과 같이 분할 수가 다른 구가 작도됩니다.

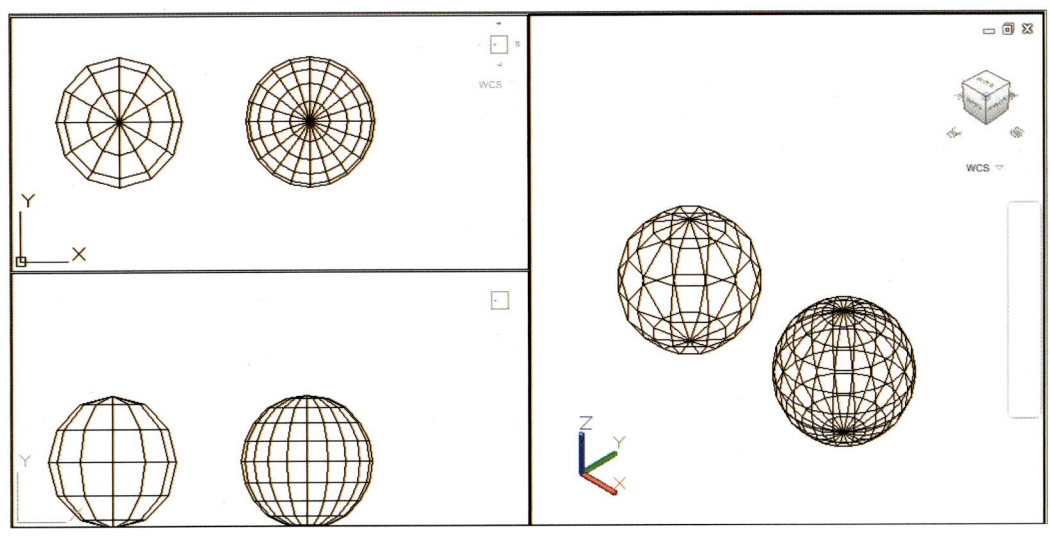

06. 쐐기(WEDGE)

3D 메쉬 쐐기를 작성합니다.

01 메쉬 쐐기 명령을 실행합니다. '메쉬' 탭의 '기본체' 패널 또는 '부드러운 메쉬' 도구막대에서 ◬을 클릭합니다.

{현재 설정된 부드럽기 정도: 0}

{옵션 입력 [상자(B)/원추(C)/원통(CY)/피라미드(P)/구(S)/쐐기(W)/토러스(T)/설정(SE)] <구>: _WEDGE}

{첫 번째 구석 지정 또는 [중심(C)]:}에서 '50,50'을 입력합니다.

{반대 구석 지정 또는 [정육면체(C)/길이(L)]:}에서 반대편 구석을 상대좌표 '@100,50'을 입력합니다.

{높이 지정 또는 [2점(2P)] <0.0001>:}에서 높이 '100'을 입력합니다. 다음 그림과 같이 쐐기가 작도됩니다.

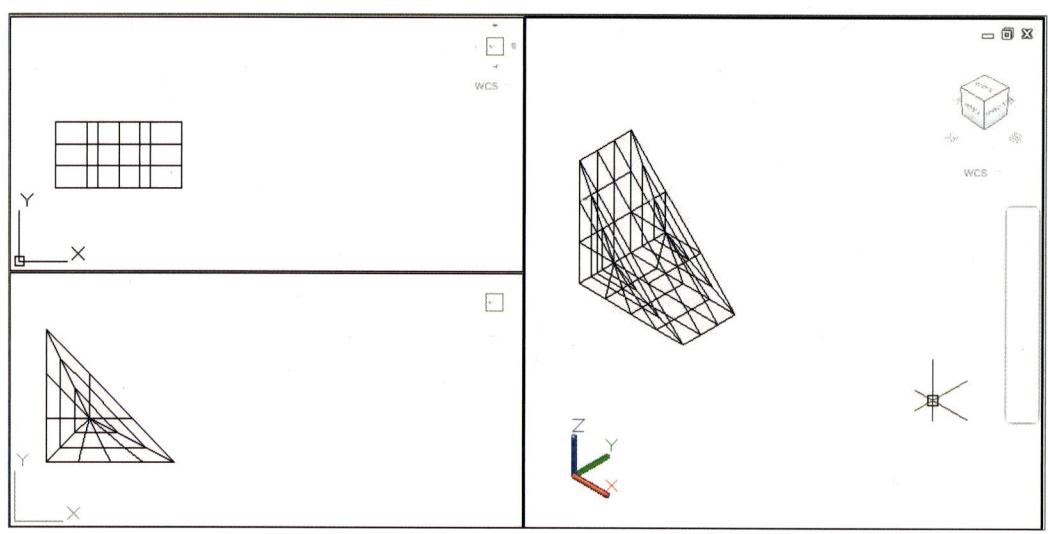

02 다시 메쉬 쐐기 명령을 실행합니다. '메쉬' 탭의 '기본체' 패널 또는 '부드러운 메쉬' 도구막대에서 ◬을 클릭합니다.

{현재 설정된 부드럽기 정도: 0}

{옵션 입력 [상자(B)/원추(C)/원통(CY)/피라미드(P)/구(S)/쐐기(W)/토러스(T)/설정(SE)] <구>: _WEDGE}

{첫 번째 구석 지정 또는 [중심(C)]:}에서 '250,50'을 입력합니다.

{반대 구석 지정 또는 [정육면체(C)/길이(L)]:}에서 정육면체 옵션 'C'를 입력합니다.

{길이 지정 <100.0000>:}에서 길이 '100'을 입력합니다. 다음 그림과 같이 각 변의 길이가 '100'인 정육면체 쐐기가 작도됩니다.

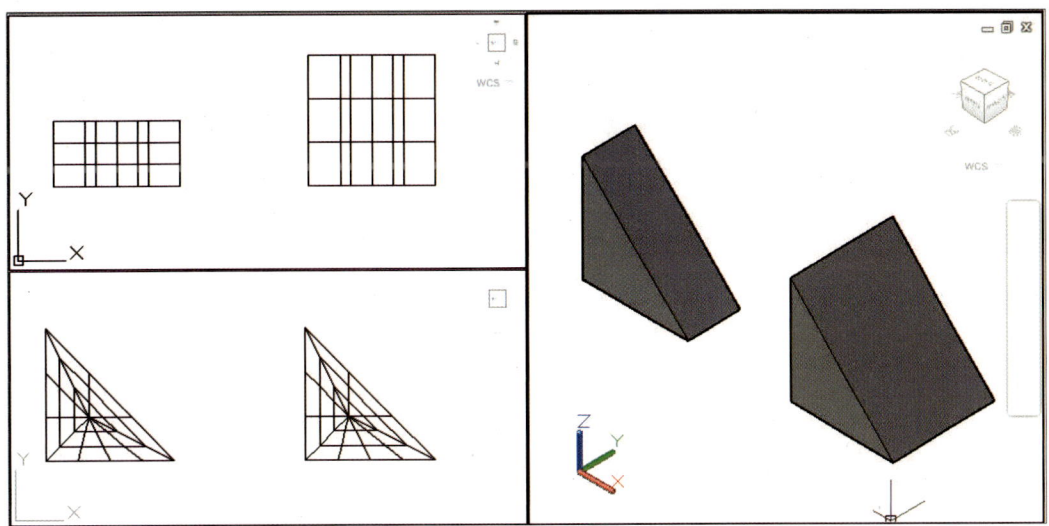

07. 토러스(TORUS)

3D 메쉬 토러스(도넛)를 작성합니다.

01 메쉬 토러스 명령을 실행합니다. '메쉬' 탭의 '기본체' 패널 또는 '부드러운 메쉬' 도구막대에서 ●을 클릭합니다.
{현재 설정된 부드럽기 정도: 0}
{옵션 입력 [상자(B)/원추(C)/원통(CY)/피라미드(P)/구(S)/쐐기(W)/토러스(T)/설정(SE)] <쐐기>: _TORUS}
{중심점 지정 또는 [3점(3P)/2점(2P)/Ttr-접선 접선 반지름(T)]:}에서 중심점 '100,100'을 입력합니다.
{반지름 지정 또는 [지름(D)] <50.0000>:}에서 반지름 '50'을 입력합니다.
{튜브 반지름 지정 또는 [2점(2P)/지름(D)]:}에서 튜브의 반지름 '10'을 입력합니다. 다음 그림과 같이 토러스(도넛)가 작도됩니다.

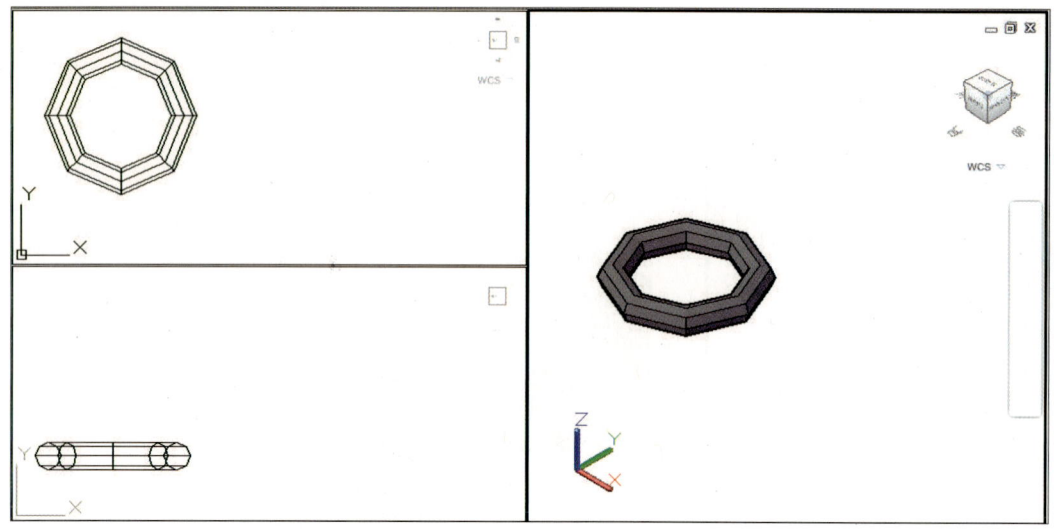

02 메쉬 기본체 옵션(MESHPRIMITIVEOPTIONS) 명령을 실행하여 다듬기 분할의 '반지름'을 '10', '스윕 경로'를 '32'로 설정한 후 메쉬 토러스 명령을 실행합니다. '메쉬' 탭의 '기본체' 패널 또는 '부드러운 메쉬' 도구막대에서 ●을 클릭합니다.

{현재 설정된 부드럽기 정도: 0}

{옵션 입력 [상자(B)/원추(C)/원통(CY)/피라미드(P)/구(S)/쐐기(W)/토러스(T)/설정(SE)] 〈토러스〉: _TORUS}

{중심점 지정 또는 [3점(3P)/2점(2P)/Ttr-접선 접선 반지름(T)]:}에서 중심점 '250,100'을 입력합니다.

{반지름 지정 또는 [지름(D)] 〈50.0000〉:}에서 반지름 '50'을 입력합니다.

{튜브 반지름 지정 또는 [2점(2P)/지름(D)]:}에서 튜브의 반지름 '10'을 입력합니다. 다음 그림과 같이 분할 수가 많은 토러스가 작도됩니다.

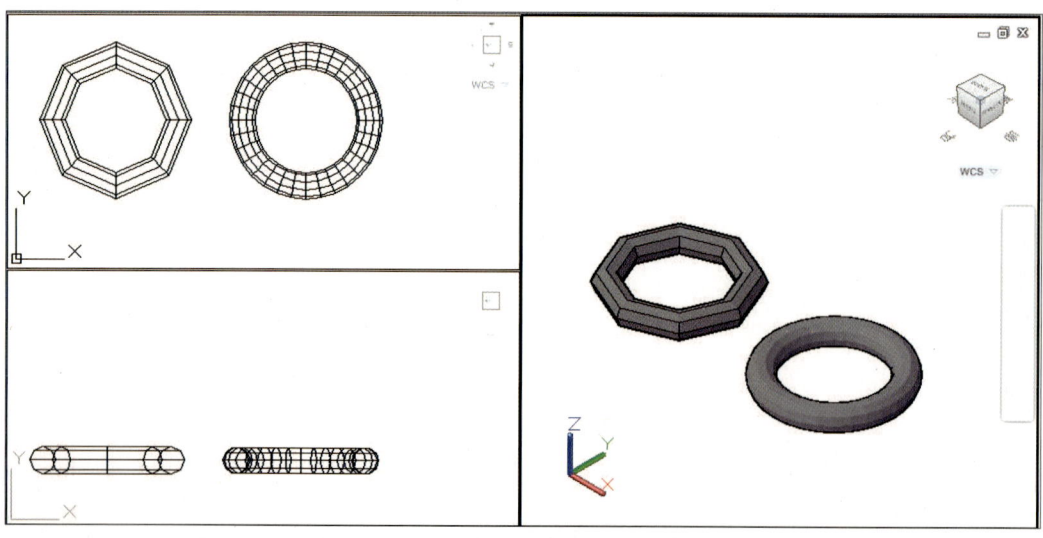

다음 그림과 같은 다양한 메쉬 기본체를 작도할 수 있습니다.

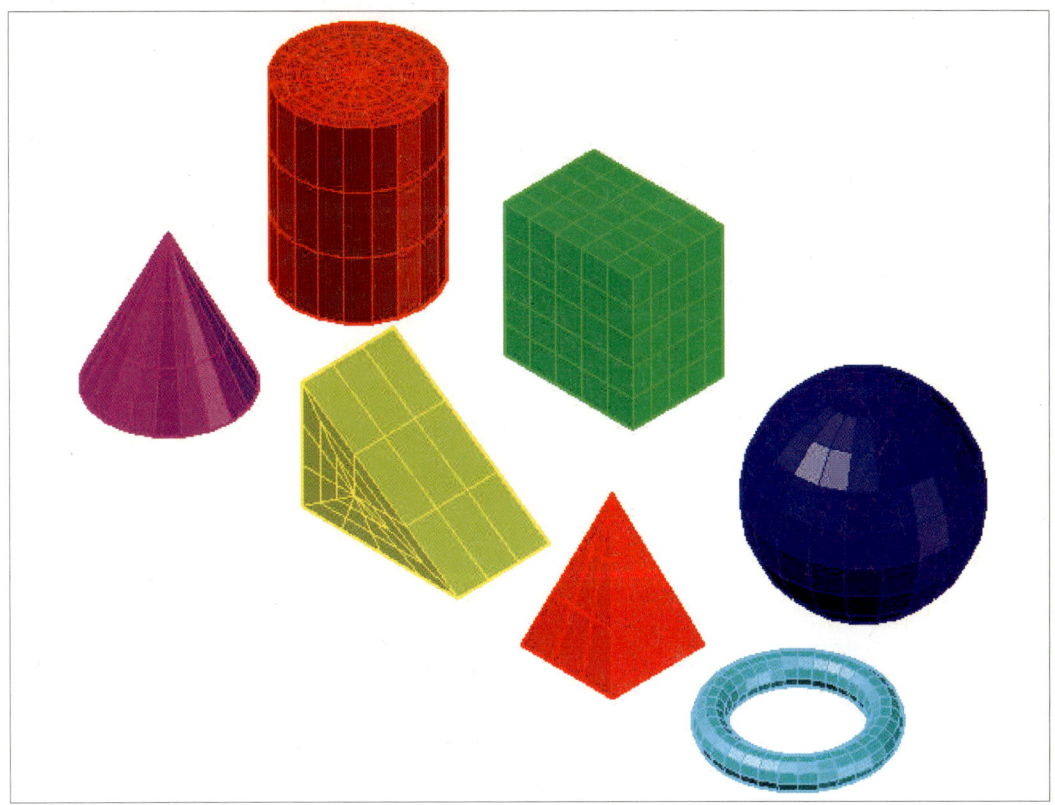

3 축을 중심으로 회전체를 만드는 회전 곡면(REVSURF)

선택된 축을 중심으로 회전체의 메쉬를 작성합니다.

명령 : REVSURF 　　　　　　　　　　　메뉴 아이콘 :

01 선, 폴리선 명령 및 스플라인 명령으로 다음과 같이 작도합니다. 축은 '선(LINE)' 명령으로 작도하고 왼쪽 그림의 회전시킬 객체는 '스플라인(SPLINE)' 명령으로 오른쪽 그림의 회전시킬 객체는 '폴리선(PLINE)' 명령으로 작도합니다. 크기는 임의로 지정합니다.

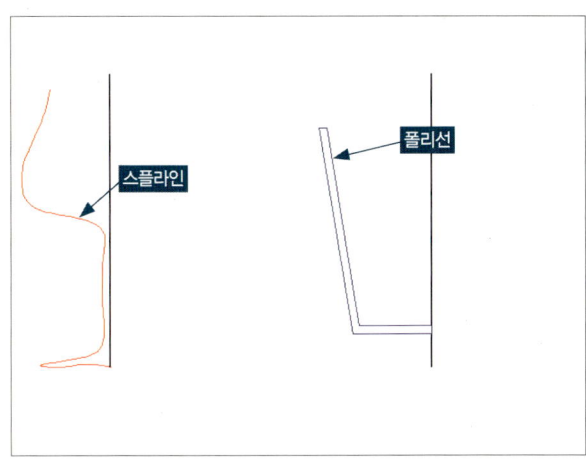

02 회전 곡면을 매끄럽게 표현하기 위해 밀도를 조정합니다. 시스템 변수 'SURFTAB1'을 입력합니다. {SURFTAB1에 대한 새 값 입력 〈6〉:}에서 '30'을 입력합니다. 시스템 변수 'SURFTAB2'을 입력합니다. {SURFTAB2에 대한 새 값 입력 〈6〉:}에서 '30'을 입력합니다.

> **참고** 회전 곡면의 와이어프레임 밀도를 조정하는 시스템 변수
>
> 시스템 변수 SURFTAB1과 SURFTAB2는 회전 곡면의 와이어프레임 밀도를 조정합니다.
> {명령:}에서 'SURFTAB1' 또는 'SURFTAB2'을 입력합니다.
> {SURFTAB1에 대한 새 값 입력 〈6〉:}에서 밀도 값을 지정합니다.
> 또는 '옵션' 대화상자의 '3D 모델링' 탭에서 표면의 등각선 값을 설정합니다.

03 회전 곡면 명령을 실행합니다. 명령어 'REVSURF'를 입력하거나 '메쉬' 탭의 '기본체' 패널에서 🔘 을 클릭합니다.
{현재 와이어프레임 밀도: SURFTAB1=30 SURFTAB2=30}
{회전할 객체 선택:}에서 회전할 객체인 스플라인을 선택합니다.
{회전축을 정의하는 객체 선택:}에서 가운데 축(선)을 선택합니다.
{시작 각도 지정 〈0〉:}에서 Enter를 누릅니다.
{사이각 지정 (+=시계반대방향, -=시계방향) 〈360〉:}에서 '360'을 입력합니다.
다음 그림과 같이 와인 잔 모양으로 회전 곡면 객체가 작성됩니다.

04 Enter 또는 Space bar 를 눌러 회전 곡면 명령을 재실행합니다.
{현재 와이어프레임 밀도: SURFTAB1=30 SURFTAB2=30}
{회전할 객체 선택:}에서 회전할 객체인 오른쪽 폴리선을 선택합니다.
{회전축을 정의하는 객체 선택:}에서 가운데 축(선)을 선택합니다.
{시작 각도 지정 〈0〉:}에서 Enter를 누릅니다.
{사이각 지정 (+=시계반대방향, -=시계방향) 〈360〉:}에서 '360'을 입력합니다.

다음 그림과 같이 컵 모양으로 회전 곡면 객체가 작성됩니다.

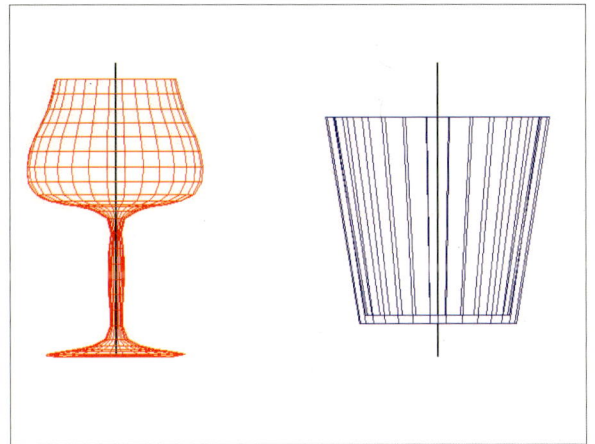

05 비주얼 스타일을 '실제'로 설정하면 다음 그림과 같이 회전체인 와인 잔과 컵이 표현됩니다.

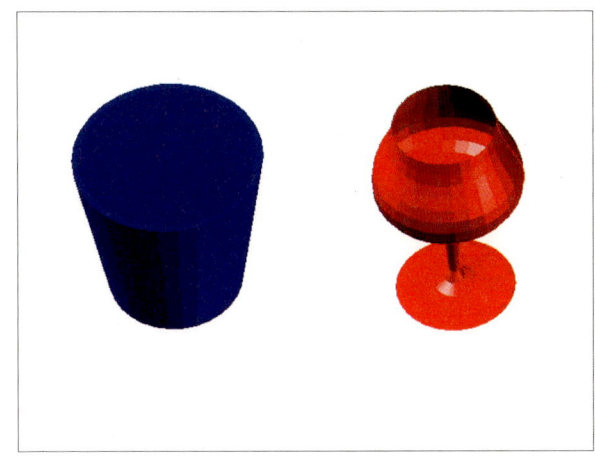

> **참고** 회전 각도에 따른 형상
>
> 회전체를 작도할 때는 사이 각도에 따라 형상이 달라집니다.
> {시작 각도 지정 〈0〉:}에서 '0'을 입력합니다.
> {사이각 지정 (+=시계반대방향, -=시계방향) 〈360〉:}에서 '180'을 입력한 경우는 다음 그림과 같이 반쪽의 회전체가 작도됩니다.

4 방향 벡터를 따라 메쉬를 작성하는 방향 벡터 곡면(TABSURF)

직선 경로를 따라 스윕된 선 또는 곡선으로부터 메쉬를 작성합니다. 직선 경로 객체는 스윕할 선, 호, 원, 타원 또는 폴리선이 있습니다.

명령 : TABSURF   메뉴 아이콘 :

01 방향 벡터 곡면을 작성하기 위해 '스플라인(SPLINE)' 명령으로 다음 그림과 같은 곡선을 작도하고 '선(LINE)' 명령으로 직선 경로 객체를 작도합니다.

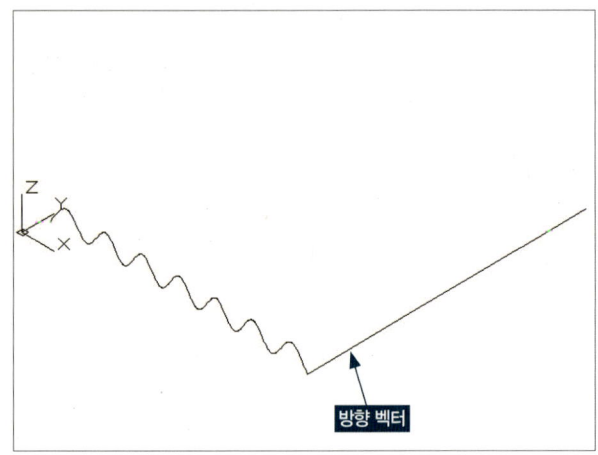

02 곡면의 밀도를 조정하기 위해 시스템 변수 'SURFTAB1'를 조정합니다. 시스템 변수 'SURFTAB1' 를 입력합니다.
{SURFTAB1에 대한 새 값 입력 〈30〉:}에서 새로운 값 '32'를 입력합니다.

> **참고** 방향 벡터 곡면의 와이어프레임 밀도를 조정하는 시스템 변수
>
> 시스템 변수 'SURFTAB1'는 방향 벡터 곡면의 와이어프레임 밀도를 조정합니다.
> {명령:}에서 'SURFTAB1'을 입력합니다.
> {SURFTAB1에 대한 새 값 입력 〈6〉:}에서 밀도 값을 지정합니다.

03 방향 벡터 곡면 명령을 실행합니다. 명령어 'TAB SURF'를 입력하거나 '메쉬' 탭의 '기본체' 패널에서 을 클릭합니다.
{현재 와이어프레임 밀도: SURFTAB1=32}
{경로 곡선에 대한 객체 선택:}에서 경로 객체(스플라인)를 선택합니다.
{방향 벡터에 대한 객체 선택:}에서 선을 선택합니다. 선을 선택할 때는 스플라인에 가까운 쪽을 선택합니다. 다음 그림과 같이 선택한 객체가 방향 벡터 객체를 따라 곡면이 작도됩니다.

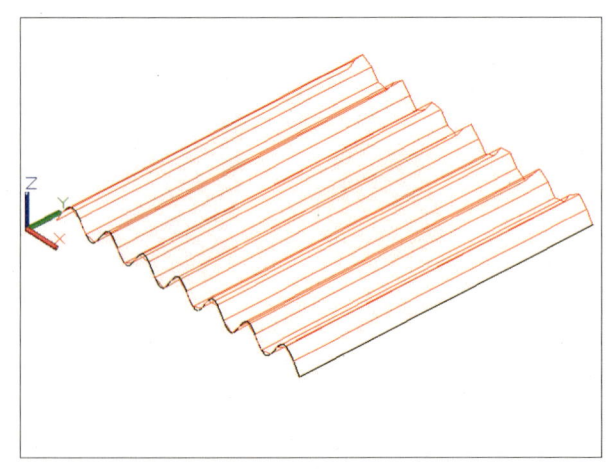

04 이번에는 방향 벡터에 대한 객체를 선택할 때 선택하는 위치를 반대쪽을 지정해보도록 하겠습니다. 명령어 'TABSURF'를 입력하거나 '메쉬' 탭의 '기본체' 패널에서 을 클릭합니다.

{현재 와이어프레임 밀도: SURFTAB1=32}
{경로 곡선에 대한 객체 선택:}에서 경로 객체(스플라인)를 선택합니다.
{방향 벡터에 대한 객체 선택:}에서 선을 선택합니다. 방향 벡터인 선을 선택할 때 스플라인과 멀리 떨어진 쪽을 선택합니다. 다음 그림과 같이 앞에서 실습했던 방향과는 반대 방향으로 곡면이 작도됩니다.

[TIP] 동일한 방향 벡터 객체를 선택하더라도 지정하는 위치에 따라 벡터의 방향이 달라집니다. 따라서 방향 벡터 곡면을 작도할 때는 방향 벡터의 방향을 고려하여 방향 벡터 객체를 선택해야 합니다.

5 두 객체 사이에 메쉬를 작성하는 직선 보간 곡면(RULESURF)

두 객체(선, 호, 원, 폴리선)를 선택하여 두 객체 사이에 직선 보간 메쉬를 작성합니다.

명령 : RULESURF   메뉴 아이콘 :

01 직선 보간 곡면 작성을 위해 '호(ARC)' 명령으로 다음 그림과 같이 작도합니다. 두개 호의 Z 값이 차이가 나도록 작도합니다.

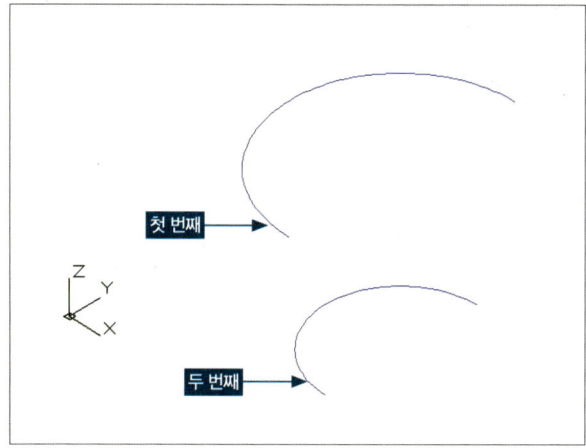

02 직선 보간 곡면 명령을 실행합니다. 명령어 'RULESURF'를 입력하거나 '메쉬' 탭의 '기본체' 패널에서 을 클릭합니다.

{현재 와이어프레임 밀도: SURFTAB1=32}
{첫 번째 정의 곡선 선택:}에서 위쪽의 객체(큰 호)를 선택합니다.
{두 번째 정의 곡선 선택:}에서 아래쪽의 객체(작은 호)를 선택합니다.
다음 그림과 같이 보간 곡면이 평행하게 작도됩니다.

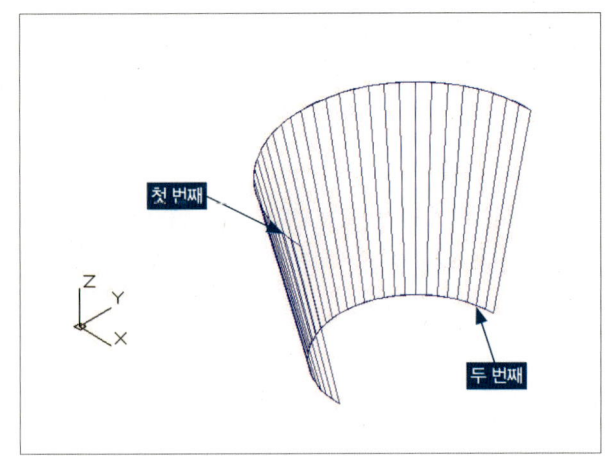

03 실행을 취소(UNDO)하고 다시 직선 보간 곡면(RULESURF) 명령을 실행합니다.

{현재 와이어프레임 밀도: SURFTAB1=32}
{첫 번째 정의 곡선 선택:}에서 위쪽 호의 앞쪽을 선택합니다.
{두 번째 정의 곡선 선택:}에서 아래쪽 호의 반대편 끝부분을 선택합니다.
다음 그림과 같이 보간 선이 교차하는 보간 곡면이 작도됩니다. 이렇게 곡선의 선택 위치에 따라 직선 보간 곡면의 모양이 달라집니다.

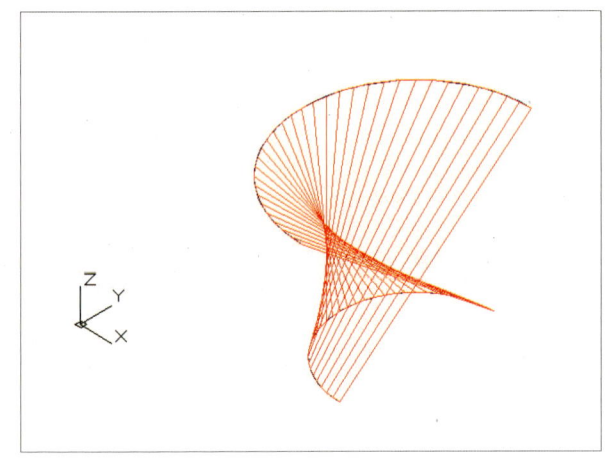

참고 | **직선 보간 곡면의 와이어프레임 밀도를 조정하는 시스템 변수**

시스템 변수 'SURFTAB1'는 직선보간 곡면의 와이어프레임 밀도를 조정합니다.
{명령:}에서 'SURFTAB1'을 입력합니다.
{SURFTAB1에 대한 새 값 입력 〈6〉:}에서 밀도 값을 지정합니다.

6 4개의 객체로 만드는 모서리 곡면(EDGESURF)

인접한 4개의 모서리(선, 폴리선, 스플라인, 호, 타원 호)를 선택하여 다각형 메쉬를 작성합니다.

명령 : EDGESURF   메뉴 아이콘 :

01 모서리 곡면 실습을 위해 선, 원, 호, 스플라인, 타원 호 등의 명령으로 다음 그림과 같이 작도합니다. 부여된 번호는 설명을 위한 것이므로 작성하지 않습니다. 끝점이 서로 연결되어 있어야 합니다.

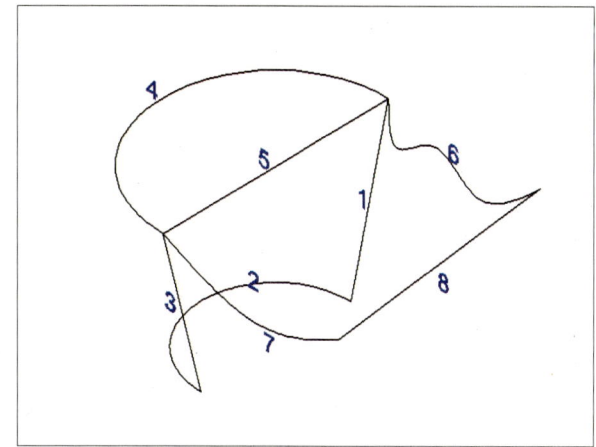

02 모서리 곡면 명령을 실행합니다. 명령어 'EDGESURF'를 입력하거나 '메쉬' 탭의 '기본체' 패널에서 을 클릭합니다.

{현재 와이어프레임 밀도: SURFTAB1=32 SURFTAB2=32}

{곡면 모서리에 대한 1 객체 선택:}에서 첫 번째 객체(1번)를 선택합니다.

{곡면 모서리에 대한 2 객체 선택:}에서 두 번째 객체(2번)를 선택합니다.

{곡면 모서리에 대한 3 객체 선택:}에서 세 번째 객체(3번)를 선택합니다.

{곡면 모서리에 대한 4 객체 선택:}에서 네 번째 객체(4번)를 선택합니다.

다음과 같이 모서리 곡면이 작도됩니다.

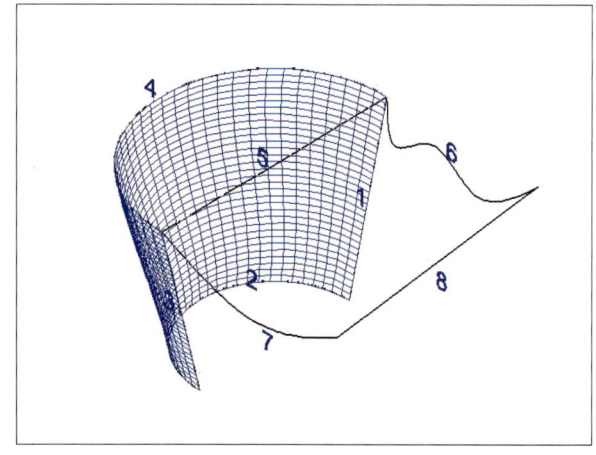

[TIP] 선, 호, 스플라인 또는 열린 2D 또는 3D 폴리선을 모서리로 사용할 수 있습니다. 모서리 곡면을 작성하기 위해서는 각 객체는 4개의 모서리로 이루어진 폐쇄 공간이어야 합니다. 즉, 각 모서리의 끝이 연결되어 있어야 합니다.

참고 모서리 곡면의 와이어프레임 밀도를 조정하는 시스템 변수

시스템 변수 'SURFTAB1'과 'SURFTAB2'는 모서리 곡면의 와이어프레임 밀도를 조정합니다.
{명령:}에서 'SURFTAB1' 또는 'SURFTAB2'를 입력합니다.
{SURFTAB1에 대한 새 값 입력 <6>:}에서 밀도 값을 지정합니다.

03 모서리 곡면 명령을 실행합니다. 명령어 'EDGESURF'를 입력하거나 '메쉬' 탭의 '기본체' 패널에서 을 클릭합니다.

{현재 와이어프레임 밀도: SURFTAB1=12 SURFTAB2=6}
{곡면 모서리에 대한 1 객체 선택:}에서 첫 번째 객체(5번)를 선택합니다.
{곡면 모서리에 대한 2 객체 선택:}에서 두 번째 객체(6번)를 선택합니다.
{곡면 모서리에 대한 3 객체 선택:}에서 세 번째 객체(7번)를 선택합니다.
{곡면 모서리에 대한 4 객체 선택:}에서 네 번째 객체(8번)를 선택합니다.
다음과 같이 모서리 곡면이 작도됩니다.

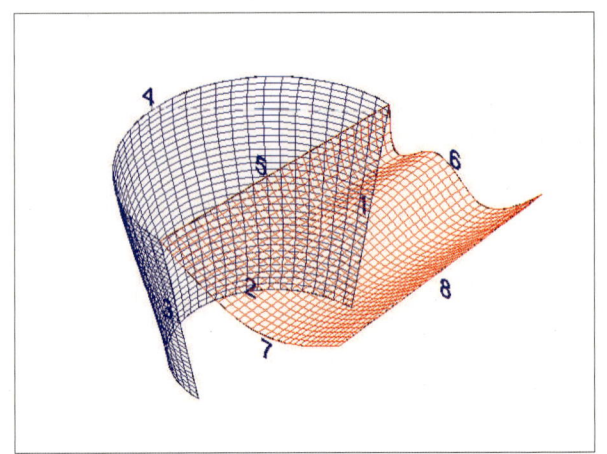

7 부드러운 메쉬 만들기(SMOOTH)

3차원 객체를 부드럽게 만듭니다. 솔리드, 표면 객체는 메쉬 객체로 변환기도 하고 객체를 부드럽게 하거나 정련합니다.

01. 부드러운 메쉬(MESHSMOOTH)

다각형 메쉬, 표면, 솔리드 등의 3D 객체를 메쉬 객체로 변환합니다. 3D 솔리드 및 표면과 같은 객체를 메쉬로 변환하여 3D 메쉬의 상세한 모델링 기능을 활용할 수 있습니다.

명령 : MESHSMOOTH   메뉴 아이콘 :

01 실습을 위해 다운로드 받은 예제 파일 중에서 'Part8_Mesh.dwg' 파일을 엽니다. 또는 다음 그림과 같이 메쉬(파란색), 표면(선홍색), 솔리드(빨간색) 객체를 작도합니다. 크기는 임의로 작도해도 됩니다.

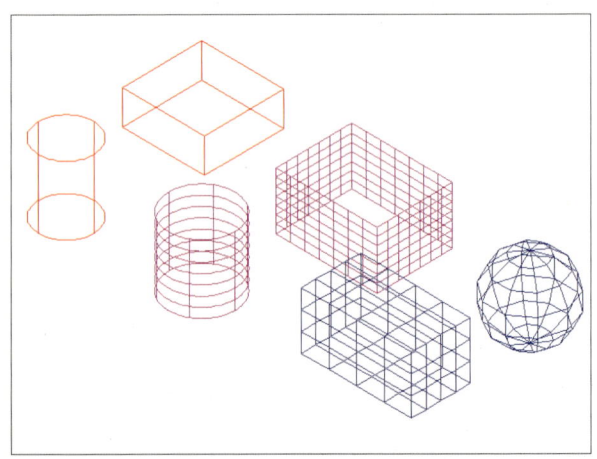

02 '부드러운 객체' 명령을 실행합니다. 명령어 'MESH SMOOTH'를 입력하거나 '메쉬' 탭의 '메쉬' 패널 또는 '부드러운 메쉬' 도구막대에서 ⊕을 클릭합니다.
{변환할 객체 선택:}에서 솔리드 상자 객체를 선택합니다. {1개를 찾음}
{변환할 객체 선택:}에서 솔리드 원통 객체를 선택합니다. {1개를 찾음, 총 2개}
{변환할 객체 선택:}에서 [Enter] 또는 [Space bar]를 눌러 선택을 종료합니다. 다음 그림과 같이 솔리드 객체가 메쉬 객체로 변환되면서 부드럽게 바뀝니다.

03 [Enter] 또는 [Space bar]를 눌러 부드러운 객체 명령을 재실행합니다.
{변환할 객체 선택:}에서 표면 상자 객체(선홍색)를 선택합니다. {1개를 찾음}
{변환할 객체 선택:}에서 표면 원통 객체(선홍색)를 선택합니다. {1개를 찾음, 총 2개}
{변환할 객체 선택:}에서 [Enter] 또는 [Space bar]를 눌러 선택을 종료합니다.

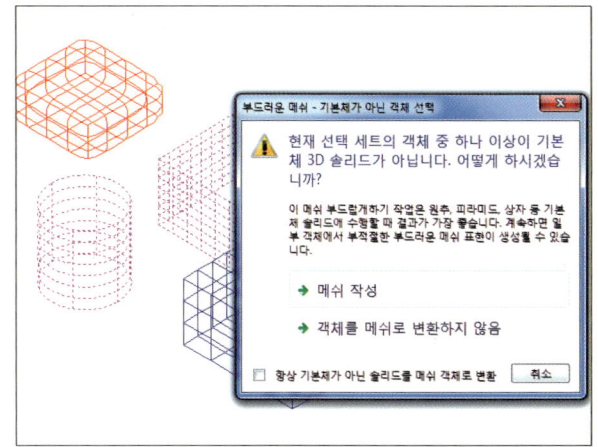

'메쉬 작성'을 클릭합니다. 다음 그림과 같이 표면 객체가 메쉬 객체로 변환됩니다. 비주얼 스타일을 '실제'로 설정한 상태입니다.

04 Enter 또는 Space bar를 눌러 부드러운 객체 명령을 재실행합니다.
{변환할 객체 선택:}에서 메쉬 상자 객체(선홍색)를 선택합니다. {1개를 찾음}
{변환할 객체 선택:}에서 메쉬 구 객체(선홍색)를 선택합니다. {1개를 찾음, 총 2개}
{변환할 객체 선택:}에서 Enter 또는 Space bar를 눌러 선택을 종료합니다.
다음과 같은 경고 메쉬지 대화상자가 나타납니다. 메쉬는 변환되지 않습니다.

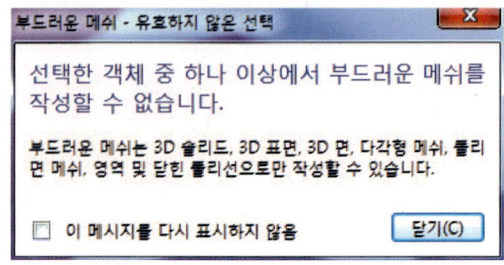

변환 대상이 되는 객체는 3D 솔리드, 3D 표면, 다각형 메쉬, 폴리면 메쉬, 영역 및 닫힌 폴리선이어야 합니다.

02. 더 부드럽게 하기(MESHSMOOTHMORE)

메쉬 객체의 부드럽기 정도를 한 단계 높입니다. 즉, 더 부드러운 메쉬로 만듭니다.
명령 : MESHSMOOTHMORE   메뉴 아이콘 :

01 앞의 도면으로 실습하겠습니다. '더 부드럽게 하기' 명령을 실행합니다. 명령어 'MESHSMOOTHMORE'를 입력하거나 '메쉬' 탭의 '메쉬' 패널 또는 '부드러운 메쉬' 도구막대에서 을 클릭합니다.
{부드럽기 정도를 높일 메쉬 객체 선택:}에서 범위를 감싸 여섯 개의 객체를 모두 선택합니다. {6개를 찾음}
{부드럽기 정도를 높일 메쉬 객체 선택:}에서 Enter 또는 Space bar를 눌러 선택을 종료합니다. 다음 그림과 같이 객체가 매끄럽게 바뀝니다.

02 `Enter` 또는 `Space bar`를 눌러 '더 부드럽게 하기' 명령을 재실행합니다.
{부드럽기 정도를 높일 메쉬 객체 선택:}에서 범위를 감싸 여섯 개의 객체를 모두 선택합니다. {6개를 찾음}
{부드럽기 정도를 높일 메쉬 객체 선택:}에서 `Enter` 또는 `Space bar`를 눌러 선택을 종료합니다. 다음 그림과 같이 객체가 매끄럽게 바뀝니다. 누르기를 반복할 때마다 더 부드러운 객체가 됩니다.

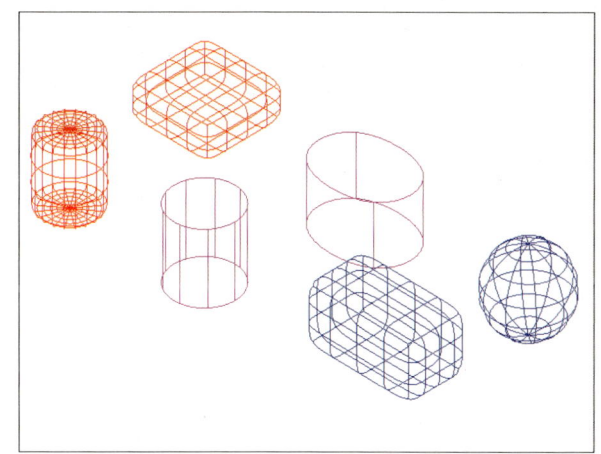

03 비주얼 스타일을 '실제'로 바꾸어보면 다음 그림과 같이 매끄러운 객체로 표현됩니다.

03. 덜 부드럽게 하기(MESHSMOOTHLESS)

메쉬 객체의 부드럽기 정도를 한 단계 낮춥니다. 즉, 덜 부드러운 메쉬로 만듭니다. 부드럽기 정도가 '1' 이상인 객체만 부드럽기 정도를 낮출 수 있습니다.

명령 : MESHSMOOTHLESS   메뉴 아이콘 :

01 앞의 도면으로 실습하겠습니다. '덜 부드럽게 하기' 명령을 실행합니다. 명령어 'MESHSMOOTHLESS'를 입력하거나 '메쉬' 탭의 '메쉬' 패널 또는 '부드러운 메쉬' 도구막대에서 을 클릭합니다.
{부드럽기 정도를 낮출 메쉬 객체 선택:}에서 범위를 감싸 여섯 개의 객체를 모두 선택합니다. {6개를 찾음}

{부드럽기 정도를 낮출 메쉬 객체 선택:}에서 Enter 또는 Space bar 를 눌러 종료합니다. 다음 그림과 같이 선택한 객체의 부드럽기가 이전 단계(모서리가 각이 진 상태)로 돌아갑니다.

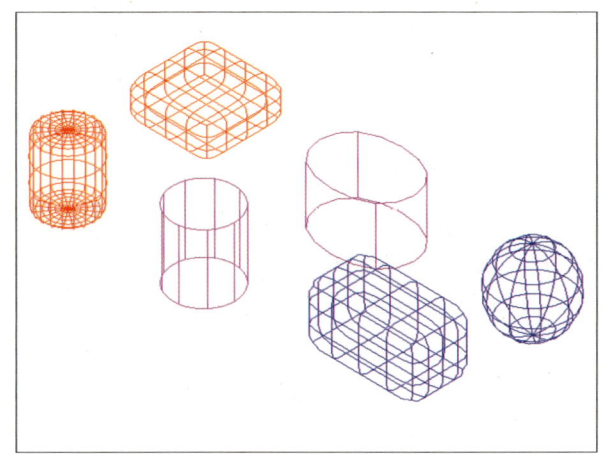

02 Enter 또는 Space bar 를 눌러 '덜 부드럽게 하기'를 재실행합니다.
{부드럽기 정도를 낮출 메쉬 객체 선택:}에서 범위를 감싸 여섯 개의 객체를 모두 선택합니다. {6개를 찾음}
{부드럽기 정도를 낮출 메쉬 객체 선택:}에서 Enter 또는 Space bar 를 눌러 종료합니다. 다음 그림과 같이 부드럽기 정도가 낮아집니다.

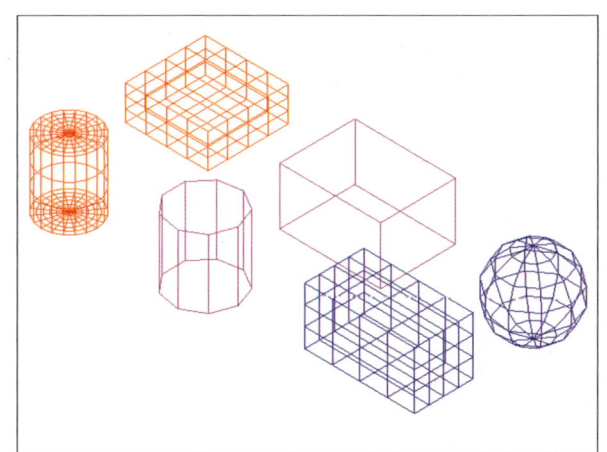

03 비주얼 스타일을 '실제'로 바꾸어보면 다음 그림과 같이 표현됩니다. 덜 부드럽게 하기 이전과 비교해보면 확연히 차이가 난다는 것을 확인할 수 있습니다.

[TIP] 메쉬의 기본체와 같이 '더 부드럽게 하기' 명령을 실행하지 않았거나 '덜 부드럽게 하기' 명령으로 원 상태의 거칠기로 회복된 객체를 선택한 경우 다음과 같은 대화상자가 나타납니다. 즉, 더 이상 거칠게 할 수 없다는 의미입니다.

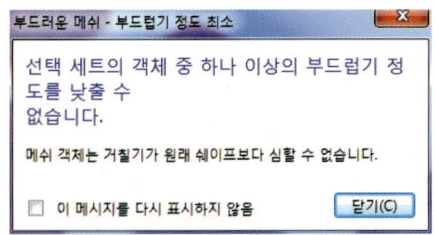

04. 메쉬 정련(MESHREFINE)

선택한 메쉬 객체 또는 면의 면 수를 곱합니다. 메쉬 객체를 정련하면 편집 가능한 면 수가 늘어나 사소한 모델링 상세 정보를 보다 잘 조정할 수 있게 됩니다. 특정 면만 정련할 수도 있습니다.

> **[참고] 정련**
> '정련(REFINE)'은 선택한 메쉬 객체 또는 선택한 하위 객체(예 : 면)에서 재분할 수를 4배로 증가시킵니다. 정련은 현재 부드럽기 정도를 '0'으로 재설정하므로 객체가 해당 레벨 이상으로 더 이상 선명해질 수 없습니다. 개체화는 메쉬의 밀도를 크게 증가시키므로 이 옵션을 미세 수정이 필요한 영역으로만 제한하고자 할 수도 있습니다. 정련을 사용하면 모형의 전체 모양에 거의 영향을 미치지 않으면서 작은 부분을 몰딩할 수 있습니다.

Note_ 메쉬 정련을 실행하기 전에 반드시 한 번 이상 '부드럽게 하기'를 실행한 후 '메쉬 정련(MESHREFINE)'을 실행하기 바랍니다.

명령 : MESHSREFINE   메뉴 아이콘 : ⌀

01 앞의 도면으로 실습하겠습니다. '메쉬 정련' 명령을 실행합니다. 명령어 'MESHSREFINE'을 입력하거나 '메쉬' 탭의 '메쉬' 패널 또는 '부드러운 메쉬' 도구막대에서 ⌀을 클릭합니다.
{정련할 메쉬 객체 또는 면 하위 객체 선택:}에서 범위를 감싸 여섯 개 객체를 선택합니다. {6개를 찾음}
{정련할 메쉬 객체 또는 면 하위 객체 선택:}에서 [Enter] 또는 [Space bar]를 눌러 종료합니다. 다음 그림과 같이 선택한 객체가 정련되어 세밀하게 표현됩니다.

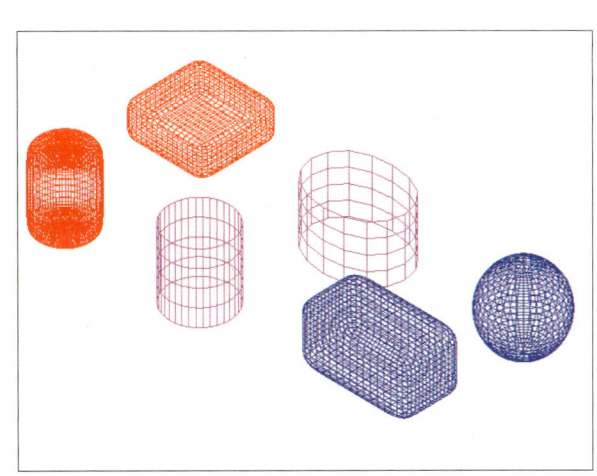

> **[TIP]** 객체를 정련하면 객체에 지정된 부드럽기 정도가 '0'으로 재설정되어 '덜 부드럽게 하기' 명령을 사용할 수 없습니다.

02 [Enter] 또는 [Space bar]를 눌러 '메쉬 정련' 명령을 재실행합니다. {정련할 메쉬 객체 또는 면 하위 객체 선택:}에서 범위를 감싸 여섯 개 객체를 선택합니다. {6개를 찾음}
{정련할 메쉬 객체 또는 면 하위 객체 선택:}에서 [Enter] 또는 [Space bar]를 눌러 종료합니다. 다음 그림과 같이 부드럽기 정도가 '1'이하인 경우는 정련할 수 없다는 메시지가 표시됩니다.

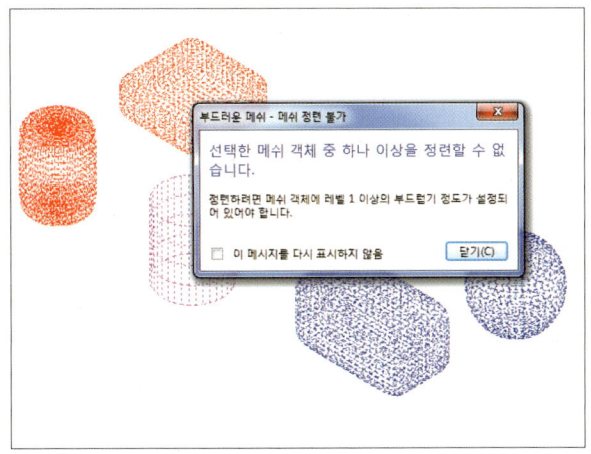

8. 각진 부분의 추가 및 제거(CREASE)

선택한 메쉬 하위 객체의 모서리를 날카롭게 하거나 부드럽게 합니다. 매끄러운 객체의 일부를 각이 지도록 하거나 각이 진 부분을 매끄럽게 합니다.

01. 각진 부분 추가(MESHCREASE)

선택한 메쉬 하위 객체의 모서리를 각을 추가하여 날카롭게 합니다.

명령 : MESHCREASE   메뉴 아이콘 :

01 실습을 위해 다운로드 받은 예제 파일 중에서 'Part8_Mesh.dwg' 파일을 엽니다. 또는 다음 그림과 같이 메쉬 객체를 작도합니다. 크기는 임의로 작도해도 됩니다.

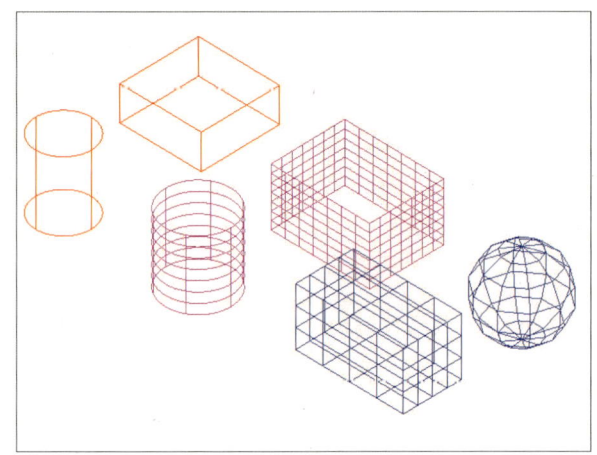

02 '더 부드럽게 하기' 명령을 실행하여 메쉬 객체를 부드럽게 합니다. 명령어 'MESHSMOOTH MORE'를 입력하거나 '메쉬' 탭의 '메쉬' 패널 또는 '부드러운 메쉬' 도구막대에서 을 클릭합니다.
{부드럽기 정도를 높일 메쉬 객체 선택:}에서 범위를 감싸 여섯 개의 객체를 모두 선택합니다. {6개를 찾음}
{부드럽기 정도를 높일 메쉬 객체 선택:}에서 [Enter] 또는 [Space bar]를 눌러 선택을 종료합니다. 메쉬 객체가 아닌 객체(솔리드, 표면)에 대해서는 '메쉬 객체로 변환'하는 메시지가 나오는데 이때 메쉬로 변환합니다.
다음 그림(비주얼 스타일 '실제')과 같이 객체가 매끄럽게 바뀝니다.

03 '각진 부분 추가' 명령을 실행합니다. 명령어 'MESH CREASE'를 입력하거나 '메쉬' 탭의 '메쉬' 패널 또는 '부드러운 메쉬' 도구막대에서 ⑦을 클릭합니다.
{각지게 할 메쉬 하위 객체 선택:}에서 차례로 모서리를 선택합니다. 선택된 면이나 모서리가 점선으로 바뀝니다.

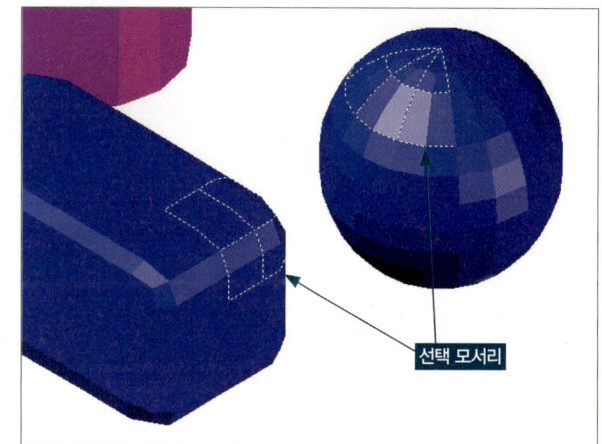

04 {각지게 할 메쉬 하위 객체 선택:}에서 차례로 면을 선택합니다.
{각지게 할 메쉬 하위 객체 선택:}에서 [Enter] 또는 [Space bar]를 눌러 선택을 종료합니다. {각진 부분 값 지정 [항상(A)] 〈항상〉:}에서 '1'을 입력합니다.
동일한 방법으로 메쉬 상자도 각진 부분을 추가합니다. 다음 그림과 같이 선택한 면에 각진 부분이 추가됩니다.

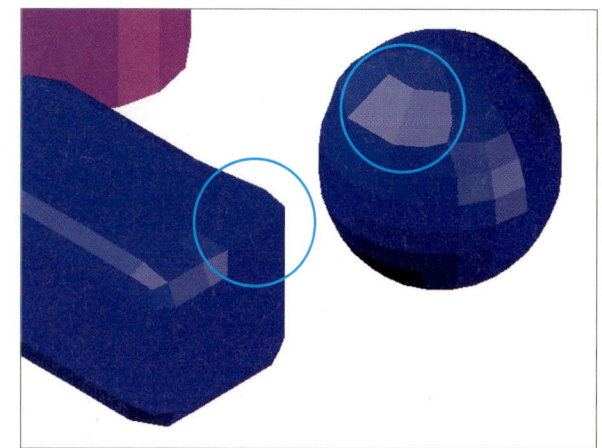

옵션 설명

{각진 부분 값 지정 [항상(A)] 〈항상〉:}

(1) 각진 부분 값 : 각진 부분을 유지할 최고 부드럽기 정도를 설정합니다. 부드럽기 정도가 이 값을 초과하면 각진 부분까지 부드럽게 합니다. 기존의 각진 부분을 제거하려면 값 '0'을 입력합니다.
(2) 항상 : 객체 또는 하위 객체를 부드럽게 하거나 정렬하더라도 각진 부분은 항상 유지되도록 지정합니다. 각진 부분 값 '-1'은 '항상'을 의미합니다.

05 Enter 또는 Space bar 를 눌러 '각진 부분 추가' 명령을 재실행합니다.
{각지게 할 메쉬 하위 객체 선택:}에서 차례로 면을 선택합니다. 선택된 면이 점선으로 바뀝니다. 다음 그림과 같이 차례로 면을 선택합니다.

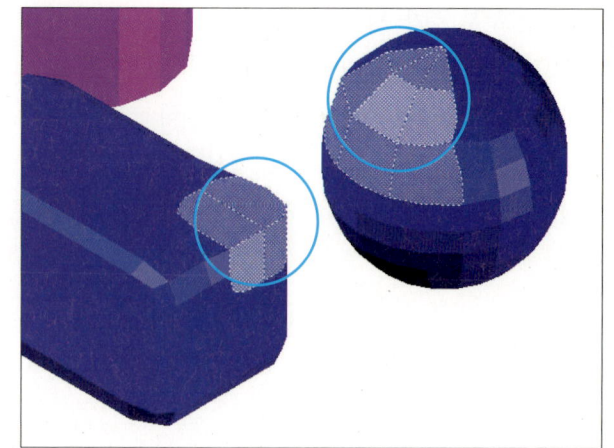

06 {각지게 할 메쉬 하위 객체 선택:}에서 Enter 또는 Space bar 를 눌러 선택을 종료합니다. {각진 부분 값 지정 [항상(A)] <항상>:}에서 Enter 를 누릅니다. 다음 그림과 같이 각진 부분이 추가됩니다.

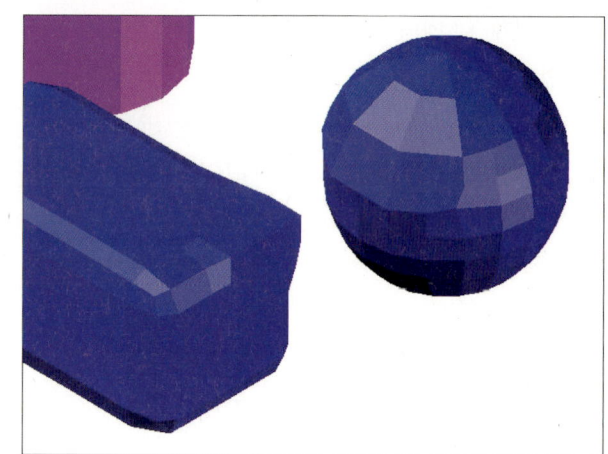

02. 각진 부분 제거(MESHUNCREASE)

선택한 메쉬의 면, 모서리 또는 정점에서 각진 부분을 제거합니다. 각진 모서리의 부드럽기 정도를 복원합니다.

명령 : MESHUNCREASE   메뉴 아이콘 :

01 앞에서 실습했던 도면으로 실습하겠습니다. '각진 부분 제거' 명령을 실행합니다. 명령어 'MESHUNCREASE'를 입력하거나 '메쉬' 탭의 '메쉬' 패널 또는 '부드러운 메쉬' 도구막대에서 을 클릭합니다.
{제거할 각진 부분 선택:}에서 제거할 면을 선택합니다. {1개를 찾음}

{제거할 각진 부분 선택:}에서 차례로 제거할 면을 선택합니다.

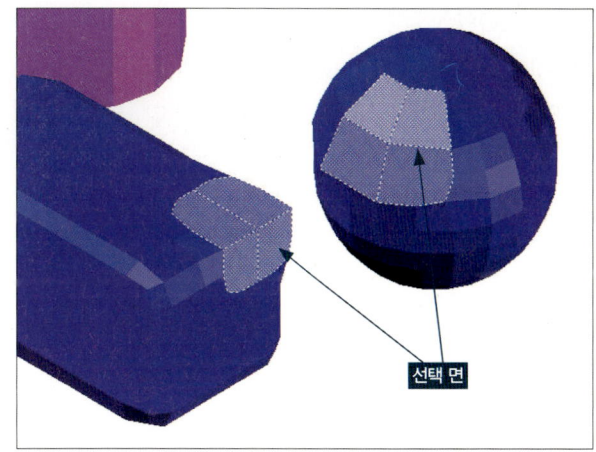

02 선택이 끝나면 {제거할 각진 부분 선택:}에서 [Enter] 또는 [Space bar]를 눌러 선택을 종료합니다. 다음 그림과 같이 각진 부분이 제거됩니다.

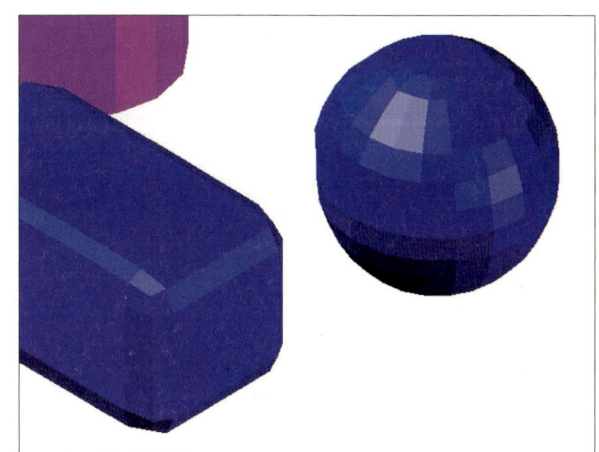

9 메쉬의 편집

작성된 메쉬 객체를 편집하는 방법에 대해 알아보겠습니다.

01. 메쉬 면 돌출(MESHEXTRUDE)

2D 객체 또는 3D 면의 치수를 3D 공간으로 연장합니다.

명령 : MESHEXTRUDE   메뉴 아이콘 :

01 '열기(OPEN)' 명령으로 다운로드 받은 예제 파일 중에서 'Part8_MeshEdit.dwg'을 엽니다. 다음과 같은 도면이 펼쳐집니다.

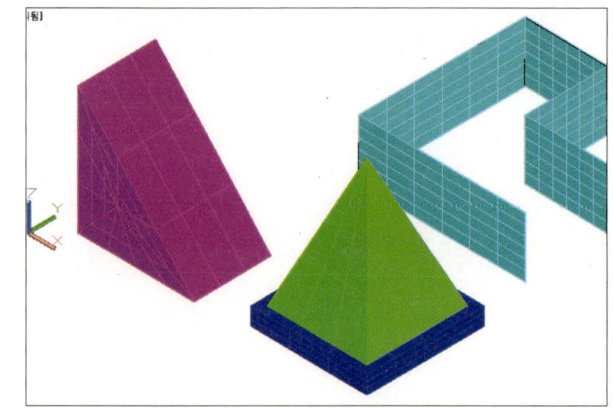

02 '면 돌출' 명령을 실행합니다. 명령어 'MESHEXTRUDE'를 입력하거나 '메쉬' 탭의 '메쉬 편집' 패널에서 ⬆을 클릭합니다.
{돌출할 객체 선택:}에서 돌출하고자 하는 면을 차례로 선택합니다. {1개를 찾음}

다음 그림과 같이 쐐기의 아래쪽 두 개의 면을 선택합니다.
{돌출할 객체 선택:}에서 Enter 또는 Space bar를 눌러 선택을 종료합니다.

03 {돌출의 높이 지정 또는 [방향(D)/경로(P)/테이퍼 각도(T)] <0.0000>:}에서 '30'을 입력합니다. 다음 그림과 같이 선택한 면이 '30'만큼 돌출됩니다.

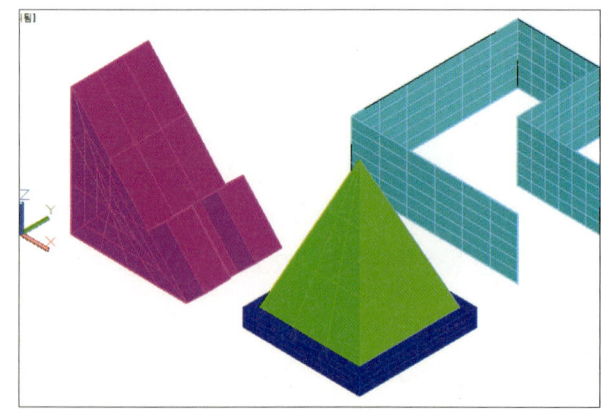

04 Enter 또는 Space bar 를 눌러 '면 돌출' 명령을 재실행합니다.
{돌출할 객체 선택:}에서 돌출하고자 하는 면을 선택합니다. {2개를 찾음}
다음 그림과 같이 두 개의 면을 선택합니다.
{돌출할 객체 선택:}에서 Enter 또는 Space bar 를 눌러 선택을 종료합니다.

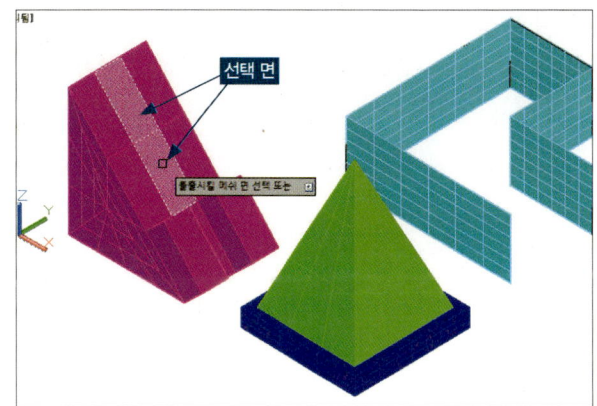

05 {돌출의 높이 지정 또는 [방향(D)/경로(P)/테이퍼 각도(T)] <150.0000>:}에서 테이퍼 각도 옵션 'T'를 입력합니다.
{돌출에 대한 테이퍼 각도 지정 <0>:}에서 각도 '15'를 입력합니다.
{돌출의 높이 지정 또는 [방향(D)/경로(P)/테이퍼 각도(T)] <30.0000>:}에서 돌출 높이 '15'를 입력합니다.
다음 그림과 같이 테이퍼(15도)가 있는 면이 돌출됩니다.

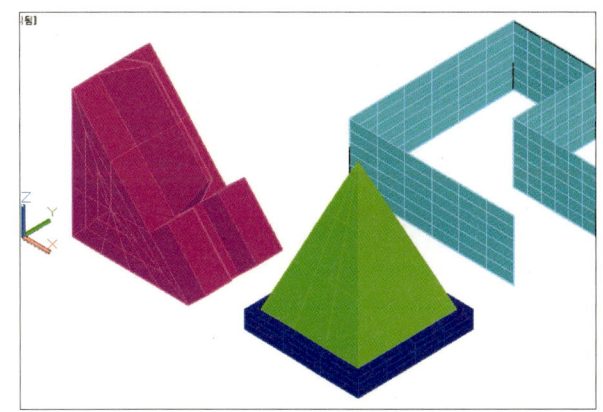

옵션 설명

{돌출의 높이 지정 또는 [방향(D)/경로(P)/테이퍼 각도(T)] <200.0000>:}
(1) 방향(D) : 두 점을 지정하여 돌출의 길이 및 방향을 지정합니다.
(2) 경로(P) : 경로가 되는 객체를 선택하여 돌출시킵니다.
(3) 테이퍼 각도(T) : 돌출 시 테이퍼 각도를 지정합니다.

02. 면 분할(MESHSPLIT)

선택한 메쉬 면을 두 개로 분할합니다. 면을 분할하여 면 영역을 추가합니다. 분할의 시작점과 끝점을 사용자가 지정하므로 분할 위치를 보다 정교하게 조정할 수 있습니다.

명령 : MESHSPLIT   메뉴 아이콘 :

01 앞의 실습(면 돌출) 도면에 이어서 실습하겠습니다. '메쉬 면 분할' 명령을 실행합니다. 명령어 'MESHSPLIT'를 입력하거나 '메쉬' 탭의 '메쉬 편집' 패널에서 을 클릭합니다.
{분할할 메쉬 면 선택:}에서 분할할 면(피라미드의 측면)을 선택합니다.
{면 모서리에서 첫 번째 분할점 지정 또는 [정점(V)]:}에서 객체 스냅 '끝점 '을 이용하여 모서리의 끝점을 선택합니다.
{면 모서리에서 두 번째 분할점 지정 또는 [정점(V)]:}에서 객체 스냅 '끝점 '을 이용하여 반대편 모서리의 끝점을 선택합니다.

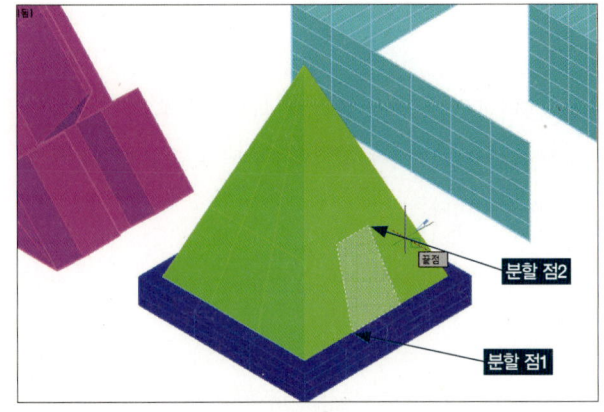

02 다음 그림과 같이 선택한 면이 지정한 두 점으로 분할된 것을 알 수 있습니다.

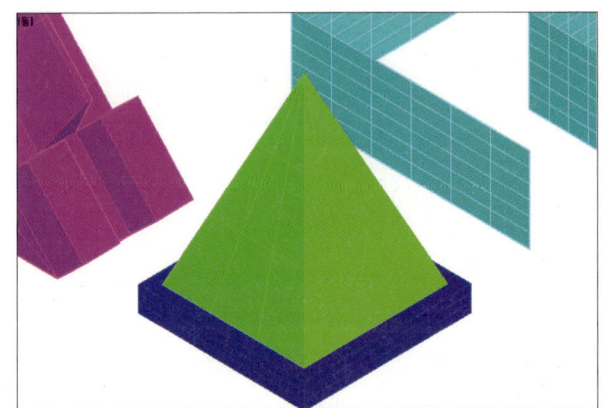

03 확인을 위해 앞에서 학습한 '메쉬 면 돌출(MESH EXTRUDE)' 명령을 이용하여 분할한 면을 돌출해 보면 분할되었다는 것을 알 수 있습니다.

03. 면 병합(MESHMERGE)

인접한 둘 이상의 면을 단일 면으로 합칩니다.

명령 : MESHMERGE   메뉴 아이콘 :

01 앞에서 분할한 도면에 이어서 실습하겠습니다. '메쉬 면 병합' 명령을 실행합니다. 명령어 'MESHMERGE'를 입력하거나 '메쉬' 탭의 '메쉬 편집' 패널에서 을 클릭합니다.
{병합할 인접 메쉬 면 선택:}에서 첫 번째 면을 선택합니다. {1개를 찾음}
{병합할 인접 메쉬 면 선택:}에서 두 번째 면을 선택합니다. {1개를 찾음, 총 2개}
{병합할 인접 메쉬 면 선택:}에서 세 번째 면을 선택합니다. {1개를 찾음, 총 3개}

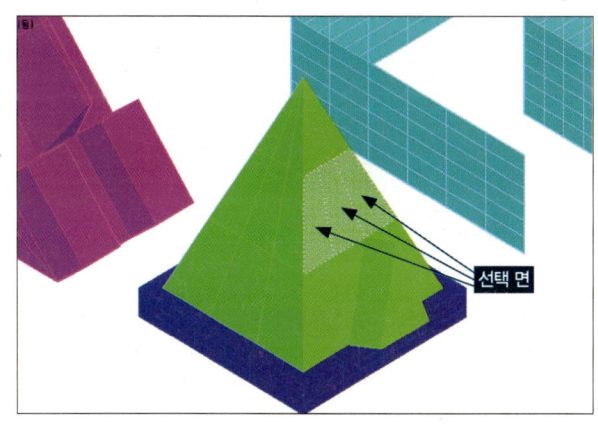

02 {병합할 인접 메쉬 면 선택:}에서 Enter 또는 Space bar를 눌러 선택을 종료합니다.
{2개의 객체를 찾았습니다.} 다음 그림과 같이 세 개의 면이 하나로 병합됩니다.

03 이번에는 동일 평면이 아닌 면을 선택하여 병합해보도록 하겠습니다.
Enter 또는 Space bar를 눌러 '메쉬 면 병합' 명령을 재실행합니다.
{병합할 인접 메쉬 면 선택:}에서 첫 번째 면을 선택합니다. {1개를 찾음}
{병합할 인접 메쉬 면 선택:}에서 두 번째 면을 선택합니다. {1개를 찾음, 총 2개}
{병합할 인접 메쉬 면 선택:}에서 Enter 또는 Space bar를 눌러 선택을 종료합니다.

{2개의 객체를 찾았습니다.} 다음 그림과 같이 두 개의 면이 하나로 병합됩니다.
두 개의 면이 평편한 면이 아니기 때문에 병합 후 공간이 생깁니다.

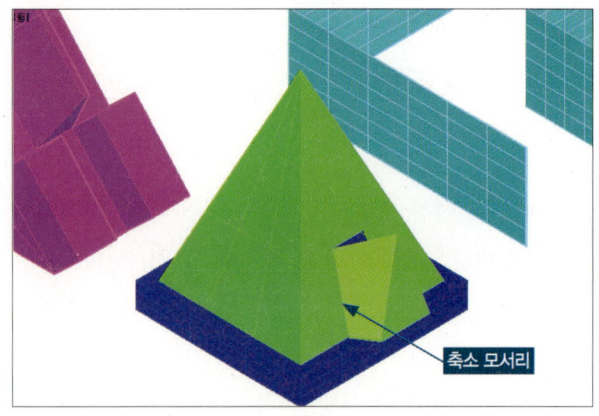

04. 면 또는 모서리 축소(MESHCOLLAPSE)

주변 메쉬 면의 정점이 선택한 모서리나 면의 중심에서 수렴하도록 할 수 있습니다. 하나 이상의 정점이 없어지면 주변 면의 형태가 그에 맞게 변경됩니다.

명령 : MESHCOLLAPSE   메뉴 아이콘 :

01 앞의 실습 도면에 이어서 실습하겠습니다.
'면 또는 모서리 축소' 명령을 실행합니다. 명령어 'MESH COLLAPSE'를 입력하거나 '메쉬' 탭의 '메쉬 편집' 패널에서 을 클릭합니다.
{축소할 메쉬 면 또는 모서리 선택:}에서 축소할 모서리(앞의 실습에서 병합한 모서리)를 선택합니다. 다음 그림과 같이 모서리가 축소됩니다.

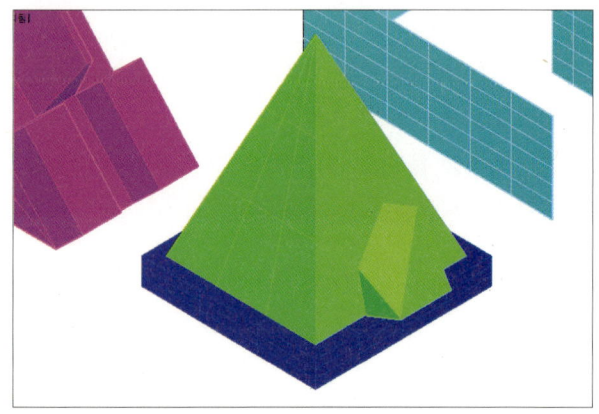

02 면을 선택하기 위해 필터링 조건을 설정합니다. '메쉬' 탭의 '선택' 패널에서 '면'을 지정합니다.

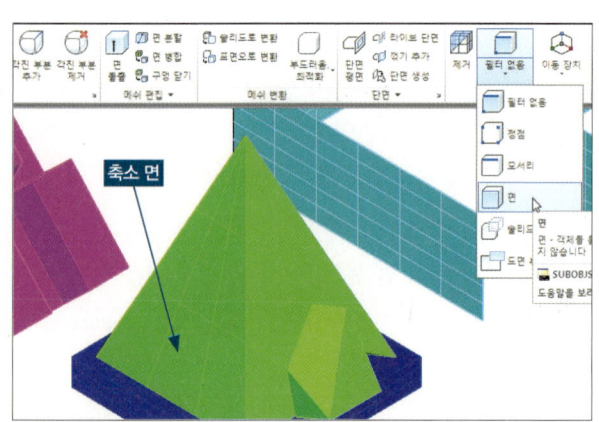

03 '면 또는 모서리 축소' 명령을 재실행합니다. {축소할 메쉬 면 또는 모서리 선택:}에서 축소할 면을 선택합니다. 다음 그림과 같이 면이 축소됩니다.

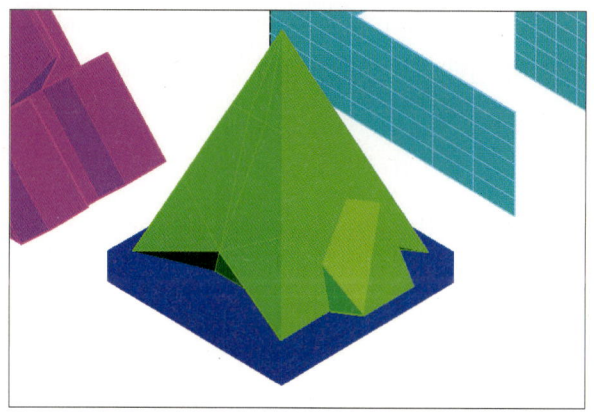

참고 선택 필터링

표면, 메쉬 또는 솔리드의 면이나 모서리를 선택할 때 원하는 요소를 선택하기 위해서 필터링 설정을 할 수 있습니다.
각 모델링 탭(표면, 메쉬, 솔리드)에는 '선택' 패널이 있습니다. 두 번째 컨트롤의 드롭다운 리스트를 펼치면 다음과 같이 필터링 목록이 표시됩니다. 이 목록에서 선택하고자 하는 항목(모서리, 면, 정점 등)을 지정합니다.

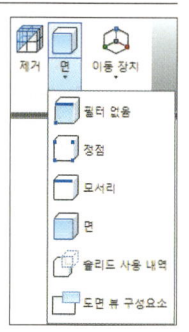

05. 삼각형 면 회전(MESHSPIN)

두 삼각형 메쉬 면을 결합하는 모서리를 회전해 면의 모양을 수정할 수 있습니다. 선택한 면이 공유하는 모서리가 회전하여 각 면의 꼭대기 점을 교차합니다.

명령 : MESHSPIN   메뉴 아이콘 :

01 앞의 실습 도면에 이어서 실습하겠습니다. 시점은 '남서 등각투영'으로 설정한 후 쐐기 부분을 확대합니다.

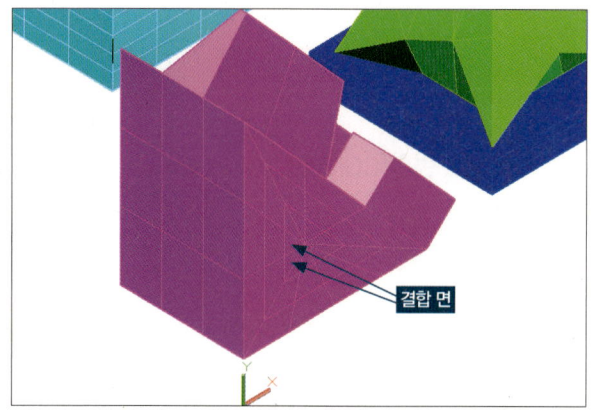

02 '삼각형 면 회전' 명령을 실행합니다. 명령어 'MESH SPIN'를 입력하거나 '메쉬' 탭의 '메쉬 편집' 패널에서 을 클릭합니다.

{회전할 첫 번째 삼각형 메쉬 면 선택:}에서 첫 번째 삼각형을 선택합니다.
{회전할 두 번째 인접 삼각형 메쉬 면 선택:}에서 두 번째 삼각형을 선택합니다.
다음 그림과 같이 선택한 두 삼각형이 결합되면서 모양이 바뀝니다.

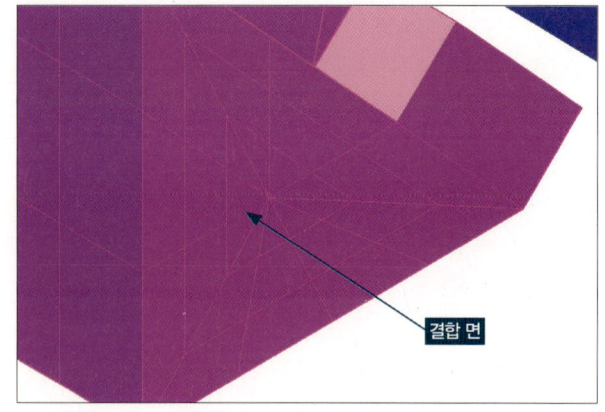

03 Enter 또는 Space bar를 눌러 '삼각형 면 회전' 명령을 재실행합니다.

{회전할 첫 번째 삼각형 메쉬 면 선택:}에서 회전한 삼각형을 선택합니다.
{회전할 두 번째 인접 삼각형 메쉬 면 선택:}에서 인접한 삼각형을 선택합니다.
다음 그림과 같이 선택한 두 삼각형이 결합되면서 모양이 바뀝니다.

10 다른 모델 타입으로의 변환(CONVERT)

메쉬 객체를 솔리드(SOLID) 또는 표면(SURFACE)으로 변환합니다.

01. 솔리드로 변환(CONVERTOSOLID)

3D 메쉬 및 두께가 있는 원과 폴리선을 3D 솔리드(Solid)로 변환합니다. 메쉬를 변환할 때 변환된 객체의 부드럽게 하기 또는 깎인 면을 지정할 수 있으며 면의 병합 여부도 지정할 수 있습니다.

명령 : CONVERTOSOLID   메뉴 아이콘 :

24 ; 표면(SURFACE) 및 메쉬(MESH) 모델링

01 '열기(OPEN)' 명령으로 다운로드 받은 'Part8_Mesh Edit.dwg' 파일을 엽니다. 다음과 같은 도면이 펼쳐집니다.

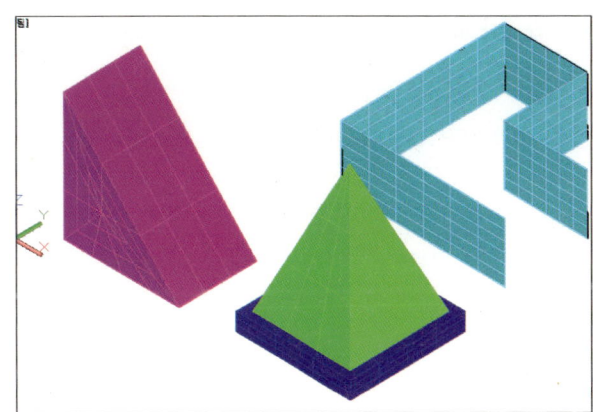

> **참고** 3D 솔리드로 변환할 수 있는 객체
>
> (1) 메쉬 : 모서리 간격이 없이 체적을 둘러싼 메쉬(수밀)
> (2) 폴리선 : 균일한 폭과 두께를 가진 폴리선으로 닫혀있어야 함
> (3) 표면 : 모서리 간격 없이 체적을 둘러쌉니다(예 : 양 끝이 막힌 회전된 표면 또는 표면으로 변환된 닫힌 메쉬 객체. 표면이 수밀 영역을 둘러싸는 경우에는 '표면 조각(SURFSCULPT)' 명령을 사용해 솔리드로 변환할 수도 있습니다.

02 '솔리드로 변환' 명령을 실행합니다. 명령어 'CONVERTOSOLID'를 입력하거나 '메쉬' 탭의 '메쉬 변환' 패널에서 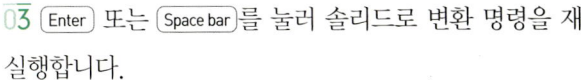을 클릭합니다.

{객체 선택:}에서 피라미드 메쉬 객체를 선택합니다. {1개를 찾음}

{객체 선택:}에서 [Enter] 또는 [Space bar]를 눌러 종료합니다.

다음 그림과 같이 메쉬 객체가 솔리드 객체로 변환됩니다.

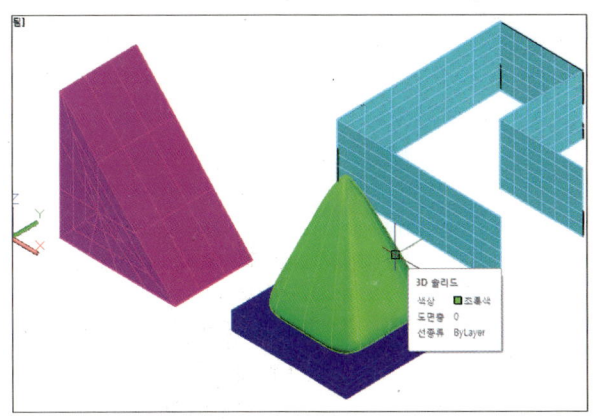

03 [Enter] 또는 [Space bar]를 눌러 솔리드로 변환 명령을 재실행합니다.

{객체 선택:}에서 피라미드 아래 받침판 객체를 선택합니다. {1개를 찾음}

{객체 선택:}에서 [Enter] 또는 [Space bar]를 눌러 종료합니다.

다음 그림과 같이 솔리드로 변환됩니다.

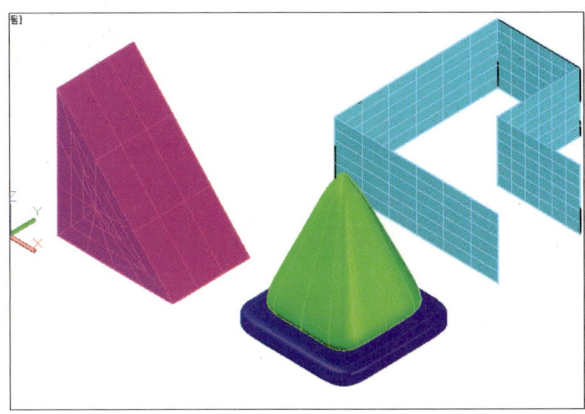

02. 표면으로 변환(CONVERTOSURFACE)

선택한 객체를 3D 표면(Surface)으로 변환합니다.

명령 : CONVERTOSURFACE   메뉴 아이콘 :

> **참고**   3D 표면(Surface)로 변환할 수 있는 객체
>
> (1) 2D, 3D 솔리드   (2) 영역
> (3) 두께가 있지만 폭이 0인 열려 있는 폴리선   (4) 두께가 있는 선이나 호
> (5) 메쉬   (6) 평면형 3D면

01 앞의 도면으로 실습하겠습니다. '표면으로 변환' 명령을 실행합니다. 명령어 'CONVERTOSURFACE'를 입력하거나 '메쉬' 탭의 '메쉬 변환' 패널에서 을 클릭합니다. {객체 선택:}에서 왼쪽의 쐐기 객체를 선택합니다. {1개를 찾음}

{객체 선택:}에서 [Enter] 또는 [Space bar]를 눌러 종료합니다. 다음 그림과 같이 선택한 객체가 표면 객체로 변환됩니다.

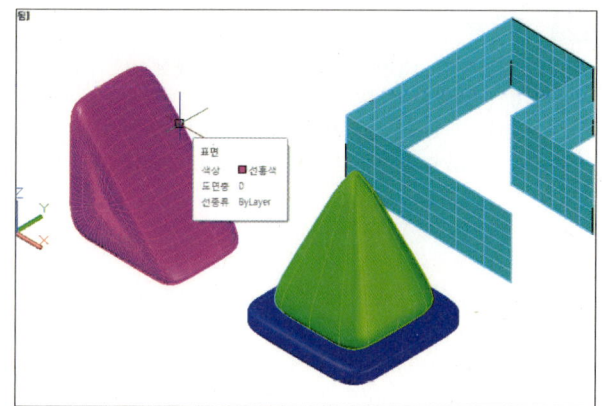

> **참고**   변환 시 거칠기 지정
>
> 시스템 변수 'SMOOTHMESHCONVERT'에 의해 3D 솔리드 또는 표면으로 변환한 메쉬 객체에 부드럽게 하기 또는 깎인 면을 적용할지 및 면을 병합할지 여부를 설정합니다. 시스템 변수 값과 설정 내용은 다음과 같습니다.
>
> 0 : 부드러운 모형을 작성합니다. 동일평면상의 면이 최적화 또는 병합됩니다.
> 1 : 부드러운 모형을 작성합니다. 변환된 객체에서 원래 메쉬 면이 유지됩니다.
> 2 : 평평한 면이 있는 모형을 작성합니다. 동일평면상의 면이 최적화 또는 병합됩니다.
> 3 : 평평한 면이 있는 모형을 작성합니다. 변환된 객체에서 원래 메쉬 면이 유지됩니다.

리본 메뉴에서는 '메쉬' 탭의 '메쉬 변환' 패널에서 다음과 같은 메뉴로 지정합니다.

다음 그림은 '깎인 면, 최적화 안함(SMOOTHMESHCONVERT = 3)'으로 설정한 상태에서 표면으로 변환한 예입니다.

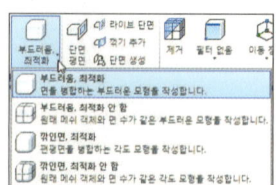

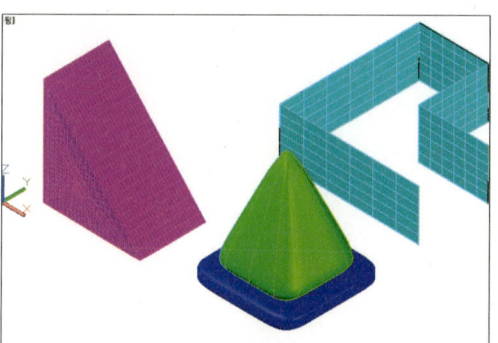

02 이번에는 트여있는 객체를 변환해보도록 하겠습니다. [Enter] 또는 [Space bar]를 눌러 '표면으로 변환' 명령을 실행합니다.

{객체 선택:}에서 범위를 지정하여 뒤쪽에 있는 객체를 선택합니다.

{객체 선택:}에서 [Enter]를 누릅니다. 다음 그림과 같이 변환됩니다.

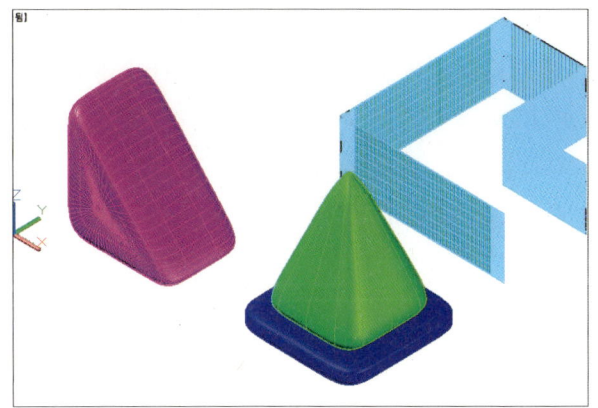

11 카메라 모델링

다음의 카메라를 작도하겠습니다. 이 실습을 통해 메쉬 객체의 작성과 편집에 대해 이해하도록 합시다.

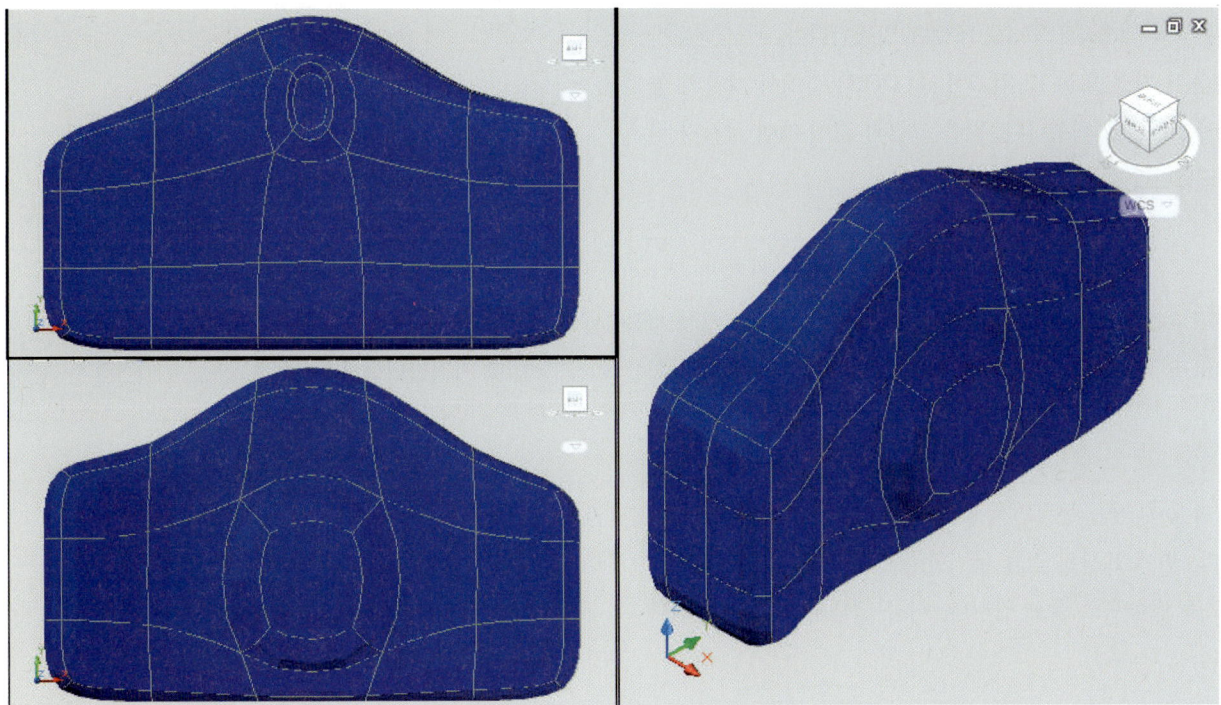

01 뷰를 '남동등각투영 ◆'으로 설정합니다. 메쉬 기본체 옵션 명령을 실행합니다. 명령어 'MESHPRIMITIVE OPTIONS'를 입력하거나 '메쉬' 탭의 '기본체' 패널에서 오른쪽 하단의 비스듬한 화살표(↘)를 클릭합니다.
다음 그림과 같은 대화상자가 나타납니다. 대화상자에서 '다듬기 분할'의 '길이'를 '3', '폭'을 '5', '높이'를 '3'으로 설정합니다.

02 메쉬 상자를 작도합니다. '메쉬' 탭의 '기본체' 패널에서 ⊞을 클릭합니다.
{첫 번째 구석 지정 또는 [중심(C)]:}에서 작도하고자 하는 위치를 지정합니다.
{반대 구석 지정 또는 [정육면체(C)/길이(L)]:}에서 반대 구석의 상대좌표 '@40,180'을 입력합니다.
{높이 지정 또는 [2점(2P)] <0.0001>:}에서 상자의 높이 '80'을 입력합니다. 다음 그림과 같이 메쉬 상자가 작도됩니다.

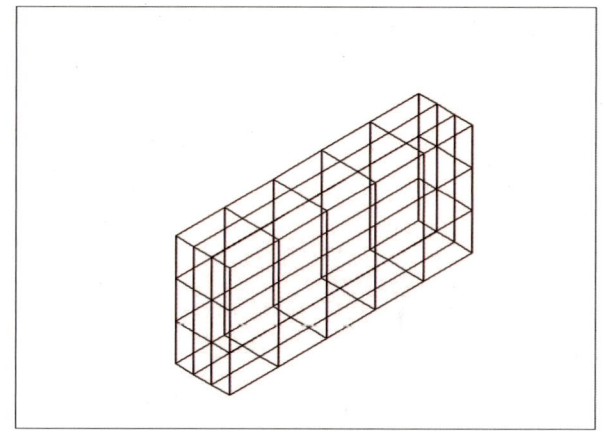

03 편집 장치를 이용하여 면을 이동하겠습니다. '메쉬' 탭의 '선택' 패널에서 선택 모드(SUBOBJSELECTIONMODE)를 '면'으로 지정하고 장치를 '이동 장치'로 지정합니다.

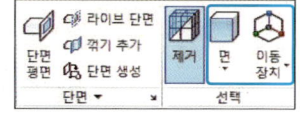

04 Ctrl 키를 누르면서 윗면의 가운데 세 면을 선택합니다. 면에 표시된 점을 클릭한 후 직교모드(F8)를 켠 후, Z축 방향으로 끌고 갑니다. 다음 그림과 같이 움직입니다.

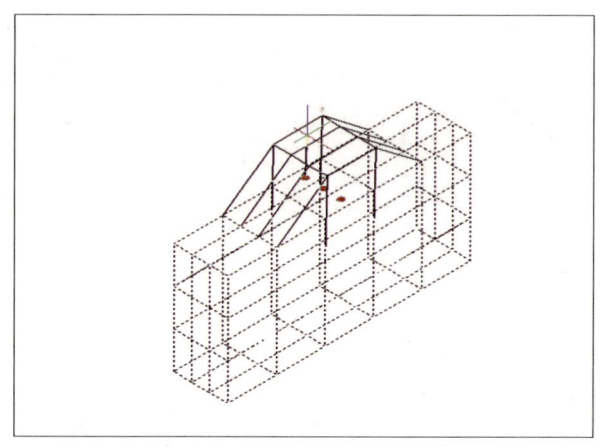

05 {** 신축 **}
{신축점 지정 또는 [기준점(B)/명령 취소(U)/종료(X)]:}
에서 '30'을 입력합니다.
다음 그림과 같이 선택한 면이 Z축 방향으로 '30'만큼 이동되었습니다.

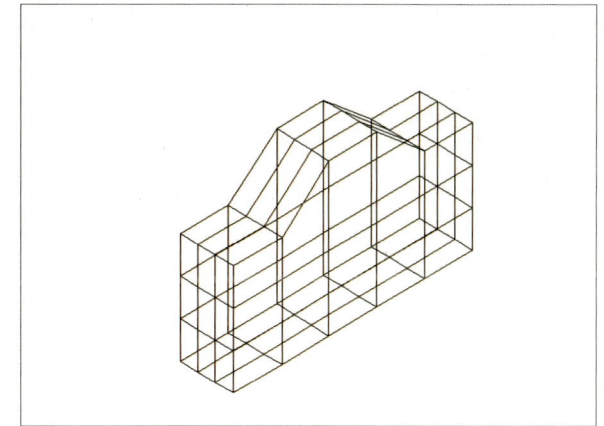

06 이미지를 좀더 현실감이 있는 표현을 위해 색상을 '파란색'으로 바꾸고 비주얼 스타일을 '실제'로 바꾸도록 합니다.

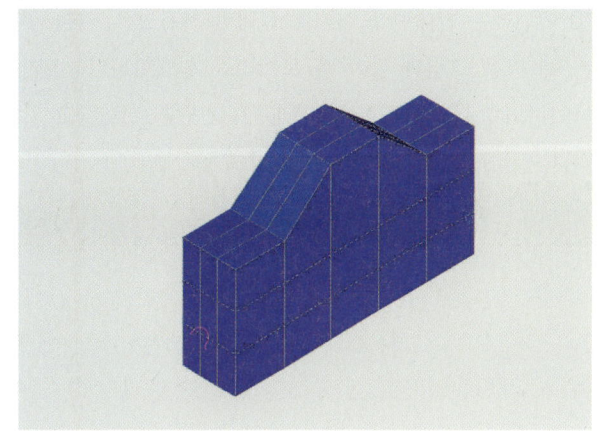

07 편집 장치를 이용하여 모서리를 이동하겠습니다. '메쉬' 탭의 '선택' 패널에서 선택 모드(SUBOBJSELECTIONMODE)를 '모서리'로 지정하고 편집 장치를 '이동 장치'로 지정합니다.

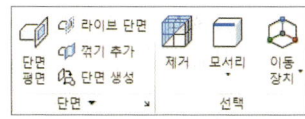

08 Ctrl 키를 누르면서 다음 그림과 같이 카메라 앞쪽 모서리 3개를 선택합니다. 선택이 끝나면 장치 아이콘의 X축을 클릭한 후 마우스를 앞쪽 방향(X축)으로 이동합니다.

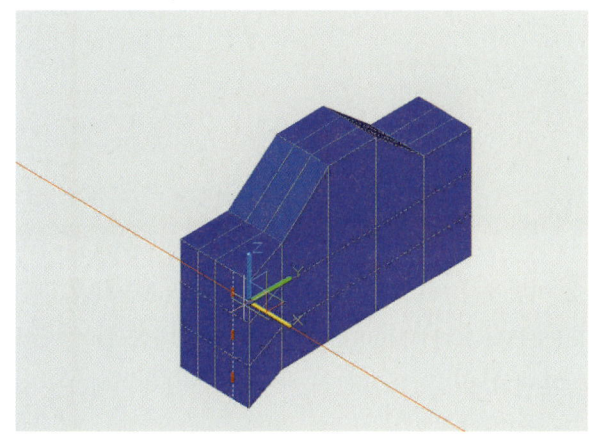

09 {** 신축 **}
{신축점 지정 또는 [기준점(B)/명령 취소(U)/종료(X)]:} 에서 '20'을 입력합니다. 다음 그림과 같이 선택한 모서리가 앞쪽으로 20만큼 이동됩니다.

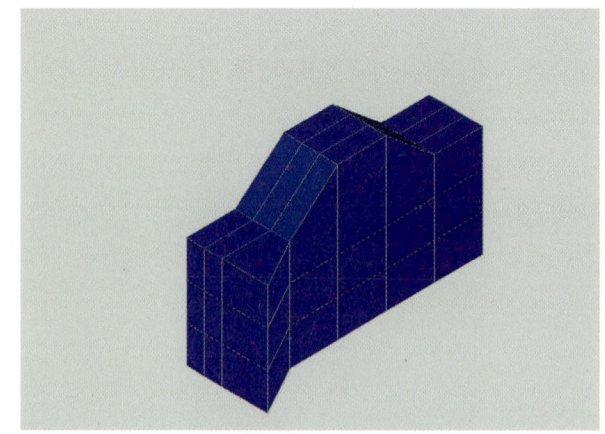

10 이번에는 반대편 모서리를 선택합니다. Ctrl 키를 누른 채 다음 그림과 같이 세 모서리를 선택합니다. 장치 아이콘의 Z축을 클릭한 후 아래쪽(-Z방향)으로 끌고 갑니다.

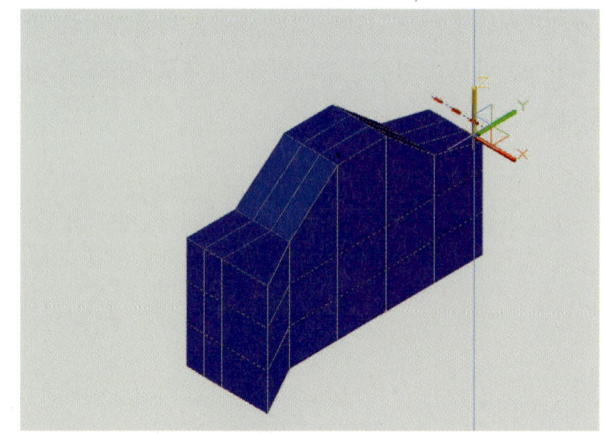

11 {** 신축 **}
{신축점 지정 또는 [기준점(B)/명령 취소(U)/종료(X)]:} 에서 '10'을 입력합니다. 다음 그림과 같이 선택한 모서리가 아래쪽으로 10만큼 이동됩니다.

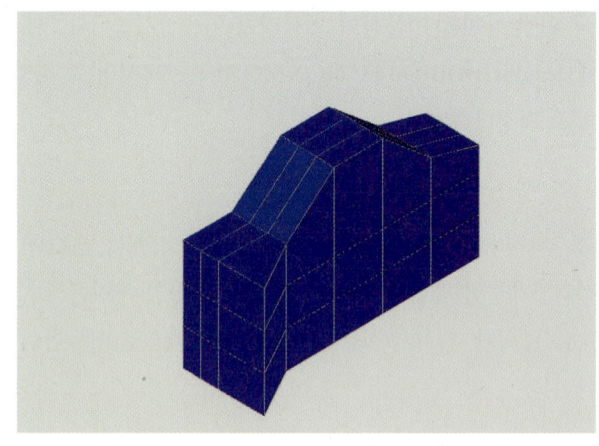

12 이번에는 메쉬 객체를 부드럽게 만들겠습니다. '더 부드럽게 하기' 명령을 실행합니다. 명령어 'MESHSMOOTHMORE'를 입력하거나 '메쉬' 탭의 '메쉬' 패널에서 을 클릭합니다.
{부드럽기 정도를 높일 메쉬 객체 선택:}에서 카메라를 선택합니다.

{부드럽기 정도를 높일 메쉬 객체 선택:}에서 Enter 를 눌러 종료합니다.

더 부드럽게 하기 위해 다시 한 번 실행합니다. Enter 또는 Space bar 를 누릅니다.

{부드럽기 정도를 높일 메쉬 객체 선택:}에서 카메라를 선택합니다.

{부드럽기 정도를 높일 메쉬 객체 선택:}에서 Enter 를 눌러 종료합니다.

다음 그림과 같이 객체가 부드럽게 표현됩니다.

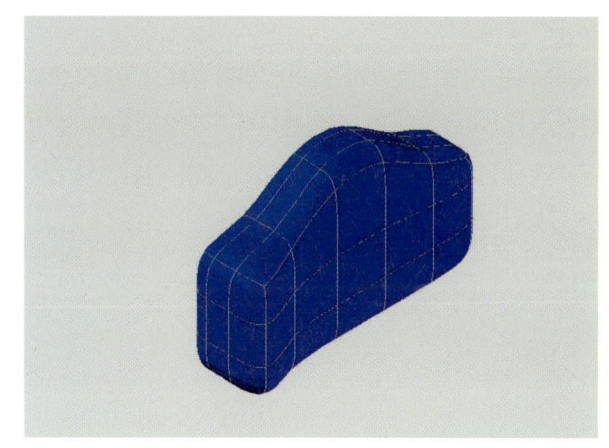

13 가운데 면을 확장하도록 하겠습니다. 뷰를 카메라의 정면 방향으로 돌리겠습니다. '3D 궤도(3DORBIT)' 명령으로 뷰를 조정합니다.

Note_ 3D 궤도 명령을 쉽게 사용하는 방법으로는 Shift 키를 누른 채 마우스 휠을 움직여 원하는 뷰로 바꿉니다.

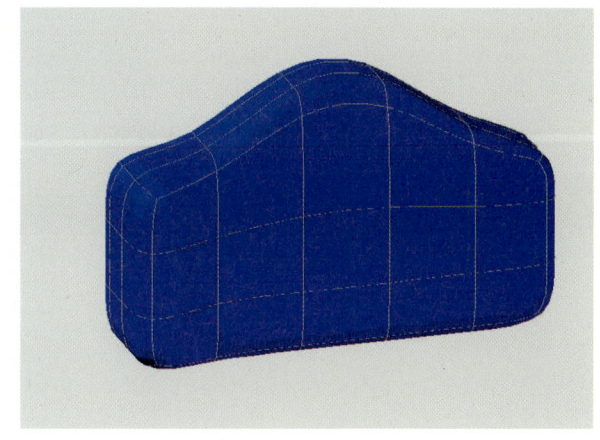

14 '메쉬' 탭의 '선택' 패널에서 선택 모드를 '면'으로 지정하고 편집 장치를 '축척 장치'로 지정합니다.

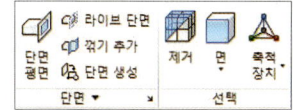

15 Ctrl 키를 누른 채 가운데 면을 선택합니다. 장치 아이콘이 나타나면 원점에서 클릭한 후 마우스 오른쪽 버튼을 누릅니다. 바로가기 메뉴에서 다음 그림과 같이 '구속조건 설정'을 눌러 'YZ'를 클릭합니다.

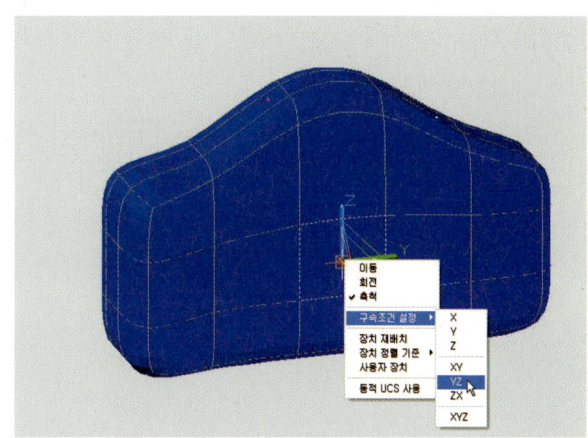

16 {** 축척 **}

{축척 비율 지정 또는 [기준점(B)/명령 취소(U)/참조(R)/종료(X)]:}에서 '1.5'를 입력합니다. 다음 그림과 같이 'YZ'면이 1.5배 커집니다. 이번에는 장치 아이콘의 Z축을 클릭합니다.

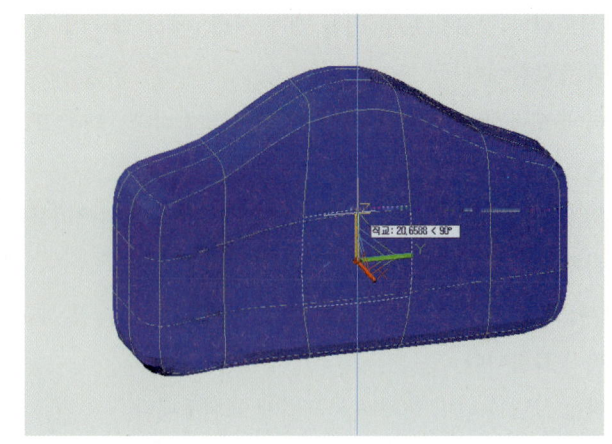

17 {** 축척 **}

{축척 비율 지정 또는 [기준점(B)/명령 취소(U)/참조(R)/종료(X)]:}에서 '1.5'를 입력합니다. Z축 방향으로 1.5배 넓어집니다.

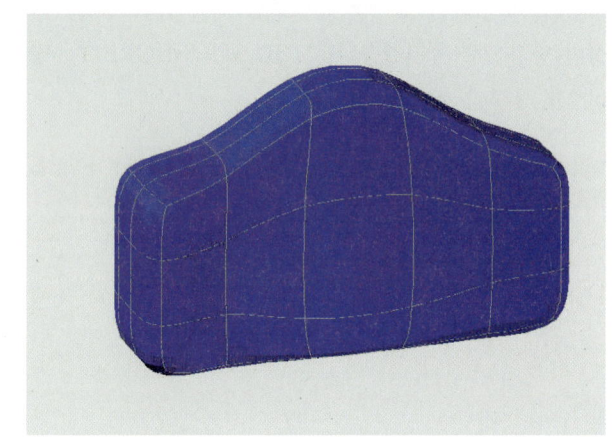

18 직전에 늘린 면을 돌출시키도록 합니다. '면 돌출' 명령을 실행합니다. 명령어 'EXTRUDE'를 입력하거나 '메쉬' 탭의 '메쉬 편집' 패널에서 🔼을 클릭합니다.

{돌출할 객체 선택:}에서 [Ctrl] 키를 누른 채로 직전에 조작했던 면을 선택합니다.

{돌출할 객체 선택:}에서 [Enter] 또는 [Space bar]를 눌러 선택을 종료합니다.

{돌출의 높이 지정 또는 [방향(D)/경로(P)/테이퍼 각도(T)] <80.0000>:}에서 돌출 높이 '10'을 입력합니다.

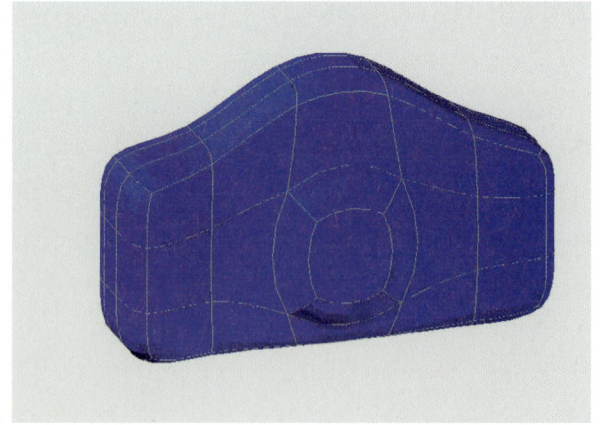

19 이제부터 뷰 파인터를 만들기 위해 뒤쪽 부분을 조작하겠습니다. '3D 궤도(3DORBIT)' 명령으로 뷰를 카메라 뒤쪽으로 돌립니다. '메쉬' 탭의 '선택' 패널에서 선택 모드가 '면', 편집 장치가 '축척 장치'로 설정된 것을 확인하고 Ctrl 키를 누른 채로 다음 그림과 같이 뷰 파인더에 해당하는 면을 선택한 후 '구속조건 설정'에서 'XYZ'를 지정합니다.

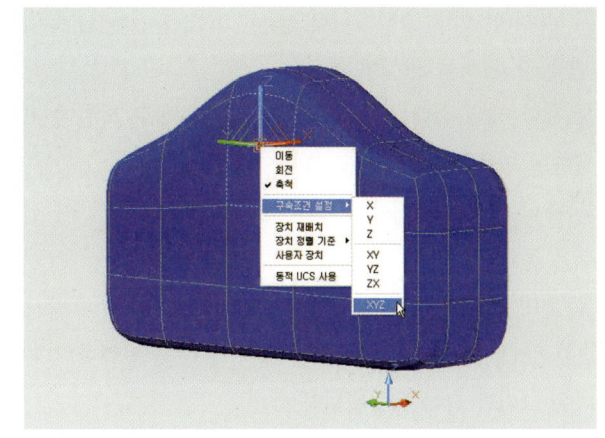

20 {** 축척 **}
{축척 비율 지정 또는 [기준점(B)/명령 취소(U)/참조(R)/종료(X)]:}에서 '0.5'를 입력합니다. 다음 그림과 같이 선택한 면이 0.5배로 줄어들었습니다.

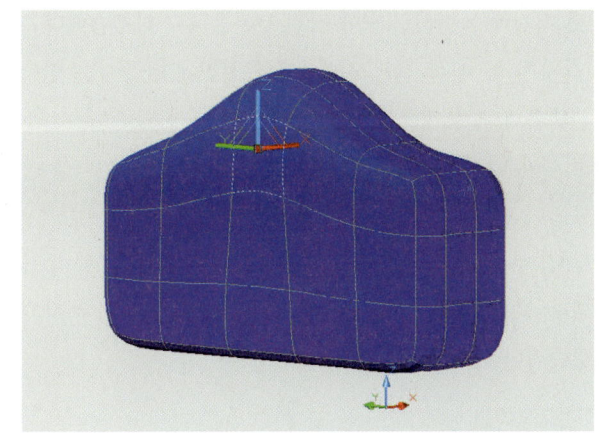

21 다음은 축소시킨 면을 돌출시킵니다. '면 돌출' 명령을 실행합니다. 명령어 'EXTRUDE'를 입력하거나 '메쉬' 탭의 '메쉬 편집' 패널에서 ⬆을 클릭합니다.
{돌출할 객체 선택:}에서 Ctrl 키를 누른 채로 직전에 조작했던 면을 선택합니다.
{돌출할 객체 선택:}에서 Enter 또는 Space bar를 눌러 선택을 종료합니다.
{돌출의 높이 지정 또는 [방향(D)/경로(P)/테이퍼 각도(T)] 〈80.0000〉:}에서 돌출 높이 '2.0'을 입력합니다. 다음 그림과 같이 선택한 면이 돌출됩니다.

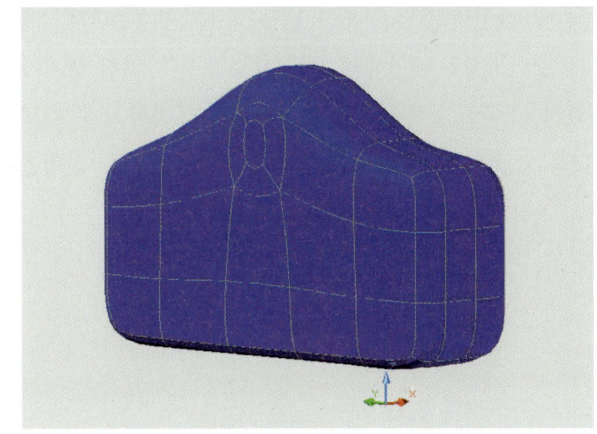

22 다시 한 번 돌출시킵니다. [Enter] 또는 [Space bar]를 눌러 '면 돌출' 명령을 재실행합니다.
{돌출할 객체 선택:}에서 [Ctrl] 키를 누른 채로 직전에 조작했던 면을 선택합니다.
{돌출할 객체 선택:}에서 [Enter] 또는 [Space bar]를 눌러 선택을 종료합니다.
{돌출의 높이 지정 또는 [방향(D)/경로(P)/테이퍼 각도(T)] <80.0000>:}에서 돌출 높이 '2.0'을 입력합니다. 다음 그림과 같이 돌출됩니다.

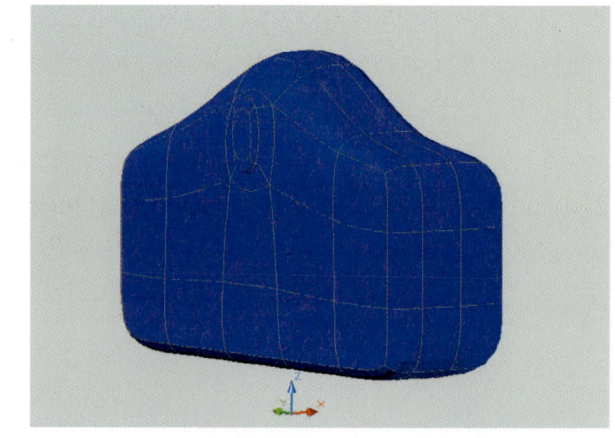

23 직전에 돌출시킨 면에 각진 부분을 추가하겠습니다.
{각지게 할 메쉬 선택 선택:}에서 진전에 돌출시킨 면을 선택합니다. {1개를 찾음}
{각지게 할 메쉬 선택 선택:}에서 [Enter]를 눌러 선택을 종료합니다.
{가진 부분 값 지정 [항상(A)] <항상>:}에서 [Enter]를 누릅니다. 다음 그림과 같이 선택한 면에 각진 부분이 추가되었습니다.

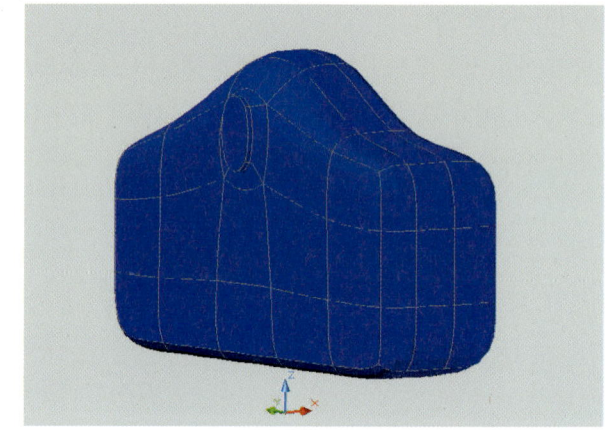

24 뷰 파인더의 각진 부분 면을 축소시키겠습니다. '메쉬' 탭의 '선택' 패널에서 선택 모드가 '면', 편집 장치가 '축척 장치'로 설정된 것을 확인하고 [Ctrl] 키를 누른 채로 다음 그림과 같이 뷰 파인더의 각진 부분의 면을 선택한 후 '구속조건 설정'에서 'XYZ'를 지정합니다.

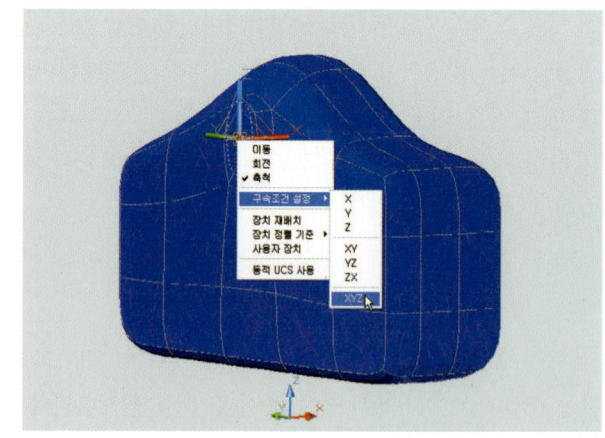

25 {** 축척 **}
{축척 비율 지정 또는 [기준점(B)/명령 취소(U)/참조(R)/종료(X)]:}에서 '0.7'을 입력합니다. 다음 그림과 같이 뷰 파인더가 줄어들었습니다.

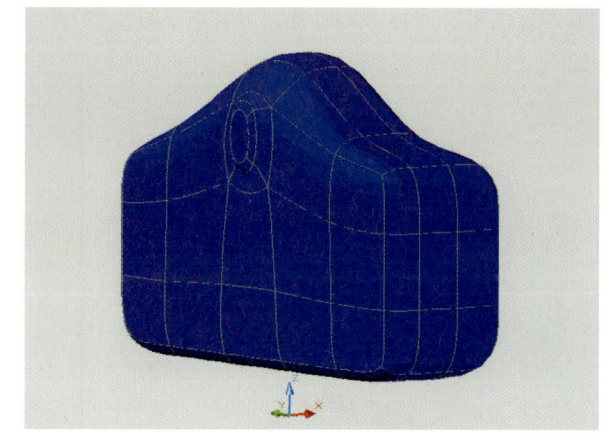

26 이번에는 뷰 파인더를 안쪽으로 이동하겠습니다. '메쉬' 탭의 '선택' 패널에서 선택 모드가 '면', 편집 장치가 '이동 장치'로 설정된 것을 확인하고 Ctrl 키를 누른 채로 다음 그림과 같이 X축을 클릭합니다.

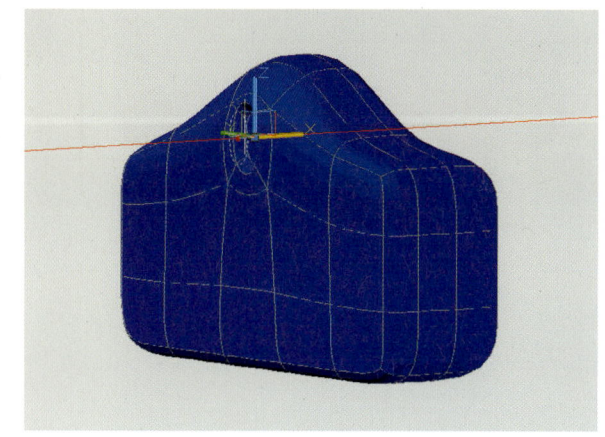

27 {신축점 지정 또는 [기준점(B)/명령 취소(U)/종료(X)]:}에서 X축 방향으로 맞춘 후 '4'를 입력합니다. 다음 그림과 같이 선택한 면이 안쪽으로 이동합니다.

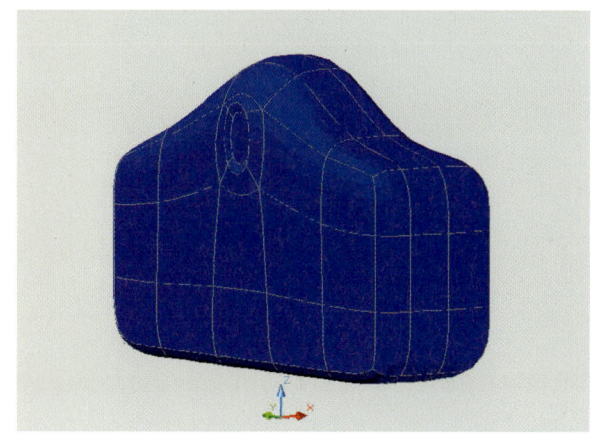

28 다음 그림과 같이 카메라의 형상이 완성되었습니다.

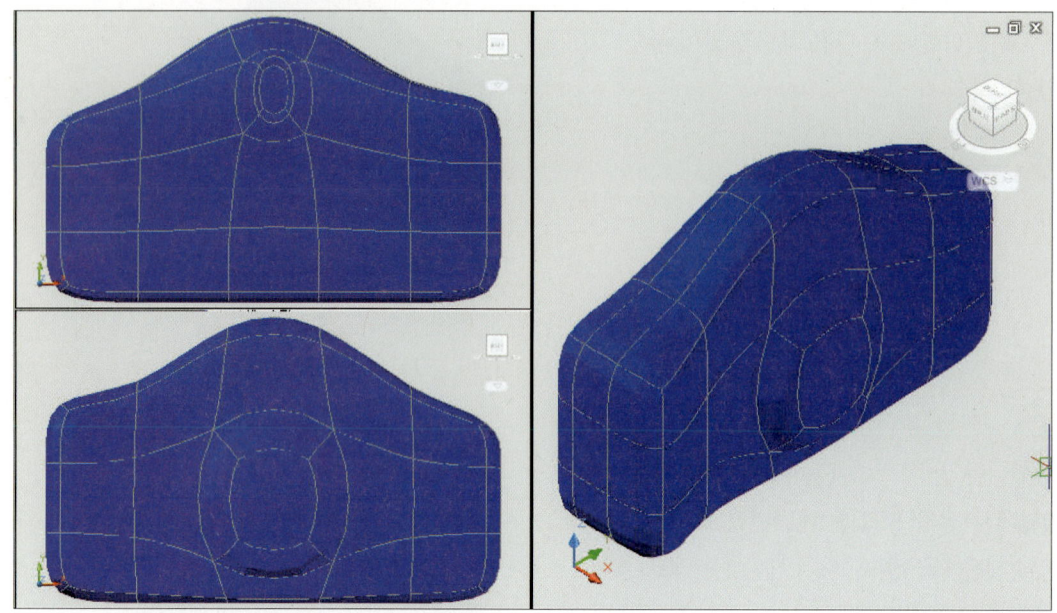

PART9
모델의 표현

도면은 설계자(디자이너)의 구상이나 아이디어를 타인에게 설명하기 위한 수단으로 작성됩니다. 이 설명을 위해서는 2차원보다는 3차원 모델이 더 현실감 있게 설명하는데 도움이 됩니다. 이 현실감 있는 이미지를 표현하기 위해 재질을 입히거나 다양한 형태로 관측을 할 수 있어야 합니다. 이번에는 3차원 모델의 다양한 표현 기법에 대해 알아보겠습니다.

AutoCAD 2015

25; 모델 뷰의 표현

26; 객체의 장식과 동적 관측

25; 모델 뷰의 표현

AutoCAD 2015

작성된 모델을 실물처럼 다양한 각도에서 관측하고 표현할 수 있어야 합니다. 동영상과 같은 동적인 표현도 도면을 설명하는데 유용합니다. 이번에는 3차원으로 작성된 객체를 보다 현실감 있게 표현하기 위한 관측과 표현 방법에 대해서 알아보겠습니다.

1 배치(LAYOUT)의 작성

앞에서도 언급했지만 기본적으로 3차원 객체는 모형공간에서 작성하고 출력하기 위한 표현은 배치공간에서 작성해야 합니다. 첫 번째 과정으로 3차원 객체를 다양하게 표현하기 위한 배치(LAYOUT)를 작성하겠습니다.

01 실습을 위해 3차원 객체가 작성된 도면을 열겠습니다. 다운로드 받은 'Part8_3DBallValve.dwg' 파일을 엽니다. (예제 파일은 혜지원 출판사 홈페이지 'www.hyejiwon.co.kr' 자료실에서 다운받을 수 있습니다.) 다음 그림과 같은 도면이 펼쳐집니다.

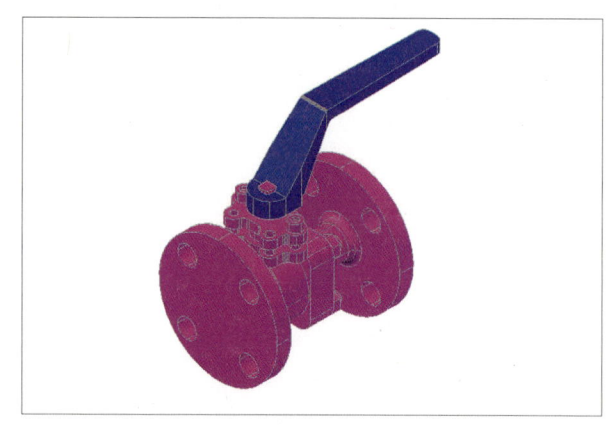

02 새로운 배치를 작성합니다. 작도 영역 하단의 배치 탭에 커서를 맞춘 후 마우스 오른쪽 버튼을 누릅니다. 다음과 같은 바로가기 메뉴에서 '새 배치(N)'를 클릭합니다.

{새 배치 이름 입력 〈배치1〉:}에서 '3차원'을 입력합니다.

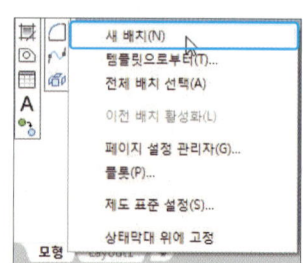

03 다음 그림과 같이 '3차원'이라는 새로운 배치가 작성되었습니다.

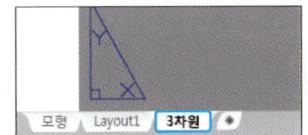

04 '3차원' 탭을 눌러 배치 공간으로 이동합니다. 파란색 테두리를 클릭하여 Delete 키를 눌러 지웁니다.

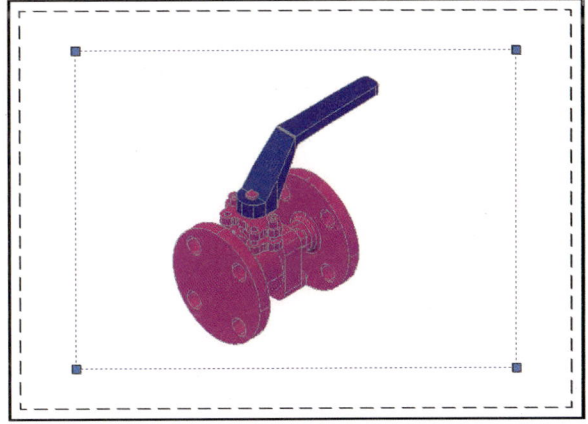

다음 그림과 같이 '3차원' 배치 공간이 백지 상태가 됩니다.

2 기준 뷰 작성(VIEWBASE)

모형 공간 또는 Autodesk Inventor 모형으로부터 기준 뷰를 작성합니다. 기준 뷰는 도면에서 첫 번째로 작성된 뷰입니다. 다른 모든 뷰는 기준 뷰에서 파생됩니다. 기준 뷰에는 모형 공간 내에서 표시된 솔리드 및 표면이 포함됩니다. 모형 공간에 표시되는 솔리드 또는 표면이 없는 경우에는 Autodesk Inventor 모형을 선택할 수 있도록 파일 선택 대화상자가 표시됩니다.

명령어 : VIEWBASE   메뉴 아이콘 : 📁

01 앞의 실습에 이어서 실습하겠습니다. '모형' 탭을 눌러 모형 공간을 펼칩니다.

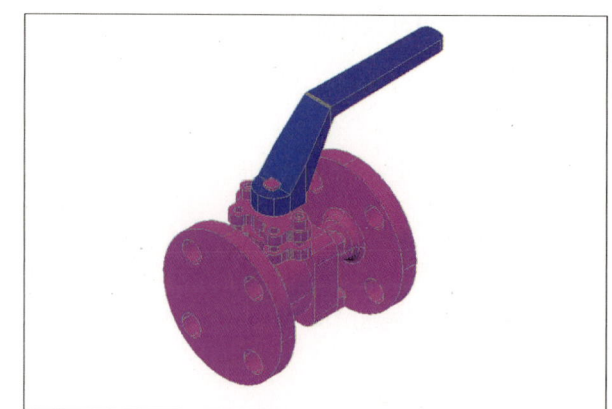

02 기준 뷰를 작성합니다. 명령어 'VIEWBASE'를 입력하거나 '홈' 탭의 '뷰' 패널에서 '기준 ⌂'을 클릭하여 '모형 공간에서'를 클릭합니다.
{객체 선택 또는 [전체 모형(E)] <전체 모형>:}에서 범위를 감싸 밸브를 선택합니다.
{현재로 설정할 새 배치 이름 또는 기존 배치 이름 입력 또는 [?] <Layout1>:}에서 배치하고자 하는 배치 이름 '3차원'을 입력합니다.
{캐쉬된 뷰포트 복원 중 – 배치 재생성 중.}

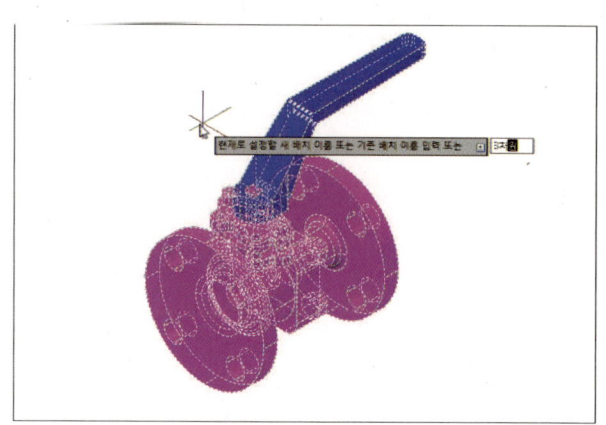

03 다음과 같이 배치 탭으로 전환됩니다.
{유형 = 기준 뷰와 투영된 뷰 은선 = 보이는 선 및 은선 축척 = 1:50}
{기준 뷰의 위치 지정 또는 [유형(T)/선택(E)/방향(O)/은선(H)/축척(S)/가시성(V)] <유형>:}에서 배치하고자 하는 기준점을 지정합니다.

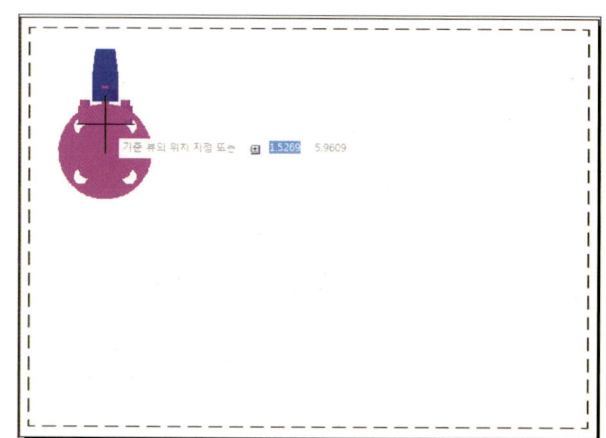

04 {기준 뷰의 위치 지정 또는 [유형(T)/선택(E)/방향(O)/은선(H)/축척(S)/가시성(V)] <유형>:}방향 옵션 'O'를 선택합니다.

{방향 선택 [현재(C))/평면도(T)/저면도(B)/좌측면도(L)/우측면도(R)/정면도(F)/배면도(BA)/남서 등각투영(SW)/남동 등각투영(SE)/북동 등각투영(NE)/북서 등각투영(NW)] <정면도>: }에서 우측면도 'R'을 선택합니다.
{옵션 선택 [선택(E)/방향(O)/은선(H)/축척(S)/가시성(V)/이동(M)/종료(X)] <종료>:}에서 종료 'X'를 선택합니다.
{투영된 뷰의 위치 지정 또는 <종료(X)>:}에서 뷰를 작성할 위치를 지정합니다.

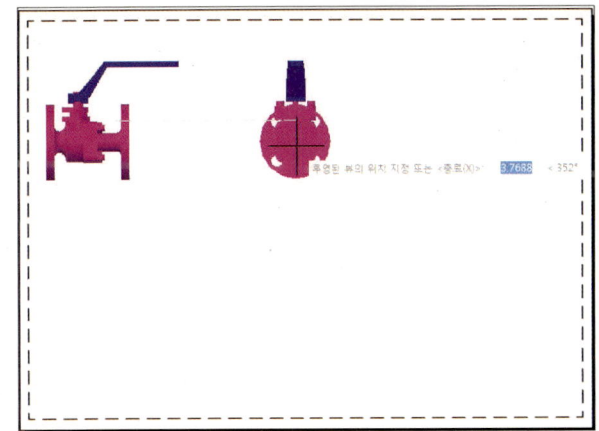

{투영된 뷰의 위치 지정 또는 [명령 취소(U)/종료(X)] <종료(X)>:}에서 종료 'X'를 선택합니다. {기준 뷰 및 1개의 투영된 뷰가 작성되었습니다.}라는 메시지와 함께 뷰가 작성됩니다.
다음 그림과 같이 두 개(우측면도, 정면도)의 뷰가 작성됩니다.

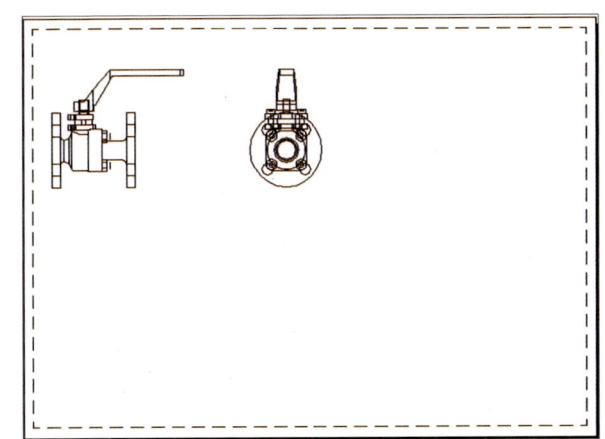

반복해서 뷰의 위치와 뷰의 방향을 지정하여 여러 개의 뷰를 작성할 수 있습니다.

3 투영 뷰 작성(VIEWPROJ)

기존 도면 뷰에서 직교 및 등각투영된 뷰를 작성합니다. 투영된 뷰는 상위 뷰의 축척, 표시 설정 및 정렬을 상속합니다.

명령어 : VIEWPROJ   메뉴 아이콘 :

05 앞의 실습에 이어서 실습하겠습니다. 투영 뷰 작성 명령을 실행합니다. 명령어 'VIEWPROJ'를 입력하거나 '배치' 탭의 '뷰 작성' 패널에서 뮴을 클릭합니다.
{상위 뷰 선택:}에서 가운데 정면도 뷰를 선택합니다.

[TIP] 기존 뷰가 오래되었거나 해석되지 않은 뷰인 경우는 투영 뷰가 작성되지 않습니다. 투영된 뷰는 해당 뷰가 생성된 뷰와의 상-하 관계를 유지합니다. 상위 뷰를 지워도 해당 하위 뷰는 지워지지 않습니다. 하위 뷰가 상위 뷰의 역할을 자동으로 수행하게 됩니다. 하위 뷰는 상위 뷰가 되어도 기준 뷰가 되지는 않습니다.

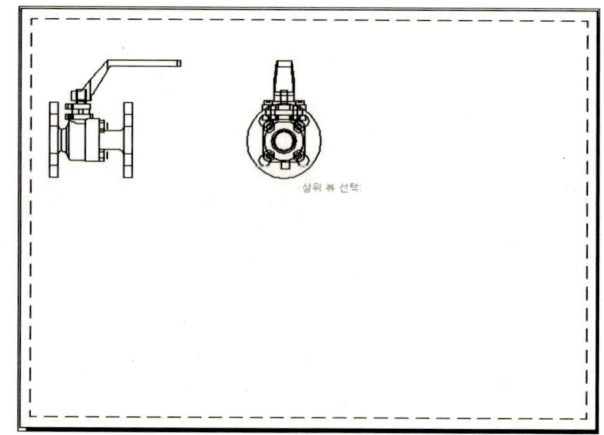

{투영된 뷰의 위치 지정 또는 〈종료(X)〉:}에서 마우스 커서를 아래쪽으로 끌고 갑니다. 다음 그림과 같이 하위 뷰인 밑면도가 나타납니다.

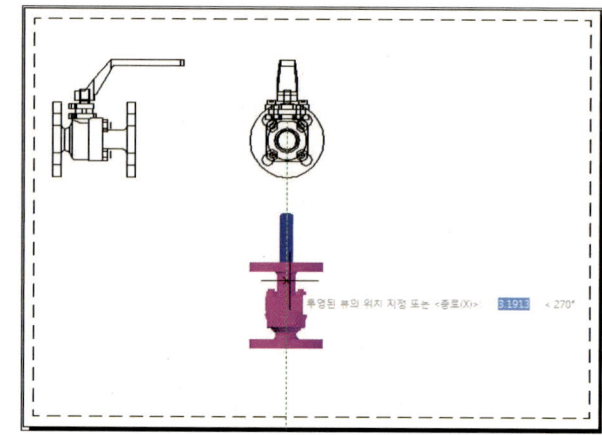

이때 클릭하면 다음 그림과 같이 하위 뷰인 밑면도가 배치됩니다.
{투영된 뷰의 위치 지정 또는 [명령 취소(U)/종료(X)] 〈종료(X)〉:}에서 마우스 커서를 아래쪽 45도 방향으로 가져갑니다. 다음 그림과 같이 45도 방향의 등각투영 뷰가 나타납니다.

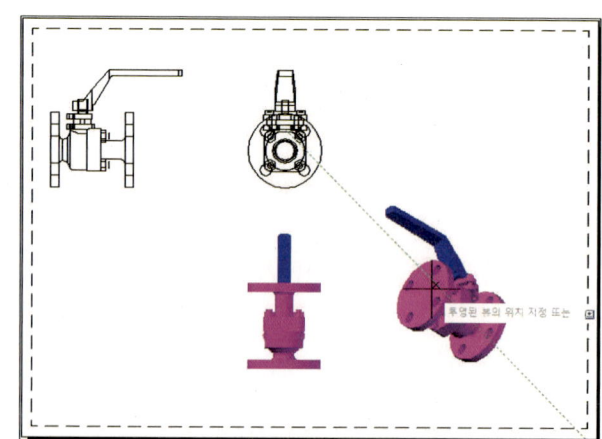

이때, 클릭하면 하위 뷰인 등각투영 뷰가 배치됩니다.
{투영된 뷰의 위치 지정 또는 [명령 취소(U)/종료(X)] 〈종료(X)〉:}에서 마우스 커서를 상위 뷰의 오른쪽으로 가져가 클릭합니다. 뷰가 배치됩니다.
{투영된 뷰의 위치 지정 또는 [명령 취소(U)/종료(X)] 〈종료(X)〉:}에서 Enter 또는 'X'를 입력하여 종료합니다. 다음과 같이 등각투영 뷰가 작성됩니다.

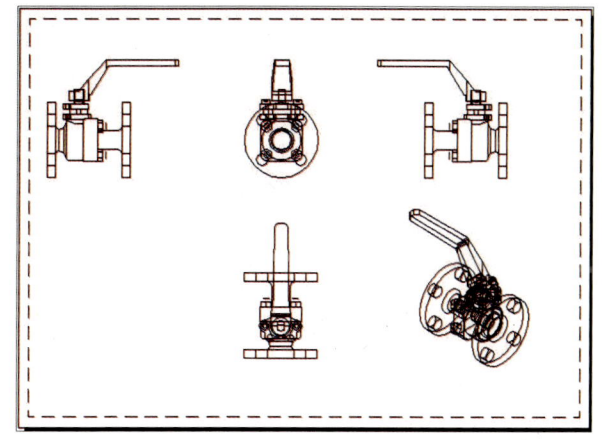

06 하위 뷰인 밑면도를 이용하여 투영 뷰를 작성하겠습니다. 아래쪽 중앙의 밑면도를 선택한 후 마우스 오른쪽 버튼을 눌러 바로가기 메뉴를 펼칩니다. 바로가기 메뉴에서 '뷰 작성'을 클릭한 후 '투영된 뷰'를 선택합니다.

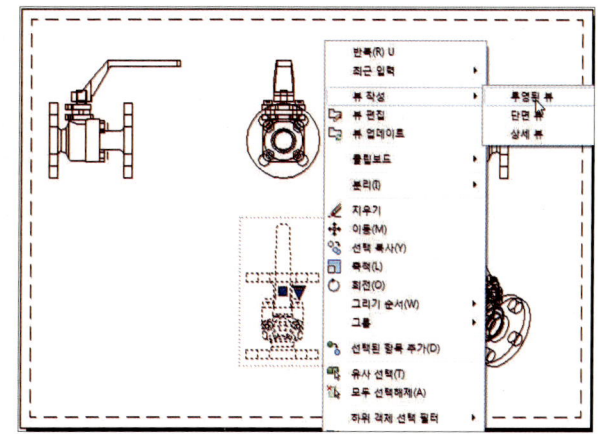

{투영된 뷰의 위치 지정 또는 〈종료(X)〉:}에서 마우스 커서를 왼쪽으로 끌고 갑니다. 뷰가 나타나면 클릭합니다. 다음 그림과 같이 뷰가 배치됩니다.
{투영된 뷰의 위치 지정 또는 [명령 취소(U)/종료(X)] 〈종료(X)〉:}에서 Enter 또는 'X'를 입력하여 종료합니다.

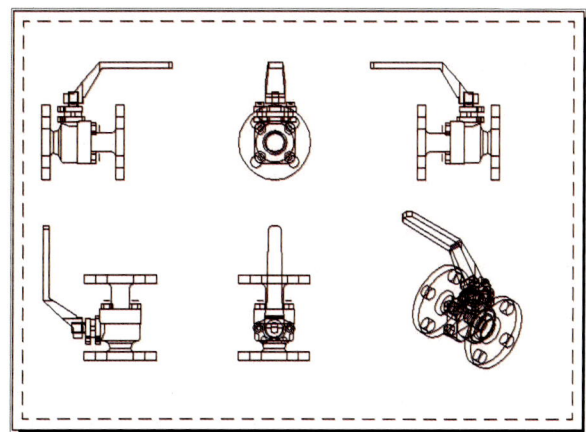

4 단면 뷰 작성(VIEWSECTION)

기존 도면 뷰에서 단면 뷰를 작성합니다. 투영된 뷰는 상위 뷰의 축척, 표시 설정 및 정렬을 상속합니다. 단면 선의 끝점이 지정되면 단면 미리보기가 알파벳순 단면 레이블 식별사와 함께 커서에 부착됩니다.

명령어 : VIEWSECTION   메뉴 아이콘 :

01. 단면 전체 뷰 작성

지정한 범위의 전체 단면 뷰를 작성합니다.

07 앞의 실습에 이어서 실습하겠습니다. '지우기(ERASE)' 명령으로 다음과 같이 세 뷰를 지웁니다.

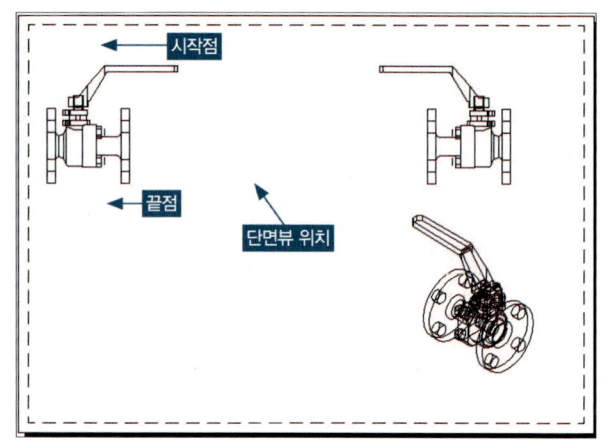

08 단면 뷰 작성 명령을 실행합니다. '배치' 탭의 '뷰 작성' 패널에서 을 클릭하거나 명령어 'VIEWSECTION'를 입력합니다.
{유형 선택 [전체(F)/절반(H)/간격띄우기(OF)/정렬(A)/객체(OB)/종료(X)] <종료> : _f}
{상위 뷰 선택:}에서 왼쪽 상단의 뷰를 선택합니다. {1개를 찾음}
{은선 = 보이는 선 축척 = 3/16" = 1'-0" (상위 항목에서)}
{시작점 지정 또는 [유형(T)/은선(H)/축척(S)/가시성(V)/주석(A)/해치(C)] <유형>:}
{시작점 지정:}에서 자르고자 하는 단면의 시작점을 지정합니다.
{끝점 지정 또는 [명령 취소(U)]:}에서 자르고자 하는 단면의 끝점을 지정합니다.
{다음 점 지정 또는 [명령 취소(U)/종료(D)] <종료>:}에서 Enter 를 눌러 지정을 종료합니다. 다음과 같이 단면 범위가 지정됩니다.

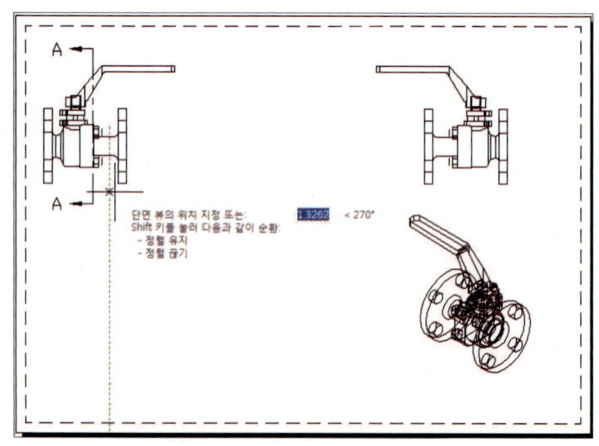

{단면 뷰의 위치 지정 또는 옵션 선택 [은선(H)/축척(S)/가시성(V)/투영(P)/깊이(D)/주석(A)/해치(C)/이동(M)/종료(X)] 〈종료〉:}에서 단면 뷰의 위치를 지정한 후 Enter 를 누르거나 'X'를 입력합니다.

{단면 뷰를 성공적으로 작성했습니다.}라는 메시지와 함께 단면 뷰가 작성됩니다.

Note_ 단면 선으로 절단된 객체는 단면 뷰에서 해치되어 표현합니다.

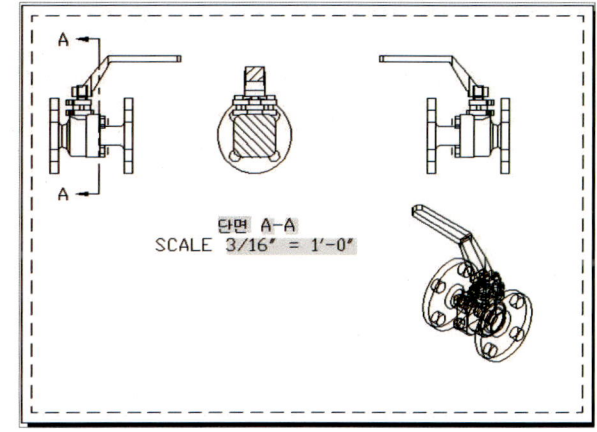

참고 단면 레이블

단면을 지정하면 기본적으로 단면 레이블은 사용 가능한 레이블로 자동으로 설정됩니다. 레이블 I, O, Q, S, X, Z는 기본적으로 제외되지만 이러한 레이블을 수동으로 덮어쓸 수 있습니다. '단면 뷰 스타일 관리자' 대화상자에서 제외할 영문자를 지정할 수 있습니다.

옵션 설명

옵션 선택 [은선(H)/축척(S)/가시성(V)/투영(P)/깊이(D)/주석(A)/해치(C)/이동(M)/종료(X)]

(1) 은선(H) : 선의 표현 옵션을 다음에서 선택합니다.
  ① 보이는 선(V) : 보이는 선만 표시한 상태로 와이어프레임에 단면 뷰를 표시합니다.
  ② 보이는 선 및 은선(I) : 보이는 선과 은선을 표시한 상태로 와이어프레임에 단면 뷰를 표시합니다.
  ③ 보이는 선이 있는 상태로 음영처리됨(S) : 보이는 선만 표시된 상태로 단면 뷰를 음영 처리하여 표시합니다.
  ④ 보이는 선 및 은선이 있는 상태로 음영처리됨(H) : 보이는 선과 은선이 표시된 상태로 단면 뷰를 음영 처리하여 표시합니다.
  ⑤ 상위 항목에서(F) : 상위 기준 또는 투영된 뷰에서 상속된 특성으로 단면 뷰를 표시합니다.
(2) 축척(S) : 기본적으로 상위 뷰의 축척이 상속되지만 축척을 추가로 지정하고자 할 때 선택합니다.
(3) 가시성(V) : 단면 뷰에 대해 설정할 가시성 옵션을 지정합니다. 객체 가시성 옵션은 모형마다 다르며, 일부 옵션은 선택한 모형에서 사용하지 못할 수도 있습니다.
(4) 투영(P) : 단면 뷰를 작성하는 데 사용되는 투영 유형을 법선과 직교 중 선택합니다.
(5) 깊이(D) : 단면 뷰의 깊이를 지정합니다.
(6) 주석(A) : 레이블의 조건을 지정합니다.
  ① 식별자 : 단면 선과 생성되는 단면 뷰의 레이블을 지정합니다
  ② 레이블 : 단면 뷰 레이블 문자의 표시 여부를 지정합니다.
(7) 해치(C) : 단면 뷰에 해치 여부를 지정합니다.
(8) 이동(M) : 단면 뷰를 도면 영역에 배치한 후 이동합니다. 명령이 강제 종료되지 않습니다.
(9) 종료(X) : 명령을 종료합니다.

02. 절반 단면 뷰 작성

뷰의 절반 단면 뷰를 작성합니다. 단면 선의 끝점이 지정되면 단면 미리보기가 알파벳순 단면 레이블 식별자와 함께 커서에 부착됩니다.

09 '배치' 탭의 '뷰 작성' 패널에서 ▭을 클릭하거나 명령어 'VIEWSECTION'를 입력합니다.
{상위 뷰 선택: _t}
{유형 선택 [전체(F)/절반(H)/간격띄우기(OF)/정렬(A)/객체(OB)/종료(X)] <종료>: _h}
{상위 뷰 선택:}에서 자르고자 하는 원본 뷰를 선택합니다. {1개를 찾음}
{은선 = 보이는 선 축척 = 3/16" = 1'-0" (상위 항목에서)}
{시작점 지정 또는 [유형(T)/은선(H)/축척(S)/가시성(V)/주석(A)/해치(C)] <유형>:}
{시작점 지정:}에서 단면의 시작점을 지정합니다.
{다음 점 지정 또는 [명령 취소(U)]:}에서 단면 뷰를 작성할 점을 지정합니다.
{끝점 지정 또는 [명령 취소(U)]:}에서 다음 그림과 같이 단면 뷰의 끝점을 지정합니다.
이 끝점에 의해 단면 뷰의 범위가 정해집니다.

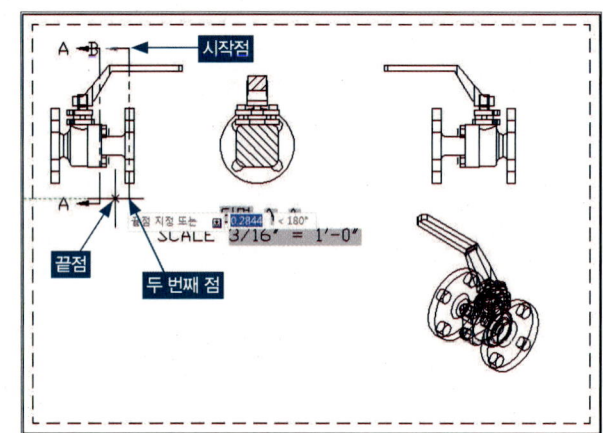

{단면 뷰의 위치 지정: }에서 단면 뷰를 배치할 위치를 지정합니다.
{또는 옵션 선택 [은선(H)/축척(S)/가시성(V)/투영(P)/깊이(D)/주석(A)/해치(C)/이동(M)/종료(X)] <종료>:}에서 Enter 또는 'X'를 입력하여 종료합니다.
{단면 뷰를 성공적으로 작성했습니다.}라는 메시지와 함께 단면 뷰가 작성됩니다. 그림에서 보면 끝점의 위치까지 단면이 작성됩니다.

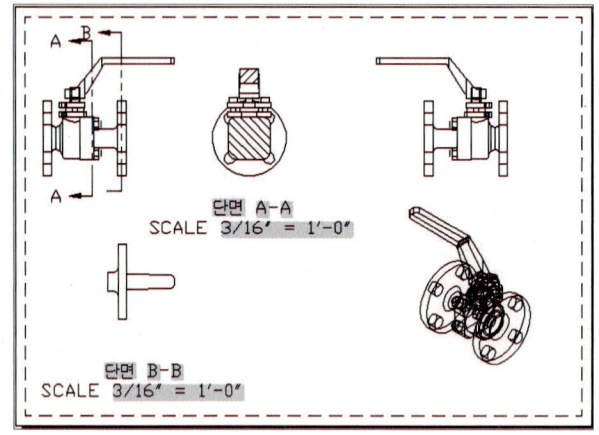

03. 간격 띄우기 단면 뷰 작성

단면에서 지정한 간격 띄우기가 모형을 자르는데 사용되도록 지정합니다. 종료를 선택할 때까지 다음 점에 대한 프롬프트가 표시됩니다. 종료를 선택하고 나면 단면 뷰 미리보기가 알파벳순 단면 레이블 식별자와 함께 커서에 부착됩니다.

10 '배치' 탭의 '뷰 작성' 패널에서 ▤을 클릭하거나 명령어 'VIEWSECTION'를 입력합니다.
{상위 뷰 선택: _t}
{유형 선택 [전체(F)/절반(H)/간격띄우기(OF)/정렬(A)/객체(OB)/종료(X)] <종료>: _h}
{상위 뷰 선택:}에서 자르고자 하는 원본 뷰(단면 A-A')를 선택합니다. {1개를 찾음}
{은선 = 보이는 선 축척 = 3/16" = 1'-0" (상위 항목에서)}
{시작점 지정 또는 [유형(T)/은선(H)/축척(S)/가시성(V)/주석(A)/해치(C)] <유형>:}
{시작점 지정:}에서 단면의 시작점을 지정합니다.
{다음 점 지정 또는 [명령 취소(U)]:}에서 단면 뷰를 작성할 점을 지정합니다.
{다음 점 지정 또는 [명령 취소(U)]:}에서 자르고자 하는 위치를 지정합니다.
{다음 점 지정 또는 [명령 취소(U)]:}에서 자르고자 하는 위치를 지정합니다.
{다음 점 지정 또는 [명령 취소(U)/종료(D)] <종료>:}에서 다음 점을 지정합니다.
다음 그림과 같이 절단 면을 지정합니다.

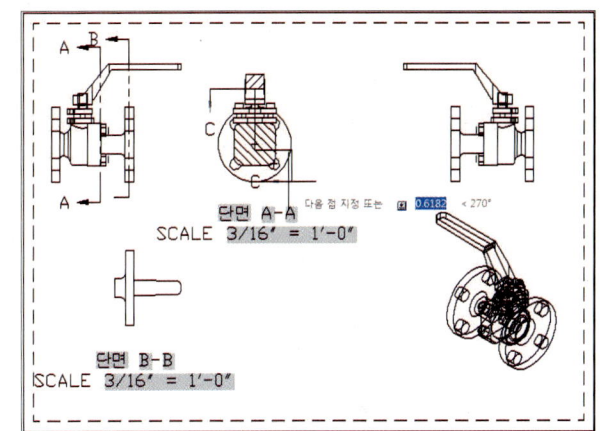

{다음 점 지정 또는 [명령 취소(U)/종료(D)] <종료>:}에서 Enter 를 눌러 점 지정을 종료합니다.
{단면 뷰의 위치 지정 또는:}에서 단면 뷰를 배치할 위치를 지정합니다.
{옵션 선택 [은선(H)/축척(S)/가시성(V)/잘라내기(U)/투영(P)/깊이(D)/주석(A)/해치(C)/이동(M)/종료(X)] <종료>:}에서 Enter 또는 'X'를 입력하여 종료합니다.
'이동(MOVE)' 명령을 이용하여 문자의 위치를 조정합니다.
다음 그림과 같이 지정한 단면선을 토대로 단면 뷰가 작성됩니다.

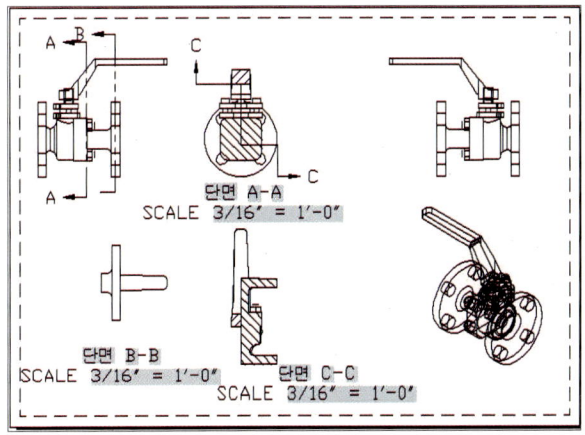

04. 정렬 단면 뷰 작성

단면 뷰가 항상 첫 번째 또는 마지막 단면 선에 수직되게 정렬되도록 단면 뷰를 작성합니다. 첫 번째 점 이후 종료를 선택할 때까지 다음 점을 지정하도록 메시지가 표시됩니다. 점 지정을 마치면 단면 뷰 미리보기가 알파벳순 단면 레이블 식별자와 함께 커서에 부착됩니다.

11 앞의 실습 도면에 이어서 실습하겠습니다. '지우기(ERASE)' 명령으로 다음 그림과 같이 뷰를 지웁니다.

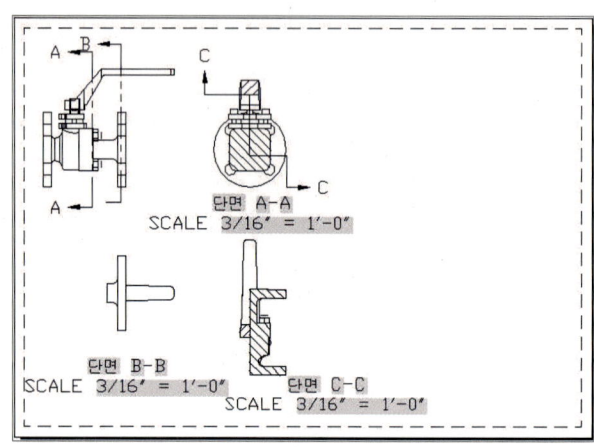

12 '배치' 탭의 '뷰 작성' 패널에서 을 클릭하거나 명령어 'VIEWSECTION'를 입력합니다.
{상위 뷰 선택: _t}
{유형 선택 [전체(F)/절반(H)/간격띄우기(OF)/정렬(A)/객체(OB)/종료(X)] <종료>: _h}
{상위 뷰 선택:}에서 자르고자 하는 원본 뷰(단면 A-A)를 선택합니다. {1개를 찾음}
{은선 = 보이는 선 축척 = 3/16" = 1'-0" (상위 항목에서)}
{시작점 지정 또는 [유형(T)/은선(H)/축척(S)/가시성(V)/주석(A)/해치(C)] <유형>:}
{시작점 지정:}에서 단면의 시작점을 지정합니다.
{다음 점 지정 또는 [명령 취소(U)]:}에서 단면 뷰를 작성할 점을 지정합니다.
{다음 점 지정 또는 [명령 취소(U)]:}에서 자르고자 하는 위치를 지정합니다.
{다음 점 지정 또는 [명령 취소(U)]:}에서 자르고자 하는 위치를 지정합니다.
{다음 점 지정 또는 [명령 취소(U)/종료(D)] <종료>:}에서 다음 점을 지정합니다.
다음 그림과 같이 비스듬하게 절단 면을 지정합니다.

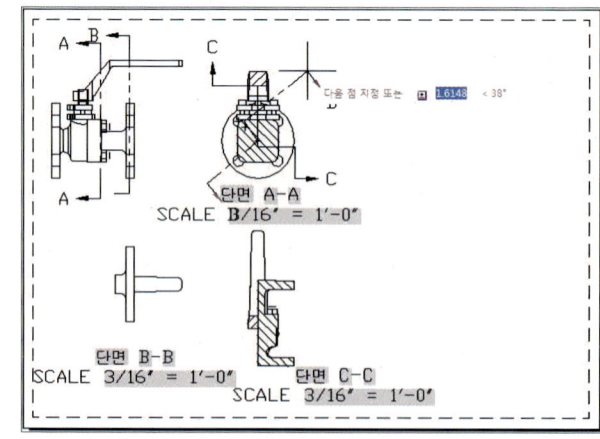

{다음 점 지정 또는 [명령 취소(U)/종료(D)] <종료>:}에서 Enter 또는 'D'를 입력하여 점 지정을 종료합니다.

{단면 뷰의 위치 지정 또는:}에서 단면 뷰를 배치할 위치를 지정합니다.

이때, 단면 뷰는 지정한 단면 선을 기준으로 수직으로만 제한됩니다.

{옵션 선택 [은선(H)/축척(S)/가시성(V)/잘라내기(U)/투영(P)/깊이(D)/주석(A)/해치(C)/이동(M)/종료(X)] <종료>:}에서 Enter 또는 'X'를 입력하여 종료합니다.

'이동(MOVE)' 명령을 이용하여 문자의 위치를 조정합니다.

다음 그림과 같이 지정한 단면선에 수직 방향의 단면 뷰가 작성됩니다.

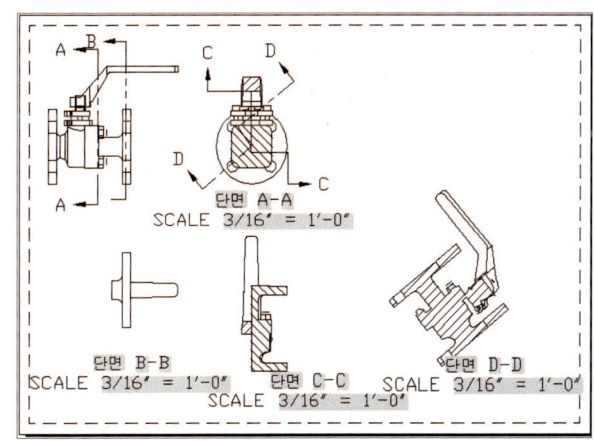

05. 단면 뷰의 수정

작성된 단면 뷰의 수정에 대해 학습하겠습니다.

13 단면 선을 수정해보겠습니다. 다음 그림과 같이 단면 선 'B-B'를 선택한 후 그립을 끌어 왼쪽으로 이동합니다.

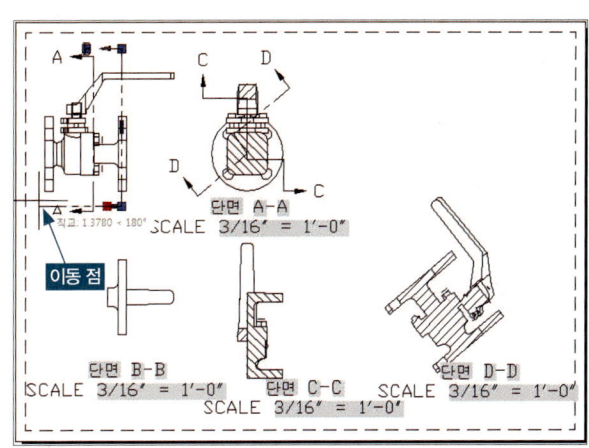

원하는 위치로 끌고 가서 클릭한 후 [Esc] 키를 누릅니다. 다음 그림과 같이 수정한 단면 선을 따라 단면 뷰(B-B)가 갱신됩니다.

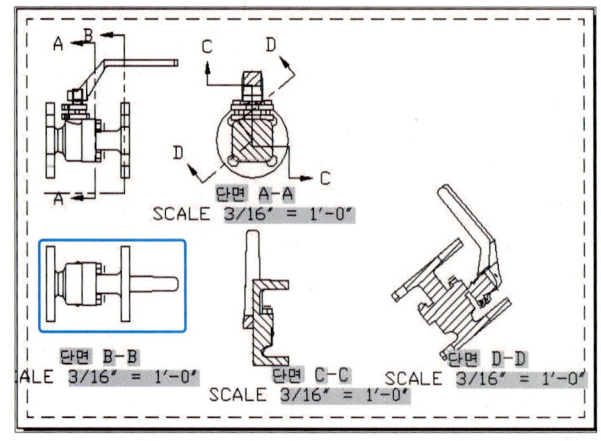

14 이번에는 원본 모델을 수정하겠습니다. 하단의 '모형' 탭을 눌러 모형 공간으로 이동합니다.

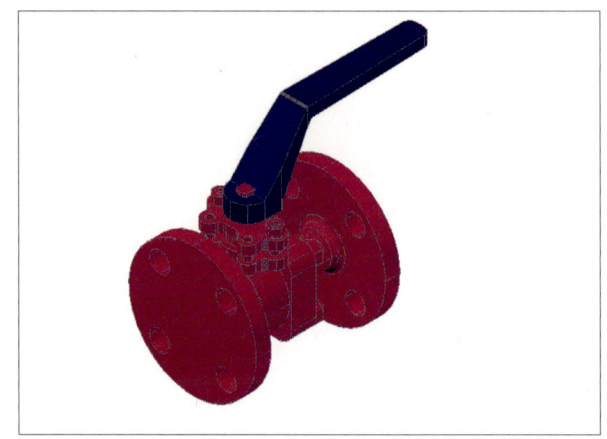

15 '지우기(ERASE)' 명령으로 파란색 손잡이를 지웁니다. 다음 그림과 같이 원본 모델이 수정됩니다.

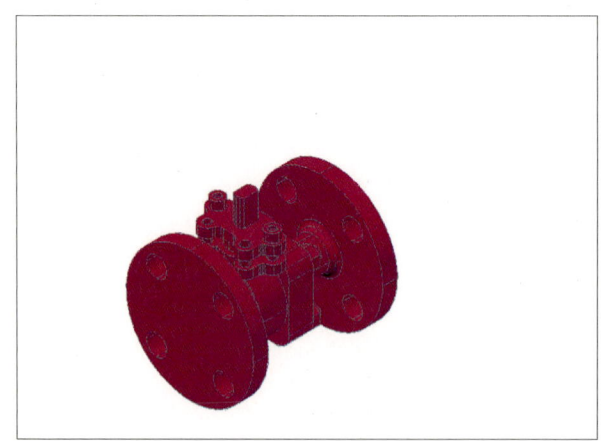

16 다시 배치 공간으로 이동합니다. 하단의 '3차원' 배치 탭을 클릭합니다. 다음 그림과 같이 각 단면 뷰에 핸들이 제거되었음을 알 수 있습니다. 이와 같이 원본 모델의 수정에 따라 단면 뷰도 동시에 수정됨을 알 수 있습니다.

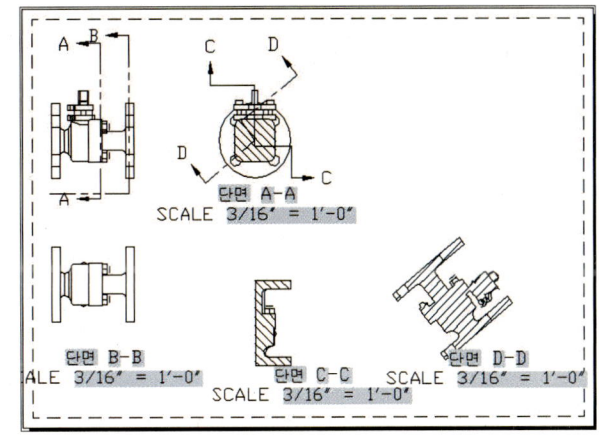

참고 | 단면 뷰 리본 메뉴

단면 뷰를 작성할 때 다음과 같은 리본 메뉴가 나타납니다.

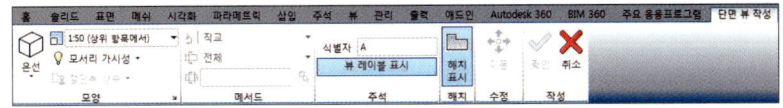

(1) 모양 : 은선의 표현 방법, 축척, 모서리 가시성 등 단면 뷰의 표현과 관련된 환경을 지정합니다.
(2) 메서드 : 단면 뷰의 종류(전체, 정렬, 간격 띄우기 등), 직교 또는 법선 등 뷰의 작성 방법 환경을 지정합니다.
(3) 주석 : 뷰 레이블의 표시여부, 식별자의 명칭을 지정합니다.
(4) 해치 : 해치 표시여부를 지정합니다.
(5) 수정 : 단면 뷰의 위치 이동여부를 지정합니다.
(6) 작성 : 승인여부를 지정합니다.

5 상세 뷰 작성(VIEWDETAIL)

기존 도면 뷰의 일부분을 지정하여 상세 뷰를 작성합니다. 이 명령은 배치(LAYOUT) 환경에서만 지원되며 하나 이상의 도면 뷰가 있어야 합니다. 원형 또는 직사각형 상세 뷰를 작성할 수 있습니다.

명령어 : VIEWDETAIL   메뉴 아이콘 :

01. 원형 상세 뷰 작성

범위를 원형으로 지정하여 상세 뷰를 작성합니다.

01 앞의 단면 뷰 실습 도면에 이어서 실습하겠습니다. 도면이 없으면 다운로드 받은 'Part9_3DBall Valve_Detail.dwg' 파일을 엽니다.

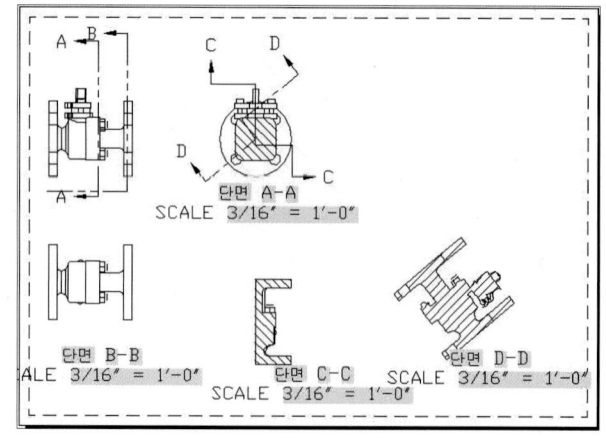

02 원형 상세 뷰 명령을 실행합니다. '배치' 탭의 '뷰 작성' 패널에서 을 클릭하거나 명령어 'VIEW DETAIL'를 입력합니다.

{상위 뷰 선택: _b}
{경계 유형 선택 [원형(C)/직사각형(R)/종료(X)] <원형>: _c}
{상위 뷰 선택:}에서 '단면 D-D' 뷰를 선택합니다. {1개를 찾음}
{경계 = 원형 모형 모서리 = 부드러움 축척 = 1:50}
{중심점 지정 또는 [은선(H)/축척(S)/가시성(V)/경계(B)/모형 모서리(E)/주석(A)] <경계>:}에서 상세도를 작성하고자 하는 위치의 중심점을 지정합니다.
{경계 크기 지정 또는 [직사각형(R)/명령 취소(U)]:}에서 상세도의 범위를 지정합니다.

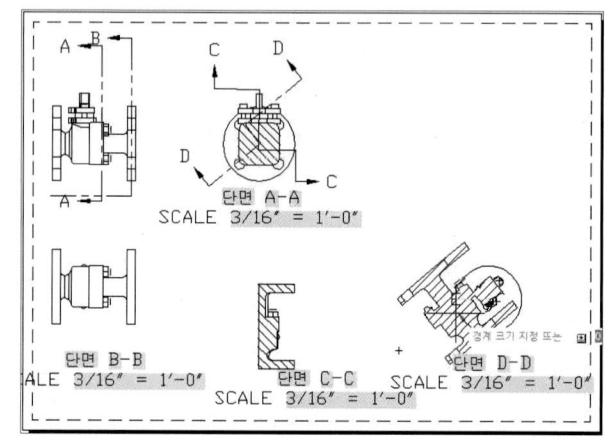

{상세 뷰의 위치 지정:}에서 상세도를 배치할 위치를 지정합니다.
{옵션 선택 [은선(H)/축척(S)/가시성(V)/경계(B)/모형 모서리(E)/주석(A)/이동(M)/종료(X)] <종료>:}에서 [Enter] 또는 'X'를 입력하여 종료합니다.
{상세 뷰를 성공적으로 작성했습니다.}라는 메시지와 함께 다음과 같은 상세 뷰가 작성됩니다.

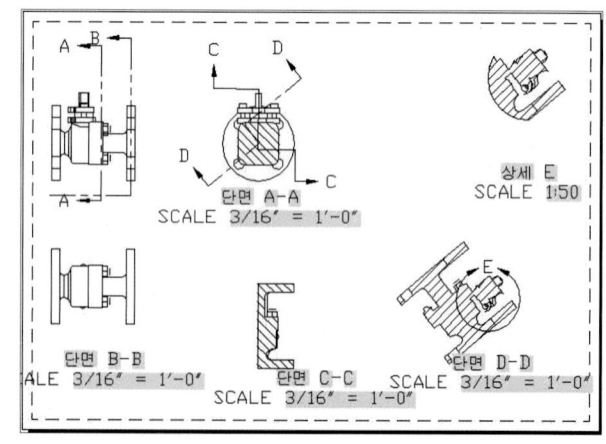

옵션 설명

옵션 선택 [은선(H)/축척(S)/가시성(V)/경계(B)/모형 모서리(E)/주석(A)/이동(M)/종료(X)]

(1) **은선(H)** : 선의 표현 옵션을 다음에서 선택합니다.
  ① 보이는 선(V) : 보이는 선만 표시한 상태로 와이어프레임에 단면 뷰를 표시합니다.
  ② 보이는 선 및 은선(I) : 보이는 선과 은선을 표시한 상태로 와이어프레임에 상세 뷰를 표시합니다.
  ③ 보이는 선이 있는 상태로 음영처리됨(S) : 보이는 선만 표시된 상태로 상세 뷰를 음영 처리하여 표시합니다.
  ④ 보이는 선 및 은선이 있는 상태로 음영처리됨(H) : 보이는 선과 은선이 표시된 상태로 상세 뷰를 음영 처리하여 표시합니다.
  ⑤ 상위 항목에서(F) : 상위 기준 또는 투영된 뷰에서 상속된 특성으로 상세 뷰를 표시합니다.
(2) **축척(S)** : 기본적으로 상위 뷰의 축척이 상속되지만 축척을 추가로 지정하고자 할 때 선택합니다.
(3) **가시성(V)** : 상세 뷰에 대해 설정할 가시성 옵션을 지정합니다. 객체 가시성 옵션은 모형마다 다르며 일부 옵션은 선택한 모형에서 사용하지 못할 수도 있습니다.
(4) **경계(B)** : 상세 뷰의 경계를 원, 직사각형 중에서 선택합니다.
(5) **모형 모서리(E)** : 모서리의 표현 방법을 선택합니다.
(6) **주석(A)** : 레이블의 조건을 지정합니다.
  ① 식별자 : 단면 선과 생성되는 단면 뷰의 레이블을 지정합니다
  ② 레이블 : 단면 뷰 레이블 문자의 표시 여부를 지정합니다.
(7) **이동(M)** : 단면 뷰를 도면 영역에 배치한 후 이동합니다. 명령이 강제 종료되지 않습니다.
(8) **종료(X)** : 명령을 종료합니다.

02. 직사각형 상세 뷰 작성

범위를 사각형으로 지정하여 상세 뷰를 작성합니다.

03 원형 상세 뷰 명령을 실행합니다. '배치' 탭의 '뷰 작성' 패널에서 ▣을 클릭하거나 명령어 'VIEW DETAIL'를 입력합니다.

{상위 뷰 선택: _b}
{경계 유형 선택 [원형(C)/직사각형(R)/종료(X)] 〈원형〉: _r}
{상위 뷰 선택:}에서 '단면 D-D' 뷰를 선택합니다. {1개를 찾음}
{경계 = 원형 모형 모서리 = 부드러움 축척 = 1:50}
{중심점 지정 또는 [은선(H)/축척(S)/가시성(V)/경계(B)/모형 모서리(E)/주석(A)] 〈경계〉:}에서 상세도를 작성하고자 하는 위치의 중심점을 지정합니다.
{경계 크기 지정 또는 [원형(C)/명령 취소(U)]:}에서 다음 그림과 같이 사각형의 범위를 지정합니다.

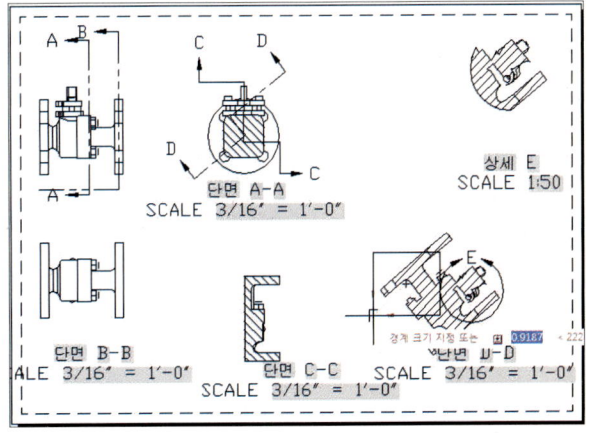

{상세 뷰의 위치 지정:}에서 상세도를 배치할 위치를 지정합니다.

{옵션 선택 [은선(H)/축척(S)/가시성(V)/경계(B)/모형 모서리(E)/주석(A)/이동(M)/종료(X)] <종료>:}에서 Enter 또는 'X'를 입력하여 종료합니다.

{상세 뷰를 성공적으로 작성했습니다.}라는 메시지와 함께 다음 그림과 같이 상세도가 작성됩니다.

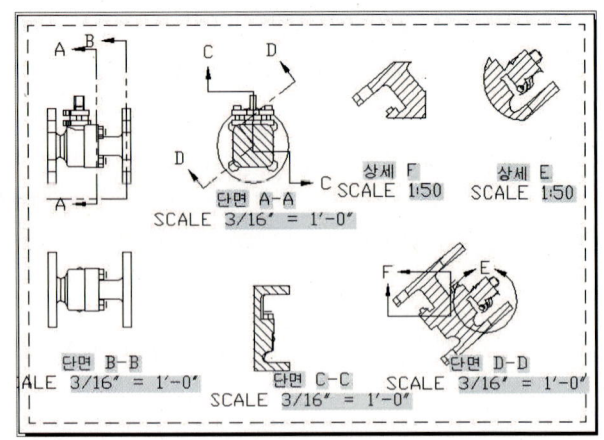

참고 상세 뷰 리본 메뉴

단면 뷰를 작성할 때 다음과 같은 리본 메뉴가 나타납니다.

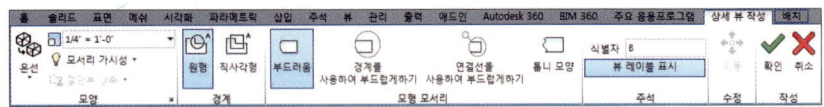

(1) 모양 : 은선의 표현 방법, 축척, 모서리 가시성 등 상세 뷰의 표현과 관련된 환경을 지정합니다.
(2) 경계 : 상세 뷰를 지정할 때 경계를 원, 직사각형 중에서 선택하여 지정합니다.
(3) 모형 모서리 : 모서리의 처리를 어떤 유형으로 할 것인지 지정합니다.
(4) 주석 : 뷰 레이블의 표시여부, 식별자의 명칭을 지정합니다.
(5) 수정 : 상세 뷰의 위치 이동여부를 지정합니다.
(6) 작성 : 승인여부를 지정합니다.

6 뷰 환경 설정

단면 또는 상세 뷰 스타일의 환경을 설정합니다. 앞에서의 실습은 기본(디폴트)값으로 실행했습니다. 단면 및 상세 뷰의 표현 방법, 색상, 크기 등을 다양하게 설정할 수 있습니다. 이 기능을 이용하여 사용자의 기호 및 정해진 양식에 맞춰 설정합니다.

명령어 : VIEWSECTIONSTYLE, VIEWDETAILSTYLE　　　　　메뉴 아이콘 :

01. 단면 뷰 스타일(VIEWSECTIONSTYLE)

단면 뷰의 작성을 위한 스타일(환경)을 설정합니다. 각 화면의 주요 항목만 설명하겠습니다.

명령어 : VIEWSECTIONSTYLE　　　　　메뉴 아이콘 :

01 단면 뷰 스타일 명령을 실행합니다. 명령어 'VIEW SECTIONSTYLE'을 입력하거나 '배치' 탭의 '스타일 및 표준' 패널에서 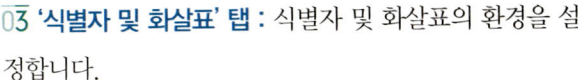을 클릭합니다. 다음과 같은 대화상자가 나타납니다. [새로 만들기(N)]을 클릭합니다.

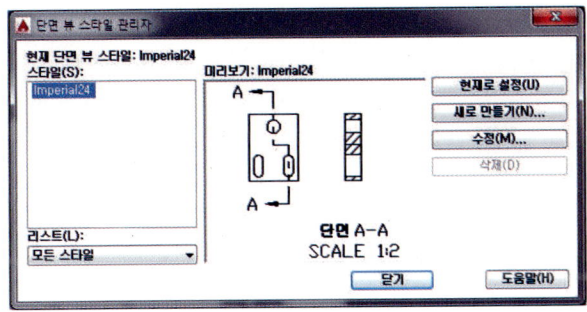

❶ 현재로 설정(U) : 지정한 스타일을 현재 사용 스타일로 지정합니다.
❷ 새로 만들기(N) : 새로운 스타일을 작성합니다.
❸ 수정(M) : 기존 스타일을 수정합니다.

02 '새 스타일 이름(N)'을 입력한 후 [계속(O)]을 클릭합니다.

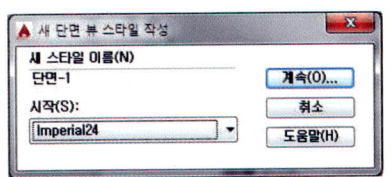

03 '식별자 및 화살표' 탭 : 식별자 및 화살표의 환경을 설정합니다.

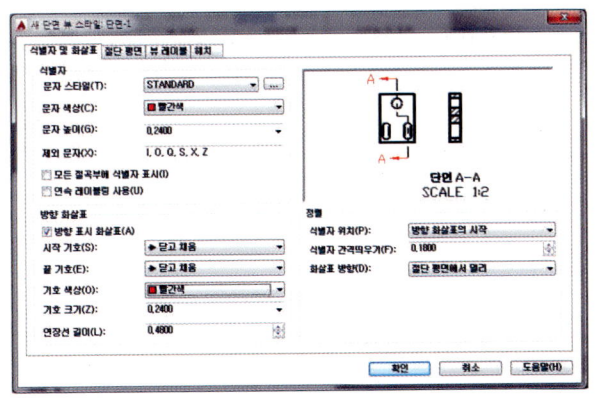

❶ 제외 문자(X) : 식별자 레이블에서 제외할 문자를 콤마(,)로 구분하여 지정합니다.
❷ 모든 절곡부에 식별자 표시(I) : 꺾어지는 모든 부위에 식별자의 표시 여부를 지정합니다.
❸ 연속 레이블링 사용(U) : 체크할 경우는 끝과 절곡부의 이름을 연속적인 알파벳 문자로 지정합니다.
❹ 식별자 위치(P) : 어느 위치에 식별자를 기입할 것인가를 지정합니다.

04 '절단 평면' 탭 : 끝 및 절곡부 선과 절단 평면선의 환경을 설정합니다.

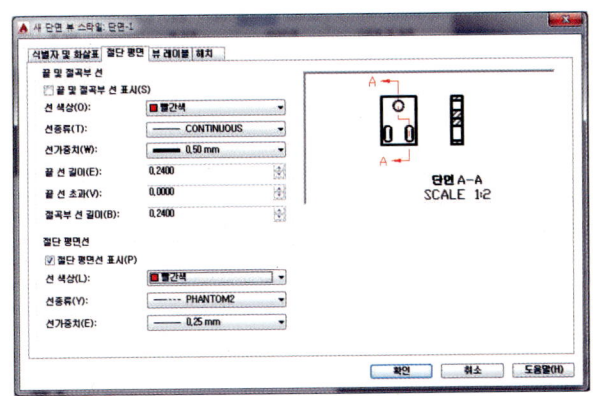

❶ 끝 및 절곡부 선 표시(S) : 끝 부분과 절곡부에 선의 표시여부를 지정합니다. 표시하는 경우 선 색상, 종류, 가중치 및 끝 선 길이, 초과 길이, 절곡부 선 길이를 지정합니다.
❷ 절단 평면선 표시(P) : 절단 평면선의 표시여부를 지정합니다. 표시하는 경우 선 색상, 종류, 가중치를 지정합니다.

05 **'뷰 레이블' 탭** : 뷰 레이블과 관련된 환경을 설정합니다.

❶ **뷰 레이블 표시(S)** : 뷰 레이블의 표시 여부를 지정합니다. 레이블의 표시를 지정한 경우는 문자 스타일, 색상, 높이, 위치, 위치 등을 지정합니다.

❷ **레이블 컨텐츠** : 뷰 레이블의 기본값의 내용을 지정합니다. '필드' 기능을 이용하여 지정할 수 있습니다.

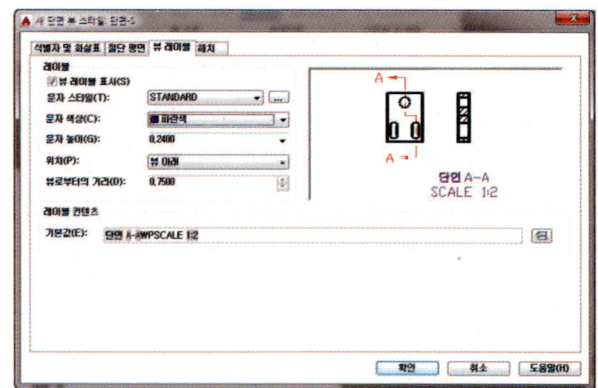

06 **'해치' 탭** : 해치와 관련된 환경을 설정합니다.

❶ **해치 표시(S)** : 해치 표시여부를 지정합니다. 해치 표시를 지정한 경우는 패턴, 색상, 축척, 투명도를 지정합니다.

❷ **해치 각도** : 해치 각도를 지정합니다. 나열된 항목에 없을 경우에는 [새로 만들기(N)]를 눌러 새로운 각도를 지정할 수 있습니다.

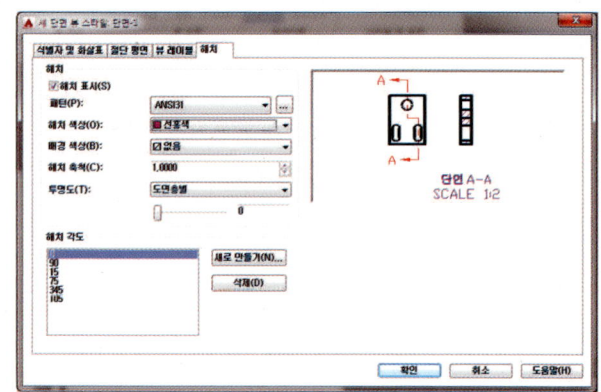

02. 상세 뷰 스타일(VIEWDETAILSTYLE)

상세 뷰의 작성을 위한 스타일(환경)을 설정합니다. 각 항목의 기능 및 사용 방법은 '단면 뷰 스타일(VIEWSECTIONSTYLE)'과 유사하므로 중복된 내용은 생략합니다.

명령어 : VIEWDETAILSTYLE   메뉴 아이콘 :

01 상세 뷰 스타일 명령을 실행합니다. 명령어 'VIEWDETAILSTYLE'을 입력하거나 '배치' 탭의 '스타일 및 표준' 패널에서 을 클릭합니다. 다음과 같은 대화상자가 나타납니다. 자세한 내용은 '단면 뷰 스타일'을 참조합니다.

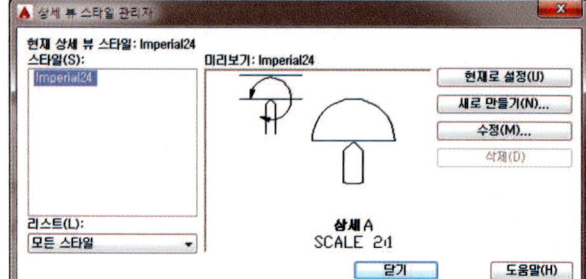

02 '식별자' 탭 : 식별자에 대한 환경을 설정합니다.

❶ 식별자 : 식별자의 문자 스타일, 색상, 높이를 지정합니다.
❷ 정렬 : 범위를 지정했을 때 기호의 모양과 색상, 크기를 지정합니다.

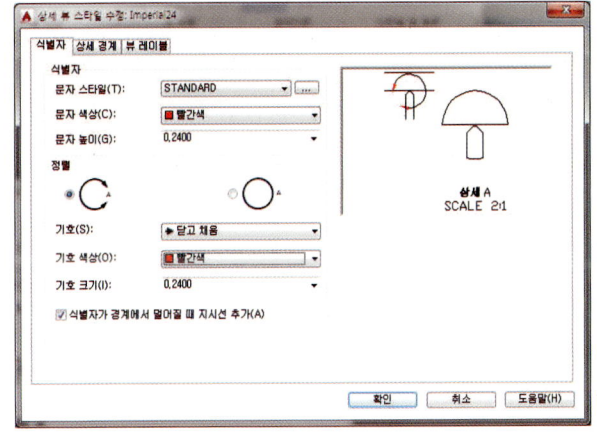

03 '상세 경계' 탭 : 경계선과 모서리 처리, 연결선의 환경을 설정합니다.

❶ 경계선 : 경계선의 색상, 종류, 가중치를 지정합니다.
❷ 모형 모서리 : 모서리의 모양과 색상, 종류, 가중치를 지정합니다.
❸ 연결선 : 연결선의 색상, 종류, 가중치를 지정합니다. 대화상자 내 미리보기 그림을 참조합니다.

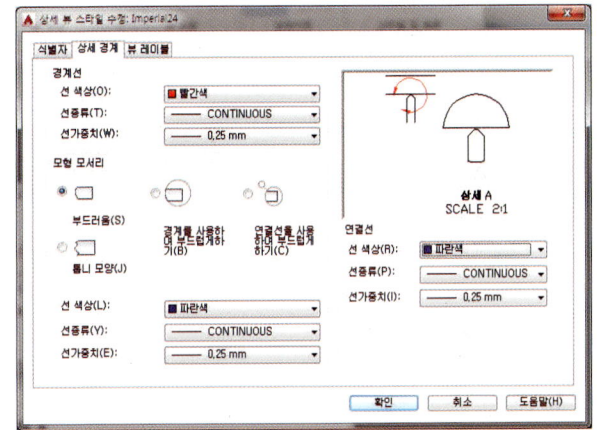

04 '뷰 레이블' 탭 : 뷰 레이블에 대한 환경을 설정합니다. 자세한 내용은 '단면 뷰 스타일'을 참조합니다.

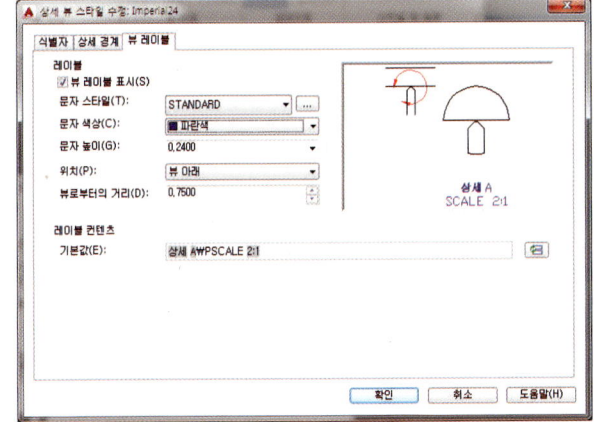

이렇게 뷰 스타일을 수정하면 설정된 내용이 도면에 반영되어 표시됩니다.

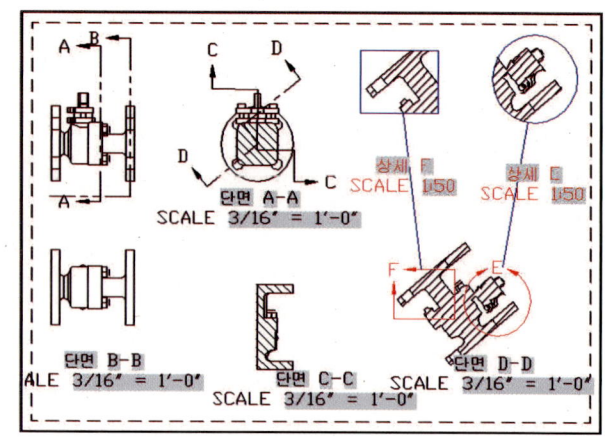

7 뷰 편집(VIEWEDIT)

선택한 뷰를 편집합니다.

명령어 : VIEWEDIT　　　　　　　　　　**메뉴 아이콘 :**

또는 수정하고자 하는 뷰를 더블클릭하거나 바로가기 메뉴를 펼쳐 '뷰 편집'을 클릭합니다.

01 뷰 편집 명령을 실행합니다. 명령어 'VIEWEDIT'를 입력하거나 '배치' 탭의 '뷰 수정' 패널에서 '뷰 편집'을 클릭합니다.
{뷰 선택:}에서 다음 그림과 같이 '단면 A-A'를 선택합니다.
{옵션 선택 [은선(H)/축척(S)/가시성(V)/투영(P)/깊이(D)/주석(A)/해치(C)/종료(X)] 〈종료〉:}라는 메시지와 함께 '단면 뷰 편집기' 탭 메뉴가 나타납니다.

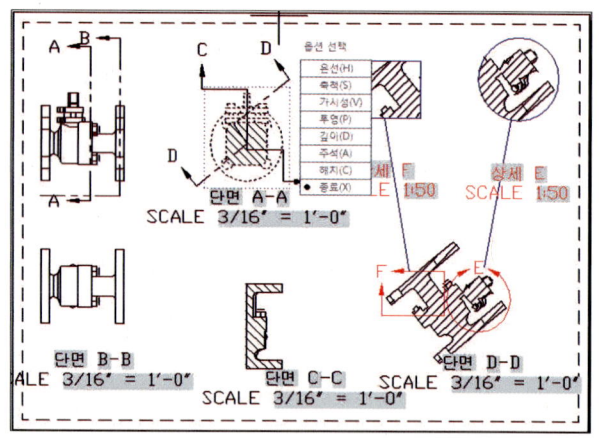

02 탭 메뉴에서 '주석' 탭의 식별자를 'A1'으로 수정하고 '해치' 패널의 '해치 표시'를 끕니다.

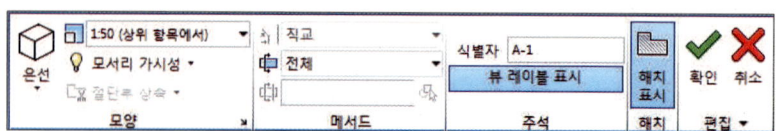

Note_ 탭 메뉴를 사용하지 않고 메시지의 옵션을 선택하여 수정할 수도 있지만 탭 메뉴를 사용하는 것이 효율적입니다.

03 '확인'을 클릭하면 다음 그림과 같이 수정한 내용이 반영됩니다.

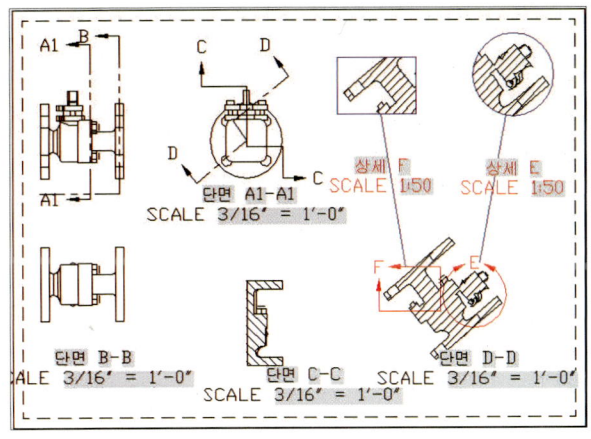

8   뷰 업데이트(VIEWUPDATE)

뷰의 업데이트(갱신)을 설정하거나 관리합니다.

01. 자동 업데이트 설정(VIEWUPDATEAUTO)

원본 모델이 수정되면 도면 뷰를 자동으로 업데이트할지 여부를 설정합니다.

명령어 : VIEWUPDATEAUTO

01 명령어 'VIEWUPDATEAUTO'를 입력합니다.
{VIEWUPDATEAUTO에 대한 새 값 입력 <1>:}에서 '0'을 입력합니다.
또는 '배치' 탭의 '업데이트' 패널에서 '자동 업데이트' 컨트롤을 끕니다.

> **참고** 시스템 변수 'VIEWUPDATEAUTO'
> 시스템 변수 'VIEWUPDATEAUTO'은 자동 업데이트 여부를 설정합니다.
> 0 : 원본 모델이 수정되어도 자동 업데이트를 하지 않습니다.
> 1 : 원본 모델이 수정되면 자동으로 업데이트를 수행합니다.

다음 그림과 같이 '자동 업데이트' 항목이 꺼져 있는 것을 확인합니다.

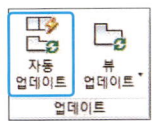

[TIP] 일반적으로 '자동 업데이트(VIEWUPDATEAUTO)'는 켜놓는 것(ON)이 좋습니다. 즉, 원본 객체가 수정되면 뷰도 자동으로 수정되도록 설정해 놓는 것이 바람직합니다.

02 작도 영역 하단의 '모형' 탭을 눌러 모형 공간으로 이동합니다.

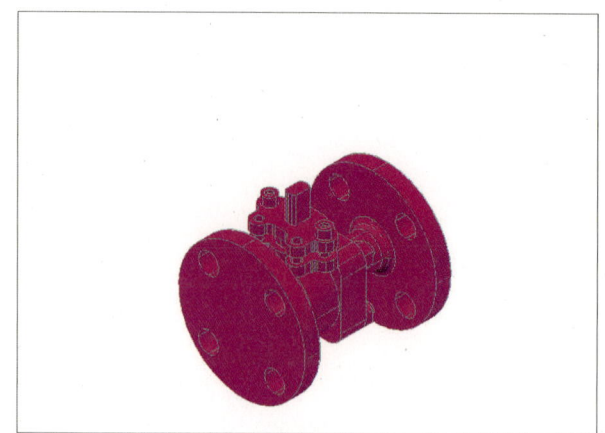

03 모델을 임의로 수정하겠습니다. 다음과 같이 구를 작도한 후 '합집합(UNION)' 명령으로 하나의 객체로 만듭니다. 여기에서는 업데이트 실습을 위한 것이므로 임의의 크기로 작도합니다.

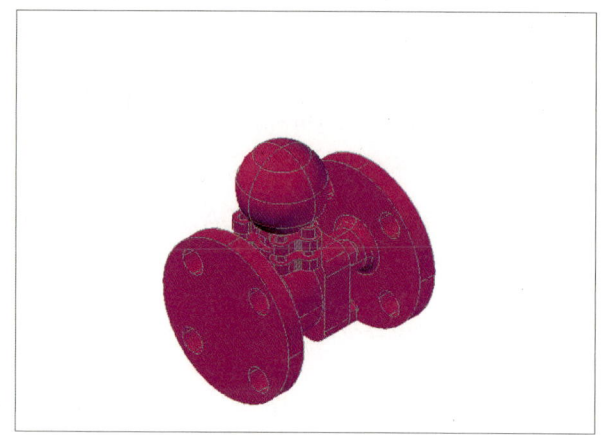

04 작도 영역 하단의 '3차원' 탭을 눌러 배치 공간으로 이동합니다. 다음 그림과 같이 원본 객체가 수정되었음에도 불구하고 업데이트(갱신)되지 않았습니다. 각 뷰에는 빨간색으로 테두리가 나타납니다.

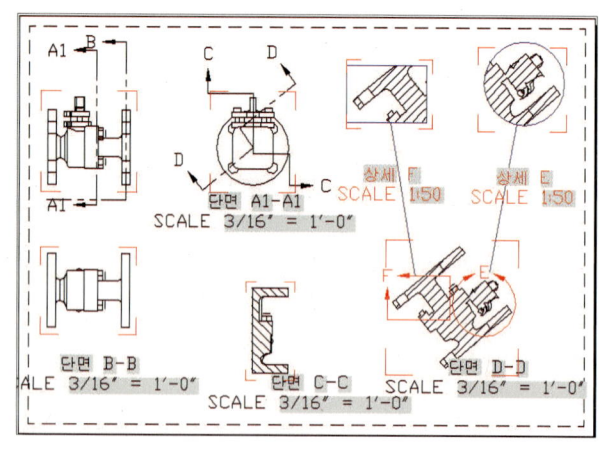

화면 하단에는 '모형이 변경됨'이라는 메시지가 나타납니다. 원본 모형이 변경되었는데도 불구하고 뷰가 갱신되지 않아 일치하지 않는다는 경고입니다.

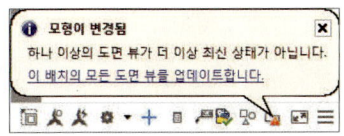

02. 뷰 업데이트(VIEWUPDATE)

도면 뷰를 원본 모델과 일치되도록 업데이트(갱신)합니다.

명령어 : VIEWUPDATE   메뉴 아이콘 :

05 뷰 업데이트 명령을 실행합니다. 명령어 'VIEWUPDATE'를 입력하거나 '배치' 탭의 '업데이트' 패널에서 '모든 뷰 업데이트 '를 클릭합니다.
{업데이트할 시트 선택: _All} {7개를 찾음}
{7개 뷰가 업데이트되었습니다.}라는 메시지와 함께 원본 뷰에 맞게 갱신됩니다.

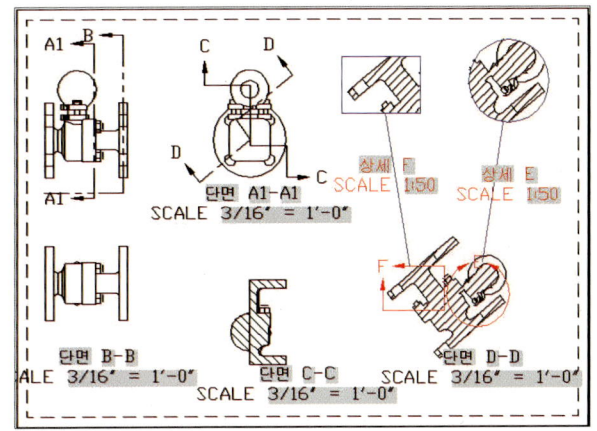

[TIP] 모든 뷰 업데이트 는 모든 뷰를 동시에 업데이트(갱신)하고, '뷰 업데이트 '는 {업데이트할 시트 선택:}라는 메시지와 함께 업데이트 할 시트를 선택하여 뷰를 업데이트합니다.

26; 객체의 장식과 동적 관측

AutoCAD 2015

3차원 작업에서는 모델을 작성하는 것도 중요하지만 이를 어떻게 장식하고 어느 시점과 환경에서 관측하느냐에 따라 도면의 질이 차이가 날 수 있습니다. 이번에는 작성된 객체에 재료를 입히고 광원 및 카메라를 설정하여 동적으로 관측하는 방법에 대해 학습하겠습니다.

1 재료의 정의와 적용

재료는 모델의 질감을 표현하기 위한 수단입니다. 재료가 정의되어 있어야 질감을 표현할 수 있고 광원을 더해 현실감을 표현할 수 있습니다. AutoCAD는 기본적으로 제공하는 표준 재료가 있으며 설계자의 의도에 따라 그래픽 효과를 내기 위해 신규로 재료를 정의할 수도 있습니다.

01. 재료의 작성

재료 검색기를 통해 사용자 재료를 작성하는 방법에 대해 학습하겠습니다.

01 실습을 위해 '열기(OPEN)' 명령으로 다운로드 받은 'Part9_파고라.dwg' 파일을 엽니다. (예제 파일은 혜지원 출판사 홈페이지 'www.hyejiwon.co.kr' 자료실에서 다운받을 수 있습니다.) 다음과 같은 모델이 펼쳐집니다.

26 ; 객체의 장식과 동적 관측

02 재료 검색기 팔레트를 펼칩니다. 명령어 'MATERIALS' 또는 'RMAT'를 입력하거나 '시각화' 탭의 '팔레트' 패널 또는 '렌더' 도구막대에서 '재료 검색기' ⊙을 클릭합니다. 다음 그림과 같이 '재료 검색기' 팔레트가 나타납니다.

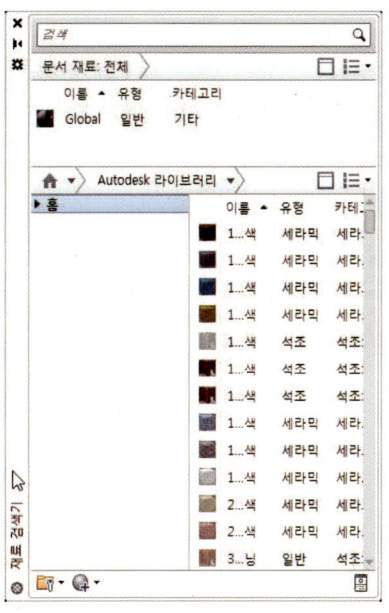

참고 | 재료 검색기

재료를 작성, 편집 및 검색하고 관리합니다.

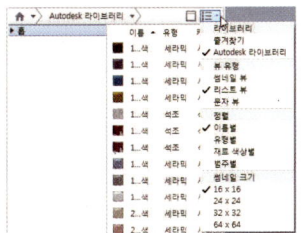

(1) 문서 재료 : 현재 도면에 정의되어 있는 재료 목록을 표시하고 편집하거나 적용합니다.

재료 작성 : 재료를 작성합니다. 다음과 같은 기본 재료 목록을 토대로 새로운 재료를 작성할 수 있습니다. 제목 표시줄에 있는 드롭다운 리스트를 펼치면 다음과 같은 목록이 나타납니다. 이 메뉴는 표시하는 목록의 표시 및 정렬 방법을 지정할 수 있습니다.

(2) Autodesk 라이브러리 : Autodesk에서 제공하는 라이브러리 목록을 표시합니다.
(3) 사용자 라이브러리 작성 및 편집 : 사용자가 라이브러리를 작성하고 편집합니다. 사용자 라이브러리 파일은 '*.adsklib'에 저장됩니다.

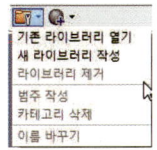

(4) ⊙ 새 재료 작성 : 새로운 재료를 작성합니다. 클릭하면 다음과 같은 새로운 재료의 타입(유형)을 선택할 수 있는 목록이 나타납니다. 목록에서 하나의 타입을 선택하여 새로운 재료를 작성합니다.

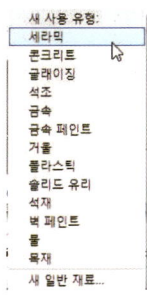

821

03 ' 새 재료 작성'을 클릭하여 목록에서 '석재'를 클릭합니다. 다음 그림과 같은 재료 편집기가 나타납니다. 재료명을 '파고라 석재'로 지정합니다. '색조'를 체크한 후 '색조 색상' 항목을 클릭하면 색상 팔레트가 나타납니다. 팔레트에서 색상(117, 245, 250)을 지정합니다.

04 목록에서 '이미지' 옆의 대리석 이미지를 클릭합니다. 다음 그림과 같이 텍스쳐 편집기 팔레트가 나타납니다. 스크롤 바를 아래쪽으로 내려 '축척'의 견본 크기를 '500(폭)', '500(넓이)'으로 지정합니다.

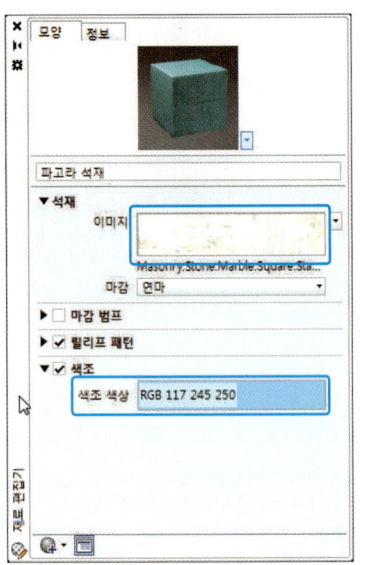

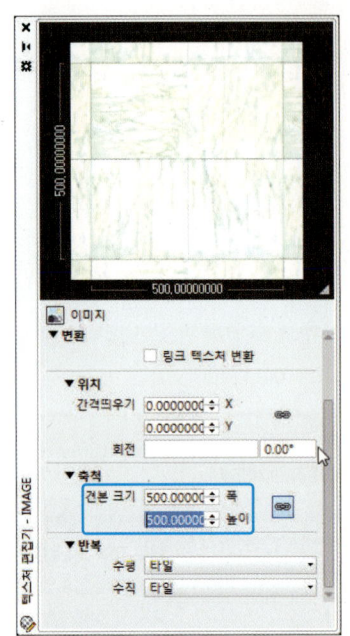

05 ' 새 재료 작성'을 클릭하여 목록에서 '목재'를 선택하여 새로운 재질을 작성합니다. 재료 명칭을 '파고라 기둥'으로 지정하고 기타 내용은 임의로 지정합니다. 다시 ' 새 재료 작성'을 클릭하여 목록에서 '콘크리트'를 선택하여 새로운 재질을 작성합니다. 재료 명칭을 '파고라 지붕'으로 지정하고 기타 내용은 임의로 지정합니다.
재료 검색기에는 다음과 같이 세 개의 재료가 작성되었습니다.

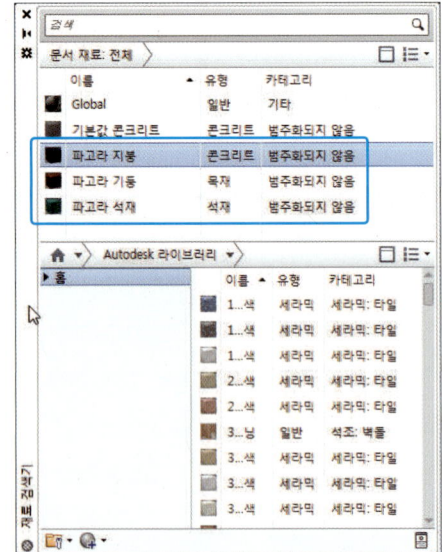

02. 재료의 적용

객체에 재료를 적용하는 방법에 대해 학습하겠습니다. 재료를 적용하고자 할 때는 비주얼 스타일을 '실제'로 지정해야 합니다.

06 실행하기 전에 비주얼 스타일을 '실제'로 지정합니다. '홈' 탭의 '뷰' 패널에서 비주얼 스타일을 '실제'로 선택합니다. 그림과 같이 표현됩니다.

07 외벽에 앞에서 작성한 재료 '파고라 지붕'을 적용하겠습니다. 재료 검색기에서 '파고라 지붕'을 클릭한 채로 끌고 가서 외벽에 가져가 놓습니다(드래그 앤 드롭).

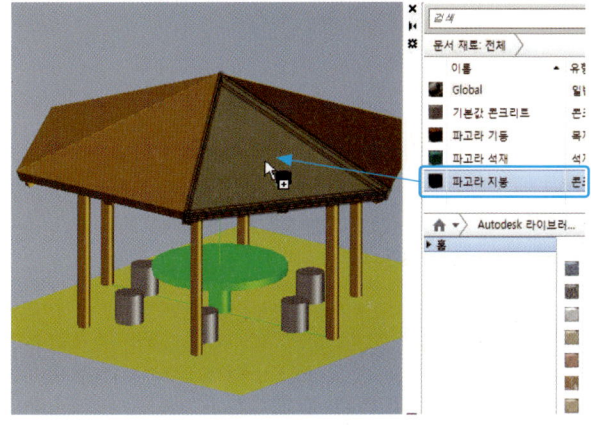

08 다음 그림과 같이 '파고라 지붕'이 적용되어 재료(콘크리트)가 표현됩니다.

09 이번에는 특성 팔레트를 이용하여 적용해보겠습니다. '특성(PROPERTIES)' 명령을 실행한 후 창을 선택합니다. 파고라 가운데 테이블을 선택한 후, 특성 팔레트에서 '3D 시각화' 카테고리의 '재료' 드롭다운 리스트를 클릭하여 앞에서 작성한 재료 '파고라 석재'를 선택합니다. 재료를 선택함과 동시에 테이블의 재료(석재)가 바뀝니다.

10 이러한 방법으로 예제 모델의 재료를 다양하게 적용해봅니다.

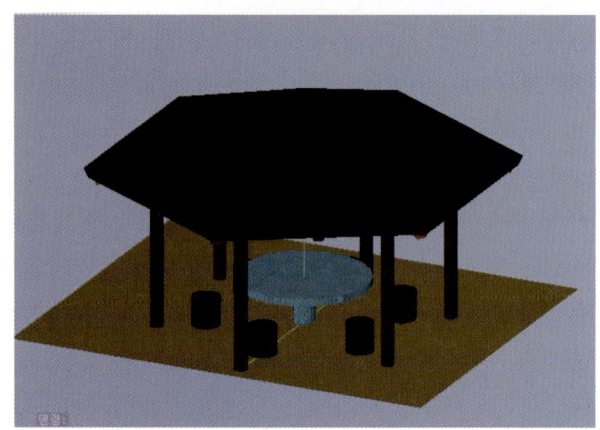

> 참고 **표준 재료 이미지 'Texture'의 위치**
>
> 실제 표면의 현실감을 더하기 위해 실제 재질 표면의 이미지 데이터를 필요로 하는데 표준으로 재질용 표면 데이터를 제공하고 있습니다. 사용자의 시스템의 환경에 따라 위치가 다를 수 있는데 이 위치를 찾는 방법은 다음과 같습니다.
>
> 명령어 영역에서 'OPTIONS' 또는 'OP'를 입력하거나 [메뉴 탐색기 ▲] 최하단의 [옵션] 또는 바탕 화면에서 오른쪽 버튼을 눌러 바로가기 메뉴에서 '옵션'을 클릭합니다. 옵션 대화상자의 '파일' 탭에서 '텍스처 맵 검색 경로'를 클릭합니다. 다음 그림과 같이 텍스처 맵이 저장된 경로가 표시됩니다.
>
>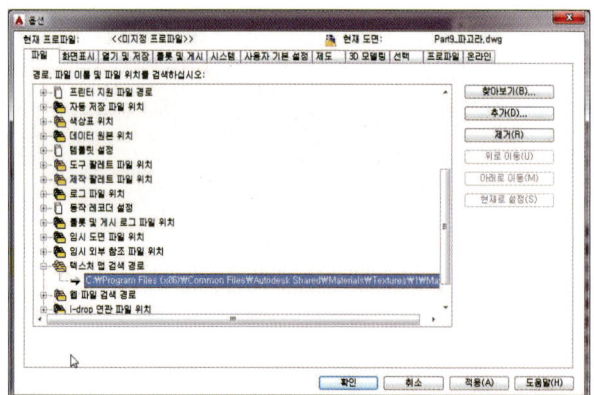
>
> 사용자가 디지털 카메라로 찍은 이미지 데이터를 지정한 폴더에 저장해 사용할 수도 있습니다.

03. 재료 및 텍스처의 켜기와 끄기

현재 뷰포트의 재료 표시를 조정하는 기능으로 객체의 장식과 관계없는 작업을 하는 동안은 재료와 텍스처의 화면표시를 꺼서 성능을 극대화하고 필요하면 다시 켤 수 있습니다.

[TIP] 리본 메뉴에 의해 조작도 가능하지만 시스템 변수 'VSMATERIALMODE' 값의 설정에 의해 값을 지정할 수도 있습니다.
0: 재료가 표시되지 않습니다.
1: 재료는 표시되고 텍스처는 표시되지 않습니다.
2: 재료와 텍스처 모두 표시됩니다.

11 '시각화' 탭의 '재료' 패널에서 '재료/텍스처 켜기' 드롭다운 리스트를 펼쳐 '재료/텍스처 끄기'를 클릭합니다(VSMATERIALMODE = 0). 다음 그림과 같이 재료와 텍스처가 꺼집니다.

12 이번에는 '시각화' 탭의 '재료' 패널에서 '재료/텍스처 켜기' 드롭다운 리스트를 펼쳐 '재료 켜기/텍스처 끄기'를 클릭합니다(VSMATERIALMODE = 1). 다음 그림과 같이 재료와 텍스처가 켜집니다.

13 이번에는 '시각화' 탭의 '재료' 패널에서 '재료/텍스처 켜기' 드롭다운 리스트를 펼쳐 '재료 켜기/텍스처 끄기'를 클릭합니다(VSMATERIALMODE = 2). 다음 그림과 같이 표현됩니다.

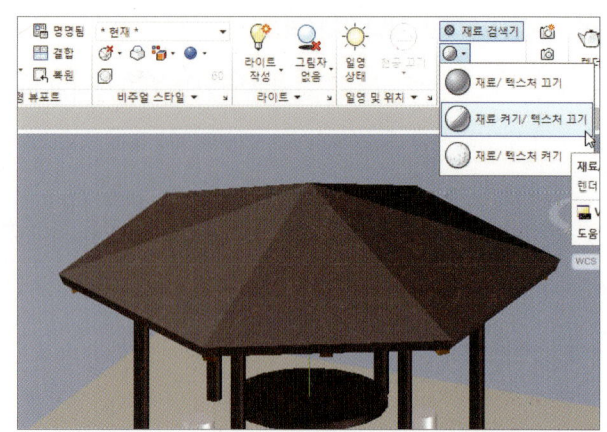

04. 재료의 매핑

재료 매핑 장치를 이용하여 면 또는 객체의 매핑을 조정합니다. 이전에 매핑 장치를 사용하여 조정한 맵 방향 및 위치 조정 효과를 모두 되돌리려면 이 기능을 사용합니다.

명령 : **MATERIALMAP**   메뉴 아이콘 :

14 솔리드 원통과 피라미드를 작도한 후 무늬가 선명한 재료를 적용합니다.

15 '시각화' 탭의 '재료' 패널에서 '재료 매핑' 드롭다운 리스트를 펼쳐 '원통형 '을 선택합니다.
{옵션 선택 [상자(B)/평면(P)/구형(S)/원통형(C)/매핑 복사(Y)/매핑 재설정(R)]<상자> : _C}
{면 또는 객체 선택:}에서 원통을 선택합니다. {1개를 찾음}
{면 또는 객체 선택:}에서 피라미드를 선택합니다. {1개를 찾음, 총 2개}
{면 또는 객체 선택:}에서 Enter 또는 Space bar 를 눌러 선택을 종료합니다.
다음 그림과 같이 두 객체를 중심으로 원통 형상이 나타납니다.

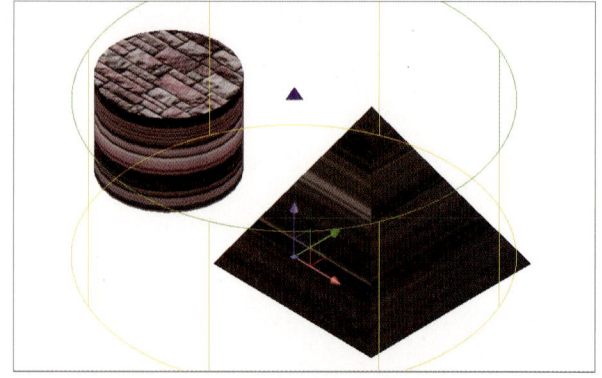

{매핑 승인 또는 [이동(M)/회전(R)/재설정(T)/매핑 모드 전환(W)]:}에서 [Enter]를 눌러 승인합니다. 다음 그림과 같이 원통형으로 매핑됩니다.

참고 | 맵의 종류

매핑은 4가지 종류가 있습니다. 동일한 재료를 적용한 후 '재료 매핑'의 종류(평면, 상자, 원통, 구)에 따라 다음과 같이 다르게 표현됩니다.

옵션 설명

명령어 'MATERIALMAP'을 입력하면 다음과 같은 옵션이 나타납니다.

{옵션 선택 [상자(B)/평면(P)/구형(S)/원통형(C)/매핑 복사(Y)/매핑 재설정(R)]<상자>:}

(1) 매핑 복사(Y) : 원본 객체의 매핑을 선택된 객체에 복사하여 적용합니다.
(2) 매핑 재설정(R) : 맵에 대한 UV 좌표를 기본값으로 재설정합니다. 즉, 매핑하기 이전 상태로 되돌립니다.

05. 재료 제거

객체에 적용된 재료를 제거합니다.

16 '시각화' 탭의 '재료' 패널에서 '재료 제거'를 클릭합니다.
{객체 선택:} 메시지와 함께 붓 마크가 나타납니다. 붓으로 재료를 제거하고자 하는 객체를 선택합니다.

선택과 동시에 객체에서 재료가 제거되어 원래의 색상으로 바뀝니다.
{객체 선택 또는 [명령 취소(U)]:}에서 Enter 또는 Space bar 를 눌러 종료합니다.

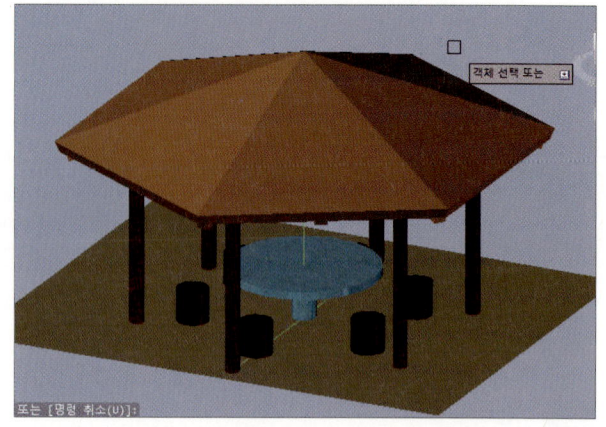

2 광원의 설정

렌더링으로 얻을 수 있는 이미지는 재질의 상태와 빛에 의해 광학적으로 계산된 결과입니다. 재질을 설정한다고 해도 효과적인 조명을 설정하지 않고는 사실적인 표현은 어렵습니다. 조명의 배치 패턴을 테스트해보면서 표현 의도에 맞는 조명을 설정합니다.

01. 점 조명(POINTLIGHT)

하나의 조명 위치를 기준으로 조명(광원)을 정의합니다. 포인트 라이트는 라이트의 위치로부터 모든 방향으로 빛을 방출합니다. 포인트 라이트는 객체를 대상으로 삼지 않습니다. 일반적인 라이트 효과를 내려면 포인트 라이트를 사용합니다.

명령 : POINTLIGHT   메뉴 아이콘 : 💡

01 '열기(OPEN)' 명령으로 다운로드 받은 'Part9_파고라_재료.dwg' 파일을 엽니다. 다음과 같은 도면이 열립니다.

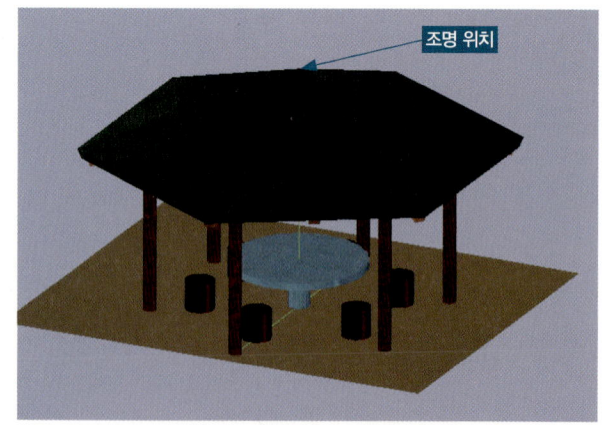

02 '시각화' 탭의 '라이트' 패널에서 '라이트 작성' 드롭다운 리스트를 펼쳐 '점'을 클릭합니다. 다음과 같은 '뷰포트 조명 모드' 대화상자가 나타납니다. 대화상자에서 '기본 조명 끄기(권장됨)'을 클릭합니다.

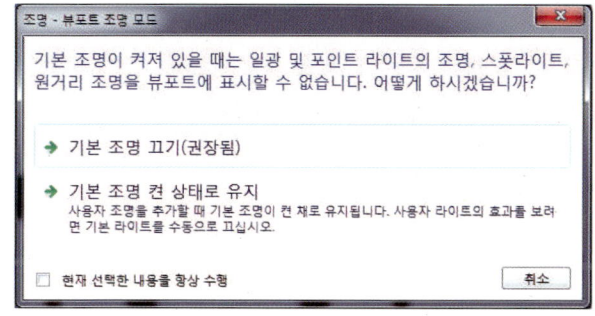

03 {원본 위치 지정 <0,0,0>:}에서 파고라의 지붕 중심(선의 끝점)을 지정합니다.

{변경할 옵션 입력 [이름(N)/조도 비율(I)/상태(S)/광도 측정법(P)/그림자(W)/감쇠(A)/필터 색상(C)/종료(X)] <종료(X)>:}에서 이름 옵션 'N'을 입력합니다.

{조명 이름 입력 <포인트 라이트1>:}에서 조명의 이름 '조명-1'을 입력합니다.

{변경할 옵션 입력 [이름(N)/조도 비율(I)/상태(S)/광도 측정법(P)/그림자(W)/감쇠(A)/필터 색상(C)/종료(X)] <종료(X)>:}에서 광도 측정법 'P'를 입력합니다.

{변경할 광도 옵션 입력 [광도(I)/색상(C)/종료(X)] <I>:} 에서 광도 'I'를 입력합니다.

{광도(Cd) 입력 또는 옵션 입력 [광속(F)/조도(I)] <1500>:}에서 광도 값 '10000'을 입력합니다.

{변경할 광도 옵션 입력 [광도(I)/색상(C)/종료(X)] <I>:} 에서 종료 'X'를 입력합니다.

{변경할 옵션 입력 [이름(N)/조도 비율(I)/상태(S)/광도 측정법(P)/그림자(W)/감쇠(A)/필터 색상(C)/종료(X)] <종료(X)>:}에서 [Enter] 또는 [Space bar]를 눌러 종료합니다. 다음 그림과 같이 조명 위치가 표시되고 테이블 등 조명이 미치는 범위가 밝게 빛납니다.

옵션 설명

{변경할 옵션 입력 [이름(N)/광도 비율(I)/상태(S)/광도 측정(P)/그림자(W)/감쇠(A)/필터 색상(C)/종료(X)] <종료>:}

(1) 이름(N) : 조명의 이름을 입력합니다.
(2) 광도 비율(I) : 조명의 광도 또는 밝기를 설정합니다. 범위는 0.00부터 시스템에서 지원되는 최대 값까지입니다.
(3) 상태(S) : 조명을 켜거나 끕니다. 도면에서 조명이 작동 가능하지 않은 경우 이 설정은 효과가 없습니다.
(4) 광도 측정(P) : 광도와 색상을 지원합니다.
  ① 광도값(칸델라 단위), 광선속 감지 파워 값 또는 전체 표면의 광선속 입사에 대한 조도값을 입력합니다.
   • 칸델라(기호: cd)는 광도 분포에 대한 SI 단위입니다(광원이 특정 방향으로 방사한 감지 파워). Cd/Sr
   • 럭스(기호: lx)는 조도에 대한 SI 단위입니다. Lm/m^2
   • 피트촉광(기호: fc)은 조도에 대한 미국식 단위입니다. Lm/ft^2
  ② 색상 : 이름 또는 켈빈 온도를 기준으로 조명의 색상을 지정합니다.
(5) 그림자(W) : 조명에 대한 그림자를 설정합니다.
(6) 감쇠(A) : 거리가 멀어짐에 따라 조명이 감소하는 정도를 설정합니다.
(7) 필터 색상(C) : 색상에 대한 조건을 설정합니다.
(8) 종료(X) : 명령을 종료합니다.

> **참고 조명 단위**
>
>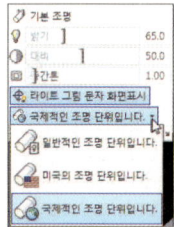
> 조명 단위를 지정합니다. '시각화' 탭의 '라이트' 패널을 펼쳐 조명 단위 목록에서 '국제적인 조명 단위입니다.'를 클릭합니다.
>
> 조명 단위는 시스템 변수 'LIGHTINGUNITS'에 의해 제어됩니다.
> 0: 조명 단위가 사용되지 않으며 표준(일반) 조명이 활성화됩니다.
> 1: 미국 조명 단위가 사용되며 광도 조명이 활성화됩니다.
> 2: 국제 조명 단위가 사용되며 광도 조명이 활성화됩니다.

04 '특성' 팔레트를 이용하여 조명의 광도를 바꿔보도록 하겠습니다. '특성' 팔레트를 펼친 후 점 조명 객체를 선택하거나 점 조명 객체를 클릭한 후 'PR'을 입력합니다. 특성 팔레트의 '광도 특성' 카테고리에서 '램프 광도'에 '30000'을 입력합니다. 다음 그림과 같이 조명의 밝아집니다.

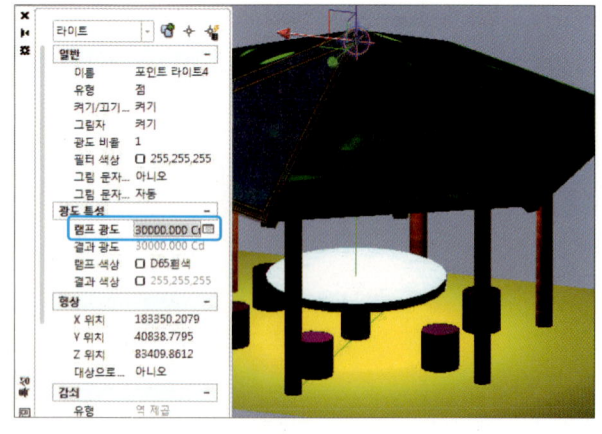

| 참고 | **기본 조명(라이트)의 켜고/끄기** |

기본 조명(라이트)이 켜지면 다음과 같이 점 조명(조명-1)이 표현되지 않습니다. 기본 조명의 제어는 '시각화' 탭의 '라이트' 패널에서 '기본 조명' 메뉴 아이콘 을 클릭합니다. 한 번 클릭하면 켜지고 다시 한 번 클릭하면 꺼집니다.

Note_ 기본 조명은 시스템 변수 'DEFAULTLIGHTING'에 의해 제어됩니다. '0'이면 꺼진 상태고 '1'이면 켜진 상태입니다.
{DEFAULTLIGHTING에 대한 새 값 입력 <0>:}에서 값을 입력합니다.

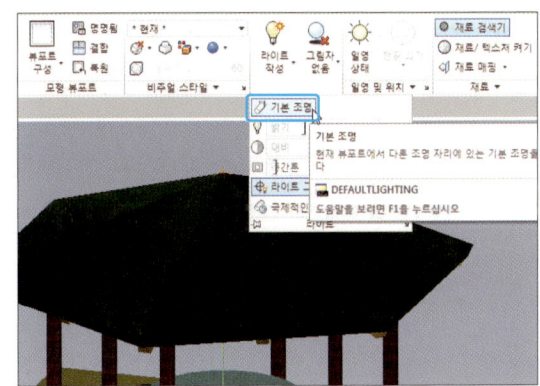

05 특성 팔레트 '램프 광도' 항목의 오른쪽 아이콘을 클릭하면 '램프 광도' 대화상자가 나타납니다. 여기에서 유형을 선택하여 광도를 입력할 수도 있습니다.

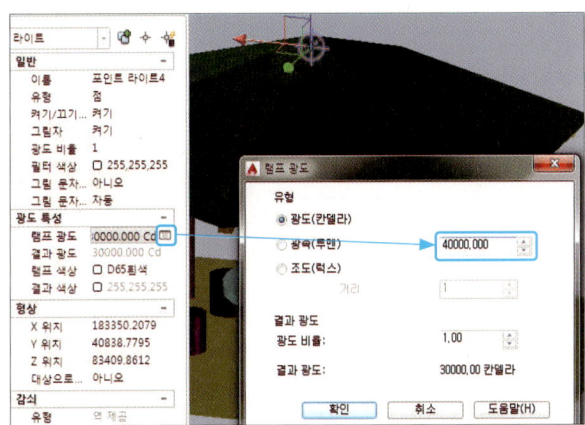

램프 광도 대화상자

측정 조명(라이트)에 대한 조도를 설정합니다.

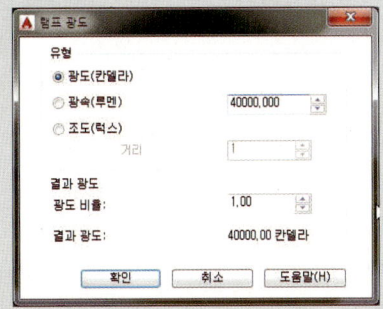

(1) **유형** : 램프의 밝기를 나타내는 단위와 값을 지정합니다.
  ① 광도(칸델라) : 칸델라(cd)가 광도 분포에 대한 SI 단위(광원이 특정 방향으로 방사한 감지 파워)임을 지정합니다.
  ② 광속(루멘) : 램프에서 방출되는 총 에너지율을 나타냅니다. 루멘으로 지정됩니다(SI 및 미국식).
  ③ 조도(럭스) : 표면에 도달하는 면적당 에너지를 나타냅니다(면적-선속-밀도). 럭스(SI)와 피트촉광(미국식)으로 지정됩니다.

(2) **결과 광도** : 램프로부터 조명(라이트)의 분포를 결정합니다. 조명이 도면에 추가된 후에 조명 유형을 변경할 수 있습니다.
  ① 광도 비율 : 광도 비율을 지정합니다.
  ② 결과 광(조)도 : 읽기 전용으로 조명의 결과 조도를 램프 광(조)도 값과 광(조)도 비율의 곱으로 표시합니다.

02. 스폿라이트(SPOTLIGHT)

특정 방향으로 원추형 빛을 방사하는 스폿라이트를 작성합니다.

명령 : SPOTLIGHT   메뉴 아이콘 :

06 앞의 실습 도면에서 작성한 점 조명을 '특성' 팔레트의 '켜기/끄기 상태' 항목에서 '끄기'를 지정합니다.

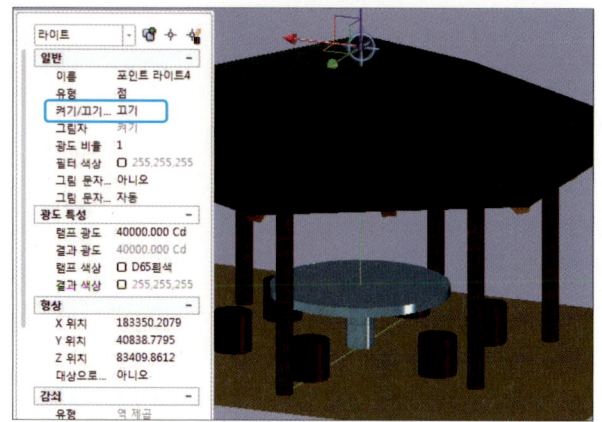

07 스폿라이트 명령을 실행합니다. '시각화' 탭의 '라이트' 패널에서 '조명 작성' 드롭다운 리스트를 펼쳐 스폿라이트 를 클릭합니다.

{원본 위치 지정 <0,0,0>:}에서 파고라 지붕의 처마 끝점을 지정합니다. 그러면, 스폿라이트 아이콘이 나타납니다.

{대상 위치 지정 <0,0,-10>:}에서 파고라 중앙의 테이블 중심점을 지정합니다.

{변경할 옵션 입력 [이름(N)/광도 비율(I)/상태(S)/광도 측정(P)/그림자(W)/감쇠(A)/필터 색상(C)/종료(X)] <종료>:] 에서 이름 옵션 'N'을 입력합니다.

{조명 이름 입력 <스폿 조명1>:}에서 '조명-2'를 입력합니다.

{변경할 옵션 입력 [이름(N)/광도 비율(I)/상태(S)/광도 측정(P)/그림자(W)/감쇠(A)/필터 색상(C)/종료(X)] <종료>:}에서 [Enter] 또는 [Space bar]를 눌러 종료합니다.

다음 그림과 같이 스폿라이트가 작성됩니다. 하지만 빛의 밝기가 어두워 제대로 표현되지 않습니다.

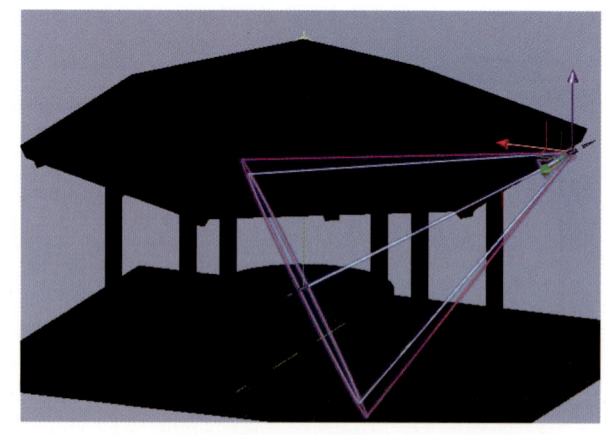

08 스폿라이트의 특성을 바꿔보도록 하겠습니다. 스폿라이트(조명-2)를 클릭한 후 오른쪽 버튼을 눌러 '특성(S)'를 클릭하여 특성 팔레트를 켭니다. '일반' 카테고리의 '핫스폿 각도'를 '70'으로 설정하고 '광도 특성'의 '램프 광도'를 '30000'으로 설정합니다. 다음 그림과 같이 스폿라이트의 각도가 70도이며 광도가 '30000'으로 밝아집니다.

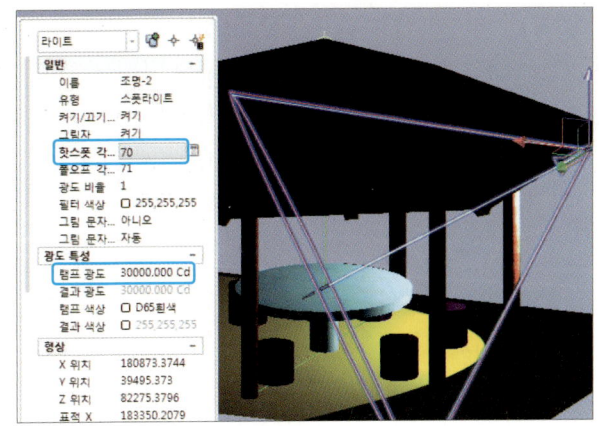

03. 원거리 라이트(DISTANCELIGHT)

원거리 조명(라이트)을 작성합니다. 원거리 라이트는 객체에 대한 조명이나 배경으로 유용한 조명으로 균일한 평행 광선을 한 방향으로만 방사합니다. 라이트의 방향을 정의하는 뷰포트의 어디서든 시작점과 끝점을 지정합니다. 원거리 라이트는 별도로 정해진 위치가 없고 장면 전체에 영향을 주기 때문에 도면에 아이콘으로 표시되지 않습니다.

명령 : DISTANCELIGHT   메뉴 아이콘 :

09 '특성' 팔레트를 이용하여 앞의 실습에서 작성한 스폿라이트 조명을 끕니다.

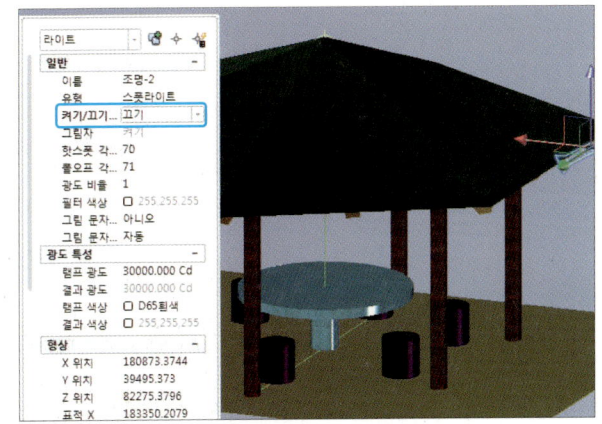

10 원거리 라이트를 실행합니다. '시각화' 탭의 '라이트' 패널에서 '라이트 작성' 드롭다운 리스트를 펼쳐 원거리 라이트를 클릭합니다. '광도 원거리 조명' 대화상자에서 '원거리 조명 허용'을 클릭합니다.

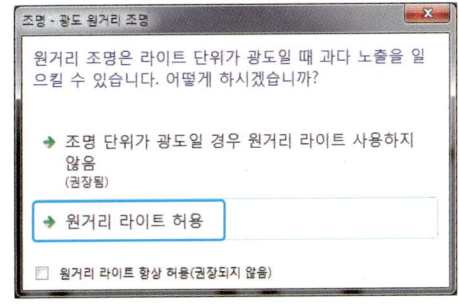

11 {광원 시작 방향 지정 <0,0,0> 또는 [벡터(V)]:}에서 광원 시작점을 파고라 바닥의 한 꼭지점을 지정합니다.

{광원 대상 방향 지정 <1,1,1>:}에서 파고라 중앙의 테이블 중심점을 지정합니다.

{변경할 옵션 입력 [이름(N)/조도(I)/상대(S)/그림자(W)/색상(C)/나가기(X)] <나가기(X)>:}에서 이름 옵션 'N'을 입력합니다.

{조명 이름 입력 <거리 조명1>:}에서 조명의 이름 '조명-3'을 입력합니다.

{변경할 옵션 입력 [이름(N)/광도 비율(I)/상태(S)/광도 측정(P)/그림자(W)/필터 색상(C)/종료(X)] <종료(X)>:}에서 광도 측정 'P'를 입력합니다.

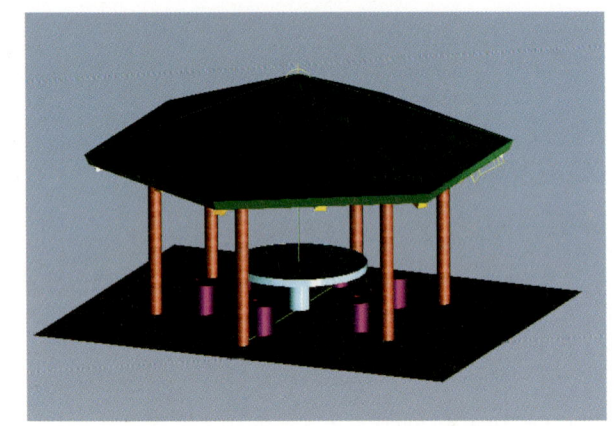

{변경할 광도 옵션 입력 [광도(I)/색상(C)/종료(X)] <I>:}에서 광도 'I'를 입력합니다.

{광도 입력 (Cd) <1500>:}에서 '3000'을 입력합니다.

{변경할 광도 옵션 입력 [광도(I)/색상(C)/종료(X)] <I>:}에서 'X'를 입력하여 종료합니다.

{변경할 옵션 입력 [이름(N)/광도 비율(I)/상태(S)/광도 측정(P)/그림자(W)/필터 색상(C)/종료(X)] <종료(X)>:}에서 Enter 또는 'X'를 입력하여 종료합니다. 다음 그림과 같이 밝기가 조정됩니다.

04. 웹 라이트(WEBLIGHT)

웹 라이트를 작성합니다. 웹 라이트는 사용자화된 실제의 조명 분포가 적용된 포토메트릭 웹 라이트를 적용합니다.

> **참고** 웹 라이트란?
>
> 웹 라이트(웹)는 광원의 광도 분포를 3D로 표현한 것입니다. 이 방향 라이트 분포 정보는 포토메트릭 데이터에 대해 IES LM-63-1991 표준 파일 형식을 사용하여 *.IES 형식으로 포토메트릭 데이터 파일에 저장되어 있습니다. 웹 라이트는 실제 라이트(조명) 제조업체가 제공하는 데이터로부터 파생된 이방성(비균일) 라이트 분포를 표현하는 데 사용됩니다. 이것은 스폿 라이트나 포인트 라이트가 할 수 있는 것보다 훨씬 더 정밀하게 렌더링된 빛을 표현합니다. 라이트에 대한 특성 팔레트의 포토메트릭 웹 패널에 있는 여러 제조업체에서 제공하는 포토메트릭 데이터 파일을 로드할 수 있습니다. 라이트 아이콘은 사용자가 선택한 포토메트릭 웹을 나타냅니다.

명령 : WEBLIGHT   메뉴 아이콘 :

12 모든 조명을 끕니다. 조명의 위치를 지정하기 위해 바닥의 한 꼭지점에 수직방향으로 선을 긋습니다. 길이는 '1500' 정도로 하겠습니다.

웹 라이트 명령을 실행합니다. '시각화' 탭의 '라이트' 패널에서 '라이트 작성' 드롭다운 리스트를 펼쳐 '웹 라이트 '를 클릭합니다.

{원본 위치 지정 〈0,0,0〉:}에서 직전에 작성한 선의 끝점을 지정합니다.

{대상 위치 지정 〈0,0,-10〉:}에서 파고라 중앙의 테이블 중심을 지정합니다.

{변경할 옵션 입력 [이름(N)/광도 비율(I)/상태(S)/광도 측정법(P)/웹(B)/그림자(W)/필터 색상(C)/종료(X)] 〈종료(X)〉:}에서 '이름' 옵션 'N'을 입력합니다.

{조명 이름 입력 〈웹 라이트2〉:}에서 '조명-4'를 입력합니다.

{변경할 옵션 입력 [이름(N)/광도 비율(I)/상태(S)/광도 측정법(P)/웹(B)/그림자(W)/필터 색상(C)/종료(X)] 〈종료(X)〉:}에서 [Enter]를 입력하여 종료합니다.

다음 그림과 같이 웹 라이트가 작성됩니다.

Note_ 웹 분포는 렌더 이미지에만 사용됩니다. 웹 라이트는 뷰포트의 포인트 라이트와 유사합니다.

13 IES 파일을 적용해보겠습니다. 먼저 웹 라이트 객체를 클릭하여 '특성' 팔레트를 펼칩니다. 특성 팔레트에서 '광도 웹' 카테고리의 '웹 파일' 항목의 을 클릭합니다. '웹 파일 선택' 대화상자가 나타나면 Autodesk에서 제공하는 IES 파일(C:\ProgramData\Autodesk\AutoCAD 2015\R20.0\kor\WebFiles) 중 'point_street.ies'를 선택한 후 [열기(O)]를 클릭합니다.

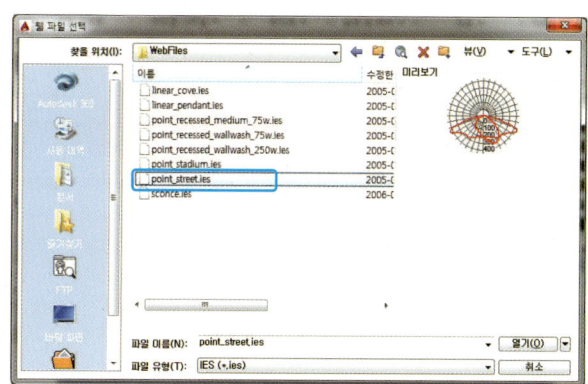

다음과 같은 웹 파일이 나타납니다. '램프 광도'를 조정합니다. 높은 값을 입력할수록 밝게 빛납니다.

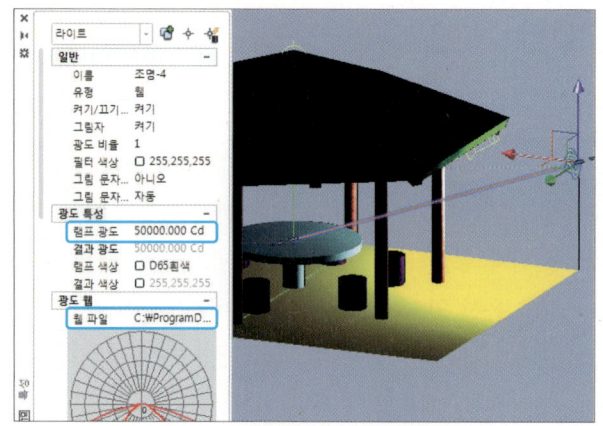

14 다음 그림과 같이 웹 파일인 'point_street.ies'의 데이터가 적용된 조명이 작성됩니다.

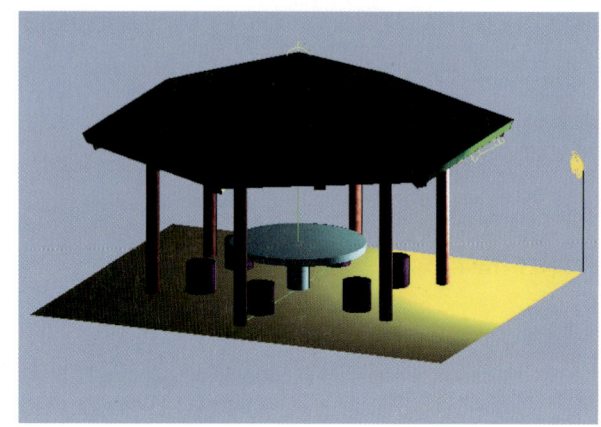

| 참고 | **조명 아이콘의 표시/비표시** |

도면에 조명을 정의하면 각 위치에 조명 아이콘이 표시됩니다. 이때 조명 아이콘을 도면에서 표시하지 않으려면 '시각화' 탭의 '라이트' 패널의 드롭다운 리스트를 펼쳐 '라이트 그림 문자 화면표시'를 클릭하여 끕니다. 다음 그림과 같이 조명 아이콘(그림 문자)가 사라집니다.

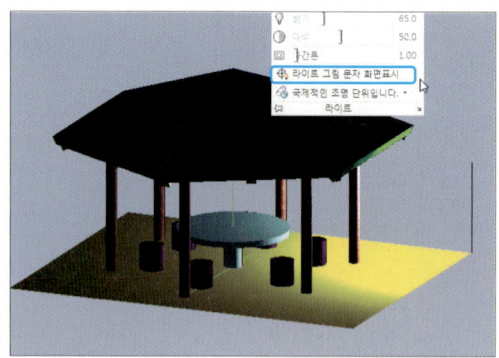

05. 조명 관리자(LIGHTLIST)

현재 도면에 정의된 조명(라이트) 목록을 표시하고 관리합니다.

명령 : LIGHTLIST   메뉴 아이콘 :

15 앞에서 실습한 도면(Part9_파고라_조명.dwg)을 이용해 실습하겠습니다. 조명 관리자 명령을 실행합니다. 명령어 'LIGHTLIST'를 입력하거나 '시각화' 탭의 '라이트' 패널의 끝부분에 있는 비스듬한 화살표( )를 클릭합니다. 또는 '시각화' 탭의 '팔레트' 패널에서 '모형의 조명 팔레트 '을 클릭합니다. 다음과 같은 '모형의 라이트' 팔레트가 나타납니다. 목록에는 현재 도면에서 정의된 4개의 라이트 목록(점, 스폿, 원거리, 웹)이 표시됩니다.

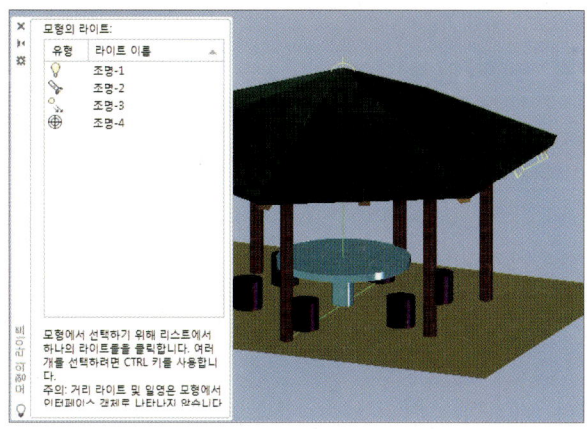

16 목록에서 점 조명인 '조명-1'을 클릭한 후 오른쪽 버튼을 누릅니다. 바로가기 메뉴에서 '특성(S)'를 클릭합니다. '특성' 팔레트가 나타나면 '켜기/끄기' 항목에서 '켜기'를 선택합니다. 다음 그림과 같이 '조명-1'이 켜집니다.

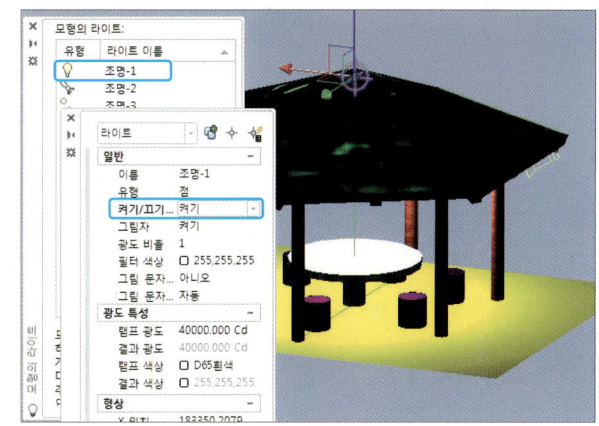

17 이번에는 '조명-2'(스폿라이트)를 선택한 후 마우스 오른쪽 버튼을 눌러 바로가기 메뉴를 표시에서 '특성(S)'를 클릭합니다. '특성' 팔레트의 '켜기/끄기'에서 '켜기'를 선택합니다. 다음 그림과 같이 점 조명인 '조명-1'과 스폿라이트인 '조명-2'가 켜집니다.

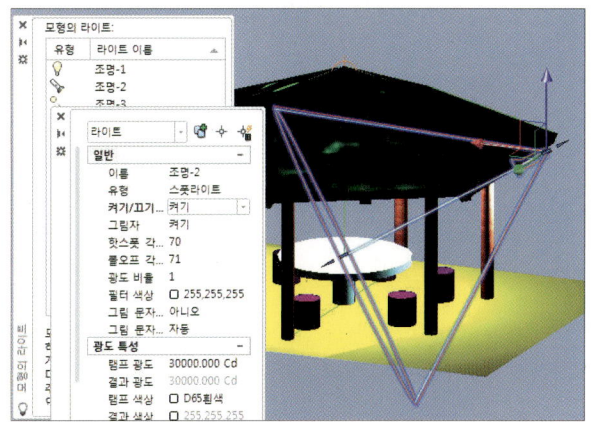

| 참고 | 조명(라이트) 팔레트에서 바로가기 메뉴 |

(1) 조명 삭제(D) : 선택한 조명을 도면에서 제거합니다.
(2) 특성(S) : 특성 도구 팔레트를 기동하여 조명의 특성을 표시하고 편집할 수 있습니다.
(3) Glyph display : 조명의 위치 및 반사 범위를 나타내는 가상의 점선의 표시 여부를 제어합니다.

06. 그림자 표시

그림자 표시 여부를 조정합니다.

18 조명 리스트에서 모든 조명을 끄고 원거리 조명인 '조명-1'을 켭니다.

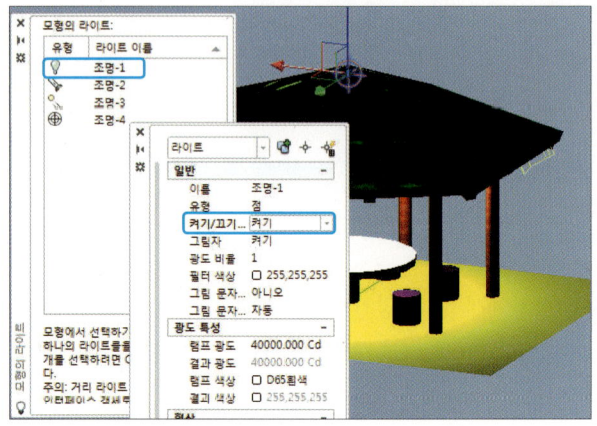

[TIP] 그림자의 설정 여부는 시스템 변수 'VSSHADOWS'에 의해 제어됩니다.
0 : 그림자가 표시되지 않습니다.
1 : 지면(그라운드) 그림자만 표시됩니다.
2 : 전체 그림자가 표시됩니다.
{VSSHADOWS에 대한 새 값 입력 〈0〉:}에서 설정 값을 지정합니다.
'시각화' 탭의 '라이트' 패널의 그림자 컨트롤 목록에서 선택합니다.

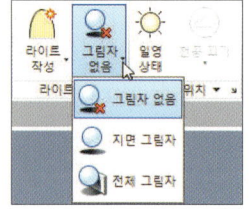

19 '그라운드 그림자'를 클릭합니다. 다음 그림과 같이 그라운드에 그림자가 나타납니다.

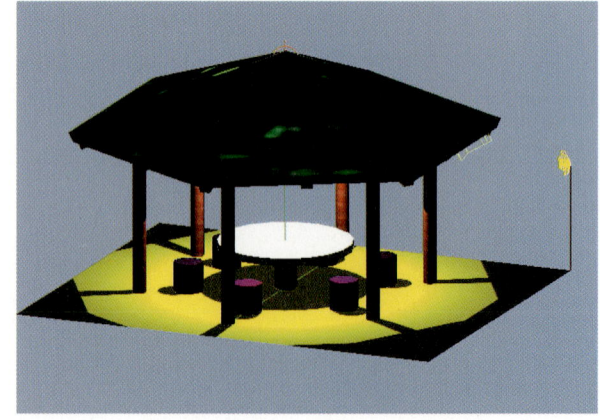

20 '그림자 없음'을 클릭합니다. 다음 그림과 같이 그림자가 사라집니다.

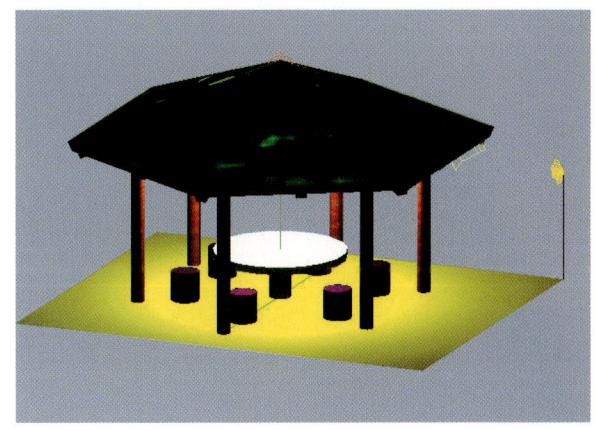

3 지리적 위치 및 일영

지리적 위치 및 시간대에 따라 빛의 특성이 달라집니다. 대상 객체를 표현할 때는 이 빛의 특성의 차이에 의해 정도가 달라집니다. 이번에는 지리적 특성과 위치에 따른 설정 방법에 대해 알아보겠습니다.

01. 지리적 위치 지정

지리적 위치를 지정하면 태양의 궤도를 계산하는 기능이 포함되어 있습니다. 모델의 위치를 지도에서 선택하거나 수치 입력으로 방위를 지정하면 태양의 궤도 및 고도가 자동으로 계산됩니다.

01 '열기(OPEN)' 명령으로 다운로드 받은 'Part9_파고라_조명.dwg' 파일을 엽니다. 뷰를 '남동 등각투영'으로 설정합니다.

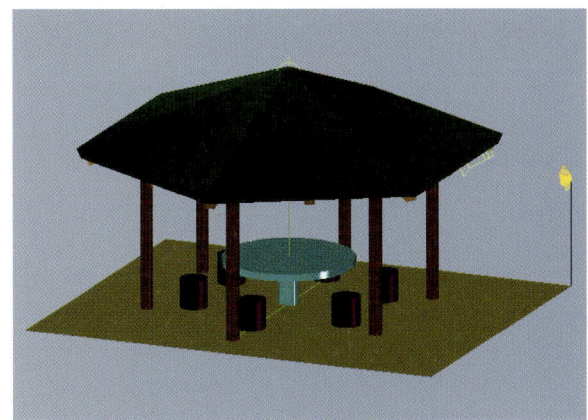

02 지리적 위치를 지정합니다. 직접 위치를 지정할 수도 있고 구글 어스(Google Earth)에서 현재 위치를 가져올 수 있고 위치 정보를 가지고 있는 *.kml 또는 *.kmz 파일로부터 정보를 얻을 수 있습니다.

명령 : GEOGRAPHICLOCATION 메뉴 아이콘 :

'위치 지정' 명령을 실행합니다. '시각화' 탭의 '일영 및 위치' 패널에서 '위치 지정-맵'에서 을 클릭합니다. [예(Y)]를 클릭합니다.

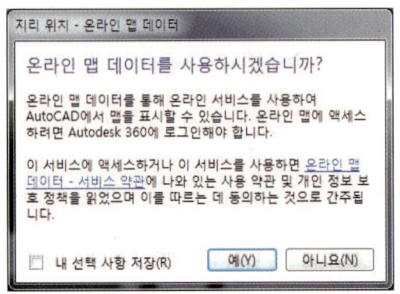

03 다음 그림과 같이 '지리적 위치' 지도가 나타납니다. '서울시 송파구'를 입력한 후 검색 버튼을 클릭한 후 [다음(N)]을 클릭합니다.

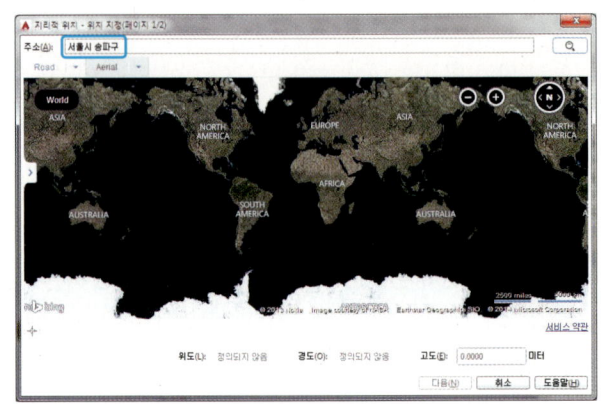

위성 이미지가 나타나면 구체적인 장소를 지정한 후 [다음(N)]을 클릭합니다.

26 ; 객체의 장식과 동적 관측

04 다음 그림과 같이 좌표계 설정 대화상자가 나타나면 'KOREA TOKYO-M Meter'를 선택한 후 [다음(N)]을 클릭합니다.

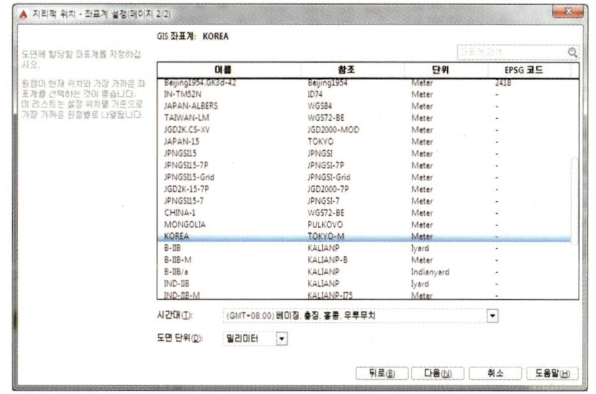

05 다음과 같이 작도 영역(모델 공간)으로 돌아옵니다.
{위치의 점 선택 <0, 0, 0>:}에서 지정하고자 하는 점(조명 아래의 모서리)을 지정합니다.
{북쪽 방향 각도 지정 또는 [첫 번째 점(F)] <90>:}에서 방향 점(아래쪽 꼭지점)을 지정합니다. 다음 그림과 같이 지리적 위치에 따라 이미지가 바뀝니다.

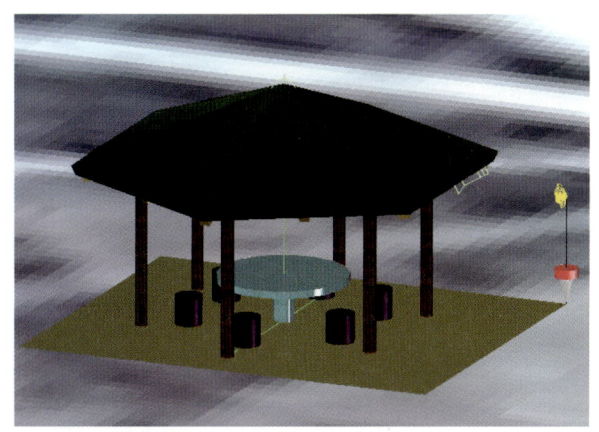

[TIP] 바탕이 흐릿한 이미지는 맵에서 가져온 이미지가 확대되어 나타나는 현상입니다. 줌(ZOOM)을 축소해서 멀리에서 보면 다음과 같은 이미지가 됩니다.

작은 모델의 경우 배경 이미지가 찌그러지는 현상이 발생하므로 이럴 때는 맵을 끄는 것이 깨끗한 배경을 만들 수 있습니다. '지리 위치' 탭의 '온라인 맵' 패널에서 '맵 끄기'를 클릭합니다.

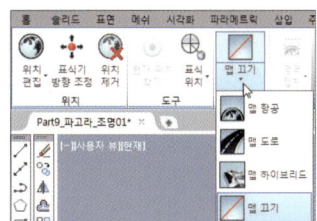

841

02. 일영 특성

일영 특성은 일영(태양광)에 관련된 조건을 표시하고 수정할 수 있습니다.

명령 : SUNPROPERTIES　　　　　　　　　　　메뉴 아이콘 :

06 일영 특성 명령을 실행합니다. '시각화' 탭의 '일영 및 위치' 패널의 오른쪽의 비스듬한 화살표( )를 클릭합니다. 다음 그림과 같이 일영 특성 팔레트가 나타납니다.

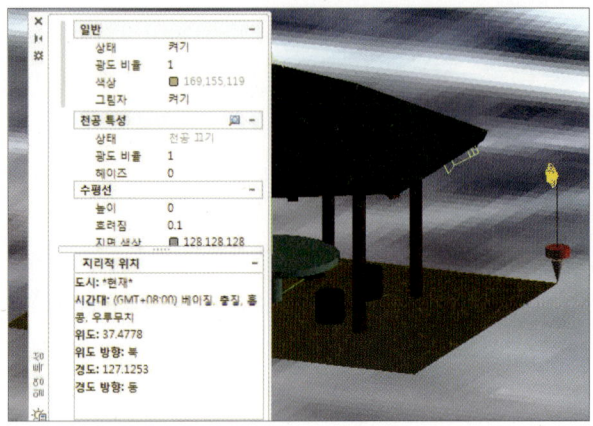

참고 일영 특성 팔레트

일영의 특성을 설정하거나 수정합니다.

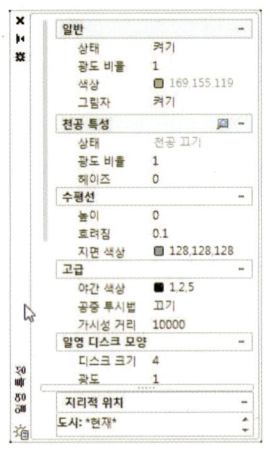

(1) 일반 : 일영의 일반적인 상태인 켜기/끄기, 조도 비율, 색상, 그림자 켜기/끄기 등을 지정합니다.
(2) 천공 특성 : 천공 조명이 렌더 시에 계산될지 여부를 결정합니다. 태양광의 광도 비율과 대기의 분산효과 정도를 지정합니다.
(3) 수평선 : 지반 평면의 절대 위치, 지반 평면과 천공 간의 흐림 정도, 지면의 색상을 결정합니다.
(4) 고급 : 다양한 예술적 효과를 지정하는 카테고리로 야간의 색상, 공중 투시의 적용 여부, 가시성 거리를 지정합니다.
(5) 일영 디스크 모양 : 배경에 관련된 카테고리로 일영 디스크의 축척, 일영 빛의 광도, 일영 디스크의 광도를 지정합니다.
(6) 일영 각도 계산기 : 일영의 각도를 계산하기 위한 날짜, 시간, 고도 등 일영의 각도를 설정합니다.
(7) 렌더 그림자 상세 정보 : 그림자의 유형 및 표시 조건을 표시, 수정합니다.
(8) 지리적 위치 : 현재 지정된 지리적 위치 설정 값을 표시합니다. 이 정보는 읽기 전용입니다.

07 일영 특성 팔레트에서 '일반' 카테고리의 '상태'를 '켜기'로 지정합니다. 또는 '시각화' 탭의 '일영 및 위치' 패널에서 '일영 상태'를 클릭하여 켭니다. 다음 그림과 같이 그림자가 나타납니다.

Note_그림자가 나타나지 않을 때에는 '시각화' 탭의 '라이트' 패널에서 '그라운드 그림자'를 켭니다

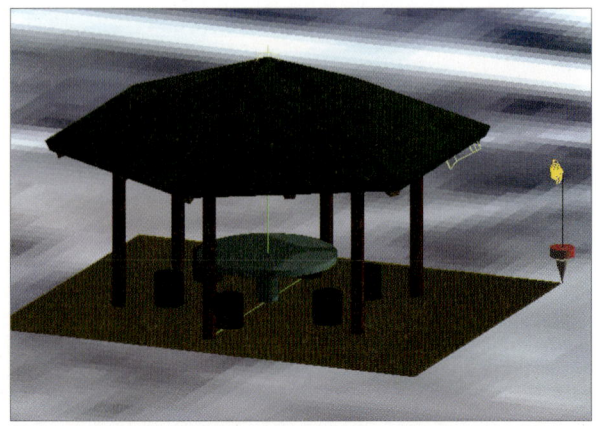

| 참고 | 일영 상태 |

시스템 변수 'SUNSTATUS'는 일영 효과를 켜거나 끕니다.
0 : 일영 효과를 끕니다.
1 : 일영 효과를 켭니다.
시간 설정에 따라 색상이 바뀌지 않을 수도 있습니다. 즉, 시간대가 한밤으로 설정되어 있으면 색상의 변화가 없을 수 있습니다.

03. 일영 시뮬레이션

일영 시뮬레이션이란 태양의 이동에 따라 지리적, 시간적 특성을 고려한 그림자를 시뮬레이션하는 것입니다.

명령 : SUNDATE, SUNTIME   메뉴 아이콘 :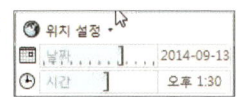

08 '시각화' 탭의 '일영 및 위치' 패널에서 '날짜'와 '시간' 슬라이드 바를 움직여 날짜와 시간을 조정합니다. 다음 그림은 날짜를 '2014-09-13'로 설정하고 시간을 '오후 1:30'으로 설정한 상태의 표현입니다.

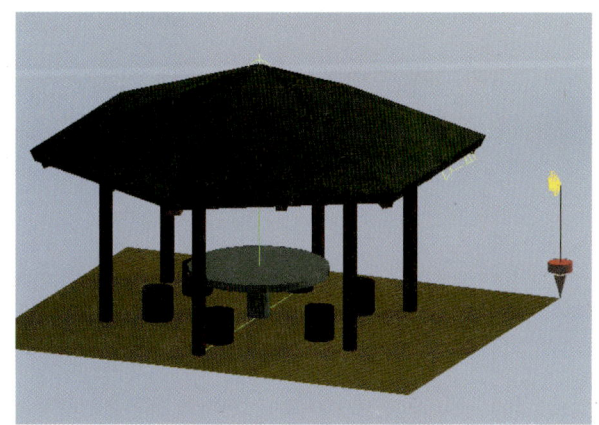

09 날짜를 '2014-12-31', 시간을 '오후 12:00'으로 설정한 경우 다음 그림과 같이 표현됩니다.

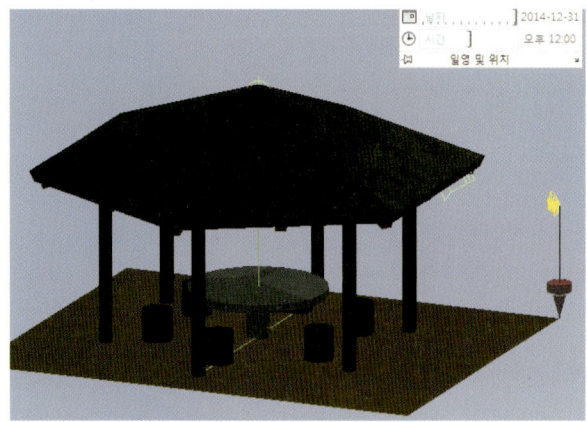

참고 | 날짜와 시간을 정확히 설정하는 방법

'시각화' 탭의 '일영 및 위치' 패널의 날짜 및 시간 슬라이드 바를 이용해 정확한 날짜 및 시간을 설정하기는 쉽지 않습니다. 이때는 일영 특성 팔레트에서 설정합니다. '일영 각도 계산기' 카테고리에서 '날짜' 항목의 ⋯을 클릭합니다. 다음 그림과 같은 달력이 나타납니다. 이때, 지정하고자 하는 날짜를 더블클릭하여 지정합니다.

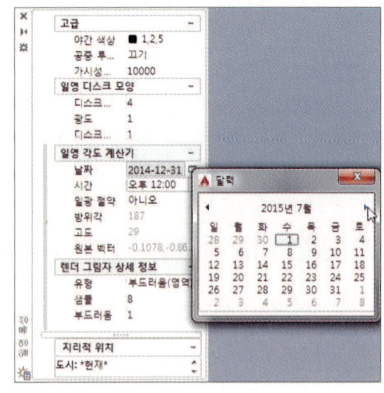

참고 | 밝기 및 대비의 조정

광원 및 일영의 색상의 밝기와 대비를 조정하려면 다음과 같이 설정합니다.
'시각화' 탭의 '라이트' 패널에서 '밝기' 및 '대비' 슬라이드 바를 조정합니다.

(1) 다음 그림은 밝기가 '0', 대비가 '0'으로 설정된 경우입니다.

(2) 다음 그림은 밝기가 '200', 대비가 '100'으로 설정된 경우입니다.

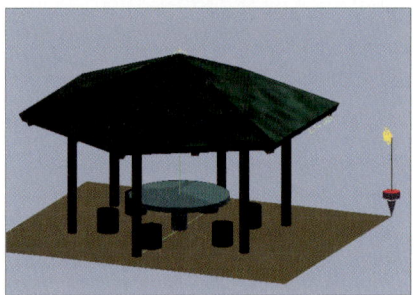

4 카메라 설정

카메라 위치 및 대상 위치를 설정하여 객체의 3D 투시도를 작성하고 저장합니다. 렌더링 이미지를 작성할 때 카메라의 앵글도 중요한 요소가 됩니다.

01. 카메라 작성

카메라 및 대상 위치를 설정하여 객체의 3D 투시도를 작성하고 저장합니다.

명령 : CAMERA   메뉴 아이콘 : 📷

01 '열기(OPEN)' 명령으로 다운로드 받은 'Part9_빌딩.dwg' 파일을 엽니다. 다음 그림과 같은 도면이 펼쳐집니다.

02 카메라를 작성합니다. 명령어 'CARMERA'를 입력하거나 '시각화' 탭의 '카메라' 패널에서 '카메라 작성' 📷을 클릭합니다.

{현재 카메라 설정: 높이=0 렌즈 길이=50 mm}

{카메라 위치 지정:}에서 '155000,-100000, 10000'을 입력합니다.

{대상 위치 지정:}에서 대상 위치 '133000, 112000,0'을 입력합니다.

{옵션 입력 [?(?)/이름(N)/위치(LO)/높이(H)/대상(T)/렌즈(LE)/자르기(C)/뷰(V)/나가기(X)]〈나가기(X)〉:}에서 이름을 작성하기 위해 'N'을 입력합니다.

{새로운 카메라의 이름을 입력 〈카메라1〉:}에서 '정면카메라'를 입력합니다.

{옵션 입력 [?(?)/이름(N)/위치(LO)/높이(H)/대상(T)/렌즈(LE)/자르기(C)/뷰(V)/나가기(X)]〈나가기(X)〉:}에서 Enter 또는 Space bar를 눌러 종료합니다. 다음과 같이 카메라가 작성됩니다.

03 이번에는 거리를 가로지르는 카메라를 작성하도록 하겠습니다. Enter 또는 Space bar를 눌러 카메라 작성 명령을 재실행합니다.

{현재 카메라 설정: 높이=0 렌즈 길이=50 mm}

{카메라 위치 지정:}에서 '480000, 100000, 20000'을 입력합니다.
{대상 위치 지정:}에서 대상 위치 '0,100000,0'을 입력합니다.
{옵션 입력 [?(?)/이름(N)/위치(LO)/높이(H)/대상(T)/렌즈(LE)/자르기(C)/뷰(V)/나가기(X)]<나가기(X)>:}에서 이름을 작성하기 위해 'N'을 입력합니다.
{새로운 카메라의 이름을 입력 <카메라1>:}에서 '측면카메라'를 입력합니다.
{옵션 입력 [?(?)/이름(N)/위치(LO)/높이(H)/대상(T)/렌즈(LE)/자르기(C)/뷰(V)/나가기(X)]<나가기(X)>:}에서 Enter 또는 Space bar 를 눌러 종료합니다. 다음과 그림과 같이 카메라가 도로 끝 쪽에 작성됩니다.

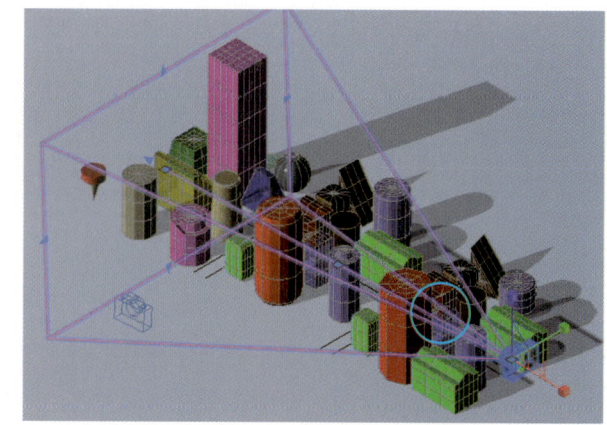

04 카메라의 피사체를 확인해보겠습니다. Esc 키를 누른 후 '측면카메라'를 클릭합니다. 카메라 아이콘을 클릭하면 카메라가 투영하는 선이 표시되면 '카메라 미리보기' 창이 표시됩니다. '비주얼 스타일'을 '개념'으로 설정합니다. 미리보기 창에는 다음 그림과 같이 현재 카메라 앵글에서의 피사체(객체)가 나타납니다.

05 다음은 '정면카메라'를 확인하도록 하겠습니다. 카메라(정면카메라) 아이콘을 클릭합니다. 다음 그림과 같이 '정면카메라'의 카메라 미리보기 창이 나타납니다.

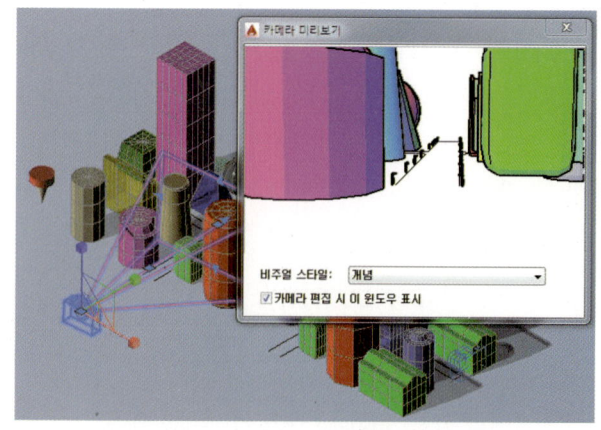

06 미리보기 창의 '비주얼 스타일'을 '모서리로 음영처리 됨'으로 설정합니다. 다음 그림과 같이 '정면카메라'의 미리보기 창이 나타납니다.

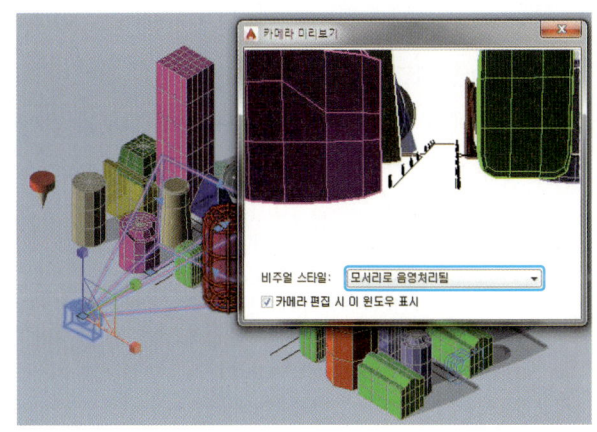

02. 카메라 특성 편집

카메라의 위치, 방향이나 앵글의 범위를 수정합니다.

07 카메라의 위치를 바꿔보도록 하겠습니다. 장치(GIZUMO) 도구를 이용하여 수정하겠습니다. '솔리드' 또는 '메쉬' 탭의 '선택' 패널에서 '이동 장치'를 선택합니다. 수정하고자 하는 카메라(정면카메라)를 선택하면 장기 이미지가 나타납니다. 마우스로 위쪽으로 끌고 갑니다. 카메라의 이동에 따라 따라 카메라 미리보기 창에는 실시간으로 새로운 뷰가 나타납니다.

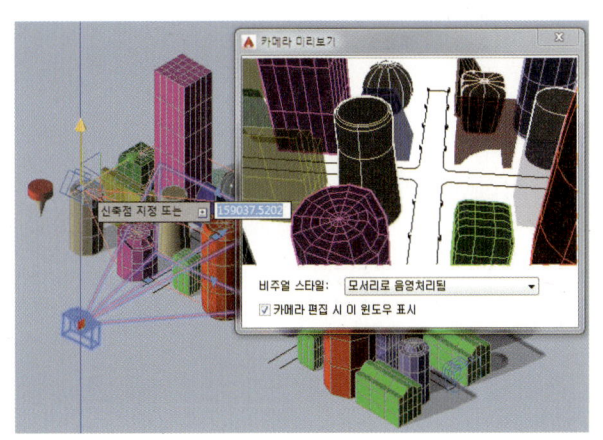

08 특성 팔레트를 이용하여 카메라의 특성 중 뷰 필드를 바꿔보도록 하겠습니다. '측면카메라' 아이콘 객체가 눌러진 상태에서 특성 팔레트 명령 'PR'을 입력합니다. 또는 '시각화' 탭의 '팔레트' 패널에서 '특성'을 클릭합니다. 다음 그림과 같이 카메라 미리보기 대화상자와 함께 특성 팔레트가 나타납니다.

09 특성 팔레트에서 '카메라' 카테고리의 '렌즈 길이' 항목 값을 '100'으로 설정합니다. 그러면, 렌즈 길이가 확대되면서 카메라 미리보기의 피사체도 다음 그림과 같이 표시됩니다. 이와 같이 카메라의 특성을 조정할 수 있습니다.

[TIP] 카메라 아이콘 객체의 표시여부는 다음과 같이 조정합니다. '시각화' 탭의 '카메라' 패널에서 '카메라 표시'를 클릭합니다. 클릭할 때마다 카메라 아이콘의 표시가 켜지고 꺼집니다.

카메라 아이콘 표시여부는 시스템 변수 'CAMERADISPLAY'에 의해 제어됩니다.
0 : 카메라 아이콘의 표시를 숨깁니다.
1 : 카메라 아이콘을 표시합니다.

03. 카메라 뷰의 선택

작성된 카메라를 선택하여 해당 뷰를 표현합니다.

10 '시각화' 탭의 '뷰' 패널의 뷰 목록에서 카메라를 선택하면 해당 카메라의 뷰가 표시됩니다. 이때 표현하고자 하는 뷰를 선택합니다.

'정면카메라'를 클릭합니다. 다음 그림과 같이 '정면카메라'의 뷰가 나타납니다.

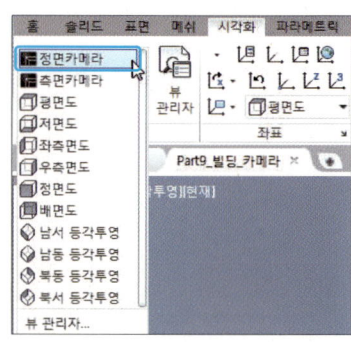

11 이번에는 뷰 목록에서 '측면카메라'를 클릭합니다. 다음 그림과 같이 '측면카메라'가 투시하는 뷰가 나타납니다.

12 '시각화' 탭의 '일영 및 위치' 패널에서 '천공 배경 및 조명'을 켠 상태에서의 '측면카메라'의 뷰입니다.

5 보행 시선(3DWALK) 및 조감 뷰(3DFLY)

3차원 모형을 보행자의 시선이나 공중에서의 조감도 뷰로 관측할 수 있습니다. 이번에는 3차원 모형의 보행 시선과 조감 뷰에 대해 알아보겠습니다.

01. 보행 시선(3DWALK)

보행 시선은 도면의 3D 뷰를 대화식으로 변경하여 모형을 통과하여 걷는 모양을 작성합니다.

명령어 : 3DWALK   메뉴 아이콘 : 👣

| Part 09 모델의 표현

01 실습을 위해 '열기(OPEN)' 명령으로 다운로드 받은 'Part9_빌딩.dwg' 파일을 엽니다. 다음 그림과 같은 도면이 펼쳐집니다.

참고 '애니메이션' 패널의 표시

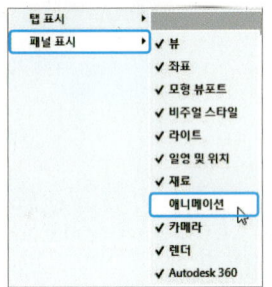

리본 메뉴에서 숨겨진 '애니메이션' 패널을 표시하고자 할 때는 다음과 같이 실행합니다. 탭 메뉴의 오른쪽 빈 공간에 마우스를 대고 오른쪽 버튼을 클릭합니다. 바로가기 메뉴에서 '패널 표시'를 클릭하면 패널 목록이 나타납니다. 이때, '애니메이션'을 클릭합니다.

02 보행 시선을 실행합니다. 명령어 '3DWALK' 또는 '3DW'를 입력하거나 '시각화' 탭의 '애니메이션' 패널에서 메뉴 아이콘 👣을 클릭합니다. 투시도 뷰로 변경할 것인지 묻습니다. [변경]을 클릭합니다.

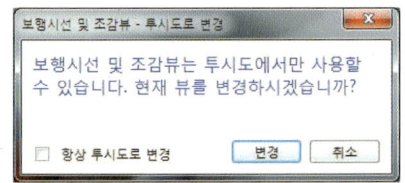

03 다음 그림과 같이 '위치 지시기' 윈도우가 나타납니다. 빨간색이 현재의 시점이며 초록색 선이 시야를 나타내는 선입니다.

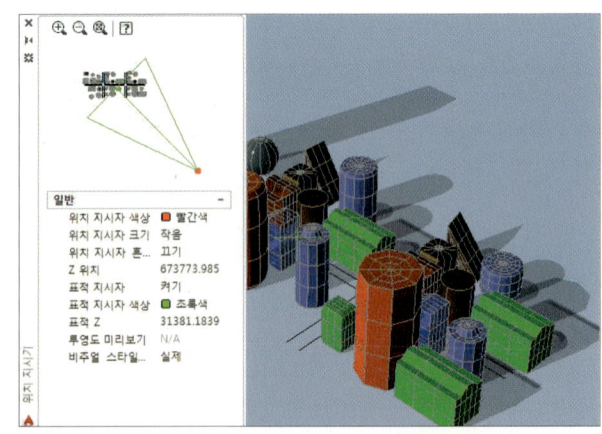

참고 | 위치 지시기

보행 시선 또는 조감 뷰 검색 시에 3D 모형의 평면도 위치를 표시하고 위치를 지정합니다.

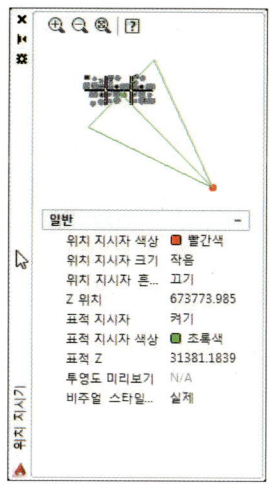

(1) 줌 아이콘 : 위치 지시기 상단의 줌 아이콘으로 '확대' '축소' '범위' 아이콘입니다.
(2) 미리보기 : 모형에서 현재 위치를 표시합니다. 위치 지시자를 끌어서 위치를 변경할 수 있습니다. 또한 표적 지시자를 끌어서 뷰의 방향을 변경할 수 있습니다.
(3) 위치 지시자 색상 : 현재 위치를 표시하는 점(도트)의 색상을 설정합니다.
(4) 위치 지시자 크기 : 작음, 중간, 큼으로 지시자의 크기를 설정합니다.
(5) 위치 지시자 흔들림 : 깜박임 효과를 켜거나 끕니다.
(6) Z 위치 : 위치 지시자의 Z 위치를 지정합니다.
(7) 표적 지시자 : 뷰 대상을 표시하는 지시자를 표시 여부를 지정합니다.
(8) 표적 지시자 색상 : 표적 지시자의 색상을 설정합니다.
(9) 표적 Z : 표적의 Z 값을 지정합니다.
(10) 투영도 미리보기 : 미리보기 윈도우의 투명도를 설정합니다. 0부터 95까지의 값을 선택할 수 있습니다.
(11) 비주얼 스타일 미리보기 : 미리보기의 비주얼 스타일을 설정합니다.

04 위치 지시기 윈도우에서 손바닥 마크를 움직여 시점의 위치를 조정합니다. 손바닥으로 위치 지시자(빨간색 점)을 건물의 정면으로 이동합니다. 위치 입력기 윈도우 하단에는 색상, 뷰 스타일 등을 표시하며 설정할 수 있습니다.

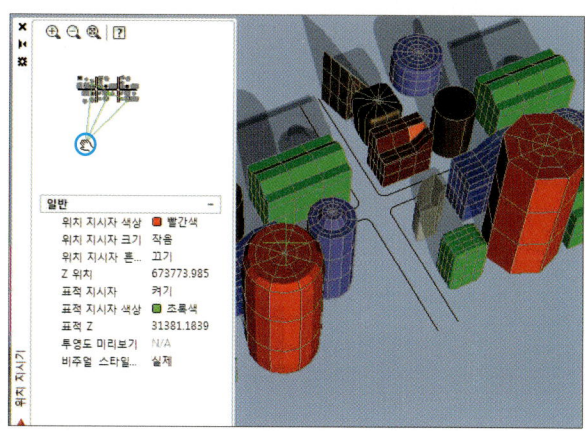

05 위치 지시자(빨간색 점)에 손바닥 마크를 맞춘 후 왼쪽 버튼을 누른 채 다음 그림과 같이 반대 방향(뒤쪽)으로 이동합니다. 다음 그림과 같이 위치 지시자의 이동과 함께 뷰가 전환됩니다.

[TIP] 키보드에서 4개의 화살표 키, W(앞으로), A(왼쪽), S(뒤로) 및 D(오른쪽) 키와 마우스를 사용하여 보행 시선의 방향을 결정합니다. 뷰의 방향을 지정하려면 마우스의 왼쪽 버튼을 누른 채 보려는 방향으로 끌고 갑니다.

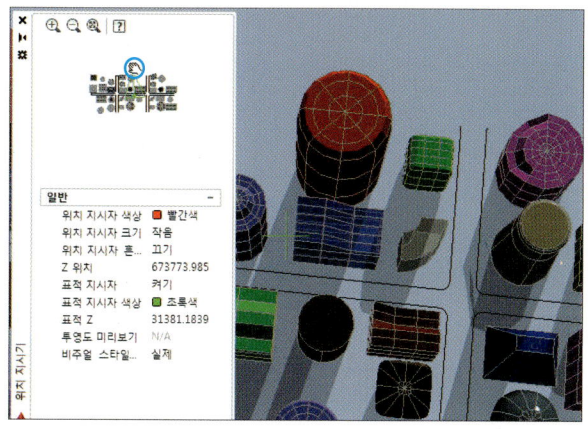

06 표적 지시자인 삼각형의 위치를 거리의 중간에 맞추고 위치 지시자의 'Z 위치'의 값을 '80000'으로 설정합니다. 다음 그림과 같이 위치 지시자의 Z 값이 낮아짐에 따라 뷰가 바뀝니다.

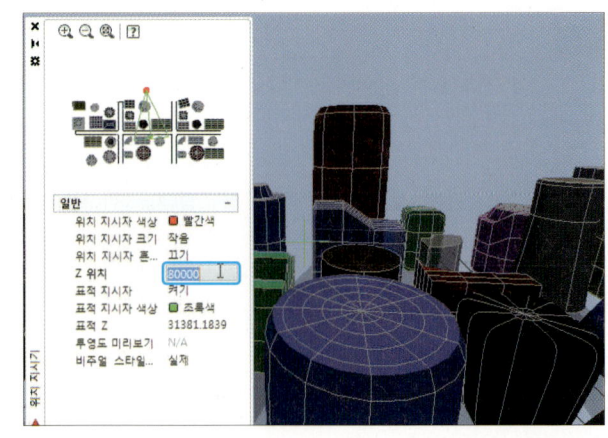

02. 조감 뷰(3DFLY)

조감 뷰는 도면의 3D 뷰를 대화식으로 변경하여 모형을 통과하여 날아가는 모양을 작성합니다.

명령어 : 3DFLY   메뉴 아이콘 :

07 조감 뷰를 실행합니다. 명령어 '3DFLY'를 입력하거나 '시각화' 탭의 '애니메이션' 패널에서 메뉴 아이콘 을 클릭합니다. 다음 그림과 같이 조감 뷰 위치 지시기가 나타납니다.

[TIP] 키보드에서 4개의 화살표 키, W(앞으로), A(왼쪽), S(뒤로) 및 D(오른쪽) 키와 마우스를 사용하여 조감 뷰의 방향을 결정합니다. 마우스를 움직여 뷰를 조정합니다.

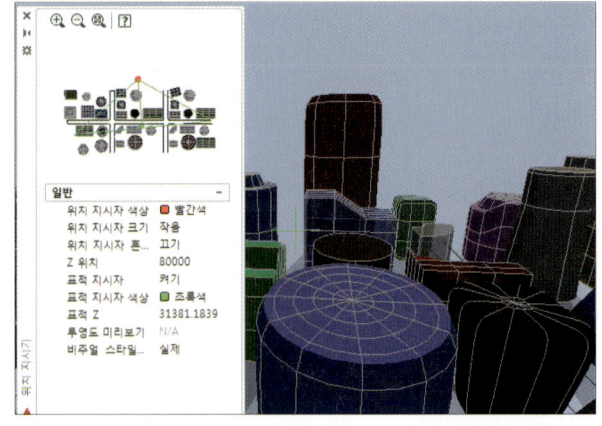

08 위치 입력기에서 손바닥을 움직여 뷰의 위치를 이동합니다. 다음 그림과 같이 위치 지시기에서의 조작에 따라 실시간으로 화면의 뷰가 바뀝니다.

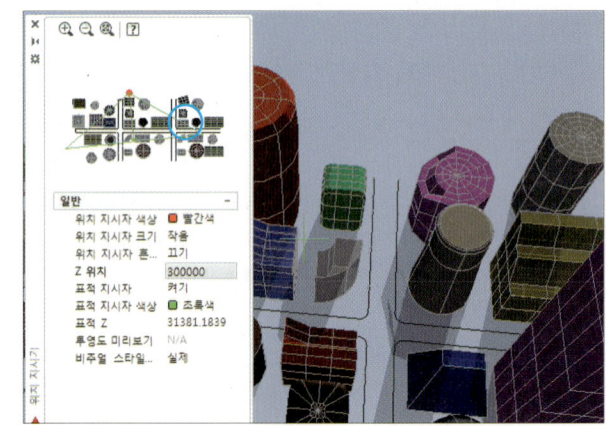

> **참고** 보행 시선과 조감 뷰
>
> 보행 시선의 경우는 모형의 XY 평면을 이동하게 됩니다. 조감 뷰의 경우는 모형을 XY 평면에 의해 구속되지 않으므로 모형의 영역 위를 이동하는 것처럼 보입니다.

09 이번에는 작도 영역에서 표적 위치를 이동해보도록 하겠습니다. 작도 영역에 마우스의 위치에 십자 마크(+)가 나타납니다. 마우스의 왼쪽 버튼을 누른 채로 이동합니다. 마우스의 이동과 함께 뷰가 자유롭게 이동됩니다.

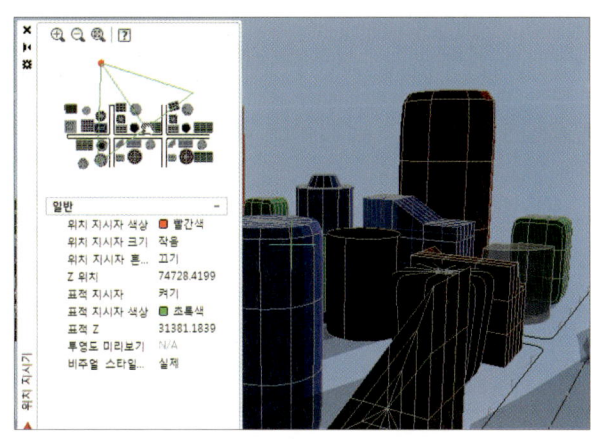

03. 보행 시선 및 조감 뷰 설정(WALKFLYSETTINGS)

대화상자를 통해 보행 시선 및 조감 뷰의 환경을 설정합니다.

명령어 : WALKFLYSETTINGS   메뉴 아이콘 :

보행 시선 및 조감 뷰 설정 명령을 실행합니다. 명령어 'WALKFLYSETTINGS'을 입력하거나 '시각화' 탭의 '애니메이션' 패널에서 메뉴 아이콘 을 클릭합니다. 다음과 같은 설정 대화상자가 나타납니다.

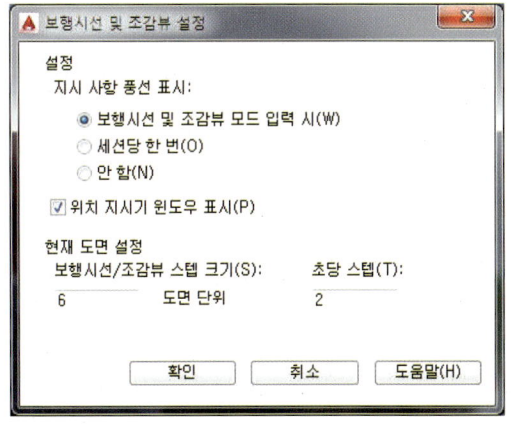

(1) **설정** : 보행 시선 및 조감 뷰 탐색 매핑 풍선 및 위치 지시기 윈도우와 관련된 설정을 지정합니다.

① 보행 시선 및 조감 뷰 모드 입력 시(W) : 보행 시선 또는 조감 뷰 모드를 입력할 때마다 보행 시선 및 조감 뷰 검색 매핑 대화상자가 표시됩니다.

② 세션당 한 번(O) : AutoCAD 세션마다 보행 시선 또는 조감 뷰 모드가 처음으로 될 때 보행 시선 및 조감 뷰 검색 매핑 대화상자가 표시되도록 지정합니다.

③ 안 함(N) : 보행 시선 및 조감 뷰 검색 매핑 대화상가가 표시되지 않도록 합니다.

④ 위치 지시기 윈도우 표시(P) : 체크를 하면 보행 시선 모드에 들어갈 때 위치 입력기 윈도우가 열립니다.

(2) 현재 도면 설정 : 현재 도면 특유의 보행 시선 및 조감 뷰 모드 설정값을 지정합니다.

① 보행 시선/조감 뷰 스텝 크기(S) : 도면 단위로 각 스텝의 크기를 설정합니다.
② 초당 스텝(T) : 초당 발생 스텝 수를 지정합니다.

6 동적으로 관찰하는 애니메이션

이번에는 애니메이션 동영상을 제작하는 방법을 알아보겠습니다. 완성된 객체(피사체)의 구석구석을 미리 둘러봄으로써 설계가 실물로 구현되었을 때의 형상을 파악할 수 있습니다.

명령어 : ANIPATH   메뉴 아이콘 : 🎞

01 실습을 위해 '열기(OPEN)' 명령으로 다운로드 받은 'Part9_빌딩.dwg' 파일을 엽니다. 다음과 같은 도면이 펼쳐집니다.

02 폴리선 명령으로 카메라의 동작 경로를 작성합니다. 명령어 'PLINE' 또는 'PL'을 입력하거나 '홈' 탭의 '그리기' 패널 또는 '그리기' 도구막대에서 ↪을 클릭합니다.
{시작점 지정:}에서 '520000,0,0'을 입력합니다.
{현재의 선 폭은 0.0000임}
{다음점 지정 또는 [호(A)/반폭(H)/길이(L)/명령 취소(U)/폭(W)]:}에서 '@0,100000'을 입력합니다.
{다음점 지정 또는 [호(A)/닫기(C)/반폭(H)/길이(L)/명령 취소(U)/폭(W)]:}에서 '@-550000,0'을 입력합니다.
{다음점 지정 또는 [호(A)/닫기(C)/반폭(H)/길이(L)/명령 취소(U)/폭(W)]:}에서 '@100000,0'을 입력합니다.
{다음점 지정 또는 [호(A)/닫기(C)/반폭(H)/길이(L)/명령 취소(U)/폭(W)]:}에서 '@0,-200000'을 입력합니다.

{다음점 지정 또는 [호(A)/닫기(C)/반폭(H)/길이(L)/명령 취소(U)/폭(W)]:}에서 '닫기' 옵션 'C'를 눌러 종료합니다. 다음 그림과 같이 폴리선이 작도됩니다.

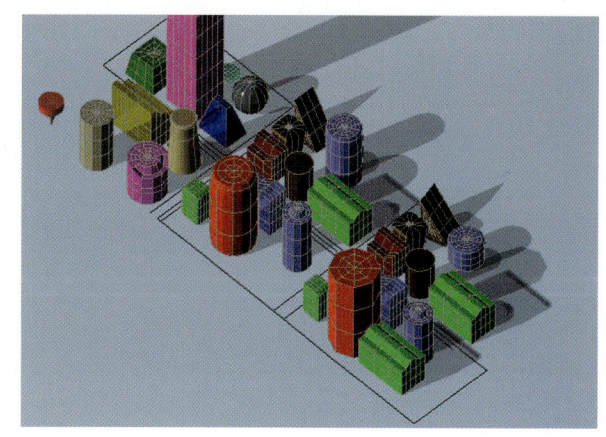

03 경로를 부드럽게 만들기 위해 모서리를 모깎기 처리합니다. 명령어 'FILLET' 또는 'F'를 입력하거나 '홈' 탭의 '수정' 패널 또는 도구막대에서 ⌒을 클릭합니다.
{현재 설정값: 모드 = TRIM, 반지름 = 0.00000}
{첫 번째 객체 선택 또는 [명령취소(U)/폴리선(P)/반지름(R)/자르기(T)/다중(M)]:}에서 반지름을 설정하기 위해 'R'을 입력합니다.
{모깎기 반지름 지정 〈0.00000〉:}에서 반지름 '30000'을 입력합니다.
{첫 번째 객체 선택 또는 [명령취소(U)/폴리선(P)/반지름(R)/자르기(T)/다중(M)]:}에서 폴리선 옵션 'P'를 입력합니다.
{2D 폴리선 선택:}에서 경로의 폴리선을 선택합니다.
{6 선은(는) 모깎기됨}
다음 그림과 같이 경로의 모서리가 모깎기 됩니다.

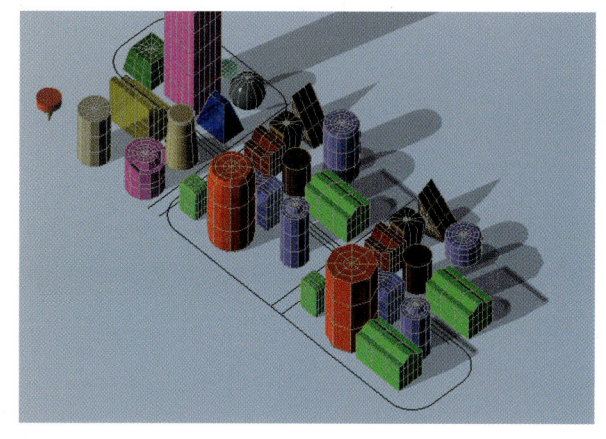

04 동영상 카메라의 경로를 지면으로부터 위로 띄우겠습니다. 명령어 'MOVE' 또는 'M'을 입력하거나 '홈' 탭의 '수정' 패널 또는 도구막대에서 ✥을 클릭합니다.
{객체 선택:}에서 경로로 작도한 폴리선을 선택합니다. {1개를 찾음}
{객체 선택:}에서 [Enter] 또는 [Space bar]를 눌러 선택을 종료합니다.
{기준점 지정 또는 [변위(D)] 〈변위〉:}에서 폴리선의 끝점을 선택합니다.

{두 번째 점 지정 또는 〈첫 번째 점을 변위로 사용〉:}에서 '@0,0,30000'을 입력합니다.

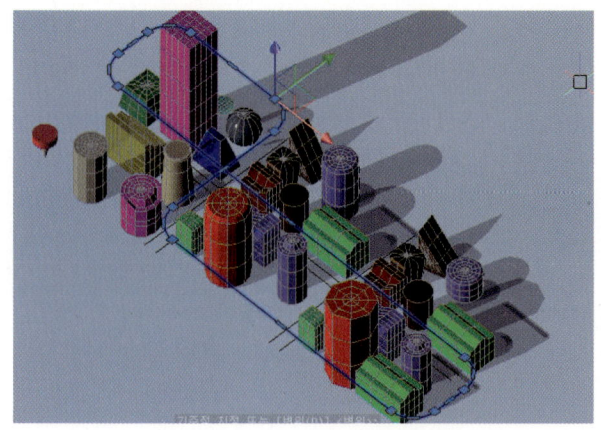

05 애니메이션 경로 명령을 실행합니다. 명령어 'ANIPATH'를 입력하거나 '시각화' 탭의 '애니메이션' 패널에서 를 클릭합니다. 다음 그림과 같이 동작 경로 애니메이션 대화상자가 표시됩니다.

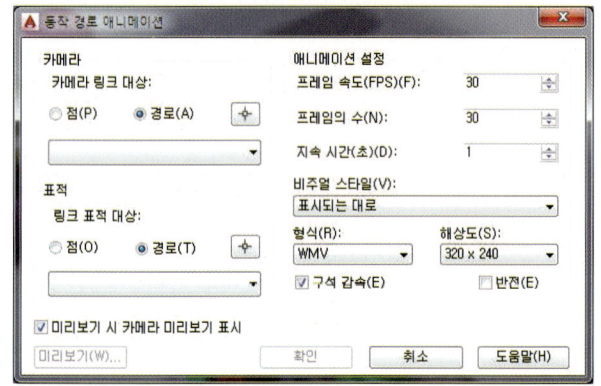

06 대화상자에서 '카메라'의 '경로(A)' 옆의 메뉴 아이콘 을 클릭합니다. {경로 선택:}에서 폴리선으로 작성한 경로를 선택합니다. 경로를 선택하면 경로 이름 대화상자가 표시됩니다. '이름(N)'에 '경로1'을 입력한 후 [확인]을 클릭합니다.

07 '표적'의 '링크 표적대상'에서 '점(O)'을 지정한 후 메뉴 아이콘 을 클릭합니다. {선택 점:}에서 '150000, 100000,5000'을 입력합니다. 점 이름 대화상자에서 '이름(N)'에 '표적 1'을 입력합니다.

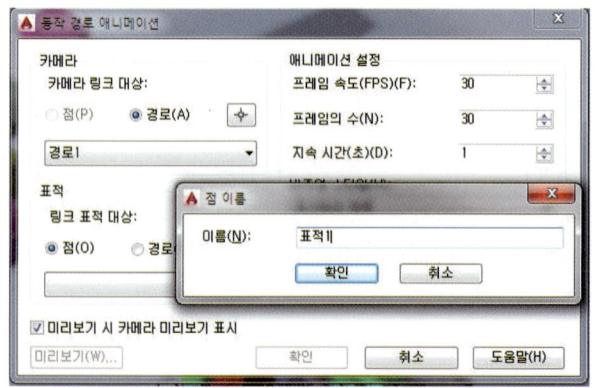

08 '애니메이션 설정'의 '지속 시간(초)(D)'을 '10'으로, '비주얼 스타일'을 '실제(V)'로 설정하고 '해상도(S)'를 '640×480', '형식(R)'을 'avi'로 지정합니다. [미리보기(W)]를 클릭합니다.

카메라가 경로를 따라 순회를 한 후 다음 그림과 같이 애니메이션 미리보기 대화상자가 표시되면서 카메라가 경로를 따라 움직이는 뷰를 동적으로 표시합니다.

또는 경로에 해당 표적을 링크할 수 있습니다.

참고 | 동작 거리 애니메이션 대화상자

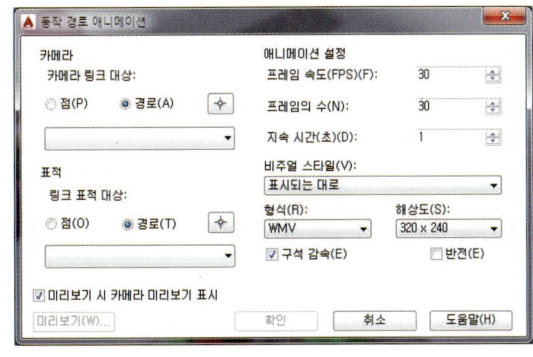

(1) 카메라 : 카메라의 동작을 지정합니다. '점(P)'과 '경로(A)' 중에서 선택합니다. 하단의 목록 상자는 명명된 경로의 명칭이 표시되고 선택할 수 있습니다. 경로는 선, 호, 타원형 호, 원, 폴리선, 3D 폴리선 또는 스플라인으로 작성할 수 있습니다.

(2) 표적 : 링크 표적의 대상을 '점(O)'과 '경로(T)' 중에서 선택합니다. 하단의 목록 상자는 명명된 표적 대상의 명칭이 표시되고 선택할 수 있습니다. 경로는 선, 호, 타원형 호, 원, 폴리선, 3D 폴리선 또는 스플라인으로 작성할 수 있습니다.

Note_ 카메라가 점에 링크되는 경우는 해당 표적이 경로에 링크되어야 합니다. 카메라가 경로에 링크되는 경우는 점 또는 경로에 해당 표적을 링크할 수 있습니다.

(3) 애니메이션 설정 : 애니메이션 파일의 출력 파일을 작성하기 위한 환경을 설정합니다.
　① 프레임 속도(FPS)(F) : 애니메이션이 실행되는 속도로 FPS(초당 프레임)로 설정합니다. 1부터 60까지의 값을 지정합니다. 기본 값은 30입니다.
　② 프레임의 수(N) : 애니메이션의 전체 프레임 수를 지정합니다. 프레임 속도와 함께 이 값은 애니메이션의 길이를 결정합니다.
　③ 지속 시간(초)(D) : 애니메이션의 섹션에서 지속 시간을 지정합니다. 단위는 '초'입니다.
　④ 뷰 스타일(V) : 뷰 스타일의 목록 및 애니메이션 파일에 적용할 수 있는 렌더 사전 설정을 표시합니다.
　⑤ 형식(R) : 동영상을 AVI, MPG 또는 WMV 파일 형식 중에서 선택하여 저장합니다.
　⑥ 해상도(S) : 애니메이션의 너비 및 높이를 화면 표시 단위로 정의합니다. 기본값은 320×240입니다.
　⑦ 구석 감속(E) : 카메라가 구석을 회전할 때 낮은 속도로 이동합니다.
　⑧ 반전(E) : 애니메이션의 방향을 반전합니다.
(4) 미리보기 시 카메라 미리보기 표시 : 애니메이션 미리보기 대화상자를 표시하여 저장하기 전에 애니메이션을 미리 볼 수 있습니다.
(5) 미리보기(W) : 동작 거리 애니메이션 대화상자를 통해 카메라의 이동에 따라 미리 보기를 표시합니다.

09 미리보기를 통해 원하는 애니메이션이 되었다면 [확인]을 클릭합니다. 다음 그림과 같이 애니메이션을 저장할 파일을 지정하는 대화상자가 표시됩니다. 폴더 및 파일 이름(빌딩 둘러보기)을 지정한 후 [저장(S)]을 클릭합니다.

10 다음 그림과 같이 '비디오 작성 중'이란 진행 바가 표시되면서 애니메이션 미리보기 창에서 비디오를 작성합니다.

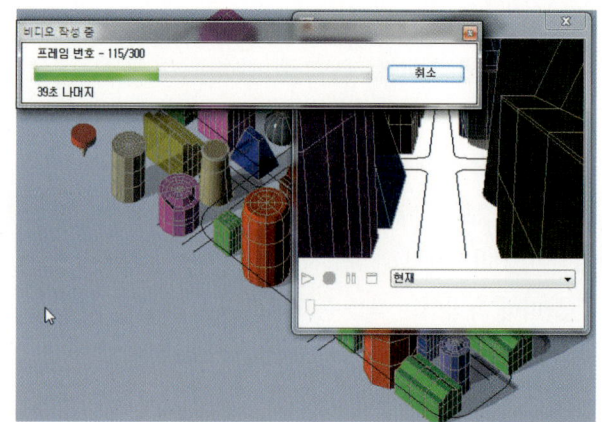

11 이제는 작성된 동영상(애니메이션) 파일을 단독으로 실행해보겠습니다. 저장된 폴더를 찾아 파일(빌딩 둘러보기.avi)을 더블클릭합니다. 미디어 플레이어가 기동되면서 작성된 동영상이 실행됩니다.

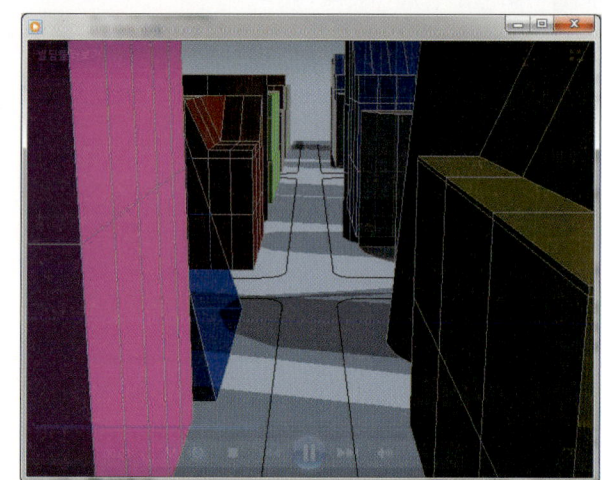

7 렌더링

렌더링은 3차원 와이어프레임이나 솔리드 모형의 포토리얼리스틱 또는 사실적으로 음영 처리된 이미지를 작성합니다. 그림자나 색상과 농도의 변화 등과 같은 3차원 질감을 보다 현실감있게 표현합니다. 이번에는 렌더링에 대해 알아보겠습니다.

01. 렌더

3D 솔리드 또는 표면 모형의 사실적 이미지 또는 사실적으로 음영 처리된 이미지를 작성합니다.

명령 : RENDER   메뉴 아이콘 :

01 '열기(OPEN)' 명령으로 제공된 실습용 도면의 'Part9_파고라_재료.dwg' 파일을 엽니다. 다음과 같은 도면이 펼쳐집니다.

02 렌더 명령을 실행합니다. 명령어 'RENDER'를 입력하거나 '시각화' 탭의 '렌더' 패널에서 렌더 메뉴 아이콘 을 클릭합니다. 클릭과 동시에 렌더 창이 나타나면서 다음 그림과 같이 렌더 이미지를 표시합니다.

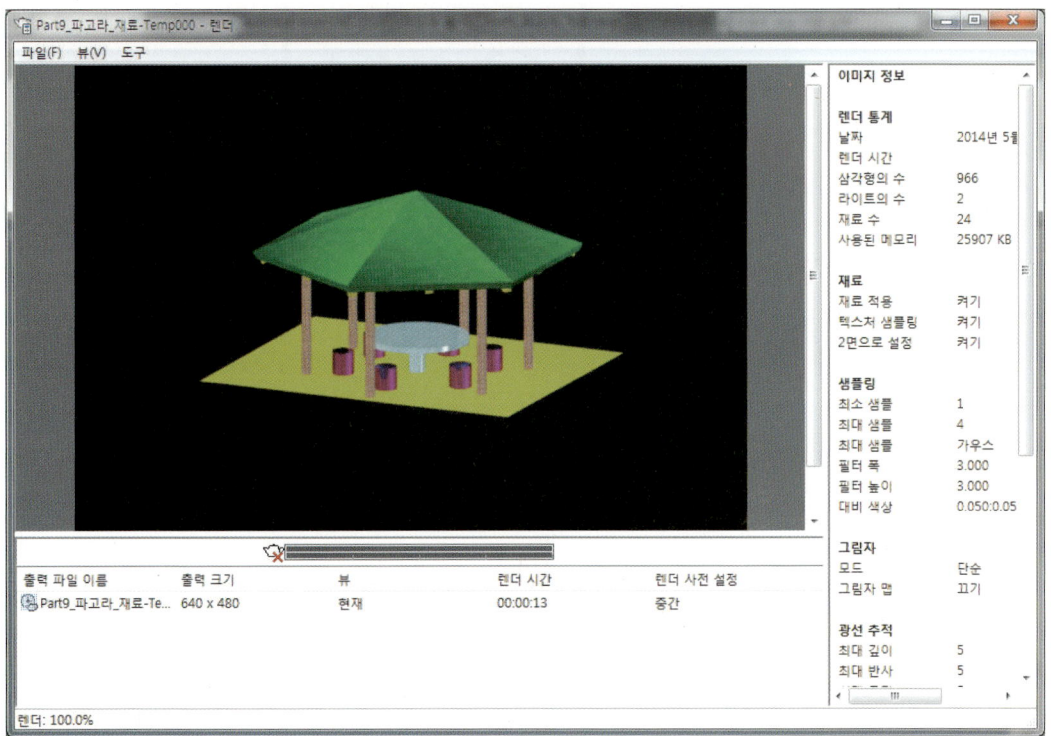

03 **렌더 이미지 저장** : 렌더링된 이미지를 별도의 파일에 저장할 수 있습니다. 렌더링 윈도우에서 [파일(F)]-[저장(S)]를 클릭합니다. 렌더 출력 파일 대화상자에서 파일명을 지정합니다. 다음의 파일 형식 중 하나를 선택하여 저장합니다.

지원되는 파일 형식은 BMP, PCX, TGA, TIFF, JPEG, PNG입니다.

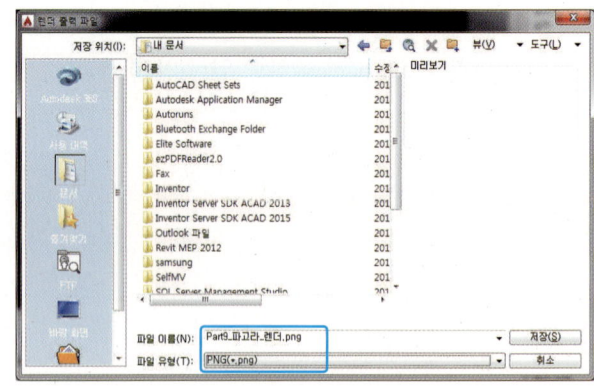

04 '*.PNG' 파일의 경우는 다음과 같은 색상 선택 대화상자가 나타납니다. 높을수록 고화질의 이미지를 작성하지만 그만큼 용량도 증가합니다. 설정 후 [확인]을 클릭하면 렌더 이미지가 저장됩니다.

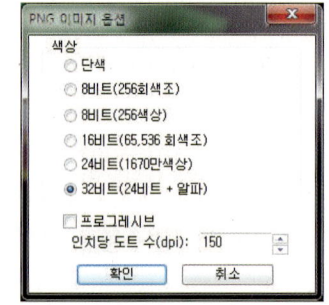

05 렌더 품질과 이미지의 크기는 '렌더' 패널을 펼쳐 설정할 수 있습니다.

다음은 렌더의 품질을 '5', 렌더의 이미지 크기를 '1024×768'로 설정한 경우입니다.

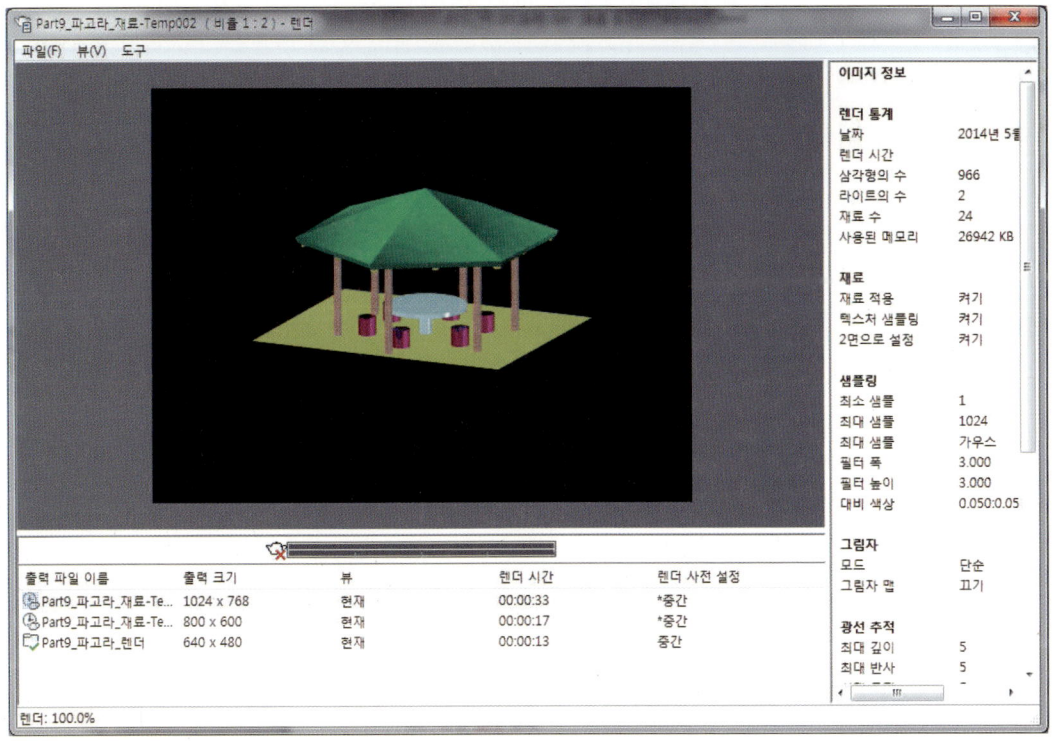

02. 고급 렌더 설정

렌더 이미지 작성을 위한 다양한 환경을 설정합니다.

명령 : RPREF   메뉴 아이콘 :

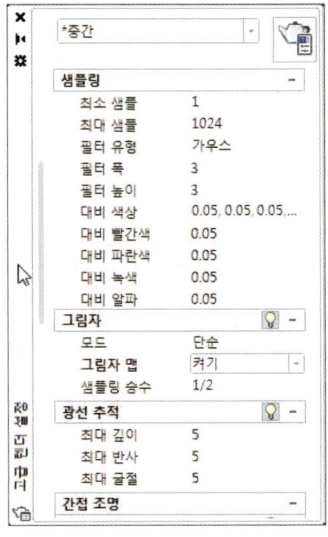

06 고급 렌더 설정 명령을 실행합니다. 명령어 'RPREF'를 입력하거나 '시각화' 탭의 '렌더' 패널에서 오른쪽의 비스듬한 화살표( )를 클릭합니다.

다음 그림과 같이 고급 렌더 설정 도구 팔레트가 표시됩니다. 표현 형식을 '높음'으로 선택하고 '대상'을 '뷰포트'로 하고 '출력 크기'를 '1024×768', '노출 유형'을 '대수'로 지정합니다. '그림자' 카테고리에서 '그림자 맵'을 켭니다.

Part 09 모델의 표현

> **참고** 고급 렌더 설정 팔레트
>
> 렌더링 설정을 지정하기 위해 고급 렌더 설정 팔레트를 사용합니다.

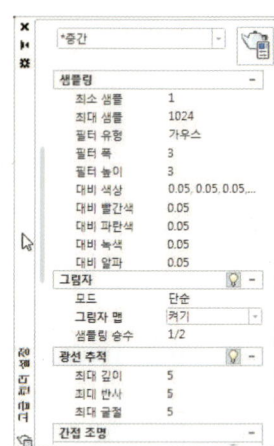

(1) 일반 – 렌더 컨텍스트 : 모형이 렌더링되는 정도에 영향을 주는 환경을 설정합니다.
  ① 렌더링 절차 : 현재의 뷰를 렌더링하는 '뷰', 영역을 지정하는 '오리기', 객체의 선택에 의한 '선택' 중에서 선택합니다.
  ② 대상 : 렌더러가 렌더 이미지를 표시하기 위해 현재 작도 영역에서 렌더링할 것인지(뷰포트), 새로운 창을 통해 렌더링할 것인지(윈도우)를 결정합니다.
  ③ 출력 크기 : 렌더 이미지의 현재 출력 해상도 설정을 표시합니다.
  ④ 노출 유형 : 노출 유형으로 사용된 톤 작동기가 현재 뷰포트 톤 작동기 전략과 일치하도록 선택되는 '자동'과 로그 노출 컨트롤이 사용하는 '대수' 중 선택합니다.

(2) 일반 – 재료 : 재료가 렌더기에 의해 처리되는 방법에 영향을 주는 설정을 포함합니다. 재료의 적용 여부, 텍스처 필터링 여부 등을 설정합니다.

(3) 일반 – 샘플링 : 샘플링을 수행하는 방법을 조정합니다. 최소, 최대 견본 비율, 필터의 유형과 폭과 높이를 설정하고 대비 색상 및 대비 알파를 설정합니다.

(4) 일반 – 그림자 : 그림자가 렌더 이미지에 나타나는 방법에 영향을 주는 항목을 설정합니다. 렌더링 계산에 그림자를 계산할지와 그림자 모드와 그림자 맵을 켤 것인가를 설정합니다.

(5) 광선 추적 : 렌더 이미지의 음영 처리에 영향을 주는 설정을 포함합니다. '최대 추적'은 반사와 굴절의 조합을 제한합니다. 반사와 굴절의 전체 수가 최대 깊이에 도달하면 광선 추적이 중지됩니다.
 광선이 반사할 수 있는 횟수와 굴절하는 횟수를 설정하는 '최대 반사'와 '최대 굴절'을 설정합니다. 반사와 굴절의 조합을 제한합니다. 반사와 굴절의 전체 수가 최대 깊이에 도달하면 광선 추적이 중지됩니다. 예를 들면, 최대 깊이가 '3'이고 두 개의 추적 깊이가 각각 기본값 '2'일 경우, 광선은 두 번 반사하고 한 번 굴절할 수 있으며 또는 반대로 한 번 반사하고 두 번 굴절할 수 있지만 네 번 반사하고 굴절할 수는 없습니다.

(6) 간접 조명 – 전역 조명 : 장면이 비춰지는 정도에 영향을 줍니다.

(7) 간접 조명 – 파이널 게더링 : 전역 조명을 계산합니다. 게더링의 동적 설정여부와 반지름 모드와 최대 반지름, 최솟값 사용 여부와 최솟값을 설정합니다.

(8) 간접 조명 – 광원 특성 : 전역 조명에 사용하기 위해 각 조명에 의해 발사되는 광자 수를 설정하고, 전역 조명, 간접 조명, 렌더 이미지의 조도를 증가시킵니다.

(9) 진단 – 시각적 : 렌더기가 특정 방식으로 동작하는 이유를 이해하는 데 도움이 됩니다. 모눈, 모눈의 크기, 광자 및 견본의 켜기 여부를 설정합니다.

(10) 처리 : 렌더링할 배열의 크기, 배열의 순서, 렌더링할 메모리 한계를 설정합니다.

07 설정 항목을 수정한 후 렌더 작업을 실행합니다. 명령어 'RENDER'를 입력하거나 '시각화' 탭의 '렌더' 패널에서 '렌더' 메뉴 아이콘 을 클릭합니다.
다음 그림과 같이 현재의 뷰포트에서 설정된 값에 의해 렌더링 이미지가 작성됩니다. 별도의 창이 열린 것이 아니라 현재 뷰포트에서 그대로 렌더링됩니다.

03. 지정 영역의 렌더

특정 영역(잘라낸 윈도우)을 지정하여 렌더링합니다. 빈 공간까지 전체를 렌더하려면 시간이 많이 소요됩니다. 특정 효과를 확인하기 위한 차원의 렌더링의 경우, 그 효과를 내기 위한 부위만 렌더링합니다.

명령 : RENDERCROP   메뉴 아이콘 :

08 렌더 영역 명령을 실행합니다. 명령어 'RENDERCROP'을 입력하거나 '시각화' 탭의 '렌더' 패널에서 '렌더 영역' 메뉴 아이콘 을 선택합니다.
{렌더할 오리기 윈도우 선택:}에서 다음 그림과 같이 구역의 첫 번째 점을 지정합니다.
{두 번째 점을 입력하십시오:}에서 다음 그림과 같이 구역(범위)의 반대 구석을 지정합니다.
다음 그림과 같이 지정한 범위만 렌더링됩니다.

04. 노출 및 안개 효과 설정

모델을 노출 값의 조정 및 안개 효과를 조정하여 렌더링해 보겠습니다.

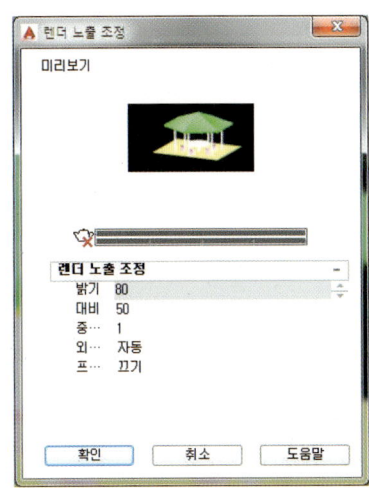

09 노출 조정 명령을 실행합니다. 명령어 'RENDEREXPOSURE'를 입력하거나 '시각화' 탭의 '렌더' 패널에서 드롭다운 리스트를 펼쳐 '노출 조정'을 클릭합니다. 다음과 같은 윈도우가 나타납니다. '밝기' 값을 '80'으로 지정합니다. 지정한 값에 따라 미리보기 창의 이미지도 조정됩니다.

다음과 같이 밝기가 조정되어 렌더링됩니다.

> **참고** 노출 조정
>
> 가장 최근에 렌더링된 출력의 전역 조명을 조정하기 위해 설정합니다. 최신 렌더링 출력의 노출을 조정하면 변경 시마다 변경이 렌더링 출력에 미치는 영향을 보기 위해 도면을 렌더링할 필요없이 전역으로 라이트를 추가 또는 제거할 수 있습니다.
> 명령 : RENDEREXPOSURE   메뉴 아이콘 :
>
> (1) 밝기 : 변환된 색상의 밝기를 조정합니다. 값은 0 ~ 200.0의 범위입니다. 기본값은 '65.0'입니다.
> (2) 대비 : 변환된 색상의 밝기를 조정합니다. 값은 0 ~ 100.0의 범위입니다. 기본값은 '100.0'입니다.
> (3) 중간 톤 : 변환된 색상의 중간 톤 값을 조정합니다. 값은 0 ~ 20.0의 범위입니다. 기본값은 '1.0'입니다.
> (4) 외부 일광 : 일영에 의한 외부 장면의 노출을 설정합니다. 값은 '켜기(O), 끄기(O), 자동(A)'입니다. 기본값은 '자동(A)'입니다.
> (5) 프로파일 : 렌더 시에 배경이 노출 컨트롤에 의해 처리되어야 하는지 지정합니다. 값은 켜기/끄기입니다. 기본값은 '끄기'입니다.

10 다음은 '안개/깊이' 환경을 설정하겠습니다. 드롭다운 리스트에서 '환경'을 클릭합니다. '색상' 값을 '파란색', '안개 배경'을 '켜기'로 설정합니다.

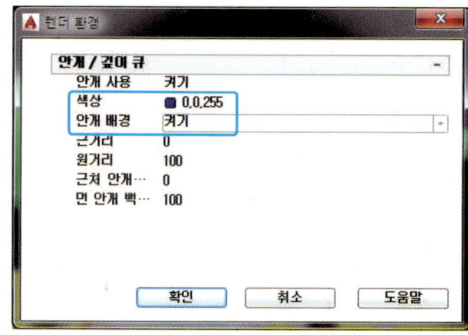

> **참고** 렌더 환경
>
> 객체와 현재 관측 방향 사이의 거리에 대한 큐를 정의합니다. 안개와 깊이 신호는 카메라로부터 거리가 멀어짐에 따라 객체가 흐리게 보이도록 하는 대기 효과입니다. 깊이 신호는 검은색을 사용하는 반면 안개는 흰색을 사용합니다.
> 명령 : RENDERENVIRONMENT   메뉴 아이콘 :
>
> (1) 안개 사용 : 대화상자의 다른 설정 값에는 영향을 주지 않고 안개 기능을 켜거나 끕니다.
> (2) 색상 : 색상 선택 대화상자에서 안개의 색상을 지정합니다.
> (3) 안개 배경 : 객체뿐 아니라 배경에도 안개를 적용합니다.
> (4) 근거리 : 안개가 시작되는 카메라로부터의 거리를 지정합니다. 먼 자르기 평면까지 거리를 퍼센트로 지정됩니다. 근거리 필드에 입력하거나 회전체를 사용하여 값을 설정할 수 있습니다. 근거리 설정값은 원거리 설정값 보다 클 수 없습니다.
> (5) 원거리 : 안개가 끝나는 카메라로부터의 거리를 지정합니다. 먼 자르기 평면까지 거리의 퍼센트로 지정됩니다. 근거리 필드에 입력하거나 회전체를 사용하여 값을 설정할 수 있습니다. 원거리 설정 값은 근거리 설정 값보다 작을 수 없습니다.
> (6) 근처 안개 백분율 : 근거리에서 안개의 불투명도를 지정합니다.
> (7) 먼 안개 백분율 : 근거리에서 안개의 불투명도를 지정합니다.

11 다시 렌더 이미지를 작성합니다. '시각화' 탭의 '렌더' 패널에서 '렌더 '를 클릭합니다. 다음 그림과 같이 설정된 환경에 따라 렌더 이미지가 작성됩니다.

05. 클라우드에서 렌더링

대용량 렌더링은 시간이 걸리고 로컬 컴퓨터(사용자 컴퓨터)의 리소스를 많이 사용할 수 있습니다. Autodesk 360 계정에서 3D 모형을 온라인으로 렌더링할 수 있습니다. 이를 통해 사용자 컴퓨터의 부하를 줄일 수 있고 결과를 빨리 얻을 수 있습니다. 또, 권한 설정에 의해 다른 사용자와 공유도 가능합니다.

명령 : RENDERONLINE   메뉴 아이콘 :

12 '클라우드에서 렌더'를 실행합니다. 명령어 'RENDER ONLINE'을 입력하거나 '시각화' 탭의 'Autodesk 360' 패널에서 을 클릭합니다.
로그인을 수행하면 다음과 같은 메시지가 나타납니다. 여기에서 [확인]을 클릭하여 파일을 저장합니다.

[TIP] 로그인이 되어 있지 않은 경우에는 Autodesk 계정 로그인 대화상자가 나타납니다. 아이디와 암호를 입력하여 로그인합니다.

13 다음으로 렌더 대상이 되는 뷰를 선택하는 대화상자가 나타납니다. 모든 모형 뷰를 렌더링할 것인지, 현재 모형 뷰만을 렌더링할 것인지 지정한 후 [렌더링 시작]을 클릭합니다.

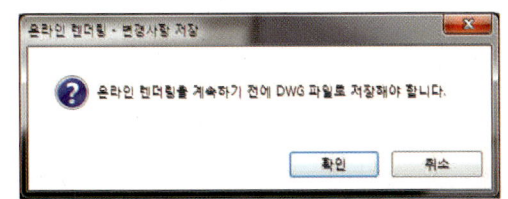

14 이렇게 하면 Autodesk 360에서 렌더링을 수행합니다.

15 Autodesk 360에서 렌더링이 끝나면 Autodesk 360 아이디에 렌더 완료 메시지가 나타납니다.

16 렌더 갤러리를 실행합니다. 명령어 'SHAWRENDERGALLERY'를 입력하거나 '시각화' 탭의 'Autodesk 360' 패널에서 '랜더 갤러리 '를 클릭합니다. 다음과 같은 렌더 갤러리에 연결됩니다.

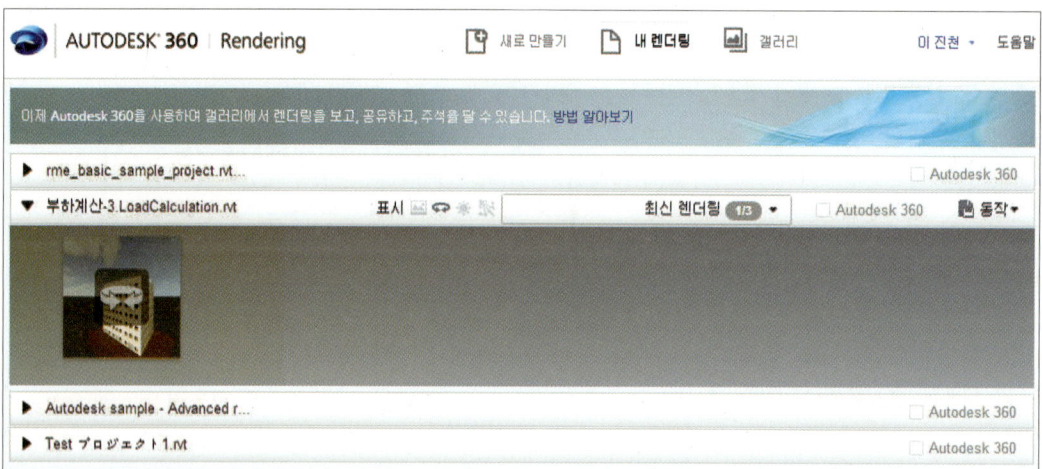

17 렌더 갤러리의 썸네일을 클릭하면 원본 이미지를 확인할 수 있습니다. 이처럼 '클라우드에서 렌더'를 이용하면 사용자 컴퓨터의 부담을 주지 않고 손쉽게 렌더링할 수 있습니다.

18 오른쪽 상단의 '동작'을 클릭하면 다음과 같이 '모두 다운로드', '모두 삭제', '모두 다시 렌더링' 등의 메뉴가 나타납니다.

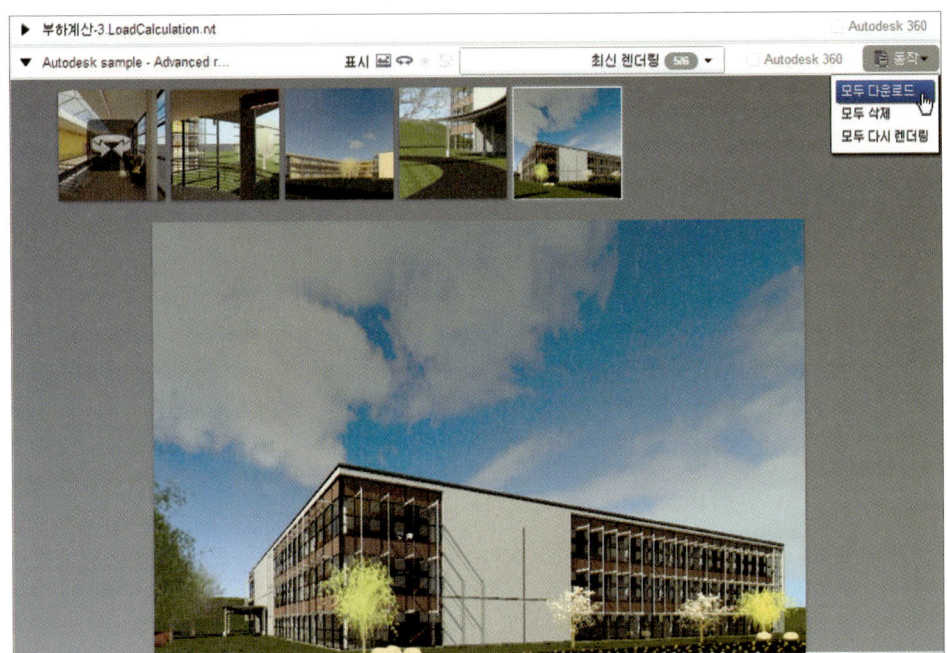

| 참고 | 렌더 갤러리 |

상단의 '갤러리'를 클릭하면 다음과 같이 갤러리 사이트로 이동하여 여러 사람들이 렌더링한 썸네일 이미지가 펼쳐집니다. 클릭하면 확대되어 자세히 볼 수 있습니다.

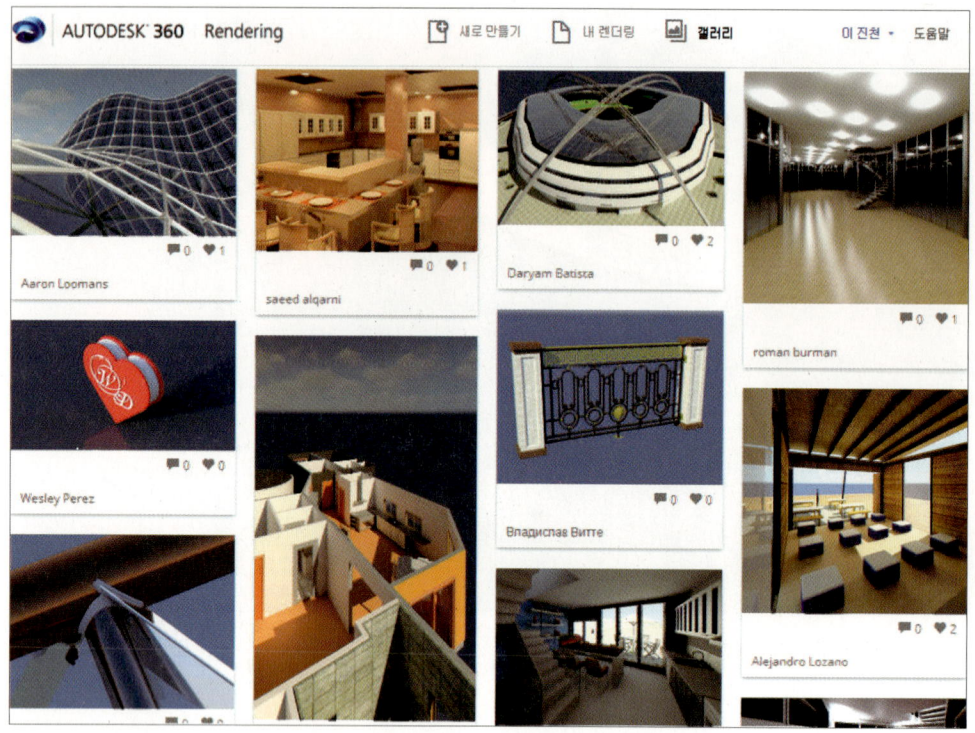

인덱스

2D 와이어프레임	636	BLEND	263	DIMARC	369	FILL	407
3DEDITBAR	735	BLOCK	265	DIMBASELINE	374	FILLET	278
3DFLY	852	BMAKE	265	DIMBREAK	382	FILLETEDGE	695
3DORBIT	628	BOUMDARY	553	DIMCENTER	383	FLATSHOT	705
3DPOLY	711	BOX	651, 745	DIMCONTINUE	376	FRAME	531
3DWALK	849	BREAK	260, 261	DIMDIAMETER	373		
3D 궤도	628			DIMEDIT	386	**G**	
3D 숨김	637	**C**		DIMJOGGED	372	GEOGRAPHICLOCATION	840
3D 와이어프레임	637	CAMERA	845	DIMJOGLINE	385	GIZMO	619
3D 폴리선	711	CHAMFER	278	DIMLINEAR	367	GRADIENT	439
3차원 절대좌표	611	CHAMFEREDGE	697	DIMORDINATE	370	GRID	107
		CIRCLE	82	DIMRADIUS	371		
A		CLIP	530	DIMSPACE	381	**I**	
ACTMANAGER	592	CLOSE	222	DIMSTYLE	349	ID	92, 555
ACTRECORD	585	CLOSEALL	222	DIMTEDIT	387	ID 점	555
ACTSTOP	587	COLOR	318	DIST	550	IMPORT	225
ACTUSERMESSAGE	590	CONE	652, 748	DISTANCELIGHT	833	INSERT	267
ADCENTER	593	CONVERT	780	DIVIDE	454	INTERSECTION	692
ADDSELECTED	346	CONVERTOSOLID	780	DONUT	406		
ADJUST	531	CONVERTOSURFACE	782	DUCS	621	**J**	
AIOBJECTSCALEADD	506	CONVTNURBS	730	DWGPROPS	558	JOIN	262
AIOBJECTSCALEREMOVE	505	COPY	102	DYN	131		
		COPYCLIP	305			**L**	
AM	145	CVADD	733	**E**		LAYER	272
ANIPATH	854	CVHIDE	731	EDGESURF	763	LAYOUT	506
ARC	175	CVREBUILD	731	Elevation	604	LEADER	388
AREA	551	CVREMOVE	734	ELLIPSE	337	LIGHTLIST	837
ARRAY	311	CVSHOW	731	ERASE	104	LIMITS	77
ARRAYPATH	311	CYLINDER	654, 749	EXPLODE	196	LINE	81
ARRAYPOLAR	313			EXPORT	224	LINETYPE	319
ATTACH	524	**D**		EXPORTLAYOUT	513	LINEWEIGHT	321
Autodesk 360	423	DDEDIT	209	EXTEND	200	LIST	555
Autodesk 360 환경 설정	429	DDMODIFY	323	External Reference	522	LIVESECTION	701
		DDPTYPE	453	EXTRUDE	660	LOFT	668
B		DDVPOINT	623			LTSCALE	321
BHATCH	436	DIMALIGNED	369	**F**			
		DIMANGULAR	373	FIELD	579		

LWT	134	ONLINESHARE	428	REVSURF	757	**T**	
		ONLINESYNC	430	RMAT	821		
M		OOPS	103	ROTATE	306	TABSURF	760
		OPEN	219	RPREF	861	TEXT	205
MASSPROP	552	ORTHO	112	RULESURF	761	Texture	824
MATERIALMAP	826	OSNAP	118			THICKEN	694
MATERIALS	821	OTRACK	118, 130	**S**		Thickness	605
MEASURE	456					TIME	556
Mesh	607, 745	**P**		SAVEAS	221	TOOLPALETTES	597
MESHCOLLAPSE	778			SAVE, QSAVE	221	TORUS	656, 755
MESHCREASE	770	PAN	84	SC	142	TPY	136
MESHEXTRUDE	773	PASTE	305	SCALE	244	TRIM	200
MESHMERGE	777	PEDIT	446	SCALELISTEDIT	500		
MESHREFINE	769	PLAN	627	SECTION	699	**U**	
MESHSMOOTHLESS	767	PLANESURFACE	717	SECTIONPLANE	699		
MESHSMOOTHMORE	766	PLINE	188	SECTIONPLANEJOG	702	UCS	611, 616
MESHSPIN	779	PLOT	514	SECTIONPLANETOBLOCK		UCSICON	615
MESHSPLIT	775	POINT	453		703	UCSMAN	617
MESHUNCREASE	772	POINTLIGHT	828	SLICE	692	UCS 관리자	617
MIRROR	181	Polar Tracking	115	SMOOTH	764	UCS 아이콘	614
MLEADER	393	POLYGON	184	SNAP	107	UNDO	103
MLEADERALIGN	395	POLYSOLID	657	Solid	609	UNION	690
MLEADERCOLLECT	396	PRESSPULL	663	SPHERE	654, 752	UOSNAP	532
MLEADEREDIT	394	PRINT	514	SPLINE	293		
MLEADERSTYLE	388	PROPERTIES	323	SPOTLIGHT	832	**V**	
MLEDIT	472	PTYPE	453	STARTUP	216		
MLINE	468, 470	PURGE	560	STATUS	557	VIEW	624
MLSTYLE	468	PYRAMID	655, 751	STRETCH	240	VIEWBASE	797
MOVE	105			STYLE	202	VIEWDETAIL	809
MTEXT	205	**Q**		SUBTRACT	685, 691	VIEWDETAILSTYLE	814
MVSETUP	192			SUNDATE	843	VIEWEDIT	816
		QDIM	378	SUNPROPERTIES	842	VIEWPROJ	799
N		QP	138	SUNTIME	843	VIEWSECTION	802
		QSAVE	222	Surface	609	VIEWSECTIONSTYLE	812
NEW	215			SURFBLEND	718	VIEWUPDATE	817, 819
NURBS 표면	716	**R**		SURFEXTEND	725	VIEWUPDATEAUTO	817
NURBS 표면으로 변환	730			SURFFILLET	723	VPORTS	510, 631
		RECOVER	559	SURFNETWORK	713		
O		RECTANGLE	171	SURFOFFSET	722	**W**	
		REGEN	407	SURFPATCH	721		
OBJECTSCALE	502	REGION	553	SURFSCULPT	729	WALKFLYSETTINGS	853
OFFSET	194	RENDER	858	SURFTRIM	727	WBLOCK	270
ONLINEDOCS	424	RENDERCROP	863	SURFUNTRIM	728	WCS	611
ONLINEOPENFOLDER	428	REVCLOUD	442	SWEEP	672	WEBLIGHT	834
ONLINEOPTIONS	429	REVOLVE	667			WEDGE	651, 754
						Wire–Frame	608

X

XATTACH	524
XREF	523
X 광선	639

Z

ZOOM	84

ㄱ

가져오기	225
각도	93, 373
각진 부분 제거	772
각진 부분 추가	770
간격 띄우기	194
개념	638
객체 스냅	118
객체 스냅 추적	118, 130
객체의 선택	71, 149
객체 특성	318, 323
거리	550
결합	262
경계	553
경로 배열	311
고급 렌더 설정	861
고도	604
곡선 혼합	263
관측점 사전 설정	623
광원	828
교집합	692
구	654, 752
구름형 수정기호	442
구속된 궤도	629
구 좌표	613
굵게 하기	694
그라데이션	439
그리기 도구	106
그리드	107
그림자	838
그립	159
극좌표 추적	115
기준 뷰 작성	797

기준선	374
길이 분할	456
꺾어진 반지름	372
꺾어진 선형	385
끊기	260

ㄴ

내보내기	224
내 설정 동기화	430
네트워크 표면	713
노출 및 안개 효과 설정	863
눌러 당기기	663

ㄷ

다각형	184
다른 이름으로 저장	221
다중선	468
다중 지시선	393
다중 지시선 스타일	388
다중 지시선 정렬	395
다중 지시선 편집	394
단면 꺾기 추가	702
단면 뷰 스타일	812
단면 뷰 작성	802
단면 생성	703
단면의 작성	699
단면 평면	699
단일 행 문자	205
닫기	222
대칭	181
더 부드럽게 하기	766
덜 부드럽게 하기	767
도구막대	57
도구 팔레트	597
도넛	406
도면 업로드	424
도면 열기	219
도면층	220, 272
도면 특성	558
도면틀 작성	192
도면 한계	77
돌출	660

동작 녹화의 정지	587
동작 레코더	585
동작 매크로 관리	592
동작의 재생	588
동적 UCS	621
동적 입력	131
두께	605
두 단위 차수	348
등분할	454
디자인센터	593

ㄹ

라이브 단면	701
렌더	858
렌더링	858
로컬 동기화 폴더 열기	428
로프트	668
리본	51
리본 메뉴	59
리스트	555

ㅁ

메뉴막대	56
메쉬	607, 745
메쉬 면 돌출	773
메쉬 정련	769
면 병합	777
면 분할	775
명령 취소	103
명령행 영역	52, 58
모깎기	278
모따기	278
모바일 기기	431
모서리 곡면	763
모서리 모깎기	695
모서리 모따기	697
모서리 축소	778
모형 공간으로 내보내기	513
문서 공유	428
문자 스타일	202
문자 편집	209

ㅂ

반지름	371
방향 벡터 곡면	760
배열	311
배치	506
보행 시선	849
복구	559
복사	102, 305
부드러운 메쉬	764
부착	524
분할	261
분해	196
붙여넣기	305
뷰 관리자	624
뷰 설정	853
뷰 업데이트	817, 819
뷰 편집	816
뷰포트	510, 631
뷰포트 결합	635
블록	265
블록 쓰기	270
블록 작성	265
비주얼 스타일	636
비주얼 스타일 관리자	640
빠른 특성	138, 325

ㅅ

사용자 메시지 삽입	590
사용자 좌표계	90, 611
삼각형 면 회전	779
삽입	267
상대 극좌표	93
상대 원통 좌표	612
상대좌표	92
상세 뷰 스타일	814
상세 뷰 작성	809
상자	651, 745
상태	557
상태 막대	53
상태막대	64
새로운 도면	214
색상	318

선	81	와이어프레임	608	주석 축척 목록의 추가 및 수정		ㅍ	
선 가중치	321	외부참조	522		500	파일 저장 형식	223
선가중치	134	외부 참조 관리자	523	주석(치수) 감시	365	팔레트	60
선 종류	319	원	82	줌	84	평면	627
선 종류 축척	321	원거리 라이트	833	중심 표식	348, 383	평면 표면	717
선택된 항목 추가	346	원추	652, 748	지름	373	폴리선	188
선택 순환	142	원통	654, 749	지리적 위치	839	폴리선 편집	446
선형 치수	367	원형 배열	313	지시선	348, 388	폴리솔리드	657
세로 좌표	370	웹 라이트	834	지시선 수집	396	표면	609
소거	560	위치 지시기	851	지우기	104	표면 CV 제거	734
솔리드	609, 651	유사 선택	159	지정 영역의 렌더	863	표면 CV 추가	733
솔리드로 변환	780	음영 처리	638	직교	112	표면 CV 편집 막대	735
스냅	107	이동	105	직사각형	171	표면 간격 띄우기	722
스윕	672	이동 도구	621	직선 보간 곡면	761	표면 모깎기	723
스케치 비주얼 스타일	639	이동 장치	707			표면 연장	725
스폿라이트	832	일부분 열기	220			표면으로 변환	782
스플라인	293	일영 시뮬레이션	843	ㅊ		표면 자르기	727
슬라이스	692	일영 특성	842	차집합	691	표면 자르기 복구	728
시간	556			채우기	407	표면 재생성	731
신속 치수	378			초점 이동	84	표면 조각	729
신축	240	ㅈ		최근 문서	218	표면 패치	721
실제	638	자동 업데이트 설정	817	최후 좌표	94	표면 혼합	718
쐐기	651, 754	자르기	200	축척	244	표준 좌표계	89, 611
		자유 궤도	628	축척 도구	620	플랫 샷	705
		장치 도구	619	축척 장치	709	피라미드	655, 751
ㅇ		재료 검색기	821	취소	84	필드	579
아차	103	재료의 매핑	826	치수 간격	381		
애니메이션	854	재실행	84	치수 끊기	382		
언더레이 객체 스냅 제어	532	저장	221, 222	치수 문자	348	ㅎ	
언더레이 자르기	530	절대 원통 좌표	612	치수 문자 편집	387	합집합	690
언더레이 조정	531	절대좌표	90	치수 보조선	347	해치	436
언더레이 프레임 표시	531	점	453	치수선	347	허용 오차	348
여러 도면 열기	219	점 유형	453	치수 스타일	349	호	175
여러 줄 문자	205	점 조명	828	치수 편집	386	호 길이	369
여러 줄 스타일	468	정렬 치수	369			화면 색상	61
여러 줄 작도	470	정점의 표시	731			화면 정리	63
여러 줄 편집	472	조감 뷰	852	ㅋ		화살표	348
연관 치수	364	조명 관리자	837	카메라 작성	845	환경 설정	162
연속 궤도	629	조명 단위	830			회색 음영 처리	640
연속 치수	376	조작 용어	66			회전	306, 667
연장	200	종이에 인쇄	514	ㅌ		회전 곡면	757
영역	551, 553	좌표계 아이콘	53	타원	337	회전 도구	619
영역/질량 특성	552	주석 감시	145	템플릿 파일	214	회전 장치	708
오른손 법칙	613	주석 축척	496	토러스	656, 755		
				투명도	136		
				투영 뷰 작성	799